MICHELIN

ITALIA

MICHELIN

INDICE

Consultate la guida MICHELIN su:
www.viamichelin.it
www.guide.michelin.com
e scriveteci a:
laguidamichelin-italia@michelin.com

MmeEmil/iStock

CARA LETTRICE, CARO LETTORE,

Michelin

Si alza il sipario sulla 66a edizione della Guida Michelin Italia, ugualmente prodiga di riconoscimenti nonostante la contingenza di quest'anno così sui generis.

● Il periodo di confinamento in seguito alla pandemia Covid-19 e la successiva ripresa hanno portato a utilizzare modalità di lavoro che non avevamo mai sperimentato prima di tale crisi.

● L'attività degli Ispettori si è svolta in un contesto che ha richiesto un notevole sforzo organizzativo. Parte del lavoro è stato effettuato prima del lockdown: periodo durante il quale il team non ha interrotto la sua attività, ma si è dedicato alle segnalazioni ricevute dai lettori, al monitoraggio del web, all'animazione editoriale del sito.

● Con il nuovo inizio, gli Ispettori hanno – invece - pianificato le visite adattandosi all'inedito scenario nel quale la ristorazione ha ripreso l'attività sul territorio con modalità e tempi diversi, ma sempre con sincero entusiasmo.

● Abbiamo oggi l'occasione di capitalizzare le esperienze vissute durante questi mesi, in un contesto estremamente particolare, affinché si trasformino in una leva di competitività e sostenibilità per il nostro futuro e nello specifico per l'avvenire della ristorazione e dell'ospitalità italiana.

● Possiamo far evolvere la nostra organizzazione del lavoro affinché risponda meglio alle esigenze dei clienti e, simmetricamente, rinforzi ulteriormente alcuni concetti d'indipendenza e responsabilità, che la Guida Michelin promuove da tempo.

● Cercando di sostenere attivamente il mondo della gastronomia, superato il periodo di confinamento, la Guida MICHELIN ha sviluppato un barometro per seguire - a livello internazionale - la riapertura dei ristoranti stellati, dimostrando ancora una volta come abbia a cuore le sorti dei locali che consiglia e dei tanti lettori che nell'arco degli anni le hanno dimostrato stima ed affetto.

Gwendal Poullennec,
Direttore internazionale delle Guide MICHELIN,
e di tutte le équipe della Guida MICHELIN

Nel solco della sostenibilità

● Se le nostre stelle – una ❀ , due ❀❀ o tre ❀❀❀ – distinguono le cucine più meritevoli, qualunque sia il loro stile, ora la "rossa" si colora anche di "green", sottolineando l'importanza della questione ambientale, e ponendo l'accento su tutti quegli indirizzi che hanno dimostrando una particolare attenzione al tema della sostenibilità.

● Questa importante novità è stata introdotta perché la Guida Michelin crede fortemente in tale progetto e vuole partecipare non solo come acceleratore del cambiamento, ma come importante veicolo di divulgazione delle buone pratiche a protezione del Pianeta.

● Un sistema di produzione alimentare sostenibile e la riduzione dei tanti sprechi sono sfide globali che possono aiutare ad affrontare la crescente domanda di alimenti a sufficienza per tutti, contrastando lo sfruttamento ad oltranza delle risorse naturali.

● Essere sostenibili significa rivedere abitudini e scelte quotidiane per ritrovare un rapporto armonico con l'ambiente in cui viviamo.

● E la Guida Michelin a tutto questo ha detto "Sì"!

Mi presento...

● Oltre a proporre - come ogni anno - le ambite distinzioni (le mitiche stelle!) o gli indirizzi dove consumare un menu con un rapporto qualità/prezzo interessante (i Bib Gourmand!), l'edizione 2021 riserva ai suoi lettori un'importante novità: il simbolo sostenibilità

● È volontà della Guida - infatti - mettere in luce quelle strutture che si muovono a favore di una gastronomia più sostenibile sottolineando le loro iniziative e facilitandone l'identificazione grazie alla creazione del nuovo simbolo. Per quei modelli del settore considerati all'avanguardia nelle loro pratiche, ne abbiamo inoltre evidenziato il coinvolgimento tramite una citazione:

L'impegno dello chef

Vi invitiamo, quindi, a questa ideale caccia al tesoro per scoprire fra le sue pagine l'indirizzo dove prenotare che più si addice ai vostri gusti e al vostro budget, ora con un occhio di riguardo anche per l'ambiente, nella certezza che...

la Guida Michelin è sempre al vostro fianco!

PALMARES 2021

LE NUOVE STELLE ✿

✿✿

Cornaredo / San Pietro All'Olmo	**D'O**
Firenze	**Santa Elisabetta**
Trieste	**Harry's Piccolo**

✿

Alassio	**Nove**
Aosta	**Vecchio Ristoro**
Arco	**Peter Brunel Ristorante Gourmet**
Castelnuovo Berardenga	**Poggio Rosso**
Como	**Kitchen**
Cortina d'Ampezzo	**SanBrite**
Lavagna / Cavi	**Impronta D'Acqua**
Lavello	**Don Alfonso 1890 San Barbato**
Marina di Grosseto	**Gabbiano 3.0**
Marina di Pietrasanta	**Franco Mare**
Massa Lubrense / Termini	**Relais Blu**
Merano / Freiberg	**Prezioso**
Milano	**AALTO**
Monforte d'Alba	**Borgo Sant'Anna**
Montalcino / Poggio alle Mura	**Sala dei Grappoli**
Nola	**Re Santi e Leoni**
Roma	**Zia**
Romagnano	**La Cru**
Rovereto	**Senso Alfio Ghezzi Mart**
San Gimignano	**Linfa**
San Pietro in Cariano / Corrubbio	**Amistà**
Sorrento	**Lorelei**
Terracina	**Essenza**
Torino	**Piano 35**
Torriana	**Osteria del Povero Diavolo**
Trani	**Casa Sgarra**
Vicenza	**Matteo Grandi**

I NUOVI BIB GOURMAND

Cagliari	CUCINA.eat
Capri Leone	Antica Filanda
Modena	Trattoria Pomposa-al Re gras
Negrar	Trattoria alla Ruota
Parma	I Tri Siochètt
Rimini	Osteria de Börg
Roseto degli Abruzzi	Vecchia Marina
Sant'Orsola Terme	Blumenstube
Torino	Tuorlo
Valdieri	La Locanda del Falco
Varzi	Buscone

Michelin

Le tavole stellate 2021

Il colore indica l'esercizio più stellato della località.

Roma ✿✿✿ La località possiede almeno un ristorante 3 stelle
Imola ✿✿ La località possiede almeno un ristorante 2 stelle
Caltagirone ✿ La località possiede almeno un ristorante 1 stella

Madesimo
Villa di Chiavenna
Mantello
Domodossola
Laveno-Mombello
Almè — Villa d'Almè
Pallanza
Campione D'Italia
Bellagio
Soriso
Fondotoce
Belvio
Torino
Albavilla
San Paolo d'Argon
Cernobbio
Como
Trescore Balneario
Orta San Giulio
Fagnano Olona
Viganò
Borgonato
Courmayeur
Soriso
Bergamo
Brusaporto
Concesio
Olgiate Olona
Aosta
Erbusco
Pollone
San Pietro all'Olmo
Treviglio
Calvisano
Cogne
Milano
Cavernago
Orzinuovi
Pralboino
Novara
Runate
Caluso
Vigevano
Polesine Parmense
San Maurizio Canavese
Vercelli
Certosa di Pavia
Venaria Reale
Stradella
Torino
Cioccaro
Borgonovo Val Tidone
Guarene
Pinerolo
Tigliole
Isola d'Asti
Spinetta Marengo
Carpaneto Piacentino
Priocca
Canale
Alba
Acqui Terme
Piobesi d'Alba
Monforte d'Alba
Treiso
Santo Stefano Belbo
Cherasco
Cervere
Benevello
Serralunga d'Alba
Fontanafredda
Annunziata
Genova
Cavi
La Morra
Bergeggi
Ameglia
Noli
Forte dei Marmi
Alassio
Marina di Pietrasanta
San Remo
Porto Maurizio

10

Molini

Mules

Tirolo
Bressanone
Dobbiaco
Merano
Chiusa
Selva di Val Gardena
Sappada
Ortisei
San Cassiano
Freiberg
Sarentino
Cortina d'Ampezzo
Castelbello
Ciardes
Tesimo
Collepietra
Corvara in Badia
Bolzano
Nova
Levante
Tamion
San Michele
Moena
Colloredo di
Monte Albano
Godia
Madonna di
Campiglio
Cavalese
Pieve d'Alpago
Vencò
Puos d'Alpago
San Quirino
Cormons
Ruda

Ravina
Trieste

Arco
Rovereto
Asiago
Oderzo

Fasano del Garda
Castelfranco
Veneto
Malcesine
Schio
Gargnano
Altissimo
Borgoricco
Scorzè
Bardolino
Romagnano
Burano
Corrubbio
Arzignano
Vicenza
Venezia
Cavaion
Veronese
Romagnano
Rubano
Lughetto
Verona
Lonigo
Sirmione
Pontelongo
Desenzano
del Garda
Barbarano Vicentino
Manerba
del Garda

Quistello

Codigoro

Parma

Rubiera
Modena
Rubbianino
Castel Maggiore
Bologna
Imola
Savigno
Sasso
Marconi
Cesenatico

Rimini
Miramare
Lucigliano
Torriana
Pesaro
San Marino
Senigallia
Marlia
San Piero in Bagno
Pennabilli
Marzocca
Lucca
Firenze
Viareggio
Lamporecchio
Tavarnelle
Val di Pesa
Badia a Passignano
Loreto
San Gimignano
Gaiole in Chianti

11

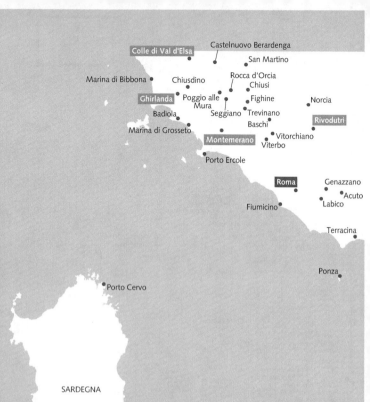

Le tavole stellate 2021

Il colore indica l'esercizio più stellato della località.

Roma ✿✿✿ La località possiede almeno un ristorante 3 stelle
Imola ✿✿ La località possiede almeno un ristorante 2 stelle
Caltagirone ✿ La località possiede almeno un ristorante 1 stella

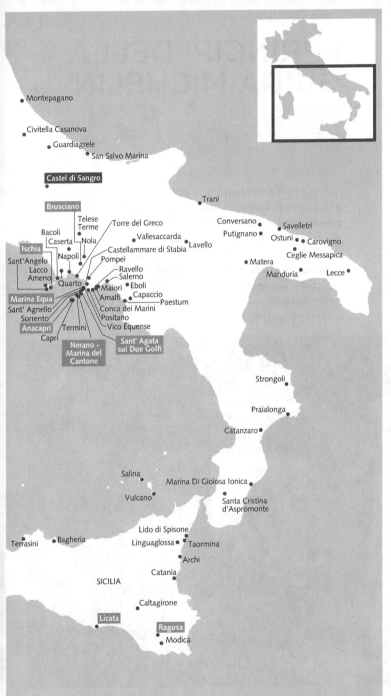

Montepagano

Civitella Casanova

Guardiagrele

San Salvo Marina

Castel di Sangro

Trani

Brusciano

Telese Terme

Torre del Greco

Conversano

Savelletri

Putignano

Ostuni

Carovigno

Bacoli

Caserta

Nola

Vallesaccarda

Lavello

Ceglie Messapica

Castellammare di Stabia

Ischia

Napoli

Matera

Manduria

Lecce

Sant'Angelo

Pompei

Lacco

Ameno

Ravello

Quarto

Salerno

Eboli

Maiori

Capaccio

Marina Equa

Amalfi

Paestum

Sant' Agnello

Conca dei Marini

Sorrento

Positano

Anacapri

Termini

Vico Equense

Capri

Nerano - Marina del Cantone

Sant' Agata sui Due Golfi

Strongoli

Praialonga

Catanzaro

Salina

Marina Di Gioiosa Ionica

Vulcano

Santa Cristina d'Aspromonte

Lido di Spisone

Terrasini

Bagheria

Linguaglossa

Taormina

Archi

Catania

SICILIA

Caltagirone

Licata

Ragusa

Modica

13

I PRINCIPI DELLA GUIDA MICHELIN

L'ESPERIENZA AL SERVIZIO DELLA QUALITÀ

Che si trovi in Giappone, negli Stati Uniti, in Cina o in Europa, l'ispettore della Guida MICHELIN rimane fedele ai criteri di valutazione della qualità di un ristorante o di un albergo, e applica le stesse regole durante le sue visite. Se la guida gode di una reputazione a livello mondiale è proprio grazie al continuo impegno nei confronti dei suoi lettori. Un impegno che noi vogliamo riaffermare, qui, con i nostri principi:

Kritchanut/iStock

La visita anonima

Prima regola d'oro, gli ispettori verificano - regolarmente e in maniera anonima - ristoranti e alberghi, per valutare concretamente il livello delle prestazioni offerte ai loro clienti. Pagano il conto e - solo in seguito, se necessario - si presentano per ottenere altre informazioni. La corrispondenza con i lettori costituisce, inoltre, un ulteriore strumento per la realizzazione dei nostri itinerari di visita.

L'indipendenza

Per mantenere un punto di vista obiettivo, nell'interesse del lettore, la selezione degli esercizi viene effettuata in assoluta indipendenza: l'inserimento in guida è totalmente gratuito. Le decisioni sono prese collegialmente dagli ispettori con il capo redattore e le distinzioni più importanti, discusse a livello europeo.

La scelta del migliore

Lungi dall'essere un semplice elenco d'indirizzi, la guida si concentra su una selezione dei migliori alberghi e ristoranti in tutte le categorie di confort e di prezzo. Una scelta che deriva dalla rigida applicazione dello stesso metodo da parte di tutti gli ispettori, indipendentemente dal paese.

L'aggiornamento annuale

Tutte le classificazioni, distinzioni e consigli pratici sono rivisti ed aggiornati ogni anno per fornire le informazioni più affidabili.

L'omogeneità della selezione

I criteri di classificazione sono identici per tutti i paesi interessati dalla guida Michelin. Ad ogni cultura la sua cucina, ma la qualità deve restare un principio universale...

"L'aiuto alla mobilità": è la missione che si è prefissata Michelin.

RISTORANTI

I SIMBOLI
DELLA GUIDA MICHELIN

LE DISTINZIONI:
LA QUALITA' DELLA CUCINA

Le nostre stelle - una ✿, due ✿✿ o tre ✿✿✿ – distinguono le cucine più meritevoli, qualunque sia il loro stile: la qualità della materia prima, la tecnica di cottura, la personalità dello chef, la costanza della prestazione in tutto il pasto e in tutte le stagioni, il buon rapporto qualità-prezzo: queste sono le condizioni che definiscono - al di là dei generi e tipi di cucina – le nostre migliori tavole.

✿✿✿ **TRE STELLE MICHELIN**

Una cucina unica. Merita il viaggio!

La cifra di un grandissimo chef! Prodotti d'eccezione, purezza e potenza dei sapori, equilibrio delle composizioni: la cucina qui assurge al rango d'arte. I piatti, perfettamente realizzati, si ergono spesso a classici..

✿✿ **DUE STELLE MICHELIN**

Una cucina eccellente. Merita la deviazione!

I migliori prodotti esaltati dalla competenza e dall'ispirazione di uno chef di talento che « firma » con la sua squadra piatti eterei ed evocatori, talvolta molto originali.

✿ **UNA STELLA MICHELIN**

Una cucina di grande qualità. Merita la tappa!

Prodotti di prima qualità, finezza nelle preparazioni, sapori distinti, costanza nella realizzazione dei piatti.

⊛ **BIB GOURMAND**

Il nostro migliore rapporto qualità-prezzo

Piacevole esperienza gastronomica a meno di 35 €: buoni prodotti ben valorizzati, un conto ragionevole, una cucina con un eccellente rapporto qualità/prezzo..

⫴○ **IL PIATTO MICHELIN**

Una cucina di qualità

Prodotti di qualità e abilità dello chef: semplicemente un buon pasto!nt !

Installazioni e servizi

- 🕸 Carta dei vini particolamente interessante
- 🛏 Ristorante con camere
- 🌳 Risorsa tranquilla
- ≼ Vista interessante
- 🌿 Parco o giardino
- ♿ Strutture per persone diversamente abili
- AC Aria condizionata
- 🌂 Pasti serviti all'aperto
- ✥ Sale private
- P Parcheggio
- 🚗 Garage
- 🚫 Carte di credito non accettate
- N Nuovo esercizio in guida

Parole-chiave

Due parole-chiave per identificare in un colpo d'occhio, il tipo di cucina e lo stile dell'esercizio...

CREATIVA · DESIGN

Standing

All'interno della stessa qualità di cucina, gli esercizi sono classificati per grado di confort (da 🕸🕸🕸🕸 a 🕸) e in ordine alfabetico.

Il rosso, i nostri indirizzi più piacevoli: charme, carattere, un supplemento d'anima

LA STELLA VERDE MICHELIN:
Gastronomia e sostenibilità

Nella nostra selezione di ristoranti, cerca la stella verde MICHELIN: il simbolo che contraddistingue i locali particolarmente impegnati in favore di una gastronomia sostenibile. Una citazione dello chef illustra la filosofia di questi ristoranti all'avanguardia.

CharlieAJA/iStock

ALBERGHI
I SIMBOLI
DELLA GUIDA MICHELIN

Gli alberghi sono classificati per categoria di confort da ⛪ a 🏠.

Il rosso, i nostri indirizzi più piacevoli: charme, carattere, un supplemento d'anima..

Forme alternative di ospitalità.

Installazioni e servizi

🕊	Servizio di ristorazione nell'hotel
☘	Risorsa tranquilla
≤	Vista interessante
🌿	Parco o giardino
⊡	Ascensore
♿	Strutture per persone diversamente abili
AC	Aria condizionata
⚓	Spiaggia privata
⊼ ⊡	Piscina: all'aperto, coperta
🌀	Spa
🜲 🏋	Sauna • Palestra
🏃	Sale per conferenze
♢	Sale private
P 🚗	Parcheggio • Garage
🚫	Carte di credito non accettate
Ⓝ	Nuovo esercizio in guida

Parole chiave:

Due parole chiave per identificare a prima vista lo stile e l'atmosfera della struttura...
GRAN LUSSO · ROMANTICO

Gli alberghi contrassegnati da questo logo sono membri del Club Tablet Plus e ti offriranno una serie di speciali privilegi. Maggiore comfort (una camera di categoria superiore), maggiori attenzioni (accoglienza personalizzata)... preparati a vivere un'esperienza d'eccellenza!

18

Tablet Hotels

GLI ESPERTI DI HOTEL DELLA GUIDA MICHELIN

La Guida MICHELIN è da sempre un punto di riferimento della gastronomia. Da oggi, con Tablet, MICHELIN definisce gli stessi standard d'eccellenza per gli hotel.

Tablet e Michelin lanciano insieme una nuova ed entusiasmante offerta di hotel, accuratamente selezionati per te. Pioniere nella presentazione di contenuti online, e parte del Gruppo MICHELIN dal 2018, Tablet è il tuo interlocutore per prenotare gli alberghi più esclusivi e straordinari del mondo: luoghi che non ti propongono una semplice camera per la notte, ma un'esperienza unica ed indimenticabile.

Tablet offre migliaia di hotel in oltre 100 paesi e un team di esperti pronti ad assisterti in ogni fase del tuo viaggio.

Prenota il tuo prossimo soggiorno in albergo su **TabletHotels.com**.

Torre di Moravola | Perugia, Italia

ITALIANO

LEGENDA DELLE PIANTE

Alberghi ●
Ristoranti ●

Curiosità

Edificio interessante

Costruzione religiosa interessante

Viabilità

Autostrada, doppia carreggiata

Numero dello svincolo

Grande via di circolazione

Via regolamentata o impraticabile

Via pedonale

P   Parcheggio

Galleria

Stazione e ferrovia

Funicolare

Funivia, Cabinovia

Zona a traffico limitato (Italia)

Simboli vari

Ufficio informazioni turistiche

Costruzione religiosa

Torre • Ruderi • Mulino a vento

Giardino, parco, bosco • Cimitero

Stadio • Golf • Ippodromo

Piscina (all'aperto o coperta)

Vista • Panorama

Monumento • Fontana

Porto turistico

Faro

Aeroporto

Stazione della Metropolitana

Autostazione

Tranvia

Trasporto con traghetto:
passeggeri ed autovetture • solo passeggeri

Ufficio postale centrale

Municipio • Università

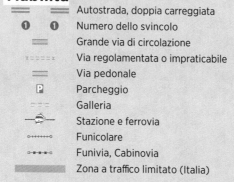

20

Opla/iStock

CONTENTS

Introduction

Regional maps   36

Restaurants & hotels   82

Thematic index   778

Consult the MICHELIN guide at:
www.viamichelin.it
www.guide.michelin.com
and write to us at:
laguidamichelin-italia@michelin.com

Shalith/iStock

DEAR READER

It's time to raise the curtain on the 66th edition of the Michelin Guide Italy, which is as lavish as ever with its recommendations despite the circumstances of this highly unusual year.

● *The lockdown period brought about by the Covid-19 pandemic, followed by a gradual reopening, has resulted in ways of working unknown to us before the current crisis.*

● *The work of our Inspectors has taken place in a context which required considerable organisational effort. Some of their research took place before the lockdown, while during the lockdown itself the team continued with its work, turning its attention to recommendations received from readers, as well as monitoring the Internet and editing content on our website.*

● *With the easing of restrictions, our Inspectors started to plan their visits, adapting to the unusual situation in which hotels and restaurants found themselves. New regulations and opening times may have been introduced but the enthusiasm of hotel and restaurant owners remains as genuine as ever.*

● *Within this highly unusual context, we now have the opportunity to capitalise on our experiences of the past few months, so that these become a lever for enhanced competitiveness and sustainability for our own future and for that of the Italian hospitality sector in general.*

● *We can change how we organise our working methods so that they are better able to meet the needs of our customers while, at the same time, reinforcing the concepts of independence and responsibility, which the Michelin Guide has long been promoting.*

● *In an attempt to actively support the restaurant sector following the lockdown period, the Michelin Guide has developed a barometer to closely monitor the reopening of Michelin-starred restaurants internationally, demonstrating once again that we care passionately about the restaurants we recommend, as well as the many readers who have enjoyed and held these restaurants in such high esteem over the years.*

Gwendal Poullennec,
International director of MICHELIN Guides,
and all the MICHELIN Guide teams

alvarez/iStock

Sustainable gastronomy

● Our famous red Michelin stars (one ✿, two ✿✿ or three ✿✿✿) are awarded in recognition of excellent cuisine, whatever the style. These have now been joined by a new green clover symbol, which highlights the importance of sustainability and is awarded to hotels and restaurants that demonstrate a strong commitment to the environment.

● The introduction of this important new feature demonstrates the Michelin Guide's own commitment to the environment and its aim to play an important role not only in accelerating change but also as a vehicle for popularising good environmental practices which help to protect our planet.

● Acting in a sustainable way means examining our daily habits and choices in order to redevelop a harmonious relationship with the environment in which we live – an approach to which the Michelin Guide gives its wholehearted support!

Introducing the new symbol

● In addition to listing – as we do every year – our coveted and legendary Michelin stars, as well as our Bib Gourmand restaurants which offer excellent value for money, the 2021 Michelin Guide also includes a new and important feature, namely its green clover symbol which is awarded for good enviromental practice ❀

● This new symbol is awarded to hotels and restaurants which are moving towards cuisine that is more sustainable, thus making it easier for readers to identify them. For those businesses considered to be at the forefront of such environmental practices, we have also included the following distinction:

The chef's commitment

And so we invite you to explore this guide in order to find the hotel or restaurant that best suits your personal preference and budget but with an added awareness for the environment, in the secure knowledge that...

the Michelin Guide is always by your side!

BrendaPacheco/iStock

THE MICHELIN GUIDE'S COMMITMENTS

EXPERIENCED IN QUALITY! . . .

Whether they are in Japan, the USA, China or Europe, our inspectors apply the same criteria to judge the quality of each and every hotel and restaurant that they visit. The Michelin guide commands a worldwide reputation thanks to the commitments we make to our readers – and we reiterate these below:

ShotShare/iStock

Anonymous inspections

Our inspectors visit restaurants and hotels regularly and anonymously in order to fully assess the level of service offered to any customer – and they always pay their own bills. Comments from our readers also provide us with valuable feedback and information, and these too are taken into consideration when making our recommendations.

Independence

To remain totally objective for our readers, the selection is made with complete independence. Entry into the guide is free. All decisions are discussed with the Editor and our highest awards are considered at a European level.

Selection and choice

The guide offers a selection of the best hotels and restaurants in every category of comfort and price. This is only possible because all the inspectors rigorously apply the same methods.

Annual updates

All the practical information, classifications and awards are revised and updated every year to give the most reliable information possible.

Consistency

The criteria for the classifications are the same in every country covered by the MICHELIN guide.

The sole intention of Michelin is to make your travels safe and enjoyable.

RESTAURANTS
THE MICHELIN GUIDE'S SYMBOLS

The distinctions: the quality of the cuisine

Our famous one ✦, two ✦✦ and three ✦✦✦ stars identify establishments serving the highest quality cuisine – taking into account the quality of ingredients, the mastery of techniques and flavours, the levels of creativity and, of course, consistency.

✿✿✿ **THREE MICHELIN STARS**
Exceptional cuisine, worth a special journey!
Our highest award is given for the superlative cooking of chefs at the peak of their profession. The ingredients are exemplary, the cooking is elevated to an art form and their dishes are often destined to become classics.

✿✿ **TWO MICHELIN STARS**
Excellent cooking, worth a detour!
The personality and talent of the chef and their team is evident in the expertly crafted dishes, which are refined, inspired and sometimes original.

✿ **ONE MICHELIN STAR**
High quality cooking, worth a stop!
Using top quality ingredients, dishes with distinct flavours are carefully prepared to a consistently high standard.

☺ **BIB GOURMAND**
Good quality, good value cooking.
'Bibs' are awarded for simple yet skilful cooking for under €39.

⫛○ **L'ASSIETTE MICHELIN**
Good cooking
Fresh ingredients, carefully prepared: simply a good meal.

Facilities & services

- ✿ Particularly interesting wine list
- ⇆ Restaurant with bedrooms
- ⩤ Great view
- ⚘ Garden or park
- ♿ Wheelchair access
- AK Air conditioning
- 🛋 Outside dining available
- ♢ Private dining room
- 🚗 Valet parking
- 🅿 Car park
- 🚘 Garage
- 📵 Credit cards not accepted
- Ⓝ New establishment in the guide

Key words

Each entry now comes with two keywords, making it quick and easy to identify the type of establishment and/or the food that it serves.

CUISINE CRÉATIVE · DESIGN

Standing

Within each cuisine category, restaurants are listed by comfort, from XxXxX to X.

Red: Our most delightful places.

THE MICHELIN GREEN STAR:

Gastronomy and sustainability

Look out for the MICHELIN green star in our restaurants selection: the green star highlights role-model establishments actively committed to sustainable gastronomy. A quote by the chef outlines the vision of these trail-blazing establishments.

PeopleImages/iStock

HOTELS
THE MICHELIN GUIDE'S SYMBOLS

Hotels are classified by categories of comfort, from 🏨 to 🏠.

Red: our most delightful places.

🏠 *Guesthouses.*

Facilities & services

⚐	Hotel with a restaurant
⌇	Peaceful establishment
≼	Great view
⌂	Garden or park
▣	Lift (elevator)
♿	Wheelchair access
AC	Air conditioning
⊼ ⊠	Swimming pool: outdoor or indoor
⊕	Wellness centre
♨	Sauna
⌸	Exercise room
⚎	Conference room
⬭	Private dining room
⚐	Valet parking
🅿	Car park
⊜	Garage
⌦	Credit cards not accepted
Ⓝ	New establishment in the guide

Key words

Two key words that depict the interior and vibe of an establishment in an instant...

ROMANTIQUE · COSY

Tablet. PLUS

Hotels bearing this logo are members of the Tablet Plus Club.
They will treat you to numerous privileges. More comfort (a better room), more service (personalised welcome) for an experience depicted by excellence!

Tablet Hotels
THE HOTEL EXPERTS AT THE MICHELIN GUIDE

The MICHELIN Guide is a benchmark in gastronomy.
With Tablet, it's setting the same standard for hotels.

Tablet and Michelin have combined to launch an exciting
new selection of hand-picked hotels. A pioneer in online
curation, and part of the MICHELIN Group since 2018,
Tablet is your source for booking the world's most unique
and extraordinary hotels — places where you'll find a
memorable experience, not just a room for the night.

Tablet features thousands of hotels in over 100 countries
— and a team of experts ready to assist with every step
of your journey.

Book your next hotel stay at **TabletHotels.com.**

Torre di Moravola | Perugia, Italy

TOWN PLAN KEY

- Hotels
- Restaurants

Sights

Place of interest
Interesting place of worship

Road

Motorway, dual carriageway
Junction: complete, limited
Main traffic artery
Unsuitable for traffic
Pedestrian street
Car park
Tunnel
Station and railway
Funicular
Cable car, cable way
Street subject to restrictions

Various signs

Tourist Information Centre
Place of worship
Tower or mast • Ruins • Windmill
Garden, park, wood • Cemetery
Stadium • Golf course • Racecourse
Outdoor or indoor swimming pool
View • Panorama
Monument • Fountain
Pleasure boat harbour
Lighthouse
Airport
Underground station
Coach station
Tramway
Ferry services:
passengers and cars, passengers only
Main post office with poste restante
Town Hall • University, College

Alessandra Gatti/iStock

Carte regionali

Regional maps

La località possiede come minimo...

- un albergo o un ristorante
- ✿ un ristorante « stellato »
- 🍴 un ristorante « Bib Gourmand »
- 🏠 una risorsa di ospitalità particolarmente piacevole

Place with at least...

- one hotel or a restaurant
- ✿ one starred restaurant
- 🍴 one Bib Gourmand restaurant
- 🏠 one particularly pleasant hotel or guesthouse

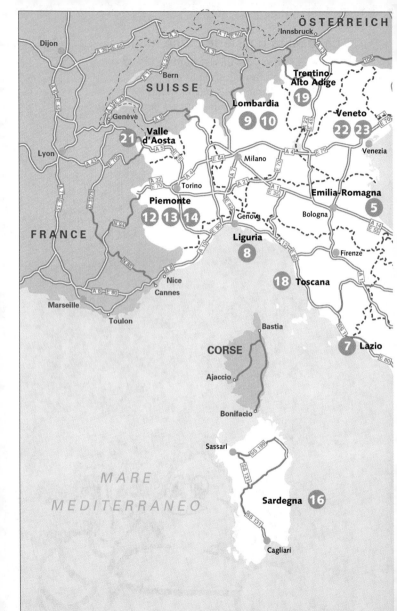

Italia

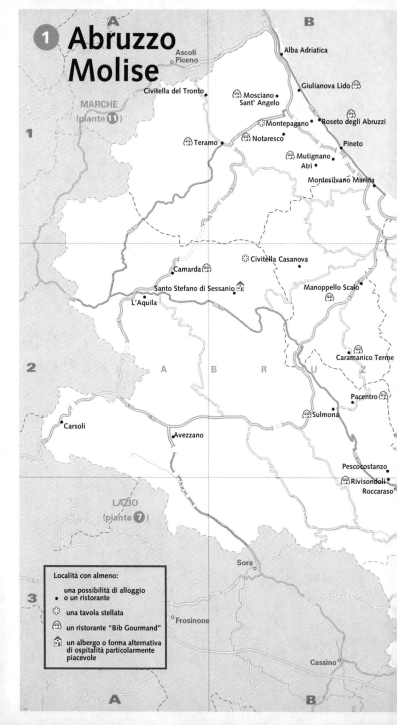

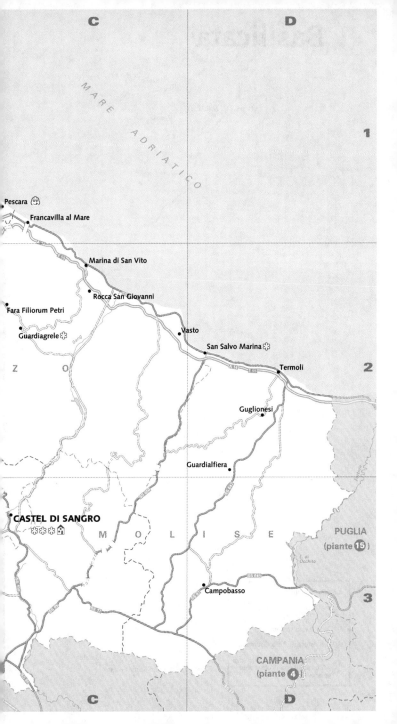

② Basilicata

A   B

Lavello ❀ 🏠

Melfi 😊

Venosa

1

😊 Castelmezzano

2

CAMPANIA
(piante ❹)

Località con almeno:

• una possibilità di alloggio
  o un ristorante
❀ una tavola stellata
😊 un ristorante "Bib Gourmand"
🏠 un albergo o forma alternativa
  di ospitalità particolarmente
  piacevole

3

Trecchina

Maratea

🏠 Fiumicello Santa Venere

A   B

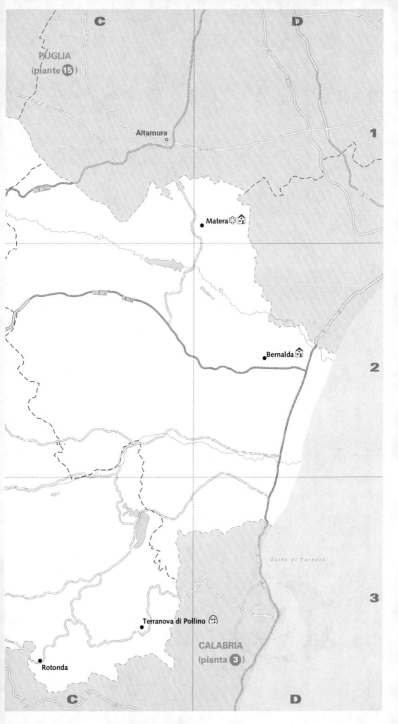

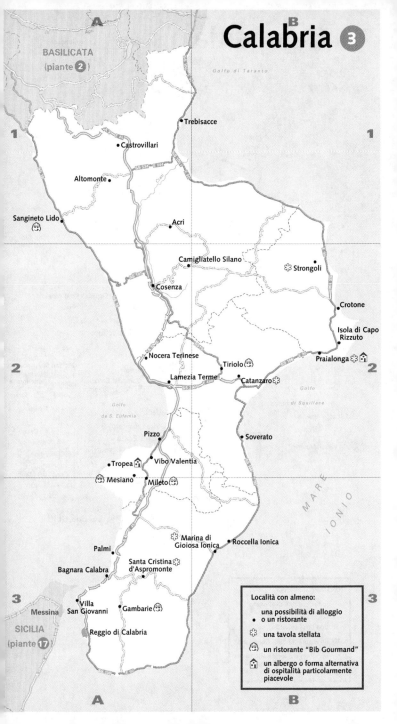

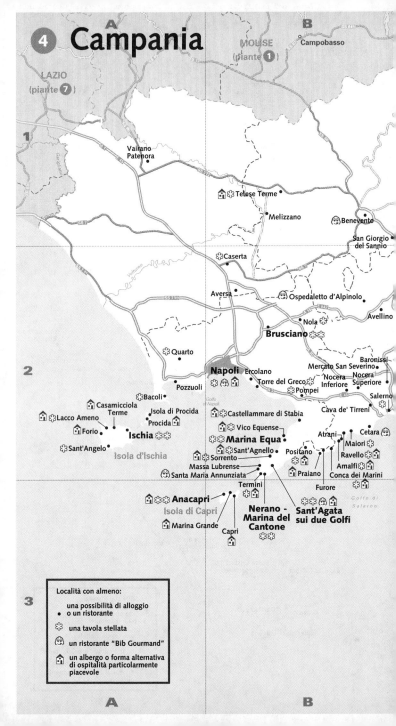

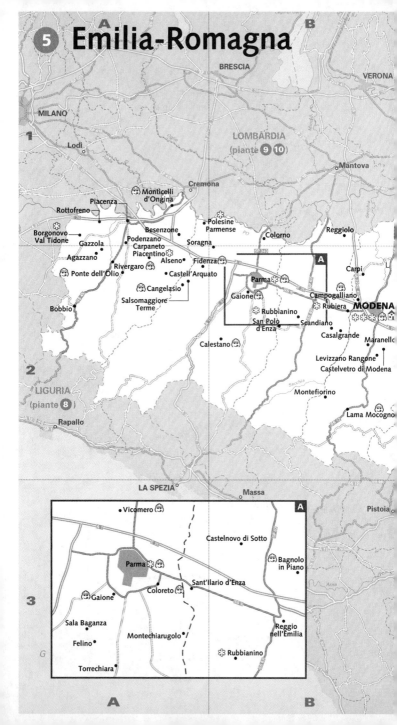

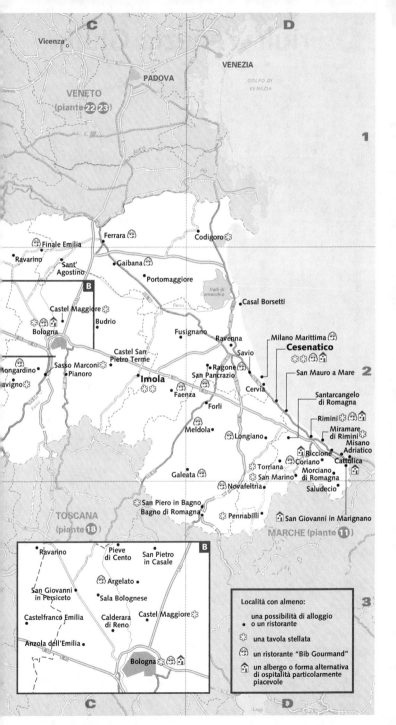

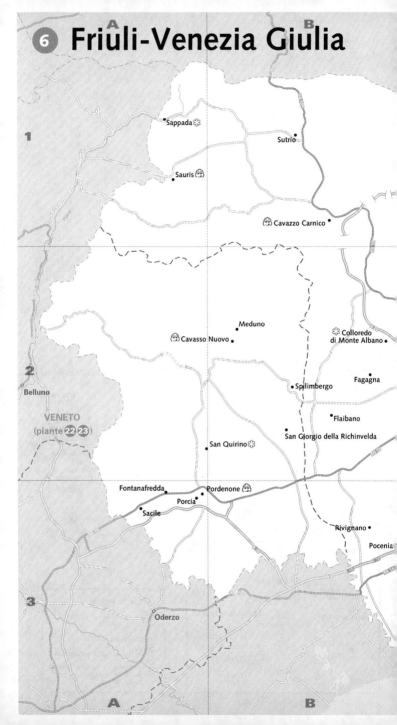

Friuli-Venezia Giulia

6

A **B**

1

Sappada

Sutrio

Sauris

Cavazzo Carnico

Meduno

Colloredo
di Monte Albano

Cavasso Nuovo

Fagagna

2

Belluno

Spilimbergo

VENETO
(piante 22 23)

Flaibano

San Giorgio della Richinvelda

San Quirino

Fontanafredda

Pordenone

Porcia

Rivignano

Sacile

Pocenia

3

Oderzo

A **B**

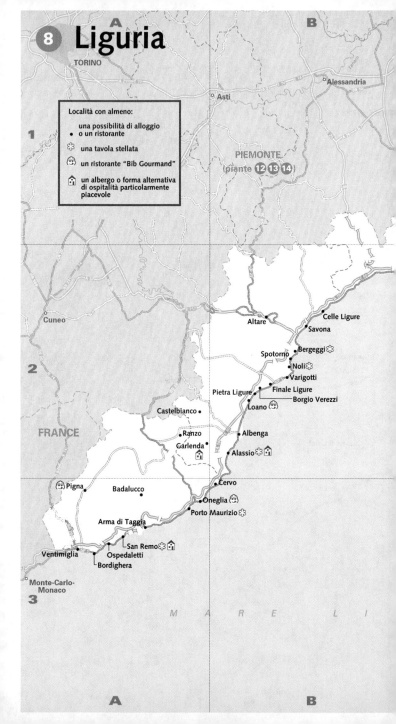

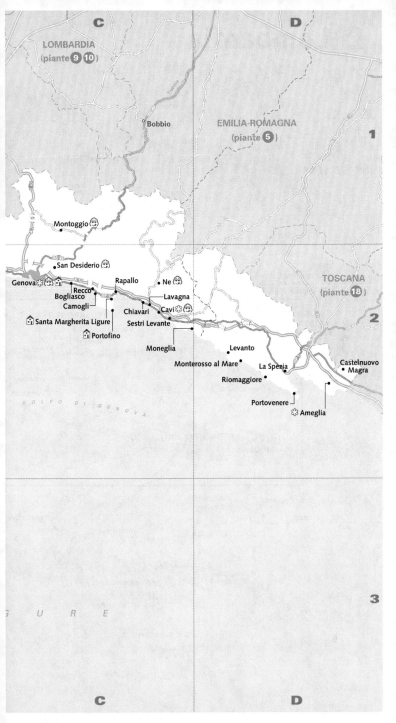

⑨ Lombardia

A   **B**

SUISSE
SCHWEIZ
SVIZZERA

🏠 Livigno

Saint-Moritz

Madesimo ❄

1

Villa di Chiavenna ❄
Chiavenna

Chiesa In Valmalenco •

Bianzone 🏠

Sondrio •   Chiuro Teglio 🏠

Sorico • ❄ Mantello
Morbegno
Delebio •

Foppolo •

Carona •

Lago di Como

Porlezza •

Valsolda •

LUGANO 🏠 Tremezzo
Bellagio ❄ 🏠

Crandola Valsassina •

Luino •
Castelveccana
❄ Laveno
Mombello •
Ranco •

Campione d'Italia •
Rancio Valcuvia
Pellio Intelvi 🏠
Lezzeno 🏠

Clusone •

Besozzo •
Gavirate •
Comerio •
Bodio Lomnago •

Cuasso al Monte ❄ 🏠
🏠 Cernobbio
Belvio ❄
Torno ❄ 🏠

Villa d'Almè •

San Paolo d'Argon 🏠

❄❄❄ 🏠
BRUSAPORTO

Albavilla ❄

Almè ❄

Trescore ❄
Balneario

❄ Como 🏠 ❄
Viganò ❄

🏠 ❄ Bergamo

Erbusco 🏠 ❄

Fagnano Olona ❄

Cavernago ❄

Borgonato ❄

Somma Lombardo •

Olgiate Olona ❄

Treviglio ❄

2

Novara ○

🏠 **MILANO** ❄❄❄❄🏠🏠

❄ **San Pietro all'Olmo**

Orzinuovi ❄

Vercelli ○

❄ Vigevano

❄ Certosa di Pavia

Mortara •
Gambolò •

Pizzighettone •

Pavia •   Monteleone
🏠

Maleo •

Piacenza ○

❄ Stradella

Sannazzaro de' Burgondi •

Bosnasco •
Montù Beccaria •
Santa Maria della Versa •
Montecalvo Versiggia •

3   PIEMONTE
(piante ⑫⑬⑭)

Rivanazzano Terme •

Godiasco Salice Terme •

Alessandria ○

Varzi 🏠

Bobbio ○

A   **B**

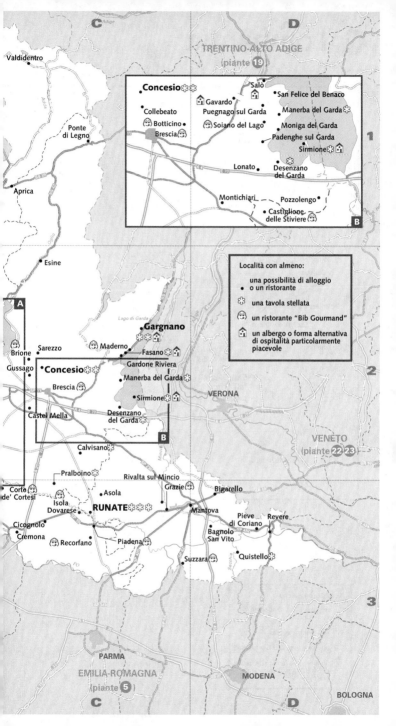

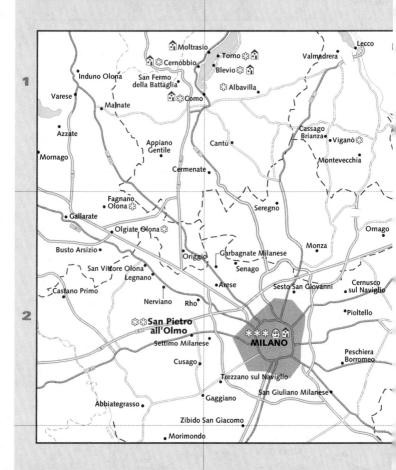

Località con almeno:

• una possibilità di alloggio o un ristorante

❀ una tavola stellata

(Bib) un ristorante "Bib Gourmand"

[hut] un albergo o forma alternativa di ospitalità particolarmente piacevole

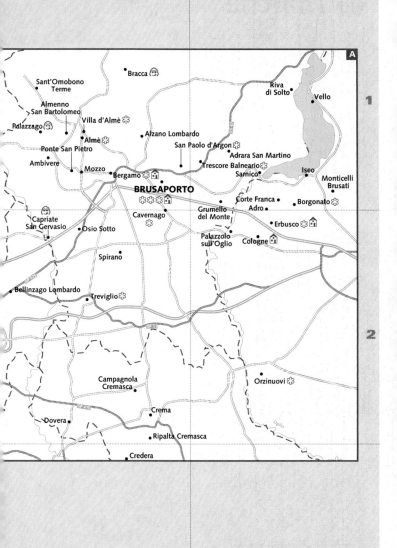

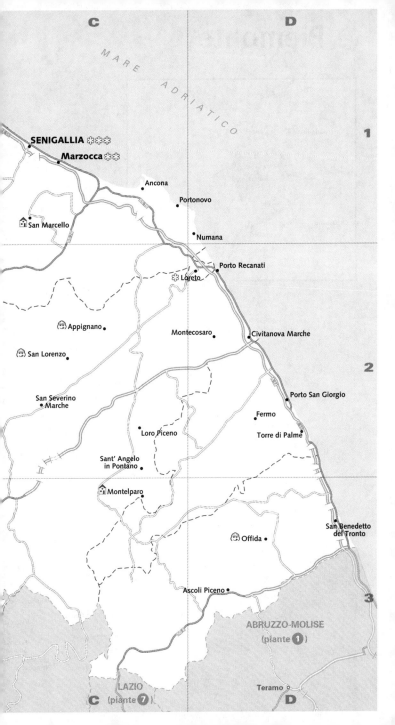

12 Piemonte

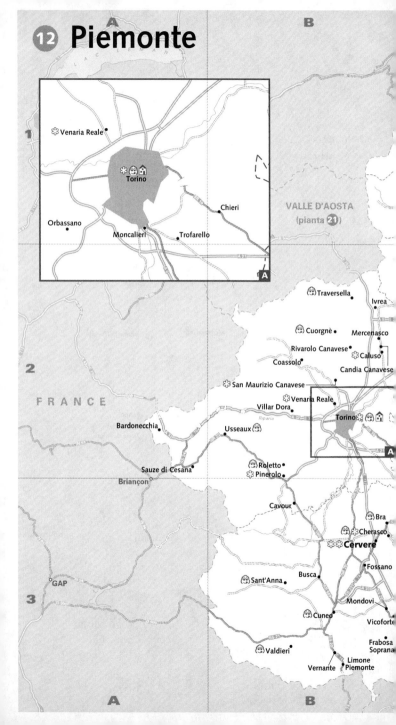

Venaria Reale

Torino

Orbassano

Moncalieri

Chieri

Trofarello

VALLE D'AOSTA
(pianta 21)

FRANCE

Traversella

Ivrea

Cuorgnè

Mercenasco

Rivarolo Canavese

Caluso

Coassolo

Candia Canavese

San Maurizio Canavese

Venaria Reale

Villar Dora

Riparia

Torino

Bardonecchia

Usseaux

Sauze di Cesana

Roletto

Pinerolo

Briançon

Cavour

Bra

Cherasco

Cervere

Fossano

Sant'Anna

Busca

GAP

Mondovì

Cuneo

Vicoforte

Frabosa
Soprana

Valdieri

Limone
Piemonte

Vernante

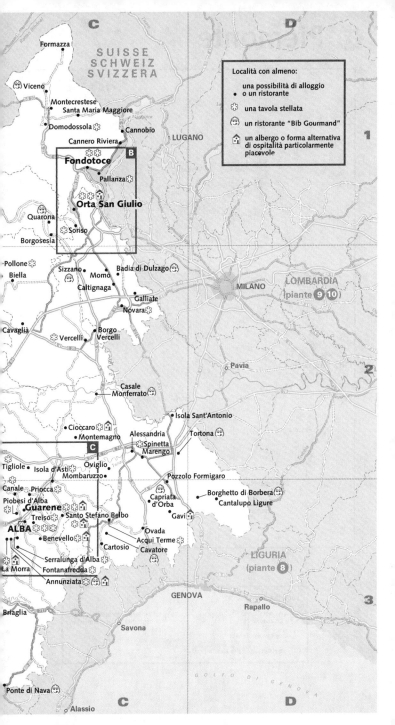

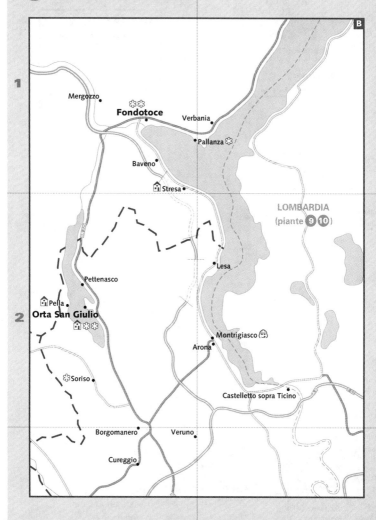

13 Piemonte

Mergozzo

Fondotoce

Verbania

Pallanza

Baveno

Stresa

LOMBARDIA
(piante 9 10)

Lesa

Pettenasco

Pella

Orta San Giulio

Montrigiasco

Arona

Soriso

Castelletto sopra Ticino

Borgomanero

Veruno

Cureggio

Località con almeno:

● una possibilità di alloggio
o un ristorante

✿ una tavola stellata

😊 un ristorante "Bib Gourmand"

🏠 un albergo o forma alternativa
di ospitalità particolarmente
piacevole

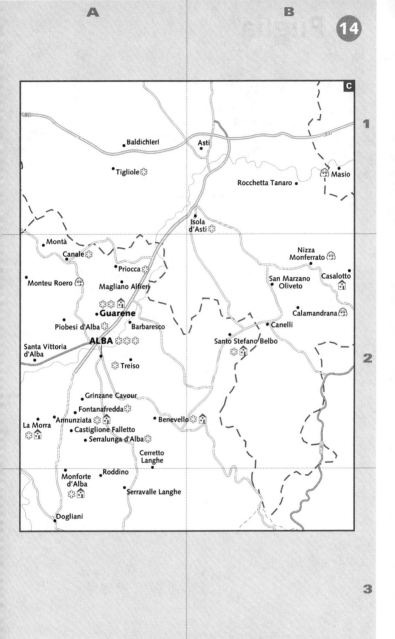

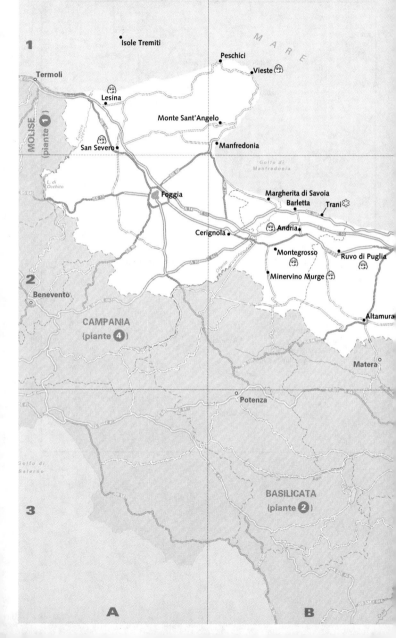

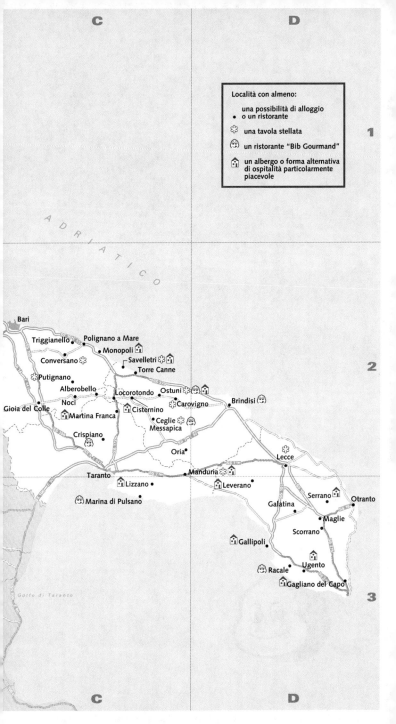

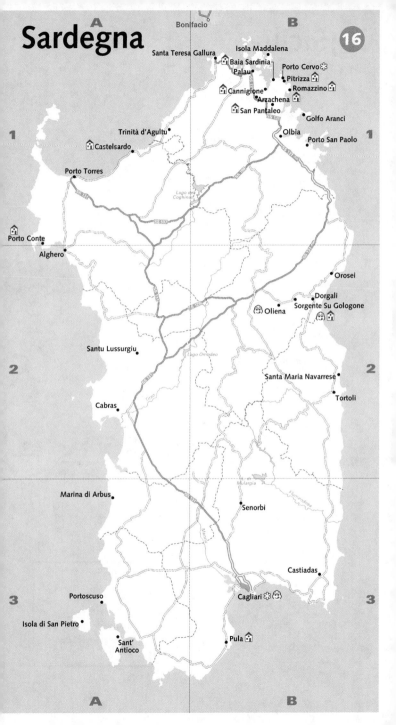

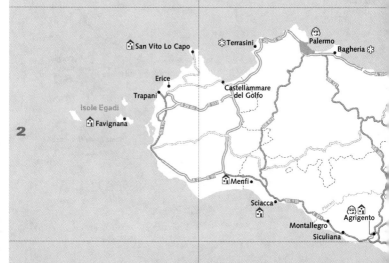

⑰ Sicilia

A   B

1

M A R E

San Vito Lo Capo   ✿Terrasini   😊Palermo   Bagheria ✿

Erice   Castellammare del Golfo

Trapani

Isole Egadi

2

🏠Favignana

🏠Menfi

Sciacca

Montallegro   😊🏠Agrigento

Siculiana

M A R E

3

Pantelleria   *Isola di Pantelleria*

Località con almeno:
- una possibilità di alloggio o un ristorante
- ✿ una tavola stellata
- 😊 un ristorante "Bib Gourmand"
- 🏠 un albergo o forma alternativa di ospitalità particolarmente piacevole

A   B

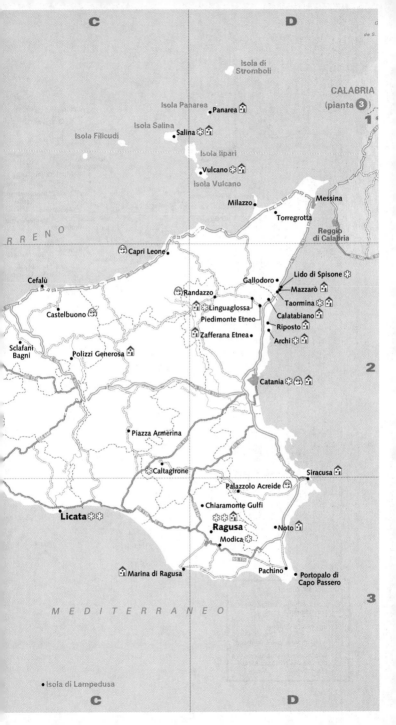

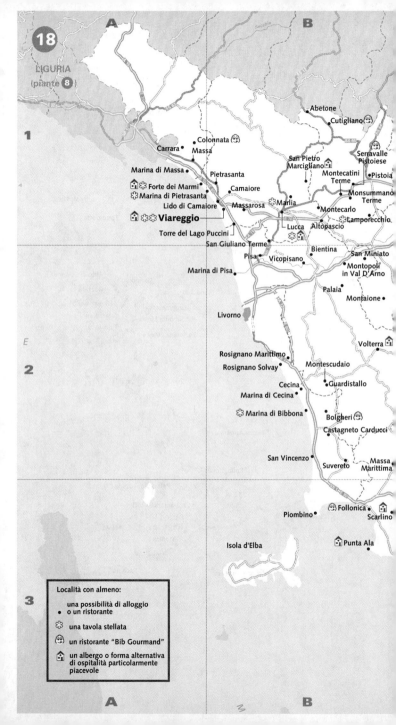

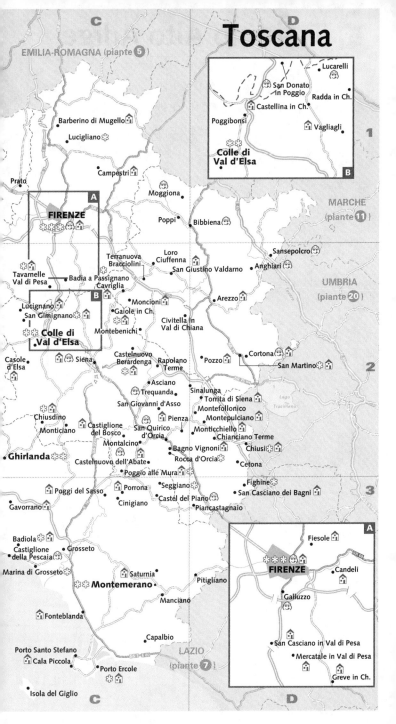

Toscana

EMILIA-ROMAGNA (piante 5)

Lucarelli

San Donato in Poggio
Castellina in Ch.
Radda in Ch.
Poggibonsi
Vagliagli

Colle di Val d'Elsa

B 1

Barberino di Mugello
Lucigliano
Campestri
Prato

FIRENZE

A

Moggiona
Poppi
Bibbiena
MARCHE (piante 11)

Sansepolcro
Anghiari
Loro Ciuffenna
Terranuova Bracciolini
San Giustino Valdarno

Tavarnelle Val di Pesa
Badia a Passignano
Cavriglia
Moncioni
Arezzo
UMBRIA (piante 20)

B

Lucignano
San Gimignano
Gaiole in Ch.
Montebenichi
Civitella in Val di Chiana

Colle di Val d'Elsa

Casole d'Elsa
Siena
Castelnuovo Berardenga
Rapolano Terme
Pozzo
Cortona
San Martino

2

Asciano
Trequanda
Sinalunga
Torrita di Siena
San Giovanni d'Asso
Montefollonico
Montepulciano

Chiusdino
Monticiano
Castiglione del Bosco
San Quirico d'Orcia
Pienza
Monticchiello
Chianciano Terme
Chiusi

Ghirlanda
Montalcino
Bagno Vignoni
Rocca d'Orcia
Cetona

Castelnuovo dell'Abate
Poggio alle Mura

Poggi del Sasso
Porrona
Seggiano
Fighine
San Casciano dei Bagni

3

Gavorrano
Cinigiano
Castel del Piano
Piancastagnaio

Badiola
Castiglione della Pescaia
Grosseto

Marina di Grosseto
Saturnia
Pitigliano

Montemerano
Fonteblanda
Manciano

Capalbio
LAZIO (piante 7)

Porto Santo Stefano
Cala Piccola
Porto Ercole

Isola del Giglio

C

Fiesole

A

FIRENZE

Candeli

Galluzzo

San Casciano in Val di Pesa
Mercatale in Val di Pesa
Greve in Ch.

D

Trentino Alto Adige

A   B

1

SUISSE
SCHWEIZ
SVIZZERA

Vipiteno

Racines

San Martino
in Passiria

Merano

Tirolo

Lagundo

Senales   Rarcines

Malles Venosta

Avelengo

Sarentino

Naturno

Marlengo

Freiberg

Castelbello Ciardes

San Vigilio   Lana

Postal

Laces

Cermes

Tesimo

Foiana

Nalles

Ultimo

Bolzano

San Michele

Fondo

Brez

Ronzone

Romeno

2

Bormio

Commezzadura

Ossana

Madonna di Campiglio

Mezzolombardo

Sorni

Baselga
di Pinè

Fornace

Pinzolo

Pergine
Valsugana

Trento

Levico
Terme

Aprica

Castel
Toblino

Ravina

Madruzzo

3

Arco

Nogaredo

Riva del
Garda

Isera

Rovereto

Torbole

LOMBARDIA
(piante 9 10)

Idro

Lago di Garda

Adige

A   B

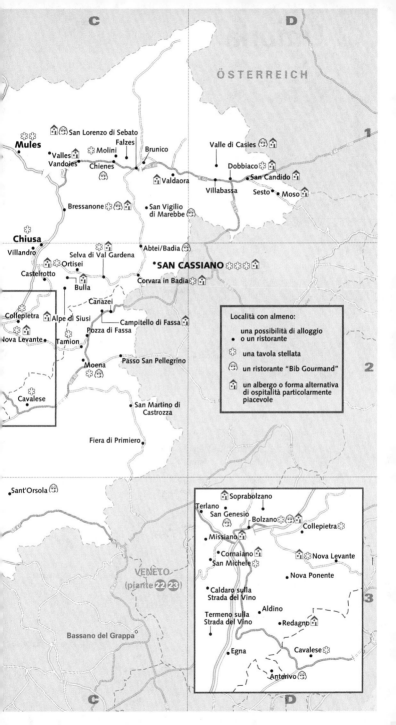

C

D

ÖSTERREICH

Mules ❄❄

San Lorenzo di Sebato 🏠😊
Falzes
❄ Molini
Valles 🏠
Vandoies
Chienes
😊
Brunico

Valle di Casies 😊 🏠

Dobbiaco ❄ 🏠
San Candido 🏠
Villabassa
Sesto • Moso 🏠

🏠 Valdaora

Bressanone ❄ 😊 🏠

• San Vigilio
di Marebbe 😊

Chiusa ❄
Villandro •

• Abtei/Badia 😊

Selva di Val Gardena ❄ 🏠
🏠 ❄ Ortisei

•SAN CASSIANO ❄❄❄ 🏠

Castelrotto

🏠
Bulla

Corvara in Badia ❄ 🏠

Canazei

Collepietra ❄
🏠 Alpe di Siusi

Nova Levante •
Tamion •

Campitello di Fassa 🏠
Pozza di Fassa

Passo San Pellegrino

Moena
❄ 😊

Cavalese ❄

San Martino di
Castrozza

Fiera di Primiero •

Località con almeno:

• una possibilità di alloggio
  o un ristorante

❄ una tavola stellata

😊 un ristorante "Bib Gourmand"

🏠 un albergo o forma alternativa
  di ospitalità particolarmente
  piacevole

Sant'Orsola 😊

🏠 Soprabolzano
Terlano
San Genesio
😊
Bolzano ❄ 😊 🏠
Missiano 🏠

Collepietra ❄

• Cornaiano 🏠
San Michele •

🏠 ❄ Nova Levante

Nova Ponente •

• Caldaro sulla
Strada del Vino

VENETO
(piante 22 23)

Aldino •

Termeno sulla
Strada del Vino

• Redagno 🏠

Bassano del Grappa °

Egna •

Cavalese ❄

Anterivo 😊

C

D

1

2

3

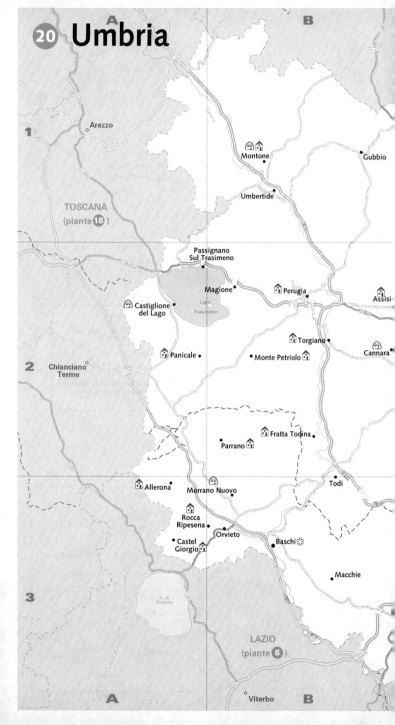

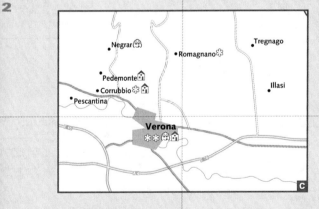

Località con almeno:

- una possibilità di alloggio o un ristorante

❀ una tavola stellata

😊 un ristorante "Bib Gourmand"

🏠 un albergo o forma alternativa di ospitalità particolarmente piacevole

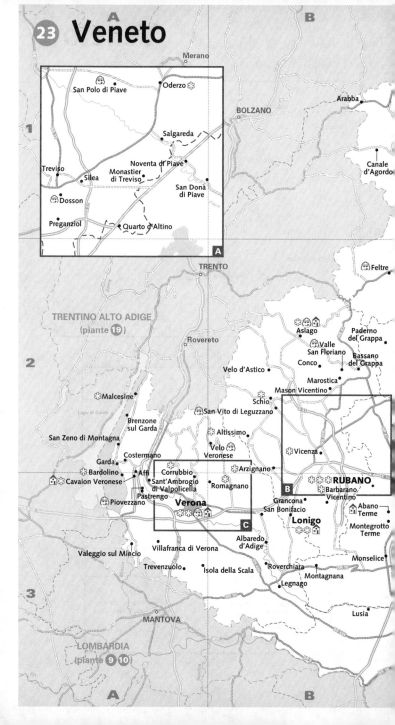

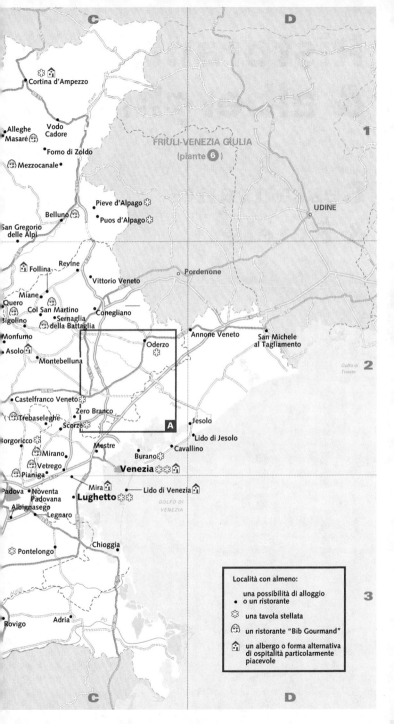

Località con almeno:

•   una possibilità di alloggio
    o un ristorante

✿   una tavola stellata

😊   un ristorante "Bib Gourmand"

🏠   un albergo o forma alternativa
    di ospitalità particolarmente
    piacevole

Ristoranti & alberghi

Restaurants & Hotels

Città dalla A alla Z   •   Towns from A to Z

ABANO TERME

✉ 35031 – Padova (PD) – Carta regionale n° **23**–B3 – Carta stradale Michelin 562-F17

🍴○ **AUBERGINE**

CLASSICA · ACCOGLIENTE ✕✕ Piatti ispirati alla stagione e al territorio, sia di terra, sia di mare, in un ristorante-pizzeria dalla calda atmosfera. Il centro dista solo pochi passi.

Menu 18€ (pranzo) – Carta 27/47€

🍽 🏧 **P** via Ghislandi 5 – ℰ 049 866 9910 – www.aubergine.it –
Chiuso martedì

TRITONE TERME

SPA E WELLNESS · ELEGANTE A pochi passi dal centro storico, esclusività e confort in un hotel che vanta camere spaziose ed accoglienti, nonché eccellenti spazi all'aperto; splendida collezione di antiche biciclette disseminate nei locali comuni. Cucina classica per un ristorante, dove sembra di poter toccare la vegetazione attraverso le finestre.

🏊 🖫 ⚒ 🖥 🌐 🕉 ⅃ᵇ 🖃 ♿ 🏧 **P** 110 camere – 11 suites

via Volta 31 – ℰ 049 866 8099 – www.termetritone.it

ABANO GRAND HOTEL

LUSSO · STORICO Un ameno parco vi introdurrà in questo esclusivo hotel dagli ambienti in raffinato stile impero; ampie camere ed una nuova zona benessere, composta da un percorso di bagni termali, saune, grotta, etc. in un'atmosfera tranquilla e appositamente studiata per il recupero dell'equilibrio psicofisico.

🏊 🖫 ⚒ 🖥 🌐 🕉 ⅃ᵇ 🖃 ♿ 🏧 🕭 **P** 🚗 179 camere – 8 suites

via Valerio Flacco 1 – ℰ 049 824 8100 – www.gbhotelsabano.it

ABBIATEGRASSO

✉ 20081 – Milano (MI) – Carta regionale n° **10**–A2 – Carta stradale Michelin 561-F8

🍴○ **IL RISTORANTE DI AGOSTINO CAMPARI**

LOMBARDA · AMBIENTE CLASSICO ✕✕ Roccaforte della cucina lombarda, gli amanti della tradizione non si perderanno i risotti e quel sapore piacevolmente ed irresistibilmente antico del carrello di arrosti e bolliti. Servizio estivo sotto un glicine, su tutto veglia una calorosa ospitalità familiare.

Menu 22€ (pranzo)/30€ – Carta 40/60€

🍽 🏧 ⇦⇨ **P** via Novara 81 – ℰ 02 942 0329 – www.agostinocampari.com –
Chiuso 26 dicembre-5 gennaio, lunedì

ABETONE

✉ 51021 – Pistoia (PT) – Carta regionale n° **18**–B1 – Carta stradale Michelin 563-J14

a Val di Luce Nord : 8 km

VAL DI LUCE SPA RESORT

LUSSO · STILE MONTANO Charme in stile alpino per questo resort ai piedi della pista della Val di Luce: camere ampie (alcune sono veri e propri mini-appartamenti dotati di angolo cottura) e centro benessere con piccola piscina sotto una piramide a vetri, che lascia intravedere scorci di cielo.

🏊 ❄ ⟨ 🖫 🖥 🌐 🕉 ⅃ᵇ 🖃 ♿ **P** 🚗 77 camere

via Val di Luce 22 – ℰ 0573 60961 – www.valdilucesparesort.it

ACQUALAGNA

✉ 61041 – Pesaro e Urbino (PU) – Carta regionale n° **11**–B1 – Carta stradale Michelin 563-L20

a Furlo Nord - Est : 4 km

⅋○ **ANTICOFURLO**

REGIONALE · ACCOGLIENTE XX Locale dall'atmosfera informale, ma nel piatto la creatività fa "vibrare" i tradizionali sapori regionali; imperdibile il rito dell'aperitivo, che si consuma nella caratteristica grotta scavata nella roccia. Camere a disposizione per chi vuole prolungare la sosta, alcune dedicate a personaggi storici del passato.

Menu 30/60 € – Carta 37/60 €

⅋⅋ ⇔ 斎 & Ⓚ ⇔ 🅿 *via Furlo 60 – ℰ 0721 700096 – www.anticofurlo.it – Chiuso 10 gennaio-10 febbraio, lunedì sera, martedì, mercoledì*

ACQUAPARTITA – Forlì-Cesena (FC) → Vedere Bagno di Romagna

ACQUAPENDENTE

✉ 01021 – Viterbo (VT) – Carta stradale Michelin 563-N17

a Trevinano Nord - Est : 15 km – Carta regionale n° **7**–A1

⁂ **LA PAROLINA**

Chef: Iside De Cesare e Romano Gordini

DEL TERRITORIO · CONTESTO CONTEMPORANEO XX Se è vero che differenza è sinonimo di ricchezza, Iside e Romano ne hanno qui di che attingere a piene mani! Si va dai funghi dell'Amiata ai tartufi delle crete senesi, dagli asparagi di Canino alle nocciole dei Monti Cimini, senza dimenticare i tanti prodotti ittici provenienti dal vicino lago di Bolsena e dal mar Tirreno. Coppia nella vita e nel lavoro, i coniugi Gordini inaugurano nel 2012 questo bel locale con terrazza panoramica – superba nei mesi estivi – dedicando anche uno spazio all'ospitalità presso la locanda la Letterina. Valorizzazione dei prodotti del territorio ed una buona dose di fantasia sono le chiavi di un intramontabile successo!

Specialità: Uovo alla carbonara. Cappelletti di cinta senese in brodo progressivo. Cremoso gianduiotto al caffè.

Menu 55/130 € – Carta 60/85 €

⇔ ≤ 斎 Ⓚ *via Giacomo Leopardi 1 – ℰ 0763 717130 – www.laparolina.it – Chiuso lunedì, martedì*

ACQUI TERME

✉ 15011 – Alessandria (AL) – Carta regionale n° **12**–C3 – Carta stradale Michelin 561-H7

⁂ **I CAFFI**

Chef: Bruna Cane

CLASSICA · ELEGANTE XX Nel centro storico, al 1° piano di un palazzo cinquecentesco, due anime formano un solo locale. La sala gourmet è apparecchiata nell'affrescata "stanza del sindaco" dove si assaggia un'elegante versione di cucina piemontese con qualche inserimento di pesce. La Brasserie, invece, occupa due sale più moderne; è aperta anche a pranzo ed offre una cucina più semplice che la sera si arricchisce di carni alla griglia. Il pane, la pasta e le piccola pasticceria preparate giornalmente, la selezione di carni - piemontesi e non - i formaggi di varia provenienza, la verdura in parte biologica, le erbe aromatiche di produzione propria, la ricerca del migliore pesce fresco, fanno sì che l'attenzione nella scelta sia una costante. In stagione funghi e tartufi rigorosamente del territorio permettono di arricchire ulteriormente la proposta.

Specialità: Tarte Tatin di cipolla con gelato al gorgonzola. Raviolone aperto di magro con burro fuso e maggiorana. Tortino al fondente con gelato di lavanda.

Menu 40 € (pranzo), 60/85 € – Carta 53/97 €

⅋⅋ Ⓚ *via Scatilazzi 15 – ℰ 0144 325206 – www.icaffi.it – Chiuso 31 gennaio-13 febbraio, 29 agosto-10 settembre, lunedì, domenica*

ⅱ○ **ENOTECA LA CURIA**

PIEMONTESE · ACCOGLIENTE ✕✕ A pochi metri dalla fontana, un giardino pergolato in estate e le comode e semplici sale interne in inverno vi accoglieranno con una cucina piemontese, fragrante e con qualche personalizzazione dello chef. L'enoteca adiacente - sempre della stessa proprietà – si fa garante nell'accompagnare i vostri pasti con ottimi vini, non solo del vicino Monferrato.

Menu 20 € (pranzo), 35/50 € – Carta 45/65 €

🕸 🏠 ♿ ⇄ *via alla Bollente 26 – ℰ 0144 356049 – www.enotecalacuria.com – Chiuso lunedì*

ACRI

✉ 87041 – Cosenza (CS) – Carta regionale n° **3**–A1 – Carta stradale Michelin 564-I31

ⅱ○ **IL CARPACCIO**

CALABRESE · ACCOGLIENTE ✕✕ Ristorante di tradizione familiare dotato di una bella sala-veranda affacciata sulla vallata; in carta si trovano specialità tipiche calabresi, il pesce solo su prenotazione, e tanti prodotti dell'orto di casa curato direttamente dai proprietari. Il tutto accompagnato da una buona cantina.

Menu 25/45 € – Carta 25/50 €

🕸 🏠 🅰🅒 ⇄ 🅿 *contrada Cocozzello 197/D – ℰ 0984 949205 – www.ilcarpaccio.it – Chiuso lunedì, domenica sera*

ACUTO

✉ 03010 – Frosinone (FR) – Carta regionale n° **7**–C2 – Carta stradale Michelin 563-Q21

✿ **COLLINE CIOCIARE**

Chef: Salvatore Tassa

CREATIVA · ELEGANTE ✕✕✕ Ad una sessantina di chilometri dalla capitale, con una strada che nell'ultimo tratto è punteggiata di curve, per venire fino a qua bisogna proprio averne voglia o – molto più probabilmente – aver sentito parlare delle leccornie che Salvatore Tassa porta in tavola. Scelta ridotta, ma fantasia infinita: dalla tradizione in bilico tra Lazio e classici italiani, agli accostamenti più audaci, pochi piatti vi aprono un universo, quello di questo cuoco-poeta lontano da ogni moda e da ogni definizione. Al moderno bistrot Nù, regnano invece la tradizione e l'omaggio alle ricette storiche dello chef.

Specialità: La cipolla fondente. Fettuccine con pomodori bruciati, pecorino e menta. Wafer alla cannella e gelato al cardamomo.

Menu 80/120 €

🏠 🅰🅒 ⇄ *via Prenestina 27 – ℰ 0775 56049 – www.collineciociare.it – Chiuso lunedì, martedì-giovedì a mezzogiorno, domenica sera*

ADRARA SAN MARTINO

✉ 24060 – Bergamo (BG) – Carta regionale n° **10**–D1 – Carta stradale Michelin 561-E11

ⅱ○ **AI BURATTINI**

DEL TERRITORIO · MINIMALISTA ✕ Alla quarta generazione con la sempre attenzione al territorio e alle stagioni, calda ed informale atmosfera in un locale che fu anche luogo dove si tenevano spettacoli di burattini. Buona la selezione di salumi: una chicca? La bresaola di pecora gigante bergamasca!

Menu 14 € (pranzo) – Carta 28/40 €

🏠 🅰🅒 *via Madaschi 45 – ℰ 035 933433 – www.aiburattini.it – Chiuso martedì sera, mercoledì*

ADRIA

✉ 45011 – Rovigo (RO) – Carta regionale n° **23**–C3 – Carta stradale Michelin 562-G18

🍴○ **MOLTENI**

PESCE E FRUTTI DI MARE · FAMILIARE ✗ Si respira già profumo di mare ad Adria, alle porte del Delta del Po. La stessa famiglia - ora alla terza generazione - gestisce questo ristorante dal 1921, proponendo piatti di pesce dell'Adriatico in un ambiente composto da due sale: una più intima, raccolta e personalizzata, l'altra più luminosa ed ariosa, affacciata sul servizio all'aperto.

Carta 35/55€

🏠 🅰🅲 ♿ 🅿 *via Ruzzina 2/4 - 𝒞 042642520 - www.albergomolteni.it –*
Chiuso 24 dicembre-7 gennaio, sabato a mezzogiorno, domenica

ADRO

✉ 25030 – Brescia (BS) – Carta regionale n° **10**–D1 – Carta stradale Michelin 561-F11

a **Torbiato** Sud-Est: 4 km

🍴○ **DISPENSA FRANCIACORTA**

MODERNA · CONVIVIALE ✗✗ Atmosfera familiare resa ancora più scenografica dalle bottiglie di vino dell'enoteca che ne riempiono le pareti, per un locale che declina le ottime materie prime della Franciacorta in ricette gustose e tradizionali, forti delle verdure che provengono da un grande orto biologico sostenuto dal locale. Al bancone ci si diverte a tutte le ore del giorno con simpatici assaggi degli ingredienti utilizzati dallo chef (pasta, formaggi, salumi, etc.).

Menu 40€ – Carta 40/55€

♿ 🅰🅲 🅿 *via Principe Umberto 23 - 𝒞 030 745 0757 –*
www.dispensafranciacorta.com – Chiuso lunedì

🍴○ **Natura** – Vedere selezione ristoranti

🍴○ **NATURA**

MODERNA · ELEGANTE ✗✗ *Causa emergenza COVID-19 chiuso temporaneamente.*
Il nome rispecchia la filosofia dell'ambiente, nonchè della cucina. Profusione di legno, luci e colori tenui, per piatti contemporanei sia nelle cotture che nelle presentazioni. La selezione di ottime materie prime tiene in grande conto la naturalezza.

Menu 50/85€ – Carta 60/84€

🏠 ♿ 🅰🅲 *Dispensa Franciacorta, via Principe Umberto 35 - 𝒞 030 728 1670 –*
www.ristorantenatura.it – Chiuso lunedì, domenica sera

AFFI

✉ 37010 – Verona (VR) – Carta regionale n° **23**–A2 – Carta stradale Michelin 561-F14

🍴○ **LOCANDA MOSCAL**

ITALIANA · CONVIVIALE ✗ Semplice e colorato, informale e conviviale, ma anche un'insospettabile tappa gastronomica che richiama avventori dal lago come da Verona. Ai margini del grazioso centro storico di Affi, qui troverete una cucina generosa e saporita, basata su un'ottima materia prima.

Carta 30/40€

⬅ 🏠 🅰🅲 *via Pigna 1 - 𝒞 045 626 0309 - www.moscal.it – Chiuso lunedì*

AGAZZANO

✉ 29010 – Piacenza (PC) – Carta regionale n° **5**–A2 – Carta stradale Michelin 562-H10

a **Sarturano** Nord: 4 km

🍴○ **ANTICA TRATTORIA GIOVANELLI**

DEL TERRITORIO · FAMILIARE ✗ In un grazioso contesto bucolico ai piedi delle colline, trattoria gestita dalla stessa famiglia - ora alla terza generazione - dal 1939, da Giovanelli si serve cucina del territorio. Propongono tra l'altro salumi, arrosti e bolliti di carne, ma noi vi consigliamo di non perdere le paste fresche fatte in casa, insieme alla torta di mandorle con zabaione.

Carta 30/40€

🏠 🅰🅲 🅿 *via Centrale 5 - 𝒞 0523 975209 - www.anticatrattoriagiovanelli.it –*
Chiuso 14-28 febbraio, lunedì, mercoledì sera, domenica sera

AGROPOLI

✉ 84043 – Salerno (SA) – Carta regionale n° **4**–C3 – Carta stradale Michelin 564-F26

🍽○ **IL CEPPO**

PESCE E FRUTTI DI MARE · FAMILIARE ⅹ Trattoria familiare, al comando due giovani fratelli, uno in sala, l'altro in cucina, per servire una cucina tipica, in prevalenza marina, con una vera griglia di carboni tra i punti di forza. La sera anche pizza con mozzarella di bufala. Davanti al ristorante c'è l'albergo della medesima proprietà con camere semplici, ma accoglienti.

Menu 18/35 € – Carta 30/70 €

⅋ ⇦ 🏠 🅰🅲 ⇩ 🅿 *via Madonna del Carmine 31 -* ☏ *0974 843036 -*
www.hotelristoranteilceppo.com – Chiuso lunedì

🍽○ **IL CORMORANO**

PESCE E FRUTTI DI MARE · FAMILIARE ⅹ Affacciato sul porto e su una caratteristica baia ai piedi di un promontorio, col bel tempo il servizio in terrazza è all'insegna di una cena romantica, mentre la sala interna riflette il carattere piacevolmente rustico dell'edificio cinquecentesco. Cucina classica di mare.

Carta 30/65 €

🏠 *via C. Pisacane 13 -* ☏ *0974 823900 - www.ristoranteilcormorano.it -*
Chiuso 11 gennaio-10 febbraio, mercoledì

ALASSIO

✉ 17021 – Savona (SV) – Carta regionale n° **8**–B2 – Carta stradale Michelin 561-J6

✿ **NOVE**

MODERNA · ELEGANTE ⅩⅩⅩ All'interno del raffinato relais Villa della Pergola che si affaccia sul golfo di Alassio, questo ristorante presenta una regale atmosfera inglese *fin de siècle*. La bella sala da pranzo si caratterizza – infatti – per pavimenti in parquet ad intarsio e ricche boiserie, mentre nel periodo estivo la terrazza circondata da alberi secolari è un angolo di piccolo paradiso per relax e vista sul mare. Da qualche anno a questa parte, chef Servetto ha iniziato qui una nuova avventura professionale mettendo in tavola tutto il meglio che la regione natale possa proporre. La sua cucina è un'inarrestabile ricerca di prodotti locali, a km 0, fra il mare e le vicine montagne; piatti molto ben presentati e dai vivaci accostamenti cromatici. Interessante selezione enologica con una scelta capillare di vini liguri, ma anche bollicine nazionali e Champagne.

Specialità: Ricci di mare, aglio di Vessalico e nero di seppia. Lumache alla Ligure. Pesca tabacchiera ripiena, amaretto, cioccolato e moscato.

Menu 75/100 € – Carta 70/118 €

≼ ⇦ 🏠 🅰🅲 ⇩ 🅿 *Hotel Villa della Pergola, via Privata Montagù 9/1 -*
☏ *0182 646140 - www.noveristorante.it – Chiuso 10 gennaio-19 marzo, martedì*

🍽○ **LAMBERTI**

PESCE E FRUTTI DI MARE · CONTESTO CONTEMPORANEO ⅩⅩ Nel duello fra tradizione e creatività, quest'ultima ha la meglio in diversi piatti; siamo all'interno dell'omonimo albergo, quindi a pochi passi dal mare.

Menu 60/90 € – Carta 52/75 €

⅋ ⇦ 🏠 ♿ 🅰🅲 *via Gramsci 57 -* ☏ *0182 642747 - www.ristorantelamberti.it*

🏠 **VILLA DELLA PERGOLA**

DIMORA STORICA · GRAN LUSSO In spettacolare posizione rialzata su Alassio ed immersa in due ettari di parco botanico, Villa la Pergola è una delle residenze più esclusive della Riviera. Costruita nell'Ottocento da una famiglia anglosassone, l'atmosfera di una signorile dimora privata inglese ne pervade ancora i lussuosi interni, mentre le eleganti camere sono distribuite tra la villa principale e le dépendance.

⅍ ≼ ⇦ ⅃ 🅰🅲 🅿 10 camere – 5 suites

via Privata Montagù 9/1 - ☏ *0182 646130 - www.villadellapergola.com*

✿ **Nove** – Vedere selezione ristoranti

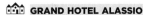 GRAND HOTEL ALASSIO

TRADIZIONALE · ELEGANTE Imponente edificio ottocentesco affacciato sulla spiaggia, qui rivivrete i fasti dei grandi alberghi d'epoca, ma con tutti i confort offerti dalle stanze dagli arredi contemporanei. Da non perdere una sosta al ristorante gourmet Gazebo, come una visita al centro talassoterapico con piscina di acqua di mare.

🏊 🍴 📺 🌐 ⛷ 🛁 📶 ♿ 🅿 ♨ 🚗 54 camere – 7 suites

via Gramsci 2 – 📞 *0182 648778 – www.ghalassio.com*

ALBA

✉ 12051 – Cuneo (CN) – Carta regionale n° **14**–A2 – Carta stradale Michelin 561-H6

✿✿✿ PIAZZA DUOMO

CREATIVA · ELEGANTE ✗✗ In questo atelier gastronomico, lo chef Enrico Crippa celebra le Langhe, ma lo fa secondo una meticolosità tutta nipponica.

Il pasto debutta in maniera esplosiva con una serie di finger creativi, mentre erbe, fiori, verdura e frutta non sono mai attori non protagonisti dei piatti, ma li esaltano sia nel sapore sia nell'estetica. "Bisogna rimettere al centro ciò che mangiamo, curandoci della provenienza delle materie prime. In tal senso, un prodotto che nasce in un territorio d'eccellenza, e che per arrivare a tavola impiega una manciata di minuti, è un bene prezioso".

Sono le parole del cuoco piemontese d'adozione, ma in realtà nato a Carate Brianza, che in una serra di 450 mq e in un appezzamento di 4.000 mq coltiva i suoi ortaggi.

Strepitosa anche la scelta enoica con due carte dei vini: una "Solo il Piemonte" e l'altra "Tutto il Resto".

Specialità: Insalata 21.31.41.51. Agnello e camomilla. Panna cotta Matisse.

Menu 270/300 €

🕸 🛋 🅰 ⇄ *vicolo dell'Arco 1, angolo piazza Risorgimento 4 –* 📞 *0173 366167 – www.piazzaduomoalba.it – Chiuso 1-21 gennaio, 8-25 agosto, lunedì, domenica*

✿ LOCANDA DEL PILONE

CREATIVA · ELEGANTE ✗✗✗ Quasi in bilico su una lingua di terra che si insinua tra le zone vinicole più prestigiose delle Langhe, le sale si affacciano su pittoreschi paesaggi collinari, ma è la cucina a rubare il palcoscenico. Attore un giovanissimo cuoco, ma già tra i più bravi della regione, artefice di piatti sorprendenti ed originali, equilibrati e gustosi, esteticamente belli da vedere. A tutto ciò si aggiungono il savoir-faire e la discrezione di un servizio giovane. La location con il dehors estivo sotto un elegante porticato è talmente accattivante che di per sé giustificherebbe il viaggio e la sosta, ma la locanda cala un ulteriore asso nella manica: raffinate camere custodi di memorie piemontesi.

Specialità: La nostra finanziera con crudo di gamberi. Piccione e lemongrass. Latte e miele.

Menu 80/120 € – Carta 78/105 €

🕸 🛋 🍴 🛏 🌿 ♿ 🅰 ⇄ 🅿 *frazione Madonna di Como 34 (strada della Cicchetta) –* 📞 *0173 366616 – www.locandadelpilone.com – Chiuso 1 gennaio-31 marzo, martedì, mercoledì*

✿ LAROSSA

CREATIVA · CONTESTO CONTEMPORANEO ✗✗ Originario del Lago Maggiore, ma cresciuto con una cultura culinaria legata alle origini laziali della mamma e lucane del papà, lo chef-patron, Andrea Larossa, disegna la propria strada giocando con la tradizione piemontese. In alcuni piatti la cita con ossequio, in altri se ne allontana alla ricerca di spunti più creativi. Un esempio? "Il mare d'autunno": capesante con animelle, cavolfiore e gorgonzola. Le presentazioni sono accattivanti ed il piacere del palato non si fa attendere; la carta dei vini curata da Patrizia, compagna di Andrea, è divisa fra bianchi e rossi con una grande attenzione alla regione di appartenenza.

Specialità: L'arrosto di notte - vitello tonnato. La vecchia latteria - carnaroli acquerello mantecato allo stravecchio friulano ai sentori di liquirizia. Nevoso - lampone e lampone sotto la neve.

Menu 75/130 €

🔟 *via Alberione 10/D -* ☎ *0173 060639 -*
www.ristorantelarossa.it - Chiuso martedì, mercoledì a mezzogiorno

❤️○ **ENOCLUB**

PIEMONTESE · CONTESTO STORICO ✕✕ Sotto i portici della piazza ora intitolata al fondatore di un'importante industria dolciaria locale, per il ristorante bisogna scendere nelle suggestive cantine in mattoni, dove vengono serviti piatti
sempre piemontesi, ma elaborati e accompagnati da una selezione di vini importante. L'ingresso si apre comunque sul Caffè Umberto: ambiente semplice e
moderno con pareti ricoperte da bottiglie e una carta piu semplice e regionale.

Menu 40/55 € - Carta 45/60 €

🕸 ঈ 🔟 *piazza Michele Ferrero 4 -*
☎ *0173 33994 - www.caffeumberto.it - Chiuso lunedì*

❤️○ **L'INEDITO VIGIN MUDEST**

PIEMONTESE · CONVIVIALE ✕✕ Nuova vita per un vecchio locale del centro
storico "riproposto" con una gestione esperta e qualificata. Cucina del territorio
in chiave moderna, ma - potendo scegliere - si consiglia la sala interrata più elegante e romantica. Piacevole servizio estivo molto ben organizzato.

Menu 32/45 € - Carta 38/50 €

🏠 🔟 *via Vernazza 11 -*
☎ *0173 441701 - www.lineditoviginmudest.it -*
Chiuso 25 luglio-10 agosto, mercoledì

❤️○ **VENTUNO.1**

MEDITERRANEA · MINIMALISTA ✕✕ Due campani dall'ottimo curriculum appro-
dano in Langa, in un locale centrale e dal look moderno; toni bianchi e neri, cucina
prevalentemente di mare tranne quando la stagione impone carni e tartufo.

Menu 35/50 € - Carta 38/57 €

ঈ 🔟 ⟷ *via Cuneo 8 -* ☎ *0173 290787 -*
www.ventunopuntouno.it - Chiuso mercoledì

❤️○ **LALIBERA**

PIEMONTESE · DESIGN ✕ Moderno e di design il locale, giovane ed efficiente il
servizio. La cucina propone appetitosi piatti della tradizione piemontese, nonché
specialità di pesce: spesso rielaborati con tocchi di fantasia.

Carta 32/50 €

🕸 🔟 ⟷ *via Pertinace 24/a -*
☎ *0173 293155 - www.lalibera.com -*
Chiuso lunedì a mezzogiorno, domenica

❤️○ **OSTERIA DELL'ARCO**

PIEMONTESE · CONTESTO REGIONALE ✕ Ottima accoglienza famigliare con
una lunga serie di piatti della tradizione - schietti e di grande sapore - in questo
locale del centro affacciato su un cortile interno. Ai tavoli vicino all'entrata della
cucina sono preferibili quelli nella prima parte della sala.

Menu 38 € - Carta 24/48 €

ঈ 🔟 *piazza Michele Ferrero 5 -*
☎ *0173 363974 - www.osteriadellarco.it -*
Chiuso domenica

ALBA ADRIATICA

✉ 64011 - Teramo (TE) - Carta regionale n° **1**-B1 - Carta stradale Michelin 563-N23

🍴◯ **ARCA**

MODERNA · CONTESTO CONTEMPORANEO XX Con i suoi oltre 20 anni di vita, Arca è sicuramente tra i migliori ristoranti della zona! Elegantemente moderno con la cucina in parte a vista, vede nel suo chef-patron il motivo di tanto successo: animato da passione e fantasia, nonché coadiuvato dalla sorella, Massimiliano reinterpreta l'Abruzzo nelle sue declinazioni di terra e di mare. La qualità dei prodotti è certificata bio, tant'è che chiamano il proprio stile *bio cucina mediterranea*.

Menu 42/75 € – Carta 40/80 €

🕸 🍽 🎢 *viale Mazzini 109 – ℰ 0861 714647 - www.arcaristorante.it –*
Chiuso martedì, sabato a mezzogiorno

ALBANO LAZIALE

✉ 00041 – Roma (RM) – Carta regionale n° **7**–B2 – Carta stradale Michelin 563-Q19

🍴◯ **LA GALLERIA DI SOPRA**

MODERNA · ELEGANTE XX La sala moderna ed essenziale riflette una cucina così lontana dagli stereotipi dei Castelli Romani: benché non manchino tracce dei prodotti dei colli, i piatti sono creativi, a volte elaborati, comunque originali.

Menu 33/60 € – Carta 40/70 €

🎢 *via Leonardo Murialdo 9 – ℰ 06 932 2791 - www.lagalleriadisopra.it –*
Chiuso 11-19 gennaio, 15-24 agosto, lunedì, martedì-sabato a mezzogiorno, domenica sera

ALBAREDO D'ADIGE

✉ 37041 – Verona (VR) – Carta regionale n° **23**–B3 – Carta stradale Michelin 562-G15

a Coriano Veronese Sud : 5 km

🍴◯ **LOCANDA DELL'ARCIMBOLDO**

CLASSICA · CONTESTO TRADIZIONALE XX Elegante casa dell'Ottocento ristrutturata e trasformata in una signorile locanda: particolarmente curate sia la sala che la veranda, dove potrete gustare saporiti piatti locali rivisitati e tante specialità di pesce. Sontuose le camere, arredate con raffinata ricercatezza.

Menu 35/60 € – Carta 32/85 €

🛋 🍴 🍽 ⅙ 🎢 ⅙ 🅿 *via Gennari 5 – ℰ 045 702 5300 –*
www.locandadellarcimboldo.it – Chiuso 1-10 gennaio, 1-25 agosto, lunedì, domenica

ALBAVILLA

✉ 22031 – Como (CO) – Carta regionale n° **10**–B1 – Carta stradale Michelin 561-E9

🕸 **IL CANTUCCIO**

Chef: Mauro Angelo Elli

MODERNA · ELEGANTE XX Accogliente e curatissimo, il Cantuccio è un romantico indirizzo elegantemente rustico, nel cuore della verde Brianza, dove "perdersi". Smarrirsi solo concettualmente nelle creazioni di Mauro Elli: lo chef-patron vi condurrà – infatti - lungo un piacevole percorso gastronomico, consigliandovi pietanze e abbinamenti, raccontandovi aneddoti e curiosità in merito alle materie prime selezionate. Un cantuccio dalle fantasiose rielaborazione che – a dispetto della posizione geografica – subisce il fascino del mare, sebbene il menu citi tutto l'anno "proposta di selvaggina del giorno". Cucina dalle basi solidissime e di carattere, accompagnata da una cantina di grande interesse.

Specialità: Calamaretti rosolati serviti con lenticchie croccanti. Piccione cucinato e servito in tre versioni. Zuppetta di mandorle con frutti rossi e gelato al pistacchio.

Carta 54/78 €

🍴 ⅙ 🎢 ⅙ *via Dante 36 – ℰ 031 628736 - www.mauroelli.com –*
Chiuso 11-25 gennaio, 16-20 agosto, lunedì, martedì-giovedì a mezzogiorno

ALBENGA

✉ 17031 – Savona (SV) – Carta regionale n° **8**–B2 – Carta stradale Michelin 561-J6

⑩ PERNAMBUCCO

PESCE E FRUTTI DI MARE · ELEGANTE ✗✗✗ Gestione capace e insolita collocazione all'interno di un giardino, dove trova posto anche un delizioso dehors, per
un locale dall'ambiente elegante che vi farà amare la cucina di mare.

Menu 50 € – Carta 50/80 €

🕸 🕱 🗚 🄿 *viale Italia 35 – ℰ 0182 53458 – www.ilpernambucco.it –
Chiuso mercoledì*

⑩ BABETTE

LIGURE · STILE MEDITERRANEO ✗✗ Direttamente sul mare, dalla sua bella terrazza la vista offerta è quella dell'isola di Gallinara, mentre il menu propone suggestive rivisitazioni di piatti locali e sapori mediterranei.

Menu 45/50 € – Carta 37/60 €

⇐ 🕱 🗚 *via Michelangelo 17 – ℰ 0182 544556 – www.ristorantebabette.net –
Chiuso 1-16 marzo, martedì*

⑩ OSTERIA DEI LEONI

PESCE E FRUTTI DI MARE · CONTESTO TRADIZIONALE ✗✗ Nel centro storico
di Albenga, in un edificio quattrocentesco che fu convento alle origini e scuola
elementare nel secolo scorso, due caratteristiche sale e una corte interna per la
bella stagione. In menu: fragranti specialità di pesce.

Menu 40/50 € – Carta 45/84 €

🕱 ♿ 🗚 *strada vicinale Avarenna – ℰ 0182 51937 – www.osteriadeileoni.it –
Chiuso
martedì*

ALBEROBELLO

✉ 70011 – Bari (BA) – Carta regionale n° **15**–C2 – Carta stradale Michelin 564-E33

⑩ IL POETA CONTADINO

MODERNA · CONTESTO TRADIZIONALE ✗✗✗ La visita del paese non è completa, senza i colori tutti pugliesi della cucina della famiglia Marco: d'ispirazione
tipicamente regionale, in essa convivono armoniosamente tradizione antica e
creatività. Ricavata in una vecchia stalla utilizzata come sosta per i viandanti cha
da Alberobello proseguivano il loro cammino, l'Osteria del Poeta delizia i suoi
ospiti con piatti contadini e specialità di mare.

Menu 60 € – Carta 45/75 €

🕸 🗚 🄿 *via Indipendenza 21 – ℰ 080 432 1917 – www.ilpoetacontadino.it –
Chiuso lunedì*

ALBIGNASEGO

✉ 35020 – Padova (PD) – Carta regionale n° **23**–C3 – Carta stradale Michelin 562-F17

⑩ IL BARETTO

PESCE E FRUTTI DI MARE · ACCOGLIENTE ✗✗ Una piccola sala, meta di chi
vuole fare la più classica "mangiata di pesce": senza inutili svolazzi o provocazioni
gastronomiche, qui troverete le classiche preparazioni venete o più genericamente italiane, tutte incentrate su un'ottima materia prima.

Menu 80 € (pranzo)/100 € – Carta 60/80 €

🕱 🗚 🄿 *via Europa 6 – ℰ 049 862 5019 – Chiuso 1-10 gennaio, 10-30 agosto,
lunedì, domenica sera*

ALDEIN – Bolzano (BZ) → Vedere Aldino

ALDINO • ALDEIN

✉ 39040 – Bolzano (BZ) – Carta regionale n° **19**–D3 – Carta stradale Michelin 562-C16

🛎️○ **PLONER**

PESCE E FRUTTI DI MARE · FAMILIARE XX Un imperdibile, se si è in zona, ma
la fragranza della cucina meriterebbe la deviazione: cucina esclusivamente a base
di pesce in inverno, nelle altre stagioni anche carne. Due menu degustazione da
cui si possono estrapolare a propria scelta i piatti.

Menu 50/100 € – Carta 52/78 €

🏠 ⌖ 🅿 *via Dachselweg 1 – ℰ 0471 886556 – Chiuso 10 gennaio-10 febbraio,
15 giugno-10 luglio, lunedì, martedì*

🛎️○ **KRONE**

REGIONALE · ROMANTICO X Il passato è una prerogativa di fascino che ancora
non cede il passo alla modernità; in un piccolo paese di montagna, Krone è un
ristorante di antica tradizione dove gustare piatti genuini e ricette sudtirolesi.
Nato come punto di riferimento per l'ospitalità, conserva tutt'oggi camere semplici e discrete dall'arredo antico... ma la nuova sauna è moderna!

Menu 30/60 € – Carta 35/65 €

⮀ ⌖ 🏠 ⌖ *piazza Principale 4 – ℰ 0471 886825 – www.gasthof-krone.it –
Chiuso lunedì*

ALESSANDRIA

15121 – Alessandria (AL) – Carta regionale n° **12**-C2 – Carta stradale Michelin 561-H7

🛎️○ **I DUE BUOI**

MODERNA · ELEGANTE XXX Cucina territoriale con attenzione all'estetica ed
accostamenti talvolta intriganti. Elegante saletta da pranzo con servizio professionale e giovanile; a lato un bistrot con area esterna per soste più informali.

Carta 30/80 €

⚇ ⌖ 🄰🄲 ⌖ *Hotel Alli Due Buoi Rossi, via Cavour 32 – ℰ 0131 517105 –
www.iduebuoi.it – Chiuso 1-16 gennaio, 15-29 agosto, domenica*

🛎️○ **DUOMO**

MODERNA · AMBIENTE CLASSICO XX Accanto al Duomo, un locale accogliente
che vi sorprenderà con curati piatti del territorio, "firmati" con fantasia da una
coppia di fratelli. Sempre disponibili anche alcuni piatti a base di pesce.

Menu 23 € (pranzo)/48 € – Carta 50/70 €

⚇ 🏠 🄰🄲 *via Parma 28 – ℰ 0131 52631 – www.ristorante-duomo.com –
Chiuso 20-31 gennaio, 2-20 settembre, sabato a mezzogiorno, domenica*

🛎️○ **OSTERIA DELLA LUNA IN BRODO**

REGIONALE · CONTESTO CONTEMPORANEO X Piatti della tradizione regionale in un locale colorato ed accogliente. Un consiglio: non andatevene senza
prima aver assaggiato gli agnolotti, il brasato e il bunet, per non dire del carrello
di formaggio!

Menu 30/45 € – Carta 29/50 €

🏠 🄰🄲 ⌖ *via Legnano 12 – ℰ 0131 231898 – Chiuso lunedì*

a Spinetta Marengo Est : 3 km per via Marengo – Carta regionale n° **12**-C2

⁂ **LA FERMATA**

Chef: Riccardo Aiachini

MODERNA · ELEGANTE XXX Nella campagna intorno ad Alessandria, in un cascinale settecentesco dagli interni moderni ed essenziali, Riccardo Aiachini propone
un'intelligente rivisitazione della cucina piemontese: la giusta dose di creatività,
senza strafare, in prevalenza carne e appaganti sapori che si ricordano nel
tempo. Piatti che trasmettono sensazioni e non solo sapori. Emozioni esaltate
dalla atmosfera ricercata e esclusiva di una sala, tornata a splendere dopo un
rigoroso restauro e che è - oggi - un trionfo di arte e design.

Specialità: Cipolla cotta al sale e ripiena. San Pietro con verdure croccanti. Pesca, cioccolato e amaretto.

Menu 60/70 € – Carta 56/84 €

🕸 ⌂ 🏠 🕭 🕭 ⇔ 🅿 *via Bolla 2 – ℰ 0131617508 – www.ristorantelafermata.it – Chiuso 11-16 gennaio, 9-24 agosto, sabato a mezzogiorno, domenica*

🍴 **LE CICALE**

MODERNA · BISTRÒ ✕✕ La casa dei nonni è diventata un piacevole locale arredato con gusto moderno e leggero. In sala due coniugi ed in cucina il fratello di lei: nel piatto, sapori classici italiani e regionali. Splendido il dehors sul retro circondato dal verde.

Carta 35/45 €

⌂ 🏠 🕭 *via Pineroli 32 – ℰ 0131 216130 – www.lecicale.net – Chiuso lunedì-sabato a mezzogiorno, domenica*

ALGHERO – Sassari (SS) → Vedere Sardegna

ALGUND – Bolzano (BZ) → Vedere Lagundo

ALLEGHE

✉ 32022 – Belluno (BL) – Carta regionale n° **23**–C1 – Carta stradale Michelin 562-C18

a Caprile Nord - Ovest : 4 km

🍴 **IL POSTIN**

REGIONALE · STILE MONTANO ✕✕ Se dopo una giornata all'aria aperta, l'appetito si fa sentire, il Postin saprà saziare la vostra fame con ricette e sapori del territorio, in un'elegante sala da pranzo dal caldo stile montano: dalle finestre, a tenervi compagnia, l'incantevole scenario delle Dolomiti.

Menu 20/25 € – Carta 30/80 €

↜ *Hotel alla Posta, piazza Dogliani 19 – ℰ 0437 721171 – www.hotelposta.com – Chiuso 1-15 dicembre, 15 marzo-15 giugno*

a Masarè Sud - Ovest : 2 km – Carta regionale n° **23**–C1

🕸 **BARANCE**

REGIONALE · STILE MONTANO ✕✕ Ampia e luminosa sala con spioventi in legno ed arredo classico per gustare specialità della tradizione, come i casunziei alla zucca, lo spezzatino di cervo e molto altro.

Specialità: Crostatina salata di asparagi e code di gambero con fonduta di parmigiano e datterini. Braciotine di cervo scottate alla griglia con olio profumato al ginepro. Semifreddo di cioccolato bianco e cuore ai frutti di bosco.

Menu 22/35 € – Carta 35/50 €

↜ ≼ 🕭 🅿 *Hotel Barance, corso Venezia 45 – ℰ 0437723748 – www.hotelbarance.com – Chiuso 1-5 dicembre, 5 aprile-20 giugno, 20 settembre-5 dicembre*

ALLERONA

✉ 05011 – Terni (TR) – Carta regionale n° **20**–A3

🏠 **SPAO BORGO SAN PIETRO AQUAEORTUS** ⓝ

RESORT · STORICO Un borgo nato come luogo di culto dei monaci Guglielmiti nel XI secolo è stato recentemente ristrutturato per proporre – oggi – ai suoi ospiti un alto standard di ospitalità, in un'atmosfera che trasuda fascino e storia. Ingredienti regionali nelle proposte del ristorante.

🏠 🕸 ≼ ⌂ 🕭 🕭 🅿 25 camere

strada provinciale 50, al km 10,300 (Nord-Ovest: 8,5 km) – ℰ 327 425 5489 – spao.it

ALMÈ

✉ 24011 – Bergamo (BG) – Carta regionale n° **10**–C1 – Carta stradale Michelin 561-E10

FROSIO

MODERNA · ELEGANTE XXX All'interno di una villa settecentesca, un tempo casa-bottega della famiglia, i Frosio sono nell'ambito della ristorazione da diversi lustri: professionalità ed esperienza si percepiscono a livello energetico. Nulla d'improvvisato, quindi, ma Camillo in sala a garantire un servizio inappuntabile, Paolo ai fornelli per assicurare una cucina che si divide equamente tra terra e mare in piatti di gusto classico-moderno, spesso elaborati partendo da prodotti tradizionali "importanti" come scampi, astice, foie gras, piccione e caviale... Sempre eccellente la carta dei vini, con un volume dedicato all'Italia ed uno al resto del mondo; nella torre del XIII secolo, che svetta nella sua austera eleganza, la cantina custodisce più di mille etichette. Nel 2020 si è soffiato sulle candeline di 30 anni di attività!

Specialità: Carpaccio di seppia, gamberi, piselli e olio al nero di seppia. Ricciola di fondale in crosta di pane alle erbe con sughetto al pomodoro confit, carote e capperi di Pantelleria. Crespella al limone con sottobosco caldo e gelato al fior di latte.

Menu 70/80€ – Carta 60/88€

 piazza Lemine 1 – ℰ 035 541633 – www.frosioristoranti.it – Chiuso 8-24 agosto, martedì a mezzogiorno, mercoledì, giovedì-venerdì a mezzogiorno

ALMENNO SAN BARTOLOMEO

✉ 24030 – Bergamo (BG) – Carta regionale n° **10**-C1 – Carta stradale Michelin 561-E10

COLLINA

MODERNA · CONTESTO CONTEMPORANEO XXX Elegante e panoramico, un piacevole locale dal taglio moderno che coniuga arte – grande passione del patron - e buona cucina: opere di vari artisti disseminate in sale e negli spazi comuni, nonché piatti ricchi di fantasia e gusto.

Menu 70€ – Carta 52/62€

 via Ca' Paler 5 – ℰ 035 642570 – www.ristorantecollina.it – Chiuso 1-10 gennaio, lunedì, martedì-venerdì a mezzogiorno

ANTICA OSTERIA GIUBÌ DAL 1884

REGIONALE · FAMILIARE XX Autentica trattoria immersa nel verde di un parco, da sempre di famiglia e da sempre vocata alla cucina del territorio. Un altro motivo per venirci è certamente la fornitissima cantina con circa 20.000 bottiglie, 2.000 etichette diverse e molte "verticali": indispensabile affidarsi allo chef-titolare per i necessari suggerimenti.

Menu 20€ (pranzo), 45/55€

 via Cascinetto 2 – ℰ 035 540130 – Chiuso mercoledì

ALPE DI SIUSI • SEISER ALM

✉ 39040 – Bolzano (BZ) – Carta regionale n° **19**-C2 – Carta stradale Michelin 562-C16

GOSTNER SCHWAIGE

REGIONALE · STILE MONTANO X Lasciata la cabinovia si percorre una strada non impegnativa e in mezz'ora di cammino (accorciabile tramite autobus), eccoci in questa celebre malga-gourmet. Troverete anche proposte semplici per pause veloci, ma vi consigliamo di optare per i piatti più elaborati a base di prodotti alpini, erbe di montagna, agnello, manzo e latticini. La sera è aperto solo su prenotazione con menu fisso.

Carta 40/75€

 via Saltria Numero 13, sentiero Hans e Paula – ℰ 347 836 8154 – www.gostnerschwaige.com – Chiuso 1-13 dicembre, 13 aprile-28 maggio

ALPINA DOLOMITES

LUSSO · ELEGANTE Calore ed eleganza sono cuore e anima di questo lussuoso albergo dal design montano-minimalista, dove la luce è protagonista assoluta: tutte le camere sono infatti esposte a sud, verso il sole e la meraviglia delle Dolomiti. La loro ampiezza è un'ulteriore cifra distintiva dell'albergo.

祭 🐾 ← ⊈ 🗻 🗔 🌐 🐾 ᄡ ☑ ᅪ 🚗 47 camere – 13 suites

via Compatsch 62/3 – ℰ 0471 796004 – www.alpinadolomites.it

SEISER ALM URTHALER

LUSSO · ELEGANTE Pietra, ferro, vetro e tanto legno sono i materiali utilizzati per questo hotel di concezione "bio" ispirato ad un coinvolgente minimalismo, con ottimi servizi e spazi comuni. I sapori della tradizione vi attendono, invece, nell'ampia sala ristorante o nelle intime stube, tra cui la Jagerstube che ha una propria carta territoriale.

祭 🐾 ← ⊈ 🗻 🗔 🌐 🐾 ᄡ ☑ ᅪ 🚗 62 camere – 7 suites

via Compatsch 49 – ℰ 0471 727919 – www.alpedisiusi.com

ALSENO

✉ 29010 – Piacenza (PC) – Carta regionale n° **5**–A2 – Carta stradale Michelin 562-H11

a Cortina Vecchia Sud - Ovest : 5 km

🍴○ DA GIOVANNI

MODERNA · AGRESTE XX La settecentesca stufa in ceramica e l'arredo d'epoca potranno far volare la fantasia dei più romantici avventori. Le certezze in ogni caso vengono dalla cucina, ispirata alla tradizione piacentina, ma con molta attenzione anche alle ricette di pesce.

Carta 45/70 €

🐾 🏠 ⇔ 🅿 *via Cortina 1040 – ℰ 0523948304 – www.dagiovanniacortina.com – Chiuso 1-23 gennaio, 16 agosto-3 settembre, lunedì, martedì*

Mikadun/Shutterstock.com

✉ 39036 – Bolzano (BZ)
Carta stradale Michelin 562-C17

ALTA BADIA

Ci piace: il côté chalet, ma di lusso, del **Ciasa Salares**. Bistrò di nome, ma ristorante elegante di fatto, al **Bistrot La Perla** i sapori di tutta Italia. In inverno, la salita col gatto delle nevi è il divertente preludio a cene gustose e bella vista al **Rifugio Col Alt**.

A Pedraces, I Dolci di Ricky: assortimento selezionato e creativo di raffinatissimi prodotti da forno. La mondanità: il fil rouge dell'intera giornata al Club Moritzino, sulla cima del Piz La Ila. Per chi non ha ceduto alle lusinghe del vegetarianesimo, Macelleria Pizzinini a San Cassiano: specialità di carne di manzo, vitello ed agnello prodotte da bestiame allevato in loco.

COLFOSCO
✉ 39033 – Bolzano (BZ)

⁋○ STRIA

MODERNA · AMBIENTE CLASSICO ‰ A pochi metri dalla caratteristica chiesa del paese, in una sala semplice ma accogliente, la cucina prevede diversi spunti locali, sebbene non disegni anche proposte più personali e creative.

Carta 41/78 €

🅿 via Val 18 – ℰ 0471 836620 – www.stria.bz.it

CORVARA IN BADIA – Carta regionale n° **19**–C2

⁂ LA STÜA DE MICHIL

MODERNA · ROMANTICO ‰‰ Non è azzardato definirlo uno dei ristoranti più romantici d'Italia: avvolti nel legno di stube storiche dal fascino intimo e sussurrato, la cucina parte dai prodotti alpini, ma non si vieta escursioni in altri territori e arriva fino al mare. Papà pugliese e mamma ladina, il giovane cuoco è stato cresciuto a suon di canederli; non c'è quindi da stupirsi se la fama dei suoi Griess Knödel oltrepassa i confini della regione. La carta dei vini è leggendaria; la possibilità di visitare la cantina va presa in considerazione al momento della prenotazione.

Specialità: Lumache, burro acido, caviale di trota fumè e prezzemolo. Piccione, carote, cacao e nocciole. "Il Sassongher": sapori delle nostre malghe.

Menu 129/139 € – Carta 85/139 €

‰‰ ⇔ 🅿 Hotel La Perla, strada Col Alt 105 –
ℰ 0471 831000 – www.hotel-laperla.it –
Chiuso 31 marzo-12 giugno, 21 settembre-6 dicembre, lunedì-sabato a mezzogiorno, domenica

ⅰ◯ BISTROT LA PERLA

ITALIANA · BISTRÒ ✗✗ Viaggiare restando comodamente seduti a tavola: con gusto, passione e curiosità Bistrot La Perla propone un excursus da nord a sud attingendo alla ricchezza di sapori ed ingredienti di cui il nostro Paese sa essere prodigo. Ottime anche le specialità di pesce!

Carta 50/100 €

🐸 🅿 Hotel La Perla, strada Col Alt 105 –
℘ 0471 831000 – www.hotel-laperla.it –
Chiuso 1-6 dicembre

ⅰ◯ L'OSTÌ ⓝ

MODERNA · MINIMALISTA ✗✗ Ai piedi del Sassongher, in una sala moderna e minimalista con esposizione di vini in parte naturali e biodinamici, la cucina del giovane cuoco parte dai classici nazionali - dalla Sicilia alle Alpi - per arrivare a divagazioni più personali e creative.

Menu 60/70 € – Carta 49/90 €

🅿 strada Col Alt 10 – ℘ 333 819 4890 –
www.ristorantelosti.it – Chiuso lunedì

ⅰ◯ RIFUGIO COL ALT

CLASSICA · SEMPLICE ✗ Si raggiunge con comodità dal paese con l'ovovia, pochi minuti di salita per accedere ad una vista mozzafiato sulle Dolomiti; la sera invece è necessario accordarsi per il trasporto con il gatto delle nevi. Il nome rifugio non tragga in inganno: c'è qualche piatto rustico, ma anche proposte più ricercate.

Carta 30/65 €

⇐ 🏠 strada Col Alt –
℘ 0471 836324 – www.rifugiocolalt.it –
Chiuso 10 aprile-15 giugno, 25 settembre-1 dicembre

🏠 LA PERLA

GRAN LUSSO · PERSONALIZZATO Nella parte più alta, storica e tranquilla del paese, vicino agli impianti di risalita, qui sono di casa le tradizioni ladine, ma soprattutto un'instancabile capacità inventiva, la ricerca di soluzioni sempre nuove e il romanticismo di camere personalizzate. Una straordinaria successione di stube impreziosisce i pasti al ristorante.

🍽 ⇐ 🛏 📶 🐾 ♨ 🚗 🅿 🚗 40 camere – 14 suites

strada Col Alt 105 – ℘ 0471 831000 –
www.laperlacorvara.it

🌿 La Stüa de Michil · ⅰ◯ Bistrot La Perla – Vedere selezione ristoranti

SAN CASSIANO

✉ 39030 – Bolzano (BZ) – Carta regionale n° **19**–C2

🌿🌿🌿 ST. HUBERTUS

CREATIVA · LUSSO ✗✗✗✗ Mai come in questo caso, la cucina riesce a rivelare con tanta finezza psicologica la personalità dello chef, il riservato Norbert Niederkofler. Nei piatti del cuoco altoatesino si rintracciano, infatti, i gusti schietti e intensi delle sue montagne, la natura e la cultura di questi luoghi accompagnati dalla passione e dalla fatica quotidiana dei contadini e degli allevatori, la qualità eccelsa dei loro prodotti, le tradizioni e i metodi tramandati di generazione in generazione. Eseguita con soli due menu degustazione - quello breve dei classici, e quello più lungo ed innovativo - Norbert stesso la definisce: *Cook the Mountain*!

Se i suoi piatti sono un trionfo di colori e sapori locali presentati al ritmo delle stagioni, va anche ricordato che siamo in presenza di tecnicismi sofisticati che spiegano - senza esitazioni - la sua proiezione nell'Olimpo delle stelle. Degna di nota la carta dei vini, che fotografa tutto il mondo con un'attenzione particolare all'Alto Adige.

Specialità: Tartare di coregone. Agnello della val d'Isarco. Tarte Tatin.

🌿 *L'impegno dello chef:* *"Cook the mountain è il movimento che ho ideato per dare voce alla montagna e ai suoi prodotti. Per non dimenticarla, anzi valorizzarla! La conoscenza di piccoli produttori della zona è il primo passo per lavorare insieme al fine di preservare la cultura enogastronomica locale, aumentarne la qualità, promuovere la sostenibilità."*

Menu 250/300 €

🌸 ✿ 🅿 *Hotel Rosa Alpina, strada Micura de Rue 20 –*
☎ 0471 849500 – www.st-hubertus.it – Chiuso 6 aprile-10 giugno,
1 ottobre-15 dicembre, lunedì a mezzogiorno, martedì, mercoledì-domenica a
mezzogiorno

🍽️ DINE BAR BONA LÜNA

CLASSICA · ELEGANTE XX Cucina ricercata, estrosa e stuzzicante, servita in una sala allegra ed informale, ideale per serate conviviali e in compagnia... di ottimo vino!

Menu 48/88 € – Carta 58/86 €

🌸 🅿 *Hotel Ciasa Salares, via Prè de Vi 31 – ☎ 0471 849445 –*
www.ciasasalares.it – Chiuso 6 aprile-19 giugno, 20 settembre-16 dicembre, lunedì a
mezzogiorno, martedì, mercoledì-domenica a mezzogiorno

🍽️ WINE BAR & GRILL

CLASSICA · CONVIVIALE XX Qui non fanno difetto i coperti, la convivialità e l'abbondanza delle porzioni: in carta troverete piatti ladini, classici italiani, secondi piatti sia di carne che di pesce alla griglia e fondute su prenotazione. La sera anche pizza, escluso il giovedì.

Carta 42/95 €

🌿 *Hotel Rosa Alpina, strada Micura de Rue 20 –*
☎ 0471 849500 – www.rosalpina.it –
Chiuso 6 aprile-10 giugno, 1 ottobre-15 dicembre

🏨 CIASA SALARES

LUSSO · STILE MONTANO Ai piedi delle cime del Conturines e del Lavarella, un incantevole chalet-hotel dove sarete accolti da un moltiplicarsi di salotti dalle atmosfere ovattate, nonché camere rivestite in legni locali in un piacevolissimo mix di antico e moderno. Fra le numerose offerte gastronomiche dei ristoranti della casa, non perdetevi una serata nella suggestiva cantina con salumi, formaggi, fondute ed altro ancora!

🏂 🐾 ⪪ 🛌 🖼️ 📶 🐱 🕯️ 🅿️ 🚗 47 camere – 19 suites

via Prè de Vi 31 – ☎ 0471 849445 – www.ciasasalares.it

🍽️ **Dine Bar Bona Lüna** – Vedere selezione ristoranti

🏨 ROSA ALPINA   `Tablet.PLUS`

GRAN LUSSO · ELEGANTE Nel cuore di San Cassiano, vicino al celebre campanile, il Rosa Alpina è uno degli alberghi più celebri dell'Alto-Adige e a giusto titolo. L'eleganza delle camere, il centro benessere e soprattutto l'eccellenza del servizio concorreranno a rendere la vostra vacanza indimenticabile.

🏂 ⪪ 🛌 🖼️ 📶 🐱 🕯️ 🅿️ 🚗 35 camere – 20 suites

strada Micura de Rue 20 – ☎ 0471 849500 – www.rosalpina.it

🌟🌟🌟 **St. Hubertus** · 🍽️ **Wine Bar & Grill** – Vedere selezione ristoranti

🏨 LAGACIO' Ⓝ

LUSSO · STILE MONTANO Nel centro di San Cassiano, un hotel-residence a tutto legno tra cirmolo, abete rosso e larice, utilizzati con linee smart e minimal; le camere - ad esempio - sono caratterizzate da arredi moderni, con il plus di metrature diverse, quasi sempre ampie, tutte con piccola cucina. Particolarmente curata la qualità dei prodotti della colazione.

⪪ 🐱 🕯️ 🖼️ 🚗 24 suites

strada Micura de Rü 48 – ☎ 0471 849503 – www.lagacio.com

BADIA – Carta regionale n° **19**–C2

☺ **MASO RUNCH-HOF**

REGIONALE · SEMPLICE ✗ Come in una fiaba, alla fine di un bosco, un maso del '700 con cinque incantevoli stube ed un menu fisso, ideale escursione fra le ricette ladine; abbondanza e qualità in un ambiente squisitamente familiare.

Specialità: Turtres. Stinco di maiale con crauti e polenta. Strudel di mele.

Menu 33 € – Carta 33 €

🅿 *via Runch 11, località Pedraces – ✆ 0471 839796 – www.masorunch.it*

ⅱ○ **STÜA DLA LÂ**

CREATIVA · ROMANTICO ✗✗ Tradotto dal ladino, è la stanza ricoperta di legno e di origini ottocentesche in cui viveva la nonna: oggi, il giovane e simpatico nipote è tornato a riscaldarla, proponendo due menu degustazione che spaziano da prodotti locali ad altri più esotici. Il cuoco stesso porta i piatti in sala insieme alla moglie e i suoi collaboratori in un'atmosfera intima, romantica e familiare.

Menu 65/85 €

↩ 🅿 *Hotel Gran Ander, via Runcac 29, località Pedraces – ✆ 0471 839718 – www.granander.it – Chiuso 1-4 dicembre, 7 aprile-6 giugno, lunedì, martedì, mercoledì*

ALTAMURA

✉ 70022 – Bari (BA) – Carta regionale n° **15**–B2 – Carta stradale Michelin 564-E31

ⅱ○ **TRE TORRI**

REGIONALE · CONVIVIALE ✗ Anche se la zona è un po' periferica e non propriamente attraente, il ristorante si caratterizza per vivacità ed accoglienza; mentre la sua cucina per la qualità e le porzioni talmente generose, che la clientela locale lo sceglie soprattutto per il pesce. Menu esposto a voce e grazioso dehors climatizzato d'estate.

Menu 30/80 € – Carta 25/70 €

🍴 🅰 *via Ostuni 44 – ✆ 080 314 4024 – www.osteriatretorri.com – Chiuso martedì*

ALTARE

✉ 17041 – Savona (SV) – Carta regionale n° **8**–B2 – Carta stradale Michelin 561-I7

ⅱ○ **QUINTILIO**

REGIONALE · CONTESTO CONTEMPORANEO ✗✗ Aprì nel 1889, ma è con l'attuale quinta generazione che è arrivato il salto di qualità. Il giovane cuoco rimane ancorato ai prodotti del territorio, che qui, nell'entroterra, vuole dire anche molto Piemonte, ma con una rilettura più contemporanea e di ottimo livello.

Menu 45/120 € – Carta 40/65 €

🕸 ↩ ⌂ 🅿 *via Gramsci 23 – ✆ 019 58000 – www.ristorantequintilio.it – Chiuso 25 dicembre-7 gennaio, lunedì, domenica*

ALTAVILLA VICENTINA

✉ 36077 – Vicenza (VI) – Carta regionale n° **22**–A2 – Carta stradale Michelin 562-F16

ⅱ○ **L'ALTRO PENACIO**

MEDITERRANEA · ALLA MODA ✗✗ Nel contesto dell'hotel Tre Torri, un ristorante classico-elegante con proposte derivanti da una cucina che ama attingere alla tradizione, ma anche ai sapori del mare.

Menu 29/39 € – Carta 35/65 €

↩ ⅋ 🅰 🅿 *Hotel Tre Torri, via Tavernelle 71 – ✆ 0444 371391 – www.hoteltretorrivicenza.it – Chiuso lunedì a mezzogiorno, sabato a mezzogiorno, domenica*

ALTISSIMO

✉ 36070 – Vicenza (VI) – Carta regionale n° **23**–B2 – Carta stradale Michelin 562-F15

✿ CASIN DEL GAMBA

Chef: Antonio Dal Lago

MODERNA · STILE MONTANO XX Non semplice da raggiungere, vi consigliamo di partire con anticipo per affrontare i numerosi tornanti tra boschi e monti, ma la ricompensa per un po' di fatica non tarderà ad arrivare. E' infatti il calore e l'esperienza di un'intera famiglia a gestire questo delizioso ristorante a circa 10 chilometri da Valdagno. La signora Daria conduce la sala con precisione, un ambiente festoso, ampio, dove il figlio Luca serve dei vini proverbiali, che compaiono in una carta particolarmente strutturata, con tante etichette sconosciute e soprattutto di genere bio. Lo chef-patron, Antonio, fa dei prodotti del territorio la bandiera della propria cucina, autentica e saporita. Va inoltre ricordato che hanno superato i 40 anni di attività e per oltre la metà del percorso fregiati dalla stella: bravissimi!

Specialità: Animella alla brace, carciofo, spuma di cavolfiore, liquirizia e gel di camomilla. Faraona, funghi e patate con pesca, timo e crema di finferli. Il fungo: zuppa inglese e biscotto al caffè.

Menu 95€ – Carta 75/90€

☷ 🏠 ⅏ ⟳ 🅿 *via Roccolo Pizzati 1 (strada per Castelvecchio) – ℰ 0444 687709 – www.casindelgamba.it – Chiuso 6-20 gennaio, 1-7 aprile, 15-30 agosto, lunedì, martedì a mezzogiorno, domenica sera*

ALTOMONTE

✉ 87042 – Cosenza (CS) – Carta regionale n° **3**–A1 – Carta stradale Michelin 564-H30

⅏○ BARBIERI

CALABRESE · AMBIENTE CLASSICO XX Ci si accomoda nella classica sala interna in attesa che il bel tempo permetta di sfruttare gli spazi all'aperto, mentre la carta seguendo le stagioni vi propone il meglio della tradizione del parco del Pollino. Anche menu vegetariano e vegano.

Menu 22/50€ – Carta 21/40€

⇦ ≼ 🍽 🏠 ⅏ 🆊 🅿 *Hotel Barbieri, via Italo Barbieri – ℰ 0981 948072 – www.famigliabarbieri.net – Chiuso 24-25 dicembre*

ALTOPASCIO

✉ 55011 – Lucca (LU) – Carta regionale n° **18**–B1 – Carta stradale Michelin 563-K14

⅏○ IL MELOGRANO ⓞ

TRADIZIONALE · AMBIENTE CLASSICO XX La carta si divide equamente tra carne e pesce, ma il ristorante ha da tempo costruito la sua nomea sui prodotti ittici, serviti nelle classiche ricette marinare italiane. Accanto al pesce, l'altra passione è il tartufo, che tra bianco e nero impreziosisce i piatti lungo tutte le stagioni.

Menu 25€ (pranzo)/30€ – Carta 39/60€

🏠 ⅏ 🆊 🅿 *via delle Fornaci 1, località Marginone – ℰ 0583 25016 – www.ilmelogranoristorante.it – Chiuso 16-25 agosto, lunedì, sabato a mezzogiorno*

ALTREI • ANTERIVO – Bolzano (BZ) → Vedere Anterivo

ALZANO LOMBARDO

✉ 24022 – Bergamo (BG) – Carta regionale n° **10**–C1 – Carta stradale Michelin 561-E11

⅏○ RISTOFANTE

PESCE E FRUTTI DI MARE · ELEGANTE XxX Nel centro storico, in un antico palazzo ristrutturato, ambiente elegante e sobriamente arredato all'interno, addirittura raffinato nel bel dehors, gestito da una solida coppia di ristoratori; nonostante ne sia distante geograficamente, la cucina parla soprattutto la lingua del mare.

Carta 50/80€

🏠 ⅏ 🆊 ⟳ *via Mazzini 41 – ℰ 035 511213 – www.ristofante.it – Chiuso lunedì, martedì-sabato a mezzogiorno, domenica sera*

AMALFI

✉ 84011 – Salerno (SA) – Carta regionale n° **4**–B2 – Carta stradale Michelin 564-F25

⌘ **GLICINE**

MEDITERRANEA · LUSSO ✗✗ Sulla terrazza da sogno oppure nella saletta interna con vista su Amalfi, in entrambi i casi la cucina di Beppe Stanzione sorprende per semplicità e sapore: pochi fronzoli, concretezza, giochi di acidità piacevoli al palato. Originario di Salerno, lo chef si diploma all'alberghiero nel 1997 per poi dedicarsi a tante esperienze professionali all'estero, in un lungo tour tra California, Australia, Cina e Thailandia. Al rientro in Italia, accresce la sua esperienza nelle cucine d'importanti tavole stellate ed - ora - delizia i commensali in questo fine dining restaurant sospeso tra cielo e mare. Molte le proposte anche per vegani, vegetariani e celiaci.

Specialità: Tagliatellina di seppia, cetriolo, avocado e limone salato. Chateaubriand al fumo di erbe, verdure di stagione e salsa bernese. Bufala e lamponi.

Menu 90/120 € – Carta 79/124 €

≼ 🏠 ⚄ 🔟 🅿 *Hotel Santa Caterina, via Mauro Comite 9 – ☎ 089 871012 – www.hotelsantacaterina.it – Chiuso lunedì-domenica a mezzogiorno*

⌘ **LA CARAVELLA DAL 1959**

Chef: Antonio Dipino

CAMPANA · STILE MEDITERRANEO ✗✗ In un palazzo del 1100 che fu dimora dei Piccolomini, l'ala dell'edificio dov'è collocata La Caravella fu adibita nel Rinascimento ad archivio ducale. Grande storia alle spalle ed indiscussa icona gastronomica della costiera amalfitana, che - ancora oggi - non smette di raccogliere "fedeli" attorno alla sua tavola, negli anni Sessanta la Caravella è stato il primo ristorante del sud a conquistare la stella e poi il titolo di ristorante-museo per la bella e vasta collezione di opere dei più grandi maestri ceramisti locali dal 1800 ai giorni nostri. La sua cucina ammicca a ricette tradizionali, riproposte in versione moderna, profumi e sapori mediterranei, il proverbiale limone sfusato che ricorre in molti piatti, dalla vellutata al celebre soufflé; l'allegria di questo paese e - soprattutto – il mare, a seconda della stagione e del pescato. Strepitosa, infine, la cantina che teme pochi rivali per ricchezza di spunti, annate e selezioni.

Specialità: Trito di pesce del giorno grigliato in foglia di limone con mousse di mandorle. Frittata di spaghetti cò pesce fujuto e frutti di mare. Il sole nel piatto.

Menu 60 € (pranzo), 100/150 € – Carta 100/120 €

⌘ 🔟 *via Matteo Camera 12 – ☎ 089 871029 – www.ristorantelacaravella.it – Chiuso 1-25 dicembre, 11 gennaio-11 febbraio, martedì*

🍽○ **SENSI**

CREATIVA · ELEGANTE ✗✗✗ Saranno tutti i cinque sensi ad essere soddisfatti da una sosta in questo angolo gourmet all'interno di uno splendido palazzo nobiliare del XVIII secolo, a pochi metri dalla Cattedrale, e con una suggestiva terrazza che offre scorci sul centro della località. Se l'arredamento coniuga il classico della struttura con soluzioni moderne e funzionali, la cucina attinge a piene mani dal Mare Nostrum. Il menu contempla - tuttavia - anche qualche specialità di terra.

Menu 40 € (pranzo), 80/120 € – Carta 40/46 €

🏠 🔟 *via Pietro Comite 4 – ☎ 089 871183 – www.sensiamalfi.it – Chiuso 10 gennaio-1 aprile, martedì sera*

🍽○ **EOLO**

MEDITERRANEA · INTIMO ✗✗ Al primo piano, senza ascensore, in un edifico all'ingresso della località, piatti tradizionali rivisitati in un piccolo ristorante dall'ambiente intimo e curato. Dal balcone c'è una romantica vista su Amalfi, ma con spazio solo per tre ambitissimi tavoli: vi suggeriamo, quindi, di prenotare con anticipo.

Carta 80/100 €

⌘ ≼ 🏠 *via Comite 3 – ☎ 089871241 – www.eoloamalfi.it – Chiuso 1 dicembre-17 marzo, lunedì sera, mercoledì-sabato sera, domenica*

ⅱ○ MARINA GRANDE

PESCE E FRUTTI DI MARE · STILE MEDITERRANEO ✗✗ Direttamente sulla spiaggia, un piacevole locale dai toni contemporanei con splendida vista mare e piccolo stabilimento balneare. Ricette che ripercorrono la tradizione, ma in chiave moderna; presenti anche piatti classici.

Carta 35/70 €

≼ 🕿 🏧 *viale delle Regioni 4 - ℰ 089 871129 - www.ristorantemarinagrande.com – Chiuso martedì*

🏨 GRAND HOTEL CONVENTO DI AMALFI

STORICO · GRAN LUSSO In un convento del XIII secolo abbarbicato sulla sco-gliera che domina la costa, impreziosito da una chiesa e dallo stupendo chiostro antico, spettacolari terrazze offrono più di un chilometro di passeggiate tra limoni e bouganvillee, piscina a sfioro riscaldata camere vista mare - molte ricavate dalle ex celle dei monaci.

✿ ⌇ ≼ 🕿 ⅀ ⋔ 𝄖 🔅 🏧 🅿 45 camere – 8 suites

via Annunziatella 46 - ℰ 089 873 6711 - www.ghconventodiamalfi.com

🏨 SANTA CATERINA   `Tablet.PLUS`

DIMORA STORICA · GRAN LUSSO A strapiombo sul mare, immerso tra limoni e baciato da un'incantevole vista sulla vicina Amalfi, nel Santa Caterina troverete un grande albergo, di un'eleganza classica e senza tempo. Un ascensore vi con-durrà ad una piattaforma con sdrai di fronte alla distesa blu, così come d'acqua di mare riscaldata è riempita anche la piscina. Due opzioni per la ristorazione: Gli-cine fine dining e Al Mare (pranzo e cena) per proposte più tradizionali.

✿ ≼ 𝄎 🕿 ⅀ ⋔ 𝄖 🔅 🏧 🔊 🅿 51 camere – 15 suites

via Mauro Comite 9 - ℰ 089 871012 - www.hotelsantacaterina.it

✿ **Glicine** – Vedere selezione ristoranti

AMBIVERE

✉ 24030 – Bergamo (BG) – Carta regionale n° **10**-C1 – Carta stradale Michelin 561-E10

ⅱ○ ANTICA OSTERIA DEI CAMELÌ

MODERNA · ELEGANTE ✗✗✗ All'interno di una bella cascina di origini cinquecen-tesche, il locale mostra un interessante connubio di eleganza ed atmosfera antico-moderna. La cucina non si sottrae al mood, mettendo in tavola tradizione ed innovazione; spazio, quindi, a rognoni, animelle, verdure di stagione, ma anche pesce e foie gras.

Menu 50 € (pranzo), 80/100 € – Carta 90/120 €

𝄐 🕿 🔅 🏧 ⇄ 🅿 *via Marconi 13 - ℰ 035 908000 - www.anticaosteriadeicameli.it – Chiuso 1-7 gennaio, lunedì, martedì sera*

AMEGLIA

✉ 19031 – La Spezia (SP) – Carta regionale n° **8**-D2 – Carta stradale Michelin 561-J11

🏨 LOCANDA DELL'ANGELO

TRADIZIONALE · MINIMALISTA Albergo dedicato alla memoria dell'architetto-designer Vico Magistretti, che negli '70 progettò e arredò l'intera struttura in uno stile minimalista che segnò un'epoca, ancora oggi riconoscibile e ricercato dagli amanti di quegli anni.

⌇ 🕿 ⅀ 🏧 🔊 🅿 31 camere – 1 suite

viale XXV Aprile 60 (strada provinciale Sarzana-Marinella) - ℰ 0187 64391 – www.paracucchilocanda.it

Cerca gli alberghi accompagnati da questo logo: il segno distintivo del **Club Tablet Plus**, con la sua ampia gamma di privilegi. Più confort, più attenzioni... per vivere un'esperienza sotto il segno dell'eccellenza!

a Montemarcello Sud : 5, 5 km

⬤○ PESCARINO-SAPORI DI TERRA E DI MARE

REGIONALE · RUSTICO ✕✕ In un locale semplice avvolto nel legno – quasi una baita – troverete una delle cucina più interessanti della zona con grande cura nella selezione dei prodotti; per chi ama la tranquillità consigliamo anche un pernottamento nelle camere, solo due ma incantevoli, con ceramiche di Vietri nei bagni.
Menu 30/55 € – Carta 30/50 €

⬅ 🍴 🅰🅲 🅿 via Borea 52 – ✆ 0187 601388 – www.pescarino.it –
Chiuso 10-28 gennaio, lunedì, martedì-venerdì a mezzogiorno

AMELIA

✉ 05022 – Terni (TR) – Carta stradale Michelin 563-O19

a Macchie Nord - Ovest : 8 km – Carta regionale n° 20–B3

⬤○ TENUTA DEL GALLO

CLASSICA · ROMANTICO ✕✕ Negli ambienti interni della tenuta, ricchi di charme e romanticismo oppure seduti all'aperto davanti ad un bucolico panorama, la cucina prende spunto dalla tradizione locale senza dimenticare i classici nazionali.
Menu 40/50 € – Carta 30/50 €

⬅ 🍴 🍴 🅿 Relais Tenuta del Gallo, via Ortacci 34 –
✆ 0744 987112 – www.tenutadelgallo.com –
Chiuso 7 gennaio-5 febbraio, lunedì

ANACAPRI – Napoli (NA) ➜ Vedere Capri (Isola di)

ANCONA

✉ 60123 – Ancona (AN) – Carta regionale n° 11–C1 – Carta stradale Michelin 563-L22

⬤○ GINEVRA

CREATIVA · CONTESTO CONTEMPORANEO ✕✕✕ Al quarto piano dell'albergo Seeport prendetevi il tempo di godervi l'aperitivo nella terrazza con vista a 180 gradi che regalerà tramonti fantastici. Poi, nella sala moderna ed elegante, vi aspettano piatti che valorizzano i prodotti e le ricette marchigiane in chiave moderna e personale. Carta semplice a pranzo.
Menu 70/140 € – Carta 50/120 €

⬅ ⬅ 🅿 🛋 Hotel Seeport, Rupi di via XXIX Settembre 12 – ✆ 071 971 5100 –
www.ginevrarestaurant.com – Chiuso domenica

⬤○ SOT'AJARCHI

PESCE E FRUTTI DI MARE · TRATTORIA ✕ Sotto i portici, è una semplice trattoria familiare, dove gustare la tipica cucina marchigiana di mare in piatti fragranti preparati secondo l'offerta del mercato.
Carta 25/50 €

🅰🅲 via Marconi 93 – ✆ 071 202441 –
Chiuso 23 dicembre-1 gennaio, domenica

🏨 GRAND HOTEL PALACE

TRADIZIONALE · CLASSICO Situato in centro, in un palazzo ottocentesco austero e nobiliare, l'hotel gode di una posizione privilegiata trovandosi esattamente di fronte al mare e a poca distanza dalla zona pedonale. Totalmente rinnovato con uno stile elegante e contemporaneo, le sue camere sono curate ed accoglienti. Piccola carta di gustosi piatti e vini di produzione propria presso il wine-bar.
🛋 ⛬ 🔄 🅰🅲 41 camere – 2 suites

lungomare Vanvitelli 24 – ✆ 071 201813 – www.grandhotelpalaceancona.com

a Portonovo Sud - Est : 12 km per Numana – Carta regionale n° **11**–C1

🍴⊖ **CLANDESTINO SUSCI BAR**

CREATIVA · ALLA MODA ✗ Direttamente su una bellissima spiaggia selvaggia, la maggior parte dei tavoli puntano verso la baia ed il mare. Vero e proprio laboratorio dell'idee culinarie di Moreno Cedroni, la carta non è ampia, ma la linea di cucina è interessante, creativa ed a base di pesce (ottimi i crudi). A mezzogiorno solo panini ed insalate.

Menu 90 € – Carta 20/70 €

← 🏠 *via Portonovo, località Poggio – ℰ 071 801422 – www.morenocedroni.it –*
Chiuso 1 dicembre-1 aprile, 18 ottobre-1 aprile, martedì

ANDRIA

✉ 76123 – Barletta-Andria-Trani (BT) – Carta regionale n° **15**–B2 –
Carta stradale Michelin 564-D30

😊 **IL TURACCIOLO**

MODERNA · SEMPLICE ✗ Ambiente informale con tovagliette di carta e menu esibito su due lavagne, in un'enoteca wine-bar del centro, dove gustare una schietta cucina regionale, che sorprende in alcuni piatti per fantasia e modernità.

Specialità: Galletto ruspante affumicato. Orzotto ai carciofi e tartufo nero estivo. Maialino caramellato al cotto di fichi.

Menu 25/50 € – Carta 25/50 €

🐷 🏠 🅰🅲 *piazza Vittorio Emanuele II° 4 –*
ℰ 388 199 8889 – Chiuso lunedì-sabato a mezzogiorno, domenica

a Montegrosso Sud - Ovest : 15 km – Carta regionale n° **15**–B2

😊 **ANTICHI SAPORI**

REGIONALE · RUSTICO ✗ E' dal 1993 che questa trattoria delizia i palati con piatti tradizionali che traggono ispirazione anche dalle vicine Murge. Si viene qui per gustare l'agnello ripieno di lampascioni, ma tante altre specialità regionali vi attendono in questa originale trattoria con decorazioni di vita contadina. Dal vicino orto, le saporite verdure presenti in menu.

Specialità: Fiori di zucca ripieni di ricotta, timo e pomodoro. Orecchiette con germogli di zucchine, ristretto di pomodoro secco e ricotta salata. Quasi cassata di ricotta.

Menu 40 € – Carta 35/46 €

♿ 🅰🅲 *piazza Sant'Isidoro 10 –*
ℰ 0883 569529 – www.pietrozito.it –
Chiuso 12-30 giugno, 14-21 agosto, 24 dicembre-2 gennaio, lunedì sera, sabato sera, domenica

ANGHIARI

✉ 52031 – Arezzo (AR) – Carta regionale n° **18**–D2 – Carta stradale Michelin 563-L18

😊 **DA ALIGHIERO**

REGIONALE · TRATTORIA ✗ Nel dedalo di strade della pittoresca Anghiari, qui troverete un'autentica trattoria, ricca d'atmosfera e gestita da un toscano tanto preparato, quanto simpatico e generoso.

Specialità: Insalata di ceci con datteri e bruschetta, maionese di carote. Bocconcini di filetto al Chianti. Panna cotta con gelatina di rosa.

Carta 25/45 €

🅰🅲 *via Garibaldi 8 –*
ℰ 0575 788040 – www.daalighiero.it –
Chiuso martedì

ANNONE VENETO

✉ 30020 – Venezia (VE) – Carta regionale n° **23**–D2 – Carta stradale Michelin 562-E20

🍴○ IL CREDENZIERE

PESCE E FRUTTI DI MARE · FAMILIARE XX In una piccola frazione di campagna, il ristorante è stato
completato ristrutturato con un restyling generale della sala e della veranda esterna nel corso del 2020; la cucina rimane particolarmente "affezionata" al pesce, con alcune elaborazioni stuzzicanti. A pranzo anche formule più economiche per chi ha poco tempo.

Menu 15 € (pranzo)/35 € – Carta 60/80 €

🛋 ᰔ 🄰🄲 *via Quattro Strade 12 – ℰ 0422 769922 – www.ilcredenziereristorante.it –*
Chiuso 25 febbraio-10 marzo, lunedì, martedì-mercoledì sera, domenica sera

ANNUNZIATA – Cuneo (CN) → Vedere La Morra

ANTERIVO • ALTREI

✉ 39040 – Bolzano (BZ) – Carta regionale n° **19**–D3 – Carta stradale Michelin 562-D16

🏡 KÜRBISHOF

REGIONALE · ROMANTICO X Piacevole quanto romantica locanda ricavata da un antichissimo maso con fienile: in due caratteristiche stube, di cui una con vista sulla val di Cembra, una coppia propone il meglio dei prodotti del territorio, cucinati spesso nel rispetto della tradizione, sebbene non manchino lievi tocchi di fantasia. Un esempio? Grostl di maiale con patate e cavolo cappuccio allo speck a cui fanno eco i canederli di zucca su fonduta di formaggio e mandorle di terra. Graziose camere nel fienile.

Specialità: Testina di vitello, cipolla rossa, vinaigrette. Polpettine d'agnello, "roascht", rapa navone. Variazione al caffè.

Carta 35/65 €

⟵ 🅿 *via Guggal 23 – ℰ 0471 882140 – www.kuerbishof.it –*
Chiuso 5 aprile-7 maggio, 4 novembre-6 dicembre, martedì, mercoledì a mezzogiorno

ANZIO

✉ 00042 – Roma (RM) – Carta regionale n° **7**–B3 – Carta stradale Michelin 563-R19

🍴○ ROMOLO AL PORTO

PESCE E FRUTTI DI MARE · MINIMALISTA X Prettamente a conduzione familiare, un ristorante dalla filosofia esplicita: solo pesce fresco locale, talvolta pescato con la propria barca. Tavoli all'aperto con vista mare.

Carta 45/100 €

🛋 🄰🄲 *via Porto Innocenziano 19 – ℰ 3392379839 – www.daromoloalporto.com –*
Chiuso mercoledì

ANZOLA DELL'EMILIA

✉ 40011 – Bologna (BO) – Carta regionale n° **5**–C3 – Carta stradale Michelin 562-I15

🍴○ IL RISTORANTINO-DA DINO

REGIONALE · AMBIENTE CLASSICO X Ristorantino in zona residenziale che vale la pena di provare per le interessanti preparazioni di cucina tradizionale: materie prime di qualità, prezzi convenienti e pesce secondo il mercato (giovedì e venerdì).

Carta 29/47 €

🄰🄲 ⇔ *via 25 Aprile 11 – ℰ 051 732364 – www.ristorantinodadino.it – Chiuso lunedì,*
domenica sera

AOSTA

✉ 11100 – Aosta (AO) – Carta regionale n° **21**–A2 – Carta stradale Michelin 561-E3

✿ VECCHIO RISTORO

Chef: Filippo Oggioni

MODERNA · ELEGANTE XX Nel centro cittadino, ambiente elegante, caldo, riservato, per un'accoglienza sempre perfetta e misurata in un locale-bomboniera che porta lustro non solo ad Aosta, ma all'intera regione. Gli ispettori riconoscono alla sua cucina la capacità di farsi portavoce della tradizione valdostana ma, al tempo stesso, di non transigere sull'importanza di renderla leggera e moderna. Piatti precisi, saporiti, ricchi d'idee e con contrasti molto ben gestiti: consistenze e sapori identificano immediatamente un'ottima tecnica e l'utilizzo di buoni prodotti sia del territorio che non. Con i dolci, infine, si raggiunge l'apoteosi.

Specialità: Le quattro paste, crudo di mare e condimenti. Riso affumicato, gessato di pecora e menta. Panna cotta al limone, pistacchio e olio d'oliva.

Menu 50/90 € – Carta 50/75 €

🕸 ⇄ via Tourneuve 4 - ℰ 0165 33238 - www.ristorantevecchioristoro.it – Chiuso lunedì, martedì a mezzogiorno, domenica sera

😊 OSTERIA DA NANDO

REGIONALE · INTIMO X Splendida collocazione nel cuore della città - tra l'arco di Augusto e le Porte Pretoriane - per questa semplice risorsa, a conduzione familiare, giunta ormai alla terza generazione e con più di 60 anni di storia. Cucina squisitamente regionale, il menu fisso "Nando" permette di contenere un po' i costi, mentre tutti i vini valdostani presenti in carta possono essere degustati anche al bicchiere.

Specialità: Affettato alla valdostana. Fonduta alla valdostana. Armonia di cioccolato, caffè e genepì.

Menu 35/60 € – Carta 33/68 €

🍴 via Sant'Anselmo 99 - ℰ 0165 44455 - www.osterianando.com – Chiuso 22 giugno-3 luglio, martedì, mercoledì a mezzogiorno

APPIANO GENTILE

✉ 22070 – Como (CO) - Carta regionale n° **18**-A1 – Carta stradale Michelin 561-E8

⍥ LL PORTICO

DEL MERCATO · CONVIVIALE X Lo chef Lopriore torna nella sua terra natìa con un nuovo locale dal format originale. Se a pranzo la scelta è orientata su piatti unici, la sera vanno in scena menu degustazione "scomposti": carne, pesce o verdura con complementi originali, a voi il piacere di creare i vostri equilibri preferiti. Cucina del mercato dove il prodotto locale è protagonista indiscusso.

Menu 40 € – Carta 40 €

& 🅰 piazza Libertà 36 - ℰ 031 931982 - Chiuso martedì sera, mercoledì, domenica sera

APPIANO SULLA STRADA DEL VINO •
EPPAN AN DER WEINSTRASSE

✉ 39057 – Bolzano (BZ) - Carta stradale Michelin 562-C15

a San Michele – Carta regionale n° **19**-D3

✿ ZUR ROSE

Chef: Herbert e Daniel Hintner

MODERNA · AMBIENTE CLASSICO XX La tappa gourmet che lascia il segno lungo la golosa e romantica strada del vino tirolese è - sicuramente - Zur Rose: storica insegna dove lo chef Herbert Hintner propone la sua idea di creatività contemporanea scandita da una forte identità regionale e altoatesina. Nell'elegante spazio risalente al 1300 - con il nome "La Rosa" utilizzato per il ristorante sin dal 1585 - i prodotti e, di conseguenza i piatti, si "adeguano" alle stagioni in quattro menu ad hoc. Da decenni sulla cresta dell'onda, la cucina di Hintner non ha preso una ruga, a maggior ragione ora che lo affianca il figlio, e rimane sempre una sosta gastronomica irrinunciabile lungo la romantica strada del vino.

Specialità: Salmerino marinato della Val Passiria con mousse al rafano e ravanelli marinati. Coda di bue con ripieno ai porcini , purea di patate e porri. Terrina di gianduia con rumtopf e gelato alla panna acida.

Menu 78/115€ – Carta 85/115€

⅜ 🛖 ⇄ *via Josef Innerhofer 2 – ℰ 0471 662249 – www.zur-rose.com –*
Chiuso 5-16 luglio, 24-30 dicembre, lunedì a mezzogiorno, domenica

ⅼ○ OSTERIA ACQUAROL ⑩

ALPINO · CONTESTO CONTEMPORANEO ⅩⅩ Centrale, con piccolo spazio esterno per i pasti estivi, l'Osteria Acquarol propone una cucina fortemente radicata nel territorio con tecniche moderne e molta personalità. Un menu intrigante riserverà una prelibatezza per ognuno di voi: dal rassicurante manzo di razza *Grigio Alpina* alla particolarità di anguilla e storione. Il tutto accompagnato da una buona selezione enoica.

Menu 30€ (pranzo), 49/85€ – Carta 18/35€

🛖 *via Johann Georg Plazer 10 – ℰ 0471 165 2112 – www.acquarol.it –*
Chiuso 11-28 gennaio, 20 maggio-4 giugno, giovedì, venerdì a mezzogiorno

a Cornaiano Nord - Est : 2 km – Carta regionale n° **19**-D3

🏠 WEINEGG

LUSSO · PERSONALIZZATO Nella tranquillità totale della natura, imponente edificio moderno con incantevole vista su monti e frutteti. Migliorato ulteriormente grazie agli ingenti, recenti investimenti, la struttura offre ambienti personalizzati in raffinato stile moderno-tirolese. Le ultime suite realizzate offrono accesso diretto ad una nuova piscina come si fosse su una palafitta! Molto bella e completa anche la zona spa.

🎣 🦢 ≼ 🛁 ⌀ 🖼 🕸 ♨ 🕸 𝑓₄ ⊟ ♿ 🖼 🚠 🅿 🚗 58 suites – 29 camere

via Lamm 22 – ℰ 0471 662511 – www.weinegg.com

a Missiano Nord : 4 km – Carta regionale n° **19**-D3

🏠 SCHLOSS KORB

DIMORA STORICA · CLASSICO Incantevole veduta panoramica sulla vallata e quiete assoluta in un castello medioevale dai raffinati e tipici interni; molte camere nell'annessa struttura più recente. Calda, raffinata atmosfera nella sala in stile rustico con pareti in pietra; cucina locale.

🎣 🦢 ≼ 🛁 ⌀ 🖼 🕸 ⊟ 🚠 🅿 29 camere – 20 suites

via Castello d'Appiano 5 – ℰ 0471 636000 – www.schloss-hotel-korb.com

APPIGNANO

✉ 62010 – Macerata (MC) – Carta regionale n° **11**-C2 – Carta stradale Michelin 563-L22

☺ OSTERIA DEI SEGRETI

REGIONALE · RUSTICO ⅩⅩ Piatti della tradizione a prezzi particolarmente interessanti in un ex borgo agricolo con casolare, fienile ed annessi. Specialità: carpaccio di chianina, rucola e grana - grigliata mista - panna cotta ai frutti di bosco. Per chi volesse prolungare la sosta, la struttura dispone di camere recentemente rinnovate in stile moderno, centro benessere e piscina estiva.

Specialità: Cargiu e cappellacci. Cappellacci con fonduta di pecorino e tartufo. Crema maceratese.

Carta 15/50€

⇐ ≼ 🛁 🛖 🖼 🅿 *via Verdefiore 25 – ℰ 0733 57685 – www.osteriadeisegreti.com –*
Chiuso 20 febbraio-10 marzo, sabato a mezzogiorno, domenica sera

APRICA

✉ 23031 – Sondrio (SO) – Carta regionale n° **9**-C1 – Carta stradale Michelin 561-D12

○ GIMMY'S

TRADIZIONALE · ROMANTICO ✕✕ Cucina tradizionale rivisitata in chiave moderna: per gli appassionati della carne, una pagina del menu è dedicata solo per loro. Si cena in una bella sala/stube dai caldi toni di montagna.

Menu 29 € – Carta 37/85 €

⇆ & 🅿 *Hotel Arisch, via Privata Gemelli sn – ℰ 0342 747048 – www.hotelarisch.com – Chiuso lunedì a mezzogiorno*

APRILIA

✉ 04011 – Latina (LT) – Carta regionale n° **7**–B2 – Carta stradale Michelin 563-R19

○ IL FOCARILE

MEDITERRANEA · AMBIENTE CLASSICO ✕✕✕ Ristorante di tradizione familiare dalla grande sala classica, padre in cucina e figlio in sala a tenere le redini di questo locale che lavora con costanza. Pesce o carne a voi la scelta, ben consci che qualsiasi opzione selezioniate non ve ne pentirete. Per serate più leggere, c'è anche l'Osteria Mangiaitaliano, mentre quattro eleganti camere di fronte al laghetto completano l'offerta.

Carta 35/80 €

※ ⟨🍴 🛏 Ⓜ 🅿 *via Pontina al km 46,5 – ℰ 06 928 2549 – www.ilfocarile.it – Chiuso lunedì*

ARABBA

✉ 32020 – Belluno (BL) – Carta regionale n° **23**–B1 – Carta stradale Michelin 562-C17

○ STUBE LADINA

REGIONALE · STUBE ✕✕ Della cucina se ne occupa una brigata diretta dal patron dell'albergo che, in una raccolta stube, propone ai suoi ospiti la materia prima del territorio in piatti ricercati e ben fatti. A coronamento di tutto, un'interessante carta dei vini.

Menu 20/30 € – Carta 38/75 €

⇆ *Hotel Alpenrose, via Precumon 24 – ℰ 0436 750076 – www.alpenrosearabba.it*

ARBATAX – Ogliastra (OG) ➡ Vedere Sardegna (Tortolì)

ARCETRI – Firenze (FI) ➡ Vedere Firenze

ARCIPELAGO DELLA MADDALENA – Olbia-Tempio (OT) ➡ Vedere

Sardegna - Maddalena (Arcipelago della)

ARCO

✉ 38062 – Trento (TN) – Carta regionale n° **19**–B3 – Carta stradale Michelin 562-E14

❀ PETER BRUNEL RISTORANTE GOURMET

MODERNA · CONTESTO CONTEMPORANEO ✕✕✕ A poco più di un chilometro dalle sponde del bellissimo lago di Garda, Peter Brunel ha ritrovato casa: dopo una breve ma intensa esperienza fiorentina, torna infatti nel suo Trentino per aprire il ristorante eponimo. Oltre al nome, il locale mostra il disegno di Peter: i suoi interni, accoglienti e contemporanei, nascono proprio dalla sua mente e matita. Ed è un luogo pensato per offrire una piacevole esperienza gourmet, a partire dall'accoglienza, con divani e poltrone dove sorseggiare l'aperitivo.

Lo "chef artista" si scorge naturalmente nei piatti: fotogenici e gustosi. Una bella interpretazione contemporanea di eccellenti ingredienti, soprattutto italiani, contaminati qua e là da ricordi di viaggi internazionali, come nel caso delle citazioni di cucina *Nikkei*. In sala, la proposta è rafforzata dalla profonda professionalità e simpatica verve di Christian Rainer, ospite più unico che raro.

Specialità: Ortaggi. Piccione. Il Rosso.

Menu 55 € (pranzo), 105/125 € – Carta 66/109 €

※ ⟨🍴 🛏 & Ⓜ ⟲ 🅿 *via Linfano 47 (Sud: 1,5 km) – ℰ 0464 076705 – www.peterbrunel.com – Chiuso 1-28 febbraio, lunedì, domenica*

VILLA ITALIA ⓝ

TRADIZIONALE · STORICO Costruita nel 1883, questa bella villa - a pochi km di distanza dal lago di Garda – ripropone quegli elementi architettonici propri dell'epoca quali soffitti a volta, pareti spesse, archi acuti. I suoi interni – invece - indugiano in uno stile decisamente contemporaneo ed offrono all'ospite un'inattesa ampia piscina coperta.

◲ 🐦 ☰ AC 🅿 16 camere – 6 suites

viale Magnolie 29 – ☎ 0464 516183 – www.villaitaliarco.it

VIVERE SUITES AND ROOMS ⓝ

LUSSO · CONTEMPORANEO Camere intime, lineari, modernissime, in una struttura la cui architettura contemporanea costituisce un punto di rottura al susseguirsi delle belle ville storiche che punteggiano la costa. Attorno al bel giardino dove rilassarsi, le vigne di proprietà tradiscono l'antica vocazione della casa: ovvero, il suo essere cantina.

⇚ ⅃ 🐦 AC 🅿 4 suites – 2 camere

via Epifanio Gobbi 19 – ☎ 0464 514786 – agrivivere.com –
Chiuso 1 dicembre-30 marzo

ARCUGNANO

✉ 36057 – Vicenza (VI) – Carta regionale n° **22**-A2 – Carta stradale Michelin 562-F16

a Soghe Sud : 9, 5 km

🍽️ ANTICA OSTERIA DA PENACIO

VENEZIANA · CONTESTO TRADIZIONALE XX Ristorante a conduzione familiare in una villetta al limitare di un bosco: all'interno due raffinate salette e una piccola, ma ben fornita, enoteca; cucina tradizionale.

Menu 30/45 € – Carta 27/43 €

🍴 AC ⇄ 🅿 *via Soghe 62 – ☎ 0444 273540 – www.penacio.it –*
Chiuso 15-25 febbraio, 15-25 novembre, lunedì-martedì a mezzogiorno, mercoledì, giovedì-sabato a mezzogiorno

a Lapio Sud : 5 km

🍽️ TRATTORIA DA ZAMBONI

CREATIVA · ACCOGLIENTE XX In un imponente palazzo d'epoca, le sobrie sale quasi si fanno da parte per dare spazio al panorama sui colli Berici e alla cucina, tradizionale e rivisitata al tempo stesso.

Menu 35/50 € – Carta 30/80 €

🐜 ⇐ 🍴 AC ⇄ 🅿 *via Santa Croce 37 – ☎ 0444 273079 –*
www.trattoriazamboni.it – Chiuso 8-21 gennaio, 17-25 agosto, lunedì, martedì

ARDENZA – Livorno (LI) → Vedere Livorno

ARESE

✉ 20020 – Milano (MI) – Carta regionale n° **10**-B2 – Carta stradale Michelin 561-F9

🍽️ IL PICCOLO PRINCIPE

ITALIANA · CONTESTO CONTEMPORANEO XX Ambiente moderno nello stile e nell'offerta gastronomica che propone i sapori nazionali; in aggiunta troverete anche l'offerta più informale dell'Hostaria con piccoli percorsi (dai 10 ai 13 euro) di piatti in versione finger.

Menu 12 € (pranzo), 25/35 € – Carta 35/45 €

🍴 ♿ AC *via Caduti 35/37 – ☎ 02 9358 0144 – www.ilpiccoloprincipe-arese.it –*
Chiuso lunedì, domenica sera

AREZZO

✉ 52100 – Arezzo (AR) – Carta regionale n° **18**-D2 – Carta stradale Michelin 563-L17

ⅼ◯ LA TAGLIATELLA

REGIONALE · AMBIENTE CLASSICO ⅩⅩ In un locale leggermente periferico, colori chiari per un ambiente luminoso le cui decorazioni sono un evidente richiamo al mondo del vino. In menu: cucina di terra con specialità di carne di razza chianina.

Carta 40 €

❀ 🅰🅲 *viale Giotto 45/47 – ℰ 0575 21931 – Chiuso mercoledì, domenica sera*

ⅼ◯ LE CHIAVI D'ORO

MODERNA · CONTESTO CONTEMPORANEO ⅩⅩ Accanto alla basilica di San Francesco, il ristorante sfoggia un look originale: pavimento in parte in legno, in parte in resina, nonché sedie girevoli anni '60 ed altre di design danese; una parete di vetro consente di sbirciare il lavoro in cucina. Sulla tavola, piatti del territorio moderatamente rivisitati.

Menu 30 € (pranzo), 40/45 € – Carta 35/50 €

🍴 ♿ 🅰🅲 *piazza San Francesco 7 – ℰ 0575 403313 – www.ristorantelechiavidoro.it – Chiuso 11-18 gennaio, lunedì*

ⅼ◯ SAFFRON

MODERNA · CONTESTO CONTEMPORANEO ⅩⅩ Uno dei locali più originali della città, a cominciare dall'elegante design contemporaneo, ma ancor di più per la rimarchevole offerta gastronomica. Tra piatti fusion, crudi di pesce e sushi - tradizionali o più creativi - complimenti al coraggio e all'abilità del cuoco!

Carta 45/98 €

🍴 🅰🅲 *piazza Sant'Agostino 16 – ℰ 0575 182 4560 – Chiuso lunedì, sabato-domenica a mezzogiorno*

🏠 GRAZIELLA PATIO HOTEL

BOUTIQUE HOTEL · CENTRALE Segni d'Africa e d'Oriente in un albergo che presenta ambientazioni davvero originali, le camere s'ispirano, infatti, ai racconti di viaggio del romanziere Bruce Chatwin. Tra di esse, inoltre, sono dedicate alla spa: una con vasca jacuzzi, l'altra con sauna ed, ultima ma non ultima, una con lampada per cromoterapia.

🔼 🅰🅲 6 camere – 4 suites

via Cavour 23 – ℰ 0575 401962 – www.hotelpatio.it

a Giovi : 8 km per Cesena

ⅼ◯ ANTICA TRATTORIA AL PRINCIPE

REGIONALE · FAMILIARE Ⅹ Diverse salette in un locale dove gustare sia le specialità tradizionali sia i piatti a base di pesce; assolutamente da provare i pici fatti a mano, ma anche l'anguilla al tegamaccio che ricorda le origini ottocentesche di questa simpatica trattoria.

Menu 30/60 € – Carta 30/60 €

⬅ 🍴 *piazza Giovi 25 – ℰ 0575 362046 – www.ristorantealprincipe.it – Chiuso 7-16 gennaio, 16-31 agosto*

ARGELATO

✉ 40050 – Bologna (BO) – Carta regionale n° **5**–C3 – Carta stradale Michelin 562-I16

🏵 L'800

REGIONALE · FAMILIARE ⅩⅩ Un casolare di fine Ottocento ha dato il nome al ristorante, dove si serve una cucina regionale, con rane e lumache tra i piatti più rappresentativi, carne ma anche qualche proposta di pesce. L'antica rusticità dell'edificio ha lasciato oggi il passo ad una bella casa con tocchi di eleganza.

Specialità: Bignè di cosce di rane con spuma al basilico. Cosciotto di coniglio arrostito al dragoncello con purè di patate all'extravergine. Cappuccino balsamico.

Menu 15 € (pranzo)/20 € – Carta 29/35 €

🍴 🅰🅲 🅿 *via Centese 33 – ℰ 051 893032 – www.ristorante800.it – Chiuso 1-10 gennaio, 8-16 agosto, lunedì, sabato a mezzogiorno, domenica sera*

ARIANO IRPINO

⊠ 83031 – Avellino (AV) – Carta regionale n° **4**–C1 – Carta stradale Michelin 564-D27

LA PIGNATA

REGIONALE · FAMILIARE XX Nell'ampia sala dal soffitto ad archi aleggia un'atmosfera piacevolmente rustica, anticipo di ciò che arriverà dalla cucina: tagliolini alle ortiche, porcini e tartufo nero - baccalà fritto con peperoni cruschi. Ma la carta ha ancora tanto da raccontare...

Specialità: Pancotto all' arianese. Tagliolini alle ortiche, funghi porcini e tartufo. Cannolo di pasta fillo.

Menu 20€ (pranzo), 40/45€ – Carta 25/50€

AC ⇔ *viale Dei Tigli 7 – ℰ 0825 872571 – www.ristorantelapignata.it –*
Chiuso martedì

MAEBA RESTAURANT

CAMPANA · ELEGANTE XX Ricavato dalla splendida ristrutturazione di un frantoio del Settecento nella campagna fuori Ariano Irpino, ecco un locale difficilmente immaginabile in queste zone montuose: elegante, dal design attuale, e con una cucina che riprende i sapori del territorio e – al tempo stesso – il mare. Il tutto in chiave decisamente moderna. Bella carta dei vini, nonché dei distillati.

Menu 42/57€ – Carta 38/69€

⅍ ⌂ 🍴 AC ⇔ 🅿 *contrada Serra 29 – ℰ 3386387407 – www.maeba.it –*
Chiuso 15-28 febbraio, lunedì, domenica sera

ARMA DI TAGGIA

⊠ 18011 – Imperia (IM) – Carta regionale n° **8**–A3 – Carta stradale Michelin 561-K5

LA CONCHIGLIA

LIGURE · ELEGANTE XxX Ambiente ultra-classico per una cucina leggera, dalle linee semplici, estranea al tentativo di procurare eccessivo stupore: la qualità del pescato è valorizzato in ogni piatto. Per gli amanti della terra, anche qualche proposta di carne.

Menu 45€ (pranzo)/65€ – Carta 70/95€

🍴 AC *Lungomare 33 – ℰ 0184 43169 – www.la-conchiglia.it – Chiuso mercoledì,*
giovedì a mezzogiorno

ARMENZANO – Perugia (PG) ➜ Vedere Assisi

ARONA

⊠ 28041 – Novara (NO) – Carta regionale n° **13**–B2 – Carta stradale Michelin 561-E7

TAVERNA DEL PITTORE

CLASSICA · ELEGANTE XX Di scorta al porto di Arona, la guarnigione spagnola contemplava - quattro secoli or sono - lo spettacolo che ancora oggi il cliente può ammirare dalla veranda di questo raffinato locale che rappresenta una sicurezza grazie alla solidità dell'offerta. Due le linee culinarie proposte: una più ricercata con tanto pesce, e l'alternativa bistrot-carpacceria con piatti meno impegnativi, ma sempre di qualità.

Carta 45/65€

≤ ⇔ *piazza del Popolo 39 – ℰ 0322 243366 – www.ristorantetavernadelpittore.it –*
Chiuso 20 dicembre-15 gennaio, lunedì

a Montrigiasco Nord - Ovest : 6 km - Carta regionale n° **13**–B2

CASTAGNETO

REGIONALE · FAMILIARE XX Superati ormai i 50 anni di attività, il locale ha visto avvicendarsi diverse generazioni della medesima famiglia, ma lo spirito genuino è rimasto sempre immutato, così come l'atmosfera, calda e rilassata. Altrettanto, la fragrante cucina piemontese: paniscia novarese - lumache di Briona in guscio con aglio, burro e prezzemolo - bonèt con gelato alla nocciola.

Specialità: Peperoni spellati con bagna cauda. Agnolotti di punta di vitello con Castelmagno. Torta nocciolina con crema di nocciole.

Menu 15€ (pranzo)/20€ – Carta 25/45€

🕭 ⋞ 🍽 🖾 **P** *via Vignola 14 – ℰ 0322 57201 –*
www.ristorantecastagneto.com –
Chiuso 23 dicembre-15 gennaio, lunedì, martedì

ARPINO

✉ 03033 – Frosinone (FR) – Carta stradale Michelin 563-R22

a Carnello Nord : 5 km – Carta regionale n° **7**–D2

🕥 **MINGONE**

ITALIANA · **CONTESTO REGIONALE** ✕✕ Da oltre un secolo intramontabile rappresentante della cucina locale, ai consueti piatti laziali si aggiungono specialità ittiche di fiume e di mare (ottima la trota al cartoccio!). Si può scegliere fra un ambiente più informale, "Il Bistro" o la classica ed elegante sala affrescata. La cantina sottostante nasconde piccole rarità; le camere sono spaziose e in piacevole stile rustico.

Specialità: Delizie di acqua dolce. Tonnarelli ai gamberi di fiume. Pan di Spagna con crema Chantilly.

Menu 25/45€ – Carta 30/45€

🕭 ⇦ 🍽 ℷ 🖾 ⇦ **P** *via Pietro Nenni 96 –*
ℰ 0776 869140 – www.mingone.it –
Chiuso domenica sera

ARZACHENA – Olbia-Tempio (OT) → Vedere Sardegna

ARZIGNANO

✉ 36071 – Vicenza (VI) – Carta regionale n° **23**–B2 – Carta stradale Michelin 562-F15

🕸 **DAMINI MACELLERIA & AFFINI**

ITALIANA · **ALLA MODA** ✕ Gastronomia, enoteca e macelleria di lusso, dietro le scintillanti vetrine si nascondono i tavoli e una cucina di rimarchevoli prodotti e gustose elaborazioni, mentre i tantissimi vini sono suggeriti a voce dal patron: senza dubbio, un'originale esperienza gourmet fatta di sapori immediati, appaganti, che nascono da un grande rispetto per le materie prime, trattate con mano esperta. È possibile prenotare una "Lezione sulla Carne" tenuta dal patron Gian Pietro con visita alle celle di frollatura situate sotto il ristorante, seguita dal percorso degustazione "La nostra carne" con i grandi classici della macelleria interpretati dallo chef.

Specialità: Ciocco-foie. Spaghetto, bufala, caviale, piccione. Il mio tiramisù.

Carta 50/100€

🕭 ℷ 🖾 *via Cadorna 31 – ℰ 0444 452914 – www.daminieaffini.com –*
Chiuso 10-31 agosto, lunedì, domenica sera

ASCIANO

✉ 53041 – Siena (SI) – Carta regionale n° **18**–C2 – Carta stradale Michelin 563-M16

🕪 **LA TINAIA**

TOSCANA · **RUSTICO** ✕✕ Immerso nel verde della proverbiale campagna toscana, il ristorante è riscaldato da un piacevole caminetto e propone piatti legati al territorio, accompagnati da qualche rivisitazione. Décor rustico-elegante.

Menu 20€ (pranzo), 30/35€ – Carta 25/50€

🕭 ⇦ 🍽 🖾 **P** *Hotel Borgo Casabianca, località Casa Bianca –*
ℰ 0577 704362 – www.casabianca.it – Chiuso 1 gennaio-31 marzo

ASCOLI PICENO

✉ 63100 – Ascoli Piceno (AP) – Carta regionale n° **11**–D3 – Carta stradale Michelin 563-N22

🍴⃝ **CAFFÈ MELETTI**

MARCHIGIANA · LIBERTY ✕✕ Al primo piano di questo storico caffè dov'è nata l'omonima anisetta, aperto nel 1907 e luogo d'incontro scelto di volta in volta da Re Vittorio Emanuele, Mascagni, Hemingway, Guttuso, Badoglio, Sartre... tanto da essere soprannominato il "Senato", la sua cucina non può ridursi alla sola definizione di regionale, in quanto è anche italiana, sobria, accattivante. Non perdete l'occasione di una cena in terrazza con vista su piazza del Popolo. A pranzo formule più veloci servite al bar provvisto di splendido dehors.

Menu 30 € (pranzo), 35/65 € – Carta 32/52 €

🍴 🔠 via del Trivio 56 (piazza del Popolo) – ☎ 0736 255559 – www.caffemeletti.it – Chiuso 18-25 gennaio, lunedì-martedì sera

ASIAGO

✉ 36012 – Vicenza (VI) – Carta regionale n° **23**–B2 – Carta stradale Michelin 562-E16

❀ **LA TANA GOURMET**

Chef: Alessandro Dal Degan

MODERNA · ELEGANTE ✕✕ A pochi passi dalle piste da sci, La Tana Gourmet è un sofisticato indirizzo con vista altipiano che riflette la colta e curiosa personalità di Alessandro Dal Degan. Il ristorante sorge in una crocevia d'influenze normanne, cimbre e veneziane, ed essendo l'altipiano collocato tra alpi e pianura, il particolare microclima genera grandi quantità di erbe spontanee: sapori e profumi che caratterizzano una cucina tecnica ed intrigante. Intento a recuperare la cultura perduta di questo territorio, lo chef propone una ristorazione fondata sui prodotti locali, ma non tradizionale e con forme e formati avanguardistici. Il grande amore per la materia prima e la regione, si riflette anche nella passione di Alessandro per i formaggi locali. La Tana Gourmet è stata recentemente oggetto d'importanti lavori che non l'hanno cambiata nella struttura, ma hanno reso il servizio ancor più performante.

Specialità: Lumache in guazzetto, in ricordo di Vaia. Orzo, terra ed acqua. La Pigna.

Menu 100/200 €

❀ 🔠 ᴦ 🅿 località Kaberlaba 19 – ☎ 0424 176 0249 – www.latanagourmet.it – Chiuso 6 aprile-7 giugno, 4 ottobre-26 novembre, lunedì, domenica sera

❀ **STUBE GOURMET**

CREATIVA · ROMANTICO ✕✕ All'interno dell'Hotel Europa, Stube Gourmet attira i buongustai con le sofisticate idee di Alessio Longhini. Giovane altopianese cresciuto professionalmente con Norbert Niederkofler e capace d'innovare i grandi classici della tradizione, Alessio sa – comunque – valorizzare sia gli ingredienti locali che internazionali con proposte quali perle di merluzzo, brodo dashi, zenzero e coriandolo oppure coppa di maialino iberico con patate, carciofi e senape. Come definirli se non i colorati affreschi di un'alta cucina legata a stagionalità e ricerca?

Specialità: Animelle, crema di anguilla, carciofi e funghi pioppini. Piccione in tre cotture, indivia belga alla liquirizia, caramello all'arancia, maionese alle acciughe del Cantabrico. Tartelletta, crema al limone, meringa bruciata all'essenza di cedro.

Menu 85/110 € – Carta 60/100 €

ᴦ 🅿 Hotel Europa, corso IV Novembre 65/67 – ☎ 0424 462659 – www.hoteleuroparesidence.it – Chiuso 1 dicembre, lunedì, martedì, mercoledì-domenica a mezzogiorno

⌂ **LOCANDA AURORA**

REGIONALE · FAMILIARE ✕ Aurora è non solo la titolare, ma l'anima del ristorante: un personaggio carismatico che vi affascinerà con i suoi racconti e ancor di più con la sua cucina, eseguita ai fornelli con la figlia. Prodotti del suggestivo altopiano - dalla patata al formaggio - in piatti gustosi. Specialità: maccheroncini alla zingara - gnocchetti in fonduta di Asiago con speck croccante - mousse di nocciolata.

Specialità: Carne salada con scagli di Vezzena. Filetto stracciato alle erbe. Torta di patate e noccioline.

Menu 25€ – Carta 25/35€

↩ **P** *via Ebene 71 – ℰ 0424 462469 – www.locandaurora.it – Chiuso lunedì*

ⅈ○ OSTERIA EUROPA

REGIONALE · STILE MONTANO ⅹ All'interno dell'omonimo albergo, un'osteria semplice nell'impostazione, ma interessante per quanto concerne i piatti che arrivano in tavola: cucina della tradizione gustosa e ben fatta!

Carta 38/49€

🍴 **P** *Hotel Europa, Corso 4 Novembre 65/67 – ℰ 0424 462659 – www.hoteleuroparesidence.it*

⌂ MELTAR BOUTIQUE HOTEL

LUSSO · ELEGANTE All'interno dei campi da golf, elegante hotel di raffinato arredo e pezzi originali dispone anche di un moderno centro benessere dove rilassarsi. Nella luminosa club house, le opzioni per soddisfare il palato passano dalla proposta più semplice alla cena gourmet (quest'ultima su prenotazione). La cucina della tradizione s'ingentilisce in ricette contemporanee al Meltarino.

🐿 🐾 ⟨ 🚗 🖬 🖵 ⊛ 🜷 🎚 ⊡ ⅋ 🏋 **P** 15 camere – 2 suites

via Meltar 1 – ℰ 0424 460626 – www.meltarhotel.com

⌂ EUROPA

BOUTIQUE HOTEL · ACCOGLIENTE Signorile ed imponente palazzo nel cuore di Asiago apparentemente d'epoca, ma in realtà completamente ricostruito; al primo piano un'elegante stufa riscalda le zone comuni; mentre vivamente consigliata è una sosta nella piccola e curatissima area relax.

🐿 🜷 ⊡ ⅋ **P** 22 camere – 5 suites

corso IV Novembre 65/67 – ℰ 0424 462659 – www.hoteleuroparesidence.it

✿ **Stube Gourmet** · ⅈ○ **Osteria Europa** – Vedere selezione ristoranti

ASOLA

✉ 46041 – Mantova (MN) – Carta regionale n° **9**–C3 – Carta stradale Michelin 561-G13

ⅈ○ LA FILANDA

PESCE E FRUTTI DI MARE · ACCOGLIENTE ⅹⅹ Al primo piano di un ex opificio per l'allevamento dei bachi da seta, l'atmosfera che vi si respira è molto intima ed accogliente con alti soffitti in legno e l'esposizione alle pareti di quadri di artisti locali. Ristorante gourmet a tuttotondo, La Filanda propone una squisita cucina di mare, ma anche intriganti piatti di terra. Ottime materie prime!

Menu 30€ (pranzo)/60€ – Carta 30/70€

🍴 🗚 *via Carducci 21/E – ℰ 0376 720418 – www.la-filanda.it – Chiuso 11-21 gennaio, 1-11 giugno, lunedì, sabato a mezzogiorno*

ASOLO

✉ 31011 – Treviso (TV) – Carta regionale n° **23**–C2 – Carta stradale Michelin 562-E17

ⅈ○ VILLA CIPRIANI

CLASSICA · ELEGANTE ⅹⅹⅹ Nella terra dove artisti come Tiziano e Giorgione immortalarono i loro celebri paesaggi, le grandi vetrate ad arco di questo ristorante si aprono sulla vallata, mentre la cucina ha un respiro classico, senza voltare le spalle ai sapori della tradizione locale.

Carta 84/100€

⟨ 🚗 🗚 **P** *Hotel Villa Cipriani, via Canova 298 – ℰ 0423 523411 – www.villacipriani.it*

Ⅱ○ **LA TERRAZZA**

MODERNA · ROMANTICO ✕✕✕ La Terrazza: un salotto en plein air affacciato sul centro storico di Asolo, dove farsi coccolare da una cucina che percorre i prodotti del territorio - e non solo - in leggera chiave moderna. Ambiente raffinato e alla moda, ideale per una romantica cena tête-à-tête.

Carta 35/40 €

🏠 🎬 ⇔ 🅿 *Hotel Al Sole, via Collegio 33 – ℰ 0423 951332 –*
www.albergoalsole.com – Chiuso 1 gennaio-2 febbraio, 6 marzo-26 giugno,
lunedì-mercoledì a mezzogiorno, giovedì, venerdì a mezzogiorno

Ⅱ○ **LOCANDA BAGGIO**

MODERNA · FAMILIARE ✕✕ Posizionato in zona tranquilla alle spalle di Asolo, con piacevole giardino estivo, il ristorante propone una cucina che valorizza la tradizione e i prodotti locali rielaborandoli in raffinata chiave moderna. Per gli amanti del succo di Bacco notevole selezione anche internazionale.

Carta 50/90 €

❀ 🏠 & 🅿 *via Bassane 1, località Casonetto – ℰ 0423 529648 –*
www.locandabaggio.it – Chiuso lunedì, martedì a mezzogiorno, domenica sera

🏡 **VILLA CIPRIANI**

LUSSO · PERSONALIZZATO In centro, ma in zona tranquilla, un'elegante dimora cinquecentesca con vista sulle colline dagli spazi comuni, da alcune camere e, soprattutto, dalla bella piscina. Le stanze - distribuite tra Villa e Casa Giardino - sono arredate con mobili in stile, i bagni ornati con piastrelle di Vietri dipinte a mano.

❀ ⇐ 🎬 ⚒ 🐈 🎬 ⚐ 🎬 🏆 🅿 🚗 27 camere

via Canova 298 – ℰ 0423 523411 – www.villacipriani.it

ⅡО **Villa Cipriani** – Vedere selezione ristoranti

🏡 **AL SOLE**

LUSSO · PERSONALIZZATO Sovrastante la piazza centrale di Asolo, signorilità e raffinatezza in un hotel di charme. Camere eleganti, ma il gioiello è la terrazza per pasti e colazioni panoramiche.

❀ ⇐ 🎬 ⚐ & 🎬 🅿 23 camere

via Collegio 33 – ℰ 0423 951332 – www.albergoalsole.com

ⅡО **La Terrazza** – Vedere selezione ristoranti

ASSISI

✉ 06081 – Perugia (PG) – Carta regionale n° **20**–B2 – Carta stradale Michelin 563-M19

ⅡО **LA LOCANDA DEL CARDINALE**

CREATIVA · ROMANTICO ✕✕✕ Archi in pietra di una casa medioevale e sospesi sui resti e mosaici di una domus romana rendono già di per sé l'esperienza indimenticabile. Se - poi - aggiungiamo una cucina moderna e curata dove il territorio è valorizzato, non resta che prenotare!

Menu 50/70 € – Carta 45/90 €

❀ *piazza del Vescovado 8 – ℰ 075 815245 – www.lalocandadelcardinale.com –*
Chiuso 8-26 gennaio, 5-25 luglio, martedì

ⅡО **BUCA DI SAN FRANCESCO**

REGIONALE · CONTESTO TRADIZIONALE ✕✕ Dagli anni Settanta uno dei capisaldi della ristorazione cittadina, la bandiera della ristorazione umbra è da allora una costante e, a giudicare dal successo, anche una garanzia.

Carta 25/40 €

🏠 *via Brizi 1 – ℰ 075 812204 – www.buca-di-san-francesco.business.site –*
Chiuso 7 gennaio-15 febbraio, 1-15 luglio, lunedì

NUN ASSISI RELAIS

STORICO · CONTEMPORANEO All'interno di un ex monastero del 1275, le forme sobrie ed essenziali degli arredi ne rispettano ancor oggi l'antica destinazione religiosa. Spettacolare "Museum Spa" ricavata tra i pilastri di un anfiteatro romano.

&⁀ ⊠ ⊕ ⊮ ⅛ ⼖ ⅜ ⽶ 10 camere - 8 suites

via Eremo delle Carceri 1a - ☎ 075 815 5150 - www.nunassisi.com

ad **Armenzano** Est : 12 km - Carta regionale n° **20**-C2

⫯○ **ARMENTUM**

MODERNA · ROMANTICO ⅩⅩ Armenzano era un zona di transumanza e la sala con camino del ristorante, un tempo, fu un ovile: oggi - inaspettatamente - vi trovate una cucina accattivante e moderna, dove le carni e i prodotti della tenuta vengono sapientemente valorizzati. Splendido panorama del dehors!

Carta 35/55€

⇐⁀ ⌂ 🅿 *Hotel Le Silve, località Armezzano - ☎ 075 782 9404 - www.ristorantearmentum.it - Chiuso 1-24 dicembre, 8 gennaio-31 marzo, 3 novembre-23 dicembre, 10 gennaio-31 marzo*

 LE SILVE

TRADIZIONALE · BUCOLICO Ideale per chi ama il silenzio e la solitudine, ci vuole tempo per raggiungerlo, ma il contesto naturalistico ai piedi del monte Subasio è da cartolina. Arredi d'arte povera nelle camere.

& ⇐⁀ ⾣ ⼖ 🅿 19 camere

località Armezzano 89 - ☎ 075 801 9000 - www.lesilve.it

⫯○ **Armentum** - Vedere selezione ristoranti

ASTI

✉ 14100 - Asti (AT) - Carta regionale n° **14**-B1 - Carta stradale Michelin 561-H6

⫯○ **IL CAVALLO SCOSSO**

CONTEMPORANEA · CONTESTO CONTEMPORANEO ⅩⅩ Risorsa giovane e moderna, situata in zona residenziale a circa 2 km dal centro, lo chef-patron propone un menu equamente diviso in due: da una parte la tradizione piemontese a base di carne leggermente rivisitata, dall'altra la linea a base di pesce dove emerge con maggior slancio la creatività.

Menu 25€ (pranzo), 48/100€ - Carta 45/80€

⼖ 🅿 *via al Duca 23/d - ☎ 0141 211435 - ilcavalloscosso.it - Chiuso lunedì*

ATRANI

✉ 84010 - Salerno (SA) - Carta regionale n° **4**-B2 - Carta stradale Michelin 564-F25

⫯○ **'A PARANZA**

PESCE E FRUTTI DI MARE · STILE MEDITERRANEO ⅩⅩ Nel centro del caratteristico paese, due brillanti fratelli propongono specialità di mare: espressione di saporite ricette, con ottimo rapporto qualità/prezzo.

Menu 35/50€ - Carta 50/60€

⅜ ⼖ *via Traversa Dragone 1 - ☎ 089 871840 - www.ristoranteparanza.com - Chiuso 6-31 gennaio, martedì*

ATRI

✉ 64032 - Teramo (TE) - Carta regionale n° **1**-B1 - Carta stradale Michelin 563-023

⫯○ **TOSTO**

MODERNA · INTIMO Ⅹ Piacevole locale nel pieno centro di Atri, incantevole borgo d'arte adagiato tra colline e calanchi, Tosto è gestito da una giovane coppia capace e volonterosa; la cucina reinterpreta il territorio in chiave moderna, supportata da un attento studio degli ingredienti.

Menu 30/70€ - Carta 30/70€

⌂ ⼖ *via Angelo Probi 8/10 - ☎ 324 084 2077 - www.ristorantetosto.it - Chiuso lunedì, martedì, mercoledì-domenica a mezzogiorno*

AVELENGO • HAFLING

✉ 39010 – Bolzano (BZ) – Carta regionale n° **19**–B2 – Carta stradale Michelin 562-C15

🏨 CHALET MIRABELL

LUSSO · STILE MONTANO Una struttura che incarna appieno quello che i turisti cercano in Alto Adige: tipicità, calda atmosfera, ma anche modernità e confort. Degno di nota, il nuovissimo centro benessere, ma anche il laghetto balneabile con acqua riscaldata.

🏡 🕭 ← 🛏 🗊 📺 ⑩ 🕭 ɭ₅ 🖲 ᾑ 🚣 🅿 🛖 70 camere – 15 suites

via Falzeben 112 – ℰ 0473 279300 – www.residence-mirabell.com

🏨 SAN LUIS

LUSSO · ORIGINALE A pochi km da Merano, una sorta di piccolo paese nel paese... Attorno a un lago che in certi periodi dell'anno pare incantato - in inverno si può anche pattinare! - una radura inviolata immersa in un parco alpino dove trovano posto chalet e casette (tipo palafitte) sugli alberi: suggestioni green, ma confort e servizi degni di una struttura ricettiva di alta gamma.

🏡 🕭 ← 🛏 🗊 📺 ⑩ 🕭 ɭ₅ ᾑ 🛖 39 suites

via Verano 5 – ℰ 0473 279570 – www.sanluis-hotel.com

🏨 MIRAMONTI

TRADIZIONALE · DESIGN In posizione deliziosamente panoramica, appoggiato sulla roccia sopra Merano, questo moderno hotel è un'oasi verde dove rilassarsi grazie ad un'eccellente e calorosa gestione. Più che varia la ristorazione con il plus di una piccolissima stube serale per gustare i genuini sapori della regione.

🏡 🕭 ← 🛏 🗊 ᾑ ɭ₅ 🚣 🅿 30 camere – 14 suites

via St. Kathrein 14 – ℰ 0473 279335 – www.hotel-miramonti.com

AVELLINO

✉ 83100 – Avellino (AV) – Carta regionale n° **4**–B2 – Carta stradale Michelin 564-E26

🍴 ANTICA TRATTORIA MARTELLA

REGIONALE · CONVIVIALE ✕✕ Un'accogliente trattoria arredata in modo classico con tavoli quadrati, propone un buffet d'antipasti accanto ad una cucina e ad una cantina che riflettono i sapori regionali.

Carta 35/45€

🅰🅲 *via Chiesa Conservatorio 10 – ℰ 0825 31117 – www.ristorantemartella.it –*
Chiuso lunedì, domenica sera

AVERSA

✉ 81031 – Caserta (CE) – Carta regionale n° **4**–B2

🍴 COSTANZO 🆕

MEDITERRANEA · CONTESTO CONTEMPORANEO ✕✕ Alle porte di Aversa un rinomato caseificio ha aperto – alcuni anni orsono - il suo punto vendita, dove oltre a proporre i suoi ottimi formaggi ha allestito un negozio di svariati prodotti campani dai salumi alle paste, senza rinunciare alle salse... Al ristorante, cucina moderna senza eccessi creativi: i sapori del territorio e le stagioni vengono con garbo valorizzati.

Menu 25/65€ – Carta 35/58€

🍴 🅰🅲 *via Vito di Jasi – ℰ 081 1951 8267 – www.costanzoristorante.it –*
Chiuso domenica sera

AVEZZANO

✉ 67051 – L'Aquila (AQ) – Carta regionale n° **1**–A2

⅋○ MAMMARÒSSA ⑩

CONTEMPORANEA · DESIGN ℀℀ Un piede nel territorio ed uno nella modernità è la cifra di questo ristorante gestito con stile e savoir-faire da due fratelli:
Franco lo chef e Daniela che segue la sala, nonché la cantina dalla spiccata
anima naturale. Se gli ingredienti rappresentano il meglio delle produzioni
biologiche della regione, le preparazioni si affidano a tutto ciò che riesce a
valorizzarle.

Menu 55/65 € – Carta 45/66 €

⅋⅋ 🛱 ⅋ 🖩 🅿 *via Giuseppe Garibaldi 388 – ℘ 0863 33250 –*
www.mammarossa.it – Chiuso lunedì

AZZATE

✉ 21022 – Varese (VA) – Carta regionale n° **10**-A1 – Carta stradale Michelin 561-E8

⅋○ BLEND 4

MODERNA · DESIGN ℀ Un ristorante dall'aspetto giovane, moderno, e una
cucina che saprà conquistarvi grazie alla sua precisione e nitidezza gastronomica. Non secondaria la cantina con le sue selezionate proposte.

Menu 15 € (pranzo)/45 €

⅋⅋ 🖩 ⇔ *via Piave 118 – ℘ 0332 457632 – www.blend4.it – Chiuso mercoledì*

BACOLI

✉ 80070 – Napoli (NA) – Carta regionale n° **4**-A2 – Carta stradale Michelin 564-E24

✿ CARACOL

MODERNA · INTIMO ℀℀ Arrivati all'hotel Cala Moresca si è accompagnati con
la navetta giù fino alla scogliera. Qui, la sensazione è quella di trovarsi sulla
prua di una nave con davanti il mare, Ischia, Procida e Capri. Piccola bomboniera moderna dove nel dehors si "respira" tutta l'anima del sud, il locale deve
il suo nome alla particolarità del soffitto che ricorda una piccola chiocciola:
caracol, in spagnolo. La cucina dello chef Angelo Carannante - ricca di fantasia
con azzeccati abbinamenti - allude a sapori mediterranei, mentre la cantina
annovera pregiati vini un po' di tutte le regioni, ma anche etichette straniere e
bollicine da accostare alle pietanze servite al ristorante o presso la meravigliosa
terrazza a picco sul mare.

Specialità: Gamberi rossi marinati al tosazu, spuma di cicerchie, polvere di plancton e
lime. Linguine in bianco, ostriche, nocciole e pesto di aglio orsino. Il Caracolato.

Menu 110/130 €

⅌ 🛱 🖩 🅿 *Hotel Cala Moresca, via del Faro 44, località Capo Miseno –*
℘ 081 523 3052 – www.caracolgourmet.it – Chiuso 1 dicembre-1 marzo, lunedì-sabato
a mezzogiorno, domenica

▥▥▥ CALA MORESCA

BOUTIQUE HOTEL · MEDITERRANEO Investe su se stessa – migliorando di
anno in anno - questa bella casa dall'anima mediterranea che parte avvantag-
giata grazie ad una posizione tranquilla e scenografica vista sul golfo, nonché
terrazza benessere provvista di sauna, stanza del sale dell'Himalaya, bagno
turco, docce emozionali, angolo tisaneria, jacuzzi esterna, percorso Kneipp e
solarium panoramico. Insomma, una vera oasi di relax.

🗟 ⅌ ⅃ 🛱 ⅃ 🖫 🖩 ⅍ 🅿 28 camere

via del Faro 44, località Capo Miseno –
℘ 081 523 5595 – www.calamoresca.it

✿ **Caracol** – Vedere selezione ristoranti

✿✿✿, ✿✿, ✿, ⑭ & ⅋○

BADALUCCO

✉ 18010 – Imperia (IM) – Carta regionale n° **8**–A3 – Carta stradale Michelin 561-K5

🍴 LE MACINE DEL CONFLUENTE

LIGURE · ROMANTICO 🗙 Circondato da orti da cui provengono molte delle verdure che ritroverete al ristorante, a cominciare dai celebri fagioli, ci sono anche una ruota, un torchio e una macina di un mulino ottocentesco. La sala è un romantico tripudio di legni e pietra, la cucina, in prevalenza di carne, s'ispira alla regione.
Menu 35€ – Carta 34/45€

↩ 🛏 🍽 **P** *Macine del Confluente, località Oxentina – ℰ 0184 407018 – www.lemacinedelconfluente.com – Chiuso 15 febbraio-2 marzo, lunedì, martedì, mercoledì-venerdì a mezzogiorno*

BADIA · ABTEI – Bolzano (BZ) ➔ Vedere Alta Badia

BADIA A PASSIGNANO – Firenze (FI) ➔ Vedere Tavarnelle Val di Pesa

BADIA DI DULZAGO – Novara (NO) ➔ Vedere Bellinzago Novarese

BADIOLA – Grosseto (GR) ➔ Vedere Castiglione della Pescaia

BAGHERIA – Palermo (PA) ➔ Vedere Sicilia

BAGNARA CALABRA

✉ 89011 – Reggio di Calabria (RC) – Carta regionale n° **3**–A3 –
Carta stradale Michelin 564-M29

🍴 TAVERNA KERKIRA

PESCE E FRUTTI DI MARE · FAMILIARE 🗙 Kerkira - Corfù in greco - vi racconta la bella storia della mamma del cuoco, di origine elleniche, che trasmise al figlio le tradizioni gastronomiche dell'isola, che oggi sopravvivono nel menu del ristorante, insieme ad altre proposte calabresi e mediterranee. Il tutto in una sala semplice e piacevolmente conviviale, non lontano dal centro e dal mare del paese che vide nascere Mia Martini.
Menu 40/55€ – Carta 30/45€

🅰🅲 *corso Vittorio Emanuele 217 – ℰ 0966 372260 – Chiuso 23 dicembre-7 gennaio, lunedì, martedì*

BAGNI NUOVI – Sondrio (SO) ➔ Vedere Valdidentro

BAGNO A RIPOLI

✉ 50012 – Firenze (FI) – Carta stradale Michelin 563-K15

a Candeli Nord: 1 km – Carta regionale n° **18**-D3

🍴 IL VERROCCHIO

MODERNA · ROMANTICO 🗙🗙🗙 Soffitto a volte e camino, vasta selezione enologica di vini italiani e regionali, nonché cucina del territorio rivisitata, ma non solo, in un bel locale che mutua il nome dall'artista fiorentino alla cui bottega si formò Leonardo da Vinci. Le imponenti vetrate permettono di approfittare della vista sull'Arno e sul Chianti; d'estate i pasti sono serviti sulla terrazza a filo d'acqua.
Carta 70/150€

🛏 🍽 ⅅ 🅰🅲 ⇔ **P** *Hotel Villa La Massa, via della Massa 24 – ℰ 055 62611 – www.villalamassa.com – Chiuso 1 dicembre-18 marzo, lunedì-domenica a mezzogiorno*

🏯 VILLA LA MASSA

GRAN LUSSO · STORICO Più che un hotel, è un gioiello architettonico dell'epoca medicea, un'oasi bucolica affacciata sul fiume Arno, a un quarto d'ora da Firenze (quest'ultima facilmente raggiungibile grazie ad un servizio di navetta messo a disposizione degli ospiti). Letti a baldacchino, boiserie, soffitti affrescati, tappezzerie, bagni in marmo: sobria e insieme calorosa, Villa La Massa invita a riscoprire l'arte di vivere della nobiltà fiorentina, sottilmente rivisitata dal confort più raffinato.

🛁 ≼ 🛏 🍵 🏊 🚭 🛗 🅰️ 🏋️ 🅿️ 32 camere – 19 suites

via della Massa 24 – 📞 055 62611 – www.villalamassa.com

🍽 **Il Verrocchio** – Vedere selezione ristoranti

BAGNO DI ROMAGNA

✉ 47021 – Forlì-Cesena (FC) – Carta regionale n° **5**-D3 – Carta stradale Michelin 562-K17

🍽 **PAOLO TEVERINI**

CLASSICA · ELEGANTE 🏵🏵 In ambienti di grande raffinatezza, la cucina reinterpreta in chiave moderna e personale le tradizioni romagnole e toscane. Attenzione particolare per i formaggi, funghi e tartufi ma, soprattutto, per i vini: molti al bicchiere, tanti dalla Francia.

Menu 64/88€

🍴 ⇆ 🛗 🅰️ ⇪ 🅿️ *Hotel Tosco Romagnolo, via del Popolo 2 – 📞 0543 911260 – www.hoteltoscoromagnolo.it/it/ristoranti.php – Chiuso lunedì, martedì, mercoledì-venerdì a mezzogiorno*

ad Acquapartita Nord - Est : 8 km

🍽 **DEL LAGO**

REGIONALE · AMBIENTE CLASSICO 🏵 Piccole, ma continue evoluzioni: cucina a vista per trasmettere all'ospite ancor più una sensazione di accoglienza, nuova cantina, visitabile, con un'apposita camera per i formaggi e il proverbiale carrello. Per gli irriducibili del bicchiere d'annata, la lista dei vini si arricchisce di tante chicche con oltre due decadi di età. Una buona sosta da consigliare!

Menu 45/60€ – Carta 40/60€

🍴 🍸 🅿️ *via Acquapartita 147 – 📞 0543 903406 – www.ristorantedellagoacquapartita.it – Chiuso 7-14 gennaio, lunedì, martedì*

a San Piero in Bagno Nord - Est : 2, 5 km – Carta regionale n° **5**-D2

🏵 **DA GORINI**

MODERNA · CONTESTO TRADIZIONALE 🏵 Dopo svariate esperienze, Gianluca ha deciso di mettere il suo talento nella propria attività. Nelle calde sale di un'antica dimora, l'atmosfera si è fatta più attuale – sembra di essere a casa dello chef tra musica blues, legno, luci alla giusta intensità - mentre la cucina dialoga con i prodotti del territorio, la valle del Savio, e una grammatica moderna. L'ispettore consiglia: cedete alla lusinga delle ottime carni alla brace ricche di sapore o alle preparazioni piu audaci come la spoja lorda, "finita" con un brodo di funghi e tabacco...

Specialità: Battuta di cervo, miele di castagno, bergamotto marinato e caffè. Piccione scottato alla brace, estratto di alloro e cipolla al cartoccio. Zuppa inglese da Gorini.

Menu 52/98€ – Carta 62/68€

🛗 🅰️ ⇪ *via Verdi 5, località San Piero in Bagno – 📞 0543 190 8056 – www.dagorini.it – Chiuso 15 febbraio-5 marzo, 7 giugno-2 luglio, lunedì, mercoledì-venerdì sera, sabato, domenica*

BAGNOLO IN PIANO

✉ 42011 – Reggio nell'Emilia (RE) – Carta regionale n° **5**–B3 –
Carta stradale Michelin 562-H14

⊛ TRATTORIA DA PROBO

EMILIANA · FAMILIARE ⅹ Salumi fra gli antipasti insieme al gnocco fritto e
all'erbazzone, si prosegue con le paste frasche, mentre i carrelli regnano sia tra i
secondi (di bolliti e arrosti) che fra i dolci. Semplice ed informale trattoria familiare, qui uscire dall'ortodossia emiliana è ben difficile!

Specialità: Cappelletti in brodo. Carrello dei bolliti e arrosti. Zuppa Inglese.

Carta 23/40 €

🛋 ⅙ ⋈ ⇔ 🅿 *via Provinciale Nord 13 – ☏ 0522 951300 – www.trattoriadaprobo.it –
Chiuso 16-27 agosto, lunedì-martedì sera, domenica sera*

BAGNOLO SAN VITO

✉ 46031 – Mantova (MN) – Carta regionale n° **9**–D3 – Carta stradale Michelin 561-G14

ⅼ○ VILLA EDEN

MANTOVANA · AMBIENTE CLASSICO ⅹⅹ Gestita da una famiglia assai cordiale,
questa villa tra i campi si presenta come un'ospitale abitazione privata. La cucina
sa valorizzare le materie prime con piatti mantovani, stagionalità italiane ed
alcune sorprese dal mare.

Menu 35 € (pranzo), 50/70 € – Carta 38/58 €

🛋 🛋 ⅙ ⋈ ⇔ 🅿 *via Gazzo 6 – ☏ 0376 415684 – www.ristorantevillaeden.it –
Chiuso 27 dicembre-10 gennaio, 8-23 agosto, lunedì, martedì, mercoledì-giovedì
sera, domenica sera*

BAGNOREGIO

✉ 01022 – Viterbo (VT) – Carta regionale n° **7**–A1 – Carta stradale Michelin 563-O18

🏠 CORTE DELLA MAESTÀ 🔟   `Tablet.PLUS`

FAMILIARE · STORICO La sagoma di questa struttura si staglia come un avam-
posto raggiungibile solo a piedi attraverso un ponte. Nel cuore del piccolo e suggestivo borgo medievale di Civita di Bagnoregio, Corte della Maestà offre camere
personalizzate con un'atmosfera molto romantica per vivere un soggiorno nella
tranquillità più totale.

⅍ 4 camere

*vicolo della Maestà (Località Civita di Bagnoregio) – ☏ 335 879 3077 –
www.cortedellamaesta.com*

BAGNO VIGNONI – Siena (SI) ➜ Vedere San Quirico d'Orcia

BAIA SARDINIA – Olbia-Tempio (OT) ➜ Vedere Sardegna (Costa Smeralda)

BALDICHIERI D'ASTI

✉ 14011 – Asti (AT) – Carta regionale n° **14**–A1 – Carta stradale Michelin 561-H6

ⅼ○ MADAMA VIGNA

PIEMONTESE · ACCOGLIENTE ⅹ Una bella selezione di vini, con particolare
attenzione al territorio, fa da "spalla" ad una cucina che propone tante specialità
regionali, rigorosamente presentate a voce da un patron che sa il fatto suo.
Comode anche le camere.

Carta 25/40 €

🛋 🛋 ⅙ ⋈ ⇔ 🅿 *via Nazionale 41 – ☏ 0141 66471 – www.madamavigna.it –
Chiuso 27 dicembre-9 gennaio, 8-22 agosto, lunedì a mezzogiorno, domenica sera*

BARBARANO VICENTINO

✉ 36021 – Vicenza (VI) – Carta regionale n° **23**–B3 – Carta stradale Michelin 562-F16

⊗ **AQUA CRUA**

Chef: Giuliano Baldessari

MODERNA · ALLA MODA XX E' ancora un ristorante i cui piatti nel menu si presentano con poche parole: l'uovo, la mortadella, il piccione, gli spaghetti, il crudo... Proverbiale il suo signature-dish "Plancton" (abbinamento di alga spirulina con crema di ostriche e capperi), ma dietro all'essenzialità del titolo, c'è un lavoro di ricerca esasperato e raffinatissimo. Giuliano Baldessari va "oltre l'apparenza" di un curriculum che cita esperienze presso grandi nomi. Lo chef punta al nucleo delle cose e lo fa procedendo per sottrazione, riduzione di tutto ciò che è superfluo; i suoi piatti sono nitidi e trasparenti come l'acqua, crua, ovvero "naturale, senza filtri".

Specialità: Illusione. Il Miso (di pasta). Crema carbonizzata.

Menu 95/135 € – Carta 72/125 €

🖐 ⛤ 🅰🅲 ⟺ via IV Novembre 25 –
✆ 0444 776096 - www.aquacrua.it –
Chiuso 1-9 gennaio, 9-28 agosto, lunedì, martedì, mercoledì a mezzogiorno

BARBARESCO

✉ 12050 – Cuneo (CN) – Carta regionale n° **14**–A2 – Carta stradale Michelin 561-H6

⁞○ **CAMPAMAC-OSTERIA GOURMET** ⓝ

PIEMONTESE · CONTESTO CONTEMPORANEO XX Vera osteria gourmet dove - oltre ai grandi classici piemontesi elaborati con prodotti di alta qualità - si propongono numerose carni pregiate da cuocere alla brace. Ambiente raffinato con un'atmosfera volutamente retrò, ma tanto fascino e cura.

Menu 45 € – Carta 40/67 €

⅋ ⛤ 🅰🅲 strada della Valle 1 – ✆ 0173 635051 - www.campamac.com –
Chiuso 22 febbraio-14 marzo

⁞○ **ANTINÈ**

MODERNA · AMBIENTE CLASSICO XX Nel cuore di una delle capitali dell'enologia italiana, giovane e brillante gestione per questo ristorante ubicato al primo piano di un edificio del centro storico, a pochi passi dalla torre medievale. La proposta gastronomica si concentra su piatti della tradizione piemontese in chiave contemporanea.

Menu 55 € – Carta 49/61 €

⅋ 🅰🅲 via Torino 16 – ✆ 0173 635294 - www.antine.it – Chiuso 16 dicembre-4 marzo, martedì, mercoledì

BARBERINO DI MUGELLO

✉ 50031 – Firenze (FI) – Carta regionale n° **18**–C1

🏛 **VILLA LE MASCHERE** ⓝ

RESORT · STORICO Tra le dolci colline del Mugello - alle porte di Firenze - l'hotel è ricavato in una delle più belle dimore di campagna del tardo Rinascimento fiorentino. Camere e suite tutte diverse tra loro in arredi, tessuti e decorazioni; in alcune di esse sopravvivono – sapientemente restaurati - gli affreschi e gli stucchi originari.

🏊 ⌘ ⟨ 🛏 ⻌ 🕭 🖳 🅰🅲 ⅏ 🅿 65 camere

via Nazionale 75, località Le Maschere (Sud-Est: 8 km) – ✆ 070 513489 –
www.charmingtuscany.com/it/villa-le-maschere

BARBIANO – Parma (PR) → Vedere Felino

BARCO – Brescia (BS) → Vedere Orzinuovi

BARCUZZI – Brescia (BS) → Vedere Lonato

BARDOLINO

✉ 37011 – Verona (VR) – Carta regionale n° **23**–A3 – Carta stradale Michelin 562-F14

❀ LA VERANDA DEL COLOR

MEDITERRANEA · ELEGANTE ✕✕ Nella pregevole cornice del lago di Garda, col bello o col cattivo tempo, nella veranda del Color Hotel sembrerà di mangiare sempre all'aperto. Il cuoco pugliese aggiunge qualche piatto della sua regione alla carta, che complessivamente è più orientata ai sapori mediterranei piuttosto che settentrionali. Oltre al tacco dello Stivale, ricorrono ingredienti e proposte campane, carne e pesce egualmente presenti, ma un occhio di riguardo è anche riservato ai sempre più numerosi estimatori della dieta vegana con il menu "Natura" a loro interamente dedicato.

Specialità: Capesante alla plancia, morbido di pastinaca al fashion fruit e bagna caoda. Sogliola, crema di zucchine bianca, teriyaki e scapece. Cioccolato: cioccolato affumicato con declinazione di pera.

Menu 70/140 € – Carta 75/105 €

🏖 ⇦ 🏠 ⟴ 🗚 🅿 *Color Hotel, via Santa Cristina 5 – ☎ 045 621 0857 – www.laverandadelcolor.it – Chiuso 1 dicembre-27 marzo, lunedì-domenica a mezzogiorno*

○ IL GIARDINO DELLE ESPERIDI

CREATIVA · ROMANTICO ✕ In pieno centro storico, locale tutto al femminile, dove gustare una golosa ed intrigante cucina - fortemente legata ai prodotti di stagione - elaborata con curiose ricette personali.

Menu 50 € – Carta 42/59 €

🏖 🏠 ⟴ 🗚 *via Mameli 1 – ☎ 045 621 0477 – Chiuso 11 gennaio-5 febbraio, martedì*

⌂ AQUALUX HOTEL SPA & SUITE BARDOLINO ⊙

SPA E WELLNESS · CONTEMPORANEO A 300 metri dal centro, albergo di recente apertura e dal design moderno, che ha sposato la sostenibilità, nonché la filosofia green. All'ampia offerta di piscine d'acqua termale fanno eco zone benessere per farsi coccolare. E, poi, ancora stile minimalista, ma tutta l'intensità dei sapori mediterranei al ristorante Evo Bardolino.

🏊 ⇦ ⟴ 🗚 🌀 🕭 🎵 🎛 ⟴ 🗚 🚗 125 camere

via Europa Unita 24/b – ☎ 045 622 9999 – www.aqualuxhotel.com

BARDONECCHIA

✉ 10052 – Torino (TO) – Carta regionale n° **12**–A2 – Carta stradale Michelin 561-G2

○ LOCANDA BIOVEY

REGIONALE · FAMILIARE ✕ Esercizio ospitato in una palazzina d'epoca del centro e circondato da un giardino, propone una cucina del territorio preparata con moderata creatività. Al piano superiore, camere colorate e confortevoli arredate in stili diversi, dall'800 al Luigi XV.

Menu 30/50 € – Carta 30/60 €

⇦ ⟴ ⟲ 🅿 *via General Cantore 2 – ☎ 0122 999215 – www.biovey.it – Chiuso 3-31 maggio, 27 settembre-28 ottobre, lunedì, martedì*

BARI

✉ 70128 – Bari (BA) – Carta regionale n° **15**–C2 – Carta stradale Michelin 564-D32

○ BIANCOFIORE

MODERNA · ACCOGLIENTE ✕✕ Ricavato in una delle antiche porte di accesso al centro storico, una confortevole e curata trattoria dove assaggiare fantasiosi piatti, sotto archi in pietra viva e sfumature marine.

Menu 45/50 € – Carta 40/73 €

⟴ 🗚 *corso Vittorio Emanuele II 13 – ☎ 080 523 5446 – www.ristorantebiancofiore.it*

🍴○ **LA BUL**

MODERNA · VINTAGE XX In centro città, piacevoli ambienti di gusto vintage tra suggestioni da casa privata e spunti di design; vi è anche un piccolo giardino estivo. La cucina con estro moderno valorizza la Puglia e i suoi prodotti.

Menu 60 € (pranzo), 70/120 € – Carta 65/120 €

🏠 &. AK *via Villari 52 –*

☎ 080 523 0576 – *www.ristorantelabul.it –*

Chiuso 7-17 gennaio, 20 agosto-10 settembre, lunedì, martedì-sabato a mezzogiorno, domenica sera

BARLETTA

✉ 76121 – Barletta-Andria-Trani (BT) – Carta regionale n° **15**–B2 – Carta stradale Michelin 564-D30

🍴○ **BACCO**

CLASSICA · ELEGANTE XXX In un edificio storico, locale elegante con diverse sale separate da archi in pietra: l'attenzione è tutta rivolta ai prodotti locali che qui sono assai variegati e a specialità che anche un neofita di cucina saprebbe ricondurre a questi luoghi. Tra le specialità della casa, i crudi di mare, ma anche piatti di terra.

Menu 70/80 € – Carta 70/90 €

🏠 AK *piazza Marina 30 – ☎ 0883 334616 – www.ristorantebacco.it –*

Chiuso 8-18 gennaio, 9-22 luglio, lunedì, martedì a mezzogiorno, domenica sera

🍴○ **ANTICA CUCINA 1983**

REGIONALE · ACCOGLIENTE XX Cucina del territorio con una lettura contemporanea che predilige il pesce, per questo rinomato locale trasferitosi in un ex opificio su due sale luminose e di design classico.

Menu 35/52 € – Carta 39/73 €

🏠 &. AK *piazza Marina 5 –*

☎ 0883 521718 – *www.anticacucina1983.it –*

Chiuso 21 giugno-11 luglio, lunedì, martedì a mezzogiorno, domenica sera

BARONISSI

✉ 84081 – Salerno (SA) – Carta regionale n° **4**–B2 – Carta stradale Michelin 564-E26

🍴○ **PENSANDO A TE**

MODERNA · CONTESTO CONTEMPORANEO XX Cantina a vista situata all'ingresso, mentre chi vuole osservare il cuoco al lavoro prenoterà uno dei tavoli di fronte alla cucina. Sarà la carta a lasciarvi lungamente a pensare: indecisi tra i tanti piatti interessanti che vi troverete elencati, una stuzzicante carrellate di eccellenze gastronomiche campane.

Menu 40/60 € – Carta 40/60 €

AK *via dei Due Principati 40h – ☎ 089 954740 – www.pensandoate.it –*

Chiuso 7-25 gennaio, 16-30 agosto, lunedì, domenica sera

🍴○ **CETARIA**

CONTEMPORANEA · INTIMO X Nel nome del ristorante il giovane cuoco ha voluto ricordare le sue origini cetaresi, proprio come la sua ottima cucina, che contiene molti riferimenti alla tradizione campana, di cui ne viene tuttavia data una lettura contemporanea e con qualche contaminazione internazionale.

Menu 40/45 € – Carta 35/45 €

AK *piazza della Repubblica 9 –*

☎ 089 296 1312 – *www.cetariaristorante.it –*

Chiuso mercoledì, giovedì a mezzogiorno

BASCHI

✉ 05023 – Terni (TR) – Carta regionale n° **20**–B3 – Carta stradale Michelin 563-N18

a Civitella del Lago Nord - Est : 12 km

🍴○ **TRIPPINI**

MODERNA · **CONTESTO CONTEMPORANEO** ✗✗ Ospiti di una raffinata sala -rinnovata recentemente- affacciata su uno straordinario belvedere, ma alla fine è la cucina a strappare l'applauso: Trippini offre una delle più interessanti ricerche sui prodotti e ricette umbre rivisitati con estro.

Menu 25 € (pranzo), 45/100 € – Carta 15/30 €

≼ 🖳 via Italia 14 – ℰ 0744 950316 – www.ristorantetrippini.com – Chiuso 11 gennaio-10 febbraio, lunedì

sulla strada statale 448 km 6, 600

🍀 **CASA VISSANI**

CREATIVA · **LUSSO** ✗✗✗ La saletta rock – più semplice ed informale all'entrata – introduce a spazi di grande eleganza, mentre la cucina a vista realizzata qualche anno fa diventa trasparenza e strumento di condivisione, nonché possibilità offerta al cliente di avvicinarsi all'arte della trasformazione della materia prima in tutte le sue forme e fasi. Numerose decadi nell'alta gastronomia hanno permesso al cuoco umbro di oliare i numerosi e complessi ingranaggi del suo ristorante al fine di garantire un'esperienza sensoriale seducente per vista e palato. Per orientare al meglio le vostre scelte, Casa Vissani propone – oltre alla carta – il "three levels": tre menu che constano ciascuno di un diverso numero di portate a seconda dell'appetito e, perché no, del budget. Raffinate camere sono a disposizione degli ospiti per vivere la sosta nella sua completezza.

Specialità: Coratella di agnello alla marmellata di mango, cipolla essiccata. Frascarelli (piatto tradizionale della cucina marchigiana) ai peperoni arrosto e pecorino, tonno, parmigiano e more. Classic - Operà al vermouth rosso e cioccolato bianco, passion fruit e pesche, uvetta sultanina.

Menu 55 € (pranzo), 120/250 € – Carta 105/250 €

🕸 ⇦ 🗄 🖳 🅿 vocabolo Cannitello – ℰ 0744 950206 – www.casavissani.it – Chiuso 7-21 gennaio, lunedì, martedì, mercoledì, giovedì a mezzogiorno, domenica sera

BASELGA DI PINÈ

✉ 38042 – Trento (TN) – Carta regionale n° **19**-B3 – Carta stradale Michelin 562-D15

🍴○ **2 CAMINI**

REGIONALE · **FAMILIARE** ✗ Il ristorante è in realtà una casa di montagna all'inizio del paese, ravvivata dal calore e dalla cortesia della titolare Franca, paladina della più tipica cucina trentina. E dopo una piacevole passeggiata attraverso l'altipiano, le graziose camere vi attendono per un ben meritato riposo.

Carta 36/40 €

⇦ 🗄 🅿 via del 26 Maggio 65 – ℰ 0461 557200 – www.locanda2camini.it – Chiuso lunedì, domenica sera

BASSANO DEL GRAPPA

✉ 36061 – Vicenza (VI) – Carta regionale n° **23**-B2 – Carta stradale Michelin 562-E17

🍴○ **CA' 7**

PESCE E FRUTTI DI MARE · **AMBIENTE CLASSICO** ✗✗ Struttura, colonne e materiali d'epoca si uniscono a quadri e illuminazione moderni in un ardito ma affascinante accostamento. In estate la magia si sposta in giardino.

Menu 59 € – Carta 52/112 €

⇦ 🍴 🛇 🗄 ⇧ 🅿 Hotel Ca' Sette, via Cunizza da Romano 4 – ℰ 0424 383350 – www.ca-sette.it – Chiuso lunedì, domenica sera

ⅱ○ **OTTOCENTO**

MODERNA · ACCOGLIENTE Ⅹ Nella bella cornice delle colline, un locale dai toni rustico-moderni dove la naturalità degli elementi prosegue nella filosofia che ispira la cucina, piatti eseguiti con attenzione e fantasia. Da non dimenticare i suoi prodotti "lievitati": pizze proverbiali!

Menu 9 € (pranzo)/13 € – Carta 32/42 €

⇔ 🛋 & 🅿 *contrà San Giorgio 2 – ☎ 0424 503510 – www.800simplyfood.com –*
Chiuso lunedì

BAVENO

✉ 28831 – Verbano-Cusio-Ossola (VB) – Carta regionale n° **13**–A1 –
Carta stradale Michelin 561-E7

ⅱ○ **SOTTOSOPRA**

MODERNA · COLORATO ⅩⅩ Gradevole e colorato locale in centro paese, diviso su più sale, la sua anima è la passione con la quale lo chef patron prepara e propone una linea di cucina eclettica: la carta cita, infatti, piatti a base di carne, insieme a pesce sia di mare sia d'acqua dolce, nonchè qualche ricetta più legata al territorio.

Menu 22/50 € – Carta 25/50 €

🏠 & *corso Garibaldi 40 – ☎ 0323 925254 – www.sottosoprabaveno.com –*
Chiuso 1-25 febbraio, 1-20 novembre, martedì, mercoledì

BELLAGIO

✉ 22021 – Como (CO) – Carta regionale n° **9**–B2 – Carta stradale Michelin 561-E9

✿ **MISTRAL**

MODERNA · ELEGANTE ⅩⅩⅩ Sulla punta del promontorio di Bellagio, la superba terrazza con vista impareggiabile sulla distesa blu sarà seconda solo alla cucina che sperimenta ricette molecolari e cotture innovative accanto a piatti più tradizionali, sempre e necessariamente preparati con eccellenti materie prime il cui studio e ricerca sono le grandi passioni dello chef. Correva l'anno 2002, quando Ettore iniziò ad accostarsi a questo tipo d'indagine, che lo rese – in breve tempo - padre e guru della cucina molecolare italiana; un nuovo modo di stare ai fornelli, quindi, per questo chef-chimico interessato ad indagare – in maniere scientifica – il "destino" degli ingredienti nei processi di cottura, raffreddamento, abbinamento. Detto ciò, non aspettatevi piatti solo "cerebrali": da buon emiliano, Ettore in quello che fa ci mette il cuore.

Specialità: Le ostriche tiepide con caviale e ravioli di sedano rapa, maionese all'ostrica e crema acida. La variazione d'agnello pré salé. Cioccolato bianco, lime e ciliegia.

Menu 180 € – Carta 90/220 €

⇐ 🏠 🅰🅲 🅿 *Grand Hotel Villa Serbelloni, via Roma 1 – ☎ 031 956435 –*
www.villaserbelloni.com – Chiuso 1 dicembre-1 aprile, lunedì-venerdì a mezzogiorno

ⅱ○ **ALLE DARSENE DI LOPPIA**

MEDITERRANEA · CONTESTO CONTEMPORANEO ⅩⅩ All'ombra del pergolato affacciato sul porticciolo di Loppia o nella curata sala interna, la cucina mediterranea dai toni contemporanei spazia dalla carne al pesce, sia di mare che di lago.

Menu 50 € – Carta 70 €

⇐ 🏠 🅿 *via Melzi d'Eril 1, frazione Loppia – ☎ 031 952069 –*
www.ristorantedarsenediloppia.com – Chiuso 8 gennaio-1 marzo, lunedì

🏨 GRAND HOTEL VILLA SERBELLONI   `Tablet.` PLUS

GRAN LUSSO · STORICO Scaloni marmorei, colonne in stucco e splendidi trompe-l'oeil conferiscono alla struttura personalità ed uno stile che la rendono tra le più esclusive risorse del Bel Paese. Immerso nella lussureggiante vegetazione dei suoi giardini all'italiana, l'hotel ha ospitato regnanti e personalità da ogni continente: ora aspetta voi, non fatelo attendere...

🕭 🦢 ≼ 🌲 🛏 🎄 🖳 📶 🅿 🔒 🄰🄲 💆 🅿 🚗 95 camere – 4 suites

via Roma 1 – ℰ 031 950216 – www.villaserbelloni.com

❀ **Mistral** – Vedere selezione ristoranti

BELLINZAGO LOMBARDO
✉ 20060 – Milano (MI) – Carta regionale n° **10**-C2 – Carta stradale Michelin 561-F7

🍴 MACELLERIA MOTTA

ITALIANA · ACCOGLIENTE 🋘 Ne assaporerete di cotte e di crude, bollite e alla brace... sono le specialità di carne di questo ottimo ristorante, che d'estate offre anche il piacere del servizio all'aperto in una tipica corte lombarda.

Menu 15 € (pranzo) – Carta 39/69 €

🍴 🅿 *strada Padana Superiore 90 – ℰ 02 9578 4123 – www.ristorantemacelleriamotta.it – Chiuso 31 dicembre-10 gennaio, 8-26 agosto, domenica*

BELLINZAGO NOVARESE
✉ 28043 – Novara (NO) – Carta stradale Michelin 561-F7

a **Badia di Dulzago** Ovest : 3 km – Carta regionale n° **12**-C2

🕸 OSTERIA SAN GIULIO

REGIONALE · RUSTICO 🋘 Un'esperienza sensoriale a partire dalla collocazione all'interno di un'antica abbazia rurale, passando per l'accoglienza, l'atmosfera e la cucina. Tra le specialità: oca arrosto sotto grasso, paniscia e agnolotti, torta di mele con zabaione.

Specialità: Carne cruda marinata alla senape. Paniscia. Torta di mele con zabaione caldo.

Menu 27/35 € – Carta 30/40 €

🄰🄲 *località Badia di Dulzago – ℰ 0321 98101 – www.osteriasangiulio.it – Chiuso 24 dicembre-7 gennaio, 1-31 agosto, lunedì, domenica sera*

BELLUNO
✉ 32100 – Belluno (BL) – Carta regionale n° **23**-C1 – Carta stradale Michelin 562-D18

🕸 AL BORGO

REGIONALE · FAMILIARE 🋘 All'interno di una villa settecentesca in un antico e piccolo borgo, ambiente caldamente rustico e cucina del territorio. Il menu racconta: risotto ai funghi, capretto al forno, gelato artigianale della casa.

Specialità: Polentina calda con fonduta di Morlacco e funghi porcini. Capretto nostrano al forno con polenta. Gelato artigianale.

Carta 23/40 €

🚗 🛏 🍴 ✿ 🅿 *via Anconetta 8 – ℰ 0437 926755 – www.alborgo.to – Chiuso lunedì sera, martedì*

🍴 ASTOR

CLASSICA · MINIMALISTA 🋘 Annesso all'omonimo albergo, ambiente moderno, giovane ed informale, dal design originale, si propone per un aperitivo, uno snack veloce, ma ancor di più per una cena romantica; a pranzo formula più ridotta ed economica.

Carta 41/51 €

🚗 ≼ 🍴 🚗 *Hotel Astor, piazza Martiri 26/e – ℰ 0437 943756 – www.astorbelluno.it – Chiuso lunedì, domenica*

BENEVELLO

✉ 12050 – Cuneo (CN) – Carta regionale n° **14**–A2 – Carta stradale Michelin 561-I6

✿ DAMIANO NIGRO

MODERNA · ELEGANTE XxX Il percorso professionale di Damiano, chef-patron, lo vede protagonista subito dopo la scuola, di un lungo apprendistato presso le grandi tavole di Francia e Gran Bretagna; per poi accedere ai fornelli del Ristorante Duomo di Alba, a fianco di Enrico Crippa. Ma sarà presso il Relais Villa d'Amelia a Benevello, che avverrà nel 2006 la svolta. Una saletta con pochi tavoli all'interno del suddetto albergo è l'angolo che il cuoco si è ritagliato per le proprie creazioni gastronomiche. Spasmodica ricerca della qualità nelle scelta delle materie prime, intrigante connubio di mare e monti: non c'è scelta alla carta, ma menu degustazione che vi guideranno tra piatti colorati ed originali, anche vegetariani. Per chiudere in dolcezza, lasciatevi conquistare da una delle tante creazioni di Giovanni, fratello pasticciere di Damiano.

Specialità: Mosaico di vicciola (bovino allevato a nocciole), bottarga e jus di carne. Spaghettoni, capperi, limone e caciocavallo. Fragola, "vitamiña" e gambero rosso.

Menu 85/130 €

&& ⪬ ⊆ AC P Hotel Villa d'Amelia, località Manera 1 – ℰ 0173 529108 – www.damianonigro.it – Chiuso 1 gennaio-21 aprile, 25 agosto-6 settembre, lunedì, martedì, mercoledì-venerdì a mezzogiorno

⌂ VILLA D'AMELIA

DIMORA STORICA · ELEGANTE Una cascina ottocentesca raccolta attorno ad una corte è diventata oggi una villa signorile, caratterizzata da interni di moderno design che si alternano ad oggetti d'epoca, nel contesto di un affascinante paesaggio collinare. Al ristorante DaMà troverete una buona scelta gastronomica di piatti piemontesi, classici nazionali e qualcosa di più creativo.

⪬ ⪬ ⊆ ⅃ ⌂ ⊡ ⅄ AC ⅄ P 34 camere – 3 suites

località Manera 1 – ℰ 0173 529225 – www.villadamelia.com

✿ **Damiano Nigro** – Vedere selezione ristoranti

BENEVENTO

✉ 82100 – Benevento (BN) – Carta regionale n° **4**-B1 – Carta stradale Michelin 564-D26

sulla provinciale per San Giorgio del Sannio Sud - Est : 7 km :

⊛ PASCALUCCI

REGIONALE · RUSTICO X Ristorante nato dalla tradizione e che oggi, oltre a proposte locali, presenta anche una cucina di pesce elaborata con capacità, a base di prodotti freschi e genuini. Tra le specialità: filetto di marchigiana con salsa di caciocavallo.

Specialità: Antipasto Pascalucci. Tagliata di carne marchigiana su rucola all'aceto balsamico e olio extra vergine. Cassatine.

Carta 22/45 €

⌂ AC P via Appia 1 (contrada Iannassi) – ℰ 0824 778400 – www.pascalucci.it

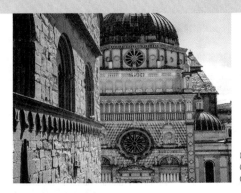

⊠ 24122 – Bergamo (BG)
Carta regionale n° **10**–C1
Carta stradale Michelin 561-E11

BERGAMO

Ci piace: la vista sulla Città dei Mille dal moderno ristorante **Roof Garden**, all'ultimo piano dell'hotel Excelsior San Marco. La cantina fornitissima e la generosa offerta di vini al bicchiere dell'informale bistrot **Al Carroponte**. Cucina sincera ed accoglienza schietta da **N. O. I.**

Perdersi tra gli scaffali dello Schiaccianoci: boutique alimentare che tratta solo eccellenze gastronomiche provenienti dall'Italia e dal mondo, con attenzione particolare ai presidi slow food e ai prodotti artigianali e di nicchia.

Ristoranti

⁣😋 IMPRONTE

Chef: Cristian Fagone

MODERNA · DESIGN ⅩⅩ Marito e moglie ci mettono passione e cuore per lasciare le proprie "impronte" nella ristorazione bergamasca, all'interno di un ex deposito di autobus - appena fuori dal centro - trasformato in un locale di design dall'arredo essenziale. Lo chef-patron Cristian Fagone si cimenta con una linea di cucina che parte sempre da un'accurata selezione delle materie prime, confessando un debole per l'acidità di alcuni ingredienti e l'affumicatura di altri, nonché il gioco dei contrasti. Mamma lombarda e papà siciliano, è così che si spiegano le due anime della sua cucina, che - pur muovendosi tra citazioni isolane ed altre più territoriali - lascia spazio anche a qualche rinvio francese, crudi di mare e specialità cotte su una griglia di carboni.

Specialità: Ci vuole fegato e anima. tra Veneto e Sicilia: spiedino di fegato e animelle di vitello alla brace, cipolla di Tropea cotta al sale, cuore di lattuga e salmoriglio ghiacciato. Profumo di Sicilia: spaghetti, limone, finocchietto selvatico, origano, bottarga di ricciola e ricci di mare. E' un cannolo siciliano?.

Menu 75/100 € – Carta 65/120 €

🌤 ⅙ 🅰🅒 🅿 **Pianta: B1-c** – *via Cristoforo Baioni 38* – ℘ *035 017 5557* – *www.impronteristorante.com* – *Chiuso 16-25 febbraio, 25 agosto-8 settembre, lunedì a mezzogiorno, martedì, mercoledi-venerdì a mezzogiorno*

🍴○ LIO PELLEGRINI

MODERNA · ROMANTICO ⅩⅩⅩ Locale del centro, accanto all'Accademia Carrara ed al GAMeC, la bellezza di tanta arte accoglie con piacere i raffinati interni del ristorante così come il bel dehors coi suoi ariosi drappi, un'insolita e piacevole oasi di pace. La cucina propone sapori mediterranei, di carne e di pesce, tra classico e moderno.

Menu 52 € (pranzo) – Carta 52/120 €

🌤 🅰🅒 **Pianta: B1-e** – *via San Tomaso 47* – ℘ *035 247813* – *www.liopellegrini.it* – *Chiuso 10-31 agosto, lunedì, martedì a mezzogiorno*

ROOF GARDEN

MODERNA · CONTESTO CONTEMPORANEO ※※ Cucina creativa, ma a pranzo c'è anche una carta più light, in questo ristorante che offre una romantica vista su Città Alta. (Prenotare un tavolo lungo la parete-vetrata!).

Menu 40€ (pranzo), 70/100€ – Carta 60/100€

⟵ ≼ 🏠 & 🅰️ 🅿️ **Pianta: A1-a** – *Hotel Excelsior San Marco, piazza della Repubblica 6 – ☎ 035 366159 – www.roofgardenrestaurant.it – Chiuso sabato a mezzogiorno, domenica*

SARMASSA

CLASSICA · ACCOGLIENTE ※※ Ricavato da una porzione di chiostro millenario, ci sono colonne e affreschi d'epoca, ma la cucina è giovane e brillante, con un'ottima selezione di salumi italiani e spagnoli.

Carta 35/45€

& 🅰️ **Pianta: A2-c** – *vicolo Bancalegno 1h – ☎ 035 219257 – www.sarmassa.com – Chiuso 3-10 gennaio, 8-29 agosto, domenica*

AL CARROPONTE

MODERNA · DI TENDENZA ※ Vivace e dinamico, il locale punta alla soddisfazione enogastronomica a tuttotondo. Oscar, padrone di casa, si destreggia per consigliarvi alcune bottiglie della sua enciclopedica carta e volentieri mescerà per voi – anche al bicchiere – qualunque vino (al dovuto prezzo, naturalmente!). Cucina moderna, ricca di fantasia, completata da una vasta scelta di finger food, salumi, ostriche, caviale, nonché hamburger gourmet.

Menu 15€ (pranzo), 35/100€ – Carta 55/90€

🕸️ 🏠 & 🅰️ **Pianta: A2-a** – *via De Amicis 4 – ☎ 035 265 2180 – www.alcarroponte.it – Chiuso 1-10 gennaio, 21 giugno-4 luglio, lunedì, domenica*

N.O.I. RESTAURANT

MODERNA · ACCOGLIENTE ※ Un piccolo locale schietto e sincero per una cucina ben fatta, rispettosa delle cotture, attenta alla selezione delle materie prime. L'ottimo servizio è supervisionato dal padrone di casa.

Menu 14€ (pranzo)/23€ – Carta 40/100€

🏠 & 🅰️ **Pianta: B1-d** – *via Alberto Pitentino 6 – ☎ 035237750 – www.noi-restaurant.it – Chiuso lunedì a mezzogiorno, domenica*

OSTERIA AL GIGIANCA

DEL TERRITORIO · ACCOGLIENTE ※ Defilato rispetto al centro, un locale accogliente gestito da un'appassionata giovane coppia; la cucina segue le stagioni e valorizza il territorio. Oltre ad una carta dei vini, vi è una selezione di birre artigianali nazionali.

Carta 34/37€

🅰️ **Fuori pianta** – *via Broseta 113 – ☎ 035 568 4928 – www.algigianca.com – Chiuso 2-7 gennaio, lunedì a mezzogiorno, domenica*

Alberghi

PETRONILLA

BOUTIQUE HOTEL · DESIGN Piccolo gioiello di ospitalità in cui convivono suggestioni anni '50, influenze Bauhaus e design contemporaneo: molti i quadri disegnati ad hoc, con dettagli d'opere di Hopper, De Chirico, Caravaggio. Un soggiorno esclusivo, perfetto per coloro che amano le raffinate personalizzazioni e il relax: quest'ultimo assicurato anche da un nuovo spazio nel cortile.

🍸 🛎️ ⅙ 🖥️ & 🅰️ 🚗 12 camere

Pianta: A2-f – *via San Lazzaro 4 – ☎ 035 271376 – www.petronillahotel.com*

✿ CASUAL

Chef: Enrico Bartolini

CREATIVA · ELEGANTE ✗✗✗ In un incantevole contesto urbanistico-paesaggistico, all'ingresso di Bergamo Alta, ma anche non lontano da pittoresche colline, la regia del Casual è sempre di Enrico Bartolini, ma alla guida dei fornelli è arrivato un giovane chef dalle sorprendenti capacità, che sforna una cucina golosa e generosa, dove ogni piatto pare una festa. Ricorre frequentemente al mondo vegetale ed in particolare alle erbe aromatiche, talvolta inserisce piacevolissime tonalità di acidità e amarezza, sovente esalta il tutto con ricercate e colorate presentazioni.

Specialità: Crudo di gamberi viola, nespole e melanzane violette. Rombo alla brace, rafano, olive nere e fagiolini. Viaggio in val Brembana: yogurt di capra, fragoline di bosco e abete rosso.

Menu 100/130 € – Carta 90/145 €

🕸 🞸 AC P Pianta: A1-d – *via San Vigilio 1 –*
☏ *035 260944 – www.enricobartolini.net –*
Chiuso 1-7 febbraio, 9-22 agosto, martedì

GOMBITHOTEL

STORICO · CONTEMPORANEO Adiacente alla torre del Gombito, il palazzo duecentesco riserva l'inaspettata sorpresa di un albergo moderno dagli arredi design, tonalità sobrie ed eleganti bagni con ampie docce. Molto bella anche la saletta delle colazioni con decori e vista sulla viuzza centrale.

⊡ & 🖼 12 camere – 1 suite

Pianta: A1-g – *via Mario Lupo 6 – ℰ 035 247009 – www.gombithotel.it*

a San Vigilio Ovest: 1 km o 5 mn di funicolare A1

🍴○ **BARETTO DI SAN VIGILIO**

CLASSICA · CONVIVIALE 🕱 Nella piazzetta antistante la stazione di arrivo della funicolare, caratteristico bar-ristorante di tono retrò, vagamente anglosassone, dove gustare piatti della tradizione italiana. Servizio estivo in terrazza con incantevole vista sulla città.

Menu 35 € (pranzo)/48 € – Carta 39/47 €

🍴 ⇄ Fuori pianta – *via Al Castello 1 – ℰ 035 253191 – www.baretto.it*

BERGEGGI

✉ 17028 – Savona (SV) – Carta regionale n° **8**-B2 – Carta stradale Michelin 561-J7

 CLAUDIO

Chef: Claudio e Lara Pasquarelli

PESCE E FRUTTI DI MARE · ELEGANTE 🕱🕱🕱 La vista spazia sull'isola di Bergeggi che si innalza dall'acqua cristallina proprio davanti ai vostri occhi e la terrazza in stagione - certamente una delle più ambite della zona – varrebbe già di per sé il viaggio, ma lo scrigno di sorprese ha in serbo per gli ospiti di questo ristorante altre piacevolezze...

Una delle migliori cucine di pesce della zona, frutto del sodalizio tra Claudio e sua figlia Lara, abili nell'unire alla qualità indiscutibile delle materie prime, la cura estetica delle presentazioni, senza rinunciare alla generosità delle porzioni. Il menu asseconda le stagioni, ma alcuni piatti storici sono sempre presenti (fritto di pesci e crostacei del mar Ligure, bouquet di crostacei agli agrumi del Mediterraneo, rana pescatrice avvolta nel lardo di Colonnata con salsa al rossese...). I romantici tramonti non si possono prenotare, il tavolo – invece – sì: anzi è vivamente consigliato!

Specialità: Crudo di pesci e crostacei. Bouquet di crostacei agli agrumi mediterranei. Ricordo di un'estate in Sicilia: agrumi e mandorle.

Menu 90/120 € – Carta 80/140 €

≼ ⇔ 🍴 🖼 🅿 *Hotel Claudio, via XXV Aprile 37 – ℰ 019 859750 – www.hotelclaudio.it – Chiuso 1 dicembre-1 aprile, lunedì, martedì-venerdì a mezzogiorno*

BERNALDA

✉ 75012 – Matera (MT) – Carta regionale n° **2**-D2 – Carta stradale Michelin 564-F32

 PALAZZO MARGHERITA ⑩   Tablet.PLUS

· ELEGANTE In una lussuosa villa del XIX secolo ristrutturata grazie a Francis Ford Coppola, le tipiche atmosfere locali si fondono con uno stile classico-elegante per dare vita ad un indirizzo di grande esclusività e confort. Curati giardini, zona piscina e specialità lucane al ristorante completano l'offerta.

🍱 ⇔ 🏊 & 🖼 🅿 7 suites – 2 camere

Corso Umberto I 64 – ℰ 0835 549060 – www.thefamilycoppolahideaways.com

BERSANO – Piacenza (PC) → Vedere Besenzone

BESENZONE

✉ 29010 – Piacenza (PC) – Carta regionale n° **5**–A1 – Carta stradale Michelin 561-H11

a Bersano Est : 5,5 km

🍴○ **LA FIASCHETTERIA**

REGIONALE · ELEGANTE XxX Elegante cascina immersa nelle terre verdiane, la cucina offrirà agli appassionati l'occasione di un viaggio nella bassa padana, tra salumi, paste fresche e arrosti. Per gli amanti del pesce, non manca qualche proposta di mare, oltre che di fiume. Infine, per prolungare il soggiorno, ci sono anche tre romantiche, incantevoli camere.

Menu 55 € – Carta 55/68 €

🐌 ⇆ 🅰️ 🅿️ *via Bersano 59/bis – ℰ 0523 830444 – www.la-fiaschetteria.it –*
Chiuso 1-25 agosto, 23 dicembre-5 gennaio, lunedì, martedì

BESOZZO

✉ 21023 – Varese (VA) – Carta regionale n° **9**–A2 – Carta stradale Michelin 561-E7

🍴○ **OSTERIA DEL SASS**

MODERNA · ROMANTICO XX Ai tempi dei Celti l'edificio costituiva la porta d'ingresso del borgo di Besozzo con torretta di avvistamento per la sua posizione privilegiata; ora è il regno di una cucina di ottimo livello, curata nei dettagli, presentata in un locale elegante e caratteristico dalle antiche origini (nella saletta interna è ancora ben conservata una pietra con l'effige di una divinità apotropaica).

Menu 25 € (pranzo), 35/65 € – Carta 25/65 €

🐌 ⇇ 🅰️ *via Sant'Antonio 17/B, località Besozzo Superiore – ℰ 0332 771005 –*
www.osteriadelsass.it – Chiuso martedì

BETTOLLE – Siena (SI) → Vedere Sinalunga

BEVAGNA

✉ 06031 – Perugia (PG) – Carta regionale n° **20**–C2 – Carta stradale Michelin 563-N19

🍴○ **SERPILLO**

ITALIANA CONTEMPORANEA · RUSTICO X All'interno dell'affascinante borgo, piacevoli e rustiche sale ricavate in un antico frantoio fanno da sfondo alla cucina di un giovane chef che, partendo da una base nazionale-regionale, propone piatti di respiro moderno. Un vanto il buffet per l'antipasto ricco di sfiziosità!

Carta 25/50 €

🍽 *via di Mezzo 1, località Torre del colle – ℰ 366 711 8212 – www.serpillo.com –*
Chiuso lunedì, martedì-sabato a mezzogiorno

🍴○ **TRATTORIA DA OSCAR**

ITALIANA CONTEMPORANEA · RUSTICO X E' Filippo, lo chef-patron, a gestire con passione e professionalità questo piccolo, quanto piacevole, locale in pieno centro (zona a traffico limitato, si posteggia fuori le mura). Cucina con ovvi riferimenti al territorio, ma che spazia con disinvoltura su tutta l'Italia.

Menu 35 € (pranzo), 50/55 € – Carta 58/65 €

🍽 *piazza del Cirone 2h – ℰ 0742 361107 – www.latrattoriadioscar.it –*
Chiuso 15 gennaio-28 febbraio, martedì

BIANZONE

✉ 23030 – Sondrio (SO) – Carta regionale n° **9**–B1 – Carta stradale Michelin 561-D12

🍴 **ALTAVILLA**

REGIONALE · RUSTICO X Nella parte alta della località, tra boschi e vigneti, lasciarsi consigliare dalla signora Anna, proprietaria e anima del ristorante, è forse la cosa migliore per assaggiare le gustose proposte del territorio. Bella terrazza panoramica.

Specialità: Salumi della valle e formaggi. Nel Lavecc: costine di maiale alla birra e senape dolce. Tortino di grano saraceno con confettura di mirtilli.

Menu 22/28 € – Carta 30/40 €

🕸 ⬅🏠 **P** *via Monti 46 – ☏ 0342 720355 – www.altavilla.info –*
Chiuso 11-29 gennaio, lunedì

BIBBIENA

✉ 52011 – Arezzo (AR) – Carta regionale n° **18**-D1 – Carta stradale Michelin 563-K17

😳 IL TIRABUSCIÒ

TOSCANA · DI QUARTIERE ✕✕ Questa è una tappa in pieno centro storico, imperdibile per conoscere la gastronomia della zona: dai salumi alla chianina o all'agnello, passando - in stagione - per funghi e tartufi. Il cuoco esce sovente in sala e con simpatia vi saprà ben consigliare.

Specialità: Sugo di piccione nel coccio con pane croccante. Tortelli di patate con ragù di maiale brado grigio del casentino. Lattaiolo.

Carta 35/45 €

🅰 *via Rosa Scoti 12 –*
☏ *0575 595474 – www.tirabuscio.it – Chiuso lunedì a mezzogiorno, martedì*

BIELLA

✉ 13900 – Biella (BI) – Carta regionale n° **12**-C2 – Carta stradale Michelin 561-F6

🍴○ MATTEO CAFFÈ E CUCINA

MODERNA · ELEGANTE ✕✕ Locale multitasking che apre alla mattina con la caffetteria e prosegue con cocktail e aperitivi fino alla conclusione del servizio serale. Ambienti più moderni ed intimi nei toni soffusi, rispetto alla classicità tutta piemontese degli spazi preesistenti, per una cucina al passo con in tempi; carne e pesce, nonché gli immancabili risotti declinati anche questi con gusto ed ingredienti attuali.

Carta 45/80 €

🏠 ♿ 🅰 *piazza Duomo 6 –*
☏ *015 355209 – www.matteocaffeecucina.it – Chiuso domenica*

🍴○ REGALLO

PESCE E FRUTTI DI MARE · CONTESTO CONTEMPORANEO ✕✕ Leggermente periferico, un ristorante dal look contemporaneo nel singolare contesto di un ex opificio; la sua cucina allude al mare in proposte di gusto moderno e originale.

Menu 65 € – Carta 58/80 €

♿ 🅰 **P** *via Tollegno 4 –*
☏ *015 370 1523 – www.ristoranteregallo.com –*
Chiuso lunedì-martedì a mezzogiorno, mercoledì, giovedì-sabato a mezzogiorno

BIENTINA

✉ 56031 – Pisa (PI) – Carta regionale n° **18**-B2 – Carta stradale Michelin 563-K13

🍴○ OSTERIA TAVIANI

MODERNA · FAMILIARE ✕✕ Proprio nel cuore del paesino, una giovane coppia gestisce con passione questo gradevole locale dagli interni di caldo design: lei in sala, lui ai fornelli, in tavola una fragrante linea di cucina moderna - carne e pesce - con solide basi nella tradizione toscana. Durante la stagione venatoria, i piatti di selvaggina sono tra i più appetitosi.

Menu 40/60 € – Carta 30/60 €

🏠 ♿ 🅰 *piazza Vittorio Emanuele II 28 –*
☏ *0587 757374 – www.osteriataviani.it –*
Chiuso lunedì, martedì-sabato a mezzogiorno, domenica sera

BIGARELLO

✉ 46030 – Mantova (MN) – Carta regionale n° **9**–D3

a Stradella Sud - Ovest : 6 km

🍴○ **OSTERIA NUMERO 2**

ITALIANA · RUSTICO In un bel cascinale immerso nel verde, atmosfera autentica per una linea di cucina che spazia dalla tradizione regionale a quella nazionale. Sempre più viva la passione per le birre, alle quali è dedicata una grande carta. Molto frequentato dalla gente del luogo, vivamente consigliata è la prenotazione!

Menu 10 € (pranzo)/13 € – Carta 25/38 €

🖙 🛦 ᴔ 🎵 🅿 *via Ghisiolo 2/a – ℰ 0376 45088 – www.osterianumero2.it – Chiuso 1-7 gennaio, 8-24 agosto, martedì, sabato a mezzogiorno*

BIGOLINO – Treviso (TV) ➜ Vedere Valdobbiadene

BLEVIO

✉ 22020 – Como (CO) – Carta regionale n° **10**–B1 – Carta stradale Michelin 561-E9

🕸 **L⁻ARIA**

CUCINA MODERNA · LUSSO 🛠🛠 Nascosto nel parco botanico, in un moderno edificio fronte lago, il ristorante L⁻ARIA ha un aspetto raffinato e contemporaneo. Le ampie finestre offrono viste panoramiche, come i superbi scorci su Cernobbio e la sponda ovest offerti dall'elegante terrazza. E' qui che troverete una cucina mediterranea e – in tempo stesso – creativa. Nel menu degustazione l'accento è posto sui prodotti territoriali, in particolare sul pesce locale, insieme a carni di bovini allevati nei pascoli alpini e verdure biologiche.

A fine pasto, gli ospiti possono scegliere tra una selezione di formaggi artigianali della vicina Valtellina, nonché una gamma di golose prelibatezze preparate con ingredienti autoctoni ed esotici. Una pausa al bar per un aperitivo o un cocktail dopo cena è un'esperienza vivamente consigliata.

Specialità: Storione, cavolfiore, alga wakame in agrodolce, limone in salamoia. Carne & carne. Guardo il mondo dall'oblò: cremoso al pistacchio, ganache allo yogurt di bufala, limone confit, sorbetto allo yuzu.

Menu cena 95/133€ – carta 95/140€

🐘🖫 🖙 🛦 ◐🗔 *Hotel Mandarin Oriental Lake, via Enrico Caronti 69 – ℰ 031 32511 – www.mandarinoriental.com/lake-como – Chiuso 16 novembre-18 marzo lunedì-domenica a mezzogiono*

🏨 **MANDARIN ORIENTAL LAGO DI COMO**

GRAN LUSSO · PERSONALIZZATO Immerso in un lussureggiante giardino botanico, questo resort rappresenta un seducente connubio di stile italiano, fascino orientale e bellezza naturale. L'arredamento delle camere e delle suite è semplice ed elegante, l'ambiente rilassante e la vista mozzafiato sul lago e sul verde può essere apprezzata dalle terrazze e dagli ampi balconi. Le aree pubbliche sono decorate in uno stile moderno e lineare, con arredi che richiamano il design italiano del primo '900.

🍴 🕸 ᴔ 🖙 ⚒ 🗔 🕸 ㎡ ⑂ ᴔ 🛦 🖈 🅿 🚗 47 suites – 28 camere

via Caronti 69 – ℰ 031 32511 – www.mandarinoriental.com/lake-como

BOBBIO

✉ 29022 – Piacenza (PC) – Carta regionale n° **5**–A2 – Carta stradale Michelin 561-H10

🍴○ **PIACENTINO**

EMILIANA · FAMILIARE 🛠🛠 Nel centro storico, la tradizione familiare continua da più di un secolo all'insegna di salumi, paste e secondi di carne, in questo piacevole ristorante che dispone anche di un delizioso giardino estivo. Camere con letti in ferro battuto e mobili in arte povera, ma anche stanze più moderne.

Menu 26/40 € – Carta 28/53 €

🖙 🛦 ㎡ ⇆ 🅿 *piazza San Francesco 19 – ℰ 0523 936266 – www.hotelpiacentino.it*

ⅱ○ **ENOTECA SAN NICOLA**

DEL TERRITORIO · RUSTICO ⅹ In un vecchio convento del '600 nel cuore della Bobbio storica, atmosfera molto intima per una cucina che si riappropria del territorio con piatti dai gusti decisi e rispettosi delle stagioni; oltre tutto con un ottimo rapporto qualità/prezzo. Se la cantina annovera etichette datate fino al 1936 di un Marsala Stravecchio, presso il book bar - nel fine settimana - è possibile fermarsi per un calice di vino, una cioccolata o un infuso particolare.

爲 ⇦ ⇧ *contrada di San Nicola 11/a - ℰ 0523 932355 - www.ristorantesannicola.it - Chiuso lunedì, martedì*

BODIO LOMNAGO

✉ 21020 - Varese (VA) - Carta regionale n° **9**-A2

ⅱ○ **VILLA BARONI**

CLASSICA · ACCOGLIENTE ⅹⅹ Romantica struttura in riva al lago dagli ambienti accoglienti ed eleganti ed una splendida terrazza per il servizio estivo; la cucina propone diversi menu degustazione composti da varie portate, nonché una carta delle specialità. Nelle camere atmosfera provenzale ed intima.

Menu 15 € (pranzo)/25 € - Carta 44/93 €

⇦ ⇧ 霜 **P** *via Acquadro 12 - ℰ 0332 947383 - www.villabaroni.it - Chiuso lunedì*

BOGLIASCO

✉ 16031 - Genova (GE) - Carta regionale n° **8**-C2 - Carta stradale Michelin 561-I9

a San Bernardo Nord: 4 km

ⅱ○ **IL TIPICO**

PESCE E FRUTTI DI MARE · CONVIVIALE ⅹⅹ L'ambiente è gradevole, con qualche tocco d'eleganza, ma ciò che incanta è il panorama sul mare. Ubicato in una piccola frazione collinare, propone cucina ligure di pesce.

Carta 20/35 €

⇐ AC **P** *via Favaro 20, località Poggio Favaro - ℰ 010 347 0754 - iltipicobogliasco.eatbu.com - Chiuso lunedì, martedì-giovedì sera*

BOLGHERI - Livorno (LI) → Vedere Castagneto Carducci

✉ 40124 – Bologna (BO)
Carta regionale n° **5**-C3
Carta stradale Michelin 562-I15

BOLOGNA

Ci piace: una cena da veri gourmet al ristorante **I Portici,** tra le mura del teatro Eden: antico caffè chantant del 1899. Le interessanti rivisitazioni di piatti mediterranei e cucina regionale del ristorante **Scaccomatto. All'Osteria Bottega**, una delle più coerenti e golose espressioni della città a tavola.

Se passeggiando per la città dotta la sete si fa sentire, ecco di che placarla presso l'Enoteca Storica Faccioli:

ampia selezione di vini biologici, biodinamici e naturali, oltre a tutti gli altri! Una passeggiata fra i banchi della salumeria Simoni per farsi tentare dalle numerose specialità locali; prime fra tutte la mortadella! Non solo "minestre", come vengono chiamati i primi piatti in Emilia, ma golose prelibatezze dolci come quelle proposte dal Forno Pasticceria Pallotti.

Ristoranti

 I PORTICI

CREATIVA · LUSSO 🟍🟍 Tra le mura dell'antico teatro Eden, storico café-chantant del 1899, cambio della guardia ai fornelli, ma creatività e mediterraneità continuano a darsi appuntamento in tavola: piatti freschi, colorati, leggeri, ricchi di sapori. Se siete in vena di romanticismo optate per un tavolo nella suggestiva ghiacciaia. Dopo ben oltre dieci anni dalla sua apertura, il ristorante rimane un punto di riferimento nel panorama gastronomico bolognese.

Specialità: Animella su consistenza di parmigiano reggiano 36 mesi. Piccione, miele fermentato e bieta. Clementino.

Menu 95/140 € – Carta 80/150 €

🕸 🅰🅲 **Pianta: C1-e** – Hotel I Portici, via dell'Indipendenza 69 –
✆ 051 421 8562 – www.iporticihotel.com –
Chiuso 22 dicembre-7 gennaio, 2-25 agosto, lunedì, martedì-sabato a mezzogiorno, domenica

 AL CAMBIO

REGIONALE · CONTESTO CONTEMPORANEO 🟍🟍 In un contesto periferico e all'interno di una sala contemporanea e senza tanti fronzoli, se ciononostante tanti clienti ne affollano i tavoli un motivo ci sarà... Gli appassionati di cucina tradizionale ne troveranno qui una vera roccaforte: splendidamente eseguita e senza inutili rivisitazioni con sapori pieni e gustosi a farla da padrone.

RossHelen/iStock

Specialità: Crostatina di cipolla caramellata con caldo freddo di parmigiano reggiano. Tagliatelle al ragù bolognese. Latte in piedi della tradizione.

Menu 35/45 € – Carta 33/46 €

🗚 🅿 **Fuori pianta** – *via Stalingrado 150 – ℰ 051 328118 – www.ristorantealcambio.it – Chiuso 6-22 gennaio, 8-23 agosto, sabato a mezzogiorno, domenica*

☺ OSTERIA BARTOLINI

PESCE E FRUTTI DI MARE · COLORATO ⅩCome le osterie "consorelle" di Cesenatico e Milano Marittima, si propone la stessa formula vincente a base di fritti di pesce dell'Adriatico in porzioni generose (sono piatti unici!), pesce azzurro, paste fresche fatte in casa, voluttuosi dolci come lo storico cremoso alla nocciola e mascarpone con cuore di crème brûlée. E d'estate ci si accomoda sotto ad uno stupendo platano di fine Ottocento.

Specialità: Sardoncini scottati in padella all'olio e limone. Risotto alla moda di una volta. Cremoso alla nocciola, cuore di crème brûlée, glassa al gianduia.

Carta 27/38 €

🍴 🕭 🗚 **Pianta: B2-b** – *piazza Malpighi 16 – ℰ 051 262192 – www.osteriabartolini.com*

☺ TRATTORIA DI VIA SERRA

REGIONALE · TRATTORIA ⅩAlla Bolognina, storico quartiere operaio della città, oggi anche multietnico, vale proprio la pena uscire dalle tradizionali rotte turistiche del centro per provare questa trattoria! Semplice ed informale, governata dalla gran simpatia del proprietario, la tradizione regionale viene celebrata a grandi livelli, dalla piada agli straordinari tortellini in brodo di cappone.

Specialità: Arrosto di Tosone di Bianca modenese avvolto nella pancetta, verdure e aceto balsamico. Tortellino in brodo di cappone. Zuppa Inglese.

Carta 33/45 €

🗚 **Fuori pianta** – *via Luigi Serra 9/b – ℰ 051 631 2330 – www.trattoriadiviaserra.it – Chiuso 3-23 agosto, lunedì, martedì, mercoledì a mezzogiorno*

ⅱ○ I CARRACCI

CLASSICA · CONTESTO STORICO ⅩⅩⅩIl soffitto è interamente dedicato ai meravigliosi affreschi della scuola dei fratelli Carracci - da cui il ristorante trae il nome - ed è già un valido invito a scegliere il locale per le proprie pause gourmet; anche la cucina fa la sua parte mettendo insieme gusto classico e moderno in una carta dove i sapori italiani sono ben rappresentati.

Carta 65/120 €

🗚 **Pianta: B2-e** – *Grand Hotel Majestic già Baglioni, via dell'Indipendenza 8 – ℰ 051 225445 – grandhotelmajestic.duetorrihotels.com*

ⅱ○ FOURGHETTI

MODERNA · DI TENDENZA ⅩⅩⅩPassaggio di testimone ai fornelli, ma la cucina resta fondamentalmente contemporanea con spunti locali. Design accattivante e modaiolo: le sedie richiamano anni lontani, i tavoli sono nudi e scuri, di resina ovviamente il pavimento.

Carta 40/80 €

↩ 🍴 🕭 🗚 **Pianta: D3-a** – *via Augusto Murri 71 – ℰ 051 391847 – www.fourghetti.com – Chiuso lunedì, martedì a mezzogiorno*

ⅱ○ LA PORTA RESTAURANT

CREATIVA · DESIGN ⅩⅩⅩAll'interno di un'avveniristica struttura, distesa come un ponte sulla via Stalingrado, La Porta Restaurant è uno spazio poliedrico: dal garage si accede alle leccornie del caffè, a pranzo apre il bistrot con proposte semplici, mentre per i gourmet l'appuntamento è serale con il ristorante dalle eleganti decorazioni in legno e cucina creativa, talvolta su basi regionali..

Menu 40/80 € – Carta 37/52 €

🍴 🕭 🗚 ⟳ 🅿 **Fuori pianta** – *piazza Vieira de Mello 4 (parcheggio: via Stalingrado 37) – ℰ 051 415 9491 – www.laportadibologna.it – Chiuso 24-27 dicembre, 2-6 gennaio, 9-22 agosto, lunedì-sabato a mezzogiorno, domenica*

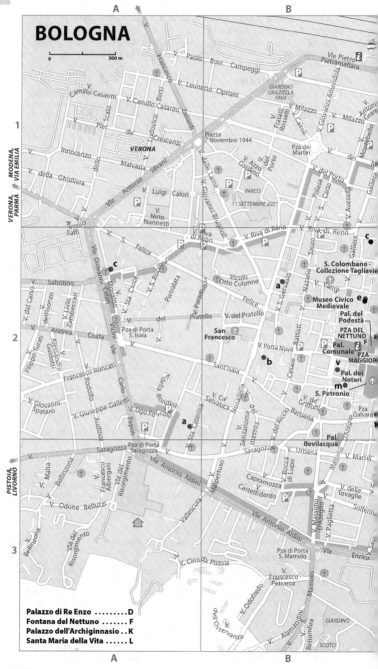

BOLOGNA

0   300 m

Palazzo di Re Enzo . . . . D
Fontana del Nettuno . . . . F
Palazzo dell'Archiginnasio . . K
Santa Maria della Vita L

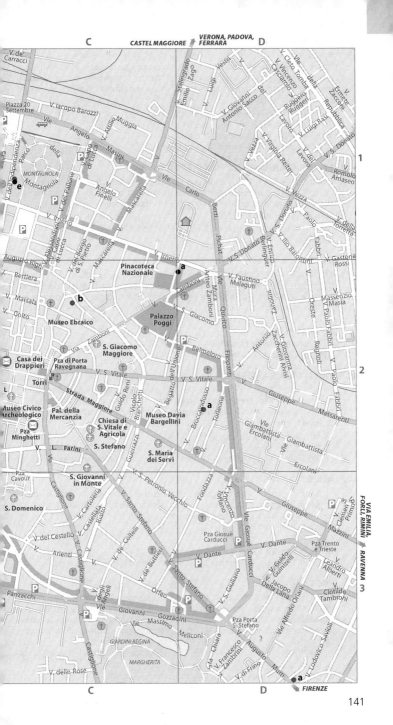

🍴○ ACQUA PAZZA

PESCE E FRUTTI DI MARE · AMBIENTE CLASSICO ✗✗ Il locale non è in centro, ma se avete voglia di mangiare dell'ottimo pesce - quasi sempre del Mediterraneo - personalmente selezionato dallo chef patron, vale la pena perdere qualche minuto a cercar posteggio; apprezzabili anche le cotture, semplici e rispettose della materia prima.

Menu 75€ – Carta 50/70€

🏠 🅰🅲 **Fuori pianta** – *via Murri 168/d* –
☏ *051 443422 – www.acquapazzabologna.it* –
Chiuso lunedì, martedì-giovedì a mezzogiorno

🍴○ EMPORIO ARMANI CAFFÈ E RISTORANTE

MODERNA · ALLA MODA ✗✗ In una storica galleria del centro trasformata nel quartier generale dei più importanti marchi di moda nazionali, la cucina rivede i classici nazionali con creatività in una sala essenziale nel tipico stile della casa.

Menu 25€ (pranzo), 45/60€

🏠 ᙋ 🅰🅲 **Pianta: B2-f** – *galleria Cavour 1/d* – ☏ *051 268747* –
www.armanirestaurants.com

🍴○ OLTRE.

EMILIANA · DI TENDENZA ✗✗ Nel vivo quartiere del Mercato delle Erbe, la porta d'ingresso addobbata con centinaia di adesivi farà pensare ad un negozio di vinili. Invece è un recente ristorante che in maniera divertente coniuga un look giovane e di design con una carta che cita i classici della tradizione bolognese: in aggiunta un paio di creazioni più attuali.

Carta 33/47€

🅰🅲 **Pianta: B2-a** – *via Majani 1/b* – ☏ *051 006 6049 – www.oltrebologna.it* –
Chiuso 9-23 agosto, martedì

🍴○ TRATTORIA BATTIBECCO

REGIONALE · AMBIENTE CLASSICO ✗✗ In un vicolo centrale, un locale di classe e di tono elegante, che spicca nel panorama della ristorazione cittadina per la cucina che riesce con agilità a dividersi tra tradizione e proposte di mare.

Carta 47/75€

🏠 🅰🅲 **Pianta: B2-v** – *via Battibecco 4* –
☏ *051 223298 – www.battibecco.com* –
Chiuso 3-17 gennaio, 27 giugno-11 luglio, sabato a mezzogiorno, domenica

🍴○ ALL'OSTERIA BOTTEGA

EMILIANA · FAMILIARE ✗ Roccaforte della cucina bolognese, in una sala tanto semplice (seppur curata) quanto autenticamente calda e conviviale grazie alla cortese accoglienza familiare, arrivano i migliori salumi emiliani, le paste fresche e le carni della tradizione.

Carta 40/60€

🏠 🅰🅲 **Pianta: A2-b** – *via Santa Caterina 51b/55* –
☏ *051585111 – Chiuso 1-31 agosto, 24 dicembre-7 gennaio, lunedì, domenica*

🍴○ POSTA

TOSCANA · CONTESTO TRADIZIONALE ✗ Un angolo di Toscana a Bologna: qui le più celebri zuppe, come la ribollita e la pappa col pomodoro, si succedono alle pappardelle con il cinghiale, trippa, peposo e naturalmente fiorentine; così come toscani sono molti vini, ma con le tagliatelle e i tortellini - tuttavia - si torna a giocare in casa.

Carta 27/39€

🏠 🅰🅲 ⇄ **Pianta: A2-c** – *via della Grada 21/a* –
☏ *051 649 2106 – www.ristoranteposta.it* –
Chiuso lunedì, martedì-giovedì a mezzogiorno

ⵊⵔ SALE GROSSO

MEDITERRANEA · BISTRÒ ⵊ Ristorante in stile bistrot, semplice nell'impostazione, ma dalla cucina ben fatta e prevalentemente di gusto mediterraneo; il mare è molto presente nei piatti, sebbene non manchino ricette vegetariane e qualche specialità vegana.

Menu 29 € (pranzo) – Carta 35/50 €

🖼 ⵊ **Pianta: C2-b** – *vicolo De' Facchini 4a* – 𝒞 *051 231721* – *Chiuso 1-7 gennaio, 8-30 agosto, lunedì, domenica*

ⵊⵔ SCACCOMATTO

MODERNA · DI QUARTIERE ⵊ Gestito da due fratelli - uno in sala, l'altro in cucina - non si può che rimanere sorpresi dagli sforzi nella ricerca dei prodotti, impiegati in rivisitazioni di classici nazionali, locali o dagli accenti mediterranei.

Menu 45/50 € – Carta 10/20 €

ⵊ **Pianta: D2-a** – *via Broccaindosso 63/b* – 𝒞 *051 263404* – *www.ristorantescaccomatto.com* – *Chiuso lunedì a mezzogiorno*

ⵊⵔ VICOLO COLOMBINA

TRADIZIONALE · DI QUARTIERE ⵊ In pienissimo centro storico fra i vicoletti adiacenti il mercato e piazza Maggiore, piatti tendenzialmente tradizionali (solo di terra!) leggermente rielaborati in chiave contemporanea; due salette piuttosto moderne negli arredi e una lista dei vini che concede grande spazio all'enologia regionale.

Carta 25/45 €

🖼 ⵊ **Pianta: B2-m** – *vicolo Colombina 5/b* – 𝒞 *051 233919* – *www.vicolocolombina.it* – *Chiuso martedì*

Alberghi

🏨 GRAND HOTEL MAJESTIC GIÀ BAGLIONI

DIMORA STORICA · GRAN LUSSO Dal '600 ad oggi, dal barocco al liberty, è una galleria di lusso e sfarzo questo storico albergo simbolo dell'ospitalità di lusso in città: ambienti sontuosi, camere raffinate, splendide suite ed i resti di una strada romana. Cucina italiana ed emiliana, curiosi cocktail e piatti futuristi, nell'elegante bistrot Cafè Marinetti.

🍽 🐱 ↆ 🈁 ⵊ ⵒ 97 camere – 9 suites

Pianta: B2-e – *via dell'Indipendenza 8* – 𝒞 *051 225445* – *www.grandhotelmajestic.duetorrihotels.com*

ⵊⵔ **I Carracci** – Vedere selezione ristoranti

🏨 I PORTICI

LUSSO · MINIMALISTA All'insegna del design e del minimalismo, del palazzo ottocentesco sono rimasti i soffitti affrescati di buona parte delle camere, il resto è di una semplicità quasi monacale. Al cibo si dedica molto spazio, al di là del gourmet serale, al 2° piano si assaggia una cucina della tradizione all'Osteria Portici, mentre in strada troverete lo street food in veste bolognese alla Bottega Portici.

🍽 🈁 ⅁ ⵊ ⵒ ⵒ 100 camere – 3 suites

Pianta: C1-e – *via dell'Indipendenza 69* – 𝒞 *051 42185* – *www.iporticihotel.com*

❀ **I Portici** – Vedere selezione ristoranti

🏨 METROPOLITAN 🅝

TRADIZIONALE · CONTEMPORANEO Preferito da chi ama le atmosfere contemporanee, luminose ed essenziali, l'albergo, in una traversa dell'animata e commerciale via Indipendenza, ha due punti di forza: la terrazza panoramica sui tetti di Bologna e le cinque camere raccolte intorno alla corte degli ulivi, uno spazio di verde e tranquillità nel cuore della città.

🈁 ⵊ 40 camere

Pianta: B2-c – *via dell'Orso 6* – 𝒞 *051 229393* – *www.hotelmetropolitan.com*

CASA BERTAGNI

FAMILIARE · A TEMA Per un soggiorno diverso da quello classico alberghiero, qui alloggerete in una raffinata casa privata. Dal salotto alla sala colazione, l'atmosfera è all'insegna di un sapiente ed originale mix di arredi d'epoca e contemporanei, che arriva sino alle camere, ciascuna dedicata ad un tema diverso.

⊡ AC P 6 camere

Pianta: **D2-a** – *via De Rolandis 7 – ℰ 0039 3463239893 – www.casabertagni.it*

a Borgo Panigale Nord - Ovest : 7,5 km

⫶○ SOTTO L'ARCO

CREATIVA · AMBIENTE CLASSICO XX Villa Aretusi è una gradevole villa del Seicento cinta dal proprio giardino, alle porte di Bologna. Al 1° piano (con ascensore) si trova il ristorante gourmet Sotto l'Arco dove un esperto chef propone piatti di cucina italiana, moderna ed interessante; al piano terra, invece, va in scena la tradizione emiliana della Trattoria.

Menu 40 € (pranzo), 60/85 € – Carta 90/110 €

🍴 🍽 ᕳ AC P **Fuori pianta** – *via Aretusi 5 – ℰ 051 619 9848 –*
www.villa-aretusi.it – Chiuso 27 dicembre-4 gennaio, lunedì, domenica sera

BOLZANO • BOZEN

✉ 39100 – Bolzano (BZ) – Carta regionale n° **19**-D3 – Carta stradale Michelin 562-C16

✿ IN VIAGGIO - CLAUDIO MELIS

CREATIVA · MINIMALISTA XX Pochi sono i coperti ed anche i piatti in lista, nemmeno una decina; si possono ordinare à la carte, ma il consiglio è di costruire con essi un vero e proprio menu degustazione composto da 5, 7 oppure 9 portate. La sala è minimal e volutamente asettica: faretti e scena sono, infatti, strategicamente rivolti alle creazioni gastronomiche del bravissimo cuoco.

Specialità: Salmerino alpino laccato, carote bianche, uova di trota. Anguilla alla brace, ceci, zucchine trombetta. Cioccolato, fragole, rafano, melissa.

Menu 90/125 € – Carta 100/130 €

ᕳ AC P *via Piave 15 – ℰ 0471 168 4878 – www.inviaggioristorante.com –*
Chiuso 22 febbraio-7 marzo, lunedì-martedì a mezzogiorno, mercoledì,
giovedì-sabato a mezzogiorno, domenica

⊛ VÖGELE

REGIONALE · ROMANTICO X Un'istituzione in città, le cui radici si perdono nel Medioevo. Oggi si può mangiare sotto il passaggio dei portici, nella romantica stube, nell'atmosfera più borghese delle sale al primo piano o in quella moderna al secondo. Ovunque vi sediate, attendetevi una cucina locale e qualche piatto di pesce. Specialità: frittelle di patate con crauti della Val Venosta - rosticciata d'agnello con patate ed erbette aromatiche - canederli di ricotta.

Specialità: Mousse di formaggio grigio, rapa rossa. Filetto di cervo, mirtilli rossi, polenta. Canederli di ricotta.

Carta 25/60 €

🍽 *via Goethe 3 – ℰ 0471 973938 – www.voegele.it – Chiuso domenica*

⫶○ LAURIN

MODERNA · LUSSO XXX Nella sontuosa cornice dell'hotel Laurin, il menu propone specialità altoatesine, vegetariane e - novità! - piatti da commercio equosolidale. Sebbene non prossimi al mare, il pesce è comunque ben rappresentato. Servizio professionale e gentile, molto confortevoli i pochi tavoli all'esterno.

Menu 41 €

🍴 🍽 AC *Parkhotel Laurin, via Laurin 4 – ℰ 0471 311000 – www.laurin.it –*
Chiuso 10 gennaio-13 febbraio, domenica

COLLECTION

Fifty Fathoms

JB
1735

BLANCPAIN
MANUFACTURE DE HAUTE HORLOGERIE

PER INFORMAZIONI +39 02 57597381

BEIJING · CANNES · DUBAI · GENEVA · HONG KONG · LAS VEGAS · LONDON · MACAU · MADRID
MANAMA·MOSCOW·MUNICH·NEWYORK·PARIS·SEOUL·SHANGHAI·SINGAPORE·TAIPEI·TOKYO·ZURICH

ⅱ◯ LOEWENGRUBE

MODERNA · ROMANTICO XX Si narra che un tempo qui, nella "fossa dei leoni", venisse gettato chi non pagava il dazio della dogana. Trattoria dal 1500, cantina con tavolo prenotabile del 1200, oggi elegante ristorante con stube ed una delle migliori cucine di Bolzano.

Menu 12€ (pranzo)/60€ – Carta 37/60€

⅋ 🏠 ⇔ *piazza della Dogana 3 – ☎ 0471 970032 – www.loewengrube.it –*
Chiuso domenica

🏘 GREIF

LUSSO · PERSONALIZZATO Cinquecento anni di storia, da due secoli gestito dalla stessa famiglia, oggi felice connubio di antico e moderno: le camere - per metà circa affacciate su piazza Walther - sono decorate da artisti contemporanei, ma anche impreziosite da mobili d'epoca.

🛗 ⚅ 🏧 33 camere

piazza Walther – ☎ 0471 318000 – www.greif.it

a Cardano Est: 3 km

ⅱ◯ EGGENTALER

CARNE · CONTESTO CONTEMPORANEO XX Celebre per essere una delle migliori steakhouse della regione, questo ristorante con hotel alle porte di Bolzano si propone, in realtà, con un ottimo menu sempre ben variegato, completato a voce con piatti stagionali. L'altra specialità del locale, inaspettata, ma non per questo meno interessante, è proprio il pesce.

Carta 40/80€

⇦ 🏠 ⅖ 🏧 🅿 *via Val d'Ega 47 – ☎ 0471 365294 – www.eggentaler.com –*
Chiuso lunedì

BOLZONE – Cremona (CR) ➜ Vedere Ripalta Cremasca

BORDIGHERA

✉ 18012 – Imperia (IM) – Carta regionale n° **8**-A3 – Carta stradale Michelin 561-K4

ⅱ◯ MAGIARGÈ VINI E CUCINA

LIGURE · CONTESTO STORICO X Caratteristico e vivace, nella parte alta e storica di Bordighera, le salette sembrano scavate nella roccia, coperte da un soffitto a volta. Cucina prettamente ligure con una grande scelta di vini - altra grande passione del titolare - fra cui anche una bella lista di champagne. Cortesia famigliare ed attenzione nel servizio.

Menu 19/28€ – Carta 45/55€

⅋ 🏠 🏧 *piazza Giacomo Viale – ☎ 0184 262946 – www.magiarge.it –*
Chiuso 3-19 novembre, lunedì

ⅱ◯ ROMOLO MARE

PESCE E FRUTTI DI MARE · STILE MEDITERRANEO X Al termine del lungomare, a pochi metri dalla spiaggia ghiaiosa, l'atmosfera è semplice per quanto suggestiva quando si mangia all'aperto, ma la vera sorpresa è la qualità della cucina: quasi esclusivamente di pesce, di ottimo livello.

Carta 20/80€

🏠 *lungomare Argentina 1 – ☎ 0184 261105 – www.amareabordighera.it*

BORGHETTO – Verona (VR) ➜ Vedere Valeggio sul Mincio

BORGHETTO DI BORBERA

✉ 15060 – Alessandria (AL) – Carta regionale n° **12**-D3 – Carta stradale Michelin 561-H8

🕲 IL FIORILE

PIEMONTESE · CASA DI CAMPAGNA X Quasi come in una cartolina, il calore di un vecchio fienile immerso nel silenzio dei boschi induce a riscoprire i profumi e le ricette del passato. Un esempio? Salsiccia di coniglio nostrano con torta di patate in crosta di timo.

Specialità: C'era una volta: vitello, tonno, pane. Raviolo tondo di magro con crema al Montébore. Caldo/freddo: cioccolato fondente 70% e gelato alla crema.

Menu 35/40 € – Carta 29/31 €

⟿ 🍴 🛏 🅿 *via XXV Aprile 6, frazione Castel Ratti – ℰ 0143 697303 – www.ilfiorile.com – Chiuso 1 dicembre-28 marzo*

BORGIO VEREZZI

✉ 17022 – Savona (SV) – Carta regionale n° **8**–B2 – Carta stradale Michelin 561-J6

🍴○ **DOC**

CLASSICA · ELEGANTE 💥💥 All'interno di una signorile villetta d'inizio secolo adornata da un grazioso giardino - a cui si è aggiunto un nuovo spazio adibito ad arte ed eventi - un ristorante dall'ambiente raccolto e curato, in cui godere di una certa eleganza.

Carta 50/60 €

🍴 🛏 ✿ *via Vittorio Veneto 1 – ℰ 019 611477 – www.ristorantedoc.it – Chiuso lunedì, martedì, mercoledì-venerdì a mezzogiorno*

BORGOMANERO

✉ 28021 – Novara (NO) – Carta regionale n° **13**–A3 – Carta stradale Michelin 561-E7

🍴○ **PINOCCHIO**

REGIONALE · CONTESTO TRADIZIONALE 💥💥 Circondato da un delizioso giardino, dove d'estate viene svolto sia un servizio alternativo a base di piatti unici sia il rito dell'aperitivo, un elegante ristorante che continua a proporre una cucina tra passato e presente, tradizioni del territorio piemontese (specialità di carne e pesce di lago) ed interpretazioni più raffinate: una fusione che sorprende per naturalezza ed armonia del risultato.

Menu 35 € (pranzo), 60/85 € – Carta 25/95 €

💥💥 🍴 🛏 🅼 ✿ 🅿 *via Matteotti 147 – ℰ 0322 82273 – www.ristorantepinocchio.it – Chiuso 23-30 dicembre, 1-11 marzo, 2-12 agosto, mercoledì, domenica sera*

BORGONATO – Brescia (BS) → Vedere Corte Franca

BORGONOVO VAL TIDONE

✉ 29011 – Piacenza (PC) – Carta regionale n° **5**–A1 – Carta stradale Michelin 561-G10

🌼 **LA PALTA**

Chef: Isa Mazzocchi

CREATIVA · ELEGANTE 💥💥 Non semplice da trovare, in una piccola frazione della campagna piacentina, nacque come drogheria (palta del paese), il cui bar-ritrovo del centinaio di anime del luogo ne è ancora la testimonianza. Nell'ampia ed elegante sala con i tavoli migliori affacciati sul giardino, è qui che vengono servite pancette di tale qualità da non temere il confronto con i salumi più blasonati, oltre a piatti più elaborati, in prevalenza di carne. Una linea gastronomica del territorio, quindi, sebbene permeata da spunti più contemporanei, soprattutto nelle presentazioni moderne.

Un'intera famiglia è al timone della *maison*: i veterani con la loro esperienza, e i più giovani con nuovi stimoli - in cucina - ad apprendere il mestiere per una proposta solida e di qualità che spicca in un panorama molto più semplice e regionale.

Specialità: Le mie radici: filetto di cavallo crudo, maionese al gutturnio e radici di campo. Piccione arrostito con melanzane alla fiamma e salsa alle acciughe. Tortelli fritti al latte su zuppa di nespole e gelato al Vin Santo di Vigoleno.

Menu 60/85 € – Carta 57/81 €

💥💥 🛏 🅼 🅿 *località Bilegno – ℰ 0523 862103 - www.lapalta.it – Chiuso 30 giugno-16 luglio, lunedì*

BORGO PANIGALE – Bologna (BO) → Vedere Bologna

BORGORICCO

✉ 35010 – Padova (PD) – Carta regionale n° **23**–C2 – Carta stradale Michelin 562-F17

🕄 STORIE D'AMORE

Chef: Davide Filippetto

MODERNA · INTIMO ✕✕ Che siate a Padova o nei dintorni, gli ispettori sono unanimi nel consigliare questo ristorante: uno dei più interessanti in provincia. Massimo Foffani e Davide Filippetto sono - senza dubbio - un'accoppiata perfetta. Soci, fin dall'apertura del locale, il primo gestisce con eleganza e savoir-faire la sala, nonché la scelta dei vini (molto esaustiva, tra l'altro per la collezione di Champagne). Il secondo strappa l'attenzione per la qualità dei prodotti scegliendo eccellenze locali, spesso da piccole produzioni e – nei limiti del possibile – cercando di rispettare la stagionalità dei prodotti. La sua è una cucina tecnica, creativa, di grande equilibrio.

Specialità: Percorso del pescato crudo. Falso riso di asparagi con scampi al naturale. Il tiramisù.

Menu 25€ (pranzo), 60/90€ – Carta 70/100€

🕸 🗆 🕭 📖 🖒 🅿 *via Desman 418 - ☎ 049 933 6523 - www.storiedamorerestaurant.it – Chiuso giovedì*

BORGOSESIA

✉ 13011 – Vercelli (VC) – Carta regionale n° **12**–C1 – Carta stradale Michelin 561-E6

🍴○ CASA GALLONI 1669

REGIONALE · CONTESTO REGIONALE ✕✕ Nel centro storico, una casa intima e raccolta sin dalla corte interna (dove si apparecchia il frequentato dehors estivo), che si attraversa per salire alle tre sale al primo piano. Cucina della tradizione, abilmente rivisitata, mentre al pian terreno, alla Stube, il servizio è solo serale, dall'aperitivo sino a cene semplici a base di salumi, formaggi e qualche piatto rustico, nonché vini al bicchiere.

Carta 25/38€

🕸 🗆 📖 🖒🍽 *via Cairoli 42 - ☎ 0163 23254 - www.casagalloni1669.it – Chiuso lunedì, domenica*

BORGO VERCELLI

✉ 13012 – Vercelli (VC) – Carta regionale n° **12**–C2 – Carta stradale Michelin 561-F7

🍴○ OSTERIA CASCINA DEI FIORI

REGIONALE · RUSTICO ✕✕ Linea gastronomica legata al territorio, anche se non mancano alcune proposte innovative, in un ambiente rustico-elegante. Interessante scelta enologica.

Carta 40/65€

📖 🖒 🅿 *regione Forte - Cascina dei Fiori - ☎ 0161 32827 - Chiuso 19-31 luglio, lunedì, domenica*

BOSNASCO

✉ 27040 – Pavia (PV) – Carta regionale n° **9**–B3 – Carta stradale Michelin 561-G10

🍴○ LO

CLASSICA · CONTESTO TRADIZIONALE ✕✕ Moderno locale gestito direttamente dalla famiglia Losio: padre, madre ed il figlio Tiziano, lo chef. A quest'ultimo il compito di selezionare le migliori carni, preparare ottime paste, proporre alcune ricette a base di pesce. In menu anche i celebri salumi della zona, mentre la cantina si farà ricordare per le sue circa trecento etichette, tra cui spiccano diverse bottiglie di Champagne vendute nell'enoteca.

Menu 25/50€ – Carta 25/50€

🕸 🗆 🕭 📖 🅿 *via Mandelli 60, località Cardazzo - ☎ 0385 272648 - www.ristorantelo.it – Chiuso domenica*

BOTTICINO

✉ 25082 – Brescia (BS) – Carta regionale n° **9**–C1 – Carta stradale Michelin 561-F12

☺ TRATTORIA EVA

LOMBARDA · FAMILIARE ✗ Un rustico di campagna e una famiglia con un passato nel settore delle carni, ma da sempre interessata alla ristorazione: senza dubbio un bel connubio, reso ancora più piacevole dalla panoramica terrazza estiva!
Specialità: Tartara di manzo con robiola bresciana e senape antica. Gran costata alla bordolese. Mousse al cioccolato bianco con salsa di fragole.
Menu 15€ (pranzo)/18€ – Carta 29/45€

≼ 🏠 **P** *via Gazzolo 75, località Botticino Mattina – ℰ 030 269 1522 – www.trattoriaeva.net – Chiuso 6-20 gennaio, martedì sera, mercoledì*

BOZEN – Bolzano (BZ) → Vedere Bolzano

BRA

✉ 12042 – Cuneo (CN) – Carta regionale n° **12**–B3 – Carta stradale Michelin 561-H5

☺ BATTAGLINO

PIEMONTESE · FAMILIARE ✗ E' dal lontano 1919 che una gestione familiare - giunta ormai alla quarta generazione - propone i più tradizionali piatti piemontesi, ma con una particolare attenzione anche alle varie esigenze alimentari: intolleranze, allergie, scelte etiche...
Specialità: Vitello tonnato. Agnolotti del plin. Crema Battaglino.
Carta 26/29€

🏠 🚗 *piazza Roma 18 – ℰ 0172 412509 – www.ristorantebattaglino.it – Chiuso 11 gennaio-4 febbraio, 9-31 agosto, lunedì, domenica sera*

☺ BOCCONDIVINO

PIEMONTESE · CONTESTO TRADIZIONALE ✗ Al primo piano di una casa di ringhiera in pieno centro storico, due salette ed una più grande tappezzata di bottiglie per una cucina fedele alla tradizione langarola e sempre molto attenta alla ricerca di eccellenze locali. Servizio estivo nell'incantevole cortile con glicini secolari.
Specialità: Lardo, salsiccia di Bra e carne cruda. Tajarin 40 tuorli al burro e salvia. Panna cotta.
Menu 32/38€ – Carta 25/38€

🎎 🏠 ⇨ *via Mendicità Istruita 14 – ℰ 0172 425674 – www.boccondivinoslow.it – Chiuso domenica sera*

BRACCA

✉ 24010 – Bergamo (BG) – Carta regionale n° **10**–C1

☺ DENTELLA

DEL TERRITORIO · FAMILIARE ✗ La garanzia che qui si mangi bene è assicurata dalla famiglia Dentella che viaggia verso i 100 anni di gestione diretta: in ambienti semplici, ma accoglienti, si propongono salumi nostrani, casoncelli, piatti a base di carne, in stagione tartufo nero di Bracca e cacciagione, molto spazio è dedicato ai formaggi locali. Insomma, il meglio della cucina bergamasca in un tipico locale di paese!
Specialità: Carpaccio di bresaola con sformatino di zucchine e crema di caprino. Risotto mantecato con stracchino e tartufo nero di Bracca. Torta sbrisolona con crema al mascarpone.
Carta 25/35€

🏠 *via Dentella 25 – ℰ 0345 97105 – www.trattoriadentella.com – Chiuso lunedì sera*

BRENZONE

✉ 37010 – Verona (VR) – Carta regionale n° **23**–A2 – Carta stradale Michelin 562-E14

a Castelletto di Brenzone Sud - Ovest : 3 km

⫶○ ALLA FASSA

PESCE E FRUTTI DI MARE · CONTESTO CONTEMPORANEO XX Già dalla parete vetrata della sala si può ammirare la bellezza del lago e delle montagne sulla sponda opposta, ma con il bel tempo è tutta una corsa verso i tavoli a pochi metri dall'acqua. La cucina si dimostrerà più che all'altezza: pesce, in prevalenza lacustre, di ottimo livello.

Menu 35€ (pranzo), 50/70€ – Carta 40/60€

⇨ ⇦ 🏠 ⇄ 🅿 via Nascimbeni 13 – ☎ 045 743 0319 –
www.ristoranteallafassa.com – Chiuso 7 gennaio-6 marzo, martedì

BRESCIA

✉ 25121 – Brescia (BS) – Carta regionale n° **9**-C1 – Carta stradale Michelin 561-F12

🎯 TRATTORIA PORTERI

REGIONALE · FAMILIARE X Alle pareti e al soffitto il racconto di una passione che ha coinvolto due generazioni, al vostro tavolo la tradizione bresciana con un occhio di riguardo per polenta e formaggi. Ottimi anche: il manzo all'olio, l'agnello, la tartara di cavallo.

Specialità: Misto di salumi locali con verdure in agrodolce. Manzo all'olio con polenta e tortino di patate. Cestino di croccante con bavarese alla vaniglia di Tahiti e crema di fragole.

Carta 25/50€

ᵹ 🎦 ⇄ via Trento 52/d – 🅜 Marconi – ☎ 030 380947 – www.trattoriaporteri.it –
Chiuso 1-10 gennaio, 8-20 agosto, lunedì, domenica sera

⫶○ CASTELLO MALVEZZI

CREATIVA · ELEGANTE XxX Cucina di stampo moderno che alterna pesce a ricette più regionali e bel dehors estivo davanti ai giardini della raffinata casa di caccia cinquecentesca. Vista sulla città di Brescia.

Carta 45/95€

🕸 🖢 🏠 🅿 via Colle San Giuseppe 1 (via Torquato Taramelli) –
☎ 030 200 4224 – www.castellomalvezzi.com – Chiuso 1-21 gennaio, 10-25 agosto,
lunedì, martedì

⫶○ IL LABIRINTO

MEDITERRANEA · ELEGANTE XxX Ristorante periferico di lunga tradizione e professionalità, le cui redini sono passate al figlio che da sempre cura con professionalità la sala. Cucina di ampio respiro a suo agio tra terra e mare. Imperdibili i salumi di produzione propria.

Carta 37/66€

🕸 ᵹ 🎦 🅿 via Corsica 224 – ☎ 030 354 1607 – www.ristoranteillabirinto.it –
Chiuso 31 dicembre-7 gennaio, domenica

⫶○ LA SOSTA

LOMBARDA · CONTESTO STORICO XxX Ubicato in un palazzo seicentesco, locale ormai storico in città e alla sua seconda generazione dove sostare per apprezzare sapori lombardi accompagnati da buon vini. Nei mesi estivi si cena all'aperto (pochi posti, meglio prenotare!); il servizio è preciso e accurato.

Menu 30€ (pranzo) – Carta 48/78€

🎦 🎦 ⇄ 🅿 via San Martino della Battaglia 20 – 🅜 Vittoria – ☎ 030 295603 –
www.lasosta.it – Chiuso 1-6 gennaio, 4-24 agosto, lunedì, domenica sera

⫶○ CARNE & SPIRITO

MODERNA · DI TENDENZA XX Un po' nascosto, ma vale la pena scovarlo, è l'indirizzo d'elezione per gli amanti della carne in virtù della materia prima di ottima qualità. Piacevole atmosfera da trattoria moderna per lasciarsi sedurre anche nello spirito. Le vetrate della bella veranda si aprono con i primi tepori primaverili.

Menu 16€ (pranzo), 33/35€ – Carta 39/62€

⇨ 🎦 ᵹ 🎦 🅿 via dei Gelsi 2 – ☎ 030 207 0441 – www.carneespirito.it –
Chiuso 9-23 agosto, sabato a mezzogiorno, domenica

ⅠⅠ○ LANZANI BOTTEGA & BISTROT

MODERNA · BISTRÒ ⅩⅩ In origine era la macelleria di famiglia, ora un moderno locale (aperto dalle 7 alle 23) che è anche gastronomia da asporto ed enoteca con grandi vini. Alle ore canoniche è un vero e proprio ristorante, più ridotta e meno golosa la proposta del pranzo. Posizione defilata e periferica.

Menu 40/45 € – Carta 35/70 €

🕭 ♿ 🅰️🄲 *via Albertano da Brescia 41 – ℰ 030 313471 – www.lanzanibistrot.it – Chiuso 1-5 gennaio, 3-16 agosto, domenica*

ⅠⅠ○ LA PORTA ANTICA

PESCE E FRUTTI DI MARE · CONTESTO CONTEMPORANEO ⅩⅩ Un giovane cuoco di ritorno da esperienze fuori regione porta a casa il gusto e la tecnica di mangiare specialità ittiche con un approccio moderno; perfino nei piccoli lampadari a forma di meduse c'è un divertente richiamo al mare. Buona parte del pesce proviene dalla Liguria, ed è proprio la qualità del pescato il punto di forza del ristorante.

Menu 25 € (pranzo), 50/90 € – Carta 18/36 €

♿ 🅰️🄲 *via Quarto dei Mille 16 – ℰ 030 094 9313 – www.laportaantica.it – Chiuso lunedì, martedì a mezzogiorno*

ⅠⅠ○ TRATTORIA RIGOLETTO

PESCE E FRUTTI DI MARE · DI TENDENZA ⅩⅩ Un locale che pur nella propria elegante semplicità, riesce ad esprimere una cucina interessante. La lista è abbastanza estesa: le proposte sono essenzialmente legate al pesce elaborato in chiave moderna con qualche tocco fantasioso. Ottime le materie prime!

Carta 60/100 €

♿ 🅰️🄲 *via Fontane 54/b – ℰ 030 200 4140 – Chiuso lunedì*

ⅠⅠ○ TRATTORIA LA CAMPAGNOLA

REGIONALE · FAMILIARE Ⅹ Il capolavoro di due generazioni, nutrire di sapore e genuinità una tradizione mai perduta nell'incanto di un vecchio cascinale avvolto dal verde che racconta l'arte dell'ospitare.

Menu 15 € (pranzo) – Carta 25/40 €

🕭 ♿ 🅿️ *via Val Daone 25 – ℰ 030 300678 – www.trattorialacampagnolabrescia.it – Chiuso lunedì sera, martedì*

BRESSANONE • BRIXEN

✉ 39042 – Bolzano (BZ) – Carta regionale n° **19**–C1 – Carta stradale Michelin 562-B16

✿ APOSTELSTUBE

MODERNA · AMBIENTE CLASSICO ⅩⅩ Ambiente ispirato all'architettura anni '20 dell'art déco per un viaggio dei sensi che si farà ricordare. Apostelstube è - infatti - il laboratorio di un giovane chef altoatesino, Mathias Bachmann, che propone un menu degustazione unico, componibile con varie portate in base al proprio appetito, nonché al desiderio di divertirsi. Il territorio è ben rappresentato in virtù dei tanti prodotti locali ben mixati con agrumi ed erbe giapponesi: quest'ultime coltivate a Brunico da un appassionato di bonsai. La proverbiale accoglienza del giovane erede della famiglia, che da generazioni gestisce la struttura, e il savoir-faire della sua compagna sono un motivo in più per apprezzare quest'ottimo ristorante.

Specialità: Trota fario con sedano rapa, oxalis e fondo ai fiori di sambuco. Piccione royal con mandorle, asparagi verdi e jus di oni yuzu (agrume giapponese). Sorbetto al shiso con fragole di bosco fermentate e spuma di panna agra.

Menu 95/115 €

🕭 🍸 ♿ 🅿️ *Hotel Elephant, via rio Bianco 4 – ℰ 0472 832750 – www.hotelelephant.com – Chiuso 14 febbraio-20 marzo, 16-24 giugno, 10-25 novembre, lunedì-martedì a mezzogiorno, mercoledì, giovedì, venerdì-domenica a mezzogiorno*

ⓐ ALPENROSE

REGIONALE · CONTESTO CONTEMPORANEO ※ Lo "scotto" da pagare è la sua posizione non proprio centrale, subito risarcito dal panorama che però essa offre: un ristorante a conduzione familiare, dove gustare piatti del territorio (in primis, tris della Valle Isarco) con leggere rivisitazioni.

Specialità: Tartare di manzo. Mousse di trota affumicata. "Schmarren" di mele (frittata dolce).

Menu 35/52 € – Carta 34/55 €

✈ 🏠 ⅗ 🅰 ⇔ 🅿 *località Pinzago 24 –*
✆ 0472 832191 – www.alpenroses.com –
Chiuso 7 gennaio-4 febbraio, 22 giugno-7 luglio, 23-30 novembre, lunedì, martedì

ⅠⒶ ELEPHANT

CLASSICA · ELEGANTE ※※ Cucina del territorio, ma d'impostazione moderna, nelle belle sale al primo piano dell'albergo. A voi la scelta dell'ambiente tra la settecentesca stube tedesca o quella in cembro.

Menu 45 € – Carta 50/110 €

🕮 ⅗ 🏠 ⅗ ⇔ 🅿 *Hotel Elephant, via rio Bianco 4 –*
✆ 0472 832750 – www.hotelelephant.com –
Chiuso 15 febbraio-14 marzo

ⅠⒶ DER TRAUBENWIRT

REGIONALE · CONVIVIALE ※※ Una cucina generosa, colorata, saporita, in un bel locale classico del centro storico con un servizio giovane, simpatico ed efficiente. Conosciuto da tutti in città e vivamente consigliato.

Carta 44/80 €

🏠 *via Portici Minori 9 – ✆ 0472 836552 – www.traubenwirt.it*

ⅠⒶ OSTE SCURO-FINSTERWIRT

REGIONALE · STUBE ※※ Il ristorante è situato nel centro storico e si contraddistingue per le sue confortevoli stube, la moderna terrazza nel cortile interno e un servizio cordiale, mentre lo chef delizia i suoi ospiti con specialità regionali, talvolta rivisitate con gusto moderno, nonché qualche piatto di pesce.

Menu 25 € (pranzo), 45/65 € – Carta 49/75 €

🕮 🏠 ⇔ *Hotel Goldener Adler, vicolo del Duomo 3 –*
✆ 0472 835343 – www.finsterwirt.com – Chiuso lunedì, domenica sera

ⅠⒶ VITIS

REGIONALE · WINE-BAR ※ Moderna enoteca del centro e fianco del glorioso ristorante familiare, l'Oste Scuro. Circondati da bottiglie e cassette di vini anche importanti, offerta variegata tra piatti cucinati, taglieri e proposte del giorno.

Menu 15 € (pranzo), 45/55 € – Carta 41/67 €

🕮 🏠 *Hotel Goldener Adler, vicolo del Duomo 3 –*
✆ 0472 200621 – www.vitis.bz –
Chiuso lunedì, domenica

🏨 ELEPHANT

LUSSO · STORICO Dall'India alle Alpi, l'arrivo dell'elefante a Bressanone nel XVI secolo è documentato dai libri di storia, ma ancor meglio dall'affresco sulla facciata di questa casa, dove il pachiderma sostò prima di ripartire per Vienna: animale simbolo di persistenza tanto quanto la proprietà dell'hotel. La stessa famiglia dal 1773! E' la storia con la sua grandezza ritratta nei quadri e l'unicità dei mobili a conferire fascino agli interni. Impossibile non lasciarsi trasportare indietro nel tempo.

⅗ ⅏ 🐾 ⅙ 🖃 🅰 🛁 🅿 *44 camere*

via rio Bianco 4 – ✆ 0472 832750 – www.hotelelephant.com

❀ **Apostelstube** · ⅠⒶ **Elephant** – Vedere selezione ristoranti

BREUIL - CERVINIA

✉ 11021 – Aosta (AO) – Carta regionale n° **21**-B2 – Carta stradale Michelin 561-E4

⭐ **LA CHANDELLE**

MODERNA · ELEGANTE 🏅🏅 Ampio salone all'interno del celebre hotel Hermitage, di cui riprende lo stile di classica eleganza, e "grande carte" dove si presenta una cucina moderna e – al tempo stesso - concreta, senza inutili eccessi, completata da un'ulteriore offerta di piatti più tradizionali. Al ristorante, infatti, fa bella mostra di sé un'imponente griglia per piatti alla brace (la sera). La vista sulle montagne e l'eccellente carta dei vini aggiungono piacevolezza alla sosta gastronomica.

Menu 55€ (pranzo), 80/90€ – Carta 70/90€

🕸 ⪡ 🍴 🎍 🕭 ⬦ 🅿 *Hermitage, via Piolet 1 – ☏ 0166948998 –*
www.hotelhermitage.com – Chiuso 25 aprile-2 luglio, 29 agosto-3 dicembre

⭐ **WOOD**

CREATIVA · CONTESTO CONTEMPORANEO 🏅🏅 Profusione di legno a caratterizzare questo piacevole ristorante all'inizio del paese, per una proposta moderna in bilico tra Valle d'Aosta e Svezia, terra d'origine della cuoca che propone un menu moderno dove creatività e territorio dialogano armoniosamente.

Menu 45€ (pranzo), 75/110€ – Carta 55/75€

🕸 🎍 *via Guido Rey 26 – ☏ 0166 948161 – www.woodcervinia.it –*
Chiuso 26 aprile-4 luglio, 30 agosto-29 ottobre, lunedì

🏨 **HERMITAGE**

GRAN LUSSO · ELEGANTE Grande chalet di montagna, nonché hotel di riferimento a Cervinia, per un'ospitalità esclusiva e raffinata. Il calore alpino viene ripreso anche nelle camere, la maggior parte in stile classico, le più recenti invece caratterizzate da un tocco moderno. Sosta rigenerante presso l'ottimo centro benessere, dove offrirsi un itinerario completo di trattamenti effettuati con prodotti di una prestigiosa casa cosmetica svizzera.

🌿 ⪡ 🍴 🖪 🌐 🕭 🎬 🕭 🛁 🅿 🚗 32 camere – 6 suites

via Piolet 1 – ☏ 0166 948998 – www.hotelhermitage.com

⭐ **La Chandelle** – Vedere selezione ristoranti

sulla strada regionale 46

⭐ **LA LUGE**

VALDOSTANA · STILE MONTANO 🏅 A pochi km dal centro di Cervinia, in una conca assolata e panoramica, i loro vicini sono le marmotte, mentre i loro clienti turisti di passaggio, ma anche breuillençois che non si scoraggiano di dover percorrere un po' di strada pur di accomodarsi ai tavoli di questo ristorante dallo stile rustico. Proposta gastronomica particolarmente articolata in grado di soddisfare tutti i palati: taglieri, ricette tipiche valdostane, piatti italiani ed – inattesa – anche qualche spezia da fuori.

Menu 35€ (pranzo), 40/80€ – Carta 35/80€

⟻ 🍴 🎍 🅿 *a Perreres, località Varvoyes – ☏ 0166 948758 – www.luge.it –*
Chiuso 1 maggio-30 giugno, mercoledì

BREZ

✉ 38021 – Trento (TN) – Carta regionale n° **19**-B2 – Carta stradale Michelin 562-C15

⭐ **LOCANDA ALPINA**

REGIONALE · CONTESTO REGIONALE 🏅🏅 Locale dalla lunga storia, la cui origine risale addirittura alla metà dell'Ottocento, mentre la gestione della famiglia Segna sfiora i 100 anni! La cucina proposta è davvero ottima, tra le migliori della zona: non disdegna le tradizioni locali pur "aprendosi" a sapori più moderni. Accoglienti anche le camere per un soggiorno rilassante.

Carta 50/62€

⟻ 🎍 *piazza Municipio 23 – ☏ 0463 874396 – www.locandalpina.it – Chiuso martedì*

BRIAGLIA

✉ 12080 – Cuneo (CN) – Carta regionale n° **12**–C3 – Carta stradale Michelin 561-I5

🍴○ **MARSUPINO**

PIEMONTESE · CONTESTO REGIONALE ✕✕ In un paesino di poche case, una trattoria dall'atmosfera insieme rustica ed elegante. Cucina rigorosamente del territorio, attenta alle stagioni, nonché eccellente cantina con grandi vini: Barolo soprattutto, ma non solo. Camere arredate con mobili antichi, abbellite con stucchi ed affreschi.

Menu 40/60 € – Carta 57/90 €

🕭 🛏 🎋 ⅁ 🅰🅲 ⌂ **🅿** *via Roma Serra 20 – ℰ 0174 563888 –*
www.trattoriamarsupino.it – Chiuso 7 gennaio-6 febbraio, mercoledì, giovedì a
mezzogiorno

BRINDISI

✉ 72100 – Brindisi (BR) – Carta regionale n° **15**–D2 – Carta stradale Michelin 564-F35

🛆 **PANTAGRUELE**

PESCE E FRUTTI DI MARE · FAMILIARE ✕✕ E' gestito con passione questo locale di tono classico che propone una cucina casalinga specializzata soprattutto nei piatti di mare: si va dal tipico e generoso giro di antipasti, al pesce di primissima qualità cotto alla griglia o al forno, alla ricotta "ubriaca". Sempre presente anche qualche piatto di carne.

Specialità: Cozze in tempura, salsa di uva passa e insalatina di cavolo viola. Paccheri allo scorfano rosso. Tiramisù espresso.

Carta 25/70 €

🎋 🅰🅲 *salita di Ripalta 1/5 – ℰ 0831 560605 – Chiuso domenica sera*

BRIONE

✉ 25060 – Brescia (BS) – Carta regionale n° **9**–C2 – Carta stradale Michelin 561-F12

🛆 **LA MADIA**

REGIONALE · RUSTICO ✕ Vale la pena di fare qualche chilometro in più e inerpicarsi su qualche tornante, per mangiare in questo bel ristorante. Cucina molto personalizzata con utilizzo di prodotti locali ed ingredienti stagionali, erbe spontanee della zona e la passione dello chef: i fermentati!

Specialità: Melone salmonato. Maiale con le sarde secche del lago d'Iseo. Nord! Nord! Nord!

Menu 35/50 € – Carta 35/55 €

⪜ 🛏 🎋 **🅿** *via Aquilini 5 – ℰ 0308940937 – www.trattorialamadia.it –*
Chiuso 26 gennaio-6 febbraio, 16-26 agosto, lunedì, martedì, mercoledì-venerdì a
mezzogiorno

BRIXEN • BRESSANONE – Bolzano (BZ) ➔ Vedere Bressanone

BRUNECK – Bolzano (BZ) ➔ Vedere Brunico

BRUNICO • BRUNECK

✉ 39031 – Bolzano (BZ) – Carta regionale n° **19**–C1 – Carta stradale Michelin 562-B17

🍴○ **OBERRAUT**

REGIONALE · FAMILIARE ✕✕ Ubicato nel verde di un bosco, questa sorta di maso propone al suo interno un servizio ristorante di tutto rispetto con gustosi piatti regionali, rivisitati in chiave moderna. D'estate ci si sposta all'aperto.

Menu 45/65 € – Carta 35/75 €

🛆 🛏 🎋 **🅿** *località Ameto 1 – ℰ 0474 559977 – www.oberraut.it – Chiuso giovedì*

a Riscone Sud - Est : 3 km

🏨 MAJESTIC

SPA E WELLNESS · STILE MONTANO Una struttura dotata di tutti i confort diretta da un'intera famiglia: cio' si traduce in calda ospitalità, nonché ambienti eleganti e signorili. In estate si possono godere i curati giardini e tutto l'anno del piacevole centro benessere. Particolarmente adatto ad una vacanza di coppia, per i piccoli c'è pur sempre a disposizione una sala dedicata.

🐾 🏊 ⟨ 🛋 🎿 🖥 📶 🏋 📺 ♿ **P** 56 camere – 4 suites

via Im Gelande 20 – 𝒞 0474 410993 – www.hotel-majestic.it

🏨 PETRUS 🟢

LUSSO · STILE MONTANO Un hotel in stile alpino, ma ristrutturato in chiave contemporanea, dove il legno della sua struttura si armonizza mirabilmente con il verde della natura circostante. Se tutte le camere e le suite hanno grandi finestre e balconi che si affacciano sullo spettacolo delle Alpi, la struttura propone anche un pacchetto chiamato "paesaggio benessere" con saune e bagni turchi, una piscina all'aperto perfettamente riscaldata (oltre ad una interna), nonché una terrazza solarium.

🐾 🏊 ⟨ 🎿 📶 🏋 🛀 📺 ♿ **P** 15 camere

via Reinthal, 11 – 𝒞 0474 548263 – www.hotelpetrus.com

a Plan de Corones

🍴 ALPINN 🟢

ALPINO · DESIGN 🗡 Si trova in cima a Plan de Corones ad oltre 2000 m di altezza, accanto a Lumen, museo della fotografia di montagna: si sale in funivia da Riscone e - in inverno - si cammina per circa 150 metri sulla neve. Eccellente progetto del tristellato Norbert Niederkofler che qui porta la sua filosofia *Cook the Mountain;* modernità e tradizioni alpine si sposano alla perfezione nei piatti ricchi di sapore, pregni di storia e di storie. Una volta scesi (attenzione, ultima funivia alle 17!) rimane l'emozione.

Menu 48€ (pranzo)/75€ – Carta 45/55€

⟨ *Plan De Corones, alt. 2275 (funivia a Riscone di Brunico) – 𝒞 0474 431072 – alpinn.it – Chiuso 26 aprile-4 giugno, lunedì-domenica sera*

BRUSAPORTO

✉ 24060 – Bergamo (BG) – Carta regionale n° **10**–C1 – Carta stradale Michelin 561-E11

✿✿✿ DA VITTORIO

Chef: Enrico e Roberto Cerea

MODERNA · ELEGANTE 🗡🗡🗡🗡 In una villa sulle prime colline bergamasche, provvista di eliporto, il ristorante è la gioiosa immagine della generosità e della laboriosità familiare. Elegante ma non ingessato, sontuoso ma non freddo, i clienti sono accolti con affettuosa e spontanea amicizia, mentre dalla cucina sopraggiunge una memorabile carrellata di piatti che, per quanto tecnici ed elaborati, puntano soprattutto ad un gusto pieno ed opulento. Se alla base vi è un'accurata selezione dei migliori ingredienti, le preparazioni si caratterizzano per il loro forte impatto scenico, nonché per un'onnipresente ricerca di sapori ricchi ed intensi, "tradizione e materia prima". Da Vittorio si è coccolati fino alle battute finali, con lo strepitoso carrello dei formaggi e delle *sucrerie*. Se il tempo lo permette, non esitate a prenotare un tavolo in terrazza sotto il pergolato, coccolati come dei reali nella campagna inglese. Merita il viaggio!

Specialità: Linguine alle vongole, crema acida e caviale affumicato. Aragosta, patata dolce al cartoccio, mandorle e alloro. La nostra crostata.

Menu 90€ (pranzo), 200/290€ – Carta 145/295€

🐾 🛋 🎐 ♿ 🆒 **P** *Hotel Relais da Vittorio, via Cantalupa 17 – 𝒞 035 681024 – www.davittorio.com – Chiuso 10-29 agosto, mercoledì a mezzogiorno*

RELAIS DA VITTORIO

LUSSO · CLASSICO I proprietari la descrivono come *una piccola locanda di charme* immersa nel verde, ma noi aggiungiamo grande nel confort. Belle camere diverse fra loro, contraddistinte dai nomi dei primi dieci nipoti della famiglia Cerea e bagni che seguono la felice linea della personalizzazione con rivestimenti in marmo e cromatismi.

🐾 ⊰ 🛆 ⬛ 🅰 🅿 10 camere

via Cantalupa 17 – ℰ *035 681024 – www.davittorio.com*

🏵🏵🏵 **Da Vittorio** – Vedere selezione ristoranti

BRUSCIANO

✉ 80031 – Napoli (NA) – Carta regionale n° **4**–B2 – Carta stradale Michelin 564-E25

🏵🏵 TAVERNA ESTIA

Chef: Armando e Francesco Sposito

CREATIVA · ELEGANTE XXX Nicchie relax tra "muri" di gelsomino e un grazioso giardino di erbe aromatiche all'ingresso danno il benvenuto agli ospiti, mentre all'interno l'ambiente si fa accogliente e personalizzato grazie ad un mix di elementi rustici e moderni. Un indirizzo che sa sempre essere all'altezza in virtù di una cucina - inno alla regione in cui si trova - resa raffinata, elegante e complessa dalla creatività dello chef; unica nel suo genere, "generosa" con terra e mare, intrigante come nelle deliziose chips di riso ed alghe. Irresistibili!

Oltre ad un'accurata carta dei vini, al cui interno trova spazio anche un buon numero di bollicine - il tutto conservato in una cantina a vista - Taverna Estia propone un'importante varietà di caffè provenienti da diverse parti del mondo. Dimensione famigliare di alto livello – Mario in sala, Francesco ai fornelli – e la mamma che ancora assicura un'ottima accoglienza.

Specialità: Tagliatelle di calamaro con il suo nero. Risotto mantecato con confettura di limoni alla vaniglia, crudo di gamberi viola, vongole veraci ed olio ai pistacchi di Bronte. Millefoglie al burro di Normandia, crema alla vaniglia e caramello al latte.

Menu 110/160 € – Carta 80/180 €

🐾 🛆 🏠 ⬛ 🅿 *via Guido De Ruggiero 108 –* ℰ *081 519 9633 – www.tavernaestia.it – Chiuso lunedì-venerdì a mezzogiorno, domenica sera*

BRUSSON

✉ 11022 – Aosta (AO) – Carta regionale n° **21**–B2 – Carta stradale Michelin 561-E5

🐵 LAGHETTO

REGIONALE · FAMILIARE X Sapori di una solida cucina valdostana e piatti più moderni, ma sempre d'ispirazione regionale, in una bella sala rivestita in legno e dalle cui vetrate si può ammirare l'incantevole paesaggio della natura circostante. Non ripartite senza aver visitato la bella cantina! Prelibatezza delle prelibatezze: ravioli di coniglio, olive e pomodori.

Specialità: Prosciutto crudo valdostano con spuma di bleu d'Aoste e sedano caramellato. Carbonade di carne valdostana con polenta macinata a pietra, fontina e burro d'alpeggio. Millefoglie di tegole valdostane, crema Chantilly e frutti di bosco.

Menu 32 € – Carta 29/44 €

🛏 ⊰ 🛆 🏠 🛆 🅿 *rue Trois Villages 291 –* ℰ *0125 300179 – www.hotellaghetto.it – Chiuso 1-4 dicembre, 6 aprile-2 giugno*

BUDRIO

✉ 40054 – Bologna (BO) – Carta regionale n° **5**–C2 – Carta stradale Michelin 562-I16

🍽 CENTRO STORICO

ITALIANA CONTEMPORANEA · INTIMO X Non poteva che essere in pieno centro storico, in una viuzza pedonale, un locale con un tale nome. Ambiente semplice e familiare, dove tutti gli sforzi sono indirizzati verso una cucina sfiziosa preparata dal patron: qualche proposta creativa, carne e un po' di pesce.

Carta 40/45 €

🏠 🛆 ⬛ *via Garibaldi 10 –* ℰ *051 801678 – Chiuso lunedì, domenica sera*

BULLA • PUFELS – Bolzano (BZ) → Vedere Ortisei

BURANO – Venezia (VE) → Vedere Venezia

BURGSTALL – Bolzano (BZ) → Vedere Postal

BURGUSIO • BURGEIS – Bolzano (BZ) → Vedere Malles Venosta

BUSCA
✉ 12022 – Cuneo (CN) – Carta regionale n° **12**–B3 – Carta stradale Michelin 561-I4

🍴○ SAN QUINTINO RESORT
CREATIVA • ROMANTICO XxX Abbandonata la pianura, salite verso le prime colline di San Quintino, dove troverete questa cascina ristrutturata, circondata da un bel giardino, all'interno divisa tra una sala in mattoni e un giardino d'inverno. Partendo da prodotti locali ma non solo, la cucina diventa creativa, includendo proposte di pesce. Incantevoli camere concluderanno un romantico soggiorno.

Menu 52/75 € – Carta 49/70 €

⇐ 🏠 & 🅰🄲 🅿 via Vigne 6 – ☎ 0171 933743 – www.sanquintinoresort.com –
Chiuso 15-30 gennaio, 1-10 ottobre, lunedì, martedì a mezzogiorno

BUSTO ARSIZIO
✉ 21052 – Varese (VA) – Carta regionale n° **10**–A2 – Carta stradale Michelin 561-F8

🍴○ I 5 CAMPANILI
MODERNA • ELEGANTE XxX Cucina contemporanea, ma soprattutto mediterranea - in sintonia con le stagioni – per questo elegante ristorante ospitato in un edificio del '900. Il pesce regna sovrano con una particolare "simpatia" per crudi e crostacei.

Carta 45/65 €

🐎 🏠 🏠 & 🄰🄲 via Maino 18 – ☎ 0331 630493 – www.i5campanili.com –
Chiuso 15-30 giugno, 10-17 agosto, 1 settembre, lunedì

🍴○ FLORA 🆕
MODERNA • CONTESTO CONTEMPORANEO XX Due giovani fratelli di ottime esperienze in ristoranti importanti decidono di mettersi in proprio; la proposta è un menu degustazione che cambia ogni giorno in base alla stagionalità dei prodotti. A mezzogiorno la scelta si fa più snella: piatti unici di buona qualità. Ambiente curato e contemporaneo.

🄰🄲 ⌐ Via Gioacchino Rossini 29 – ☎ 348 073 8215 – www.floraristorante.it –
Chiuso 14-30 agosto, lunedì-martedì a mezzogiorno, giovedì

🍴○ MIRÒ IL RISTORANTE
MODERNA • CONTESTO STORICO XX In un edificio d'epoca in pieno centro, ambienti piacevoli suddivisi tra una sala romantica e un godibile dehors per una cucina ricercata, fatta di elaborazioni fantasiose e ben riuscite.

Menu 16 € (pranzo) – Carta 38/50 €

🏠 ⌂ via Roma 5 – ☎ 0331 623310 – www.ristorantemiro.it –
Chiuso 27 dicembre-4 gennaio, lunedì, sabato a mezzogiorno

BUTTRIO
✉ 33042 – Udine (UD) – Carta regionale n° **6**–C2 – Carta stradale Michelin 562-D21

😊 TRATTORIA AL PARCO
DEL TERRITORIO • ACCOGLIENTE XX È una graziosa casa in pietra e mattoni con ampio parco alberato ad accogliervi, mentre dalla cucina escono piatti in prevalenza di carne con diverse cotture alla griglia, che troneggia in una delle due sale interne. Un servizio di particolare cortesia e un piacevole servizio all'aperto arricchiscono il tutto.

Specialità: Risotto aglio olio e peperoncino. Tagliata di manzo. Crema catalana.
Menu 25/30 € – Carta 30/50 €

🚗 🛋 🕅 🅿 *via Stretta 7 - ℰ 0432 674025 - Chiuso 18 gennaio-5 febbraio,*
7-22 agosto, martedì-mercoledì a mezzogiorno

🍴🔘 **ENOTECA DI BUTTRIO** 🔘

PESCE E FRUTTI DI MARE · SEMPLICE All'interno di un bell'edificio storico, al
bar-enoteca con cui fu inaugurata l'attività si è aggiunta successivamente la ristorazione, ecco spiegato il nome. Si serve solo pesce, quasi tutto dell'alto Adriatico,
in piatti con qualche contenuto tocco creativo che hanno la meglio sulla tradizione.
Menu 40/65 € – Carta 38/50 €

🛋 🕅 🅿 *via Cividale 38 - ℰ 0432 674131 - www.enotecadibuttriorestaurant.com –*
Chiuso 1-8 gennaio, lunedì, martedì, domenica sera

🏰 **IL CASTELLO DI BUTTRIO**

DIMORA STORICA · PERSONALIZZATO Splendida risorsa ricavata dalla riuscita ristrutturazione di un castello tra le vigne; al suo interno ambienti raffinati
caratterizzati da bei tessuti, lampadari preziosi e camere molto confortevoli,
divise tra uno stile rustico-elegante e altre più contemporanee. La ristorazione
rientra fra le mura del castello, mentre l'osteria propone una formula più snella
ed alternativa di cucina del territorio; splendida terrazza per l'estate.

🏠 �", ⫷ 🚗 🗐 🕭 🕅 🔏 🅿 8 camere

via Morpugo 9 - ℰ 0432 673040 - www.castellodibuttrio.it

CABRAS – Oristano (OR) ➜ Vedere Sardegna

CAGLI

✉ 61043 – Pesaro e Urbino (PU) – Carta regionale n° **11**–B2 –
Carta stradale Michelin 563-L19

🕸 **LA GIOCONDA**

MARCHIGIANA · CONTESTO STORICO In pieno centro storico, questa
moderna osteria che ha subito un importante restyling in anni recenti si trova
all'interno di spessi muri, custodi - un tempo - della cantina. La cucina parla marchigiano, in stagione molti piatti sono dedicati al tartufo, bianco e nero, ma con
qualche concessione alla creatività.

Specialità: Carpaccio a fili con scaglie di grana e funghi porcini crudi. Tagliatelle al tartufo bianco. La fabbrica del cosmo (spuma di yogurt, confettura di fragole e wafer).
Menu 14/50 € – Carta 25/50 €

🐝 🛋 *via Brancuti - ℰ 0721 781549 - www.ristorantelagioconda.it –*
Chiuso 25 gennaio-9 febbraio, lunedì

CAGLIARI – Cagliari (CA) ➜ Vedere Sardegna

CALA GONONE – Nuoro (NU) ➜ Vedere Sardegna - Dorgali (Cala Gonone)

CALAMANDRANA

✉ 14042 – Asti (AT) – Carta regionale n° **14**–B2 – Carta stradale Michelin 561-H7

🕸 **VIOLETTA**

REGIONALE · FAMILIARE Echi contadini in un locale che non lascia indifferenti: dal carretto in bella mostra nel cortile, ai piatti dalle sfumature alessandrine.
Non meravigliatevi quindi di trovare in menu i classici tajarin ai funghi porcini, gli
gnocchi al sugo di salsiccia o la finanziera.

Specialità: Aspic di verdure. Finanziera. Semifreddo al torrone.
Menu 40/45 € – Carta 28/40 €

🛋 🕭 🕅 ⇆ 🅿 *via Valle San Giovanni 1 - ℰ 0141 769011 - www.ristorantevioletta.it –*
Chiuso 10 gennaio-12 febbraio, martedì sera, mercoledì, domenica sera

CALA PICCOLA – Grosseto (GR) ➜ Vedere Porto Santo Stefano

CALATABIANO – Catania (CT) ➜ Vedere Sicilia

CALDARO SULLA STRADA DEL VINO •
KALTERN AN DER WEINSTRASSE
✉ 39052 – Bolzano (BZ) – Carta regionale n° **19**-D3 – Carta stradale Michelin 562-C15

al lago Sud: 5 km

🏨 PARC HOTEL

FAMILIARE · PERSONALIZZATO Lunga la costa orientale e più tranquilla del lago, solo il curato giardino lo separa dalle trasparenti acque per le quali si può partire con il pedalò. Eleganti e spaziose camere, alcune particolarmente nuove, ed un potenziato centro benessere per un esclusivo rifugio.

🔆 🦢 ⬅ 🐦 🖩 🍹 📺 ⑩ 🕸 🛆 🖸 � 🗺 🎿 ❄ 42 camere – 3 suites

Campi al lago 9 – ℰ 0471 960000 – www.parchotel.info

🏠 SEEHOTEL AMBACH ⑩   `Tablet.`PLUS

TRADIZIONALE · MODERNO Un delizioso rifugio sulle rive del Lago di Caldaro che offre viste panoramiche dalle sue terrazze e dalle stanze particolarmente luminose e confortevoli. Molti dei dettagli sono stati disegnati da *Barth*, accanto a lampade, sedie e complementi d'arredo di altri designer modernisti.

🔆 🐦 🍹 🕸 📺 ☷ 🖩 🖸 32 camere

strada del Vino 3 – ℰ 0471 960098 – www.seehotel-ambach.com

CALDERARA DI RENO
✉ 40012 – Bologna (BO) – Carta regionale n° **5**-C3 – Carta stradale Michelin 562-I15

a Sacerno Ovest: 5 km

🍴 ANTICA TRATTORIA DI SACERNO

PESCE E FRUTTI DI MARE · ACCOGLIENTE 🕸🕸 All'interno di una villetta di campagna a circa 20 minuti da Bologna, una giovane coppia propone tanto buon pesce raccontato in carta in due modi diversi: una pagina chiama all'appello la creatività, l'altra cita i classici tra cui i crudi e le cotture al forno. Tra i vini ampio spazio alle bollicine francesi.

Menu 55/75 € – Carta 65/95 €

🐝 🍽 ☷ 🖩 🖸 *via di Mezzo Levante 2/b – ℰ 051 646 9050 – www.sacerno.it – Chiuso lunedì*

CALDOGNO
✉ 36030 – Vicenza (VI) – Carta regionale n° **22**-A1 – Carta stradale Michelin 562-F16

🍴 MOLIN VECIO

REGIONALE · ROMANTICO 🕸🕸 Il vecchio mulino affonda le proprie radici nel Cinquecento e i successivi eventi storici non ne hanno alterato il carattere. Ancor oggi si è ospiti in un caratteristico contesto rurale e la cucina si rifà a tre grandi fili conduttori: erbe e verdure dell'orto di casa (visitabile in stagione), pesce d'acqua dolce, tradizione vicentina.

Menu 18 € (pranzo), 35/40 € – Carta 25/45 €

🍽 ☷ ✿ 🖸 *via Giaroni 116 – ℰ 0444 585168 – www.molinvecio.it – Chiuso martedì*

CALESTANO
✉ 43030 – Parma (PR) – Carta regionale n° **5**-B2 – Carta stradale Michelin 561-I12

🐷 LOCANDA MARIELLA

EMILIANA · FAMILIARE 🕸 Armatevi di pazienza per raggiungerlo, guidando tra le colline, ma una volta al ristorante capirete perché Mariella è da tempo un'istituzione: un'emozionante tappa gastronomica in virtù di una cucina di classica matrice emiliana, ma – ora – anche ricette più creative ed accattivanti, nonché alcune proposte del giorno da farsi consigliare direttamente al tavolo. La selezione enoica spazia dall'Italia alla Francia, dal Libano alla Slovenia.

Specialità: Polentina tenera di farina di mais con fonduta di parmigiano, ragù di salsiccia e tartufo nero. Filetto di maiale con erbette saltate e crema di fagioli. Cheese cake.

Menu 35/50€

🕸 🏠 **P** *località Fragnolo 29 – ℰ 0525 52102 – Chiuso 14-30 settembre, lunedì, martedì*

CALTAGIRONE – Catania (CT) ➜ Vedere Sicilia

CALTIGNAGA

✉ 28010 – Novara (NO) – Carta regionale n° **12**–C2 – Carta stradale Michelin 561-F7

⅋○ CRAVERO

CLASSICA · ACCOGLIENTE ✗✗ Caldi colori quali ottanio ed ocra conferiscono un'atmosfera ovattata ed accogliente ai suoi ambienti. I profumi sono sempre quelli della vera cucina tradizionale: piatti fortemente legati ai prodotti di qualità del territorio, così come la scelta dei vini. Si mangia anche all'aperto, nella bella stagione.

Menu 20€ (pranzo), 25/35€ – Carta 35/60€

🖘 🖨 🏠 🅰🅲 ⇔ **P** *via Novara 8 – ℰ 0321 652696 – www.gianpierocravero.it – Chiuso 1-8 gennaio, 3-26 agosto*

CALUSO

✉ 10014 – Torino (TO) – Carta regionale n° **12**–B2 – Carta stradale Michelin 561-G5

✿ GARDENIA

Chef: Mariangela Susigan

MODERNA · ELEGANTE ✗✗✗ Tra classici regionali e piatti più ricercati, la cucina di Mariangela Susigan ha sempre quale comune denominatore vincente la materia prima. Affiancata da uno staff giovane e capace, da alcuni lustri la chef raccoglie erbe spontanee e fiori eduli nelle montagne dell'Anfiteatro Morenico per poi utilizzarle in ricette arcaiche, creando abbinamenti inusitati ed intriganti, dedicando loro un menu dal titolo fortemente evocativo: "Essenze e Consistenze", solo da marzo a ottobre. Perseguendo questa filosofia rispettosa della natura e dei suoi cicli, non solo i più convinti vegetariani, ma tutti troveranno di che deliziarsi. In una casa di fine 800 circondata dal verde, la bella serra in vetro e ferro al centro del grande orto offre un'interessante esperienza dedicata al mondo vegetale e alla coltivazione di specie rare. Non mancatela!

Specialità: Microbollito: testina, lingua, gallina, punta, salse dei nostri padri. Spaghettini, aglio orsino, calamari, acqua di telline e nero di seppia. Lingotto croccante: cioccolato, nocciole, passito di Caluso.

✿ *L'impegno dello chef:* "Da oltre 20 anni siamo appassionati produttori: è il nostro orto che detta le ricette proposte nel menu. Le erbe selvatiche sono il fulcro della nostra cucina; la loro raccolta si trasforma in momento d'introspezione da cui scaturiscono idee creative. Il rispetto per il mondo vegetale è alla base della mia filosofia culinaria."

Menu 20€ (pranzo), 50/100€ – Carta 60/90€

🕸 🏠 ♿ 🅰🅲 ⇔ **P** *corso Torino 9 – ℰ 011 983 2249 – www.gardeniacaluso.com – Chiuso 7-22 gennaio, 16-26 agosto, martedì, mercoledì a mezzogiorno*

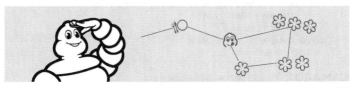

CALVISANO

✉ 25012 – Brescia (BS) – Carta regionale n° **9**-C2 – Carta stradale Michelin 561-F13

⁜ AL GAMBERO

Chef: Mariapaola Geroldi

REGIONALE · ACCOGLIENTE ✗✗ Questa bella stella del bresciano ripercorre senza esitazioni una strada che abbraccia le ricette della tradizione facendole rivivere con una nuova anima e il tocco originale della chef Mariapaola. I suoi piatti rivelano una mano personalissima e delicata nell'elaborare le selezionate materie prime, alcune – tra l'altro – non di facile impatto come cacciagione e selvaggina. Tra gli antipasti, gli ispettori consigliano il Salmone marinato, perfetto esempio della semplicità e ricercatezza di questa cucina, nonché portavoce di un'eccellenza a chilometro (quasi) 0 che il mondo intero c'invidia, il caviale, prodotto da storioni allevati nello stesso comune del ristorante. Servizio e mise en place riportano alla grande scuola della classicità, così come la carta dei vini rispetta tutte le caratteristiche che un indirizzo di questo livello dovrebbe avere.

Specialità: Crema di patate, caviale, mazzancolle e bottarga di caviale. Piccione in diverse cotture, salsa al rosmarino. Parfait all'amarena morbido-croccante.

Menu 40 € (pranzo)/90 € – Carta 56/104 €

🎇 🅰🅲 ⇆ *via Roma 11 –* ℰ *030 968009 –*
Chiuso 11-14 gennaio, 12-27 agosto, mercoledì

⃝ FIAMMA CREMISI

MODERNA · FAMILIARE ✗✗ Cucina del territorio che allea consistenza, sapori, qualità ad ottimi livelli; servizio estivo all'aperto sotto un gazebo, in un ristorante di campagna la cui sala principale è allietata da un caminetto. A pranzo solo menu business o carta più ridotta ed economica.

Menu 15 € (pranzo), 30/49 € – Carta 25/65 €

🏝 🅿 *via De Gasperi 37, località Viadana –* ℰ *030 968 6300 –*
www.ristorantefiammacremisi.it – Chiuso 25 gennaio-2 febbraio, 8-29 agosto, lunedì sera, martedì, sabato a mezzogiorno

CAMAIORE

✉ 55041 – Lucca (LU) – Carta regionale n° **18**-B1

🏠 LOCANDA AL COLLE ⓝ   `Tablet.`PLUS

LUSSO · ROMANTICO Il calore familiare e un certo amore per la tradizione e le cose belle del passato: questo potrebbe essere il biglietto da visita di questa locanda, che – di fatto – ha lasciato fuori dall'uscio delle proprie stanze il televisore, per invitare gli ospiti ad un maggiore relax. Tranquillità ancor più favorita dal numero esiguo di camere e dal loro affaccio su filari di ulivi argentei.

🏝 🛏 🛋 🅰🅲 🅿 12 camere

via La Stretta 231 – ℰ *0584 915195 –*
www.locandaalcolle.com

a Nocchi

🏠 RELAIS CORTE RODESCHI ⓝ   `Tablet.`PLUS

CASA DI CAMPAGNA · TRADIZIONALE Tra le dolci colline che da Lucca conducono al mare, sarete ospiti di una raffinata villa toscana cinta da un curato giardino, dove nella bella stagione viene servita la prima colazione e dove sarà piacevole intrattenersi a bordo piscina.

🛏 🛋 🅰🅲 🅿 15 camere

Corte Rodeschi 25 – ℰ *0584 166 1011 –*
relaiscorterodeschi.com

CAMARDA – L'Aquila (AQ) → Vedere L'Aquila

CAMIGLIATELLO SILANO

✉ 87052 – Cosenza (CS) – Carta regionale n° **3**–A2 – Carta stradale Michelin 564-I31

verso il lago di Cecita Nord - Est : 5 km

⁑○ LA TAVERNETTA

CALABRESE • COLORATO ⅩⅩ E' la Calabria in tavola! Nella sua accezione più convincente vedrete sfilare i veri sapori montani della Sila: carne di podolica, i funghi, le patate, i prosciutti. "Abbiamo una materia prima eccezionale, basta usarla nel modo giusto, con giuste preparazioni" afferma lo chef. E questo, a lui, riesce molto bene.

Menu 50/80 €

⅏ ⇆ ⪁ ⛭ ⬘ 🅿 *Hotel San Lorenzo si Alberga, contrada campo San Lorenzo 14 – ☎ 0984 570809 – www.sanlorenzosialberga.it – Chiuso 1-24 dicembre, 15 marzo-29 maggio, lunedì*

CAMOGLI

✉ 16032 – Genova (GE) – Carta regionale n° **8**–C2 – Carta stradale Michelin 561-I9

⁑○ DA PAOLO

PESCE E FRUTTI DI MARE • FAMILIARE Ⅹ Ristorantino rustico a conduzione familiare, ubicato nel borgo antico poco lontano dal porticciolo; cucina di mare secondo le disponibilità quotidiane del mercato.

Carta 35/60 €

🪑 🅰🅒 *via San Fortunato 14 – ☎ 0185 773595 – www.ristorantedapaolocamogli.com – Chiuso 10-23 dicembre, 20 febbraio-10 marzo, lunedì, martedì-giovedì a mezzogiorno*

CAMPAGNA LUPIA

✉ 30010 – Venezia (VE) – Carta stradale Michelin 562-F18

a Lughetto Nord - Est : 7,5 km – Carta regionale n° **23**–C3

⁂ ⁂ ANTICA OSTERIA CERA

Chef: Daniele, Lionello e Lorena Cera

PESCE E FRUTTI DI MARE • ELEGANTE ⅩⅩⅩ E' uno dei pochi ristoranti che hanno sposato in modo esclusivo la linea di pesce, a cui si aggiunge qualche piatto vegetariano per accontentare la crescente richiesta in tal senso. Le radici gastronomiche e il tipo di pesce - dalla granseola alle moeche, giusto per citarne un paio - sono quelli dell'Adriatico (mare che si trova del resto a pochi chilometri da qui), ma al di là di questo la cucina può fregiarsi di essere tra le migliori rappresentanti della creatività, perlomeno in materia ittica. Non mancano tuttavia - per i puristi della tradizione - il fritto misto e una veneta "supa di pesse". Altra piacevole costante della carta è il vasto assortimento di crudi, conditi in maniera originale ed arricchiti di svariati ingredienti. Atmosfera moderna, sobria ed essenziale, proprio come si conviene a una ex-antica osteria.

Specialità: Scampo alla brace con pomodoro, melanzana e ricotta. Il "broetto" con cotto e crudo di crostacei e molluschi. Meringata agli agrumi gialli con capperi e camomilla.

Menu 70 € (pranzo), 175/250 € – Carta 100/160 €

⅏ 🅰🅒 🅿 *via Marghera 24 – ☎ 041 518 5009 – www.osteriacera.it – Chiuso 3-10 gennaio, 9-28 agosto, lunedì, domenica sera*

CAMPAGNOLA CREMASCA

✉ 26010 – Cremona (CR) – Carta regionale n° **10**-C2

⅏○ LA FORTUNA

MODERNA · CONTESTO CONTEMPORANEO ⅍ Con oltre 45 anni di storia alle spalle, due generazioni a condurlo, ed il totale rinnovo a fine 2018, si è completata la formula..."fortunata" di un'offerta al passo con i tempi. Ambiente fresco, dal design minimalista ma accogliente, e piatti moderni che si dividono fra terra e mare; proposte gastronomiche in continua evoluzione sia per la ricerca di materie prime sia per le tecniche, grandi lievitati gourmet e pasticceria. Un imperdibile a Cremona!

Menu 30/60 € – Carta 35/60 €

�ើ 🎟 *via Ponte Rino 6 – ℰ 0373 74711 – www.la-fortuna.it – Chiuso lunedì, martedì*

CAMPALTO – Venezia (VE) ➜ Vedere Mestre

CAMPESTRI – Firenze (FI) ➜ Vedere Vicchio

CAMPIANI – Brescia (BS) ➜ Vedere Collebeato

CAMPIONE D'ITALIA

✉ 22060 – Como (CO) – Carta regionale n° **9**-A2 – Carta stradale Michelin 561-E8

❀ DA CANDIDA

Chef: Bernard Fournier

FRANCESE · AMBIENTE CLASSICO ⅍⅍ Il piccolo locale posto nel centro della cittadina è un delizioso scrigno dagli spazi contenuti e dal mood decisamente romantico. Se credete che i sapori aiutino a viaggiare restando seduti ad un tavolo, in questo raccolto ed elegante ristorante vi attende un entusiasmante incontro con il gusto e la raffinatezza della cucina francese e continui rimandi ai profumi e sapori del sud Italia. Ai fornelli lo chef patron, Bernard Fournier supportato dal giovane siciliano Giovanni Croce, non può – infatti – rinunciare a dedicare un'intera carta a sua maestà, il foie gras, ma pareggia – in parte - i conti con il menu "La Tradizione" (ancora un po' sbilanciato sulla Francia), la Carta con sapori più decisamente mediterranei, nonché i percorsi degustazione: una serie di portate (a numero variabile) servite per tutti i commensali del tavolo.

Specialità: Terrina di foie gras d'anatra in torchon al fior di sale. Piccione: cosce confit, rigaglie e suprême arrosto. Meringa al vapore, caffè e cioccolato bianco.

Menu 65/105 € – Carta 70/110 €

🎟 ❖ *viale Marco da Campione 4 – ℰ 0041 (0) 91 649 75 41 – www.dacandida.ch – Chiuso 28 giugno-22 luglio, lunedì, martedì a mezzogiorno*

CAMPITELLO DI FASSA

✉ 38031 – Trento (TN) – Carta regionale n° **19**-C2 – Carta stradale Michelin 562-C17

🏠 VILLA KOFLER

TRADIZIONALE · PERSONALIZZATO Per gli amanti dei viaggi in giro per il mondo, ogni camera - personalizzata, calda e dotata di sauna privata! - è dedicata ad una città di cui ne ripropone stile e motivi: Campitello, Salisburgo e Montreal, tra le migliori, poi ci sono New York, Tokyo, Montecarlo, etc...

≼ ₤ 🖭 ₤ 🅿 6 camere – 3 suites

streda Dolomites 63 – ℰ 0462 750444 – www.villakofler.it

CAMPOBASSO

✉ 86100 – Campobasso (CB) – Carta regionale n° **1**-D3 – Carta stradale Michelin 564-C25

⭑○ MISERIA E NOBILTÀ

REGIONALE · FAMILIARE XX In un palazzo di fine '700 dai piacevoli pavimenti e lampadari di Murano, la miseria allude alle tradizioni contadine, nobilitate in piatti ricercati e creativi: ravioli con ripieno di fiori di zucchine e mandorle al pomodorino e basilico per fare un esempio. Se ciò non bastasse al piano superiore la sala è dedicata alla loro pizza gourmet. Accoglienti camere per chi vuole dormire in centro.

Menu 25/40 € – Carta 27/50 €

↩ 🏧 *via Sant'Antonio Abate 16 - ☏ 0874 94268 -*
www.ristorantemiseriaenobilta.it - Chiuso domenica

⭑○ ACINIELLO

TRADIZIONALE · FAMILIARE X Schietta trattoria a carattere familiare rinnovata in un grazioso stile shabby: due salette una delle quali più raccolta con tavoli ravvicinati, e un bel dehors estivo. I tanti habitué e la convivialità dei titolari rendono l'ambiente allegro, mentre la cucina riflette le tradizioni molisane.

Menu 18/30 € – Carta 25/35 €

🍴 🏧 ↔ *via Torino 4 - ☏ 328 558 5484 - Chiuso domenica*

CAMPOGALLIANO

✉ 41011 – Modena (MO) – Carta regionale n° **5**–B2 – Carta stradale Michelin 562-H14

in prossimità del casello autostradale A 22 Sud - Est : 3,5 km

🕸 MAGNAGALLO

EMILIANA · AMBIENTE CLASSICO X Quanti pregi riassume questo ristorante! Facile da raggiungere, a pochi metri dal casello, all'ingresso sarà la tipica ospitalità della gente di queste parti ad accogliervi insieme ad un goloso tavolo di torte. Ma prima, spazio ai tortellini in brodo di cappone e al fritto misto all'emiliana!

Specialità: Gnocco fritto con crudo di Parma. Fritto misto all'emiliana. Crostata di amarene.

Menu 25/40 € – Carta 25/40 €

↩ 🍴 🍴 ♿ 🏧 🅿 *via Magnagallo Est 7 - ☏ 059 528751 - www.magnagallo.it -*
Chiuso domenica sera

CANALE

✉ 12043 – Cuneo (CN) – Carta regionale n° **14**–A2 – Carta stradale Michelin 561-H5

✾ ALL'ENOTECA

Chef: Davide Palluda

MODERNA · AMBIENTE CLASSICO XxX Una certezza nel panorama gastronomico roerino: è lui, Davide Palluda, lo chef-patron del ristorante all'Enoteca. Dopo gli studi presso la scuola alberghiera di Barolo, il suo curriculum è stato un susseguirsi di esperienze presso prestigiosi mentori italiani e stranieri. Nel 1995 la svolta con l'apertura – insieme alla sorella Ivana - del ristorante in questione: indiscusso punto di riferimento per raffinati gourmet. Al primo piano di un centrale palazzo ottocentesco, la sala è tanto moderna ed essenziale, quanto la cucina variopinta e creativa. Il trampolino di molti piatti sono gli straordinari prodotti piemontesi, ma ci sono anche pesce ed originali interpretazioni. Al pian terreno - in un piacevole cortiletto – la bella Osteria propone con un format più semplice ricette tipiche della tradizione locale.

Specialità: Il fassone dalla testa ai piedi. Ravioli quadrati di faraona. Sformato al gianduja.

Menu 80/100 € – Carta 80/130 €

🕸 🏧 ↔ *via Roma 57 - ☏ 0173 95857 - www.davidepalluda.it -*
Chiuso 23 dicembre-5 gennaio, 25 agosto-7 settembre, lunedì a mezzogiorno,
domenica

🍴 VILLA TIBOLDI

CREATIVA · ELEGANTE 🏶 Splendido connubio tra cucina e ristrutturazione di un antico casolare in posizione collinare, la cucina prende spunto dalla tradizione e viene elaborata in chiave contemporanea. Bellissimo dehors ed una cantina che merita la visita!

Menu 32/52€ – Carta 43/57€

🐝 ⇦ 📶 🏠 Ⓜ 🅿 *Agriturismo Villa Tiboldi, via Case Sparse 127, località Tiboldi - ☎ 0173 970388 – www.villatiboldi.it – Chiuso lunedì, martedì-domenica a mezzogiorno*

CANALE D'AGORDO

✉ 32020 – Belluno (BL) – Carta regionale n° **23**–B1 – Carta stradale Michelin 562-C17

🍴 ALLE CODOLE

REGIONALE · FAMILIARE 🏶 "Codole" è il soprannome del casato, cui appartengono i proprietari, che deve la propria fama all'attività dei suoi avi nelle miniere di rame. Oggi ristoratori e albergatori propongono piatti divisi tra tradizione (più economici) e innovazione con grande cura nella qualità. Un piatto iconico? Fagottino di patate ai porcini con ragù di cervo e fonduta.

Menu 25/49€ – Carta 28/67€

🐝 ⇦ ⇧ 🅿 *via 20 Agosto 27 - ☎ 0437 590396 – www.allecodole.eu – Chiuso 1-4 dicembre, lunedì*

CANAZEI

✉ 38032 – Trento (TN) – Carta regionale n° **19**–C2 – Carta stradale Michelin 562-C17

🍴 WINE & DINE

REGIONALE · ROMANTICO 🏶 Un ristorante che riscuote un certo successo in zona: ricreando l'atmosfera di una baita con legni vecchi ed angoli romantici, la cucina si fa sfiziosa e creativa. La carta dei vini propone alcune etichette anche al bicchiere.

Carta 41/60€

🐝 📶 🅿 *Hotel Croce Bianca, stredà Roma 5 - ☎ 0462 601111 – www.hotelcrocebianca.com – Chiuso 1-20 dicembre*

🍴 EL CIANTON ⓞ

ITALIANA CONTEMPORANEA · COLORATO 🏶 Angolo gourmet dell'hotel Alla Rosa, *El Cianton* è un ottimo indirizzo dove gustare una cucina italiana contemporanea - con qualche naturale richiamo al territorio montano - davvero ben eseguita e servita in ambiente moderni ed eleganti.

Menu 55/80€ – Carta 50/65€

⇦ ♿ 🅿 *Alla Rosa, stredà del Faure 20 - ☎ 0462 606581 – elcianton.com – Chiuso 23 maggio-22 giugno, 1 novembre-2 dicembre, mercoledì*

CANDELI – Firenze (FI) ➔ Vedere Bagno a Ripoli

CANDIA CANAVESE

✉ 10010 – Torino (TO) – Carta regionale n° **12**–B2 – Carta stradale Michelin 561-G5

🍴 RESIDENZA DEL LAGO

CLASSICA · FAMILIARE 🏶 In una tipica casa colonica, Federico e Nella vi accoglieranno nella bella sala dai toni rustico-eleganti. La cucina ripercorre i migliori piatti del Piemonte con alcune aperture sui sapori più genericamente italiani, mentre la carta dei vini è addirittura cosmopolita: un doveroso occhio di riguardo è dato alla regione con Barolo e Barbaresco raccontati anno dopo anno. A sorpresa, oltre 100 etichette dalla Francia.

Menu 25€ (pranzo), 30/40€ – Carta 26/50€

🐝 ⇦ 📶 🏠 ⇧ *via Roma 48 - ☎ 011 983 4885 – www.residenzadelago.it*

CANELLI

✉ 14053 – Asti (AT) – Carta regionale n° **14**–B2 – Carta stradale Michelin 561-H6

ENOTECA DI CANELLI - CASA CRIPPA

MODERNA · CONTESTO STORICO XX In un palazzo di fine Ottocento, negli ambienti che furono di una storica cantina attiva fino agli anni '60, questo ristorante dalla solida conduzione familiare propone - nella sala interrata da raggiungere solo con le scale - piatti di cucina del territorio e d'ispirazione contemporanea.

Carta 39/57 €

Ⓜ️ *corso Libertà 65/a – ℰ 0141 832182 – www.ristoranteenotecacanelli.com –*
Chiuso 26 dicembre-7 gennaio, 17-31 agosto, lunedì, domenica sera

SAN MARCO

PIEMONTESE · FAMILIARE XX Insegna storica dell'astigiano contraddistinta da una cucina del territorio, servizio impeccabile e una calda accoglienza. Nella sala d'impostazione classica il camino è sempre acceso a creare l'atmosfera.

Menu 30 € (pranzo), 48/55 € – Carta 60/65 €

🐝 Ⓜ️ ⇔ *via Alba 136 – ℰ 0141 823544 – www.sanmarcoristorante.it –*
Chiuso 11-22 gennaio, 26 luglio-14 agosto, martedì, mercoledì

CANGELASIO – Parma (PR) ➜ Vedere Salsomaggiore Terme

CANNARA

✉️ 06033 – Perugia (PG) – Carta regionale n° **20**–B2 – Carta stradale Michelin 563-N19

PERBACCO-VINI E CUCINA

REGIONALE · COLORATO X Semplice, ma colorata trattoria familiare nel bel centro storico di Cannara, la cucina celebra l'omonima famosa cipolla, ma anche frittate, paste fresche, gnocchi e carni.

Specialità: Patè di fegatini caldo. Baccalà con prugne e uvetta. Semifreddo alla cipolla rossa, salsa di mango e briciole di roccetti (mostaccioli).

Carta 26/34 €

via Umberto I°, 14 – ℰ 0742 720492 – Chiuso 1-15 luglio, lunedì

CANNERO RIVIERA

✉️ 28821 – Verbano-Cusio-Ossola (VB) – Carta regionale n° **12**-C1 –
Carta stradale Michelin 561-D8

I CASTELLI

MODERNA · ELEGANTE XXX Non solo specialità lacustri in questo signorile ristorante, ma anche proposte nazionali ed internazionali, con alcuni piatti rifiniti in sala com'era d'uso nei grandi ristoranti, da consumarsi nella sala classica interna o - meglio ancora - sulla terrazza, nella cornice di una delle più belle e romantiche passeggiate del lago Maggiore. Sei tavoli soltanto, tra tutti quelli del servizio all'aperto, formano un'invidiabile piattaforma sull'acqua: consigliata la prenotazione!

Menu 34/65 € – Carta 42/72 €

🍴 ⬟ Ⓜ️ ⇔ 🅿️ *Hotel Cannero, piazza Umberto I° 2 – ℰ 0323 788047 –*
www.hotelcannero.com – Chiuso 1 dicembre-4 marzo

IL CORTILE

MODERNA · ROMANTICO XX Sito nel cuore della località e raggiungibile solo a piedi, un locale grazioso e curato, frequentato soprattutto da una clientela straniera, propone una cucina creativa. Dispone anche di alcune camere signorili dall'arredo ricercato.

Carta 47/70 €

↩ 🍴 *via Massimo D'Azeglio 73 – ℰ 0323 787213 – www.cortile.net –*
Chiuso 1 dicembre-30 aprile, lunedì-martedì a mezzogiorno, mercoledì,
giovedì-venerdì a mezzogiorno

CANNETO SULL'OGLIO

✉ 46013 – Mantova (MN) – Carta stradale Michelin 561-G13

a Runate Nord - Ovest : 3 km – Carta regionale n° **9**-C3

✿✿✿ DAL PESCATORE

Chef: Nadia e Giovanni Santini

MODERNA · LUSSO XxxX Sperduto fra i campi e le anse del parco dell'Oglio, l'incredibile destino di Runate – poche decine di abitanti – è stato quello di diventare sinonimo nel mondo di ospitalità ai più alti livelli. Se il ristorante non cessa di ingrandirsi e abbellirsi anno dopo anno, tra salotti, giardino e acetaia, la cucina è ormai guidata da Giovanni, il figlio di Nadia, che ne ha ereditato in pieno non solo lo stile, ma anche il messaggio etico, che vede nel cibo un valore da condividere, un messaggio da trasmettere legato al territorio, un atto d'amore verso gli ospiti. Al bando quindi svolazzi eccessivamente tecnici o creativi, che in questo contesto apparirebbero sterili e artificiosi, largo spazio invece alla tradizione eseguita ai massimi livelli, con giusto qualche spunto qua e là più innovativo. La sala è superbamente gestita da Antonio, marito di Nadia, insieme ad Alberto, il loro secondo figlio, esperto sommelier.

Specialità: Composta di pomodori e melanzane con basilico ed olio extravergine toscano. Lasagnetta con reale di Aubrac (allevamento locale al pascolo) con timo ed erbette. Fondente al 68% con albicocche, granella di nocciole e sorbetto ai frutti rossi.

Menu 150/250 € – Carta 120/230 €

🐾 🛏 🏡 🏧 🅿 *località Runate 15 – ℰ 0376 723001 – www.dalpescatore.com – Chiuso 2-31 gennaio, 9 agosto-5 settembre, lunedì, martedì, mercoledì a mezzogiorno*

CANNOBIO

✉ 28822 – Verbano-Cusio-Ossola (VB) – Carta regionale n° **12**-C1 –
Carta stradale Michelin 561-D8

⦿ LO SCALO

MODERNA · ACCOGLIENTE XX Merita di fare "scalo", questo ristorante sul lungolago con un bel dehors per il servizio all'aperto ed un ambiente totalmente rinnovato. La cucina reinterpreta la tradizione locale ma anche, in generale, la classica cucina mediterranea, con tanto pesce e verdure, nonché guizzi di fantasia.

Menu 25 € (pranzo), 40/60 € – Carta 40/100 €

🏡 🕭 *piazza Vittorio Emanuele 32 – ℰ 0323 71480 – www.loscalo.com – Chiuso 1-18 dicembre*

CANTALUPO LIGURE

✉ 15060 – Alessandria (AL) – Carta regionale n° **12**-D3 – Carta stradale Michelin 561-H9

⦿ BELVEDERE

REGIONALE · FAMILIARE XX L'atmosfera vintage celebra un ristorante qui dal 1919 nella stessa gestione familiare, mentre l'offerta della carta si concentra - quasi esclusivamente - sulla carne, proponendo un'intelligente rivisitazione dei classici piemontesi. Servizio estivo in terrazza.

Menu 32 € – Carta 36/55 €

🏡 🏧 🅿 *località Pessinate 53 – ℰ 0143 93138 – www.belvedere1919.it – Chiuso lunedì*

CANTÙ

✉ 22063 – Como (CO) – Carta regionale n° **10**-B1 – Carta stradale Michelin 561-E9

‖○ **LA SCALETTA**

MODERNA · AMBIENTE CLASSICO %% Ristorante a conduzione familiare ubicato alle porte della città, dalla calda atmosfera nella curata sala che accompagna
piatti di carne e di pesce in chiave moderna. Cassœula, in inverno, durante il festi-
val a lei dedicato.

Menu 19 € (pranzo), 40/55 € – Carta 35/63 €

🛖 **P** *via Milano 30 – ℰ 031 716540 – www.trattorialascaletta.it – Chiuso venerdì
sera, sabato a mezzogiorno*

CAPACCIO – Salerno (SA) ➜ Vedere Paestum

CAPALBIO

✉ 58011 – Grosseto (GR) – Carta regionale n° **18**-C3 – Carta stradale Michelin 563-O16

🏨 **LOCANDA ROSSA** ⓝ   `Tablet.`PLUS

VILLA PATRONALE · CLASSICO Il mare è a poca distanza, Locanda Rossa
sorge infatti tra il Giardino dei Tarocchi e il borgo medievale di Capalbio. Scegliete quest'indirizzo se vi piace l'architettura rurale rivisitata, che rima con travi
in legno ai soffitti e dettagli di moderno design. Benvenuti nella farm house del
terzo millennio!

🏊 🛖 🛋 📶 **P** 34 camere

strada Capalbio-Pescia Fiorentina 11b – ℰ 0564 890462 – www.locandarossa.com

CAPOLAGO – Varese (VA) ➜ Vedere Varese

CAPOLIVERI – Livorno (LI) ➜ Vedere Elba (Isola d')

CAPO VATICANO – Vibo Valentia (VV) ➜ Vedere Tropea

CAPRAROLA

✉ 01032 – Viterbo (VT) – Carta regionale n° **7**-B1 – Carta stradale Michelin 563-P18

‖○ **TRATTORIA DEL CIMINO DA COLOMBO**

LAZIALE · FAMILIARE % Lungo la salita che porta a Palazzo Farnese, il ristorante si trova nell'edificio più antico del paese (1370), mentre l'attuale gestione è
qui dal 1940. Tanti record per coccolarvi con gustosi sapori laziali: ottimi salumi,
paste fresche, carni alla brace e, oltre ai dolci, anche una rimarchevole selezione
di formaggi. La proposta enologica e distillati è stata premiata da una prestigiosa
guida del settore!

Menu 35 € – Carta 20/40 €

*via Filippo Nicolai 44 – ℰ 0761 646173 – www.trattoriadelcimino.jimdo.com –
Chiuso 10-20 gennaio, lunedì, domenica sera*

Napoli (NA)
Carta stradale Michelin 564-F24

CAPRI (ISOLA DI)

Ci piace: il **Caesar Augustus**, raffinato albergo tra i più belli dell'isola, la cui vista panoramica riempie il cuore. L'ottima cucina servita in ambienti di classe a **Le Monzù**, del caratteristico hotel **Punta Tragara**, "aggrappato" ai celebri Faraglioni. Il caldo stile mediterraneo del **Capri Tiberio Palace:** le sue personalizzazioni accendono la fantasia e la voglia di viaggio.

Piccolo Bar: aperitivo in piazzetta seduti sulle tipiche e comode sedie in vimini, sfogliando i giornali e sorseggiando un cocktail. Caffè Manari: vivamente consigliato per assortimento, qualità ed originalità! Gelateria Buonocore: ottime materie prime per una sosta golosa e rinfrescante.

ANACAPRI

✉ 80071 – Napoli (NA) – Carta regionale n° **4**–B3 – Carta stradale Michelin 564-F24

❀❀ L'OLIVO

CREATIVA · LUSSO XxxX Un vasto e raffinato salotto elegantemente arredato dove le luci delle candele e delle lampade concorrono ad esaltare ogni dettaglio. Si cena comodamente seduti su divani e poltrone i cui tessuti preziosi di leggero cachemire creano un'ineguagliata armonia di stile e benessere. In cucina l'ischitano Migliaccio si fa portabandiera di piatti mediterranei e creativi, eleganti e sofisticati.

I principi che guidano il lavoro dello chef sono semplici: innovazione e tradizione, nuovi piatti e valorizzazione dei classici della cucina del territorio, con un'attenzione estrema alla selezione dei prodotti migliori che offre il Mediterraneo. La terrazza esterna de L'Olivo, completamente rinnovata, si pone in continuità con l'interno del ristorante, dando l'impressione di un orizzonte senza fine.

La carta dei vini omaggia la regione, ma tra le sue righe s'insinuano anche prestigiose etichette di altre parti dello Stivale e non solo.

Specialità: Crudo di mare. Rombo con mandorle, finocchio allo zafferano e maionese alla liquirizia. Il limone.

Carta 125/190 €

✸ 🏠 🅰🅒 *Capri Palace Hotel, via Capodimonte 2 –*
✆ *081 978 0111 – www.capripalace.com –*
Chiuso 1 dicembre-1 aprile, lunedì-domenica a mezzogiorno

CAPRI PALACE HOTEL

GRAN LUSSO · ORIGINALE Svetta sui tetti di Anacapri, domina il mare e custodisce straordinarie opere d'arte contemporanea, questo celebre albergo dai soffici colori dotato di una spa di prim'ordine e camere di alto livello, alcune con piscina privata. Un inno allo stile mediterraneo nella sua massima espressione! A pranzo ci si accomoda al Ragù per una cucina campana e, volendo, anche per la pizza.

⌖ ⟨ ♨ ⟨ ⌂ ⌑ ⊡ ⊕ ♨ ⨍ ⊡ ᴀᴄ ⇞ 68 camere – 18 suites

via Capodimonte 14 – ☏ 081 978 0111 – www.capripalace.com

❀❀ **L'Olivo** – Vedere selezione ristoranti

CAESAR AUGUSTUS

GRAN LUSSO · PERSONALIZZATO Nell'altera e discreta Anacapri, la vista da questo artigiano è tra le più belle dell'intera isola! Qui nulla è lasciato al caso: gli eleganti arredi o l'ascensore d'epoca cattureranno la vostra attenzione, come del resto la suggestiva piscina a picco sul mare. Se a pranzo, magari all'aperto, le proposte sono decisamente easy, la sera si cena presso "La Terrazza di Lucullo" scegliendo da una carta intrigante, davanti a un panorama mozzafiato.

⌖ ⌑ ⟨ ⌂ ⌑ ♨ ⨍ ⊡ ᴀᴄ ⇞ ⓟ 51 camere – 5 suites

via Orlandi 4 – ☏ 081 837 3395 – www.caesar-augustus.com

VILLA BLU CAPRI ⓝ

TRADIZIONALE · CONTEMPORANEO Nel cuore di Anacapri, un rifugio di poche camere per una clientela adulta, con interni moderni che smentiscono lo stile classico dell'esterno, per indugiare – soprattutto nelle camere – in inserti di gusto più futuristico. Tre diversi spazi di ristorazione offrono una cucina semplice, ma sofisticata in omaggio alle tradizioni mediterranee e napoletane.

⌖ ⌑ ♨ ⨍ ⊡ ᴀᴄ ⇞ 19 camere

via Giuseppe Orlandi 103 – ☏ 081 837 3924 – www.hotelvillablucapri.com

alla Grotta Azzurra Nord - Ovest : 4,5 km

⅋○ IL RICCIO

PESCE E FRUTTI DI MARE · STILE MEDITERRANEO ✗✗ Ristorante balneare a picco sul mare, semplice e sofisticato al tempo stesso, dal divertente "vestito" bianco e blu: è qui che troverete tanto pesce, nelle più saporite interpretazioni campane, ma lasciate un posto anche per i dolci facendovi accompagnare nella stanza delle tentazioni.

Carta 84/150 €

⟨ ⌸ *via Gradola 4/11 – ☏ 081 837 1380 – www.capripalace.com –*
Chiuso 1 dicembre-1 aprile, lunedì-mercoledì sera

CAPRI

✉ 80073 – Napoli (NA) – Carta regionale n° **4**–B3 – Carta stradale Michelin 564-F24

❀ LE MONZÙ

MODERNA · LUSSO ✗✗✗ La vista su Faraglioni, mare e Capri, soprattutto se si opta per il servizio all'aperto, vale già metà dell'esperienza; al resto, ci pensano gli infuocati tramonti e le suggestioni vespertine, ma soprattutto il cuoco indigeno Luigi Lionetti, classe 1984, enfant prodige dell'alta cucina campana e italiana, con un entusiasmo contagioso e il desiderio di portare in tavola sapori regionali rivisitati con gusto moderno e fantasia. Scusi chef, qual è il piatto che la rappresenta di più? "Bon bon di gamberi, zuppetta di olive di Nocellara, mandorla e limone candito".

Specialità: Rotolino di coniglio con sedano rapa e bietole. Risotto al limone con scampi, burrata, alghe e capperi. "Il nido": mango e frutto della passione.

Menu 90 € (pranzo), 120/190 € – Carta 75/160 €

⩻ 🕿 AK *Hotel Punta Tragara, via Tragara 57 – 𝒞 081 837 0844 – www.hoteltragara.com – Chiuso 1 dicembre-8 aprile*

🕸 MAMMÀ

CREATIVA · CONTESTO CONTEMPORANEO XX Se di mamma ce n'è una sola di Mammà altrettanto! A pochi passi dalla celebre piazzetta, cucina mediterranea e piatti tipici della tradizione caprese preparati partendo da una materia prima di altissima qualità, prodotti del territorio - freschi e genuini - forniti quotidianamente dai migliori pescatori, nonché allevatori di Capri ed Anacapri. La coerenza tra la proposta culinaria e l'ambiente emerge anche nel décor del locale che gioca sull'accostamento fra le tinte tenui degli arredi con l'azzurro delle ceramiche e dei piatti, in una sorta di eco con il vicino mare, mentre alle pareti alcune fotografie in bianco e nero rievocano la storia dell'isola e del suo jet set internazionale.

Specialità: Trasparenze di pesce bianco. "La minestra di mare". Babà napoletano.

Menu 90 € – Carta 78/148 €

⩻ AK *via Madre Serafina 6 – 𝒞 081 837 7472 – www.ristorantemamma.com – Chiuso 1 dicembre-1 aprile*

🕈 RENDEZ VOUS

MODERNA · CHIC XxX Nell'elegante sala interna, o in terrazza affacciati sulla via dello shopping per guardare o... farsi ammirare, l'appuntamento è con piatti campani e con il meglio della cucina classica di un albergo esclusivo, ma anche con piacevoli aperitivi e tante bollicine. Il servizio è sempre all'altezza!

Menu 60/90 € – Carta 65/96 €

⅍ 🕿 AK *Grand Hotel Quisisana, via Camerelle 2 – 𝒞 081 837 0788 – www.quisisana.com – Chiuso 1 dicembre-31 marzo, lunedì-domenica a mezzogiorno*

🕈 DA TONINO

CAMPANA · STILE MEDITERRANEO XX Mettete in conto una mezz'oretta abbondante per raggiungere questo ristorantino di semplice atmosfera con un'arieggiata terrazza dove accomodarsi nelle giornate più miti. La cucina calca il solco della tradizione locale con i primi piatti tra i *must have*. Ottima anche la selezione enoica.

Menu 45/85 € – Carta 62/88 €

⅍ 🕿 *via Dentecala 12 – 𝒞 081 837 6718 – www.ristorantedatonino.it – Chiuso 1 dicembre-19 marzo, lunedì*

🕈 GENNARO AMITRANO ⓝ

MODERNA · CONTESTO CONTEMPORANEO XX Lo chef patron Amitrano ha spostato il suo locale dal centro a Marina Piccola; accogliente ristorante con vista sul mare che non mancherà di ammaliarvi con ricette ricche di fantasia e a tutto sapore.

Menu 40/105 € – Carta 80/118 €

⩻ *via Marina Piccola 120 – 𝒞 081 218 7550 – www.gennaroamitrano.it – Chiuso 1 aprile-30 settembre, lunedì, martedì a mezzogiorno*

🏨 GRAND HOTEL QUISISANA

GRAN LUSSO · CLASSICO Nato nell'Ottocento come sanatorio, oggi è una delle icone dell'isola. Davanti scorre la rutilante mondanità dello shopping, nel giardino: silenzio, mare e faraglioni. Vicino alla piscina, il ristorante La Colombaia propone specialità regionali, grigliate ed anche pizza da forno a legna.

🛁 ⩻ 🛋 🏊 🖼 ⓦ 🛆 Ⅲ 🔋 AK 🧖 131 camere – 16 suites

via Camerelle 2 – 𝒞 081 837 0788 – www.quisisana.com

🕈 **Rendez Vous** – Vedere selezione ristoranti

CAPRI TIBERIO PALACE

LUSSO · PERSONALIZZATO A pochi minuti dal centro, architettura eclettica che sposa richiami agli anni Cinquanta e Sessanta con soluzioni più contemporanee. Si crea così una convincente idea di viaggio. Belli gli ampi balconi incorniciati da archi e suggestive soluzioni di design per la sala da pranzo con sfogo in terrazza; cucina tradizionale e kosher.

⌂ 🍷 ← ⌃ 🗖 🌐 🐾 🚪 🈁 🅰 44 camere – 7 suites
via Croce 11/15 – ℰ 081 978 7111 – www.capritiberiopalace.com

PUNTA TRAGARA ![Tablet.PLUS]

GRAN LUSSO · ORIGINALE La Dolce Vita a Capri è un concetto in uso sin dagli anni '20 e quale espressione più consona di questa gioia di vivere se non Punta Tragara? Progettata dal celebre Le Corbusier che definì questa magnifica villa dai riflessi dorati come le rocce e i tramonti locali una "fioritura architettonica", durante la II guerra mondiale vi soggiornarono Eisenhower e Churchill. Oggi i suoi interni moderni ospitano camere di riposante sobrietà, mentre dalle favolose terrazze si gode di una vista mozzafiato.

🍷 ← ⌃ 🚪 🈁 🅰 44 camere – 6 suites
via Tragara 57 – ℰ 081 837 0844 – www.hoteltragara.com
🌸 **Le Monzù** – Vedere selezione ristoranti

CASA MORGANO

LUSSO · MEDITERRANEO Immersa nel verde, sorge questa raffinata struttura che vanta camere spaziose, arredate con estrema ricercatezza. A pranzo, possibilità di un pasto leggero a bordo piscina.

🍷 ← ⌃ 🚪 🈁 🅰 27 camere
via Tragara 6 – ℰ 081 837 0158 – www.casamorgano.com

LA MINERVA

BOUTIQUE HOTEL · MEDITERRANEO Decorate con tipiche ceramiche vietresi, le sue camere sono ampie, panoramiche, tutte dotate di terrazza o balcone; ottima la prima colazione, mentre pranzi leggeri sono serviti a bordo piscina. Per un surplus di relax, c'è anche una piccola saletta per massaggi.

🍷 ← 🛎 ⌃ 🈁 🅰 19 camere
via Occhio Marino 8 – ℰ 0818377067 – www.laminervacapri.com

MARINA GRANDE

✉ 80073 – Napoli (NA) – Carta regionale n° **4**–B3 – Carta stradale Michelin 564-F24

🍽 JKITCHEN

MODERNA · INTIMO 🟤🟤🟤 A Capri quasi tutta la stagione permette di mangiare sul terrazzo che la sera potrebbe regalarvi la meraviglia della luna caprese, all'interno sempre pronto il salotto raffinato, è il JKichten: cucina moderna, contemporanea su base locale e con aperture nazionali.

Carta 72/111 €
← 🛎 🍴 🅰 🅿 *Hotel J.K. Place Capri, via Provinciale Marina Grande 225 – ℰ 081 838 4001 – www.jkcapri.com – Chiuso lunedì-sabato a mezzogiorno, domenica*

J.K. PLACE CAPRI ![Tablet.PLUS]

LUSSO · PERSONALIZZATO L'atmosfera e l'accoglienza di un'elegante residenza privata, dove una successione di salotti vi porta tra librerie e oggetti d'arte. Per chi non vuole rinunciare a bagnarsi nell'acqua di mare, nonostante la splendida piscina, l'albergo offre uno dei pochi accessi diretti alla spiaggia dell'isola.

← 🛎 ⌃ 🐾 🚪 🈁 🅰 🅿 22 camere
via Provinciale Marina Grande 225 – ℰ 081 838 4001 – www.jkcapri.com
🍽 **JKitchen** – Vedere selezione ristoranti?

🏠 VILLA MARINA CAPRI ❶

LUSSO · MODERNO C'era una volta una bella dimora del XIX secolo riconvertita in hotel di lusso, la cui caratteristica di svilupparsi su terrazzamenti ha regalato un'invidiabile vista su golfo e Vesuvio. All'interno, ambienti discretamente lussuosi in uno stile classico-moderno, che trova nella spa il suo angolo più rilassante. Ottima cucina al ristorante Ziqù: solo serale, meglio prenotare!

🏊 ≼ 🛏 🗜 🗔 🛜 🕸 ⊟ 🆎 🅿 17 camere – 5 suites

via Provinciale Marina Grande 191 – ℰ 081 837 6630 – www.villamarinacapri.com

CAPRIATA D'ORBA

✉ 15060 – Alessandria (AL) – Carta regionale n° **12**-C3 – Carta stradale Michelin 561-H8

😊 IL MORO

PIEMONTESE · FAMILIARE ℵ In centro paese, all'interno di un palazzo del '600, una trattoria dai soffitti a volta e sulla tavola la vera cucina alessandrina. Piccola enoteca annessa.

Specialità: Rotolo di cipolla rossa di Tropea con fonduta. Gnocchi verdi al Roccaverano. Crema di latte con salsa di fragole.

Menu 29/39 € – Carta 29/39 €

🏡 & 🆎 ⇄ *piazza Garibaldi 7 – ℰ 0143 46157 – www.ristoranteilmoro.it – Chiuso 26 dicembre-3 gennaio, 15-30 giugno, lunedì*

CAPRIATE SAN GERVASIO

✉ 24042 – Bergamo (BG) – Carta regionale n° **10**-C2 – Carta stradale Michelin 561-F10

😊 KANTON RESTAURANT

CINESE · DI TENDENZA ℵℵ È la "cuCina che non ti aspetti", come ama definirla Weikun, lo chef-patron che vi accompagnerà in un percorso di sapori d'Oriente rivisitati in chiave moderna e personale. Piatti che sorprendono per equilibrio e sapore, dove le due anime della tradizione ed innovazione si armonizzano a meraviglia.

Specialità: Disco di gamberi. Straccetti di soja. Vaniglia, mandorle e crostatina.

Menu 35/50 € – Carta 35/50 €

🏡 & 🆎 *via Antonio Gramsci 17 – ℰ 02 9096 2671 – www.kantonrestaurant.it – Chiuso 30 agosto-5 settembre, lunedì, martedì-domenica a mezzogiorno*

🍴 OSTERIA DA MUALDO ❶

MODERNA · AGRESTE ℵℵ Nel villaggio operaio dichiarato patrimonio mondiale dall'Unesco, tra la fabbrica tessile, le abitazioni e il castello della famiglia cotonieri Crespi, un piacevole casale è stato convertito in ristorante dai tratti signorili. Appena varcata la soglia sarete tentati dalle prelibatezze (salumi e formaggi!) del banco di Mualdo, ma le leccornie non si esauriscono qui: piatti di terra e di mare, preparati con gusto moderno, senza eccessi e ricchi di concretezza. Molto più di una cascina!

Menu 25 € (pranzo), 50/70 € – Carta 45/80 €

🛏 🏡 🆎 ⇄ 🅿 *via Privata Crespi 6 – ℰ 02 9093 7077 – www.osteriadamualdo.com – Chiuso 9-23 agosto, 27 dicembre-4 gennaio, lunedì, domenica sera*

CAPRILE – Belluno (BL) ➜ Vedere Alleghe

CAPRI LEONE – Messina (ME) ➜ Vedere Sicilia

CAPRIVA DEL FRIULI

✉ 34070 – Gorizia (GO) – Carta regionale n° **6**-C2 – Carta stradale Michelin 562-E22

⅋○ TAVERNETTA AL CASTELLO

REGIONALE · RUSTICO ❌❌ Il verde dei vigneti e del vicino campo da golf (con club house e osteria!) allieta la taverna di tono rustico-elegante con l'immancabile camino, dove gustare piatti regionali prevalentemente di terra, ma anche mare (visto che non è – poi – così distante). Camere confortevoli per un soggiorno di tranquillità.

Menu 50 € – Carta 42/70 €

🖧 ⇦ 🖥 🏠 ᗒ 🅰🅲 🅿 *via Spessa 7 - ℰ 0481 808228 - www.castellodispessa.it – Chiuso lunedì, domenica sera*

CARAMANICO TERME

✉ 65023 – Pescara (PE) – Carta regionale n° **1**-B2 – Carta stradale Michelin 563-P23

⊛ LOCANDA DEL BARONE

REGIONALE · CASA DI CAMPAGNA ❌ Posizione tranquilla e panoramica per una bella casa dai toni rustici, ma molto accogliente. Specialità: stinco di maiale nero con passata di cipolle rosse e riduzione di Montepulciano.

Specialità: Sfere di formaggio con carpaccio di pecora e pera al Montepulciano. Chitarrina verde di ortica con guanciale croccante e caciocavallo. Soffione di ricotta su crema al profumo di centerba.

Carta 25/35 €

⇦ 🏠 ᗒ 🅰🅲 *località San Vittorino - ℰ 085 92584 - www.locandadelbarone.it – Chiuso lunedì, martedì, mercoledì*

CARDANO/KARDAUN – Bolzano (BZ) ➜ Vedere Bolzano

CARLOFORTE – Carbonia-Iglesias (CI) ➜ Vedere Sardegna - Carloforte (isola di)

CARNELLO – Frosinone (FR) ➜ Vedere Arpino

CARONA

✉ 24010 – Bergamo (BG) – Carta regionale n° **9**-B1 – Carta stradale Michelin 561-D11

⅋○ LOCANDA DEI CANTÙ

DEL TERRITORIO · CONTESTO REGIONALE ❌ Una locanda con la "L" maiuscola, alla fine della valle attorniata da ripidi pendii, una sana cucina che è rinomata in zona per – inaspettatamente – il pesce! Lo chef-titolare ama infatti proporlo avvicinandolo al menu montano, ricco di polenta e primi piatti rustici.

Carta 28/55 €

⇦ 🍽 *piazza Vittorio Veneto 3 - ℰ 0345 77044 - www.locandadeicantu.com – Chiuso lunedì, martedì sera*

CAROVIGNO

✉ 72012 – Brindisi (BR) – Carta regionale n° **15**-C2 – Carta stradale Michelin 564-E34

⊛ GIÀ SOTTO L'ARCO

Chef: Teresa Galeone

CREATIVA · ELEGANTE ❌❌❌ Storico fra gli stellati pugliesi, come storica è la scenografica collocazione: un salotto la piazza su cui si affaccia, ma ancor più signorile il ristorante, al primo piano di un bel palazzo barocco. Si sale un'elegante scala per raggiungere la sala, sobria come detta lo stile pugliese, raffinata, tra le più eleganti in zona; abilmente gestita da padre e figlia, a cui si aggiunge anche il figlio quando gli impegni di medico glielo consentono. Dalla cucina arrivano succulenti piatti sia di pesce che di carne. Teresa, chef-titolare, inserisce, oltre ai dovuti richiami al territorio, anche qualche prodotto e combinazione di natura più ampia, riallacciandosi ad un filone di cucina creativa-nazionale. Ottima anche la scelta enoica, in virtù di una sfrenata passione del patron che da alcuni anni si è lanciato in una sua propria produzione (oltre a quella dell'olio), ed intrigante selezione di distillati.

Specialità: Scaloppa di fegato grasso, pan brioche, mostarda di mele cotogne, mele alla cannella e mosto cotto. Ravioli ripieni di patate e cozze. Mousse di mandarino rosso, yogurt e spugna all'arancia.

Menu 65/100 € – Carta 60/90 €

🖧 🖊 ⇦ *corso Vittorio Emanuele 71 - ☎ 0831 996286 - www.giasottolarco.it - Chiuso 1-7 dicembre, 10-31 gennaio, lunedì*

🍴○ **OSTERIA CASALE FERROVIA**

PUGLIESE · STILE MEDITERRANEO ХХ Nasce in quella che fu l'abitazione novecentesca di un antico frantoio, questo locale dagli interni eleganti, pochi mobili antichi di famiglia e tavoli costruiti su disegno Art Déco e qualche bell'esemplare delle celebri ceramiche pugliesi. La titolare-cuoca sforna dalla cucina sapori del territorio con fare leggero e moderno; la Puglia ritorna protagonista anche nella bella cantina. Come il nome lascia intuire, sul retro, ci sono le rotaie e passano i treni, ma niente paura: poco rumore e nessun disturbo!

Menu 40/50 € – Carta 40/60 €

🖧 🍷🏠♿🖊⇦🅿 *via Stazione 1, sulla SP 34 - ☎ 0831 990025 - www.casaleferrovia.it - Chiuso lunedì, domenica sera*

CARPANETO PIACENTINO

✉ 29013 – Piacenza (PC) – Carta regionale n° **5**–A2 – Carta stradale Michelin 562-H11

🕸 **NIDO DEL PICCHIO**

Chef: Daniele Repetti

MODERNA · ELEGANTE ХХХ Atmosfera sobria e sussurrata, l'ambiente è quello di una dimora privata arredata con buon gusto: camino acceso nella stagione invernale, fresco e accogliente dehors in quella più calda. Il ristorante si è costruito una nomea per il pesce, sicuramente meritata, ma la proposta ittica è comunque equamente divisa con la carne. C'è qualche omaggio alla tradizione come la coppa e gli anolini in brodo, sebbene la maggior parte delle proposte siano fondamentalmente creative. Di origini inglesi, la moglie del titolare gestisce la sala con grande amabilità, competenza e simpatia. Più di 700 etichette della miglior tradizione vinicola italiana e internazionale riposano in cantina, con una curiosa propensione per i vini delle zone fredde.

Specialità: Terrina di foie gras, chutney di pere, crema di liquirizia e gelato di fichi. Trancio di coda di rospo, insalata di sedano, maionese di pomodoro, timo e pepe rosa. Acqua, aria, terra e fuoco.

Menu 65/90 € – Carta 60/96 €

🖧 🏠🖊⇦ *viale Patrioti 6 - ☎ 0523 850909 - www.ristorantenidodelpicchio.it - Chiuso lunedì, martedì-sabato a mezzogiorno*

CARPI

✉ 41012 – Modena (MO) – Carta regionale n° **5**–B2 – Carta stradale Michelin 562-H14

🍴○ **IL 25**

MODERNA · CONTESTO STORICO ХХ In un palazzo di fine '800, la cucina non si pone confini: terra e mare, tradizione e creatività, ma un solo dogma, la pienezza del gusto tutta emiliana. In più, oltre alla cantina molto ben fornita, dove eventualmente organizzare una cena nei due tavoli a disposizione, anche un secondo locale, adiacente e più easy.

Carta 30/60 €

🖧 🏠♿🖊 *via San Francesco 20 - ☎ 059 645248 - www.il25.it - Chiuso lunedì, martedì-venerdì a mezzogiorno*

🍴○ **IL BAROLINO**

REGIONALE · ACCOGLIENTE ХХ Piatti unicamente del territorio e conduzione strettamente familiare per questo locale in posizione periferica, ma con piccolo e piacevole dehors sulla strada. Propone anche vendita di vini e di prodotti alimentari.

Menu 21 € (pranzo) – Carta 25/50 €

🏠🖊 *via Giovanni XXIII 110 - ☎ 059 654327 - www.ilbarolinoristorante.com - Chiuso 31 dicembre-7 gennaio, 7-22 agosto, sabato a mezzogiorno, domenica*

CARRARA

✉ 54033 – Massa-Carrara (MS) – Carta regionale n° **18**–A1 – Carta stradale Michelin 563-J12

🍽️ **EXTRA**

MODERNA · DESIGN ✕✕ Anticipata da una curiosa scultura nel giardino, una torre di vetro e marmo (a sottolineare l'appartenenza al territorio di Carrara) ospita questo locale dal design minimalista e dalle linee sobrie, ma generoso di luce; la cucina si rifà ad uno stile contemporaneo, spaziando con disinvoltura tra terra e mare, seguendo il ritmo delle stagioni e della fantasia. A pranzo l'ambiente e le proposte gastronomiche si vestono d'informalità.

Menu 25€ (pranzo), 40/60€ – Carta 25/65€

🍴 ⅙ 🅰️🅲 ⇄ *viale Turigliano 13 – ℰ 0585 74741 – www.extracarrara.it –*
Chiuso domenica

a Colonnata Est : 7 km – Carta regionale n° **18**–A1

🏵️ **VENANZIO**

TOSCANA · SEMPLICE ✕ Arrivarci, fra interminabili strade tortuose che salgono all'ombra delle Alpi Apuane, è un viaggio nel cuore dei marmi toscani, che da qui sono partiti alla conquista del mondo. Indissolubilmente legato ad essi, da Venanzio troverete una delle eccellenze italiane: il lardo di Colonnata! Da gustarsi da solo o come "condimento" speciale di altre portate, sebbene la carta sia davvero generosa di piatti di fragrante qualità; a cominciare dalle paste fresche sino al tartufo stagionale, in un locale nel cuore del piccolo borgo, per il resto, semplice e familiare.

Specialità: Lardo e carne in salamoia. Ravioli di carne ed erbette di montagna con salsa al pomodoro fresco. Mousse di zabaione con cioccolata calda fondente.

Menu 15€ (pranzo), 35/50€ – Carta 33/58€

🍴 🅰️🅲 *piazza Palestro 3 – ℰ 0585 758033 – www.ristorantevenanzio.com –*
Chiuso 23 dicembre-15 gennaio, giovedì, domenica sera

CARSOLI

✉ 67061 – L'Aquila (AQ) – Carta regionale n° **1**–A2 – Carta stradale Michelin 563-P21

🍽️ **AL CAMINETTO**

ABRUZZESE · FAMILIARE ✕✕ Décor rustico in un locale poliedrico con sala enoteca per degustazioni. In menu, l'offerta è ampia e variegata: si va dalle più tipiche specialità regionali, alle carni cotte alla brace, funghi e tartufi. Interessante selezione di vini per gli amanti di etichette particolari. I dessert fatti in casa... consigliatissimi!

Menu 25/35€ – Carta 30/45€

🅰️🅲 ⇄ *via degli Alpini 95 – ℰ 0863 995105 – www.al-caminetto.it – Chiuso lunedì*

🍽️ **L'ANGOLO D'ABRUZZO**

ABRUZZESE · AMBIENTE CLASSICO ✕✕ Per gli appassionati della cucina abruzzese, i migliori prodotti e i più autentici sapori della gastronomia regionale sotto la supervisione e la cura della famiglia Centofanti: carni, paste, salumi, formaggi, nonché funghi e tartufi (in stagione) e non ultima l'ottima cantina.

Menu 25/65€ – Carta 45/75€

🍴 ⅙ ⇄ *piazza Aldo Moro 8 – ℰ 0863 997429 – www.langolodiabruzzo.it –*
Chiuso martedì

CARTOSIO

✉ 15015 – Alessandria (AL) – Carta regionale n° **12**–C3 – Carta stradale Michelin 561-I7

🍽️ **CACCIATORI**

PIEMONTESE · FAMILIARE ✕✕ Un bel paesaggio collinare vi porterà a Cartosio, dove, in una tipica casa di campagna in parte recentemente rinnovata, troverete questo caposaldo della cucina locale. In esercizio da cinque generazioni, eppure la formula è cambiata di poco: piatti piemontesi elencati a voce ricorrendo, laddove possibile, a prodotti della zona e cotture nella stufa a legna. Semplici, ma gradevoli camere se desiderate fermarvi dopo cena.

Menu 30€ – Carta 32/60€

↩ 🍴 🅿️ *via Moreno 30 – ℰ 0144 40123 – www.cacciatoricartosio.com –*
Chiuso 26 dicembre-23 gennaio, 28 giugno-10 luglio, mercoledì, giovedì

CASAGLIA - Perugia (PG) → Vedere Perugia

CASAL BORSETTI

✉ 48010 – Ravenna (RA) – Carta regionale n° **5**-D2 – Carta stradale Michelin 562-T18

⁙○ LA CAPANNINA

PESCE E FRUTTI DI MARE · CONTESTO CONTEMPORANEO XX Locale moderno ed accogliente affacciato sul porto canale di questa piccola frazione di Ravenna offre una fragrante cucina ittica, presentata con raffinata fantasia. Particolare attenzione è riservata proprio alla selezione del pescato fresco che - oltre a costituire la materia prima della carta - dà vita a differenti menu degustazione, di cui uno in particolare è dedicato ai crudi di mare.

Menu 25€ (pranzo), 55/78€ – Carta 35/90€

🗚 *via Casalborsetti 181 – ℰ 0544 445071 – www.lacapanninacasalborsetti.it – Chiuso lunedì, domenica sera*

CASALE MONFERRATO

✉ 15033 – Alessandria (AL) – Carta regionale n° **12**-C2 – Carta stradale Michelin 561-G7

⊛ ACCADEMIA RISTORANTE

DEL TERRITORIO · CONTESTO STORICO XX All'interno dello storico Palazzo Gozzano Treville, sede anche della Filarmonica di Casale Monferrato, apre al pubblico questo ristorante dagli ambienti classici e dai magnifici saloni affrescati. Cucina fragrante che unisce con estro i sapori del territorio con alcune proposte di pesce; da ottobre ad aprile anche a base di oca.

Specialità: Baccalà mantecato alla mediterranea. Spezzatino di coniglio con peperonata. Bonet tradizionale.

Menu 25€ (pranzo)/36€ – Carta 29/50€

via Mameli 29 – ℰ 0142 452269 – www.accademiaristorante.it – Chiuso 5-26 agosto, mercoledì

⁙○ FALETTA 1881

ITALIANA CONTEMPORANEA · RUSTICO XX Immersa nei vigneti di proprietà e nel paesaggio collinare del Monferrato, una cascina dalla lunga storia sapientemente restaurata da mani appassionate. Il ristorante propone piatti contemporanei su base locale e nazionale, a disposizione anche accoglienti camere (un paio con cucina) e una piscina d' acqua salata, oltre al relax della campagna.

Menu 39/60€ – Carta 51/66€

⇦ 🖨 ♿ 🗚 🅿 *Regione Mandoletta – ℰ 0142 670068 – www.faletta.it – Chiuso 1 gennaio-9 febbraio, lunedì, martedì*

CASALGRANDE

✉ 42013 – Reggio nell'Emilia (RE) – Carta regionale n° **5**-B2 – Carta stradale Michelin 561-I14

⁙○ BADESSA

TRADIZIONALE · CONTESTO REGIONALE XX In un antico caseificio del XIX secolo, una giovane e appassionata gestione propone piatti del territorio con selezionate materie prime dei dintorni. Il loro motto è "antichi sapori a Km 0 e aceto balsamico tradizionale".

Menu 40/50€ – Carta 40/65€

🍴 🗚 🅿 *via Case Secchia 2 – ℰ 0522 989138 – www.ristorantebadessa.it – Chiuso lunedì, sabato a mezzogiorno*

CASALOTTO - Asti (AT) → Vedere Mombaruzzo

CASAMICCIOLA TERME - Napoli (NA) → Vedere Ischia (Isola d')

CASELLE IN PITTARI

✉ 84030 – Salerno (SA) – Carta regionale n° **4**-D3 – Carta stradale Michelin 564-G28

⫶○ **ZI FILOMENA**

DEL TERRITORIO · FAMILIARE X Dal 1932, anno di apertura, ad oggi, si è passati dalla nonna alla madre sino, appunto, all'attuale patron (e cuoco) Mario che, insieme alla moglie, mette tanta passione nel mantenere vivo e verace il gusto di questo locale perso nel verde del Parco Nazionale del Cilento. Vi si viene per gustare carni cotte alla griglia, funghi e verdure.

Carta 20/45 €

🍴 🅰️ *viale Roma 11 – ☎ 0974 988024 – www.ristorantezifilomena.it – Chiuso lunedì sera, mercoledì sera, domenica sera*

CASERTA

✉ 81100 – Caserta (CE) – Carta regionale n° **4**-B2 – Carta stradale Michelin 564-D25

❀ **LE COLONNE**

Chef: Rosanna Marziale

MODERNA · ELEGANTE XxX Lo sapevate che il nostro Paese detiene il primato in quanto a maggior numero di donne chef stellate al mondo? E Rosanna Marziale con la sua cucina contribuisce ad alimentare questo numero! Tra colonne e pavimenti in marmo, i sapori intensi e travolgenti delle proposte della cuoca – allieva di Gianfranco Vissani e Martin Berasategui - fornirebbero un immediato indizio della zona geografica anche se vi conducessero qui bendati! Una cucina originale nella sua composizione ed esecuzione, che trova nella mozzarella di bufala la sua migliore alleata, presente addirittura in un dessert: mozzarella cake, deliziosa reinterpretazione del celebre dolce, che vede come protagonista della singolare ricetta la bufala.

Specialità: La pizza al contrario alla puttanesca con tarallo 'nzogna e pepe. Palla di mozzarella. Creta: crema al limone, cioccolato e meringa bruciata.

Menu 70/110 € – Carta 70/110 €

🅰️ ⇔ 🅿️ *viale Giulio Douhet 7/9 – ☎ 0823 467494 – www.lecolonnemarziale.it – Chiuso 7-27 gennaio, 7-26 agosto, martedì*

⫶○ **ANTICA LOCANDA**

CAMPANA · SEMPLICE X Fuori dal centro ma praticamente di fronte all'ingresso del monumento Belvedere, quasi una trattoria dove si mangia in due caratteristiche sale separate da un arco in mattoni. Cucina di influenza partenopea, ma a sorpresa ci troverete anche molto pesce.

Carta 20/45 €

🍴 🅰️ *piazza della Seta, località San Leucio – ☎ 0823 305444 – Chiuso 10-17 agosto, lunedì, domenica sera*

CASIER

✉ 31030 – Treviso (TV) – Carta stradale Michelin 562-F18

a Dosson Sud - Ovest : 3,5 km – Carta regionale n° **23**–A1

❀ **ALLA PASINA**

REGIONALE · FAMILIARE XX Non è solo una casa di campagna a gestione familiare, le tre intime salette sono ben curate e la cucina si muove tra tradizione e fantasia. Dopo un intervento architettonico, il vecchio granaio ospita camere affacciate sul fresco giardino.

Specialità: Gamberi in saor con cipolla rossa e granella di pistacchio. Raviolo aperto ai porcini e ricotta affumicata con mandorle croccanti. Meringata con fondente al latte.

Menu 18 € (pranzo), 35/50 € – Carta 30/50 €

⇐ 🛏 🍴 ♿ 🅰️ ⇔ 🅿️ *via Marie 3 – ☎ 0422 382112 – www.pasina.it – Chiuso lunedì, domenica sera*

CASINO DI TERRA – Pisa (PI) ➜ Vedere Guardistallo

CASOLE D'ELSA

✉ 53031 – Siena (SI) – Carta regionale n° **18**–C2 – Carta stradale Michelin 563-L15

 TOSCA

REGIONALE · ELEGANTE XXX Stile accattivante che fonde classica eleganza e tipicità toscana, archi e pareti in pietra, eleganti divanetti o comode poltroncine. La cucina mediterranea utilizza materie prime stagionali, ma non mancano proposte della tradizione. Servizio estivo nella bella corte dell'albergo.

Menu 90/105 € – Carta 70/105 €

🛆 AK *Hotel Castello di Casole, località Querceto – ☏ 0577 961501 – www.belmond.com – Chiuso 1 dicembre-20 aprile*

🏨 **BELMOND CASTELLO DI CASOLE**

LUSSO · ELEGANTE All'interno di una vasta proprietà (1700 ettari) si erge questa dimora dalle origini medioevali, restaurata e riedificata nel XIX e XX secolo, diventata oggi un elegante ed esclusivo resort per soggiorni da fiaba; cucina regionale con i migliori prodotti italiani ai ristorante Tosca.

🖎 ≤ 🖂 🕙 🛜 ↳ 🔁 ᚅ AK ᚅ P 39 camere – 27 suites

località Querceto – ☏ 0577 961501 – www.belmond.com

 Tosca – Vedere selezione ristoranti

CASSAGO BRIANZA

✉ 23893 – Lecco (LC) – Carta regionale n° **9**–B2

 C-HOTEL & SPA Ⓝ   Tablet.PLUS

SPA E WELLNESS · DESIGN Piccolo e raccolto design hotel con un'accogliente area benessere gestita con grande serietà e professionalità: un gioiello di confort, in virtù anche delle ampie camere. La linearità dei suoi spazi rende il C-Hotel & Spa una location perfetta per ospitare periodicamente esposizioni di opere d'arte.

🖙 🖂 🕙 🛜 ↳ 🔁 ᚅ AK ᚅ P 18 camere

via Nazario Sauro 47 – ☏ 039 955400 – www.c-hotel.it

CASSINO

✉ 03043 – Frosinone (FR) – Carta regionale n° **7**–D2 – Carta stradale Michelin 563-R23

 EVAN'S

CLASSICA · CONTESTO CONTEMPORANEO XX Gestito con tanta passione dalla famiglia Evangelista – da cui l'abbreviazione Evan's – il tutto iniziò nel lontano 1960 negli USA dove rimangono alcuni parenti attivi sempre nel settore. Il locale si propone quindi ad una clientela in grado di apprezzare una cucina classica, sia di mare sia di terra, con qualche ricetta regionale.

Carta 36/54 €

🛆 AK *via Gari 1/3 – ☏ 0776 26737 – www.evans1960.it – Chiuso 27 agosto-6 settembre, lunedì, domenica sera*

CASTAGNETO CARDUCCI

✉ 57022 – Livorno (LI) – Carta regionale n° **18**–B2 – Carta stradale Michelin 563-M13

a Bolgheri Nord : 10 km – Carta regionale n° **18**–B2

 OSTERIA MAGONA

REGIONALE · CASA DI CAMPAGNA XX L'eccellente rapporto qualità/prezzo ha già conquistato un'ampia platea di buongustai ed anche voi non vi sottrarrete al suo fascino; tra ulivi e vigneti, in questa dimora rurale la "ciccia" è la vera padrona di casa, in tutte le sue possibili, intriganti, declinazioni.

Specialità: Degustazione di tartara, fiore di zucca gratinato, bocconcini al rosmarino e tortino alle erbette. Terrina di galletto nostrale, purè e la sua essenza. Zuppa inglese con gelato al cioccolato.

Menu 30/60 € – Carta 30/60 €

🛆 AK P *località Vallone dei Messi 199, strada provinciale 16/b al km 2.400 – ☏ 0565 762173 – www.osteriamagona.com – Chiuso 1-15 febbraio*

ⅱ○ OSTERIA DEL TASSO Ⓝ

ITALIANA · CASA DI CAMPAGNA ⅹ A poca distanza dal celebre viale dei cipressi, in una delle zone vinicole più famose d'Italia, è proprio nel ristorante di una delle aziende più famose che qui ci troviamo, Guado al Tasso e i suoi grandi vini. Col bel tempo si mangia di fronte ai vigneti, all'ombra di platani ad ombrello. Cucina semplice e perlopiù tradizionale, ma appetitosa e ben fatta; salumi e griglia tra le specialità.

Carta 45/65 €

🍴 🍃 🅿 *via Bolgherese km 3,9, località San Walfredo –* 𝒫 *0565 182 8061 –*
https://www.osteriadeltasso.com

CASTANO PRIMO

✉ 20022 – Milano (MI) – Carta regionale n° **10**–A2 – Carta stradale Michelin 561-F8

ⅱ○ CAFÈ BISTROT GAMBA DE LEGN

CLASSICA · BISTRÒ ⅹ Proposta lontana dalla tradizione per un menu vario, simpaticamente presentato in stile giornale del giorno, incentrato su alcuni tagli e cotture di carni, griglia inclusa, senza però sdegnare preparazioni più fresche come le acciughe del Cantabrico o un buon salmone norvegese. Il plus è certamente la corte interna con tavoli in ceramica di Caltagirone nella bella stagione; il calore dei rustici interni nella stagione più fredda.

Menu 17 € (pranzo), 25/50 € – Carta 25/50 €

🍃 ♿ 🄰🄺 ⇔ *corso Martiri Patrioti 93 –* 𝒫 *0331 880237 –*
https://gambadelegn-castanoprimo.eatbu.com/

CASTELBELLO CIARDES • KASTELBELL TSCHARS

✉ 39020 – Bolzano (BZ) – Carta regionale n° **19**–B2 – Carta stradale Michelin 562-C14

🟢 KUPPELRAIN

Chef: Jörg e Kevin Trafoier

MODERNA · ROMANTICO ⅹⅹ Il Kuppelrain ha ormai trent'anni di storia! Ed è tutta una famiglia che si adopera per la riuscita di questo locale; in cucina il figlio Kevin per la parte salata con la sorella Nathalie ad occuparsi della pasticceria e cioccolateria. Non a caso in entrata un'ampia vetrinetta dà il benvenuto con un'esposizione di cioccolatini ed altre dolcezze. Situato proprio sotto il castello e preceduto da un curato giardino, la sala del ristorante è immacolata con pochi quadri alle pareti. Due menu degustazione a diversi prezzi a seconda del numero di portate che si scelgono, ma che si possono ordinare anche separatamente con relativo prezzo per piatto; carta semplice a pranzo.

Specialità: Baccalà cotto in olio d'oliva, piselli, asparagi e verbena. Capriolo nostrano, pastinaca, funghi dell'Alto Adige e scalogno. Rapa rossa, yogurt e ribes.

Menu 39 € (pranzo), 95/125 € – Carta 74/100 €

🏨 ⇦ ⬳ 🍃 ♿ 🅿 *via Stazione 16, località Maragno –* 𝒫 *0473 624103 –*
www.kuppelrain.com – Chiuso 20 gennaio-10 marzo, 6-10 agosto, lunedì, domenica

CASTELBIANCO

✉ 17030 – Savona (SV) – Carta regionale n° **8**–A2 – Carta stradale Michelin 561-J6

ⅱ○ GIN

REGIONALE · FAMILIARE ⅹⅹ Nel cuore della valle, questo piacevole ristorante recentemente rinnovato negli arredi propone piatti elaborati, partendo da tradizioni locali e che amplia l'offerta con un interessante menu vegano! Altro punto di forza è l'hotel, caratterizzato da camere belle e curate e da spazi comuni ridotti. Gin: l'indirizzo giusto per un soggiorno immerso nel verde!

Menu 30/35 €

🏨 ⇦ 🍴 🍃 🅿 *via Pennavaire 99 –* 𝒫 *0182 77001 – www.dagin.it –*
Chiuso 8 gennaio-15 marzo, lunedì, martedì, mercoledì-venerdì a mezzogiorno

179

⁏⃝ SCOLA

CREATIVA · ACCOGLIENTE ✗✗ Ci si aspetterebbe piatti semplici e ruspanti, e invece dalla cucina arrivano proposte elaborate e di ottimo livello: un ottimo motivo per far la strada fin qui!

Menu 40 € (pranzo), 55/65 € – Carta 50/80 €

🐾 🔄 🗺 🗘 🅿 *via Pennavaire 166 – ℰ 0182 77015 – www.scolarist.it –*
Chiuso 7 gennaio-11 febbraio, martedì, mercoledì

CASTELBUONO – Palermo (PA) ➜ Vedere Sicilia

CASTEL DEL PIANO

✉ 58033 – Grosseto (GR) – Carta regionale n° **18**–C3 – Carta stradale Michelin 563-N16

⊛ ANTICA FATTORIA DEL GROTTAIONE

TOSCANA · RUSTICO ✗✗ C'era una volta... una fattoria, oggi divenuta trattoria, piacevolmente rustica e variopinta nella sala interna, ma con un appuntamento imperdibile sulla terrazza panoramica nella bella stagione. Il peposo, un brasato di manzo al pepe, è tra le specialità.

Specialità: Zuppa arcidossina di ricotta e spinaci. Coscio di faraona arrostita su crema di zafferano della Maremma. Gelato di ricotta e olio extra vergine di oliva.

Menu 25/40 € – Carta 31/43 €

🔄 🗺 ♿ 🅺 *via della Piazza, località Montenero d'Orcia – ℰ 0564 1827081 –*
www.anticafattoriadelgrottaione.it – Chiuso lunedì

CASTELDIMEZZO

✉ 61100 – Pesaro e Urbino (PU) – Carta regionale n° **11**–B1 –
Carta stradale Michelin 563-K20

⊛ LA CANONICA

PESCE E FRUTTI DI MARE · ACCOGLIENTE ✗ A pochi metri da un belvedere sul mare, in un grazioso borgo, l'appuntamento qui è con una cucina di pesce fresco e di qualità. La scelta dei piatti è volutamente ristretta per contenere i prezzi; l'esperienza varrà la salita sin quassù, anche per i dolci.

Specialità: Marinara di cozze e vongole sgusciate, pane e patate. Gratinato di calamari, cozze alla mortadella, cannolicchi, sardoncini e canocchie. Cagliata al limone e liquirizia.

Menu 37/45 € – Carta 32/52 €

🗺 🅿 *via Borgata 20 – ℰ 0721 209017 – www.ristorantelacanonica.it – Chiuso lunedì,*
martedì-giovedì a mezzogiorno

CASTEL DI SANGRO

✉ 67031 – L'Aquila (AQ) – Carta regionale n° **1**–C3 – Carta stradale Michelin 563-Q24

✿✿✿ REALE

Chef: Niko Romito

CREATIVA · MINIMALISTA ✗✗✗✗ Chef-patron autodidatta profondamente legato alla sua terra, Niko Romito, grazie a studio e passione, è riuscito ad affermarsi ad altissimi livelli: in soli sette anni, infatti, ha conquistato l'ambito riconoscimento delle 3 stelle. Alle pendici di un monte, in un ex monastero cinquecentesco trasformato in albergo, Reale è l'espressione concreta di essenzialità e minimalismo: caratteristiche salienti della sala, ma anche tratti distintivi di una cucina creativa in questa parte di Abruzzo che si vuole intima e meno conosciuta. La tecnica si sgancia da ogni fronzolo, barocchismo, surplus.

La purezza è perseguita con ammirabile ostinazione, l'estrazione dei sapori diventa quasi ossessione, mentre i piatti sono presentati con grazia ed nitidezza estetiche che subito riconducono al Sol Levante. Come una vestale della buona tavola, Cristina sovraintende il servizio, sempre impeccabile ed attento. Insomma, un indirizzo imperdibile per chi è alla ricerca di un'esperienza culinaria ad alti livelli!

Specialità: Cavolfiore gratinato. Piccione, chiodi di garofano, senape e acqua. Essenza.

Menu 170/210 € – Carta 100/160 €

🕸 ⪡ 🖢 🅐 🅿 *Hotel Casadonna, contrada Santa Liberata, località Casadonna –* ☎ *0864 69382 - www.ristorantereale.it – Chiuso 11 gennaio-22 marzo, 2-9 novembre, lunedì, martedì, mercoledì a mezzogiorno*

🏠 CASADONNA

DIMORA STORICA · PERSONALIZZATO Chi è alla ricerca di un Abruzzo intimo e appartato troverà a Casadonna il suo paradiso, un ex monastero cinquecentesco alle pendici di un monte oggi trasformato in albergo. Le camere riflettono l'anima dell'antica funzione: sobrie ed essenziali, non rinunciano tuttavia ad un'eleganza discreta e misurata.

🕭 ⪡ 🖢 🛠 🅿 7 camere – 2 suites

contrada Santa Liberata, località Casadonna – ☎ *0864 69382 - www.nikoromito.com*

❀❀❀ **Reale** – Vedere selezione ristoranti

CASTELFALFI - Firenze (FI) ➜ Vedere Montaione

CASTELFRANCO EMILIA

✉ 41013 – Modena (MO) – Carta regionale n° **5**–C3 – Carta stradale Michelin 562-I15

🍽 LA LUMIRA

EMILIANA · CONTESTO REGIONALE ✕✕ La leggenda identifica in Castelfranco Emilia il paese in cui nacquero i celebri tortellini in brodo: vero o no che sia, qui ne assaggerete di ottimi, insieme ad altri piatti regionali di gran qualità, sorretti da un'ottima materia prima.

Carta 35/55 €

❖ 🅿 *corso Martiri 74 –* ☎ *059 926550 - www.ristorantelumira.com – Chiuso lunedì, domenica sera*

CASTELFRANCO VENETO

✉ 31033 – Treviso (TV) – Carta regionale n° **23**–C2 – Carta stradale Michelin 562-E17

❀ FEVA

Chef: Nicola Dinato

CREATIVA · CONTESTO CONTEMPORANEO ✕✕ Nel centro storico di Castelfranco Veneto, se la corte è d'epoca, lo stile del locale s'ispira - invece - ad un contemporaneo minimalismo, intimo ed elegante. La raffinata cucina di Nicola Dinato si esprime in percorsi degustazione (con piatti però estraibili alla carta per chi preferisce), dove tecnica ed ottime materie prime gareggiano per un risultato di grande spessore. Le proposte rappresentano perlopiù una giocosa, ma intelligente rivisitazione di classici locali e nazionali, come il maialino alla diavola e il brasato crudo. Splendido dehors estivo!

Specialità: Baccalà mantecato, gratin di patate, nocciole tostate. Paccheri alla carbonara di canestrelli, pesto di ricci di mare e santoreggia. Tiramigiù.

Menu 25 € (pranzo), 60/80 € – Carta 80/90 €

🕭 ⪢ 🅐 🅿 *Borgo Treviso 62 –* ☎ *0423 197565 - www.fevaristorante.it –* *Chiuso 11-18 gennaio, 12-26 luglio, lunedì, domenica sera*

CASTEL GANDOLFO

✉ 00040 – Roma (RM) – Carta regionale n° **7**–B2 – Carta stradale Michelin 563-Q19

🍽 ANTICO RISTORANTE PAGNANELLI

CLASSICA · ELEGANTE ✕✕ In attività dal 1882, eppure in continuo rinnovo: splendidamente affacciato sul lago, la carta si divide tra mare e monti, ma è da ricordare anche l'originale ricerca di erbe spontanee. Non mancate di visitare le celebri cantine scavate nella roccia con piccolo museo del vino.

Menu 55/90 € – Carta 35/98 €

🕸 ⪡ 🖽 *via Gramsci 4 –* ☎ *069360004 - www.pagnanelli.it*

CASTEL GIORGIO

✉ 05013 – Terni (TR) – Carta regionale n° **20**–A3 – Carta stradale Michelin 563-N17

🍴◯ **RADICI**

CREATIVA · ELEGANTE ✗✗ In un ambiente elegante o nella bella terrazza esterna tempo permettendo, la cucina affonda le radici nel territorio e in piccoli, ottimi produttori locali, ma - al tempo stesso - la fervida creatività vi renderà difficile abbandonare questo bel posto, tra sinuose verdi vallate.

Menu 65/95 € – Carta 58/96 €

🛉 ⅄ 🅰🄲 🅿 *Borgo La Chiaracia, località Borgo La Chiaracia (Sud: 1,5 Km) –* ☎ *0763 627123 – www.borgolachiaracia.it – Chiuso 21 febbraio-5 marzo, lunedì, martedì*

🏘 **BORGO LA CHIARACIA**

SPA E WELLNESS · ELEGANTE Ai confini tra Lazio e Toscana, immerso nella campagna umbra, Borgo La Chiaracia incarna una visione contemporanea dell'ospitalità, dove il moderno dialoga con la tradizione locale. La struttura è composta da tre casali, uniti da un percorso al coperto riscaldato, ed ognuno di questi trae il nome da una caratteristica architettonica: la scala esterna, tipica del territorio, la torre circolare e gli archi sinuosi. Cura del dettaglio e personalizzazioni anche nelle belle camere.

🦢 🛆 🗲 🗔 🆂🅿🅾 🕭 ➗ 🅰🄲 🕯 🅿 🏧 26 camere

località Borgo La Chiaracia (Sud: 1,5 Km) – ☎ *0763 627123 – www.borgolachiaracia.it*
🍴◯ **Radici** – Vedere selezione ristoranti

CASTELLABATE

✉ 84048 – Salerno (SA) – Carta stradale Michelin 564-G26

a Santa Maria di Castellabate Nord - Ovest : 5 km –

Carta regionale n° **4**–C3

🍴◯ **I DUE FRATELLI**

PESCE E FRUTTI DI MARE · AMBIENTE CLASSICO ✗✗ Ristorante di tono classico, dotato di un'ampia e bella terrazza che usufruendo della posizione fuori dal centro e rialzata rispetto alla costa offre la vista del mare. Le proposte di pesce variano in base a quanto fornisce il mercato locale, tra le specialità più apprezzate il risotto alla marinara.

Menu 32/48 € – Carta 35/55 €

⪉ 🛉 🅿 *via Sant'Andrea –* ☎ *0974 968004 – Chiuso 7 gennaio-6 febbraio, mercoledì*

CASTELLAMMARE DEL GOLFO – Trapani (TP) ➔ Vedere Sicilia

CASTELLAMMARE DI STABIA

✉ 80053 – Napoli (NA) – Carta regionale n° **4**–B2 – Carta stradale Michelin 564-E25

� **PIAZZETTA MILÙ**

Chef: Maicol Izzo

CREATIVA · ELEGANTE ✗✗ Questo ristorante è figlio di uno straordinario legame familiare tra Michele, Lucia e i loro tre figli. Furono i genitori, a cui è dedicato l'acronimo, ad aprirlo come pizzeria, a cui seguì il salto di qualità gastronomico con l'aiuto di Emanuele, Valerio e Maicol. Gli uni vi parleranno incessantemente degli altri, in un trasporto d'affetto che finirà per emozionarvi, nonché coinvolgervi con l'innata ospitalità della famiglia Izzo. Sapori e prodotti campani vengono proposti in un gioco di consistenze, fantasia e creatività dallo chef, che solo – raramente – si presta a qualche contaminazione. Tanti ingredienti autoctoni e verdure curate direttamente, con l'ammissione di una passione: il pomodoro! Due menu degustazione: *Evoluzione* e *Milù*, per cogliere appieno l'estro e le capacità del giovane cuoco.

Specialità: Insalata via Schito 42. Mezzopacchero alla marinara. Tartelletta al tiramisù e tartufo nero.

Menu 110/130 €

&. Ⓐ *corso Alcide De Gasperi 23 – ℰ 081 871 5779 – www.piazzettamilu.it – Chiuso martedì, mercoledì, giovedì a mezzogiorno, domenica sera*

🏨 LA MEDUSA HOTEL

LUSSO · ELEGANTE In un vasto e curato giardino-agrumeto, questa villa ottocentesca ha conservato anche nei raffinati interni lo stile e l'atmosfera fin-de-siècle. Molto rilassante, appartata e luminosa la spa con area relax e piacevole cabina per massaggi di coppia, ma altrettanto imperdibile la colazione al roof garden con vista sul Golfo di Napoli. L'accoglienza e la cura dei dettagli fanno – oltremodo - la differenza.

分 愛 ≼ 淸 エ 颁 ぬ ⊞ Ⓐ ♨ Ⓟ 46 camere – 3 suites

via passeggiata Archeologica 5 – ℰ 081 872 3383 – www.lamedusahotel.com

CASTELL'ARQUATO

✉ 29014 – Piacenza (PC) – Carta regionale n° **5**–A2 – Carta stradale Michelin 562-H11

🍴 MAPS

MODERNA · AMBIENTE CLASSICO XX Una collezione di quadri di artisti locali arreda il locale, ricavato in un vecchio mulino ristrutturato. Piccole salette moderne e servizio estivo all'aperto per una cucina di ispirazione contemporanea.

Menu 40 € – Carta 36/60 €

🍽 *piazza Europa 3 – ℰ 0523 804411 – www.ristorantemaps.com – Chiuso lunedì, martedì*

CASTELLETTO DI BRENZONE – Verona (VR) → Vedere Brenzone

CASTELLETTO SOPRA TICINO

✉ 28053 – Novara (NO) – Carta regionale n° **13**–B2 – Carta stradale Michelin 561-E7

🍴 ROSSO DI SERA

MODERNA · BISTRÒ XX Numerosi cambiamenti (negli interni e nel dehors) hanno - recentemente - interessato questo locale informale, ma elegante, wine-bar che propone una grande scelta di etichette e distillati, nonché piatti di qualità. A volte si cita il territorio, più spesso si gioca con la modernità. A pranzo, in aggiunta alla carta, una bella offerta più easy.

Menu 15 € (pranzo), 30/50 € – Carta 30/50 €

🐝 🍽 &. Ⓐ ⇔ *via Pietro Nenni 2 – ℰ 0331 963173 – www.osteriarossodisera.it – Chiuso mercoledì, sabato a mezzogiorno*

CASTELLINA IN CHIANTI

✉ 53011 – Siena (SI) – Carta regionale n° **18**–D1 – Carta stradale Michelin 563-L15

🍴 ALBERGACCIO DI CASTELLINA

REGIONALE · FAMILIARE XX Una genuina accoglienza familiare - il marito in sala, la moglie e il figlio in cucina - vi condurranno questo locale alla scoperta dei sapori toscani, in un ristorante dal tono rustico ed accogliente. Paste fresche, carni, salumi e formaggi, talvolta rivisti e aggiornati in un gusto più attuale. A pranzo è aperta anche l'osteria, con piatti più semplici.

Carta 45/65 €

🍽 &. Ⓟ *via Fiorentina 63 – ℰ 0577 741042 – www.ristorantealbergaccio.com – Chiuso 9-27 dicembre, domenica*

🍴○ LA TAVOLA DI GUIDO

REGIONALE · ELEGANTE XX Se la sala interna coccola l'ospite come il resto dell'albergo, il dehors vi farà godere della pace e della tranquillità del bellissimo giardino, mentre Guido cucina per voi piatti legati al territorio, talvolta un po' più moderni. La carta del pranzo propone una scelta leggermente ristretta.

Menu 60/80€ – Carta 56/85€

🛏 ⟨ 🍴 🏠 🅰️🅲 🅿️ *Hotel Locanda Le Piazze, località Le Piazze 41 (Sud-Ovest: 6 km) – ℰ 0577 743192 – www.tavoladiguido.com –*
Chiuso 1 dicembre-31 marzo, mercoledì

verso Castellina Scalo Sud - Ovest: 3 km

🏠 CASTELLO LA LECCIA

DIMORA STORICA · ELEGANTE Non sarà l'unico castello a vantare mille anni di storia, altri ancora sono immersi come La Leccia tra gli ulivi e i vigneti, camere dal gusto contemporaneo così eleganti non saranno le uniche in zona... ma una vista a 360° sui colli, Siena, San Gimignano e Monteriggioni è un privilegio raro, indimenticabile e mozzafiato, di cui potrete godere da alcune camere e dal giardino all'italiana.

🏠 🌳 ⟨ 🍴 ⚁ 🐾 🅿️ 17 camere

località La Leccia – ℰ 0577 743148 – www.castellolaleccia.com

CASTEL MAGGIORE

✉ 40013 – Bologna (BO) – Carta regionale n° **5**-C3 – Carta stradale Michelin 562-I16

✿ IACOBUCCI

ITALIANA CONTEMPORANEA · CONTESTO STORICO XXX A Castel Maggiore, praticamente a due passi dalla "città dotta", un parco secolare immerso nel verde sottolinea il fascino di una dimora tardo cinquecentesca: è villa Zarri.

In questa sontuosa cornice, tra lampadari di Murano e soffitti affrescati, il campano Agostino Iacobucci realizza una felicissima sintesi di cucina partenopea ed emiliana, a cui si aggiungono proposte più personali, di terra e di mare in piatti di alto livello: moderni per ricette ed impostazioni. Pensato e voluto per approvvigionare di ottime materie prime lo chef, l'orto di casa Iacobucci è uno spazio che i clienti possono visitare raccogliendo le prelibatezze che la terra offre.

Specialità: Gran crudo di mare. Napoli incontra l'Emilia. Babà a tre lievitazioni.

Menu 59/89€ – Carta 66/110€

🍴 ⬅ 🅰️🅲 🅿️ *via Ronco 1, Villa Zarri –*
ℰ 051 459 9887 – www.agostinoiacobucci.it –
Chiuso 10-17 gennaio, 8-22 agosto, domenica

a Trebbo di Reno Sud - Ovest: 6 km

🍴○ MASSIMILIANO POGGI CUCINA

MODERNA · CONTESTO CONTEMPORANEO XX Alle porte di Bologna ma in zona tranquilla, il locale porta il nome del suo bravissimo chef-patron e si propone in maniera vivace e moderna, in virtù di piatti che citano la tradizione bolognese, la riviera romagnola e - più ampiamente - la cucina di campagna della regione. Sempre con un occhio attento alla contemporaneità.

Menu 50/80€ – Carta 55/87€

🏠 🅰️🅲 ⟷ 🅿️ *via Lame 67 –*
ℰ 051 704217 – www.mpoggi.it –
Chiuso lunedì-sabato a mezzogiorno, domenica

CASTEL MELLA

✉ 25030 – Brescia (BS) – Carta regionale n° **9**-C2

� CHICCO DI GRANO

REGIONALE · FAMILIARE XX Piatti di solida cucina regionale preparati a regola d'arte: sapori buoni e fragranti in ricette classiche, che denotano capacità e bravura ai fornelli.

Carta 40/70€

🏠 & 🅰️ 🅿️ via dei Caduti 5 – ☏ 030 358 2055 – www.ristorantechiccodigrano.it – Chiuso 27 dicembre-8 gennaio, lunedì, domenica sera

CASTELMEZZANO

✉️ 85010 – Potenza (PZ) – Carta regionale n° **2**–B2 – Carta stradale Michelin 564-F30

🐤 AL BECCO DELLA CIVETTA

REGIONALE · FAMILIARE X Nel centro del paesino, isolato tra le suggestive Dolomiti Lucane, ad occuparsi della cucina è la proprietaria, che fa rivivere le ricette - sovente proposte a voce - delle sue muse, mamma e nonna, come la proverbiale mousse di ricotta. Dalle finestre delle camere, la maestosa scenografia naturale; all'interno, tranquillità e calorosa accoglienza.

Specialità: Lonzino di maiale marinato all'aglianico. Agnello alle erbe. Mousse di ricotta.

Menu 25/40€ – Carta 30/50€

↩️ 🅰️ vico I Maglietta 7 – ☏ 0971 986249 – www.beccodellacivetta.it – Chiuso 1 aprile-4 novembre

CASTELNOVO DI BAGANZOLA – Parma (PR) → Vedere Parma

CASTELNOVO DI SOTTO

✉️ 42024 – Reggio nell'Emilia (RE) – Carta regionale n° **5**–B3 – Carta stradale Michelin 562-H13

☐O POLI-ALLA STAZIONE

CLASSICA · ACCOGLIENTE XxX Oltrepassata una promettente carrellata di antipasti e l'esposizione di diversi tagli di carne e tipi di pesce, vi accomoderete in due ariose sale di tono elegante o nella gradevole terrazza estiva. La specialità è la cottura alla griglia di carbone.

Carta 40/70€

🚲 ↩️ 🏠 🅰️ 🅿️ Hotel Poli, viale della Repubblica 10 – ☏ 0522 682342 – www.hotelpoli.it – Chiuso lunedì, domenica sera

CASTELNUOVO BERARDENGA

✉️ 53019 – Siena (SI) – Carta regionale n° **18**–C2 – Carta stradale Michelin 563-L16

🕸️ POGGIO ROSSO

CREATIVA · ELEGANTE XxX Nella bella stagione, la vista della collina San Felice (da cui il borgo prende il nome) con i suoi colori e vigneti renderà indimenticabile la cena en plein air. Sebbene nato a ben altre latitudini, lo chef colombiano Juan Camilo Quintero - forte del supporto di Enrico Bartolini - esalta i sapori della Toscana, spaziando dalla terra al mare con proposte esteticamente suggestive e ricette valorizzate dal sapiente utilizzo di erbe aromatiche provenienti dal giardino privato di Poggio Rosso. Una ricca cantinetta a vetri dà il "benvenuto" all'ingresso; l'atmosfera che si respira ricorda – a tratti – la raffinatezza di una country house inglese. Vivamente consigliata una passeggiata nel borgo, dopocena: ottima tavola e romanticismo alle stelle!

Specialità: Panforte ai fegatini di pollo. Agnello con melanzane al carbone e cedro. Fior di cappero, bergamotto, mandorle e zafferano della Val d'Orcia.

Menu 90/180€ – Carta 90/145€

🚲 ↩️ 🏠 🅰️ 🅿️ Hotel Borgo San Felice, località San Felice – ☏ 0577 3964 – www.borgosanfelice.com – Chiuso 1 dicembre-1 aprile, lunedì-domenica a mezzogiorno

L'ASINELLO

Chef: Senio Venturi

MODERNA · INTIMO XX All'ingresso di un romantico borgo del Chianti, dal bel giardino per il servizio estivo è ancora possibile ascoltare il simpatico vociare dei residenti nelle serate dopocena, un piacevole spaccato dell'Italia di un tempo. Qui una giovane coppia ha trasformato un'ex stalla in un grazioso e raccolto ristorante. Se ai fornelli il marito è fautore di una cucina che evoca i tempi passati - essenziale nella sua concezione di gusto, con pochissimi ingredienti ben dosati - lo chef si contraddistingue anche per un certo "pollice verde" che si traduce nell'impeccabile tenuta del dehors: esteticamente bello e ordinato come i suoi piatti. L'Asinello: piccola chicca gastronomica nel panorama della buona cucina italiana!

Specialità: Zuppa di funghi e vitello. Risotto mandorle e fagiano. Mela e stracchino.

Menu 55/65€ – Carta 49/68€

🍴 🏧 *via Nuova 6, località Villa a Sesta –* 𝒞 *0577 359279 – www.asinelloristorante.it – Chiuso 7-17 gennaio, 1-10 settembre, lunedì, martedì-venerdì a mezzogiorno*

 LA BOTTEGA DEL 30

Chef: Hélène Stoquelet

TOSCANA · ROMANTICO XX Vi domanderete il perché di un'insegna con un tale nome. Il 30 non è l'anno della sua creazione, né il numero civico della via. Qui tutto ha il sapore di una fiaba...

Il 30 di ogni mese un venditore ambulante faceva tappa in questo piccolo incantevole borgo di poche anime. Nel frattempo, dalla Francia, arrivava una giovane cuoca, Hélène, che s'innamorò del Chianti e della sua cucina. Dedicò il suo ristorante a quel venditore e la magia continua ancora oggi: a trent'anni di distanza! Piatti sapidi, colorati, alieni a tante novità dell'attualità culinaria (benché in cucina ci sia oltre alla titolare, una giovane cuoca a coordinare il tutto), ma assolutamente gioiosi e saporiti.

Tra mura in pietra e raccolta di ricordi di una vita dedicata alla Toscana, una sosta qui non è solo una piacevole parentesi gastronomica, ma un momento di pienezza e di appagamento sensoriale dal quale si riparte rigenerati. Nella bella stagione, anche tre tavolini en plein air con vista sul bellissimo circondario.

Specialità: Fegatello su zuppa di toscanelli e farro. Guancia di vitello arrosto con crema di pane e crescione. Semifreddo al pistacchio con anacardi sabbiati su caramello salato.

Carta 61/93€

🍴 ♿ *via Santa Caterina 2, località Villa a Sesta –* 𝒞 *0577 359226 – www.labottegadel30.it – Chiuso 7 gennaio-1 marzo, lunedì a mezzogiorno, martedì, mercoledì-sabato a mezzogiorno*

🍽️ **IL CONVITO DI CURINA**

TOSCANA · ACCOGLIENTE XX Cucina toscana, nonché ampia scelta enologica con vini regionali e champagne di piccoli produttori, in un ambiente rustico-signorile, dove (meteo permettendo) vi consigliamo di optare per la terrazza panoramica.

Menu 40/60€ – Carta 46/60€

🐾 ⬅ 🛏 🍴 🏧 🅿 *Hotel Villa Curina Resort, strada provinciale 62, località Curina –* 𝒞 *0577 355647 - www.ilconvitodicurina.it – Chiuso 1 dicembre-15 marzo, lunedì-martedì a mezzogiorno, mercoledì, giovedì-domenica a mezzogiorno*

 BORGO SAN FELICE

LUSSO · ELEGANTE Lussuoso resort all'interno di un antico borgo, la cui storia si perde nel Medio Evo. Tra i vigneti del Chianti classico, camere e ambienti completamente rinnovati così come l'accogliente Osteria del Grigio, dove troverete i piatti della tradizione, una semplice ma gustosa alternativa al ristorante gourmet Poggio Rosso. Nel moderno centro benessere, tra le tante opzioni i benefici del vino si estendono al corpo in trattamenti per la pelle.

🏮 🐾 ⬅ 🛏 ⚒ 🏊 🧖 🏧 🛁 🅿 39 camere – 21 suites

località San Felice – 𝒞 *0577 3964 - www.borgosanfelice.it*

❀ **Poggio Rosso** – Vedere selezione ristoranti

🏨 CASTEL MONASTERO

DIMORA STORICA · GRAN LUSSO Raccolto intorno ad un'incantevole piazzetta dov'era il monastero medioevale, l'albergo si è da qui successivamente sviluppato su una vasta proprietà, tra ville e dépendance, ma sempre in stile toscano, tra incantevoli panorami e camere dai sobri ma raffinati arredi in stile. La spa è una delle migliori in zona.

🕎 🐾 ✦ 🗝 🗂 🖾 📶 🕸 ♨ 📠 🖾 🕸 **P** 74 camere – 12 suites

località Monastero d'Ombrone 19 – ☎ 0577 570001 – www.castelmonastero.com

🏨 LE FONTANELLE `Tablet.PLUS`

BOUTIQUE HOTEL · ELEGANTE L'antico complesso rurale risalente al XIII sec è stato ristrutturato per valorizzarne la tipicità dell'architettura: splendidi dettagli come le vasche d'acqua sorgiva ed eleganti interni da residenza privata. Le camere sono omogenee per confort, ma leggermente diverse nelle dimensioni e nell'esposizione. Affacciato sulle colline del Chianti Classico, il ristorante propone piatti regionali e una cantina principalmente improntata sulla territorialità.

🕎 🐾 ✦ 🗝 🗂 🖾 📶 🕸 ♨ 📠 🖸 ♿ 🖾 **P** 🚗 36 camere – 6 suites

località Fontanelle di Pianella – ☎ 0577 35751 – www.hotelfontanelle.com

CASTELNUOVO DELL'ABATE – Siena (SI) ➜ Vedere Montalcino

CASTELNUOVO MAGRA

✉ 19033 – La Spezia (SP) – Carta regionale n° **8**–D2 – Carta stradale Michelin 561-J12

🍴 ARMANDA

REGIONALE · CONTESTO TRADIZIONALE 🗶 In un caratteristico borgo dell'entroterra, andamento e ambiente familiari in una trattoria che propone piatti stagionali del territorio ben elaborati. Se volete gustare un piatto veramente speciale optate per il coniglio farcito.

Menu 38 € – Carta 30/40 €

🌳 🖾 **P** *piazza Garibaldi 6 – ☎ 0187 674410 – Chiuso 24 dicembre-10 gennaio, mercoledì*

CASTELROTTO • KASTELRUTH

✉ 39040 – Bolzano (BZ) – Carta regionale n° **19**–C2 – Carta stradale Michelin 562-C16

🍴 ZUM TURM

REGIONALE · ROMANTICO 🗶🗶 A pochi metri dal campanile, in un tipico edificio del 1511, la cucina vi farà conoscere i prodotti alpini in porzioni generose, accuratamente selezionati e cucinati. C'è una sala classica, ma vi consigliamo di prenotare un tavolo nella Stube del 1880.

Carta 40/65 €

🌳 *via Colle 8 – ☎ 0471706349 – www.zumturm.com – Chiuso 1-5 dicembre, mercoledì*

CASTEL SAN PIETRO TERME

✉ 40024 – Bologna (BO) – Carta regionale n° **5**–C2 – Carta stradale Michelin 562-I16

a **Varignana** Ovest : 5 km

🏨 PALAZZO DI VARIGNANA

RESORT · CONTEMPORANEO Grande resort in posizione defilata, tranquilla e panoramica, diffuso su più edifici tra cui segnaliamo la lussuosa eleganza e raffinatezza della Villa Amagioia che ospita le camere più belle, poche ed esclusive. Diversi ristoranti per soddisfare ogni palato, dalla cucina più tradizionale a quella gourmet nonché internazionale, spesso a base di prodotti della propria azienda agricola, a cominciare dall'olio. Splendido giardino ornamentale con labirinto.

🕎 ✦ 🗝 🗂 🖾 📶 🕸 ♨ 📠 🖸 ♿ 🖾 🕸 **P** 140 camere – 4 suites

via Cà Masino 611a – ☎ 051 1993 8300 – www.palazzodivarignana.com

CASTELSARDO – Sassari (SS) ➜ Vedere Sardegna

CASTEL TOBLINO

✉ 38076 – Trento (TN) – Carta regionale n° **19**–B3 – Carta stradale Michelin 562-D14

🟡○ **CASTEL TOBLINO**

MODERNA · ROMANTICO 🗙🗙 Affascinante castello medioevale proteso sull'omonimo lago, in questa bucolica zona trentina dove si produce il grande Vino Santo; la cucina è di stile moderno, mentre - davvero suggestiva - è la terrazza per il servizio estivo.

Menu 37/57 € – Carta 37/66 €

🛋 🎍 **P** *località Castel Toblino 1 – ☏ 0461 864036 – www.casteltoblino.com – Chiuso 1 gennaio-1 marzo*

CASTELVECCANA

✉ 21010 – Varese (VA) – Carta regionale n° **9**–A2 – Carta stradale Michelin 561-E8

🟡○ **SOUL KITCHEN**

CONTEMPORANEA · ACCOGLIENTE 🗙🗙 Molto ben ubicato sulla piccola e pittoresca piazzetta fronte lago, i suoi tavoli a ridosso del porticciolo offrono un dehors molto rilassato, curato e con ampia vista panoramica. Tre le linee di cucina con pesce di lago, mare e terra. Il titolare: un ottimo professionista del settore!

Carta 45/55 €

≤ 🎍 ᷡ 🔟 *località Caldè di Castelveccana – ☏ 0332 521091 – www.soulkitchencalde.it – Chiuso mercoledì*

🟡○ **SUNSET BISTROT**

MEDITERRANEA · BISTRÒ 🗙 I tavolini danno sul piccolo porticciolo per questa risorsa in stile bistrot, ubicata proprio sulla piazzetta della suggestiva frazione di Castelveccana, in posizione fronte lago. Menu giornaliero diviso fra carne e pesce in base alla disponibilità del mercato ed una bella scelta di bollicine: vera passione del titolare!

Carta 35/50 €

🐝 ≤ 🎍 🔟 *località Caldè di Castelveccana – ☏ 0332 521307 – Chiuso martedì*

CASTELVETRO DI MODENA

✉ 41014 – Modena (MO) – Carta regionale n° **5**–B2 – Carta stradale Michelin 562-I14

🟡○ **LOCANDA DEL FEUDO**

TRADIZIONALE · ROMANTICO 🗙🗙 Sulla sommità del pittoresco borgo, un romantico nido di fantasiosa cucina, nonché eleganti suite per un soggiorno immersi nella storia, lontano dal traffico e dalla modernità. Piccolo e suggestivo dehors sulla via centrale.

Menu 29/39 € – Carta 44/65 €

↩ 🎍 🔟 *via Cialdini 9, ang. via Trasversale – ☏ 059708711 – www.locandadelfeudo.it – Chiuso 6-31 gennaio, lunedì*

a Levizzano Rangone Sud - Ovest : 5 km – Carta regionale n° **5**-B2

🟡○ **OPERA|02**

EMILIANA · DESIGN 🗙🗙 Un bel ristorante che di giorno gode di un'ottima illuminazione naturale grazie ad ampie vetrate che regalano una suggestiva vista; nei suoi interni coniuga sapientemente - e con gusto - la tradizione locale fatta di sasso e legno con un ambiente moderno ed essenziale. Cucina del territorio, sempre in crescita a livello qualitativo.

Menu 60/75 € – Carta 50/70 €

≤ 🛋 🎍 ᷡ 🔟 ⇄ **P** *Agriturismo Opera 02, via Medusia 32 – ☏ 059 741019 – www.opera02.it – Chiuso lunedì-domenica a mezzogiorno*

CASTIADAS – Cagliari (CA) ➜ Vedere Sardegna

CASTIGLIONE DEL BOSCO – Siena (SI) ➜ Vedere Montalcino

CASTIGLIONE DEL LAGO

✉ 06061 – Perugia (PG) – Carta regionale n° **20**–A2 – Carta stradale Michelin 563-M18

ⓐ L'ACQUARIO

UMBRA · FAMILIARE ✕✕ Nel centro storico di questo gradevole borgo sopra al lago, una buona tappa per conoscere la cucina umbra e, soprattutto, la tradizione di piatti a base di pesce d'acqua dolce.

Specialità: Assaggi di lago. Carpa regina in porchetta. Bavarese allo zafferano.

Carta 22/42 €

🍴 via Vittorio Emanuele 69 –
✆ 075 965 2432 - www.ristorantelacquario.it –
Chiuso 11 gennaio-6 marzo, 8-30 novembre, mercoledì

CASTIGLIONE DELLA PESCAIA

✉ 58043 – Grosseto (GR) – Carta regionale n° **18**–C3 – Carta stradale Michelin 563-N14

ⓐ OSTERIA DEL MARE GIÀ IL VOTAPENTOLE

MODERNA · COLORATO ✕ Partendo da ottime materie prime, lo chef vi aggiunge la sua "firma" creando piatti sempre personalizzati ed intriganti. Il locale è molto piccolo, ma questo non è un difetto: anzi, l'intimità è garantita! Di sera, nell'annessa Crudosteria, i prodotti del mare vi saranno proposti così come vengono pescati.

Specialità: Alici marinate. Pici all'amatriciana di tonno. Cannolo ricotta e pistacchio.

Carta 34/47 €

🕸 🍴 🆒 via IV Novembre 15 –
✆ 0564 934763 - www.osteriadelmarecdp.it –
Chiuso 6 novembre-6 dicembre, lunedì

🍴 LA TERRA DI NELLO

REGIONALE · ROMANTICO ✕ Seguendo l'imprinting di nonno Nello, oggi il nipote, Gianni, continua a proporre sapori regionali: con la discendenza, però, i piatti si arricchiscono di modernità. E dalla griglia la specialità: la bistecca!

Menu 42 € – Carta 35/55 €

�)🍴 🅿 località Poggetto –
✆ 347 954 6258 - www.laterradinello.it –
Chiuso 2-18 marzo, lunedì a mezzogiorno, martedì, mercoledì-sabato a mezzogiorno, domenica sera

a Badiola Est : 10 km – Carta regionale n° **18**-C3

⚬ LA TRATTORIA ENRICO BARTOLINI

MEDITERRANEA · ELEGANTE ✕✕✕ Percorso un maestoso ingresso da cartolina, un lungo viale che alterna cipressi e pini marittimi, tra vigneti e bovini maremmani, si arriva infine al ristorante, dalla trattoria vuole cogliere i sapori intensi e ruspanti, familiari e rassicuranti, ma che per il resto si svolge tra eleganti sale con qualche tocco rustico e un servizio di gran livello, con accenti di piacevole informalità e simpatia. Benvenuti nel ristorante di Bartolini declinato in salsa maremmana! Qui il cuoco più stellato d'Italia propone - oltre a qualche suo immancabile classico - i sapori della sua regione d'origine, in particolare la cottura alla brace, a cui sono dedicati diversi piatti. È una testimonianza affettuosa ed intensa, ricca e generosa, come il territorio che vi circonda.

Specialità: Gambero mezzo fritto. Risotto arlecchino di mare. Tarte Tatin.

Menu 120/150 € – Carta 90/158 €

🕸 🍴 🆒 🅿 Hotel L'Andana-Tenuta La Badiola, località la Badiola –
✆ 0564 944322 - www.enricobartolini.net –
Chiuso 1 dicembre-31 marzo, lunedì, martedì-domenica a mezzogiorno

🏚 L'ANDANA-TENUTA LA BADIOLA   `Tablet.`PLUS

GRAN LUSSO · PERSONALIZZATO Dimora estiva del duca Leopoldo, il mare brilla in lontananza, ma sono i vigneti e gli ulivi a cingerla dappresso. Colori pastello e uno stile bucolico-contemporaneo ispirano i lussuosi interni, la cifra della casa è un lusso campestre ed ovattato.

⅋ ⇐ 🍴 🖥 ⌛ 🖾 🌐 🕉 🛁 🔁 🛗 🔘 ♨ 🅿 38 camere – 9 suites

località la Badiola – ℰ 0564 944800 – www.andana.it

⚙ **La Trattoria Enrico Bartolini** – Vedere selezione ristoranti

CASTIGLIONE DELLE STIVIERE

✉ 46043 – Mantova (MN) – Carta regionale n° **9**–D1 – Carta stradale Michelin 561-F13

⚙ HOSTARIA VIOLA

MANTOVANA · FAMILIARE ✗✗ È dal lontano 1909 che la famiglia Viola gestisce sotto ai caratteristici soffitti a volta l'Hostaria! Ed è un piacere per il palato scoprire che riescono agilmente a far rivivere la tradizione culinaria del territorio: una tradizione fatta in prevalenza di ottimi salumi, paste fresche fatte in casa, faraona, cotechino, in stagione l'immancabile zucca e chi più ne ha più ne metta... Purché si tratti di fragranti sapori stagionali e della zona.

Specialità: Luccio in salsa alla mantovana. Trittico di paste ripiene. Meringata al cucchiaio.

Carta 35/46 €

♿ 🅰 ⇔ 🅿 *via Verdi 32 – ℰ 0376 670000 – www.hostariaviola.com –*
Chiuso 30 dicembre-4 gennaio, lunedì, domenica sera

🍴 OSTERIA DA PIETRO

CLASSICA · ELEGANTE ✗✗ Territorialmente alla confluenza tra la tradizione mantovana e gardesana, la cucina riprende entrambe le zone con l'aggiunta di elementi moderni. Il ristorante si trova nel centro storico della località, in un edificio seicentesco con soffitto dalle caratteristiche volte ad "ombrello".

Menu 25 € (pranzo)/70 € – Carta 50/65 €

🍴 🅰 *via Chiassi 19 – ℰ 0376 673718 – www.osteriadapietro.it – Chiuso 9-30 agosto,*
mercoledì, domenica sera

🍴 HOSTARIA DEL TEATRO

MODERNA · ROMANTICO ✗✗ Un locale accogliente nel centro della località: un'appassionata coppia lo conduce con grande savoir-faire proponendo una cucina venata di fantasia e - al tempo stesso - legata alle tante tradizioni locali.

Menu 28 € (pranzo)/70 € – Carta 44/56 €

🍴 ♿ 🅰 *via Ordanino 5b – ℰ 0376 670813 – www.hostariadelteatro.it –*
Chiuso giovedì

🍴 TRATTORIA PAOLA

REGIONALE · FAMILIARE ✗✗ Cucina regionale mantovana con un pizzico di estro nelle presentazioni ed una formula più semplice a pranzo, sebbene sia sempre disponibile anche la carta. Per gli amanti della grappa la proposta è davvero ampissima.

Menu 13 € (pranzo), 25/45 € – Carta 30/70 €

🅰 🅿 *via Porta Lago 23 – ℰ 0376 638829 – www.trattoriapaola.it –*
Chiuso lunedì-martedì sera, mercoledì

CASTIGLIONE D'ORCIA

✉ 53023 – Siena (SI) – Carta stradale Michelin 563-M16

a Rocca d'Orcia Nord : 1 km – Carta regionale n° **18**–C2

⚙ OSTERIA PERILLÀ

MODERNA · CONTESTO CONTEMPORANEO ✗✗ *Causa emergenza Covid-19 le aperture sono ridotte. Prenotazione consigliata!*

Passato, presente, ricerca ed ingredienti del territorio – molti dei quali provenienti dall'azienda agricola di proprietà– sono tratti distintivi dell'Osteria Perillà a Castiglione d'Orcia: suggestivo comune arroccato su una collina della pendice settentrionale del monte Amiata. Indirizzo dall'ambiente moderno con opere d'arte alle pareti e menu firmato da Marcello Corrado che ai fornelli non rinuncerebbe mai a cerfoglio, cacio e manzo, ovvero a quanto di meglio la zona sa offrire. Napoletano di nascita, romano d'adozione ed errante per esigenze professionali, lo chef ammette di avere un debole per la cucina di Portinari ed i suoi bigoli al torchio con cipolla e alici del Cantabrico, ma se dovesse indicarne uno identificativo della propria idea di cucina non esiterebbe a scegliere la tartare di capriolo con tamarindo e foie gras.

Specialità: Crudo di capriolo, foie gras e tamarindo. Lepre in dolceforte, cavolfiore e pompelmo. Miele, camomilla e finocchietto.

Menu 85/130 € – Carta 80/85 €

🏠 🅰️🅲 *via Borgo Maestro 74 – ☎ 0577 887263 – www.osteriaperilla.it –*
Chiuso 1 dicembre-26 marzo, 1 ottobre-8 aprile, lunedì, martedì, mercoledì, giovedì, venerdì, sabato a mezzogiorno, domenica sera

CASTIGLIONE FALLETTO

✉ 12060 – Cuneo (CN) – Carta regionale n° **14**–A2 – Carta stradale Michelin 561-I5

🍽️ L'ARGAJ

CREATIVA · SEMPLICE 🍴 La formula è presto detta: sala e servizio semplici, si punta tutto sulla cucina, che parte dai prodotti piemontesi per giungere a risultati di rimarchevole tecnica ed elaborazione. Esperienza gourmet ad ottimi prezzi, qualsiasi sia la vostra scelta, ma noi vi consigliamo: tortelli di capriolo, gel di cassis, latte di mandorle amore - piccione, rabarbaro, peperoncino e aglio nero - cheese cake di caprino, lampone e Genepy.

Menu 40/50 € – Carta 47/62 €

🐝 🏠 *via Alba-Monforte 114 – ☎ 0173 62882 – www.argajristorante.it –*
Chiuso 1-28 febbraio, mercoledì sera, giovedì

CASTROVILLARI

✉ 87012 – Cosenza (CS) – Carta regionale n° **3**–A1 – Carta stradale Michelin 564-H30

🍽️ IL RISTORANTE DI ALIA

CALABRESE · ACCOGLIENTE 🍴🍴 Nato agli inizi degli anni '50, questo ristorante di tono rustico-elegante non smette di piacere ai suoi ospiti: sarà per la qualità del servizio, o per la cucina rigorosamente calabrese? Probabilmente, entrambi!

Menu 35 € (pranzo), 40/50 € – Carta 40/55 €

🐝 🛏️ 🍴 🅰️🅲 🅿️ *Hotel La Locanda di Alia, via Jetticelli 55 – ☎ 0981 46370 –*
www.locandadialia.it – Chiuso 26 dicembre-1 gennaio, 14-23 agosto, lunedì, domenica sera

CATANIA – Catania (CT) → Vedere Sicilia

CATANZARO

✉ 88100 – Catanzaro (CZ) – Carta regionale n° **3**–B2 – Carta stradale Michelin 564-K31

🏵️ ABBRUZZINO

MODERNA · ELEGANTE 🍴🍴🍴 Elegante ed accogliente, Abbruzzino è sempre un valido indirizzo per chi cerca i sapori del territorio - sia a livello di prodotti che di memoria personale del cuoco - reinterpretati in chiave moderna. A questo piccolo locale di soli sette tavoli si accede attraverso un giardino, per trovare una sala contemporanea e raffinata, con un arredamento minimal e finestra sulla cucina. Ai fornelli lo chef Luca (figlio del patron Antonio) propone piatti che ben rappresentano l'incontro tra creatività e tradizione calabra, spesso portati al cliente personalmente dai cuochi. Servizio professionale a cui la presenza della mamma in sala aggiunge una piacevole e genuina nota familiare.

Specialità: Baccalà total white. Fusilloni, nduja, pecorino e ricci di mare. Pane, olio e zucchero.

Menu 65/95 € – Carta 63/80 €

🕸 ⌂⌂ 🏠 Ⓜ️ *via Fiume Savuto, località Santo Janni – ℰ 0961 799008 – www.abbruzzino.it – Chiuso 7 gennaio-6 febbraio, lunedì, martedì, mercoledì-venerdì a mezzogiorno, domenica sera*

a Catanzaro Lido Sud : 14 km

🍴 **SUNRISE BEACH**

PESCE E FRUTTI DI MARE · STILE MEDITERRANEO ✕✕ Appena fuori dal centro e direttamente sulla spiaggia, è questo l'indirizzo giusto per gli amanti del pesce: schietta cucina mediterranea ed - ora - anche giapponese. In estate, si aggiunge alla carta un menu più semplice per il proprio stabilimento balneare.

Carta 25/50 €

🏠 *via Lungomare, località Giovino – ℰ 338 842 4193 – www.ristorantejaptipanan.it – Chiuso lunedì a mezzogiorno*

CATTOLICA

✉ 47841 – Rimini (RN) – Carta regionale n° **5**–D2 – Carta stradale Michelin 562-K20

🍴 **LOCANDA LIUZZI**

CREATIVA · ALLA MODA ✕✕ Liuzzi è anche il nome del cuoco e non è possibile parlare di questo ristorante se non partendo da lui: generoso e fantasioso, sforna una cucina caratterizzata da originalità ed estro creativo, combinati a richiami alla Puglia, sua terra d'origine.

Menu 50/75 € – Carta 50/75 €

🕸 Ⓜ️ *via Fiume 61, angolo via Carducci – ℰ 0541 830100 – www.locandaliuzzi.com – Chiuso mercoledì, giovedì a mezzogiorno*

🏠 **CARDUCCI 76**

TRADIZIONALE · ELEGANTE Un'enclave in stile neocoloniale nel cuore di Cattolica e direttamente sul mare: rilassante corte interna ed ampio giardino con piscina. Camere originali e minimaliste.

🏊 ≤ ⌂⌂ 🛏 🐕 🔲 Ⓜ️ 🚗 38 camere – 6 suites

via Carducci 76 – ℰ 0541 954677 – www.carducci76.it

CAVA DE' TIRRENI

✉ 84013 – Salerno (SA) – Carta regionale n° **4**–B2 – Carta stradale Michelin 564-E26

🍴 **CRUB** 🄽

PESCE E FRUTTI DI MARE · BISTRÒ Lungo la passeggiata pedonale del centro, un locale moderno con arredi eleganti e contemporanei. Qui vengono serviti un'ottima serie di crudi, nonché una buona selezione di ostriche e caviale; in bella vista anche il buffet del pesce fresco, dove attingere per piatti più elaborati e di stampo attuale. Le bollicine hanno un posto d'onore...

Carta 30/80 €

Ⓜ️ *corso Umberto I 125 – ℰ 089 344715 – www.crub.it – Chiuso lunedì a mezzogiorno, martedì, mercoledì a mezzogiorno, venerdì a mezzogiorno*

CAVAGLIÀ

✉ 13881 – Biella (BI) – Carta regionale n° **12**–C2 – Carta stradale Michelin 561-F6

🍴 **OSTERIA DELL'OCA BIANCA**

REGIONALE · RUSTICO ✕ Nel cuore della piccola località, di fronte alla chiesa, osteria di paese a simpatica conduzione familiare diretta, piatti della tradizione piemontese, e ovviamente tanta oca, serviti in un locale rustico ed accogliente; ottima lista vini con cantina visitabile. Tre belle camere a disposizione esclusivamente dei clienti che cenano qui.

Menu 30/50 € – Carta 30/50 €

🕸 ⇦ ♿ Ⓜ️ ⇨ *via Umberto I 2 – ℰ 0161 966833 – www.osteriadellocabianca.it – Chiuso 15-22 febbraio, 28 giugno-12 luglio, 16-23 agosto, martedì, mercoledì*

CAVAION VERONESE

✉ 37010 – Verona (VR) – Carta regionale n° **23**–A3 – Carta stradale Michelin 562-F14

ॐ **OSELETA**

CREATIVA · ELEGANTE XXxX *Causa emergenza COVID-19 chiuso temporaneamente fino a novembre 2020.*

I sontuosi e romantici ambienti di Villa Cordevigo ospitano - in una delle ali laterali della villa veneta - il ristorante Oseleta composto da due sale, di cui una veranda, con magnifica vista sui vigneti della tenuta Villabella. Avvicendamento ai fornelli, ma la carta continua a spaziare un po' ovunque; c'è qualche ricetta a base di pesce di lago e – al tempo stesso - divagazioni più internazionali per accontentare la clientela dell'albergo, oltre a piatti unicamente vegetariani. Possibilità di degustazioni o cene private nella piccola cantina, al di sotto della chiesetta presente nel complesso.

Specialità: Tartare di salmerino alpino, caviale Beluga, salsa al bergamotto, granita alle erbe. Guancia di fassona all'Oseleta. Il cioccolato...Tulakalum.

Menu 75/125 € – Carta 75/135 €

🛏 🗭 ᕃ 🅰 ⇔ 🅿 *Hotel Villa Cordevigo Wine Relais, località Cordevigo –*
☎ *045 723 5287 - www.ristoranteoseleta.it – Chiuso 6 gennaio-25 marzo, martedì*

🏨 **VILLA CORDEVIGO WINE RELAIS**

LUSSO · STORICO Sarà un giardino all'italiana a darvi il benvenuto in questo esclusivo buen retiro di origini cinquecentesche alle spalle del lago, caratterizzato da vigneti, chiesa con reliquie e romantici bagni retrò nelle belle camere. Ottima anche la qualità dei servizi.

🛎 🗭 🏊 🦚 ᕁ ⊡ ᕃ 🅰 ♨ 🅿 36 camere

località Cordevigo – ☎ 045 723 5287 - www.villacordevigo.com

ॐ **Oseleta** – Vedere selezione ristoranti

CAVALESE

✉ 38033 – Trento (TN) – Carta regionale n° **19**–D3 – Carta stradale Michelin 562-D16

ॐ **EL MOLIN**

Chef: Alessandro Gilmozzi

CREATIVA · ROMANTICO XXX Come fosse una guida alpina gastronomica, lo chef-patron Alessandro Gilmozzi vi condurrà in un viaggio sensoriale lungo un menu degustazione di 7 o 13 portate: inebriati da intensi sapori di cacciagione, gustosi pesci di fiume, formaggi particolari ed una rara selezione di elementi botanici, interessante per varietà e complessità. Conoscerete, quindi, una cucina - tecnica e creativa - che porta le Dolomiti e il bosco nel piatto. Con una cultura culinaria acquisita ai fornelli di maison stellate (Adrià e Ducasse, giusto per citarne un paio), un po' cuoco, un po' artista, Alessandro vi accoglierà in uno dei ristoranti più romantici della regione: 5 tavolini tra le mura di un mulino del '600 in un susseguirsi di ballatoi e decorazioni in legno tra le antiche macine.

Specialità: L'olio e la montagna. Il risotto alla cenere fermentata di pigna di cirmolo. Icy corteccia.

Menu 90/130 €

🍴 *via Muratori 2 – ☎ 0462 340074 - www.alessandrogilmozzi.it – Chiuso 1 dicembre, 10 aprile-20 giugno, lunedì a mezzogiorno, martedì, mercoledì-venerdì a mezzogiorno*

🍴○ **COSTA SALICI**

REGIONALE · FAMILIARE XX E' una famiglia a gestire con grande passione e dinamismo questa tipica casa di montagna che, grazie al legno di cirmolo e la presenza della classica stufa della valle, vi accoglie in una calda atmosfera. Ormai nelle mani del figlio degli storici titolari, la cucina rivisita con fantasia i baluardi della tradizione.

Menu 25 € (pranzo) – Carta 39/55 €

🗭 🌣 ⇔ 🅿 *via Costa dei Salici 10 – ☎ 0462 340140 - www.costasalici.com*

CAVALLINO

✉ 30013 – Venezia (VE) – Carta regionale n° **23**–C2 – Carta stradale Michelin 562-F19

a Treporti Ovest : 11 km

🍴○ **AI DO CAMPANILI**

PESCE E FRUTTI DI MARE · INTIMO Ridotte sono le dimensioni della casa che lo ospita e piccola è anche la saletta al 1° piano, ma se non gli spazi, sarà la qualità del cibo un valido motivo per venire a trovare questa giovane e dinamica gestione. In carta non mancano mai i crudi e variazioni più moderne sul tema del pesce. Interessante selezione di vini, da acquistare anche per asporto.

Menu 60/90 € – Carta 60/80 €

🎴 🎴 *piazza Santissima Trinità 5 – ℰ 041 530 1716 – www.aidocampanili.it – Chiuso 5 gennaio-5 febbraio, mercoledì*

CAVASSO NUOVO

✉ 33092 – Pordenone (PN) – Carta regionale n° **6**–B2 – Carta stradale Michelin 562-D20

😊 **AI CACCIATORI**

FRIULANA · CONTESTO TRADIZIONALE Daniel in sala e la moglie Angelina in cucina propongono fragranti e gustosi piatti, fieri della propria forte radice territoriale, e - se è vero che la carta c'è - la soluzione migliore è ascoltare i suggerimenti di giornata. Tra le specialità paste fresche, salumi, funghi e, come il nome lascia intuire, la cacciagione!

Specialità: Sformatino di zucchine col fiore e crema di formaggio. Cestino di frico con gnocchi saltati al montasio e pitina croccante. Semifreddo alla vaniglia con zabaglione e scaglie di cioccolato fondente.

Carta 23/48 €

🎴 🅿 *via Diaz 4 – ℰ 0427 777800 – Chiuso lunedì, martedì, mercoledì, giovedì*

CAVATORE

✉ 15010 – Alessandria (AL) – Carta regionale n° **12**–C3 – Carta stradale Michelin 561-I7

😊 **DA FAUSTO**

PIEMONTESE · CONVIVIALE All'interno di una cascina ristrutturata, in splendida posizione collinare e panoramica - lo sguardo spazia sino alla Alpi nelle giornate più limpide - qui si celebra la cucina piemontese. Quindi tanta carne, ma anche ottime paste fresche, come i celebri agnolotti, e gustosi dolci. Conviviale cantina per degustazioni; nelle camere c'è anche una sauna.

Specialità: Insalata russa. Agnolotti al ristretto d'arrosto. Semifreddo al torrone con fonduta di cioccolata.

Menu 16 € (pranzo), 30/38 € – Carta 26/31 €

🎴 ⇦ ⇐ 🎴 ⇔ 🅿 *località Valle Prati 1 – ℰ 0144 325387 – www.relaisborgodelgallo.it – Chiuso 1 gennaio-12 febbraio, lunedì, martedì*

CAVAZZO CARNICO

✉ 33020 – Udine (UD) – Carta regionale n° **6**–B1 – Carta stradale Michelin 562-C21

😊 **BORGO POSCOLLE**

TRADIZIONALE · AGRESTE Cucina casalinga legata al territorio in una gradevole trattoria familiare, con orto biologico e fattoria didattica per la pet therapy, dove la ricerca del prodotto locale - possibilmente a km 0 - si è trasformata in piacevole ossessione: i dolci, la passione della cuoca-titolare! Un posto incantevole per andare alla scoperta di sapori carnici che, chi non è friulano, mangerà qui probabilmente per la prima volta.

Specialità: Tortino di topinambur su crema di formadi frant (formaggio). Filetto di salmerino al forno con ripieno di asparagi e urticions. Trilogia al cioccolato.

Carta 27/39 €

🎴 ♿ 🅿 *via Poscolle 21/a – ℰ 0433 935085 – Chiuso 8-18 novembre, lunedì, martedì, mercoledì*

CAVERNAGO

⊠ 24050 – Bergamo (BG) – Carta regionale n° **10**–C2 – Carta stradale Michelin 561-F11

⊗ IL SARACENO

Chef: Roberto Proto

MODERNA · CONTESTO CONTEMPORANEO XxX Inaugurato come ristorante-pizzeria una quarantina di anni fa, Il Saraceno si colloca tra i due castelli medievali di Cavernago e di Malpaga, entrambi costruiti dalla famiglia Colleoni. Se al suo interno, gli ambienti sono accoglienti e raffinati e lo stile spazia con nonchalance dal design al classico, la cucina si vuole seria, capace di accostamenti creativi, realizzata con prodotti di ottimo valore qualitativo. Il pesce è il grande protagonista del menu al pari di tanti ingredienti campani: un velato omaggio alla terra natale dei genitori dello chef, Roberto Proto. Ricca e ben articolata, la selezione enoica tradisce un debole per bollicine e vini bianchi. In alternativa alla carta, a pranzo, anche menu business.

Specialità: Il gambero rosso si fa in quattro. Ricciola cotta fuori e cruda dentro, salsa pizzaiola e cipollotto bruciato. Il limone.

Menu 30 € (pranzo)/90 € – Carta 77/122 €

🅰️🅿️ *piazza Don Verdelli 2 – ℰ 035 840007 – www.ristorante-ilsaraceno.it – Chiuso 1-9 gennaio, 3-26 agosto, lunedì, martedì*

CAVI – Genova (GE) → Vedere Lavagna

CAVOUR

⊠ 10061 – Torino (TO) – Carta regionale n° **12**–B3 – Carta stradale Michelin 561-H4

⅄○ LA NICCHIA

REGIONALE · RUSTICO XX Una nicchia di "buon gusto" all'interno di un edificio di fine '700, già indicato in un'antica mappa napoleonica. Sulla tavola, il meglio delle materie prime locali in ricette regionali, benevolmente aperte ad intrusioni moderne. In cantina un'ottima selezione di vini, mentre il locale si sdoppia con la Vineria dove si servono piatti regionali più semplici ed economici.

Menu 18/44 € – Carta 22/52 €

🍴 🛖 *via Roma 5 – ℰ 0121 600821 – www.lanicchia.net – Chiuso mercoledì, giovedì a mezzogiorno*

⅄○ LA POSTA

PIEMONTESE · CONTESTO TRADIZIONALE X Autentica cucina piemontese in un ristorante recentemente ristrutturato con la possibilità di prenotare un tavolo nell'incantevole dehors esterno oppure in quello interno, nel cortiletto centrale. Come una vera locanda, La Posta dispone di belle e confortevoli camere.

Menu 13 € (pranzo), 18/38 € – Carta 20/55 €

🍴 ⇆ 🅰️ ⇧ *via dei Fossi 4 – ℰ 0121 69989 – www.locandalaposta.it – Chiuso 28 dicembre-4 gennaio, venerdì*

CAVRIGLIA

⊠ 52022 – Arezzo (AR) – Carta regionale n° **18**–C2 – Carta stradale Michelin 563-L16

🏠 LE LAPPE

CASA DI CAMPAGNA · BUCOLICO Circondati da un panorama di colline e boschi toscani, due casali "uniti" da un bel giardino con piscina formano una residenza d'epoca, isolata, tipica, ma - al tempo stesso - particolarmente curata, con camere dai raffinati e originali arredi (quasi tutti i bagni dotati di vasca idromassaggio). Colazioni e pasti verranno consumati nella veranda o meglio ancora, tempo permettendo, all'aperto. Un contesto da fiaba!

🏡 🛁 ⇆ 🍴 🗲 🅰️ 🅿️ 11 suites

località Rimontoli, frazione Montegonzi – ℰ 331 851 0309 – www.lelappe.com

CECINA

✉ 57023 – Livorno (LI) – Carta regionale n° **18**–B2 – Carta stradale Michelin 563-M13

� IL DORETTO

MODERNA · ACCOGLIENTE ✕✕ Nella gradevole atmosfera di un cascinale ristrutturato, il cuoco, appassionato di Champagne di cui serve una buona selezione, reinterpreta i classici toscani, sia di terra che di mare. Concretezza di sapori ed estro inventivo ne sanciscono il successo.

Carta 42/74 €

🏠 ⅙ 🅰 🅿 *via Pisana Livornese 32 – ℰ 0586 668363 – Chiuso mercoledì*

CEFALÙ – Palermo (PA) → Vedere Sicilia

CEGLIE MESSAPICA

✉ 72013 – Brindisi (BR) – Carta regionale n° **15**–C2 – Carta stradale Michelin 564-F34

✿ ANTONELLA RICCI-VINOD SOOKAR

PUGLIESE · RUSTICO ✕✕ *Causa emergenza COVID-19 il ristorante riaprirà ad ottobre 2020.*

Continua inossidabile l'avventura della famiglia Ricci, autentica espressione della Puglia, tra cucina agricola, tradizionale e dell'entroterra, nonché una calorosa accoglienza nella sala con tanto di camino e ambiente rustico. Due sorelle e un'unica passione condivisa: la buona tavola nelle sue diverse declinazioni. Una si occupa con garbo e gentilezza del servizio; l'altra sovraintende ai fornelli con il marito. Venite dunque preparati, e questo non è solo un monito, ma una promessa! Oltre all'abbondanza che caratterizza le porzioni, qui vi aspettano verdure freschissime, cotture tradizionali, sapori fragranti e genuini. Gli antipasti sono una mini degustazione obbligata, ma sono quanto di più tipico e locale ci sia qui.

Specialità: Sformato di cardoncelli selvatici. Triddi (pasta fatta in casa) con due consistenze di cime di rape, pomodorini e polvere di alacce. Tortina di cioccolato, crumble di fava di cacao, spuma alla vaniglia e fior di latte di capra.

Menu 60/75 € – Carta 50/60 €

🛏 ⌕ 🏠 🅰 🅿 *via delle Grotte 11, contrada Montevicoli – ℰ 0831 377104 – www.antonellariccivinodsookar.com – Chiuso 11-25 gennaio, 27 settembre-29 ottobre, lunedì, martedì, mercoledì, giovedì, venerdì-sabato a mezzogiorno, domenica sera*

🐵 CIBUS

PUGLIESE · CONTESTO TRADIZIONALE ✕✕ Il ristorante si trova nel dedalo di viuzze del centro storico di Ceglie; particolarmente suggestivo è accomodarsi ai tavoli della piccola corte interna di questo locale, da tempo e giustamente celebre per l'attenta ricerca delle tradizioni gastronomiche regionali. Tappa imperdibile per chi vuole scoprire la Puglia nel piatto.

Specialità: Arancino di grano russello farcito di ortaggi, crema di pecorino giovane. Melanzana con sfoglia di pasta fresca, ragù leggero di vitello podolico, formaggio e basilico. Mousse di ricotta con il cotto di fichi.

Carta 30/50 €

🛏 🏠 🅰 *via Chianche di Scarano 7 – ℰ 0831 388980 – www.ristorantecibus.it – Chiuso 2-10 febbraio, 3-11 giugno, 15-22 ottobre, martedì*

CELLE LIGURE

✉ 17015 – Savona (SV) – Carta regionale n° **8**–B2 – Carta stradale Michelin 561-I7

� META RISTORANTE

PESCE E FRUTTI DI MARE · CONTESTO TRADIZIONALE ✕✕ Nel pittoresco centro storico di Celle, quella che un tempo fu una rimessa per le barche dal tipico soffitto in mattoni oggi è un ottimo ristorante gourmet, con un giovane cuoco che rappresenta una delle proposte più interessanti della zona.

Menu 35/40 € – Carta 45/60 €

🅰 *via Generale Pescetto 5 – ℰ 019 994222 – www.ristorantemeta.it – Chiuso 10-24 gennaio, 10-24 novembre, lunedì, martedì a mezzogiorno*

CERIGNOLA

✉ 71042 – Foggia (FG) – Carta regionale n° **15**–B2 – Carta stradale Michelin 564-D29

🏶○ **U' VULESCE**

PUGLIESE • ACCOGLIENTE 🛠 Rappresentano una bella storia di famiglia i Di Donna che, sulla base della gastronomia aperta più di 60 anni fa, hanno impostato anche un valido ristorante dove proporre i migliori prodotti di questa generosa regione, tra terra e mare, salumi e formaggi, accompagnando il tutto con buoni vini.

Carta 20/50 €

🗺 🄐 *via Cesare Battisti 3 - ☎ 0885 425798 - www.rosariodidonna.it -* *Chiuso lunedì, domenica sera*

CERMENATE

✉ 22072 – Como (CO) – Carta regionale n° **10**–B1 – Carta stradale Michelin 561-E9

🏶○ **CASTELLO**

CONTEMPORANEA • ACCOGLIENTE 🛠🛠 Locale storico in zona, ma moderno con qualche arredo tradizionale e tante bottiglie (soprattutto di distillati) a riempire le molte teche in vetro. Cucina stagionale e territoriale con qualche spunto di fantasia.

Carta 55/65 €

🕸 🗺 ⇩ 🅿 *via Castello 28 - ☎ 031 771563 - www.ristorantecastellocomi.it -* *Chiuso lunedì, domenica sera*

CERMES • TSCHERMS

✉ 39010 – Bolzano (BZ) – Carta regionale n° **19**–B2 – Carta stradale Michelin 354-AB4

🏶○ **MIIL**

CLASSICA • ELEGANTE 🛠🛠 All'interno della tenuta vinicola Kränzelhof, le sale del ristorante propongono un elegante mix di legni antichi e moderni, un'atmosfera raffinata e alla moda per una cucina creativa, sia di carne che pesce.

Carta 49/61 €

🗺 ⇩ 🅿 *via Palade 1 - ☎ 0473 563733 - www.miil.it - Chiuso lunedì, domenica*

CERNOBBIO

✉ 22012 – Como (CO) – Carta regionale n° **10**–A1 – Carta stradale Michelin 561-E9

🏵 **MATERIA**

Chef: Davide Caranchini

CREATIVA • CONTESTO CONTEMPORANEO 🛠🛠 "Mi sono formato nella ristorazione classica poi è arrivata l'esperienza al Noma, Copenaghen, che ha cambiato completamente le mie idee e percezioni riportandomi un po' alle origini nelle valli del lago di Como – racconta Caranchini – dove da piccolo mia nonna raccoglieva le cose selvatiche d'estate per poi mangiarle d'inverno quando da noi non cresce quasi niente".

Cucina di contaminazione italiana, asiatica e altro ancora, in carta troverete molte verdure, spezie ed erbe aromatiche, che il cuoco mette al servizio del suo credo: sgrassare i piatti estraendo e concentrando i sapori. La sensibilità del giovane cuoco, oltre che nell'esaltare i gusti contrapponendo acidi e amari, sta anche nel captare trend (non solo alimentari) ed esigenze legate alla sostenibilità. Bravo Davide!

Specialità: Insalata di cavolo rosso sott'aceto, latte di mandorle amare, midollo affumicato e caviale. Piccione allo spiedo, linfa di betulla fermentata e fiori di sambuco sott'aceto. Cheesecake punk.

Menu 18 € (pranzo), 67/130 € - Carta 58/74 €

♿ 🄐 *via Cinque Giornate 32 - ☎ 031 207 5548 - www.ristorantemateria.it -* *Chiuso 18 gennaio-9 febbraio, 16-23 agosto, 7-25 novembre, lunedì, martedì a mezzogiorno*

⅋O LA VERANDA

ITALIANA CONTEMPORANEA · LUSSO ✗✗✗✗✗ Si gode di un magnifico panorama sui giardini e sul lago da questo raffinato ristorante che richiede un dress code serale (giacca e cravatta per gli uomini), e dove d'estate le ampie vetrate vengono abbassate per accentuare l'impressione di essere immersi nel parco: il miglior contorno immaginabile per una cucina che propone piatti della migliore tradizione italiana.

Carta 95/160 €

⪬ 👄 🛏 AC 🅿 *Hotel Villa d'Este, via Regina 40 – ℰ 031 348720 – www.villadeste.com – Chiuso 1 dicembre-3 marzo*

⅋O CASA PERROTTA RESTAURANT 🆕

ITALIANA CONTEMPORANEA · FAMILIARE ✗✗ Due fratelli campani con le rispettive ed altrettanto giovani compagne, dopo più di un lustro in un'importante location toscana, hanno dato vita a questo piccolo locale, moderatamente minimalista. Pochi coperti, per una cucina che cerca di uscire dall'ordinario con piatti personalizzati sia di terra che di mare.

Menu 60/65 € – Carta 53/73 €

AC *via Cinque Giornate 72 – ℰ 351 524 2095 – www.casaperrottarestaurant.it – Chiuso 8-28 gennaio, lunedì*

⅋O TRATTORIA DEL VAPORE

DEL TERRITORIO · AMBIENTE CLASSICO ✗✗ Un camino d'inizio secolo scorso, pietra a vista e numerose foto d'epoca conferiscono al locale un'atmosfera di calda accoglienza, mentre la cucina è legata alle tradizioni lacustri; ad essa si affianca una ricca enoteca.

Menu 30 € (pranzo) – Carta 42/46 €

❀ 🛏 *via Garibaldi 17 – ℰ 031 510308 – www.trattoriadelvapore.it – Chiuso 22 dicembre-22 gennaio, mercoledì*

⅋O TRATTORIA DEL GLICINE

REGIONALE · VINTAGE ✗ Nella parte alta della località, lo chef-patron appassionato di cucina viene coadiuvato con altrettanto spirito dal figlio, che cura i vini, e la figlia compagna di fornelli. I piatti parlano d'italia e sapori regionali con una strizzata d'occhio per il Piemonte. Servizio all'aperto su una terrazza ombreggiata da un antico glicine, impagabile durante la fioritura.

Carta 50/70 €

❀ 🛏 *via Vittorio Veneto 1 (ang. via P. Carcano) – ℰ 031 511332 – www.trattoriadelglicine.com – Chiuso 11-22 gennaio, martedì, mercoledì a mezzogiorno*

🏨 VILLA D'ESTE

GRAN LUSSO · BORDO LAGO In una dimora cinquecentesca, che è un invito alla "dolce vita", il lusso si veste d'intemporalità sfoggiando stucchi, arcate, quadri, lampadari di Murano. Le alternative al ristorante Veranda sono diverse: l'ambiente del Grill si fa più rilassato, mentre Il Platano si propone come bistrot internazionale, entrambi dotati di belle terrazze dove è possibile cenare in compagnia di una spettacolare vista.

🎣 🐾 ⪬ 👄 ⚒ 🎬 🌐 🏊 ♨ 🛁 ⊡ ♿ AC 🅿 🚗 145 camere – 7 suites

via Regina 40 – ℰ 0313481 – www.villadeste.com

⅋O **La Veranda** – Vedere selezione ristoranti

CERNUSCO SUL NAVIGLIO

✉ 20063 – Milano (MI) – Carta regionale n° **10**-B2 – Carta stradale Michelin 561-F10

⅋O DUE SPADE

MODERNA · ELEGANTE ✗✗ Sorto ai piedi della ciminiera della vecchia filanda, la sala del ristorante si apre intorno alla base di questo reperto industriale. Moderno nell'atmosfera e informale nel servizio, la cucina rivisita i classici piatti italiani.

Menu 47 € – Carta 40/60 €

❀ 🛏 AC *via Pietro da Cernusco 2/a – ℰ 02 924 9200 – www.ristoranteduespade.it – Chiuso 25 dicembre-6 gennaio, domenica sera*

CERRETTO LANGHE

✉ 12050 – Cuneo (CN) – Carta regionale n° **14**–A3 – Carta stradale Michelin 561-I6

🍴○ TRATTORIA DEL BIVIO

PIEMONTESE · ROMANTICO ✗✗✗ In alta Langa, l'antica cascina è stata ristrutturata e oggi offre eleganti ambienti dallo stile rurale contemporaneo. Il legame della cucina con la terra è forte, ma divagazioni sul pesce non sono escluse. I risultati, in ogni caso, sono encomiabili. Ottime infine anche le camere, come la calorosa accoglienza familiare.

Menu 48/55 € – Carta 40/70 €

🏵 🛏 🏡 ⇦ 🅿 *località Cavallotti 9 –*
☎ *0173 520383 – www.trattoriadelbivio.it –*
Chiuso 1-11 marzo, 1-12 luglio, lunedì, martedì

CERTOSA DI PAVIA

✉ 27012 – Pavia (PV) – Carta regionale n° **9**–A3 – Carta stradale Michelin 561-G9

⚜ LOCANDA VECCHIA PAVIA "AL MULINO"

Chef: Annamaria Leone

CLASSICA · ELEGANTE ✗✗✗ Situato nel cuore di Certosa, nell'antico mulino quattrocentesco annesso all'abbazia cistercense, gli innamorati del tempo che fu troveranno qui il loro ristorante, in un contesto bucolico e romantico. La cucina affidata all'esperienza e delicatezza tutta femminile di Annamaria Leone presenta qualche specialità locale, ma è fondamentalmente libera di orientarsi in ogni direzione, pesce di mare compreso. Servizio elegante, coccolati dal savoir-faire del padrone di casa ed una buona attenzione ai vini del vicino Oltrepò Pavese. Nella bella stagione assicuratevi un tavolo nel dehors, prenotando con debito anticipo!

Specialità: Filetti di triglia farciti ai ricci di mare. Petto di piccione cotto in forno alle bacche di mirtillo rosso e le sue coscette confit. Cannolo alla mousse di ricotta, zeste di agrumi con mandorle e pistacchi caramellati.

Menu 45 € (pranzo), 65/75 € – Carta 65/90 €

🏵 🛏 🅰🅲 🅿 *via al Monumento 5 –*
☎ *0382 925894 – www.vecchiapaviaalmulino.it –*
Chiuso 1-18 gennaio, 9-24 agosto, lunedì, domenica sera

CERVERE

✉ 12040 – Cuneo (CN) – Carta regionale n° **12**–B3 – Carta stradale Michelin 561-I5

⚜⚜ ANTICA CORONA REALE

Chef: Gian Piero Vivalda

PIEMONTESE · CONTESTO TRADIZIONALE ✗✗✗ Storico indirizzo tra Langhe e Monvisio, che nel 2016 ha celebrato il suo duecentesimo anniversario, il ristorante gestito dalla famiglia Vivalda da cinque generazioni nasce come cascina, per ottenere – poi – con il nuovo millennio i riconoscimenti culinari che tutti conoscono. Lo chef-patron Gian Piero dà vita a menu vocati all'eccellenza, proponendo una cucina colorata, profumata, trasparente e contraddistinta da esecuzioni di alto livello diventando un riferimento per gourmet italiani ed internazionali, nonché per numerose aziende legate al territorio che gli forniscono capponi, faraone, vitelli, peperoni di Carmagnola, funghi porcini, e tanto ancora. Gli ortaggi vengono coltivati – invece – in due appositi spazi sul retro del ristorante.

Specialità: La niçoise a Cervere. Uovo in cocotte al tartufo bianco d'Alba. Il giardino di primavera: fragole e fragoline di bosco delle valli cuneesi, vaniglia Bourbon del Madagascar e sambuco selvatico.

Menu 90 € (pranzo), 100/110 € – Carta 80/110 €

🏵 🛏 🅰🅲 ⇦ 🅿 *via Fossano 13 –*
☎ *0172 474132 – www.anticacoronareale.it –*
Chiuso 26 dicembre-10 gennaio, 5-20 agosto, martedì sera, mercoledì

CERVIA

✉ 48015 – Ravenna (RA) – Carta regionale n° **5**–D2 – Carta stradale Michelin 562-J19

🍴 **LOCANDA DEI SALINARI**

REGIONALE · CONTESTO TRADIZIONALE XX Locale raccolto ed accogliente nell'antico borgo dei Salinari: lo chef-patron propone una cucina pacatamente moderna usufruendo dei migliori prodotti della Romagna, sia di terra sia di mare.

Menu 30/47 € – Carta 40/100 €

🎏 🅰🅲 *via XX Settembre 67 –* ☏ *0544 971133 – Chiuso mercoledì, giovedì*

🍴 **TERRAZZA BARTOLINI**

PESCE E FRUTTI DI MARE · ROMANTICO XX Fronte mare, spiaggia e porticciolo, dopo la riapertura del 2020 oggi si può optare per la sala interna o meglio ancora - in stagione - per la panoramica terrazza: meglio portarsi avanti con la prenotazione, in quanto sempre molto gettonata! La cucina è esclusivamente a base di pesce, semplice, "pulita"; non mancano i crudi e le cotture che vedono protagonista il sale di Cervia. Quotidianamente – elencati a voce - si aggiungono i piatti del mercato.

Carta 47/62 €

≤ 🎏 🅰🅲 *via A. Boito 30 –* ☏ *0544 954235 – www.terrazzabartolini.com – Chiuso 7-31 gennaio, lunedì-domenica a mezzogiorno*

a Milano Marittima Nord : 2 km – Carta regionale n° **5**–D2

🈳 **OSTERIA BARTOLINI**

PESCE E FRUTTI DI MARE · CONVIVIALE X Nella zona del porto canale, dei cantieri e del centro velico, bianca struttura in legno con dehors sulla spiaggia, è l'Osteria Bartolini, già Osteria del Gran Fritto, a ricordare che tra le specialità sicuramente ci sono i fritti di mare, oltre al pesce azzurro. Oltre le due sorelle gemelle a Cesenatico e Bologna, la struttura vanta una vincente combinazione tra qualità del pescato, simpatica convivialità e conto finale senza sorprese; volendo ci sono anche piatti da asporto.

Specialità: Crocchette di patate e baccalà. Tagliolini al ragù bianco di pesce. Cremoso alla nocciola e mascarpone.

Carta 27/38 €

🎏 *via A. Boito 26 –* ☏ *0544 974348 – www.osteriabartolini.com – Chiuso 11 gennaio-4 febbraio, 3-12 novembre*

🍴 **SALE GROSSO**

PESCE E FRUTTI DI MARE · ACCOGLIENTE XX Ristorante di pesce diventato un autentico punto di riferimento in città: ambiente gradevole dai colori chiari e decorazioni d'ispirazione marinara, cucina con tanti crudi ed un tocco di modernità; in inverno normalmente aprono solo nei week end.

Menu 42/55 € – Carta 49/92 €

🎏 🅰🅲 *viale 2 Giugno 15 –* ☏ *0544 971538 – www.ristorantesalegrossomilanomarittima.it – Chiuso 2 novembre-7 dicembre, lunedì*

🏨 **WALDORF** ⓝ

GRAN LUSSO · DESIGN Forma iconica in prima fila sul mare per questo albergo di design e raffinatezza, disegnato e costruito con abbondanza di vetrate in modo da garantire luminosità e vista; il meglio in tal senso lo si ottiene dalle Luxury suite all'ultimo piano. Diverse sono le possibilità per la ristorazione: si va – infatti - dalla cucina classica al servizio food nella spiaggia privata sino al gourmet La Settima, che omaggia ingredienti preziosi da tutto il mondo. Facente parte di una specie di "resort" con altri alberghi della stessa proprietà - tra cui Le Palme - gli ospiti del Waldorf possono usufruire della spa di quest'ultimo.

🏊 ≤ 🅲 ⌇ 🌊 ⅃ 🅰🅲 🅿 🛏 30 camere – 4 suites

VII Traversa 17 – ☏ *0544 995839 – www.hotelwaldorf.it*

CERVINIA – Aosta (AO) ➜ Vedere Breuil-Cervinia

CERVO

✉ 18010 – Imperia (IM) – Carta regionale n° **8**–B3 – Carta stradale Michelin 561-K6

ⅱ◯ SAN GIORGIO

REGIONALE · ROMANTICO ✕✕ Salette raccolte e romantiche sembrano riflettere il fascino della località, mentre la cucina punta sulla qualità del pescato in piatti semplici e tradizionali. Se mangiate in terrazza, prenotate un tavolo con vista su Diano e la baia, una cornice mozzafiato. Al San Giorgino stesse materie prime, ma elaborazioni più semplici e ambiente informale.

Menu 23/45 € – Carta 62/140 €

🏵 ⇜ ⇇ 🍴 🄰🄺 ⇄ *via Ugo Foscolo 36 – ℰ 0183 400175 –*
www.ristorantesangiorgio.net – Chiuso 7-25 dicembre, 10-29 gennaio, martedì

CESENATICO

✉ 47042 – Forlì-Cesena (FC) – Carta regionale n° **5**–D2 – Carta stradale Michelin 562-J19

✿✿ MAGNOLIA

Chef: Alberto Faccani

CREATIVA · ELEGANTE ✕✕✕ Ricette che valorizzano le materie prime del territorio, superando, tuttavia, le ideali barriere geografiche e che vengono esaltate dall'atmosfera della sala, allo stesso tempo essenziale ed elegante, grazie ad un gioco di luci soffuse essenzialmente puntate sui tavoli per creare e alimentare aspettative gourmet. I suoi piatti memorabili hanno conquistato le due stelle, in virtù di costanti quali l'elaborazione, la fantasia e gli accostamenti originali. Il servizio è preciso e professionale; la carta dei vini si materializza in un tomo ben fornito ed articolato da dove emerge una certa passione (gli estimatori gliene saranno grati!) per i vini francesi.

Specialità: Calamaro, carbonara e tartufo nero. Risotto riviera adriatica. Uovo tropicale.

Menu 95/140 € – Carta 84/128 €

🏵 🍴 ♿ 🄰🄺 *viale Trento 31 – ℰ 0547 81598 – www.magnoliaristorante.it –*
Chiuso 8-18 marzo, 22-30 novembre, lunedì-venerdì a mezzogiorno

✿ LA BUCA

PESCE E FRUTTI DI MARE · MINIMALISTA ✕✕ Col bel tempo i romantici troveranno imperdibile il dehors lungo il porto canale, mentre in condizioni avverse ci si rifugia volentieri nella moderna ed elegante essenzialità della sala interna, dove ogni minimo dettaglio - dagli arredi, ai tavoli, alle luci - sono stati ideati per trasmettere l'idea dell'artigianalità, dell'ambiente naturale, sebbene tutto sia stato lungamente ponderato. Il concetto di essenzialità non si limita agli spazi, ma diventa tratto costituivo della cucina di Gregorio Grippo. Nei piatti sbarcano i prodotti del mare, dal grande assortimento di crudi ai grandi classici della cucina marinara romagnola, sino a proposte più articolate, ma sempre tese ad evidenziare la qualità del pescato. Grande attenzione alle allergie alimentari: segnalate al momento della prenotazione online, si viene già informati sui piatti – eventualmente - da evitare.

Specialità: Carpaccio di ricciola, artemisia, salsa tonnata alla mandorla e riso croccante. Spaghettino freddo alla chitarra, aneto, scampi e zenzero. Fragoline di bosco, basilico, sorbetto ai fiori di sambuco.

Menu 85 € – Carta 65/95 €

🍴 ♿ 🄰🄺 *corso Garibaldi 45 – ℰ 0547 186 0764 – www.labucaristorante.it –*
Chiuso 8-22 gennaio, lunedì

😊 OSTERIA BARTOLINI

PESCE E FRUTTI DI MARE · STILE MEDITERRANEO ✕ Cambia il nome, ma non la proposta che rimane fortemente ancorata al fritto, a cui si aggiungono piatti della tradizione popolare adriatica (seppie, sarde, poveracce, calamari...) nella sala azzurra dai richiami marini o in quella ornata da suggestive foto di pescatori. Col bel tempo è una corsa ai tavoli lungo il romantico porto canale!

Specialità: Sogliole scottate in padella con vongole poverazze. Gran fritto di pesce del mare Adriatico. Terrina alla vaniglia con zabaione al Marsala.

Carta 27/38 €

🏠 ♿ 🅰🅲 *corso Garibaldi 41 – ℰ 0547 82474 – www.osteriabartolini.com*

🍴 MARÉ

MODERNA · ALLA MODA XX Non solo ristorante, ma anche spiaggia, bar e bottega, dalla colazione del mattino agli aperitivi con tapas, dallo spuntino veloce alla cenetta intima, sarete accolti in un ambiente informale, fresco, personalizzato.

Menu 20 € (pranzo)/45 € – Carta 27/60 €

≤ 🏠 ♿ *via Molo Di Levante 74 – ℰ 331 147 6563 – www.mareconlaccento.it – Chiuso 1 dicembre-10 marzo*

🍴 12 RISTORANTE

PESCE E FRUTTI DI MARE · DI TENDENZA XX Ambiente originale di grande personalità per una cucina di pesce ad alti livelli, delizioso dehors affacciato sul canale che ospita i battelli storici del museo della marineria.

Menu 39/79 € – Carta 49/79 €

🏠 🅰🅲 *Casadodici, via Armellini 12a – ℰ 0547 82093 – www.12ristorante.com – Chiuso lunedì a mezzogiorno, martedì, mercoledì-venerdì a mezzogiorno*

🏨 GRAND HOTEL DA VINCI

LUSSO · CONTEMPORANEO A pochi metri dalla spiaggia, il corpo centrale è frutto del restauro di una colonia d'inizio Novecento, recentemente ampliato e trasformato in albergo nel marchio di un'eleganza lussuosa, che ha dato particolare importanza a piastrelle e lampadari, tra raffinati arredi contemporanei. Splendido centro benessere, la piscina esterna misura 700m^2.

🏋 🛏 🛎 📺 🌀 🦢 💆 🍽 ♿ 🅰🅲 🧖 🅿 98 camere – 6 suites

via Carducci, 7 – ℰ 0547 83388 – www.grandhoteldavinci.com

🏠 CASADODICI

LOCANDA · PERSONALIZZATO Sul porto canale leonardesco, ogni camera è stata arredata in modo diverso e s'ispira a sei icone del mondo cinematografico - Sofia Loren, Brigitte Bardot, Greta Garbo, Audrey Hepburn, Jane Birkin e Grace Kelly - in una casa che offre al suo interno una sorta di show room riassumente il piacere dei viaggi dei titolari. Non meno affascinante la sala colazioni con ricordi asiatici e uno splendido tavolo di Bali.

🍽 🅰🅲 6 camere

via Armellini 12a – ℰ 0547 401709 – www.casadodici.com

🍴 **12 Ristorante** – Vedere selezione ristoranti

CETARA

✉ 84010 – Salerno (SA) – Carta regionale n° **4**-B2 – Carta stradale Michelin 564-F26

🏵 AL CONVENTO

CAMPANA · AMBIENTE CLASSICO X Quando non si cena in terrazza, la sala interna è stata ricavata dal chiostro di un convento francescano, dove sono ancora visibili degli affreschi seicenteschi, ma con la copertura e l'installazione delle cucine a vista l'atmosfera è indubbiamente quella di un classico ed informale ristorante. Regina è ovviamente la specialità di Cetara, l'alice e la sua colatura!

Specialità: Reale di alici caldo/freddo. Spaghetti con colatura di alici di Cetara. Spumone.

Carta 30/60 €

🐾 🏠 🅰🅲 *piazza San Francesco 16 – ℰ 089 261039 – www.alconvento.net – Chiuso mercoledì*

CETONA

✉ 53040 – Siena (SI) – Carta regionale n° **18**–D2 – Carta stradale Michelin 563-N17

⫩○ LA FRATERIA DI PADRE ELIGIO

MODERNA · ELEGANTE ✕✕ In un parco, la frateria è un convento fondato da San Francesco nel 1212 - gestito da una comunità, "Mondo X" - i cui prodotti provengono dalle varie loro sedi. Tra suggestioni mistiche, ci si lascia andare a peccati di gola.

Menu 70/100 €

🏵 🦳 🍴 ☼ 🅿 *via San Francesco 2 – 𝒞 0578 238261 – www.lafrateria.it – Chiuso 1 dicembre-28 febbraio, martedì*

⫩○ DA NILO

TOSCANA · ACCOGLIENTE ✕✕ Affacciato sulla pittoresca piazza principale di Cetona, ammirabile in tutta la sua estensione dai tavoli all'aperto, all'interno l'atmosfera si fa più classica. Cucina tipica toscana, quasi esclusivamente di terra.

Menu 30/45 € – Carta 33/48 €

🍴 🗛 ☼ *piazza Garibaldi 33 – 𝒞 0578 239040 – www.iltigliodipiazza.com – Chiuso 15 gennaio-10 febbraio, martedì*

CHAMPOLUC

✉ 11020 – Aosta (AO) – Carta regionale n° **21**–B2 – Carta stradale Michelin 561-E5

🏨 CAMPZERO ACTIVE LUXURY RESORT ⓝ

SPA E WELLNESS · DESIGN Architettura contemporanea per un hotel le cui camere non sono ispirate alla tradizione locale, ma arredate secondo uno stile moderno che privilegia relax e confort. La generosità di spazi di alcune le rende ideali per ospitare piccole famiglie.

🏋 🐟 🦳 ⚒ 🗖 🕸 🛁 ⌨ 🅿 30 camere

Strada Regionale 45 16 – 𝒞 0125 938300 – www.campzero.com

CHERASCO

✉ 12062 – Cuneo (CN) – Carta regionale n° **12**–B3 – Carta stradale Michelin 561-I5

✿ DA FRANCESCO

Chef: Francesco Oberto

CREATIVA · CONTESTO STORICO ✕✕ Sala nell'onirico salone dello storico Palazzo Burotti con tanto di piccoli putti affrescati e scalone di accesso al piano nobile, intuizioni come risotto all'aglio nero fermentato, lumache di Cherasco e il loro caviale contribuiscono a rendere i contenuti - sia in termini di ambiente che di esecuzione - di questo ristorante un'allettante esperienza sui generis. Piatti della tradizione regionale elevati a potenza - a volte addirittura provocanti, quindi - ed una carta dei vini di tutto rispetto: una doppia scelta tra rossi e bianchi ed un'ottima e valida selezione di Champagne.

Specialità: Tartare di gamberi rossi di Mazara del Vallo, spuma di rocchetta (formaggio), scorza di limone. Risotto all'aglio nero, lumache e uova di lumaca. Il germoglio di Co.Chì (mousse al cioccolato bianco, frutto della passione, terra di cacao).

Menu 70/90 € – Carta 60/80 €

🏵 🗛 *via Vittorio Emanuele 103 – 𝒞 339 809 6696 – www.ristorantedafrancesco.com – Chiuso 3-20 febbraio, 1-9 agosto, martedì, mercoledì a mezzogiorno*

☺ OSTERIA LA TORRE

PIEMONTESE · OSTERIA In pieno centro storico, il ristorante omaggia la produzione locale proponendo una cucina schietta e fragrante con ottimi sapori e un'attenzione particolare alla disponibilità del mercato per i "fuori carta" del giorno. La selezione enoica, il dehors estivo e la calda accoglienza famigliare sono altri interessanti motivi per sceglierlo.

Specialità: Chiocciola di Cherasco impanata e fritta con anelli di cipolla. Gnocchi di patate al Castelmagno. Panna cotta con il latte di capra.

Carta 33/55 €

🛖 ⅃ 🏧 *via dell'Ospedale 22 –*
℘ *0172 488458 – www.osterialatorre-cherasco.it –*
Chiuso 26 dicembre-20 gennaio, lunedì

CHIANCIANO TERME

✉ 53042 – Siena (SI) – Carta regionale n° **18**–D2 – Carta stradale Michelin 563-M17

🍴○ HOSTARIA IL BUCO

REGIONALE · FAMILIARE 🛠 Appena sotto al centro storico, nella parte alta della località, un piccolo ristorante-pizzeria dalla calorosa atmosfera familiare. In menu: proposte tipiche toscane, come pici, ravioli ripieni di pecorino, tagliata, fiorentina e torta di Chianciano.

Carta 20/45 €

🏧 *via Della Pace 39 – ℘ 0578 30230 –*
Chiuso mercoledì

CHIARAMONTE GULFI – Ragusa (RG) → Vedere Sicilia

CHIAVARI

✉ 16043 – Genova (GE) – Carta regionale n° **8**–C2 – Carta stradale Michelin 561-J9

🍴○ LORD NELSON

PESCE E FRUTTI DI MARE · VINTAGE 𝕏𝕏𝕏 Direttamente sul lungomare, locale raffinato completato da un american bar con piccola carta light in alternativa al ristorante vero e proprio ed enoteca: una profusione di legno lucidato a specchio in elegante stile marina e stuzzicanti proposte a base di pesce, con - in aggiunta - alcuni piatti di terra.

Menu 55 € – Carta 48/80 €

🕸 ⇆ ≼ *corso Valparaiso 27 –*
℘ *0185 302595 – www.thelordnelson.it –*
Chiuso lunedì-martedì a mezzogiorno, mercoledì, giovedì-domenica a mezzogiorno

🍴○ DA FELICE

PESCE E FRUTTI DI MARE · MINIMALISTA 𝕏𝕏 Ambiente moderno dai toni caldi e dallo stile minimalista, con cucina a vista e dehors estivo, per questo storico ristorante presente in città sin dal 1903 (in altra sede)! Il menu propone essenzialmente pesce in tante varianti, ma subordinato al mercato del giorno.

Menu 35/50 € – Carta 35/50 €

🛖 🏧 ⇄ *corso Valparaiso 136 – ℘ 0185 308016 – www.ristorantefelice.it*

🍴○ DUO

CONTEMPORANEA · CONTESTO CONTEMPORANEO 𝕏𝕏 Nella ricerca di un loro locale, il "duo" - Lucia e Marco - si sono imbattuti nella storica tipografia di Chiavari ed è stato amore a prima vista. Il palazzo con la sua storia ed i suoi spazi unisce la bellezza strutturale del luogo alla valorizzazione dell'artigianato locale voluta dai giovani propietari. Anche la cucina, sebbene moderna, sembra voler raccontare una storia, che spesso giunge da molto lontano.

Carta 49/67 €

🛖 ⅃ 🏧 *via S. Dallorso 10 – ℘ 0185 475658 – Chiuso lunedì-martedì a mezzogiorno, mercoledì, giovedì-domenica a mezzogiorno*

CHIAVENNA

✉ 23022 – Sondrio (SO) – Carta regionale n° **9**–B1 – Carta stradale Michelin 561-D10

a Mese Sud - Ovest : 2 km

⅋○ CROTASC

REGIONALE · STILE MONTANO ⅩⅩ Dal 1928 il fuoco del camino scalda le giornate più fredde e le due sale riscoprono nella pietra la storia del crotto e una cordiale accoglienza; in cucina, la tradizione rivive con creatività. Carta dei vini notevole con etichette molto interessanti del territorio.

Carta 42/65 €

🏵 🎋 ⇄ 🅿 via Don Primo Lucchinetti 63 - ☏ 0343 41003 -
www.ristorantecrotasc.com – Chiuso 14 giugno-9 luglio, lunedì, martedì

CHIENES • KIENS
✉ 39030 – Bolzano (BZ) – Carta regionale n° **19**–C1 – Carta stradale Michelin 562-B17

🊢 GASSENWIRT

REGIONALE · FAMILIARE Ⅹ A fianco alla chiesa del piccolo paese, l'ospitalità
qui ha radici antiche, risale al 1602, e continua ancor oggi, con i sapori del territorio sudtirolese.

Specialità: „Pressknödel" di formaggio grigio su insalata di cappucci marinati.
Petto di faraona con strisce di speck servito sul sasso di ruscello caldo con patate
pusteresi e verdura mista. Semifreddo all'essenza di cembro su salsa di lamponi e
chips dolci di pane nero.

Menu 25 € (pranzo), 30/45 € – Carta 30/50 €

⇆ 🅿 via Paese 42 - ☏ 0474 565389 - www.gassenwirt.it – Chiuso 1-3 dicembre,
18 aprile-12 maggio

CHIERI
✉ 10023 – Torino (TO) – Carta regionale n° **12**–B1 – Carta stradale Michelin 561-G5

⅋○ SANDOMENICO

ITALIANA · ELEGANTE ⅩⅩⅩ Luminoso ed elegante dal soffitto con travi a vista
ed arredato con pochi tavoli rotondi, dalle cucine è un susseguirsi di piatti di
terra e di mare. La selezione enologica è importante; lo chef patron sarà lusingato
nel farvi visitare la sua cantina.

Carta 40/60 €

🏵 🎦 ⇄ via San Domenico 2/b - ☏ 011 941 1864 - www.sandomenico.eu –
Chiuso lunedì, martedì-sabato a mezzogiorno, domenica sera

⅋○ CASCINA LAUTIER

MODERNA · CASA DI CAMPAGNA ⅩⅩ Poco fuori paese - adagiato su una bella
collina - un ristorante di signorile atmosfera, dove la cucina dialoga principalmente con il
territorio in leggere rivisitazioni.

Menu 40/55 € – Carta 35/42 €

🍴 🎋 🕭 🎦 ⇄ 🅿 strada Baldissero 121 - ☏ 011 942 3450 - www.cascinalautier.it –
Chiuso 7-17 gennaio, lunedì a mezzogiorno, martedì, mercoledì-venerdì a
mezzogiorno

CHIESA IN VALMALENCO
✉ 23023 – Sondrio (SO) – Carta regionale n° **9**–B1 – Carta stradale Michelin 561-D11

⅋○ MALENCO

REGIONALE · CONVIVIALE ⅩⅩ Di taglio moderno l'arredo della sala, con vetrata
panoramica sulla valle, di impostazione tipica-locale invece la carta: piatti di
cucina regionale, ma anche qualche specialità giornaliera di pesce fresco.

Menu 15 € (pranzo), 25/40 € – Carta 27/59 €

⇜ ⇄ 🅿 via Funivia 20 - ☏ 0342 452182 – Chiuso 15 giugno-1 luglio, 1-7 ottobre,
18-25 novembre, martedì

CHIOANO – Perugia (PG) ➜ Vedere Todi

CHIOGGIA

✉ 30015 – Venezia (VE) – Carta regionale n° **23**–C3 – Carta stradale Michelin 562-G18

⫶○ EL GATO

PESCE E FRUTTI DI MARE · ACCOGLIENTE ⅩⅩ Un locale di moderna eleganza ubicato in pieno centro, dove - nella bella stagione - il dehors affaccia direttamente sul corso. Le proposte prediligono il pescato elaborato con delicatezza e gusto per esaltarne le fragranze. In stagione moeche e canestrelli tra gli imperdibili.

Carta 45/65 €

🛋 ⅙ 🖭 *corso del Popolo 653 – ℰ 041 400265 – www.elgato.it – Chiuso lunedì a mezzogiorno*

CHIURO

✉ 23030 – Sondrio (SO) – Carta regionale n° **9**–B1 – Carta stradale Michelin 561-D11

⫶○ CANTARANA

REGIONALE · CONVIVIALE Ⅹ Tra mura quattrocentesche, ma c'è anche un gradevole servizio estivo all'aperto, la proposta gastronomica si divide equamente tra piatti del territorio e specialità prettamente della casa. Accoglienza cordiale e calorosa.

Menu 24 € (pranzo), 36/48 € – Carta 26/56 €

🛋 ⇄ *via Ghibellini 10 – ℰ 0342 212447 – www.ristorantecantaranachiuro.it – Chiuso lunedì*

CHIUSA • KLAUSEN

✉ 39043 – Bolzano (BZ) – Carta regionale n° **19**–C1 – Carta stradale Michelin 562-C16

✿ JASMIN

Chef: Martin Obermarzoner

CREATIVA · ACCOGLIENTE ⅩⅩⅩ Qui il "km zero" era già un imperativo prima ancora che diventasse moda nel resto del mondo: materie prime provenienti da aziende e allevamenti controllati, nel rispetto delle loro caratteristiche e stagionalità, ma anche ingredienti provenienti da altre latitudini. Chi ama stare a tavola affrontando lunghi menu degustazione troverà qui di che saziarsi (in tutti i sensi!): nessuna scelta, bensì una decina di piatti-assaggi per entrare nell'universo creativo di Martin Obermarzoner.

Specialità: Fegato grasso d'anatra su ciliege caramellate dal proprio orto, brioche al tartufo e purea di sedano rapa. Maiale iberico, filetto secreto con ratatouille, il guanciale, canederlo e crema di cipolle. Fragole e lamponi, soufflé di more e gelato di sambuco, gin tonic di sambuco.

Menu 135/165 €

⇦ 🍽 🅿 *via Gries 4 – ℰ 0472 847448 – www.bischofhof.it – Chiuso 10-18 aprile, 5-15 luglio, 10-25 novembre, lunedì a mezzogiorno, martedì, mercoledì-sabato a mezzogiorno*

a Gudon Nord - Est : 4 km

⫶○ UNTERWIRT

MODERNA · CONTESTO TRADIZIONALE ⅩⅩ Se il tempo non consente di approfittare della gradevole terrazza, allora vi consigliamo di prenotare un tavolo nella stube del XIII secolo, una romantica culla di legno. Cucina creativa, carne e pesce, di grandi livelli.

Menu 85 € – Carta 48/55 €

⇦ 🍽 🛋 ⇄ 🅿 *Gudon 45 – ℰ 0472 844000 – www.unterwirtgufidaun.com – Chiuso 15 giugno-5 luglio, 15-30 novembre, lunedì, martedì-sabato a mezzogiorno, domenica*

CHIUSDINO

✉ 53012 – Siena (SI) – Carta regionale n° **18**–C2 – Carta stradale Michelin 563-M15

✿ MEO MODO

CREATIVA · LUSSO XxX Le stagioni scandiscono i tempi della nostra vita... e colorano la tavola con gli ingredienti della nostra dieta. E così accade al ristorante Meo Modo. In un paese come l'Italia che può vantare una biodiversità non facilmente riscontrabile ovunque, i piatti di questo ristorante sono un raffinato esempio di sostenibilità e di rapporto diretto con il territorio. L'indirizzo, con tavoli al cospetto di portici del 1200 e vista sulla Valle Serena all'interno del Relais Borgo Santo Pietro, è un raffinato esempio di sostenibilità e di rapporto diretto con il territorio in virtù anche di un singolare orto biodinamico (visitabile dagli ospiti). La cucina resta fedele all'obiettivo di presentare al meglio la regione e soprattutto i prodotti della azienda. Il giusto supporto è la notevole carta dei vini dove primeggiano Toscana e Francia, ricca comunque di chicche anche di altre zone italiane.

Specialità: Agnolotti al coniglio, condimento di una cacciatora, mais. Agnello, melanzane & latticello. Sottobosco.

Menu 145/185€ – Carta 105/150€

🕸 ⌁ 🦀 🎐 ⌂ 🆔 🅿 *Hotel Borgo Santo Pietro, località Palazzetto 110 –*
𝒞 0577 751222 – www.meomodo.it – Chiuso 1 dicembre-31 marzo, lunedì, martedì-domenica a mezzogiorno

🏨 BORGO SANTO PIETRO

GRAN LUSSO · BUCOLICO Non solo per una fuga romantica, ma per tutti coloro che sono alla ricerca di un resort esclusivo dove trascorrere un soggiorno all'insegna di un raffinato lusso. In una villa del XIII secolo, immersa nel verde di uno splendido giardino, camere barocche, pregne di calore. Oltre al gourmet, c'è anche una bella trattoria per gustare il meglio della tradizione locale.

🏠 ⛲ ⌁ 🦀 ⌚ ⌂ 🆔 🅿 17 camere – 3 suites

località Palazzetto 110 – 𝒞 0577 751222 – www.borgosantopietro.com

✿ **Meo Modo** – Vedere selezione ristoranti

CHIUSI

✉ 53043 – Siena (SI) – Carta regionale n° **18**-D2 – Carta stradale Michelin 563-M17

🏠 POGGIO PIGLIA 🔟

CASA DI CAMPAGNA · TRADIZIONALE Porte ad arco, muri in pietra e soffitti con travi a vista sottolineano la location agreste della struttura, ma gli interni si riscattano con uno stile fresco e minimalista, opere d'arte ed arredi scultorei. La infinity pool ed un valido ristorante completano l'offerta. Tutt'intorno il fruscio degli ulivi.

🏠 ⛲ ⌁ 🦀 ⌚ ⌂ 🆔 🅿 9 camere

frazione Macciano (Ovest: 6 Km) – 𝒞 0578 274286 – www.poggiopiglia.com

in prossimità casello autostrada A1 Ovest : 3 km

✿ I SALOTTI

Chef: Katia Maccari

CREATIVA · ELEGANTE XxX Se nel periodo estivo, gli spazi esterni come il gazebo del giardino sono perfetti per una cena a lume di candela in totale armonia con la natura, quando il clima si fa più rigido, ci si accomoda all'interno in un ambiente di squisita raffinatezza e pochi tavoli: ragion per cui, si consiglia di prenotare con largo anticipo. Cucina creativa, elaborata partendo da diversi prodotti provenienti dalla stessa azienda agricola e una cantina storica che - nel corso degli anni - si è arricchita notevolmente ed oggi può vantare oltre 3.000 etichette, molte delle quali di elevatissimo pregio.

Specialità: Porcino, uovo, spuma di parmigiano reggiano, lingua di gatto alle nocciole e tartufo bianco. Agnello della val d'Orcia: coscia al finocchietto, cotoletta alle erbette, flan di cipolle e cavolini di Bruxelles. Cachi, castagne e cioccolato.

Menu 75/110€ – Carta 60/90€

🕸 🦀 🎐 ⌂ 🆔 🅿 *Hotel Il Patriarca, località Querce al Pino, strada statale 146 –*
𝒞 0578 274407 – www.isalottidelpatriarca.it – Chiuso 1 dicembre-30 aprile, lunedì, martedì, mercoledì-domenica a mezzogiorno

CICOGNOLO

⊠ 26030 – Cremona (CR) – Carta regionale n° **9**–C3 – Carta stradale Michelin 561-G12

🍴○ OSTERIA DE L'UMBRELEÈR

REGIONALE · CONTESTO CONTEMPORANEO ✗ Diverse sale e una veranda che si affaccia su un giardinetto interno per una cucina che non si presta a stranezze gastronomiche, ma fa leva sui solidi e collaudati sapori del territorio: scelta un po' più contenuta a pranzo, ma lo sono anche i prezzi, leggermente più variegata la sera, quando anche il servizio si fa più curato.

Menu 20 € (pranzo)/38 € – Carta 40/50 €

🏡 🕮 *via Mazzini 13 – ☎ 0372 830509 – www.umbreleer.it – Chiuso 1-2 gennaio, 12-25 luglio, martedì*

CINIGIANO

⊠ 58044 – Grosseto (GR) – Carta regionale n° **18**–C3

a Poggi del Sasso Ovest: 11 km – Carta regionale n° **18**–C3

🏠 CASTELLO DI VICARELLO 🔾

TRADIZIONALE · ELEGANTE Roccaforte medievale, circondata da uliveti e vigneti, la fortezza appare come incastonata nell'enclave verde della Maremma. Al suo interno confortevoli suite sono il preludio di una vacanza all'insegna del relax e del contatto con la natura. Due piscine panoramiche non faranno sentire la nostalgia del mare, che dista – circa - una ventina di chilometri.

🕌 📠 ⌿ & **P** 9 suites

Poggi del Sasso (Ovest : 11 Km) – ☎ 0564 990718 – www.castellodivicarello.com

a Porrona Nord-Est: 4 km – Carta regionale n° **18**–C3

🏠 CASTEL PORRONA RELAIS & SPA 🔾　　　　　　　Tablet.PLUS

GRAN LUSSO · STORICO Edificato nel XII secolo è appartenuto per cinque secoli a due delle più grandi famiglie della nobiltà senese, il castello venne – in seguito - acquistato da un esponente dell'alta nobiltà francese. E nelle sue camere si respira ancora quell'atmosfera aristocratica fatta di letti a baldacchino, carta da parati, specchi dorati ed arazzi intricati. Suggestioni da *Mille e una Notte* nell'attrezzata Agua Spa.

🕌 📶 📠 ⌿ 🗔 ⑳ 🚶 🛁 🕮 **P** 25 camere

via della Fiera (Nord-Est: 4 Km) – ☎ 0564 993206 – www.castelporrona.it

CIOCCARO - Asti (AT) ➔ Vedere Penango

CISTERNA DI LATINA

⊠ 04012 – Latina (LT) – Carta regionale n° **7**–C2 – Carta stradale Michelin 563-R20

🍴○ IL PICCOLO DUCATO

MEDITERRANEA · AMBIENTE CLASSICO ✗✗ In aperta campagna, piatti mediterranei di terra e di mare secondo ricette abbastanza classiche e, soprattutto, senza fronzoli. Ambiente piacevolmente rustico, ma se il tempo è bello, meglio optare per il fresco dehors sotto moderni ombrelloni.

Carta 35/80 €

📠 🏡 & 🕮 ⌷ **P** *via Tivera, ang. via Ninfina – ☎ 06 960 1284 – www.ilpiccoloducato.com – Chiuso 17-31 agosto, lunedì, domenica sera*

CISTERNINO

⊠ 72014 – Brindisi (BR) – Carta regionale n° **15**–C2

🏠 BORGO CANONICA ⓝ

LUSSO · STORICO Architettura in pietra grezza, qualche arbusto della macchia paludosa ed un'abbondanza di ulivi secolari a ricordare una delle caratteristiche proprie alla regione. Benvenuti a Borgo Canonica! Camere e suite ospitate nei tipici trulli ed una serie di servizi che vanno dalla piscina esterna al ristorante dove assaporare ottime specialità pugliesi, nonché l'immancabile olio d'oliva.

🛖 🐾 🛌 🛋 🛗 🅿 14 camere

contrada Minetta (Est: 5 Km) – ℰ 080 444 8416 – www.borgocanonica.com

CIVIDALE DEL FRIULI

✉ 33043 – Udine (UD) – Carta regionale n° **6**–C2 – Carta stradale Michelin 562-D22

🐙 AL MONASTERO

REGIONALE · CONTESTO TRADIZIONALE 🅇 Ottimi salumi locali ed altre golosità del territorio, in un ristorante dalle accoglienti sale: originale quella con il tipico fogolar furlan o quella con l'affresco celebrativo di Bacco. Da segnalare, tempo permettendo, anche un romantico servizio nella corte interna del palazzo storico e cinque graziosi appartamenti con soppalco, nonché angolo cottura, per chi volesse prolungare la sosta.

Specialità: Flan di spinacino con crema al frant e uva passa. Maltagliati al ragù d'anatra leggermente tartufati. Gubana, strucchi e slivowitz.

Menu 25€ (pranzo), 30/60€ – Carta 25/60€

🛏 🍴 🛗 *via Ristori 9 – ℰ 0432 700808 – www.almonastero.com – Chiuso lunedì, domenica sera*

CIVITANOVA MARCHE

✉ 62012 – Macerata (MC) – Carta regionale n° **11**–D2 – Carta stradale Michelin 563-M23

🍴 GALILEO

PESCE E FRUTTI DI MARE · STILE MEDITERRANEO 🅇🅇 Il mare a 360° gradi: non solo perché il locale è ospitato in uno stabilimento balneare con una luminosa sala a vetrate che guardano la distesa blu, ma anche perché il menu è un invitante inno alla ricchezza ittica del Mediterraneo.

Carta 50/80€

🕸 🍴 🛗 *via IV Novembre conc. 25 – ℰ 0733 817656 – www.ristorantegalileo.it – Chiuso martedì*

CIVITELLA CASANOVA

✉ 65010 – Pescara (PE) – Carta regionale n° **1**–B2 – Carta stradale Michelin 563-O23

🌸 LA BANDIERA

Chef: Marcello e Mattia Spadone

ABRUZZESE · AMBIENTE CLASSICO 🅇🅇🅇 Se si viene qui in primis per gustare prelibatezze del territorio creativamente reinterpretate, non crediate che la posizione sia da meno... Isolata e sperduta, meglio farsi consigliare la strada per arrivarci: è solo un ulteriore plus per scegliere di accomodarsi ai suoi tavoli! Fu, infatti, una grande passione per la cucina e per questi luoghi che spronò la signora Anna – ormai alcuni lustri or sono – a riconvertire in trattoria una rivendita di sali e tabacchi. Da qui è stato un crescendo rossiniano di successo, supportato da un'incessante ricerca che ha portato il locale ad essere un'indiscussa bandiera della migliore cucina abruzzese di terra. Con Alessio e Mattia Spadone siamo ormai alla terza generazione, dopo nonna Anna, che creò il ristorante a fine anni Settanta, e Bruna e Marcello che lo resero elegante e famoso, ma la voglia di stupire e di far bene abita ancora qui.

Specialità: La porchetta, maionese cotta di patate, cotenna soffiata. L'arrostigin. Confetto di pizza dolce.

Menu 35€ (pranzo), 55/75€ – Carta 48/74€

🕸 🛏 🍴 ♿ 🛗 🅿 *contrada Pastini 4 – ℰ 085 845219 – www.labandiera.it – Chiuso 15 febbraio-2 marzo, 18-27 ottobre, mercoledì, domenica sera*

‖○ IL RITROVO D'ABRUZZO

MODERNA · AMBIENTE CLASSICO ✗✗ In posizione isolata (meglio consultare una carta o farsi spiegare la strada), i due fratelli con famiglia al seguito sono impegnati a regalare momenti di piacere grazie ad una leggera rivisitazione in chiave moderna del territorio.

Menu 38/46 € – Carta 42/55 €

≤ ⇔ 🏠 ♿ 🅰 🅿 *contrada Bosco 16 – ☎ 085 846 0019 –*
www.ilritrovodabruzzo.it – Chiuso lunedì a mezzogiorno, martedì

CIVITELLA DEL LAGO – Terni (TR) → Vedere Baschi

CIVITELLA DEL TRONTO

✉ 64010 – Teramo (TE) – Carta regionale n° **1**–A1 – Carta stradale Michelin 563-N23

‖○ ZUNICA 1880

REGIONALE · ROMANTICO ✗✗ In cima ad un colle dal quale la vista abbraccia mare e monti come in un quadro di Tullio Pericoli, un locale elegante, cresciuto generazione dopo generazione e divenuto, ormai, imprescindibile tappa gourmet tra i sapori abruzzesi. All'interno di un borgo in pietra, Zunica 1880 dispone anche di camere confortevoli e ristrutturate.

Menu 30/70 € – Carta 32/56 €

⇔ ≤ 🏠 *piazza Filippi Pepe 14 – ☎ 0861 91319 – www.hotelzunica.it –*
Chiuso 10 gennaio-1 febbraio, lunedì

CIVITELLA IN VAL DI CHIANA

✉ 52040 – Arezzo (AR) – Carta regionale n° **18**–C2 – Carta stradale Michelin 563-L17

‖○ L'ANTICO BORGO

REGIONALE · CONTESTO STORICO ✗ Nel cuore del borgo medioevale che domina la valle, in un piccolo palazzetto del '500, caratteristico ristorante ricavato in un ex locale per la macina dei cereali. Sulla tavola: la tipica cucina toscana, rigorosamente stagionale.

Menu 30/40 € – Carta 25/40 €

⇔ 🏠 *via di Mezzo 31 – ☎ 0575 448051 – www.antborgo.it –*
Chiuso 10 gennaio-14 febbraio, lunedì, martedì, mercoledì

CLUSANE SUL LAGO – Brescia (BS) → Vedere Iseo

CLUSONE

✉ 24023 – Bergamo (BG) – Carta regionale n° **9**–B2 – Carta stradale Michelin 561-E11

‖○ COMMERCIO E MAS-CÌ

CLASSICA · FAMILIARE ✗✗ Nel grazioso centro storico, albergo e ristorante sono – ormai -giunti alla terza generazione. Accoglienti sale con camino per una cucina che, avvalendosi dei prodotti del territorio, abbraccia il resto d'Italia. Proverbiali le specialità al tartufo nero!

Carta 38/70 €

⇔ ♻ 🅿 *piazza Paradiso 1 – ☎ 0346 21267 – www.mas-ci.it – Chiuso giovedì*

COASSOLO

✉ 10070 – Torino (TO) – Carta regionale n° **12**–B2

‖○ DELLA VALLE

PIEMONTESE · FAMILIARE ✗ Dopo il trasferimento da Ceres al proprio luogo di nascita, c'è stato anche il cambio nome: da Valli di Lanzo a Della Valle, ma la mano dello chef-patron rimane salda al proprio territorio cui concede giusto qualche inserto moderno. Pizze gourmet solo il venerdì sera.

Menu 13 € (pranzo), 28/35 € – Carta 25/50 €

🏠 🅿 *via Case Vignè 98, località San Pietro – ☎ 334 633 7286 –*
www.ristorantedellavalle.it – Chiuso 11-21 gennaio, 6-16 settembre, lunedì

CODIGORO

✉ 44021 – Ferrara (FE) – Carta regionale n° **5**–D1 – Carta stradale Michelin 562-H18

✿ LA ZANZARA

Chef: Sauro Bison

PESCE E FRUTTI DI MARE · ROMANTICO ✕✕ La sosta fiabesca nell'iconico ristorante della famiglia Bison, un casone di pesca settecentesco che fa da sfondo ad una cucina di pesce - in prevalenza dell'Alto Adriatico - inizia con la passeggiata tra alberi e ponticelli e quando ci si accomoda nella raffinata sala con camino è l'atmosfera romantica dal sapore nostalgico ad avere il sopravvento. Se la specialità della casa resta sempre l'anguilla (servita anche grigliata su braci di legna), altrettanto encomiabile è la carta dei vini, non solo per vastità, ma anche per le dettagliate descrizioni che accompagnano le bottiglie.

Specialità: Piccola frittura di laguna. Anguilla alla brace. Millefoglie alla crema Chantilly.

Menu 70 € – Carta 84/106 €

 ⅋ ☆ ᴀᴄ ⇔ 🅿 *via per Volano 52, località Porticino* – ✆ *347 036 7841* – *www.ristorantelazanzara.com* – *Chiuso lunedì, martedì*

✿ LA CAPANNA DI ERACLIO

Chef: Maria Grazia Soncini

PESCE E FRUTTI DI MARE · VINTAGE ✕✕ Una strana e meravigliosa sensazione ci coglie quando veniamo alla Capanna di Eraclio, quella di sentirsi a casa, pur senza essere di queste parti! Aperta nel 1922 e - oggi - giunta alla quarta generazione, ogni volta notiamo con sollievo che poco è cambiato da quando alla preesistente osteria fu affiancata la cucina. Un'atmosfera nostalgica e familiare, semplice, ma con inaspettati tocchi di raffinatezza. La cucina è un repertorio di quanto di meglio offra il delta del Po, dei cui prodotti il titolare in sala è un grande esperto. I piatti, tradizionali ed aggiornati quel che basta, ripercorrono la memoria, con schiettezza e naturalezza vi parlano di paesaggi agricoli e d'acqua. Armonia è la parola che vi resterà in mente abbandonando, con riluttanza, questo posto.

Specialità: Sapori di una passeggiata nel delta del Po. Anguilla arost in umad su polenta bianca. Zabaione al vin santo con ciambella alle mandorle.

Carta 63/103 €

 ☆ ᴀᴄ ⇔ 🅿 *località Ponte Vicini* – ✆ *0533 712154* – *Chiuso 10 agosto-10 settembre, mercoledì, giovedì*

COGNE

✉ 11012 – Aosta (AO) – Carta regionale n° **21**–A2 – Carta stradale Michelin 561-F4

✿ LE PETIT RESTAURANT

MODERNA · INTIMO ✕✕✕ *Causa emergenza COVID-19 chiuso temporaneamente fino a dicembre 2020.*

Il nome stesso del locale ne anticipa la caratteristica: solo sei tavoli, ciascuno di un secolo diverso, si va dalle ciotole in legno al peltro, quindi compaiono le posate, seguono l'argenteria con fine porcellana mentre gli ultimi due tavoli nella mini veranda sono dedicati al design contemporaneo. Sempre senza tovagliato, perché ci penseranno i piatti ad apparecchiarli: si sceglie tra un paio di menu degustazione di cui uno, "Oggi", a sorpresa, preparato con il meglio del mercato di giornata, ed una piccola carta. Sapori valdostani con qualche inserto mediterraneo ed una cantina vini con 1800 etichette.

Specialità: L'uovo di Re Vittorio. Il mi-cuit, trota salmonata e salmerino di Lillaz, rafano e barbabietola. La mela valdostana nelle sue declinazioni.

Menu 75/110 € – Carta 75/100 €

 ⅋ ≼ 🛏 ☆ ᴄ 🅿 *Hotel Bellevue & SPA, rue Grand Paradis 22* – ✆ *0165 74825* – *www.hotelbellevue.it* – *Chiuso 11-28 aprile, 3 ottobre-16 dicembre, lunedì-martedì a mezzogiorno, mercoledì, giovedì-venerdì a mezzogiorno*

⑪ COEUR DE BOIS

CLASSICA · ELEGANTE XX E' nel soffitto ligneo dell'elegante sala ristorante che si svela il significato del suo nome... tra boiserie in abete del '700, antichi mobili e dipinti, la cucina propone piatti classici di stile nazionale con qualche richiamo al territorio, ed anche in questo caso il risultato è volutamente ingentilito ed alleggerito. Ottima tappa gourmet resa ancor più piacevole dalla posizione privilegiata sul Gran Paradiso.

Menu 35 € – Carta 36/60 €

⬸ 🛏 🚗 Hotel Miramonti, viale Cavagnet 31 – ☎ 0165 74030 – www.miramonticogne.com – Chiuso 5-22 aprile

⑪ LOU RESSIGNON

REGIONALE · STILE MONTANO XX Simpatica tradizione di famiglia sin dal 1966! La cucina semplice e genuina valorizza i prodotti del territorio valdostano, mentre in una delle due sale si trova l'altra specialità, la griglia, dove si cuociono carni di qualità di provenienza per lo più non italiana. Quattro accoglienti camere sono a disposizione per chi volesse prolungare la sosta.

Carta 34/48 €

⬸ 🅿 🚫 via des Mines 22 – ☎ 0165 74034 – www.louressignon.it – Chiuso 1-4 dicembre, 12 aprile-11 giugno, mercoledì

🏨 BELLEVUE HOTEL & SPA

GRAN LUSSO · STILE MONTANO Dimora storica - in continua evoluzione - con interni da fiaba: mobili d'epoca, boiserie, raffinata scelta di stoffe e colori. La cura del dettaglio è già di per sé un motivo per venirci, oltre alla qualità e generosità dei servizi come la grande e suggestiva spa, i molti ristoranti (ben quattro!) tra cui il gourmet e l'ottimo Bar à Fromage, nonché l'eccellente cantina vini.

🏋 ⬸ 🛏 📺 🕸 ♨ ⌀ 🔲 🔥 🅿 🚗 34 camere – 5 suites

rue Grand Paradis 22 – ☎ 0165 74825 – www.hotelbellevue.it

❀ Le Petit Restaurant – Vedere selezione ristoranti

🏨 MIRAMONTI

LUSSO · STILE MONTANO Entrato a far parte dei locali storici d'Italia in virtù dei suoi 90 e più anni di attività e gestione ininterrotta della stessa famiglia, Miramonti sfoggia tutto il fascino della tradizione alpina: soffitti a cassettoni, legno alle pareti e il calore del camino. Nel centro benessere, invece, le più moderne installazioni per la remise en forme.

⬸ 🛏 📺 ♨ 🕸 ⌀ 🔥 ⚕ 🚗 35 camere – 3 suites

viale Cavagnet 31 – ☎ 0165 74030 – www.miramonticogne.com

⑪ Coeur de Bois – Vedere selezione ristoranti

COGNOLA – Trento (TN) ➜ Vedere Trento

COLLEBEATO

✉ 25060 – Brescia (BS) – Carta regionale n° **9**–C1 – Carta stradale Michelin 561-F12

a Campiani Ovest : 2 km

⑪ CARLO MAGNO

MEDITERRANEA · ELEGANTE XxX In una possente, austera casa di campagna dell'800, sale di suggestiva eleganza d'epoca - travi o pietra a vista - dove gustare piatti mediterranei con alternanza di pesce e carne. Curiosità: recente creazione del giardino delle Mele Magne dedicato alle mogli di Carlo Magno, dell'Orto Beato, nonché del campo del zafferano.

Menu 50/100 € – Carta 55/90 €

🕸 🌳 🅰️🅺 ⇔ 🅿 via Campiani 9 – ☎ 030 251 1107 – www.carlomagno.it – Chiuso lunedì, martedì

COLLE DI VAL D'ELSA

✉ 53034 – Siena (SI) – Carta regionale n° **18**–D1 – Carta stradale Michelin 563-L15

❀❀ **ARNOLFO**

Chef: Gaetano Trovato

CREATIVA · LUSSO ❀❀❀ Nella capitale mondiale del cristallo, il locale mutua il nome dall'architetto trecentesco Arnolfo di Cambio, il cui luogo di nascita dista poche centinaia di metri. Ma Arnolfo è soprattutto un affare di famiglia dove la complicità tra parenti si estende ai clienti, ai quali serve specialità in sintonia con le stagioni e ambasciatrici della tipicità di alcuni ingredienti. Partendo da questo presupposto, si cerca poi di esaltarli facendo leva a volte sul dolce, altre sull'amaro, sul croccante o sull'aspro. Per garantirsi il top della qualità, lo chef-patron Gaetano Trovato ha viaggiato nella regione scovando i migliori fornitori. Da questi prodotti accuratamente selezionati prende il via una cucina rispettosa della tradizione toscana, a cui lo chef aggiunge un tocco di creatività e la sua personalità; alcune proposte non sono scevre da influenze siciliane. Ciononostante, il piatto preferito da Gaetano resta il piccione: per lui c'è sempre posto in menu!

Specialità: Gambero rosso, peperone dolce e basilico. Piccione, melagrana e cipolla rossa di Certaldo. Perfetto al pistacchio, vaniglia e lemongrass.

Menu 130/160 € – Carta 120/150 €

🕸 ⇔ 🎤 🅼 ⇔ *via XX Settembre 50/52 – ☎ 0577 920549 – www.arnolfo.com – Chiuso 1 marzo-25 aprile, martedì, mercoledì*

COLLEPIETRA • STEINEGG

✉ 39053 – Bolzano (BZ) – Carta regionale n° **19**-D3 – Carta stradale Michelin 561-C16

❀ **ASTRA**

Chef: Gregor Eschgfaeller

CREATIVA · CONTESTO CONTEMPORANEO ❀❀ Ambiente panoramico e dal design originale per questo piccolo ristorante elegante ed esclusivo; una telecamera puntata sulla cucina consente di vedere, attraverso uno schermo, lo chef Gregor all'opera. La cucina di questo giovane cuoco abbraccia prodotti locali - lavorati con tecnica e precisione - ad ingredienti di altre latitudini - dal daikon al wasabi - per aumentare l'effetto sorpresa, nonché l'impatto al palato. Se la zuppetta di anguria e scampi si rivela un'ottima scelta nel periodo estivo, non esitate nell'ordinare il saporito piccione, quando è stagione.

Specialità: Tuorlo marinato, con acqua di pomodoro, asparagi di mare e pane croccante. Vitello: carré di vitello cotto rosa in crosta di erbe, perle di patate e uovo asiatico. Mousse al cocco con spuma al mojito e granita al lime.

Menu 90/110 € – Carta 90/110 €

🕸 ⇔ ⇐ 🎤 🅿 *Hotel Berghang, via Principale 26 – ☎ 0471 376516 – www.restaurant-astra.com – Chiuso 10 gennaio-1 aprile, lunedì, martedì, mercoledì, giovedì-sabato a mezzogiorno, domenica sera*

COLLOREDO DI MONTE ALBANO

✉ 33010 – Udine (UD) – Carta regionale n° **6**-B2 – Carta stradale Michelin 562-D21

❀ **LA TAVERNA**

CLASSICA · RUSTICO ❀❀ Orangerie, serre e suggestivi ambienti in un castello del '300 - tra camino e testimonianze storiche - nonché affaccio sul giardino che si fa "contorno" con la bella stagione. Questa è La Taverna! Piatti contemporanei che valorizzano le materie prime, rispettano la stagionalità dei prodotti e i ritmi della natura: questa à la sua cucina! Tutti gli ingredienti sono, infatti, selezionati con attenzione, cultura e professionalità. E se un buon pasto non può definirsi completo senza la presenza di Bacco, il ristorante ha pensato anche a questo selezionando una grande varietà di vini italiani, francesi e spagnoli insieme all'eccellenze provenienti da terre lontane: Cile, Cina, Australia.

Specialità: Pezzata rossa, carote, nocciola e cipolla. Pollo di Porpetto, lardo, patate e friggitelli. Sfera, vaniglia, thè matcha, fragole.

Menu 80 € – Carta 55/80 €

🕸 ⇐ 🏠 🎤 🅼 🅿 *piazza Castello 2 – ☎ 0432 889045 – www.ristorantelataverna.it – Chiuso lunedì, martedì a mezzogiorno, domenica sera*

COLMEGNA – Varese (VA) ➜ Vedere Luino

COLOGNE

⊠ 25033 – Brescia (BS) – Carta regionale n° **10**–D2 – Carta stradale Michelin 561-F11

ⅰ○ **CAPPUCCINI CUCINA SAN FRANCESCO**

CREATIVA · CONTESTO   STORICO ✗✗✗ Ricercatezza   enologica   e   cucina
moderna in sintonia con le stagioni, in un'elegante sala ricca di fascino storico,
fra candide fiandre e candelabri. Il tutto all'interno dell'omonimo resort.

Menu 47/67 € – Carta 43/65 €

🅐🅒 **P** *Cappuccini Resort, via Cappuccini 54 – ℰ 030 715 7254 – www.cappuccini.it*

🏠 **CAPPUCCINI RESORT**

STORICO · ROMANTICO Pernottare in un antico convento circondati dal silenzio - in camere di austera eleganza, quasi tutte con camino - con un piccolo centro benessere dove coccolarsi... Sembra un sogno, ma non lo è!

🕭 🗶 🖾 🐠 ⅏ 🖣 🔁 🅐🅒 🔏 **P** 11 camere – 3 suites

via Cappuccini 54 – ℰ 030 715 7254 – www.cappuccini.it

ⅰ○ **Cappuccini Cucina San Francesco** – Vedere selezione ristoranti

COLOMBARO – Brescia (BS) ➜ Vedere Corte Franca

COLONNATA – Massa-Carrara (MS) ➜ Vedere Carrara

COLORETO – Parma (PR) ➜ Vedere Parma

COLORNO

⊠ 43052 – Parma (PR) – Carta regionale n° **5**–B1 – Carta stradale Michelin 562-H13

a Vedole Sud - Ovest : 2 km

ⅰ○ **AL VEDEL**

EMILIANA · AMBIENTE CLASSICO ✗✗ Tempio della produzione del culatello,
che troverete nei piatti, ma anche nelle cantine di stagionatura di cui vi suggeriamo la visita, al celebre salume si aggiungono i piatti parmensi e altre proposte
più fantasiose. Di storia secolare, oggi Al Vedel è un elegante ristorante giunto
alla sesta generazione.

Carta 45/65 €

🕸 ♿ 🅐🅒 ⇄ **P** *via Vedole 68 – ℰ 0521 816169 – www.alvedel.it –
Chiuso 24 dicembre-4 gennaio, lunedì, martedì*

COL SAN MARTINO – Treviso (TV) ➜ Vedere Farra di Soligo

COMERIO

⊠ 21025 – Varese (VA) – Carta regionale n° **9**–A2

ⅰ○ **MOVIDA**

ITALIANA · AMBIENTE CLASSICO ✗✗ Atmosfera un po' retrò conferita dalle
vecchie mura e cucina con spunti di creatività (pallet di salumi ossolani, grigliatina
dal mondo con diversi tipi di carne, ruota di formaggi del luinese, giusto per
citare qualche esempio); in estate ci si accomoda anche all'aperto.

Menu 12 € (pranzo)/14 € – Carta 29/45 €

🚗 🏠 ⇄ *via Garibaldi 3 – ℰ 0332 743240 – www.ristorantemovida.it –
Chiuso lunedì, sabato a mezzogiorno, domenica sera*

COMMEZZADURA

⊠ 38020 – Trento (TN) – Carta regionale n° **19**–B2 – Carta stradale Michelin 562-D14

🍴 **MASO BURBA** ⓝ

CUCINA DI STAGIONE · STILE MONTANO XX Dopo una bella gavetta in ristoranti di qualità, tornato in Val di Sole, lo chef mette a frutto l'esperienza accumulata servendo una cucina curata e moderna, ma con gran rispetto del territorio. Burba è il nome della famiglia che da sempre lo gestisce.

Carta 36/52 €

↔ 🅿 *via Bernardelli 32, località Piano – 𝒸 0463 979991 – Chiuso 2-17 giugno, mercoledì*

COMO

✉ 22100 – Como (CO) – Carta regionale n° **10**–A1 – Carta stradale Michelin 561-E9

❀ **I TIGLI IN THEORIA**

MODERNA · ELEGANTE XXX Originale il locale, come del resto la sua cucina. Ma partiamo dal primo. All'interno di un edificio del '400, il locale è strutturato su tre livelli: al piano terra affacciata sulla corte la sala principale e - di fronte alla cucina, separata da questa solo da una parete interamente a vetro - una seconda saletta privé. Al piano superiore trovan posto le stube collegate da un corridoio rivestito con tavole di legno antiche di 200 anni. All'ultimo piano, un ulteriore locale che ricorda nel suo allestimento un vagone ferroviario con piccoli tavolini addossati alle pareti. Insomma un accattivante ristorante dal punto di vista architettonico sorretto da una cucina con interessanti spunti di modernità; lo chef Franco Caffara propone piatti in continua evoluzione, percorsi gustativi che partendo dalla tradizione non mancano d'introdurre note nuove e contemporanee. Qui il pane è fatto rigorosamente in casa, ma anche la pasta e i dessert.

Specialità: Fiore di zucca croccante, ricotta vaccina, topinambur. Risotto all'ostrica vegetale mertensia maritima. Nuovo tiramisù.

Menu 50 € (pranzo), 110/147 € – Carta 82/128 €

🍴 🅼 ↔ *via Bianchi Giovini 41 – 𝒸 031 305272 – www.theoriagallery.it – Chiuso lunedì, domenica sera*

❀ **KITCHEN** ⓝ

Chef: Andrea Casali

CONTEMPORANEA · CONTESTO CONTEMPORANEO XX Immerso nel verde di un parco privato, Kitchen è un elegante ristorante con proposte di cucina creativa italiana su base nazionale e stagionale, che può vantare tre elementi in perfetto equilibrio tra loro: prodotto, tecnica, sapore. Lo chef Andrea Casali crea i suoi piatti utilizzando - in aggiunta - erbe ed ortaggi presenti nell'orto biodinamico della risorsa, visibile a tutti in quanto proprio di fronte all'ingresso del locale. Servizio attento e mai invadente, buona scelta enologica.

Specialità: Gamberi rossi croccanti alla pizzaiola, salsa di alici, origano. Spaghettone monograno, zafferano, burro acido, capesante in crudo, alloro. Tiramisù 2.0.

Menu 35 € (pranzo), 50/125 € – Carta 57/85 €

🍴 🅼 *via per Cernobbio 37 – 𝒸 031 516460 – www.kitchencomo.com – Chiuso 1 gennaio-13 febbraio, lunedì, martedì a mezzogiorno*

🍴 **NAVEDANO**

MODERNA · CONTESTO CONTEMPORANEO XXX A pochi minuti dal centro di Como, il nome deriva da un ufficiale garibaldino che decise di ritirarsi nei dintorni. Immerso in un tripudio di fiori - aristocratiche orchidee, autentica passione del proprietario - il ristorante propone con disinvoltura carne e pesce tra tradizione e innovazione, ma tra tante gustose specialità una merita il premio fedeltà: il pollo alla creta! L'argilla è recuperata nel bosco attiguo al locale.

Menu 115 € – Carta 70/90 €

🐕 🍴 & ↔ 🅿 *via Velzi 4 – 𝒸 031 308080 – www.ristorantenavedano.it – Chiuso 25 dicembre-3 febbraio, martedì, mercoledì a mezzogiorno*

🍴○ SOTTOVOCE

MODERNA · CONTESTO CONTEMPORANEO XX *Causa emergenza COVID-19 chiuso temporaneamente fino ad aprile 2021.*
Uno dei primi ristoranti rooftop della città, gli ambienti di Sottovoce si caratterizzano per la loro eleganza contemporanea; la cucina gourmet parte dalla ricchezza d'ingredienti di cui il bel Paese va fiero per reinterpretarli in ricette dall'impronta creativa. Spettacolare l'Infinity Bar all'aperto.
Menu 100/150 € – Carta 70/200 €

🛗 🅰️🅲 ⇔ *Hotel Vista Palazzo, piazza Camillo Benso Conte di Cavour 24 (al 4° piano) – ℰ 031 537 5241 – vistalagodicomo.com*

🍴○ FEEL

MODERNA · BISTRÒ XX Il pesce di lago, di provenienza locale o comunque nazionale nei mesi più freddi di pesca meno intensa, la fa da padrone in questo elegante e raffinato ristorante in pieno centro. Non mancano ricette personalizzate, anche di carne e sempre di cucina moderna, secondo il gusto dello chef/patron.
Menu 30 € (pranzo), 60/90 € – Carta 60/90 €

🅰️🅲 *via Diaz 54 – ℰ 334 726 4545 – www.feelcomo.com – Chiuso 1-14 febbraio, lunedì-mercoledì a mezzogiorno, domenica*

🍴○ L'ANTICA TRATTORIA

MEDITERRANEA · DI QUARTIERE XX Locale storico ubicato in centro città: ampia sala luminosa e ricette della tradizione italiana, gastronomia di stagione nonché specialità di carne con braciere a vista. Per i celiaci, un menu completo con preparazioni senza glutine.
Menu 40/65 € – Carta 39/65 €

🅰️🅲 *via Cadorna 26 – ℰ 031 242777 – www.lanticatrattoria.co.it – Chiuso domenica*

🍴○ LOCANDA DELL'OCA BIANCA

ITALIANA · AMBIENTE CLASSICO XX D'estate si mangia anche all'aperto in quest'antica casa seicentesca ristrutturata e riconvertita in ristorante con alloggio sulla strada per Cantù; cucina classica italiana, camere ristrutturate, ottimo rapporto qualità/prezzo.
Menu 35/45 € – Carta 34/59 €

⇦ 🛋️ ⇔ 🅿️ *via Canturina 251 – ℰ 031 525605 – www.hotelocabianca.it – Chiuso lunedì, martedì-sabato a mezzogiorno*

🍴○ OSTERIA L'ANGOLO DEL SILENZIO

CLASSICA · ACCOGLIENTE XX Storico ristorante della località (attivo dal 1897!), da più di vent'anni è gestito con costanza e savoir-faire. In menu, tante proposte di cucina classico-italiana con piatti anche lombardi e comaschi; fresco giardino e saletta interna con aria condizionata.
Menu 16 € (pranzo)/34 € – Carta 41/58 €

🛋️ 🅰️🅲 ⇔ *viale Lecco 25 – ℰ 031 337 2157 – www.osterialangolodelsilenzio-como.com – Chiuso lunedì*

🏨 VISTA PALAZZO

BOUTIQUE HOTEL · BORDO LAGO In centro, una bomboniera all'insegna dell'esclusività con camere e suite di moderna eleganza. Pregevole vista su piazza e lago, nonché consigliata sosta gourmet al ristorante Sottovoce, dove la moderna cucina completerà il soggiorno da sogno.
🌲 🖥️ 🖒 🅰️🅲 12 camere – 6 suites

piazza Cavour 24 – ℰ 031 537 5241 – www.vistalagodicomo.com
🍴○ **Sottovoce** – Vedere selezione ristoranti

🏠 PALAZZO ALBRICCI PEREGRINI 🅞

`Tablet.PLUS`

DIMORA STORICA · DESIGN In un palazzo del XV secolo, una residenza privata è stata convertita in questa raffinata forma di ospitalità che vi farà sentire come a casa vostra. Atmosfera romantica e ovattata, ricca di antichi dettagli e lussuosi arredi moderni.
🅰️🅲 6 camere

via Giuseppe Rovelli 28 – ℰ 331 230 5764 – www.palazzoalbricciperegrini.it

CONCA DEI MARINI

✉ 84010 – Salerno (SA) – Carta regionale n° **4**-B2 – Carta stradale Michelin 564-F25

✿ IL REFETTORIO

MEDITERRANEA · STILE MEDITERRANEO ✕✕✕ Altro che pasti frugali consumati dagli originari ospiti della struttura: un ex monastero del XVII secolo! Ora, tra queste mura, lo chef tedesco Bob Christoph ha impostato il menu su proposte mediterranee ingentilite da un'equilibrata vena moderna. La definizione che egli stesso dà della sua cucina sembra una contraddizione in termini, in quanto la identifica come semplice, ma – al tempo stesso - abbastanza complicata; a sentire il parere degli ispettori bisognerebbe anche aggiungere attenta al prodotto ed intenta ad utilizzare le tradizioni come base per la modernità. Sehr gut, Bob!

Specialità: Passaggio nell'orto. Campotti (pasta secca) con gamberi, spinaci e limone. Il tortino con cremoso di limone sfusato amalfitano.

Menu 120 € – Carta 80/120 €

◁ ⇔ 🍴 🅺 🅿 *Monastero Santa Rosa Hotel & Spa, via Roma 2 –*
☎ *089 988 6212 - www.monasterosantarosa.com – Chiuso 1 dicembre-31 marzo*

🏨 MONASTERO SANTA ROSA HOTEL & SPA

DIMORA STORICA · GRAN LUSSO Dimensione esclusiva vissuta negli ampi spazi che gli ospiti hanno a disposizione - soprattutto all'aperto - in rapporto al numero esiguo delle camere, una serie di terrazze ricche di vegetazione e panorami mozzafiato sulla costa. Raffinato centro benessere!

🛁 ◁ ⇔ 🏊 🜊 🎏 🔁 🅺 🅿 12 camere – 8 suites

via Roma 2 – ☎ *089 832 1199 - www.monasterosantarosa.com*

✿ **Il Refettorio** - Vedere selezione ristoranti

CONCESIO

✉ 25062 – Brescia (BS) – Carta regionale n° **9**-C1 – Carta stradale Michelin 561-F12

✿ ✿ MIRAMONTI L'ALTRO

Chef: Philippe Léveillé

MODERNA · ELEGANTE ✕✕ Una coppia italo-francese al comando; lei di spumeggiante simpatia e grande esperienza in sala, lui tra i fornelli, di origini bretoni, ecco spiegati i diversi riferimenti alla cucina e ai prodotti d'oltralpe, come in un romantico e proustiano ritorno all'infanzia, accanto ad altre proposte più marcatamente italiane e mediterranee. I carrelli dei formaggi offrono una scelta di eccezionale livello per ampiezza e qualità.

Atmosfera classica in sala, alcuni tavoli sono disposti nei bovindi affacciati al giardino della villa che ospita il ristorante.

Specialità: Il cetriolo, l'ostrica ed il lime. Un piccione in Bretagna. Cioccolato che passione.

Menu 45 € (pranzo), 90/150 € – Carta 90/120 €

⅏ 🍴 🅺 🅿 *via Crosette 34, località Costorio –* ☎ *030 275 1063 –*
www.miramontilaltro.it – Chiuso 8-16 agosto, lunedì

CONEGLIANO

✉ 31015 – Treviso (TV) – Carta regionale n° **23**-C2 – Carta stradale Michelin 562-E18

🍴 TRE PANOCE ❶

MODERNA · ELEGANTE ✕✕ Antico convento seicentesco sulla sommità di un colle, oggi sede di un ristorante moderno ed attrezzato di tutto punto, per una cucina - soprattutto di mare - servita in un ambiente elegante e tranquillo. Lo chef-patron ha una lunga esperienza in zona ed è ricordato come cuoco d'importanti eventi sportivi internazionali, tra cui due olimpiadi invernali. Per il prosecco, rigorosamente docg, c'è un'apposita carta.

Menu 15 € (pranzo), 40/50 € – Carta 44/55 €

🍴 🅺 ⇔ 🅿 *via Vecchia Trevigiana 50 –* ☎ *0438 60071 - www.trepanoce.it –*
Chiuso lunedì, domenica sera

CONVERSANO

✉ 70014 – Bari (BA) – Carta regionale n° **15**–C2 – Carta stradale Michelin 564-E33

✿ PASHÀ
Chef: Maria Cicorella

MODERNA · CONTESTO STORICO ✕✕ All'interno di uno dei palazzi storicamente più importanti nel patrimonio monumentale della città, il Seminario Vescovile, l'architettura austera e maestosa dell'edificio cede il passo ad interni di contemporanea eleganza, mentre la cucina rimane saldamente ancorata a basi regionali, concedendosi giusto, qua e là, il vezzo della modernità. Ognuna delle combinazioni non è altro che l'equilibrato accostamento di ingredienti genuini e lavorazioni autentiche, in un mix di contrasti splendidamente complessi e dirompenti. La cucina della chef-titolare, Maria Cicorella, e di Antonio Zaccardi trae ispirazione dalla tradizione pugliese, ne estrae l'essenza e la eleva a esperienza, coinvolgendo in questo gioco, che si traduce in puro piacere, tutti e cinque i sensi.

Specialità: Sivoni (cicoria selvatica), mandorla e tartufo nero. Bottoni di provola affumicata, tazza di brodo di funghi. Cannolo, olio e limone bruciato.

Menu 80/150 €

🖚 🏯 ⅖ 🆔 *via Morgantini 2* – ✆ *080 495 1079* – *www.ristorantepasha.com* –
Chiuso 7-31 gennaio, martedì, mercoledì a mezzogiorno, domenica sera

a Triggianello

🏛 MAZZARELLI CREATIVE RESORT ⓝ

TRADIZIONALE · CONTEMPORANEO Interni moderni ed eleganti che ben dialogano con l'architettura classica della facciata dalla caratteristica pietra bianca locale. Benvenuti al Mazzarelli Creative Resort, una villa del XIX secolo appena fuori Polignano a Mare. Cucina regionale a km 0 presso il ristorante, dove gustare il miglior pesce dell'Adriatico, le carni delle Murge e i vegetali coltivati nell'orto di "casa".

🍴 🖚 ⅃ 🆔 🅿 8 camere – 3 suites

contrada Scattone 916, Case Sparse – ✆ *080 408 6035* – *www.mazzarelliresort.it*

CORIANO – Rimini (RN) ➡ Vedere Rimini

CORIANO VERONESE – Verona (VR) ➡ Vedere Albaredo d'Adige

CORMONS

✉ 34071 – Gorizia (GO) – Carta regionale n° **6**–C2 – Carta stradale Michelin 562-E22

✿ TRATTORIA AL CACCIATORE-DELLA SUBIDA

REGIONALE · ROMANTICO ✕✕ In un incantevole paesaggio collinare punteggiato di vigneti, chi alla ricerca dell'autentica tradizione gastronomica friulana troverà qui uno dei ristoranti più interessanti della regione, proprio per l'attenta ricerca di piatti e ingredienti del territorio, che, in una zona di confine con la Slovenia e storicamente legata all'Austria imperiale, è quanto mai ricca e variegata. La famiglia proprietaria saprà guidarvi con simpatia e generosità tra erbe di campo, rane, funghi, radicchi, pesci di fiumi, polenta e selvaggina, per nominare solo alcune delle leccornie del menu. Tra i secondi piatti, merita una menzione lo stinco cotto nel forno del pane, superbamente presentato e affettato in sala, che ai nostri ispettori è apparso ben simboleggiare la generosità e la concretezza di questa cucina. Fra i dolci, lo strudel di mele è accompagnato in carta dall'espressione "per non dimenticare" e in queste parole c'è tutto il romantico manifesto della cucina della Subida.

Specialità: La Rosa di Gorizia scottata con montasio, mela Ceuka e cren. Stinco di vitello cotto nel forno del pane. Bocconcini di ricotta e dragoncello, il suo sorbetto e spuma di fiori di sambuco.

Menu 60/75 € – Carta 50/100 €

🍸 🖚 🖚 🏯 ⅌ 🅿 *via Subida 52* – ✆ *0481 60531* – *www.lasubida.it* –
Chiuso 15 febbraio-4 marzo, lunedì a mezzogiorno, martedì, mercoledì,
giovedì-venerdì a mezzogiorno

CORNAIANO • GIRLAN – Bolzano (BZ) → Vedere Appiano sulla Strada del Vino

CORNAREDO

✉ 20010 – Milano (MI) – Carta stradale Michelin 561-F9

a San Pietro all'Olmo Sud - Ovest : 2 km – Carta regionale n° **10**–A2

✿✿ D'O

Chef: Davide Oldani

CREATIVA • DESIGN ✗✗ *Esattezza 2003* ed *Armonia 2020* sono i due menu degustazione che riflettono il passato e il presente del percorso professionale di Davide Oldani. Ricerca sul territorio ed un'attenzione focalizzata sulla semplicità sono i capisaldi della sua filosofia in cucina. Nel ristorante alle porte di Milano, in spazi sobri e moderni che sembrano proiettarsi sulla piazza attraverso le ampie vetrate, lo chef porta in tavola una cucina pop, ma al tempo stesso accessibile e sostenibile: niente sprechi, quindi, ma sfruttamento del prodotto al massimo consentito.

Specialità: Animella dorata, carpaccio di capasanta ed apple blossom. Semi tostati, profumo di caffè, mirtillo e riso. Albicocca al cucchiaio, cioccolato e timo.

✿ *L'impegno dello chef: "Il mio impegno per una ristorazione più sostenibile parte dall'educazione dei ragazzi. In qualità di direttore tecnico dell'Istituto Professionale di Stato per l'Enogastronomia e l'Ospitalità Alberghiera di Cornaredo ho l'obiettivo di avvicinare i giovani alla conoscenza e rispetto del prodotto, come fondamento dell'esperienza di cuoco. Nella mia filosofia POP una pillola suggerisce: "La spesa va sempre fatta a stomaco pieno... per evitare sprechi!"*

Menu 90/120 € – Carta 55/70 €

    ♿ 🄐 ✿ *piazza della Chiesa 14 –*
    ☏ *02 936 2209 - www.cucinapop.do –*
    Chiuso 20 luglio-3 settembre, 24 dicembre-7 gennaio, lunedì, domenica

CORONA – Gorizia (GO) → Vedere Mariano del Friuli

CORRUBBIO – Verona (VR) → Vedere San Pietro in Cariano

CORTE DE' CORTESI

✉ 26020 – Cremona (CR) – Carta regionale n° **9**-C3 – Carta stradale Michelin 561-G12

😊 IL GABBIANO

LOMBARDA • FAMILIARE ✗✗ Affacciata sulla piazza centrale, la ricerca dei prodotti di nicchia è un punto d'orgoglio di questa trattoria familiare con enoteca. Insieme alle specialità del territorio (salumi o coscia d'oca), ogni stagione commemora un ingrediente particolare: dai formaggi agli animali da cortile, dal tartufo alla selvaggina, senza mai dimenticare la mostarda e il torrone!

Specialità: Gosafer (crema di sardina del lago d'Iseo con pinzimonio e polenta). Coscia d'oca a 75°. Coppa Tognazzi (tiramisù con amaretti e cioccolato).

Menu 20 € (pranzo), 30/40 € – Carta 25/40 €

    🕏 🌣 🄐 *piazza Vittorio Veneto 10 –*
    ☏ *0372 95108 - www.trattoriailgabbiano.it –*
    Chiuso giovedì

✿✿✿, ✿✿, ✿, 😊 & 🍽

CORTE FRANCA

✉ 25040 – Brescia (BS) – Carta regionale n° **10**–D1 – Carta stradale Michelin 562-F11

a **Borgonato** Sud : 3 km – Carta regionale n° **10**–D1

✿ **DUE COLOMBE**

Chef: Stefano Cerveni

MODERNA · ELEGANTE XxX La forte creatività dello chef non rinuncia a ricercare le proprie radici, dando vita ad un'indovinata reinterpretazione delle tradizioni contadine. Una cucina di grande qualità che merita la tappa e per gli ispettori vale – veramente - la pena di spingersi fino a questo borgo millenario, tra volte di mattoni, per cenare nella chiesetta sconsacrata. E' qui che si celebra la preziosa cucina di un ristorante che non rinuncia, al pari delle antiche mura, a citazioni storiche di piatti divenuti ormai irrinunciabili classici. Come il manzo all'olio con polenta dalle mani dei frati. Nonna Elvira lo proponeva nel lontano dopoguerra; Stefano ne osserva scrupolosamente la ricetta. Amanti del pesce non disperate: il menu annovera anche qualche piatto di mare.

Specialità: La patata viola, il gambero rosso ed il Franciacorta. Un piccione al Sampì (tributo a Lodovico Valente e Vittorio Fusari). Yogurt, meringa bruciata, sedano bianco e gelatina di gin.

Menu 80/95 € – Carta 66/86 €

🍴 AC ⇨ *via Foresti 13 – ℰ 030 982 8227 – www.duecolombe.com –*
Chiuso 11-19 gennaio, 10-18 agosto, lunedì, martedì, mercoledì, giovedì-venerdì a mezzogiorno, domenica sera

a **Colombaro** Nord : 2 km

🍴O **BARBOGLIO DE GAIONCELLI**

MODERNA · ELEGANTE XX Piacevoli sale rustico-eleganti al primo piano nella cascina dell'omonima cantina. La sua cucina? Ricca di fantasia con spunti regionali e stagionali!

Menu 50/70 € – Carta 50/70 €

AC 🅿 *via Nazario Sauro 5 – ℰ 030 982 6831 – www.barbogliodegaioncelli.it –*
Chiuso lunedì, martedì-venerdì a mezzogiorno, domenica sera

G. Fochesato/E+/Getty Images

✉ 32043 – Belluno (BL)
Carta regionale n° **23**-C1
Carta stradale Michelin 562-C18

CORTINA D'AMPEZZO

Ci piace: un pasto sulla bella terrazza del **Baita Fraina** con spettacolare vista sulle Dolomiti. Il nuovo look e la nuova gestione della **Baita Piè Tofana**, un mix di calda atmosfera alpina e modernità creativa.

Non si può lasciare la località senza aver fatto un salto all'Enoteca Cortina: cantina storica è conosciuta per la qualità e l'ampia scelta di vini. I suoi stuzzichini stemperano il tasso alcolico. Vivamente consigliata una visita al caseificio Piccolo Brite: vera e propria "boutique" del formaggio accoglie fra le sue mura una variegata selezione di latticini e salumi. La location naturalistica teme pochi rivali. Un salto alla macelleria salumeria Caldara per degustare salumi e speck di produzione propria. Lovat bar, gelateria e pasticceria per un dolce intermezzo tra uno skilift e una seggiovia: prelibatezze dolci e salate.

Ristoranti

❀ **SANBRITE**

Chef: Riccardo Gaspari

REGIONALE · STILE MONTANO ✕✕ Sanbrite: malga sana. Il nome introduce alla qualità di questo intimo e caldo ristorante che offre l'opportunità di assaggiare una cucina personalizzata. La maggior parte degli ingredienti è pregiano, infatti, di essere prodotti nella azienda di famiglia: una malga a 1800 metri di altitudine, dove il blocco del traffico per inquinamento ha l'enfasi di un concetto astratto. Per accertarvi dell'artigianalità dei formaggi (il carrello è strepitoso!) accogliete l'invito a visitare la cantina di affinamento: trovarne due uguali sarà un'impresa impossibile, perché ognuno è un pezzo a sé, con racchiusa una propria storia. Il locale è validamente gestito da una giovane coppia: lui ai fornelli a dar vita a prelibatezze gastronomiche, lei - in sala - ad occuparsi dei clienti con competenza e con quella proverbiale simpatia propria alla sua città d'origine, Bologna.

Specialità: Lumache alle erbe. Spaghetti al pino mugo. Gelato al latte e bacche di larice.

Menu 90/120 € – Carta 90/110 €

🛖 ⅋ 🅼 🅿 **Fuori pianta** – *località Alverà* –
☎ *0436 863882* –
www.sanbrite.it –
Chiuso 1-4 dicembre, 3 maggio-24 giugno, mercoledì, giovedì a mezzogiorno

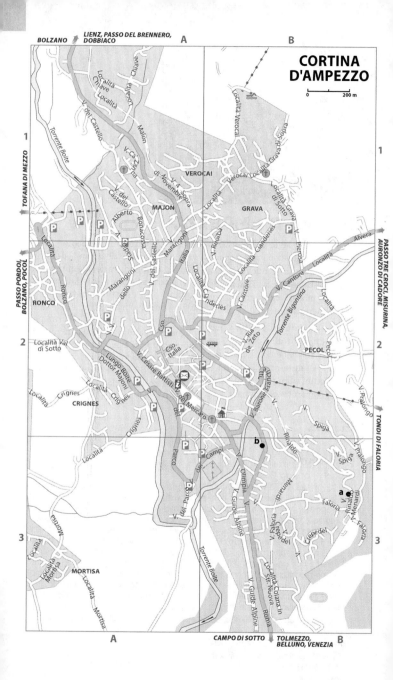

⌘ TIVOLI

Chef: Graziano Prest

MODERNA · CHIC ✕✕ Lungo la strada per passo Falzarego, ai piedi delle Tofane, in una bella casa alpina fuori dal centro, lo chef-patron, Graziano Prest, dimostra di trovarsi a proprio agio con la tradizione, così come con piatti più creativi ed insoliti. Partendo, infatti, dalle ottime materie prime del territorio (i fagioli di Lamon, i funghi del Cadore, l'agnello dell'Alpago, utilizzando il pesce fresco che giunge quotidianamente dai vicini mercati ittici di Venezia e Chioggia), Graziano dà vita a piatti saporiti ed intriganti. La terrazza panoramica regala immagini da cartolina del centro di Cortina; le piste da sci sono a pochi passi.

Specialità: Lungo il Boite: lumache e rane fritte, crema di sedano rapa affumicato, crescione, porri croccanti e spuma al prezzemolo. Agnello in 2 portate: terrina, stufato al rosmarino e pancia confit; fegatini alla veneziana, costoletta dorata e trippe. Meringata ai fiori e frutti di montagna con gelato al latte di capra.

Menu 115/140 € – Carta 78/110 €

⅋ ⌌ 斎 **P** Fuori pianta – *località Lacedel 34 – ☎ 0436 866400 – www.ristorantetivolicortina.it – Chiuso 6 aprile-18 giugno, 27 settembre-26 novembre, lunedì, martedì a mezzogiorno*

ⅰ○ BAITA PIÈ TOFANA ⓝ

MODERNA · RUSTICO ✕✕ Alle pendici del Tofana e affacciato sulle piste da sci, questa caratteristica e romantica baita rinasce dopo un radicale rinnovo voluto dalla nuova e appassionata proprietà, che ha impostato una linea di cucina di gusto contemporaneo partendo dalle tradizioni e dalle materie prime locali.

Carta 40/55 €

⅋ 斎 ⇄ **P** Fuori pianta – *località Rumerlo – ☎ 0436 4258 – www.baitapietofana.it – Chiuso mercoledì*

ⅰ○ LA CORTE DEL LAMPONE

REGIONALE · LUSSO ✕✕ Con una bella vista che dalle sue ampie vetrate spazia sulla Tofana e Faloria, la cucina accinge dalla tradizione, ma non solo, rielaborata con delicatezza in chiave moderna dal nuovo e giovane chef. Ambiente in stile montano di contemporanea eleganza; a pranzo la carta si fa più semplice e ridotta.

Carta 70/90 €

⌌ ⌕ 斎 **P** ⌂⌖ Fuori pianta – *Hotel Rosapetra Spa & Resort, località Zuel di Sopra 1 – ☎ 0436 861927 – www.rosapetracortina.it*

ⅰ○ AL CAMIN

REGIONALE · ALLA MODA ✕✕ Sulla strada per il lago di Misurina, accogliente locale dal moderno stile alpino: piatti legati al territorio con piccole rivisitazioni e nella calda stagione approfittate del servizio all'aperto. Bella carta dei vini con più di 200 etichette.

Menu 45/50 € – Carta 45/55 €

斎 ⅷ Fuori pianta – *località Alverà 99 – ☎ 0436 862010 – www.ristorantealcamin.it – Chiuso mercoledì*

ⅰ○ BAITA FRAINA

REGIONALE · RUSTICO ✕✕ Tre accoglienti salette arredate con oggetti e ricordi tramandati da generazioni in una tipica baita, dove gustare curati piatti del territorio accompagnati da una fornita cantina. E per intrattenersi più a lungo nel silenzio e nel profumo dei monti, deliziose camere in calde tonalità di colore.

Carta 55/65 €

⅋ ⇆ ⌌ ⌕ 斎 ⇄ **P** Fuori pianta – *località Fraina – ☎ 0436 3634 – www.baitafraina.it – Chiuso 1-4 dicembre, lunedì*

ⅰ○ EL CAMINETO

CLASSICA · ELEGANTE ✕✕ Il menu propone un'ampia scelta con un corretto mix fra tradizione e fantasia. Oltre alla buona cucina, si segnala la proverbiale vista da godersi appieno - nella bella stagione - ai tavoli all'aperto.

Carta 38/74 €

⌌ 斎 **P** Fuori pianta – *località Rumerlo 1 – ☎ 0436 4432 – www.ilmeloncino.it – Chiuso 1 maggio-30 giugno, martedì*

Alberghi

🏨 CRISTALLO

GRAN LUSSO · PERSONALIZZATO Marmo di Carrara, boiserie e migliaia di rose dipinte a mano sono solo alcune delle ricercatezze che fanno del Cristallo la quintessenza del lusso e il tempio de l'art de vivre. Ma qui troverete anche ampie camere e un moderno centro benessere, nonché molte scelte disponibili per la ristorazione, che vanno dal Cantuccio alla Stube, senza tralasciare il gourmet Gazebo.

🍴 🦮 ⪁ 🛏️ 🖥️ 🛎️ 🐾 ⓕ⑥ ☷ 🍵 🎿 🅿️ 🚗 54 camere – 20 suites

Pianta: B3-a – *via Rinaldo Menardi 42* – ✆ *0436 881111* – *www.cristallo.it*

🏨 GRAND HOTEL SAVOIA

GRAN LUSSO · DESIGN Un grand hotel in pieno centro che sfoggia una veste di moderno design e confort dell'ultima generazione. Belle camere dai toni caldi ed una spa ben attrezzata; gradevole anche il salotto per fumatori. Cucina di tipo mediterraneo con qualche rivisitazione al ristorante.

🍴 🦮 🖥️ 🛎️ 🐾 🍵 🎿 🅿️ 🚗 130 camere – 5 suites

Pianta: B3-b – *via Roma 62* – ✆ *0436 3201* – *www.grandhotelsavoiacortina.it*

🏨 FALORIA MOUNTAIN SPA RESORT ⓝ   `Tablet. PLUS`

TRADIZIONALE · STILE MONTANO Nasce dalla fusione di due chalet dei quali conserva il caratteristico stile montano e ai quali aggiunge eleganza, esclusività e un attrezzato centro benessere. La calda e raffinata atmosfera è riproposta nella sala da pranzo.

🍴 ⪁ 🦮 🖥️ 🛎️ 🐾 🍵 🎿 🅿️ 🚗 48 camere

Fuori pianta – *località Zuel di Sopra 46* – ✆ *0436 2959* – *www.faloriasparesort.com*

CORTINA VECCHIA – Piacenza (PC) → Vedere Alseno

CORTONA

✉ 52044 – Arezzo (AR) – Carta regionale n° **18**-D2 – Carta stradale Michelin 563-M17

😊 LA BUCACCIA

REGIONALE · CONTESTO TRADIZIONALE 🍽 In un antico palazzo del XIII secolo, edificato su una strada romana il cui lastricato costituisce oggi il pavimento della saletta principale, una cucina squisitamente regionale dove assaggiare l'ottima selezione di formaggi, i piatti a base di chianina, ed un'accoglienza coinvolgente da parte di Romano. Si organizzano anche corsi di cucina!

Specialità: Antipasto tipico toscano. Tagliata di bistecca a lunga maturazione. I nostri cantucci caldi e vin santo gran riserva.

Menu 29 € – Carta 30/45 €

🍴 *via Ghibellina 17* – ✆ *0575 606039* – *www.labucaccia.it* – *Chiuso 10-30 gennaio, lunedì*

🍴 OSTERIA DEL TEATRO

TOSCANA · CONTESTO STORICO 🍽🍽 Cucina della tradizione in diverse sale che spaziano dall'eleganza cinquecentesca con camino, ad ambienti più conviviali in stile trattoria, ma sempre accomunate dalla passione per il teatro. E per una pausa informale, la prospicente fiaschetteria - Fett'unta - con piatti del giorno e salumi tipici.

Carta 38/50 €

🍴 🌳 🍵 ⟷ *via Maffei 2* – ✆ *0575 630556* – *www.osteria-del-teatro.it* – *Chiuso mercoledì*

sulla strada provinciale 35 verso Mercatale

⊪○ L'ANTICA CASINA DI CACCIA

MODERNA · ELEGANTE ✗✗ In linea con la bellissima Villa di Piazzano in cui si trova, grande eleganza ed un servizio all'aperto che permette di contemplare il curatissimo giardino, mentre dalla cucina il giovane cuoco propone i sapori del territorio con piglio moderno; per onorare la storia del luogo sempre presenti alcuni piatti di cacciagione.

Carta 38/60€

⊰ 🕼 🛋 🎟 🅿 *Hotel Villa di Piazzano, località Piazzano 7 –*
𝒞 0575 174 3048 – www.villadipiazzano.com –
Chiuso 1 dicembre-31 marzo, martedì

⊪○ LOCANDA DEL MOLINO

REGIONALE · CASA DI CAMPAGNA ✗✗ Bella locanda gestita dalla famiglia Baracchi: se le camere sfoggiano l'elegante semplicità della campagna toscana, il vecchio mulino di famiglia rinasce nella veste di ristorante rustico, ma vezzoso. Il gentil sesso si adopera in cucina, mentre la tradizione campeggia in menu. Da poco inaugurato anche il forno a legna per la pizza!

Menu 30/50€ – Carta 25/90€

⇦ 🕼 🎟 🅿 *località Montanare 10 –*
𝒞 0575 614016 – www.locandadelmolino.com –
Chiuso 10 gennaio-10 marzo, lunedì-sabato a mezzogiorno

🏠 VILLA DI PIAZZANO

DIMORA STORICA · PERSONALIZZATO Voluta dal Cardinale Passerini come casino di caccia, una splendida villa patrizia del XVI secolo sita tra le colline della Val di Chiana, il Lago Trasimeno e Cortona. Gli interni sono signorili, eleganti e curati al pari dello splendido giardino che la cinge con grazia.

🏹 🐾 ⊰ 🕼 ⤲ 🗍 🎟 ♨ 🅿 20 camere – 7 suites

località Piazzano 7 (Est: 8 km) – 𝒞 075 826226 – www.villadipiazzano.com
 ⊪○ **L'Antica Casina di Caccia** – Vedere selezione ristoranti

🏠 RELAIS LA CORTE DEI PAPI

`Tablet.PLUS`

DIMORA STORICA · PERSONALIZZATO L'antica funzione agricola del casolare settecentesco ha lasciato il passo ad un raffinato hotel, gestito con simpatia e competenza da un discendente della famiglia stessa che per secoli coltivò queste terre. Piacevole spazio verde intorno alla piscina, gli interni svelano camere eleganti, alcune con piccola zona benessere, mentre in un'ala in stile neorinascimentale trovano posto il bar e la sala riunioni.

🏹 🐾 🕼 ⤲ ♨ 🅿 12 suites – 4 camere

località Pergo, via la Dogana 12 – 𝒞 0575 614109 – www.lacortedeipapi.com

a San Martino Nord: 4, 5 km – Carta regionale n° **18**-D2

✿ IL FALCONIERE

Chef: Silvia Regi Baracchi

TOSCANA · LUSSO ✗✗✗ "Sono cresciuta nel ristorante di famiglia ed ho respirato quell'aria che ti entra dentro e non ti lascia più" sono le parole di Silvia Baracchi che – ancora giovanissima – aprì Il Falconiere. Ora di locali ne ha ben tre, tutti nella zona, e ognuno con un concept diverso. Il primo è Il Falconiere, il secondo in ordine cronologico è la Locanda del Molino, il ristorante dove la cuoca è cresciuta e dove il tempo si è fermato (tutto è rimasto uguale, con i piatti che si usava cucinare in casa) ed infine la Bottega Baracchi, ristorante, wine-bar e concept store tra sapori cortonesi ed influenze internazionali. A Silvia piace cambiare, seguire le stagioni e le intuizioni del momento, quindi la sua carta varia spesso, sebbene vi siano degli irrinunciabili.Tutti i suoi piatti sono conditi con olio EVO di produzione propria, perché parafrasando la cuoca, al km zero, lei preferisce il km vero.

Specialità: Battuta di chianina alle spezie toscane, sedano e condimento etrusco. Un classico della nostra cucina: casseruola di piccione con ciliegie stufate e taccole. Profiteroles come un bacio goloso di Monnalisa all'Elisir di lungavita, gelato alla panna e bibita all'acquarosa.

Menu 50 € (pranzo), 95/130 € – Carta 100/130 €

൴ 㡡 ⁍ ⇔ 🅿 *Hotel Il Falconiere Relais, località San Marino a Bocena 370 –*
℘ *0575 612679 – www.ilfalconiere.it – Chiuso 1 dicembre-15 marzo*

🏨 IL FALCONIERE RELAIS   `Tablet.PLUS`

LUSSO · PERSONALIZZATO Sulle prime colline affacciate sulla vallata, questa villa seicentesca ricca di fascino e di suggestioni, dispone anche di un piccolo centro benessere con vinoterapia. Camere di raffinata e nobile eleganza, per un soggiorno straordinario.

🍴 🐾 ⇐ 🛏 ⌁ 🗔 ⏏ 🏊 ⏎ 🛗 ⁍ 🅿 18 camere – 8 suites

località San Marino a Bocena 370 – ℘ 0575 612679 – www.ilfalconiere.it

✿ **Il Falconiere** – Vedere selezione ristoranti

CORVARA IN BADIA – Bolzano (BZ) → Vedere Alta Badia

COSENZA
✉ 87100 – Cosenza (CS) – Carta regionale n° **3**-A2 – Carta stradale Michelin 564-J30

a Rende Nord - Ovest : 10 km

🍽 AGORÀ

PESCE E FRUTTI DI MARE · CONTESTO CONTEMPORANEO 🟰 Gestione giovane per questo gradevole locale che si trova in una zona recente di Rende; lo chef patron ha le idee chiare su cosa cucinare: la carta propone, infatti, quasi esclusivamente pesce (sebbene, in alternativa, ci sia sempre qualche golosità di terra), la provenienza è perlopiù il Mar Ionio.

Menu 35/65 € – Carta 35/60 €

㡡 ⅙ ⁍ 🅿 *via Rossini 178 – ℘ 347 912 9377 – www.agorarende.com –*
Chiuso domenica

COSTERMANO
✉ 37010 – Verona (VR) – Carta regionale n° **23**-A2 – Carta stradale Michelin 562-F14

verso San Zeno di Montagna

🍽 LA CASA DEGLI SPIRITI

MODERNA · ROMANTICO 🟰🟰 Un ristorante per le grandi occasioni, quello che era un antico rudere sul ciglio della strada è stato trasformato in una lussuosa bomboniera con vista mozzafiato sul lago. La cucina è creativa, sia di terra che di mare, con qualche accenno alla Puglia, accompagnata da circa 1500 referenze in cantina, tra Veneto, Champagne e altre regioni. Dalle 10 alle 22 è aperta anche la Terrazza: una soluzione con proposte più semplici, nonché sandwich e pizze gourmet.

Menu 110/140 € – Carta 80/90 €

൴ ⇐ 🛏 ⅙ 🅿 *via Monte Baldo 28 – ℘ 045 620 0766 – www.casadeglispiriti.it –*
Chiuso 7 gennaio-11 febbraio

ad Albarè Sud - Est: 3 km

🍽 OSTERIA DAI COGHI

MODERNA · SEMPLICE 🟰 Nella frazione di Albarè, in una zona residenziale dove mai si sospetterebbe la presenza di un ristorante, troviamo invece una giovane e appassionata gestione, che cura tanto la ricerca delle materie prime (spesso locali, compreso il pesce di lago), quanto qualche abbinamento più personale ed insolito, accompagnato dalla passione e simpatia di una gestione familiare.

Menu 42 € – Carta 29/45 €

㡡 *via Alcide De Gasperi 9/13 – ℘ 045 620 0475 – Chiuso 1-31 marzo, mercoledì, giovedì a mezzogiorno*

COURMAYEUR

✉ 11013 – Aosta (AO) – Carta regionale n° **21**–A2 – Carta stradale Michelin 561-E2

ॐ **PETIT ROYAL**

MODERNA · LUSSO ✗✗ Si accede dall'entrata principale dell'hotel in una saletta luminosa, moderna, molto elegante con una vista mozzafiato sul Monte Bianco. In questo raffinato contesto, un servizio attento e professionale vi introdurrà alla cucina contemporanea di Paolo Griffa: giovane chef che grazie alla sua formazione da pasticcere sfodera ricette di una precisione maniacale. Belle presentazioni di grande cromaticità, tanta tecnica e territorio circostante in tutte le proposte; svariati menu degustazione - a tema - diventano espressione concreta della cucina concettuale del Petit Royal.

Specialità: Tourbillon di barbabietole, erbe di campo e stracchino di capra. Filetto di cervo alla resina di pino, scorzonera alla nocciola e caffè, zucca fritta in aceto, cipolla bianca al forno. Cioccorana.

Menu 100/160 € – Carta 100/200 €

🕭 ⛾ 🚗 ⚕ 🏛 *Grand Hotel Royal e Golf, via Roma 87 – ☎ 0165 831611 – www.hotelroyalegolf.com – Chiuso 12 aprile-26 giugno, 16 settembre-24 novembre, lunedì, martedì-domenica a mezzogiorno*

🍴 **PIERRE ALEXIS 1877**

TRADIZIONALE · CONVIVIALE ✗✗ Nel cuore antico di Courmayeur, all'interno di una casa del centro pedonale che come recita il nome è stata costruita nel lontano 1877, le ricette della tradizione sono elaborate con un pizzico di fantasia. In primavera, i piatti s'insaporiscono con erbe spontanee raccolte in valle.

Carta 48/77 €

via Marconi 50/A – ☎ 0165 846700 – www.pierrealexiscourmayeur.it – Chiuso 1-20 giugno, 1-25 ottobre, lunedì

🏛 **GRAND HOTEL ROYAL E GOLF**

STORICO · CLASSICO Regnanti, intellettuali e jet set internazionale sono stati ospiti degli accoglienti spazi di questo splendido albergo nel centro della località, che vanta più di duecento anni di storia: un intramontabile punto di riferimento per trascorrere una vacanza all'insegna della tranquillità e del benessere, confortati da una generosa offerta di servizi tra cui - oltre alla spa - diversi punti ristorativi.

🕭 ⛾ 🚗 ⚕ 🏊 🏛 65 camere – 5 suites

via Roma 87 – ☎ 0165 831611 – www.hotelroyalegolf.com

ॐ **Petit Royal** – Vedere selezione ristoranti

🏛 **LE MASSIF**

LUSSO · CONTEMPORANEO In chiaro stile contemporaneo, dalle linee pulite e che unisce una certa eleganza con l'utilizzo di materiali della regione, Le Massif è dotato di ogni confort al suo interno a partire dalla piccola spa e dalla Steakhouse Cervo Rosso specializzata nella proposta di carni. Sulle piste da sci, c'è anche l'ottimo chalet La Loge du Massif.

🕭 ⛾ 🚗 ⚕ 🏛 73 camere – 3 suites

strada regionale 38 – ☎ 0165 189 7100 – www.lemassifcourmayeur.com

ad Entrèves Nord : 4 km – Carta regionale n° **21**–A2

🏛 **AUBERGE DE LA MAISON**

TRADIZIONALE · STILE MONTANO Fedele al suo nome, un'atmosfera da raffinata "casa" di montagna con tanto di boiserie, camino, camere personalizzate e rinnovato centro relax. Al ristorante Aubergine ci si accomoderà - certamente -per l'ottima cucina, ma anche per un'incredibile vista sul mitico Monte Bianco.

🕭 ⛾ 🚗 ⚕ 🅿 🏛 31 camere – 2 suites

via Passerin d'Entreves 16 – ☎ 0165869811 – www.aubergemaison.it

CRANDOLA VALSASSINA

✉ 23832 – Lecco (LC) – Carta regionale n° **9**–B2 – Carta stradale Michelin 561-D10

⁑○ DA GIGI

REGIONALE · FAMILIARE ✕✕ Per gustare le specialità della Valsassina, un simpa-tico locale in posizione panoramica con sale di tono rustico e una cucina attenta ai prodotti del territorio (molti di origine biologica), nonché a quelli dell'orto di casa. Al piano inferiore, il laboratorio di pasticceria sforna fragranti prelibatezze.

Menu 35 € (pranzo), 40/58 € – Carta 45/58 €

↫ ⫕ 🄰🄲 ⇔ *piazza IV Novembre 4 – ℰ 0341 840124 – www.dagigicrandola.it – Chiuso mercoledì*

CREDERA RUBBIANO

✉ 26010 – Cremona (CR) – Carta regionale n° **10**-C3 – Carta stradale Michelin 561-G10

⁑○ IL POSTIGLIONE

CLASSICA · ROMANTICO ✕✕ Affascinante restauro di una cascina storica, soffitti in legno, camini e arredi d'epoca conducono ad una cucina del territorio che si apre, però, anche al pesce per il quale la trattoria si è conquistata un nome.

Carta 38/60 €

🄲🄸 🄰🄲 ⇔ 🄿 *via Boschiroli 17 – ℰ 0373 66114 – www.trattoriapostiglione.it – Chiuso lunedì, martedì-domenica a mezzogiorno*

CREMA

✉ 26013 – Cremona (CR) – Carta regionale n° **10**-C2 – Carta stradale Michelin 561-F11

⁑○ BOTERO

MODERNA · DESIGN ✕✕ Le sale rivisitano in chiave contemporanea l'eleganza dell'edificio storico, che offre spazio ai tavoli anche in una piacevole corte interna, mentre la cucina propone piatti sia di carne che di pesce.

Menu 20 € (pranzo)/60 € – Carta 35/60 €

⽤ 🄲🄸 ⍗ 🄰🄲 *via G. Verdi 7 – ℰ 0373 87911 – www.ristorantebotero.it – Chiuso 1-10 gennaio, 15-20 agosto, lunedì, sabato a mezzogiorno, domenica sera*

CREMONA

✉ 26100 – Cremona (CR) – Carta regionale n° **9**-C3 – Carta stradale Michelin 561-G12

⁑○ KANDOO NIPPON

GIAPPONESE · STILE ORIENTALE ✕ Colori scuri e look moderno per questo buon locale disposto su due piani, consigliato per una pausa relax tutta nipponica a base di ottime specialità del Sol Levante. Qua se ne fanno di cotte e di crude!

Menu 14 € (pranzo), 35/90 € – Carta 30/90 €

🄲🄸 ⍗ 🄰🄲 *piazza Cadorna 15 – ℰ 0372 21775 – www.sushikandoo.it – Chiuso lunedì*

🏙 DELLE ARTI

TRADIZIONALE · CONTEMPORANEO Sin dall'esterno si presenta come un design hotel caratterizzato da forme geometriche e colori sobri, prevalentemente scuri. La sala colazioni è adibita anche a galleria d'arte visitabile: una vera ecce-zione di modernità nel centro storico.

🄸🄶 ⊡ ⍗ 🄰🄲 🚗 30 camere – 3 suites

via Geremia Bonomelli 8 – ℰ 0372 23131 – www.dellearti.com

CRISPIANO

✉ 74012 – Taranto (TA) – Carta regionale n° **15**-C2 – Carta stradale Michelin 564-F33

😊 LA CUCCAGNA

PUGLIESE · FAMILIARE ✕ C'è un'intera famiglia a condurre questo ottimo risto-rante nel centro del paesino ed i motivi per venir fin qui sono più di uno, in asso-luto il cibo: fresche verdure, squisiti primi piatti (ottimi i troccoli freschi con cico-rielle selvatiche, pomodorini giallorossi e fave), selezionate carni... del resto il padre faceva il macellaio! Grande importanza viene riservata anche al vino: oltre 500 etichette sostano nella bella cantina in attesa di essere aperte.

Specialità: Acquasale. Carni al fornello. Cappuccino alle fragole.

Carta 20/45€

ஃ 🕱 🕮 *corso Umberto I° 168 – 𝒞 099 616087 – www.lacuccagnagirodivite.com –*
Chiuso martedì

CRODO

✉ 28862 – Verbano-Cusio-Ossola (VB) – Carta stradale Michelin 561-D6

a **Viceno** Nord - Ovest : 4, 5 km – Carta regionale n° **12**–C1

🖭 **EDELWEISS**

REGIONALE · FAMILIARE 🕆 Da ben 60 anni, è un vero caposaldo della gastronomia locale! Tanta resistenza al tempo si deve al lavoro di un'intera famiglia
che propone, in un ambiente rilassato ed informale, piatti della tradizione montana, cacciagione, la piccola selezione di formaggi locali (tra cui consigliamo un
doveroso assaggio di bettelmatt), i gelati artigianali.

Specialità: Carpaccio di cervo con sedano e noci. Gnocchetti di ricotta vicense.
Gelato casalingo.

Menu 16/37€ – Carta 25/50€

⟲ 🍴🕭 🅿 *località Crodo – 𝒞 0324 618791 – www.albergoedelweiss.com –*
Chiuso 3-25 novembre

CROTONE

✉ 88900 – Crotone (KR) – Carta regionale n° **3**–B2 – Carta stradale Michelin 564-J33

🍴🔾 **DA ERCOLE**

PESCE E FRUTTI DI MARE · ACCOGLIENTE 🕅🕅 Il sapore e il profumo del mar
Ionio vengono esaltati nei piatti in carta, il meglio di giornata lo suggerisce a
voce direttamente Ercole, lo chef-patron, anfitrione di questo accogliente locale
classico sul lungomare della località.

Menu 50/80€ – Carta 30/100€

⟲ 🕱 🕮 🗘 *viale Gramsci 122 – 𝒞 0962 901425 – www.ristorantedaercole.com*

CUASSO AL MONTE

✉ 21050 – Varese (VA) – Carta regionale n° **9**–A2 – Carta stradale Michelin 561-E8

🖭 **AL VECCHIO FAGGIO**

REGIONALE · CONTESTO TRADIZIONALE 🕅🕅 Il faggio secolare domina ed
accoglie gli avventori che dal 1985 si recano qui per gustare la vera cucina del territorio, la cui massima espressione trova concretezza in piatti quali petto d'anatra
alle amarene o coniglio al moscato. Buona selezione di vini illustrata con competenza dal giovane ed appassionato patron-sommelier.

Specialità: Cappuccino ai porcini con cornetto. Zuppa di cipolle. Torta di nocciole
e cioccolato.

Menu 20€ (pranzo)/38€ – Carta 35/57€

🕱🕭 🅿 *via Garibaldi 8, località Borgnana – 𝒞 0332 938040 –*
www.vecchiofaggio.com – Chiuso 11-26 gennaio, mercoledì

CUNEO

✉ 12100 – Cuneo (CN) – Carta regionale n° **12**–B3 – Carta stradale Michelin 561-I4

🖭 **4 CIANCE**

PIEMONTESE · CONTESTO TRADIZIONALE 🕅🕅 Due semplici sale, una con soffitto a cassettoni, l'altra in mattoni a croce e una cucina che sa di territorio e di
qualità; tanti sforzi si traducono in belle presentazioni ed un ottimo servizio. Il
Piemonte in tavola!

Specialità: Uovo pochè, cardi glassati al fondo bruno chips di topinambur e fonduta Aosta. La guancia di vitello brasata al nebbiolo. Il nostro cuneese al rhum (semifreddo al cioccolato e rhum con meringa e glassato al cioccolato).

Menu 33/38€ – Carta 39/47€

🛒 ♿ *via Dronero 8c – ☎ 0171 489027 – www.4ciance.it – Chiuso lunedì a mezzogiorno, mercoledì a mezzogiorno, giovedì, venerdì a mezzogiorno*

🕷 OSTERIA DELLA CHIOCCIOLA

PIEMONTESE · AMBIENTE CLASSICO Ottima accoglienza famigliare e servizio giovane, sorridente e spigliato, in un locale composto da enoteca all'ingresso e sala ristorante al primo piano. La cucina di cui va fiera è quella della tradizione regionale, che utilizza i prodotti del territorio e segue l'alternarsi delle stagioni (quindi anche con presenza di tartufo bianco). Proverbiali dessert!

Specialità: Carne cruda. Ravioli del plin. Panna cotta.

Menu 20€ (pranzo), 34/38€ – Carta 24/40€

℥ *via Fossano 1 – ☎ 0171 66277 – Chiuso 1-15 gennaio, domenica*

🕷 BOVE'S

CARNE · VINTAGE Il nipote di uno dei più celebri macellai d'Italia, Martini, porta a Cuneo le sue carni, a cui la carta è quasi esclusivamente dedicata, insieme a qualche primo, insalate, elaborati hamburger; la razza piemontese qui è la Fassona e sulla carta ovviamente la fa da padrona. Il tutto in due nostalgiche sale che rievocano le atmosfere di un bistrot anni '40. Servizio giovane e molto cortese.

Specialità: Fassone tonnato al rosa e salsa fatta con la vecchia ricetta della nonna. Fegato fritto in croccante panatura con tempura di verdure. Persi pien di Bove's (rivisitazione della pesca ripiena).

Carta 25/60€

🛒 *via Dronero 2/b – ☎ 0171 692624 – www.boves1929.it – Chiuso mercoledì*

🕯O OSTERIA VECCHIO BORGO

DEL TERRITORIO · FAMILIARE ✗✗ Il territorio è fonte di ispirazione in cucina, ma accostamenti ed elaborazioni anche personalizzate in chiave moderna risultano apprezzate dai più. Ricerca ed attenta selezione anche per i vini con una carta curata e ben presentata.

Carta 45/55€

♿ *via Dronero 8/b – ☎ 0171 950609 – www.osteriavecchioborgo.com – Chiuso martedì, mercoledì*

🕯O L'OSTERIA DI CHRISTIAN

TRADIZIONALE · ROMANTICO ✗ L'Osteria di Christian: ma veramente solo sua! Questo istrionico ed energico chef-patron si cura di tutto dalla A alla Z, dalla cucina alla sala, piccola, romantica e con ricordi marsigliesi, dove a voce vi propone i migliori piatti della tradizione piemontese, elaborati partendo da ottime materie prime.

Menu 35/50€ – Carta 25/58€

Ⓜ *via Dronero 1e – ☎ 347 155 6383 – Chiuso lunedì, martedì-sabato a mezzogiorno, domenica sera*

CUORGNÈ

✉ 10082 – Torino (TO) – Carta regionale n° **12**–B2 – Carta stradale Michelin 561-F4

🕷 ROSSELLI 77

PIEMONTESE · VINTAGE ✗ Locale originale nella sua formula di "ristorante & antiquariato" dove Ivano, chef-patron, ripara mobili ed oggetti che compongono l'arredamento, acquistabili tra una portata e l'altra di specialità piemontesi: piatti che variano giornalmente in base alla disponibilità del mercato.

Specialità: Nostre verdure in agrodolce. Maccheroni trafilati con ragù di anatra. Cremino al gianduiotto.

Menu 15€ (pranzo)/25€

Ⓜ ⇅ 🗪 *via F.lli Rosselli 77 – ☎ 0124 651613 – Chiuso 24 dicembre-6 gennaio, 1-31 agosto, lunedì, martedì-sabato sera, domenica*

CUREGGIO

✉ 28060 – Novara (NO) – Carta regionale n° **13**–A3 – Carta stradale Michelin 561-E7

⬦⃝ LA CAPUCCINA

REGIONALE · CASA DI CAMPAGNA ✕✕ Una cascina cinquecentesca immersa nella campagna, nonché un'azienda agricola a tutto tondo (allevamenti, ortaggi, vigneti...); gestione familiare appassionata, che porta in tavola produzioni proprie o - in alternativa - materie prime locali di ottima qualità.

Menu 35 € (pranzo), 42/44 €

⬙ ⬅ ⬟ ⬠ 🅐🅒 🅿 *via Novara 19/b, località Capuccina* – 𝒞 *0322 839930* – *www.lacapuccina.it – Chiuso 2-20 gennaio, lunedì, martedì a mezzogiorno, mercoledì, giovedì-sabato a mezzogiorno, domenica sera*

CURTATONE

✉ 46010 – Mantova (MN) – Carta stradale Michelin 561-G14

a Grazie Ovest : 2 km – Carta regionale n° **9**–C3

⊛ LOCANDA DELLE GRAZIE

MANTOVANA · CONTESTO REGIONALE ✕✕ Cambio di gestione con il passaggio di testimone dalla storica coppia, Daniela e Fernando, ad un ristoratore già attivo in provincia. Nel segno della continuità, si continuano a proporre i classici della zona: paste fresche, carni e salumi. Invariato anche l'ottimo rapporto qualità/prezzo.

Specialità: Salumi tipici mantovani con sott'oli fatti in casa e polenta abbrustolita. Tortelli di zucca e cotechino con puré. Millefoglie della locanda.

Menu 25/30 € – Carta 34/44 €

⬅ ⬠ ⬙ *via San Pio X 2* – 𝒞 *0376 348038 – www.locandagrazie.com – Chiuso martedì, mercoledì*

CUSAGO

✉ 20090 – Milano (MI) – Carta regionale n° **10**–A2 – Carta stradale Michelin 561-F9

⬦⃝ DA ORLANDO

ITALIANA · CONTESTO CONTEMPORANEO ✕✕ Su una scenografica piazza con castello, ambienti classico-essenziali ed accogliente gestione familiare. La cucina si divide equamente tra carne e pesce con interessanti elaborazioni.

Menu 25 € (pranzo)/48 € – Carta 25/52 €

⬠ 🅐🅒 *piazza Soncino 19* – 𝒞 *02 9039 0318 – www.daorlando.com – Chiuso 24 dicembre-1 gennaio, sabato a mezzogiorno, domenica*

⬦⃝ BRINDO BY ORLANDO

REGIONALE · TRATTORIA ✕ Piccola e piacevole trattoria moderna, più informale dell'altro ristorante di famiglia (Da Orlando), ma con la stessa passione e ricerca: oltre ad alcuni classici, le specialità sono i crudi e le tartare.

Carta 33 €

🅐🅒 *via Libertà 18* – 𝒞 *02 9039 4429 – www.brindo.it – Chiuso 24 dicembre-1 gennaio, 8-28 agosto, sabato a mezzogiorno, domenica*

CUTIGLIANO

✉ 51024 – Pistoia (PT) – Carta regionale n° **18**–B1 – Carta stradale Michelin 563-J14

⊛ TRATTORIA DA FAGIOLINO

TOSCANA · CONTESTO TRADIZIONALE ✕ Nel cuore di un grazioso paese dell'Appennino toscano, la cucina ne ripropone le specialità: salumi, paste fresche, lo spiedo di tordi, l'involtino di maiale con funghi porcini. All'altezza delle aspettative anche la carta dei vini ed anche, per una sosta prolungata, le camere.

Specialità: Crostone con funghi. Capretto arrosto con patata fondente al lardo. Mosaico di frutta fresca alla crema Chantilly.

Carta 30/45 €

⬅ ⬕ *via Carega 1* – 𝒞 *0573 68014 – www.trattoriadafagiolino.it – Chiuso 1-30 novembre, lunedì sera, martedì, mercoledì*

DELEBIO

✉ 23014 – Sondrio (SO) – Carta regionale n° **9**–B1 – Carta stradale Michelin 561-D10

🍴○ **OSTERIA DEL BENEDET**

MODERNA · ELEGANTE ✕✕ Ristorante che fu antica osteria, si sviluppa oggi in verticale: wine-bar al piano terra e sale a quello superiore. Cucina di ispirazione moderna.

Menu 20 € (pranzo) – Carta 40/75 €

🐝 🏧 ⇔ via Roma 2 – ✆ 0342696096 – www.osteriadelbenedet.com – Chiuso domenica

DESENZANO DEL GARDA

✉ 25015 – Brescia (BS) – Carta regionale n° **9**–D1 – Carta stradale Michelin 561-F13

🏵 **ESPLANADE**

Chef: Massimo Fezzardi

CREATIVA · ELEGANTE ✕✕✕ Sicuramente uno dei migliori locali del Garda. Non siamo al mare, ma il curatissimo giardino e la posizione panoramica sul lago non ce ne faranno sentire la mancanza. Un locale bello e raffinato, con ambienti di grande eleganza; la moda imperante dei runner al posto di una linda tovaglia, qui non ha attecchito! E sebbene il mare sia a qualche centinaia di chilometri, la carta è un susseguirsi di specialità ittiche in preparazioni che ne esaltano la freschezza e l'ottima qualità. Al timone di Esplanade abbiamo un'accoppiata vincente e consolidata con Emanuele Signorini in sala, Massimo Fezzardi in cucina. Cantina ricca di valore, impossibile non trovare una bottiglia che ben si accompagni al piatto. Per una cena all'insegna del romanticismo, prenotate un tavolo sul pontile.

Specialità: Seppia di nassa farcita ai piselli e olio alla brace. Piccione alle due cotture con salsa al Porto e ciliegie profumate alla cannella, coi suoi fegatini. La torta di rose.

Menu 90/110 € – Carta 80/130 €

🐝 ⇐ 🏡 🏧 🅿 via Lario 10 – ✆ 030 914 3361 – www.ristorante-esplanade.com – Chiuso mercoledì

🍴○ **LA LEPRE**

CREATIVA · CONTESTO CONTEMPORANEO ✕✕ Nascosto nelle viuzze del centro, due sale dall'arredo design e atmosfera molto soffusa per una cucina di taglio moderno-creativo, tra cui spiccano i crudi di mare. Adiacente il Leprotto Bistrò con un'offerta più semplice.

Menu 19 € (pranzo), 50/70 € – Carta 25/85 €

🏧 ⇔ via Bagatta 33 – ✆ 030 914 2313 – www.laleprelristorante.it – Chiuso giovedì

DEUTSCHNOFEN • NOVA PONENTE – Bolzano (BZ) ➜ Vedere Nova Ponente

DIOLO – Parma (PR) ➜ Vedere Soragna

DOBBIACO • TOBLACH

✉ 39034 – Bolzano (BZ) – Carta regionale n° **19**–D1 – Carta stradale Michelin 562-B18

🏵 **TILIA**

Chef: Chris Oberhammer

MODERNA · DESIGN ✕✕ Un cubo in acciaio e vetro al centro di un giardino circondato da un sontuoso edificio ottocentesco è l'originale collocazione dei cinque tavoli per sedici coperti che il cuoco di Dobbiaco delizia con una cucina contemporanea. Anita Mancini si occupa della carta dei vini: attenta all'etichette del territorio, non dimentica proposte di qualità provenienti da altre zone; oltre ad una bella selezione di gin tonic. Un indirizzo molto interessante per l'intero comprensorio, in virtù di una originalità che lo traghetta al di là degli schemi tradizionali e convenzionali.

Specialità: Caponata di verdure al tartufo nero e formaggio caprino di Braies. Vitello nostrano con patate novelle e verza. Cioccolato amaro con gelato al caramello salato.

Menu 70/95€ – Carta 80/110€

🖒 🆑 🅿 *via Dolomiti 31b – 📞 335 812 7783 – www.tilia.bz –*
Chiuso 14 giugno-1 luglio, 8-29 novembre, lunedì, martedì a mezzogiorno, domenica sera

🏠 VALCASTELLO DOLOMITES CHALET & POLO CLUB ⑩

TRADIZIONALE · STORICO Siamo sopra San Candido, in uno splendido castello del XIX secolo, i cui interni narrano di un'aristocratica opulenza fatta di decorazioni in legno, tessuti pregiati e opere d'arte d'epoca. Poche camere solo per *happy few*. Cucina gourmet che prende spunto dal territorio al ristorante.

🍴 🌂 ⇔ 🏊 🏐 🅿 4 camere

via Costa dei Nosellari 15, Valcastello (Est: 4 km) – 📞 335 227 536 –
www.valcastello.com

sulla strada statale 49 Sud - Ovest : 1, 5 km

🍽️ GRATSCHWIRT

REGIONALE · CONTESTO TRADIZIONALE 🗙🗙 All'ombra dell'imponente gruppo delle Tre Cime, in una casa dalle origini cinquecentesche ai margini della località, un ristorante dagli interni curati dove gustare piatti tipici regionali. Camere di differenti tipologie, nonché piccola ed accogliente zona benessere con diversi tipi di sauna.

Carta 31/60€

⇦ 🏊 🖒 ⇔ 🅿 *via Grazze 1 – 📞 0474 972293 – www.gratschwirt.com –*
Chiuso 1-4 dicembre, 1 aprile-20 giugno, martedì

DOGLIANI

✉ 12063 – Cuneo (CN) – Carta regionale n° **14**–A3 – Carta stradale Michelin 561-I5

🍽️ IL VERSO DEL GHIOTTONE

PIEMONTESE · CONTESTO CONTEMPORANEO 🗙🗙 Nel cuore del centro storico, in un palazzo settecentesco, tavoli neri quadrati con coperto all'americana e bei quadri alle pareti: ne risulta un ambiente giovanile, ma elegante, dove l'accoglienza da parte dei titolari è informale e - al tempo stesso - anche molto professionale. La cucina simpatizza con le ricette del territorio, che rivisita e alleggerisce. Non mancano interessanti proposte di pesce.

Menu 30/45€ – Carta 30/66€

🖒 🅑 ⇔ *via Demagistris 5 – 📞 0173 742074 – www.ilversodelghiottone.it –*
Chiuso lunedì, martedì, mercoledì-venerdì a mezzogiorno

DOLEGNA DEL COLLIO

✉ 34070 – Gorizia (GO) – Carta stradale Michelin 562-D22

a Vencò Sud : 4 km – Carta regionale n° **6**–C2

✿ L'ARGINE A VENCÒ

Chef: Antonia Klugmann

CREATIVA · ELEGANTE 🗙🗙 In una terra di confine, tra le mura di un ex mulino ristrutturato, poco più di venti coperti ricevono le attenzioni di Antonia Klugmann. Tra i numerosi meriti della sua cucina, c'è quello di riuscire ad essere originale ed esprimere un preciso stile gastronomico pur lungo un'apparente semplicità dei piatti, in genere preparati con pochi ingredienti, talvolta realizzati con accostamenti originali, spesso con un rimarchevole contributo vegetale. Un mondo, quest'ultimo, che, oltre a trovare radici in un orto ed un frutteto intorno al ristorante, sembra di toccar con mano durante il pasto attraverso le vetrate delle sale affacciate sul verde. La scelta alla carta è ristretta, si prediligono percorsi degustazione.

Specialità: Anguilla marinata e cotta nel succo di mela riduzione di mela e spinaci. Spaghetto fragola e aglio orsino. Melone e ruta.

Menu 70/110 € – Carta 67/91 €

↩ 🏠 ♿ 🅰🄲 🅿 *località Vencò 15 – ℰ 0481 199 9882 – www.largineavenco.it –*
Chiuso lunedì a mezzogiorno, martedì, mercoledì-giovedì a mezzogiorno

DOMODOSSOLA

✉ 28845 – Verbano-Cusio-Ossola (VB) – Carta regionale n° **12**–C1 –
Carta stradale Michelin 561-D6

🕸 **ATELIER**

Chef: Giorgio Bartolucci

MODERNA · CONTESTO CONTEMPORANEO ✕✕ All'interno dell'albergo Eurossola, Atelier arricchisce l'offerta turistica della località confermando il ruolo della storica struttura come punto di riferimento gastronomico, ma soprattutto facendo accendere la prima stella - in assoluto! - in Val d'Ossola. Gli artefici di questo brillante risultato? Lo chef-patron Giorgio Bartolucci affiancato dall'intraprendente sorella Elisabetta, nonché dalla moglie Katia: "vestale" di sala, professionale e al tempo stesso sempre sorridente.

La cucina a vista su misura e costruita artigianalmente – grande quasi quanto la sala – è sicuramente un elemento distintivo voluto dall'energico cuoco, per corroborare il rapporto tra brigata e commensali. Soluzione che oltre a trasmettere trasparenza, ordine e metodo, offre la possibilità di osservare dai fornelli le reazioni dei clienti all'arrivo e all'assaggio dei raffinati piatti; motivo di orgoglio e soddisfazione per chi li ha pensati e creati abbinando, per esempio, lucioperca del Maggiore e gamberoni di Sicilia.

Gusto, varietà ed estetica delle proposte sono gli architravi della cucina di Atelier, ristorante che convince per le sue vibranti ispirazioni, nonché intriganti rivisitazioni di molte ricette ossolane.

Specialità: Lingua e foie gras alla piemontese. Coniglio tra Piemonte e Liguria, panissa di ceci, caviale di melanzane viola e pinoli. Waffle ai mirtilli, miele e camomilla.

Menu 55/65 € – Carta 58/82 €

🏠 ♻ 🅿 *piazza Matteotti 36 – ℰ 0324481326 – www.eurossola.com –*
Chiuso 7 gennaio-11 febbraio, lunedì, martedì-sabato a mezzogiorno, domenica sera

🍽 **LA STELLA**

PESCE E FRUTTI DI MARE · ELEGANTE ✕✕ Circondati da uno scenario naturalistico incantevole – in particolar modo offerto dalla bella terrazza nel periodo estivo – Marika e Stefano propongono una gustosa cucina mediterranea, soprattutto a base di pesce, ma con un doveroso occhio di riguardo alle eccellenze delle valli ossolane, nonché allo loro stagionalità. I vini sono custoditi in una cantina molto bella e curata, da visitare. Camere piacevoli e moderne in sintonia con la semplicità del luogo.

Menu 18 € (pranzo), 45/65 € – Carta 35/65 €

🐾 ↩ ← 🛏 🏠 ♿ ♻ 🅿 *borgata Baceno di Vagna 29 – ℰ 0324 248470 –*
www.ristorantelastella.com – Chiuso 10-23 gennaio, lunedì, martedì

🍽 **LA MERIDIANA**

PESCE E FRUTTI DI MARE · ACCOGLIENTE ✕ Locale centrale di lunga tradizione ha superato i 50 anni di gestione, rifacendosi nel tempo il look. Oggi è un moderno bistrot, dove lo chef-patron propone pesce in due modi: secondo la tradizione italiana oppure ispirandosi a quella spagnola, terra d'origine materna. La paella è tra i must!

Menu 14 € (pranzo), 20/60 € – Carta 15/50 €

↩ 🄰🄲 ♻ *via Rosmini 11 – ℰ 0324 240858 – www.ristorantelameridiana.it –*
Chiuso 7-21 giugno, lunedì, domenica sera

sulla strada statale 337 Nord - Est : 4 km per Val Vigezzo

⏶⏷ **TRATTORIA VIGEZZINA**

REGIONALE · CONTESTO TRADIZIONALE ⅩUna solida trattoria non lontana dal centro di Domodossola, molto ben gestita da un cuoco capace, che con passione realizza piatti della tradizione montana rielaborati in chiave anche moderna. Ottime materie prime e attenzione alla stagionalità.

Menu 12 € (pranzo)/16 € – Carta 40/80 €

ᕃ ⇔ *via Statale 337, 56 - ☎ 0324 232874 - www.trattoriavigezzina.it –*
Chiuso mercoledì, giovedì

DORGALI – Nuoro (NU) → Vedere Sardegna

DOSSOBUONO – Verona (VR) → Vedere Villafranca di Verona

DOSSON – Treviso (TV) → Vedere Casier

DOVERA

✉ 26010 – Cremona (CR) – Carta regionale n° **10**–C2 – Carta stradale Michelin 561-H15

⏶⏷ **LA KUCCAGNA**

CLASSICA · ELEGANTE ⅩⅩ In una frazione isolata e tranquilla, questa vecchia trattoria punta ora su proposte più elaborate, ma sempre partendo dalla tradizione. Immutata la gestione squisitamente familiare.

Menu 40/45 € – Carta 40/50 €

⏢ ⏣ ⏣ *località Barbuzzera, via Milano 14 –*
☎ 0373 978457 - www.lakuccagna.it –
Chiuso lunedì, martedì-sabato a mezzogiorno

DUINO AURISINA

✉ 34013 – Trieste (TS) – Carta stradale Michelin 562-E22

a Sistiana Sud - Est : 4 km - Carta regionale n° **6**–D3

⏶⏷ **ANTICA TRATTORIA GAUDEMUS**

PESCE E FRUTTI DI MARE · INTIMO ⅩⅩ Paradiso o purgatorio? In ciascuna di queste - già dal nome - originali sale, due confessionali dell'Ottocento perfettamente conservati. Sulla tavola: piatti della tradizione carsica, altri più moderni e soprattutto molto pesce. Camere accoglienti e sauna all'aperto.

Menu 60 € – Carta 45/65 €

⮌ ⏢ ⏣ *Sistiana 57 –*
☎ 040 299255 - www.gaudemus.com –
Chiuso lunedì, martedì-venerdì a mezzogiorno

🏠 **FALISIA RESORT**

LUSSO · CONTEMPORANEO Cuore pulsante di questa particolare località, Falisia Resort è una struttura dall'eleganza moderna che offre variegati servizi. Oltre al ristorante interno e al gourmet si consiglia il Maxi's: direttamente sul mare, propone piatti più semplici a base di pesce.

⛱ ⮜ ⛰ ⏃ 🐟 ⌬ ⏚ ᕃ ⌬ 🛁 🚗 43 camere – 15 suites

strada Costiera 137, località Portopiccolo –
☎ 040 997 4444 - www.falisiaresort.com

❀❀❀, ❀❀, ❀, 🍴 & ⏶⏷

EBOLI

✉ 84025 – Salerno (SA) – Carta regionale n° **4**–C2 – Carta stradale Michelin 564-F27

⍟ IL PAPAVERO

REGIONALE · COLORATO ⅩⅩ Eboli evoca sempre ricordi letterari, ma oggi c'è un motivo in più per annoverare questa graziosa località in provincia di Salerno: Il Papavero! Al primo piano di un palazzo centrale, il locale consta di quattro salette arredate con un originale mix di antico e moderno. Avvolti da cordialità e affetto, come se foste ospiti in casa di amici, vi innamorerete della cucina del giovane cuoco Fabio Pesticcio, che privilegia sapori e concretezza, il più delle volte all'insegna del territorio e mare campani. Meritano una menzione il pane e i lievitati, di gran livello, così come l'ottima pasticceria che conclude il pasto, nutrita da capacità e passione. Quando il bel tempo permette di mangiare all'aperto, ci si trasferisce in un romantico giardino sotto un gelsomino. Un posto del cuore, oltre che del palato.

Specialità: Battuto di bufalo, sfoglia di peperone, glassa di peperone grigliato e salsa verde. Tortelli ripieni di ricotta di capra affumicata, melassa di melanzane e alici di Cetara. D'estate. melone, cioccolato bianco e nocciole.

Menu 40/70 € – Carta 43/58 €

🕸 🛋 🅰🅲 ⇔ *corso Garibaldi 112/113 – ☏ 0828 330689 –*
www.ristoranteilpapavero.it – Chiuso lunedì, domenica sera

EGNA • NEUMARKT

✉ 39044 – Bolzano (BZ) – Carta regionale n° **19**-D3 – Carta stradale Michelin 562-D15

ⅱO JOHNSON & DIPOLI

MEDITERRANEA · BISTRÒ Ⅹ L'atmosfera è quella vivace e colorata di un bistrot dai tavolini piccoli e rotondi, nella bella stagione sistemati anche sotto i pittoreschi portici di Egna. Ma la qualità dell'originale cucina, tra prodotti locali e non, prenderà presto il sopravvento per deliziarvi; percorso degustazione di 12 portate nella Marianne Stube, al piano superiore.

Menu 40/150 € – Carta 40/150 €

🕸 🛋 *via Andreas Hofer 3 – ☏ 0471 820323 – www.johnson-dipoli.it*

ELBA (ISOLA D')

✉ 57037 – Livorno (LI) – Carta regionale n° **18**-B3 – Carta stradale Michelin 563-N12

CAPOLIVERI

ⅱO IL CHIASSO

MEDITERRANEA · RUSTICO Ⅹ Caratteristiche sale separate da un vicolo nelle viuzze del centro storico: piatti di terra e di mare in un ambiente simpaticamente conviviale.

Carta 44/78 €

🕸 🛋 🅰🅲 *vicolo Nazario Sauro 13 – ☏ 0565 968709 – Chiuso lunedì a mezzogiorno, martedì, mercoledì-domenica a mezzogiorno*

ⅱO TRATTORIA MODERNA

CONTEMPORANEA · BISTRÒ Ⅹ Ubicato nella pedonale piazzetta del centro storico di Capoliveri, una sorta di bistrot famigliare molto curato e con bel dehors. Se a mezzogiorno la formula è più easy, la sera la carta si fa più completa; piatti della tradizione isolana, ma non solo, interpretati con ottimi prodotti stagionali e giornalieri. La cortesia e la passione dello chef-patron invitano a ritornare.

Carta 30/92 €

🛋 ♿ *piazza G. Garibaldi 9 – ☏ 391 414 9585*

PORTO AZZURRO

⁂○ **SAPERETA**

MODERNA · AGRESTE Ⅹ All'interno di una storica cantina vitivinicola, un rustico e sobrio ambiente con curato giardino dove scorrazzano animali da cortile. Se, però, è vero che "l'abito non fa il monaco", rimarrete sorpresi per la sua cucina prevalentemente di terra in chiave moderna.

Carta 35/70€

🍴 ♿ 🅿 *via Provinciale Ovest 73 località Mola – 🕿 0565 95033 – www.sapereta.it – Chiuso 1 dicembre-1 aprile, lunedì, martedì-giovedì a mezzogiorno*

MARCIANA MARINA

⁂○ **CAPO NORD**

PESCE E FRUTTI DI MARE · AMBIENTE CLASSICO ⅩⅩ Un palcoscenico sul mare da cui godere di tramonti unici: sale sobriamente eleganti e proposte a base di pesce. Ben fornita la carta degli Champagne, vera passione del titolare.

Menu 35€ (pranzo), 55/85€

⅋⅋ ≼ 🍴 🆊 *al porto, località La Fenicia 69 – 🕿 0565 996983 – www.ristorantecaponord.it – Chiuso 1-31 dicembre, lunedì*

⁂○ **SALEGROSSO**

PESCE E FRUTTI DI MARE · CONTESTO CONTEMPORANEO ⅩⅩ Situato in un angolo della graziosa piazzetta "di sotto" di Marciana Marina, a pochi metri dal Cotone, uno degli scorci più antichi e belli del paese, cucina mediterranea e più specificatamente elbana con piccole reinterpretazioni personali. Il crudo è una delle loro specialità.

Menu 37/62€ – Carta 45/72€

🆊 *piazza della Vittoria 14 – 🕿 0565 996862 – Chiuso 6 gennaio-6 marzo, lunedì*

⁂○ **SCARABOCI**

CREATIVA · CONVIVIALE ⅩⅩ A pochi metri dall'incantevole lungomare di Marciana, ecco uno dei gioielli gastronomici dell'isola: di terra, o più spesso di mare, i piatti esaltano in prodotti, intrigano per accostamenti, seducono con le presentazioni. Terrazzo privé per cene intime nel periodo estivo.

Menu 40/60€ – Carta 50/65€

⅋⅋ 🆊 *via XX Settembre 27 – 🕿 0565 996868 – Chiuso lunedì a mezzogiorno, martedì, mercoledì-domenica a mezzogiorno*

ENTRÈVES – Aosta (AO) ➜ Vedere Courmayeur

EPPAN AN DER WEINSTRASSE • APPIANO SULLA STRADA DEL VINO – Bolzano (BZ) ➜ Vedere Appiano sulla Strada del Vino

ERBUSCO

✉ 25030 – Brescia (BS) – Carta regionale n° **10**–D2 – Carta stradale Michelin 561-F11

✿ **DA NADIA**

Chef: Nadia Vincenzi

PESCE E FRUTTI DI MARE · RUSTICO ⅩⅩ Tanta energia per Nadia Vincenzi che si è ben assestata nel cuore della Franciacorta: cuoca dalla grande personalità, già conosciuta per la sua precedente, nonché omonima insegna. In una delle salette raccolte - in inverno scaldate dai camini - o nella luminosa, splendida veranda dalle cui ampie vetrate potrete ammirare lo spettacolo del giardino, la sua cucina vi piacerà per le ottime proposte di pesce – spesso proveniente dall'Adriatico - ideate con un'attenzione maniacale al prodotto. A pranzo, colazione di lavoro ristretta, ma se siete propensi al gourmet potete richiederlo all'atto della prenotazione.

Specialità: Scampi in crosta di farina di riso, spuma di patate e tartufo nero dell'Alto Molise. La zuppa di pesce. Torta di rose con zabaione al Marsala riserva.

Carta 80/100 €

🏠 ♿ 🅰🅲 ⇔ *via Cavour 7 –*

✆ 030 704 0634 – *www.ristorantedanadia.com –*

Chiuso 8-20 gennaio, 10-25 novembre, lunedì, martedì, mercoledì-giovedì a mezzogiorno

🍴○ **LEONEFELICE-VISTA LAGO**

MODERNA · CONTESTO CONTEMPORANEO 𝕏𝕏𝕏 Uno chef giovane e preparato, Fabio Abbattista, e un ambiente rinnovato dove eleganza, minimalismo e ottima accoglienza fanno da contorno ad una cucina contemporanea di grande qualità.

Carta 56/86 €

🌿 ≤ 🛋 🏠 🅰🅲 ⇔ 🅿 🚗 *Hotel L'Albereta, via Vittorio Emanuele 23 –*

✆ 030 776 0550 – *www.albereta.it*

🏨 **L'ALBERETA** `Tablet.`PLUS

CASA PADRONALE · GRAN LUSSO Immersa in un rigoglioso parco secolare e circondata dalle vigne di Franciacorta, questa antica dimora padronale, con affreschi d'epoca e opere d'arte contemporanea, gode di una splendida vista sul lago d'Iseo: raffinate camere e la speciale cabriolet suite vi attendono in un'oasi di pace.

🏊 🏖 ≤ 🛋 📺 🏊 🐾 ⛎ ♿ 🅰🅲 🛎 🅿 🚗 52 camere – 12 suites

via Vittorio Emanuele 23 – ✆ *030 776 0550 – www.albereta.it*

🍴○ **LeoneFelice-Vista Lago** – Vedere selezione ristoranti

ERCOLANO

✉ 80056 – Napoli (NA) – Carta regionale n° **4**–B2 – Carta stradale Michelin 564-E25

🍴○ **MASSERIA GUIDA**

MODERNA · ALLA MODA 𝕏𝕏 Alle pendici del Vesuvio, la sua tavola esalta le materie prime tipiche di questa terra; il menu si flette alle stagioni proponendo colori e sapori sempre diversi, mentre prodotti biologici nonché ingredienti a metro zero concorrono a creare piatti gustosi e creativi.

Menu 48/64 € – Carta 44/62 €

🌿 🛋 ≤ 🛋 🅰🅲 ⇔ 🅿 *via Cegnacolo 55 –*

✆ 081 771 6863 – *www.masseriaguida.com –*

Chiuso 10-18 agosto, lunedì, martedì-venerdì a mezzogiorno, domenica sera

ERICE – Trapani (TP) ➜ Vedere Sicilia

ESINE

✉ 25040 – Brescia (BS) – Carta regionale n° **9**–C2 – Carta stradale Michelin 561-E12

🍴○ **DA SAPÌ**

CONTEMPORANEA · FAMILIARE 𝕏𝕏 Cucina piuttosto contemporanea su base regionale e con un'attenta ricerca dei prodotti locali; passione per i gelati artigianali senza alcun semi-lavorato, ma solo prodotti naturali. Siamo alla quarta generazione: una garanzia!

Menu 20 € (pranzo)/50 € – Carta 30/50 €

🏠 ♿ 🅰🅲 *via Giuseppe Mazzini 28 –*

✆ 0364 46052 – *www.ristorantesapi.com –*

Chiuso lunedì

FABRIANO

✉ 60044 – Ancona (AN) – Carta regionale n° **11**–B2 – Carta stradale Michelin 563-L20

sulla strada statale 76 in prossimità uscita Fabriano Est Nord -
Est : 6 km

🍴◯ **VILLA MARCHESE DEL GRILLO**

CREATIVA · CONTESTO STORICO XxX Splendido edificio settecentesco fatto
costruire dal celebre Marchese Onofrio: le ex cantine ospitano oggi una cucina
creativa ed elaborata, ricca di fantasia. Un soggiorno aristocratico nelle camere,
particolarmente affascinanti quelle del piano nobile, tra affreschi e lampadari di
Murano; a lato della villa è stata costruita un'ampia piscina.

Menu 38/55€ – Carta 36/55€

🕸 ⇦ 🛏🏠 ✿ **P** *località Rocchetta Bassa 73 – ℰ 0732 625690 –*
www.marchesedelgrillo.com – Chiuso lunedì, martedì-sabato a mezzogiorno,
domenica sera

FAENZA

✉ 48018 – Ravenna (RA) – Carta regionale n° **5**-C2 – Carta stradale Michelin 562-J17

◉ **CÀ MURANI**

EMILIANA · RUSTICO Lo chef-patron, Remo, vi accoglie nella sua trattoria davvero particolare, ricavata all'interno di un antico granaio in un palazzo del centro
storico. Rustica e semplice, eppure non scevra di fascino, così è anche la sua
cucina fatta di pochi piatti: fragranti ingredienti, ricerca delle primizie di stagione
e stile regionale.

Specialità: Lonzino affumicato all'olio di Brisighella e misticanza. Ravioli di formaggio fresco ed erbette con salsa di pomodoro e pesto di basilico. Torta di nocciole con salsa allo zabaione.

Carta 25/40€

🏠 ⅗ 🆎 *vicolo Sant'Antonio 7 – ℰ 0546 88054 – Chiuso 10-28 giugno,*
lunedì-mercoledì a mezzogiorno, giovedì, venerdì a mezzogiorno

◉ **LA BAITA**

EMILIANA · RUSTICO Varcato l'uscio, si passa per la fornita drogheria (attività
ultra-quarantennale dei titolari) che preannuncia le specialità della casa: formaggi
e salumi in gran quantità, a cui fanno eco paste casalinghe tirate al mattarello ed
altre pietanze regionali che formano un piccolo menu stagionale. Anche il vino è
un punto di forza: la cantina è davvero ben fornita! Una vera osteria familiare, in
pieno centro.

Specialità: Cappelletti in brodo di cappone. Bollito misto. Latte brulè.

Carta 22/30€

🕸 🏠 ⅗ 🆎 ✿ *via Naviglio 25c – ℰ 0546 21584 – www.labaitaosteria.it –*
Chiuso lunedì, domenica

FAGAGNA

✉ 33034 – Udine (UD) – Carta regionale n° **6**-B2 – Carta stradale Michelin 562-D21

🍴◯ **AL BÀCAR**

CONTEMPORANEA · AMBIENTE CLASSICO XX Vi si accede superando l'animato bar d'ingresso, accompagnati dal personale nella sala ristorante sul retro.
La cucina si permette qualche scelta creativa, oltre ai piatti di pesce, diversi tagli
di carne sorana: la specialità della casa.

Menu 16€ (pranzo)/38€ – Carta 25/70€

🏠 🆎 *via Umberto I 29 – ℰ 0432 811036 – www.ristorantealbacar.com –*
Chiuso 1-17 gennaio, domenica

🍴◯ **AL CASTELLO**

REGIONALE · ACCOGLIENTE XX Nella parte alta della località, poco distante dal
castello che ricorda nel nome, l'atmosfera coniuga rusticità ed eleganza, la tradizione della linea gastronomica e la modernità delle presentazioni. Per chi vuole
assaggiare un dessert veramente tipico: torta cun lis jarbis (antico dolce friulano).

Menu 24€ – Carta 30/40€

⩤ 🏠 🆎 ✿ **P** *via San Bartolomeo 18 – ℰ 0432 800185 –*
www.ristorantealcastello.com – Chiuso 11-18 gennaio, lunedì

🍴○ **SAN MICHELE**

MODERNA · RUSTICO 🕱🕱 Attiguo alle antiche rovine del castello e alla chiesetta intitolata a San Michele, questo edificio del XIII secolo - che fu probabilmente sede del corpo di guardia - ospita un ristorantino caratteristico con piatti legati al territorio e alle stagioni in chiave moderna. Panoramico giardino per la bella stagione.

Menu 40 € – Carta 38/48 €

🛋 🏠 ᶑ 🅿 *via Castello di Fagagna 33 –*
𝒞 *0432 810466 – www.ristorantesanmichele.eu –*
Chiuso 7-27 gennaio, lunedì, martedì

FAGNANO – Verona (VR) → Vedere Trevenzuolo

FAGNANO OLONA

✉ 21054 – Varese (VA) – Carta regionale n° **10**–A2 – Carta stradale Michelin 561-F8

❀ **ACQUERELLO**

Chef: Silvio Salmoiraghi

CREATIVA · ACCOGLIENTE 🕱🕱 Parola chiave: cucina moderna. Ma il ristorante è molto di più. All'interno di un'antica corte lombarda, Acquerello non propone una tavolozza di colori, ma una girandola di sapori. A concertare il tutto, uno chef-titolare defilato dai riflettori che ancora ama stare dietro ai fornelli: Silvio Salmoiraghi è il suo nome! Sebbene vi sia una carta, gli ispettori consigliano di affidarsi alla degustazione: scoprirete un percorso calibrato di note ricercate e combinazioni originali in straordinaria armonia, accenni all'oriente con piacevoli contrasti di cotture e temperature. La proposta enoica rispecchia i gusti del padrone di casa: leggermente sbilanciata sulle bollicine d'Oltralpe, annovera – comunque – di tutto un po'.

Specialità: Storione alla ferrarese. Anatra arrosto in due servizi: salsa al cibreo fiorentino, i suoi ravioli con la coscia e brodo d'anatra, tè nero e anice toscano. Colori, gusti e consistenze.

Menu 35 € (pranzo), 120/180 € – Carta 75/170 €

🏠 🄰🄲 *via Patrioti 5 – 𝒞 0331 611394 –*
Chiuso lunedì, martedì a mezzogiorno, domenica sera

🍴○ **MENZAGHI**

MODERNA · FAMILIARE 🕱🕱 Ingresso attraverso un ampio disimpegno con numerose bottiglie in bellavista: menu vario ed invitante, i piatti vi verranno serviti in una sala di tono signorile. La solida conduzione familiare - ormai alla terza generazione - è garante di un'esperienza gastronomica sicuramente felice!

Menu 18 € (pranzo) – Carta 40/60 €

🄰🄲 ⇄ *via San Giovanni 74 –*
𝒞 *0331 361702 – www.ristorantemenzaghi.it –*
Chiuso lunedì, domenica sera

FALZES • PFALZEN

✉ 39030 – Bolzano (BZ) – Carta regionale n° **19**–C1 – Carta stradale Michelin 562-B17

🍴○ **SICHELBURG**

CREATIVA · ROMANTICO 🕱🕱 Regalatevi un grande pasto in un contesto da sogno: in paese, il ristorante si trova al primo piano di un castello di origini trecentesche. Romantiche sale avvolte nel legno, la cucina è creativa, ma fortemente legata ai prodotti della montagna.

Menu 44/65 € – Carta 50/90 €

🛋 🏠 ⇄ 🅿 *via Castello 1 –*
𝒞 *0474 055603 – www.sichelburg.it –*
Chiuso 11 gennaio-4 febbraio, 6-15 luglio, mercoledì, giovedì

ad Issengo Nord - Ovest : 1, 5 km

⅋○ **TANZER**

CREATIVA · ROMANTICO XX Proprio sotto il campanile della piccola frazione, due romantiche stube del 1600, dove la famiglia intera vi accoglierà e vi accompagnerà in un percorso di piatti regionali, moderni e fantasiosi. A pranzo la scelta delle portate diminuisce, ma non la qualità!

Menu 50€ (pranzo), 60/120€ – Carta 66€

⇐ 🛏 🏠 ⇄ 🅿 Hotel Tanzer, via del Paese 1 – ℰ 0474 565366 – www.tanzer.it – Chiuso 1-3 dicembre, 14 marzo-4 aprile, lunedì, martedì

🏠 **TANZER** ◍

FAMILIARE · ACCOGLIENTE Con il passaggio generazionale l'albergo si è rinnovato ed è ora un vero e proprio gourmet e boutique hotel dallo stile piacevolmente moderno, in cui non manca una gradevole zona benessere. Luminosità e buoni spazi lo rendono un indirizzo fortemente consigliato.

�️ 🛏 🏠 🖭 ♿ 🅿 16 camere – 4 suites

via del Paese 1 – ℰ 0474 565366 – www.tanzer.it

⅋○ **Tanzer** – Vedere selezione ristoranti

a Molini Nord - Ovest : 2 km – Carta regionale n° **19**–C1

⅋ **SCHÖNECK**

Chef: Karl Baumgartner

REGIONALE · ELEGANTE XXX Quando il tempo non consente di mangiare all'aperto, la scelta è fra le romantiche stube storiche o la luminosa veranda coperta. In ogni caso aspettatevi un bell'angolo gourmet, perché Schöneck è da oltre trent'anni sugli allori, grazie ad una cucina che offre piatti per tutti i gusti, via via con sapori più del territorio o vagamente mediterranei. Senza ricorrere a strumentazioni particolarmente tecnologiche, ma semplicemente fuochi, induzione e forno, lo chef-patron Karl Baumgartner dà vita a ricette di carne e pesce, dove la tradizione ha preso il sopravvento sulla creatività degli anni passati, avventurandosi nel solco della classicità. Contadini e allevatori locali contribuiscono con i loro prodotti all'ottima selezione di materie prime.

Specialità: Salmerino affumicato tiepido, crema di yogurt e wasabi, ravanelli sott'olio. Lombo di cervo arrosto rosato, gratinato in crosta di noci e tartufo, salsa al vino rosso, ribes nero, contorni tipici. Semifreddo di pino mugo, fragole marinate, crumble, salsa di cioccolato bianco.

Menu 75/95€ – Carta 70/96€

🌫 ⇐ 🏠 🅰🅲 ⇄ 🅿 via Schloss Schöneck 11 – ℰ 0474 565550 – www.schoeneck.it – Chiuso 23 giugno-13 luglio, lunedì, martedì

FANO

✉ 61032 – Pesaro e Urbino (PU) – Carta regionale n° **11**–B1 – Carta stradale Michelin 563-K21

⅋○ **IL GALEONE**

PESCE E FRUTTI DI MARE · ELEGANTE XX Accolto tra gli spazi dell'albergo Elisabeth Due, il ristorante da tempo si è conquistato una fama che va ben oltre i frequentatori dell'hotel. Le proposte prediligono il mare in elaborazioni moderne ed accattivanti.

Carta 42/56€

⇐ 🏠 🅰🅲 🅿 piazzale Amendola 2 – ℰ 0721 823146 – www.ilgaleone.net – Chiuso lunedì, domenica sera

⅋○ **OSTERIA DALLA PEPPA**

TRADIZIONALE · VINTAGE X Già alla fine dell'Ottocento si veniva dalla "Peppa", una locanda nel centro storico di cui l'attuale gestione ha recuperato tutta l'atmosfera vintage con arredi e decorazioni d'epoca. Cucina basata su prodotti locali, tra i punti di forza le paste fresche.

Carta 20/40€

🏠 via Vecchia 8 – ℰ 0721 823904 – www.osteriadallapeppa.it – Chiuso 11-17 gennaio, 7-13 giugno

ⅈ○ DA MARIA AL PONTE ROSSO

PESCE E FRUTTI DI MARE · ACCOGLIENTE ※ Preparatevi, prenotare qui non è un'impresa facile, ma questo vorrà pur significare qualcosa... Pochi tavoli, molte piante, qualche scultura realizzata da Domenica, figlia della proprietaria che segue la sala. L'ambiente è familiare ed ancor più l'accoglienza, nonché la gustosa cucina, a base di solo pesce fresco a seconda dell'offerta ittica del giorno: così vuole Maria, la titolare, che ha fatto della semplicità la propria forza!

🗺 📧 🖅 *via IV Novembre 86 – ℰ 0721 808962*

sulla strada nazionale Adriatica Sud 78 Sud - Est : 5 km

ⅈ○ ALLA LANTERNA

PESCE E FRUTTI DI MARE · ACCOGLIENTE ※※ In posizione stradale e di certo non delle più romantiche, eppure il ristorante si è garantito da tempo una clientela che viene qui per la qualità del pesce. Sopra, anche la possibilità di pernottare.

Menu 25 € (pranzo), 28/52 € – Carta 38/98 €

🗺 📧 🅿 *località Metaurilia – ℰ 0721 884748 – www.allalanterna.com –*
Chiuso 25 dicembre-15 gennaio, lunedì, sabato a mezzogiorno, domenica sera

FARA FILIORUM PETRI

✉ 66010 – Chieti (CH) – Carta regionale n° **1**-C2 – Carta stradale Michelin 563-P24

ⅈ○ CASA D'ANGELO

REGIONALE · INTIMO ※※ La vecchia casa di famiglia, un locale intimo e raffinato cui si aggiunge la sapienza di una gestione dalla lunga esperienza. Piatti del territorio vivacizzati dalla fantasia dello chef.

Menu 36/55 € – Carta 26/45 €

🐾 🗺 ৬ ↻ 🅿 *via San Nicola 5 – ℰ 0871 70296 – www.casadangelo.it –*
Chiuso lunedì, martedì, domenica sera

FARRA DI SOLIGO

✉ 31010 – Treviso (TV) – Carta stradale Michelin 562-E18

a Col San Martino Sud - Ovest : 3 km – Carta regionale n° **23**-C2

🕄 LOCANDA DA CONDO

REGIONALE · RUSTICO ※ Un'antica locanda che una famiglia gestisce da almeno tre generazioni. Diverse sale ricche di fascino tutte accomunate dallo stile tipico di una trattoria e piccola terrazza affacciata sulla graziosa piazza del paese con disponibilità di una decina di coperti esterni per la bella stagione. Cucina veneta, come l'immancabile pasta e fagioli o la faraona con peverada.

Specialità: Salame fresco all'aceto e cipolla bianca. Pasta e fagioli. Pera al vino rosso e panna cotta alla vaniglia.

Menu 30/35 € – Carta 35/45 €

🗺 ↻ *via Fontana 134 – ℰ 0438 898106 – www.locandadacondo.it –*
Chiuso 4-19 luglio, martedì sera, mercoledì

ⅈ○ LOCANDA MARINELLI

MODERNA · INTIMO ※※ Nella quiete di una tranquilla frazione tra i vigneti di Prosecco, cucina dallo stile pacatamente moderno a base di ottimi prodotti, sia di terra sia di mare. Bella anche la terrazza panoramica.

Menu 20 € (pranzo)/25 € – Carta 40/65 €

🛏 ≼ 🗺 ৬ 📧 🅿 *via Castella 5 – ℰ 0438 987038 – www.locandamarinelli.it –*
Chiuso martedì

FASANO DEL GARDA – Brescia (BS) ➜ Vedere Gardone Riviera

FAVIGNANA – Trapani (TP) ➜ Vedere Sicilia (Egadi Isole)

FELINO

✉ 43035 – Parma (PR) – Carta regionale n° **5**-A3 – Carta stradale Michelin 562-H12

a Barbiano Sud : 4 km

🍴 **TRATTORIA LEONI**

EMILIANA · TRATTORIA 🍴 In una cornice di affascinanti dolci colline, la sala con ampie vetrate e bella vista sul paesaggio propone piatti parmigiani che si aprono a suggestioni di montagna, funghi e cacciagione.

Menu 15/30 € – Carta 35/50 €

🍴 🅿 *via Ricò 42 – ☏ 0521 831196 – www.trattorialeoni.it –*
Chiuso 6 gennaio-6 febbraio, lunedì

FELTRE

✉ 32032 – Belluno (BL) – Carta regionale n° **23**–B2 – Carta stradale Michelin 562-D17

😊 **AURORA**

MODERNA · FAMILIARE 🍴 L'esperienza e la grande professionalità dello chef - unitamente ad una politica dei prezzi molto competitiva - sono gli atout che attirano gli avventori e spesso li fanno ritornarne ancora una volta qui. Tipico menu da trattoria.

Specialità: Sarde in saor. Lombetto di cervo al grano saraceno. Torta alle noci feltrine con salsa all'arancia.

Menu 15 € (pranzo), 30/35 € – Carta 25/55 €

🄰🄲 *via Garibaldi 68 – ☏ 0439 2046 – Chiuso 10-17 gennaio, giovedì sera, domenica*

🍴 **PANEVIN**

MODERNA · ACCOGLIENTE 🍴🍴 In una frazione verdeggiante, appena fuori Feltre, la sua cucina moderna si è fatta nel tempo sempre più interessante: i sapori del mare sempre in prima linea!

Menu 50/90 € – Carta 50/90 €

🍴 ♿ 🄰🄲 🅿 *via Cart 16 – ☏ 043983466 – www.ristorantepanevin.com –*
Chiuso lunedì-martedì a mezzogiorno, mercoledì, giovedì-sabato a mezzogiorno, domenica sera

FERENTILLO

✉ 05034 – Terni (TR) – Carta regionale n° **20**-C3 – Carta stradale Michelin 563-O20

😊 **PIERMARINI**

REGIONALE · AMBIENTE CLASSICO 🍴🍴 Poco fuori dal centro, giardino, veranda e sale sono l'elegante cornice di una cucina spesso incentrata sul tartufo, sempre sui sapori della tradizione con ingredienti locali ed un'ottima griglia accesa in permanenza. Tra i must del menu: "picchiettini" (pasta tipica) alle erbette e uovo alla coque con tartufo.

Specialità: Il coccorè. Agnello della Valnerina con tartufo. Zuppa inglese.

Carta 32/48 €

🍴 🍴 ♿ 🄰🄲 ⇔ 🅿 *via Ancaiano 23 – ☏ 0744 780714 –*
www.piermariniristorante.com – Chiuso lunedì, martedì-venerdì a mezzogiorno, domenica sera

FERMO

✉ 63900 – Fermo (FM) – Carta regionale n° **11**-D2 – Carta stradale Michelin 563-M23

sulla strada statale 16 - Adriatica

🍴 **EMILIO**

PESCE E FRUTTI DI MARE · ELEGANTE 🍴🍴🍴 A due passi dal mare, da oltre 50 anni, dal 1965 per la precisione, è la famiglia Bei ad occuparsi di questo ritrovo gourmet per cultori del bello e del buono: ricette di pesce secondo la tradizione locale e un'estetica più attuale, con molte sorprese proposte anche a voce. Opere d'arte contemporanea impreziosiscono il ristorante.

Menu 45/70 € – Carta 45/70 €

🍴 🅿 *via Girardi 1, località Casabianca – ☏ 0734 640365 – www.ristoranteemilio.it –*
Chiuso lunedì, martedì-sabato a mezzogiorno

FERRARA

✉ 44121 – Ferrara (FE) – Carta regionale n° **5**–C1 – Carta stradale Michelin 562-H16

😊 CA' D'FRARA

EMILIANA · CONTESTO CONTEMPORANEO XX Nel centro storico, la sala sorprende per eleganza contemporanea, mentre la carta si divide tra le specialità locali e piatti più creativi. Se siete in visita nell'affascinante Ferrara, sono proprio i piatti tradizionali che vi consigliamo, dal pasticcio in crosta di pasta frolla alla salama da sugo: grandi piatti a prezzi contenuti.

Specialità: Antipasto tipico con pinzini. Pasticcio alla ferrarese. Zuppa inglese.

Menu 35 € – Carta 18/55 €

    ♿ 🅰️ *via del Gambero 4* – ☎ *0532 205057* – *www.ristorantecadfrara.it* –
Chiuso 1-15 agosto, martedì, mercoledì a mezzogiorno

🍴 CUCINA BACILIERI

MODERNA · INTIMO XX Pochi tavoli per questo ottimo ristorante del centro, il cui nome è mutuato dal cognome dello chef-patron. Nato nel 2016 sulle ceneri di un noto locale propone i piatti moderni, a volte addirittura creativi, mostrando evidenti legami con la tradizione, come quando, ad esempio, utilizza l'anguilla o cita il pasticcio ferrarese.

Menu 30 € (pranzo), 50/80 € – Carta 35/60 €

    ♿ 🅰️ *via Terranuova 60* – ☎ *0532 243206* – *www.cucinabacilieri.it* –
Chiuso 11-21 gennaio, 8-22 agosto, martedì, domenica sera

🍴 QUEL FANTASTICO GIOVEDÌ

MODERNA · ACCOGLIENTE XX Un libro di Steinbeck - scelto casualmente fra tanti - battezzò il ristorante, ma da allora poco fu lasciato al caso: sale moderne ed eleganti, qui troverete i classici ferraresi, sebbene la nomea della cucina sia prevalentemente legata all'ottimo pesce. Il servizio all'aperto lungo una pittoresca strada del centro storico aggiungerà un tocco di romanticismo.

Menu 20 € (pranzo), 25/50 € – Carta 24/32 €

    🌂 🅰️ *via Castelnuovo 9* – ☎ *0532 760570* – *www.quelfantasticogiovedi.com* –
Chiuso 28 gennaio-5 febbraio, 1-19 agosto, mercoledì, giovedì a mezzogiorno

🍴 DA NOEMI

EMILIANA · CONVIVIALE X Fu la madre dell'attuale titolare ad aprire, dandole il proprio nome, questa frequentata trattoria in un vicolo medievale del caratteristico centro storico. La tradizione ferrarese viene riproposta con i suoi grandi piatti storici, in primis la salama da sugo ed il pasticcio di maccheroni. Un vero must per conoscere sapori già in auge ai tempi della famiglia d'Este.

Carta 25/55 €

    🅰️ *via Ragno 31/a* – ☎ *0532 769070* – *www.trattoriadanoemi.it* – *Chiuso martedì, mercoledì a mezzogiorno*

a **Ravalle** Ovest : 16 km per Rovigo A1

🍴 L'ANTICO GIARDINO

MODERNA · CONTESTO CONTEMPORANEO XX Una cucina ricca di spunti fantasiosi, che mostra una predilezione per i sapori della terra, carne, funghi e tartufi particolarmente. Moderna anche l'atmosfera all'interno della villetta, nel centro della località.

Menu 48/60 € – Carta 45/60 €

    🐕 🌂 🅰️ 🅿️ *via Martelli 28* – ☎ *0532 412587* – *www.ristoranteanticogiardino.com* –
Chiuso lunedì, martedì-sabato a mezzogiorno

a **Gaibana** Sud : 10 km per Ravenna B2 – Carta regionale n° **5**-C2

😊 TRATTORIA LANZAGALLO

PESCE E FRUTTI DI MARE · CONVIVIALE X Non fatevi ingannare dall'ambiente semplice e privo di fronzoli, la Trattoria Lanzagallo è uno dei punti di riferimento in provincia per la qualità del pesce in preparazioni schiette e gustose. Niente carta, sarà il proprietario che vi snocciolerà le proposte del giorno!

Specialità: Rotolo d'anguilla alle erbe fini. Rombo in crosta di patate. Biscottini caldi ripieni di frutta caramellata.

Carta 27/36 €

🅰️🅲 🅿️ *via Ravenna 1048 – 𝒞 0532718001 – Chiuso 6-16 giugno, 29 giugno-13 luglio, 10-17 agosto, lunedì, domenica sera*

FIDENZA

✉ 43036 – Parma (PR) – Carta regionale n° **5**-A2 – Carta stradale Michelin 562-H12

🕲 PODERE SAN FAUSTINO

EMILIANA · CASA DI CAMPAGNA 🕱 Nel cuore della bassa parmense, l'antica cascina riporta alla luce romantici ricordi del tempo che fu; la cucina si adegua volentieri a questo straordinario amarcord senza – tuttavia – negligere anche qualche piatto di pesce. Specialità tra le specialità "Il bancone della salumeria", ovvero tutto il meglio che la zona può offrire.

Specialità: Torretta di melanzane alla parmigiana. Tagliolini di soli rossi d uovo con pasta di salame, pomodorini secchi e cipolla dolce. Cubano piccante al cioccolato fondente e crema di peperoncino habanero.

Carta 30/45 €

🍴 🏠 ♿ 🅰️🅲 🅿️ *via San Faustino 33 (strada statale Emilia nord) – 𝒞 0524 520184 – www.poderesanfaustino.it – Chiuso lunedì, sabato a mezzogiorno, domenica sera*

FIERA DI PRIMIERO

✉ 38054 – Trento (TN) – Carta regionale n° **19**-C2 – Carta stradale Michelin 562-D17

🍽️○ LA PAJARA

ITALIANA · AMBIENTE CLASSICO 🕱🕱 Un piacevole ambiente che unisce tradizione e modernità, dove anche la cucina segue questo trend: piatti contemporanei sia di carne sia di pesce e sapori del territorio.

Menu 27 € – Carta 30/61 €

🔗 🏠 🅿️ *Hotel Castel Pietra, via Venezia 28 – 𝒞 0439 763171 – www.lapajaragourmet.it – Chiuso 6 aprile-20 maggio, 3 novembre-3 dicembre, lunedì-venerdì a mezzogiorno*

🍽️○ CHALET PIERENI

REGIONALE · FAMILIARE 🕱 In un contesto naturalistico di grande bellezza, solo il piacere della buona tavola vi sottrarrà dalla piacevolezza dello stare all'aria aperta; i prodotti tipici del territorio concorrono, infatti, alla realizzazione di piatti dal sapore regionali con un occhio di riguardo per i piccoli ospiti.

Menu 20/45 € – Carta 25/45 €

🔗 ♿ 🏠 ❖ 🅿️ *località Piereni 8, val Canali, Tonadico (Nord-Est: 8 km) – 𝒞 0439 62791 – www.chaletpiereni.it – Chiuso 1-18 dicembre, 9 marzo-9 aprile, mercoledì*

FIESOLE

✉ 50014 – Firenze (FI) – Carta regionale n° **18**-D3 – Carta stradale Michelin 563-K15

🍽️○ LA TERRAZZA

MODERNA · ELEGANTE 🕱🕱🕱 *Causa emergenza COVID-19 il ristorante è temporaneamente chiuso.*
Un locale che sa riproporsi - sempre e comunque - con raffinata eleganza. Tra i libri all'interno, con rilassante vista sul centro di Firenze all'esterno, carne e pesce con qualche omaggio alla Toscana in piatti modernamente preparati: tutto quello che serve per un fine dining! A pranzo solo una proposta più semplice e leggera, ma sempre consigliabile.

Carta 70/100 €

♿ 🍴 🏠 🅰️🅲 🅿️ *Hotel Salviatino, via del Salviatino 21 – 𝒞 055 904 1111 – www.salviatino.com – Chiuso 1 gennaio-10 marzo, 28 novembre-31 dicembre, lunedì-domenica a mezzogiorno*

🏨 BELMOND VILLA SAN MICHELE

DIMORA STORICA · GRAN LUSSO Se sentite nostalgia di *Florentia*, in 10 minuti una navetta gratuita vi condurrà nel cuore della città. Altrimenti, godetevi la tranquillità e la maestosa vista di questa raffinata dimora del '400 immersa nel verde, la cui facciata è attribuita al più grande maestro italiano: Michelangelo. Restyling del ristorante La Loggia, ospitato nel magico loggiato con vista su Firenze; cucina gourmet.

🌳 🏊 ≼ 🖨 ⅃ ᵦ 🖳 ≰ 🅿 39 camere – 6 suites

via Doccia 4 – ☏ 055 567 8200 – www.belmond.com

🏨 IL SALVIATINO

GRAN LUSSO · STORICO *Causa emergenza COVID-19 l'hotel è temporaneamente chiuso.*
Il lusso non contraddistingue solo gli spazi di questa villa cinquecentesca, con parco e vista panoramica sulla città, ma si esprime anche attraverso una formula di service ambassador: un referente a cui ogni cliente può rivolgersi 24h su 24h. Preparatevi: un soggiorno da sogno vi attende.

🏊 ≼ 🖨 ⅃ 🐎 ᵦ 🖃 🖳 🅿 45 camere – 8 suites

via del Salviatino 21 – ☏ 055 904 1111 – www.salviatino.com

🍴○ **La Terrazza** – Vedere selezione ristoranti

🏨 VILLA FIESOLE ⓝ

CASA DI CAMPAGNA · ROMANTICO Una serra ristrutturata e una tipica villa toscana dell'800, con soffitti affrescati: riuscita soluzione per un hotel signorile. Le camere sono spaziose, luminose e decorate in raffinati colori ed arredate con mobili antichi.

🌳 ≼ 🖨 ⅃ 🖃 🔥 🖳 🅿 32 camere

via Beato Angelico 35 – ☏ 055 597252 – www.villafiesole.it

FIGHINE – Siena (SI) ➜ Vedere San Casciano dei Bagni

FILANDARI

✉ 89841 – Vibo Valentia (VV) – Carta stradale Michelin 564-L30

a Mesiano Nord - Ovest : 3 km – Carta regionale n° **3**–A2

😊 FRAMMICHÈ

CALABRESE · RUSTICO ⅩⅩ In aperta campagna, al termine di una strada sterrata, questo piccolo casolare è una piacevole sorpresa. Il pergolato esterno per il servizio estivo, così come la saletta dal monumentale camino, accolgono una cucina casalinga dalle porzioni generose. Specialità: trofiette con fiori di zucca, pinoli e zenzero.

Specialità: Antipasto tipico alla Frammichè. Fileja (pasta tipica della provincia vibonese) con carne di maiale. Millefoglie con crema Chantilly.

Menu 25/30 € – Carta 25/35 €

🍴 🅿 *contrada Ceraso – ☏ 338 870 7476 – Chiuso lunedì*

FINALBORGO – Savona (SV) ➜ Vedere Finale Ligure

FINALE EMILIA

✉ 41034 – Modena (MO) – Carta regionale n° **5**–C2 – Carta stradale Michelin 562-H15

😊 OSTERIA LA FEFA

REGIONALE · FAMILIARE ⅩⅩ Ingresso sotto i portici e da qui si entra per trovare una rilassante atmosfera familiare stile trattoria cittadina, con il servizio brillantemente gestito dal figlio della cuoca, per un'interminabile carrellata di piatti dove le paste fresche e le carni primeggiano (imperdibile - tuttavia - lo gnocco fritto con i salumi). Dulcis in fundo, un'ancora più lunga e gustosissima lista di dessert.

Specialità: Insalata di coniglio con ortaggi, maionese e uovo di quaglia. Insalata di coniglio con ortaggi, maionese e uovo di quaglia. Zuppa inglese.

Carta 30/53€

🕸 🍴 Ⓐ᙮ *via Trento-Trieste 9/C – ☏ 0535 780202 – www.osterialafefa.it –*
Chiuso martedì

🍴○ **ENTRÀ**

DEL TERRITORIO · CONTESTO TRADIZIONALE ᙮ Impostate il navigatore perché trovare la strada giusta attraverso la campagna potrà non essere facile, ma all'arrivo sarete confortati da un'atmosfera che vi rimarrà nel cuore. Trattoria figlia di una rivendita di vini del 1919, oggi l'ambiente si è rinnovato pur conservando piacevoli tocchi nostalgici. Dalla cucina pochi piatti del territorio illustrati a voce in sala dal titolare.

Carta 25/45€

🍴 ⅏ 🅿 *via Salde Entrà 60, località Entrà – ☏ 0535 97105 – www.trattoriaentra.it –*
Chiuso 18-24 gennaio, lunedì, martedì, mercoledì-sabato a mezzogiorno,
domenica sera

FINALE LIGURE

✉ 17024 – Savona (SV) – Carta regionale n° **8**–B2 – Carta stradale Michelin 561-J7

🍴○ **ROSITA**

LIGURE · RUSTICO ᙮ Stile rustico, ma soprattutto una bella terrazza affacciata sul mare e sulla costa, che vi ripaga di un tratto di strada un po' stretto e tortuoso, necessario a raggiungere il locale. Curata direttamente dai titolari, la cucina è squisitamente all'insegna del territorio.

Menu 30/55€ – Carta 35/60€

🛏 🍴 🅿 *via Mànie 67 – ☏ 019 602437 – www.hotelrosita.it – Chiuso 1-6 dicembre,*
7 gennaio-13 febbraio, lunedì-martedì a mezzogiorno, mercoledì, giovedì-venerdì
a mezzogiorno

a Finalborgo Nord - Ovest : 2 km

🍴○ **AI TORCHI**

LIGURE · CONTESTO STORICO ᙮᙮ Antico frantoio in un palazzo del centro storico - e come non bastasse - di un grazioso borgo medievale: in sala sono ancora presenti la macina in pietra e il torchio in legno. Bella atmosfera, servizio curato e gustosa cucina marinara mentre l'esperienza si completa col negozio di oggettistica per la casa ed anche col bistrot.

Menu 40€ – Carta 40/60€

via dell'Annunziata 12 – ☏ 019 690531 – www.aitorchi.it –
Chiuso 7 gennaio-8 febbraio, martedì

⊠ 50122 – Firenze (FI)
Carta regionale n° **18**-D3
Carta stradale Michelin 563-K15

FIRENZE

Ci piace: unacena al **Santa Elisabetta,** all'interno della torre Pagliazza. La pittoresca atmosfera un po' retrò che si respira nel quartiere San Niccolò, fra i tavoli dell'**Osteria Antica Mescita.** La terrazza del Ristorante **SE.STO on Arno** per godere di una vista mozzafiato su tutta Firenze.

Caffè-concerto dal nome impronunciabile Paszkowski ospitò tra i tanti personaggi famosi anche Prezzolini e D'Annunzio. Oggi ci si accomoda ai suoi tavolini per sorseggiare bevande calde, cocktails, ma anche qualche piatto di cucina nazionale. Nella zona di San Lorenzo, oltra al mercato centrale, vale la pena indugiare tra le varie bancarelle e botteghe che offrono generi alimentari di vario tipo; presenti anche i vinai e i tipici carretti dei "trippai".

Ristoranti

✿✿✿ ENOTECA PINCHIORRI
Chef: Annie Féolde

MODERNA · LUSSO XxxX Via Ghibellina è un indirizzo noto ai gourmet di tutto il mondo. Che ci si sia già stati o no, avvicinarsi al sontuoso palazzo che ospita l'Enoteca Pinchiorri fa balzare il cuore in gola, ogni volta si è accompagnati dalla consapevolezza di assistere ad un evento. Abbagliati dalla cerimoniosità dell'accoglienza, inizia una rappresentazione che non delude mai. La cucina di Pinchiorri si permette di stupire con pompa e grandiosità, senza tuttavia mai scadere in eccessi artificiosi o fine a se stessi, ma rincorrendo e centrando i sapori in ogni piatto.

La successione delle proposte assomiglia ad una grande festa, ad uno spettacolo pirotecnico, quando l'ultimo botto pare il più grande eccone un altro e poi un altro ancora. Varrebbe il viaggio il solo assistere al servizio in sala, un sussurrato walzer diretto da Alessandro Tomberli, ai vertici tra i responsabili di sala in Italia. Annie Féolde è ormai un'icona della ristorazione e in collaborazione con il suo bravissimo chef Riccardo Monco continua ad evolvere il gusto italiano per la buona tavola. A Giorgio Pinchiorri, infine, il merito di aver creato una cantina conosciuta in tutto il mondo.

Specialità: Carpaccio di cernia, maionese di baccalà, ravanelli, olio di peperone. Ravioli di bietole, arrostiti e non bolliti, con caviale e spuma di aringa affumicata. Torta soffice alle carote e zenzero, pomodorini canditi alle spezie e crema al caramello.

Menu 150/250€ – Carta 205/355€

🕃 🏠 🕅 ⇿ **Pianta: C2-x** – *via Ghibellina 87* – ✆ *055 242777* – *www.enotecapinchiorri.com* – *Chiuso 20-28 dicembre, 1-24 agosto, lunedì, martedì-sabato a mezzogiorno, domenica*

✿✿ SANTA ELISABETTA

CREATIVA · ELEGANTE XxX La torre della Pagliazza, probabilmente di origini bizantine, ebbe tante destinazioni; nel dodicesimo secolo fu anche carcere femminile, ma oggi custodisce uno dei più interessanti ristoranti gourmet della città. Nella cucina c'è qualche richiamo alla regione d'origine, ma è nell'esplosione dei sapori, nella fantasia e nella concretezza di piatti pur creativi che Rocco de Santis esprime le caratteristiche di una delle migliori tradizioni gastronomiche italiane, quella campana. Il servizio si svolge ad ottimi livelli e – considerato che i tavoli a disposizione sono pochi – si consiglia vivamente di prenotare!

Specialità: Gambero rosso crudo, panzanella all'agro, caviale e zuppetta di olive di Nocellara. Bottoni di pasta fondenti in farcia di provola, bietola e guazzetto d'inzimino. Sweet Home: ricotta e tè Lapsang, ciliegia, sorbetto di pompelmo rosa al Prosecco e anice stellato.

Menu 74 € (pranzo), 134/179 € – Carta 149/490 €

✦ 🅰️ **Pianta: F1-c** – *Hotel Brunelleschi, piazza Santa Elisabetta 3 –*
℘ *055 27370 – www.ristorantesantaelisabetta.it –*
Chiuso 21 febbraio-1 marzo, 1-25 agosto, lunedì, domenica

✿ IL PALAGIO

MODERNA · CONTESTO STORICO XxX Al piano terra del palazzo della Gherardesca che ha nel parco secolare il suo cuore pulsante, Il Palagio è un ristorante gourmet serale dagli ambienti neo-classici, raffinati e signorili. La cucina è tesa verso la reinterpretazione della tradizione italiana in piatti elaborati e gustosi; la generosità complessiva di porzioni e assaggini non lascia indifferenti, al pari del piacevole effetto di alcune preparazioni effettuate in sala, come il caffè (macinato davanti al cliente e preparato con apparecchiatura americana in vetro), del buon servizio e della valida carta dei vini. All'executive chef, Vito Mollica, va riconosciuto il merito di realizzare piatti che diventano autentici signature dish, avvalendosi, in primis, di prodotti locali.

Specialità: Carciofo nipitella e aglio nero. Risotto allo Champagne e crostacei. Barretta croccante al caramello.

Menu 135/145 € – Carta 107/240 €

✦ 🛋️ 🍴 ✦ 🅰️ **Pianta: D1-a** – *Four Seasons Hotel Firenze, borgo Pinti 99 –*
℘ *055 262 6450 – www.ilpalagioristorante.it – Chiuso 20 gennaio-13 febbraio,*
lunedì-sabato a mezzogiorno, domenica

✿ BORGO SAN JACOPO

MODERNA · ROMANTICO XxX *Causa emergenza COVID-19 aperto solo per su prenotazione fino ad aprile 2021.*

All'interno di uno dei più suggestivi alberghi della città, il ristorante ne condivide tutto: lo stile elegante ed esclusivo. Un ritorno a casa per il nuovo chef che porta con sé le esperienze presso importanti maison, mentre l'accurata selezione di prodotti italiani concorre alla creazione di raffinate ricette di carne e di pesce. il privilegio aggiunto a tanta qualità, è prenotare uno dei pochi romantici tavoli sul balcone davanti all'Arno.

Specialità: Cotto e crudo di verdure con sorbetto di pomodoro e melassa di fichi. Cotto e crudo di verdure con sorbetto di pomodoro e melassa di fichi. Il babà.

Menu 130/150 € – Carta 84/150 €

✦ 🅰️ **Pianta: E2-s** – *Hotel Lungarno, borgo San Jacopo 62/R – ℘ 055 281661 –*
www.lungarnocollection.com – Chiuso 1 dicembre-28 febbraio, lunedì-domenica a
mezzogiorno

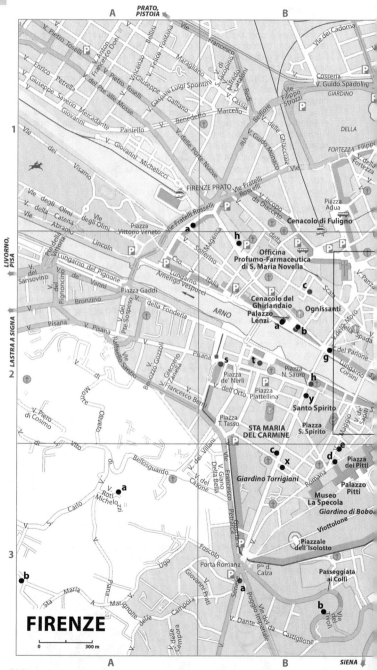

FIRENZE

PRATO, PISTOIA

LIVORNO, PISA

LASTRA A SIGNA

SIENA

0   300 m

250

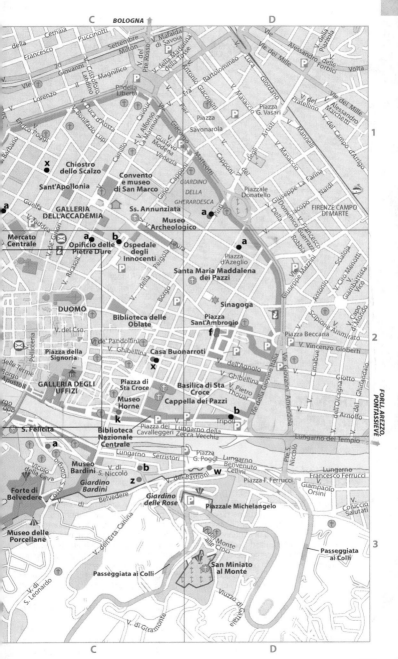

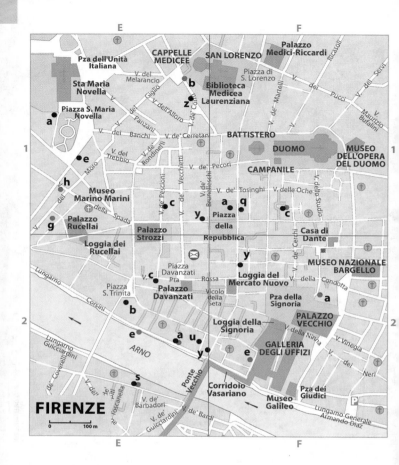

FIRENZE

0 ___ 100 m

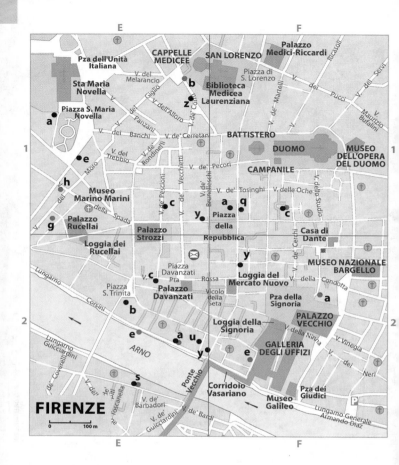

☸ **LA LEGGENDA DEI FRATI**

Chef: Filippo Saporito

CREATIVA · ELEGANTE ✗✗✗ Dopo una salita per chi lo raggiunge a piedi, varcata la soglia del complesso museale di Villa Bardini, vi attende un'atmosfera elegante ed accogliente, mentre la cucina riesce a stupirvi con sapori creativi e moderni, sicuramente convincenti. Lo chef Filippo Saporito, mai pago dei traguardi raggiunti, sperimenta e si perfeziona di continuo. Centro di gravità resta l'interesse verso una cultura gastronomica del territorio, selezione scrupolosa di materie prime e preferibilmente da filiere sostenibili: la carne, nelle sue varie declinazioni, nonché pane e pasta. Il romantico servizio estivo si svolge su una terrazza avvolta nel verde e nei profumi di erbe aromatiche, con - sul fondo - uno scorcio della basilica di Santa Croce. Il centro di Firenze non è lontano, ma sembra già di essere sui colli in campagna; talvolta accompagnati dal frinire delle cicale.

Specialità: La terrina di fegatini. Piccione, spinaci, aglio dolce, peperoncino. Peel slowly and see, banana, mango e cioccolato bianco.

Menu 115/145€ – Carta 85/110€

🍴 🅿 **Pianta: C3-a** – *Costa San Giorgio 6/a* – ✆ *055 068 0545* – *www.laleggendadeifrati.it* – *Chiuso 11-24 gennaio, lunedì, martedì a mezzogiorno*

252

ORA D'ARIA

Chef: Marco Stabile

MODERNA · ELEGANTE XX Dietro gli Uffizi, un locale dotato di una certa originalità, non tanto per la cucina a vista (veramente importante in termini di dimensioni), ma per il desiderio di creare un ideale dialogo tra i clienti e il personale ai fornelli. La scelta gastronomica si articola intorno a dei menu degustazione incentrati sull'idea del cuoco della Toscana, del mondo vegetale e del pesce, ma i cui piatti sono poi ordinabili dal cliente in libertà, anche incrociando le proposte.

Il ristorante deve questo singolare nome non solo alla vicinanza della prima sede con il vecchio carcere fiorentino delle Murate, ma anche all'intento che tutto lo staff si propone: offrire ai propri ospiti una pausa rilassante, un momento di distacco dallo scorrere frenetico degli impegni quotidiani. Bella carta dei vini ed un'attenzione tutta particolare alla selezione di birre.

Specialità: Uovo in camicia, crema di topinambour fermentato, il tartufo nero del senese. La faraona del Mugello, alchermes, il tarassaco. Olio dolce: crumble all'olio evo, gelato alle live taggiasche, crema di semolino, robiola e lime, mousse al cioccolato bianco.

Menu 90 € – Carta 72/102 €

&& AC ⇄ Pianta: F2-e – *via dei Georgofili 11r – ℰ 055 200 1699 – www.oradariaristorante.com – Chiuso lunedì a mezzogiorno, martedì, mercoledì, giovedì-venerdì a mezzogiorno*

GUCCI OSTERIA DA MASSIMO BOTTURA

MODERNA · CHIC XX Nel centro di Firenze, questo moderno e dinamico locale porta la firma dell'istrionico chef Massimo Bottura. La cucina, sovraintesa da una giovane chef latino-americana, dà agli al mondo con belle citazioni e rielaborazioni di ricette di altri paesi, ma mai dimentica dell'Italia e di Modena in particolare. Ambiente moderno, le cui pareti ripropongono intriganti rappresentazioni dei mestieri in voga nella seicentesca città del Giglio; vivamente consigliata la visita – ai piani superiori – del Gucci Garden, raffinato museo dedicato alla celebre maison.

Specialità: Tostada di palamita. Tortellini in crema di parmigiano reggiano. Charley's sandwich.

Menu 60/100 € – Carta 60/100 €

🍴 AC Pianta: F2-a – *piazza della Signoria 10 – ℰ 055 7592 7038 – www.gucci.com*

LA BOTTEGA DEL BUON CAFFÈ

CREATIVA · CONTESTO CONTEMPORANEO XX *Causa emergenza COVID-19 chiuso temporaneamente fino a fine novembre 2020.*

Soffitti a volta e pareti in mattoni donano al ristorante un'atmosfera rustica, raffinata tuttavia dagli arredi. L'effetto è un ricercato mix campestre-cittadino, per quanto l'attenzione sarà comunque tutta rapita dalla vista sulle cucine e i cuochi al lavoro. L'allevamento e la coltivazione di parte dei prodotti presenti in carta avvengono nella tenuta di proprietà di Borgo Santo Pietro e sono sovente biologici. Nel piatto tanta tecnica, invenzione, eleganza e creatività, ma senza perdere di vista la centralità dei sapori e il gusto di mangiare con soddisfazione. Bravo al cuoco!

Specialità: Uovo di Borgo Santo Pietro. Piccione nel fieno. Sottobosco.

Menu 68 € (pranzo), 135/160 € – Carta 98/165 €

&& 🍴 AC Pianta: D3-w – *lungarno Benvenuto Cellini, 63/r – ℰ 055 553 5677 – www.borgointhecity.com – Chiuso lunedì a mezzogiorno, domenica*

DA BURDE

REGIONALE · CONVIVIALE X Nato agli inizi del secolo scorso come bottega di alimentari e trattoria, è un locale storico lontano dai soliti circuiti turistici. I due fratelli che attualmente lo gestiscono hanno lasciato tutto com'era in origine: salumi in vendita, banco bar con tabacchi e sul retro le sale del ristorante, trabaccanti di decorazioni, bottiglie di vino ed espositore di dolci, in un clima piacevolmente conviviale ed informale. La cucina inevitabilmente si rifà alla più schietta e autentica tradizione locale.

Specialità: Crostini di fegatini di pollo. Bistecca alla fiorentina. Zuppa inglese.
Carta 25/44€

🕮 **Fuori pianta** – *via Pistoiese 154 – 𝒞 055 317206 – www.vinodaburde.com –
Chiuso 7-21 agosto, lunedì-giovedì sera, sabato sera, domenica*

😊 IL LATINI

TOSCANA · DI QUARTIERE 🍴 Non è forse il ristorante da scegliere se desiderate
trascorrere una serata romantica e in intimità, poiché il Latini è spesso stracolmo,
con tavoli serrati e un'atmosfera vivace. Ma anche ciò fa parte del fascino di questa storica trattoria, dove la convivialità si sposa ad una cucina tradizionale, fatta
di piatti semplici e gustosi.

Specialità: Pappa al pomodoro. Bistecca alla fiorentina. Tortino al cioccolato.
Carta 29/79€

🕮 **Pianta: E1-g** – *via dei Palchetti 6 r – 𝒞 055 210916 – www.illatini.com –
Chiuso 1-15 agosto, lunedì, martedì-venerdì a mezzogiorno*

😊 PODERE 39

TOSCANA · BISTRÒ 🍴 Pochi coperti (consigliamo di prenotare), il ristorante è
tanto piccolo quanto accattivante ed originale per il crogiolo di decorazioni e la
rustica, ma raffinata atmosfera che vi avvolgerà. Non è un caso: parte dei prodotti
vengono dalla propria azienda agricola, ecco così spiegato anche il nome del
ristorante. In menu sia carne che pesce.

Specialità: Fiori di zucca in gratin ripieni di pecorino e noci di Sorrento. Tagliolini
fatti in casa con sugo bianco di coniglio, olive taggiasche e pecorino. Zuccotto
ripieno di crema di ricotta, gocce di cioccolato e ciliegie candite.
Menu 28/45€ – Carta 28/45€

🕮 **Pianta: B3-a** – *via Senese 39 r – 𝒞 345 237 6137 – Chiuso 1-20 agosto,
lunedì-sabato a mezzogiorno, domenica*

😊 TRATTORIA CIBRÈO-CIBREINO

DEL TERRITORIO · SEMPLICE 🍴 Nella trattoria troverete l'anima più popolare
dell'adiacente ristorante Cibrèo, in un ambiente semplice e piacevolmente conviviale
che non riceve prenotazioni, ma dispensa la stessa gustosa cucina e un servizio
simpatico ed amichevole. Le proposte sono in prevalenza toscane e puntano sul
rispetto e la forza dei sapori.

Specialità: Minestra di pane. Collo di pollo ripieno. Budino al cioccolato.
Carta 30/37€

🕮 **Pianta: D2-f** – *via dei Macci 122/r – 𝒞 055 234 1100 – www.cibreo.com*

😊 ZEB

DEL MERCATO · CONVIVIALE 🍴 Nel delizioso quartiere di San Niccolò, l'antica
gastronomia si è trasformata in un originale ristorantino familiare: seduti intorno
al banco centrale, come in un sushi bar, si mangia gomito a gomito scegliendo
piatti gustosamente casarecci, proposti a voce, come le tagliatelle al cinghiale, le
trippe, il peposo, la torta con le mele al Calvados.

Specialità: Cappellacci di fiori di zucca e ricotta in salsa di buttata e zucchine.
Peposo. Torta di mele caramellate al Calvados e crema.
Carta 25/40€

🕮 **Pianta: C3-z** – *via San Miniato 2r – 𝒞 055 234 2864 –
www.zebgastronomia.com – Chiuso mercoledì*

🍽️ WINTER GARDEN BY CAINO

MODERNA · LUSSO 🍴🍴🍴 Un tempo vi entravano le carrozze, oggi l'antica e
ampia corte del St. Regis, trasformata in signorile giardino d'inverno con anche
divani e poltrone per il cocktail bar, ospita piatti maremmani sapidi e decisi.
Menu 120€ – Carta 83/140€

🍴 & 🕮 **Pianta: B2-a** – *Hotel The St. Regis Florence, piazza Ognissanti 1 –
𝒞 055 2716 – www.wintergardenflorence.com*

ⅱ○ SE.STO ON ARNO

CREATIVA · CHIC XxX Al sesto piano dell'albergo Excelsior di cui è il gradito vezzo moderno e di design, se anche d'inverno la vista è mozzafiato attraverso le ampie vetrate, nella bella stagione in terrazza vi sembrerà di volare su Firenze. La cucina proposta è regionale e mediterranea, generosa nei colori e nei sapori. A pranzo, i piatti dello chef si fanno più semplici e classici rispetto alla sera.

Menu 35€ (pranzo), 120/150€ – Carta 30/150€

🛱 🕮 ⇨ **Pianta: B2-b** – *Hotel The Westin Excelsior, piazza Ognissanti 3 –* ℰ 055 27151 – *www.westinflorence.com*

ⅱ○ CIBRÈO

TOSCANA · AMBIENTE CLASSICO XxX Un'elegante sala - quasi un salotto privato - ed un servizio piacevolmente cordiale e amichevole sono il contorno di una cucina che punta su grandi sapori, seguendo una carrellata di piatti ormai storici. Un'istituzione a Firenze.

Menu 80/120€ – Carta 77/97€

⚬⚬ 🕭 🕮 ⇨ **Pianta: D2-f** – *via A. Del Verrocchio 8/r – ℰ 055 234 1100 –* www.cibreo.com – *Chiuso lunedì, domenica*

ⅱ○ CAFFÈ DELL'ORO

ITALIANA · ROMANTICO XX Cucina toscana e - più ampiamente - italiana, ingentilita ed alleggerita, accompagnata da una buona selezione di vini, anche al bicchiere, in un ristorante dalla superba vista su Ponte Vecchio. L'ambiente è al tempo stesso vintage ed elegante: in stile con il vicino, splendido albergo.

Carta 48/80€

⚬⚬ 🕮 **Pianta: E2-a** – *Hotel Portrait Firenze, lungarno Acciaiuoli 4 –* ℰ 055 2726 8912 – *www.lungarnocollection.com*

ⅱ○ BUCA MARIO

TOSCANA · CONTESTO TRADIZIONALE XX Dal 1886 un baluardo della tradizione cittadina: sempre frequentatissimo, vi troverete una rara cortesia e affabilità, nonché un'ottima bistecca alla fiorentina, vero piatto culto della Buca. A quel punto sarete conquistati e perdonerete con indulgenza il rumore che talvolta fa da contorno.

Carta 40/80€

🕮 ⇨ **Pianta: E1-h** – *piazza Degli Ottaviani 16 r – ℰ 055 214179 –* www.bucamario.it – *Chiuso lunedì-domenica a mezzogiorno*

ⅱ○ ESSENZIALE

MODERNA · MINIMALISTA XX Come suggerisce il nome, si tratta di un locale giovane ed essenziale nell'aspetto, ma dalla grande cortesia nell'accoglienza, nonché servizio. Simpatica l'idea delle posate nel cassetto del tavolo che rimandano a realtà casalinghe di altri tempi. E i piatti? Un avvicendarsi di sorprese!

Menu 40/65€

🕭 🕮 **Pianta: B2-t** – *piazza di Cestello 3R – ℰ 055 247 6956 – www.essenziale.me –* Chiuso lunedì, martedì-sabato a mezzogiorno, domenica

ⅱ○ L'INSOLITA TRATTORIA TRE SOLDI ⓝ

MODERNA · CONTESTO TRADIZIONALE XX Vi raccomandiamo di uscire dalle tradizionali rotte turistiche del centro per cenare in quest'ottimo ristorante. Trattoria dal 1952, a partire dal 2017 l'accelerazione con una nuova generazione entrata in scena: il giovane cuoco Lorenzo, che aggiunge "insolita" al nome del locale di famiglia. La ragione è presto spiegata! I classici regionali e d'altrove vengono rivisitati, a volte con il motto "niente è ciò che sembra", ma senza mai tradire l'amore tutto toscano per i sapori intensi e una predilezione per le carni, di cui tra i secondi troverete un'eccellente selezione anche internazionale di tagli cotti alla griglia. A pranzo la proposta è più semplice, tradizionale ed economica.

Menu 50/125€ – Carta 50/75€

🛱 🕮 ⇨ **Fuori pianta** – *via Gabriele d'Annunzio 4r/a – ℰ 055 679366 –* www.insolitatrattoria.it – *Chiuso lunedì, martedì-sabato a mezzogiorno, domenica*

⫶○ IL BORRO TUSCAN BISTRO

CLASSICA · BISTRÒ ⫶ Ristorante, wine-bar e negozio: uno spazio poliedrico dove gustare i più tradizionali sapori toscani a due passi dall'Arno. Ambiente moderno ed informale.

Carta 25/55€

🛋 ⅙ 🆎 **Pianta: E2-e** – *lungarno Acciaiuoli 80r – ☏ 055 290423 – www.ilborrotuscanbistro.it – Chiuso 18 gennaio-8 febbraio*

⫶○ CIBLÈO

ASIATICA CONTEMPORANEA · INTIMO ⫶ Una cucina che ideologicamente ha molto di orientale nelle idee di base, ma che utilizza - spesso - materie prime toscane secondo l'estro e il gusto di una giovane cuoca coreana, brava nel proporre sue personali elaborazioni. Lungo menu di piccole portate. Piccola intima salaetta dove la prenotazione è essenziale.

Menu 25€ (pranzo)/50€

🆎 **Pianta: D2-f** – *via Andrea del Verrocchio 2R – ☏ 055 247 7881 – www.cibreo.com/cibleo – Chiuso lunedì, domenica*

⫶○ DEL FAGIOLI

TOSCANA · TRATTORIA ⫶ Trattoria popolare con tutti i crismi del genere: cucina a vista all'ingresso, atmosfera chiassosa ed informale, piatti toscani con gran scelta di carni, anche alla griglia. Solo in alcuni giorni della settimana anche qualche specialità di pesce come baccalà e seppie in zimino.

Carta 25/50€

🆎 🍴 **Pianta: C2-k** – *corso Tintori 47 r – ☏ 055 244285 – Chiuso sabato, domenica*

⫶○ IO OSTERIA PERSONALE

CREATIVA · BISTRÒ ⫶ Sala di grande semplicità con mattoni e travi a vista, tavoli affiancati, praticamente nient'altro; tutto è concentrato sulla cucina, creativa e personalizzata, per chi vuole sfuggire ai cliché della tradizione fiorentina da trattoria.

Menu 42/58€ – Carta 40/46€

⅙ 🆎 **Pianta: B2-s** – *Borgo San Frediano 167r – ☏ 055 933 1341 – www.io-osteriapersonale.it – Chiuso lunedì-sabato a mezzogiorno, domenica*

⫶○ KONNUBIO

ITALIANA CONTEMPORANEA · COLORATO ⫶ Tante formule in un solo ambiente: bar da mattina a sera, wine bar in cantina con piatti freddi e degustazione vini; nella sala ristorante formula più facile e veloce a pranzo, la sera – invece - piatti più curati, originali e generosi. Sette nuove camere per chi volesse prolungare la sosta nel cuore di Firenze.

Carta 29/75€

🔄 🛋 🆎 **Pianta: E1-b** – *via dei Conti 8/r – ☏ 055 238 1189 – www.konnubio.com*

⫶○ OSTERIA ANTICA MESCITA SAN NICCOLÒ

TOSCANA · TRATTORIA ⫶ È la tipica trattoria toscana che ogni turista si aspetta di trovare in visita a Firenze: tavoli dal pianale in marmo, aglio e fiaschi spioventi dal soffitto, cucina tradizionale e una pittoresca ambientazione a San Niccolò, uno dei quartieri più caratteristici dell'Oltrarno cittadino.

Carta 38/55€

🛋 🍴 **Pianta: C3-b** – *via di San Niccolò – ☏ 055 234 2836 – www.osteriasannicolo.it*

⫶○ OSTERIA LA PESCATORIA

PESCE E FRUTTI DI MARE · COLORATO ⫶ Non lontano dalla stazione ferroviaria, rustica e colorata osteria con piatti di pesce preparati secondo una linea classica e mediterranea. Nelle ore canoniche di pranzo e cena anche aperitivi "di mare". Gestione esperta, servizio cortese, una simpatica e valida alternativa alla cucina tradizionale toscana.

Menu 15€ (pranzo), 35/55€ – Carta 20/55€

🆎 🔄 **Pianta: B2-c** – *via Palazzuolo 80 – ☏ 055 265 7782 – www.lapescatoria.it*

🍴 IL SANTO BEVITORE

TOSCANA · RUSTICO 🍴 Rustico e conviviale, a pranzo la proposta è semplice e ristretta. Di sera, il locale si anima e la cucina dà il meglio di sé con piatti della tradizione e proposte più creative.

Carta 35/60 €

⟷ **Pianta: B2-h** – *via Santo Spirito 64/66 r* –
℘ *055 211264 – www.ilsantobevitore.com*

Alberghi

🏨 FOUR SEASONS HOTEL FIRENZE

DIMORA STORICA · GRAN LUSSO Le austere mura di un palazzo quattrocentesco celano il più grande parco privato della città: camere sontuose, arredi classici, luminose corti riparate da lucernai per un soggiorno esclusivo. La Villa ex convento del XV secolo è preferita, invece, da chi predilige privacy e tranquillità. Gustosa carrellata sui piatti toscani e nazionali Al Fresco; pizza e grigliate estive in giardino.

🍴 ⌂ 🏊 📶 🛁 🏋 📧 ♿ 🏧 🛎 116 camere – 44 suites

Pianta: D1-a – *borgo Pinti 99* –
℘ *055 26261* –
www.fourseasons.com/florence
✿ **Il Palagio** – Vedere selezione ristoranti

🏨 THE ST. REGIS FLORENCE

DIMORA STORICA · GRAN LUSSO Raffinato palazzo fiorentino, originariamente progettato da Brunelleschi, gli interni risplendono per ricercatezza e buon gusto, le camere - alcune con vista sull'Arno - reinterpretano lo stile tradizionale toscano concentrandosi alle volte, nelle camere più interessanti, sui Medici o sul rinascimento come periodo artistico oppure sullo stile locale nei tessuti e colori.

🍴 📶 🛁 📧 ♿ 🏧 🛎 91 camere – 8 suites

Pianta: B2-a – *piazza Ognissanti 1* – ℘ *055 27163 – www.stregisflorence.com*
🍴 **Winter Garden by Caino** – Vedere selezione ristoranti

🏨 THE WESTIN EXCELSIOR

GRAN LUSSO · CLASSICO In un imponente palazzo con origine rinascimentale ed affacciato sull'Arno e su una graziosa piazzetta, l'Excelsior offre la più classica atmosfera da grande albergo lussuoso, ideale per chi preferisce essere coccolato dal lusso più tradizionale con tutti i confort della contemporaneità.

🛁 📧 ♿ 🏧 🛎 171 camere – 16 suites

Pianta: B2-b – *piazza Ognissanti 3* – ℘ *055 27151* –
www.westinflorence.com
🍴 **SE.STO on Arno** – Vedere selezione ristoranti

🏨 BRUNELLESCHI

`Tablet.` PLUS

BOUTIQUE HOTEL · CENTRALE Edificio appartenuto anche al grandissimo artista Brunelleschi, da cui mutua il nome, nella bizantina Torre della Pagliazza troverete camere molto accoglienti (all'ultimo piano la strepitosa Tower Suite) e nelle fondamenta un piccolo museo con rovine d'epoca romana: un hotel davvero particolare che racconta la stratificazione storica del centro. Contrapposto al ristorante gourmet Santa Elisabetta, l'elegante bistrot Osteria della Pagliazza.

🍴 🛎 ⋖ 🛁 📧 ♿ 🏧 🛎 84 camere – 12 suites

Pianta: F1-c – *piazza Santa Elisabetta 3* –
℘ *055 27370 – www.hotelbrunelleschi.it*
✿✿ **Santa Elisabetta** – Vedere selezione ristoranti

PORTRAIT FIRENZE

GRAN LUSSO · VINTAGE Lussuoso, elegante, originale. Un hotel di grande impatto composto esclusivamente da suite di varie metrature, ma tutte accomunate da accessori di ultimissima generazione. Il "portrait" promesso nel nome è quello del cliente, sui cui desideri e interessi verrà disegnato il soggiorno. Uno dei fiori all'occhiello dell'ospitalità fiorentina.

37 camere – 30 suites

Pianta: E2-a – *lungarno Acciaiuoli 4* – ℰ *055 2726 8000* – *www.lungarnocollection.com*

🍴 **Caffè dell'Oro** – Vedere selezione ristoranti

REGENCY

Tablet. PLUS

BOUTIQUE HOTEL · CLASSICO Affacciato su una delle più eleganti piazze-giardino di Firenze, il palazzo ottocentesco offre lusso e classicità di arredi per chi non ama il design contemporaneo e preferisce essere rassicurato da uno stile intramontabile.

28 camere – 3 suites

Pianta: D2-a – *piazza Massimo D'Azeglio 3* – ℰ *055 245247* – *www.regency-hotel.com*

RELAIS SANTA CROCE

DIMORA STORICA · PERSONALIZZATO Lusso ed eleganza nel cuore di Firenze, un'atmosfera unica tra tradizione e modernità, nella quale mobili d'epoca si accostano ad elementi di design e a tessuti preziosi. Presso il ristorante Guelfi e Ghibellini, la spiccata creatività dello chef gli consente di valorizzare i gustosi piatti della tradizione.

18 camere – 6 suites

Pianta: C2-x – *via Ghibellina 87* – ℰ *055 234 2230* – *www.baglionihotels.com*

VILLA CORA

Tablet. PLUS

DIMORA STORICA · ROMANTICO E' tutto un susseguirsi di sale affrescate, marmi e stucchi in questa romantica villa di fine '800, costruita e regalata come dono d'amore, immersa in un parco secolare con piscina ed uno spazio ospitante oltre 100 tipologie di rose! Piccola e squisitamente panoramica la terrazza lounge per aperitivi e momenti di relax. Cucina di ricerca e solide basi italiane nel ristorante Le Bistrot con servizio estivo in veranda (carta semplice a pranzo).

38 camere – 6 suites

Pianta: B3-b – *viale Machiavelli 18* – ℰ *055 228790* – *www.villacora.it*

HELVETIA E BRISTOL

Tablet. PLUS

PALACE · PERSONALIZZATO Nel centro di Firenze, di fronte a Palazzo Strozzi, albergo dall'armoniosa facciata ottocentesca, ideale base di partenza per scoprire i vicini luoghi d'interesse. Le raffinate camere e le splendide suite sono arredate con aristocratiche personalizzazioni.

45 camere – 19 suites

Pianta: E1-c – *via dei Pescioni 2* – ℰ *055 26651* – *www.starhotelscollezione.com*

SAVOY

LUSSO · CONTEMPORANEO Savoy concentra in sé quelle caratteristiche che fanno di Firenze una grande città: l'architettura antica, l'eleganza e l'accoglienza italiana al top. È il luogo in cui si può gustare il meglio della cucina toscana con i vini locali più pregiati immersi nella colorita atmosfera di piazza della Repubblica, nel cuore del capoluogo.

50 camere – 30 suites

Pianta: F1-q – *piazza della Repubblica 7* – ℰ *055 27351* – *https://www.roccofortehotels.com/hotels-and-resorts/hotel-savoy/*

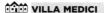 VILLA MEDICI · Tablet. PLUS

DIMORA STORICA · CLASSICO Pur trovandosi nel centro di Firenze, la cornice di questo raffinato hotel all'interno di un palazzo settecentesco rimane il verde del suo giardino dove trova posto anche una piscina. Dopo un'importante ristrutturazione che ha interessato camere e spazi comuni, Villa Medici è più bella che mai!

🕊 ✈ 🛏 🏊 💈 🖥 ♿ 🅰 🏋 92 camere – 7 suites

Pianta: B2-h – *via Il Prato 42* – ☎ *055 277171* – *www.sinahotels.com*

CELLAI

DIMORA STORICA · ROMANTICO Prendete tempo e frequentate gli eleganti salotti di quest'albergo, tra foto d'epoca e arredi del '900 accostati con gusto dall'appassionato proprietario, sicuri che la stessa cura la troverete anche nelle camere. Molto consigliato per spiriti romantici e vintage.

🖥 🅰 🏋 68 camere

Pianta: C1-x – *via 27 Aprile 14* – ☎ *055 489291* – *www.hotelcellai.it*

GRAND HOTEL MINERVA · Tablet. PLUS

LUSSO · VINTAGE Rinasce uno dei più antichi hotel della città, grazie ad un totale rinnovo che ce lo riconsegna con tanti atout: luminoso, raffinato e piacevolmente influenzato dallo stile degli anni Cinquanta che vengono citati qui e là, nel bar, nelle camere. Ma la ciliegina sulla torta è più di una: dalla piscina panoramica all'ultimo piano sino all'ottima cucina fatta di contrasti del ristorante La Buona Novella, per altro impreziosito da un delizioso dehors contemporaneo sulla celebre piazza.

🕊 ✈ 🏊 💈 🖥 ♿ 🅰 🏋 78 camere – 19 suites

Pianta: E1-a – *piazza Santa Maria Novella 16* – ☎ *055 27230* –
www.grandhotelminerva.com

LUNGARNO

LUSSO · PERSONALIZZATO Fascinoso salotto di charme posto nel cuore dell'Oltrarno fiorentino che vanta una collezione di oltre 450 opere d'arte originali, tra cui Picasso e Cocteau, distribuite negli spazi comuni e nelle camere. Quest'ultime brillano anch'esse per raffinatezza e confort; le più ambite godono di un terrazzo con vista spettacolare su Ponte Vecchio sino ai colli.

✈ 🖥 🅰 🏋 63 camere – 26 suites

Pianta: E2-s – *borgo San Jacopo 14* – ☎ *055 27261* – *www.lungarnocollection.com*

❀ **Borgo San Jacopo** – Vedere selezione ristoranti

J.K. PLACE FIRENZE

BOUTIQUE HOTEL · INSOLITO Abbiate cura di prenotare una camera con vista sulla magnifica piazza o sui tetti di Firenze in questo romantico rifugio dove storia e modernità si affiancano con gran classe: il boutique hotel per eccellenza! Al J.K. Lounge, ampio dehors sulla piazza e cucina di qualità a tutte le ore del giorno.

🕊 ✈ 🖥 🅰 18 camere – 2 suites

Pianta: E1-e – *piazza Santa Maria Novella 7* – ☎ *055 264 5181* – *www.jkplace.com*

LEONE BLU SUITES

DIMORA STORICA · GRAN LUSSO Ospiti della storia e della più raffinata aristocrazia fiorentina, perché Leone Blu è la dimora del casato dei Ricasoli che ora apre i battenti agli ospiti che vorranno soggiornare nelle sue originali suite: una diversa dall'altra, mobili antichi s'interfacciano ad altri più moderni in un riuscito gioco di equilibrismi.

🛎 🖥 🅰 9 suites

Pianta: B2-g – *piazza Carlo Goldoni 2* – ☎ *055 290270* –
www.unaesperienze.it/leone-blu-suites

NH COLLECTION FIRENZE PORTA ROSSA

STORICO · CONTEMPORANEO Strategicamente collocato tra le strade dello shopping e le maggiori attrazioni, è ospitato in un edificio di inizio '500 con annessa torre medioevale, nella quale è stata ricavata la suite presidenziale. Originali zone comuni ornate di vetrate, per gli arredi delle camere si è scelta la strada di una contemporanea sobrietà. Ristorante specializzato in tartufi.

⌂ ⊡ 🅰🅲 ♨ 70 camere – 6 suites

Pianta: E2-c – *via di Porta Rossa 19* –
📞 055 271 0911 – www.nh-hotels.com

 VILLE SULL'ARNO

LUSSO · PERSONALIZZATO Affacciato sull'Arno, su cui danno alcune camere, i suoi interni sono caldi ed eleganti, e non mancano di ospitare un'attrezzata spa con piscina interna ed esterna. Le camere sono personalizzate, leggermente più classiche nel corpo centrale, in stile moderno nella dépendance. Ottimo il ristorante dallo stile vagamente country e dotato di un bel dehors estivo.

⌂ ⛲ ⤢ 🖵 🔵 ♨ 🛗 ⊡ ♿ 🅰🅲 ♨ ⛵ 45 camere

Fuori pianta – *lungarno Cristoforo Colombo 1/3* – 📞 055 670971 –
www.hotelvillesullarno.com

 CONTINENTALE

SPA E WELLNESS · VINTAGE In un'antica torre del '500 dominante Ponte Vecchio, oggi regna il design anni 50 e in cima ad essa La Terrazza: rooftop bar con vista a 360° sulla città. La White Iris Spa by Confort Zone propone un'ottima lista di trattamenti benessere dedicati al corpo e al viso.

♨ ⊡ ♿ 🅰🅲 ♨ 42 camere – 1 suite

Pianta: E2-y – *vicolo dell'Oro 6 r* –
📞 055 27262 – www.lungarnocollection.com

 FIRENZE NUMBER NINE

BOUTIQUE HOTEL · DESIGN Provvisto di una corte interna per chi vuole vivere qualche momento all'aperto, arredi contemporanei e atmosfere luminose reinterpretano la tradizione alberghiera fiorentina con un soffio di modernità. La camera 107 dà un tocco di classe in più, come la cortesia del personale, e per gli appassionati c'è un'ottima palestra e un'area relax completa: praticamente una rarità, se si considera la posizione centrale della struttura!

♨ 🛗 ⊡ ♿ 🅰🅲 45 camere

Pianta: E1-z – *via dei Conti 9/31r* –
📞 055 293777 – www.firenzenumbernine.com

 GALLERY HOTEL ART

BOUTIQUE HOTEL · PERSONALIZZATO Ambienti luminosi, dinamici e stravaganti, in un albergo dove la padrona di casa è l'arte. La facciata dell'hotel è arricchita da opere contemporanee, dedicate ogni anno a un tema diverso, mentre le sue camere "pezzi unici" di una raffinatissima collezione. La spettacolare personalizzazione delle suite, contraddistinte ognuna dal nome di un simbolo di Firenze, ma accomunate da una vista speciale sulla bellezza della città, occupa gli spazi dei piani alti.

⊡ ♿ 🅰🅲 74 camere – 9 suites

Pianta: E2-u – *vicolo dell'Oro 5* –
📞 055 27263 – www.lungarnocollection.com

 GLANCE

TRADIZIONALE · MINIMALISTA Il nome di questo nuovo albergo allude al "colpo d'occhio" sui dettagli dei suoi interni, sobri ed accoglienti, minimal e valorizzati da una delicata illuminazione. All'ultimo piano la sorpresa: una grande terrazza panoramica con vista a 360° sul centro, una piccola piscina ed il bar.

⤢ ⊡ 🅰🅲 68 camere

Pianta: C1-a – *via Nazionale 23* –
📞 055 290082 – www.florenceglancehotel.com

🏨 CALIMALA

LUSSO · STORICO Lussuoso e in posizione centrale, Calimala è un piccolo hotel ricavato all'interno del cinquecentesco Palazzo degli Angeli - già dimora di intellettuali in tempi lontani – che coniuga nei suoi spazi il caratteristico stile toscano con un design più contemporaneo. Rooftop panoramico per innamorarsi – con un solo sguardo – della città.

🔭 ⬛ ⬛ ♿ 🅰️ 38 camere

Pianta: F2-y – *via Calimala 2* –
☏ 055 093 6360 - *www.hotelcalimala.com*

🏨 HOME FLORENCE

BOUTIQUE HOTEL · MINIMALISTA All'interno della graziosa palazzina si respira un'atmosfera giovane, modaiola, ma - come il nome lascia intendere - anche di casa. La prima colazione si condivide su tre soli tavoli e il colore bianco regna sovrano. Originale!

⬛ ⬛ ♿ 🅰️ 🧖 39 camere

Pianta: D2-b – *piazza Piave 3* – ☏ 055 243668 - *www.hhflorence.com*

🏨 MILÙ

BOUTIQUE HOTEL · DESIGN In una via famosa per i suoi palazzi classici e le sue boutique di moda e gioielli, l'hotel si trova in un palazzo del XIV secolo e svolge anche il ruolo di galleria d'arte, esponendo opere di artisti nella hall, sulle scale, nei corridoi e nella biblioteca (tutti disponibili per l'acquisto). Ogni camera da letto è stata pensata con una distinta palette di colore e stile di tappezzeria, arredata con mobili, luci e pezzi di design.

⬛ 🅰️ 22 camere

Pianta: E2-b – *via de' Tornabuoni 8* – ☏ 055 217103 - *www.hotelmilu.com*

🏨 PALAZZO VECCHIETTI

LUSSO · PERSONALIZZATO Qui troverete ancora i resti delle duecentesche mura fiorentine, nonché un'incantevole corte interna trasformata in salottino, su cui si affacciano romantici ballatoi che portano alle camere, lussuose, con piccola cucina e di una rara raffinatezza negli arredi contemporanei. Il tutto, a pochi passi dal Duomo.

⬛ 🅰️ 7 camere – 5 suites

Pianta: E1-y – *via degli Strozzi 4* – ☏ 055 230 2802 - *www.palazzovecchietti.com*

🏨 AD ASTRA `Tablet.` PLUS

STORICO · PERSONALIZZATO Una sistemazione esclusiva, nel vero senso della parola, in quanto affacciata sul giardino privato Torrigiani, dove nel '600 l'omonima famiglia fece costruire questa abitazione per l'osservazione degli astri dalla torre che ancora campeggia nel verde. Camere dagli eleganti arredi personalizzati: quattro con accesso alla splendida terrazza panoramica e due nel giardino per chi desidera un soggiorno più appartato.

⬛ 🅰️ 🅿️ 9 camere

Pianta: B3-x – *via del Campuccio 53* –
☏ 055 075 0602 - *www.adastraflorence.it*

🏨 CASA BOTTICELLI IN SAN FELICE `Tablet.` PLUS

FAMILIARE · TRADIZIONALE Residenza d'epoca di sei stanze nel cuore della città del Giglio è l'indirizzo perfetto per chiunque voglia conoscere Firenze partendo da un'altra prospettiva. Casa Botticelli rappresenta infatti un bell'esempio dello stile locale contemporaneo, che mescola elementi quattrocenteschi ad altri più attuali. Molte delle opere d'arte che troverete esposte sono in vendita.

🅰️ 6 camere

Pianta: B3-d – *piazza di San Felice 8* –
☏ 055 205 2117 - *www.casabotticelli.com*

OLTRARNO SPLENDID ⓝ `Tablet.PLUS`

PERSONALIZZATO · ELEGANTE Al secondo e al terzo piano di un palazzo del XVIII secolo, eclettico e personalizzato, il fascino rinascimentale e il design moderno sembra essersi dati appuntamento, creando un suggestivo intreccio di stili che – sicuramente – non contemplano afflati minimalisti. Le camere affacciano su una tranquilla corte interna o sulla storica via dei Serragli, a due passi dal centro.

⊡ Ⓐ🅒 14 camere

Pianta: B2-y – *via dei Serragli 7* –
☎ *055 464 8555* – *www.oltrarnosplendid.com*

OTTANTOTTO FIRENZE ⓝ `Tablet.PLUS`

PERSONALIZZATO · STORICO Nel pittoresco quartiere Oltrarno, sette camere ognuna con un suo carattere specifico, si snodano sui quattro piani di un palazzetto storico con un giardino segreto, dove gustare la prima colazione o sorseggiare un bicchiere di vino nel pomeriggio: luoghi accoglienti e senza tempo, progettati dal proprietario-architetto, che vi faranno sentire come "a casa".

🈺 Ⓐ🅒 9 camere

Pianta: B3-c – *via dei Serragli 88* –
☎ *055 068 3669* – *www.ottantottofirenze.it*

SOPRARNO SUITES ⓝ `Tablet.PLUS`

STORICO · VINTAGE A poca distanza da palazzo Pitti, le camere occupano tre piani di un palazzo d'epoca e sono quasi tutte molto ampie, ma soprattutto splendidamente arredate, con un mix di antico e contemporaneo di gran gusto, alcune con soffitto affrescato. Curati anche i bagni, a volte con docce doppie.

⊡ 10 camere

Pianta: B3-e – *via Maggio 35* –
☎ *055 046 8719* – *www.soprarnosuites.com*

VELONA'S JUNGLE LUXURY SUITES ⓝ `Tablet.PLUS`

FAMILIARE · A TEMA Il calore di una casa privata dall'afflato anni Cinquanta ed arricchita dai tanti cimeli di viaggio collezionati dal nonno dell'attuale proprietaria: carta da parati, ritratti di animali, colori vivaci alle pareti, tappeti... Ampie camere personalizzate in una lussuosa guest house nel centro storico di Firenze.

⊡ Ⓐ🅒 🅿 10 camere – 10 suites

Pianta: A1-a – *via Montebello 86* –
☎ *055 274 1536* – *velonasjungle.com*

DOMUX HOME REPUBBLICA ⓝ

DIMORA STORICA · ELEGANTE Affacciato su una delle piazze centrali e vive di Firenze, le quattro camere si raggiungono sino al quinto piano di un bel palazzo con ascensore. Da qui qualche altro gradino per arrivare al punto di forza della struttura: i terrazzini panoramici, in particolare quelli di due camere sul Duomo, per le altre i tetti di Firenze.

⊡ Ⓐ🅒 4 camere

Pianta: F1-a – *piazza della Repubblica 6* –
☎ *055 267 0051* – *http://domuxhome.it/*

DOMUX HOME RICASOLI ⓝ

DIMORA STORICA · ELEGANTE A pochi minuti dal Duomo, sin dalla piccola reception vi verrà svelato l'elegante design della struttura, che si amplierà poi nelle camere, bi- o trilocali e un quadrilocale con cucina. Particolarmente attenti alle richieste dei clienti, è un raffinato e spazioso punto di partenza per scoprire Firenze.

⊡ Ⓐ🅒 7 camere

Pianta: C2-a – *via Ricasoli 48* – ☎ *055 267 0051*

RESIDENCE HILDA   `Tablet. PLUS`

TRADIZIONALE · MODERNO In un bel palazzo ottocentesco, se gli spazi comuni sono limitati, le camere - tutte con cucina - sorprendono invece per ampiezza, giacché anche le più piccole sono di rilevanti dimensioni. Interessanti servizi aggiuntivi e personalizzati sono il parcheggio con ritiro della vettura per chi si muove per affari e la spesa consegnata in camera, per i turisti che vogliono sfruttare ogni minuto del soggiorno.

🔄 📶 🍽 12 suites

Pianta: C2-b – *via dei Servi 40* – ☎ *055 288021* – *www.residencehilda.com*

RIVA LOFTS   `Tablet. PLUS`

BOUTIQUE HOTEL · MODERNO Sulla riva sinistra dell'Arno, a poca distanza dal centro rinascimentale di Firenze, un complesso dalla storia secolare: ex opificio dal 1880, fu poi trasformato in laboratori artigianali e, nel 1999, nella casa-atelier dell'architetto Claudio Nardi. La particolarità dei suoi loft si traduce nella speciale relazione che essi hanno con lo spazio esterno, il parco, il fiume, il giardino, la piscina. Un indirizzo a dir poco incantevole!

🏊 🍽 ⚙ 📶 🅿 10 camere

Fuori pianta – *via Baccio Bandinelli 98* – ☎ *055 713 0272* – *www.rivalofts.com*

ad Arcetri Sud: 5 km

🍴 OMERO

TOSCANA · RUSTICO ✗✗ Storico ristorante fiorentino, è la meta di chi vuole aprire una finestra sulla campagna senza allontanarsi da Firenze. Cucina locale, d'inverno la ribollita è imperdibile, ma proverbiali sono anche la pasta e ceci, i fritti e le grigliate.

Menu 35/60 € – Carta 50/70 €

🍽 ⟨ 🌿 **Fuori pianta** – *via Pian de' Giullari 49* – ☎ *055 220053* – *www.ristoranteomero.it*

sui Colli

TORRE DI BELLOSGUARDO

DIMORA STORICA · ELEGANTE Si respira un fascino d'*antan* nei saloni e nelle camere di austera eleganza di questo albergo, che fa della vista mozzafiato su Firenze il proprio punto di forza. Parco con giardino botanico e piscina: sembra uscito direttamente da un libro di fiabe.

🏊 ⟨ 🍽 🔄 📶 🅿 ⚙ 9 camere – 7 suites

Pianta: A3-a – *via Roti Michelozzi 2* – ☎ *055 229 8145* – *www.torrebellosguardo.com*

VILLA TOLOMEI

VILLA PATRONALE · ELEGANTE È una struttura da consigliare vivamente ad un amico in virtù della sua posizione isolata e tranquilla, garanzia di privacy, e la prossimità – al tempo stesso – con Firenze (a soli 2 km). Interni di raffinata eleganza in una villa rinascimentale, dove non manca una bella piscina all'aperto.

🏊 ⟨ 🍽 ⚙ 🔄 📶 ⚙ 🅿 30 camere

Pianta: A3-b – *via di Santa Maria a Marignolle 10* – ☎ *055 392 0401* – *www.villatolomeihotel.it*

a Galluzzo Sud: 6, 5 km – Carta regionale n° **18**–D3

TRATTORIA BIBE

TOSCANA · CONTESTO REGIONALE ✗ Anche Montale immortalò nei suoi versi questa trattoria, gestita dalla stessa famiglia da quasi due secoli, dove trovare piatti tipici della tradizione toscana - in primis la zuppa di ceci e funghi, ma anche pollo o coniglio fritti - e un piacevole servizio estivo all'aperto. Appartamenti con cucina a disposizione non solo per soggiorni medio-lunghi.

Specialità: Fiori di zucca fritti ripieni di ricotta e spinaci. Pici al ragu' di cinghiale. Meringa, panna montata e fragole.

Carta 33/50€

⇦ 🏠 🅿 **Fuori pianta** – *via delle Bagnese 15 – ℰ 055 204 9085 – www.trattoriabibe.com – Chiuso 20-30 gennaio, 10-30 novembre, lunedì-martedì a mezzogiorno, mercoledì, giovedì-venerdì a mezzogiorno*

FIUMICELLO SANTA VENERE – Potenza (PZ) ➜ Vedere Maratea

FIUMICINO

✉ 00054 – Roma (RM) – Carta regionale n° **7**-B2 – Carta stradale Michelin 563-Q18

✿ IL TINO

Chef: Daniele Usai

CREATIVA · CONTESTO CONTEMPORANEO XxX All'interno del Nautilus, con finestre sul Tevere e le prestigiose barche a fare da sfondo, è in questo contesto moderno e dal design minimalista che Usai coltiva quel sogno nato da bambino quando osservava rapito il lavoro di nonna e mamma, entrambe cuoche eccellenti. Dopo gli studi di ragioneria si trasferisce a Londra per poi tornare a Roma presso importanti locali e - infine - all'Albereta con Marchesi, esperienza fondamentale per il giovane cuoco.

Basandosi sulla qualità degli ingredienti e la loro stagionalità, la sua è una cucina contemporanea di forte stampo territoriale arricchita da tecniche di esecuzione all'avanguardia e "aperta" ad elementi più esotici, nonché asiatici, del cui mondo estetico si può vedere un vago riflesso nell'amore di Daniele per la raffinatezza delle presentazioni.

Specialità: Giardino iodato. Bouillabaisse, omaggio a Gerard Passedat. Semifreddo alle erbe aromatiche.

Menu 95/120€ – Carta 76/94€

🎏 ⌖ ⟳ 🅿 *via Monte Cadria 127 – ℰ 06 562 2778 - www.ristoranteiltino.com – Chiuso lunedì a mezzogiorno, martedì, mercoledì-domenica a mezzogiorno*

🍴○ **QuarantunoDodici** – Vedere selezione ristoranti

✿ PASCUCCI AL PORTICCIOLO

PESCE E FRUTTI DI MARE · ELEGANTE XxX Cuoco autodidatta con un'inguaribile passione per il mare, Pascucci ha il successo di uno dei più solidi ed appaganti ristoranti gourmet del litorale laziale. Nel suo locale si valorizzavano in pari misura le risorse del mare, ma anche l'entroterra. Si cucina utilizzando solo pesce "pescato", e non allevato, attingendo alla ricchezza ittica di nostri mari, ivi incluse le specie più povere. Gianfranco ha iniziato il suo percorso proponendo i classici piatti della tradizione, ma la voglia di crescere e sperimentare lo ha portato ad aggiustare il tiro, riducendo i coperti per accogliere al meglio gli ospiti e rivisitando il menu.

Specialità: Calamaro arrosto, infuso di calamaro ed erbe del Mediterraneo. Mare di plastica. Millefoglie di patate.

Menu 90/120€ – Carta 60/80€

🎏 ⇦ 🏠 🅰🅲 ⟳ *viale Traiano 85, angolo via Fiumara 2 – ℰ 06 6502 9204 – www.pascuccialporticciolo.com – Chiuso lunedì-venerdì a mezzogiorno*

🍴○ L'OSTERIA DELL'OROLOGIO

PESCE E FRUTTI DI MARE · MINIMALISTA X Giovani e pieni di entusiasmo, qui troverete un'intelligente proposta di pesce, basata su un pescato locale che a volte ricerca varietà di pesce più rare o povere, tutte da scoprire, nonché crudi. Le basi sono quelle della cucina marinara classica - fritti e grigliate compresi - a cui il cuoco aggiunge qualche personalizzazione.

Menu 50/70€ – Carta 45/48€

🏠 🅰🅲 *via di Torre Clementina 114 – ℰ 06 650 5251 - www.osteriadellorologio.net – Chiuso lunedì*

🍽️ **QUARANTUNODODICI**

PESCE E FRUTTI DI MARE · BISTRÒ 🗶 Al piano terra del ristorante gourmet Il Tino, questa vivace osteria di mare (con all'interno un bar) offre piatti di mare estratti dalle proposte classiche italiane, ma con l'autorevole firma di un grande cuoco; prezzi contenuti in un ambiente simpatico ed informale. Ottimi i lievitati fatti in casa!

Carta 44/60€

🏡 🅿️ *Il Tino, via Monte Cadria 127 – ℰ 06 658 1179 – www.quarantunododici.it – Chiuso martedì*

FLAIBANO

✉️ 33030 – Udine (UD) – Carta regionale n° **6**–B2 – Carta stradale Michelin 562-D20

🍽️ **GRANI DI PEPE**

MODERNA · ACCOGLIENTE 🗶🗶 Di antico c'è solo il fatto che nel '700 l'attuale ristorante era un umile casolare. Oggi, nella nuova e luminosa sala-veranda, il design si è piacevolmente impadronito degli spazi, mentre accenti moderni caratterizzano la cucina, equamente divisa tra terra e mare. Carta dei vini con oltre cento etichette di champagne ed altrettanti Borgogna importati direttamente.

Carta 40/60€

⇦ 🏡 🅰️🅲 ⇄ *via Cavour 44 – ℰ 0432 869356 – www.granidipepe.com*

FOGGIA

✉️ 71121 – Foggia (FG) – Carta regionale n° **15**–A2 – Carta stradale Michelin 564-C28

🍽️ **GIORDANO-DA POMPEO**

REGIONALE · AMBIENTE CLASSICO 🗶 Nel cuore della città, ristorante casalingo a cui si accede passando - praticamente - dalla cucina a vista; le proposte sono legate al territorio, elaborate a partire da prodotti scelti in base all'offerta quotidiana del mercato (sia di terra sia di mare).

Carta 25/40€

🅰️🅲 *vico al Piano 14 – ℰ 0881 724640 – Chiuso domenica*

FOIANA · VOLLAN – Bolzano (BZ) → Vedere Lana

FOIANO DELLA CHIANA

✉️ 52045 – Arezzo (AR) – Carta stradale Michelin 563-M17

a Pozzo Nord : 4, 5 km – Carta regionale n° **18**–D2

🏠 **VILLA FONTELUNGA** `Tablet.PLUS`

CASA DI CAMPAGNA · PERSONALIZZATO In posizione panoramica e tranquilla, le camere sono arredate con semplicità ed eleganza: il colore grigio si declina in varie sfumature, interrotto solo dalla cromaticità di falsi d'autore. Il fiore all'occhiello è sicuramente il bel giardino che ospita diversi ulivi da quali si ricava un ottimo olio, spesso oggetto di omaggio nelle stanze.

🕎 🏊 ⇐ 🛋 🅰️🅲 🅿️ 9 camere

via Cunicchio 5 – ℰ 0575 660410 – www.fontelunga.com

FOLLINA

✉️ 31051 – Treviso (TV) – Carta regionale n° **23**–C2 – Carta stradale Michelin 562-E18

🍽️ **LA CORTE**

MODERNA · ELEGANTE 🗶🗶🗶 Ambienti sontuosi impreziositi da camino, affreschi e decorazioni d'epoca ricevono la meritata ricompensa gastronomica: dalla laguna veneta arrivano diverse interpretazioni marine, ma ci sono anche piatti di carne che uniscono creatività e semplicità. A lato, il bistrot per una sosta più informale, sebbene sempre molto signorile.

Menu 65/90€ – Carta 63/96€

🏨 🏡 🅰️🅲 ⇄ *Hotel Villa Abbazia, via Roma 24 – ℰ 0438 971761 – www.lacortefollina.com – Chiuso 7 gennaio-16 marzo, martedì*

🍽️ OSTERIA DEI MAZZERI

REGIONALE · FAMILIARE ✕✕ In un edificio del 1704 che fu municipio di Follina, due fratelli propongono i migliori sapori del territorio scanditi dal ritmo delle stagioni. Un bel gelso, antico simbolo del paese particolarmente attivo nell'allevamento del baco da seta, allieta la sosta nel dehors.

Carta 25/50 €

🍴 ♿ 🅐🅒 ⇔ *via Pallade 18 (accesso da piazza Cavalieri del Tempio) –*
☎ 0438 971255 – www.osteriadaimazzeri.com –
Chiuso lunedì, martedì a mezzogiorno

🏨 VILLA ABBAZIA

LUSSO · PERSONALIZZATO Straordinario mix di eleganza ed accoglienza familiare, dormirete in una bomboniera risalente al 1600 con annesso villino liberty. Un romantico giardino fa da corona a camere personalizzate e raffinate. Ambiente piacevolmente rustico al bistrot La Cantinetta per gustare le specialità della cucina veneta.

🌳 🛏️ 🅐🅒 🅿 15 camere – 3 suites
via Martiri della Libertà 6 –
☎ 0438 971277 –
www.hotelabbazia.com
🍽️ **La Corte** – Vedere selezione ristoranti

FOLLONICA

✉ 58022 – Grosseto (GR) – Carta regionale n° **18**–B3 – Carta stradale Michelin 563-N14

🌐 IL SOTTOMARINO

PESCE E FRUTTI DI MARE · ROMANTICO ✕✕ Elegante nella sala interna, ma in alta stagione vale la pena prenotare in anticipo un tavolo in terrazza con vista mare. A ragion veduta, il pesce è ottimo e i prezzi ragionevoli.
Specialità: julienne di seppioline su gazpacho di pomodoro, polvere di olive e capperi. Vapore di pesce misto con verdure e maionese al mango e aneto. Semisfera di cocco con cuore al frutto della passione su salsa al mango.

Carta 30/50 €

🍴 ♿ 🅐🅒 *via Fratti 1 – ☎ 0566 40772 – www.ilsottomarino.it –*
Chiuso 14 dicembre-13 gennaio, martedì

🍽️ IL VELIERO

PESCE E FRUTTI DI MARE · FAMILIARE ✕✕ Conduzione familiare ormai più che quarantennale e corretta proporzione qualità/prezzo per un classico ristorante con piatti tipicamente marinari, sito sulla via che conduce verso Punta Ala.

Menu 20/45 € – Carta 30/65 €

🅐🅒 🅿 *via delle Collacchie 20, località Puntone Vecchio –*
☎ 0566 866219 – www.ristoranteilveliero.it –
Chiuso mercoledì

🏨 THE SENSE EXPERIENCE RESORT 🆕

RESORT · LUNGOMARE Direttamente sul golfo di Follonica, appena fuori dal centro abitato, The Sense Experience Resort ha due caratteristiche che lo rendono particolarmente interessanti: la protezione di una grande pineta e – al tempo stesso - la vicinanza col mare. I profumi e i colori della Maremma nelle belle camere.

🌳 🏖️ 🛏️ 🏊 ⬆ ♿ 🅐🅒 🅿 112 camere
viale Italia 307 – ☎ 0566 280035 – www.thesenseresort.it

FONDI

✉ 04022 – Latina (LT) – Carta regionale n° **7**–D3 – Carta stradale Michelin 563-R22

🍴 **DA FAUSTO**

MODERNA · CONTESTO CONTEMPORANEO ⅩⅩ Attivo ormai da oltre 10 anni, dal 2015 in questa sede, Fausto è diventato un "classico" della ristorazione locale grazie alla sua qualità ed al suo stile, in cui mixa moderno e richiami al territorio. A fine pasto non mancano mai due passioni dello chef: cioccolato e gelato.

Menu 15 € (pranzo)/50 € – Carta 20/50 €

🛋 ♿ 🆎 *piazza Cesare Beccaria 6 – ☏ 0771 531268 – www.dafausto.it – Chiuso mercoledì*

🍴 **RISO AMARO**

MODERNA · ELEGANTE ⅩⅩ Si trova in pieno centro, vicino al castello, questo locale elegantemente contemporaneo dove le proposte rimangono di tono creativo con sfiziose elaborazioni.

🛋 ♿ 🆎 *viale Regina Margherita 22 – ☏ 0771 523655 – www.ristoranterisoamaro.it – Chiuso lunedì*

FONDO

✉ 38013 – Trento (TN) – Carta regionale n° **19**–B2 – Carta stradale Michelin 562-C15

🍴 **ALLE CIASPOLE** 🆕

REGIONALE · STILE MONTANO ⅩⅩ Il nome di questo ottimo ristorante-albergo al confine con l'Alto Adige è un chiaro riferimento alle tipiche racchette da neve utilizzate nelle escursioni invernali a Tret, ed alla tradizione locale s'ispira la cucina dello chef-patron. Preciso nelle cotture classiche così come nella selezione di materie prime a km 0, salvo naturalmente per i piatti a base di pesce che completano la carta: raccontata con garbo dalla moglie in una sala montana inaspettatamente elegante.

Carta 42/55 €

↩ 🅿 *località Plazze 4, frazione Tret – ☏ 0463 880117 – www.alleciaspole.it – Chiuso mercoledì, giovedì a mezzogiorno*

FONDOTOCE – Verbano-Cusio-Ossola (VB) → Vedere Verbania

FONTANAFREDDA

✉ 33074 – Pordenone (PN) – Carta regionale n° **6**–A3 – Carta stradale Michelin 562-E19

🍴 **OSTERIA BORGO RONCHE**

MODERNA · CONTESTO CONTEMPORANEO ⅩⅩ Pochi tavoli (meglio prenotare!) e ambientazione contemporanea per un locale dove lo chef-patron propone una cucina che inneggia al mare, leggermente diversa tra pranzo e cena. I piatti più semplici del mezzogiorno, si arricchiscono - infatti - di creatività, la sera.

Carta 45/89 €

🛋 🆎 *via S. Pellico 54 – ☏ 0434 565016 – Chiuso sabato a mezzogiorno, domenica*

FONTANAFREDDA – Cuneo (CN) → Vedere Serralunga d'Alba

FONTEBLANDA – Grosseto (GR) → Vedere Orbetello

FOPPOLO

✉ 24010 – Bergamo (BG) – Carta regionale n° **9**–B1 – Carta stradale Michelin 561-D11

🍴 **K2**

REGIONALE · FAMILIARE Ⅹ Fuori dal centro abitato - nella parte più alta della località - ambiente grazioso con arredi in legno chiaro e una curata rusticità offre piatti regionali e un'ottima selvaggina. Ai piani superiori si trovano camere con cucina, di cui tre veramente carine.

Menu 20/45 € – Carta 20/55 €

↩ ↙ 🅿 *via Foppelle 42 – ☏ 0345 74105 – www.ristorantek2.com*

FORIO – Napoli (NA) → Vedere Ischia (Isola d')

FORLÌ

✉ 47121 – Forlì-Cesena (FC) – Carta regionale n° **5**–D2 – Carta stradale Michelin 562-J18

🍴○ BENSO

MODERNA · CONTESTO CONTEMPORANEO ✗ In un giardinetto del centro storico, moderno bistrot particolarmente luminoso in virtù delle sue grandi vetrate e servizio all'aperto per la bella stagione. La giovane brigata di cucina, con la consulenza di un talentuoso chef, ha maturato importanti esperienze e propone piatti personalizzati dall'impostazione contemporanea (a pranzo, anche piccolo menu con alcuni piatti leggermente più semplici). Per l'aperitivo, ci si dà appuntamento qui tra le 18 e le 20.

Menu 20 € (pranzo), 50/65 € – Carta 55/70 €

🛬 ﹠ 🅰🅲 *piazza Cavour 7 – ℰ 3930692019 –*
www.bensofood.com

🍴○ TRATTORIA 'PETITO 🅝

ROMAGNOLA · CONVIVIALE ✗ Moderno bistrot appena fuori dal centro, dove vale la pena venire per garantirsi ciò che nel nome promettono: un "buon appetito"! La carta è agile e invitante: si potrà, infatti, scegliere tra salumi e formaggi, piatti della cucina romagnola di terra e di mare (con le immancabili paste tirate al mattarello!), nonché un paio di tagli di carne importanti alla griglia. Altro discorso per i piatti del giorno che, presentati a parte, raccontano le variegate proposte del mercato. Tra i vini, spazio d'onore alla regione, sebbene non manchi anche una buona selezione di distillati.

Carta 37/50 €

🛬 ﹠ 🅰🅲 🅿 *via Corridoni 14 –*
ℰ 0543 35784 –
www.trattoriapetito.it –
Chiuso 5-25 agosto, domenica

FORMAZZA

✉ 28863 – Verbano-Cusio-Ossola (VB) – Carta regionale n° **12**–C1 –
Carta stradale Michelin 561-C7

🍴○ WALSER SCHTUBA

MODERNA · RUSTICO ✗ Nella parte più alta e pittoresca della Val Formazza, una piacevolissima risorsa in perfetto stile alpino alla cui conduzione c'è una seria famiglia molto impegnata in valle. Ristorante gastronomico con piatti rivisitati del territorio e grande attenzione ai lievitati nel periodo natalizio (i suoi panettoni sono un must!). Grazioso dehors e sei confortevoli camere per un soggiorno a tutta montagna.

Menu 35/55 € – Carta 33/64 €

⇦ 🛬 ﹠ *località Riale – ℰ 0324634352 –*
www.locandawalser.it

FORNACE

✉ 38040 – Trento (TN) – Carta regionale n° **19**–B3

🍴○ LE TRE COLOMBE 🅝

MODERNA · INTIMO ✗✗ Intimo e romantico ristorante, all'interno di un'antica casa rurale dell'Ottocento situata in una piccolissima frazione della val di Cembra. In due salette vagamente moderne, il marito servirà un solo menu degustazione, da potersi scegliere in due diverse lunghezze a seconda dell'appetito e curiosità, preparato dalla moglie che si esibisce in una gustosa e ben presentata linea di cucina italiana contemporanea.

Menu 65/75 €

🅰🅲 🅿 🚭 *località Santo Stefano 22 (Nord: 1 km) –*
ℰ 333 522 1610 – www.letrecolombe.com –
Chiuso lunedì, martedì-sabato a mezzogiorno, domenica sera

FORNO DI ZOLDO

✉ 32012 – Belluno (BL) – Carta regionale n° **23**–C1 – Carta stradale Michelin 562-C18

⁑○ TANA DE 'L ORS

MODERNA · BISTRÒ ⋇ In questa zona di caccia, lo chef propone una cucina moderna, dove la carne è la protagonista principale, ma troverete anche qualche ispirazione proveniente dal mare. La struttura mette a disposizione mono e bilocali con angolo cottura.

Menu 15€ (pranzo), 30/45€ – Carta 25/55€

↩ *via Roma 28 – ☎ 0437 794097 – www.ristorantetanadelors.it – Chiuso lunedì a mezzogiorno, domenica sera*

a Mezzocanale Sud - Est : 10 km – Carta regionale n° **23**–C1

☺ MEZZOCANALE-DA NINETTA

TRADIZIONALE · FAMILIARE ⋇ Oltre 120 anni di storia per questo punto di ristoro lungo la strada Forno di Zoldo-Longarone: sala-bar riscaldata dal fogolar ottocentesco o sala classica, una cortese accoglienza familiare a voce spiega le specialità della cucina dolomitica. Imperdibili gli gnocchi di zucca con ricotta affumicata e il cervo alla salvia.

Specialità: Salumi nostrani con sott'oli fatti in casa. Canederli con goulash. Panna cotta ai frutti di bosco.

Menu 25/35€ – Carta 30/45€

🏠 ♻ 🅿 *via Canale 22 – ☎ 0437 78240 – www.trattoriadaninetta.it – Chiuso martedì sera, mercoledì*

FORTE DEI MARMI

✉ 55042 – Lucca (LU) – Carta regionale n° **18**–A1 – Carta stradale Michelin 563-K12

✿ BISTROT

PESCE E FRUTTI DI MARE · DI TENDENZA ⋇⋇ Il nome trae in inganno: l'atmosfera è quella di un'elegante casa privata su uno dei lungomare più celebri d'Italia. C'è ovviamente tanto pesce, ma più di cinque ettari di terreni coltivati nella lucchesia nel podere di famiglia assicurano al ristorante verdura, frutta e olio. Il vecchio forno per le pizze è utilizzato - oggi - per alcune cotture del pesce e del pane; gli aromi che ne sprigionano non sono da farsi mancare, a cominciare dall'ottima focaccia.

Specialità: Polpo arrostito, finocchio alla corteccia di pino e pinoli. Branzino, pomodoro e patate alla carota spinosa. A Piero: da Lucca a Forte dei Marmi. riso e cioccolato.

Menu 90/130€ – Carta 76/100€

🕸 🏠 ♿ 🅰🅺 ♻ *viale Franceschi 14 – ☎ 0584 89879 – www.bistrotforte.it – Chiuso 8-18 gennaio, lunedì a mezzogiorno, martedì, mercoledì-venerdì a mezzogiorno*

✿ IL PARCO DI VILLA GREY

MODERNA · ELEGANTE ⋇⋇ Privilegiando da sempre la selezione di materie prime di grande qualità a forte valenza territoriale, affiancata però ad un'attenta ricerca di prodotti di eccellenza a livello globale, la sua cucina è di matrice "classica-contemporanea": un coinvolgente viaggio gastronomico che parte dalla tradizione per esplorare nuovi sapori. Se il nuovo chef propone una carta gourmet quasi interamente ittica con piatti saldamente radicati nel territorio, ma con uno sguardo rivolto al futuro, per i palati più esigenti sono disponibili anche tre percorsi degustazione: *Il mio Parco*, 6 portate a scelta del cliente o a fantasia del cuoco, *Alta Marea*, 8 portate tutte di mare e *Il nostro Orto*, uno speciale menu vegetariano di 5 portate.

Specialità: Triglia di scoglio, crudo di scampi, fave, piselli e maruzzelle. Spaghettone 2016. Panna e fragole.

Menu 70/110€ – Carta 70/120€

🕸 ↩ 🏠 ♿ 🅰🅺 🅿 *viale Italico 84 – ☎ 0584 787496 – www.ilparcodivillagrey.com – Chiuso 1-4 dicembre, 17 gennaio-20 marzo, lunedì a mezzogiorno, martedì, mercoledì-domenica a mezzogiorno*

✿ LORENZO

PESCE E FRUTTI DI MARE · ELEGANTE XxX Industriali, personaggi dello spettacolo e tanti altri, nel ristorante di Lorenzo si danno appuntamento i più bei nomi del Forte, in sale di elegante classicità, rassicurati da una cucina che evolve negli anni, ma senza strappi o rivoluzioni, proponendo un gusto contemporaneo non dimentico di piatti classici e irrinunciabili che ormai da anni trovano spazio in carta. In preparazioni il più delle volte relativamente semplici o classiche (ma con qualche ammirevole eccezione come nei dolci), emerge su tutto la qualità del pescato, che da Lorenzo è sempre stata una garanzia.

Specialità: Sandwich di triglia farcito con indivia scarola, olive taggiasche e gazpacho di pomodoro verde. Tagliata di ricciola, indivia marinata, salsa all'ortica e maionese al bitter. La nostra pastiera.

Menu 80/120 € – Carta 60/140 €

&& 🅰🅲 ⇔ *via Carducci 61 – ℰ 0584 874030 – www.ristorantelorenzo.com –*
Chiuso 7 gennaio-4 febbraio, lunedì, martedì a mezzogiorno

✿ LUX LUCIS

CREATIVA · ELEGANTE XxX *Causa emergenza COVID-19 chiuso temporaneamente fino a marzo 2021.*
All'interno dell'albergo Principe Forte dei Marmi, un ascensore vi condurrà al roof garden, dove, se il tempo lo consente, vi suggeriamo di fermarvi in terrazza per un aperitivo; la vista sul litorale è incantevole e, con un po' di fortuna, lo sono anche i tramonti. Da qui ci si trasferisce in sala, preceduta dalla cucina a vista. Originario delle colline modenesi, lo chef ama disseminare qua e là qualche inserto emiliano. Originale la carta dei vini ordinata per vitigno: ciascuno accompagnato da interessanti descrizioni.

Specialità: Variazione di scampi, panzanella e cipresso. Ricciola ai profumi del mare con insalatina marinata e ristretto di cacciucco. Doppia consistenza di cioccolato, cacao-cola e karkadè.

Menu 60/170 € – Carta 70/150 €

&& 🖙🛏 🍴 🅰🅲 🅿 🚗 *Hotel Principe Forte dei Marmi, viale A. Morin 67 –*
ℰ 0584 783636 – www.principefortedeimarmi.com – Chiuso 3-15 novembre, lunedì,
martedì e a mezzogiorno, escluso luglio-agosto

✿ LA MAGNOLIA

MODERNA · ELEGANTE XxX Una delle realtà che illuminano il panorama gastronomico di Forte dei Marmi per una cucina "fusion tosco-campana", come lo stesso chef ama definirla. Nato a Piano di Sorrento, la biografia di Cristoforo Trapani è intrecciata ai colori e sapori della sua terra natia. Con un curriculum di esperienze maturate presso importanti tavole lo chef ha dato prova di grande capacità nel raccogliere e far evolvere la ricca tradizione del sud. A tutto ciò Cristoforo aggiunge la propria impronta schietta e scevra da eccessivi tecnicismi. Nella bella stagione pranzo e cena sono serviti anche a bordo piscina.

Specialità: Polpo di scoglio con ketchup di pomodoro San Marzano, majonese aioli e lattuga croccante. Tortelli ripieni di parmigiana di melanzane, colatura di pomodoro e scamorza affumicata. Torta di mele annurca del Vesuvio, gelato al caramello salato e menta.

Menu 90/130 € – Carta 90/120 €

&& 🖙🛏 🍴 🅰🅲 🅿 *Hotel Byron, viale Morin 46 – ℰ 0584 787052 –*
www.hotelbyron.net – Chiuso 1 ottobre-1 aprile

◻ PESCE BARACCA

PESCE E FRUTTI DI MARE · BISTRÒ X Ristorante con dehors dove un servizio informale, ma molto ben organizzato propone una cucina prettamente di mare. Una "baracca" del pesce in quanto pescheria *in primis*, con angolo gastronomia d'asporto e zona dove recuperare le portate ordinate al tavolo. La location centrale sul lungomare assicura un'affluenza importante; meglio arrivare in orari non di punta!

Carta 30/55 €

🍴 🅰🅲 *viale Franceschi 2 – ℰ 0584 171 6337 – www.pescebaracca.it*

GRAND HOTEL IMPERIALE

LUSSO · ELEGANTE Atmosfera e servizio impeccabile sono i principali atout di questo albergo, dove il lusso si declina nei dettagli dipinti color oro, nonché nell'attrezzata beauty farm. Centralissimo, con le famose boutique griffate a due passi.

❄ ✦ ⚓ ♨ ⚒ ☐ ⚘ AC ♨ ⟲ 34 suites – 12 camere

via Mazzini 20 – ℰ 0584 78271 – www.grandhotelimperiale.it

PRINCIPE FORTE DEI MARMI

LUSSO · CONTEMPORANEO Lontano dalla classicità alberghiera tradizionale, Principe Forte dei Marmi è un hotel di lusso immerso nel verde sullo sfondo delle Alpi Apuane e a pochi metri dalla spiaggia. Inondata di luce, minimalista negli arredi, la struttura è al tempo stesso sofisticata e moderna.

✦ 🛏 ⚓ ◻ 💯 ♨ ⚒ ☐ ⚘ AC 🅿 ⟲ 22 camere – 6 suites

viale A. Morin 67 – ℰ 0584 783636 – www.principefortedeimarmi.com

❀ **Lux Lucis** – Vedere selezione ristoranti

BYRON

LUSSO · CLASSICO Tutte le camere sono state rinnovate e il loro numero diminuito al fine di avere stanze più prestigiose e confortevoli, ma se ciò non bastasse vi è anche la *Penthouse*: una suite di 130 mq dotata di una magnifica terrazza che affaccia sul mare. Dopo questo doveroso aggiornamento, gli ispettori ribadiscono la peculiarità di questa dimora storica, ovvero il fatto di far sentire anche il cliente più esigente come a casa propria.

🛏 ⚓ ☐ AC 🅿 29 camere

viale Morin 46 – ℰ 0584 787052 – www.hotelbyron.net

❀ **La Magnolia** – Vedere selezione ristoranti

VILLA GREY

STORICO · PERSONALIZZATO Fronte mare, siamo in un'elegante villa di fine '800 trasformata all'interno in ambienti moderni giocati sulle sfumature del grigio, e raddoppiata da una quasi gemella dépendance, a cui fa eco il verde dell'incantevole giardino sul retro. Attraversata la strada, c'è il proprio omonimo stabilimento balneare.

❄ ✦ 🛏 ☐ ⚘ AC 🅿 6 camere – 4 suites

viale Italico 84 –
ℰ 0584 787496 – www.villagrey.it

FOSSANO

✉ 12045 – Cuneo (CN) – Carta regionale n° **12**–B3 – Carta stradale Michelin 561-I5

◉ ANTICHE VOLTE

MODERNA · ELEGANTE ХхХ Sotto le antiche volte di Palazzo Righini una sosta gourmet in centro città: cucina moderna - soprattutto a base di carne - e qualche specialità di mare. Con oltre 4000 bottiglie tra vini d'autore, annate prestigiose, bollicine italiane e straniere, la cantina merita la lode. A mezzogiorno la proposta è più ridotta; in alternativa - aperto a pranzo e a cena - Il Loggiato, gradevole bistrot ben frequentato anche dalla clientela locale.

Menu 48/80 € – Carta 45/81 €

⚶ ⚘ AC ❖ *Hotel Palazzo Righini, via Negri 20 –*
ℰ 0172 666666 – www.palazzorighini.it –
Chiuso lunedì, martedì a mezzogiorno

FRABOSA SOPRANA

✉ 12082 – Cuneo (CN) – Carta regionale n° **12**–B3 – Carta stradale Michelin 561-J5

🍴 **EZZELINO**

MODERNA · ACCOGLIENTE ✗✗ Una sala con camino dell'albergo Miramonti è dedicata a questa nicchia gourmet, frequentata da chi vuole regalarsi un trattamento speciale con piatti creativi e originali, accompagnati da un'interessante carta dei vini, ricca di spiegazioni sui singoli vitigni.

Carta 25/65 €

⊛ ◁ ⯗ 🎬 🅿 ⌂ Hotel Miramonti, via Roma 84 – ☎ 0174 244533 – www.miramonti.cn.it – Chiuso 30 marzo-1 maggio, 1 novembre-5 dicembre, lunedì a mezzogiorno, martedì, mercoledì-sabato a mezzogiorno

FRANCAVILLA AL MARE

✉ 66023 – Chieti (CH) – Carta regionale n° **1**–C1 – Carta stradale Michelin 563-O24

🍴 **PROSPETTIVE**

PESCE E FRUTTI DI MARE · CONTESTO CONTEMPORANEO ✗✗ Locale completamente rifatto dalla giovane coppia ora al timone. Lindo, elegante, in posizione dominante con grandi vetrate e vista mare della quale si godrà ancor più in estate nel terrazzamento all'aperto (con i piedi nell'erba!), l'ampia carta predilige il pesce e tra i dessert i gelati; le ricette sono di gusto decisamente contemporaneo.

Menu 55/80 € – Carta 50/74 €

◁ ⯗ 🎬 🆊 ⟲ 🅿 contrada Setteventi 9 – ☎ 085 2031858 – Chiuso mercoledì

FRASCATI

✉ 00044 – Roma (RM) – Carta regionale n° **7**–B2 – Carta stradale Michelin 563-Q20

🍴 **CACCIANI**

LAZIALE · ACCOGLIENTE ✗✗ Uno dei nomi più celebri della ristorazione dei Castelli Romani: gli amanti della cucina laziale troveranno qui una delle più fedeli interpretazione. Sala accogliente, da una parte le cucine a vista, dall'altra la terrazza panoramica.

Menu 25 € (pranzo)/48 € – Carta 45/65 €

⊛ ⟿ ◁ 🎬 🆊 ⌂ via Diaz 15 – ☎ 06 942 0378 – www.cacciani.it – Chiuso lunedì a mezzogiorno, domenica sera

FRATTA TODINA

✉ 06054 – Perugia (PG) – Carta regionale n° **20**–B2 – Carta stradale Michelin 563-N19

🏠 **LA PALAZZETTA DEL VESCOVO**

CASA DI CAMPAGNA · PERSONALIZZATO Elegante e ricca di fascino, arredata con mobili antichi, attenzione ai particolari e una calda armonia di colori; nel rigoglioso giardino, essenze mediterranee e un'ampia piscina riscaldata - a sfioro - su un panorama da sogno.

🏊 ⊛ ◁ ⯗ ⌁ ⚹ 🅿 9 camere

via Clausura 17, località Spineta – ☎ 075 874 5183 – www.lapalazzettadelvescovo.com

FREIBERG – Bolzano (BZ) → Vedere Merano

FURLO – Pesaro e Urbino (PU) → Vedere Acqualagna

FURORE

✉ 84010 – Salerno (SA) – Carta regionale n° **4**–B2 – Carta stradale Michelin 564-F25

🍴 **HOSTARIA DI BACCO**

CLASSICA · FAMILIARE ✗✗ Dalla costa, fra tornanti e piccole frazioni, ci vuole pazienza per arrivarci, ma alla fine la vista sul mare è mozzafiato. In un locale semplice e luminoso, l'atmosfera è piacevolmente familiare, mentre la cucina propone risorse locali e d'altrove. E se non si vuole fare subito la strada per scendere, ci sono buone camere per dormire, alcune panoramiche.

Menu 45/85 € – Carta 48/75 €

⟿ ◁ ⯗ 🎬 🆊 🅿 via G.B. Lama 9 – ☎ 089 830360 – www.baccofurore.it

FUSIGNANO

✉ 48010 – Ravenna (RA) – Carta regionale n° **5**–C2 – Carta stradale Michelin 562-I17

ⅠⅠ◯ LA VOGLIA MATTA

REGIONALE · AMBIENTE CLASSICO ※※ Al piano terra dell'albergo Ca' Ruffo, una piccola bomboniera dove gustare una saporita cucina divisa tra terra e, soprattutto, mare, accompagnata da un buon vino da scegliere in una carta ricca di sorprese; sarete riconosciuti al titolare di aver dedicato tempo e passione nell'invecchiare le bottiglie giuste!

Menu 18 € (pranzo)/20 € – Carta 35/85 €

🕸 ⇆ 🏠 🖩 ⇔ 🅿 *via Vittorio Veneto 63 –* 𝒞 *0545 954034 – www.caruffo.it – Chiuso 1-10 gennaio, sabato a mezzogiorno, domenica*

GABICCE MARE

✉ 61011 – Pesaro e Urbino (PU) – Carta regionale n° **11**–B1 – Carta stradale Michelin 563-K20

ⅠⅠ◯ IL TRAGHETTO

PESCE E FRUTTI DI MARE · ACCOGLIENTE ※※ Gustosa cucina regionale e di mare con qualche proposta lievemente moderna; le specialità sono quelle classiche dell'Adriatico - a cominciare dal pesce passato nel pangrattato e poi cotto alla griglia - ma non manca qualche ricerca in più in termini di prodotti o piatti originali.

Carta 35/70 €

🏠 🖩 *via del Porto 27 –* 𝒞 *0541 958151 – www.ristoranteiltraghetto.com – Chiuso 1 dicembre-13 febbraio, martedì a mezzogiorno*

a Gabicce Monte Est : 2, 5 km

ⅠⅠ◯ POSILLIPO

PESCE E FRUTTI DI MARE · ELEGANTE ※※ In superba posizione panoramica, le pareti vetrate della sala offrono una vista mozzafiato su Gabicce Mare e parte della costa romagnola. Ma anche la cucina saprà essere all'altezza: preparazioni perlopiù tradizionali di grande livello, tra un carrello con il pescato del giorno e un altro con i dolci, le tentazioni sono molteplici.

Menu 35 € (pranzo), 85/110 € – Carta 60/120 €

🕸 ⇆ ≼ 🏠 ♿ 🖩 🅿 *Hotel Posillipo, via dell'Orizzonte 1 –* 𝒞 *0541 953373 – www.ristoranteposillipo.com – Chiuso 2 gennaio-25 marzo*

GAETA

✉ 04024 – Latina (LT) – Carta regionale n° **7**–D3 – Carta stradale Michelin 563-S23

sulla strada statale 213

🏨 GRAND HOTEL LE ROCCE

LUSSO · LUNGOMARE Armoniosamente inserito in una suggestiva insenatura, fra una natura rigogliosa e un'acqua cristallina, ariose terrazze fiorite e camere di differenti tipologie. Ristorante di sobria eleganza con un'incantevole vista: la cucina delizia i palati con piatti tradizionali e specialità di pesce la sera, proposte più semplici a pranzo.

🏝 🕸 ≼ 🛋 🏠 🔳 🖩 🅿 50 camere – 4 suites

via Flacca km 23,300 (Ovest: 6,8 Km) – 𝒞 *0771 740985 – www.lerocce.com*

GAGGIANO

✉ 20083 – Milano (MI) – Carta regionale n° **10**–A2 – Carta stradale Michelin 561-F9

ⅠⅠ◯ ANTICA OSTERIA MAGENES

MODERNA · CONTESTO REGIONALE ※※ A Barate di Gaggiano, una piccola località immersa nelle risaie, c'è questa bella realtà gestita dalla stessa famiglia da più di 100 anni: ci si aspetterebbe di trovare una cucina prettamente della tradizione e, invece, no! A dispetto del nome, i piatti - sebbene si avvalgano di prodotti locali - sono moderni, a volte creativi.

Menu 18 € (pranzo), 65/95 € – Carta 49/65 €

♿ 🖩 ⇔ *via Cavour 7, località Barate –* 𝒞 *02 908 5125 – www.osteriamagenes.com – Chiuso 1-28 gennaio, lunedì*

GAGGIANO

a Vigano Sud : 3 km

 ANTICA TRATTORIA DEL GALLO

LOMBARDA · CONTESTO TRADIZIONALE ✗✗ Splendida realizzazione dell'idea di trattoria di campagna, da più di cent'anni una tipica cucina lombarda delizia i clienti in sale dall'atmosfera piacevolmente vintage o, col bel tempo, sotto una vite canadese e un glicine secolare. Un posto dove lasciarci il cuore!

Menu 45 € – Carta 30/60 €

🌿 🍴 🛏 & 🏧 🅿 via Privata Gerli 3 – ℰ 02 908 5276 –
www.trattoriadelgallo.com –
Chiuso 1-17 gennaio, 9-26 agosto, lunedì, martedì

GAGLIANO DEL CAPO

✉ 73020 – Lecce (LE) – Carta regionale n° **15**–D3

 PALAZZO DANIELE ⓝ   Tablet. PLUS

TRADIZIONALE · STORICO Affreschi e pavimenti originali in un'elegante dimora di fine Ottocento che cede al fascino di un arredo minimalista, capace d'integrarsi a meraviglia con l'atmosfera salentina. Piacevole piscina dal fondo nero.

🌿 🍴 🛏 🏧 🅿 9 camere

Corso Umberto I 60 – ℰ 338 870 5555 – www.palazzodaniele.com

GAIBANA – Ferrara (FE) → Vedere Ferrara

GAIOLE IN CHIANTI

✉ 53013 – Siena (SI) – Carta regionale n° **18**–C2 – Carta stradale Michelin 563-L16

✿ **IL PIEVANO**

MODERNA · CONTESTO STORICO ✗✗✗ Nell'affascinante, romantica atmosfera di un convento millenario, che ceniate all'interno nella sala dei papi o ai tavoli sistemati nella suggestiva corte interna sarete -comunque - nelle rassicuranti mani di un giovane cuoco di origine greca. Da tempo in realtà innamorato della cucina toscana, vi offrirà un brillante saggio, tra raffinate presentazione, una rimarchevole ricerca di prodotti (soprattutto tra gli allevatori della zona) e la capacità di "tradurre" il tutto in maniera delicata ed equilibrata. Da provare anche i vini della Cantina del Castello fatti con uve di produzione propria.

Specialità: Insalata Greca nascosta nella panzanella Toscana. Piccione viaggiatore 1496 km. Baclava Toscana.

Menu 90/130 € – Carta 54/80 €

🌿 🍴 🏧 ⟷ 🅿 Hotel Castello di Spaltenna, località Spaltenna 13 –
ℰ 0577 749483 – www.spaltenna.it –
Chiuso 1 dicembre-14 aprile, lunedì-domenica a mezzogiorno

 CASTELLO DI SPALTENNA

DIMORA STORICA · ELEGANTE Sulla sommità del paese, l'albergo - chiamato castello per la presenza delle torri - è ricavato all'interno di un ex monastero con annessa pieve dell'anno mille. La tipica eleganza bucolica toscana si alterna nelle romantiche camere, indimenticabili, quanto gli spazi panoramici all'aperto.

🌿 🏊 ≤ 🍴 🛏 🔲 🏧 🛗 🏧 🅿 32 camere – 5 suites

località Spaltenna 13 – ℰ 0577 749483 – www.spaltenna.it

✿ **Il Pievano** – Vedere selezione ristoranti

GAIONE – Parma (PR) → Vedere Parma

GALATINA

✉ 73013 – Lecce (LE) – Carta regionale n° **15**–D3 – Carta stradale Michelin 564-G36

ANIMA & CUORE

REGIONALE · ACCOGLIENTE ※ A due passi dal Duomo, al primo piano di in un affascinante palazzo settecentesco dai pavimenti originali a mosaico, la gestione è giovane e affabile, la cucina pugliese, sia di mare che di terra, talvolta rivisitata. Servizio estivo in ampia terrazza.

Menu 25/45€ – Carta 20/50€

🍴 🅰 corso Giuseppe Garibaldi 7 – ☏ 0836 564301 - www.animaecuore.it

GALEATA

✉ 47010 – Forlì-Cesena (FC) – Carta regionale n° **5**–CD2 – Carta stradale Michelin 562-K17

LA CAMPANARA

REGIONALE · FAMILIARE ※ La cinquecentesca canonica dell'adiacente chiesa dei Miracoli è diventata una bella osteria gestita da una vivace coppia, dove gustare specialità tosco-romagnole, casalinghe e fragranti. Nella casa accanto si trova la locanda con sei eccellenti camere, un paio addirittura con bagno turco; bellissimo giardino, nonché fresca piscina per la bella stagione.

Specialità: Tortello sulla lastra con la nostra giardiniera. Capretto al tegame con patate al sale dolce di Cervia. Dolce ramerone.

Menu 25/40€ – Carta 40/50€

🔁 🍴 località Pianetto, via Borgo 24/a – ☏ 0543 981561 - www.osterialacampanara.it – Chiuso 18 gennaio-10 febbraio, lunedì

GALLARATE

✉ 21013 – Varese (VA) – Carta regionale n° **10**–A2 – Carta stradale Michelin 561-F8

ILARIO VINCIGUERRA

MODERNA · ELEGANTE ※※※ Simpatia e genuina ospitalità all'interno di un'imponente villa liberty, il cui ingresso ospita un'originale collezione di bottiglie di grappa di Romano Levi - tutte con etichetta fatta a mano - che altro non sono se non il biglietto da visita di una cucina all'insegna di prodotti e colori mediterranei. (Attenzione: l'ingresso al parcheggio è da via Tenconi 3).

Menu 25€ (pranzo), 60/120€ – Carta 60/120€

🐕 🍴 🅰 ✜ 🅿 via Roma 1 – ☏ 0331 791597 - www.ilariovinciguerra.it – Chiuso mercoledì, domenica sera

RADICI OSTERIA CONTEMPORANEA

MODERNA · COLORATO ※ Buona tavola a prezzi contenuti in un ambiente moderno, simpatico e giovanile. Cucina classica eseguita con cura e vini selezionati: l'indirizzo che l'ispettore consiglierebbe ad un amico! Business lunch a mezzogiorno.

Carta 37/48€

🅰 via Alessandro Manzoni 13 – ☏ 03311224176 - Chiuso lunedì sera, sabato a mezzogiorno, domenica

GALLIATE

✉ 28066 – Novara (NO) – Carta regionale n° **12**–C2 – Carta stradale Michelin 561-F8

OSTERIA DEL BORGO

CREATIVA · FAMILIARE ※※ Partito con una cucina tipicamente piemontese, l'intraprendente cuoco se ne è via via discostato - sebbene alcuni piatti figurino ancora in menu - per proporre sue personalissime elaborazioni e anche pesce: ormai l'attrazione principale del locale!

Carta 35/60€

🅰 via Pietro Custodi 5 – ☏ 3491603750 - www.osteriadelborgo.eu – Chiuso lunedì, sabato a mezzogiorno

GALLIERA VENETA

✉ 35015 – Padova (PD) – Carta regionale n° **22**–B1 – Carta stradale Michelin 562-F17

☺ **AL PALAZZON**

REGIONALE · TRATTORIA ⅞ Esternamente la struttura è quella di un cascinale d'inizio Novecento, all'interno si scoprono tre eleganti salette. L'ispettore consiglia: zuppa di fagioli con orzo e cozze.

Specialità: Baccalà mantecato e sarde in saor. Zuppa di fagioli Lamon con cozze. Tiramisù della tradizione.

Menu 19 € (pranzo) – Carta 30/50 €

🍴 ⅗ 🅰 ⇄ 🅿 *via Cà Onorai 2, località Mottinello Nuovo – ℰ 049 596 5020 – www.alpalazzon.it – Chiuso 27 dicembre-3 gennaio, lunedì, domenica sera*

GALLIPOLI

✉ 73014 – Lecce (LE) – Carta regionale n° **15**–D3 – Carta stradale Michelin 564-G35

🏠 **PALAZZO DEL CORSO**

LUSSO · STORICO A pochi passi dal centro storico, sarete ospiti di un palazzo ottocentesco dagli eleganti ambienti arredati con tessuti e mobili di pregio ed un roof-garden dove trova posto il ristorante La Dolce Vita. A lato della reception accogliente saletta/enoteca per degustazioni e asporto.

🌂 *L̃ᵴ* 🖥 🅰 🅿 🚗 8 camere – 6 suites

corso Roma 145 – ℰ 0833 264040 – www.hotelpalazzodelcorso.it

GALLODORO – Messina (ME) → Vedere Sicilia

GALLUZZO – Firenze (FI) → Vedere Firenze

GAMBARIE

✉ 89050 – Reggio di Calabria (RC) – Carta regionale n° **3**–A3 –
Carta stradale Michelin 564-M29

☺ **L'ANGOLO DEL GUSTO**

TRADIZIONALE · FAMILIARE ⅞ Centrale, sia per posizione, sia in quanto all'interno dell'omonimo albergo, chi vuole scoprire le specialità montane dell'Aspromonte troverà qui un ottimo indirizzo, con diversi ingredienti raccolti o prodotti in loco. L'abbondante carosello di antipasti della casa (quasi un pasto in sé) e la zuppa di fagioli e porcini sono tra i piatti che abbiamo amato di più. E per prolungare il soggiorno, le camere sono confortevoli, in particolare quelle di categoria superiore.

Specialità: Antipasto della casa. Tagliolini ai porcini. Torta cioccolato e noci.

Menu 25/30 € – Carta 22/40 €

🛏 *Hotel Centrale, piazza Mangeruca 23 – ℰ 0965 743133 – www.hotelcentrale.net*

GAMBOLÒ

✉ 27025 – Pavia (PV) – Carta regionale n° **9**–A3 – Carta stradale Michelin 561-G8

ⅱ○ **DA CARLA**

REGIONALE · CONTESTO TRADIZIONALE ⅞ Un tempo mulino, la roggia presta ancor oggi al ristorante un fascino bucolico, ripreso dalla sala, calda e accogliente. Dalla cucina non fatevi mancare i risotti, le rane, le lumache e le portate a base d'oca, salumi compresi. Accoglienti camere completano un grazioso quadro campestre.

Menu 16 € (pranzo)/20 € – Carta 35/60 €

🛏 🍴 🅰 🅿 *via Necchi 3/5 fraz. Molino Isella – ℰ 0381 930006 – www.trattoriadacarla.com – Chiuso mercoledì*

GARBAGNATE MILANESE

✉ 20024 – Milano (MI) – Carta regionale n° **10**–B2 – Carta stradale Michelin 561-F9

LA REFEZIONE

ITALIANA · ELEGANTE ⅩⅩ Un'elegante club-house all'interno di un centro sportivo dove gustare una fantasiosa cucina, sia di terra sia di mare; per effettuare la scelta migliore, lasciatevi guidare dall'esperto titolare e dalla sua giovane équipe di collaboratori.

Menu 22 € (pranzo)/60 €

🏠 🅰🅲 🅿 *via Milano 166 – ℰ 02 995 8942 – www.larefezione.it –*
Chiuso 25 dicembre-6 gennaio, 1-31 agosto, lunedì a mezzogiorno, domenica

GARDA

✉ 37016 – Verona (VR) – Carta regionale n° **23**–A2 – Carta stradale Michelin 562-F14

REGIO PATIO

CREATIVA · ELEGANTE ⅩⅩ Luce e colore entrano nella sala interna dipinta e ancor di più - con il bel tempo - nel patio di fronte al giardino. In ogni caso parteciperete ad una cucina creativa che vi offrirà un ampio panorama di prodotti, dal pesce alla carne, spesso locali, a volte di altra provenienza.

Menu 60/85 € – Carta 56/93 €

🏗 🔒 🏠 🅰🅲 ⟷ 🅿 *Hotel Regina Adelaide, via San Francesco d'Assisi 23 –*
ℰ 045 725 5977 – www.regiopatio.it – Chiuso 1 dicembre-20 marzo, lunedì-domenica a mezzogiorno

GARDONE RIVIERA

✉ 25083 – Brescia (BS) – Carta regionale n° **9**–C2 – Carta stradale Michelin 561-F13

VILLA FIORDALISO

MODERNA · ROMANTICO ⅩⅩ Cucina creativa in una delle ville di inizio '900 che punteggiano il lungolago: circondata da un bel parco e protesa sulla distesa blu con un pontile, qui più che altrove non si contano i personaggi celebri che ai suoi tavoli si accomodarono.

Menu 130 € – Carta 80/145 €

🏗 ⟷ 🔒 🏠 ⟷ 🅿 *corso Zanardelli 150 – ℰ 0365 20158 –*
www.villafiordaliso.it –
Chiuso 1 dicembre-21 marzo, lunedì, martedì a mezzogiorno

OSTERIA ANTICO BROLO

MODERNA · ACCOGLIENTE ⅩⅩ In una vecchia abitazione del '700, alcune salette vi accoglieranno per gustare i prodotti del territorio sapientemente elaborati. Il tavolo sul balconcino...un'emozione! Nuove ed intime camere dal gusto contemporaneo per chi vuole anche pernottare.

Menu 40/50 € – Carta 28/50 €

⟷ 🏠 ⟷ *via Carere 10 – ℰ 0365 21421 – www.ristoranteanticobrolo.it –*
Chiuso 1 dicembre-13 febbraio, lunedì, martedì a mezzogiorno

Fasano del Garda Nord - Est : 2 km – Carta regionale n° **9**–C2

LIDO 84

Chef: Riccardo Camanini

CREATIVA · ROMANTICO ⅩⅩ Lasciata la vettura nel parcheggio, una breve discesa condurrà a un piccolo angolo di paradiso, di fronte ad uno degli scorci più belli del lago di Garda. Sala elegante con tante piccole ricercatezze che si intuiranno lungo lo svolgersi del pasto e due fratelli al comando, uno in sala e l'altro ai fornelli. La cucina è golosa, senza paura di essere piena, rotonda e generosa, e lascia l'impressione che ogni pasto al Lido 84 sia quello della domenica: gioioso, festoso, complice un'atmosfera rilassata ed informale, nonché uno scambio frequente con i cuochi, che in molti casi portano loro stessi i piatti in tavola. Per un'occasione speciale prenotate il tavolo nella saletta in pietra all'interno del meraviglioso giardino: arredi classici e vista mozzafiato!

Specialità: Ventresca di tonno alla brace agresto e pomodoro. Anguilla alla brace candita in grasso d'anatra mostarda di clementine e limone salato. Torta di rose cotta al momento, zabaione al liquore all'uovo, limoni del Garda.

Menu 85/95 € – Carta 96/122 €

🕸 ⇐ 😓 🎍 & 🆔 ⇔ 🅿 *corso Zanardelli 196 – 𝒞 0365 20019 –*
www.ristorantelido84.com – Chiuso 7 gennaio-13 febbraio, 15 novembre-4 dicembre,
martedì, mercoledì

🍴 ## IL FAGIANO

REGIONALE · ELEGANTE XxxX Pur rimanendo fedele alla sua storicità data dalla sala in legno originale pre-conflitto, il Fagiano è stato oggetto di un restyling che gli ha conferito un tocco contemporaneo. Ottima cucina mediterranea con qualche specialità lacustre ed un servizio attento e cordiale.

Menu 65/85 € – Carta 65/100 €

😓 🎍 & 🆔 🅿 *Grand Hotel Fasano e Villa Principe, corso Zanardelli 190 –*
𝒞 0365 290220 – www.ghf.it –
Chiuso 1 dicembre-1 marzo, lunedì-domenica a mezzogiorno

🍴 ## MAXIMILIAN 1904

CLASSICA · ELEGANTE XxX All'interno dell'hotel Villa del Sogno, ambiente fin-de-siècle con soffitto decorato e bel pavimento ligneo: luci soffuse, sapori sublimi e ottima cucina nazionale con un occhio di riguardo per i prodotti del lago. Per qusi tutta l'estate, l'ampia e panoramica terrazza è utilizzata come sala principale.

Carta 62/84 €

🕸 ⇐ 😓 🎍 & 🆔 🅿 *Hotel Villa del Sogno, via Zanardelli 107 – 𝒞 0365 290181 –*
www.villadelsogno.it

🏨 ## BELLA RIVA

LUSSO · BORDO LAGO Fronte lago, la ristrutturazione di un edificio d'epoca ha dato vita a questo design hotel dalle originali soluzioni: ad accogliervi, la splendida hall con riproduzioni di opere di G. Klimt. Belle camere e prestigiose suite con terrazza. In una sala completamente verandata davanti al lago, il ristorante propone una cucina mediterranea con qualche spunto locale.

🏋 ⇐ 😓 🍸 ⬚ & 🆔 🅿 23 camere – 8 suites

via Mario Podini 1/2 – 𝒞 0365 540773 – www.bellarivagardone.it

🏨 ## VILLA PARADISO CLINICAL BEAUTY ⓝ

SPA E WELLNESS · TRADIZIONALE Sulla sponda bresciana del romantico lago di Garda, relax e confort tra le mura di un ex monastero del '700. Tra ambienti classici e d'atmosfera è qui che ha inizio il vostro viaggio verso una remise en forme a tuttotondo. Belle camere.

🏋 🧖 😓 🍸 🔲 🌐 🧘 ⬚ & 🆔 🅿 35 camere

corso Giuseppe Zanardelli 278 –
𝒞 0365 294811 – www.villaparadiso.com

GARGNANO

✉ 25084 – Brescia (BS) – Carta regionale n° **9**–C2 – Carta stradale Michelin 561-E13

🏵 🏵 ## VILLA FELTRINELLI

CREATIVA · LUSSO XxxX *Causa emergenza COVID-19 chiuso temporaneamente fino ad aprile 2021.*

Dimora retrò dagli accenni liberty, con cinque romantici tavoli in riva all'acqua, la cena si svolge in uno dei contesti più sfarzosi del lago con la possibilità di degustare le creazioni di Stefano Baiocco: cuoco-globetrotter che nelle sue proposte non dimentica mai d'introdurre qua e là qualche insolito ingrediente proveniente da altre latitudini...

Carne e pesce, ma anche un'originale insalata con cento tipi di erbe e venticinque fiori o il tutto pomodoro fanno dello chef l'alfiere di una cucina verde e creativa, sfoggiata in uno dei contesti più intriganti della zona. Preparatevi, dunque, ad un emozionante salto indietro nel tempo e ad un'esperienza all'insegna di gusto, relax, architetture eccentriche e bellezza mozzafiato.

Specialità: Insalata di trota salmonata, avocado, mela verde, cetriolo, salsa ponzu e quinoa soffiata. Filetto d'agnello cotto con olio, burro ed erbe aromatiche, crema di mandorle e jus di peperoni arrostiti. Crespella di latte gratinata, farcita con spuma allo yogurt magro e zenzero, sciroppo di rosmarino.

Menu 180/250 € – Carta 180/250 €

🛋 🏠 AC ⟷ 🅿 *Grand Hotel a Villa Feltrinelli, via Rimembranza 38/40 –*
℘ 0365 798000 – www.villafeltrinelli.com – Chiuso 1 dicembre-10 aprile, lunedì a mezzogiorno, martedì, mercoledì-domenica a mezzogiorno

🕸 **VILLA GIULIA**

CREATIVA · ROMANTICO 🕸🕸 Nelle vicinanze del Vittoriale degli Italiani, già residenza di Gabriele D'Annunzio, Villa Giulia è un albergo direttamente sul lago con un angolo gourmet che connazionali e stranieri (in questa zona tanti!) c'invidiano. Se l'atmosfera nella terrazza affacciata sul lago è sicuramente romantica ed impagabile, la cucina si vuole estrosa, ricca di carattere, nonché fantasia, e presenta intriganti viaggi nei prodotti del mare e di lago con ottima precisione nelle cotture e sapori sempre fragranti al palato, nonché qualche spunto dalla regione di provenienza dello chef (la Puglia), come fosse una sorta di firma. A pranzo vi sono anche altre proposte più "tradizionali" o veloci.

Specialità: Trota, sedano e mandorla. Ravioli di luccio, patate, capperi e olive. Ciocco, mango, pistacchio e vaniglia.

Menu 100/150 € – Carta 80/100 €

⟨ 🛋 🏠 AC 🅿 *Hotel Villa Giulia, viale Rimembranza 20 –*
℘ 0365 71022 – www.villagiulia.it – Chiuso 10 ottobre-1 aprile, mercoledì

🕸 **LA TORTUGA**

Chef: Maria Cozzaglio

CLASSICA · ELEGANTE 🕸🕸 Non lasciatevi fuorviare dal nome: non si tratta di un ristorante spagnolo, bensì di una piccola, ma incantevole bomboniera a pochi metri dalla piazzetta del porticciolo. "Tortuga" è un'isola caraibica che evoca fantastiche gesta di pirati, bucanieri e corsari... L'idea di chiamare così l'osteria con cucina che la madre Teresa aveva creato sul finire degli anni 60, è di Danilo Filippini, perché lui – nell'anima – si sente un po' corsaro... E questa passione per le cristalline acque si trova riflessa nel menu con le sue specialità ittiche di acqua salata, citazioni di ricette lacustri, nonché qualche piatto di terra. Anche la carta dei vini non fa difetto: ben articolata e di respiro internazionale.

Specialità: Tavolozza di piccoli assaggi di lago e mare. Filetto di coregone su verza stufata alla curcuma. Zabaione tiepido in crema, crumble all'anice.

Menu 100 € – Carta 100/120 €

🕸 AC *via XXIV Maggio 5 – ℘ 0365 71251 – www.ristorantelatortuga.it –*
Chiuso 1 dicembre-1 marzo, lunedì a mezzogiorno, martedì, mercoledì-sabato a mezzogiorno

🏨 **GRAND HOTEL A VILLA FELTRINELLI**

LUSSO · BORDO LAGO Costruita alla fine dell'Ottocento in stile eclettico-liberty, è una delle ville più straordinarie della zona: ancora, oggi, più dimora che albergo, si propone come romantico rifugio retrò. Il luogo più magico di tutti è la bella terrazza direttamente sul lago dove approfittare per un aperitivo con vista, nella pace più assoluta.

🛁 ⟨ 🔥 🛋 ⟍ 🛁 ⊟ AC 🅿 16 camere – 4 suites
via Rimembranze 38/40 – ℘ 0365 798000 – www.villafeltrinelli.com
🕸🕸 **Villa Feltrinelli** – Vedere selezione ristoranti

🏨 **VILLA GIULIA**

LUSSO · PERSONALIZZATO Posizione incantevole, leggermente decentrata, per un'ex residenza estiva in stile Vittoriano, avvolta da un curato giardino e con due piccoli annessi; nuovo centro benessere dotato di zona relax con sale dell'Himalaya, massaggi, docce emozionali, etc.

🛁 ⟨ 🔥 🛋 ⟍ 🎵 🛁 AC 🅿 20 camere – 2 suites
viale Rimembranza 20 – ℘ 0365 71022 – www.villagiulia.it
🕸 **Villa Giulia** – Vedere selezione ristoranti

sulla strada provinciale 9 Ovest : 7 km

🟠 **LA GRANDE LIMONAIA**

MODERNA · LUSSO XxX La Grande Limonaia è il ristorante principale e rievoca i profumi dei giardini d'agrumi tra geometrie di luce e scorci panoramici. Nei piatti, sapori e colori locali si intrecciano a creatività e gusto contemporaneo. Lefay Vital Gourmet valorizza la dieta mediterranea, le materie prime di stagione, l'olio extra-vergine d'oliva, gli agrumi del lago e le erbe aromatiche degli orti locali, per una cucina vitale e leggera.

Menu 110 € – Carta 72/108 €

⪕ 🍴 & 🎦 🅿 *Lefay Resort & Spa, via Angelo Feltrinelli 136 –*
☎ 0365 241800 – www.lefayresorts.com –
Chiuso 6 gennaio-6 febbraio, lunedì-domenica a mezzogiorno

🏨 **LEFAY RESORT & SPA**

GRAN LUSSO · MEDITERRANEO Sette chilometri tutti in salita per godere di uno dei panorami più belli del lago in una struttura moderna, dalle camere ampie ed eleganti, tutte con vista e con splendidi bagni; vasto centro benessere con incantevole piscina a sfioro sul lago.

🏞 🐕 ⪕ 🛏 🍳 🖥 🕙 🛁 🔌 🗂 ⬆ 🎦 🏋 🅿 🚗 88 camere – 5 suites

via Angelo Feltrinelli 136 – ☎ 0365 241800 –
www.lefayresorts.com

🟠 **La Grande Limonaia** – Vedere selezione ristoranti

GARLENDA

✉ 17033 – Savona (SV) – Carta regionale n° **8**-A2 – Carta stradale Michelin 561-J6

🟠 **IL ROSMARINO**

MEDITERRANEA · ELEGANTE XxX Piatti della tradizione mediterranea esaltati dai profumi di questa terra - timo, salvia, l'irrinunciabile basilico... - in una dozzina di piatti che cambiano giornalmente in sintonia con le stagione. Vasta anche la scelta enologica.

Menu 70/90 € – Carta 71/103 €

🍃 🛏 🍴 🎦 ⇔ 🅿 *Hotel La Meridiana, via ai Castelli –*
☎ 0182 580271 – www.lameridianaresort.com –
Chiuso 1 dicembre-1 aprile, 1 novembre-1 aprile, lunedì, martedì-domenica a mezzogiorno

🏨 **LA MERIDIANA** `Tablet.``PLUS`

BOUTIQUE HOTEL · GRAN LUSSO Sulle prime colline alle spalle di Alassio (la cui spiaggia è raggiungibile con trasporto dell'albergo), La Meridiana è un tran-quillo e raffinato rifugio di campagna. Circondate da un bel giardino, le camere sono egualmente ispirate ad uno stile campestre.

🏞 🐕 🛏 🍳 🕙 🖥 🎦 🏋 🅿 22 camere – 4 suites

via ai Castelli – ☎ 0182 580271 –
www.lameridianaresort.com

🟠 **Il Rosmarino** – Vedere selezione ristoranti

GAVARDO

✉ 25085 – Brescia (BS) – Carta regionale n° **9**-D1 – Carta stradale Michelin 563-F13

🏠 **VILLA DEI CAMPI BOUTIQUE HOTEL**

BOUTIQUE HOTEL · ELEGANTE Cascina recuperata con anni di ristruttura-zione: filosofia bio, materiali eco-compatibili, nonché camere personalizzate ognuna diversa dall'altra. Insomma, un vero gioiellino di ospitalità!

🏞 🐕 🛏 🍳 🕙 🖥 & 🎦 🅿 12 camere

via Limone 27 – ☎ 0365 374548 –
www.hotelvilladeicampi.com

GAVI

✉ 15066 – Alessandria (AL) – Carta regionale n° **12**-C3 – Carta stradale Michelin 561-H8

ⅠⅠ◯ LA GALLINA

PIEMONTESE · CASA DI CAMPAGNA XX In una location molto suggestiva, dove trova posto anche un'elegante e romantica sala ricavata nell'antico fienile, un nuovo chef ha impostato una linea legata alla tradizione locale rivisitandola in chiave attuale. Interessante la selezione enoica improntata sul territorio con ampio spazio ai vini della casa. Col bel tempo ci si trasferisce all'aperto con vista su colline e vigneti.

Menu 65/90€ – Carta 52/80€

⅋⅋ ≼ 🛖 🔟 ⇧ 🅿 *Hotel L'Ostelliere, frazione Monterotondo 56 –*
𝒸 041 360 7801 – www.villasparinaresort.it –
Chiuso 1 dicembre-4 marzo, 28 novembre-3 marzo, lunedì-venerdì a mezzogiorno

ⅠⅠ◯ CANTINE DEL GAVI

REGIONALE · CONTESTO STORICO XX Nel bel centro storico di Gavi, un palazzo settecentesco ospita due sale ricche d'atmosfera, di cui una - l'ex cappella - con il soffitto affrescato, oltre alla possibilità di mangiare nella suggestiva cantina o nel grande giardino, quando il clima lo permette. Cucina del territorio accompagnata da ottimi vini.

Menu 50/70€ – Carta 40/70€

⅋⅋ 🛖 *via Mameli 69 – 𝒸 0143 642458 –*
www.ristorantecantinedelgavi.it – Chiuso 18 gennaio-18 febbraio, lunedì, martedì a mezzogiorno

L'OSTELLIERE

STORICO · ELEGANTE All'interno e proprio sopra le cantine dell'azienda vinicola con la quale, insieme al ristorante, forma il Villa Sparina Resort, L'Ostelliere è un hotel nato da un'importante azione di recupero architettonico che ha dato vita ad una risorsa di grande charme e confort. Bella vista su colline e vigneti.

🐃 ≼ 📶 🎿 🛋 ㅎ 🔟 🛁 🅿 🍴 23 camere – 10 suites

frazione Monterotondo 56 – 𝒸 0143 607801 –
www.villasparinaresort.it

ⅠⅠ◯ **La Gallina** – Vedere selezione ristoranti

GAVIRATE

✉ 21026 – Varese (VA) – Carta regionale n° **9**–A2 – Carta stradale Michelin 561-E8

🐸 TIPAMASARO

CLASSICA · FAMILIARE X A metà strada tra il centro storico e il lago, l'intera famiglia si dedica con passione al locale: un ambiente simpatico e un fresco gazebo estivo per riscoprire l'appetitosa cucina locale. Lavarello alla calderina, bavarese alla menta con cremoso al cioccolato... giusto per dare un'idea!

Specialità: Panzanella su crema di bufala. Involtini di maiale con salsiccia e crema di taleggio e noci. Bavarese al cocco con salsa di fragole.

Carta 31/40€

🛖 🅿 *via Cavour 31 – 𝒸 0332 743524 –*
Chiuso 7-18 gennaio, 1-18 luglio, lunedì, domenica sera

GAVORRANO

✉ 58023 – Grosseto (GR) – Carta regionale n° **18**–C3 – Carta stradale Michelin 563-N14

sulla strada provinciale 31 Nord - Est: 14 km

ⅠⅠ◯ CONTI DI SAN BONIFACIO

DEL TERRITORIO · ELEGANTE XXX Nel bel mezzo di campagna e vigneti, in posizione tranquilla e dominante, cucina del territorio elaborata con gusto moderno accompagnata da vini della casa (tra cui un Syrah eccezionale!) e non solo.

Menu 35€ (pranzo), 65/135€ – Carta 35/80€

⇦ ≼ 📶 🛖 🔟 🅿 *località Casteani 1 – 𝒸 0566 80006 –*
www.contidisanbonifacio.com

CONTI DI SAN BONIFACIO ℕ

CASA DI CAMPAGNA · ELEGANTE Immerso nel verde di vigne ed uliveti, un casale di sole sette camere caratterizzate da un raffinato arredo country style e bagni in marmo di Carrara. Alcune dispongono di letti a baldacchino e splendida vista sulla campagna circostante.

🎿 🛎 ⌂ ㎢ 🅿 7 camere

Località Casteani 1 – ℰ 0566 80006 –
www.contidisanbonifacio.com

GAZZOLA

✉ 29010 – Piacenza (PC) – Carta regionale n° **5**–A2 – Carta stradale Michelin 562-H10

a Rivalta Trebbia Est : 3,5 km

ⅼ◯ LOCANDA DEL FALCO

DEL TERRITORIO · RUSTICO ✕✕ In un antico borgo medievale una locanda caratteristica dove vengono serviti i piatti della tradizione piacentina e ricette alternative permeate da fantasia e creatività, il tutto annaffiato da vini locali (ci sono proprio tutti nell'ampia carta!) e di altre regioni. Ampi camini all'interno ravvivano le serate invernali, mentre nella bella stagione un glicine secolare ombreggia i tavoli dell'accogliente cortile interno.

Carta 55/75 €

🏵 🍴 ⇄ 🅿 *Castello di Rivalta, 4 – ℰ 0523 182 0269 –*
www.locandadelfalco.com –
Chiuso 8-14 gennaio, 16-31 agosto, lunedì sera, martedì

GENAZZANO

✉ 00030 – Roma (RM) – Carta regionale n° **7**–C2 – Carta stradale Michelin 563-Q20

✿ AMINTA RESORT
Chef: Marco Bottega

CREATIVA · ELEGANTE ✕✕✕ Tra colline disseminate di ulivi e prodotti agricoli, lungo un bel percorso che dai confini della Ciociaria conduce ai suggestivi altipiani di Arcinazzo, il casolare ottocentesco è la casa di uno dei più interessanti cuochi della campagna romana: Marco Bottega. Oltre alla possibilità di pernottare in confortevoli camere Aminta Resort è la principale fornitrice di frutta, verdura e animali da cortile in virtù dei cinquanta ettari dell'azienda agricola di proprietà coltivata senza alcuna traccia di pesticidi. E dalla terra alla tavola, gli ingredienti vanno ad alimentare una cucina laziale aperta a divagazioni di ogni genere, sempre all'insegna di piatti autentici e gustosi. Interessante anche la carta dei vini con un particolare accento posto sugli champagne; lo chef ha infatti creato una zona-degustazione in un edificio separato dal corpo della struttura, per aperitivi e percorsi enologici.

Specialità: Baccalà mantecato, hummus di ceci e verdurine croccanti. Bottoni di lepre in salmì, ortiche, tartufo e lamponi. Orto.

Menu 80/130 € – Carta 65/90 €

🏵 ⇄ 🛏 🍴 ㎢ 🅿 *via Trovano 3 – ℰ 06 957 8661 – www.amintaresort.it –*
Chiuso 25 gennaio-28 febbraio, lunedì, martedì, domenica sera

📮 16124 – Genova (GE)
Carta regionale n° **8**-C2
Carta stradale Michelin 561-I8

GENOVA

Ci piace: il cappon magro del piccolo locale **Voltalacarta**, in sottofondo le canzoni di De André. La prima colazione estiva - in terrazza - **al Grand Hotel Savoia**. I prodotti sempre di stagione del **20Tre.**

Piccolo locale tra i carrugi del centro storico, Focaccia e Dintorni è una tappa imprescindibile nella città della lanterna: focacce di ogni tipo, torte salate, pizze al taglio, polpettone, farinata, pane e dolci. Almeno due le gelaterie da non perdere: Profumo, una certezza con una lunga storia familiare alle spalle, nonché Gelatina dal mood più contemporaneo.

Ristoranti

🕄 **THE COOK**

Chef: Ivano Ricchebono

MODERNA · CONTESTO STORICO 🛠🛠 Nella suggestiva cornice dei carrugi del centro di Genova, in un bel palazzo del 1300 dal soffitto affrescato, una sala elegante e luci soffuse per un'esperienza gastronomica all'insegna del Tigullio. La cucina d'Ivano Ricchebono è basata su prodotti liguri, ma le preparazioni hanno un comune denominatore in un acceso contrasto dolce-salato o agro-dolce. Particolarità che evidenzia la capacità di mettere in equilibrio sapori a tratti molto diversi.

Specialità: Acciuga su tela. Coniglio alla ligure. La lanterna: asinello, arancia e pinoli.

Menu 70/110 € – Carta 55/85 €

🅰🅲 ⇔ **Pianta: B2-u** – *vico Falamonica 9 r* – ⓜ *San Giorgio* – 𝒸 *010 975 2674* – *www.thecookrestaurant.com* – *Chiuso 1-10 gennaio, 8-29 agosto, lunedì a mezzogiorno, martedì, mercoledì a mezzogiorno*

😊 **L'OSTERIA DEL SAN GIORGIO**

LIGURE · ACCOGLIENTE 🛠🛠 La casa madre ha trovato una nuova e importante collocazione: qui si propongono piatti della tradizione genovese e ligure, porzioni generosissime, preparazioni classiche e servizio attento. Prezzi corretti! La formula ideale per un buon Bib Gourmand cittadino condotto dalla professionalità della famiglia Scala.

Specialità: Acciughe panate. Lasagnette al pesto. Sacripantina genovese.

Menu 20 € (pranzo), 30/35 € – Carta 20/35 €

🅰🅲 **Pianta: D3-m** – *via Alessandro Rimassa 150* – 𝒸 *010 001 8612* – *www.osteriasangiorgiogenova.it* – *Chiuso lunedì*

IIO IPPOGRIFO

PESCE E FRUTTI DI MARE · ELEGANTE XxX Ottima cucina a base di pesce - soprattutto del mar Tirreno - completata anche da alcuni piatti a base di carne piemontese. L'elegante locale, assai frequentato da habitué e gestito da due abili fratelli, si trova in zona fiera.

Menu 40/60€ – Carta 60/70€

AC ⇄ Pianta: C3-n – *via Gestro 9 r – ℰ 010 592764 – www.ristoranteippogrifo.it – Chiuso 10-28 agosto*

IIO CAPO SANTA CHIARA

CREATIVA · ELEGANTE XX All'estremo della romantica spiaggetta di Bocca- dasse, locale moderno ed elegante, dove gustare piatti creativi. Da non perdere nella bella stagione un tavolo sulla terrazza prospiciente il mare.

Menu 65/85€ – Carta 70/90€

⇐ 斎 ふ AC Fuori pianta – *via al capo di Santa Chiara 69, Boccadasse – ℰ 010 798 1571 – www.ristorantecaposantachiara.com*

IIO IL MARIN

PESCE E FRUTTI DI MARE · CONTESTO CONTEMPORANEO XX In una delle più belle location di Genova-centro, con lo sguardo che abbraccia il Porto Antico, Marco Visciola interpreta con estro e personalità la tradizione ligure, il pesce e tutta la forza dei suoi sapori: ispirato ad una filosofia gastronomica etica e sostenibile.

Menu 34€ (pranzo), 54/75€ – Carta 48/65€

⇐ 斎 ふ AC Pianta: B2-a – *porto Antico, edificio Millo – ⓜ San Giorgio – ℰ 010 869 8722 – www.genova.eataly.it – Chiuso lunedì, martedì, mercoledì-venerdì a mezzogiorno*

IIO LE CICALE IN CITTÀ

PESCE E FRUTTI DI MARE · ACCOGLIENTE XX Intima atmosfera in questo locale diviso in ambienti comunicanti, impreziositi da specchi antichi: piatti preva- lentemente a base di pesce fresco, cucinati con un pizzico di fantasia.

Carta 48/100€

AC ⇄ Pianta: C2-b – *via Macaggi 53 – ⓜ Brignole – ℰ 010 592581 – www.lecicalegenova.it – Chiuso sabato a mezzogiorno, domenica*

IIO PESCIOLINO

MODERNA · ACCOGLIENTE XX Piatti curati, non scevri di una certa modernità, in un locale del centro con sale accoglienti e colorate e doppio ingresso: attra- verso l'albergo City Hotel che lo ospita, o con ingresso proprio nel vicoletto Domoculta. Il pesce è tra i prediletti di un menu, completo la sera, più leggero a pranzo.

Carta 34/69€

⇐ ふ AC Pianta: B2-e – *City Hotel, vico Domoculta 14r – ℰ 010 553 2131 – www.locandapesciolino.it – Chiuso sabato-domenica a mezzogiorno*

IIO SAN GIORGIO

PESCE E FRUTTI DI MARE · CONTESTO TRADIZIONALE XX San Giorgio, sino- nimo di ottima materia prima e cucina di valore, debutta nella città del faro con due sale sobrie e la sua bella clientela al seguito. Cucina prevalentemente basata su un ottimo pescato locale, con alcune specialità di terra come foie gras e maia- lino. Carta dei vini all'altezza del locale e la schietta accoglienza dei fratelli Scala che insinua il desiderio di ritornarci presto!

Menu 45/60€ – Carta 55/70€

இ ふ AC Pianta: D3-b – *viale Brigate Bisagno 69 – ⓜ Brignole – ℰ 010 595 5205 – www.ristorantesangiorgiogenova.it – Chiuso domenica*

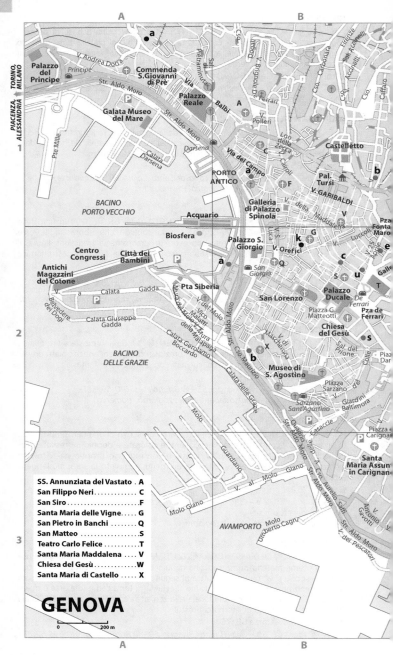

SS. Annunziata del Vastato . **A**
San Filippo Neri . . . . **C**
San Siro . . . . **F**
Santa Maria delle Vigne . . . . . **G**
San Pietro in Banchi . . . . **Q**
San Matteo . . . . **S**
Teatro Carlo Felice . . . . **T**
Santa Maria Maddalena . . . . **V**
Chiesa del Gesù . . . . **W**
Santa Maria di Castello . . . . . **X**

GENOVA

0 — 200 m

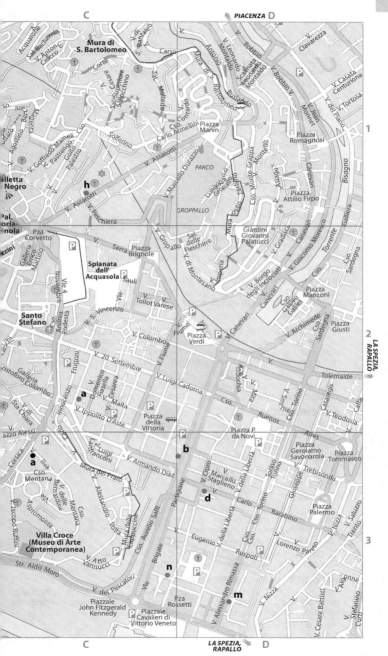

SANTAMONICA

PESCE E FRUTTI DI MARE · ACCOGLIENTE ✗✗ Sulla spiaggia di un bel quartiere cittadino, con la vista che abbraccia totalmente il mare, la terrazza per la bella stagione è ampia e arieggiata. Qui una coppia di appassionati coniugi propone una cucina basata sulla freschezza dei prodotti ittici, valorizzati e trattati con il dovuto rispetto, in ricette colorate e ben presentate. Tanta simpatia e professionalità!

Carta 30/70 €

⇐ 🏠 📠 **Fuori pianta** – *lungomare Lombardo 27* – ✆ *010 553 3155* – *www.santamonicagenova.it* – *Chiuso lunedì*

SANTA TERESA

LIGURE · RUSTICO ✗✗ Nel cuore del centro, accoglienti sale e salette dove l'esperta mano dei titolari vi porterà ad apprezzare antiche ricette liguri rivisitate in chiave più contemporanea.

Menu 25 € (pranzo), 40/60 € – Carta 40/60 €

🏠 📠 ⇄ **Pianta: B2-s** – *via di Porta Soprana 55 r* – ✆ *010 583534* – *www.ristorantesantateresagenova.it* – *Chiuso domenica*

VOLTALACARTA

PESCE E FRUTTI DI MARE · COLORATO ✗✗ "Volta la carta" è una canzone estremamente allegorica di *Fabrizio De André*: dietro ogni figura si nasconde un personaggio. Dietro la porta di questo locale si cela un ambiente piccolo e simpatico, dove lo chef patron prepara intriganti specialità di mare, selezionando ottimi prodotti.

Menu 20 € (pranzo), 50/60 € – Carta 60/90 €

📠 **Pianta: C1-h** – *via Assarotti 60 r* – ✆ *010 831 2046* – *www.voltalacartagenova.it* – *Chiuso 1-7 gennaio, 17-24 agosto, lunedì sera, domenica*

20TRE

LIGURE · CONTESTO CONTEMPORANEO ✗ Nel cuore del centro storico, il locale si propone con un look contemporaneo ed una linea di cucina basata su pochi piatti, quasi tutti di pesce, presentati anch'essi in maniera moderna e con porzioni generose. Stagionalità dei prodotti e mercato del giorno tra le linee guida.

Menu 39/49 € – Carta 39/49 €

📠 ⇄ **Pianta: B2-c** – *via David Chiossone 14* – ✆ *010 247 6191* – *www.ristorante20tregenova.it* – *Chiuso sabato sera, domenica*

IL MICHELACCIO

MODERNA · BISTRÒ ✗ Centrale, ad un passo da via XX Settembre, un vero e proprio bistrot con proposte di cucina creativa su carta o del giorno elencate in lavagna. Vini solo naturali.

Carta 40/96 €

🧑‍🦽 📠 **Pianta: C2-a** – *via Frugoni 49 r* – ✆ *010 570 4274* – *www.ilmichelaccio.it* – *Chiuso sabato a mezzogiorno, domenica*

LE RUNE

LIGURE · RUSTICO ✗ Diverse piccole salette con tavoli anche sopra la cucina – apparentemente molto ambiti, sebbene faccia un po' caldo – per una linea gastronomica legata alla regione e al mare; proposte economiche e piatti unici.

Menu 14 € (pranzo)/26 € – Carta 30/45 €

🏠 **Pianta: B1-b** – *salita Sant'Anna 13 r* – ✆ *010 594951* – *www.ristorantelerune.it* – *Chiuso lunedì a mezzogiorno, sabato a mezzogiorno, domenica*

SOHO RESTAURANT & FISH WORK

PESCE E FRUTTI DI MARE · BISTRÒ ✗ In uno dei vicoli di fronte all'Acquario, locale informale e multitasking (c'è anche un wine-bar) dominato dal contrasto fra antico e moderno. Le specialità attingono al mare.

Menu 15 € (pranzo), 25/70 € – Carta 15/100 €

🏠 📠 ⇄ **Pianta: B1-a** – *via al Ponte Calvi 20 r* – Ⓜ *Darsena* – ✆ *010 869 2548* – *www.ristorantesoho.it*

L'INCONTRO DEI NUMERI UNO

WWW.DALLAGIOVANNA.IT

SPIN RISTORANTE-ENOTECA

REGIONALE · BISTRÒ Un piccolo locale stile bistrot, nato come enoteca e poi trasformatosi anche in ristorante: ampia scelta di etichette con grande attenzione ai vini biodinamici e una cucina schietta, che punta sulla qualità della materia prima. In vendita anche prodotti enogastronomici di qualità genovesi e non solo.

Carta 34/46 €

🖧 ᵃᶜ ⇌ **Pianta: D3-d** – *via Carlo Barabino 120 r* – ⓜ *Brignole* – ℰ *010 594513* – *www.spinristorante-enoteca.it* – *Chiuso domenica*

Alberghi

GRAND HOTEL SAVOIA

LUSSO · CLASSICO A lato della stazione di Piazza Principe, storico hotel riportato allo splendore di un tempo grazie ad un accurato restauro: raffinatezza negli arredi e confort di alto livello, nonché una bellissima terrazza panoramica al 7° piano che ospita - in estate - le colazioni e il ristorante serale "La terrazza di Salgari".

🍵 ⅏ ᶠᵇ 🖃 👌 ᵃᶜ ⅀ 🚗 115 camere – 2 suites

Pianta: A1-a – *via Arsenale di Terra 5* – ⓜ *Principe* – ℰ *010 27721* – *www.grandhotelsavoiagenova.it*

MELIÀ GENOVA

LUSSO · CONTEMPORANEO In un bel palazzo dei primi '900, nel prestigioso quartiere Carignano, hotel di lusso caratterizzato da spazi moderni, centro benessere con piccola piscina, camere confortevoli dove predominano colori ricercati ed eleganti: platino, titanio e rame. Sapori mediterranei, rivisitati in chiave moderna e talvolta "alleggeriti", al Blue Lounge bar and restaurant.

🍵 🗔 ⅏ ᶠᵇ 🖃 👌 ᵃᶜ ⅀ 🚗 97 camere – 2 suites

Pianta: C3-a – *via Corsica 4* – ℰ *010 531 5111* – *www.melia.com*

PALAZZO GRILLO ⓝ

DIMORA STORICA · STORICO Prospicienti la basilica di S. Maria Delle Vigne, nelle affascinanti dimore simboli dell'aristocrazia genovese del Cinquecento, palazzo Grillo (casa madre) e il fronte stante Le Nuvole vi faranno vivere un soggiorno da sogno tra storia e design anni '50.

🖃 👌 ᵃᶜ ⅀ 22 camere – 3 suites

Pianta: B2-k – *piazza delle Vigne 4* – ⓜ *San Giorgio* – ℰ *010 247 7356* – *www.hotelpalazzogrillo.it*

a Voltri Ovest : 18 km direzione aeroporto

LA VOGLIA MATTA

MODERNA · CONTESTO CONTEMPORANEO Avete una voglia matta di gustare specialità di pesce? Bussate in questo bel palazzo del Cinquecento nascosto nel piccolo vicolo: è qui che i prodotti del mare e la Liguria vengono proposti in chiave moderna.

Menu 15 € (pranzo), 30/70 € – Carta 35/65 €

👌 ᵃᶜ **Fuori pianta** – *via Cerusa 63 r* – ℰ *010 610 1889* – *www.lavogliamatta.org* – *Chiuso lunedì*

a Pegli Ovest : 13 km direzione aeroporto

TERESA

MODERNA · AMBIENTE CLASSICO Questo storico locale con la seconda generazione ha ormai superato i 50 anni di gestione. Mezzo secolo - per altro - portato benissimo grazie ad un moderno restyling degli interni, che fa seguito alla naturale evoluzione di una cucina - soprattutto a base di pesce – permeata da tocchi di contemporaneità.

Menu 28 € (pranzo), 55/90 € – Carta 50/90 €

👌 ᵃᶜ **Fuori pianta** – *piazza Lido di Pegli 5 r* – ℰ *010 697 3774* – *www.ristoranteteresa.com*

a San Desiderio Nord - Est: 8 km per via Timavo – Carta regionale n° **8**–C2

BRUXABOSCHI

LIGURE · VINTAGE ✗ Dal 1862 la tradizione si è perpetuata di generazione in generazione in una trattoria fuori dal centro, situata nella minuscola e stretta frazione verdeggiante di San Desiderio. Cucina del territorio e periodiche serate a tema alla riscoperta di antichi piatti delle valli liguri, nonché interessante selezione di vini e distillati. Rinfrescante servizio all'aperto in terrazza.

Specialità: Verdure ripiene alla genovese. Picagge matte al pesto. Fritto misto alla genovese.

Menu 35/38€ – Carta 29/41€

✿ 🏠 🅿 Fuori pianta – *via Francesco Mignone 8 – ℰ 010 345 0302 – www.bruxaboschi.com – Chiuso 24 dicembre-3 gennaio, lunedì*

a Sestri Ponente Ovest : 10 km direzione aeroporto

⑩ TOE DRÛE

MODERNA · ACCOGLIENTE ✗✗ Toe Drûe - tavole spesse, per chi non mastica il ligure - come di spessore è la sua cucina fatta di specialità regionali, soprattutto a base di ottimo pesce. L'ambiente è caldo e confortevole con fonte battesimale dei primi dell'Ottocento ed una soffusa atmosfera d'inizio Novecento: ovvero, quando il locale venne aperto.

Menu 20€ (pranzo), 40/45€ – Carta 25/55€

🅰🅲 Fuori pianta – *via Corsi 44 r – ℰ 010 650 0100 – www.toedrue.it – Chiuso sabato a mezzogiorno, domenica*

verso Molassana Nord: 5,5 km

⑩ LA PINETA

LIGURE · AMBIENTE CLASSICO ✗✗ In zona isolata e attorniato dalla natura circostante, il suono degli uccelli sarà compagno di viaggio nel confortevole dehors. All'interno troneggia il camino per le cotture alla brace sia di carne che di pesce, vera specialità della casa.

Carta 35/50€

🏠 🅿 Fuori pianta – *via Gualco 82, località Struppa – ℰ 010 802772 – www.ristorantelapineta.org – Chiuso 21-28 febbraio, 8-22 agosto, lunedì, domenica sera*

GHIRLANDA – Grosseto (GR) → Vedere Massa Marittima

GIGLIO (ISOLA DEL)

✉ 58012 – Grosseto (GR) – Carta regionale n° **18**–C3 – Carta stradale Michelin 563-O14

a Giglio Castello Nord - Ovest : 6 km

⑩ IL GREMBO

DEL TERRITORIO · FAMILIARE ✗ In una cantina del XII secolo, un ambiente familiare e romantico dove gustare una cucina locale, non necessariamente di mare. Su richiesta, si organizzano anche cene in spiaggia.

Menu 25€ (pranzo), 30/90€ – Carta 25/120€

🅰🅲 *via Verdi 7 – ℰ 370 123 1640 – Chiuso 20-27 dicembre, mercoledì*

Giglio Porto

⑩ LA VECCHIA PERGOLA

PESCE E FRUTTI DI MARE · ROMANTICO ✗ La risorsa a gestione familiare, consta di un'unica sala e di una terrazza, con vista contemporaneamente sul paese e sul porto, dove assaggiare prelibatezze di mare.

Carta 28/45€

⪡ 🏠 *via Thaon de Revel 31 – ℰ 0564 809080 – Chiuso mercoledì a mezzogiorno*

GIGNOD

✉ 11010 – Aosta (AO) – Carta regionale n° **21**–A2 – Carta stradale Michelin 561-E3

🍴○ LA CLUSAZ

REGIONALE · RUSTICO XX La storia di questa casa montana è ormai millenaria, le sue pietre e i suoi ambienti vi raccontano le tradizioni valdostane non meno della cucina, che recupera piatti storici e prodotti regionali, al tempo stesso accompagnati da ricette mediterranee, tra cui alcune a base di pesce. L'ospitalità continua nelle camere, da quelle più semplici a quelle decorate da un'artista locale.

Menu 49/70 € – Carta 50/80 €

🐾 🅿 🛋 *località La Clusaz – ☎ 0165 56075 – www.laclusaz.it –*
Chiuso 17 maggio-4 giugno, martedì, mercoledì a mezzogiorno

GIOIA DEL COLLE

✉ 70023 – Bari (BA) – Carta regionale n° **15**–C2 – Carta stradale Michelin 564-E32

🍴○ TRATTORIA PUGLIESE

PUGLIESE · FAMILIARE X La trattoria sarà anche pugliese, ma ai fornelli ci sta un intraprendente chef siciliano i cui piatti (rigorosamente locali!) "danzano" al ritmo delle stagioni.

Carta 27/40 €

🄰🄲 *via Concezione 9/11 – ☎ 080 343 1728 – www.trattoriapugliese.it –*
Chiuso 11-25 gennaio, 21-28 giugno, lunedì, domenica sera

GIOVI – Arezzo (AR) → Vedere Arezzo

GIULIANOVA LIDO

✉ 64021 – Teramo (TE) – Carta regionale n° **1**–B1 – Carta stradale Michelin 563-N23

😊 OSTERIA DAL MORO

PESCE E FRUTTI DI MARE · SEMPLICE X Vivace locale marinaro sul lungomare, sempre molto frequentato in virtù dell'ottimo rapporto qualità/prezzo; prenotazione vivamente consigliata! Cucina esclusivamente a base di pesce, proposta ed illustrata a voce, sebbene i ritmi siano velocissimi, proprio perché cambia in funzione della disponibilità del mercato. I piatti sono rustici, semplici, ma fragranti: ragion per cui, gli si perdona anche la ristretta selezione enoica.

Specialità: Cozze ripiene. Chitarrina alla marinara. Crema catalana.

Menu 25/45 € – Carta 25/45 €

🄰🄲 *lungomare Spalato 74 – ☎ 085 800 4973 – Chiuso 1-15 marzo, 10-25 settembre, martedì, mercoledì*

🍴○ LUCIA 🆕

PESCE E FRUTTI DI MARE · AMBIENTE CLASSICO XX Compie 50 anni e lo fa rientrando in Guida, questa buona conduzione familiare poco distante dal mare. Lucia è hotel, ma soprattutto ristorante accogliente che fa del pesce la sua grande specialità: spazio ai crudi, molte anche le paste e le cotture tradizionali, seppur sempre con un accenno moderno.

Menu 25/60 € – Carta 40/70 €

🛏 🄰🄲 ✛ *via Lampedusa 12 – ☎ 085 800 5807 – www.hlucia.it –*
Chiuso 1-30 novembre

GIUSTINO – Trento (TN) → Vedere Pinzolo

GODIA – Udine (UD) → Vedere Udine

GODIASCO SALICE TERME

✉ 27052 – Pavia (PV) – Carta regionale n° **9**–A3 – Carta stradale Michelin 561-H9

⁜○ CA' VEGIA

MODERNA · ACCOGLIENTE ✕✕ Centrale, si è avvolti dalla romantica rusticità di pietre a vista e arredi in legno. Se ne distacca la cucina con piatti più moderni e fantasiosi, a prevalenza di pesce. D'estate, al night cafè *L' Officina* s'inizia o - vice-versa -finisce la serata.

Menu 40/60€ – Carta 40/90€

🎇 🎟 ⇔ *viale Diviani 27 – ℰ 0383 934088 –*
www.cavegia.it –
Chiuso lunedì a mezzogiorno, martedì, mercoledì-venerdì a mezzogiorno

GOLFO ARANCI – Olbia-Tempio (OT) → Vedere Sardegna

GRADARA

✉ 61012 – Pesaro e Urbino (PU) – Carta regionale n° **11**–B1 – Carta stradale Michelin 563-K20

⁜○ OSTERIA DEL BORGO-LA BOTTE

REGIONALE · RUSTICO ✕ Nel cuore del borgo medievale di Gradara, in un ambiente piacevolmente rustico ed informale, piatti dagli spiccati sapori regionali. Tra mura antiche che sussurrano il passato, atmosfera più raffinata e ricercatezza nelle presentazioni al ristorante La Botte.

Menu 15/30€ – Carta 22/51€

🎇 *piazza V Novembre 11 – ℰ 0541 964404 –*
www.labottegradara.it –
Chiuso 1-3 dicembre, mercoledì

GRADO

✉ 34073 – Gorizia (GO) – Carta regionale n° **6**–C3 – Carta stradale Michelin 562-E22

⁜○ DE TONI

PESCE E FRUTTI DI MARE · CONTESTO TRADIZIONALE ✕✕ Nel centro storico, sulla via pedonale, ristorante familiare di lunga esperienza (più di 60 anni!). Ricette gradesi e specialità di pesce, da gustare in un ambiente particolarmente curato: nella luminosa sala o nel bel dehors.

Carta 45/65€

🎇 🎟 *piazza Duca d'Aosta 37 – ℰ 0431 80104 – www.trattoriadetoni.it –*
Chiuso 1 dicembre-1 marzo, mercoledì a mezzogiorno

⁜○ TAVERNETTA ALL'ANDRONA

PESCE E FRUTTI DI MARE · CONTESTO CONTEMPORANEO ✕✕ Tra le strette calli del centro, un locale d'atmosfera tra il rustico ed il moderno, dove gustare deliziosi piatti di pesce ricchi di fantasia.

Menu 50/70€ – Carta 35/80€

🎇 🎟 *calle Porta Piccola 6 – ℰ 0431 80950 –*
www.androna.it –
Chiuso 1 dicembre-5 aprile, lunedì-mercoledì a mezzogiorno

🏠 SAVOY

TRADIZIONALE · CLASSICO Nel cuore di Grado, sorge questo bel gioiello di confort e ospitalità con diversificata possibilità di camere ed appartamenti per soddisfare qualsiasi tipo di clientela; spazi molto ampi e grande piscina coperta attigua ad un'accogliente SPA.

⛲ 🍸 🏊 🔲 🅰 🎾 ⛵ 🔁 ⚓ 🎟 🅿 77 camere – 3 suites

riva Slataper 12 – ℰ 0431 897111 –
www.hotelsavoy-grado.it

sulla strada provinciale 19 al km 14, 800 Nord - Est : 7 km

🏠 OCHE SELVATICHE

BOUTIQUE HOTEL · ECOSOSTENIBILE A pochi passi dal golf ed immerso nello splendido scenario della laguna di Grado (c'è anche il pontile d'attracco), un boutique hotel costruito secondo i ferrei diktat dell'architettura ecosostenibile. Camere ampie dalle moderne linee e materiali naturali.

  🐾 ⇐ 🗄 ᴋ 📶 🅿 7 camere

via Luseo 1, località Primero – 𝒞 0431 878918 – www.ocheselvatiche.it

GRANCONA

✉ 36040 – Vicenza (VI) – Carta regionale n° **23**–B3 – Carta stradale Michelin 562-F16

🍴 TREQUARTI

CREATIVA · CONTESTO CONTEMPORANEO ✕✕ Ambiente minimal - moderno e originale - con tre salette dal carattere ben preciso, per una cucina in continua evoluzione e di stampo contemporaneo. Qualche proposta di *cicheti* in vario numero per chi ha fretta o vuole fare più assaggi in porzioni ridotte. A pranzo aperto su prenotazione.

Menu 35 € – Carta 70/73 €

  🐝 🏠 📶 ↔ 🅿 *piazza del Donatore 3/4 località Spiazzo – 𝒞 0444 889674 – www.ristorantetrequarti.com – Chiuso lunedì, domenica*

GRAZIE – Mantova (MN) → Vedere Curtatone

GREVE IN CHIANTI

✉ 50022 – Firenze (FI) – Carta regionale n° **18**–D3 – Carta stradale Michelin 563-L15

🏠 VILLA BORDONI

STORICO · PERSONALIZZATO Un riuscito mix di lusso e design, rustico toscano e ultime mode del mondo in questa bella villa patrizia circondata dalla campagna chiantigiana: una bomboniera country-hip, dove trascorrere un indimenticabile soggiorno. Ottimo anche l'omonimo ristorante, con intime stanze affacciate sul giardino che profuma di rose o, nella bella stagione, direttamente all'aperto tra le palme e le siepi.

  ☆ 🐾 ⇐ 🛏 ⚒ 🗄 ᴋ 📶 🅿 10 camere – 2 suites

via San Cresci 31/32, località Mezzuola – 𝒞 055 854 6230 – www.villabordoni.com

a Panzano Sud : 6 km

🍴 ANTICA MACELLERIA CECCHINI-SOLOCICCIA

REGIONALE · CONVIVIALE ✕ Uno dei più celebri macellai d'Italia diventa anche cuoco! Propone pochi piatti, naturalmente incentrati sulla carne di manzo: elaborati e di vari tagli al ristorante Solociccia, mentre all'Officina troverete la tradizionale bistecca fiorentina e medaglioni di hamburger.

Menu 30 €

  🏠 📶 *via Chiantigiana 5 – 𝒞 055852020 – www.dariocecchini.com*

GRINZANE CAVOUR

✉ 12060 – Cuneo (CN) – Carta regionale n° **14**–A2 – Carta stradale Michelin 561-I5

🍴 MARC LANTERI AL CASTELLO

MODERNA · CONTESTO STORICO ✕✕✕ All'interno dell'affascinante castello che fu dimora di Camillo Benso conte di Cavour (disponibilità di visita per tutti), vi sentirete parte della storia in compagnia di piatti curati in ogni minimo dettaglio. Cucina del territorio con divagazioni moderne ed una pasticceria che dà il meglio di sé nelle preparazioni classiche.

Menu 55/95 € – Carta 95/105 €

  🏠 *via Castello 5 – 𝒞 0173 262172 – www.marclanteri.it – Chiuso 1-29 gennaio, lunedì sera, martedì*

GROSSETO

✉ 58100 – Grosseto (GR) – Carta regionale n° **18**–C3 – Carta stradale Michelin 563-N15

🍴○ **CANAPONE**

MODERNA · FAMILIARE ✕✕ Ricette maremmane in ambienti eleganti oppure, nella bella stagione, con affaccio sulla splendida piazza Dante. Servizio cordiale e professionale per un locale forte di una certezza... sempre aperto a pranzo e a cena! A fianco, il Canapino per una cucina più snella e informale.

Menu 32/58€ – Carta 30/45€

🍴 🖭 piazza Dante 3 – ℰ 0564 24546 – www.ristorantecanapone.blogspot.it – Chiuso domenica

🍴○ **GRANTOSCO**

REGIONALE · BISTRÒ ✕✕ Ubicato in pieno centro, Grantosco è l'indirizzo giusto dove gustare un'ottima cucina maremmana, elaborata partendo da prodotti, spesso, a Km 0. Cordiale accoglienza da parte della titolare, la vera anima del locale!

Menu 28/36€ – Carta 25/54€

🍴 🖭 via Solferino 4 – ℰ 0564 26027 – www.grantosco.it

GROTTAFERRATA

✉ 00046 – Roma (RM) – Carta regionale n° **7**–B2 – Carta stradale Michelin 563-Q20

😊 **L'OSTE DELLA BON'ORA**

ROMANA · ACCOGLIENTE ✕✕ Uno dei migliori ristoranti della zona! Affidatevi al simpatico ed estroso titolare, Massimo, vero "oste contemporaneo" che saprà guidarvi attraverso sapori laziali a volte rivisitati, nonché ottimi prodotti e vini.

Specialità: Amatriciana in cornucopia. Fegatello e albicocche. Ricotta e visciole.

Carta 32/45€

🍴 🖭 🅿 viale Vittorio Veneto 133 – ℰ 06 941 3778 – www.lostedellabonora.com – Chiuso lunedì a mezzogiorno, martedì, mercoledì, giovedì-venerdì a mezzogiorno

🍴○ **TAVERNA DELLO SPUNTINO**

LAZIALE · RUSTICO ✕ E' tutta all'interno la peculiarità di questa trattoria romana: dagli antichi camminamenti scavati nel tufo trasformati in cantina al di sotto del locale alle scenografiche sale sotto archi in mattoni dove trionfa una coreografica esposizione di prosciutti, fiaschi di vino, frutta e antipasti. Emozionante cantina di cui vi suggeriamo la visita.

Carta 40/60€

🍴 🖭 Hotel Locanda dello Spuntino, via Cicerone 20 – ℰ 06 945 9366 – www.tavernadellospuntino.com

GRUMELLO DEL MONTE

✉ 24064 – Bergamo (BG) – Carta regionale n° **10**–D1 – Carta stradale Michelin 561-F11

🍴○ **AL VIGNETO**

MODERNA · ELEGANTE ✕✕✕ Elegante ristorante ricavato da un vecchio fienile circondato dai propri vigneti e frutteti, la cucina di taglio moderno propone crudità di mare e pesci, i siciliani sono favoriti, ma anche le carni hanno un loro spazio. Vi consigliamo di assaggiare il loro vino, perché – sicuramente - vi verrà voglia di portarvene qualche bottiglia a casa.

Menu 25€ (pranzo), 62/80€ – Carta 55/80€

🍴 ♿ 🖭 🅿 via Don P. Belotti 1 – ℰ 035 831979 – www.alvigneto.it – Chiuso 1-8 gennaio, 10-25 agosto, martedì

🍴○ **VINO BUONO**

REGIONALE · WINE-BAR ✕ Un'osteria con piccola cucina, o meglio: un originale wine-bar in pieno centro con ottima mescita di vini al bicchiere e possibilità di scegliere tra salumi, formaggi, generosi primi piatti, proposte di carne con un'alternativa di pesce.

Carta 30/45€

🍴 ♿ 🖭 via Castello 20 – ℰ 035 442 0450 – www.vinobuono.net – Chiuso lunedì, martedì-domenica a mezzogiorno

GSIES • VALLE DI CASIES – Bolzano (BZ) ➜ Vedere Valle di Casies

GUARDIAGRELE

✉ 66016 – Chieti (CH) – Carta regionale n° **1**–C2 – Carta stradale Michelin 563-P24

✿ **VILLA MAIELLA**

Chef: Angela Di Crescenzo e Arcangelo Tinari

ABRUZZESE · ELEGANTE ✕✕ Probabilmente - nemmeno per un attimo - Ginetta e Arcangelo pensarono in quel lontano 1966 che la loro modesta fiaschetteria "Villa Maiella" potesse un giorno diventare così famosa... La famiglia Tinari da qualche anno ricomposta - mamma Angela insieme al figlio Arcangelo in cucina, mentre Peppino segue la sala con Pascal - vi accoglie a braccia aperte nella propria dimora, al limitare del Parco della Maiella.

È qui che apprezzerete i più autentici sapori abruzzesi con insospettabili incursioni di creatività e qualche piccolo inserto dal mare. Una certezza anche per gli amanti del buon bere: in cantina riposano oltre 1000 etichette diverse, nonché ampia scelta anche al bicchiere.

Specialità: Gli stagionati di maiale nero della nostra fattoria. Pasta di grano duro all'orzo con rape e lumache. Mirtillo, cioccolato e genziana.

Menu 65/85€ – Carta 65/85€

❀ ⇦ 🛏 ⅋ 🄰🄲 ⇔ 🄿 *via Sette Dolori 30, località Villa Maiella (Sud-Ovest: 1,5 km)* – ✆ *0871 809319* –
www.villamaiella.it –
Chiuso 11-22 gennaio, 5-18 luglio, lunedì, domenica sera

GUARDIALFIERA

✉ 86030 – Campobasso (CB) – Carta regionale n° **1**–D2 – Carta stradale Michelin 564-B26

⅃○ **LE TERRE DEL SACRAMENTO**

DEL TERRITORIO · ACCOGLIENTE ✕ Mutuando il nome dal romanzo omonimo di Francesco Jovine, scrittore locale del Novecento, in questo caratteristico casale si gusta una cucina che segue le tipicità territoriali e la stagionalità dei prodotti. Al primo piano, quattro camere semplici, ma linde e ben tenute.

Menu 30/45€ – Carta 20/30€

⇦ 🛏 ⅋ 🄰🄲 🄿 *contrada Colle Falcone* –
✆ *347 601 6923* – *www.leterredelsacramento.com* –
Chiuso martedì, domenica sera

GUARDISTALLO

✉ 56040 – Pisa (PI) – Carta regionale n° **18**–B2 – Carta stradale Michelin 563-M13

a Casino di Terra Nord - Est : 5 km

⅃○ **MOCAJO**

TOSCANA · AMBIENTE CLASSICO ✕✕ Coperto elegante e camino, in un locale dalla solida gestione familiare tra le mura di un ex pastificio: i migliori prodotti del territorio ed ottime specialità di carne (anche cacciagione) sono tra i preferiti del menu. Ancora piatti regionali nell'informale La Dispensa. Al top nella provincia di Pisa.

Menu 45/60€ – Carta 45/60€

🛏 ⅋ 🄰🄲 🄿 *strada statale 68* –
✆ *0586 655018* – *www.ristorantemocajo.it* – *Chiuso mercoledì*

 ✿✿✿, ✿✿, ✿, 🍴 & ⅃○

295

GUARENE

✉ 12050 – Cuneo (CN) – Carta regionale n° **14**–A2 – Carta stradale Michelin 561-H6

⭐⭐ LA MADERNASSA

CREATIVA · CONTESTO TRADIZIONALE XxX Battezzato con il nome di un prodotto della terra, le pere Madernassa che circondano l'intero resort, in questo
luogo incantato c'è un giovane chef ai fornelli, Michelangelo Mammoliti, la cui
cucina è già diventata una tappa irrinunciabile nel circuito dei grandi ristoranti
della regione. I suoi piatti esprimono rigore, tecnica e precisione, ma l'anima
viene dalla tradizione e dai prodotti piemontesi, a cui si aggiungono proposte di
mare e due grandi passioni: quella per il mondo vegetale, con molti prodotti coltivati personalmente da Michelangelo e il ricorso ad ingredienti più esotici, talvolta asiatici. Interessante anche la carta dei vini con etichette provenienti da
tutto il mondo, da agricolture eco-compatibili, biologiche, biodinamiche, ma
soprattutto piccoli produttori locali per investire sul territorio. D'estate ci si trasferisce in terrazza con vista sulle Langhe.

Specialità: Amande, scampi arrostiti al miele di rododendro, cannella e crema di
armelline. Agnello al pascolo, profumato alla melissa e insalata di erbe amare.
PH3 - agrumi nella loro essenza.

Menu 130/160 € – Carta 105/120 €

🐜 🖢 🏠 ⇄ 🅿 *località Lora 2 – ℰ 0173 611716 – www.lamadernassa.it –*
Chiuso 7 gennaio-12 febbraio, lunedì, martedì a mezzogiorno

🍴 CASTELLO DI GUARENE

MODERNA · CONTESTO STORICO XxX In una sala da togliere il fiato per la suggestiva atmosfera - il soffitto è articolato in nove voltini a vela di mattoni nudi,
sorretti da alti pilastri - la cucina fa della sapienza gastronomica di Roero e Langhe il proprio punto di forza, sebbene non disdegni anche qualche proposta di
mare e spunti creativi.

Menu 38 € (pranzo), 65/85 € – Carta 57/85 €

⩽ 🖢 🅿 *Hotel Castello di Guarene, via Alessandro Roero 2 –*
ℰ 0173 441332 – www.castellodiguarene.com –
Chiuso lunedì-martedì a mezzogiorno, mercoledì, giovedì-venerdì a mezzogiorno

🏰 CASTELLO DI GUARENE   `Tablet. PLUS`

GRAN LUSSO · STORICO Posizione alta e panoramica per questo maestoso
castello costruito nel 1726 dai conti Roero con giardino all'italiana e vista a 360°
su Langhe, Roero ed Alpi; gli interni si aprono su sontuose camere, atmosfere fiabesche e cimeli storici. Al piano nobile, imperdibile museo con percorso lungo le
stanze originali dei conti.

🕭 ⩽ 🖢 🖥 🎱 🐎 🏓 ᵴ ⊟ 🎴 🏋 🅿 12 camere – 3 suites

via Alessandro Roero 2 –
ℰ 0173 441332 –
www.castellodiguarene.com
🍴 **Castello di Guarene** – Vedere selezione ristoranti

GUBBIO

✉ 06024 – Perugia (PG) – Carta regionale n° **20**–B1 – Carta stradale Michelin 563-L19

🍴 PORTA TESSENACA

MEDITERRANEA · ELEGANTE XxX In uno dei tanti edifici storici del centro, sotto
altissime volte di mattoni, si apparecchiano le eleganti sale di un locale dove
gustare le migliori materie prime della regione e dove non mancano mai alcuni
piatti a base di pesce.

Menu 35/45 € – Carta 35/55 €

🏠 *via Piccardi 21 – ℰ 075 927 7345 –*
www.ristorantediportatessenaca.it –
Chiuso lunedì

GUDON · GUFIDAUN – Bolzano (BZ) ➜ Vedere Chiusa

GUGLIONESI

✉ 86034 – Campobasso (CB) – Carta regionale n° **1**–D2 – Carta stradale Michelin 563-Q26

verso Termoli Nord - Est : 5,5 km

🍴○ **RIBO**

PESCE E FRUTTI DI MARE · AMBIENTE CLASSICO ✗✗ In campagna, sulle colline molisane, il rosso e il nero: Bobo e Rita, due figure veraci e "politiche". Nei
piatti, una grande passione e la maniacale ricerca della qualità: strepitoso il pesce.
Menu 30/40€ – Carta 35/50€

🚬 🛋 ㊒ 🅰🅲 🅿 contrada Malecoste 7 – ☎ 0875 680655 – www.ribomolise.it –
Chiuso lunedì

GUSSAGO

✉ 25064 – Brescia (BS) – Carta regionale n° **9**–C2 – Carta stradale Michelin 561-F12

🍴○ **DINA**

CREATIVA · INTIMO ✗✗ Varcata la soglia di quel rustico di fine '800, s'intuisce
subito che sarà un'esperienza insolita e stravagante; il neon che recita "Until
then if not before" - voluminosa opera di Jonathan Monk, artista inglese che interpreta con humor e leggerezza il Concettualismo degli anni '60 – ne dà la conferma. Le proposte ruotano intorno a menu degustazione, più o meno lunghi, serviti in intime salette con pochi ma deliziosi arredi, a cominciare dai tavoli.
Menu 35€ (pranzo), 50/90€ – Carta 60€

🅰🅲 ㊟ via Santa Croce 1 – ☎ 030 252 3051 – www.dinaristorante.com –
Chiuso martedì, mercoledì

HAFLING · AVELENGO – Bolzano (BZ) ➜ Vedere Avelengo

ILLASI

✉ 37031 – Verona (VR) – Carta regionale n° **22**–B2 – Carta stradale Michelin 562-F15

🍴○ **LE CEDRARE**

CREATIVA · ROMANTICO ✗✗ Nella settecentesca villa Perez-Pompei-Sagra-
moso, nello spazio che un tempo era adibito a serra per la conservazione delle
piante di agrumi, cucina regionale reinterpretata creativamente. Il luogo è incantevole, la tavola altrettanto.
Carta 30/60€

🚬 🛋 🅰🅲 stradone Roma 8 – ☎ 045 652 0719 – www.lecedrare.it –
Chiuso 1-31 gennaio, lunedì, martedì, mercoledì-venerdì a mezzogiorno

IMOLA

✉ 40026 – Bologna (BO) – Carta regionale n° **5**–C2 – Carta stradale Michelin 562-I17

❀❀ **SAN DOMENICO**

Chef: Massimiliano "Max" Mascia

CLASSICA · LUSSO ✗✗✗✗ San Domenico è una delle grandi tavole dello Stivale
che negli anni (dal 1970 per l'esattezza!) ha mantenuto il focus su quattro assi
cardinali che lo contraddistinguono: tradizione, memoria, ricerca e inventiva.

L'eleganza del San Domenico – secondo l'ispettore – proietta il cliente in un'altra
era, quella di una ristorazione "classica ad effetto", dove chiunque si sente consigliato, coccolato, ospitato. La filosofia di questo tempio dell'alta cucina italiana,
per quanto possa apparire innovativa, ruota da quasi cinquant'anni attorno al territorio e sul reperimento di materie prime di grande qualità; si va dal pescato del-
l'Adriatico alle straordinarie carni di razza romagnola.

Il suo ricco menu diventa, dunque, testimonianza concreta di come le grandi
ricette siano atemporali, evergreen che non smettono mai di stupire. Basti pensare al celebre Uovo a 65° in Raviolo San Domenico con burro di malga, parmigiano dolce e tartufo bianco: una tra i piatti più imitati al mondo tanto da essere
marchio registrato. L'ospitalità schietta e genuina dei Marcatilii - sempre al
timone, insieme a Max! - vi lascerà un ricordo indelebile nel tempo.

Specialità: Noci di cappasanta alla plancia, riduzione di ostriche e Martini Dry, vongole veraci alle erbe. Ravioli di faraona e verza con salsa al Marsala e tartufo nero. Barretta al cioccolato croccante al gianduia e sorbetto alla pera.

Menu 60 € (pranzo), 160/180 € – Carta 100/300 €

&& 🛍 🅰️🅲 *via Sacchi 1 – 𝒞 0542 29000 – www.sandomenico.it – Chiuso 1-10 gennaio, 8-29 agosto, lunedì, domenica sera*

IMPERIA

✉ 18100 – Imperia (IM) – Carta stradale Michelin 561-K6

ad Oneglia – Carta regionale n° **8**-A3

😊 OSTERIA DIDÙ

LIGURE · DI QUARTIERE ⅄ Non sarete di fronte al mare e neppure nel centro storico, ma quanto ne vale la pena venire qui a mangiare! Un'unica semplice saletta, piatti elencati su lavagnette e voilà servite delle ottime specialità liguri, dai tagliolini con gamberi di Oneglia ai calamari ripieni.

Specialità: Brandacujun. Acciughe al verde. Cantucci alle nocciole.

Carta 28/48 €

🅰️🅲 *viale Matteotti 76 – 𝒞 0183 273636 – www.osteriadidu.it – Chiuso lunedì, martedì*

⅃O SALVO-CACCIATORI

LIGURE · ELEGANTE ⅄⅄ Storico locale alla sua quarta generazione nasce come piccola osteria annessa alla mescita di vini e cresce negli anni fino all'attuale elegante ristorante. Due sale, di cui quella interna con vista sulla cucina e proposte creative di cucina ligure. Pochi tavoli per il bel dehors: si consiglia prenotare con largo anticipo.

Menu 40 € – Carta 40/60 €

🛍 🅰️🅲 *via Vieusseux 12 – 𝒞 0183 293763 – www.ristorantesalvocacciatori.it – Chiuso 7-29 gennaio, lunedì, domenica sera*

a Porto Maurizio – Carta regionale n° **8**-A3

🌸 SARRI

PESCE E FRUTTI DI MARE · DI TENDENZA ⅄⅄ In un piccolo borgo di ex pescatori, la cucina non può prescindere dall'utilizzare il migliore pescato tirrenico, ma non crediate che scommetta solo sul mare, la sua posizione geografica gli offre, infatti, una cornucopia di pregiati prodotti che Andrea rielabora con mano leggera ed equilibrio. Un'attenzione tutta particolare è riservata alle verdure, agli ortaggi e all'olio provenienti dall'azienda agricola di famiglia: è il "chilometro certo" come ama definirlo lo chef.

Con una proposta così allettante può risultare difficile scegliere, ma anche in questo il padrone di casa correrà in vostro aiuto con un menu a sua discrezione dall'evocativo titolo "Lasciatemi fare". Nella lista dei vini non mancano ottime bollicine nazionali e Champagne. In fase di prenotazione, nel periodo estivo, richiedete un tavolo in terrazza con vista sulla distesa blu: un'ulteriore piacevolezza che si aggiungerà alla vostra sosta.

Specialità: Bruschetta di palamita con peperone alla brace, bagnetto verde su latte di provola affumicata e cenere di olive taggiasche. Bottoni ripieni di prescinsêua con zuppetta di pomodori e catalana di crostacei. San Pietro con primizie dell'orto, fondo bruno e patate soffiate.

Menu 50 € – Carta 74/90 €

&& 🛍 ❤️ 🅰️🅲 ⇔ *lungomare C. Colombo 108, borgo Prino – 𝒞 0183 754056 – www.ristorantesarri.it – Chiuso mercoledì, giovedì a mezzogiorno*

INDUNO OLONA

✉ 21056 – Varese (VA) – Carta regionale n° **10**-A1 – Carta stradale Michelin 561-E8

ıO **OLONA-DA VENANZIO DAL 1922**

REGIONALE · ELEGANTE ፡፡፡ Indirizzo di grande tradizione, con cucina del territorio rivisitata ed interessanti proposte enologiche. Ambiente elegante e servizio ad ottimi livelli.

Menu 50/55€ – Carta 44/65€

🕸 🖢🏠🔄 🅿 *via Olona 38 – ℰ 0332 200333 – www.davenanzio.com – Chiuso lunedì*

INNICHEN • SAN CANDIDO – Bolzano (BZ) → Vedere San Candido

INVERNO - MONTELEONE

✉ 27010 – Pavia (PV) – Carta stradale Michelin 561-G10

Monteleone – Carta regionale n° **9**-B3

⊚ **TRATTORIA RIGHINI INES**

REGIONALE · SEMPLICE ፡ Ambiente semplice e vivace, voi sedetevi e loro inizieranno a portarvi un'infinità di assaggi che faranno sì che vi alziate da tavola sazi, allegri e con un "arrivederci a presto"! Una delle specialità: coniglio all'aceto.

Specialità: Ravioli di brasato. Carrello dei bolliti e arrosti. Torta rustica agli amaretti con crema di mascarpone, gelato alla vaniglia e cioccolato fuso.

Menu 20€ (pranzo), 25/40€

♿ 🆎 🅿 *via Miradolo 108 – ℰ 0382 73032 – Chiuso 1 gennaio-30 giugno, 15 luglio-31 agosto, lunedì, martedì, mercoledì sera, giovedì-venerdì a mezzogiorno, domenica sera*

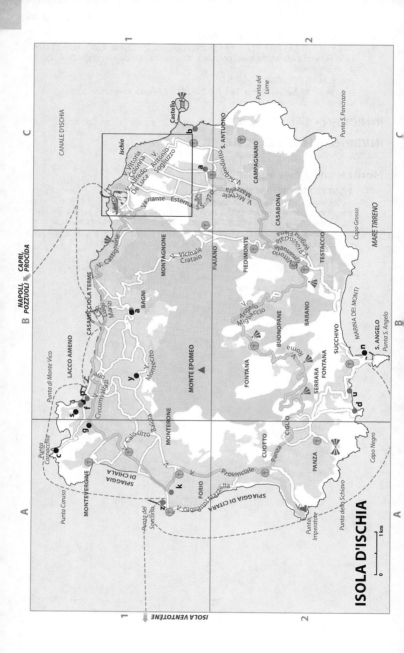

ISOLA D'ISCHIA

Don White/iStock

✉ 80077 – Napoli (NA)
Carta stradale Michelin 564-E23

ISCHIA (ISOLA DI)

Ci piace: gli arredi d'epoca e le preziose decorazioni de **L'Albergo della Regina Isabella**. Una cena nella panoramica terrazza del ristorante **O'Pignattello**.

L'aperitivo è diventato un must al quale nessuno rinuncia! Anche ad Ischia l'happy hour non è più soltanto un'introduzione alla cena, ma un vero e proprio rito di aggregazione sociale. A Forio, gli ispettori consigliano Tiratardi: locale rilassante sul lungomare di Forio, con musica chill out. L'Ecstasy e il Friends sono frequentati soprattutto dagli under 30, mentre il Bar Da Ciccio e il Calise sono ambienti più sobri, con un target di clientela relativamente più adulto.

CASAMICCIOLA TERME

✉ 80074 – Napoli (NA) – Carta regionale n° **4**–A2 – Carta stradale Michelin 564-E23

🏚️ TERME MANZI HOTEL & SPA

LUSSO · PERSONALIZZATO Meravigliosa sintesi delle più disparate influenze, mai semplice, sempre grandioso, spesso sfarzoso; un edificio moderno sorto sulla fonte Gurgitello e che ha saputo ben integrarsi nell'architettura dell'isola con richiami moreschi mischiati ad impronte eclettiche a testimoniare la storia della località. Tanta meraviglia nasconde un ulteriore gioiello intorno al quale il palazzo si raccoglie: una bella corte che svela un lussureggiante giardino impreziosito da fontane e statue neoclassiche.

🍴 🔥 🗄 📺 🕷️ ⚕️ 🛗 🧖 🅿 58 camere – 3 suites

Pianta: B1-a – *piazza Bagni 4* –
✆ *081 994722 – www.termemanzihotel.com*

FORIO

✉ 80075 – Napoli (NA) – Carta regionale n° **4**–A2 – Carta stradale Michelin 564-E23

🍽️ UMBERTO A MARE

PESCE E FRUTTI DI MARE · STILE MEDITERRANEO ✗✗ Indimenticabili tramonti per cene romantiche dall'ambita terrazza a strapiombo sul mare, ma a completare la magia concorrono anche un attento servizio diretto dai proprietari stessi ed una cucina che, partendo dai sapori e prodotti del territorio, sfocia in preparazioni accattivanti. Fornita cantina visitabile.

Menu 50€ (pranzo)/75€ – Carta 40/95€

🕷️ ↔️ ⛴ 🍴 Pianta: A1-z – *via Soccorso 8* –
✆ *081 997171 – www.umbertoamare.it* –
Chiuso 1 dicembre-22 aprile, mercoledì

301

MEZZATORRE RESORT & SPA

GRAN LUSSO · PERSONALIZZATO Immerso in un bosco e arroccato su un promontorio, il complesso sorge intorno ad una torre saracena del XVI secolo: una posizione perfetta per osservare la splendida Baia di San Montano e il blu del Mar Tirreno. Da provare anche il ristorante Sciué Sciué a bordo mare. Il *buen retiro* ischitano per eccellenza!

🕊 🐚 ≼ 🔥 🛎 🗜 🗔 🆂🆁🅰 ♨ 🏧 🅿 46 camere – 11 suites

Pianta: A1-c – *via Mezzatorre 23, località San Montano* – ℰ 081 986111 – *www.mezzatorre.com*

BOTANIA RELAIS & SPA Ⓝ `Tablet.PLUS`

LUSSO · ELEGANTE Il recente rebrand del nome Botanica valorizza ancora di più questa struttura immersa nel verde: 33 ettari di boschi e giardini che ospitano differenti strutture, camere eleganti con stili eterogenei. Oasi di pace e riservatezza impreziosita da splendidi panorami.

🕊 🐚 🛎 🗜 🗔 🆂🆁🅰 ♨ 🏧 🅿 52 camere – 3 suites

Pianta: A1-g – *via Provinciale Lacco 284* – ℰ 081 997978 – *www.botaniarelais.com*

ISCHIA

✉ 80077 – Napoli (NA) – Carta regionale n° **4**–A2 – Carta stradale Michelin 564-E23

✿✿ DANÍ MAISON

Chef: Nino Di Costanzo

CREATIVA · ELEGANTE ✗✗✗ "Casa, famiglia, tradizione" è il sottotitolo di Danì Maison, il locale aperto nel 2016 dallo chef Di Costanzo nella vecchia casa di famiglia inerpicata fra i lussureggianti orti ischitani.Un piccolo, romantico salotto avvolto da un bel giardino che profuma di erbe aromatiche, in cui gustare le ricette che lo hanno reso famoso in virtù di una cucina tecnica, ma anche creativa; fin dagli esordi Nino sperimenta abbinamenti capaci di esaltare ogni singolo ingrediente che, pur nella complessità della proposta, deve essere immediatamente riconoscibile. Il mare non si vede dal locale, ma il cuore batte per il pescato locale e procidano: attore protagonista di tanti piatti, memorabili anche in termini di presentazione estetica. Se disponibile, prenotate il tavolo dello chef per ammirarlo all'opera in prima linea, sebbene anche la sala offra scorci sul lavoro da certosino che viene effettuato dietro le quinte.

Specialità: Gran cru.do. Paste e patate. Il circo.

Menu 170/230 € – Carta 110/185 €

🕸 🛎 🗔 🏧 🅿 Pianta: C1-a – *via I traversa Montetignuso 28* – ℰ 081 993190 – *www.danimaison.it* – *Chiuso 1 dicembre-11 aprile, lunedì, martedì a mezzogiorno*

⑩ GIARDINO EDEN

PESCE E FRUTTI DI MARE · ROMANTICO ✗✗ Quel che il nome promette, poi mantiene: un vero Eden sul mare completato dalle camere e dalla spiaggia, mentre la vista spazia tra Capri, Napoli, Vesuvio, Procida e nel piatto tante, fragranti specialità di pesce nel romantico ristorante ospitato nel dehors. (Attenzione!!! In condizioni metereologiche non avverse è possibile usufruire del servizio gratuito di taxi nautico che parte sotto il Castello).

Carta 65/110 €

↩ ≼ 🛎 Pianta: C1-b – *via Nuova Cartaromana 62* – ℰ 081 985015 – *www.giardinoedenischia.com* – *Chiuso 1 dicembre-1 maggio*

LACCO AMENO

✉ 80076 – Napoli (NA) – Carta regionale n° **4**–A2 – Carta stradale Michelin 564-E23

✿ INDACO

CREATIVA · LUSSO ✗✗✗ Inserito in un contesto alberghiero di lunga tradizione – il Regina Isabella fu fondato negli anni Cinquanta da un famoso editore – Indaco è un ristorante che senza dubbio dà lustro all'isola in virtù di un ambiente di raffinata eleganza e per le proposte gastronomiche di alto livello. Pochi metri dall'acqua, affacciato su una delle baie più incantevoli dell'isola, lo chef Palamaro - ischitano doc! - vi condurrà in un viaggio all'interno del suo grande amore: il mare. Il suo percorso personale e la passione per la pesca e per i fondali hanno fatto virare la sua cucina tutta sul pesce. Partendo già dall'assaggio dei salumi di mare scoprirete il gusto ed il piacere di piatti che uniscono gusto e creatività. Un ideale tuffo... senza aver toccato l'acqua!

Specialità: Aculei di mare. Risi, bottarga e limone. Coppa di Nestore.

Menu 145 € – Carta 86/145 €

🍴 🆔 🅿 **Pianta: B1-f** – *L'Albergo della Regina Isabella, piazza Restituta 1 –*
✆ 081 994322 – www.reginaisabella.it –
Chiuso 18 ottobre-16 aprile, lunedì a mezzogiorno, martedì, mercoledì-domenica a mezzogiorno

○ O' PIGNATTELLO

MEDITERRANEA · AMBIENTE CLASSICO XX Situato sulla piazza Santa Restituita, sarà una giovane coppia a darvi il benvenuto in questo elegante ristorante la cui cucina si rifà ai sapori della tradizione, ma attingendo - al tempo stesso - alle eccellenze del territorio. Prenotare un tavolo sulla panoramica terrazza rallegrati dal gorgoglio delle fontane è quanto di più "strategico" si possa fare...

Menu 70/80 € – Carta 50/90 €

🍴 🆔 **Pianta: B1-p** – *corso A. Rizzoli 156 –*
✆ 081 507 2457 - www.pignattello.it –
Chiuso lunedì

ISCHIA

L'ALBERGO DELLA REGINA ISABELLA `Tablet.PLUS`

GRAN LUSSO · ELEGANTE Con quest'albergo, negli anni '50, Angelo Rizzoli inventò il turismo ischitano d'alto livello, rubò clienti a Capri e portò qui il bel mondo. Oggi l'incanto continua e si moltiplica in suggestivi saloni come la stanza delle carte, arredi d'epoca e preziose decorazioni: un meraviglioso universo in cui perdersi, rievocando i fasti del passato.

☆ ≼ ⚐ 🛏 🔟 ▩ 🐕 🎇 ⒡ 🆔 🧖 128 camere – 9 suites

Pianta: B1-f – *piazza Santa Restituta 1 – 𝄐 081 994322 – www.reginaisabella.it*

❀ Indaco – Vedere selezione ristoranti

SAN MONTANO

LUSSO · ELEGANTE Come essere ad un passo dal paradiso con la vista delle isole Pontine in lontananza, questa bella realtà è circondata da una natura lussureggiante e dispone di camere di diverse tipologie atte a soddisfare preferenze e budget diversi. Parco piscine e Ocean Blue Spa a garantire svago e relax.

☆ 🐾 ≼ ⚐ 🛏 🔟 ▩ 🐕 🎇 ⒡ 🆔 🅿 76 camere – 20 suites

Pianta: B1-s – *via Nuova Montevico 26 – 𝄐 081 994033 – www.sanmontano.com*

SANT'ANGELO

✉ 80070 – Napoli (NA) – Carta regionale n° **4**–A2

❀ LA TUGA

MODERNA · STILE MEDITERRANEO ✗✗ *Causa emergenza COVID-19 chiuso temporaneamente fino a fine febbraio 2021.*

Sembra di essere sulla prua di una nave! Sulla collina tra Punta Chiarito e Sant'Angelo, la terrazza della Tuga offre infatti un panorama incomparabile che spazia fino a Capri, mentre dalla cucina – piacevolmente a vista! – sfilano piatti di matrice territoriale preparati prevalentemente con ingredienti regionali, a cui lo chef aggiunge un personale tocco moderno. In caso d'indecisione sulla scelta fatevi consigliare dal maître e se la stanchezza induce alla sosta, la struttura dispone di appartamenti di varie metrature circondati da un'incantevole macchia mediterranea.

Specialità: Insalata contadina. Spaghettoni di Gragnano all'aglio fermentato. Fragola e bufala affumicata.

Menu 90/110 € – Carta 80/135 €

🗪 ≼ 🍴 ♻ 🅿 Pianta: B2-u – *via Provinciale Succhivo – 𝄐 081 909571 – www.costadelcapitano.com – Chiuso 1 gennaio-31 marzo, 15 ottobre-31 marzo, lunedì*

ISEO

✉ 25049 – Brescia (BS) – Carta regionale n° **10**–D1 – Carta stradale Michelin 561-F12

a Clusane sul Lago Ovest : 5 km

🍴 CONTE DI CARMAGNOLA

CLASSICA · ELEGANTE ✗✗✗ In posizione dominante con splendida vista sul lago, il ristorante "mutua" il nome dalla prima tragedia di A. Manzoni. Elegante e à la page, la sua cucina propone piatti internazionali e specialità del lago, con grande attenzione all'olio (di produzione propria), nonché alla lista dei vini che annovera le eccellenze della Franciacorta. Carta semplice a pranzo.

Carta 40/60 €

≼ ⚐ 🍴 🆔 🅿 *Hotel Relais Mirabella, via Mirabella 34 – 𝄐 030 989 8051 – www.relaismirabella.it – Chiuso 1 dicembre-31 marzo*

🍴 AL PORTO

REGIONALE · FAMILIARE ✗ Più di 150 anni di celebrazione della tradizione in un bel palazzo di fronte al porticciolo, tante sale con richiami storici e lacustri e qualche tavolo con vista sul lago... che arriva poi nel piatto con il pescato del giorno: Iseo in tavola!

Carta 26/38 €

🆔 ♻ *piazza Porto dei Pescatori 12 – 𝄐 030 989014 – www.alportoclusane.it – Chiuso mercoledì*

ISERA

✉ 38060 – Trento (TN) – Carta regionale n° **19**–B3 – Carta stradale Michelin 562-E15

🏵 CASA DEL VINO DELLA VALLAGARINA

REGIONALE · RUSTICO 🕸 Il fior fiore della gastronomia locale all'interno del seicentesco Palazzo de Probizer, in pieno centro, con la possibilità durante la bella stagione di accomodarsi nel fresco dehors. Sebbene il menu sia fisso e ristretto varia tutti i giorni (eventualmente si può optare anche solo per qualche piatto), mentre per i dessert si fa un'eccezione: c'è un'ampia carta da cui poter scegliere. Interessante racconto del territorio, tutti i vini in cantina sono serviti anche al bicchiere; molto belle le camere ai piani superiori.

Specialità: Soufflé al trentingrana su crema di spinacetti. Risotto al marzemino con lardo. Pistacchiamo.

Menu 28/40 € – Carta 33/46 €

🛏 🛱 🚗 *piazza San Vincenzo 1 – ℰ 0464486057 – www.casadelvino.info*

ISOLA D'ASTI

✉ 14057 – Asti (AT) – Carta regionale n° **14**–B1 – Carta stradale Michelin 561-H6

sulla strada statale 231 Sud - Ovest : 2 km

🕸 IL CASCINALENUOVO

Chef: Walter Ferretto

MODERNA · AMBIENTE CLASSICO 🕸🕸 Cinquant'anni di attività e non sentirli... o meglio, sì! Nella professionalità che si acquisce solo nel tempo con cui Walter e Roberto, i fratelli Ferretto, gestiscono questa maison gourmet. La sala elegante - sebbene essenziale - si allontana dall'ufficialità piemontese: non la cucina, che ne propone glorie e tradizioni in un carosello dei migliori piatti: tajarin – fegato, polenta e funghi – coda di manzo. In aggiunta anche del pesce. D'estate, l'alternativa prevede l'Altro Cascinale dove gustare ricette più semplici, pizze e schiacciate, a prezzi contenuti. Entrambe le situazioni si affacciano su un fresco dehors.

Specialità: 1987: millefoglie di lingua di vitello e foie gras, dadini di gelatina al Porto. Tagliolini fatti in casa, con tartufo bianco d'Alba. Soffice alla fava tonka con sorbetto tropicale.

Menu 40 € (pranzo), 60/70 € – Carta 55/90 €

🕸 🛏 🛘 🛱 ᴀᴄ ⇦ 🅿 *statale Asti-Alba 15 – ℰ 0141 958166 – www.walterferretto.com – Chiuso 5-21 gennaio, lunedì, martedì, mercoledì, giovedì-sabato a mezzogiorno*

ISOLA DELLA SCALA

✉ 37063 – Verona (VR) – Carta regionale n° **23**–A3 – Carta stradale Michelin 562-G15

🍴 L'ARTIGLIERE

MODERNA · ROMANTICO 🕸🕸 All'interno di un antico mulino per la produzione del riso, il cereale è l'indiscusso protagonista, dal piccolo museo adiacente alla sala, ai numerosi risotti presenti in carta. Ma l'abile cuoco non si ferma qui: altre proposte di pesce e carne completano il quadro, insieme ad accoglienti camere e all'idromassaggio riscaldato in giardino.

Menu 19 € (pranzo)/76 € – Carta 45/70 €

🛏 🛘 🛱 ᴧ ᴀᴄ 🅿 *via Boschi 5 – ℰ 045 663 0710 – www.artigliere.net – Chiuso 7-10 gennaio, 8-18 agosto, lunedì, martedì*

ISOLA DI CAPO RIZZUTO

✉ 88841 – Crotone (KR) – Carta regionale n° **3**–B2 – Carta stradale Michelin 564-K33

🍴 RURIS

PESCE E FRUTTI DI MARE · ACCOGLIENTE 🕸🕸 La carta trova nel pesce il suo alleato preferito, rielaborato con guizzi di fantasia, in un locale recentemente ristrutturato secondo quel mood che da sempre lo contraddistingue; la nuova cantina custodisce ora oltre 200 etichette di vino e più di 60 distillati internazionali pregiati.

Menu 30/90 € – Carta 39/80 €

🕸 ᴀᴄ 🅿 *località Mazzotta – ℰ 0962 791460 – www.ruris.it – Chiuso lunedì, martedì*

a Praialonga Ovest : 12 km – Carta regionale n° **3**–B2

⍟ PIETRAMARE NATURAL FOOD

CREATIVA · STILE MEDITERRANEO ✗✗✗ In una raffinata atmosfera di muretti a secco e vegetazione mediterranea, lo spazio è intimo, elegante e contraddistinto da una grande attenzione a tutto ciò che è dettaglio. Se il menu segue le stagioni, la tradizione contadina e marinara del territorio diventando in tal modo un autentico viaggio gastronomico nel sud del Bel Paese, la direzione rimane – però - quella di una cucina moderna e creativa, nonostante il passaggio di testimone ai fornelli. Buona scelta enoica ed un'interessante selezione di bollicine.

Specialità: Viaggio di un gambero in terra calabrese. tra mare e monti. Spaghetto spezzato in zuppa di scoglio, pesto di peperoni, polvere di olive nere e finocchietto selvatico. Limone ricostruito con ripieno morbido.

Menu 50/90 € – Carta 50/120 €

🍴 🛋 🎦 🅿 Hotel Praia Art-Resort, Strada Statale 106 – ℰ 0962 190 2890 – www.praiaartresort.com – Chiuso lunedì-domenica a mezzogiorno

🏘 PRAIA ART RESORT   Tablet.PLUS

TRADIZIONALE · MEDITERRANEO Al termine di una discesa che giunge sino al mare, solo una piccola pineta separa l'albergo dalla spiaggia privata, con romantiche amache ondeggianti sull'acqua. Camere di raffinata sobrietà, arredate con materiali locali d'artigianato, quasi tutte con patio privato. A bordo piscina, il bistrot con cucina classica, sia a pranzo che a cena, tanto pesce e grigliate.

🍴 🏊 ⚓ 🛋 🎦 🅿 30 camere – 7 suites

strada statale 106 – ℰ 0962 190 2890 – www.praiaartresort.com

⍟ Pietramare Natural Food – Vedere selezione ristoranti

ISOLA DI LAMPEDUSA – Agrigento (AG) → Vedere Sicilia (Lampedusa Isola di)

ISOLA DI PANTELLERIA – Trapani (TP) → Vedere Sicilia

ISOLA DI SAN PIETRO – Carbonia-Iglesias (CI) → Vedere Sardegna

ISOLA DOVARESE

✉ 26031 – Cremona (CR) – Carta regionale n° **9**-C3 – Carta stradale Michelin 561-G12

🐸 CAFFÈ LA CREPA

LOMBARDA · VINTAGE ✗ Affacciato su una scenografica piazza rinascimentale, il caffè risale al primo '800, poco più tarda la trattoria. Oggi vi invita ad un nostalgico viaggio dal Risorgimento alla metà del secolo scorso, passando per il liberty. Dalla cucina, piatti del territorio ricchi di gusto. Nel 2019, il ristorante ha festeggiato 60 anni di attività: auguri!

Specialità: Piatto di pesce all'isolana (luccio in salsa, anguilla marinata e carpioni). Spiedo di carni miste pregiate (quaglia, coniglio, pollo, suino, faraona). Coppa episcopale: gelato artigianale alla liquirizia, torrone di Cremona e cioccolato.

🍃 L'impegno dello chef: "Da sempre il nostro orto ci fornisce ortaggi e dal 1992 il vigneto permette di produrre vino in autonomia a km 0! Cuciniamo prodotti di prossimità con ricette locali, tradizionali, storiche; il 99% dei nostri fornitori non dista più di 100 km. Ultimo, ma non ultimo, il service point per biciclette favorisce un turismo sostenibile d'eccellenza e permette alla clientela di raggiungere il nostro ristorante senza emissioni di CO2, offrendo inoltre un servizio gratuito di riparazione e manutenzione."

Menu 20 € (pranzo), 40/60 € – Carta 30/46 €

🍴 🛋 ⟐ piazza Matteotti 13 – ℰ 0375 396161 – www.caffelacrepa.it – Chiuso 11-22 gennaio, 28 giugno-9 luglio, 13-24 settembre, lunedì, martedì

ISOLA PANAREA – Messina (ME) → Vedere Sicilia (Eolie Isole)

ISOLA ROSSA – Olbia-Tempio (OT) → Vedere Sardegna - Trinità d'Agultu

ISOLA SANT'ANTONIO

✉ 15050 – Alessandria (AL) – Carta regionale n° **12**-C2 – Carta stradale Michelin 561-G8

🍴 **DA MANUELA**

REGIONALE · TRATTORIA 🌣 Cucina lombarda con qualche spunto piemontese, in un accogliente locale ubicato in aperta campagna. Le specialità sono le rane e i pesci d'acqua dolce, ma ottima è anche la cantina!

Menu 30/45€ – Carta 32/45€

🐾 🖼 🛋 🔲 *Frazione Capraglia – ℰ 0131 857177 – www.ristorantedamanuela.it – Chiuso lunedì*

ISOLE EGADI – Trapani (TP) ➜ Vedere Sicilia

ISOLE EOLIE – Messina (ME) ➜ Vedere Sicilia

ISSENGO • ISSENG – Bolzano (BZ) ➜ Vedere Falzes

IVREA

✉ 10015 – Torino (TO) – Carta regionale n° **12**–B2 – Carta stradale Michelin 561-F5

🍴 **LA MUGNAIA**

MODERNA · CONTESTO CONTEMPORANEO 🌣 Piacevole locale nascosto in una vietta del centro, dallo stile contemporaneo sotto a volte di mattoni storiche: è qui che il cuoco, appassionato e professionale, propone una linea di cucina moderna, attenta all'estetica, in cui convivono i sapori del territorio con aperture mediterranee. Non manca il pesce ed un orto didattico di proprietà.

Menu 35/40€ – Carta 33/40€

🏡 ♿ *via Arduino 53 – ℰ 0125 40530 – www.mugnaia.com – Chiuso 11-21 gennaio, 21-30 giugno, 30 agosto-2 settembre, lunedì, martedì-venerdì a mezzogiorno*

JESOLO

✉ 30016 – Venezia (VE) – Carta regionale n° **23**–D2 – Carta stradale Michelin 562-F19

🍴 **DA GUIDO**

PESCE E FRUTTI DI MARE · ELEGANTE 🌣 Se il bianco è l'attore principale delle sale di tono elegantemente contemporaneo, sulla tavola il riflettore è puntato su appetitosi piatti di mare, la specialità è la cottura alla griglia. L'atmosfera diventa romantica in giardino.

Menu 28€ (pranzo)/75€ – Carta 45/75€

🐾 🖼 ♿ 🛋 🔲 *via Roma Sinistra 25 – ℰ 0421 350380 – www.ristorantedaguido.com – Chiuso 1 gennaio-1 marzo, lunedì, martedì a mezzogiorno*

KALTERN AN DER WEINSTRAßE – Bolzano (BZ) ➜ Vedere Caldaro sulla strada del vino

KASTELBELL TSCHARS • CASTELBELLO CIARDES – Bolzano (BZ) ➜ Vedere Castelbello Ciardes

KASTELRUTH • CASTELROTTO – Bolzano (BZ) ➜ Vedere Castelrotto

KOLFUSCHG • COLFOSCO – Bolzano (BZ) ➜ Vedere Colfosco

LABICO

✉ 00030 – Roma (RM) – Carta regionale n° **7**–C2 – Carta stradale Michelin 563-Q20

🌸 **ANTONELLO COLONNA LABICO**

MODERNA · MINIMALISTA 🌣 Sofisticato indirizzo dal grande impatto scenico che enfatizza la prossimità con Roma e le tradizioni campestri laziali con equilibrate e ricercate creazioni, il ristorante è un'originale ed avveniristica struttura immersa nella campagna di Vallefredda. Qui natura e modernità vincono la non facile scommessa di una totale fusione tra loro: siamo all'interno di un parco, tra ampi spazi quasi museali ed opere d'arte. I piatti si attengono ad una certa classicità volutamente in contrasto con la modernità e la particolarità dell'ambiente, avventurandosi in tutte le tradizioni italiane. Un consiglio: nella bella stagione prenotate un tavolo all'esterno, sul prato, all'ombra di centenari castagni.

Specialità: Baccalà mantecato in coppa e bottarga di tonno. Negativo di carbonara. Diplomatico crema, cioccolato e caramello salato.

Menu 90 € – Carta 93/107 €

≼ 🏠 🏡 🛗 🚧 ♿ 🅿 *Antonello Colonna Labico Resort, via di Valle Fredda 52 –*
☎ 06 951 0032 – www.antonellocolonna.it –
Chiuso 1 gennaio-31 marzo, lunedì, domenica sera

 ANTONELLO COLONNA LABICO RESORT

LUSSO · MINIMALISTA Immersa nel verde della campagna di Vallefredda, una bella struttura il cui design minimalista e luminoso viene completato dal servizio pronto ad accontentare qualunque richiesta. Le pareti sono spoglie, ma all'arte contemporanea è dedicata una sala-museo. Camere di raffinata essenzialità, ciascuna con accesso al giardino dell'ampia proprietà circostante.

🌊 ≼ 🏠 🛗 🧖 ♿ 🛗 🔐 🅿 12 camere

via di Valle Fredda 52 – ☎ 06 951 0032 – www.antonellocolonna.it

❀ **Antonello Colonna Labico** – Vedere selezione ristoranti

LACCO AMENO – Napoli (NA) → Vedere Ischia (Isola d')

LACES • LATSCH

✉ 39021 – Bolzano (BZ) – Carta regionale n° **19**-B2 – Carta stradale Michelin 562-C14

🍽 **PARADISO**

CREATIVA · ROMANTICO 🕱🕱 Andreas, il nuovo chef, condensa nei suoi piatti tutta l'esperienza acquisita durante la lunga esperienza nelle migliori realtà ristorative di Monaco, St. Moritz e Londra. Arricchendo la cucina tradizionale sudtirolese con influenze mediterranee ed internazionali prende vita un nuovo concetto gastronomico, che rende la sosta in questo locale unica e memorabile.

Menu 60 € (pranzo), 90/120 € – Carta 42/62 €

♿ 🅿 *Hotel Paradies, via Sorgenti 12 – ☎ 0473 622225 – www.hotelparadies.com –*
Chiuso 3 gennaio-31 marzo, 6 novembre-31 dicembre, lunedì-martedì sera

 PARADIES

FAMILIARE · STILE MONTANO In posizione davvero paradisiaca, bella struttura nella pace dei frutteti e del giardino ombreggiato con piscina; accoglienti ambienti interni e curato centro benessere.

🏔 🌊 ≼ 🏠 🛗 🧖 🌐 🧖 🏋 🛗 ♿ 🅿 40 camere – 20 suites

via Sorgenti 12 – ☎ 0473 622225 – www.hotelparadies.com

🍽 **Paradiso** – Vedere selezione ristoranti

LADISPOLI

✉ 00055 – Roma (RM) – Carta regionale n° **7**-B2 – Carta stradale Michelin 563-Q18

🍽 **THE CESAR**

MODERNA · ELEGANTE 🕱🕱🕱 *Causa emergenza COVID-19 chiuso temporaneamente fino ad aprile 2021.*

In un ristorante romanticamente affacciato sulla distesa blu del Mare Nostrum, la sala interna è certamente elegante, ma la terrazza offre il fascino della vista sulla costa; in carta piatti mediterranei preparati - prevalentemente - con i prodotti biologici del proprio orto.

Menu 90/130 € – Carta 75/95 €

≼ 🏠 🏡 🛗 🅿 *Hotel La Posta Vecchia, località Palo Laziale – ☎ 06 994 9501 –*
www.postavecchiahotel.com

LA POSTA VECCHIA

STORICO · ELEGANTE *Causa emergenza COVID-19 chiuso temporaneamente fino ad aprile 2021.*

Costruita nel '600 dal Principe Odescalchi, che la volle appositamente per accogliere amici e viaggiatori, come in una sorta di predestinazione, la residenza è stata trasformata oggigiorno in esclusivo hotel: uno scrigno di tesori d'arte di ogni epoca con pavimenti musivi e lussuose camere.

🌊 ≼ 🏊 🏠 🛗 🧖 🛗 ♿ 🔐 🅿 19 camere – 6 suites

località Palo Laziale – ☎ 06 994 9501 – www.postavecchiahotel.com

🍽 **The Cesar** – Vedere selezione ristoranti

LAGUNDO • ALGUND

✉ 39022 – Bolzano (BZ) – Carta regionale n° **19**–B1 – Carta stradale Michelin 562-B15

🟡○ **SCHNALSHUBERHOF**

REGIONALE • RUSTICO ✕ Tra le mura di una casa del 1300, in due stube (unica nel suo genere quella ricoperta di giornali), la famiglia Pinggera propone gustosi piatti a base di ingredienti biologici, accompagnati da vini di produzione propria. Ottimo speck e distillati.

Menu 20/35 € – Carta 20/35 €

≼ 🍴 🅿 🚭 *Oberplars 2 –*

☎ 0473 447324 – www.gallorosso.it –

Chiuso 14 dicembre-3 marzo, 21 luglio, 13 dicembre-2 marzo, lunedì, martedì, mercoledì, giovedì-domenica a mezzogiorno

a Vellau/ Velloi Nord - Ovest : 8 km

🟡○ **OBERLECHNER**

REGIONALE • CONTESTO TRADIZIONALE ✕ Da Merano si sale fino a mille metri di altitudine, dove lo sguardo abbraccia città e monti in un panorama mozzafiato. Ma anche la cucina si rivela all'altezza: molti prodotti locali, all'insegna della tradizione, a cui si aggiunge un po' d'estro. La vista continua nelle belle camere, tutte con balcone; cinque appartamenti con angolo cottura.

Menu 29/42 € – Carta 29/55 €

⇔ ≼ 🍴 🏠 ✿ 🅿 *località Velloi –*

☎ 0473 448350 – www.gasthofoberlechner.com –

Chiuso 11 gennaio-31 marzo, 5-21 luglio, mercoledì

LAMA MOCOGNO

✉ 41023 – Modena (MO) – Carta regionale n° **5**–B2 – Carta stradale Michelin 562-J14

🟢 **VECCHIA LAMA**

REGIONALE • SEMPLICE ✕ Cordialità ed ospitalità sono i padroni di casa, insieme ad un'ottima cucina di sola carne con specialità emiliane e montane, nonché tartufi in stagione. D'estate si pranza sulla terrazza affacciata sul giardino.

Specialità: Battuta di scottona al limone. Tagliata olio e rosmarino. Cheesecake al mirtillo nero del monte Cimone.

Menu 25/35 € – Carta 18/35 €

🏠 ✿ *via XXIV Maggio 24 –*

☎ 0536 44662 – www.ristortantevecchialama.it –

Chiuso 7-14 gennaio, 3-13 novembre, lunedì, martedì

LAMEZIA TERME

✉ 88046 – Catanzaro (CZ) – Carta regionale n° **3**–A2 – Carta stradale Michelin 564-K30

🟡○ **LUIGI LEPORE** 🔘

MODERNA • CONTESTO CONTEMPORANEO ✕✕ Una piccola bomboniera gastronomica nel centro di Lamezia; un giovane chef con ottime esperienze maturate fra Italia e Francia, torna nella sua città natale per deliziare i palati con proposte contemporanee che valorizzano i prodotti della Calabria. L'accoglienza è assicurata dalla graziosa e gentile sorella che coordina la sala.

Menu 60/80 €

♿ 🆒 🚭 *via Ubaldo De Medici, 50 –*

☎ 0968 407639 – www.luigilepore.it –

Chiuso lunedì, martedì-domenica a mezzogiorno

LA MORRA

✉ 12064 – Cuneo (CN) – Carta regionale n° **14**–A2 – Carta stradale Michelin 561-I5

✿ MASSIMO CAMIA

MODERNA · AMBIENTE CLASSICO ✗✗ Quando si pensa alle Langhe, il pensiero non può non correre a Massimo Camia: chef il cui amore per la buona tavola è inscritto nel DNA. Nella sede delle cantine Damilano – al confine tra La Morra e Barolo – il suo ristorante è veramente a conduzione famigliare: in sala ci sono infatti Luciana e Iacopo (ottimo sommelier!), rispettivamente moglie e figlio. La carta oscilla tra tradizione e mare. Qualsiasi sia la scelta, l'intento non è sorprendere a tutti i costi, ma puntare sulla rassicurazione fatta di cotture precise e preparazioni classiche. Non scevre da personalizzazioni.

Specialità: Il nuovo vitello tonnato. Costata di agnello sulla pietra di Luserna. Per Michele Ferrero.

Menu 75/90 € – Carta 60/90 €

🏛 🎘 🅐🅒 🅿 *strada provinciale 3 Alba-Barolo 122 – ☎ 0173 56355 – www.massimocamia.it – Chiuso 10-30 gennaio, 18-30 agosto, martedì, mercoledì a mezzogiorno*

◉ BOVIO

PIEMONTESE · AMBIENTE CLASSICO ✗✗✗ In una bella villa con vista sui vigneti, la famiglia Bovio continua a portar avanti l'importante tradizione gastronomica delle Langhe. La vista dalla terrazza è, a dir poco, spettacolare!

Menu 48 € – Carta 40/60 €

🏛 ⪕ 🎘 🅐🅒 🅿 *via Alba 17 bis – ☎ 0173 590303 – www.ristorantebovio.it – Chiuso 8 febbraio-5 marzo, mercoledì, giovedì*

⌂ PALAS CEREQUIO - BAROLO CRU RESORT

DIMORA STORICA · PERSONALIZZATO E dopo circa un chilometro e mezzo di strada - a tratti sterrata - si raggiunge la tranquillità di questa settecentesca residenza di campagna con tanto di cappella privata, camere in stile moderno minimalista o barocco piemontese: la maggior parte, con piccola spa privata (sauna e idromassaggio). Piatti della tradizione locale ed alcune specialità di pesce al ristorante.

🍴 ⬥ ⪕ 🛏 🗲 🅐🅒 🛁 🅿 9 camere – 7 suites

Borgata Cerequio – ☎ 0173 50657 – www.palascerequio.com

a Annunziata Est : 4 km – Carta regionale n° **14**–A2

✿ OSTERIA ARBORINA

MODERNA · CONTESTO CONTEMPORANEO ✗✗✗ Se nella stagione invernale sarete accolti in una raffinata sala moderno-minimalista, con il bel tempo l'Osteria Arborina si sposta in terrazza, in un elegante ambiente circondato da vetrate che si aprono virtualmente sino a diventare un open space, in continuità con le vigne e con affaci mozzafiato sullo skyline delle colline langarole. Il bancone della cucina a vista diventa invece lo spazio in cui si muove il nuovo chef. La linea culinaria si configura come il racconto di una terra dalla forte valenza enogastronomica e storica; la continua ricerca per scovare tra i produttori i più espressivi ed autentici è – a dir poco – encomiabile. Giunti a fine pasto, come non concedersi un ulteriore strappo alla regola? Il "carrello dei dolci" propone una serie di piccole modernizzazioni di dessert classici in chiave piemontese, alleggeriti per esaltarne il gusto e non appesantire l'ospite.

Specialità: Tartare di pomodoro cuore di bue, maionese di latte di soia alla bottarga e semi di girasole. Animella arrosto, insalata di tarassaco e prugna. Gran carrello dei dolci piemontesi.

Menu 60/110 € – Carta 53/78 €

🏛 ⪕ 🎘 ⇄ *Hotel Arborina Relais, frazione Annunziata 27/b – ☎ 0173 500340 – www.arborinarelais.it – Chiuso 7 gennaio-15 marzo, martedì*

🍴 **OSTERIA VEGLIO**

PIEMONTESE · CONTESTO REGIONALE ✕✕ Senza tovagliato e con una sala molto minimalista, la casa costruita negli anni Venti sa di tradizione e di Piemonte, come la cucina - gustosa e avvolgente - che vi racconterà i sapori gastronomici delle Langhe con qualche inserimento di pesce. Nella bella stagione, ci si trasferisce in terrazza, affacciati su vigneti e colline.

Menu 38 € – Carta 27/40 €

🍸 ⪝ 🏠 ⟳ 🅿 *frazione Annunziata 9 – ☏ 0173 509341 – www.osteriaveglio.it – Chiuso 1 febbraio-1 marzo, 9-31 agosto, lunedì, domenica*

🏨 **ARBORINA RELAIS**

FAMILIARE · ORIGINALE Piccolo e prezioso hotel con un magnifico belvedere affacciato sulle colline del Barolo, chi ama il design moderno s'innamorerà di lui: quasi tutte le camere hanno un cucinotto, quelle al piano terra si affacciano su un piccolo giardino privato, balcone per quelle al primo piano; tanta luce dalle pareti vetrate e una vista da cartolina.

🍸 ⪝ 🏠 ⟳ & 🆎 🐕 ⟳ 10 camere

frazione Annunziata 27/b – ☏ 0173 500351 – www.arborinarelais.it

🌼 **Osteria Arborina** – Vedere selezione ristoranti

LAMPORECCHIO

✉ 51035 – Pistoia (PT) – Carta regionale n° **18**–B1 – Carta stradale Michelin 563-K14

🌼 **ATMAN A VILLA ROSPIGLIOSI**

Chef: Marco Cahssai

CREATIVA · CONTESTO STORICO ✕✕✕ Si salgono le colline fra curve ed ulivi fino al colpo d'occhio mozzafiato offerto da Villa Rospigliosi, spettacolare villa seicentesca disegnata da Bernini. Da qui, attraverso una successione di sale d'epoca, si viene accompagnati al ristorante, dove ci attende un'altra sorpresa: ambienti moderni con elementi di design e alcuni tavoli che si affacciano sulla cucina a vista, quasi un palcoscenico. Lo chef Marco Cahssai (il cui nonno emigrò dall'Eritrea) escogita una serie di menu tematici, i cui piatti possono - comunque - essere ordinati *à la carte* e incrociati a piacimento. Sono lunghi e piacevoli percorsi in cui fantasia e creatività non mancano mai, insieme all'amore per il mondo vegetale (presente anche nei dolci) ed in particolare per le erbe spontanee raccolte sulle colline circostanti. Per quanto concerne la selezione enoica, i percorsi-degustazione suggeriti o l'ampissima carta non deluderanno gli amanti del nettare di Dio; sempre serviti e spiegati con professionalità dai bravi sommelier. Ottimo servizio.

Specialità: Carciofo al carbone, robiola di Roccaverano, olio nero. Quaglia alla povera (dalla cacciatora alla panzanella). Riso, polline, camomilla e limoni di Sorrento.

Menu 95/145 € – Carta 72/84 €

🍸 ⪝ 🖨 🆎 ⟳ 🅿 *via Borghetto 1, località Spicchio – ☏ 0573 803432 – www.atmanavillarospigliosi.it – Chiuso 11-25 gennaio, 1-15 settembre, lunedì-sabato a mezzogiorno, domenica sera*

LANA

✉ 39011 – Bolzano (BZ) – Carta regionale n° **19**–B2 – Carta stradale Michelin 562-C15

🍴 **GUTSHOF**

CONTEMPORANEA · ACCOGLIENTE ✕✕ Immerso nel verde del Golf Club di Lana, ma anche delle montagne circostanti, ristorante dagli ambienti di contemporanea signorilità e una pregevole terrazza dove pranzare godendosi la vista sui dintorni. La cucina propone in chiave moderna e fantasiosa ricette tradizionali, ma non solo: se siete in zona, è sicuramente un imperdibile!

Menu 14 € (pranzo)/36 € – Carta 33/67 €

🍸 🖨 🏠 🅿 *via Brandis 13, golf club – ☏ 0473 562447 – www.gutshof.it – Chiuso 24 dicembre-13 febbraio, lunedì*

🏛️ **SCHWARZSCHMIED** 🔟

LUSSO · CONTEMPORANEO Il design tende alla semplicità nordica, ma s'ispira anche al design modernista contemporaneo nei suoi arredi bassi ed eleganti e nei colori che richiamano la terra. Gli spazi interni lasciano filtrare molta luce e tra le opzioni, ci sono suite famigliari che comprendono una camera separata per i bambini.

🏔️ 🚪 ⌛ 🖥️ 🅖🅟🅐 ⋔ ⅙ 🅿️ 55 camere

schmiedgasse 6 – ☎ 0473 562800 – www.schwarzschmied.com

a Foiana Sud - Ovest : 5 km – Carta regionale n° **19**–B2

🍽️ **KIRCHSTEIGER**

CREATIVA · CONTESTO TRADIZIONALE XX Da tempo uno dei ristoranti più interessanti della zona, il cuoco continua la sua abile operazione di sintesi fra tradizione e modernità in cucina, ma anche nelle sale, raffinate rivisitazioni di materiali locali. Per le camere, invece, preferire quelle più recenti.

Menu 15 € (pranzo), 45/65 € – Carta 46/75 €

🎋 ⇆ ⩽ 🚪 🌳 ⇔ 🅿️ *via prevosto Wieser 5 – ☎ 0473 568044 –*
www.kirchsteiger.com – Chiuso giovedì

🏛️ **ALPIANA RESORT**

LUSSO · PERSONALIZZATO Un'oasi di pace nella cornice di una natura incantevole: grande e favoloso giardino-solarium dove troviamo ben tre piscine diverse, una delle quale di acqua salata, interni d'ispirazione moderna e splendido wellness.

🏔️ 🌳 ⩽ 🚪 ⌛ 🖥️ 🅖🅟🅐 ⋔ ⅙ 🖼️ 🦽 🧖 🅿️ 🚗 52 camere – 8 suites

via prevosto Wieser 30 – ☎ 0473 568033 – www.alpiana.com

a San Vigilio Nord - Ovest : 5 mn di funivia – Carta regionale n° **19**–B2

🍽️ **1500**

MODERNA · ELEGANTE XX Luce, spazio e legno sono l'architrave del ristorante, al primo piano dell'albergo Vigilius. Cucina moderna e contemporanea, troverete prodotti locali, ma si ricorre volentieri anche altrove, pesce compreso.

Menu 75/85 € – Carta 50/86 €

🎋 ⩽ 🚪 🦽 *Vigilius Mountain Resort, via Pavicolo 43 – ☎ 0473 556600 –*
www.vigilius.it – Chiuso 28 febbraio-1 aprile, lunedì-domenica a mezzogiorno

🏛️ **VIGILIUS MOUNTAIN RESORT**

LUSSO · PERSONALIZZATO Raggiunto l'albergo con la funivia di Lana, troverete ambienti semplici e minimalisti, atmosfere di elegante essenzialità tra legno e architettura ecologica. "Ida" offre il calore di una stube storica, nonché una cucina tipica altoatesina.

🏔️ 🌳 ⩽ 🚪 🖥️ 🅖🅟🅐 ⋔ ⅙ 🦽 🧖 🚗 35 camere – 6 suites

via Pavicolo 43 – ☎ 0473 556600 – www.vigilius.it

🍽️ **1500** – Vedere selezione ristoranti

LAPIO – Vicenza (VI) → Vedere Arcugnano

L'AQUILA

✉ 67100 – L'Aquila (AQ) – Carta regionale n° **1**–A2 – Carta stradale Michelin 563-O22

🏠 **MAGIONE PAPALE**

CASA DI CAMPAGNA · PERSONALIZZATO Un relais di campagna, dove tutti (almeno una volta nella vita) dovrebbero pernottare. In un mulino ristrutturato, camere tutte diverse, ma accomunate da elementi architettonici che rimandano all'originaria funzione della struttura.

🏔️ 🌳 🚪 ⌛ 🖥️ 🦽 🆎 🅿️ 17 camere

via Porta Napoli 67/I – ☎ 0862 414983 – www.magionepapale.it

a Camarda Nord - Est: 14 km – Carta regionale n° 1–A2

CASA ELODIA

REGIONALE · CONTESTO CONTEMPORANEO XX Ci si sente a proprio agio nella casa di famiglia Moscardi! Accolti in un ambiente informale e curato, i piatti della tradizione si alternano ad altri che mostrano come utilizzare l'innovazione partendo dagli ingredienti del territorio. Non manca una fornitissima cantina vini.

Specialità: Pecorino in pastella di zafferano e cicoria. Pollastra in casseruola. Zuppa dolce all'aquilana.

Menu 35/55€ – Carta 34/51€

🛳 🅿 *strada statale 17 bis n.37, frazione Camarda –*
☎ 338 545 8031 – www.casaelodia.it –
Chiuso 5-18 luglio, lunedì, martedì, domenica sera

LA SALLE

✉ 11015 – Aosta (AO) – Carta regionale n° 21–A2 – Carta stradale Michelin 561-E3

🏨 MONT BLANC HOTEL VILLAGE

LUSSO · ELEGANTE A darvi il benvenuto un caldo stile valdostano con tappeti, legno e camino. Nelle camere gli ambienti diventano ancora più originali, dormirete tra materiali tipici, ma in un'atmosfera di grande confort. Chi ama la montagna troverà al ristorante di che deliziarsi, non solo per l'eleganza della sala d'ispirazione alpina, ma soprattutto per le proposte gastronomiche. Le piste da sci di Courmayeur distano solo 15 minuti di transfert.

🕭 🦢 ⪕ 🛏 ⏃ 🎦 🕸 🐾 🔛 🗊 ⅙ 🧖 🅿 🛋 45 camere – 4 suites
La Croisette 36 – ☎ 0165 864111 – www.hotelmontblanc.it

LA SPEZIA

✉ 19124 – La Spezia (SP) – Carta regionale n° 8–D2 – Carta stradale Michelin 561-J11

🍽 LA POSTA

CLASSICA · ELEGANTE XXX Sobria eleganza ed oggetti d'arte creano l'ambiente ideale per gustare una cucina di terra e di mare, che riserva grosse attenzioni alla qualità delle materie prime: vera passione del patron così come, in stagione, il celebre tartufo bianco! Ottimo indirizzo.

Carta 50/70€

🕸 🅺 *via Giovanni Minzoni 24 – ☎ 0187 760437 – www.lapostadiclaudio.com –*
Chiuso sabato a mezzogiorno, domenica

🍽 ANTICA TRATTORIA SEVIERI

REGIONALE · AMBIENTE CLASSICO XX Ristorante di tradizione nei pressi del mercato coperto dove si approvvigiona giornalmente, una garanzia per la freschezza dei prodotti! Piacevole dehors ed un piccolo ambiente - all'ingresso del locale - nel quale intrattenersi per sorseggiare un aperitivo.

Menu 25€ (pranzo), 35/45€ – Carta 30/45€

🛳 *via della Canonica 13 – ☎ 0187 751776 –*
Chiuso 15-30 novembre, domenica

🍽 OSTERIA DELLA CORTE

MEDITERRANEA · FAMILIARE XX Appassionata gestione familiare in un accogliente locale dai toni rustici, con piacevole cortile interno. La cucina si segnala per l'attenta ricerca delle materie prime: eccellenze liguri e italiane affollano un menu di grande interesse. Stessa linea gastronomica nell'adiacente cocktail bar Accanto,.

Menu 40/70€ – Carta 44/70€

🛳 *via Napoli 86 – ☎ 0187 715210 – www.osteriadellacorte.com –*
Chiuso lunedì

LA THUILE

✉ 11016 – Aosta (AO) – Carta regionale n° **21**–A2 – Carta stradale Michelin 561-E2

MONTANA LODGE & SPA

LUSSO · DESIGN Vasta gamma di servizi, compresa una moderna spa, in un hotel dal design moderno che strizza l'occhio ai tradizionali materiali locali: il legno che riveste pavimenti e soffitti gli conferisce, infatti, un senso di "calda" atmosfera. Al ristorante, a pranzo, carta ridotta e pizza; su richiesta piccoli eventi privati nella cantina-enoteca.

🏠 🦢 ← ⇔ 🗔 ⊕ 🕸 🛗 🖫 ⅃ & 🛎 🅿 🚗 55 camere

località Arly 87 – ℰ 0165 883125 – www.montanalodge.it

LATINA

✉ 04100 – Latina (LT) – Carta regionale n° **7**-C3 – Carta stradale Michelin 563-R20

a Le Ferriere Ovest: 14,5 km

🍴 SATRICVM

MODERNA · CHIC ✕✕ Le esperienze raccolte a Londra ed in giro per il mondo dallo chef e dalla sua gentile consorte tornano nell'atmosfera piacevolmente internazionale che non ci si aspetterebbe in queste lande, ma anche nella capacità di dare il giusto tocco di modernità ai prodotti del territorio. L'Agro Pontino viene, infatti, esaltato da una cucina attuale, ricca di fantasia, non scevra di un filo conduttore che rimanda alla tradizione, nonché a qualche perla del passato.

Menu 48/68 € – Carta 51/69 €

� & 🎞 🅿 *strada Nettunense 1277 – ℰ 3491923153 – www.maxcotilli.com – Chiuso mercoledì*

a Lido di Latina Sud: 9 km

🍴 IL FUNGHETTO

PESCE E FRUTTI DI MARE · AMBIENTE CLASSICO ✕✕ A pochi minuti di macchina dalle spiagge, un ristorante dove le specialità ittiche sono le regine del menu. Lo chef titolare (seconda generazione dal 1973) saprà consigliarvi al meglio anche per quanto concerne la scelta enoica con una panoramica sull'Italia, nonché sul mondo intero. Accogliente sala e fresco pergolato; i celiaci non sono dimenticati.

Menu 35/55 € – Carta 50/70 €

🐾 ⇔ 属 🅿 *strada Litoranea 11412, località Borgo Grappa – ℰ 0773 208009 – www.ristoranteilfunghetto.it – Chiuso mercoledì, domenica sera*

LATSCH • LACES – Bolzano (BZ) → Vedere Laces

LAVAGNA

✉ 16033 – Genova (GE) – Carta regionale n° **8**-C2 – Carta stradale Michelin 561-J10

a Cavi Sud - Est : 3 km – Carta regionale n° **8**-C2

🏵 IMPRONTA D'ACQUA ⓝ

Chef: Ivan Maniago

CREATIVA · MINIMALISTA ✕✕ Ristorante open space dallo stile minimal-contemporaneo, ma caldo, con pochi tavoli, sul lungo rettilineo che costeggia mare e ferrovia. La cucina predilige i prodotti del territorio associandoli - però – a nuove tecniche. Proposte audaci e riflessive ad esaltare i sapori del mare antistante contrapposti a suggestioni di alloro, timo, cicerbita, raperonzolo... Tributi a profumi e colori delle colline dietro a Lavagna dove Ivan, lo chef-patron, acquista olio EVO e carni di altissima qualità valorizzando il lavoro di piccole realtà locali. Tre percorsi degustazioni per tutti i gusti: *Pensieri*, *Goloso* e *Vegetariano*.

Specialità: Il minestrone marino. Spaghetti ostriche, alghe e rosa. Colazione in Liguria.

Menu 50/90 € – Carta 52/85 €

&. ⯃ *via Aurelia 2121 – ☏ 3755291077 – www.improntadacqua.com –*
Chiuso 1-15 novembre, lunedì a mezzogiorno, martedì, mercoledì-venerdì a mezzogiorno

☺ **RAIEÜ**

PESCE E FRUTTI DI MARE · FAMILIARE ⍟ Autentiche lampare sono sospese sopra i tavoli di questa caratteristica trattoria - un'istituzione mangereccia dal 1962! - con una sala dagli arredi in legno e tavoli divisi da panche, nonché un'altra più tradizionale e luminosa. Come sempre la cucina è regionale: primeggia tra le specialità il pescato del giorno proveniente direttamente da una barca di proprietà, preparato - poi - secondo ricette locali.

Specialità: Acciughe al limone. Lasagne nere al sugo di gamberi e pomodorini. Sacripantina genovese.

Carta 35/50 €

⍟ ⯃ *via Milite Ignoto 25 – ☏ 0185390145 – www.trattoriaraieu.it – Chiuso lunedì*

LAVELLO

✉ 85024 – Potenza (PZ) – Carta regionale n° **2**–B1 – Carta stradale Michelin 564-D29

⌘ **DON ALFONSO 1890 SAN BARBATO**

MODERNA · LUSSO ⍟⍟⍟ Per un grande albergo ci vuole una grande firma e - non a caso - la famiglia Jaccarino approda in questa struttura con un ristorante molto elegante e raffinato, dove dalle ampie vetrate cielo-terra si scorge una bella vista su giardino e piscina. Qui troviamo l'ispirazione non solo dei proverbiali classici, ma anche rivisitazioni di ricette più regionali con la massima esaltazione d'ingredienti locali come il peperone crusco. Una cucina moderna, tecnica, volta a dare voce a piccole produzioni del territorio e a sapori dimenticati. Ottima selezione di vini del sud, e non solo, a complemento di una tappa gastronomica da non perdere.

Specialità: Pescato crudo e cotto, maionese di corallo e chips di alghe. Filetto di manzo del beneventano in crosta di pane con crema verde e pomodoro piccante. Naif di frutta, riduzione di Aleatico di Puglia e gel di rafano.

Menu 75/95 € – Carta 70/90 €

⍟ &. ⯃ 🅿 *San Barbato Resort Spa & Golf, Strada Statale 93 (Sud-ovest: 1 km) – ☏ 0972 816011 – www.sanbarbatoresort.com – Chiuso lunedì, martedì-sabato sera, domenica*

⍐○ **FORENTUM**

DEL TERRITORIO · FAMILIARE ⍟ Nel centro storico, ristorante rustico e familiare dove si serve una cucina locale alimentata anche dai prodotti del proprio orto e la classica pizza napoletana con forno a legna. Affascinante la sala all'interno di una grotta naturale di antica origine. Semplici, ma ben attrezzate camere come albergo diffuso tutt'intorno.

Menu 30/45 € – Carta 25/45 €

↩ ⍟ ⯃ *piazza Plebiscito 16 – ☏ 0972 85147 – www.forentum.it – Chiuso venerdì*

🏚 **SAN BARBATO RESORT SPA & GOLF**

LUSSO · CONTEMPORANEO Assoluta novità nel panorama alberghiero tra Molise e Puglia, che ha nella qualità dei servizi il suo punto di forza. Raffinatezza e contemporaneità in tutti i reparti con una bella e grande terrazza, dove la sera si servono tapas e bollicine. Nel garden ricco di vegetazione, la piscina-solarium per il leisure estivo e un'altra solo per la scenografica coreografia di getti d'acqua fanno da eco ad un'elegante e completa spa.

⍟ ▣ ⍃ 🔟 🛝 ⑂ 🗗 &. ⯃ ⛳ 🅿 22 camere – 11 suites

strada statale 93 (Sud-ovest: 1 km) – ☏ 0972 816011 – www.sanbarbatoresort.com

⌘ **Don Alfonso 1890 San Barbato** – Vedere selezione ristoranti

LAVENO MOMBELLO

✉ 21014 – Varese (VA) – Carta regionale n° **9**–A2 – Carta stradale Michelin 561-E7

✪ LA TAVOLA

Chef: Riccardo Bassetti

MODERNA · AMBIENTE CLASSICO ✗✗ I piatti di Riccardo si basano sull'equilibrio: un'armonia di sapori, profumi e consistenze che incontrano tutto ciò che ha imparato in questi anni, moderni ancorché rispettosi della tradizione del Bel Paese e - soprattutto – del suo lago e delle sue montagne. Cucina raffinata ed estrosa, il giovane cuoco è a suo agio praticamente con tutto sia con il pesce di mare che di lago, nonché la carne. Il locale ha di recente subito un restyling, ma l'imperdibile appuntamento è sulla terrazza, costruita proprio sull'acqua, con la vista che abbraccia la distesa blu.

Specialità: Crudo di gambero rosso di Sicilia. Risotto alla zucca, caffé, mousse di pane. Cioccolato3.

Menu 64/109 €

இ⇆≼🛋️ 🅿 Hotel il Porticciolo, via Fortino 40 – ℰ 0332 667257 – www.ilporticciolo.com – Chiuso martedì, mercoledì

❍ LOCANDA POZZETTO

DEL TERRITORIO · AMBIENTE CLASSICO ✗✗ Ristorante all'interno di una vasta proprietà in posizione elevata e dominante il lago, bosco e prato concorrono a creare una bucolica cornice; cucina contemporanea con radici nel territorio.

Menu 15 € (pranzo)/28 € – Carta 45/55 €

≼🍴🛋️ 🅿 via Montecristo 23 – ℰ 0332 667648 – Chiuso 7-28 gennaio, lunedì

LAVIS

✉ 38015 – Trento (TN) – Carta stradale Michelin 562-D15

a Sorni Nord : 6,5 km – Carta regionale n° **19**–B2

❍ TRATTORIA VECCHIA SORNI

REGIONALE · FAMILIARE ✗ Nella zona nord e vinicola di Trento, trattoria panoramica da non bypassare se si è alla ricerca di una cucina fragrante, gustosa e ben presentata sia per quanto riguarda i piatti legati al territorio, sia per le molte specialità a carattere più moderno (alcune a base di pesce). In alternativa agli interni tipici, ci si può accomodare nella veranda anche in inverno, godendo della stessa vista estiva sulla valle dell'Adige!

Carta 36/42 €

≼🛋️ 🖧 piazza Assunta 40 – ℰ 0461 870541 – www.trattoriavecchiasorni.it – Chiuso lunedì, domenica sera

LECCE

✉ 73100 – Lecce (LE) – Carta regionale n° **15**–D2 – Carta stradale Michelin 564-F36

✪ BROS'

Chef: Floriano Pellegrino e Isabella Potì

CREATIVA · MINIMALISTA ✗✗ Attenti a quei due! Eh già, perché Floriano Pellegrino e Isabella Potì di energia ne hanno da vendere o meglio da impiegare in piatti che concepiscono il territorio in modo innovativo e sorprendente. I due cuochi riconfermano la scelta presa qualche tempo fa, di escludere la carta dall'offerta, consci di quanto fosse una decisione a tratti azzardata, ma sicuri del messaggio che si voleva comunicare: condurre gli ospiti in maniera univoca ed inequivocabile verso la loro idea di cucina. E di linea gastronomica, che si arricchisce di un menu degustazione vegetariano.

Specialità: Ricotta, ricci. Pasta, aglio, grasso rancido e peperoncino. Soufflé al limone con liquirizia e meringa.

Menu 120/180 €

🖧 🅰️ via degli Acaja 2 – ℰ 0832 092601 – www.brosrestaurant.it – Chiuso lunedì, martedì, domenica sera

ⅱ○ DUO RISTORANTE

MODERNA · CONTESTO CONTEMPORANEO ⅩⅩ Intimo e raffinato, è il ristorante ideale per serate gourmet e romantiche a luce soffusa. Il cuoco propone
vari menu, ma lascia poi liberi i clienti di incrociare i piatti secondo i propri gusti.
Le proposte, pur partendo da ingredienti sovente pugliesi, sono perlopiù creative.
Menu 55/80 € – Carta 40/120 €

🅰🅲 *via Giuseppe Garibaldi 11 – ℰ 0832 520956 – www.ristoranteduo.it –*
Chiuso 1-10 dicembre, 10 gennaio-28 febbraio, mercoledì

ⅱ○ OSTERIA DEGLI SPIRITI

REGIONALE · CONVIVIALE ⅩⅩ Vicino ai giardini pubblici, ampliata con una
nuova sala di design più moderno, una trattoria dagli alti soffitti - tipici di una
vecchia masseria - e cucina mediterranea.
Menu 25/40 € – Carta 30/75 €

🅰🅲 *via Cesare Battisti 4 – ℰ 0832 246274 – www.osteriadeglispiriti.it –*
Chiuso lunedì a mezzogiorno, domenica sera

ⅱ○ PRIMO RESTAURANT

MEDITERRANEA · BISTRÒ ⅩⅩ Pochissimi tavoli in una sala altrettanto piccola e
dal caratteristico soffitto a stella in pietra leccese: è qui che la giovane chef propone una cucina di raffinata ed elegante semplicità, ma mai banale. Anzi, originale e talvolta audace in riusciti accostamenti.
Menu 80/100 € – Carta 60/75 €

🍴 🅰🅲 *via 47° Reggimento Fanteria 7 – ℰ 0832 243802 – www.primorestaurant.it –*
Chiuso 19-26 gennaio, 23-30 novembre, martedì

LECCO

✉ 23900 – Lecco (LC) – Carta regionale n° **10**–B1 – Carta stradale Michelin 561-E10

ⅱ○ NICOLIN

MODERNA · ELEGANTE ⅩⅩ Gestito dalla stessa famiglia da oltre trent'anni, ma
totalmente rinnovato in tempi recenti, ristorante con proposte tradizionali affiancate da piatti più fantasiosi; bella cantina visitabile e ricca di etichette di pregio,
nonché servizio estivo in terrazza.
Menu 25/65 € – Carta 50/65 €

🛬 🍴 ♿ 🅰🅲 ⇕ 🅿 *via Paisiello 4, località Maggianico – ℰ 0341 422122 –*
www.ristorantenicolin.com –
Chiuso 26 dicembre-5 gennaio, martedì, domenica sera

LE FERRIERE – Latina (LT) ➜ Vedere Latina

LEGNAGO

✉ 37045 – Verona (VR) – Carta regionale n° **23**–B3 – Carta stradale Michelin 562-G15

a San Pietro Ovest : 3 km

ⅱ○ PERGOLA

CLASSICA · ACCOGLIENTE ⅩⅩ La famiglia Montagnoli nasce nella ristorazione,
prima ancora che nell'attività alberghiera e... si vede! Ottimi piatti, equamente
divisi tra carne e pesce (con espositore serale del pescato) e un invitante carrello
di dolci; bella carta dei vini in un ambiente piacevole, nonché elegante.
Menu 24 € – Carta 30/65 €

🛏 🛬 ♿ 🅰🅲 ⇕ 🅿 *via Verona 140 – ℰ 0442 629103 –*
www.hotelpergola.com –
Chiuso sabato a mezzogiorno, domenica sera

LEGNANO

✉ 20025 – Milano (MI) – Carta regionale n° **9**–A2

⅓○ KOINÉ ⑩

CONTEMPORANEA · CONTESTO CONTEMPORANEO XX Piccola saletta comoda e minimalista ed una piacevole corte interna per il servizio nella bella stagione sono i presupposti per una cucina stravagante e "personalizzata": la tradizione vira presto verso la rivisitazione.

Menu 35 € (pranzo), 45/70 €

🕸 ⇦ 🛱 🔣 ⇦ *vicolo Filippo Corridoni 2/c – ℰ 0331 599384 – www.koinerestaurant.com – Chiuso martedì*

LEGNARO

✉ 35020 – Padova (PD) – Carta regionale n° **23**–C3 – Carta stradale Michelin 562-F17

⅓○ AB BARETTA

PESCE E FRUTTI DI MARE · CONTESTO STORICO XXX In una villa del '700, suggestivi affreschi nell'eleganti sale per una cucina che dà il meglio di sé nelle specialità di pesce e crostacei. Una cornice di grande fascino per "fare colpo"!

Menu 20 € (pranzo), 40/70 € – Carta 32/80 €

⇦ 🛱 ৬ 🔣 ⇦ 🅿 *via Roma 33 – ℰ 049 883 0088 – www.ristorantebaretta.com – Chiuso 1-17 gennaio, lunedì, domenica sera*

LEMEGLIO – Genova (GE) → Vedere Moneglia

LEONESSA

✉ 02016 – Rieti (RI) – Carta regionale n° **7**–C1 – Carta stradale Michelin 563-O20

⅓○ LEON D'ORO

DEL TERRITORIO · CONTESTO TRADIZIONALE X Griglia e camino a vista per la cottura delle carni in questo accogliente locale rustico nel cuore della città, un ambiente simpatico ed informale, in cui regna la mano femminile.

Carta 30/50 €

🛱 🔣 *corso San Giuseppe 120 – ℰ 0746 923320 – www.ristoranteleondoroleonessa.com – Chiuso lunedì*

LESA

✉ 28040 – Novara (NO) – Carta regionale n° **13**–B2 – Carta stradale Michelin 561-E7

⅓○ BATTIPALO

MODERNA · CONVIVIALE XX Adiacente all'attracco dei traghetti, le sue ampie vetrate offrono romantici scorci del lago. Pur essendo decisamente moderna, come l'ambiente recentemente rinnovato, la cucina spazia con concretezza fra carne e pesce, quest'ultimo non necessariamente di lago. Ottima cura anche nella lista dei vini e piacevole dehors per il servizio estivo.

Carta 35/65 €

🛱 🔣 *viale Vittorio Veneto 2 – ℰ 0322 76069 – www.battipalolesa.it – Chiuso 10 gennaio-10 febbraio, lunedì, martedì a mezzogiorno, giovedì a mezzogiorno*

LESINA

✉ 71010 – Foggia (FG) – Carta regionale n° **15**–A1 – Carta stradale Michelin 564-B28

🙂 LE ANTICHE SERE

MODERNA · INTIMO X Piccolo locale di fronte al lago di Lesina, dove tutto ruota attorno alla professionalità ed esperienza dello chef-titolare, che effettua una bella ricerca sui prodotti lagunari, pesci ed erbe aromatiche, producendo in proprio la bottarga di muggine. Sapori del territorio, quindi, cucinati e serviti con tocco moderno.

Specialità: Carpaccio di anguilla allo zafferaro su crema di pane e pomodoro. Fettuccina al limone e pepe nero con cozze e crema di pomodoro acerbo. Rigatoni al pomodoro (dessert).

Carta 27/40 €

🛋 🅰🅲 *via P. Micca 22 – ☎ 0882 991942 – www.leantichesere.it – Chiuso lunedì*

LEVANTO

✉ 19015 – La Spezia (SP) – Carta regionale n° **8**–D2 – Carta stradale Michelin 561-J10

⍥ L'OASI

PESCE E FRUTTI DI MARE · CONTESTO TRADIZIONALE ❌❌ Una bella e luminosa veranda e un piccolo giardino per un ristorante che fa dell'eccellente selezioni delle materie prime la sua bandiera in preparazioni semplici e schiette. Per gli amanti del crudo di pesce e secondo le disponibilità del mercato (raramente il lunedì), questo è sicuramente l'indirizzo giusto!

Carta 40/80 €

🛋 ♿ 🅰🅲 *piazza Cavour – ☎ 0187 800856 – www.oasihotel.eu –*
Chiuso 1-24 dicembre, 4 gennaio-11 marzo, mercoledì

⍥ LA SOSTA DI OTTONE III

TRADIZIONALE · ACCOGLIENTE ❌ In mezzo al verde e lontano dalla calca, è necessario percorrere un tratto a piedi per raggiungere quest'incantevole ristorantino (meglio farsi suggerire la strada e dove lasciare la vettura), all'interno di una residenza del XVI sec. Il menu propone una scelta ristretta, ma fra le più interessanti in zona per ricerca di prodotti locali; carta dei vini tutta al naturale, alla ricerca delle migliori etichette delle Cinque Terre e della Liguria di Ponente.

Menu 39/70 €

❀ ⬅ 🛋 🅰🅲 🅿 *località Chiesanuova 39 – ☎ 0187 814502 – www.lasosta.com –*
Chiuso 1 dicembre-28 febbraio, lunedì-domenica a mezzogiorno

⍥ INCUCINA

MODERNA · CONTESTO CONTEMPORANEO ❌ Lontano dal mare, ormai in collina, anche il ristorante sembra voler sfuggire i cliché della più classica cucina marinara della Levanto balneare: la scelta è ristretta per assicurare la qualità dei prodotti, vengono spesso inseriti piatti di carne – in stagione anche selvaggina – e non manca qualche scelta più creativa, il tutto in una sala semplice dalla simpatica gestione familiare.

Menu 25/60 € – Carta 40/70 €

⬅ 🛋 *Hotel L'Abetaia, località Pian del Momo, (uscita autostrada A12 Carrodano), Nord: 7 km – ☎ 0187 893036 – www.ristoranteincucina.it –*
Chiuso lunedì

🏠 LA SOSTA DI OTTONE III 🔟

TRADIZIONALE · CLASSICO Situato nel borgo medievale di Chiesanuova, lontano dai circuiti turistici, a 200 metri sul livello del mare e con vista sul Mediterraneo nonché Vallata di Levanto, la Sosta di Ottone III è un delizioso Boutique Hotel composto da sole sei stanze, ottima cucina e vini del territorio.

🏠 ⬅ 🅰🅲 🅿 6 camere

località Chiesanuova 39 – ☎ 0187 814502 – www.lasosta.com

LEVERANO

✉ 73045 – Lecce (LE) – Carta regionale n° **15**–D3

RELAIS MASSERIA ANTONIO AUGUSTO 🔟

LUSSO · DESIGN Un hotel intimo e lussuoso contraddistinto da arredi moderni e dotato di piccola spa, all'interno di un tipico casale in pietra locale. Camere spaziose, sotto soffitti a volta, ed ampi bagni di foggia moderna; mentre ci si accomoda al ristorante per gustare piatti della tradizione mediterranea, nonché verdure provenienti dall'orto di proprietà.

🏠 ⬅ ⚒ 🕸 ♿ 🅰🅲 🅿 9 camere

SP21 (Ovest: 1 km) – ☎ 347 341 0550 – www.antonio-augusto.com

LEVICO TERME

✉ 38056 – Trento (TN) – Carta regionale n° **19**–B3 – Carta stradale Michelin 562-D15

⭑○ BOIVIN

REGIONALE · FAMILIARE X All'interno di un'antica casa del centro, il locale si basa sulla personalità e le idee dello chef-patron, Riccardo, che mixa con originalità tradizione trentina ed inserti pacatamente moderni. Specialità: trio di canederlotti di pane al burro e salvia, puntine di maiale con polenta e cavolo rosso in agrodolce, strudel di mele. Accanto c'è l'hotel Romanda gestito dal fratello.

Carta 35/50 €

🍴 via Garibaldi 9 – ☎ 0461 701670 – www.boivin.it –
Chiuso 7 gennaio-12 febbraio, 3-19 novembre, lunedì, martedì-venerdì a mezzogiorno

LEVIZZANO RANGONE – Modena (MO) → Vedere a Castelvetro di Modena

LEZZENO

✉ 22025 – Como (CO) – Carta regionale n° **9**–A2 – Carta stradale Michelin 561-E9

🏨 FILARIO HOTEL

LUSSO · DESIGN La pietra grigia locale che riveste il prospetto riprende la tradizione architettonica del luogo e consente all'edificio d'integrarsi perfettamente nel contesto naturale in cui sorge. Al suo interno, elementi di design, cura dei dettagli ed un intimo ristorante con piatti dai moderni sapori italiani. E per finire in bellezza, un bagno di sole nell'attrezzata spiaggia.

🏊 🦢 ⪕ ⏚ ᴸᶜ 🔁 🅰🅲 🅿 12 camere – 1 suite

strada statale 583, località Bagnana 96 –
☎ 031 914035 – www.filario.it

LICATA – Agrigento (AG) → Vedere Sicilia

LI CUNCHEDDI – Olbia-Tempio (OT) → Vedere Sardegna - Olbia

LIDO DI CAMAIORE

✉ 55041 – Lucca (LU) – Carta regionale n° **18**–B1 – Carta stradale Michelin 563-K12

⭑○ IL MERLO

MEDITERRANEA · CONTESTO CONTEMPORANEO XX Location direttamente sulla spiaggia con una sala accogliente e dall'eleganza contemporanea, i piatti prediligono il pesce, ma vi sono anche stuzzicanti ricette di carne.

Menu 45/80 € – Carta 15/40 €

🍴 ⴺ 🅰🅲 🅿 via S.Bernardini 660 – ☎ 0584 166 0839 –
www.ilmerlocamaiore.it – Chiuso 7-22 gennaio, martedì, mercoledì a mezzogiorno

LIDO DI JESOLO

✉ 30016 – Venezia (VE) – Carta regionale n° **23**–D2 – Carta stradale Michelin 562-F19

⭑○ CUCINA DA OMAR

PESCE E FRUTTI DI MARE · ACCOGLIENTE XX Affacciato sul passeggio della zona centrale, Omar è il ritrovo degli appassionati di pesce fresco che non amano elaborazioni eccessive, ma prediligono la fragranza dei sapori: qui trovano un porto di sicura qualità.

Menu 55/85 € – Carta 50/90 €

🍴 🅰🅲 via Dante 21 – ☎ 0421 93685 – www.ristorantedaomar.it –
Chiuso 20 dicembre-8 gennaio, mercoledì

LIDO DI LATINA – Latina (LT) → Vedere Latina

LIDO DI VENEZIA – Venezia (VE) → Vedere Venezia

LIGNANO SABBIADORO

✉ 33054 – Udine (UD) – Carta regionale n° **6**–C3 – Carta stradale Michelin 562-E21

ᴵ�O BIDIN

PESCE E FRUTTI DI MARE · CONTESTO TRADIZIONALE ✗✗ Solida gestione familiare da parte di due fratelli: la carta spazia dai piatti di pesce alla tradizione friulana, servita in una sala elegante o, in estate, nell'ambiente più informale sotto al piccolo porticato.

Carta 35/55 €

ᵯ ᵯ ᴬᴱ ᴾ viale Europa 1 – ℰ 043171988 – www.ristorantebidin.com – Chiuso 7 gennaio-28 febbraio, mercoledì a mezzogiorno

ᴵO RUEDA GAUCHA

MEDITERRANEA · RUSTICO ✗ Il nome non tragga in inganno! Oltre all'ottima carne e al tipico asado argentino, qui si può trovare anche una squisita cucina di pesce con piatti della tradizione locale. L'ambiente è caratteristico, l'atmosfera piacevolmente informale.

Carta 35/75 €

ᵯ viale Europa 18 – ℰ 0431 70062 – Chiuso 10 dicembre-1 febbraio, mercoledì, sabato a mezzogiorno

⌂ᴺ⌂ ITALIA PALACE

TRADIZIONALE · ELEGANTE Sembra ancora di sentire il fruscio delle crinoline o il profumo di cipria, in questo storico albergo della Belle Epoque ritornato al suo antico splendore. Lo charme non risparmia le camere: generose per dimensioni, eleganti negli arredi e nei toni azzurro/bianco. All'ultimo piano si cena nella Terrazza per una cucina classica con molto pesce.

ᵯ ᴸ ᴶ ᵰ ᴸᵦ ⊡ ᵭ ᴬᴱ ᵴᴬ ᴾ 62 camere – 9 suites

viale Italia 7 – ℰ 0431 71185 – www.hotelitaliapalace.it

a Lignano Riviera Sud - Ovest : 7 km

ᴵO AL CASON

PESCE E FRUTTI DI MARE · ROMANTICO ✗✗ Dove il fiume incontra il mare, splendidi tramonti godibili dalla bella terrazza per il servizio all'aperto, mentre gli interni mantengono le caratteristiche dell'antico ricovero per pescatori che fu. Le specialità della casa "omaggiano" il pescato del giorno.

Menu 45/70 € – Carta 45/70 €

ᵯ ᵯ ᵯ ᴾ corso dei Continenti 167 – ℰ 0431 423029 – www.ristorantealcason.it – Chiuso 1 dicembre-5 marzo

LIMITO – Milano (MI) → Vedere Pioltello

LIMONE PIEMONTE

✉ 12015 – Cuneo (CN) – Carta regionale n° **12**–B3 – Carta stradale Michelin 561-J4

ᴵO OSTERIA IL BAGATTO

MODERNA · STILE MONTANO ✗✗ Nel centro della bella località alpina e con un ambiente interamente rivestito in legno da stube vera è propria, una cucina attenta ai dettagli, dove ottime materie prime vengono plasmate dalle abili mani dello chef. La carta propone piatti del territorio, ma non solo: ci sono, infatti, proposte di pesce ed altre d'ispirazione contemporanea.

Menu 25 € (pranzo), 43/48 € – Carta 40/60 €

ᵯ via XX Settembre 16 – ℰ 0171 927543 – www.osteriailbagatto.it – Chiuso 14-27 giugno, 2-17 novembre, mercoledì, giovedì a mezzogiorno

LINATE (AEROPORTO DI) – Milano (MI) → Vedere Milano

LINGUAGLOSSA – Catania (CT) → Vedere Sicilia

LIPARI – Messina (ME) → Vedere Sicilia (Eolie Isole)

LIVIGNO

✉ 23030 – Sondrio (SO) – Carta regionale n° **9**–B1 – Carta stradale Michelin 561-C12

🍴○ **AL PERSEF**

MODERNA · STILE MONTANO ✕✕ Una piccola saletta molto confortevole con ampie vetrate sull'esterno e pochi tavoli per assaggiare una cucina creativa e moderna, opera di un giovane chef di buone speranze. Grande attenzione alle materie prime della zona e bella carta dei vini.

Menu 50/70 € – Carta 45/76 €

🛋 **🅿** *Sporting, via Saroch 1269 – ℰ 0342 996665 –*
www.ristorantealperseflivigno.com – Chiuso lunedì a mezzogiorno, martedì,
mercoledì-domenica a mezzogiorno

🍴○ **CAMANA VEGLIA**

REGIONALE · RUSTICO ✕✕ Un ristorante che è anche un piccolo museo: i suoi interni, infatti, risalgono all'inizio del '900 e provengono da vecchie baite di Livigno. Davvero particolare è la "Stua Mata" nella quale cenare diventa una vera e propria esperienza polisensoriale. In menu, proposte del territorio, ma con spunti di moderna creatività.

Menu 47/73 € – Carta 58/75 €

🠔 🛋 🌣 **🅿** *via Ostaria 583 – ℰ 0342 996310 – www.camanaveglia.com –*
Chiuso 18 aprile-2 luglio, 27 settembre-29 ottobre, martedì

🏨 **LAC SALIN SPA & MOUNTAIN RESORT**

LUSSO · ELEGANTE Hotel dal design minimalista, in armonia con l'atmosfera montana. Originali le feeling room: sette camere ispirate ai chakra (punti energetici del corpo, secondo la filosofia orientale) ed arredate in base ai principi del feng-shui. Ottimo confort anche nelle camere più classiche.

🌲 🏊 🗺 🧖 🏋 🌡 🖹 ⚙ 🅿 🚗 60 camere – 5 suites
via Saroch 496/d – ℰ 0342 996166 – www.lungolivigno.com

🏨 **SONNE**

LUSSO · MINIMALISTA In centro, questa risorsa totalmente rinnovata è un fulgido esempio di armonia tra pietra e legno, linee tradizionali e spunti di design. Le camere si differenziano per tipologia e dimensioni; molte belle le tre suite mansardate con vista sulle piste da sci.

🍴 🧖 🖹 🌡 🅿 🚗 9 camere – 7 suites
via Plan 151/c – ℰ 0342996433 – www.hotelsonne.net

LIVORNO

✉ 57123 – Livorno (LI) – Carta regionale n° **18**–B2 – Carta stradale Michelin 563-L12

ad Ardenza Sud : 4 km per Grosseto

🍴○ **OSCAR**

PESCE E FRUTTI DI MARE · FAMILIARE ✕ Fuori dalle rotte turistiche - in una graziosa zona residenziale - il ristorante è la meta prediletta dei livornesi che desiderano mangiare pesce fresco: scegliere dal ricco buffet è un vero piacere vista la varietà delle proposte. Come del resto, accomodarsi nella graziosa veranda estiva.

Menu 45/80 € – Carta 40/90 €

🛋 🌡 🆎 🌣 *via Franchini 78 – ℰ 0586 501258 – www.ristoranteoscar.it –*
Chiuso 28 dicembre-13 giugno, lunedì a mezzogiorno

LIZZANO

✉ 74020 – Taranto (TA) – Carta regionale n° **15**–C3 – Carta stradale Michelin 564-F34

MASSERIA BAGNARA

DIMORA STORICA · ELEGANTE Masseria di origini settecentesche a meno di un chilometro dal mare, tufo e ceramiche ispirano l'elegante sobrietà degli interni, affascinante tributo alle tradizioni locali. Se la piscina panoramica sulla campagna è il fiore all'occhiello, non perdetevi la visita della suggestiva cantina nell'antica "pagliara": presto svelato il motivo per cui vale la pena di testare anche il ristorante, ovvero, la sua carta dei vini che annovera circa 900 etichette!

✿ ⑧ ⇔ ⌁ ▤ & ₥ 🅿 15 camere – 4 suites

strada provinciale 125, Sud: 6 km – ℰ 099 955 8337 – www.masseriabagnara.it

LOANO

✉ 17025 – Savona (SV) – Carta regionale n° **8**-B2 – Carta stradale Michelin 561-J6

😊 BAGATTO

LIGURE · RUSTICO 🗶 Nascosta in un carruggio del centro, simpatica trattoria dal particolare soffitto con mattoni a vista: un ottimo indirizzo per gli amanti della cucina ligure e di mare. Semifreddo al chinotto tra le specialità dolci della casa.

Specialità: Brandacujun. Trofie di castagne con seppie e carciofi. Stroscia (dessert).

Carta 30/60 €

🍴 ₥ *via Ricciardi 24 – ℰ 019 675844 – Chiuso martedì sera, mercoledì*

LOCOROTONDO

✉ 70010 – Bari (BA) – Carta regionale n° **15**-C2 – Carta stradale Michelin 564-E33

OTTOLIRE RESORT ⓝ   `Tablet. PLUS`

LUSSO · MEDITERRANEO Tra ferro ed antichi tessuti, le confortevoli camere di questo resort riprendono i materiali tipici del luogo, in una versione completamente up-to-date. Il silenzio dell'aperta campagna e la sensazione di vivere tra le caratteristiche abitazioni della Valle d'Itria, trulli e cummerse: questo è Ottolire, in poche parole.

✿ ⇔ ⌁ ₥ 🅿 14 camere

contrada Papariello 59 (Nord-Est: 13 km) – ℰ 080 443 4370 – www.ottolireresort.it

LONATO

✉ 25017 – Brescia (BS) – Carta regionale n° **9**-D1 – Carta stradale Michelin 561-F13

a Barcuzzi Nord: 3 km

🍽️ DA OSCAR

MEDITERRANEA · FAMILIARE 🗶🗶 Specialità ittiche (anche di acqua dolce) e ricette di terra, nonché un'interessante proposta di pizze lievitate - solo la sera e su prenotazione - in un raffinato locale ubicato sulle colline che guardano il lago di Garda; servizio estivo in terrazza.

Menu 48/52 € – Carta 50/70 €

⟨ 🍴 & ₥ 🅿 *via Barcuzzi 16 – ℰ 030 913 0409 – www.daoscar.it –*
Chiuso 12 gennaio-6 febbraio, lunedì, martedì-giovedì a mezzogiorno

LONGARE

✉ 36023 – Vicenza (VI) – Carta regionale n° **22**-B2 – Carta stradale Michelin 562-F16

🍽️ AGRI-RISTORANTE LE VESCOVANE

REGIONALE · RUSTICO 🗶 Spariti i cavalli, le ex stalle della casa-fortezza cinquecentesca ospitano oggi una cucina imperniata su ottimi prodotti, talvolta di nicchia - sia dell'azienda agrituristica che del territorio veneto - in piatti estrosi ed elaborati.

Carta 35/60 €

⇄ ⟨ ⇔ 🍴 ↔ 🅿 *Agriturismo Le Vescovane, via San Rocco 19/2 –*
ℰ 0444 273570 – www.levescovane.com – Chiuso lunedì, martedì, mercoledì-venerdì a mezzogiorno

LONGIANO

✉ 47020 – Forlì-Cesena (FC) – Carta regionale n° **5**–D2 – Carta stradale Michelin 562-J18

DEI CANTONI

REGIONALE · FAMILIARE X All'ombra del castello malatestiano, due sale con mattoni a vista che ricordano il bel ciottolato del centro ed un piacevole servizio estivo in veranda. Sabina preparerà per voi gustose specialità regionali!

Specialità: Tortelli ripieni di rosole con porcini e polvere di fiore di zucca. Coniglio al tegame timo e limone candito. Cremoso di mascarpone.

Menu 15 € (pranzo), 25/35 € – Carta 15/35 €

🛋 🅰️ *via Santa Maria 19 – ℰ 0547 665899 – www.ristorantedeicantoni.it – Chiuso mercoledì*

TERRE ALTE

PESCE E FRUTTI DI MARE · ELEGANTE XX Un ristorante dai toni eleganti per trovare il pescato del giorno accuratamente selezionato dal titolare stesso ed una cucina semplice che ne valorizza la qualità. Dalla terrazza lo sguardo abbraccia la Romagna.

🛋 🅰️ 🅿️ *via Olmadella 11, località Balignano – ℰ 0547 666138 – www.ristoranteterrealte.com – Chiuso lunedì, martedì a mezzogiorno*

LONIGO

✉ 36045 – Vicenza (VI) – Carta regionale n° **23**–B3 – Carta stradale Michelin 562-F16

🌸🌸 LA PECA

Chef: Nicola Portinari

CREATIVA · ELEGANTE XXX Ambienti di caldo design contemporaneo, ricercato anche nelle decorazioni dei tavoli o nelle comode poltroncine che portano la firma di Philippe Starck, per un locale che ha tutto per piacere, non fosse altro che al piano terra c'è un elegante salotto dedicato ai fumatori, dove poter sorseggiare grandi distillati accompagnati da una selezione dei migliori sigari provenienti da tutto il mondo. Creativa, ma senza strafare, regionale, ma senza proibirsi esperienze diverse, la Peca (in dialetto vicentino, "traccia" o "impronta") è una straordinaria tappa gastronomica che imprime un segno sulla definizione di alta cucina. Nicola Portinari propone una linea molto personale, in cui di volta in volta cita il Veneto o soggiace ad influenze internazionali, soprattutto nelle tecniche di cottura. Una sosta che diventa esperienza a tutto tondo rafforzata anche da una grande offerta enoica. Senza tralasciare la spettacolare vista sui colli.

Specialità: Gioco di mare. Anguilla in forno di braci, salsa teriyaki e daikon piccante. Come una cassata ai mandarini con gelato al pistacchio di Bronte e capperi disidratati.

Menu 95/200 € – Carta 116/155 €

🍷 🛋 🅰️ 🔆 🅿️ *via Alberto Giovanelli 2 – ℰ 0444 830214 – www.lapeca.it – Chiuso 31 gennaio-6 febbraio, 20 giugno-3 luglio, 8-14 agosto, 24-30 dicembre, lunedì, domenica*

OSTERIA DEL GUÀ

MODERNA · ROMANTICO XX Guà era il nome dialettale con cui veniva chiamato il fiume Novo, che lambisce la proprietà; sotto ai portici della barchessa ci si accomoda nella bella stagione, cullati dalla tranquillità del parco, mentre nella intima e romantica sala interna si respira la stessa classe di tutta la struttura. Se la sera si servono piatti che ingentiliscono e aggiornano i sapori del territorio, a pranzo, aspettatevi una carta più semplice. Atmosfera country-chic.

Menu 35/60 € – Carta 32/76 €

🛏 🛋 🅰️ 🅿️ *Hotel La Barchessa di Villa Pisani, via Risaie 1/3, località Bagnolo – ℰ 0444 831207 – www.labarchessadivillapisani.it – Chiuso 7-31 gennaio, lunedì, martedì-sabato a mezzogiorno, domenica sera*

LA BARCHESSA DI VILLA PISANI

DIMORA STORICA · ROMANTICO Splendida dimora disegnata all'interno della barchessa di una delle ville palladiane, Patrimonio Mondiale dell'Unesco, Villa Pisani dispone di tappeti, quadri, poltrone... insomma, ambienti lussuosi e molto accoglienti. Le camere mostrano la stessa cura, ma - al tempo stesso - sono tutte diverse, confortevoli e calde. Una romantica dimora che vi suggeriamo senza indugio: nel piccolo appartamento, il tempo sembra – addirittura – essersi fermato!

🕭 🖻 ⌁ 𝄢 ⛱ 🖨 ⌂ 🏧 **P** 16 camere – 7 suites

via Risaie 1/3, località Bagnolo – ℰ 0444 831207 – www.labarchessadivillapisani.it

🍴 **Osteria del Guà** – Vedere selezione ristoranti

LORETO

✉ 60025 – Ancona (AN) – Carta regionale n° **11**-D2 – Carta stradale Michelin 563-L22

🕸 ANDREINA

Chef: Errico Recanati

REGIONALE · ELEGANTE ✗✗✗ Andreina non c'è più, ma è dolce ricordarla quando nell'immediato dopoguerra aprì qui un negozio che vendeva di tutto. Il passaggio alla ristorazione fu lento e quasi involontario: furono i cacciatori a portarle il bottino delle proprie battute perché lei li cuocesse; un po' alla volta vi aggiunse le paste e i ragù e da lì ad una ristorazione ufficiale il passo fu breve. Saltando una generazione, il timone è passato al nipote Errico che – dopo aver approfonditamente studiato la meccanica della cottura a fuoco vivo – ne ha fatto il tratto distintivo del locale, con spiedo e brace a dare il benvenuto all'ingresso. Piatti marchigiani creativi o meglio cucina "neorurale" – come ama definirla lo chef - serviti tra arredi raffinati in una ex casa colonica con caminetto e giardino. Bella saletta per la degustazione di sigari e distillati.

Specialità: Scampo, bottarga di carne, mango e burro acido. Piccione, anguilla e fiori di sambuco. A mio nonno (reinterpretazione della zuppa inglese tradizionale).

Menu 90/115€ – Carta 60/100€

🕸 🍴 🏧 ⌂ **P** *via Buffolareccia 14 – ℰ 071970124 – www.ristoranteandreina.it – Chiuso martedì, mercoledì a mezzogiorno*

LORO CIUFFENNA

✉ 52024 – Arezzo (AR) – Carta regionale n° **18**-C2 – Carta stradale Michelin 563-L16

🍴 IL CIPRESSO-DA CIONI

REGIONALE · COLORATO ✗ Quadri di arte contemporanea realizzati dal titolare-pittore rallegrano la sala, mentre le migliori specialità del territorio - salumi, pane, paste e le celebri carni toscane - e l'ottimo gelato fatto in casa deliziano gli avventori, che potranno prolungare il piacere dei sapori gustati portandosi a casa prodotti locali acquistabili nella piccola enoteca.

Carta 25/55€

🏧 **P** *via Alcide De Gasperi 28 – ℰ 055 917 1127 – Chiuso lunedì-mercoledì a mezzogiorno*

LORO PICENO

✉ 62020 – Macerata (MC) – Carta regionale n° **11**-C2

🏠 CASA AZZURRA ⓝ

ECOSOTENIBILE · BUCOLICO Progettata secondo i più avanzati concetti di bioarchitettura e l'applicazione dei principi del Feng-Shui, l'eliminazione notturna dei campi elettromagnetici, nonché il corretto allineamento dei meridiani è l'indirizzo ideale per gli spiriti green, che troveranno un ambiente d'ispirazione orientale ed una cucina prevalentemente bio.

🏋 🕭 ≪ 🖻 ⌁ 𝄢 ⌂ 🏧 **P** 8 camere

contrada Grazie Fiastra 67/b – ℰ 0733 506908 – www.casaazzurra.it

LUCARELLI – Siena (SI) ➜ Vedere Radda in Chianti

✉ 55100 – Lucca (LU)
Carta regionale n° **18**–B1
Carta stradale Michelin 563-K13

LUCCA

Ci piace: piatti semplici ed economici per una sosta informale alla **Gigliola**: sempre gestita dai ragazzi del ristorante stellato Giglio, qui si vende anche dell'ottimo pane.Soggiornare in quella che nell'Ottocento fu una dimora di caccia: **Villa Marta**! La **Buca di Sant'Antonio** con la sua caratteristica sala dei "rami" dal cui soffitto pendono paioli di fogge varie. L'autenticità dell'**Osteria Verciani "il Mecenate a Lucca"**, all'interno di una storica tintoria.

Nel cuore della città, a due passi da piazza Anfiteatro, Caffè di Simo ha conservato gran parte dell'arredo originale. Tra fine '800 ed inizio '900 ha dato vita ad un vero 'concerto di amicizie'; fu il caffè in cui echeggiò l'entusiasmo del risorgimento e accolse letterati ed artisti. Alla Pasticceria Taddeucci si viaggia nel tempo, grazie al lavoro degli antenati che hanno tramandato le antiche ricette della tradizione dolciaria lucchese. Tra i must: trecce e pan Puccini.

Ristoranti

❀ **GIGLIO**

Chef: Terigi, Rullo e Stefanini

MODERNA · ELEGANTE ✗✗ In un bel palazzo settecentesco, il Giglio esiste dal 1979, ma la gestione affidata a tre giovani ragazzi risale a pochi anni or sono. È – infatti – una storia di squadra – quella dei tre amici cuochi riuniti nel rilancio di questo locale in una delle tante piazze del centro storico dell'incantevole Lucca.

Col bel tempo si può mangiare fuori e godere della tipica e vivace atmosfera di un'estate all'italiana, mentre chi preferisce un ambiente più austero ed elegante prenoterà un tavolo nella sala interna. Cucina moderna con radici ben piantate nel territorio, ma anche una dichiarata simpatia per il Sol Levante di cui si citano alcuni ingredienti qua e là.

Specialità: Paté di fegatini di pollo, cialda di lampone e brioche. Risotto al pomodoro verde, cetrioli e noce moscata. Paris-Brest alle nocciole.

Menu 70/100 € – Carta 45/100 €

🍴 Ⓐ **Pianta: B2-c** – *piazza del Giglio 2 –*
☏ *0583 494058 –*
www.ristorantegiglio.com –
Chiuso 27 gennaio-11 febbraio, martedì, mercoledì a mezzogiorno

○ **BUCA DI SANT'ANTONIO**

TOSCANA · CONTESTO TRADIZIONALE ※※ A pochi metri da piazza San Michele, nel cuore del bellissimo centro storico di Lucca, la Buca di Sant'Antonio è il gran classico cittadino. All'insegna della tradizione toscana, tra i secondi si serve quasi esclusivamente la carne. In un trionfo di pentole di rame appese sul soffitto, è un ristorante dove sentirsi a casa.

Menu 23 € (pranzo), 32/45 € – Carta 33/46 €

&& 🖼 🖼 ⇆ **Pianta: B2-a** – *via della Cervia 1/5 – ℰ 0583 55881 – www.bucadisantantonio.com – Chiuso 10-25 gennaio, lunedì, domenica sera*

○ **ALL'OLIVO**

REGIONALE · AMBIENTE CLASSICO ※※ In una delle caratteristiche piazze del centro storico, quattro sale elegantemente arredate, di cui una adibita ai fumatori, dove gustare una squisita cucina del territorio di terra e di mare. Piacevole servizio estivo all'aperto.

Menu 30 € (pranzo), 40/60 € – Carta 40/101 €

&& 🖼 🖼 ⇆ **Pianta: B2-p** – *piazza San Quirico 1 – ℰ 0583 493129 – www.ristoranteolivo.it*

○ **L'IMBUTO**

CREATIVA · CONTESTO CONTEMPORANEO ※※ Uno dei cuochi più discussi e controversi per l'estro creativo dei suoi piatti e gli originali accostamenti, Tomei trova casa nelle antiche scuderie del seicentesco palazzo-museo Pfanner. Si sceglie il numero delle portate, si dichiarano eventuali allergie e poi si è nelle mani del cuoco, che in tutta libertà sfornerà i suoi sorprendenti piatti.

Menu 70/110 €

🖼 🖼 **Pianta: B1-a** – *piazza del Collegio 8 – ℰ 331 930 8931 – www.limbuto.it – Chiuso 1 gennaio, 24-26 dicembre, lunedì*

○ **OSTERIA VERCIANI "IL MECENATE A LUCCA"**

TOSCANA · FAMILIARE ※ Nei locali di una storica tintoria lucchese, qui respirerete l'atmosfera di un'autentica, conviviale trattoria; dal menu una straordinaria carrellata delle eccellenze gastronomiche locali quali i tordelli lucchesi o la tagliata alle erbe aromatiche. Scenografico servizio estivo di fronte alla chiesa di San Francesco e buona scelta enoica a completare l'offerta.

🖼 **Pianta: C1-v** – *via del Fosso 94 – ℰ 0583 511861 – www.ristorantemecenate.it – Chiuso 5-25 novembre*

○ **PEPEROSA** ⓝ

PESCE E FRUTTI DI MARE · SEMPLICE ※ Affacciato sulla pittoresca piazza dell'Anfiteatro, la posizione così idilliaca non ha fortunatamente trasformato questo ristorante in una trappola per turisti, ma in una delle più interessanti destinazioni gastronomiche della città. Carta concentrata in prevalenza sul pesce, con più di un tocco creativo.

Carta 36/60 €

🖼 🖼 **Pianta: B1-c** – *piazza dell'Anfiteatro 4 – ℰ 0583 082361 – www.peperosaristorantebistro.it – Chiuso 7 gennaio-8 febbraio, mercoledì*

Alberghi

🏠 **PALAZZO DIPINTO** ⓝ

DIMORA STORICA · CONTEMPORANEO Un bel palazzo del centro storico è stato convertito in albergo moderno e dal 2017 si aggiunge all'hôtellerie di Lucca. Il rimando alle sue origini che risalgono al XIII secolo si trova un po' dappertutto: nei soffitti fatti con travi a vista, ma anche nel piccolo scavo romano interrato, mentre gli arredi offrono un confort contemporaneo. In estate si può consumare la prima colazione nella graziosa piazzetta.

📺 🖼 🕸 🚗 19 camere

Pianta: B2-b – *piazza del Palazzo Dipinto 27 – ℰ 0583 582873 – www.palazzodipinto.com*

LUCCA

0   200 m

Battistero e Chiesa dei S. Giovanni e Reparata ...... B

PESCIA, PISTOIA

PONTEDERA, EMPOLI

ABETONE ↑ CAMAIORE, CASTELNUOVO

VIAREGGIO, PISA, GENOVA

PISA ↓ VIAREGGIO

Passeggiata delle Mura

V.le della Mura Urbane

Vie Giovanni Pacini

V. Antonio Gramsci

V. di Tiglio

Vie V. Vincenzo Lunardi

V. di Castelnuovo Castagneta

Nicola Barbantini

Marconi

Guglielmo

Piave

V. Antonio Cantore

Pubblici Macelli

Orzali

V. torre Mario Angelo

Landucci

V. Filippo

Pulia

V. Del Corte

Saufo

Nafairo

Vie delle Mura Urbane

Viale Regina Margherita

Piazzale Ricasoli

Vie Camillo Benso Conte di Cavour

Museo nazionale di Villa Guinigi

Orto botanico

Sta Maria Forisportam

Museo della Cattedrale

Duomo di S. Martino

Pza S. Martino

Piazza Antelminelli

Piazza Napoleone

Pza del Giglio

C.so Garibaldi

Piazzale del Risorgimento

Piazza dell'Indipendenza

Europa

V. delle Tagliate

V. delle Tagliate

V. Antonio Mazzarosa

V.le delle Tagliate Prima

Corte Caprini

V. Cino Custer De Nobili

V. Donato

Greco

V. Nicolao Dorando

V. Giacomo Puccini

V. Pisana

V. Alfredo Catalani

V. delle Taglie

V. della Rose

V. dei Garofani

V. Carlo Angeloni

V. Cavalletti

V. Papi

Lazzaro

V. delle Cavallerizza

V. Mario Pannunzio

Passeggiata delle

V. Seconda

Piazzale dei Martiri della Libertà

V. Umberto Tinivella

Passeggiata delle Mura

V. Barsanti e Matteucci

V. Carlo Del Prete

V.le Carlo Del Prete

V. Cesare Battisti

Burlamacchi

V. Michele Rosi

V. Agostino Marti

Pza L. Vitelli

V. della Quarquonia

Elisa

V. Nicolao

V. del Fosso

V. Antonio Facchi

V. Guinigi

V. del Loreto

V. Giuseppe Carducci

V. S. Giorgio

V. della Stufa

V. S. Paolino

V. S. Paolino

C.so Vittorio Emanuele

V. del Pallone

Galli

V. della Cittadella

Pinacoteca Nazionale di Palazzo Mansi

Piazzale G. Verdi

Piazza L. Boccherini

V. Giovanni Pascoli

San Pietro Somaldi

Piazza S. Pietro

Piazza dell'Anfiteatro

S. Frediano

Piazza S. Maria

CITTÀ VECCHIA

S. Cristoforo

Pza dei Bernardini

S. Michele in Foro

Pza S. Michele

V. Fillungo

v
t
c
a
p
b
z

C

B

A

1

2

328

a Ponte a Moriano Nord: 9 km per Camaiore B1 – Carta regionale n° **18**–B1

🟨 **ANTICA LOCANDA DI SESTO**

TOSCANA · CONTESTO REGIONALE ⅹ In una piccola frazione a nord di Lucca, l'atmosfera è quella tipica di una trattoria, il servizio particolarmente cortese. Tra le specialità: ricette in prevalenza di carne, con baccalà e trota fra le proposte di pesce. La griglia è regina fra i secondi piatti.
Carta 30/56€

🆔 🅿 **Fuori pianta** – *via Ludovica 1660, a Sesto di Moriano –*
℘ *0583 578181 – www.anticalocandadisesto.it –*
Chiuso 23 dicembre-2 gennaio, sabato

sulla strada statale 435 per Pescia C1

🟨 **SERENDEPICO**

FUSION · MINIMALISTA ⅹ Lo chef giapponese si diverte a reinterpretare i sapori dello Stivale, in maggior modo quelli delle regioni dove lui stesso si è fatto le ossa (Marche, Piemonte, Toscana), ma lo fa con una delicatezza tutta nipponica, in punta di piedi o meglio di forchetta! Cucina della tradizione, quindi, che porge il destro ad abbinamenti insoliti ed intriganti.
Menu 55/100€ – Carta 34/58€

🔄 🏠 🆔 ⟷ 🅿 **Fuori pianta** – *Hotel Relais del Lago, via della Chiesa di Gragnano 36 – ℘ 0583 975026 – www.serendepico.com –*
Chiuso lunedì a mezzogiorno, martedì, mercoledì-sabato a mezzogiorno

a Marlia Nord: 6 km per Camaiore B1 – Carta regionale n° **18**–B1

✿ **BUTTERFLY**

Chef: Fabrizio Girasoli

MODERNA · CASA DI CAMPAGNA ⅹⅹⅹ L'ottocentesco casolare è lo scrigno gourmet di Fabrizio Girasoli e Mariella Palatresi, coppia nella vita e sul lavoro, a cui oggi si affianca il figlio Andrea: giovanissimo, ma già ben determinato a calcare le orme dei genitori. La gestione è squisitamente familiare: Mariella segue la sala, padre e figlio si occupano della cucina. Si viene qui per gustare specialità sia di carne sia di pesce in presentazioni ricercate; anche nel delizioso giardino d'inverno fruibile in qualsiasi stagione dell'anno. A pochi chilometri da Lucca, l'impressione è quella di cenare in un raffinato relais di campagna.
Specialità: Prezioso foie gras. Cappelletti di piselli novelli con vongole veraci su emulsione di datterino giallo. Il "pozzo dei desideri".
Menu 50€ (pranzo), 85/100€ – Carta 70/110€

🚺 🏠 🆔 🅿 **Fuori pianta** – *strada statale 12 dell'Abetone –*
℘ *0583 307573 – www.ristorantebutterfly.it –*
Chiuso 16 febbraio-3 marzo, lunedì-martedì a mezzogiorno, mercoledì, giovedì-sabato a mezzogiorno

sulla strada statale 12 r per viale Europa A2

🟨 **LA CECCA**

TOSCANA · CASA DI CAMPAGNA ⅹ Alle pendici della collina di Coselli, il locale ricorda nell'insegna il nome della fondatrice che negli anni '40 aprì qui un negozio di alimentari. A distanza di qualche generazione, la trattoria si infittisce ancora di buongustai alla ricerca di un ambiente accogliente e familiare, ma soprattutto dei piatti più famosi della regione.
Carta 22/37€

🏠 🆔 ⟷ 🅿 **Fuori pianta** – *località Coselli –*
℘ *0583 94284 – www.lacecca.it –*
Chiuso 2-11 gennaio, 18-21 agosto, lunedì, mercoledì sera

VILLA MARTA

LOCANDA · STORICO Magnolie, pini e camelie in un melting pot verdeggiante che abbraccia questa ottocentesca dimora di caccia, mutuante il proprio nome dall'ultima proprietaria che qui vi abitò: la signora Marta. Camere dal sapore antico, con pavimenti originali, alcune affrescate, per un soggiorno all'insegna del relax e del romanticismo. Buona cucina al Botton d'Oro.

🏯 🕭 ⪕ ⟷ 🗲 & 🅰🅲 🅿 18 camere

Fuori pianta – *via del Ponte Guasperini 873, località San Lorenzo a Vaccoli –*
☏ *0583 370101 – www.albergovillamarta.it*

verso il lago Massacciuccoli Ovest: 13 km

ALBERGO VILLA CASANOVA ⓝ

VILLA PATRONALE · TRADIZIONALE Letti a baldacchino o barocchi, pavimenti in legno, pareti dai toni chiari: sono solo alcune delle tante particolarità che caratterizzano le camere di questo casale del XVIII secolo, circondato da una distesa di boschi e prati. Senso dell'ospitalità al top!

🏯 ⟷ 🗲 🅰🅲 🅿 14 suites

Fuori pianta – *via di Casanova 1 1600 –*
☏ *0583 190 0648 – www.villacasanova-lucca.it*

a San Pietro Marcigliano – Carta regionale n° **18**–B1

TENUTA SAN PIETRO ⓝ

CASA DI CAMPAGNA · AGRESTE Un classico casolare del Cinquecento, situato tra le dolci colline che circondano la città di Lucca, rinasce come piccolo hotel rurale grazie ad un sapiente lavoro di restauro. La Toscana è rappresentata da pavimenti originali e travi a vista, ma anche dalla fragrante cucina del ristorante.

🏯 🕭 ⪕ ⟷ 🗲 🅰🅲 🕭 🅿 10 camere

Fuori pianta – *via per San Pietro 22 - 26 –*
☏ *0583 926676 – www.tenutasanpietro.com*

LUCIGLIANO – Firenze (FI) → Vedere Scarperia

LUCIGNANO – Siena (SI) → Vedere San Gimignano

LUGHETTO – Venezia (VE) → Vedere Campagna Lupia

LUINO

✉ 21016 – Varese (VA) – Carta regionale n° **9**–A2 – Carta stradale Michelin 561-E8

a Colmegna Nord: 2,5 km

CAMIN HOTEL COLMEGNA

RESORT · BORDO LAGO Circondata da un ameno parco in riva al lago, in splendida posizione panoramica, questa villa d'epoca dispone di camere confortevoli per un soggiorno piacevole e rilassante: le nuove stanze mansardate offrono un respiro ampio e romantico.

🏯 ⪕ ⟷ 🍸 ♨ 🕭 🅿 30 camere – 5 suites

via Palazzi 1 – ☏ 0332 510855 –
www.caminhotel.com

LUSIA

✉ 45020 – Rovigo (RO) – Carta regionale n° **23**–B3 – Carta stradale Michelin 562-G16

in prossimità strada statale 499 Sud : 3 km

🏵 **TRATTORIA AL PONTE**

REGIONALE · FAMILIARE 🛠 Fragranze di terra e di fiume si intersecano ai sapori di una volta e alla fantasia dello chef per realizzare instancabili piatti della tradizione, come il mitico risotto (in base alla stagione!) o il petto di faraona alla senape. Un'oasi nel verde, al limitare di un ponte, con laghetto illuminato.

Menu 15 € (pranzo), 25/40 € – Carta 25/35 €

🏠 🎰 ♿ **P** *via Bertolda 27, località Bornio – 𝒞 0425 669890 – www.trattorialponte.it – Chiuso lunedì*

LUSIANA CONCO

✉ 36046 – Vicenza (VI) – Carta regionale n° **23**–B2 – Carta stradale Michelin 562-E16

a Rubbio Est: 6 km

🏵 **MILLELUCI**

REGIONALE · CONVIVIALE 🛠 Sala semplice e curata con ampie vetrate per una vista che abbraccia la piana di Vicenza e montagne del circondario; piatti della tradizione regionale elaborati partendo dalla stagionalità dei prodotti.

Carta 35/70 €

≤ 🏠 **P** *Contrà Rossi 15 – 𝒞 333 262 1925 – www.elvispilati.it – Chiuso lunedì, martedì*

MACCHIE – Terni (TR) → Vedere Amelia

MADESIMO

✉ 23024 – Sondrio (SO) – Carta regionale n° **9**–B1 – Carta stradale Michelin 561-C10

🏵 **IL CANTINONE E SPORT HOTEL ALPINA**

Chef: Stefano Masanti

MODERNA · STILE MONTANO 🛠🛠 Calda atmosfera nelle sale di elegante stile montano, ambiance riproposta poi nelle accoglienti camere, per una cucina che celebra il territorio in saporiti piatti di selvaggina o in specialità ittiche d'acqua dolce. Possibilità di scelta à la carte o menu degustazione da 5 o 7 portate più una serie di stuzzichini e post dessert. Attenzione: l'esperienza gastronomica prevede una durata di circa 2/3 ore. Cucina, ospitalità, progetti dedicati alla riscoperta delle tradizioni e del gusto alpino: questo ed altro ancora è Il Cantinone e Sport Hotel Alpina!

Specialità: Rognoni di coniglio, gamberi di fiume con loro ristretto ed erbe alpine. Il maialino nero delle alpi croccante con topinambur e nespole fermentate. Sciroppo di acacia della Valchiavenna, fiori selvatici in conserva, gelato al miele di tarassaco.

Menu 59 € (pranzo), 79/139 € – Carta 59/139 €

🐕 ⇦ ♿ **P** *via A. De Giacomi 39 – 𝒞 0343 56120 – www.ristorantecantinone.com – Chiuso 11 aprile-1 dicembre, lunedì-domenica a mezzogiorno*

⊠ 38086 – Trento (TN)
Carta regionale n° **19**–B2
Carta stradale Michelin 562-D14

MADONNA DI CAMPIGLIO

Ci piace: l'eleganza signorile, ma pur sempre contemporanea dell'hotel **Spinale**, a ridosso degli impianti di risalita. Il lussuoso design montano del **DV Chalet**.

Nel cuore pedonale della movida, il Majestic Lounge ne ha una per tutte le ore: dalla colazione, ai pasti, sino al proverbiale aperitivo che riva-leggia con quello del bellissimo bancone dell'hotel Spinale. Legno e granito all'esterno non sfuggono allo stile alpino, ma all'interno è la deep house music a fare da colonna sonora all'aperitivo più "in" di Madonna di Campiglio: siamo al Piano54, il salotto buono delle Dolomiti!

Ristoranti

※ **IL GALLO CEDRONE**

CREATIVA · **ELEGANTE** ⅩⅩ In una casa montana che da diversi lustri è nelle mani della stessa famiglia, l'hotel Bertelli accoglie fra le sue mura una gemma gastronomica: Il Gallo Cedrone. È qui che si è sempre celebrata la montagna, dalle cotture al fumo di fieno ai salumi, nonché ai formaggi; il lago e i pesci d'acqua dolce non sono lontani, importanti al pari della selvaggina. Partendo da queste certezze, il giovane cuoco - Sabino Fortunato - apre la porta anche a prodotti di mare ed esteri, mettendo in mostra una certa predilezione per i piatti strutturati in cui potersi cimentare con la propria tecnica e perizia. Eccellente la selezione dei vini che sostano nella bella cantina: 20.000 bottiglie raccolte in circa 800 etichette. Difficile non vi sia quella che fa per voi!
Specialità: Antipasto di benvenuto al Gallo Cedrone. Filetto di cervo cotto al rosa, frutti rossi, funghi di sottobosco e millefoglie di patate. More di bosco, vaniglia Tahiti e Ivoire 35%.
Menu 95/195 € – Carta 58/111 €
※ ⇆ & **P** Hotel Bertelli, via Cima Tosa 80 – ☏ 0465 441013 -
www.ilgallocedrone.it – Chiuso 9 aprile-3 luglio, 5 settembre-2 dicembre, lunedì, martedì-domenica a mezzogiorno

※ **STUBE HERMITAGE**

CREATIVA · **STUBE** ⅩⅩ Il nome è eloquente, si cena all'interno di una romantica, intima ed antica stube d'inizio Novecento: un inno ai piaceri alpini dove la cucina porta a rimarchevoli vette creative, prodotti ed ingredienti per la maggior parte montani e trentini, "contaminati" con precisione e gusto da sapori del sud Italia. Un omaggio alle origini dello chef! Più di 300 sono - invece - le etichette selezionate, tra cui alcuni vini biologici e biodinamici locali, che riposano nell'originale cantina scavata nella roccia. Tempo permettendo, godetevi la magia della bella terrazza al cospetto delle Dolomiti: sospesi tra terra e cielo...

Specialità: Insalata aromatica con tosella fatta in casa, pane di Matera e frutti di bosco. Filetto di cervo, gin, cipollotti e mirtillo rosso. La foresta nera fredda, ciliegie, cioccolato fondente e panna.

Carta 100/140 €

🍴 ♿ 🅿 *Bio-Hotel Hermitage, via Castelletto Inferiore 69 –*
☎ *0465 441558 – www.stubehermitage.it –*
Chiuso 1 aprile-30 giugno, 10 settembre-14 dicembre, lunedì, martedì-domenica a mezzogiorno

✿ DOLOMIEU

MODERNA · STUBE ✗✗ Circondata dal Parco naturale dell'Adamello, che comprende le dolomiti del Brenta, un ghiacciaio, laghi e sentieri, Madonna di Campiglio è un gioiellino naturalistico che riserva anche sorprese gourmet. All'interno del prestigioso boutique hotel DV Chalet, Dolomieu è un ristorante gastronomico con una cucina moderna e creativa: considerata la location non stupisce che la metà del menu sia dedicata alla carne, meno prevedibile che l'altra metà sia rivolta al pesce. Sulle vette della località, pochi tavoli (solo 6): si consiglia di prenotare!

Specialità: Porcino in consistenza, aglio della regina, crema di latte e olio di abete. Diaframma di Rendena sui carboni, frutti rossi senapati e caviale. "Cream brulè" al taleggio, alchechengi piccanti, croccante di sesamo e pino mugo.

Menu 75/110 € – Carta 65/95 €

♿ 🅿 *Hotel DV Chalet, via Castelletto Inferiore 10 –*
☎ *0465 443191 – www.dvchalet.it –*
Chiuso 5 aprile-8 luglio, 6 settembre-2 dicembre, lunedì a mezzogiorno, martedì, mercoledì-domenica a mezzogiorno

🍴 DUE PINI

REGIONALE · RUSTICO ✗✗ In una sala accogliente dai rimandi montani, la cucina si divide per argomenti partendo dal bosco, dal pascolo, dall'acqua di fiumi e laghi, concedendosi - tuttavia - variazioni anche sul tema del mare. Così come sarà lo chef a permettersi divagazioni e reinterpretazioni di ricette classiche proposte - ora - in chiave moderna.

Menu 65/85 € – Carta 38/59 €

Hotel Chalet del Sogno, via Spinale 37/bis –
☎ *0465 441033 – www.ristoranteduepini.com –*
Chiuso 26 aprile-1 giugno

🍴 IL CONVIVIO

MODERNA · STUBE ✗✗ Calda atmosfera nella stube, dove la sera si possono gustare piatti ricchi di originalità; a pranzo, invece, nel lounge, vi attende una cucina dalla matrice spiccatamente italiana, formula e prezzi da bistrot.

Carta 41/95 €

➥ ♿ 🅿 *Alpen Suite Hotel, viale Dolomiti di Brenta 84 –*
☎ *0465 440100 – www.alpensuitehotel.it*

Alberghi

🏨 BIO-HOTEL HERMITAGE

LUSSO · ECOSOSTENIBILE Immerso in un parco con la splendida vista sulle cime del Brenta come sfondo, la natura circostante si trasferisce all'interno della casa. Costruito secondo i criteri della bioarchitettura, la tranquillità e l'eleganza sono sorvegliate dalla straordinaria famiglia che lo gestisce da sempre.

🏔 🌿 ⟨ 🍴 📺 🛐 🔆 ♿ 🅿 🛋 25 camere – 3 suites

via Castelletto Inferiore 69 – ☎ 0465 441558 – www.biohotelhermitage.it

✿ **Stube Hermitage** – Vedere selezione ristoranti

🏠 CHALET DEL SOGNO

LUSSO · ACCOGLIENTE Il sogno diventa realtà: a pochi passi dagli impianti di risalita, albergo in stile montano con ambienti signorili ed ampie camere. Al termine di una giornata attiva e dinamica, quanto di meglio che una sosta nel moderno ed attrezzato centro benessere?

🍴 ☒ 🕸 🕷 ⅃ 🔄 ᚛ 12 suites – 6 camere

via Spinale 37/bis – ☎ 0465 441033 – www.hotelchaletdelsogno.com

🍴○ **Due Pini** – Vedere selezione ristoranti

🏠 DV CHALET

LUSSO · DESIGN Affascinanti ambienti moderni, profili geometrici e colori sobri: se cercate raffinatezza e design sulle Alpi, DV Chalet - con sottotitolo "Boutique Hotel & Spa" - è sicuramente l'indirizzo che fa per voi!

🍴 ☒ 🕸 🕷 🔄 ᚛ 🚗 20 camere

via Castelletto Inferiore 10 – ☎ 0465443191 – www.dvchalet.it

❀ **Dolomieu** – Vedere selezione ristoranti

🏠 SPINALE ⓝ

SPA E WELLNESS · ELEGANTE La sua posizione - praticamente attaccata all'omonimo impianto di risalita - lo pone già tra i "preferiti" della perla delle Dolomiti. A questa caratteristica seguono la piacevolezza dello stile moderno con cui è stato rinnovato arricchendolo di dotazioni di ultima generazione ed innumerevoli servizi tra cui segnaliamo, oltre alla beauty farm, anche il lounge-bar gettonatissimo per aperitivi mondani.

🍴 ⪦ ☒ 🕸 🕷 ⅃ 🔄 ᚛ 🚗 58 camere – 8 suites

via Monte Spinale 39 – ☎ 0465 441116 – www.spinalehotelcampiglio.it

---

MADONNA DI SENALES • UNSERFRAU – Bolzano (BZ) → Vedere

Senales

MADRUZZO

✉ 38070 – Trento (TN) – Carta regionale n° **19**–B3

SARCHE

🍴○ HOSTERIA TOBLINO ⓝ

CONTEMPORANEA · MINIMALISTA All'interno del grande complesso Cantina Toblino, la parte più accogliente e contemporanea è l'ampia sala in stile minimal dell'Hosteria. Qui un giovane cuoco propone semplici reinterpretazioni sul tema del territorio e del km 0, concedendosi la giusta apertura anche a qualche ingrediente da fuori regione.

Menu 12€ (pranzo), 45/52€ – Carta 40/60€

🍴 🏠 ᚛ 🄼 ⟳ 🅿 *via Garda 3 – ☎ 0461 564168 –*
www.toblino.it/hosteria-cantina-toblino – Chiuso lunedì, martedì-mercoledì sera,
domenica sera

MAGIONE

✉ 06063 – Perugia (PG) – Carta regionale n° **20**–B2 – Carta stradale Michelin 563-M18

🍴○ L'UMBRICELLO DEL COCCIO ⓝ

UMBRA · CONTESTO TRADIZIONALE Ⅹ Marco, lo chef-patron, meglio conosciuto come il "re degli umbricelli", si è trasferito in questa nuova sede: un piacevole rustico nei pressi del Santuario di Montemelini. Oltre alla tipico spaghettone, carni alla brace e specialità locali. In estate si può godere della bella terrazza panoramica.

Menu 25/40€ – Carta 35/45€

🍴 🏠 ᚛ *via Dei Montemelini 22 – ☎ 075 847 6534 – www.lumbricellodelcoccio.it –*
Chiuso lunedì, martedì

MAGLIANO ALFIERI

✉ 12050 – Cuneo (CN) – Carta regionale n° **14**–A2 – Carta stradale Michelin 561-H6

⅃○ STEFANO PAGANINI ALLA CORTE DEGLI ALFIERI

MODERNA · CONTESTO STORICO ※※ All'interno di un sontuoso castello sei-centesco, due sale di servizio: in una sono esposte opere di artisti locali che cambiano durante l'anno, mentre i più romantici sceglieranno quella delle rose con splendidi soffitti affrescati. Niente scelta alla carta, ma solo menu degustazione (dal quale - tuttavia - si possono "estrarre" a piacere dei piatti), di ottimo livello e con un eccellente rapporto qualità/prezzo.

Menu 35/55 €

⇔ *piazza Raimondo 4 –*
✆ *0173 66244 – www.stefanopaganini.it –*
Chiuso martedì, mercoledì a mezzogiorno

MAGLIANO SABINA

✉ 02046 – Rieti (RI) – Carta regionale n° **7**–B1 – Carta stradale Michelin 563-O19

⅃○ DEGLI ANGELI

REGIONALE · ELEGANTE ※※ Elegante sala bianca e luminosa affacciata sulla campagna, la brace regna tra i secondi piatti, di cucina altrimenti tipicamente e gustosamente laziale, mentre la cantina ospita oltre 400 etichette di vini, distillati e Champagne. Ospitalità, discrezione e semplicità avvolgono l'hotel, in posizione ideale per un week-end lontano dai ritmi frenetici della città. E, per non farsi mancare nulla, gli ospiti possono acquistare prodotti di produzione propria nell'adiacente Bottega delle Delizie.

Carta 30/70 €

🐾 ⇦ ≼ 🛋 🅰🅲 ⇔ 🅿 *località Madonna degli Angeli –*
✆ *0744 91377 – www.ristorantedegliangeli.it – Chiuso lunedì, domenica sera*

sulla strada statale 3 - via Flaminia Nord - Ovest : 3 km

⅃○ LA PERGOLA

ROMANA · RUSTICO ※※ Comodo da raggiungere per chi arriva dall'autostrada e desidera un assaggio del mondo gastronomico laziale, si mangia sotto archi in mattoni in un'atmosfera piacevolmente rustica. Tradizionali e squisiti sughi del territorio condiscono le paste, tra i secondi regna la cottura alla griglia. Piacevoli anche le camere.

Carta 25/50 €

⇦ 🛋 ੬ 🅰🅲 🅿 *via Flaminia km 63,900 –*
✆ *0744 919841 – www.lapergola.it*

MAGLIE

✉ 73024 – Lecce (LE) – Carta regionale n° **15**–D3 – Carta stradale Michelin 564-G36

⅃○ BEL AMI

PESCE E FRUTTI DI MARE · CONTESTO STORICO ※※ Palazzo ottocentesco rinnovato con gusto moderno sia nel ristorante che nelle camere; la cucina predilige il mare, i crudi e gli Champagne. La qualità del pescato è ad ottimi livelli, è il posto in cui venire se si ama il pesce.

Menu 45/60 € – Carta 40/65 €

⇦ 🛋 ੬ 🅰🅲 *via Roma 86 –*
✆ *0836 312930 – www.bel-ami.it*

🏵🏵🏵, 🏵🏵, 🏵, 😊 & ⅃○

MAIORI

✉ 84010 – Salerno (SA) – Carta regionale n° **4**–B2 – Carta stradale Michelin 564-E25

🍴 TORRE NORMANNA

PESCE E FRUTTI DI MARE • CONTESTO STORICO 🏵🏵 In una delle torri di avvistamento medioevali più imponenti della costa, appena il tempo lo permette si mangia all'aperto (sotto una copertura) e la vista - soprattutto dai tavoli sul lato destro, verso Ravello - è mozzafiato. Dalla cucina arrivano piatti tradizionali in prevalenza di mare, mentre sulle terrazze più in basso vengono servite pizze e piatti più semplici.

Menu 65/90 € – Carta 67/88 €

≼ 🏖 🅰🅲 🅿 *via Diego Taiani 4 – ℰ 089 877100 – www.ristorantetorrenormanna.it – Chiuso 1-3 dicembre, 7 gennaio-12 febbraio*

sulla costiera amalfitana Sud - Est : 4, 5 km

🏵 IL FARO DI CAPO D'ORSO

MODERNA • LUSSO 🏵🏵🏵 Abbarbicato su un promontorio, la sala offre uno strepitoso panorama della costiera amalfitana: davanti ai vostri occhi si dispiegano in tutto il loro splendore Amalfi, Atrani, Ravello, l'isola "Li Galli" e Capri, con i suoi faraglioni. Suggestivi ed infiniti tramonti - il sole che scende a picco sul Tirreno - colorando il cielo di differenti sfumature di rosso, mentre la sala concepita con criteri tesi a minimizzare l'impatto ambientale, diventa lo spazio ideale dove gustare ricette mediterranee e dai sapori campani, non prive di fantasia. La cucina dello chef Francesco Sodano contempla solo ingredienti di altissima qualità, nel rispetto della stagionalità e prediligendo prodotti autoctoni, il più possibile rappresentativi del territorio.

Specialità: Porro: tra fumo e cenere. C'era una volta l'impero romano: linguine, carote e garum di pesce azzurro. A mia madre: come una fetta di pastiera.

Menu 70/140 € – Carta 70/140 €

🏖 ⇆ ≼ 🅰🅲 🅿 *Hotel Relais Tenuta Solomita, via Diego Taiani 48 – ℰ 089 877022 – www.ilfarodicapodorso.it – Chiuso 1-31 dicembre, 1 gennaio-15 marzo, martedì, mercoledì a mezzogiorno*

MALCESINE

✉ 37018 – Verona (VR) – Carta regionale n° **23**–A2 – Carta stradale Michelin 562-E14

🏵 VECCHIA MALCESINE

Chef: Leandro Luppi

MODERNA • ELEGANTE 🏵🏵 Discretamente defilato in un vicolo ai margini del centro, Vecchia Malcesine è uno dei migliori ristoranti del Garda veronese, ultimamente con ancora meno tavoli per consentire un miglior servizio e una maggiore intimità. Leandro Luppi, chef-patron di origini altoatesine, ha saputo conquistarsi un posto al sole grazie ad un'innata fantasia e ad una studiata maestria, inventandosi percorsi di gusto nei due menu dedicati all'innovazione, e in quello che contempla i classici già intramontabili del locale tra cui l'ottimo e colorato *Trota e Orto*: piatti che potrete comunque scegliere anche alla carta.

Specialità: Trota & orto. Salmerino, cicorie, gnocchi e acciughe. The dark side of the moon.

Menu 95/125 € – Carta 90/110 €

≼ 🍴 🏖 ⇕ *via Pisort 6 – ℰ 335 637 7699 – www.vecchiamalcesine.com – Chiuso 1 dicembre-15 marzo, mercoledì*

🏯 VAL DI SOGNO

TRADIZIONALE • CONTEMPORANEO In posizione tranquilla, l'albergo si affaccia su una delle più incantevoli baie del lago, con piccola spiaggia in ghiaia. Camere eleganti e spaziose, tutte rivolte verso il paesaggio lacustre, non manca un'attenta e ospitale gestione familiare: uno degli alberghi più desiderabili della zona.

🏊 ≼ 🍴 ⅄ 🐾 🈺 🖃 🅰🅲 🅿 🚗 35 camere – 1 suite

via Val di Sogno 16 – ℰ 045 740 0108 – www.hotelvaldisogno.com

MALEO

✉ 26847 – Lodi (LO) – Carta regionale n° **9**–B3 – Carta stradale Michelin 561-G11

⬦ **ALBERGO DEL SOLE**

REGIONALE · ROMANTICO ✕✕ Cucina tradizionale nell'osteria di posta dalle antiche origini: scegliete la rusticità della calda sala con camino o, nella bella stagione, nella pittoresca corte interna.

Menu 35/45 € – Carta 57/68 €

⬦ 🛏 🍴 **P** *via Monsignor Trabattoni 22 – ℰ 0377 58142 –*
www.ilsoledimaleo.com – Chiuso 1-16 gennaio, 16-31 agosto, lunedì, domenica sera

MALLES VENOSTA • MALS

✉ 39024 – Bolzano (BZ) – Carta regionale n° **19**–A2 – Carta stradale Michelin 562-B13

a Burgusio Nord : 3 km

🏚 **DAS GERSTL**

FAMILIARE · CONTEMPORANEO Squisita gestione famigliare in un hotel che - come quasi tutti le strutture altoatesine - non lesina su costanti lavori di ammodernamento. Completo nella gamma dei servizi offerti, una bella spa ed un giardino con laghetto balneabile rendono il soggiorno una splendida esperienza.

🍴 🐾 ⬦ 🛏 🖥 💮 🏊 ♨ 🎂 **P** 🍴 28 suites – 20 camere

Schlinig 4 – ℰ 0473 831416 – www.dasgerstl.com

MALNATE

✉ 21046 – Varese (VA) – Carta regionale n° **10**–A1 – Carta stradale Michelin 561-E8

⬦ **CROTTO VALTELLINA**

REGIONALE · RUSTICO ✕✕ All'ingresso la zona bar-cantina, a seguire la sala rustica ed elegante nel contempo. Cucina di rigida osservanza valtellinese e servizio estivo a ridosso della roccia.

Carta 50/80 €

🍴 🍴 🆎 ⬦ **P** *via Fiume 11, località Valle – ℰ 0332 427258 –*
www.crottovaltellina.it – Chiuso lunedì a mezzogiorno, martedì, mercoledì-venerdì a mezzogiorno

MALO

✉ 36034 – Vicenza (VI) – Carta regionale n° **22**–A1 – Carta stradale Michelin 562-F16

⬦ **LA FAVELLINA**

MODERNA · ELEGANTE ✕✕✕ La signora Gianello, innamoratasi di questo delizioso borgo di fine '800, acquistò un locale e lo ristrutturò con gusto femminile e raffinato. Ora, un figlio ai fornelli e l'altro ad occuparsi della sala, La Favellina ha saputo crearsi una propria fama in zona, grazie alla sua cucina di stampo moderno e all'accurata selezione di materie prime.

Menu 70 € – Carta 55/75 €

🍴 ⬦ **P** *via Cosari 4/6, località San Tomio – ℰ 0445 605151 – www.lafavellina.it –*
Chiuso lunedì, martedì, mercoledì-venerdì a mezzogiorno

MALS • MALLES VENOSTA – Bolzano (BZ) ➜ Vedere Malles Venosta

MANCIANO

✉ 58014 – Grosseto (GR) – Carta regionale n° **18**–C3 – Carta stradale Michelin 563-O16

⬦ **LA FILANDA**

TOSCANA · ALLA MODA ✕✕ Nel centro storico, il ristorante realizza un elegante mix di modernità - in una sala che pare sospesa al secondo piano - e il contesto d'epoca. E' anche l'anima della cucina, tradizionale, ma rivisitata.

Carta 35/50 €

♿ 🆎 *via Marsala 8 – ℰ 0564 625156 – www.lafilanda.biz – Chiuso martedì*

MANDURIA

✉ 74024 – Taranto (TA) – Carta regionale n° **15**-C2 – Carta stradale Michelin 564-F34

✿ CASAMATTA

MODERNA · ELEGANTE XxX Pochi chilometri fuori Manduria, la capitale del vino primitivo, il ristorante si trova all'interno del Vinilia Wine Resort, aperto in un imponente castello d'inizio Novecento, circondato da uno splendido giardino con ulivi secolari. Il ristorante è il fiore all'occhiello di questa bella struttura. Sala molto luminosa con ampie vetrate che si affacciano sul dehors, gli arredi sono di moderna concezione e l'illuminazione – sapientemente studiata – contribuisce al fascino degli spazi. Dopo significative esperienze presso grandi tavole, lo chef Pietro Penna torna in patria e rende omaggio alla sua terra, in virtù di una cucina che attinge ai prodotti locali, talvolta nel vero senso della parola visto che frutta e verdura provengono spesso dall'orto di proprietà, con gusto moderno e fantasioso.

Specialità: Collezione di pomo d'oro. Braciola, fave, friggitelli e lamponi. Torta di ricotta.

Menu 60/110 € – Carta 65/80 €

⇘ 🛱 🅰🅲 🅿 *Hotel Vinilia Wine Resort, contrada Scrasciosa – ℰ 099 990 8013 – www.viniliaresort.com – Chiuso domenica sera*

🏠 VINILIA WINE RESORT

DIMORA STORICA · PERSONALIZZATO Grazie a un sapiente restauro, la residenza d'inizio Novecento è diventata un ottimo resort di charme immerso nella campagna, nei cui interni convivono un certo brio modaiolo, nonché elementi originali degli anni Cinquanta e Sessanta. Le camere sono raffinate ed accoglienti, oltre che spaziose; bella spa a bordo piscina.

⇘ 🛱 🏊 🗔 🅰🅱 🏵 ⌛ 🐾 ⅙ 🅰🅲 🅿 17 camere – 1 suite

contrada Scrasciosa – ℰ 099 990 8013 – www.viniliaresort.com

✿ **Casamatta** – Vedere selezione ristoranti

MANERBA DEL GARDA

✉ 25080 – Brescia (BS) – Carta regionale n° **9**-D1 – Carta stradale Michelin 561-F13

✿ CAPRICCIO

Chef: Giuliana Germiniasi

MODERNA · ELEGANTE XxX Sulle rive della Lago di Garda, a pochi passi dalle sue acque, una gestione ormai tutta al femminile con mamma ai fornelli e figlia a gestire la sala, per un locale dallo stile contemporaneo ed ammiccante. La cucina - sempre di grande appeal - gli fa eco con piatti generalmente classici, prevalentemente di mare, con qualche inserto di carne e pesci lacustri; ricette rassicuranti, senza troppe sperimentazioni, che puntano sulla qualità dei prodotti, per lasciarvi il ricordo di una romantica serata. Nella bella stagione la terrazza con vista è un imprescindibile.

Specialità: Tagliatellina di calamaro, stracciatella di bufala e crema di finocchi. Il mare incontra il lago. Variazione di cioccolati venezuelani.

Menu 56/74 € – Carta 51/97 €

🍸 ⇗ 🛱 🅰🅲 🅿 *piazza San Bernardo 6, località Montinelle – ℰ 0365 551124 – www.ristorantecapriccio.it – Chiuso 6 gennaio-11 marzo, lunedì a mezzogiorno, martedì, mercoledì a mezzogiorno*

🍴 LA CORTE ANTICA

MEDITERRANEA · ACCOGLIENTE XX In pieno centro a Manerba del Garda, all'interno di una bella corte del 1600, è uno chef siculo il principe dei fornelli; viste quindi le sue origini la cucina non poteva che essere mediterranea, "sbilanciata" su proposte ittiche in chiave moderna, sebbene non manchino alcuni piatti di carne pregiata.

Carta 40/70 €

🛱 ⅙ 🅿 *via Marchesini 18 F – ℰ 0365 552996 – www.lacorteantica.com – Chiuso mercoledì e lunedì-venerdì a mezzogiorno*

MANFREDONIA

⊠ 71043 – Foggia (FG) – Carta regionale n° **15**-B1 – Carta stradale Michelin 564-C29

ⅈ○ COPPOLA ROSSA

PESCE E FRUTTI DI MARE · FAMILIARE ✗✗ Nel centro storico e non lontano dal mare, che ritorna nei piatti in un caratteristico ristorante a conduzione familiare. Buffet di antipasti e tanto pesce, c'è anche una griglia a vista di utilizzo invernale per qualche proposta di carne.

Menu 25/40 € – Carta 35/45 €

🛱 & Ⓐ *via Maddalena 28 – ℰ 0884 582522 – www.coppolarossa.com – Chiuso lunedì*

ⅈ○ OSTERIA BOCCOLICCHIO

PUGLIESE · FAMILIARE ✗✗ Dopo essersi "fatto le ossa" in diversi ristoranti del vecchio Continente, Tespi torna a casa ed apre in pieno centro storico, a due passi dal mare, questo delizioso locale piccolo nelle dimensioni, ma grande in termini di passione per i prodotti ittici, protagonisti indiscussi di ricette regionali. Ottima la selezione enologica che comprende anche una buona scelta di bollicine.

Menu 25/50 € – Carta 30/50 €

🛱 Ⓐ *via Arco Boccolicchio 15 – ℰ 0884 090317 – Chiuso 10-17 gennaio, mercoledì, domenica sera*

MANOPPELLO

⊠ 65024 – Pescara (PE) – Carta stradale Michelin 563-P24

a Manoppello Scalo Nord : 8 km – Carta regionale n° **1**-B2

☺ TRITA PEPE

REGIONALE · CONTESTO CONTEMPORANEO ✗ In un ambiente di stile contemporaneo, la cucina è schietta e genuinamente locale con qualche espressione di modernità. Si propone anche un menu degustazione (pecora o baccala su prenotazione), ma anche scegliendo à la carte i prezzi rimangono contenuti.

Specialità: Mini tartare con pera e pecorino. ravioli di ricotta funghi e tartufo. Mousse di cioccolato al latte con crumble di pistacchio e cacao amaro.

Menu 12 € (pranzo), 18/26 € – Carta 18/35 €

& Ⓐ 🅿 *via Gabriele D'Annunzio 4 – ℰ 085 856 1510 – www.trattoriatritapepe.it – Chiuso 7-13 gennaio, mercoledì*

MANTELLO

⊠ 23016 – Sondrio (SO) – Carta regionale n° **9**-B1 – Carta stradale Michelin 353-R7

❀ LA PRÉSEF

CREATIVA · RUSTICO ✗✗ *Causa emergenza COVID-19 chiuso temporaneamente fino ad inizio 2021.*

Affacciata sul giardino interno, un'accogliente stua valtellinese in legno di pino cembro dal profumo arboreo, dove gustare raffinatezze locali e verdure provenienti dall'orto di proprietà. Ingredienti a km zero – la struttura consta di macello e caseificio propri! - e sperimentazione visiva sensoriale sono i tratti distintivi della carta secondo gli ispettori. Se siete disposti a farvi accompagnare troverete sicuramente di vostro gradimento il "menu a mano libera", un percorso suggerito di 6 portate con piatti estratti dal menu e qualche fuori carta (per tutti gli ospiti del tavolo).

Specialità: Trippa e lumache con fagioli, sedano e pomodoro. Gnocco di patate di montagna con cuore di bitto, burro montato, misultin del Lario, scorzette di limone. Consistenze e temperature del Valtellina casera, marmellata di stagione.

Menu 75/110 € – Carta 72/92 €

🛱 🛱 & Ⓐ 🅿 *Agriturismo La Fiorida, via Lungo Adda 12 – ℰ 0342 680846 – www.lapresef.it – Chiuso lunedì, domenica*

LA FIORIDA

SPA E WELLNESS · AGRESTE Camere in larice e pietra, spaziosissime e sobriamente eleganti, per una moderna struttura dedicata agli amanti del benessere e della buona cucina. Aperto per tutti coloro che desiderano incontrare la Valtellina nel piatto, il ristorante Quattro Stagioni offre splendide sale caratterizzate con oggetti che richiamano la stagione nel nome di ognuna.

舎 ⇦ ⬜ 🌐 ⌂ ℔ ⊡ ⅄ AC ⅍ 🅿 20 camere – 9 suites

via Lungo Adda 12 – ℰ 0342 680846 – www.lafiorida.com

☼ **La Préséf** – Vedere selezione ristoranti

MANTOVA

✉ 46100 – Mantova (MN) – Carta regionale n° **9**–C3 – Carta stradale Michelin 561-G14

🍴 IL CIGNO TRATTORIA DEI MARTINI

MANTOVANA · CONTESTO TRADIZIONALE XX Lunga tradizione familiare, in una casa del Cinquecento, mentre il pozzo attorno cui si predispone il servizio all'aperto estivo è addirittura del Quattrocento; l'atmosfera che vi si respira è classica, magicamente vintage nel ricordare il passato. Le proposte partono dal territorio mantovano per arrivare dritte al cuore delle stagioni.

Carta 50/70 €

🍴 ⅄ AC ⇦ *piazza Carlo d'Arco 1 – ℰ 0376 327101 – ristoranteilcignomantova.it –
Chiuso 1-20 agosto, lunedì, martedì*

🍴 ACQUA PAZZA

PESCE E FRUTTI DI MARE · ACCOGLIENTE XX L'insegna dà un incipit sulla cucina: squisitamente di mare e di ottima qualità, convince gli amanti del pesce a spingersi fino alle porte della città, dove si trova. Per chi ha poco tempo, il pranzo si amplia con una seconda carta più leggera, economica e veloce.

Carta 35/60 €

🍴 ⅄ AC 🅿 *viale Monsignore Martini 1 – ℰ 0376 220891 –
www.acquapazzaristorantebistrot.it – Chiuso lunedì-venerdì a mezzogiorno*

MARANELLO

✉ 41053 – Modena (MO) – Carta regionale n° **5**–B2 – Carta stradale Michelin 562-I14

🍴 MIKELE

PESCE E FRUTTI DI MARE · ELEGANTE XXX In zona periferica e residenziale, un'inaspettata, quanto elegante, "parentesi" ittica tra tanti bolliti modenesi: si possono scegliere le pezzature del pescato dalla vetrinetta, mentre in cucina si preparano classiche ricette marinare all'italiana.

Carta 50/100 €

AC *via Flavio Gioia 1 – ℰ 0536 941027 – www.ristorantemikele.com –
Chiuso 1 dicembre-10 gennaio, 16-31 agosto, lunedì, sabato a mezzogiorno,
domenica sera*

MARANO LAGUNARE

✉ 33050 – Udine (UD) – Carta regionale n° **6**–C3 – Carta stradale Michelin 562-E21

🍴 ALLA LAGUNA-VEDOVA RADDI

PESCE E FRUTTI DI MARE · AMBIENTE CLASSICO XX Situato sul porto - di fronte al mercato ittico - il locale valorizza in preparazioni semplici, ma gustose, i prodotti del mare. Ristoratori da sempre, la lunga tradizione familiare è una garanzia!

Carta 40/60 €

🍴 AC ⇦ *piazza Garibaldi 1 – ℰ 0431 67019 – Chiuso lunedì*

MARATEA

✉ 85046 – Potenza (PZ) – Carta regionale n° **2**–B3 – Carta stradale Michelin 564-H29

Ⅱ○ IL SACELLO

MEDITERRANEA · CONTESTO TRADIZIONALE ✕✕ I sapori del Mediterraneo pervadono la tavola di questo grazioso ristorante: stracci di pasta fresca con baccalà e pepi cruschi - cernia di scoglio in umido con patate, capperi, pomodorini e olive - sformatino di ricotta di bufala con sorbetto al limone.
Carta 40/80€

🛳 🍴 🎫 🅿 *Hotel La Locanda delle Donne Monache, via Carlo Mazzei 4 –*
☎ 0973 876139 – www.locandamonache.com

Ⅱ○ TAVERNA ROVITA

LUCANA · CONTESTO STORICO ✕ A pochi metri dalla piazza centrale della vecchia Maratea, la taverna è uno storico e caratteristico locale con un angolo cucina del '700, ceramiche di Vietri, ma soprattutto un grande entusiasmo nel farvi conoscere le produzioni gastronomiche di nicchia lucane.
Carta 35/58€

🎫 ⇦ *via Rovita 13 – ☎ 0973 876588 – www.tavernarovitamaratea.it –*
Chiuso 1 dicembre-31 marzo

a Fiumicello Santa Venere Ovest : 5 km – Carta regionale n° 2-B3

Ⅱ○ ZÀ MARIUCCIA

PESCE E FRUTTI DI MARE · AMBIENTE CLASSICO ✕✕ Caratteristico ristorante che coniuga felicemente specialità di mare e bell'ambiente. In estate, accomodatevi nella terrazza affacciata sul porto (pochi tavoli: è preferibile prenotare). Uno dei migliori locali della costa!
Carta 40/60€

≤ 🍴 *via Grotte 2 – ☎ 0973 876163 – www.zamariuccia.it –*
Chiuso 1 dicembre-31 marzo, lunedì, martedì-domenica a mezzogiorno

🏨 IL SANTAVENERE

GRAN LUSSO · MEDITERRANEO Nel cuore di uno straordinario parco di pini, ulivi e vegetazione mediterranea che giunge sino al mare, l'albergo occupa un intero, pittoresco tratto di costa a strapiombo sul mare. Lussuosi interni decorati con ceramiche di Vietri e un originale centro benessere, che nella penombra offre una suggestiva carrellata di trattamenti asiatici e non solo.
🍴 🦀 ≤ 🔥 🛳 ⅃ 🕸 🎫 🔖 🅿 29 camere – 5 suites
via Conte Stefano Rivetti 1 – ☎ 0973 876910 – www.santavenere.it

MARCIANA MARINA – Livorno (LI) → Vedere Elba (Isola d')

MARGHERITA DI SAVOIA

✉ 76016 – Barletta-Andria-Trani (BT) – Carta regionale n° 15-B2 –
Carta stradale Michelin 564-C30

Ⅱ○ CANNETO BEACH 2

PESCE E FRUTTI DI MARE · CONTESTO CONTEMPORANEO ✕✕ Tra distese di sabbia e sale che hanno reso celebre la località, specialità di mare e ricette tipiche della Valle dell'Ofanto, nonché pizze dalle ricercate e inusuali farine, mentre Antonio, rinomato sommelier, saprà consigliare il vino giusto fra le tante etichette disponibili nella bella cantinetta a vista. La struttura ospita anche alcune camere al piano superiore; altre si trovano invece in un bed and breakfast distante solo pochi passi.
Menu 30/50€ – Carta 30/50€

🕸 ⇦ 🍴 ♿ 🎫 *Corso Garibaldi 159 – ☎ 0883 651091 –*
www.ristorantecannetobeach2.com –
Chiuso lunedì

MARIANO DEL FRIULI

⊠ 34070 – Gorizia (GO) – Carta stradale Michelin 562-E22

a Corona Est : 1, 7 km – Carta regionale n° **6**-C2

⊛ AL PIAVE

REGIONALE · FAMILIARE ⅄ Curata e accogliente trattoria a gestione familiare, che si articola in due gradevoli sale con camino e bel giardino estivo. In menu i piatti del territorio che si avvicendano a seconda delle stagioni, con una prevalenza di carne e tra i secondi diverse proposte alla griglia.

Specialità: Lasagne fatte in casa. Costata di torello. Tiramisù con caffè caldo versato a parte.

Carta 33/40 €

🛱 � ⅗ 🖾 via Cormons 6 – ℰ 0481 69003 – www.trattoriaalpiave.it – Chiuso martedì

MARINA DI ARBUS – Medio Campidano (VS) ➜ Vedere Sardegna

MARINA DI BIBBONA

⊠ 57020 – Livorno (LI) – Carta regionale n° **18**-B2 – Carta stradale Michelin 563-M13

✿ LA PINETA

Chef: Daniele Zazzeri

PESCE E FRUTTI DI MARE · AMBIENTE CLASSICO ⅄⅄ Con la vettura, attraversata una pineta, si arriva quasi sulla battigia e quello che sembra un ordinario stabilimento balneare svela all'interno lo storico ristorante di pesce. Piatti toscani, italiani, di mare, con i crudi a fare da apri pista e qualche spunto fantasioso spesso legato alla stagionalità dei prodotti. Le ampie vetrate della sala offrono lo spettacolo dell'inseguirsi delle onde, l'atmosfera è talmente rilassante che - una volta qui - non si ha mai fretta di ripartire.

Specialità: Misto di crudo di mare. Pesce al vapore con maionese, bottarga di muggine e verdure. Semifreddo al croccante di pistacchio.

Menu 75/85 € – Carta 50/85 €

🕸 ⪕ 🛱 ⅗ 🅿 via dei Cavalleggeri Nord 27 – ℰ 0586 600016 – www.lapinetadizazzeri.it – Chiuso 1-27 gennaio, 2-27 novembre, lunedì, martedì a mezzogiorno

MARINA DI CAMEROTA

⊠ 84059 – Salerno (SA) – Carta regionale n° **4**-D3 – Carta stradale Michelin 564-G28

ⅠO DA PEPÈ

PESCE E FRUTTI DI MARE · SEMPLICE ⅄ Lungo la strada che conduce a Palinuro, tra i riflessi argentei degli ulivi, ottima cucina di pesce approvvigionata da un peschereccio di proprietà del ristorante stesso.

Carta 35/70 €

🛳 🛱 🅿 via delle Sirene 41 – ℰ 0974 932461 – www.villaggiodapepe.net

MARINA DI CECINA

⊠ 57023 – Livorno (LI) – Carta regionale n° **18**-B2 – Carta stradale Michelin 563-M13

ⅠO DA ANDREA

PESCE E FRUTTI DI MARE · ELEGANTE ⅄⅄ Lungo la passeggiata pedonale, moderno, bianco e lineare, su tutto prevale la vista del Tirreno attraverso la parete vetrata, ma ancor di più dalla terrazza estiva. E sempre il mare ritorna nel piatto, con un menu ricco di crudi e proposte del giorno elencate a voce.

Carta 40/50 €

🛱 ⅗ 🖾 viale della Vittoria 68 – ℰ 0586 620143 – www.ristorantedaandrea.net – Chiuso martedì

🍴○ **EL FARO**

PESCE E FRUTTI DI MARE · AMBIENTE CLASSICO ⚓ Oltre alle specialità ittiche, nel menu troverete le proposte del pescaturismo, che consiste nel prenotare
un'uscita in mare con la barca del locale (naturalmente accompagnati da uno dei
proprietari) per poi gustare il pescato al ristorante davanti alla spiaggia o nella
sua veranda chiusa con bella vista; angolo pescheria per chi vuole acquistare il
prodotto e poi cucinarselo a casa propria.

Menu 50/70 € – Carta 50/70 €

⟨ 🛖 *viale della Vittoria 70 –* 𝒞 *0586 620164 – www.ristorantelfaro.it –*
Chiuso mercoledì sera

MARINA DI GIOIOSA IONICA

✉ 89046 – Reggio di Calabria (RC) – Carta regionale n° **3**–B3 –
Carta stradale Michelin 564-M30

❀ **GAMBERO ROSSO**

Chef: Riccardo Sculli

PESCE E FRUTTI DI MARE · CONTESTO CONTEMPORANEO ⚓⚓ Il Gambero
Rosso nasce negli anni '70, dal desiderio di Anna Maria e Giuseppe Sculli di rendere omaggio al mare che avevano lasciato anni prima da emigranti. Da allora
questo ristorante è diventato il luogo attorno a cui gira tutta la vita della famiglia
ed - oggi - un nuovo capitolo è scritto dai figli Riccardo e Francesco. Gli amanti
del pesce troveranno in questa coppia di fratelli uno dei più gettonati locali della
regione: sulla tavola, infatti, il meglio che i pescatori trovano quotidianamente
lungo la costa jonica, da gustare nelle proposte di crudo che attirano clienti da
ogni angolo della Calabria, ma anche nelle imperdibili paste o nei secondi in cui
il mare incontra la campagna. Encomiabile lo sforzo di creare sempre sinergie
con i produttori e i fornitori locali.

Specialità: Gran crudo dello Ionio. Quadro di crostacei. Fusione di cioccolati al
bergamotto.

Carta 50/80 €

⛟ 🅰🅲 ⇔ *via Montezemolo 65 –* 𝒞 *0964 415806 – www.gamberorosso.net –*
Chiuso 10-30 gennaio, lunedì

MARINA DI GROSSETO

✉ 58100 – Grosseto (GR) – Carta regionale n° **18**-C3 – Carta stradale Michelin 563-N14

❀ **GABBIANO 3.0** Ⓝ

CREATIVA · ELEGANTE ⚓⚓ Si cena negli eleganti spazi interni con vista sulla
marina sottostante, sia dalle eleganti sale che dalla veranda esterna per le serate
estive. La vista è concentrata sui tramonti, dove spiccano l'Elba, ma anche Pia-
nosa e fino alla Corsica nelle giornate più limpide. In cucina la mano gentile dello
chef vi porterà in un viaggio culinario dove al centro c'è il sapore ed il contrasto,
spesso raggiunto con accostamenti inusuali. I percorsi degustazione potranno
essere accostati a vini di spessore ed il servizio gentile farà da cornice a serate
"vista mare".

Specialità: Pesce sciabola, bietola al sakè, aglio nero, burro e liquirizia. Rana
pescatrice in porchetta e fegatello ai semi di finocchio. Caffè, capperi, maggiorana.

Menu 65/90 € – Carta 64/84 €

🛖 🅰🅲 *porto turistico 11 –* 𝒞 *0564 337812 – www.ilgabbianotrepuntozero.it –*
Chiuso 8 gennaio-11 marzo, martedì

MARINA DI MASSA

⊠ 54100 – Massa-Carrara (MS) – Carta regionale n° **18**–A1 – Carta stradale Michelin 563-J12

🍴○ **LA PÉNICHE**

PESCE E FRUTTI DI MARE · ROMANTICO ✗✗ Un angolo di Francia lungo il canale Brugiano, si mangia in una palafitta dagli originali e romantici ambienti che sposano stile coloniale e modello parigino con un inedito risultato molto caldo e romantico. Crudità di mare, ostriche comprese, fra le specialità, ma vi trovate anche piatti a base di carne, mentre d'estate sono ambiziosi i tavoli sulla zattera, che ancora una volta richiamano le péniche sulla Senna.

Menu 32 € (pranzo), 40/45 € – Carta 30/75 €

🍴 �AC *via Lungo Brugiano 3 - ℰ 0585 240117 - www.lapeniche.com*

MARINA DI PIETRASANTA

⊠ 55044 – Lucca (LU) – Carta regionale n° **18**–B1 – Carta stradale Michelin 563-K12

🏵 **FRANCO MARE**

PESCE E FRUTTI DI MARE · STILE MEDITERRANEO ✗✗✗ All'esterno pare uno dei tanti favolosi stabilimenti balneari della Versilia, ma l'interno nasconde un ottimo locale gourmet in un contesto tra l'opulento e il favolistico. La cucina non tradisce questo paesaggio tirrenico: in prevalenza ittica, soddisfa i palati con proposte il più delle volte classiche, che puntano sul pescato di altissima qualità senza perdersi in artificiosi tecnicismi, solo talvolta più creative (come la menta finale all'azoto e la finta oliva con il ghiaccio liquido!). A mezzogiorno il ristorante Il Corallo assicura il servizio fronte mare; per pranzare gourmet è necessario prenotare.

Specialità: Gambero biondo crudo, caviale, ceviche e ravanello. Sparnocchi flambè. Zabaione caldo, gelato e buccellato.

Menu 80/95 € – Carta 62/110 €

🏵 🍴 ♿ �AC 🅿 *via lungomare Roma 41 –*
ℰ *0584 20187 - www.ristorantefrancomare.com*

🍴○ **ALEX**

MEDITERRANEA · STILE MEDITERRANEO ✗✗ In un palazzo d'inizio '900, un piacevole ristorante arredato con echi etnici che propone specialità di mare e di terra: in estate ovviamente più pesce, in inverno la carta è equamente divisa. Nella lista dei vini (acquistabili presso l'enoteca all'ingresso del ristorante) trova spazio anche una sorprendente selezione di bottiglie spagnole.

Menu 39/56 € – Carta 45/55 €

🏵 🍴 ♿ �AC *via Versilia 157/159 - ℰ 0584 746070 - www.ristorantealex.it –*
Chiuso 11-31 gennaio, lunedì a mezzogiorno, martedì, mercoledì-sabato a mezzogiorno

MARINA DI PISA

⊠ 56128 – Pisa (PI) – Carta regionale n° **18**–B2 – Carta stradale Michelin 563-K12

🍴○ **FORESTA**

PESCE E FRUTTI DI MARE · ELEGANTE ✗✗ Ristorante dall'ambiente elegante, affacciato sul Tirreno sia dalla sala veranda interna, sia dai bei tavoli all'aperto. Le cotture tradizionali accompagnano e valorizzano il pesce nei secondi piatti, mentre antipasti e dolci rivelano una maggiore fantasia.

Menu 35 € (pranzo)/60 € – Carta 60/80 €

⩽ 🍴 ♿ �AC *via Litoranea 2 - ℰ 050 35082 - www.ristoranteforesta.it –*
Chiuso 15-30 gennaio, giovedì, domenica sera

MARINA DI PULSANO – Taranto (TA) → Vedere Pulsano

MARINA DI RAGUSA – Ragusa (RG) → Vedere Sicilia

MARINA DI SAN VITO

⊠ 66035 – Chieti (CH) – Carta regionale n° **1**–C2 – Carta stradale Michelin 563-P25

‖○ BOTTEGA CULINARIA ⓝ

CREATIVA · MINIMALISTA ✕✕ Rispecchia la personalità della chef titolare, Cinzia Mancini, questo locale dal design pulitissimo e con pochissimi tavoli, che riesce ad essere caldo e minimal al tempo stesso. Tra pensieri, ingredienti abruzzesi, molte verdure, fermentazioni e concentrazioni di sapore, i due menu degustazione sono la precisa carta d'identità della cuoca, nonché un valido motivo per raggiungere la Bottega, aperta già alle 19 per l'aperitivo.

Menu 50/60 €

�(🍽 🛱 &. 🅰️🅲 🅿️ contrada Pontoni 72 (Nord-Ovest: 3 km) – ☎ 0872 61609 – bottegaculinaria.com – Chiuso lunedì, martedì-sabato a mezzogiorno, domenica sera

‖○ L'ANGOLINO DA FILIPPO

PESCE E FRUTTI DI MARE · ACCOGLIENTE ✕✕ A pochi metri dal mare, affacciato sul molo, locale che da sempre conquista con le sue specialità ittiche; arrivato alla terza generazione oltre a proporre ricette classiche il pescato prende qui nuove forme ed elaborazioni più accattivanti.

Menu 40/55 € – Carta 40/55 €

🅰️🅲 ⇔ via Sangritana 1 – ☎ 0872 61632 – www.langolinodafilippo.it – Chiuso lunedì

MARINA EQUA – Napoli (NA) → Vedere Vico Equense

MARINA GRANDE – Napoli (NA) → Vedere Capri (Isola di)

MARLENGO • MARLING

✉ 39020 – Bolzano (BZ) – Carta regionale n° **19**–B2 – Carta stradale Michelin 562-C15

‖○ OBERWIRT

REGIONALE · ELEGANTE ✕✕ Romantici ambienti tirolesi nelle diverse stube in cui potrete sedervi, la cucina dell'albergo Oberwirt vi sorprenderà per qualità ed elaborazione, nonché varietà, dai classici regionali al mare.

Menu 37 € (pranzo), 63/95 € – Carta 37/75 €

🕸 ⇔🛱⇔🅿️🍴 Hotel Oberwirt, vicolo San Felice 2 – ☎ 0473 222020 – www.oberwirt.com – Chiuso 1 dicembre-19 marzo, lunedì a mezzogiorno

🏨 GIARDINO MARLING

LUSSO · CONTEMPORANEO Elegante albergo che ha nel nome la sua chiave di lettura: un giardino affacciato sulla vallata per farvi assaporare un'insolita atmosfera mediterranea fra le montagne. In aggiunta a tutto ciò, la struttura dispone di camere accoglienti ed inondate di luce, area wellness attrezzata ed ancora una sky spa sul tetto con piscina riscaldata. Cucina squisitamente gourmet al ristorante.

🍸 ⇌ 🚲 🏊 🔲 🌐 ⅏ 🛁 ⊡ &. 🅰️🅲 🎿 🅿️ 🍴 34 camere – 14 suites

via San Felice 18 – ☎ 0473 447177 – www.giardino-marling.com

MARLIA – Lucca (LU) → Vedere Lucca

MARLING • MARLENGO – Bolzano (BZ) → Vedere Marlengo

MAROSTICA

✉ 36063 – Vicenza (VI) – Carta regionale n° **23**–B2 – Carta stradale Michelin 562-E16

‖○ OSTERIA MADONNETTA

TRADIZIONALE · TRATTORIA ✕ Una semplice realtà familiare davvero accogliente e simpatica. All'interno di un palazzo storico dietro la piazza con la famosa scacchiera, soffitto antico a grosse travi, pochi tavoli in legno ed uno scoppiettante camino; un gradevole dehors lascia intravedere parte delle mura cittadine. La cucina è impostata dalla signora Annamaria, ambasciatrice di un sapere casalingo di cucina veneta, rispettosa della stagionalità, soprattutto delle verdure.

Menu 28/36 € – Carta 30/40 €

🛱 🅰️🅲 via Vajenti 21 – ☎ 0424 75859 – www.osteriamadonnetta.it

a Valle San Floriano Nord : 3 km – Carta regionale n° **23**–B2

🏵 LA ROSINA

REGIONALE · AMBIENTE CLASSICO XX Ottimo ristorante, che nel tempo si è rifatto il look, ma non l'anima: quest'ultima rimane - infatti - saldamente ancorata alla tradizione del baccalà alla vicentina, dei bigoli al sugo d'anatra e della griglia accesa in sala. Oppure, come consigliano gli ispettori, anche un buon risotto di stagione (asparagi, funghi, zucca e tartufo). Dalle camere si gode di una gradevole vista sui colli circostanti.

Specialità: Bigoli al sugo d'anatra. Baccalà alla vicentina. Gelato all'acqua di cedro su zuppetta di ananas.

Menu 40/50 € – Carta 35/60 €

🍴 ⇐ 🏠 ⅙ 🔟 ⇔ 🅿 *via Marchetti 4 –* ℰ *0424 470360 – www.larosina.it – Chiuso martedì*

MAROTTA

✉ 61032 – Pesaro e Urbino (PU) – Carta regionale n° **11**–B1 – Carta stradale Michelin 563-K21

🏵 BURRO & ALICI

PESCE E FRUTTI DI MARE · STILE MEDITERRANEO X Dall'esterno pare uno dei tanti ristoranti che affollano il lungomare, ma i piacevoli interni in stile shabby e - soprattutto - un'ottima cucina distinguono il ristorante. La carta è dedicata ai grandi classici della cucina dell'Adriatico, sapida e gustosa, con una buona ricerca a livello di prodotti. La sera anche pizze.

Specialità: Porchetta di tonno. Filetto di ombrina con spinacini croccanti, crema di pecorino dei Sibillini, fave di Fratterosa e guanciale croccante. Dolci del giorno.

Carta 30/50 €

🏠 *lungomare Colombo 98 –* ℰ *0721 961200 – www.ristoranteburroealici.it – Chiuso lunedì*

MARTINA FRANCA

✉ 74015 – Taranto (TA) – Carta regionale n° **15**–C2

🏨 RELAIS VILLA SAN MARTINO 🔟

VILLA · STORICO Nella campagna pugliese punteggiata da ulivi e trulli, stampe antiche, sete preziose e mobili in stile Luigi XIV arricchiscono le camere e gli spazi comuni di questa struttura, mentre ampie terrazze sul parco ed un patio in prossimità della piscina si fanno garanti di tranquillità e relax. Il lussuoso centro benessere offre trattamenti personalizzati.

🏋 ⊼ 🔵 🏠 🛁 🖥 🔟 🗚 🅿 13 camere – 8 suites

via Taranto 59 – ℰ *080 480 5152 – www.relaisvillasanmartino.com*

MARZAMEMI – Siracusa (SR) → Vedere Sicilia (Pachino)

MARZOCCA – Ancona (AN) → Vedere Senigallia

MASARÈ – Belluno (BL) → Vedere Alleghe

MASIO

✉ 15024 – Alessandria (AL) – Carta regionale n° **14**–B1 – Carta stradale Michelin 561-H7

🏵 TRATTORIA LOSANNA

PIEMONTESE · SEMPLICE X Iniziando con un antipasto misto della casa, potrete poi proseguire con abbondanti piatti della tradizione monferrina (ottimo il brasato al Nebbiolo!), tutto proposto a voce in un ambiente familiare e dall'atmosfera simpaticamente chiassosa.

Specialità: Cruda piemontese. Agnolotti di brasato. Bunet.

Menu 25/50 € – Carta 25/50 €

🗚 🅿 *via San Rocco 40 –* ℰ *0131 799525 – Chiuso 1-18 gennaio, 1-31 agosto, lunedì, domenica sera*

MASON VICENTINO

✉ 36064 – Vicenza (VI) – Carta regionale n° **23**–B2 – Carta stradale Michelin 562-E16

⍾◯ **AL POZZO**

MODERNA · ELEGANTE ⅩⅩ Ristorante del centro storico, attiguo ad uno dei due pozzi artesiani che un tempo rifornivano d'acqua la località: ambienti curati che uniscono muri rustici e tocchi signorili, in estate c'è anche un piacevole servizio all'aperto. I piatti sono interessanti, impostati dal patron che predilige il mare.

Menu 55/80€ – Carta 55/80€

🛱 ♿ 🅰🅲 ⇔ via Chiesa 10 – ℰ 0424 411816 – www.alpozzoilristorante.it –
Chiuso lunedì a mezzogiorno, martedì, mercoledì-sabato a mezzogiorno

MASSA

✉ 54100 – Massa-Carrara (MS) – Carta regionale n° **18**–A1 – Carta stradale Michelin 563-J12

⍾◯ **IL TRILLO**

MODERNA · ELEGANTE ⅩⅩ Sulle colline che dominano la città, in un'antica residenza che oggi ospita anche la cantina dell'azienda vinicola di proprietà, l'atmosfera è sicuramente elegante già al suo interno, ma ancor più nella bella stagione che permette di cenare nella romantica "limonaia": terrazza panoramica e luci soffuse, circondati da limoni, aranci, bergamotti e mandarini. La cucina proposta prende spunto dal territorio: ingredienti di terra e di mare preparati secondo un linea classica, ma non scevra di fantasia, e presentazioni curate.

Menu 45€ – Carta 40/62€

≼ 🛱 🅰🅲 🅿 via Bergiola Vecchia 30 – ℰ 0585 46755 – www.iltrillo.net –
Chiuso 21 dicembre-4 gennaio, lunedì, martedì-sabato a mezzogiorno

MASSACIUCCOLI (LAGO DI) – Lucca (LU) → Vedere Torre del Lago Puccini

MASSA LUBRENSE

✉ 80061 – Napoli (NA) – Carta regionale n° **4**–B2 – Carta stradale Michelin 564-F25

🏨 **ART HOTEL VILLA FIORELLA** 🆕

DESIGN · LUSSO Non è solo un hotel, ma una vera galleria d'arte contemporanea per un soggiorno intrigante sulla Costiera Amalfitana. Art Hotel Villa Fiorella consente - infatti - d'immergersi in un'atmosfera di rara bellezza naturalistica, impreziosita dalle innumerevoli opere d'arte che arredano la struttura.

🏊 ≼ 🏊 🏠 🇱🇦 ⊡ 23 camere – 2 suites

via Vincenzo Maggio 5 – ℰ 081 878 9832 – www.arthotelvillafiorella.com

a Santa Maria Annunziata Sud : 2,5 km – Carta regionale n° **4**–B2

🍴 **LA TORRE**

REGIONALE · FAMILIARE Ⅹ In una piccola frazione immersa nel verde con la costa che digrada pittorescamente verso il mare, la Torre si affaccia su una graziosa piazzetta e l'atmosfera che vi si respira è quella di una tipica trattoria mediterranea, con piatti in prevalenza campani elencati su una lavagnetta. Non dimenticate di dare un'occhiata al vicino belvedere su Capri!

Specialità: Antipasto "one fire". Linguine allo scoglio con polipetto affogato. Delizia al limone.

Menu 28/35€ – Carta 25/60€

🛱 🅰🅲 piazza Annunziata 7 – ℰ 081 808 9566 – www.latorreonefire.it –
Chiuso martedì a mezzogiorno

a Nerano - Marina del Cantone Sud - Est : 11 km – Carta regionale n° **4**–B2

🌸🌸 **QUATTRO PASSI**

Chef: Antonio e Fabrizio Mellino

MEDITERRANEA · CONTESTO CONTEMPORANEO ⅩⅩⅩ La storia del Quattro Passi è legata ad una delle figure più spumeggianti e carismatiche della ristorazione italiana, Antonio Mellino, che con caparbietà, lungimiranza e infiniti sacrifici ha costruito negli anni un ristorante di straordinaria eleganza, la cui bellezza rapisce il fiato quanto la vista dalla terrazza sulla baia di Nerano, riuscendo ad esaltare nei piatti i sapori e i colori della cucina campana. Eternamente dedito al lavoro per la gioia e il divertimento dei clienti in sala, Antonio ha lasciato le redini della cucina al figlio Fabrizio, che ha compiuto l'impresa di far ulteriormente avanzare ciò che sembrava essere già perfetto. Oggi la quintessenza della cucina mediterranea abita qui: nell'essenziale purezza di straordinari ingredienti, miracolosamente combinati in piatti solo all'apparenza semplici, in realtà frutto di una tecnica sofisticata ma celata, al servizio di uno stile e di sapori di poetica naturalezza e favolosa armonia.

Specialità: Il mio giardino. Spaghetto olio e pomodoro. Babà al rum.

Menu 200 € – Carta 115/170 €

🍸 ⟷ ≼ 🕍 🏠 🅰🅲 ⇄ 🅿 *via Vespucci 13/n – ℰ 081 808 1271 – www.ristorantequattropassi.com – Chiuso 1 dicembre-15 marzo, mercoledì*

TAVERNA DEL CAPITANO

Chef: Alfonso Caputo

CREATIVA · STILE MEDITERRANEO 🅇🅇🅇 Più vicino al mare di così non si può! Siamo nell'incantevole baia di Nerano, dalla sala del ristorante i tavoli sembrano sospesi come in una palafitta sulla striscia ghiaiosa della spiaggia per poi congiungersi con il blu del mare, le barche ormeggiate e i tre pizzi sulla destra a chiudere la baia. È un ristorante elegante, ma piacevolmente informale. Il segreto? Una bella storia di accoglienza familiare: il fratello in cucina, la sorella con un rimarchevole bagaglio di conoscenze enologiche e il suo simpaticissimo marito - in sala - e la nuova generazione già pronta ad imparare il mestiere. Che sempre di più si rivolge a valorizzare la produzione locale, di terra come di mare, in ricette che poi a volte prendono il volo verso piatti creativi. Completano la struttura le camere, per pernottare in questa incantevole baia, difficile da lasciare.

Specialità: Palamito cotto sulla pietra di mare: il filetto cotto e crudo, il suo fegato, il riso nero e la confettura di arance amare. La zuppa di murena con mischiato potente (pasta mista), chips di murena, pomodorini e polvere di mandorle. Crunch di sfogliatella napoletana con crema e amarena.

Menu 70/110 € – Carta 80/120 €

🍸 ⟷ ≼ 🅰🅲 🛏 *Hotel Taverna del Capitano, piazza delle Sirene 10/11 – ℰ 081 808 1028 - www.tavernadelcapitano.it – Chiuso 1 dicembre-20 marzo, lunedì, martedì*

a Termini Sud: 5 km – Carta regionale n° **4**–B2

RELAIS BLU

MEDITERRANEA · ROMANTICO 🅇🅇🅇 Seminascosto lungo la strada, una breve discesa vi porta al relais e, da qui, ad una terrazza mozzafiato, con lo sguardo che abbraccia Capri e i faraglioni, Ischia, Procida, Napoli e il Vesuvio, tutto sembra specchiarsi nello splendido Golfo partenopeo. Di fronte a tanta bellezza, il cuoco non può che immergersi pescando nella straordinaria tradizione di prodotti e ricette campane, che rivede con creatività. Coccolati da un servizio preciso e simpatico, è uno dei ristoranti da scegliere se volete trascorrere una indimenticabile serata romantica. Pregevole, infine, la selezione di liquori e sigari cubani.

Specialità: Bruschetta di tonno rosso appena scottato, pomodori cuore di bue e pistacchi di Bronte. Riso, ricotta, limone sfusato di Sorrento, burro al rosmarino e gamberi viola. Ricotta e pera.

Carta 56/65 €

≼ 🕍 ⅃ 🅰🅲 🅿 *Hotel Relais Blu, via Roncato 60 – ℰ 081 878 9552 – www.relaisblu.com – Chiuso 1 dicembre-25 marzo, lunedì*

RELAIS BLU

LUSSO · DESIGN Piccolo, appartato, esclusivo relais in grado di coccolare i suoi ospiti con ambienti minimal-mediterranei realizzati con linee sobrie, tanto bianco e soprattutto con uno splendido panorama che vi si offre da ogni suo angolo. Non solo cucina gourmet, la struttura vanta anche un piccolo ristorante dedicato a ricette tradizionali campane.

🍸 ≼ 🕍 ⅃ 🖳 🅰🅲 🅿 11 camere – 2 suites

via Roncato 60 – ℰ 081 878 9552 - www.relaisblu.com

🌸 **Relais Blu** – Vedere selezione ristoranti

MASSA MARITTIMA

✉ 58024 – Grosseto (GR) – Carta regionale n° **18**–B2 – Carta stradale Michelin 563-M14

⭕ **TAVERNA DEL VECCHIO BORGO**

TOSCANA · **CONTESTO TRADIZIONALE** ⅍ Caratteristico locale, o meglio, tipica taverna ricavata nelle antiche cantine di un palazzo sorto nel Seicento. Insieme gestito con cura, specialità della cucina toscana.

Carta 30/65€

via Parenti 12 – ☏ 0566 902167 – Chiuso 15-28 febbraio, lunedì

a Ghirlanda Nord - Est : 2 km – Carta regionale n° **18**–C2

✿✿ **BRACALI**

CREATIVA · **ELEGANTE** ⅍⅍⅍ Locale d'inaspettata eleganza nella piccola e sobria frazione di Ghirlanda, nel cuore delle Colline Metallifere, è qui che la cucina di Francesco si concretizza in accostamenti originali e personalizzati, concentrandosi soprattutto su preparazioni di terra, dove gli equilibri vengono esaltati (vegetale-animale, grasso-acido, dolce-amaro, morbido-croccante), gli opposti armonizzati. Della cantina e dell'accoglienza se ne occupa con grande competenza Luca, fratello di Francesco; ampissima e ben strutturata è la proposta enoica, suddivisa in due blocchi ben precisi: Italia e resto del mondo.

Specialità: Gusto vellutato d'altri tempi al giorno di oggi. Il piccione: vent'anni dopo. Fondale marino: yogurt e alghe.

Menu 135/200€ – Carta 135/170€

🕸 🅰🅲 🅿 *via di Perolla 2 – ☏ 0566 902318 – www.mondobracali.it –*
Chiuso 6 gennaio-14 febbraio, lunedì, domenica

MASSAROSA

✉ 55054 – Lucca (LU) – Carta regionale n° **18**–B1 – Carta stradale Michelin 563-K12

⭕ **LA CHANDELLE**

CLASSICA · **AMBIENTE CLASSICO** ⅍⅍ In posizione dominante sulle colline, circondato da un fiorito e fresco giardino in cui d'estate si trasferisce il servizio, è soprattutto per i suoi piatti di pesce - oltre alla cacciagione - che questo bel locale è apprezzato. Eleganti camere, spaziose e decorate a mano, alcune panoramiche.

Menu 30/55€ – Carta 35/60€

🔄 ⪕ 🛏 � 🅰🅲 🅿 *via Casa Rossa 303 – ☏ 0584 938290 – www.lachandelle.it –*
Chiuso martedì, domenica sera

✉ 75100 - Matera (MT)
Carta regionale n° **2**-D1
Carta stradale Michelin 564-E31

MATERA

Ci piace: nel cuore del sasso Barisano, creazioni millesimate e rivisitazione di ricette locali portano la firma dello chef **Vitantonio Lombardo**. **Dimora Ulmo**, il sapiente recupero di un palazzo settecentesco. Le splendide terrazze del ristorante **Regia Corte** presso l'elegante albergo diffuso **Sant'Angelo**. Le porzioni copiose de **L'Abbondanza Lucana.** Per gli amanti dei dolci, tappa d'obbligo alla Pasticceria Schiuma: uno degli indirizzi - nel suo genere - più antichi di Matera; una tradizione che si trasmette, rinnovandosi di padre in figlio, fin dal 1946. Se cercate, invece, qualcosa di rinfrescante, eccovi accontentati con i gelati artigianali del Caffè Tripoli, a cui si aggiungono golosi pasticcini e la ricca pralineria.

Ristoranti

✿ VITANTONIO LOMBARDO

CREATIVA • CONTESTO STORICO XXX E' la nuova creatura di un ancor giovane cuoco ritornato nella sua terra d'origine. Arredo e illuminazione minimal fanno da contorno alla singolarità dell'ambiente: una grotta millenaria nel cuore del Sasso Barisano. Piatti creativi si affiancano ad una linea più territoriale, ma pur sempre rivisitata con gusto moderno. Di origini lucane, Vitantonio Lombardo ha il merito di aver portato la prima stella MICHELIN nella storia di Matera, realizzando - al tempo stesso - un suo personalissimo sogno. "Ho girato il mondo e adesso torno a cucinare nei luoghi delle mie memorie d'infanzia - racconta lo chef-patron - farò in modo che questo territorio si fonda con le influenze globali restando pur sempre un personaggio di spicco".

Specialità: Mi è caduto l'uovo nell'orto. Zitoni con la braciola e il suo sugo. Monte Crusko.

Menu 85/130 € - Carta 85/130 €

A/C **Pianta: B1-h** - *via Madonna delle Virtù 13/14 - ✆ 0835 335475 - www.vlristorante.it -*
Chiuso 12-26 gennaio, 29 giugno-6 luglio, martedì, mercoledì a mezzogiorno

DIMORA ULMO

REGIONALE • CONTESTO STORICO XX Piatti che recuperano le tradizioni locali in chiave moderna in un antico palazzo sapientemente restaurato, la cui splendida terrazza estiva offre un'incantevole vista sui suggestivi Sassi. Cucina e sala sono affidate a due giovani professionisti locali con importanti esperienze pregresse.

Menu 55/85 €

A/C **Pianta: B2-d** - *via Pennino 28 - ✆ 0835 165 0398 - www.dimoraulmo.it -*
Chiuso martedì, mercoledì a mezzogiorno

🍴 LE BUBBOLE

REGIONALE · ELEGANTE ✕✕ In un raffinato ristorante tra le mura di Palazzo Gattini, dimora storica nel cuore dei Sassi, piatti elaborati di prodotti comunque lucani (per tutte le materie prime utilizzate se ne individua la tracciabilità).

Menu 35€ (pranzo), 45/130€ – Carta 55/97€

🛖 ♿ 🅰🅲 **Pianta: B1-g** – *Hotel Palazzo Gattini, via San Potito 57/a –*
☎ 0835 334358 – www.palazzogattini.it –
Chiuso lunedì

🍴 BACCANTI

MODERNA · CONTESTO STORICO ✕✕ In una delle zone più suggestive dei sassi, di fronte allo scenografico dirupo del parco delle chiese rupestri, il ristorante occupa gli spazi di antiche grotte, ma la cucina, pur ispirata dalle tradizioni locali, si fa più moderna, a volte creativa, sempre di ottimo livello.

Carta 35/60€

🕸 🛖 **Pianta: B2-h** – *via Sant'Angelo 58/61 – ☎ 0835 333704 –*
www.baccantiristorante.com –
Chiuso 15 febbraio-8 marzo, 28 giugno-5 luglio, lunedì, domenica sera

🍴 EGO

CREATIVA · CONTESTO CONTEMPORANEO ✕✕ A pochi passi dagli storici Sassi, un angolo moderno e contemporaneo dove gustare la cucina creativa proposta da un giovane chef con importanti esperienze alle spalle.

Menu 45/80€ – Carta 54/62€

♿ 🅰🅲 **Pianta: A1-e** – *via Stigliani 44 – ☎ 0835 240314 – www.egogourmet.it –*
Chiuso martedì, mercoledì a mezzogiorno

🍴 L'ABBONDANZA LUCANA

LUCANA · CONTESTO STORICO ✕✕ All'interno di una serie di grotte o, all'aperto, nel paesaggio dei sassi, la cucina vi sorprenderà per l'abbondanza delle porzioni: soprattutto nella degustazione di antipasti, ma ancor di più per l'approfondita ricerca di prodotti e piatti lucani. Un viaggio gastronomico attraverso la Basilicata.

Menu 35/65€ – Carta 35/65€

🛖 🅰🅲 **Pianta: B2-n** – *via Bruno Buozzi 11 – ☎ 0835 334574 –*
Chiuso lunedì

Alberghi

🏨 PALAZZO GATTINI

`Tablet.` `PLUS`

CASA PADRONALE · ELEGANTE Nella piazza centrale che dà sui Sassi, un albergo di lusso - già casa nobiliare riportata all'antico splendore grazie ad un accurato restauro - con centro benessere piccolo, ma fornito di tutto punto: zona relax tisaneria, bagno turco, doccia sensoriale, grande vasca idromassaggio.

🕸 ≼ ♨ 🖵 ♿ 🅰🅲 🛎 16 camere – 4 suites

Pianta: B1-g – *piazza Duomo, 13/14 – ☎ 0835 334358 – www.palazzogattini.it*
🍴 **Le Bubbole** – Vedere selezione ristoranti?

MATERA

0   100 m

N

ALTAMURA

V. Gianbattista Pentasuglia
V. Francesco
V. Onofrio Tataranni
Paolo Festa
Piave

S. Agostino

V. Fratelli Rosselli

V. XX Settembre

V. Lucana

e

San Pietro
Barisano

Casa Cava

Madonna
delle Virtù

h

S. Nicola
dei Greci

Casa
di Ortega

f

Madonna delle Virtù

S. Giovanni
Battista

V.S. Rocco

Piazzetta
S.Giovanni
Battista

SASSO BARISANO

Pal. de la
Prefettura

V. Biagio

Pza Vittorio
Veneto

V. Roma

S. Domenico

Duomo

Pal. dell'
Annunziata

V. Lombardi

Pza
Duomo

V. Duomo

Casa Noha

g

MUSMA

h

IL PIANO

V. Ascanio Persio

LA MARTELLA

V. Lucana

V. Luigi Lavista

del Corso

S. Francesco
d'Assisi

Pza del
Sedile

d

m

Pza S. Pietro
Caveoso

V. Antonio Grandi

PARCO GIOVANNI
PAOLO II

Pza
S. Francesco

S. Pietro
Caveoso

V. Castello

Chiesa del
Purgatorio

V. Bartolomeo

Madonna
dell Idris

S. Giovanni
in Monterrone

Museo Archeologico
Nazionale
Domenico Ridola

V. Bruno

S. Lucia
alle malve

PARCO DEL CASTELLO

V. Lucana

Piazzetta
Pascoli

Museo Nazionale
d'Arte Medievale
e Moderna

SASSO CAVEOSO

V. Lanera

V. Andrea Serrao

V. Padre
Giovanni Minozzi

V. Vincenzo Caropreso

V. Pasquale

n

S. Maria
de Armenis

Convicinio di
S. Antonio

V. Lanera

V. Chiancalata

V. Ridola

V. Lucana

Vico Primo
Casalnuovo

V. Casalnuovo

Gravina di Matera

A   B

🏨 **SANT'ANGELO**

STORICO · CONTEMPORANEO Un concetto di ospitalità originale ed intrigante: centro nevralgico della struttura, dalla hall si diramano cortili e viottoli che portano alle varie camere, alcune aperte in grotte, dalle pareti in tufo ed eleganti arredi contemporanei. Le migliori offrono una vista mozzafiato sulla chiesa di San Pietro Caveoso. Cucina affidata ad un giovane chef pugliese che reinterpreta piatti locali e della sua regione al ristorante serale Regia Corte.

🏡 🛁 ⇐ 🆎 🛎 23 camere – 7 suites

Pianta: B2-m – *piazza San Pietro Caveoso –*
℘ 0835 314010 –
www.santangeloresort.it

⌂ **SEXTANTIO - LE GROTTE DELLA CIVITA** `Tablet.PLUS`

STORICO · ORIGINALE Sapiente opera di recupero di spazi antichissimi oggi trasformati, nel pieno rispetto della loro integrità strutturale, in un resort di lusso per vivere la magia di un soggiorno in grotta. Indimenticabile sala colazioni, come la camera numero 4, ricavata in un'ex chiesa rupestre.

⌘ ≤ 🅺 18 camere – 6 suites

Pianta: B1-f – *via Civita 28 – ℰ 0835 332744 – www.sextantio.it*

MAULS • MULES – Bolzano (BZ) → Vedere Mules

MAZZARÒ – Messina (ME) → Vedere Sicilia (Taormina)

MEDUNO

✉ 33092 – Pordenone (PN) – Carta regionale n° **6**–B2 – Carta stradale Michelin 562-D20

ⅠO **LA STELLA**

REGIONALE · FAMILIARE ⅹ Eccellente rapporto qualità/prezzo per uno dei migliori indirizzi della provincia: una graziosa trattoria di paese dalla brillante e simpatica gestione familiare. La cucina - proposta a voce, come del resto il vino - è fedele alla tradizione ed ai prodotti tipici regionali, nonché alla stagionalità.

Carta 40/60€

🏠 ⇄ *via Principale 38 – ℰ 0427 86124 –*
Chiuso 1 gennaio, 31 agosto-9 settembre, lunedì, mercoledì, sabato a mezzogiorno, domenica sera

MELDOLA

✉ 47014 – Forlì-Cesena (FC) – Carta regionale n° **5**–D2 – Carta stradale Michelin 562-J18

☺ **IL RUSTICHELLO**

REGIONALE · CONTESTO TRADIZIONALE ⅹ Trattoria appena fuori dal centro in cui rivivono i sapori della tradizione gastronomica romagnola e dove la gentile ospitalità è di casa nella giovane gestione.

Specialità: Crostini ai porcini. Mezzelune al formaggio di fossa. Tiramisù.

Menu 20€ (pranzo), 25/40€ – Carta 25/40€

🏠 🅺 *via Vittorio Veneto 7 – ℰ 339 749 7834 – www.ristoranteilrustichello.it –*
Chiuso lunedì-martedì sera

MELFI

✉ 85025 – Potenza (PZ) – Carta regionale n° **2**–A1 – Carta stradale Michelin 564-E28

☺ **LA VILLA**

LUCANA · ACCOGLIENTE ⅹⅹ Ricette locali rispettose dei prodotti del territorio, in un ristorante con orto e produzione propria di uova e farina: ambiente intimo e curato, grazie alle tante attenzioni della famiglia che lo gestisce. L'ispettore ha gradito l'aglianico di loro produzione.

Specialità: Sandwich di tacchinella con mela glassata allo zucchero di canna, caciovallo podolico, riduzione d'aglianico del Vulture. Guancetta di maialino nero lucano ai semi di finocchio su crema di patate all'origano. Cupoletta al cioccolato bianco e vaniglia, riduzione di fragole.

Menu 40/60€ – Carta 25/50€

🅺 ⇄ 🅿 *strada statale 303, verso Rocchetta Sant'Antonio – ℰ 0972 236008 –*
Chiuso 2-5 gennaio, lunedì, domenica sera

MELITO IRPINO

⊠ 83030 – Avellino (AV) – Carta regionale n° **4**–C1 – Carta stradale Michelin 564-D27

⃝ ANTICA TRATTORIA DI PIETRO

REGIONALE · FAMILIARE ⅀ Trattoria con alle spalle una lunga tradizione familiare, giunta ormai alla terza generazione, per una cucina decisamente campana, preparata e servita con passione. Tra le specialità sicuramente le cotture alla brace - accesa pranzo e cena - nonché la selezione di formaggi.

Menu 23/50 € – Carta 25/46 €

   🏧 *corso Italia 8 – ℰ 0825 472010 – www.anticatrattoria-dipietro.com – Chiuso mercoledì*

MELIZZANO

⊠ 82030 – Benevento (BN) – Carta regionale n° **4**–B1 – Carta stradale Michelin 564-D25

⃝ LOCANDA RADICI

MODERNA · CONTESTO CONTEMPORANEO ⅀⅀ Un lussureggiante giardino con olivi secolari anticipa il bel casolare dagli interni moderni e luminosi; la cucina valorizza i prodotti locali e nazionali con leggiadra fantasia. Un ristorante adatto per tutte le occasioni!

Menu 25 € (pranzo), 35/65 € – Carta 54/60 €

   ⮜ 🍴 🏠 🏧 🅿 *strada provinciale 21, contrada San Vincenzo –*
ℰ 0824 944506 – www.locandaradici.it –
Chiuso 11-31 gennaio, 19 luglio-4 agosto, 22-30 novembre, lunedì, martedì, mercoledì-giovedì a mezzogiorno, domenica sera

MENFI – Agrigento (AG) ➜ Vedere Sicilia

MERANO • MERAN

⊠ 39012 – Bolzano (BZ) – Carta regionale n° **19**–B2 – Carta stradale Michelin 562-C15

🏵 SISSI

Chef: Andrea Fenoglio

MODERNA · VINTAGE ⅀⅀ Nato nel 1991 in un edificio Liberty, il locale è stato trasferito sette anni dopo in via Galilei dove - oltre all'accogliente stube e una cantina con circa quattrocento etichette - l'ospite può godersi la vista del castello dalla sala principale. Un processo «in continua evoluzione e sempre teso a dare nuove forme e colori a vecchi classici» annotano gli ispettori sul loro taccuino, ma anche ambiente e arredi come ulteriore motivo d'attrazione alle proposte culinarie, perché come afferma il titolare stesso "in realtà noi non vendiamo piatti o bicchieri di vino. Vendiamo due/tre ore di vacanza".

Specialità: Avanti con il vitello tonnato. La spalla d'agnello da latte in crosta di pistacchi. Limone, vaniglia, gelato alla ricotta di capra e olio d'oliva.

Menu 80/95 € – Carta 70/90 €

   🏵 🏧 ⇔ *via Galilei 44 – ℰ 0473 231062 –*
www.sissi.andreafenoglio.com –
Chiuso 11 gennaio-7 febbraio, 22 giugno-4 luglio, lunedì, martedì a mezzogiorno

⃝ SIGMUND

DEL TERRITORIO · CONTESTO TRADIZIONALE ⅀⅀ Pietra grezza, tavoli distanziati, rappresentazioni moderne alle pareti, per una cucina classica legata alla regione in un locale centrale e con origini storiche.

Carta 50/80 €

   ⮜ 🏠 ♿ 🏧 *corso della Libertà 2 –*
ℰ 0473 237749 – www.restaurantsigmund.it –
Chiuso 1 febbraio-3 marzo, mercoledì

MEISTER'S HOTEL IRMA

SPA E WELLNESS · ELEGANTE Safari lodge (suite racchiusa da una tenda nel mezzo del giardino) o camera sugli alberi? Ma ci sono anche la casa principale e le dépendance - ognuna con il suo stile - un giardino con roseto, il laghetto dei cigni, la terrazza panoramica all'ultimo piano per le straordinarie colazioni, una romantica stube, nonché la più affettuosa accoglienza familiare. Ecco uno degli alberghi più belli della regione!

🏔 🐾 🤌 🛏 🎿 🔲 🌐 🛎 🛁 📧 🛗 🎰 🛋 50 camere – 19 suites

via Belvedere 17 – ☎ 0473 212000 – www.hotel-irma.com

PARK HOTEL MIGNON

SPA E WELLNESS · PERSONALIZZATO A due passi dal centro, ma immerso in un parco alberato e con uno straordinario centro benessere; non deluderanno neppure le camere, moderne, spesso arredate con materiali locali e una splendida terrazza-solarium.

🏔 🐾 🤌 🛏 🎿 🔲 🌐 🛎 🛁 📧 🛗 🎰 🧖 🅿 🛋 50 camere – 13 suites

via Grabmayr 5 – ☎ 0473 230353 – www.hotelmignon.com

VILLA TIVOLI

FAMILIARE · PERSONALIZZATO Risorsa di livello, in posizione soleggiata e isolata, connotata da un piacevole stile d'ispirazione mediterranea e da un lussureggiante parco-giardino. Nelle camere troverete un sapiente mix di antico e moderno, alcune di design contemporaneo, mentre nelle dépendance - aperte tutto l'anno - diversi luminosi (e ancor più defilati) appartamenti. Vivamente consigliate, le cinque suite recentemente create - all'ultimo piano - che godono di un'ampia vista su tutto il circondario.

🏔 🐾 🤌 🛏 🎿 🔲 🌐 📧 🛗 🅿 🛋 24 camere – 9 suites

via Verdi 72 – ☎ 0473 446282 – www.villativoli.it

a **Freiberg** Sud - Est : 7 km per Avelengo B2 – Carta regionale n° **19**–B2

✿ PREZIOSO

MODERNA · ROMANTICO ✗✗ Un soggiorno, anche un semplice passaggio a Merano durante la bella stagione, potrà trasformarsi in un momento veramente magico, godendo di un'eccellente esperienza gastronomica seduti sulla terrazza panoramica del Prezioso: angolo gourmet del più piccolo hotel 5 stelle della regione, lo splendido Castel Fragsburg. Qualora il tempo non lo permettesse, gli ambienti interni offrono – pur sempre - un calore tradizionale ed uno charme davvero avvolgenti. La cucina di Egon Heiss si dipana lungo un solo menu degustazione in cui lo chef della Val Sarentino mette in mostra non solo tutto il suo amore per il *Südtirol*, ma anche la bella tecnica appresa in anni di esperienze, alcune stellate. Se protagonisti di eleganti piatti sono spesso ingredienti montani, non di rado fanno capolino anche sentori e profumi più mediterranei. Il bouquet dei vini conservati in cantina mostra una geografia internazionale con al centro – *ça va sans dire* - l'Alto Adige.

Specialità: Trota, mela green Smith e cavolo rapa. L'agnello in tre passaggi. Pesca saturnia.

Menu 130 €

🤌 🛏 🍴 🔄 🅿 *Hotel Castel Fragsburg, via Fragsburg 3 – ☎ 0473 244071 – www.fragsburg.com – Chiuso 1 dicembre-8 aprile, lunedì, martedi-sabato a mezzogiorno, domenica sera*

CASTEL FRAGSBURG

DIMORA STORICA · PERSONALIZZATO Ad un passo dal cielo, ma fortemente radicato nella roccia è il biglietto da visita di questo splendido albergo lussuoso nelle camere ed attento al benessere dei suoi ospiti che troveranno presso la spa trattamenti moderni e preparati terapeutici realizzati con elementi raccolti manualmente in loco. Novità: postazione di avvistamento con cannocchiale per scrutare camosci ed uccelli rari nella montagna circostante.

🏔 🐾 🤌 🛏 🎿 🛎 📧 🅿 13 camere – 7 suites

via Fragsburg 3 – ☎ 0473 244071 – www.fragsburg.com

 Prezioso – Vedere selezione ristoranti

MERCATALE - Firenze (FI) → Vedere San Casciano in Val di Pesa

MERCATO SAN SEVERINO

✉ 84085 – Salerno (SA) – Carta regionale n° **4**-B2 – Carta stradale Michelin 564-E26

ⅈ○ CASA DEL NONNO 13

CREATIVA · RUSTICO ⅩⅩ La proposta gastronomica è un mix tra terra e mare, innovazione e tradizione; in una carta che privilegia i prodotti campani, il pomodoro San Marzano occupa un posto di rilievo.

Menu 50/80 € – Carta 51/75 €

♨ 🛏 🕮 *via Caracciolo 13, località Sant'Eustachio – ℰ 089 894399 – www.casadelnonno13.it – Chiuso lunedì, domenica sera*

MERCENASCO

✉ 10010 – Torino (TO) – Carta regionale n° **12**-B2 – Carta stradale Michelin 561-F5

ⅈ○ DARMAGI

REGIONALE · FAMILIARE ⅩⅩ Villetta in posizione defilata caratterizzata da una calda atmosfera familiare, soprattutto nella bella sala con camino. La cucina è ricca di proposte della tradizione.

Carta 28/50 €

♨ 🛏 🕮 ⇔ 🅿 *via Rivera 7 – ℰ 0125 710094 – www.ristorantedarmagi.it –*
Chiuso 17 agosto-3 settembre, lunedì, martedì, mercoledì a mezzogiorno

MERGOZZO

✉ 28802 – Verbano-Cusio-Ossola (VB) – Carta regionale n° **13**-A1 –
Carta stradale Michelin 561-E7

ⅈ○ LA QUARTINA

REGIONALE · AMBIENTE CLASSICO ⅩⅩ Alle porte della località, un piacevole locale affacciato sul lago con una luminosa sala ed un'ampia terrazza dove assaporare la cucina del territorio e specialità lacustri. Camere semplici, accoglienti, recentemente ristrutturate.

Menu 32/65 € – Carta 40/55 €

⇐ ≤ 🛏 ⅇ 🅿 *via Pallanza 20 – ℰ 0323 80118 – www.laquartina.com –*
Chiuso 1 dicembre-1 marzo, domenica a mezzogiorno

ⅈ○ CAFFETTERIA LA FUGASCINA

MODERNA · BISTRÒ Ⅹ Direttamente sulla piazzetta con piacevole dehors, locale-caffetteria rustico eppure curatissimo, dove potersi accomodare per gustare piatti della tradizione regionale e sapori italiani attualizzati da un'impronta moderna. Ideale anche per un aperitivo.

Carta 30/50 €

🛏 *piazza Vittorio Veneto 8 – ℰ 0323 800970 – www.fugascina.it –*
Chiuso lunedì

MESE - Sondrio (SO) → Vedere Chiavenna

MESIANO - Vibo Valentia (VV) → Vedere Filandari

MESSINA - Messina (ME) → Vedere Sicilia

MESTRE

✉ 30175 – Venezia (VE) – Carta regionale n° **23**-C2 – Carta stradale Michelin 562-F18

a Chirignano Ovest : 2 km per via Miranese

🕸🔘 **AI TRE GAROFANI**

PESCE E FRUTTI DI MARE · AMBIENTE CLASSICO ⅩⅩ Un inaspettato angolo di eleganza nella campagna veneta unito a tocchi di calda rusticità; tanto pesce cotto in sala allo spiedo e un celebre risotto con i gò (pesce di laguna). Fresco dehors sotto il pergolato.

Carta 50/90 €

🌴 ⟷ 🅿 *via Assegiano 308 – ☏ 041 991307 – www.ristoranteaitregarofani.it – Chiuso lunedì, sabato a mezzogiorno*

a Campalto Est : 5 km per Trieste

🕸🔘 **TRATTORIA AL PASSO**

PESCE E FRUTTI DI MARE · FAMILIARE ⅩⅩ Da oltre 70 anni un avvicendarsi di generazioni appartenenti alla stessa famiglia guidano questo gradevole ristorante fuori città, nella sala interna stile marina o nella luminosissima sala-veranda vi verrà proposta una cucina a tutto pesce: crudi, cotture alla griglia, fritti e numerosi condimenti per i primi piatti. A sancire il gran finale un'ampia carta dei dessert.

Carta 40/80 €

🌴 🆎 *via Passo 118 – ☏ 041 900470 – Chiuso lunedì, martedì*

a Zelarino Nord : 2 km per Treviso

🕸🔘 **AL SEGNAVENTO**

REGIONALE · FAMILIARE ⅩⅩ Locale completamente rinnovato nel 2020 al fine di riservare un servizio sempre migliore, l'intera famiglia Bucci è impegnata nell'attività che potrebbe sintetizzarsi in uno slogan: "dall'azienda agricola al piatto". Frutta, verdura, ovini, maiali e un'invitante varietà d'anatre sono il fiore all'occhiello di un ristorante a chilometro zero. Per ricette più semplici e vino alla mescita - a pochi passi - vi è il bistrot. Graziose camere per chi volesse indulgere nella sosta.

Menu 38/80 € – Carta 43/58 €

⟵ 🛏 🌴 🆎 🅿 *Agriturismo al Segnavento-Fiori e Frutti, via Gatta 76/c, località Santa Lucia di Tarù – ☏ 041 502 0075 – www.alsegnavento.it – Chiuso 1-31 gennaio, 10-21 agosto, lunedì, martedì, domenica sera*

MEZZOCANALE - Belluno (BL) → Vedere Forno di Zoldo

MEZZOLOMBARDO

✉ 38017 – Trento (TN) – Carta regionale n° **19**–B2 – Carta stradale Michelin 562-D15

🕸🔘 **PERBACCO**

REGIONALE · RUSTICO ⅩⅩ Il ristorante è stato ricavato nelle stalle di una casa di fine Ottocento e arredato con lampade di design; nato come wine-bar vanta una bella scelta di vini locali al calice.

Menu 39/56 € – Carta 35/46 €

♨ ⟵ 🌴 🅿 *via E. De Varda 28 – ☏ 0461 600353 – www.ristorante-perbacco.com – Chiuso lunedì a mezzogiorno, martedì, mercoledì-sabato a mezzogiorno, domenica*

MIANE

✉ 31050 – Treviso (TV) – Carta regionale n° **23**–C2 – Carta stradale Michelin 562-E18

🕸🔘 **DA GIGETTO**

REGIONALE · FAMILIARE ⅩⅩ Lunga e rinomata fama di ospitalità e tradizione che si rinnova nelle proposte tanto nei classici che hanno fatto la storia del locale, quanto in piatti dalle connotazioni più contemporanee; il tutto senza abbandonare il territorio, ma con un'apertura verso le specialità ittiche. Ottima cantina con numerose sorprese e verticali!

Carta 40/60 €

♨ 🆎 ⟷ 🅿 *via De Gasperi 5 – ☏ 0438 960020 – www.ristorantedagigetto.it – Chiuso 7-27 gennaio, 2-24 agosto, lunedì sera, martedì*

MILANO

"**C**apital ben vestida" nelle strofe di una celebre canzone, mai come negli ultimi tempi Milano si è valsa il titolo di madrina della cucina etnica. In nessun'altra località italiana, infatti, è possibile trovare una tale concentrazione di ristoranti che propongono specialità da ogni angolo del mondo, indirizzi che invitano ad un ideale viaggio grazie a ricette colorate e fantasiose.

Se tale fenomeno ha trovato un proprio alleato nell'Expo, è anche vero che Milano ha sempre goduto di un'allure internazionale, nonché un afflato cosmopolita. Qui si pranza a tutte le ore del giorno e della notte, in locali che dettano tendenze in giro per il mondo. Tra luci soffuse e mood newyorkese, la serata potrebbe debuttare con un signature cocktail, per poi continuare con piatti gourmet, in locali dove guardare e farsi ammirare è d'obbligo: più che in vetrina, addirittura in passerella.

Ma Milano non dimentica e nel suo caleidoscopio gastronomico assicura un posto di riguardo anche alla tradizione in trattorie e bistrot informali e conviviali. Patria della moda e del business, del design e dell'aperitivo, la città è un vero e proprio scrigno di prelibatezze per insaziabili gourmet e gourmand. Sfogliate le prossime pagine e troverete di che soddisfare la vostra curiosità, nonché l'appetito.

✉ 20123 – Milano (MI) – Carta regionale n°10
Carta stradale Michelin n° 561-F9

LA NOSTRA SELEZIONE DI RISTORANTI

RISTORANTI DALLA A ALLA Z

A TAVOLA, SECONDO I VOSTRI DESIDERI

RISTORANTI PER TIPO DI CUCINA

Del mercato

Fusion

Giapponese

Indiana

Internazionale

Italiana

Italiana contemporanea

Lombarda

AlexPro9500/iStock

Peruviana

Pesce e frutti di mare

Romana

Vegetariana

Vietnamita

TAVOLI ALL'APERTO

LA NOSTRA SELEZIONE DEGLI ALBERGHI

EdwardShtern/iStock

MILANO
PIANTA DEI QUARTIERI

0   2 km

–··–··–··–   Territorio del comune di Milano

SUD-EST   Limite dei quartieri della guida

ZONA 1 ··········   Limite delle zone

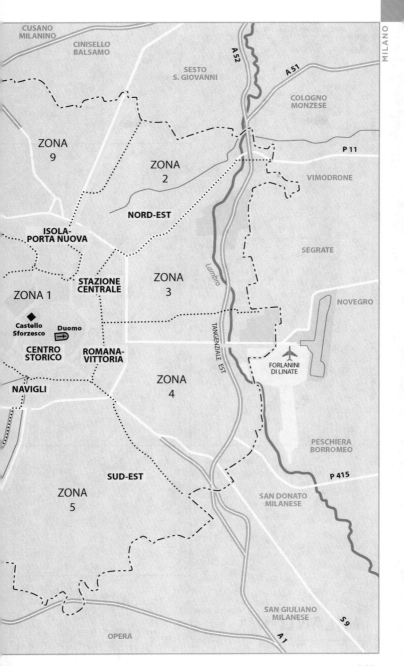

MILANO

AOSTA
STRESA, COMO

COMO,
VARESE

A

B

COMO

NOVARA

NOVARA

ABBIATEGRASSO

V. Console Marcello
V. Vilapizzone
Vle dei Pioppi
S.te Privata Imbriani
V. degli
V. Privata Adriano Baiola
Vle Scavia Privata
Vle Luigi Bodio
V. Livigno
Maciach
V. Imbonati
Giuseppe Guerzoni
V. Angelo Maffucci
V. Angela Bella

Vle Carlo Espinasse Casella Airaghi
Cesare
V. Francesco De Lemene Gallarate
Vle Certosa
a
Vle Edoardo Jenner
Bell'Aprica
Lancetti
V. Bernina
V. Valtellina
V. Varè

w
f

V. Alcide De Gasperi
Vle Alcide De Gasperi
Vle Renato Serra
Pza Firenze
V. Cenisio
Cenisio
Monumentale
V. Carlo Farini

NOVARA 1

Q.T.8
V. Collecchio
V. Diomede
Soprelevata
Vle Lodovico Scarampo
Vle Teodorico
V. Giovanni da Procida
V. Piero della Francesca
V. Lodovico Castelvetro
Domodossola
V. Cesare
V. Francesco Sempione
V. Giulio Procaccini
V. Bramante
Bastioni di Pta Volta
Fr
Portello
Vle Federico Caprilli
Lotto
P
P
Monte Bianco
Torre Libeskind
Tre Torri
Torre Generali
Torre Allianz
V. Vincenzo Monti
V. Domenico Cirillo
Vle Elvezia
V. Antonio Canova
Parco Sempione
V. Legnano

V. Monreale
Vle Murillo
Amendola Fiera
V. Monte Rosa
V. Tiziano
V. Gabriele Rosetti
V. Mario Pagano
V. Melzi
CASTELLO SFORZESCO
Piazza de

Vle Aretusa
Daniele Ricciarelli
a
V. Carlo Ravizza
V. Federico Faruffini
Buonarroti
b
Vle Lodovico Ariosto
V. XX Settembre
Vle Monti
Foro Buonaparte

2

V. Rembrandt
V. Cosoppo
P
De Angeli
Margherita
Wagner
Cso. Vercelli
Cso. Magenta
V. Giosuè Carducci

Gambara
V. Ergisto Bezzi
Washington
V. S. Michele del Carso
V. S.
Vittore
V. Olona
V. Giuseppe Mazzini
V. delle Forze Armate
Bande Nere
Soderini
V. Romolo Gessi
V. Giorgio
V. Misurata
V. Foppa
V. Papiniano
Cso. Genova
V. Gabriele
V. Ausonio
V. Moli delle Arr

V. S. Gimignano
V. Bartolomeo d'Alviano
Luigi d'Aviano
Gentile Bellini
Giacinto Brugzesi
Lorenteggio
V. Vincenzo Foppa
V. Cola di Rienzo
V. Savona
V. Voghera Torri
V. Vigevano
V. Valenza
Vle Brunarigo
Vle Gian Galeazzo

3

V. Lorenteggio
V. Giambellino
Gentile Bellini
Giacinto Brugzesi
Cavalcava Don Lorenzo Milani
V. Carlo Troya
Savona
c
Tortona
Riva di Pta Ticinese
V. Cardinale Ascanio Sforza
Vle
b
c
a
V. Odoardo Tabacchi
Battista Boeri
V. Francesco Briosch

MILANO

0   500 m

MONCUCCO

a
S. CRISTOFORO
a
Ettore Ponti
Walter
tobagi
V. Morimondo
V. Lodovico
Moro
Bonaventura Zumbini
V. Santander
Cassala
Romolo
Vle Liguria
V. Giovanni Segantini
V. Carlo Torre
Vle Speradi
V. Rimini

A

B

PAVIA
GENOVA, ALESSANDRIA

PAVIA

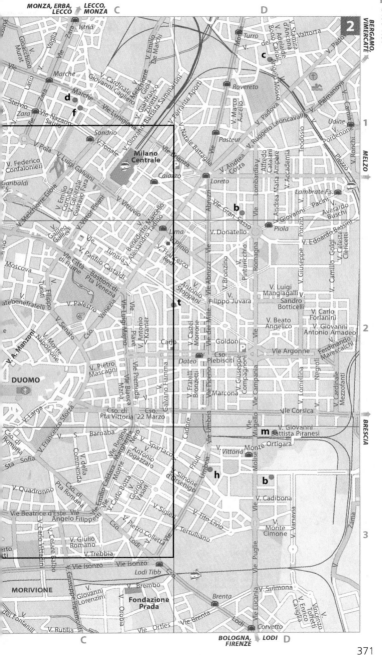

V. Gioacchino Murat
V. Veglia
V. Istria
Viale Emilio De Marchi
V. Stamira d'Ancona
V. Adelaide Bono Cairoli
Ugo Mosso
Turro
V. Valtorta
V. Padova
c

Lari
Zara
V. Marche
V. Cardinale Mercier
Giovanni Cagliero
V. Gianfranco
V. Giovanni Battista Sammartini
Rovereto
V. Marco Aurelio
V. Ruggero Leoncavallo
V. Palmanova
Carra
Carnia

Stelvio
Marche
d
f
V. Lunigiana
V. Natale Battaglia
Pasteur
V. Andrea Costa
Teodosio
Udine
V. Pordenone
Plezzo
Zara
V. Nazario Sauro
Sondrio
V. Giovanni Battista
V. Ferrante Aporti
V. Andrea Costa
V. Lombardia
V. Alfredo Catalani
V. Andrea Maria Ampere
V. Accademia

V. Federico Confalonieri
V. Pola
V. Luigi Galvani
V. Jonate
Milano Centrale
V. Bramante
Loreto
V. Accademia
Lambrate F.s.
V. Ronchi

Garibaldi
V. Melchiorre Gioia
V. Emilio Cornalia
V. Gustavo Modena
Calazzo
Abruzzi
Viale Gran Sasso
b
V. Giovanni Pacini
Averardo Buschi

V. Galileo Galilei
V. Vittor Pisani
Vitruvio
Lima
V. Plinio
V. Donatello
Piola
Pozzo
V. Edoardo Bassini
V. Celeste Clericetti

Moscova
Viale Tunisia
V. Benedetto Marcello
V. Alessandro Tadino
V. Francesco Redi
V. Abruzzi
V. Bronzino
V. Pinturicchio
Romagna
V. Giuseppe
V. Camillo Golgi
V. Luigi Mangiagalli

atebenefratelli
Viale Città di Fiume
Bastioni di Pta Venezia
V. Panfilo Castaldi
t
V. Antonio Stoppani
V. Filippo Juvara
V. Sandro Botticelli
V. Beato Angelico
V. Carlo Forlanini
V. Giovanni Antonio Amadeo

V. A. Manzoni
V. Palestro
Viale Luigi Majno
V. Antonio Kramer
V. Castel Morrone
Goldoni
V. Argonne
Ferdinando Marescalchi

V. Monte Napoleone
V. Senato
Viale Venezia
Piave
Carlo
Dateo
Cso. Plebisciti
V. Giuseppe Compagnoni
V. Lomellina
V. Negroli
V. Cardinale Mezzofanti

DUOMO
V. Pietro Mascagni
V. Premuda
V. Fratelli Bronzetti
Marcona
V. Campania
Viale Corsica

V. Larga
V. Bianca Maria
V. Galvano Flamma
V. Piceno
Viale Mugello
m
V. Giovanni Battista Piranesi

Cso. di Pta Vittoria
Cso. di Pta Vittoria 22 Marzo
Barnaba
Viale Umbria
V. Vittoria
Monte Ortigara

Cso. di Porta Romana
V. Francesco Sforza
V. della Commenda
Cso. di Pta Romana
V. Regina Margherita
V. Spartaco
V. Antonio Fogazzaro
V. Friuli
Vittoria
Umbria
h
V. Molise
b

V. Quadronno
V. Emilio Caldara
V. Carlo Botta
V. Giorgio Vasari
V. Simone d'Orsenigo
V. Tito Livio
V. Cadibona

Viale Beatrice d'Este
Viale Angelo Filippetti
Sta. Sofia
V. Sigieri
V. Pietro Colletta
Lodi
Tertulliano
V. Puglie
V. Monte Cimone
V. Varsavia
Zama

V. Cesare Lombroso
V. Centro Vittalini
V. Giulio Romano
V. Trebbia
Corvetto
V. Sulmona
V. Vincenzo Toffetti
V. Enrico Cialdini

MORIVIONE
V. Giovanni Lorenzini
Viale Isonzo
V. Isonzo
Lodi Tibb
V. Brembo
del Fontanili
Fondazione Prada
Brenta
V. Lucania
V. Ortles
Viale Brenta
Lodi
V. Rutilia

C

3

MILANO

0   300 m

CIMITERO MONUMENTALE

P

E   **F**

V. Cenisio   V. Cenisio   V. Cenisio

1

h
c
f
Domodossola
g

Piazza Gramsci

P

PORTA VOLTA
v   **s**

b

V. Francesco Mezzi D'Eril

Arena

↑

Piazza Giovanni XXIII

Arco della Pace

Torre Branca

Parco Sempione

v

S. Simpliciano

2

Triennale Design Museum Pal. d'Arte

Lanza
c

Largo Carabinieri d'Italia

a

CASTELLO SFORZESCO

Pza del Carmine

Cadorna

Cairoli

a

Foro
Palazzo Litta
Teatro dal Verme

V. Cusani

V. Dante

Piccolo Teatro

CENACOLO

Magenta   Magenta

z
S. Maria d. Grazie

Museo Civico Archeologico

f
S. Maurizio

3

s

San Vittore al Corpo

SANT'AMBROGIO

Sant'Ambrogio

Museo della Scienza e della Tecnologia Leonardo da Vinci

P

i

V. Cesare Correnti

↓

E   **F**

373

5

E   F

V. Boezio
V. Ippolito Nievo
V. Luca Comerio
V. Francesco Meli D'En
V. Luigi Canonica
V. Bramante
Mosca
Cso Sempione
Cso Sempione
V. Andrea Massena
V. Agostino Bertani
Giulio Borsi
V. Elvezia
Corso Garibaldi
V
V. Can
V. Gabriele Rosseri
Piazza Giovanni XXIII
V. Abbondio Sangiorgio
Arco della Pace
Arena
Ignazio
S. Simpliciar
V. Vincenzo Monti
Niccolò Machiavelli
Canova
Mario Pagano
Torre Branca
Parco Sempione
Gadio
Lanza
c
Largo Carabinieri d'Italia
V. Quinto Sella
V. Mario Pagano
V. Rovello
V. Emilio Zola
Triennale Design Museum Pal. d'Arte
Girolamo
Pza del Carmine

2

V. Mario Pagano
Pagano
a
V. Pietro Tamburini
V. Giuseppe Revere
V. Auralio Saffi
Giacomo Leopardi
CASTELLO SFORZESCO
Pza del Carmine
Pogano
V. Alberto da Giussano
V. Carlo Pisacane
Cadorna
Cairoli
Bonaparte
V. Cusah

Conciliazione
V. Giovanni Boccaccio
V. Vincenzo Monti
V. Giulio Carducci
Foro
V. Dante
V. Paolo Giovio
CENACOLO
Corso Cso. Magenta
Magenta
Palazzo Litta
Teatro dal Verme
a
Piccolo Teatro
V. Carducci
z
S. Maria d. Grazie
Bernardino Zenale
f
S. Maurizio
Borromei
3
s
San Vittore al Corpo
SANT'AMBROGIO
Museo Civico Archeologico
V. Sta Valeria
Sant'Orsola
V. Maurizio
V. Andrea Verga
V. Carducci
V. Liberi
V. Giuseppe
Museo della Scienza e della Tecnologia Leonardo da Vinci
Sant'Ambrogio
Olona
V. Numa Pompilio
Conca del Naviglio
V. Edmondo
Lanzone
V. Cesare Correnti
i
V. Nino Bixio
Dazio

Parco Solari
Sant'Agostine
Vincenzo
n
Genova
Ticinese
S. Lorenzo Maggiore
V. California
V. Conca Zugna
V. Andrea Solari
Papiniano
V. Conca Zugna
Circo
Corso di Porta Ticinese
Parco delle Basiliche
q
Via Savona
Voghera
V. Barbavara
Galeazzo Alessi
b
V. Andrea Solari
Cristoforo Colombo
DARSENA
Sant'Eustorgio
e
Via Tortona
Gonzaga
a
Corso
V. Sambuco
4
u
Porta Genova F.S.
Vigevano
k
Porta Ticinese
Vie Gran Galeazz
c
P
V. Valenza
NAVIGLIO GRANDE
i
Armani Silos
Grande
Ripa di Pta Ticinese
a
NAVIGLIO PAVESE
Cso S. Gottardo
Col Mosch
Alzaia
Naviglio
Argelati
Vie Gran Galeazz
f
V. Ella Lombardini
CONCHETTA
Giovanni Magolfa
V. Emilio Gola
V. Giosue Borsi
Cso S. Gottardo
V. Gentilino
V. Odoardo
Tabacc

E   F

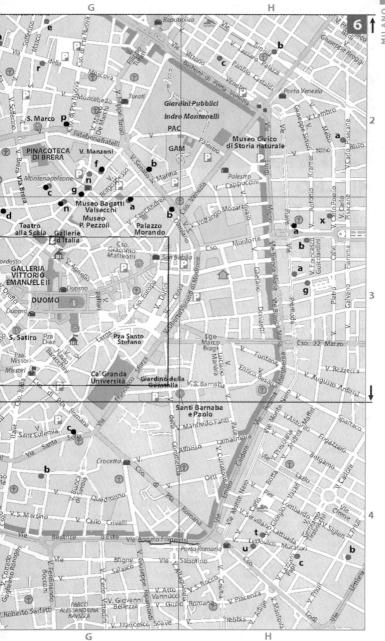

Milano (MI)

MILANO

Ci piace: il **Mandarin Oriental Milano** con il suo lounge per un aperitivo mondano. Nei pressi della suggestiva piazza Gae Aulenti, il nuovo ristorante **AALTO**: cucina giapponese moderna in un contesto elegante ed esclusivo. Un buon piatto di "cacio e pepe" da **Felice a Testaccio,** con tutte le sue declinazioni di specialità capitoline. **Trippa**: tra i favoriti in termine di rapporto qualità/prezzo.

Il Massimo del Gelato, in zona corso Sempione, una delle migliori gelaterie d'Italia; straordinaria la scelta alla frutta – mandorla e pistacchio in prims – ma una decina di gusti al cioccolato mandano in visibilio i clienti. Leone, Lievità, Assaje, Starita e molte altre: anche Milano vuol dir la sua sulla pizza. Enoteca Cotti: storica enoteca in Brera, dove acquistare rarissimi Whisky di malto e delle isole, pregiati Cognac, Armagnac e Bas Armagnac, oltre ad alcuni Porto e Madera.

Centro Storico

Ristoranti

✿✿ SETA BY ANTONIO GUIDA

CREATIVA · DESIGN 𝕏𝕩𝕩𝕏 Le origini sono pugliesi, ma il suo cuore ormai batte per la città della Madonnina! Classica e moderna, leggera ma nel contempo lussureggiante, la cucina di Guida, può permettersi d'interagire con terra e mare, sapori del nord e profumi del sud, spunti nazionali ed influenze esotiche: lui, salentino, che ha una predilezione smaccatamente nordica per le salse presenti in tanti suoi piatti. Ma è nel dessert, che lo chef rende omaggio alla città di adozione dedicandole un Campari con pompelmo e ciliegia bianca. La carta dei vini è sontuosa e stracolma di grandi etichette. Nella bella stagione, accomodarsi nella corte interna è un privilegio per *happy few*.

Specialità: Spaghetti con anemoni di mare, gamberi rossi, limone nero e crema di ravanelli marinati. Pollo ficatum in crosta di sale: petto con salsa suprema, polvere di capperi e verdure di stagione; coscia con ostrica, succo di mela, zenzero e cocco. Cioccolato con Chantilly allo zucchero muscovado, kumquat, salsa speziata e gelato alla grue di cacao.
Menu 70 € (pranzo), 190/230 € – Carta 100/165 €

🍽 ᗢ 🄰🄲 **Pianta: 6-G3-n** – *Hotel Mandarin Oriental Milano, via Monte di Pietà 18 –*
Ⓜ *Montenapoleone – ℰ 02 8731 8897 – www.mandarinoriental.com –*
Chiuso 1-10 gennaio, 8-29 agosto, lunedì, domenica

❀❀ **VUN ANDREA APREA**

MODERNA · ELEGANTE XxX "Vun" per i milanesi significa "uno" e per tutti quelli che prenotano un tavolo qui – italiani e non (tanti!) – unica è l'esperienza gastronomica di questo ristorante milanese elegante e cosmopolita, privo di colori, ricco di tendaggi. Sapienza e passione animano Andrea Aprea, chef partenopeo che porta in tavola il meglio delle proposte gastronomiche del Bel Paese e qualche piatto rivisitato in chiave contemporanea, ma che – immediatamente – riconduce alla sua solare terra. Due le degustazioni: Percorsi partenopei e Viaggiando da nord a sud. Il suo signature dish? Caprese "dolce salato"!

Specialità: Caprese... dolce salato. Ri-sotto-marino. Rabarbaro, olio evo, cioccolato bianco, arachidi.

Menu 120/185€

⌘ ⌖ ⏣ ⬄ **Pianta: 7-J1-n** – Hotel Park Hyatt Milano, via Silvio Pellico 3 – ⓜ Duomo – ℰ 02 8821 1234 – www.ristorante-vun.it – Chiuso 1-30 agosto, 25 dicembre-6 gennaio, lunedì, martedì-sabato a mezzogiorno, domenica

❀ **CRACCO**

MODERNA · ELEGANTE XxX Proprio di fronte all'Ottagono, l'ingresso si apre fra i tavolini del bistrot, caffetteria, pizzeria, pasticceria, da qui si prende l'ascensore per salire al primo piano dove si trova il ristorante gourmet. Dall'elegante ingresso si dipanano tre salette, fumoir e privé, che accolgono i clienti, fra stucchi, affreschi, opere di Fontana e Pomodoro, con i tavoli più ambiti vicino alle finestre.

Il secondo piano dedicato a cerimonie private è altrettanto affascinante, mentre la cantina, la cui visita è vivamente consigliata, si apre sotto il camminamento della Galleria.

Se la carta riserva uno spazio a proposte a base di uova - dai tuorli fritti a quelli marinati - la fantasia di Cracco qui si scatena particolarmente, per i tradizionalisti non mancano proposte più familiari quali il riso allo zafferano (con fegatini e midollo alla piastra) e il vitello alla milanese, omaggio alla città.

Specialità: Musetto di maiale al verde. Riso mantecato allo zafferano e midollo alla piastra. Crocchette di cioccolato gianduja, crema di chinotti al maraschino, capperi e caviale.

Menu 195€ – Carta 131/152€

⌘ ⌖ ⏣ ⬄ **Pianta: 7-J1-r** – galleria Vitttorio Emauele II – ⓜ Duomo – ℰ 02 876774 – www.ristorantecracco.it – Chiuso 23 dicembre-8 gennaio, 9-23 agosto, lunedì a mezzogiorno, domenica

❀ **IT MILANO**

CONTEMPORANEA · ELEGANTE XxX Se la sala, frequentata da una clientela elegantissima, rappresenta la quintessenza dell'atmosfera contemporanea e minimalista tipicamente milanese, sulla cucina soffia un vento meridionale. È infatti il cuoco bistellato Gennaro Esposito di Vico Equense a darne l'indirizzo. Stile inconfondibile, incantevole, a tratti geniale, i piatti sono incentrati su un prodotto principale con poche ma sorprendenti aggiunte, che creano proposte di celestiale armonia tra sapori opposti che sembrano cercarsi con freschezza ed originalità.

Specialità: Alici alla beccafico. Ventresca di tonno e salsa alla puttanesca. Tartelletta ai frutti rossi e gelato al kefir di bufala.

Menu 41€ (pranzo)/80€ – Carta 59/89€

⏣ **Pianta: 3-F2-b** – via Fiori Chiari 32 – ⓜ Lanza – ℰ 02 9997 9993 – www.itrestaurants.com – Chiuso domenica

ⅠⓄ **ARMANI**

MODERNA · LUSSO XxX All'insegna di piatti dall'eleganza contemporanea e a volte ricercata, al settimo piano di un palazzo interamente consacrato al mondo Armani, vista sulla città, marmo nero e onice retroilluminata sono il contorno di un ambiente esclusivo e alla moda.

Menu 45€ (pranzo), 110/150€ – Carta 55/170€

⇷ ⌖ ⏣ ⬄ **Pianta: 6-G2-f** – Armani Hotel Milano, via Manzoni 31 – ⓜ Montenapoleone – ℰ 02 8883 8702 – www.armanihotelmilano.com – Chiuso 1-7 gennaio, 2-31 agosto, 27-31 dicembre, lunedì sera, domenica

LA VERANDA ❶

MODERNA · LUSSO XXX L'eleganza della Veranda è incorniciata dal bellissimo giardino della corte quattrocentesca interna, dove si allestisce la bella terrazza estiva. Dal 2019 si fa decisamente più moderna la linea di cucina, grazie al nuovo chef che per la cena utilizza il fior fiore dei prodotti italiani per preparare piatti contemporanei. Una piccola sezione del menu è consacrata ai grandi classici, più semplici e tradizionali; come – del resto – le proposte per il pranzo.

Carta 68/135 €

🖧 🔐 🎟️ ⇄ 🚗 Pianta: 6-G3-a – Hotel Milano Four Seasons, via Gesù 6/8 – Ⓜ Montenapoleone – ℰ 02 7708 1478 – www.fourseasons.com/milan

IL RISTORANTE NIKO ROMITO

MODERNA · DI TENDENZA XXX Con affaccio su uno dei giardini più belli della città, Il Ristorante Niko Romito porta a Milano il concept gastronomico elaborato appositamente per i Bulgari Hotels del mondo: un tour tra i grandi classici della cucina italiana aggiornati e resi contemporanei in linea con la filosofia dello chef. Dall'antipasto all'italiana – con tanti piccoli assaggi da condividere - alla lasagna, dalla costoletta di vitello alla milanese al tiramisù, il menu è un omaggio alla bellezza e allo stile della maison, declinati anche attraverso l'elegante mise en place e la ricca cantina.

Carta 80/200 €

🖧 🔐 ⅊ 🎟️ 🚗 Pianta: 6-G2-c – Hotel Bulgari, via Privata Fratelli Gabba 7B – Ⓜ Montenapoleone – ℰ 02 805 8051 – www.bulgarihotels.com

LA BRISA

MODERNA · CONTESTO TRADIZIONALE XX Due sale, di cui la più caratteristica in una veranda nella corte interna del palazzo, la cucina incanta con fegato grasso e risotti, pescato del giorno e maialini da latte iberici.

Menu 34 € (pranzo)/58 € – Carta 42/83 €

🐜 🔐 Pianta: 5-F3-f – via Brisa 15 – Ⓜ Cairoli Castello. – ℰ 02 8645 0521 – www.ristorantelabrisa.it – Chiuso 24 dicembre-7 gennaio, sabato, domenica a mezzogiorno

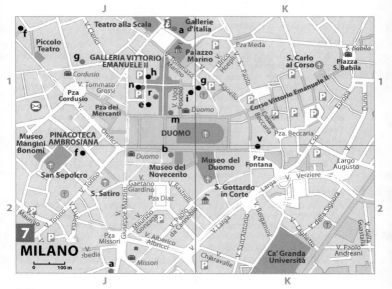

⅋○ FELICE A TESTACCIO ⓝ

ROMANA · CONVIVIALE ⅩⅩ Una leggenda della ristorazione capitolina ora a Milano, dove celebra la cucina romana a tutti gli effetti. Imperdibili i loro tonnarelli cacio e pepe e i saltimbocca. Sulla carta anche delle proposte divise per i giorni della settimana con altri piatti della tradizione laziale.

Carta 40/58 €

🅰🅲 ⇆ **Pianta: 5-F3-i** – *via del Torchio, 4* – ⓜ *Sant' Ambrogio* – ℰ *02 8050 6690* – *www.feliceatestaccio.it*

⅋○ GIACOMO ARENGARIO

MEDITERRANEA · ELEGANTE ⅩⅩ Ristorante con vista: sì, ma in questo caso senza compromessi! All'interno del museo del Novecento, Giacomo Arengario gode di un affaccio privilegiato sulle guglie del Duomo, soprattutto dalla sua bella terrazza estiva; la cucina è di stampo contemporaneo con pari attenzione per mare e terra. Il servizio inizia alle 12 ed è sempre possibile ordinare alla carta fino alla chiusura serale.

Menu 50 € (pranzo) – Carta 60/100 €

⇐ 🏠 🅰🅲 **Pianta: 7-J2-b** – *via Guglielmo Marconi 1* – ℰ *02 7209 3814* – *www.giacomoarengario.com*

⅋○ NOBU MILANO

FUSION · MINIMALISTA ⅩⅩ Lounge al pian terreno e ristorante vero e proprio al primo, raggiungibile con ascensore: linee pure, elegantemente minimaliste nel più tipico stile Armani, ma allo stesso tempo echi nipponici, in un locale che ha "gemelli" sparsi per il mondo. La sua cucina fusion giappo-sudamericana, da un paio d'anni, si è arricchita di influenze mediterranee.

Carta 75/140 €

🕭 🅰🅲 ⇔ **Pianta: 6-G2-n** – *via Pisoni 1* – ⓜ *Montenapoleone* – ℰ *02 6231 2645* – *www.noburestaurants.com* – *Chiuso 24-26 dicembre, domenica a mezzogiorno*

⅋○ VOCE AIMO E NADIA

ITALIANA CONTEMPORANEA · DI TENDENZA ⅩⅩ All'interno dei palazzi storici in cui ha sede il Museo delle Gallerie d'Italia, VOCE Aimo e Nadia è un trittico in cui si intrecciano cibo, cultura e arte in tre diversi ambienti: la libreria dove trovare testi dedicati all'arte, la caffetteria, sempre aperta al pubblico, un ristorante gourmet e alla moda. Oasi verde nel cuore della città, *Voce in Giardino* è lo spazio - en plein air - di cui approfittare nella bella stagione; circondati da sculture contemporanee.

Menu 35 € (pranzo)/120 € – Carta 65/115 €

🅰🅲 **Pianta: 7-J1-a** – *piazza della Scala 6* – ⓜ *Duomo* – ℰ *02 4070 1935* – *www.voceaimoenadia.com* – *Chiuso 7-17 agosto, domenica sera*

⅋○ WICKY'S INNOVATIVE JAPANESE CUISINE

GIAPPONESE · DESIGN ⅩⅩ L'atmosfera, contemporanea ed essenziale, è quella tipica dei ristoranti giapponesi, ma la cucina vi sorprenderà, proponendo un magico matrimonio tra classici nipponici ed ingredienti mediterranei, tra estetica e sapori. Due sale: una con vetrine sulla strada, l'altra con cucina a vista e banco sushi, dove la sera il cuoco serve un menu degustazione per i clienti che vogliono affidarsi all'improvvisazione del suo estro creativo.

Menu 30 € (pranzo), 98/130 € – Carta 54/90 €

🕭 🅰🅲 ⇔ **Pianta: 7-J2-a** – *corso Italia 6* – ⓜ *Missori* – ℰ *02 8909 3781* – *www.wicuisine.it* – *Chiuso 25-26 dicembre, 1-2 gennaio, 9-29 agosto, lunedì a mezzogiorno, sabato a mezzogiorno, domenica*

⅋○ ROVELLO 18

ITALIANA · VINTAGE Ⅹ Ambiente semplice per una cucina che punta su un'attenta selezione delle materie prime, presentate senza troppe elaborazioni. Dal menu fanno capolino alcune specialità milanesi, sebbene la maggior parte dei piatti sia d'impronta classico-italiana.

Carta 45/60 €

🍴 🅰🅲 **Pianta: 5-F2-c** – *via Tivoli 2, ang. corso Garibaldi* – ⓜ *Lanza* – ℰ *02 7209 3709* – *www.rovello18.it*

🍴 SPAZIO NIKO ROMITO MILANO

CREATIVA · DESIGN ✗ All'ultimo piano del Mercato del Duomo, con vista sulla piazza e sulla Galleria Vittorio Emanuele II, Spazio porta a Milano un'offerta gastronomica contemporanea e italiana, nata dall'incontro tra la creatività di Niko Romito e la passione della chef Gaia Giordano. In sala l'atmosfera è accogliente e curata, sia nell'arredo degli interni che nel profilo del servizio.

Carta 43/56 €

🗺 **Pianta: 7-J1-m** – *galleria Vittorio Emanuele II (3° piano del Mercato del Duomo)* – 🚇 *Duomo* – ☎ *02 878400* – *www.spazionikoromito.com* –
Chiuso 13-29 agosto, 22 dicembre-2 gennaio

Alberghi

🏨 ARMANI HOTEL MILANO   `Tablet.` `PLUS`

GRAN LUSSO · MINIMALISTA Nel rigore di un austero edificio del 1937, espressione più pura dello stile di "re" Giorgio, un'ospitalità innovativa curata da lifestyle manager che assistono ospiti e non clienti. Lussuosa spa di oltre 1000 metri quadrati e camere molto ampie. Una nuova idea di convivialità quella proposta da Armani Hotel Milano che presenta Armani a Tavola: un'esperienza intima di gusto ed estetica, per tornare ad assaporare la cucina dello chef Mascheroni nella suite presidenziale dell'hotel.

≲ ⋒ 🛁 ▣ 🚫 🄰🄲 🛗 83 camere – 12 suites

Pianta: 6-G2-f – *via Manzoni 31* – 🚇 *Montenapoleone* – ☎ *02 8883 8888* –
www.armanihotelmilano.com

🍴 **Armani** – Vedere selezione ristoranti

🏨 CARLTON HOTEL BAGLIONI ⓝ   `Tablet.` `PLUS`

LUSSO · ELEGANTE Ospiti d'élite hanno pernottato in questa splendida struttura che si propone come una sorta di "casa fuori casa", trasmettendo una sensazione di calda familiarità, senza rinunciare al lusso. Pezzi d'antiquariato e dipinti impreziosiscono gli spazi comuni, mentre nelle camere convivono stucchi e moderne tecnologie. L'accogliente zona benessere è aperta anche agli esterni.

⋒ ▣ 🚫 🄰🄲 🛗 87 camere

Pianta: 6-G3-b – *via Senato 5* – 🚇 *San Babila* –
☎ *02 77077* – *www.baglionihotels.com*

🏨 FOUR SEASONS HOTEL MILANO

GRAN LUSSO · CLASSICO Avvolto in una suggestiva atmosfera, l'hotel è riuscito a creare una perfetta simbiosi tra i dettagli architettonici della struttura originaria (un convento del '400) e l'elegante design contemporaneo. Non stupitevi quindi di trovare nelle stupende camere - ricavate dalle spartane celle monastiche – il meglio della tecnologia moderna.

🛎 🖥 🕸 ⋒ 🛁 ▣ 🚫 🄰🄲 🛗 ➰ 93 camere – 14 suites

Pianta: 6-G3-a – *via Gesù 6/8* – 🚇 *Montenapoleone* – ☎ *02 77088* –
www.fourseasons.com/milan

🍴 **La Veranda** – Vedere selezione ristoranti

🏨 GRAND HOTEL ET DE MILAN

GRAN LUSSO · STORICO Oltre un secolo e mezzo di vita per questo hotel che ha ospitato grandi nomi della musica, del teatro, del cinema e della politica nei suoi raffinati e suggestivi ambienti. Luminoso ristorante dedicato al tenore che in questo albergo registrò il suo primo disco.

⋒ 🛁 ▣ 🚫 🄰🄲 🛗 95 camere – 8 suites

Pianta: 6-G2-g – *via Manzoni 29* – 🚇 *Montenapoleone* – ☎ *02 723141* –
www.grandhoteletdemilan.it

🏨 BULGARI

BOUTIQUE HOTEL · DESIGN Contornato da un bellissimo giardino (plus assoluto per Milano centro!), progettato da un noto architetto paesaggista, Bulgari è
un tributo all'hôtellerie di lusso. Colori caldi e materiali preziosi nelle camere, nonché una delle più belle spa della città, dove l'hammam in vetro verde ricorda uno
smeraldo.

🛏 📺 🅿 🛎 ℉₆ 🔁 ♿ 🅰🅒 🛁 🚗 49 camere – 9 suites

Pianta: 6-G2-c – *via privata Fratelli Gabba 7/b* – Ⓜ *Montenapoleone* –
☎ *02 805 8051* – *www.bulgarihotels.com*

🍴 **Il Ristorante Niko Romito** – Vedere selezione ristoranti

🏨 MANDARIN ORIENTAL MILANO

GRAN LUSSO · DESIGN Quattro diversi edifici riuniti sotto un'unica insegna
compongono un affascinante albergo, dove l'eccellenza del servizio e la qualità
del design nelle camere hanno pochi rivali in centro città, come le dimensioni
della piscina che si raggiunge attraverso un suggestivo percorso. Per chi predilige
una ristorazione più semplice, il Mandarin Bar & Bistrot offre un'ampia scelta di
gustosi piatti essenzialmente italiani, nonché sandwich ed insalate.

🍴 📺 🛎 ℉₆ 🔁 ♿ 🅰🅒 🛁 104 camere – 35 suites

Pianta: 6-G3-n – *via Andegari 9* – Ⓜ *Montenapoleone* – ☎ *02 8731 8888* –
www.mandarinoriental.com

❀❀ **Seta by Antonio Guida** – Vedere selezione ristoranti

🏨 PARK HYATT MILANO   `Tablet.PLUS`

LUSSO · CONTEMPORANEO In un palazzo del 1870, il design contemporaneo
abbraccia ed accoglie i migliori confort moderni: camere ampie e bagni altrettanto spaziosi. Dalla prima colazione alla cena, ci si può accomodare al bistro
lounge La Cupola, mentre Mio Lab è il nuovo cocktail bar.

🍴 ℉₆ 🔁 ♿ 🅰🅒 🛁 90 camere – 16 suites

Pianta: 7-J1-n – *via Tommaso Grossi 1* – Ⓜ *Duomo* – ☎ *02 8821 1234* –
milan.park.hyatt.com

❀❀ **Vun Andrea Aprea** – Vedere selezione ristoranti

🏨 PALAZZO PARIGI

GRAN LUSSO · ELEGANTE Nel cuore di Brera a 400 metri da via Montenapoleone e dalle principali attrazioni - il Teatro alla Scala e il Duomo - l'hotel affascina
con i suoi spazi maestosi illuminati da luce naturale, arredi raffinati e lussuose
camere che offrono suggestive viste sulla città. Oasi di 1700 m² d'ispirazione moresca, la Grand Spa consta di otto cabine a tema, piscina e hammam privato. Viaggio
nei sapori della tradizione culinaria italiana presso il Ristorante Gastronomico.

🍴 🛏 📺 🅿 🛎 ℉₆ 🔁 ♿ 🅰🅒 🛁 🚗 67 camere – 28 suites

Pianta: 6-G2-p – *corso di Porta Nuova 1* – ☎ *02 625625* – *www.palazzoparigi.com*

🏨 ROSA GRAND STARHOTELS COLLECTION

PALACE · CONTEMPORANEO Nel cuore di Milano, risorsa il cui interno ruota
attorno alla corte, replicando forme semplici e squadrate, unite ad una naturale
ricercatezza. Confort ed eleganza sono presenti in tutte le camere, ma solo da
alcune è possibile ammirare le guglie del Duomo.

🍴 🛎 ℉₆ 🔁 ♿ 🅰🅒 🛁 326 camere – 5 suites

Pianta: 7-K1-v – *piazza Fontana 3* – Ⓜ *Duomo* – ☎ *02 88311* –
www.starhotelscollezione.com

🏨 GALLERIA VIK MILANO Ⓝ   `Tablet.PLUS`

LUSSO · A TEMA Non solo un albergo, ma una sorta di galleria d'arte contemporanea tanto i suoi interni, le zone comuni e le sue camere sono impreziosite e
rese uniche dalla presenza di opere d'arte originali o di elementi ispirati ai migliori
artisti del secolo scorso. Anche la proposta gastronomica è accattivante: i piatti
della tradizione italiana incontrano le suggestioni dello chef uruguaiano.

🍴 🔁 ♿ 🅰🅒 80 camere – 9 suites

Pianta: 7-J1-h – *via Silvio Pellico 8* – Ⓜ *Duomo* – ☎ *02 8905 8297* –
www.galleriavikmilano.com

MILANO

 SINA THE GRAY
`Tablet.` PLUS

BOUTIQUE HOTEL · PERSONALIZZATO Camere diverse fra loro, tutte da scoprire nei loro dettagli di pregio, alcune soppalcate, tre con vista sulla Galleria, per questa struttura che brilla per piacevolezza: quindi "Gray" solo nel nome! Le Noir è il ristorante all'interno dell'albergo dall'atmosfera notturna e cucina mediterranea.

⌂ ⊡ ⓺ 🄰 19 camere – 2 suites

Pianta: 7-K1-g – *via San Raffaele 6* – Ⓜ *Duomo* – ☎ *02 720 8951* – *www.sinahotels.com*

 TOWNHOUSE DUOMO

LUSSO · CENTRALE Albergo lussuoso che ha nella vista sul Duomo di Milano e sulla splendida omonima piazza il suo vero gioiello: se ne godrà dalle lussuose camere (tutte al 3° piano), disegnate da diversi architetti ma anche dal terrazzino delle colazioni (al 1° piano) che vi propone le guglie secolari a portata di mano.

⇐ ⊡ ⓺ 🄰 17 camere

Pianta: 7-J1-e – *via Silvio Pellico 2* – Ⓜ *Duomo* – ☎ *02 4539 7600* – *www.townhousehotels.com*

 MILANO SCALA

BOUTIQUE HOTEL · PERSONALIZZATO Albergo di charme, a propensione ecosostenibile, nato nel 2010. Gli ambienti comuni offrono un'atmosfera di stile e se il ristorante propone un'originale cucina "green" con ingredienti freschi provenienti da produttori del Parco del Ticino e dal magnifico orto sul tetto dell'hotel, lo Sky Terrace Bar Milano Scala – completamente rinnovato – si fa intrigante location per aperitivi con vista a 360° sulla città (aperto ai clienti interni ed esterni alla struttura).

⌂ 🛗 ⊡ ⓺ 🄰 🧖 58 camere – 4 suites

Pianta: 6-G3-d – *via dell'Orso 7* – Ⓜ *Cairoli* – ☎ *02 870961* – *www.hotelmilanoscala.it*

 CAMPERIO HOUSE Ⓝ

DIMORA STORICA · CLASSICO In un palazzo del XVI secolo - nel cuore del centro storico di Milano, adiacente via Dante e Castello Sforzesco - l'hotel offre un elegante e raffinato insieme composto da camere in stile ed accessoriate con confort di ultima generazione. Per chi soggiorna in famiglia, ideali sono le suite provviste di piccolo cucinotto. Cucina mediterranea al ristorante *Basement*, nel seminterrato.

🛗 ⊡ ⓺ 🄰 23 camere – 13 suites

Pianta: 5-F3-a – *via Manfredo Camperio 9* – Ⓜ *Cairoli-Castello* – ☎ *02 3032 2800* – *www.camperio.com*

 SENATO Ⓝ

BOUTIQUE HOTEL · CONTEMPORANEO Un bel palazzo di fine '800 da sempre della stessa famiglia, da pochi anni ha aperto i battenti trasformandosi in piacevole boutique hotel. Interni contemporanei che giocano sulla contrapposizione di colori chiari e scuri, nonché camere essenziali e signorili. Nel piccolo giardino si può sostare per la prima colazione o per gustare qualche piatto della semplice carta.

⌂ ⛲ 🛗 ⊡ ⓺ 🄰 41 camere – 2 suites

Pianta: 6-G2-b – *via Senato 22* – Ⓜ *Montenapoleone* – ☎ *02 781236* – *www.senatohotelmilano.it*

SPADARI AL DUOMO

TRADIZIONALE · CONTEMPORANEO Soggiornare allo Spadari significa pernottare in una moderna struttura del centro, che omaggia con discrezione il mondo dell'arte di cui i proprietari sono appassionati collezionisti: camino di Giò Pomodoro nella hall, mobili unici e studiato gioco di luci. Alcune camere si affacciano sulle guglie del Duomo, altre sono dotate di balconcino.

⊡ 🄰 39 camere – 1 suite

Pianta: 7-J2-f – *via Spadari 11* – Ⓜ *Duomo* – ☎ *02 7200 2371* – *www.spadarihotel.com*

STRAF Tablet. PLUS

BOUTIQUE HOTEL · DESIGN Adiacente al Duomo, un albergo modernissimo dal design originale declinato con materiali inusuali come ardesia, ottone brumato, cemento e dove prevalgono i toni scuri tra cui il nero. Piacerà ai viaggiatori più curiosi e alla moda. Ottimo l'aperitivo (martedì e giovedì con musica dal vivo) all'omonimo bar.

✿ ⅃≋ 🖵 ♿ ⓀⒸ 🛁 64 camere – 2 suites

Pianta: 7-J1-i – *via San Raffaele 3* – Ⓜ *Duomo* – 𝒞 *02 805081* – *www.straf.it*

PALAZZO SEGRETI Ⓝ Tablet. PLUS

BOUTIQUE HOTEL · CENTRALE Vicino alla movimentata via Dante, un palazzo del XVIII secolo, ora albergo di charme dove il minimalismo regna sovrano col cemento che si alterna a legni bianchi e metalli. Luci soffuse. Un bel indirizzo.

🖵 ⓀⒸ 18 camere

Pianta: 7-J1-f – *via San Tomaso 8/a* – Ⓜ *Cairoli* – 𝒞 *02 4952 9250* – *www.palazzosegreti.com*

Isola - Porta Nuova

Ristoranti

❀ **BERTON**

CREATIVA · DESIGN ❁❁❁ Nel cuore di Porta Nuova, un'intera parete vetrata filtra luce su una sala di eleganza contemporanea e raffinata, in linea con i caratteri del nuovo e avveniristico quartiere. La cucina continua ad essere incentrata intorno a pochi ingredienti per piatti volutamente essenziali, ma non minimalisti. L'impostazione è creativa e moderna; i prodotti provengono da diverse parti d'Italia e latitudini, senza un riferimento territoriale preciso, mentre il servizio si fa ricordare per professionalità, precisone e competenza.

Specialità: Gamberi rossi di Sicilia crudi e cotti, amaranto croccante, olio di oliva taggiasca e sorbetto alla barbabietola. Merluzzo in due servizi: ravioli di patate in brodo di merluzzo e trancio con zuppa di pesce e capperi. Uovo di yogurt e mango.

Menu 45€ (pranzo), 130/145€ – Carta 90/150€

❀ ♿ ⓀⒸ **Pianta: 4-G1-c** – *via Mike Bongiorno 13* – Ⓜ *Gioia* – 𝒞 *02 6707 5801* – *www.ristoranteberton.com* – *Chiuso 26 dicembre-7 gennaio, 10-25 agosto, lunedì a mezzogiorno, sabato a mezzogiorno, domenica*

❀ **VIVA VIVIANA VARESE**

Chef: Viviana Varese

CREATIVA · DESIGN ❁❁❁ Al secondo piano di Eataly, le postazioni più ambite sono il tavolo "social" in legno fossile affacciato sulla cucina a vista, così come quelli sistemati lungo la parete a vetrata con vista sulla piazza. Piatti vibranti ed originali: il desiderio di stupire si allea al talento della cuoca. La cucina è sempre più viva (e non solo nel nome!) grazie anche al nuovo orto. A pranzo: carta semplice o menu degustazione gourmet.

Specialità: Nel mare caldo: capesante, tartufi di mare, seppie, mussoli, ricci di mare e cannolicchi, salsa ai frutti di mare calda. Insuperabile: superspaghettino con brodo affumicato, calamari, vongole, polvere di tarallo e limone d'Amalfi. La perfezione non esiste: guscio di meringa con spuma di zabaione, sorbetto al cacao e caffè, mandorle di Noto e pepe Timut.

Menu 45€ (pranzo), 80/150€ – Carta 87/150€

♿ ⓀⒸ **Pianta: 4-G1-f** – *piazza XXV Aprile 10* – Ⓜ *Porta Garibaldi FS* – 𝒞 *02 4949 7340* – *www.vivavivianavarese.it* – *Chiuso 24-27 dicembre, domenica*

⚜ AALTO ⓝ

ASIATICA CONTEMPORANEA · CONTESTO CONTEMPORANEO ✕✕ Dopo circa dodici anni dall'apertura di Iyo in zona Sempione, il primo ristorante giapponese ad aver ottenuto la stella in Italia, Claudio Liu ci riprova con questa insegna al primo piano della Torre Solaria nel distretto di Porta Nuova: luogo simbolo di una città sempre più cosmopolita, aperta e proiettata nel futuro. Con l'arrivo dello chef Takeshi Iwai, il sushi banco di tradizione Edomae Zushi è diventato Iyo Omakase, ma ci si accomoda agli eleganti tavoli - pensati come un'ordinata scacchiera - anche per gustare una cucina fusion, tra Asia ed Europa. Un esercizio in equilibrio tra tecnica, precisione e ricerca, con il gusto che si erge a fondamento prepotente di ogni squisita proposta.

Specialità: Cannolicchi, asparagi bianchi e camomilla. Spaghetti con crema di vongole alla tsukemen. Sfoglia al cioccolato e gelato al latte affumicato.

Menu 110/135 € – Carta 80/100 €

       ♿ 🅰🅲 ⇆ **Pianta: 4-G1-s** – *piazza Alvar Aalto* – ⓜ *Repubbilca* – 𝒸 *02 2506 2888* – *iyo.it/aalto* – *Chiuso 9-29 agosto, 23-27 dicembre, lunedì a mezzogiorno, domenica*

☺ SERENDIB

INDIANA · STILE ORIENTALE ✕ *Serendib*, l'antico nome dello Sri Lanka, significa "rendere felici": una sfida ardua, ma questo ristorante vince la scommessa! Fedele alle sue origini, la cucina conquista con ricette indiane e cingalesi.

Specialità: Samosa. Chicken curry. Watalappan.

Menu 20/40 € – Carta 15/25 €

    🅰🅲 **Pianta: 3-F2-b** – *via Pontida 2* – ⓜ *Moscova* – 𝒸 *02 659 2139* – *www.serendib.it* – *Chiuso lunedì-venerdì a mezzogiorno*

⅃○ CERESIO 7

MODERNA · ALLA MODA ✕✕✕ Chi è interessato a trovare la Milano elegante e di tendenza, qui individuerà uno dei locali faro della città; se l'interior design gioca con ottone, marmo, legno in un riuscito mix di colori suadenti e stile vintage, lo sguardo corre libero dalle due terrazze sempre aperte che regalano uno scorcio suggestivo sui grattacieli di porta Garibaldi. Sulla tavola, i grandi classici della cucina italiana rivisitati con guizzo moderno.

Menu 48 € (pranzo)/95 € – Carta 65/95 €

    ⟨ 🍴 🅰🅲 **Pianta: 3-F1-s** – *via Ceresio 7* – ⓜ *Monumentale* – 𝒸 *02 3103 9221* – *www.ceresio7.com*

⅃○ DANIEL

ITALIANA · CONTESTO CONTEMPORANEO ✕✕✕ Ristrutturato nell'autunno 2019, nel cuore di Brera, questo ristorante si presenta come un luogo che valorizza l'alta artigianalità Italiana, grazie alla presenza di arredi realizzati su misura per trasmettere la filosofia culinaria di Canzian anche attraverso lo spazio. Meta di chi ama i classici italiani con qualche divagazione più estrosa, nel piatto, solo il meglio delle materie prime. A pranzo c'è anche una proposta più semplice.

Menu 25 € (pranzo), 90/120 € – Carta 55/120 €

    🍴 ♿ 🅰🅲 **Pianta: 6-G2-e** – *via Castelfidardo 7, angolo via San Marco* – ⓜ *Moscova* – 𝒸 *02 6379 3837* – *www.danielcanzian.com* – *Chiuso sabato a mezzogiorno, domenica*

⅃○ FINGER'S GARDEN

FUSION · ALLA MODA ✕✕ Locale dall'atmosfera orientale con luci soffuse ed un deciso target mondano. Lo chef-patron si destreggia con disinvoltura fra proposte di pesce crudo e originali creazioni fusion, in cui inserisce qualche tocco brasiliano. I più gourmet si affideranno al suo menu a mano libera.

Menu 80/130 € – Carta 65/150 €

    🚗 🍴 🅰🅲 **Pianta: 2-C1-f** – *via Keplero 2* – 𝒸 *02 606544* – *www.fingersrestaurants.com* – *Chiuso lunedì-sabato a mezzogiorno, domenica*

NOI SEMPLIFICHIAMO GLI ACQUISTI PER TE.

Prova il servizio di ordine e consegna METRO DA TE pensato per avere sempre tutto quello che ti serve senza abbandonare la tua attività nemmeno per un secondo. Avrai più tempo da dedicare ai tuoi clienti e a te stesso.

Per maggiori informazioni contatta il Numero Verde
800.800.808 (dal lunedì al venerdì dalle 9:00 alle 18:00).
www.metro.it

METRO
DA TE

TEMPERATURA
CONTROLLATA

www.metro.it

SERVIZIO
DI CONSEGNA

Numero Verde
800 800 808
Gratuito anche da cellulare

SERVIZIO DI CONSEGNA
www.metro.it

METRO

METRO

IL VOSTRO SUCCESSO È IL NOSTRO IMPEGNO

IL LIBERTY

CREATIVA · ACCOGLIENTE XX All'interno di un palazzo liberty, un locale piccolo nelle dimensioni – due sale ed un soppalco – ma grande in quanto ad ospitalità e piacevolezza. La cucina s'interessa sia al mare, sia alla terra. A pranzo ci sono anche proposte più semplici ed economiche.

Menu 26 € (pranzo), 50/70 € – Carta 55/75 €

AC Pianta: 4-G1-h – *viale Monte Grappa 6 – & 02 2901 1439 – www.il-liberty.it –*
Chiuso 1-10 gennaio, 2-6 aprile, sabato a mezzogiorno, domenica

PACIFICO

PERUVIANA · BISTRÒ XX Spazi ristretti nelle sale, ma design accattivante e atmosfera di tendenza per vivere la Milano d'oggi in un istrionico locale, ambasciatore dei sapori peruviani non scevri da influenze asiatiche. Ottima la vasta scelta di ceviche: piatti a base di pesce e/o frutti di mare crudi e marinati nel limone, insaporiti da alcune spezie come il peperoncino e il coriandolo, tipici della gastronomia di alcuni paesi dell'America Latina che si affacciano sull'oceano Pacifico.

Carta 40/60 €

AC Pianta: 6-G2-h – *via Moscova 29 – M Moscova –*
& 02 8724 4737 – www.wearepacifico.com –
Chiuso 8-22 agosto, domenica

CASA FONTANA-23 RISOTTI

LOMBARDA · CONTESTO TRADIZIONALE X Un locale piccolo, ma confortevole e neppure privo di eleganza. Qui si celebra il risotto, declinato in tante varianti che seguono le stagioni e il mutare dei prodotti. Si accompagna ad altri piatti, di carne, nonché tradizioni il più delle volte lombarde.

Menu 35 € – Carta 40/55 €

& AC Pianta: 2-C1-d – *piazza Carbonari 5 – M Sondrio –*
& 02 670 4710 – www.23risotti.it –
Chiuso 31 dicembre-11 gennaio, 1-30 agosto, lunedì

LOCANDA PERBELLINI

ITALIANA · CONVIVIALE X Il pluristellato chef Giancarlo Perbellini, una certezza nella sua Verona, altrettanto nella città della Madonnina. Anche qui propone la sua cucina fatta di tradizione italiana da nord a sud, ma che strizza l'occhio a nuove tecniche, nonché a tendenze contemporanee, con - in aggiunta - qualche citazione meneghina. Nella centralissima Brera, il locale è accogliente e piacevolissimo, piccolo e discreto, di sicuro molto elegante.

Carta 37/48 €

& AC Pianta: 6-G2-r – *via Moscova 25 – & 02 3663 1450 –*
www.locandaperbellini.it –
Chiuso lunedì a mezzogiorno, domenica

OSAKA

GIAPPONESE · MINIMALISTA X Lungo l'antica via che portava da Milano a Como, nascosto in una breve galleria, un locale di atmosfera sobrio-minimalista e dal cui banco si potrà apprezzare l'abilità e l'ossequioso rispetto nel taglio del pesce. Se a pranzo prevale la formula set menu, la sera contempla la carta, tra cui segnaliamo il sukiyaki: un piatto della festa in Giappone.

Menu 13 € (pranzo), 50/80 € – Carta 39/90 €

AC Pianta: 5-F2-v – *corso Giuseppe Garibaldi 68 – M Moscova – & 02 2906 0678 –*
www.milanoosaka.com

RATANÀ

CLASSICA · VINTAGE X Ritmo e dinamismo all'interno di un edificio ristrutturato che fu cinema e poi rimessa tramviaria, di fronte al celebre "bosco verticale". La materia prima - qui - è protagonista, declinata in preparazioni dove il sapore italiano veste i panni dell'attualità. Il piacevole dehors sul piccolo parco pubblico è un atout in più!

Menu 19 € (pranzo), 50/80 € – Carta 50/78 €

AC Pianta: 4-G1-d – *via G. de Castilla 28 –*
& 02 8712 8855 – www.ratana.it

Stazione Centrale

Ristoranti

✿ JOIA

Chef: Pietro Leemann

VEGETARIANA · MINIMALISTA ✗✗✗ Dietro all'etichetta di "ristorante vegetariano", dove il menu è per l'80% vegano e senza glutine, c'è un uomo, o meglio un grande filosofo: Pietro Leemann. Nato nel Canton Ticino e assurto alla corte di un altrettanto grande maestro, Gualtiero Marchesi, Pietro è un essere in cammino, ma che di strada ne ha già fatta tanta e i suoi piatti al limite dell'onirico sono testimonianza concreta del percorso spirituale e della consapevolezza raggiunta nel corso degli anni. Ricette che lasciano sempre trasparire la loro essenza, nel colore, nel gusto, nella consistenza, nonché nella presentazione. O per meglio dire, utilizzando le parole stesse del chef , "il riassunto di una ricerca dove gli ingredienti della cucina mediterranea si incontrano con le culture del mondo, una scelta naturale e senza carne, una filosofia alimentare dove la natura viene accolta e rispettata". La sua cucina è il risultato di un vissuto molto articolato, fatto di esperienze, ancora in corso.

Specialità: Il canto del beato: melanzana alla giapponese e sfera di melanzane in baba ganoush, carpaccio di pomodoro camone, pesto leggero di basilico. La relazione privilegiata. Impermanenza: sfoglia croccante di semi di canapa, crema pasticcera di cocco, smoothie di lampone, sorbetto al caffè.

✿ *L'impegno dello chef:* *"La mia cucina è amica del pianeta, dei suoi abitanti, e di chi la mangia. Essa deve tenere conto di tutti questi aspetti per essere in armonia con la terra e la sua sostenibilità. Il nostro compito risiede nella conoscenza, nell'esercizio, nonché nella divulgazione (anche a tavola!) di quelle informazioni atte a garantire tale equilibrio. Il concorso di cucina vegetariana da me indotto e i libri che nel corso degli anni ho pubblicato s'iscrivono in tal senso."*

Menu 50€ (pranzo), 90/130€ – Carta 90/120€

舘 ⏣ ⇄ **Pianta: 6-H2-c** – *via Panfilo Castaldi 18 –* ⓜ *Repubblica –* ✆ *02 2952 2124 – www.joia.it –*
Chiuso 27 dicembre-9 gennaio, 9-22 agosto, lunedì, domenica

⊙ DA GIANNINO-L'ANGOLO D'ABRUZZO

ABRUZZESE · CONTESTO TRADIZIONALE ✗ Una calorosa accoglienza, un ambiente semplice ma vivace e sempre molto frequentato e il piacere di riscoprire, in piatti dalle abbondanti porzioni, la tipica cucina abruzzese.

Specialità: Polpettine d'agnello. Chitarra al sugo d'agnello. Parrozzo.

Menu 15€ (pranzo)/40€ – Carta 30/43€

⏣ **Pianta: 2-D2-t** – *via Pilo 20 –* ⓜ *Porta Venezia –* ✆ *02 2940 6526 –* *www.dagianninolangolodabruzzomilano.it*

ⅰ○ ACANTO

MODERNA · LUSSO ✗✗✗ Grandi spazi luminosi ed eleganti sono le vesti di questo moderno ristorante dove sarete coccolati da un ottimo servizio e potrete gustare piatti dai sapori classico-contemporanei. Ricco brunch domenicale, sempre più punto di riferimento per milanesi e turisti. Business lunch a mezzogiorno.

Menu 49€ (pranzo), 90/120€ – Carta 73/101€

⅋ ⏣ ⇄ **Pianta: 4-G2-k** – *Hotel Principe di Savoia, piazza della Repubblica 17 –* ⓜ *Repubblica –* ✆ *02 6230 2026 – www.dorchestercollection.com*

ⅰ○ TERRAZZA GALLIA

CREATIVA · LUSSO ✗✗✗ Collocato al settimo piano con vista panoramica sulla città, il ristorante si propone come luogo d'elezione per un pranzo leggero, per un cocktail o per una cena informale. I due giovani fratelli partenopei danno vita ad una cucina tradizionale italiana e lombarda non scevra di tocchi creativi e contemporanei.

Menu 40€ (pranzo), 85/100€ – Carta 66/117€

舘 ⅋ ⏣ ⇄ **Pianta: 4-H1-e** – *Excelsior Hotel Gallia, piazza Duca d'Aosta 9 –* ⓜ *Centrale FS –* ✆ *02 6785 3514 – www.terrazzagallia.com*

🍴 DIM SUM

CANTONESE · DI QUARTIERE XX In ambienti ricchi di dettagli, con parte della cucina a vista, è qui che vi si offre la golosa opportunità di gustare specialità cantonesi e del sud della Cina; le piccole porzioni che caratterizzano questa tradizione gastronomica sono appena ingentilite da un vago tocco contemporaneo. Per un'esperienza asiatica a tutto tondo!

Carta 45/75 €

& 🅰🅺 ⟺ **Pianta: 6-H2-a** – *via Nino Bixio 29 –* ☎ *02 2952 2821 – www.dim-sum.it*

🍴 MU DIMSUM 🆕

CINESE · CONTESTO CONTEMPORANEO XX Cucina cinese, in particolare cantonese e di Hong Kong, come preannuncia il nome è questo l'indirizzo giusto dove assaporare ottimi ravioli al vapore divisi fra carne, pesce e verdure, nonché altre proverbiali specialità di questo sconfinato paese. Atmosfera orientale bella ed elegante; interessante selezione di bollicine nazionali e Champagne.

Carta 38/60 €

& 🅰🅺 **Pianta: 4-H1-f** – *via Aminto Caretto 3 –* ☎ *338 358 2658 – www.mudimsum.it*

🍴 LA CANTINA DI MANUELA

MODERNA · BISTRÒ X Si mangia circondati da bottiglie di vino in un ambiente giovane e dinamico. Ad una carta di piatti particolarmente elaborati si aggiungono la sera gli antipasti, sostituiti a pranzo da insalate assortite per una clientela business orientata a proposte veloci.

Carta 35/46 €

🕸 🍴 🅰🅺 **Pianta: 6-H3-x** – *via Carlo Poerio 3 –* ☎ *02 7631 8892 – www.lacantinadimanuela.it*

🍴 LA RISACCA BLU

PESCE E FRUTTI DI MARE · FAMILIARE X Un locale molto famigliare con alla guida due fratelli calabresi. La cucina è quella di mare: schietta e fragrante con pochi fronzoli, ma tanta concretezza.

Carta 45/80 €

Pianta: 4-H2-b – *via Tunisia, angolo via Tadino –* ☎ *02 2048 0964 – www.larisaccablu.com –*
Chiuso 5-27 agosto, lunedì, martedì a mezzogiorno

Alberghi

🏨 EXCELSIOR HOTEL GALLIA

GRAN LUSSO · CONTEMPORANEO In una veste totalmente rinnovata, Excelsior Hotel Gallia ha saputo coniugare l'eleganza dello storico edificio dei primi '900 con un design contemporaneo milanese; cromature e marmi producono un effetto scenografico di grande impatto estetico, supportato da servizi di ottimo livello. Raffinati momenti di piacere attendono gli ospiti nella splendida spa, dove moderne attrezzature incontrano l'expertise di una lussuosa casa di cosmetici.

🍴 🔆 🆒 🏋 🅵🅶 🕊 & 🅰🅺 🛎 198 camere – 37 suites

Pianta: 4-H1-g – *piazza Duca d'Aosta 9 –* 🅜 *Centrale FS –* ☎ *02 67851 – www.excelsiorhotelgallia.com*

🍴 **Terrazza Gallia** – Vedere selezione ristoranti

CHÂTEAU MONFORT `Tablet. PLUS`

GRAN LUSSO · ROMANTICO Eleganza non ostentata in un prestigioso palazzo liberty che porta la firma dell'architetto Paolo Mezzanotte: camere glamour-chic, da sogno quelle ispirate all'opera, ed una piccola SPA per momenti di grande relax. Al ristorante Rubacuori: cucina mediterranea e brunch domenicale molto frequentato ed apprezzato.

✿ 🖸 🕥 *Ls* 🗗 🕭 🗚 🖄 77 camere

Pianta: 6-H3-a – *corso Concordia 1* – ✆ *02 776761* – *www.hotelchateaumonfort.com*

HYATT CENTRIC MILANO CENTRALE ◉

LUSSO · CONTEMPORANEO Se le camere superior e deluxe sono eleganti e spaziose, alcune junior suite hanno anche terrazze private, mentre altre dispongono di bagni turchi privati... Per tutti, un attrezzato centro benessere con bagno turco e bagno romano, idromassaggio, sauna e grotta del sale. Tra gli spazi pubblici non mancano un lobby café, il Bistrot, con un'elegante terrazza panoramica sullo skyline ed il modaiolo Rooftop Bar.

✿ 💫 🗚 141 camere – 17 suites

Pianta: 4-G1-b – *via Giovanni Battista Pirelli 20* – Ⓜ *Gioia* –
✆ *02 8989 1234* – *www.hyatt.com*

STARHOTELS ANDERSON ◉

PALACE · DESIGN Hotel dalla calda atmosfera design: ambienti intimi e alla moda, camere accoglienti dotate di tutti i confort della categoria. Un piccolo ristorante serale allestito nella raffinata lounge con proposte gastronomiche di gusto moderno.

✿ *Ls* 🗗 🕭 🗚 🖄 106 camere

Pianta: 4-H1-a – *piazza Luigi di Savoia 20* – Ⓜ *Centrale FS* –
✆ *02 669 0141* – *www.starhotels.com*

STARHOTELS E.C.HO `Tablet. PLUS`

BUSINESS · MINIMALISTA Eco Contemporary Hotel: è la definizione di questa moderna struttura che fonde principi di ecosostenibilità, design e confort. Insomma, un indirizzo che non mancherà di piacere agli spiriti green.

✿ *Ls* 🗗 🕭 🗚 🖄 143 camere

Pianta: 4-H1-c – *viale Andrea Doria 4* – Ⓜ *Caiazzo* –
✆ *02 67891* – *www.starhotels.com*

Romana - Vittoria

Ristoranti

✿ L'ALCHIMIA

CREATIVA · CONTESTO CONTEMPORANEO 💥 Il calore del parquet a terra, soffitto a travi e qualche mattone a vista per sdrammatizzare l'ambiente: benvenuti a L'Alchimia. Locale luminoso di giorno, vibrante di romanticismo la sera grazie alle luci soffuse, la sua cucina sorprende non per creatività, ma per solidità e concretezza. Materie prime eccellenti, trattate con esperienza e - in ogni ricetta - un elemento di spicco che la caratterizza; seppur non grandissima, la bellissima cantina con volte in mattoni è anche visitabile. Per un pranzo veloce o un buon aperitivo, ci si accomoda nel bar-bistrot adiacente.

Specialità: Spaghettone aglio e olio con rossetti. Scamone d'agnello. Tiramisù l'Alchimia.

Menu 60/80 € – Carta 60/90 €

💥 🗚 ♻ **Pianta: 6-H3-a** – *viale Premuda 34* –
✆ *02 8287 0704* – *www.ristorantelalchimia.com* –
Chiuso 1-10 gennaio, sabato a mezzogiorno

⊗ **DONGIÒ**

CALABRESE · FAMILIARE Ⅹ Ambiente semplice e frequentatissimo - a conduzione familiare - come ormai se ne trovano pochi, con pochissimi fronzoli, ma tanta sostanza e concretezza, dove si esalta e si celebra la cucina calabrese in tutte le sue declinazioni.

Specialità: Fiori di zucca ripieni alle tre ricotte. Baccalà alla cirotana. Crema inglese, ricotta dolce, coulis di fragole, frutta fresca.

Carta 20/40 €

🏧 **Pianta: 6-H4-u** – *via Corio 3* – ⓜ *Porta Romana* –
☏ *02 551 1372* – *www.dongio.it* –
Chiuso sabato a mezzogiorno, domenica

⊗ **TRIPPA**

ITALIANA · TRATTORIA Ⅹ Semplice, informale e con un tocco retrò, la trippa è una delle proposte di quinto quarto che troverete spesso in carta, che tuttavia si amplia a piatti di ogni regione, di immediata forza e comprensibilità, senza inutili fronzoli. La qualità dei prodotti e le capacità di un grande interprete - il giovane cuoco - ne fanno una delle migliori trattorie della città.

Specialità: Vitello tonnato. Trippa alla parmigiana. Tiramisù.

Carta 25/50 €

🏠 🏧 **Pianta: 6-H4-t** – *via Giorgio Vasari, 3* – ⓜ *Porta Romana* –
☏ *327 668 7908* – *www.trippamilano.it* –
Chiuso 23 dicembre-9 gennaio, 15 agosto-5 settembre, lunedì-sabato sera

ⅠⓄ **GONG**

CINESE · MINIMALISTA ⅩⅩⅩ L'Italia incontra l'oriente e lo fa ai tavoli di questo raffinato ristorante con una carta che ingloba (e la scelta del verbo non è casuale!) specialità cinesi, "contaminazioni" internazionali e prelibatezze varie. Oltre a prestare il nome al locale, imponenti gong in onice troneggiano in sala. L'ispettore ha gradito i wagyu alla griglia rigorosamente di A5: le carni - in assoluto - più pregiate!

Menu 50 € (pranzo), 80/130 € – Carta 50/130 €

🌺 ⅿ 🏧 **Pianta: 6-H3-b** – *corso Concordia 8* –
☏ *02 7602 3873* – *www.gongmilano.it* –
Chiuso lunedì, martedì a mezzogiorno

ⅠⓄ **DA GIACOMO**

PESCE E FRUTTI DI MARE · CONVIVIALE ⅩⅩ Ai nostalgici del mare, tante specialità di pesce - sebbene il menu annoveri anche qualche piatto di terra e (in stagione) tartufo d'Alba, ovoli e funghi porcini - in una vecchia trattoria milanese dei primi del '900. Da non perdere alla fine del pasto il carrello dei dessert: una ghiottoneria!

Menu 45 € (pranzo) – Carta 56/135 €

🏧 **Pianta: 6-H3-g** – *via P. Sottocorno 6* – ☏ *02 7602 3313* –
www.giacomoristorante.com

ⅠⓄ **ICHIKAWA** ⓝ

GIAPPONESE · SEMPLICE Ⅹ Ichikawa è uno dei maestri che più hanno contribuito ad introdurre e a far conoscere la cucina giapponese in Italia. Dopo decenni trascorsi nel nostro Paese lavorando presso diversi ristoranti, lo chef ha finalmente aperto il proprio, dove serve una cucina nipponica di grande livello che spazia dalle proposte più conosciute come sushi e sashimi ad altre di cucina familiare e di strada del Sol Levante. Una piacevolissima scoperta per molti!

Menu 90/110 € – Carta 50/110 €

ⅿ 🏧 **Pianta: 6-H4-c** – *via Lazzaro Papi 18* – ⓜ *Porta Romana* –
☏ *02 4775 0431* – *www.ichikawa.it* –
Chiuso 9-23 agosto, lunedì, martedì-domenica a mezzogiorno

ⅡO MASUELLI SAN MARCO

LOMBARDA · VINTAGE ※ Ambiente rustico di tono signorile in una trattoria tipica, con la stessa gestione dal 1921; linea di cucina saldamente legata alle tradizioni lombardo-piemontesi.

Menu 22 € (pranzo) – Carta 39/71 €

🖭 Pianta: 2-D3-h – *viale Umbria 80* – Ⓜ *Lodi TIBB* – 𝒸 *02 5518 4138* – *www.masuellitrattoria.com* –
Chiuso 27 dicembre-6 gennaio, lunedì a mezzogiorno, domenica sera

ⅡO UN POSTO A MILANO

BIOLOGICA · CASA DI CAMPAGNA ※ Un Posto a Milano è una cascina in città: un posto ideale per passare qualche ora all'aperto, ma anche un mercato agricolo, una cucina dove mangiare, un laboratorio di falegnameria e un luogo che ospita tante altre attività. In menu, piatti della tradizione italiana (talvolta rivisitati), realizzati con materie prime fresche e stagionali, di qualità, e – per quanto possibile – biologiche.

Menu 15 € (pranzo)/20 € – Carta 29/60 €

🏕 🖭 Pianta: 6-H4-b – *via Cuccagna 2* –
𝒸 *02 545 7785 – www.unpostoamilano.it*

Alberghi

🏠 UPTOWN PALACE Ⓝ

BUSINESS · MODERNO Hotel moderno e in stile contemporaneo, molto ben ubicato sulla circonvallazione interna di Milano e non distante dal cuore del centro storico. Camere particolarmente accoglienti accessoriate di tutto punto e cucina classico-italiana presso l'Up Restaurant.

🛎 ⬚ 🕭 🏋 165 camere – 5 suites

Pianta: 6-G4-c – *via Santa Sofia 10* – Ⓜ *Crocetta* – 𝒸 *02 305131* – *www.uptownpalace.com*

Navigli

Ristoranti

🏵🏵🏵 ENRICO BARTOLINI AL MUDEC

CREATIVA · CONTESTO CONTEMPORANEO ※※※ L'uomo dei record: questa è la definizione che più spesso si legge di Enrico Bartolini, perché nessuno come lui ha collezionato così tanti ristoranti stellati in tante parti d'Italia. Ma questo al terzo piano del Museo delle Culture è l'ammiraglia, il ristorante che ha emozionato Milano riportando in città le tre stelle che per primo in Italia solo Gualtiero Marchesi conquistò proprio nella città meneghina. Classica-contemporanea è la definizione che lo chef riserva alla sua cucina, e a ben ragione: giovane, classe 1979, eppure la sua carta ha già all'attivo una serie di piatti ritenuti immancabili dai fedelissimi clienti dei suoi soli sette tavoli. Accanto a questi, una ricerca continua di nuove ricette, pronte a diventare ulteriori classici.

Specialità: Alice, ostriche e caviale. Bottoni di olio e lime, polpo arrosto e salsa al cacciucco. Zabaione tradizionale, pistacchio di Bronte e albero di arance.

Menu 225/250 € – Carta 150/200 €

🏵 🕭 🖭 🅿 Pianta: 5-E4-u – *via Tortona 56* – Ⓜ *Porta Genova* –
𝒸 *02 8429 3701 – www.enricobartolini.net* –
Chiuso 9-22 agosto, lunedì a mezzogiorno, domenica

CONTRASTE

Chef: Matias Perdomo

MODERNA · ELEGANTE XxX Si suona il campanello di quella che sembra una residenza privata; impressione che continua nell'elegante sala dal piacevole mix di elementi antichi e moderni, soffitto e camino ottocenteschi, quadri contemporanei. Gli originali accostamenti sembrano anticipare ciò che arriva dalla cucina. Due i menu tra cui scegliere: quello più breve con le ricette classiche del cuoco, uno più lungo (ma con eguale grammatura - precisano in sala), con proposte a sorpresa. I piatti sono giocosi nelle presentazioni, gli ingredienti talvolta combinati in modo da rinviare nell'aspetto ad altri prodotti o ricette, rivelandosi poi tutt'altro all'assaggio. Ovunque erompe la rimarchevole preparazione tecnica dello chef. Al termine della cena si paleserà il significato dell'allusione contenuta nel nome del ristorante: una cucina di contrasti fra temperature, consistenze, terra, mare e altro ancora, che farà innamorare chi predilige un'esperienza gastronomica ricca di sfide e sorprese.

Specialità: Cozze cacio e pepe. I nostri spaghetti alle vongole. "Lego".

Menu 130/160 €

🕸 🎍 🅰🅺 **Pianta: 1-B3-b** – via Meda 2 – 𝒞 02 4953 6597 – www.contrastemilano.it – Chiuso 24 dicembre-6 gennaio, lunedì-sabato a mezzogiorno

SADLER

Chef: Claudio Sadler

CREATIVA · ELEGANTE XxX Da sempre legato al mondo dell'arte, le pareti del ristorante sono dedicate a pittori contemporanei che rimangono esposti per il piacere dei clienti, per poi ruotare e lasciar posto ad altri artisti. Tra i primi cuochi a dare rilevanza all'aspetto visivo del piatto, ad un'estetica moderna, geometrica e colorata, le creazioni di Sadler sono facilmente assimilabili proprio all'arte contemporanea di cui è appassionato. Non è un caso che i piatti in carta siano millesimati: dalla celebre padellata di crostacei del '96, le proposte snocciolano una serie di piatti - in prevalenza di mare - che hanno segnato la storia gastronomica milanese e non solo. Ma qui non si dorme sugli allori: la maggior parte delle annate sono recentissime, i piatti creati negli ultimi anni testimoniano la continua evoluzione di un cuoco sempre appassionato e stracolmo di energia.

Specialità: Salamino di foie gras, uvetta, noci, mostarda fatta in casa e pane all'uvetta. Costoletta di agnello farcita al foie gras e tartufo in crosta di pane e mandorle. Cannella e ciliegia in camicia di cioccolato dark.

Menu 100/130 € – Carta 100/150 €

🕸 🅰🅺 ⇧ **Pianta: 1-B3-a** – via Ascanio Sforza 77 – Ⓜ Romolo – 𝒞 02 5810 4451 – www.ristorantesadler.it – Chiuso 1-7 gennaio, 4-24 agosto, lunedì-sabato a mezzogiorno, domenica

ACQUADA Ⓝ

ITALIANA CONTEMPORANEA · CONTESTO CONTEMPORANEO XX Ambienti moderni, colori tenui e buona privacy per questo nuovo ristorante in una location tipica di quartiere, sui navigli, ma in zona meno movimentata. La cucina di Sara è cristallina, incentrata su prodotti selezionati, che combina in ricette altamente personalizzate per gusti, profumi e colori.

Menu 75/85 € – Carta 70/100 €

🕭 🅰🅺 ⇧ **Pianta: 5-E4-f** – via Eugenio Villoresi 16 – 𝒞 02 3594 5636 – www.acquada.com – Chiuso 1-10 gennaio, 7-23 agosto, sabato a mezzogiorno, domenica

Cerca gli alberghi accompagnati da questo logo: il segno distintivo del **Club Tablet Plus**, con la sua ampia gamma di privilegi. Più confort, più attenzioni... per vivere un'esperienza sotto il segno dell'eccellenza!

🍴○ **[BU:R]**

CREATIVA · CONTESTO CONTEMPORANEO ✗✗ Tre menu degustazione, di cui uno leggermente più lungo comprendente carne e pesce, tutti rinnovati e in linea con il cambio di stagione, e la scelta "à la carte". Eugenio ha deciso di tornare in campo con una proposta 100% italiana, realizzata partendo da prodotti nostrani, con l'obiettivo di omaggiare alcune delle grandi ricette della tradizione e, al contempo, sostenere i piccoli produttori. La sua cucina non smette – tuttavia - di far viaggiare con la mente oltre i confini nazionali, proponendo rivisitazioni internazionali di alcuni piatti tipici. Nasce così, ad esempio, "Una cima alla genovese ma non troppo": una ricetta della tradizione ligure, reinterpretata visivamente come un roll giapponese e soli prodotti del Bel Paese.

Menu 95/120 € – Carta 65/85 €

�&ᵃ AC **Pianta: 6-G4-b** – *via Giuseppe Mercalli, angolo via San Francesco d'Assisi* – ℰ 02 6206 5383 – www.restaurantboer.com –
Chiuso 1-8 gennaio, 9-31 agosto, lunedì-sabato a mezzogiorno, domenica

🍴○ **CARLO E CAMILLA IN SEGHERIA** ⓝ

CONTEMPORANEA · DI TENDENZA ✗✗ Splendido esempio di rinnovo e recupero di un'architettura industriale, una vecchia segheria degli anni Venti trasformata in locale vivace e dinamico: lunghissimi tavoli illuminati da lampadari importanti, non meno delle porcellane su cui si serve una cucina contemporanea che gioca con i sapori di tutto il Bel Paese, seguendo il ritmo delle stagioni. La carta dei vini c'è, ma il consiglio è di divertirsi con intriganti cocktail consigliati dal barman.

Menu 75/105 € – Carta 53/73 €

🏠 �&ᵃ AC **Pianta: 1-B3-c** – *via Giuseppe Meda 24* – ℰ 02 837 3963 – www.carloecamillainsegheria.it –
Chiuso 24-26 dicembre

🍴○ **DOU ASIAN PASSION**

ASIATICA · DESIGN ✗✗ Realizzato da un famoso architetto di Milano, il locale sfoggia uno stile signorile con luci soffuse e qualche intrigante spunto orientale. La cucina abbraccia diverse zone dell'Asia: il menu spazia infatti dai dim sum, alla carne e al pesce, senza dimenticare i proverbiali ravioli al vapore (uno dei piatti più gettonati del take-away).

Menu 10 € (pranzo)/16 € – Carta 30/60 €

�&ᵃ AC **Pianta: 1-A3-c** – *piazza Napoli 25* – ℰ 02 4963 6318 – www.douasianpassion.com –
Chiuso lunedì

🍴○ **LANGOSTERIA**

PESCE E FRUTTI DI MARE · DI TENDENZA ✗✗ Per gli amanti delle specialità ittiche questo locale può essere una vera e propria rivelazione: crudo, ostriche e frutti di mare sono alla base di questa cucina, senza dimenticare il pesce esclusivamente di cattura. Un'ottima cantina ed un ambiente glamour completano il quadro.

Carta 57/128 €

🍴 AC **Pianta: 5-E4-q** – *via Savona 10* – ⓜ Porta Genova FS – ℰ 02 5811 1649 – www.langosteria.com – *Chiuso lunedì-sabato a mezzogiorno, domenica*

🍴○ **ALFRESCO**

MEDITERRANEA · COLORATO ✗ All'interno di un'ex fabbrica d'inizio Novecento, l'atmosfera è originale e bohémien, ma il gioiello è il servizio estivo nell'incantevole cortile interno: "al fresco", come puntualizzerebbero gli anglosassoni mutuando una parola italiana. Dalla cucina prodotti di stagione e sapori mediterranei in preparazioni a basse temperature.

Carta 20/60 €

🍴🏠 ᵃ AC **Pianta: 5-E4-e** – *via Savona 50* – ⓜ Porta Genova – ℰ 02 4953 3630 – www.alfrescomilano.it – *Chiuso 1-6 gennaio, 14-25 agosto, lunedì a mezzogiorno*

BENTŌTECA 🆕

FUSION · CONTESTO CONTEMPORANEO 🗶 Aperta come temporanea risposta alla grande crisi del 2020, questa creazione smart del bravissimo chef Tokuyoshi (precedentemente in questa sede con l'omonimo locale stellato) - visto il grandissimo successo di pubblico - diviene certezza nel tempo. I pochi piatti amalgamano con grande sapienza sapori nipponici, aromi italiani e creatività con un occhio di riguardo per il Katsusando: il panino classico giapponese. Servizio molto informale e vini naturali anche al bicchiere. Probabilmente il gourmet Tokuyoshi riaprirà nel 2021, ma in altra sede.

Carta 70/100€

&. 🅰🅲 Pianta: 5-F4-n – via San Calocero 3 – ☏ 340 835 7453 –
www.bentoteca.com – Chiuso lunedì-venerdì a mezzogiorno

CHIC'N QUICK

MODERNA · BISTRÒ 🗶 Chic'n'Quick è l'interpretazione di trattoria moderna all'italiana dello chef Sadler. Si tratta di uno spazio informale e dinamico con una proposta di cucina tradizionale quanto basta e protesa al moderno. Un ambiente casual/elegante.

Menu 21€ (pranzo), 60/80€ – Carta 45/80€

🅰🅲 Pianta: 1-B3-a – via Ascanio Sforza 77 – Ⓜ Romolo – ☏ 02 8950 3222 –
www.chicnquick.it – Chiuso 1-7 gennaio, 4-24 agosto, lunedì a mezzogiorno, domenica

AL PONT DE FERR

CONTEMPORANEA · OSTERIA 🗶 Non lontano dal ponte di ferro, con i tavoli all'esterno a pochi passi dall'acqua del naviglio, nonché due sale interne egualmente suggestive nel proporre un'atmosfera stile osteria tra mattoni e legni scuri, il giovane cuoco prepara una cucina semplice e golosa, che rivisita molti classici italiani in chiave contemporanea e qualche proposta milanese.

Menu 20€ (pranzo), 45/75€

🏠 🅰🅲 Pianta: 5-E4-a – Ripa di Porta Ticinese 55 – Ⓜ Porta Genova FS –
☏ 02 8940 6277 – www.pontdeferr.it

28 POSTI

MODERNA · MINIMALISTA 🗶 Dopo più di un lustro, 28 Posti ha sentito la necessità di ridisegnare i suoi interni per rendere ancor più accogliente il locale, senza snaturare tuttavia la sua atmosfera conviviale e rilassata e i suoi tratti stilistici legati ai concetti di autenticità, materia, semplicità, origine. Piatti ad alto tasso di modernità nei menu degustazione; più contenuta nella ristretta scelta à la carte.

Menu 35€ (pranzo), 50/85€ – Carta 46/120€

🏠 🅰🅲 Pianta: 5-F4-k – via Corsico 1 – Ⓜ Porta Genova – ☏ 02 839 2377 –
www.28posti.org – Chiuso martedì-domenica sera

Alberghi

MAGNA PARS SUITES MILANO   Tablet. PLUS

GRAN LUSSO · DESIGN Espressione tangibile degli stupendi, ma - per definizione - eterei profumi creati dai titolari, ogni camera di questo hotel di lusso vive di una sua nota olfattiva, a cui s'ispirano anche le opere d'arte che l'arredano. E per gli irriducibili, ora c'è anche la "LabSolue": perfume laboratory in cui scoprire e acquistare le 39 fragranze che contraddistinguono ogni stanza. Cucina creativo-contemporanea presso il ristorante meravigliosamente affacciato su un giardino interno.

🍸 �🛏 🕸 🖃 🖫 &. 🅰🅲 🕍 🚗 55 suites

Pianta: 5-E4-c – via Forcella 6 – Ⓜ Porta Genova FS – ☏ 02 833 8371 –
www.magnapars-suitesmilano.it

THE YARD

BOUTIQUE HOTEL · DESIGN *Allure* decisamente elegante e vintage che si ispira allo sport, per un accogliente boutique hotel molto appartato (nessuna insegna all'esterno) ed estremamente intimo. Conosciutissimo il suo lounge bar dove gustare cocktail e liquori anche fatti in casa, oppure la pizzeria gourmet - Dirty Gym – che evoca l'atmosfera di uno spogliatoio di boxe. Camere personalizzate, contemporanee negli arredi e fornite di accessori moderni.

🍸 ⭧ ⚹ 🅰🅲 🛋 26 camere

Pianta: 5-F4-a – *piazza XXIV Maggio 8* – Ⓜ *Sant'Agostino* – ☏ *02 8941 5901* – *www.theyardmilano.com*

NHOW MILANO Ⓝ

BUSINESS · DESIGN Ha fascino da vendere questo design hotel ospitato in un'ex area industriale: uno show room permanente in cui sono esposte eccellenze stilistiche ed artistiche, nonché confort inappuntabile nelle camere eclettiche. L'offerta si completa grazie ad un ristorante à la carte ed un cocktail bar dotato di terrazza interna per il servizio estivo.

🍸 🛁 ⭧ ⚹ 🅰🅲 🛠 🅿 245 camere – 1 suite

Pianta: 5-E4-i – *via Tortona 35* – Ⓜ *Porta Genova* – ☏ *02 489 8861* – *www.nh-hotels.it/hotel/nhow-milano*

SAVONA 18 SUITES Ⓝ

LUSSO · DESIGN Un boutique hotel elegante ed originale, all'interno di un edificio del XX secolo che si snoda intorno ad un cortile privato, dominato da balconi nel classico stile delle case di ringhiera. Arredi vivaci ed opere d'arte contemporanea rallegrano gli spazi comuni.

🛎 ⭧ ⚹ 🅰🅲 🛠 43 camere

Pianta: 5-E4-b – *via Savona 18* – Ⓜ *S. Agostino* – ☏ *02 255 5201* – *www.savona18suites.it*

City Life-Sempione

Ristoranti

TANO PASSAMI L'OLIO Ⓝ

CREATIVA · AMBIENTE CLASSICO 🍴🍴🍴 Nuova sede per lo chef Simonato che, dopo anni trascorsi in zona Navigli, si è trasferito in uno dei quartieri più eleganti della città a pochi passi dal parco Sempione. Gli affezionati di sempre non si spaventino: la cucina non cambia di marcia, è sempre creativa, elaborata e vivace nel proporre complessi ventagli di sapori e consistenze in uno stesso piatto. Rimane naturalmente anche la passione per gli oli - per molti piatti è previsto un accostamento con un tipo di olio diverso. Cuoco dalla personalità forte e scherzosa, Simonato lascia spesso la cucina per dedicarsi ai clienti in sala con incessante schiettezza ed entusiasmo.

Specialità: Tiramisù di seppia e patata. Piccione laccato, i suoi fegatini in gel di carota, melanzane scottate al timo. Crottin de chèvre in glassa di zucchero al profumo d'arancia e caldiff (distillato di mele) con aceto balsamico e tartufo nero.

Menu 35 € (pranzo), 105/145 € – Carta 105/145 €

⚹ 🅰🅲 ➪ **Pianta: 5-E2-a** – *via Francesco Petrarca 4* – Ⓜ *Cadorna* – ☏ *02 839 4139* – *www.tanopassamilolio.it* – *Chiuso 1-10 gennaio, 7-21 agosto, sabato a mezzogiorno, domenica*

✤ IYO

GIAPPONESE · DESIGN XX La cucina proposta dal raffinato Iyo non può che rifarsi alla cultura gastronomica nipponica, sebbene la oltrepassi - spesso - in rivisitazioni che tengono conto dei gusti e delle contaminazioni nazionali. Scelta alla carta particolarmente ampia (ma se vi sentite persi fra tanti piatti l'ottimo personale sarà pronto ad aiutarvi), nonché classiche proposte che ci si aspetta in un ristorante del Sol Levante - *sushi* nelle più celebri declinazioni, *sashimi* e *tempura* per citarne solo alcune - tuttavia affiancate da ricette più creative o, per meglio dire, fusion, frutto cioè di originali combinazioni del cuoco tra elementi giapponesi ed europei, o altro ancora.

Specialità: Ika somen, crudo di calamaro sfrangiato, caviale, verdure croccanti, uovo di quaglia e salsa soba dashi. Crispy tamago, uovo morbido impanato nel panko, umadashi, salsa di gin dara marinato nel miso e pak choi. Yin e yang, semifreddo al cioccolato fondente, crema Chantilly profumata alla menta, salsa al cocco e caffè.

Menu 110/125 € – Carta 70/130 €

🕼 ⛲ ♿ 𝔸ℂ Pianta: 3-E1-p – *via Piero della Francesca 74* – Ⓜ *Gerusalemme* – ☏ *02 4547 6898* – https://iyo.it –
Chiuso 9-30 agosto, 23-28 dicembre, lunedì, martedì a mezzogiorno

� MORELLI

CREATIVA · DESIGN XxX All'interno del bellissimo hotel Viu: la proposta gourmet a base di cucina creativa viene proposta nella curata sala a luci basse solo la sera mentre, nelle ore canoniche, è sempre affiancata dal Bulk, mixology and food bar con carta più semplice.

Menu 100/130 € – Carta 70/150 €

♿ 𝔸ℂ Pianta: 3-F1-v – *Hotel Viu Milan, via Aristotile Fioravanti 4* – Ⓜ *Cenisio* – ☏ *02 8001 0918* – www.morellimilano.it –
Chiuso domenica

� BA

CINESE · STILE ORIENTALE XX Due enormi lampadari rossi danno il benvenuto all'interno di un ambiente minimal, dai colori scuri in chiaro stampo orientale. La cucina è molto curata con ricette asiatiche rivisitate in chiave moderna ed una bella scelta anche di vini al bicchiere.

Carta 75/110 €

𝔸ℂ Pianta: 1-A2-a – *via R. Sanzio 22, ang. via Carlo Ravizza 10* – Ⓜ *De Angeli* – ☏ *02 469 3206* – www.ba-restaurant.com –
Chiuso lunedì

� ALTRIMÉNTI

MODERNA · CONTESTO CONTEMPORANEO XX Atmosfera informale e contemporanea, per certi versi in stile bistrot, per un locale dall'appeal – comunque – elegante. Cucina di stampo moderno con proposte che abbracciano terra, mare e i sempre più numerosi vegetariani. Bella carta dei vini.

Menu 20 € (pranzo), 55/65 € – Carta 45/65 €

⌲ Pianta: 1-A2-b – *via Monte Bianco 2/a* – Ⓜ *Amendola-Fiera* – ☏ *02 8277 8751* – www.altrimenti.eu –
Chiuso lunedì, sabato a mezzogiorno

� ARROW'S

PESCE E FRUTTI DI MARE · FAMILIARE XX Un espositore di pesce all'ingresso è il migliore biglietto da visita per chi vuole sincerarsi della freschezza del pescato, e se si avesse ancora qualche dubbio, il servizio a voce vi racconterà il meglio di giornata! Un buon indirizzo per godersi una cucina classica di pesce a Milano.

Menu 27 € (pranzo) – Carta 27/65 €

⛲ ♿ 𝔸ℂ Pianta: 3-E1-f – *via A. Mantegna 37/19* – Ⓜ *Gerusalemme* – ☏ *02 341533* – www.ristorantearrows.it –
Chiuso lunedì a mezzogiorno, domenica

⊪○ BON WEI

CINESE · DESIGN ✗✗ Ristorante di alta cucina cinese - uno dei migliori in città! - con specialità regionali e nessuna nota fusion, Bon Wei è lo specchio della varietà culturale del paese, la cui proposta gastronomica non si riduce a poche singole specialità, ma superati gli stereotipi di un tempo, eccelle per l'incredibile varietà di piatti. Imperdibili i ravioli di pasta di riso dim sum che denotano fantasia ed ottima tecnica!

Carta 35/85 €

  ⅚ AC **Pianta: 3-E1-h** – *via Castelvetro 16/18* – **M** *Gerusalemme* –
☎ 02 341308 –
www.bon-wei.it

⊪○ LA CANTINA DI MANUELA

MODERNA · DI QUARTIERE ✗✗ Il nome del locale suggerisce - e di fatto è così - la presenza di una bella selezione di vini, disponibili anche al bicchiere e per asporto, mentre in cucina si prepara una linea mediterranea e nazionale in genere con piatti che seguono la stagionalità dei prodotti. La prima sala - a mezzogiorno - è in stile bistrot con un menu più easy; ci si accomoda – comunque – anche a pranzo in quella sul retro potendo scegliere *à la carte*.

Menu 15 € (pranzo)/35 € – Carta 35/45 €

  ⅜ ⅚ AC **Pianta: 3-E1-g** – *via Procaccini 41* – **M** *Gerusalemme* –
☎ 02 345 2034 –
www.lacantinadimanuela.it

⊪○ LA ROSA DEI VENTI

PESCE E FRUTTI DI MARE · ACCOGLIENTE ✗✗ Indirizzo ideale per chi ama il pesce, preparato secondo ricette semplici, ma personalizzate (lasciatevi condurre dal titolare con alcuni "fuori carta" legati ai prodotti del mercato giornaliero!), e proposto puntando su un interessante rapporto qualità/prezzo. Il ristorante fa parte del circuito AIC, Associazione Italiana Celiachia: aspettatevi, quindi anche molti piatti, nonché pane e pasta, senza glutine.

Menu 35 € (pranzo)/40 € – Carta 35/65 €

  AC **Pianta: 3-E1-c** – *via Piero della Francesca 34* – **M** *Gerusalemme* –
☎ 02 347338 –
www.ristorantelarosadeiventi.it –
Chiuso 28 dicembre-4 gennaio, lunedì, sabato a mezzogiorno

⊪○ AIMO E NADIA BISTRO

ITALIANA · CHIC ✗ Il celebre ristorante bistellato presenta qui la sua versione più semplice ed informale, in una sala tanto piccola quanto graziosa ed originale. Il motto della maison non muta: in prima fila troverete i prodotti italiani, evidenziati da una cucina rispettosa dei loro sapori ed integrità.

Menu 32 € (pranzo), 70/90 € – Carta 50/90 €

  AC **Pianta: 5-E3-s** – *via Matteo Bandello 14* – **M** *Conciliazione* –
☎ 02 4802 6205 –
www.bistroaimoenadia.com –
Chiuso 1-10 gennaio, 8-23 agosto, domenica

⊪○ ZERO MILANO

GIAPPONESE · MINIMALISTA ✗ Zero compromessi su attenzione e qualità: la cucina, infatti, si basa su ottime materie prime e sulla tecnica e disciplina dello stile giapponese. Lo chef Hide é ora affiancato da due altri connazionali esperti di lame e sushi, a rimarcare ancor più insistentemente il desiderio di emergere tra le migliori offerte di cucina nipponica in città, proposta talvolta in purezza, più spesso sposandola con sapori occidentali contemporanei. In sala troverete minimalismo e luci soffuse, mentre al classico bancone, oltre a poter sbirciare la destrezza dei cuochi all'opera, c'è anche l'opportunità di una degustazione creata al momento. Piccolo sconto per chi cena tra le 19 e le 20.

Menu 49/64 € – Carta 70/96 €

  AC **Pianta: 5-E3-z** – *corso Magenta 87* – **M** *Conciliazione* – *☎ 02 4547 4733* –
www.zero-milano.it – *Chiuso 24 dicembre-1 gennaio, lunedì-domenica a mezzogiorno*

Alberghi

🏨 VIU MILAN

BUSINESS · DESIGN Tonalità naturali, materiali ricercati, stile personale nelle camere di questo design hotel nel cuore di Chinatown. Approfittate della sua sala colazioni all'ultimo piano: da qui la vista spazia sui tetti della città, con l'appendice della piscina che - seppur non grande - rimane piacevolissima. Bulk mixology food bar, aperto tutti i giorni dalle 11 fino a tarda notte, con una carta più semplice e brunch domenicale.

🛒 🏋 ↳ 🔲 ♿ 🅰🅲 124 camere – 9 suites

Pianta: 3-F1-v – *via Aristotile Fioravanti 6* – **Ⓜ** *Cenisio* – ℰ *02 8001 0910* – *www.hotelviumilan.com*

🍴 **Morelli** – Vedere selezione ristoranti

wanessa-p/iStock

Milano (MI)

OLTRE AL CENTRO CITTÀ...

Ci piace: una sosta gastronomica nel contesto artistico-culturale dei **Frigoriferi Milanesi**, gli ottimi arrosticini de **Il Capestrano**. Il trepidante spettacolo di decolli ed atterraggi all'interno dell'aeroporto di Linate al **Michelangelo Restaurant**.

Nel 1964 s'inaugura l'Enoteca El Vinatt nei pressi dei Navigli. I ripiani in legno conferiscono un'aria classica alla rivendita: è la vecchia Milano, ma attuale nella sua proposta di vini e distillati.

Zona urbana Nord - Ovest

Ristoranti

❀ **INNOCENTI EVASIONI**

Chef: Tommaso Arrigoni

CREATIVA · CONTESTO CONTEMPORANEO ⅩⅩ Atmosfera elegante e colorata - grazie anche alle belle opere d'arte affisse alle pareti - che conferiscono al locale un mood piacevole e moderno. La carta suggerisce una linea gastronomica italiana e moderna, sia di terra sia di mare. Una cucina creata per composizione nel piatto di elementi preparati separatamente, ben impiattata, mai complicata; ricette fantasiose con alcune specialità milanesi rivisitate. Pochi, ambiti tavoli per mangiare all'aperto in un inaspettato giardino Zen, tra giochi d'acqua e varie specie botaniche.

Specialità: Carpaccio di capesante, asparagi bianchi marinati alle fave tonka, fagioli dell'occhio al burro. Lombata di agnello, pomodoro crudo, purea di patate al burro, salsa di amarene e polvere di peperone. Semifreddo alle nocciole pralinate, spugnoso al caffè e crema cheese cake.

Menu 65/85 € – Carta 58/89 €

🖨 🛋 🅰🅲 ↔ **Pianta: 1-A1-a** – *via privata della Bindellina* – ⓜ *Portello* – ☏ *02 3300 1882* – *www.innocentievasioni.com* – *Chiuso 1-10 gennaio, 7-29 agosto, lunedì-sabato a mezzogiorno, domenica*

MILANO

🍴○ LA POBBIA 1850

LOMBARDA · ELEGANTE XxX La Pobbia, un omaggio ai pioppi che scuotevano le loro fronde lungo questa via che a fine '800 era ancora aperta campagna, una vecchia ma elegante cascina in cui si celebra la cucina meneghina: pochi piatti, quasi esclusivamente di carne, in buona parte dedicati alla tradizione lombarda.

Menu 18€ (pranzo), 35/40€ – Carta 35/50€

🏡 ⅃ 🅰️ ⇔ Pianta: 1-A1-w – *via Gallarate 92 – 𝒞 02 3800 6641 – www.lapobbia.com – Chiuso 1-9 gennaio, sabato a mezzogiorno, domenica*

🍴○ FIORENZA

PESCE E FRUTTI DI MARE · CHIC XX Una realtà tutta famigliare in un ambiente caldo ed accogliente con la padrona di casa affaccendata ai fornelli, marito e figlia in sala a soddisfare le richieste dei graditi ospiti. Se la carta è essenzialmente basata sul pesce, non manca di proporre anche qualche ricetta di terra. Carta dei vini interessante.

Menu 20€ (pranzo) – Carta 40/75€

🅰️ Pianta: 1-A1-f – *via Marcantonio del Re 38 – ⓜ Portello – 𝒞 02 3320 0659 – www.ristorantefiorenza.com – Chiuso lunedì a mezzogiorno, domenica*

🍴○ INGALERA

CLASSICA · COLORATO X Si volta pagina da un passato difficile già InGalera, grazie a questo ristorante nato per offrire agli ospiti della casa circondariale di Bollate un'opportunità di riscatto e competenze atte al reinserimento nel mondo del lavoro una volta scontata la pena. La cucina è semplice, ben fatta e dai contenuti nobili, il servizio è attento.

Menu 12€ (pranzo)/30€ – Carta 42/52€

🅰️ 🅿️ Fuori pianta – *via Cristina Belgioioso 120 (all'interno della Casa di Reclusione Milano Bollate) – 𝒞 334 308 1189 – www.ingalera.it – Chiuso lunedì, domenica*

Zona urbana Nord - Est

Ristoranti

🍴○ MANNA

MODERNA · COLORATO XX Lontano dai riflettori, in un angolo inaspettatamente grazioso della periferia milanese, una cucina creativa e riuscita, attenta alle presentazioni, con proposte sia di carne che di pesce.

Menu 18€ (pranzo) – Carta 43/46€

⅃ 🅰️ Pianta: 2-D1-c – *piazzale Governo Provvisorio 6 – 𝒞 02 2680 9153 – www.mannamilano.it – Chiuso domenica*

🍴○ VIETNAMONAMOUR

VIETNAMITA · ROMANTICO X Lungo una graziosa strada punteggiata di edifici d'inizio Novecento, specialità del Vietnam settentrionale nella raccolta sala con soppalco e nell'intimo giardino d'inverno. L'atmosfera continua nelle romantiche camere, un angolo d'Asia a Milano.

Menu 13€ (pranzo)/25€ – Carta 24/42€

⇦ 🏡 🅰️ Pianta: 2-D1-b – *via A. Pestalozza 7 – ⓜ Piola – 𝒞 02 7063 4614 – www.vietnamonamour.com – Chiuso lunedì a mezzogiorno, domenica*

Zona urbana Sud - Est

MILANO

Ristoranti

LA CUCINA DEI FRIGORIFERI MILANESI

MODERNA · CONTESTO CONTEMPORANEO X Location intrigante nel contesto artistico-culturale dei Frigoriferi Milanesi, per questo ristorante dai toni moderni sia nell'ambiente sia nella cucina che introduce il nuovo concept di carta "destrutturata", ovvero: non divisa tradizionalmente in antipasti, primi e secondi, ma composta da piatti che possono essere accostati secondo l'estro del momento.

Specialità: Tartare di pescato con frutto della passione e rucola. Risotto allo zafferano croccante con ossobuco. Sfera di zucchero con cremoso al pistacchio, bignè al cioccolato (profiterol).

Menu 14 € (pranzo)/33 € – Carta 26/37 €

🌿 ♿ **Pianta: 2-D3-m** – *via Piranesi 10 – ℰ 02 3966 6784 –*
www.lacucinadeifrigoriferimilanesi.it –
Chiuso 29 dicembre-6 gennaio, sabato sera, domenica

ANTICA OSTERIA IL RONCHETTINO ⓝ

MILANESE · ELEGANTE XX Il nome pare tragga origine dallo zoccolo rotto (il ronchetto) di Napoleone, che nel 1800 vi si sarebbe fermato per pernottare. Qui, infatti, sorgeva ai tempi una stazione di posta dove venivano ferrati i cavalli; trasformatasi successivamente in vari negozi (panetteria, macelleria, ma anche trattoria con annessa bocciofila) è – oggi - un ristorante di eleganza rustica ai cui tavoli vengono serviti piatti della tradizione milanese integrati, a cena, da alcune fantasiose proposte dello chef veneziano.

Menu 15 € (pranzo) – Carta 20/70 €

🌿 🅰 🅿 **Fuori pianta** – *via Lelio Basso 9 –*
ℰ 342 564 3955 – www.ronchettino.it/ –
Chiuso 26 dicembre-5 gennaio, lunedì, martedì a mezzogiorno

IL CAPESTRANO

ABRUZZESE · FAMILIARE XX Sembra quasi la trama di un romanzo: un geometra acquista all'asta una palazzina anni '30, durante la ristrutturazione ne rimane talmente affascinato che decide di non separarsene più e di condividerne la bellezza con gli avventori di quello che ora è un ristorante di cucina abruzzese, con salumi e formaggi selezionati in loco da eccellenti piccoli artigiani del gusto, quindi carni di pecora, agnello, ma anche manzo, arrosticini, ed altro ancora...

Carta 30/55 €

🔄 ♿ 🅰 🔄 **Fuori pianta** – *via Gian Francesco Pizzi 14 –*
ℰ 02 569 3345 – www.ilcapestrano.it –
Chiuso domenica

TRATTORIA DEL NUOVO MACELLO

MODERNA · TRATTORIA X Battezzata con questo nome nel 1927 - quando di fronte ad essa sorse il nuovo macello - trent'anni dopo il nonno di uno degli attuali soci la prese in gestione, fiutando il "buon affare" in base all'usura della soglia. Non si sbagliò affatto! Piatti fedeli ai sapori di un tempo, con la tradizione milanese alleggerita e rielaborata in chiave più contemporanea.

Menu 20 € (pranzo)/47 € – Carta 44/72 €

🅰 🔄 **Pianta: 2-D3-b** – *via Cesare Lombroso 20 –*
ℰ 0259902122 – www.trattoriadelnuovomacello.it –
Chiuso 24 dicembre-6 gennaio, sabato a mezzogiorno, domenica

MILANO

a Linate Aeroporto Est : 10 km (Milano : pianta 2 D3)

🟠 **MICHELANGELO RESTAURANT**

MODERNA · **CONTESTO CONTEMPORANEO** XX Un'insolita collocazione per un ristorante gourmet: siamo all'interno dell'aeroporto di Linate, le cui ampie vetrate regalano lo spettacolo di decolli ed atterraggi. Per chi ha fretta di imbarcarsi ma non vuole rinunciare ad un pasto completo, due menu ne assicurano la conclusione rispettivamente in 30 e 40 min.

Menu 45/60 € – Carta 20/60 €

🅰🅲 **Fuori pianta** – *viale Enrico Forlanini* –
☎ 02 7611 9975 – www.michelangelorestaurant.it –
Chiuso 2-30 agosto

Zona urbana Sud - Ovest

Ristoranti

🟢🟢 **IL LUOGO DI AIMO E NADIA**

Chef: Alessandro Negrini e Fabio Pisani

ITALIANA CONTEMPORANEA · **DESIGN** XXX Il restyling del 2018 ha reso l'atmosfera ancora più contemporanea e – al tempo stesso - sobria; uno stile che ben si sposa con piatti elaborati con alta professionalità, ma anche comprensibili a tutti, che traggono ispirazione dal passato e dalla tradizione italiana, rivisitati, e pur sempre fondati sull'eccellenza, nonché il rispetto dei prodotti. Tra le novità va ricordato il "Theatrum dei Sapori", ovvero: una saletta con una cucina professionale per show cooking su richiesta, eventi privati o per gli stessi ospiti desiderosi di stupire ai fornelli parenti ed amici.

Specialità: Seppia dell'Adriatico con il suo nero, zucchinette in fiore, tenerume e uovo di fattoria "- 40". Tortelli ripieni di burrata e ricotta di bufala con sgombro del Mar Ligure marinato al sale di Mothia e maggiorana. Il cioccolato d'estate: granita di cioccolato al 70%, panna cotta, mirtilli e albicocca.

Menu 160/250 € – Carta 115/155 €

🏵 🅰🅲 ♿ **Fuori pianta** – *via Montecuccoli 6* – Ⓜ *Primaticcio* –
☎ 02 416886 – www.aimoenadia.com –
Chiuso 1-10 gennaio, sabato a mezzogiorno, domenica

🟠 **ANTICA OSTERIA DEL MARE**

PESCE E FRUTTI DI MARE · **FAMILIARE** X Un locale per mangiare solo proposte di pesce con il bel buffet di pescato in bellavista all'ingresso, dove poter scegliere, magari consigliati dal titolare. Solida gestione famigliare per un ambiente informale ed accogliente.

Carta 45/55 €

♿ **Fuori pianta** – *via Sforza 105* –
☎ 02 8954 6534 – www.anticaosteriadelmare.it –
Chiuso 1-8 gennaio, 7-28 agosto, lunedì a mezzogiorno, domenica

🟠 **ERBA BRUSCA**

DEL MERCATO · **SEMPLICE** X In zona periferica che ricorda le trattorie della vecchia Milano, a ridosso del Naviglio Pavese, un orto privato e l'ambiente informale vi daranno il benvenuto nel regno di Alice: giovane cuoca americana che propone una cucina "fresca" di mercato.

Carta 43/50 €

♿ ♿ 🅿 **Fuori pianta** – *Alzaia Naviglio Pavese 286* –
☎ 02 8738 0711 – www.erbabrusca.it –
Chiuso lunedì-venerdì a mezzogiorno

MILANO MARITTIMA – Ravenna (RA) → Vedere Cervia

MILAZZO – Messina (ME) → Vedere Sicilia

MILETO
✉ 89852 – Vibo Valentia (VV) – Carta regionale n° **3**–A3 – Carta stradale Michelin 564-L30

🙂 IL NORMANNO
CALABRESE · CONTESTO REGIONALE ✗ In una rustica trattoria nel cuore della località, marito in sala e moglie ai fornelli a preparare piatti della tradizione locale, come la fileda (pasta filata a mano) con sugo alla "normanna" (peperoni, porcini e pomodoro); tra i classici anche il pollo cotto nel forno a legna, utilizzato anche per pane e naturalmente per la pizza serale.

Specialità: Antipasto tipico della casa. Fileda con ragù di capra. Tartufo gelato.

Menu 15/25 € – Carta 20/30 €

🖽 Ⓜ *via Duomo 12 – ☎ 0963 336398 – www.ilnormanno.com – Chiuso 1-20 ottobre, lunedì*

MINERVINO MURGE
✉ 76013 – Barletta-Andria-Trani (BT) – Carta regionale n° **15**–B2 –
Carta stradale Michelin 564-D30

🙂 LA TRADIZIONE-CUCINA CASALINGA
REGIONALE · RUSTICO ✗ Celebre trattoria del centro storico, accanto alla chiesa dell'Immacolata. Ambiente piacevole, in stile rustico, foto d'epoca alle pareti e piatti tipici del territorio.

Specialità: Antipasto tradizionale. Troccoli alla murgese con pomodori e funghi cardoncelli. Dolce di ricotta.

Menu 30 € – Carta 15/35 €

🖽 Ⓜ *via Imbriani 11/13 – ☎ 0883 691690 – www.osterialatradizione.net –
Chiuso 10-20 settembre, giovedì, domenica sera*

MIRA
✉ 30034 – Venezia (VE) – Carta regionale n° **23**–C3 – Carta stradale Michelin 562-F18

🍽 MARGHERITA
CLASSICA · ELEGANTE ✗✗✗ Le grandi vetrate della sala offrono deliziosi scorci del giardino, mentre l'interno è all'insegna di una calda eleganza. Il menu allude ad una cucina classica basata su un'attenta selezione dei migliori ingredienti, in primis il pesce.

Menu 50/65 € – Carta 60/100 €

🖽 Ⓜ ⇔ 🅿 *Hotel Villa Franceschi, via Don Minzoni 28 – ☎ 041 426 6531 –
www.ristorantemargheritavenice.it*

🏠 VILLA FRANCESCHI
DIMORA STORICA · PERSONALIZZATO In una villa risalente al XVI secolo in stile palladiano con arredi d'epoca o in una barchessa in stile country: a ciascuno la sua scelta, ma per tutti c'è un romantico soggiorno affacciato sul fiume Brenta.

🖽 🗻 🖃 ⅇ Ⓜ 🎿 🅿 15 camere – 10 suites

via Don Minzoni 28 – ☎ 041 426 6531 – www.villafranceschi.com

🍽 **Margherita** – Vedere selezione ristoranti

🏠 VILLA MARGHERITA
DIMORA STORICA · ELEGANTE All'ombra di un ampio parco, una splendida villa secentesca anticipata da un romantico viale costellato di tigli, per un soggiorno di classe: ambienti raffinati, riccamente ornati e abbelliti da affreschi e quadri d'autore.

🖽 Ⓜ 🅿 15 camere – 4 suites

via Nazionale 416 – ☎ 041 426 5800 – www.villa-margherita.com

MIRAMARE – Rimini (RN) → Vedere Rimini

MIRANO

✉ 30035 – Venezia (VE) – Carta regionale n° **23**–C2 – Carta stradale Michelin 562-F18

😊 **DA FLAVIO E FABRIZIO "AL TEATRO"**

PESCE E FRUTTI DI MARE • **CONTESTO CONTEMPORANEO** ℵ Adiacente al cinema-teatro, la sala d'ingresso si presta a pasti veloci; per occasioni più importanti salite al primo piano. In ogni caso, cucina tradizionale veneta di mare, tra cui spiccano i tagliolini bianchi e neri con calamari, scampi e zucchine. Dulcis in fundo, semifreddo al miele con caramello.

Specialità: Code di gambero avvolte in pancetta affumicata cruda con salsa al gorgonzola e pistacchi. Branzino alle erbe al forno con patate, olive taggiasche e pomodori ciliegini. Semifreddo al miele con caramello.

Carta 28/52€

🌤 🅐🅚 *via della Vittoria 75 – ℰ 041 440645 – www.ristorantedaflavioefabrizio.it – Chiuso 8-22 agosto, lunedì*

a **Vetrego** Sud : 4 km – Carta regionale n° **23**–C2

😊 **IL SOGNO**

VENEZIANA • **FAMILIARE** ℵ In un locale di campagna, ex circolo culturale, buona cucina personalizzata da un pizzico di fantasia, ma con evidenti radici regionali. Da ottobre a marzo è presente il carrello dei bolliti con salse e mostarda.

Specialità: Gallina padovana in saor. Anatra bio al forno "col pien" e polenta di mais biancoperla. Gelato alla panna con cioccolato caldo fondente.

Menu 12€ (pranzo)/45€ – Carta 35/45€

🍽 🌤 🅐🅚 🅿 *via Vetrego 8 – ℰ 041 577 0471 – www.trattoriailsogno.com – Chiuso lunedì, domenica sera*

MISANO ADRIATICO

✉ 47843 – Rimini (RN) – Carta regionale n° **5**–D2 – Carta stradale Michelin 562-K20

🍽️ **LE VELE**

PESCE E FRUTTI DI MARE • **CONTESTO CONTEMPORANEO** ℵℵ Sorge dalla sabbia, con vista che si apre a 180° sul litorale attraverso tre pareti vetrate. Coccolati da un servizio solerte, è un eccellente ristorante di pesce, i cui piatti oscillano tra ricette classiche ed altre più creative, comunque di ottimo livello, dolci compresi, particolarmente fantasiosi.

Carta 45/70€

≼ 🌤 🅐🅚 *via Litoranea Sud 71, Bagni 70 – ℰ 349 241 8018 – www.ristorantelevele.net – Chiuso lunedì-venerdì a mezzogiorno*

MISSIANO • MISSIAN – Bolzano (BZ) ➜ Vedere Appiano sulla Strada del Vino

✉ 41121 – Modena (MO)
Carta regionale n° **5**–B2
Carta stradale Michelin 562-I14

MODENA

Ci piace: l'ambiente classico-elegante e in cucina la Tradizione (con la T maiuscola!) al ristorante **Antica Moka**. Farsi un'idea del genio creativo di Bottura, già alla **Franceschetta 58**. Acquistare prodotti del territorio presso la salumeria all'**Hosteria Giusti**.

Storica realtà del settore, Acetaia Malpighi organizza visite alle antiche acetaie, nonché educational per scoprire le tecniche produttive dell'Aceto Balsa-

mico Tradizionale di Modena. Tra le Botteghe Storiche della città figura – a degno titolo – il Caffè dell'Orologio: bottega ad uso caffè presente in loco già dal 1787! Frequentato negli anni da personaggi illustri quali Delfini e Pavarotti, oggi è un luogo simpatico dove sostare per una corroborante pausa relax. Gnocco fritto, tigelle, salumi e formaggi sono le golose proposte dell'Insolito Bar, accanto all'ex sede dell'autodromo Ferrari.

Ristoranti

✿✿✿ OSTERIA FRANCESCANA

Chef: Massimo Bottura

CREATIVA · CONTESTO CONTEMPORANEO ✕✕✕ Conosciuto e premiato in tutto il mondo, con un impegno umanitario che si somma a quello gastronomico, Massimo Bottura è già entrato nella storia come uno dei più grandi cuochi italiani di sempre. Accedere ai tavoli del suo ristorante non è semplice: si può prenotare solo online e vi consigliamo - quindi - di muovervi con largo anticipo e munirvi di pazienza.

Arrivati in via Stella, di tanti orpelli e medaglie il ristorante sembra liberarsi volentieri, in favore di una contemporanea, sobria eleganza, che non vi farà tuttavia sorvolare su acclamate opere d'arte di cui il cuoco è appassionato. Una cifra di understatement che si ritrova anche nella cucina, dove la grandezza si traduce in misura, controllo e padronanza di ogni mezzo, oltre ad una grande visione che partendo da Modena e dall'Emilia - parmigiano, aceto balsamico, tagliatelle e tortellini tra gli elementi imprescindibili - arriva a classici internazionali, che lo chef cita e rilegge con giocosa leggerezza, per ricordarvi che il cibo non è una noiosa liturgia, ma divertimento, memoria e cultura.

Specialità: Cinque stagionature di parmigiano reggiano in differenti consistenze e temperature. Tagliatelle al ragù. Ooops! Mi è caduta la crostata al limone.

406

🕸 *L'impegno dello chef:* "Ho fondato con mia moglie Food for Soul, un'associazione ideata per combattere lo spreco alimentare e favorire l'inclusione sociale: i pasti donati a persone con vulnerabilità - nei refettori - vengono preparati utilizzando eccedenze alimentari raccolte da mercati e supermercati locali. Vogliamo dimostrare l'efficacia della cultura come approccio per migliorare le condizioni di persone ed ecosistemi alimentari."

Menu 290€ – Carta 270/320€

🍸 ⅃ 🄰🄲 ⟺ **Pianta: A2-b** – *via Stella 22* – ℰ *059 223912* –
www.osteriafrancescana.it –
Chiuso 7-31 gennaio, 9-23 agosto, lunedì

🕸 **L'ERBA DEL RE**

Chef: Luca Marchini

CREATIVA · CONTESTO CONTEMPORANEO ✕✕ Splendidamente collocato su una delle piazze più belle di Modena, in un palazzo d'epoca, ingresso caldo ed accogliente per questo locale essenziale, luminoso, con quadri contemporanei alle pareti. L'abile chef Luca Marchini che ha mosso i suoi primi passi alla corte del pluristellato concittadino, Massimo Bottura, propone piatti dall'impronta prevalentemente creativa, ma gli appassionati della tradizione troveranno comunque qualche proposta di cucina emiliana. Pochi e distanziati tavoli in un'atmosfera sobria e moderna.

Specialità: Gamberetti in salsa cocktail versione tiepida. Piccione cotto al Kamado in osso. Focaccia con gelato alla crema e aceto balsamico tradizionale di Modena.

Menu 75/110€ – Carta 75/81€

🍸 🍴 ⅃ 🄰🄲 ⟺ **Pianta: A2-c** – *via Castelmaraldo 45* –
ℰ *059 218188* – *www.lerbadelre.it* –
Chiuso 1-7 gennaio, 7-24 agosto, lunedì a mezzogiorno, domenica

🙂 **TRATTORIA POMPOSA-AL RE GRAS** 🆕

REGIONALE · CONVIVIALE ✕ E' la dépendance - più alla mano! - dello stellato L'Erba del Re, a pochi passi. Se i piatti sono più semplici, la cura nel prepararli è sempre attenta, l'accoglienza gioviale e il servizio al femminile premuroso e competente. Siamo nel bel centro storico della città, ma l'auto può essere lasciata nei pressi nei parcheggi con strisce blu. Un tuffo nella semplicità emiliana servita in chiave attuale.

Specialità: Frittata con pancetta, cipolle e radicchio primo taglio con aceto balsamico di Modena. Gramigna con salsiccia. Zuppa inglese.

Carta 30/45€

🍴 🄰🄲 **Pianta: A2-a** – *via Castel Maraldo 57* – ℰ *059 214881* –
www.trattoriapomposa.it – *Chiuso lunedì*

🍽️ **BIANCA**

EMILIANA · CONTESTO REGIONALE ✕✕ Trattoria dal 1948, è il bastione della tradizione modenese che si esplicita in alcuni piatti irrinunciabili: dagli gnocchi fritti passando per i tortellini in brodo, mentre la sera (o su richiesta anticipata anche a pranzo) è d'obbligo il celebre carrello dei bolliti.

Carta 40/60€

🍴 🄰🄲 ⟺ 🄿 **Pianta: B1-n** – *via Spaccini 24* – ℰ *059 311524* – *www.trattoriabianca.it* –
Chiuso sabato a mezzogiorno, domenica

🍽️ **ORESTE**

EMILIANA · VINTAGE ✕✕ Immutato dal '59, soffermatevi sull'atmosfera retrò delle sedie di Gio Ponti, i lampadari di Murano e l'argenteria. Anche la cucina si adegua a questo amarcord modenese, fra tortellini, un ottimo zampone e il carrello dei dolci.

Menu 25/35€ – Carta 35/60€

🄰🄲 ⟺ **Pianta: B2-c** – *piazza Roma 31* – ℰ *059 243324* –
Chiuso martedì, domenica sera

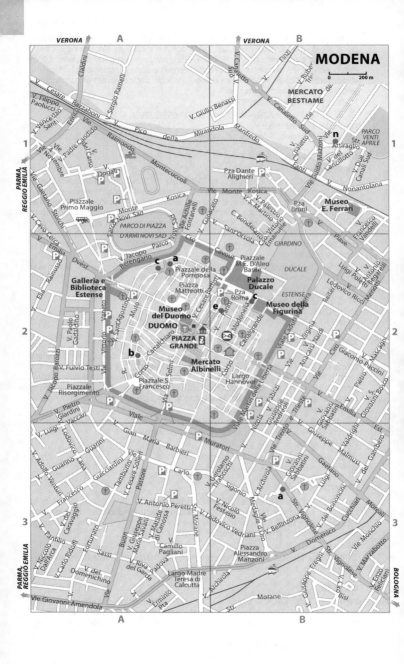

‖○ **HOSTERIA GIUSTI**

EMILIANA · VINTAGE Ⅹ Nel retrobottega di un'elegante ed antica salumeria, troverete solo quattro tavoli in una sala gustosamente retrò. In carta poche proposte, ma di gran qualità e imperniate sulle tradizioni emiliane. La sera è aperto solo su prenotazione e per gruppi di almeno 12 persone con menu concordato.

Menu 50/80 € – Carta 72/120 €

⅋ 🈺 🆎 **Pianta: B2-e** – *vicolo Squallore 46* –
℘ *059 222533* –
Chiuso 1 dicembre-11 gennaio, lunedì, domenica

‖○ **FRANCESCHETTA 58**

CLASSICA · SEMPLICE Ⅹ In cucina si parte dalle tradizioni territoriali, in particolare emiliane, per poi approdare a piatti più creativi. La Franceschetta 58 è anche un modo per entrare nel fantastico mondo di Bottura, a prezzi più abbordabili.

Carta 18/60 €

🈺 ♿ 🆎 **Pianta: B3-a** – *strada Vignolese 58* –
℘ *059 309 1008* – *www.franceschetta58.it* –
Chiuso 7-28 gennaio, 10-24 agosto, domenica

Alberghi

🏨 **CASA MARIA LUIGIA** ⓝ

LUSSO · DESIGN In campagna, ma già alle porte di Modena, questa dimora di origini settecentesche ospita le eleganti camere di Massimo Bottura, chef tristellato modenese. Raffinati interni in cui trova posto la passione del cuoco per l'arte contemporanea e la musica; tra i punti di forza c'è anche un parco con piscina, campo da tennis, stagno e un piccolo orto. Al cibo è dedicata un'apposita dépendance, dove viene servita una straordinaria colazione emiliana con alcune ricette della tradizione rivisitata in chiave moderna.

🍴 ⌂ 🛎 🛋 🆎 🅿 12 camere

Fuori pianta – *stradello Bonaghino 56* – ℘ *059 469054* – *www.casamarialuigia.com*

sulla strada statale 9 - via Emilia Est località Fossalta per: 4 km B2 - 3

‖○ **ANTICA MOKA**

MODERNA · ELEGANTE ⅩⅩⅩ Eleganti sale all'interno di una ex scuola d'inizio Novecento lungo la via Emilia est; la carta è ampia ed invitante, non mancano i sapori regionali come le celebri paste fresche all'uovo, ma anche alcune portate più moderne a base di pesce. Centinaia di bottiglie dalla voluminosa lista dei vini.

Menu 65/85 € – Carta 55/140 €

⅋ 🈺 🆎 🅿 **Fuori pianta** – *via Emilia Est 1496* – ℘ *059 284008* –
www.anticamoka.it – *Chiuso 31 dicembre-6 giugno, 9-22 agosto*

sulla strada statale 9 - via Emilia Ovest A2

‖○ **LA MASSERIA**

PUGLIESE · CONTESTO REGIONALE ⅩⅩ Un angolo di Puglia dove trovare piccoli capolavori di una cucina solare e saporita, nonché un titolare di grande simpatia e competenza. Paste fresche, imperdibili e fantasiose torte di verdure, nonché grigliate di carne.

Menu 30/50 € – Carta 25/50 €

🈺 ⌂ 🅿 **Fuori pianta** – *via Chiesa 61, località Marzaglia* –
℘ *059 389262* – *www.ristorantemasseria.com* –
Chiuso 16-31 agosto, lunedì

MODICA – Ragusa (RG) → Vedere Sicilia

MOENA
✉ 38035 – Trento (TN) – Carta regionale n° **19**-C2 – Carta stradale Michelin 562-C16

❀ MALGA PANNA
Chef: Paolo Donei

DEL TERRITORIO · STILE MONTANO ✗✗ È una storia di famiglia, quella dei Donei, giunta ormai alla quarta generazione. Eravamo agli inizi degli anni '50, quando i genitori dell'attuale chef-patron, Paolo, iniziarono a preparare manicaretti tradizionali ai primi villeggianti, mentre andando ancora più a ritroso nel tempo, su questa altura che domina Moena i nonni portavano al pascolo il bestiame. Della malga – oggi - c'è giusto il nome e la panoramica posizione sopra la località e la valle. Il resto, invece, è alta ristorazione, grazie alla bravura e alla creatività del padrone di casa, cuoco serio e preparato, dotato di talento naturale, che emozionerà con piatti ispirati al territorio. Sempre presenti, stante la tradizione della casa, ma anche la posizione al limitar delle passeggiate nel bosco, alcune ricette più semplici.

Specialità: Uovo fritto in crosta di polenta, tartufo trentino, foglie di spinaci e formaggio d'alpeggio. Zuppa di fagioli e funghi di bosco, cappelletti di maialino affumicato e olio al rosmarino. La poesia dei fiori.

Menu 70/100€ – Carta 59/100€

🕸 ⪡ 🏠 🅿 *strada de Sort 64, località Sorte –* ☏ *0462 573489 –*
www.malgapanna.it – Chiuso lunedì

😊 AGRITUR EL MAS
REGIONALE · RUSTICO Sopra il paese, un vero e proprio agritur-ristorante con allevamento di mucche, cavalli, maiali e produzione di carne, salumi e formaggi, per altro in vendita nel proprio *Cajelo Shop*; il tutto da gustare insieme ad altre prelibatezze della valle, spesso d'ispirazione ladina, in un bell'ambiente tra legni antichi. Nello stesso edificio costruito secondo i criteri della bioedilizia, ci sono anche delle gradevoli camere.

Specialità: Tagliere del Maso, con salumi e formaggio di propria produzione. Canederli al formaggio. Torta di ricotta.

Menu 25€ (pranzo), 35/60€ – Carta 25/55€

⪢ ⪡ 🏠 🅿 *strada de Saslonch 176, località Col de Soldai –* ☏ *0462 574221 –*
www.agriturelmas.it – Chiuso lunedì

🍴 MALGA RONCAC
REGIONALE · STILE MONTANO ✗ Caratteristica malga in pietra e legno in splendida posizione panoramica al limitare del bosco che la avvolge con la sua quiete: cucina tradizionale ladina servita in un ambiente dalla spiccata tipicità, curato in ogni dettaglio. Non dimenticatevi di prenotare uno dei pochi tavoli nella piccola veranda: la vista sulla valle vi si offre compresa nel prezzo.

Carta 25/49€

⪡ ⪢ 🏠 🅿 *strada de Roncac 7 –* ☏ *334 222 1135 – Chiuso 15-30 maggio*

sulla strada statale 48 Sud : 3 km

😊 FORESTA
REGIONALE · STILE MONTANO ✗✗ Alle spalle di una fitta abetaia, un classico della valle all'interno dell'omonimo hotel dove poter assaggiare i sapori del territorio da accompagnarsi con uno dei tanti vini che forniscono la bella cantina, in primis quelli del Trentino.

Specialità: Carne salada con finocchi e mandorle tostate. Guanciale di vitellone al Teroldego con polenta di Storo. Sapore di zucca.

Menu 35/50€ – Carta 35/55€

🕸 ⪢ ⪼ 🅿 *Hotel Foresta, strada de la Comunità de Fiem 42 –* ☏ *0462 573260 –*
www.hotelforesta.it – Chiuso 12-26 giugno, 13-28 novembre, venerdì

MOGGIONA – Arezzo (AR) → Vedere Poppi

MOIRAGO – Milano (MI) → Vedere Zibido San Giacomo

MOLINI • MÜHLEN – Bolzano (BZ) → Vedere Falzes

MOLTRASIO

✉ 22010 – Como (CO) – Carta regionale n° **10**–B1 – Carta stradale Michelin 561-E9

🍴 IMPERIALINO

CREATIVA · ELEGANTE XxX Lasciatevi coccolare in questo contesto elegante direttamente sul lago, che sembra letteralmente a portata di mano - d'estate - dal bel giardino. Specialità mediterranee permeate da una vena creativa, da assaporare voluttuosamente in una suggestiva atmosfera.

Menu 85/140 € – Carta 52/67 €

≼ 🖃 🛏 & 🅰🅒 *Grand Hotel Imperiale, via Regina 26 – ℰ 031 346600 - www.imperialino.it – Chiuso 7 gennaio-15 marzo, lunedì*

🍴 LA VERANDA

REGIONALE · AMBIENTE CLASSICO XX In centro, ristorante a gestione diretta, con camere in parte ristrutturate: sala da pranzo accogliente dove gustare pesce lacustre; "fresco" servizio estivo all'aperto.

Carta 45/65 €

⇦ ≼ 🛏 🅰🅒 ⇔ *piazza San Rocco 5 – ℰ 031 290444 - www.hotel-posta.it*

🏨 GRAND HOTEL IMPERIALE

DIMORA STORICA · ELEGANTE Splendido resort costruito in tardo liberty con lussureggiante vegetazione che si estende fino al lago, composto da una struttura principale dotata di centro benessere I-SPA con campo da tennis e dall'esclusiva Villa Imperiale: una sorta di hotel nell'hotel con lussuose camere e terrazze vista lago che si affacciano sulla piscina panoramica. Specialità italiane nel ristorante "La Cascata" con giardino.

🐾 🦢 ≼ 🖃 🏊 🕎 🛋 🛗 ⎗ & 🅰🅒 🛁 🚗 115 camere – 9 suites

via Regina 24/26 – ℰ 031 346111 - www.hotelimperialecomo.it

🍴 **Imperialino** – Vedere selezione ristoranti

MOMBARUZZO

✉ 14046 – Asti (AT) – Carta stradale Michelin 561-H7

a Casalotto Ovest : 4 km – Carta regionale n° **14**–B2

🏨 LA VILLA

CASA DI CAMPAGNA · PERSONALIZZATO Nel cuore delle colline del Monferrato, una signorile villa dei primi del '700 ristrutturata ed arredata con grande cura e gusto, dispone di camere diverse negli arredi ma accomunate dallo stesso coinvolgente calore, di una terrazza panoramica e di un buon ristorante, *La Vie*.

🐾 ≼ 🖃 🏊 🅰🅒 🅿 12 camere – 3 suites

via Torino 7 – ℰ 0141 793890 - www.lavillahotel.net

MOMO

✉ 28015 – Novara (NO) – Carta regionale n° **12**–C2 – Carta stradale Michelin 561-F7

🍴 MACALLÈ

PIEMONTESE · ELEGANTE XxX Elegante locale storico della zona, con alcune accoglienti stanze e un'ampia sala luminosa di taglio classico-elegante, dove si propongono ricercati piatti della tradizione.

Carta 40/80 €

⇦ 🅰🅒 ⇔ 🅿 *via Boniperti 2 – ℰ 0321 926064 - www.macalle.it – Chiuso giovedì*

MONASTIER DI TREVISO

✉ 31050 – Treviso (TV) – Carta regionale n° **23**–A1 – Carta stradale Michelin 562-F19

🍴○ **MENEGALDO**

PESCE E FRUTTI DI MARE · **FAMILIARE** Ⅹ Una storia di oltre 100 anni: una volta, dopo la grande guerra, i carrettieri si fermavano qui con i cavalli e così venne soprannominata "l'osteria dei cava'i". Successivamente, si specializzò in crostacei e pesci dell'Adriatico. A tutt'oggi, Menegaldo è un punto di riferimento in zona!

Carta 40/80 €

🏧 ⇔ 🅿 via Pralongo 216 – ℰ 0422 898802 – www.trattoriamenegaldo.it – Chiuso 15-21 febbraio, martedì sera, mercoledì

MONCALIERI

✉ 10024 – Torino (TO) – Carta regionale n° **12**–A1 – Carta stradale Michelin 561-G5

🍴○ **LA MAISON DELFINO**

PESCE E FRUTTI DI MARE · **ELEGANTE** ⅩⅩ Sono due fratelli a gestire con passione e capacità questo elegante locale ricavato da un'antica cascina, ora dotato anche di raffinato portico per il dehors. Due menu: uno semplice, l'altro più creativo, dai quali è possibile scegliere anche solo alcuni piatti, ma tutti rigorosamente di pesce!

Menu 55/65 € – Carta 45/75 €

🏛 🏧 ⇔ via Lagrange 4, borgo Mercato – ℰ 011 642552 – www.lamaisondelfino.com – Chiuso 9-31 agosto, lunedì, martedì-sabato a mezzogiorno, domenica

🍴○ **AL BORGO ANTICO**

REGIONALE · **FAMILIARE** Ⅹ Nel suggestivo centro storico di Moncalieri, tutto sali scendi ed eleganti piazze, qui si officia la cucina tradizionale piemontese: sempre presenti - in stagione - funghi e tartufi, ma anche qualche proposta di pesce. Ambiente raccolto e familiare.

Menu 20/30 € – Carta 25/40 €

🏧 ⇔ via Santa Croce 34 – ℰ 011 644455 – www.al-borgoantico.it – Chiuso lunedì, domenica sera

a Revigliasco Nord-Est: 8 km

🍴○ **LA TAVERNA DI FRA' FIUSCH**

PIEMONTESE · **ACCOGLIENTE** ⅩⅩ Incastonato in un delizioso borgo collinare (la sala al piano superiore con vista!), gli amanti della tradizione troveranno tutti i cavalli di battaglia della zona aggiornati con un gusto ed un'estetica più moderni. In aggiunta, c'è anche qualche specialità di pesce.

Menu 30/55 € – Carta 32/60 €

🏧 via Beria 32 – ℰ 011 860 8224 – www.frafiusch.it – Chiuso lunedì, martedì-venerdì a mezzogiorno

MONCIONI – Arezzo (AR) ➜ Vedere Montevarchi

MONDOVÌ

✉ 12084 – Cuneo (CN) – Carta regionale n° **12**–B3 – Carta stradale Michelin 561-I5

🍴○ **LA BORSARELLA**

PIEMONTESE · **ACCOGLIENTE** ⅩⅩ Ricavato negli ambienti di un cascinale di origine settecentesca, propone una cucina piemontese ancorata ai sapori della tradizione. Nell'ampio giardino anche il vecchio forno per il pane e un laghetto artificiale.

Menu 30/40 € – Carta 35/40 €

⪕ 🏛 🏧 ⇔ 🅿 via del Crist 2 – ℰ 0174 42999 – www.laborsarella.it – Chiuso 27 dicembre-7 gennaio, lunedì sera, domenica sera

MONEGLIA

✉ 16030 – Genova (GE) – Carta regionale n° **8**–C2 – Carta stradale Michelin 561-J10

a **Lemeglio** Sud - Est : 2 km

ⅈⓄ **LA RUOTA**

PESCE E FRUTTI DI MARE · ACCOGLIENTE ✕✕ I lampadari in sala scendono sui tavoli contribuendo ad apparecchiarli, le luci sono soffuse e paiono richiamare i lampioni serali del lungomare di Moneglia che si riflettono nel mare. Ma è Edoardo la vera anima del locale: premuroso chef e anfitrione, con grande passione racconta cibo e vino, accompagnando l'ospite lungo il menu degustazione - a sorpresa - a base di pesce fresco. Il tutto cucinato con fantasia e semplicità, incurante delle mode del momento.

Menu 36 € (pranzo), 45/50 €

⮜ & 🄿 *frazione Lemeglio 6, alt. 200 – ℰ 0185 49565 – www.laruotamoneglia.it – Chiuso 1-28 dicembre, lunedì-martedì a mezzogiorno, mercoledì, giovedì-venerdì a mezzogiorno*

MONFALCONE

✉ 34074 – Gorizia (GO) – Carta regionale n° **6**-C3 – Carta stradale Michelin 562-E22

ⅈⓄ **AI CAMPI DI MARCELLO**

PESCE E FRUTTI DI MARE · FAMILIARE ✕ Atmosfera e servizio semplici, è per la qualità del pescato che il ristorante merita una visita; perlopiù elaborato in piatti semplici che ne valorizzano la freschezza.

Carta 25/55 €

⮜ 👄 🛱 🄿 *via Napoli 11 – ℰ 0481 481937 – www.ristorante.aicampi.it – Chiuso 1-15 gennaio, 16 agosto-6 settembre, lunedì-venerdì a mezzogiorno, domenica sera*

MONFORTE D'ALBA

✉ 12065 – Cuneo (CN) – Carta regionale n° **14**-A3 – Carta stradale Michelin 561-I5

✿ **FRE**

CREATIVA · CONTESTO TRADIZIONALE ✕✕✕ A meno di quattro chilometri da uno dei borghi più suggestivi d'Italia, attorniato da un campo da golf 9 buche, il nome allude al fabbro (in dialetto, "fre") che lavorava qui prima che l'edificio aderisse al nuovo concept. Priva di pinze, cunei o morse – i ferri del mestiere – la sala sfoggia ora uno stile moderno ed essenziale, dove a richiamare la tradizione incombe però il soffitto a volte di mattoni. I percorsi degustazione o la carta stessa propongono un'idea di cucina leggera ed elegante; lo chef mette in evidenza il prodotto ed il territorio, sperimenta gusti e sapori contemporanei unendoli ad erbe ed aromi locali per ottenere la massima espressione dell'ingrediente nel piatto. Accomodarsi ad uno dei suoi tavoli significa avventurarsi in un'esperienza a tuttotondo che armonizza le eccellenze delle Langhe e del Piemonte, con cacciagione e pesce d'acqua dolce: vere passioni del cuoco!

Specialità: Uovo marinato. San Pietro al nebbiolo. Estrazione di nocciole piemontesi.

Menu 75/180 €

⮜ 🛱 & 🄺 🄿 *loc. San Sebastiano 68 – ℰ 0173 789269 – www.ristorantefre.it – Chiuso 6 febbraio-2 aprile, lunedì-martedì a mezzogiorno, mercoledì, giovedì, venerdì a mezzogiorno*

✿ **BORGO SANT'ANNA** ⓝ

CONTEMPORANEA · ELEGANTE ✕✕ Nel classico contesto langarolo fatto di vigneti e colline, Pasquale Laera – chef dalle origini pugliesi - apre il suo ristorante dopo anni di lavoro in loco. È la consacrazione del suo amore per questa terra che si traduce nell'elaborazione della tradizione gastronomica piemontese non scevra, a questo punto, d'influenze del sud come nella scelta di proporre anche specialità di pesce. Cucina a vista all'interno di una saletta signorile e molto raccolta, ma il fiore all'occhiello è la strepitosa terrazza esterna dove, in stagione, si può godere di un paesaggio fiabesco.

Specialità: Rane fritte, Enkir e melissa. Animelle alla brace, acetosella e limone. Ravioli di barbabietola, burrata e basilico.

Menu 45/55€ – Carta 40/65€

🏵 ⪘ 🕾 & 𝔸 ⇕ 🅿 *Località Sant'Anna – ℰ 0173 195 0332 –*
www.borgosantanna.it –
Chiuso 1-22 febbraio, 16-23 agosto, lunedì, domenica sera

🍴○ TRATTORIA DELLA POSTA

PIEMONTESE · ELEGANTE ⅩⅩⅩ Un caldo sorriso e tanto savoir-faire vi accoglieranno sin dall'ingresso in questa casa di campagna, non priva di tocchi romantici e spunti eleganti: lume di candela, argenteria ed una terrazza estiva con bella vista sui vigneti circostanti. La cucina perpetua la tradizione locale ed anche il proverbiale carrello dei formaggi propone il meglio della regione.

Menu 55€ – Carta 55/94€

🏵 🕾 & 🅿 *località Sant'Anna 87 – ℰ 0173 78120 –*
www.trattoriadellaposta.it – Chiuso 1-28 febbraio, giovedì, venerdì a mezzogiorno

🍴○ GIARDINO-DA FELICIN

PIEMONTESE · AMBIENTE CLASSICO ⅩⅩⅩ Di generazione in generazione, da oltre cento anni, è un appuntamento imperdibile con la cucina langarola. Pochi fronzoli o provocazioni, ma tanti sapori e concretezza, la cucina di Felicin è un classico di cui non ci si disinnamora mai, coccolati da un'ospitalità con pochi eguali.

Carta 46/66€

🏵 ⇆ ⪘ 🕾 ⇕ 🅿 *via Vallada 18 – ℰ 017378225 – www.felicin.it – Chiuso lunedì,*
martedì-sabato a mezzogiorno, domenica sera

🍴○ LE CASE DELLA SARACCA

REGIONALE · ALLA MODA Ⅹ Si sviluppa su molti livelli nel suggestivo scenario delle Case della Saracca, questo locale dalla doppia anima con wine-bar per aperitivi e la cucina che propone piatti della regione e non. Ottima - ovviamente - la lista dei vini e l'atmosfera con salette intime ed accoglienti.

Menu 30/40€ – Carta 26/48€

🏵 ⇆ *via Cavour 5 – ℰ 0173 789222 – www.saracca.com – Chiuso lunedì-domenica*
a mezzogiorno

🍴○ REPUBBLICA DI PERNO ⑩

PIEMONTESE · FAMILIARE Ⅹ Un piccolo e rinnovato locale ubicato nel cuore del centro abitato; come da tradizione piemontese vi si accede scorgendo - per prima - la cucina a vista, per poi passare al primo piano con soli cinque tavoli disponibili. Ambiente curato con un'atmosfera di rustico bistrot famigliare ed un menu giornaliero con piatti rigorosamente regionali.

Carta 49/59€

⇆ 🕾 *Località Perno – ℰ 0173 78492 – www.repubblicadiperno.it – Chiuso lunedì,*
martedì, mercoledì, domenica

🏛 VILLA BECCARIS

CASA PADRONALE · STORICO Racchiusa nel silenzio della parte più alta e antica di Monforte, la villa fu residenza settecentesca dell'omonimo generale, oggi è un rifugio elitario, un mondo a sé stante, tra arredi d'epoca, romantica corte interna, giardino d'inverno per le colazioni ed incantevole giardino con piscina e gazebo.

🏊 ⪘ ⟌ 🗵 𝔸 🛁 ⟱ 22 camere – 1 suite

via Bava Beccaris 1 – ℰ 0173 78158 – www.villabeccaris.it

MONFUMO

✉ 31010 – Treviso (TV) – Carta regionale n° **23**–C2 – Carta stradale Michelin 562-E17

🍴 DA GERRY

CLASSICA · FAMILIARE XX Carne e pesce si contendono la carta di questo ristorante nel centro del paese, dotato anche di camere spaziose e confortevoli. Piacevolissimo il dehors esterno con ampia vista sulle colline circostanti.

Menu 35/45 € – Carta 40/65 €

🦽 ⌂ ᴗ 🖭 ⇧ *via Chiesa 6 – ℰ 0423 545082 – www.ristorantedagerry.com –*
Chiuso 1-10 gennaio, 16-31 agosto, lunedì

🍴 OSTERIA ALLA CHIESA

MODERNA · RUSTICO X Una giovane coppia ha ridato vita alla vecchia osteria di paese; se l'ambiente mantiene ancora le rustiche caratteristiche, la cucina parla invece di creatività e innovazione. Claudio con originalità e fantasia abbina, divide e ricompone carne, pesce e verdure.

Carta 65/110 €

⌂ 🖭 *via Chiesa Monfumo 14 – ℰ 0423 969584 –*
www.osteriaallachiesa.com –
Chiuso lunedì a mezzogiorno, martedì, mercoledì-venerdì a mezzogiorno

MONGARDINO – Bologna (BO) → Vedere Sasso Marconi

MONIGA DEL GARDA

✉ 25080 – Brescia (BS) – Carta regionale n° **9**–D1 – Carta stradale Michelin 561-F13

🍴 L'OSTERIA H2O

CREATIVA · MINIMALISTA XX Posizione stradale, ma sala rivolta verso il lago - la cui bella terrazza estiva offre un incantevole panorama - per una cucina piacevolmente moderna che unisce estro e leggerezza, lago, mare e terra, in proposte sempre interessanti e con notevole personalizzazione negli accostamenti.

Menu 28 € (pranzo), 55/60 € – Carta 50/70 €

⌖ ⌂ 🖭 **P** *via Pergola 10 – ℰ 0365 503225 – www.losteriah2o.it*

MONOPOLI

✉ 70043 – Bari (BA) – Carta regionale n° **15**–C2 – Carta stradale Michelin 564-E33

🏨 LA PESCHIERA

LUSSO · MEDITERRANEO Camere esclusive circondate da sei piscine e dal blu dell'Adriatico che s'infrange direttamente sulle pietre dei patii creano un connubio totale con l'acqua in questo boutique hotel ai massimi standard del lusso internazionale. La spiaggia privata e il ristorante "les pieds dans l'eau" Saleblu favoriscono l'incontro d'amore con il mare anche a tavola!

🏡 ⌃ ⌖ ⌂ ⌛ 🏠 ᴗ 🖭 **P** 12 camere – 1 suite

contrada Losciale 63 – ℰ 080 801066 – www.peschierahotel.com

MONSELICE

✉ 35043 – Padova (PD) – Carta regionale n° **23**–B3 – Carta stradale Michelin 562-G17

🍴 LA TORRE

TRADIZIONALE · AMBIENTE CLASSICO XX In pieno centro storico, nella piazza principale della città, piatti di cucina della tradizione e ricette a base di prodotti pregiati: tra le specialità la cottura alla griglia. Ambiente classico.

Carta 30/60 €

🖭 *piazza Mazzini 14 – ℰ 0429 73752 –*
www.ristorantelatorremonselice.it –
Chiuso 24 luglio-21 agosto, 25 dicembre-7 gennaio, lunedì, domenica sera

MONSUMMANO TERME

✉ 51015 – Pistoia (PT) – Carta regionale n° **18**–B1 – Carta stradale Michelin 563-K14

🍴○ **OSTERIA IL MAIALETTO**

TOSCANA · FAMILIARE ✗ Accanto alla macelleria di famiglia, vivace osteria dallo spirito giovanile dove gustare una schietta cucina toscana; la specialità sono ovviamente le carni ed i prosciutti di allevamenti propri, un must la bistecca che viene proposta direttamente con il carrello in sala.

Carta 25/35 €

🖼 🎟 *via Della Repubblica 372 – 𝒞 0572 953849 – www.ilmaialetto.com –*
Chiuso lunedì, martedì-sabato a mezzogiorno

🏠 **GROTTA GIUSTI**

LUSSO · PERSONALIZZATO Nella quiete di un grande parco con piscina - all'interno del celebre complesso termale con grotte naturali (di cui una vanta il primato europeo per dimensioni) - una bella struttura completa nella gamma dei servizi e camere di diverse ampiezze, eleganti ed in stile, il tutto all'interno di una villa con affreschi originali.

🍸 🦢 📶 🎟 ♨ 🎱 ⚗ 🔁 🖼 👜 🅿 64 camere

via Grotta Giusti 1411 – 𝒞 0572 90771 – www.grottagiustispa.com

MONTÀ

✉ 12046 – Cuneo (CN) – Carta regionale n° **14**–A2 – Carta stradale Michelin 561-H5

🍴○ **MARCELIN**

MODERNA · ELEGANTE ✗✗✗ In una regione gastronomicamente tradizionalista, qui la cucina va alla ricerca di proposte creative, sempre esteticamente curate, con qualche piatto anche di pesce ed una notevole carta dei vini con etichette internazionali di qualità. Il tutto al primo piano di un'ex segheria che ha ceduto il passo ad un ristorante di sobria raffinatezza.

Menu 55/105 € – Carta 64/69 €

🍴 🔁 🎟 *Hotel Casa Americani, piazzetta della Vecchia Segheria 1 (ex piazza Vittorio Veneto) – 𝒞 0173 975569 – www.marcelin.it –*
Chiuso 8 gennaio-8 febbraio, lunedì, domenica sera

MONTAGNA IN VALTELLINA – Sondrio (SO) → Vedere Sondrio

MONTAGNANA

✉ 35044 – Padova (PD) – Carta regionale n° **23**–B3 – Carta stradale Michelin 562-G16

🍴○ **HOSTARIA SAN BENEDETTO**

REGIONALE · ELEGANTE ✗✗ Locale ubicato nel cuore della "città murata": una sala di tono signorile in cui provare proposte di cucina del luogo rivisitata; servizio estivo all'aperto.

Menu 38 € – Carta 35/65 €

🎟 *via Andronalecca 13 – 𝒞 0429 800999 – www.hostariasanbenedetto.it –*
Chiuso mercoledì

MONTAIONE

✉ 50050 – Firenze (FI) – Carta regionale n° **18**–B2 – Carta stradale Michelin 563-L14

🏠 **UNA PALAZZO MANNAIONI**

TRADIZIONALE · ELEGANTE In un'antica dimora cinquecentesca addossata alle mura castellane, un hotel abbellito da un giardino con piscina: eleganti interni in stile rustico e confortevoli camere. La vera cucina toscana vi attende nella raffinata sala ristorante, un tempo frantoio, dal suggestivo soffitto a vela.

🍸 🍷 🦢 ⚗ 🔁 🖼 👜 🚗 47 camere

via Marconi 2 – 𝒞 0571 69277 – www.unahotels.it

a Castelfalfi Ovest: 11 km

🍴○ LA ROCCA DI CASTELFALFI

CREATIVA · ROMANTICO XXX All'interno del castello medievale del Borgo di Castelfalfi, sale eleganti ed una terrazza affacciata sul bel panorama delle dolci colline; creatività e tecnica in cucina dove la Toscana viene rivisitata sotto varie angolazioni.

Menu 70/90€ – Carta 70/150€

🗝 ⪕ 🏠 ♿ 🅰️ *Hotel Il Castelfalfi, via Castelfalfi Castello 85 – ☏ 0571 891400 – www.castelfalfi.com – Chiuso lunedì*

🏨 IL CASTELFALFI ◐

RESORT · CONTEMPORANEO Costruito secondo i principi della bioedilizia, usando materiali tradizionali come legno e pietra, Castelfalfi pensa al benessere dei propri ospiti mettendo a loro disposizione un campo da golf ed un'ampia spa, in cui dominano le piscine ed aree destinate ai trattamenti. Camere con letti king size elevano ulteriormente il livello della struttura.

🏐 🐾 ⪕ 🏠 ▣ 🎿 🔲 🌀 ♨ ♨️ 🛁 ⊡ ♿ 🅰️ 🅿️ 🚐 120 camere – 8 suites

località Castelfalfi – ☏ 0571 892000 – www.castelfalfi.it

🍴○ **La Rocca di Castelfalfi** – Vedere selezione ristoranti

🏨 LA TABACCAIA ◐

TRADIZIONALE · ELEGANTE Il nome chiarisce quale fosse la funzione dell'edificio prima che venisse convertito in albergo. Sulla sommità di una collina, le incantevoli camere vantano un design toscano ed elementi di pregio: parquet d'olivo perfettamente ristrutturato e soffitti con travi a vista risalenti alla costruzione originaria.

🐾 ⪕ 🏠 🎿 ⊡ ♿ 🅰️ 🅰️ 🅿️ 31 camere

Località Castelfalfi – ☏ 0571 892000 – www.castelfalfi.com

MONTALCINO

✉ 53024 – Siena (SI) – Carta regionale n° **18**-C2 – Carta stradale Michelin 563-M16

🅖 TAVERNA DEL GRAPPOLO BLU

TOSCANA · RUSTICO X L'insegna già evoca il vero "principe" della località, che occupa molte pagine della lista vini di questo tipico ristorante; cucina toscana attenta a materie prime e ricette della tradizione in un ambiente piacevolmente conviviale. In estate, tre piccoli tavolini su una scalinata per il servizio esterno.

Specialità: Selezione di salumi di cinta senese. Guancia di manzo. Ricotta con cioccolato e mele.

Carta 25/36€

🅱 🏠 🅰️ *scale di via Moglio 1 – ☏ 0577 847150 – www.grappoloblu.com – Chiuso 8-28 dicembre*

🍴○ BOCCON DIVINO

TOSCANA · CONTESTO TRADIZIONALE XX Una casa colonica alle porte del paese: si può scegliere fra la curata sala rustica o la terrazza estiva con vista. Nel piatto, i sapori del territorio leggermente rivisitati in chiave moderna ed alcuni evergreen come il peposo e la zuppa di cipolle.

Menu 40/48€ – Carta 35/51€

🅱 ⪕ 🏠 *via Traversa dei Monti 201, località Colombaio Tozzi – ☏ 0577 848233 – www.boccondivinomontalcino.it – Chiuso martedì*

a Castelnuovo dell'Abate Sud - Est: 10 km – Carta regionale n° **18**-C2

🏨 CASTELLO DI VELONA

DIMORA STORICA · GRAN LUSSO Soggiorno esclusivo negli eleganti ambienti di un castello dell'XI secolo completamente restaurato: moderna spa, nonché vista a 360° su colline e Val d'Orcia. Diverse possibilità ristorative, dalle migliori ricette della tradizione gastronomica toscana ai piatti gourmet del ristorante Settimo Senso.

🏐 🐾 ⪕ 🏠 🎿 🔲 🌀 ♨ 🛁 ⊡ ♿ 🅰️ 🅰️ 🅿️ 23 camere – 23 suites

località Velona – ☏ 0577 839002 – www.castellodivelona.it

a Castiglione del Bosco Nord - Ovest : 12 km – Carta regionale n° **18**–C2

🍽○ **CAMPO DEL DRAGO**

ITALIANA · ELEGANTE XxX Causa emergenza COVID-19 chiuso temporaneamente fino ad aprile 2021.

Strategicamente al centro del borgo, una cucina di alta fattura assecondata da una raffinata atmosfera ed un accurato servizio, che donano allo spirito quella rilassatezza per godere al top. La cucina ha un respiro nazionale e propone piatti italiani talvolta rivisitati.

Menu 140 € – Carta 75/110 €

≤ 🛋 & 🅰️ 🅿️ *Hotel Castiglion del Bosco, Castilglione del Bosco - Montalcino –*
☎ 0577 191 3001 – www.rosewoodhotels.com –
Chiuso lunedì-sabato a mezzogiorno, domenica

🏠🏠 **CASTIGLION DEL BOSCO**

GRAN LUSSO · ELEGANTE Una decina di chilometri lungo una strada bianca vi condurranno in uno degli alberghi più esclusivi della regione: immerso in un'immensa proprietà collinare, le camere - ricavate dalla ristrutturazione di un borgo medioevale, alcune in villa - sono ampie e ispirate ad una sobria, raffinata eleganza.
🏡 🛋 ≤ 🛋 🏊 🏋 🅰️ 🅿️ 42 suites – 5 camere

località Castiglion del Bosco Montalcino –
☎ 0577 191 3001 –
www.rosewoodhotels.com/it/castiglion-del-bosco
🍽○ **Campo del Drago** – Vedere selezione ristoranti

a Poggio alle Mura Sud - Ovest : 19 km – Carta regionale n° **18**–C2

🌸 **SALA DEI GRAPPOLI**

MODERNA · ROMANTICO XxX Una volta all'interno, le viti che ornano le pareti illustreranno il nome del ristorante, ma meglio ancora farà la cucina: chi ama la rielaborazione della tradizione toscana in forme creative, nonché eleganti presentazioni correrà qui, ai piedi di un magnifico castello medioevale. Artefice di tutto ciò è un cuoco pugliese che non rinuncia a disseminare – qua e là - spunti della sua solare terra natia. Dalla cantina solo e soltanto vini di produzione propria che coprono, per altro, diversi territori.

Specialità: Tortello maremmano. a modo mio. Agnello in tre cotture, scorza nera, ketchup di peperoni e jus al brunello di Montalcino. Crostatina al sale di Cervia, parfait allo yogurt e frutta.

Menu 120/150 € – Carta 90/150 €

🛋 🛋 & 🅰️ 🅿️ *Hotel Castello Banfi-Il Borgo –*
☎ 0577 877700 –
www.castellobanfiilborgo.it –
Chiuso 1 dicembre-26 marzo, lunedì-domenica a mezzogiorno

🏠🏠 **CASTELLO BANFI-IL BORGO**

CASA DI CAMPAGNA · GRAN LUSSO Nel castello, di origini medioevali e circondato dal più tipico paesaggio toscano, troverete la sala lettura e il museo del vetro; intorno, il borgo settecentesco e le camere, di raffinata bucolica eleganza e straordinari bagni. Incantevole, il giardino delle rose.
🏡 🛋 ≤ 🛋 🏋 & 🅰️ 🏋 🅿️ 9 camere – 5 suites

☎ 0577 877700 - www.castellobanfiilborgo.com
🌸 **Sala dei Grappoli** – Vedere selezione ristoranti

MONTALLEGRO – Agrigento (AG) → Vedere Sicilia

MONTEBELLO VICENTINO

✉ 36054 – Vicenza (VI) – Carta regionale n° **22**–A2 – Carta stradale Michelin 562-F16

a Selva Nord - Ovest : 3 km

⭐️◯ **LA MARESCIALLA**

PESCE E FRUTTI DI MARE · CONTESTO TRADIZIONALE ⅩⅩ Pur non mancando qualche specialità di carne, è il pesce il prediletto del menu di questo accogliente locale in aperta campagna, che propone nella stagione estiva anche un fresco dehors.

Carta 35/65€

⮐ 🍴 🅰️ ⇄ 🅿️ via Capitello 3 – ☎ 0444 649216 – www.ristorantelamarescialla.it – Chiuso lunedì, domenica sera

MONTEBELLUNA

✉ 31044 – Treviso (TV) – Carta regionale n° **23**–C2 – Carta stradale Michelin 562-E18

⭐️◯ **NIDABA**

MODERNA · DI TENDENZA Ⅹ L'esperienza di Andrea e Daniela, con l'entusiasmo dei giovani collaboratori, dà corpo ad un locale realmente moderno, frutto di una visione cosmopolita nonostante si trovi in provincia. Cucina moderna, ma anche fritti accanto a sandwich, nonché hamburger gourmet. E poi il nuovo angolo dei cocktail con un'ampia scelta di whisky e l'importante mescita di birre: in un anno girano circa 200 tipi diversi alla spina.

Carta 25/50€

🍴 🅰️ 🅿️ via Argine 15 – ☎ 0423 609937 – www.nidabaspirit.it – Chiuso lunedì-sabato a mezzogiorno, domenica

MONTEBENICHI

✉ 52021 – Arezzo (AR) – Carta regionale n° **18**–C2 – Carta stradale Michelin 563-L15

⭐️◯ **OSTERIA L'ORCIAIA**

REGIONALE · CONTESTO STORICO Ⅹ Caratteristico localino rustico all'interno di un edificio cinquecentesco, con un raccolto dehors estivo. Cucina tipica toscana elaborata partendo da ottimi prodotti.

Menu 35€ (pranzo), 40/55€ – Carta 20/50€

🍴 via Capitan Goro 10 – ☎ 055 991 0067 – osteria.orciaia@virgilio.it – Chiuso 1 dicembre-2 aprile, martedì

MONTECALVO VERSIGGIA

✉ 27047 – Pavia (PV) – Carta regionale n° **9**–B3 – Carta stradale Michelin 561-H9

⭐️◯ **PRATO GAIO**

REGIONALE · AMBIENTE CLASSICO ⅩⅩ La ristorazione è nel Dna di famiglia: osti già nell'Ottocento, ci si ispira ancora oggi alla tradizione dell'Oltrepò, talvolta riproposta come si faceva un tempo, talvolta corretta con personalità e attualità. Una tappa obbligatoria per gli amanti dei sapori locali.

Menu 40/60€ – Carta 36/50€

🍴 🅰️ 🅿️ località Versa, bivio per Volpara – ☎ 0385 99726 – www.ristorantepratogaio.it – Chiuso 7 gennaio-7 febbraio, lunedì, martedì

MONTECARLO

✉ 55015 – Lucca (LU) – Carta regionale n° **18**–B1 – Carta stradale Michelin 563-K14

⭐️◯ **ANTICO RISTORANTE FORASSIEPI**

MEDITERRANEA · ACCOGLIENTE ⅩⅩⅩ In una regione da sempre rinomata per la buona cucina, in uno dei panorami più suggestivi della provincia di Lucca, questo ristorante è il luogo giusto per gli amanti dei sapidi sapori toscani a cui si aggiungono proposte ittiche (il mare, la grande passione dello chef-patron!). Il servizio attento e cordiale, nonché le recenti ristrutturazioni fanno del locale un indirizzo da segnarsi – assolutamente - in agenda!

Menu 65/80€ – Carta 50/80€

⮐ 🈳 🍴 🅰️ 🅿️ via della Contea 1 – ☎ 0583 229475 – www.ristoranteforassiepi.it – Chiuso 12-29 gennaio, lunedì a mezzogiorno, martedì, mercoledì-venerdì a mezzogiorno

MONTECATINI TERME

✉ 51016 – Pistoia (PT) – Carta regionale n° **18**–B1 – Carta stradale Michelin 563-K14

🍴 GOURMET

PESCE E FRUTTI DI MARE · **AMBIENTE CLASSICO** ✕✕ Moderno e sobrio, elegante e raffinato: se il nome è una promessa, il ristorante vi sedurrà con una serie di proposte territoriali e non, nonché una giustificata celebrità legata ai piatti di pesce.

Carta 45/110€

🆊 *viale Amendola 6 – ℰ 0572 771012 – www.gourmetristorante.com –*
Chiuso 12-19 gennaio, 3-17 agosto, martedì

🍴 LA PECORA NERA

MEDITERRANEA · **ELEGANTE** ✕✕ Ci sono i lampadari di Murano e gli eleganti pavimenti d'epoca, ma in ambienti freschi e rivisitati con un gusto attuale e soprattutto un'ottima cucina fantasiosa, divisa tra terra e mare.

Carta 37/62€

🔄 🆊 🆊 *Hotel Ercolini e Savi, via San Martino 18 – ℰ 0572 70331 –*
www.ercoliniesavi.it – Chiuso 18 gennaio-8 febbraio, lunedì-venerdì a mezzogiorno

MONTECCHIO PRECALCINO

✉ 36030 – Vicenza (VI) – Carta regionale n° **22**–A1 – Carta stradale Michelin 562-F16

🍴 LA LOCANDA DI PIERO

MODERNA · **ELEGANTE** ✕✕✕ Piatti d'impronta moderna che ripercorrono un po' tutto il Bel Paese in una villetta di campagna che evoca l'atmosfera di una raffinata residenza privata.

Menu 35/70€ – Carta 44/55€

🏵 🆊 🆊 ⇄ 🅿 *via Roma 32, strada per Dueville – ℰ 0445 864827 –*
www.lalocandadipiero.it – Chiuso lunedì a mezzogiorno, sabato a mezzogiorno,
domenica

MONTECHIARUGOLO

✉ 43022 – Parma (PR) – Carta regionale n° **5**–A3 – Carta stradale Michelin 562-H13

🍴 MULINO DI CASA SFORZA

REGIONALE · **RUSTICO** ✕ Ambienti d'atmosfera e ricchi di fascino in un antico mulino quattrocentesco dove sono ancora visibili le antiche macine in pietra; spazi all'aperto per le sere d'estate, mentre nel canale continua a scorrere l'acqua che alimentava la ruota. La cucina si mantiene fortemente ancorata alla regione, con paste fresche, salumi e carne: tanta attenzione ai prodotti e alle etichette della zona.

Menu 27€ – Carta 40/60€

🆊 🆊 ⇄ 🅿 *via Maestà 63, località Basilicanova – ℰ 0521 683158 –*
www.ristorantemulinodicasasforza.com – Chiuso lunedì

MONTECOSARO

✉ 62010 – Macerata (MC) – Carta regionale n° **11**–D2 – Carta stradale Michelin 563-M22

🍴 SIGNORE TE NE RINGRAZI

MODERNA · **CONTESTO STORICO** ✕✕ Nelle affascinanti sale delle cantine del palazzo comunale, lo chef Biagiola fa della tradizione gastronomica locale il suo portabandiera: tanta fantasia, verdura ed erbe aromatiche, nonché un'intensa e mirabile rincorsa alla stagionalità degli ingredienti.

Menu 40/55€ – Carta 33/49€

🆊 *via Bruscantini 1 – ℰ 0733 222273 – www.signoreteneringrazi.it – Chiuso martedì,*
mercoledì

MONTECRESTESE

✉ 28864 – Verbano-Cusio-Ossola (VB) – Carta regionale n° **12**–C1

ⅠⓄ **OSTERIA GALLO NERO**

REGIONALE · FAMILIARE ⅹ Due fratelli, da tempo nel settore, sono alla conduzione di questo nuovo locale; struttura molto moderna dal mood informale per una cucina tradizionale e regionale. In estate, accomodatevi nel bel dehors davanti al verde.

Carta 25/50€

🏛 🕭 🖩 🅿 *Frazione Piaggino – ℰ 0324 232870 – www.osteriagallonero.it – Chiuso lunedì*

MONTEFALCO

✉ 06036 – Perugia (PG) – Carta regionale n° **20**–C2 – Carta stradale Michelin 563-N19

🏚 **PALAZZO BONTADOSI**

DIMORA STORICA · PERSONALIZZATO Antichi muri rinascimentali ospitano moderne forme di design, e se gli ambienti comuni accolgono una piccola galleria d'arte, la struttura coccola anche gli amanti della forma fisica con un piccolo centro benessere. Offerta culinaria seria e professionale al ristorante Locanda del Teatro.

🕭 🖵 🕭 🕭 🕭 🖩 11 camere – 1 suite

piazza del Comune – ℰ 0742 379357 – www.hotelbontadosi.it

MONTEFIASCONE

✉ 01027 – Viterbo (VT) – Carta regionale n° **7**–A1 – Carta stradale Michelin 563-O18

🕲 **OSMOSI...OSTERIA MODERNA** 🅝

PESCE E FRUTTI DI MARE · FAMILIARE ⅹ Benché non manchi qualche piatto di carne e di pesce di lago, il ristorante si è guadagnato una celebrità con i prodotti del mare. C'è una carta, ma lasciatevi consigliare i prodotti del giorno dalla giovane e autodidatta cuoca. Sostanza, freschezza e fantasia a prezzi ragionevoli!

Specialità: Salmone marinato alla rapa rossa su virgole di maionese, al nero di seppia, clorofilla di prezzemolo e pomodoro. Spaghetto aglio, olio e peperoncino con battuta di scampo alla vaniglia bourbon. Semifreddo alla crema inglese con zafferano, olive taggiasche essiccate e olio extravergine d'oliva.

Menu 25/50€ – Carta 25/50€

🏛 🖩 *via Oreste Borghesi 20 – ℰ 0761 826558 – www.stuzzicorestaurant.it – Chiuso lunedì*

MONTEFIORINO

✉ 41045 – Modena (MO) – Carta regionale n° **5**–B2 – Carta stradale Michelin 562-I13

ⅠⓄ **LUCENTI**

EMILIANA · AMBIENTE CLASSICO ⅹⅹ In questa piccola casa a gestione familiare trova posto un locale di taglio classico, arredato in caldi colori pastello, dove gustare una cucina fedele al territorio; ancora più semplice e tradizionale nel servizio dell'Enoteca, la versione più giovane e "facile" del locale.

Menu 32€ – Carta 35€

🕭 🖒 *via Mazzini 38 – ℰ 0536 965122 – www.lucenti.net – Chiuso lunedì, martedì a mezzogiorno*

MONTEFOLLONICO

✉ 53040 – Siena (SI) – Carta regionale n° **18**–D2 – Carta stradale Michelin 563-M17

ⅠⓄ **LA BOTTE PIENA**

REGIONALE · SEMPLICE ⅹ Piccole graziose realtà: il borgo in cui si trova, famoso per la festa del vin santo, nonché questa moderna osteria dove, circondati dalle molte bottiglie, sarete sorpresi dal bel gusto estetico con cui si presentano piatti di sapida cucina toscana ed, in alternativa, pesce.

Menu 40/55€ – Carta 39/49€

🐜 🏛 🖩 *piazza Cinughi 12 – ℰ 0577 669481 – www.labottepiena.com – Chiuso 31 gennaio-28 febbraio, mercoledì, giovedì a mezzogiorno*

MONTEGROSSO – Barletta-Andria-Trani (BT) ➜ Vedere Andria

MONTEGROTTO TERME

✉ 35036 - Padova (PD) - Carta regionale n° **23**-B3 - Carta stradale Michelin 562-F17

AL BOSCO

REGIONALE • ACCOGLIENTE XX Poco lontano dal centro, ma già in posizione collinare in un contesto verde ed ombreggiato, un ristorante rustico-elegante con caminetti e pareti decorate: dal soffitto pendono originali paioli in rame. La specialità tra i secondi piatti sono le cotture alla brace di legna.

Menu 25/50€ - Carta 35/60€

via Cogolo 8 - ✆ 049 794317 - www.alboscomontegrotto.it - Chiuso lunedì-martedì a mezzogiorno, mercoledì

TERME NERONIANE

SPA E WELLNESS • CONTEMPORANEO All'interno di un parco di 40.000 metri quadrati, con tre piscine a diversa temperatura di cui una olimpionica, l'albergo è stato completamente ristrutturato e propone camere classiche o contemporanee con balconi-loggia. Nella sala ristorante, attraverso gli oblò del pavimento, vedrete scorci delle antiche terme romane.

102 camere - 7 suites

via Neroniane 21/23 - ✆ 049 891 1694 - www.neroniane.it

MONTELEONE - Pavia (PV) ➜ Vedere Inverno-Monteleone

MONTELPARO

✉ 63853 - Fermo (FM) - Carta regionale n° **11**-C3

LEONE

Tablet.PLUS

LUSSO • ROMANTICO E' diventato ecosostenibile questo bel palazzo risalente al XV secolo, con camere e suite decorate in uno stile lussuoso - al tempo stesso - contemporaneo e storico. Si viene qui per godersi la piscina, un trattamento benessere, ma anche le prelibate specialità marchigiane del ristorante.

8 camere

via Vittorio Emanuele II - ✆ 0734 782041 - www.hotelleonemarche.com

MONTEMAGNO

✉ 14030 - Asti (AT) - Carta regionale n° **12**-C2 - Carta stradale Michelin 561-G6

LA BRAJA

PIEMONTESE • ELEGANTE XXX I bei dipinti che decorano le pareti sono realizzati dal titolare e da suo figlio, ma l'arte non si limita ai quadri e trova una propria espressione anche in cucina: proposte locali condite da un pizzico di fantasia.

Menu 65€ - Carta 55/61€

via San Giovanni Bosco 11 - ✆ 0141 653925 - www.labraja.it - Chiuso 27 dicembre-22 gennaio, 23 luglio-17 agosto, lunedì, martedì

MONTEMARCELLO - La Spezia (SP) ➜ Vedere Ameglia

MONTEMARCIANO - Arezzo (AR) ➜ Vedere Terranuova Bracciolini

MONTEMERANO

✉ 58014 - Grosseto (GR) - Carta regionale n° **18**-C3 - Carta stradale Michelin 563-O16

✿✿ CAINO

Chef: Valeria Piccini

MODERNA • ELEGANTE XXX Legame inscindibile con la terra che lo circonda, questo locale ha il grande pregio di aver fatto conoscere al mondo intero la cucina maremmana in veste raffinata e contemporanea, spesso creativa, grazie alla sensibilità gastronomica e caparbietà della chef Valeria Piccini, supportata - ora - dal prezioso contributo del figlio Andrea. Il "credo" di questa grande cuoca risiede nella volontà di consentire al suo ospite di capire esattamente cosa sta mangiando, evitando di adottare tecniche troppo estreme o prodotti non all'altezza. In un pittoresco borgo collinare, a poca distanza da Caino, non mancate di visitare la romantica piazza del Castello.

Specialità: Animelle di vitello rosolate con asparagi alla brace e ravanelli marinati. Maialino di cinta senese con cavolfiore e porri. Barbabietola e ciliege con gelato al limone.

Menu 140/180€ – Carta 100/200€

⌾ ⇔ Ⓜ via della Chiesa 4 – 𝒞 0564 602817 – www.dacaino.it –
Chiuso 8-21 gennaio, 30 giugno-10 luglio, 8-15 novembre, lunedì-martedì a mezzogiorno, mercoledì, giovedì a mezzogiorno

MONTEPETRIOLO – Perugia (PG) → Vedere Perugia

MONTE PORZIO CATONE

✉ 00040 – Roma (RM) – Carta regionale n° **7**–B2 – Carta stradale Michelin 563-Q20

ⓘ○ **BARRIQUE BY OLIVER GLOWIG**

CREATIVA · DESIGN ✕✕ A pochi metri dal casello di Monte Porzio, all'interno dell'azienda vinicola Poggio le Volpi, il celebre cuoco tedesco Glowig dà un'altra prova del suo amore e padronanza della cucina italiana, in una sala contemporanea con vere e proprie barrique contenenti vino che qui riposa e "matura". Per soste più veloci ed informali al piano superiore c'è Epos, piatti tradizionali con ampia scelta di carni di manzo frollate sino a 90 giorni e poi cotte alla griglia.

Carta 75/95€

⌂ 𝍖 Ⓜ 🅿 via di Fontana Candida 3 – 𝒞 06 941 6641 –
www.barriquerestaurant.it – Chiuso lunedì, domenica sera

ⓘ○ **IL MONTICELLO**

LAZIALE · RUSTICO ✕ Poco fuori dal centro, cucina romano-laziale con sapiente uso dei sapori e, come chicca, le verdure del proprio orto, in un ristorante dal piacevole e caldo ambiente rustico.

Menu 45/60€ – Carta 28/50€

𝍖 🅿 via Romoli 27 – 𝒞 06 944 9353 – Chiuso lunedì, domenica sera

MONTEPULCIANO

✉ 53045 – Siena (SI) – Carta regionale n° **18**–D2 – Carta stradale Michelin 563-M17

ⓘ○ **LA GROTTA**

TOSCANA · AMBIENTE CLASSICO ✕✕ Di fronte alla chiesa di San Biagio, all'interno di un edificio del '500, locale rustico-elegante, con bel servizio estivo in giardino. Ottima la cucina: toscana, sapientemente rivisitata.

Menu 58€ – Carta 40/60€

⌾ ⌂ 𝍖 Ⓜ località San Biagio 16 – 𝒞 0578 757479 –
www.lagrottamontepulciano.it – Chiuso 15 gennaio-15 marzo, mercoledì

ⓘ○ **LE LOGGE DEL VIGNOLA**

TOSCANA · CONTESTO TRADIZIONALE ✕✕ Buona risorsa questo piccolo locale nel centro storico, con tavoli un po' ravvicinati, ma coperto e materia prima regionale assai curati. Interessante anche la carta dei vini.

Menu 45/59€ – Carta 45/60€

⌾ 𝍖 Ⓜ via delle Erbe 6 – 𝒞 0578 717290 – www.leloggedelvignola.com –
Chiuso martedì

🏠 **VILLA CICOLINA**

DIMORA STORICA · ROMANTICO Splendida villa seicentesca circondata da un curato giardino e piscina panoramica, gli interni non sono meno incantevoli: camere in genere ampie con arredi d'epoca, un sogno toscano d'altri tempi.

⌖ ⏦ ⌂ ⌕ Ⓜ 🅿 10 camere – 4 suites

via Provinciale 11 – 𝒞 0578 758620 – www.villacicolina.it

VILLA POGGIANO `Tablet.PLUS`

DIMORA STORICA · GRAN LUSSO Un vasto parco con scenografica piscina in stile art-déco accoglie gli ospiti tra silenzio e profumi. Nel mezzo una villa del '700 che ha mantenuto intatta l'atmosfera della dimora storica.

🐾 ⇐ 🛏 ⚒ 🅰🅲 ⚙ 🅿 10 suites – 4 camere

via di Poggiano 7 – ☏ 0578758292 – www.villapoggiano.com

MONTEROSSO AL MARE

✉ 19016 – La Spezia (SP) – Carta regionale n° **8**–D2 – Carta stradale Michelin 561-J10

🍴 DA MIKY

PESCE E FRUTTI DI MARE · ALLA MODA XX Uno dei migliori ristoranti in zona quanto a ricerca del pescato – a cominciare dalle celebri acciughe di Monterosso – Miky si trova proprio di fronte al mare e la sua cucina si fa – di anno in anno – sempre più intrigante e personalizzata. C'è anche una piccola rivendita di prodotti locali.

Menu 70/85€ – Carta 65/85€

🕸 🍴 🅰🅲 *via Fegina 104 – ☏ 0187 817608 – www.ristorantemiky.it – Chiuso 1 dicembre-15 marzo, martedì*

🍴 L'ANCORA DELLA TORTUGA

PESCE E FRUTTI DI MARE · STILE MEDITERRANEO X Locale in stile marina letteralmente aggrappato alla scogliera (una parete è di roccia viva): dal dehors superiore la vista è mozzafiato, mentre la cucina onora il mare, ma non dimentica la terra.

Menu 40/50€ – Carta 40/80€

⇐ 🍴 🅰🅲 *via salita Cappuccini 4 – ☏ 0187 800065 – www.ristorantetortuga.it – Chiuso 1 dicembre-1 marzo, lunedì, martedì a mezzogiorno*

MONTEROTONDO

✉ 00015 – Roma (RM) – Carta regionale n° **7**–B2 – Carta stradale Michelin 563-P19

🍴 ANTICA TRATTORIA DEI LEONI

REGIONALE · CONTESTO CONTEMPORANEO X Il ristorante sfoggia una veste contemporanea, ma non dubitate: la cucina è autenticamente laziale e non manca mai la griglia (nei fine settimana o su prenotazione, lo spiedo)! Camere ricavate dalla ristrutturazione di un antico convento, quelle che si affacciano sulla piazza sono le più spaziose.

Carta 25/40€

🛏 🍴 🅰🅲 *piazza del Popolo 11/15 – ☏ 06 9062 3591 – www.albergodeileoni.it – Chiuso 2-6 gennaio, lunedì-martedì sera*

MONTE SANT'ANGELO

✉ 71037 – Foggia (FG) – Carta regionale n° **15**–B1 – Carta stradale Michelin 564-B29

🍴 LI JALANTUÙMENE

PUGLIESE · ROMANTICO XX Affacciato su un'incantevole piazzetta, la travolgente passione del cuoco vi guiderà alla scoperta dei "giacimenti gastronomici" pugliesi, in un piccolo, ma romantico, ristorante con adorabili camere. Senza dubbio uno dei migliori di tutta la provincia!

Menu 35€ (pranzo), 45/58€ – Carta 50/70€

🛏 🍴 *piazza de Galganis 9 – ☏ 0884 565484 – www.li-jalantuumene.it – Chiuso 1-7 dicembre, 1 gennaio-28 febbraio, martedì*

MONTESCUDAIO

✉ 56040 – Pisa (PI) – Carta regionale n° **18**–B2 – Carta stradale Michelin 563-M13

🍴○ **IL FRANTOIO**

TOSCANA · COLORATO ⅹ Se rimangono il nome ed i caratteristici archi in mattone del vecchio frantoio, tutto il resto rinasce a nuova vita e gestione col 2017: un giovane cuoco ha rinfrescato ed alleggerito la sala, proponendo una cucina toscana con mano lievemente moderna. Quindi, seppur di fatto è come fosse un nuovo locale, lo consigliamo nuovamente.

Menu 45€ – Carta 34/59€

🅰🅲 *via della Madonna 9 – ℰ 0586 650381 – www.ristorantefrantoio.com –*
Chiuso 18 gennaio-11 febbraio, martedì, mercoledì-venerdì a mezzogiorno

MONTESILVANO MARINA

✉ 65015 – Pescara (PE) – Carta regionale n° **1**-B1 – Carta stradale Michelin 563-O24

🍴○ **SETTE VELE**

PESCE E FRUTTI DI MARE · ACCOGLIENTE ⅹⅹ Piccolo locale condotto da una giovane coppia che ha realizzato il sogno di un locale tutto loro. Fragranti piatti a base di pesce elaborati con un pizzico di fantasia.

Carta 29/66€

🏡 ᵭ 🅰🅲 *via Giolitti 3 (angolo via Verrotti) –*
ℰ 085 862 2738 – www.settevele.it –
Chiuso lunedì, martedì a mezzogiorno, domenica sera

MONTEU ROERO

✉ 12040 – Cuneo (CN) – Carta regionale n° **14**-A2 – Carta stradale Michelin 561-H5

🏵 **CANTINA DEI CACCIATORI**

PIEMONTESE · CONTESTO REGIONALE ⅹ L'insegna originale dipinta sulla facciata ammicca alla storia ultracentenaria del locale. Nato dal recupero di una vecchia trattoria fuori paese – fra castagni e rocce di tufo – il ristorante propone piatti tipici piemontesi ma non solo. Incantevole dehors per la bella stagione, cantina interrata d'inizio '900 (visitabile), nonché servizio particolarmente attento e professionale.

Specialità: Piatto della tradizione piemontese (insalata russa all'antica, vitello tonnato, acciughe al bagnetto verde e rosso). Coniglio grigio di Carmagnola al forno con pomodorini Pachino e olive taggiasche. Torta di nocciole con zabaglione caldo.

Menu 30€ – Carta 28/33€

🐾 🏡 🅰🅲 ⇆ 🅿 *località Villa Superiore 59 –*
ℰ 0173 90815 – www.cantinadeicacciatori.it –
Chiuso 8-23 gennaio, 1-15 luglio, lunedì, martedì a mezzogiorno

MONTEVARCHI

✉ 52025 – Arezzo (AR) – Carta stradale Michelin 563-L16

a Moncioni Sud - Ovest : 8,5 km – Carta regionale n° **18**-C2

🏨 **VILLA SASSOLINI**

BOUTIQUE HOTEL · STORICO Albergo "diffuso" – sebbene con un corpo centrale – dispone di camere eleganti dove le tonalità del grigio sono declinate nelle varie sfumature e riscaldate da elementi d'arredo di grande suggestione. Mirabile esempio di recupero architettonico, in grado di dimostrare come sia possibile coniugare passato e moderna ospitalità, *Villa Sassolini* è situata al confine tra la Valle dell'Arno e le Colline del Chianti.

🍸 ᝐ ⪕ 🕸 ⅉ 🕉 🔲 🅰🅲 16 camere – 3 suites

piazza Rotondi 17 – ℰ 055 970 2246 – www.villasassolini.it

MONTEVECCHIA

✉ 23874 – Lecco (LC) – Carta regionale n° **10**–B1 – Carta stradale Michelin 561-E10

🟡○ **LA PIAZZETTA**

LOMBARDA · CONTESTO TRADIZIONALE X Nella parte alta del paese, un locale ubicato all'interno di un edificio ristrutturato. Un ristorante di taglio classico con due sale luminose e una cucina interessante con proposte classiche e contemporanee.

Menu 40 € – Carta 32/34 €

🗣 ⇆ 🅿 *largo Agnesi 3 – ℰ 039 993 0106 – www.ristolapiazzetta.it – Chiuso 1-14 gennaio, lunedì, martedì a mezzogiorno*

MONTICCHIELLO – Siena (SI) → Vedere Pienza

MONTICELLI BRUSATI

✉ 25040 – Brescia (BS) – Carta regionale n° **10**–D1 – Carta stradale Michelin 561-F12

🟡○ **HOSTARIA UVA RARA**

REGIONALE · ACCOGLIENTE XX Gestione professionale in un antico cascinale del '400 con arredi di gusto e caratteristici soffitti sorretti da volte in pietra. La cucina si divide equamente tra terra, lago e mare; a pranzo, disponibilità di menu più economici. Bel dehors estivo per un pasto en plein air.

Menu 25 € (pranzo)/35 € – Carta 55/80 €

🗣 ⅙ 🎛 *via Foina 42 – ℰ 0306852643 – www.hostariauvarara.it – Chiuso mercoledì*

MONTICELLI D'ONGINA

✉ 29010 – Piacenza (PC) – Carta regionale n° **5**–A1 – Carta stradale Michelin 562-G11

🙂 **ANTICA TRATTORIA CATTIVELLI**

DEL TERRITORIO · FAMILIARE X L'indirizzo non mente: siamo proprio su un'isola formata dalle anse del Po. Qui, dal 1947, la famiglia Cattivelli celebra a grandi livelli la cucina della bassa piacentina in un paesaggio tra acqua e campagna che più tipico non potrebbe essere. I pisarei e fasò sono imperdibili, ma ognuno scelga ciò che ama, pesce di fiume compreso, è difficile sbagliare!

Specialità: Anguilla marinata. Maialino da latte. Latte in piedi.

Menu 15 € (pranzo) – Carta 32/45 €

🗣 🎛 🅿 *via Chiesa 2, località Isola Serafini – ℰ 0523 829418 – www.trattoriacattivelli.it – Chiuso martedì sera, mercoledì*

MONTICHIARI

✉ 25018 – Brescia (BS) – Carta regionale n° **9**–D1 – Carta stradale Michelin 561-F13

🟡○ **MARAGONCELLO** 🆕

PESCE E FRUTTI DI MARE · CONTESTO CONTEMPORANEO XX In questa piccola frazione nella bassa bresciana, un ristorante inaspettatamente a base di pesce dove spiccano i crudi di mare e menu degustazione dal buon rapporto qualità/prezzo; tanta fragranza e cucina personalizzata in ambienti moderni e conviviali.

Menu 17 € (pranzo), 35/50 € – Carta 35/60 €

🗣 🎛 *via San Giovanni 1 – ℰ 030 962304 – www.ristorantemaragoncello.it – Chiuso lunedì, domenica sera*

🟡○ **DAL DOSSO SALAMENSA**

REGIONALE · CONVIVIALE X Un open space con molteplici servizi, dal bar per le prime colazioni al ristorante classico con pizze a lievitazione naturale. Se l'ambientazione è molto moderna minimal-conviviale, l'attenzione riservata alla scelta delle materie prime e alle preparazioni è di ottimo livello.

Carta 21/48 €

⅙ 🎛 *via Monsignor Oscar Romero – ℰ 030 961025 – www.daldossosalamensa.it*

⁍◯ OSTERIA DEI MATTI

REGIONALE · RUSTICO ⅔ Ristrutturazione completa di questa simpatica osteria dove gustare un'ottima cucina di terra preparata scegliendo accuratamente le materie prime. Interessante anche la scelta enologica.

Menu 17 € (pranzo) – Carta 36/46 €

🏤 ⅙ 𝓜 via G.A. Poli 26 – ℰ 030 965 7175 – www.osteriadeimatti.it – Chiuso lunedì, domenica sera

MONTICIANO

✉ 53015 – Siena (SI) – Carta regionale n° **18**–C2 – Carta stradale Michelin 563-M15

⁍◯ DA VESTRO

TOSCANA · RUSTICO ⅔ Alle porte della località e circondato da un ampio giardino, un antico podere ospita una trattoria dalle cui cucine si affacciano i piatti e i sapori della tradizione toscana. Dispone anche di alcune camere semplici dagli arredi in legno e ben curate.

Menu 18 € (pranzo), 20/40 € – Carta 20/45 €

🖙 ⌂ 🏤 𝐏 via 2 Giugno 1 – ℰ 0577 756618 – www.davestro.it – Chiuso lunedì

MONTOGGIO

✉ 16026 – Genova (GE) – Carta regionale n° **8**–C1 – Carta stradale Michelin 561-I9

☺ ROMA

LIGURE · FAMILIARE ⅔⅔ È la Tradizione con la "T" maiuscola ad animare questo locale: una tradizione familiare innanzitutto, partita addirittura nel 1870 e giunta – ormai – alla quinta generazione. Cucina, sia di carne sia di pesce, che l'attuale chef vuole leggermente più moderna in alcuni piatti.

Specialità: Insalatina di porcini ed erbette aromatiche. Fettuccine con ragù bianco di branzino, bottarga, pinoli e taggiasche. Spuma leggera di limone.

Menu 20 € (pranzo), 35/55 € – Carta 32/65 €

⌂ 𝓜 via Roma 15 – ℰ 010 938925 – www.romamontoggio.it –
Chiuso lunedì-mercoledì sera, giovedì

MONTONE

✉ 06014 – Perugia (PG) – Carta regionale n° **20**–B1 – Carta stradale Michelin 563-L18

☺ TIPICO & LA LOCANDA DEL CAPITANO

REGIONALE · ELEGANTE ⅔ I due locali si sono fusi per esaltare la cucina umbra grazie alla mano sapiente dello chef Polito che ricerca i migliori prodotti locali. Le serate della Locanda del Capitano continuano con appuntamenti mensili, mentre alla curata osteria potrete assaggiare piatti regionali preparati con dedizione e passione.

Specialità: La patata soffiata con i caviali del Trasimeno. Il piccione in due cotture. La "crescionda" spoletina.

Carta 33/50 €

🕸 🖙 🏤 𝓜 via Roma 7 – ℰ 075 930 6521 – www.ilcapitano.com –
Chiuso 10 gennaio-7 febbraio, lunedì

⌂ TORRE DI MORAVOLA

CASA DI CAMPAGNA · PERSONALIZZATO Incantevole dimora ricavata da un sapiente restauro di un'antica casa con torre del XII secolo, lasciatevi sedurre dal profumo dei fiori e delle piante curate dall'amorevole titolare. Un indirizzo dove rigenerarsi nella quiete più assoluta, esclusivo e appartato.

🛁 ⌕ ⌂ ⚒ ⑂ 𝓜 𝐏 6 suites

località Moravola Alta 70 (Pietralunga) – ℰ 075 946 0965 – www.moravola.com

MONTOPOLI IN VAL D'ARNO

✉ 56020 – Pisa (PI) – Carta regionale n° **18**–B2 – Carta stradale Michelin 563-K14

⦿ **QUATTRO GIGLI**

TOSCANA · CONTESTO REGIONALE XX Nel centro del caratteristico borgo, in un palazzo del Quattrocento, l'atmosfera al suo interno è calda ed accogliente, mentre Fulvia incanta i suoi ospiti con piatti regionali di terra e di mare serviti in ceramiche disegnate ad hoc. Parte delle camere di cui la struttura dispone sono panoramiche.

Menu 25/28 € – Carta 34/48 €

⇦ 🛏 🛆 ⇔ *piazza Michele da Montopoli 2 – ☏ 0571 466878 – www.quattrogigli.it – Chiuso lunedì, martedì-sabato a mezzogiorno, domenica*

MONTRIGIASCO – Novara (NO) → Vedere Arona

MONTÙ BECCARIA

✉ 27040 – Pavia (PV) – Carta regionale n° **9**–B3 – Carta stradale Michelin 561-G9

⦿ **LA LOCANDA DEI BECCARIA**

TRADIZIONALE · CONTESTO TRADIZIONALE XX All'interno della Cantina Storica della località, un ristorante rustico e curato con caratteristici soffitti in legno, dove assaporare una linea di cucina fedele al territorio.

Carta 36/45 €

🛆 🆔 ⇔ *via Marconi 10 – ☏ 0385 262310 – www.lalocandadeibeccaria.it – Chiuso 8-20 gennaio, lunedì, martedì*

MONZA

✉ 20900 – Monza e Brianza (MB) – Carta regionale n° **10**–B2 – Carta stradale Michelin 561-F9

⦿ **DERBY GRILL**

ITALIANA CONTEMPORANEA · BORGHESE XXX Valida cucina tra il classico ed il moderno, preziose boiserie e un servizio esclusivo contraddistinguono questo raffinato ristorante, perfetto per un pranzo d'affari o una cena romantica, ora anche nella nuova raffinata Veranda in cristallo che si affaccia sulla Villa Reale. A pranzo offerta molto vantaggiosa di piatti unici.

Menu 29 € (pranzo)/49 € – Carta 60/75 €

🛆 🆔 🅿 *Hotel De la Ville, viale Cesare Battisti 1 – ☏ 039 39421 – www.derbygrill.it – Chiuso 27 dicembre-6 gennaio, 1-29 agosto, sabato a mezzogiorno, domenica sera*

⦿ **PUNTO G** ⓝ

MODERNA · CONTESTO CONTEMPORANEO XX Non lontano dal centro, un locale con due anime: bistrot al pian terreno e ristorante gourmet a quello superiore, entrambi molto raccolti e arredati con sobria raffinatezza. Un giovane chef campano, con belle esperienze anche all'estero, propone una cucina moderna, raffinata e contemporanea. Al bistrot la scelta di una pizza gourmet rimanda alle origini dello chef.

Menu 30 € (pranzo), 80/120 € – Carta 30/150 €

🆔 ⇔ *via Gian Francesco Parravicini 34 – ☏ 039 321592 – www.ristorantepuntog.com – Chiuso lunedì*

MORBEGNO

✉ 23017 – Sondrio (SO) – Carta regionale n° **9**–B1 – Carta stradale Michelin 561-D10

⊛ **OSTERIA DEL CROTTO**

REGIONALE · RUSTICO X Risale all'inizio dell'800 questo caratteristico crotto addossato alla parete boscosa delle montagne composto da due salette interne più una fresca terrazza estiva. Dalla cucina, piatti della tradizione locale.

Specialità: Filetto di pesce in carpione leggero. Tagliatelle di grano saraceno e patate con speck della Valchiavenna. Crème brûlée ai fiori d' acacia, tisana fredda ai frutti di bosco e sorbetto ai fiori di sambuco.

Menu 22/38 € – Carta 33/50 €

⪦ 🏠 🛆 ⇆ 🅿 *via Pedemontana 22 – ☏ 0342 614800 – www.osteriadelcrotto.it –*
Chiuso 24 agosto-9 settembre, lunedì, martedì, mercoledì, giovedì a mezzogiorno,
domenica sera

MORCIANO DI ROMAGNA

✉ 47833 – Rimini (RN) – Carta regionale n° **5**–D2 – Carta stradale Michelin 562-K19

🕯️○ **CONTROCORRENTE**

PESCE E FRUTTI DI MARE · CONTESTO CONTEMPORANEO ✕✕ Tra tocchi piacevolmente rustici e un design più contemporaneo, siamo nell'entroterra romagnolo, ma la cucina rimane ancorata al mare. La giovane ed entusiasta conduzione sforna piatti tra il classico e il creativo, in un contesto tanto informale quanto piacevole.

Menu 35 € – Carta 35/50 €

🏠 🄰🄲 *via XXV luglio 23 – ☏ 0541 988036 – www.ristorantecontrocorrente.com –*
Chiuso lunedì

MORGEX

✉ 11017 – Aosta (AO) – Carta regionale n° **21**–A2

🕯️○ **CAFÉ QUINSON**

REGIONALE · LUSSO ✕✕✕ Un'intera famiglia vi accoglie per farvi assaporare il territorio e i suoi prodotti con fantasia e contemporaneità. La sala rustico-elegante fa da sfondo a questo "Restaurant de Montagne"; enciclopedica carta dei vini quasi tutti anche al calice.

Menu 100/140 €

🏠 ⪦ ⇆ *piazza Principe Tomaso 10 – ☏ 0165 809499 – www.cafequinson.it –*
Chiuso 3-30 novembre, lunedì-martedì a mezzogiorno, mercoledì,
giovedì-domenica a mezzogiorno

MORIMONDO

✉ 20081 – Milano (MI) – Carta regionale n° **10**–A3 – Carta stradale Michelin 561-F8

🕯️○ **TRATTORIA DI CORONATE**

MODERNA · CASA DI CAMPAGNA ✕✕ Sull'antica strada del sale, una cascina lombarda di origini cinquecentesche ospita un ristorante di raffinata semplicità, dove gustare una cucina di taglio contemporaneo. Nella bella stagione, il servizio si sposta all'aperto: allora, vi si proporrà uno scorcio da cartolina di altri tempi. La carta dei vini si segnala sia per le scelte sia per i prezzi!

Carta 50/75 €

🏠 🏠 🛆 🄰🄲 🅿 *Cascina Coronate – ☏ 02 945298 – www.trattoriadicoronate.it –*
Chiuso 26 dicembre-5 gennaio, lunedì, domenica sera

MORNAGO

✉ 21020 – Varese (VA) – Carta regionale n° **10**–A1 – Carta stradale Michelin 561-E8

🕯️○ **ALLA CORTE LOMBARDA**

REGIONALE · FAMILIARE ✕✕ In un bel rustico ai margini del paese, un vecchio fienile ristrutturato racchiude un locale suggestivo: cucina tradizionale rivisitata, ricca carta dei vini ed ottima selezione di birre. Ogni settimana, specificati nel menu, cinque dischi che hanno fatto la storia della musica o quelli che per il proprietario rappresentano il meglio del momento.

Menu 50/75 € – Carta 30/60 €

🏠 🛆 ⇆ 🅿 *via De Amicis 13 ang. via Cadore – ☏ 0331 904376 –*
www.allacortelombarda.it – Chiuso lunedì, martedì

MORRANO NUOVO – Terni (TR) ➜ Vedere Orvieto

MORTARA

✉ 27036 – Pavia (PV) – Carta regionale n° **9**–A3 – Carta stradale Michelin 561-G8

⑪○ GUALLINA

REGIONALE · TRATTORIA ✗✗ Nella generosa campagna lomellina, circondata da acacie e sambuchi, sorge questa bella trattoria, intima e raccolta. La cucina è prevalentemente legata al territorio e alla tradizione, riveduta e corretta in base alla stagionalità dei prodotti, nonché all'offerta del mercato.

Carta 33/52€

&& 🅰🄲 🅿 *via Molino Faenza 19, località Guallina – ℰ 3387261869 –*
www.trattoriaguallina.it – Chiuso 1-15 gennaio, martedì

MORTEGLIANO

✉ 33050 – Udine (UD) – Carta regionale n° **6**–C2 – Carta stradale Michelin 562-E21

⑪○ DA NANDO

REGIONALE · ELEGANTE ✗✗ E' un'intera famiglia a gestire questa tipica trattoria diventata ormai un portabandiera della regione. In ambienti di tono classico-signorile, i piatti denunciano influenze territoriali: ottimi prosciutti, buon pesce e, in stagione, anche sua maestà il tartufo! Con le sue 120.000 bottiglie, la vasta cantina riuscirà a soddisfare qualunque desiderio.

Menu 35/98€ – Carta 39/47€

&& ⟵⇨ 🕼 🅰🄲 🅿 *via Divisione Julia 14 – ℰ 0432 760187 – www.danando.it –*
Chiuso lunedì, martedì, domenica sera

MOSCIANO SANT'ANGELO

✉ 64023 – Teramo (TE) – Carta regionale n° **1**–B1 – Carta stradale Michelin 563-N23

㊧ BORGO SPOLTINO

CLASSICA · AGRESTE ✗✗ Tra colline e campi di ulivi, con un orizzonte di mare e monti, Borgo Spoltino nasce in un casolare dell'Ottocento; luminoso e con ampi spazi anche all'aperto, è il luogo consigliato dove assaporare piatti locali e alcune fantasiose creazioni, accompagnate dai tanti prodotti dell'orto di casa. La carta dei vini si rivela, invece, una sorpresa nel modo con cui fotografa la regione, segnalando il meglio - provincia per provincia - in aggiunta anche qualche etichetta da fuori. A completare l'offerta, una bella selezione di oli Evo abruzzesi.

Specialità: Crema di patate con uovo cotto a bassa temperatura e tartufo fresco di stagione. Costina di maiale, speziata e laccata al miele, con cipolla rossa di Acquaviva. Pizza dolce teramana.

Menu 35/50€ – Carta 27/45€

&& ⟵⇦ 🕼 🅰🄲 🅿 *strada Selva Alta (Sud: 3 km) – ℰ 085 807 1021 –*
www.borgospoltino.it – Chiuso lunedì, martedì, mercoledì-venerdì a mezzogiorno

MOSO · MOOS – Bolzano (BZ) → Vedere Sesto

MOTTARONE – Verbano-Cusio-Ossola (VB) → Vedere Stresa

MOZZO

✉ 24030 – Bergamo (BG) – Carta regionale n° **10**–C1 – Carta stradale Michelin 561-E10

⑪○ LA CAPRESE

PESCE E FRUTTI DI MARE · ELEGANTE ✗✗✗ All'interno di una curata villetta, un elegante locale a conduzione familiare dove ospitalità e cucina svelano la terra d'origine del titolare: Capri. Piatti di pesce non particolarmente elaborati, ma freschissimi e pregni di sapore. Vivamente consigliato, il dessert!

Menu 40€ (pranzo), 60/110€ – Carta 60/147€

🕼 ⅙ 🅰🄲 *via Garibaldi 7, località Borghetto – ℰ 035 437 6661 –*
www.ristorantelacaprese.com – Chiuso lunedì, domenica sera

MULES · MAULS

✉ 39040 – Bolzano (BZ) – Carta regionale n° **19**–C1 – Carta stradale Michelin 562-B16

✿✿ GOURMETSTUBE EINHORN

CREATIVA · ROMANTICO ✗✗ Quella che sul finire del XIII secolo era una stazione di posta, si è trasformata oggi in un hotel ricco di fascino, eleganza, tradizione tirolese, non privo del suo ristorante gourmet. Pochi tavoli - solo cinque! - nella romantica atmosfera di una stube in legno intarsiato di origini medioevali e una scelta ristretta di menu degustazione con piatti eterei ed evocatori, talvolta molto originali, ordinabili anche alla carta. Peter Girtler, chef qui all'Unicorno (Einhorn auf Deutsch!), saprà stupirvi con una delle cucine creative più interessanti della regione; ricette che valorizzano le eccellenze e i produttori locali siano essi coltivatori o allevatori. Via libera, quindi a carne e pesce locali, ma anche a tutti quei raccolti dell'orto oggigiorno pressoché dimenticati (acetosella, scorzanera, crescione d'acqua...). Leggerezza ed equilibrio sono le caratteristiche salienti di questa ottima insegna.

Specialità: Scampi, erba di cavolo rapa, fondo di pomodori, erba d'aglio. Storione, patate, croccante di verza, caviale alpino, foglia d'ostrica. Acetosa, latticello, sedano marinato, acetosa del sangue.

Menu 113/149 €

🛋 🅿 *Hotel Stafler, Campo di Trens – ℰ 0472 771136 – www.stafler.com –*
Chiuso 23 dicembre-2 gennaio, lunedì a mezzogiorno, martedì, mercoledì,
giovedì-sabato a mezzogiorno

ⅼ○ GASTHOFSTUBE STAFLER

REGIONALE · STUBE ✗✗ Nella cornice dello splendido Stafler hotel, sulla rotta verso l'Austria, la cordiale accoglienza dello staff vi darà il benvenuto per un pranzo di passaggio, per una cena romantica nella comoda stube o, nelle belle giornate, nel giardino interno. La cucina è tradizionale tirolese, ma non mancano intriganti personalizzazioni dello chef. Buon appetito!

Carta 41/69 €

🛋 🍴 🅿 *Hotel Stafler, Campo di Trens – ℰ 0472 771136 – www.stafler.com –*
Chiuso lunedì-martedì a mezzogiorno, mercoledì, giovedì-venerdì a mezzogiorno

🏠 STAFLER

TRADIZIONALE · CLASSICO Quella che sul finire del XIII secolo era una stazione di posta, si è trasformata oggi in un hotel ricco di fascino, eleganza e tradizione tirolese, con tanto di moderna azienda per la produzione di latte bovino.

🛋 📺 ⅻ 🔲 🕭 🅿 25 camere – 8 suites

Campo di Trens – ℰ 0472 771136 – www.stafler.com

✿✿ **Gourmetstube Einhorn** · ⅼ○ **Gasthofstube Stafler** – Vedere selezione ristoranti

MUTIGNANO – Teramo (TE) → Vedere Pineto

NÀLLES / NALS

✉ 39010 – Bolzano (BZ) – Carta regionale n° **19**–B2 – Carta stradale Michelin 562-C15

a Sirmiano di Sopra Sud - Ovest: 3 km

ⅼ○ APOLLONIA

TRADIZIONALE · CONTESTO REGIONALE ✗ Al termine di una salita dove ad ogni svolta il paesaggio si arricchisce di affascinanti scorci, da tre generazioni la famiglia Geiser allieta i clienti con una cucina che oggi si è fatta più creativa, ma sempre fedele al territorio, dagli asparagi alle castagne. Giardino con sdrai per chi vuole prolungare la giornata rilassandosi nel verde.

Carta 30/50 €

← 🛋 🍴 🅿 *via Sant'Apollonia 3, località Sirmiano Sopra – ℰ 0471 155 0562 –*
www.restaurant-apollonia.it – Chiuso 22 dicembre-15 marzo, 12-23 luglio, lunedì

✉ 80133 – Napoli (NA)
Carta regionale n° **4**–B2
Carta stradale Michelin 564-E24

NAPOLI

Ci piace: Di Martino Sea Front Pasta Bar: nome lungo per un concept moderno e "sintetico", incentrato sulla pasta secca. Il "nuovo" **George Restaurant**, panoramico gioiello del lussuoso **Grand Hotel Parker's**: la vista rimane splendida, la cucina si fa moderna e accattivante.

Celebre, storico, come non fermarsi per un caffè o un dolce al Gran Caffè Gambrinus? I babà di Salvatore Capperelli, le sfogliatelle da Attanasio o da Carraturo. Alcuni dei migliori fritti della città - oltre la pizza - da Di Matteo.

Ristoranti

⃟ GEORGE RESTAURANT

CONTEMPORANEA · ELEGANTE XxX È la storia di un ritorno a casa: dopo anni di esperienze in grandi ristoranti, soprattutto francesi, lo chef Domenico Candela rientra nella sua Napoli. La cucina sposa prodotti locali – la veracità del pomodoro che si unisce all'esaltante profumo di basilico - e ricette campane rivisitate con la tecnica, nonché il rigore appresi Oltralpe, a partire dal sapiente uso di salse e condimenti. L'ultimo ingrediente, però, lo mette il Golfo: una vista mozzafiato sulla città, Vesuvio, penisola sorrentina e Capri.

Specialità: Natura: erbe e verdure cotte, crude, marinate e conservate. Rombo chiodato affumicato, zucchine, aglio nero e zabaione al ricordo d'infanzia. Ganache montata alla nocciola di Giffoni con cioccolato fondente e gelato alla fava di tonka.

Menu 75/140 € – Carta 80/120 €

≤ 🛋 🅰 ⇆ **Pianta: A3-r** - *Grand Hotel Parker's, Corso Vittorio Emanuele 135 –* Ⓜ *Amedeo - ℰ 081 761 2474 - www.grandhotelparkers.it –* *Chiuso lunedì, martedì-sabato a mezzogiorno, domenica*

⃟ IL COMANDANTE

CREATIVA · DESIGN XxX Il Comandante era il soprannome di Achille Lauro, fondatore della Flotta Lauro, la cui sede storica era situata dove oggi sorge il Romeo hotel. All'ultimo piano, la vista sul golfo e Vesuvio regala - con il bel tempo e nelle giornate più lunghe - tramonti e colori che difficilmente si scorderanno, ma i moderni interni in total black - per un'atmosfera molto soffusa ed elegante - non sono meno scenografici. Ai fornelli, lo chef Salvatore Bianco con la giovane brigata sforna piatti che sorprendono per la sofisticata semplicità e le raffinate presentazioni. Originario di Torre del Greco, il cuoco si rifà ai sapori e alla ricchezza ittica del Mare Nostrum. Partendo da questi presupposti, le sue ricette accolgono – al tempo stesso - contaminazioni internazionali e gusti acidi, che le rendono uniche ed originali. Dell'ingrediente principale si cerca di utilizzare la quasi totalità!

ACQUA PANNA® S.PELLEGRINO®
— THE FINE DINING WATERS —

SULLE MIGLIORI
TAVOLE DEL MONDO

Specialità: Seppia e patate. Linguina con "pressione" di pesci, kefir e lime. In-fer-mento.

Menu 155/175 € – Carta 85/121 €

ॐ ⪜ 🏠 ⪜ 🅰 **Pianta: F3-a** – *Hotel Romeo, via Cristoforo Colombo 45* –
🅜 *Municipio* – ☎ *081 017 5001* – *www.romeohotel.it* –
Chiuso 11 gennaio-7 febbraio, lunedì-sabato a mezzogiorno, domenica

☸ PALAZZO PETRUCCI 🅝

Chef: Lino Scarallo

CREATIVA · CONTESTO CONTEMPORANEO 🏵🏵 A pochi passi dallo storico Palazzo Donn'Anna, nella moderna nuova struttura con la vista che spazia dal mare al Vesuvio, dalla penisola Sorrentina sino alle celebri isole davanti alla città, lo spirito si predispone ancor meglio ad una sosta gastronomica di alto livello; sapori locali rivisitati con estro, in interpretazioni moderne che portano la firma di Lino Scarallo. Se siete nel mood di fidarvi e volete lasciar carta bianca allo chef, c'è anche l'opzione di piatti fuori carta: "Lino fai tu". Un aperitivo al piano lounge introdurrà l'esperienza.

Specialità: Lasagnetta di mozzarella e crudo di gamberi. Paccheri all'impiedi con ricotta e ragù napoletano. Stratificazione di pastiera.

Menu 90/150 € – Carta 75/120 €

ॐ ⪜ 🅰 **Fuori pianta** – *via Posillipo 16 b/c* – ☎ *081 575 7538* –
www.palazzopetrucci.it – *Chiuso lunedì a mezzogiorno*

☸ VERITAS

MODERNA · ACCOGLIENTE 🏵 Al primo gradone verso il Vomero, ecco un locale accogliente e minimal, ma per nulla freddo, con un ottimo servizio in sala ed un sommelier che saprà consigliarvi anche piccoli, intriganti, produttori campani. Veritas getta una luce di verità su ciò che lo chef Gianluca D'Agostino intenda per tradizione e fantasia nell'ambito di una cucina napoletana aggiornata, semplice e comprensibile. Sono, infatti, gli ingredienti più veraci della sua regione che il cuoco rielabora, consegnandoci la tradizione su un piatto dove colori e profumi (essenzialmente quelli del sud, ma non solo) concorrono come in una squadra ben affiatata a conseguire il risultato. E', quindi, un gol che esplode in bocca, una gioia per le papille gustative che assaporano il migliore pescato locale, la pasta di Gragnano rifilata a bronzo, pane e dolci rigorosamente fatti in casa.

Specialità: Calamaro con bieta e salsa allo zenzero. Merluzzo al vapore, sautè di lupini, crostini al lime, olio e peperoncino. Zuppetta napoletana con bagna al Calvados, mela Annurca e cannella.

Menu 68/95 € – Carta 64/76 €

ॐ 🅰 **Pianta: A3-a** – *corso Vittorio Emanuele 141* – 🅜 *Amedeo* –
☎ *081 660585* – *www.veritasrestaurant.it* –
Chiuso 9-30 agosto, lunedì, martedì-sabato a mezzogiorno, domenica sera

☺ DI MARTINO SEA FRONT PASTA BAR

MEDITERRANEA · BISTRÒ 🏵 Un format originale: il rinomato pastificio ha creato il suo shop, il take-away e la zona ristorante al piano superiore. Solo pasta, naturalmente, e vi consigliamo il menu degustazione per mantenere il giusto rapporto qualità/prezzo.

Specialità: Linguine con aglio, olio e colatura di alici di Cetara. Candele spezzate al ragù napoletano. Il "pastamisù" più piccola pasticceria.

Menu 35/85 € – Carta 33/67 €

🅰 **Pianta: F3-b** – *piazza Municipio 1* – 🅜 *Municipio* –
☎ *081 1849 6287* – *www.pastadimartino.it* –
Chiuso lunedì, domenica sera

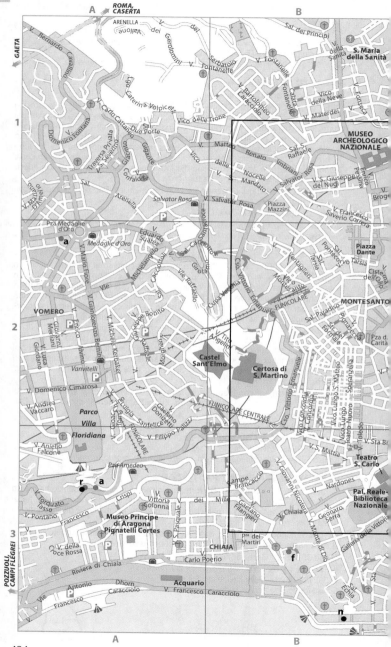

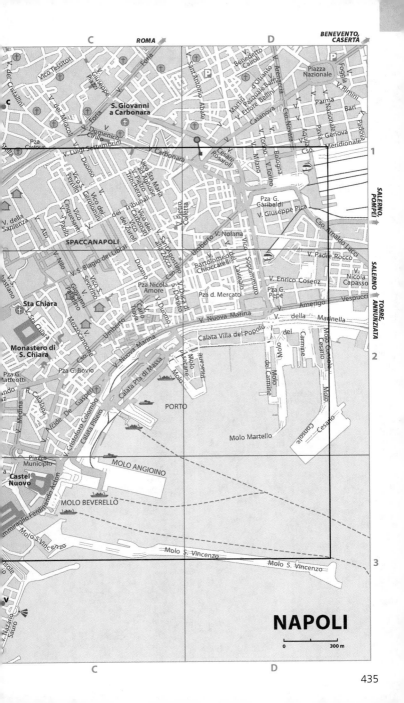

NAPOLI

0   300 m

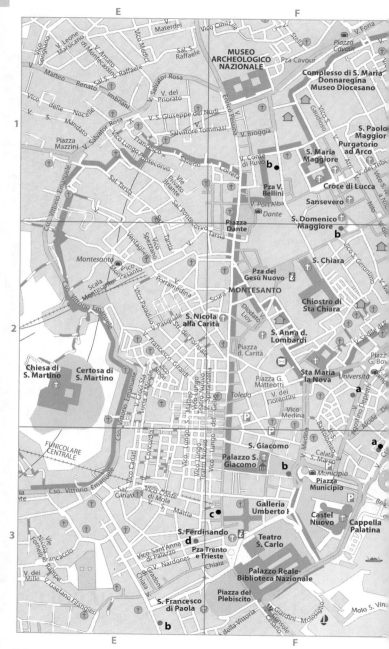

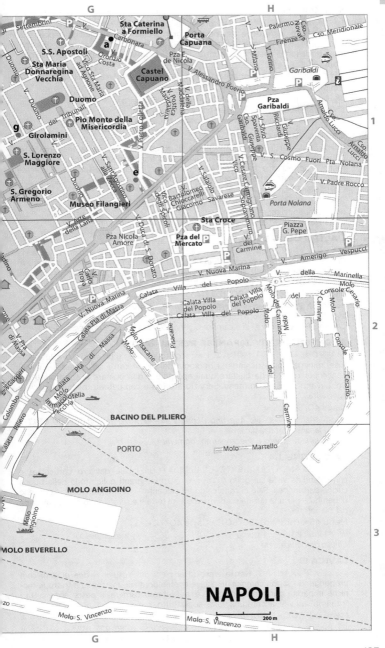

NAPOLI

200 m

⊛ IL GOBBETTO

CAMPANA · FAMILIARE ✗ Nei pressi della vivacissima via Toledo, una verace trattoria famigliare dove assaporare i grandi classici della cucina napoletana. Tutto è all'insegna della tipicità: ivi compresi i titolari che accolgono gli ospiti con i tradizionali costumi della città. Tanta la simpatia e la generosità delle porzioni!

Specialità: Gnocchi del gobbetto. Pasta fresca ai frutti di mare. Babà.

Carta 15/30€

AC **Pianta: E3-d** – vico Sergente Maggiore 8 – Ⓜ Toledo –
⨍ 081 251 2435 – https://osteria-il-gobbetto3.webnode.it/ –
Chiuso 18-25 gennaio, 9-30 agosto, lunedì, domenica sera

⭑○ CASA A TRE PIZZI

MODERNA · DI TENDENZA ✗✗ Carne e pesce per una cucina moderna e di chiara comprensione, che gioca su colori e contrasti, ma senza eccessi. Ci penseranno - poi - i due fratelli titolari ad orientarvi nella degustazione. Ambiente intimo e raffinato in un palazzo seicentesco.

Carta 58/76€

AC **Fuori pianta** – Via Mergellina 1A/B – ⨍ 081 761 4251 –
www.casatrepizzi.com –
Chiuso lunedì, martedì-venerdì a mezzogiorno, domenica sera

⭑○ L'ALTRO COCO LOCO

PESCE E FRUTTI DI MARE · DI TENDENZA ✗✗ Poco distante dalla celebre via Chiaia, il ristorante vi accoglierà in ambienti contemporanei molto ben curati. Ai fornelli vi è il titolare: la sua cucina parla prevalentemente di pesce e i suoi crudi sono tra i più richiesti. Buona anche la selezione enologica.

Menu 90/120€ – Carta 90/120€

❀ AC ⇔ **Pianta: B3-f** – vicoletto Cappella Vecchia 4 –
⨍ 081 764 1722 – cocoloco.rest –
Chiuso 24-26 dicembre, 31 dicembre-3 gennaio, 10-31 agosto, domenica sera

⭑○ J CONTEMPORARY JAPANESE RESTAURANT

GIAPPONESE · ALLA MODA ✗✗ Un raccolto ed elegante indirizzo a luci soffuse, minimal come richiede la tipologia del locale con – all'ingresso - un bel banco per cocktail da gustare quali aperitivo o da abbinare ai tanti piatti del Sol Levante presenti in menu. Servizio attento e competente nello spiegare le specialità.

Carta 40/90€

AC ⇔ **Pianta: F2-a** – via Agostino Depretis 24 – Ⓜ Università – ⨍ 081 580 0543 –
www.j-japaneserestaurant.com –
Chiuso lunedì-sabato a mezzogiorno, domenica

⭑○ LA CANTINELLA

MEDITERRANEA · AMBIENTE CLASSICO ✗✗ Un locale davvero particolare e con splendida vista sul golfo e Vesuvio: parti integranti della storia della buona cucina partenopea. Sale di tono caldo ed elegante - totalmente rivestite di canne di bambù – per una cucina sia di mare che di terra. Le serate sono spesso alliette dal pianoforte.

Menu 45€ (pranzo), 50/80€ – Carta 40/70€

AC **Pianta: B3-v** – via Cuma 42 – ⨍ 081 764 8684 – www.lacantinella.it –
Chiuso domenica sera

⭑○ LAVICA Ⓝ

CONTEMPORANEA ✗✗ Nati e cresciuti ai piedi del Vesuvio, i due giovani chef propongono i sapori campani in chiave contemporanea, mettendo a frutto le tecniche imparate durante la loro breve, ma intensa carriera. Il pesce appare tra i "preferiti" e i vini, ancora una volta, soprattutto, regionali.

Menu 40/60€ – Carta 48/68€

AC **Pianta: A2-a** – Via Giotto 9 – Ⓜ Medaglie d'Oro – ⨍ 081 922 7624 –
Chiuso 8-24 agosto, lunedì-sabato a mezzogiorno, domenica

⑪○ AMICI MIEI

ITALIANA · DI QUARTIERE ⅹ A pochi minuti a piedi da Piazza Plebiscito, locale tradizionale dalla pluriennale gestione familiare, dove anche gli arredi vi racconteranno la storia di un cucina partenopea specializzata nelle carni alla brace.

Carta 30/55€

🔠 **Pianta: E3-b** – *via Monte di Dio 77/78* – ☏ *081 764 4981* – *www.ristoranteamicimiei.com* – *Chiuso 19 luglio-6 settembre, lunedì, domenica sera*

Alberghi

🏨 GRAND HOTEL VESUVIO

GRAN LUSSO · STORICO Con il suo blasone e la sua bella facciata in stile post-fascista, l'albergo domina l'offerta alberghiera cittadina quanto l'omonimo vulcano svetta sul golfo di Napoli. Il suo charme si dipana nei lussuosi saloni distribuiti sotto lampadari di Murano, nonché nelle splendide camere tradizionali. Soste gourmet sulla terrazza del ristorante roof garden Caruso: prelibatezze mediterranee in menu!

≼ 🔲 🕅 🖪 🗗 🕹 🔠 🏖 🛥 139 camere – 21 suites

Pianta: B3-n – *via Partenope 45* – ☏ *081 764 0044* – *www.vesuvio.it*

🏨 GRAND HOTEL PARKER'S

LUSSO · PERSONALIZZATO Eleganti saloni in marmo e camere dagli arredi classici, ideali per chi non desidera brividi modernisti high-tech, in un albergo nato dall'infatuazione di un turista inglese per la città partenopea. Facile suggerire di prenotare una camera nei piani alti: da qui le finestre si aprono sul golfo e sul Vesuvio. All'ultimo piano, il George's propone una cucina contemporanea con ovvi richiami alla tradizione.

✿ ≼ 🖪 🗗 🕹 🔠 🏖 🛥 76 camere – 6 suites

Pianta: A3-r – *corso Vittorio Emanuele 135* – Ⓜ *Amedeo* – ☏ *081 761 2474* – *www.grandhotelparkers.com*

✿ **George Restaurant** – Vedere selezione ristoranti

🏨 ROMEO   Tablet.PLUS

LUSSO · DESIGN E' probabilmente l'edificio più intrigante di fronte alla zona portuale, gli interni sono una splendida sintesi di acqua e trasparenze, d'arte contemporanea e antica raccontate con una vasta collezione di oggetti, quadri e foto; avveniristica spa a luci soffuse.

✿ ≼ 🔲 🕅 🖪 🗗 🕹 🔠 🏖 67 camere – 12 suites

Pianta: F3-a – *via Cristoforo Colombo 45* – Ⓜ *Municipio* – ☏ *081 017 5001* – *www.romeohotel.it*

✿ **Il Comandante** – Vedere selezione ristoranti

🏨 PALAZZO CARACCIOLO

DIMORA STORICA · CONTEMPORANEO Il cuore di questo palazzo storico - le cui origini si perdono nel Trecento - è certamente il chiostro cinquecentesco coperto; da lì si parte con la prima colazione, mentre il resto è all'insegna dei confort e dello stile attuali (completati recentemente con la graziosa zona benessere). Grande attenzione è dedicata alla ristorazione: nel piatto i sapori del Mediterraneo.

✿ 🕅 🖪 🗗 🕹 🔠 🏖 146 camere

Pianta: G1-a – *via Carbonara 111/112* – Ⓜ *Cavour* – ☏ *081 016 0111* – *www.palazzocaracciolo.com*

🏨 COSTANTINOPOLI 104

TRADIZIONALE · ELEGANTE Poco rimane dell'originaria villa Spinelli, ma la splendida vetrata, il giardino con piccola piscina, le eleganti camere e gli ottimi spazi comuni, assicurano, insieme alla calda e simpatica accoglienza della titolare, un soggiorno unico.

🛎 🔠 🅿 19 camere – 6 suites

Pianta: F1-b – *via Santa Maria di Costantinopoli 104* – Ⓜ *Dante* – ☏ *081 557 1035* – *www.costantinopoli104.it*

🏨 CARUSO PLACE BOUTIQUE & WELLNESS SUITES Ⓝ   `Tablet.` PLUS

BOUTIQUE HOTEL · DESIGN Ospitato in un palazzo del XVI secolo, un hotel piccolo e lussuoso dove gli ambienti si caratterizzano per design moderno ed eleganza, e dove la cura del dettaglio è un tratto distintivo. Ideale per vivere Napoli e la strada dello shopping: via Toledo.

🅰️🅲 10 camere

Pianta: F3-c – via Toledo 256 – Ⓜ Toledo – ☏ 081 010 8987 – www.carusoplace.com

Pizzerie

in ambienti vivaci ed informali le pizze partenopee selezionate dai nostri ispettori

🍴○ 50 KALÒ

PIZZA · ALLA MODA ✗ Tra gergo di pizzaioli e cabala napoletana, il nome di questo recente locale si potrebbe tradurre con "impasto buono": qui troverete una formula nuova con solide radici nella tradizione, anche perchè il patron, Ciro Salvo, è figlio d'arte. A voi scegliere tra pizze tradizionali o personalizzate con prodotti di stagione; c'è anche una piccola selezione di vini. Ambiente moderno.
Carta 12/15 €

💰🍴☂️🅰️🅲 Fuori pianta – piazza Sannazzaro 201/b – Ⓜ Mergellina – ☏ 081 1920 4667 – www.50kalo.it

🍴○ DA CONCETTINA AI TRE SANTI

PIZZA · FAMILIARE ✗ Nel cuore del rione Sanità: antico, vivace, popolare, spesso folle. La famiglia Oliva da oltre 60 anni gestisce questa valida pizzeria che ha saputo rinnovarsi con un bel restyling del locale, senza smarrire il legame con la tradizione; oggi anche pizze più fantasiose e moderne, oltre ai fritti.
Carta 14/22 €

💰🍴🅰️🅲 Pianta: C1-c – via Arena della Sanità 7 bis – Ⓜ Museo – ☏ 081 290037 – www.pizzeriaoliva.it – Chiuso 25 dicembre, 4 aprile, 29 agosto-5 settembre, domenica sera

🍴○ DA MICHELE

PIZZA · SEMPLICE ✗ La pizzeria dei record: qui dal 1870 - con i numeri distribuiti all'esterno per regolare l'affluenza - è anche una delle migliori di Napoli. Solo "marinara" e "margherita". Orario continuato dalle 10 alle 23.
Carta 5/7 €

💰🍴 Pianta: G1-e – via Cesare Sersale 1/7 – Ⓜ Garibaldi – ☏ 081 553 9204 – www.damichele.net

🍴○ GINO SORBILLO

PIZZA · CONVIVIALE ✗ Nella "via della pizza", un nome storico propone ambienti semplici e ricchi di energia sia partenopea sia internazionale, sempre con pizze ottime e prodotti D.O.P. Armatevi di pazienza all'arrivo in orario di punta: se scegliete il tavolo in condivisione la convivialità è unica!
Menu 7/20 € – Carta 7/20 €

💰🍴🅰️🅲 ⇄ Pianta: G1-g – via dei Tribunali, 32 – Ⓜ Dante – ☏ 081 446643 – www.sorbillo.it – Chiuso 25-26 dicembre, 31 dicembre-1 gennaio, domenica

🍴○ LA NOTIZIA

PIZZA · SEMPLICE ✗ Quando si parla di pizza il locale che fa "notizia" è proprio questo: il suo impasto, i suoi ingredienti... sono tra più apprezzati dai napoletani e non. Al civico 53 la prima storica insegna, che ha raddoppiato con l'adiacente spazio al 94/a, dove dal martedì al giovedì la prenotazione è obbligatoria, evitando - in tal modo - lunghe attese.
Carta 15/25 €

💰🍴🅰️🅲 Fuori pianta – via Caravaggio 53/55 – ☏ 081 714 2155 – www.pizzarialanotizia.com – Chiuso lunedì, martedì-domenica a mezzogiorno

‖○ **PALAZZO PETRUCCI PIZZERIA** ⓝ

PIZZA · CONTESTO CONTEMPORANEO In pieno centro, omonimo del ristorante stellato e di stessa proprietà, l'ambiente è contemporaneo e minimalista, e
non manca un bel dehors sulla piazza. Oltre alle buone pizze dagli ingredienti
selezionati troverete anche quelle ideate dal giovane e capace pizzaiolo, nonché
quella firmata dallo chef Scarallo. Altrettanto imperdibili i dolci.

Carta 15/30 €

🍽 🅰🅺 **Pianta: F2-b** – *piazza San Domenico Maggiore 5,6,7* – ☎ 081 551 2460 –
www.palazzopetrucci.it

NATURNO • NATURNS

✉ 39025 – Bolzano (BZ) – Carta regionale n° **19**–B2 – Carta stradale Michelin 562-C15

🏨🏨 **LINDENHOF**

SPA E WELLNESS · CONTEMPORANEO Uno splendido giardino con piscina
riscaldata, centro benessere e ambienti eleganti, felice connubio di moderno e
tradizionale, per regalarvi un soggiorno esclusivo. Sala da pranzo molto luminosa
che d'estate si sposta in terrazza; per chi vuole è prenotabile un tavolo direttamente in cucina.

🏹 🛎 ≤ 🛏 🗔 🗔 💮 🏊 🖐 🗓 👗 🅿 🚗 40 camere – 40 suites

via della Chiesa 2 – ☎ 0473 666242 – www.lindenhof.it

🏨🏨 **PREIDLHOF**

SPA E WELLNESS · STILE MONTANO In posizione leggermente rialzata sul
paese, il corpo centrale della struttura è stato completamente rinnovato sfoggiando un'eleganza pari a quella dell'edificio sul retro. Straordinario centro benessere con diverse terrazze panoramiche per rilassarsi dopo i trattamenti.

🏹 🛎 ≤ 🛏 🗔 🗔 💮 🏊 🖐 🗓 🅰🅺 🚗 70 camere – 13 suites

via San Zeno 13 – ☎ 0473 666251 – www.preidlhof.it

NE

✉ 16040 – Genova (GE) – Carta regionale n° **8**–C2 – Carta stradale Michelin 561-I10

⊛ **LA BRINCA**

REGIONALE · FAMILIARE ✕✕ Il paesino di Ne è – ormai – sinonimo de *La Brinca*:
una casa coloniale nel verde che è diventata nel giro di 30 anni una delle migliori
trattorie non solo della Liguria, ma di tutta Italia. Il locale narra la storia della
famiglia Circella: genitori e figli ci mettono energia e cuore, passione e dedizione.
I risultati sono lì a dimostrarlo! Ottima innanzitutto è la cucina "dialettale", stagionale, generosa e gustosa, così come eccellente è la cantina dei vini dove sostano
in attesa del giusto abbinamento oltre 1000 etichette, presentate ai clienti con
garbo e cura.

Specialità: Prebugiun di Ne. Lattughe ripiene in brodo. Semifreddo allo sciroppo
di rose.

Menu 38 € – Carta 31/40 €

🕸 🍽 🅰🅺 🅿 *via Campo di Ne 58 – ☎ 0185 337480 – www.labrinca.it –*
Chiuso lunedì, martedì-venerdì a mezzogiorno

NEGRAR

✉ 37024 – Verona (VR) – Carta regionale n° **22**–A2 – Carta stradale Michelin 562-F14

⊛ **TRATTORIA ALLA RUOTA**

REGIONALE · ACCOGLIENTE ✕✕ Trattoria nel nome... ristorante nell'anima! Che
vi accomodiate nella sala interna con camino, nella graziosa veranda o ancor
meglio in terrazza nella bella stagione, la calda accoglienza alla Ruota vi porterà
nel mondo di una cuoca che valorizza il territorio, ma non esita ad accogliere
anche idee creative. D'obbligo i tortelli all'amarone, la trippa e – dulcis in fundo
– l'ottimo soufflé.

Specialità: Uovo in camicia con tartufo nero. Tortelli di carne all'Amarone. Sufflè al frutto della passione con gelato alla vaniglia.

Menu 33 € – Carta 30/60 €

≤ 🛋 ⅓ 🖳 🅿 *via Proale 6, località Mazzano – ℰ 045 752 5784 – www.trattoriaallaruota.it – Chiuso 11 gennaio-16 febbraio, lunedì, martedì*

🍽 **LOCANDA '800**

PESCE E FRUTTI DI MARE · ACCOGLIENTE 🌂 Nella sala interna o nella luminosa veranda, per non dire delle cene organizzate in cantina con barricaia visitabile e vini dell'azienda, la cucina si è ritagliata una nomea in zona per la qualità del pesce, sebbene non manchi qualche piatto di carne e del territorio.

Carta 45/80 €

🛋 🅿 *via Moron 46 – ℰ 045 600 0133 – www.locanda800.it –*
Chiuso lunedì

NERANO – Napoli (NA) → Vedere Massa Lubrense

NERVIANO

✉ 20014 – Milano (MI) – Carta regionale n° **10**–A2 – Carta stradale Michelin 561-F8

🍽 **ANTICA LOCANDA DEL VILLORESI**

MEDITERRANEA · ACCOGLIENTE 🌂 Tante specialità d'impronta mediterranea in un caratteristico ristorante, le cui ampie vetrate si affacciano sul canale Villoresi. Piatti di pesce, pasta fresca e dolci fatti in casa, fra gli highlights del menu.

Menu 25 € (pranzo), 38/50 € – Carta 35/73 €

🔙 🖳 🅿 *strada statale Sempione 4 – ℰ 0331559450 – www.locandavilloresi.it –*
Chiuso 26 dicembre-5 gennaio, 4-24 agosto, lunedì, domenica sera

🍽 **LA GUARDIA**

REGIONALE · ELEGANTE 🌂 Un villino indipendente arredato in stile rustico-elegante e ingentilito da un piacevolissimo dehors (nonostante l'ubicazione in un contesto trafficato sulla statale del Sempione). La cucina è mediterranea ed alterna piatti di pesce con altri di carne.

Menu 25 € (pranzo)/55 € – Carta 46/64 €

🖼 🛋 ⅓ 🖳 ⟷ 🅿 *via 20 Settembre 73, ang. statale Sempione –*
ℰ 0331 415370 – www.ristorantelaguardia.it –
Chiuso lunedì

NEUMARKT · EGNA – Bolzano (BZ) → Vedere Egna

NIBBIAIA – Livorno (LI) → Vedere Rosignano Marittimo

NIEDERDORF · VILLABASSA – Bolzano (BZ) → Vedere Villabassa

NIZZA MONFERRATO

✉ 14049 – Asti (AT) – Carta regionale n° **14**–B2 – Carta stradale Michelin 561-H7

🐝 LE DUE LANTERNE

PIEMONTESE · CONTESTO REGIONALE 🕸 Affacciato sulla piazza dove si tiene il mercato settimanale, Le Due Lanterne è una bella trattoria a conduzione familiare dove sentirsi coccolati e guidati alla scoperta di una cucina tradizionale piemontese. Il preferito dall'ispettore: stracotto di manzo alla Barbera.

Specialità: Vitello tonnato. Stracotto di Fassona al Nizza. Bonet al cioccolato.

Menu 45 € – Carta 35/45 €

🐝 🎞 *piazza Garibaldi 52 – ☎ 0141 702480 – Chiuso 22 febbraio-3 marzo, 21 giugno-7 luglio, lunedì sera, martedì*

NOCCHI – Lucca (LU) → Vedere Camaiore

NOCERA INFERIORE

✉ 84014 – Salerno (SA) – Carta regionale n° **4**–B2 – Carta stradale Michelin 564-E25

🍴○ OSTERIA AL PAESE

CAMPANA · ROMANTICO 🕸🕸 In pieno centro, un ex officina meccanica è stata stravolta dal rinnovo che ne ha fatto un bel locale, in grado di ricreare una romantica atmosfera da casa privata: luci soffuse, modernissimi centrini sui tavoli ed un'illuminazione che anticipa le mode. Con l'autunno 2020, avvicendamento ai fornelli ma la cucina rimane - sostanzialmente - gourmet.

Carta 40/80 €

🎞 🎞 *via Papa Giovanni XXIII 11 – ☎ 081 517 6722 – www.osterialpaese.it – Chiuso 1-31 agosto, lunedì a mezzogiorno, martedì, mercoledì-venerdì a mezzogiorno, domenica sera*

NOCERA SUPERIORE

✉ 84015 – Salerno (SA) – Carta regionale n° **4**–B2 – Carta stradale Michelin 564-E26

🍴○ LA FRATANZA

REGIONALE · ACCOGLIENTE 🕸🕸 Edificio storico poco fuori dal paese, lasciatevi guidare dal navigatore per essere sicuri di raggiungerlo. Il simpatico cuoco - in sala durante il servizio - allestisce una carta ristretta per assicurare la freschezza dei prodotti. Troverete i sapori di una cucina casalinga su basi regionali, oltre ad un incantevole giardino per la bella stagione.

Menu 25/45 € – Carta 25/60 €

🎞 🎞 🅿 *via Garibaldi 37 – ☎ 081 936 8345 – www.lafratanzaristorante.it – Chiuso lunedì, sabato a mezzogiorno, domenica sera*

NOCERA TERINESE

✉ 88047 – Catanzaro (CZ) – Carta regionale n° **3**–A2 – Carta stradale Michelin 564-J30

a Marina di Nocera Terinese Sud - Ovest : 6 km

🍴○ L'ARAGOSTA

PESCE E FRUTTI DI MARE · STILE MEDITERRANEO 🕸🕸 Una sala arredata in stile vecchia marina inglese accompagna fragranti piatti a base di pesce, la provenienza è spesso locale mentre le preparazioni sono decisamente classiche. Il mare e la spiaggia non si vedono dalla sala e dal dehors, ma distano solo 100 metri. In sintesi, the place to be!

Carta 50/70 €

🐝 🎞 🅿 *villaggio del Golfo – ☎ 0968 93385 – www.ristorantelaragosta.eu – Chiuso lunedì*

NOCI

✉ 70015 – Bari (BA) – Carta regionale n° **15**–C2 – Carta stradale Michelin 564-E33

🍴○ **FÈ**

MODERNA · DESIGN ✕✕ Nei pressi del centro, questo ristorante si presenta all'interno di un piccolo nucleo di otto trulli sapientemente ristrutturati. Molto piccino con una ventina di posti a sedere distribuiti in queste piccole costruzioni, la location è elegante e molto suggestiva; la cucina ripercorre la tradizione regionale con garbo e modernità.

Menu 60/80 € – Carta 65/80 €

& 🅐 ⇔ via Giulio Pastore 2 – ℰ 080 321 5963 - www.feristorante.it –
Chiuso 15-30 novembre, lunedì a mezzogiorno, martedì, mercoledì-venerdì a mezzogiorno

NOGAREDO

✉ 38060 – Trento (TN) – Carta regionale n° **19**–B3

🍴○ **LOCANDA D&D MASO SASSO**

REGIONALE · CASA DI CAMPAGNA ✕✕ Strigolo fatto a mano al ragù di scottona o coniglio al cubo servito con polenta, verdure e crema di funghi? Magari tutti e due! Cucina regionale venata di fantasia in un maso che domina buona parte della valle dell'Adige; bella terrazza panoramica per l'estate e confortevoli camere per un tranquillo soggiorno.

Carta 20/60 €

⇐ ⇐ 🏡 🏠 🅿 via Maso 2, località Sasso (Sud-Ovest: 3 km) – ℰ 0464 410777 -
www.locandaded.it – Chiuso martedì

NOLA

✉ 80035 – Napoli (NA) – Carta regionale n° **4**–B2 – Carta stradale Michelin 564-E25

🏵 **RE SANTI E LEONI** 🆕

CONTEMPORANEA · DI QUARTIERE ✕✕ Un nuovo locale in zona centrale, in un palazzo dell'800, ambienti lucenti ed eleganti con alti soffitti e una cucina a vista sul fondo. Il servizio attento vi attende per farvi assaggiare una cucina che vede nel mare il maggior fornitore, con sapori e accostamenti eccezionalmente puliti, preparazioni che prediligono il crudo e una certa finezza generale. Ai fornelli c'è Luigi Salomone, chef noto ai buongustai che anche in questo indirizzo a pochi chilometri dalla sua città natale dà il meglio di sé. Fornita cantina con oltre 400 etichette e tre menu degustazione: Re, Santi, Leoni.

Specialità: Tagliatella al caffè, gamberi e agrumi. Astice, carote, capperi e arancia. Bufala, ciliegia e Lacrima Christi.

Menu 50/110 € – Carta 63/83 €

& 🅐 Via Anfiteatro Laterizio 92 – ℰ 081 278 1526 - www.resantieleoni.com –
Chiuso martedì, domenica a mezzogiorno

🍴○ **LE BACCANTI**

REGIONALE · FAMILIARE ✕✕ Semplice locale dotato di due grandi finestre che si affacciano sulle cucine; altrettanto semplici i piatti a metà tra tradizione e modernità, mentre il servizio informale cede il passo ad una superba carta dei vini che annovera circa 1.000 referenze, quasi tutte italiane.

Menu 35/50 € – Carta 35/50 €

🕸 🏠 🅐 via Puccini 5 – ℰ 081 512 2117 – Chiuso 8-25 agosto, lunedì, domenica sera

🍴○ **REAR RESTAURANT** 🆕

MODERNA · CHIC ✕✕✕ Il Ro World è composto da un bar-pasticceria, un bistrot e dal gastronomico Rear Restaurant. In un contesto nuovo e moderno nasce, infatti, questo locale dal mood contemporaneo che propone piatti raffinati e creativi, nonché una buona scelta di crudi di mare e tagli nobili di carni alla griglia. Carta dei vini interessante con il meglio della regione ed un'intrigante selezione di bollicine.

Menu 50/65 € – Carta 40/90 €

& 🅐 🅿 SS 7bis Km 50 – ℰ 333 211 1322 – www.roworldexperience.com

NOLI

✉ 17026 – Savona (SV) – Carta regionale n° **8**–B2 – Carta stradale Michelin 561-J7

✿ IL VESCOVADO

Chef: Giuseppe Ricchebuono

MODERNA · ROMANTICO XxX Nelle stanze quattrocentesche del prestigioso complesso architettonico noto come Palazzo Vescovile e nel periodo estivo sulla piacevole terrazza con vista mare, la sua cucina ha una forte personalità. Giuseppe Ricchebuono si basa essenzialmente su prodotti locali, esaltando il territorio dai grani antichi di Monteggio ai formaggi locali ai quali riserva un intero carrello! Il cuoco non si affida all'improvvisazione, ma padroneggia con grande esperienza varie tecniche di taglio e cottura. Ne derivano sapori fermi, semplici, genuini: un viaggio gastronomico attraverso una Liguria autentica e non modaiola.

Specialità: Palamita in crosta di pane con maionese di bottarga e giardiniera di verdura. Cappon magro. Albicocche, crescenza e cioccolato.

Menu 75/130 €

⇗ ⟵ 🏠 ⇗ *Residenza Palazzo Vescovile, piazzale Rosselli* – ☎ *019 7499059 – www.ricchebuonochef.it – Chiuso martedì, mercoledì a mezzogiorno*

⬤ CONTROCORRENTE

MODERNA · DESIGN XX All'inizio del pittoresco centro storico, ai piedi della torre medioevale San Giovanni, un locale semplice ma non privo di fascino, la cui giovane conduzione vi conquisterà per la capacità di mettere in valore un pescato - soprattutto ligure - di gran qualità, benché non manchi qualche proposta di carne.

Menu 35 € (pranzo), 45/70 € – Carta 35/76 €

🏠 ⟵ 🅰️ *via Colombo 101* – ☎ *349 220 8133 - www.ristorantecontrocorrente.it – Chiuso lunedì, martedì, mercoledì-giovedì a mezzogiorno*

a **Voze** Nord - Ovest : 4 km

⬤ LILLIPUT

PESCE E FRUTTI DI MARE · ACCOGLIENTE XX In una piacevole casa circondata da un giardino ombreggiato con minigolf, un locale dall'ambiente curato che propone piatti di mare; servizio estivo in terrazza.

Menu 40/55 € – Carta 50/75 €

⟵ 🏠 🅰️ 🅿️ *via Zuglieno 49* – ☎ *019 748009 – Chiuso 10 gennaio-30 marzo, 4 novembre-4 dicembre, lunedì, martedì-venerdì a mezzogiorno*

NORCIA

✉ 06046 – Perugia (PG) – Carta regionale n° **20**–D2 – Carta stradale Michelin 563-N21

✿ VESPASIA

MODERNA · ELEGANTE XxX *Causa emergenza COVID-19 chiuso temporaneamente fino ad aprile 2021.*

Una vocazione all'ospitalità nata già agli inizi del Novecento, quando l'edificio ospitò il primo albergo di Norcia. Rinato grazie ad un accurato restauro, il cinquecentesco palazzotto è diventato un relais di charme che conserva le peculiarità architettoniche delle sue origini (pavimenti in cotto, parquet di quercia, pregiati arredi realizzati da maestranze locali), ma concedendosi anche il lusso di ospitare tra le sue possenti mura una cucina di alto livello: la stella del ristorante Vespasia! In un ambiente di raffinata eleganza con i tavoli allestiti nella sala del camino nero, nella limonaia o nella vecchia scuderia, la vista spazia oltre i tetti in pietra, torrioni e campanili. Il gusto invece resta rapito dalla piacevolezza di una cucina creativa e di ricerca, ma anche territoriale e preparata con eccellenze locali: tartufo nero e lenticchie *in primis*.

Specialità: Uovo con spuma di patate alla salvia e bruschetta soffiata al tartufo nero. Maialino morbido e croccante con chutney di mele. Il profumo dell'amore.

Menu 48 € (pranzo), 88/154 € – Carta 80/115 €

⟵ 🏠 ⬤ 🅰️ *Hotel Palazzo Seneca, via Cesare Battisti 10* – ☎ *0743 817434 – www.vespasia.com – Chiuso 7 gennaio-2 aprile, mercoledì*

PALAZZO SENECA

LUSSO · PERSONALIZZATO All'interno di un signorile palazzo cinquecentesco, le zone comuni si frammentano in una serie di salotti e biblioteche, le camere austere rivisitano in chiave moderna l'artigianato umbro con qualche arredo d'epoca e bagni in marmo.

🍴 🏠 ⊡ ⟷ 🅰 23 camere – 1 suite

via Cesare Battisti 10 – 𝒞 0743 817434 – www.palazzoseneca.com

🌸 **Vespasia** – Vedere selezione ristoranti

NOTARESCO

✉ 64024 – Teramo (TE) – Carta regionale n° **1**-B1 – Carta stradale Michelin 563-O23

sulla strada statale 150 Sud: 5 km

😊 3 ARCHI

REGIONALE · RUSTICO ⅩⅩ Cucina abruzzese e teramana in un locale caldo ed accogliente, caratterizzato da un grande disimpegno arredato in stile rustico e due sale con spazio per la cottura di carni alla griglia. La generosità delle porzioni è certamente un marchio di fabbrica.

Specialità: Antipasto di salumi (maiale nero abruzzese) e formaggi produzione propria. Chitarra con pallottine. Pizza dolce.

Menu 28/40 € – Carta 22/42 €

🅰 🅿 *via Antica Salara 25 – 𝒞 085 898140 – www.trearchi.net –*
Chiuso 1-30 novembre, martedì sera, mercoledì

NOTO – Siracusa (SR) → Vedere Sicilia

NOVAFELTRIA

✉ 47863 – Rimini (RN) – Carta regionale n° **5**–D3 – Carta stradale Michelin 563-K18

😊 DEL TURISTA-DA MARCHESI

DEL TERRITORIO · FAMILIARE Ⅹ Tra Marche e Romagna, un rifugio per chi riconosce la buona cucina, quella attenta a ciò che la tradizione ha consegnato. Piacevole l'ambiente, di tono turistico, riscaldato da un caminetto in pietra. Specialità: tortellini al burro fuso e tartufo, faraona alle mele e sidro, crema catalana.

Specialità: Carpaccio di manzo al tartufo. Tortelloni burro fuso e tartufo. Crema catalana.

Menu 13 € (pranzo), 20/33 € – Carta 20/41 €

🍴 ⟷ 🅿 *località Cà Gianessi 7 – 𝒞 0541 920148 – www.damarchesi.com –*
Chiuso martedì

NOVA LEVANTE • WELSCHNOFEN

✉ 39056 – Bolzano (BZ) – Carta regionale n° **19**–D3 – Carta stradale Michelin 562-C16

🌸 JOHANNESSTUBE

MODERNA · INTIMO ⅩⅩⅩ Ingredienti rigorosamente locali acquistati da produttori ed allevatori indigeni, a parte qualche eccezione quali zucchero, tartufo, sale, riso... certo è che lo chef Theodor Falser è un purista della materia prima di cui la zona è generosa, sebbene ammetta un debole per la sperimentazione di cotture e fermentazioni di altre latitudini. Si ritiene fortunato per il fatto di essere nato tra queste montagne, ma altrettanto lo sono gli ospiti che hanno il privilegio di accomodarsi nella sua storica stube avvolta da boiserie in legno antico: il gioiello dell'albergo Engel. In sala il giovane figlio Johannes, esperto di vini, vi orienterà nella scelta.

Specialità: Stinco di manzo Wagyu , fagottini ripieni con pesci d´acqua dolce, mosto ridotto. Mair's BBQ, hanger steak "Simmental", rarità di verdure. Pere Pala, pancake, pere, purea e gelato.

Menu 100/179 € – Carta 88/110 €

🍴 ⟷ 🅰 🅿 *Hotel Engel, via San Valentino 3 – 𝒞 0471 613131 –*
www.johannesstube.com – Chiuso 27 marzo-12 maggio, 30 novembre-12 gennaio,
lunedì, martedì, mercoledì-sabato a mezzogiorno, domenica

ENGEL

LUSSO · STILE MONTANO Albergo dal 1862 e da sempre gestito dalla stessa famiglia - giunta ormai alla quinta generazione - migliorato di anno in anno, fino ad arrivare ad essere una delle strutture più eleganti della zona. Ampie camere in stile alpino ma con tocchi personalizzati, accogliente e completa spa, anche la qualità del servizio è tra i punti forti dell'Engel.

🍴 🕭 ⩶ 🛏 🗼 🖻 ⑩ 🕸 ⅃𝑠 🖃 ⅋ 🏔 🅿 63 camere – 4 suites

via San Valentino 3 – ℰ 0471 613131 – www.hotel-engel.com

🌼 **Johannesstube** – Vedere selezione ristoranti

NOVA PONENTE • DEUTSCHNOFEN

✉ 39050 – Bolzano (BZ) – Carta regionale n° **19**-D3 – Carta stradale Michelin 562-C16

 GANISCHGERHOF MOUNTAIN ⓝ

RESORT · STILE MONTANO Hotel in stile contemporaneo, la sua ubicazione offre agli ospiti una stupenda vista sul Catinaccio. Ideale per un soggiorno di relax e benessere – anche grazie alla moderna spa – Ganischgerhof è l'indirizzo giusto per chi ama lo sport e le attività all'aria aperta. Specialità tipiche altoatesine e ricette mediterranee vi attendono – invece – al ristorante.

🍴 🕭 ⩶ 🛏 🗼 ⑩ 🕸 ⅃𝑠 🖃 🅰🅲 🅿 41 camere

Rio Nero 22 – ℰ 0471 616504 – www.ganischger.com

 PFÖSL

SPA E WELLNESS · REGIONALE Grande casa in stile montano ristrutturata con gusto moderno, in mezzo al verde, con incantevole panorama sulle Dolomiti, soprattutto dalla piscina en plein air con acqua calda; particolarmente valida anche la zona spa con tanto di aufguss (gettate di vapore) nella sauna esterna. Per soddisfare l'appetito si può optare per la sala con vista sulla valle o per la stube.

🍴 🕭 ⩶ 🛏 🗼 🖻 ⑩ 🕸 ⅃𝑠 🖃 ⅋ 🏔 🅿 31 camere – 31 suites

via rio Nero 2 – ℰ 0471 616537 – www.pfoesl.it

NOVARA

✉ 28100 – Novara (NO) – Carta regionale n° **12**-C2 – Carta stradale Michelin 561-F7

🌼 **TANTRIS**

Chef: Marta Grassi

CREATIVA · ELEGANTE ✖✖ Un'unica sala, moderna ed elegante, e una carta che vi invita ad un viaggio gastronomico creativo, dagli accostamenti a volte originali, sia di terra che di mare. L'artefice di questa bella realtà gastronomica che nel 2018 ha festeggiato 25 anni di attività è Marta Grassi. Il territorio è onnipresente in carta, ma viene costantemente interpretato con soluzioni moderne e accostamenti originali, che spesso travalicano i confini regionali.

Specialità: Insalata di manzo piemontese, marinato crudo, tonnato e prezzemolo. Ravioli di pomodoro arrosto, polipo, mozzarella e basilico. Fiordilatte al ghiaccio e cioccolato.

Menu 95 € – Carta 68/76 €

🔄 ⅋ 🅰🅲 *corso Risorgimento 384 – ℰ 0321 657343 – www.ristorantetantris.com –*
Chiuso 7-14 gennaio, 7-29 agosto, lunedì, domenica sera

🌼 **CANNAVACCIUOLO CAFÈ & BISTROT**

MODERNA · BISTRÒ ✖✖ In un edificio storico, una porzione del teatro Coccia, sapori mediterranei in chiave moderna, per una cucina che gioca a ricongiungere gli opposti in maniera creativa, con un'attenzione particolare alle cotture. Il menu "ad occhi chiusi" è vivamente consigliato dai nostri ispettori: degustazione di sette portate a discrezione dello chef. Vincenzo Manicone, un "gigante" buono dalle mani d'oro!

447

Specialità: Capesante, rape rosse, scalogno. Risotto con pomodoro giallo al forno, scampi di Sicilia e cipolla tostata. Cioccolato, nocciola e olivello spinoso.

Menu 75/90 € – Carta 72/110 €

🛳 🅰🅲 *piazza Martiri della Libertà 1 – ℰ 0321 612109 – www.cannavacciuolobistrot.it –*
Chiuso 10-18 agosto, lunedì

🍴◯ **TRE SCALINI** 🅝

REGIONALE · BISTRÒ ✗ Sono tre gli scalini per accedere al locale di Marcello, che abbiamo avuto modo di conoscere ed apprezzare per la sua cucina in Valle D'Aosta. Ora, tornato nella città natale, esprime tutta la sua passione per il territorio e la montagna. Le carni sono tra le predilette, ma il must è il menu di selvaggina da piuma all'italiana: tre portate che non mancheranno di stupirvi.

Menu 10 € (pranzo)/45 € – Carta 38/50 €

🅰🅲 *via Sottile, 23 – ℰ 0321 151 3303 – www.trescalininovara.com –*
Chiuso 1-11 gennaio, 16-31 agosto, lunedì, domenica sera

NOVENTA DI PIAVE
✉ 30020 – Venezia (VE) – Carta regionale n° **23**–A1 – Carta stradale Michelin 562-F19

🍴◯ **GUAIANE**

PESCE E FRUTTI DI MARE · RUSTICO ✗✗ Tradizionale casa di campagna che si è creata una meritata fama per la qualità del pesce, dal crudo alla cottura su brace di legna. C'è anche un'osteria per chi preferisce piatti più semplici.

Carta 45/75 €

🅰🅲 🅿 *via Guaiane 146 – ℰ 0421 65002 – www.guaiane.com –*
Chiuso 20 gennaio-5 febbraio, 4-22 agosto, lunedì, martedì sera

NOVENTA PADOVANA
✉ 35027 – Padova (PD) – Carta regionale n° **23**–C3 – Carta stradale Michelin 562-F17

🍴◯ **BOCCADORO**

REGIONALE · AMBIENTE CLASSICO ✗✗ Un'intera famiglia al lavoro per proporvi il meglio di una cucina legata al territorio e alle stagioni, in un ambiente curato e piacevole. Degna di nota, la cantina.

Menu 26 € (pranzo), 45/60 € – Carta 35/60 €

🐾 🅰🅲 ⇄ *via della Resistenza 49 – ℰ 049 625029 – www.boccadoro.it –*
Chiuso 1-15 gennaio, 1-25 agosto, mercoledì

NUMANA
✉ 60026 – Ancona (AN) – Carta regionale n° **11**–D1 – Carta stradale Michelin 563-L22

🍴◯ **CASA RAPISARDA** 🅝

ITALIANA CONTEMPORANEA · ELEGANTE ✗✗ Un piccolo salotto sulla scalinata della Costarella: accogliente, mini terrazzino per la bella stagione, e pochi tavoli a cui viene servita una fragrante cucina venata di un pizzico di fantasia. Il tutto nelle capaci mani del giovane chef-patron, siciliano d'origine ma marchigiano nella sostanza, con buone esperienze in locali di livello. Prenotare, soprattutto in estate, è un must vista la limitata capienza.

Menu 60/80 € – Carta 60/80 €

🛳 🅰🅲 *Via 4 Novembre 35 – ℰ 071 969 6138 – www.ristorantecasarapisarda.it –*
Chiuso 7 gennaio-11 febbraio, mercoledì

🍴◯ **LA TORRE**

CREATIVA · ROMANTICO ✗✗ In prossimità del belvedere, il ristorante offre una spettacolare vista a 180° del litorale. La cucina sposa il gusto di chi - pur desiderando mangiare pesce - ama interpretazioni fantasiose, che esplodono poi nei dolci, il tutto ad un ottimo livello.

Menu 28 € (pranzo), 45/70 € – Carta 30/75 €

⬙ 🛳 🅰🅲 *via La Torre 1 – ℰ 071 933 0747 – www.latorrenumana.it*

ODERZO
✉ 31046 – Treviso (TV) – Carta regionale n° **23**–A1 – Carta stradale Michelin 562-E19

GELLIUS

Chef: Alessandro Breda

MODERNA · **CONTESTO STORICO** XxX L'ambientazione è originalissima e di grande suggestione. Gellius si trova – infatti - all'interno di un sito museale dell'antica Opitergium, tra mura e reperti che raccontano una storia iniziata in epoca romana. Da questo lontano passato al presente, il passo è breve: grazie alla cucina di Alessandro Breda moderna, se non a tratti creativa, sempre pronta a mettersi in gioco con discrezione e "buon senso". la stessa atmosfera intrigante non risparmia il bistrot Nyù, che propone piatti più semplici - express made - alla piastra. Per soste ancora più speedy, c'è il bar *Cafè e cocktail art*.

Specialità: Uovo cremoso con ristretto di verdure. Rombo in pasta di sale ed erbe alla "grenoblese". Latte: semifreddo, crema, cialda croccante e gelato.

Menu 45€ (pranzo), 85/110€ – Carta 75/90€

🕸 Ⓜ *calle Pretoria 6 – ℰ 0422 713577 – www.ristorantegellius.it – Chiuso lunedì, domenica sera*

OFFIDA

✉ 63073 – Ascoli Piceno (AP) – Carta regionale n° **11**–D3 – Carta stradale Michelin 563-N23

OSTERIA OPHIS

MARCHIGIANA · **ACCOGLIENTE** XX Nel centro storico della bella località, il ristorante è stato ricavato nelle ex stalle di un antico palazzo sotto ad un soffitto a volte di mattoni, il confort però è moderno, oltre che invitante: all'entrata la bella dispensa carica di ottimi formaggi locali fa bella mostra di sé, mentre - a sinistra - la piccola finestra offre uno scorcio sulla cucina. Una linea gastronomica di matrice territoriale rivisitata con personalità dallo chef-patron e tre menu degustazione con possibilità di estrapolare alcuni singoli piatti à la carte fanno di Osteria Ophis sempre un ottimo indirizzo!

Specialità: La galantina e la sua giardiniera. Piccione. Come un funghetto.

Menu 50€ – Carta 33/58€

🛋 Ⓜ *corso Aureo Serpente, 54 – ℰ 0736889920 – www.osteriaophis.com – Chiuso 25 febbraio-18 marzo, 3-15 novembre, martedì, mercoledì-venerdì a mezzogiorno*

OLANG • VALDAORA – Bolzano (BZ) → Vedere Valdaora

OLBIA – Olbia-Tempio (OT) → Vedere Sardegna

OLEVANO ROMANO

✉ 00035 – Roma (RM) – Carta regionale n° **7**–C2 – Carta stradale Michelin 563-Q21

SORA MARIA E ARCANGELO

REGIONALE · **RUSTICO** XX Scendete le scale per raggiungere le sale ricche di atmosfera, situate negli stessi spazi in cui un tempo si trovavano i granai. Dalla cucina, piatti da sempre legati alle tradizioni con un'attenta ricerca di prodotti genuini e di qualità.

Menu 35/50€ – Carta 45/55€

🕸 🛋 Ⓜ ⇔ *via Roma 42 – ℰ 06 956 4043 – www.soramariaearcangelo.com – Chiuso 1-12 febbraio, lunedì, martedì sera, mercoledì, domenica sera*

OLGIATE OLONA

✉ 21057 – Varese (VA) – Carta regionale n° **10**–A2 – Carta stradale Michelin 561-F8

⚂ **MA.RI.NA.**

Chef: Rita Possoni

PESCE E FRUTTI DI MARE · ELEGANTE ✕✕ Simpatia, accoglienza, qualità e sapore. Questo è Ma.Ri.Na. Uno storico locale in una piccola località a ridosso dell'aeroporto di Malpensa, dove il titolare, Pino, intrattiene gli ospiti raccontando aneddoti e dando loro i migliori consigli per orientare la scelta. Dopo 40 anni di attività, le specialità di pesce - generalmente proposte in maniera classica - cedono talvolta il destro ad interpretazioni molto fantasiose ed insolite. Sicuramente, un caposaldo della ristorazione in provincia!

Specialità: Gamberi rossi crudi con testa fritta, briciole di pancetta cotta e passata di finocchi cotti. Gnocchi di ricciola, zucchine, patate, spadellati con vongole e pesto. Nuvolette di millefoglie con crema pasticciera.

Menu 130/150 € – Carta 80/140 €

🅰 ⇔ 🅿 *piazza San Gregorio 11 – ℰ 0331 640463 – Chiuso 7 agosto-7 settembre, 24 dicembre-5 gennaio, lunedì-martedì a mezzogiorno, mercoledì, giovedì-sabato a mezzogiorno*

in prossimità uscita autostrada di Busto Arsizio Nord - Ovest :
2 km:

⁂○ **IDEA VERDE**

PESCE E FRUTTI DI MARE · ALLA MODA ✕✕ Continua a preferire il mare, la cucina di questo allegro locale dalle ampie vetrate, immerso in un tranquillo giardino.

Menu 27/100 € – Carta 35/100 €

🗫 🏠 � 🅰 ⇔ 🅿 *via San Francesco 17/19 – ℰ 0331 629487 – www.ristoranteideaverde.it – Chiuso 31 dicembre-5 gennaio, 10-16 agosto, sabato a mezzogiorno, domenica*

OLIENA – Nuoro (NU) → Vedere Sardegna

ONEGLIA – Imperia (IM) → Vedere Imperia

ORBASSANO

✉ 10043 – Torino (TO) – Carta regionale n° **12**–A1 – Carta stradale Michelin 561-G4

⁂○ **CASA FORMAT**

MODERNA · DESIGN ✕✕ Un nuovo progetto di cucina e ospitalità responsabile che si declina in tutte le sue possibili varianti: dalla struttura vera e propria all'orto, passando per la selezione dei fornitori, tutto è pensato per un futuro più sostenibile mettendo in risalto la qualità delle scelte fatte. Moderne camere per completare il soggiorno.

⚂ *L'impegno dello chef: "Siamo totalmente autosufficienti dal punto di vista del fabbisogno energetico e per questo totalmente sostenibili. La nostra casa è una costruzione ad impatto zero a cui fa eco un orto naturale di ben 2000 mq. Contenimento dello spreco e riciclo mirato sono i dogmi della nostra struttura"*

Menu 45 € – Carta 45/70 €

🗫 ⅙ 🅰 🅿 *via Giordano Bruno 13, località Tetti Valfrè – ℰ 011 903 5436 – www.casaformat.it – Chiuso 1-25 gennaio, martedì a mezzogiorno, mercoledì*

ORBETELLO

✉ 58015 – Grosseto (GR) – Carta regionale n° **18**–C3 – Carta stradale Michelin 563-O15

FONTEBLANDA – Carta regionale n° **18**-C3

VILLA TALAMO ⓝ

VILLA PATRONALE · STORICO In una villa storica risalente al XVIII secolo con davanti la distesa blu del mare e alle spalle l'abbraccio delle dolci colline, camere raffinate arredate con mobili d'epoca per un soggiorno che si farà ricordare.

🏊 ≼ 🚘 🎴 🅿 8 camere

via Gaetano Carotti 8 (Sud: 1 km) –
℘ 342 955 3141 – villatalamo.com

ORIA

✉ 72024 – Brindisi (BR) – Carta regionale n° **15**-C2

MASSERIA PALOMBARA ⓝ

TRADIZIONALE · REGIONALE Nasce dal recupero conservativo di un'autentica masseria, costruita tra il 1600 ed il 1800, ad Oria, nel cuore del Salento; non lontana dal mare, la struttura è immersa in circa 100 ettari di natura incontaminata costituita da oliveti, palmeti e mandorleti. Camere ampie e confortevoli, ma – volutamente – prive di televisore, per favorire il completo relax.

⛲ 🚘 🛎 💈 🅿 20 camere

sp 57, strada provinciale per Manduria 2,5 (Sud: 3 km) –
℘ 0831 849784 –
www.masseriapalombararesort.com

ORIGGIO

✉ 21040 – Varese (VA) – Carta regionale n° **10**-A2 – Carta stradale Michelin 561-F9

EL PRIMERO

SUDAMERICANA · MINIMALISTA ✗ Struttura di design dall'ottimo impatto scenico, soprattutto in virtù delle prime montagne che si scorgono in prospettiva; al suo interno, una grande sala ospita una cucina sudamericana che ha nella griglia a vista il suo punto di forza. Ambiente semplice e approccio cordiale.

Carta 29/84 €

🍴 🅿 *largo Umberto Boccioni 3 –*
℘ 393 884 8423 – www.elprimero.it –
Chiuso sabato a mezzogiorno

ORMEA

✉ 12078 – Cuneo (CN) – Carta stradale Michelin 561-J5

a Ponte di Nava Sud - Ovest : 6 km – Carta regionale n° **12**-C3

PONTE DI NAVA-DA BEPPE

PIEMONTESE · AMBIENTE CLASSICO ✗ Il menu riflette l'ambiguità territoriale in cui sorge Ponte di Nava, fondendo le tradizioni langarole con quelle dell'entroterra ligure. Ecco allora che dalla cucina giungono funghi e tartufi, bagna caoda, cacciagione... Un caposaldo della cucina appenninica!

Specialità: Battuta di Fassona piemontese con "frittini" d' erba cipollina. Gnocchetti di farina di castagne alla fonduta di Raschera. Semifreddo al Castelmagno con melata di tarassaco.

Menu 20/28 € – Carta 25/55 €

🍸 ≼ ♿ 🅿 *via Nazionale 32 –*
℘ 0174 399924 – www.hotelpontedinava.it –
Chiuso 11 gennaio-20 marzo, martedì sera, mercoledì

ORNAGO

✉ 20876 – Monza e Brianza (MB) – Carta regionale n° **10**–B2 –
Carta stradale Michelin 561-E10

ⅈ○ **OSTERIA DELLA BUONA CONDOTTA**

LOMBARDA · **CONTESTO TRADIZIONALE** Ⅹ Un cascinale d'inizio '900, sapientemente ristrutturato, ospita questo piacevole ristorante che propone una cucina d'impronta regionale con antipasti e piatti di carne, varietà di formaggi, pesci di acqua dolce e buona selezione di vini.

Menu 20 € (pranzo) – Carta 35/45 €

🛱 🕮 ⇔ 🅿 *via per Cavenago 2 - ☏ 039 691 9056 – buonacondotta.com –*
Chiuso domenica sera

OROSEI – Nuoro (NU) → Vedere Sardegna

ORTA SAN GIULIO

✉ 28016 – Novara (NO) – Carta regionale n° **13**–A2 – Carta stradale Michelin 561-E7

⁜ ⁜ **VILLA CRESPI**

Chef: Antonino Cannavacciuolo

CREATIVA · **LUSSO** ⅩⅩⅩ Icona dell'ospitalità nella meravigliosa cornice del lago D'Orta, fu Cristoforo Benigno Crespi, proprietario della villa nel 1879, a sceglierne lo stile moresco come inspirazione per una dimora da sogno, tra stucchi e intarsi, in un ideale viaggio attraverso il Medioriente.

Ma è stato – poi - il bravissimo Antonino Cannavacciuolo a renderlo luogo celebre nel Bel Paese e non solo. Lo chef di Vico Equense ci mette il cuore, ma anche tecnica e precisione estetica per creare piatti dai sapori netti e ben distinti, valorizzati anche da due menu degustazione dai titoli fortemente evocativi: *Carpe Diem* ed *Itinerario dal sud al nord Italia*, dove si spazia dalla Campania al Piemonte con una disinvoltura consentita solo ai "grandi".

Specialità: Linguina di Gragnano, calamaretti, salsa al pane di segale. Piccione, fegato grasso al grué di cacao, salsa al Banyuls. Sfera di bonet.

Menu 150/180 € – Carta 140/185 €

🕸 🛏 ⅊ 🕮 ⇔ 🅿 *Hotel Villa Crespi, via Fava 18 (Est: 1,5 km) - ☏ 0322 911902 –*
www.villacrespi.it – Chiuso 7 gennaio-7 febbraio, lunedì, martedì a mezzogiorno

⁜ **LOCANDA DI ORTA**

MODERNA · **ROMANTICO** ⅩⅩ Nel centro storico di uno dei borghi lacustri più romantici d'Italia, una cartolina d'altri tempi, questo piccolo edificio ospita un ristorante dal design moderno con un romantico tavolino sul terrazzino esterno per soli due coperti. La cucina si vuole creativa, precisa, attenta a coniugare ingredienti di acqua dolce con le ottime carni piemontesi.

Ogni ricetta è personalizzata ed il contrasto dei sapori e delle consistenze spesso esaltato; per quanto concerne la proposta enoica una brava sommelier saprà orientarvi nella minuziosa carta dei vini. Degni di nota, infine, i dessert: divertenti ed intriganti!

Specialità: Carbonara di mare. Il mio piccione. Cinquanta sfumature di cioccolato.

Menu 90/110 € – Carta 94/118 €

🕸 ⇦ 🛱 *via Olina 18 - ☏ 0322 905188 – www.locandaorta.com –*
Chiuso 10 gennaio-1 marzo, martedì, mercoledì a mezzogiorno

🏛 **VILLA CRESPI**

GRAN LUSSO · **STORICO** Sulla struttura campeggia un minareto a ricordo di quel signor Crespi che, incantato dal fascino di Baghdad dove acquistava partite di cotone, fece costruire qui - a fine '800 - questa villa in stile moresco. Letti a baldacchino e mobili del XVIII e XIX secolo nelle splendide suite: tutte diverse tra loro per la scelta di un colore dominante nell'arredo, altro non fanno che contribuire alla magia da "Mille e Una Notte" di questa raffinata dimora.

🛏 ⊡ 🕮 🅿 14 camere – 8 suites

via Fava 18 (Est: 1,5 km) - ☏ 0322 911902 – www.villacrespi.it

⁜⁜ **Villa Crespi** – Vedere selezione ristoranti

ORTISEI • ST. ULRICH

✉ 39046 – Bolzano (BZ) – Carta regionale n° **19**–C2 – Carta stradale Michelin 562-C17

⛄ ANNA STUBEN

CREATIVA · ROMANTICO XxX Tante signore "Anna", spesso eccellenti cuoche, si sono succedute nella famiglia che gestisce il ristorante; anche se - oggi - ai fornelli c'è un brillante giovane cuoco, Reimund Brunner. Nel nome delle incantevoli stuben in cui si mangia se ne coltiva il ricordo, mentre la cucina prende il volo verso proposte più sofisticate, spesso basate su prodotti del territorio alpino. Di altissima qualità il servizio, prodigo di attenzioni nei confronti dei clienti. Se dopo cena la lontananza sconsiglia di mettersi in viaggio, deliziose camere – arredate nel tipico stile montano, destinate a chi preferisce l'eleganza classica senza sussulti modaioli – completano un quadro ideale per chi è alla ricerca di un soggiorno gourmet e romantico.

Specialità: Salmerino, sambuco, cetriolo, limone. Agnello della val di Funes, ravioli e variazione di prezzemolo. Cioccolato dell'Alto Adige, frutti di stagione, gelato al pistacchio e rosmarino, streusel al cioccolato.

Menu 106/130 € – Carta 82/102 €

🏨 ⇄ 🚗 *Hotel Gardena-Grödnerhof, via Vidalong 3 – ☎ 0471 796315 – www.annastuben.it – Chiuso 29 marzo-5 giugno, 4 ottobre-4 dicembre, lunedì-sabato a mezzogiorno, domenica*

🍴 TUBLADEL

CREATIVA · ROMANTICO XX Avvolti nei legni e nel calore di quella che sembra un'antica baita di montagna, la cucina prevede qualche spunto del territorio, ma se ne discosta volentieri, verso interpretazioni più creative, spesso di grande qualità. E' un'ottima tappa gourmet da non perdere nel vostro soggiorno ad Ortisei.

Carta 45/70 €

🍽 ⇄ 🅿 *via Trebinger 22 – ☎ 0471 796879 – www.tubladel.com – Chiuso 1 dicembre, 15 aprile-10 giugno*

🏨 GARDENA-GRÖDNERHOF

LUSSO · ELEGANTE Il palace alpino per eccellenza, svetta sul centro della località come un palazzo da mille e una notte. Ampi spazi e un eccellente servizio vi attendono all'interno, mentre le camere sono arredate nel tipico stile montano, destinate a chi preferisce l'eleganza classica senza sussulti modaioli. Se amate la spa, qui ne troverete una delle più grandi e moderne.

🏋 ⫷ 🛏 🔲 🛁 🏊 🅿 🚗 48 camere – 6 suites

via Vidalong 3 – ☎ 0471 796315 – www.gardena.it

⛄ **Anna Stuben** – Vedere selezione ristoranti

🏨 ALPIN GARDEN WELLNESS RESORT

SPA E WELLNESS · STILE MONTANO Ai piani eleganti camere in stile alpino, ma se volete un brivido di raffinato design scegliete quelle dislocate al quarto: legni antichi, arredi moderni e vivaci colori. Per la tranquillità degli ospiti, sono accettati adulti a partire dai sedici anni.

🏋 🏊 ⫷ 🔲 🛁 🚗 27 camere – 5 suites

via J. Skasa 68 – ☎ 0471 796021 – www.alpingarden.com

🏨 MONTCHALET

LUSSO · STILE MONTANO In posizione centrale, ma leggermente defilata, soleggiata e tranquilla, questa caratteristica struttura interamente rivestita in legno mette a disposizione degli ospiti eleganti suite in stile montano-contemporaneo per un soggiorno all'insegna di relax ed esclusività. Quasi tutte le camere dispongono di sauna, bagno turco e/o whirlpool.

🏋 🏊 🔲 🛁 🚗 16 suites

via Paul Grohmann 97 – ☎ 0471 798651 – www.montchalet.it

a Bulla Sud - Ovest : 6 km – Carta regionale n° **19**–C2

 UHRERHOF-DEUR

STORICO · STILE MONTANO In una piccola frazione, Ortisei appare piccola e lontana da questo nido di romanticismo, dove quasi tutte le camere beneficiano di una bella vista sulla vallata; le ultime nate, rivestite di legno antico, sono quelle che ci sono piaciute di più, insieme alla calorosa ospitalità della proprietaria e al giardino con 6000 rose. Splendide stuben al ristorante, di cui una originale del '400.

☆ ⅋ ⪡ ⇔ 🕸 ⊡ 🅿 🚗 10 camere – 3 suites

Bulla 26 – ☎ 0471 797335 – www.uhrerhof.com

ORVIETO

✉ 05018 – Terni (TR) – Carta regionale n° **20**–B3 – Carta stradale Michelin 563-N18

🍴◯ **I SETTE CONSOLI**

MODERNA · AMBIENTE CLASSICO ✗✗ In un locale sobrio eppure dal tono signorile, indimenticabili proposte di cucina moderna accanto a richiami del territorio; servizio estivo serale in giardino con splendida vista sul Duomo.

Menu 47 € – Carta 50/55 €

🕸 ⇔ 🏠 🕮 *piazza Sant'Angelo 1/A – ☎ 0763 343911 – www.isetteconsoli.it – Chiuso mercoledì, domenica sera*

🍴◯ **LA PALOMBA**

REGIONALE · FAMILIARE ✗ Vera e ruspante trattoria del centro storico, gestita dalla stessa famiglia da più di 50 anni: da sempre propongono agli ospiti la cucina umbra con paste fatte in casa, cacciagione e il proverbiale piccione!

Carta 18/34 €

🕮 *via Cipriano Manente 16 – ☎ 0763 343395 – Chiuso 7-21 luglio, mercoledì*

a Morrano Nuovo Nord : 12 km – Carta regionale n° **20**–B3

☺ **DA GREGORIO**

REGIONALE · SEMPLICE ✗ Trattoria semplice a conduzione familiare, che con la rinnovata energia della seconda generazione si migliora di giorno in giorno; la sobria atmosfera accompagna una cucina umbra ricca di gusto e sapore. Vale la pena fare un po' di strada per raggiungerla.

Specialità: Terrina di piccione con pane bianco tostato riduzione di lamponi e tartufo nero. Tagliatella con ragù di cortile e olive nere disidratate all' arancia. Ricotta di capra con confettura di visciole e crumble di fave di cacao.

Carta 25/45 €

🏠 ⅋ *S. P. 101, 136 – ☎ 0763 215011 – Chiuso mercoledì*

a Rocca Ripesena Ovest : 5 km per Viterbo - Carta regionale n° **20**–A3

🏠 **ALTAROCCA WINE RESORT**

CASA DI CAMPAGNA · PERSONALIZZATO Una moderna country house diffusa su più edifici in uno splendido paesaggio collinare, dove funzionalità ed organizzazione sono a livello di un vero e proprio hotel: camere accoglienti, un bel centro benessere e tanto, tanto verde tutto attorno.

☆ ⅋ ⪡ ⇔ 🛋 🖥 🕸 🕸 ⅃ⅆ ⊡ ⅋ 🕮 🅿 36 camere

Rocca Ripesena 62 – ☎ 0763 344210 – www.altaroccawineresort.com

🏠 **LOCANDA PALAZZONE**   `Tablet.PLUS`

CASA DI CAMPAGNA · STORICO Residenza cardinalizia del 1299, incastonata in uno straordinario paesaggio, bifore e tufo introducono in camere dagli arredi moderni e ricercati, tutte soppalcate tranne una. Tutto attorno vigne, alcune di proprietà: di fatti sul retro c'è la propria omonima cantina.

☆ ⅋ ⪡ ⇔ 🛋 ⊡ ⅋ 🕮 🅿 7 camere

Rocca Ripesena 67 – ☎ 0763 393614 – www.locandapalazzone.com

ORZINUOVI

✉ 25034 – Brescia (BS) – Carta regionale n° **10**–D2 – Carta stradale Michelin 561-E13

🕸 **SEDICESIMO SECOLO**

Chef: Simone Breda

CREATIVA · **CONTESTO REGIONALE** 🗶🗶 Il nome fa riferimento all'epoca d'origine dell'edificio in cui si è ricavata la sala; tra pavimento in cotto, soffitti originali, camini, la modernità degli arredi, però, dona all'insieme la giusta armonia. La carta mostra una certa attitudine alla fantasia, molta carne, un po' di pesce e qualche riferimento al territorio, mentre lo stile è decisamente moderno-creativo.

Se il menu offre tanta scelta per tutti i gusti, i contenuti sono soprattutto pensati ed elaborati con la maestria di un cuoco che conosce bene le basi della chimica ai fornelli e ha un buon palato "settato" sulla leggerezza.

Cucina dai sapori decisi, ma mai invasivi, per piatti che si impongono con raffinatezza, eleganza e gusto. Sedicesimo secolo, ma mood del ventunesimo.

Specialità: Tiepido di storione, caviale, bieta e Franciacorta. Piccione in 3 servizi. Latte, cioccolato, caramello.

Menu 65/80 € – Carta 60/78 €

& 🎬 ⇔ 🅿 *via Gerolanuova 4, località Pudiano – ℰ 030 563 6125 –*
www.ristorantesedicesimosecolo.it – Chiuso lunedì, sabato a mezzogiorno, domenica sera

a Barco Sud-Est: 3 km

🍴 **SAUR**

MODERNA · **CONTESTO CONTEMPORANEO** 🗶🗶 In una piccolissima frazione agricola, con degli interni però molto contemporanei - quasi minimal – cucina moderna con grande attenzione alla stagionalità, nonché alla regionalità dei prodotti. La carta dei vini offre un panorama prevalentemente italiano, senza tralasciare un piccolo sguardo anche ad alcune etichette d'Oltralpe.

Menu 35/50 € – Carta 41/50 €

🏠 & *via Filippo Turati 8 – ℰ 030 941149 – www.ristorantesaur.it –*
Chiuso 7-16 gennaio, 14 giugno-3 luglio, lunedì-martedì a mezzogiorno, mercoledì, giovedì-sabato a mezzogiorno

OSIO SOTTO

✉ 24046 – Bergamo (BG) – Carta regionale n° **10**–C2 – Carta stradale Michelin 561-F10

🍴 **LA BRASERIA**

CARNE · **ACCOGLIENTE** 🗶🗶 Ristorante rustico-elegante in pieno centro, la cui versatilità lo porta ad essere anche macelleria gourmet con pregevoli varietà di carni (la selezione di fiorentine – qui – si fa seria!), preparazioni alla griglia e ricette di gusto contemporaneo. Per i piccoli ospiti, la "Casa Giocattolo", ovvero: camere ispirate alla favola di Biancaneve.

Menu 20 € (pranzo), 48/70 € – Carta 35/150 €

⇔ 🏠 🎬 *via Risorgimento 15/17 – ℰ 035 808692 – www.la-braseria.com –*
Chiuso 26 dicembre-6 gennaio, 8-29 agosto, sabato a mezzogiorno

OSPEDALETTI

✉ 18014 – Imperia (IM) – Carta regionale n° **8**–A3 – Carta stradale Michelin 561-K5

🍴 **BYBLOS**

PESCE E FRUTTI DI MARE · **ELEGANTE** 🗶🗶 All'estremo della bella passeggiata, con pista ciclabile che porta proprio dinnanzi all'ingresso, ristorante di una certa eleganza affacciato sul mare molto frequentato da habitué locali e conosciutissimo in zona: piatti a base di pesce semplici e gustosi. Imperdibile una sosta nella panoramica veranda coperta.

Menu 35/60 € – Carta 45/75 €

≼ 🏠 🎬 🅿 *lungomare Colombo 6/8 – ℰ 0184 689002 – www.ristorantebyblos.it –*
Chiuso lunedì

OSPEDALETTO – Verona (VR) ➜ Vedere Pescantina

OSPEDALETTO D'ALPINOLO

✉ 83014 – Avellino (AV) – Carta regionale n° **4**–B2 – Carta stradale Michelin 564-E26

🏶 OSTERIA DEL GALLO E DELLA VOLPE

REGIONALE · **CONTESTO CONTEMPORANEO** ✕✕ Una sala accogliente, pochi tavoli e molto spazio, per una conduzione familiare dal servizio curato e cordiale; il menu propone la tradizione locale con alcune personalizzazioni. Specialità: tagliolino fatto a mano con pesto di aglio orsino, pomodorino confit e ricotta - stracotto di guancia di vitello all'Aglianico e mela annurca.

Specialità: Faraona disossata, ripiena di carne macinata di vitello, maiale e fegatini di faraona su salsa di finocchio bruciato. Ravioloni con ripieno di patate e baccalà, pomodorino gratinato e pecorino. Mousse di torrone.

Menu 28/37 € – Carta 30/38 €

🅰️🅲 *piazza Umberto I° 14 –*
☎ *0825 691225 – www.osteriadelgalloedellavolpe.it –*
Chiuso lunedì, martedì-venerdì a mezzogiorno, domenica sera

OSSANA

✉ 38026 – Trento (TN) – Carta regionale n° **19**–B2 – Carta stradale Michelin 562-D14

🏶 ANTICA OSTERIA

REGIONALE · **ROMANTICO** Al centro di un gradevole paesino all'imbocco della Val di Peio e ai piedi delle cime del gruppo della Presanella, piacevole ristorante diviso in tre salette ricche di fascino montano ed antico al tempo stesso. Tutta la famiglia è dedita all'attività, con risultati proverbiali: sapori regionali in ricette sfiziose, nelle quali si utilizza il meglio degli ingredienti stagionali della zona. *In primis*, carne e cacciagione.

Specialità: Carne salada di cervo di nostra produzione con del pane nero e burro aromatizzato. Risotto alle ciliegie con yogurt acido. Tris di mouse al cioccolato con gelato ai frutti di bosco.

Carta 33/50 €

🔁 🔄 *via Venezia 11 – ☎ 0463 751713 – www.anticaosteriaossana.net –*
Chiuso lunedì-martedì a mezzogiorno, mercoledì, giovedì-venerdì a mezzogiorno

OSTUNI

✉ 72017 – Brindisi (BR) – Carta regionale n° **15**–C2 – Carta stradale Michelin 564-E34

🌸 CIELO

CREATIVA · **LUSSO** ✕✕✕ *Causa emergenza COVID-19 chiuso temporaneamente fino a marzo 2021.*

Nella città bianca con i gradini in pietra calcarea, le chianche medioevali, proprio in cima alla località troverete, ricavato in un'antica magione nel rispetto dell'architettura primigena, uno splendido relais che – non a caso – si chiama La Sommità; e cosa ci può essere in tale contesto se non un Cielo? Protagonisti di romantiche cene estive tra gli agrumi della piccola corte interna oppure ospiti della sala dal soffitto a botte, la cucina parte dall'eccellenze gastronomiche della regione, ma la mano dello chef vira verso una linea più creativa. Curiosità: a pochi metri dal ristorante c'è il Convento di santa Maria Novella che ospita le "mamma più antica del mondo". E' lo scheletro di una giovane incinta, sepolta con il feto, 26 mila anni orsono!

Specialità: Maialino affumicato con caco, sesamo nero, topinambur e frutti di bosco. Pluma di patanegra, burrata e ricci di mare. Omaggio a mio padre: uovo e farina.

Menu 85 € – Carta 75/100 €

🏨 🅰️🅲 *Hotel La Sommità, via Scipione Petrarolo 7 –*
☎ *0831 305925 – www.lasommita.it –*
Chiuso 1 gennaio-14 marzo

OSTERIA PIAZZETTA CATTEDRALE

REGIONALE · ELEGANTE X A pochi metri dalla cattedrale, moglie in cucina e marito in sala gestiscono questo locale come una piccola bomboniera; dai pavimenti ai lampadari, tutto è elegante e con il sapore di un raffinato salotto di una casa privata, complici anche i pochi tavoli a disposizione (per cui, soprattutto in alta stagione, è consigliabile prenotare). I piatti omaggiano i tanti prodotti regionali.

Specialità: Polpo fresco, crema di patate al limone, pomodori confit e salsa teriyaki. Orecchiette di grano arso, ceci, vongole e pomodorino giallo. Semifreddo di tiramisu', fragole e brownie di frutta secca.

Menu 35/40 € – Carta 30/50 €

AC *largo Arcidiacono Trinchera 7 – ℰ 0831 335026 – www.piazzettacattedrale.it –* Chiuso 11 gennaio-28 febbraio, martedì a mezzogiorno

PORTA NOVA

PESCE E FRUTTI DI MARE · CHIC XX *Location* invidiabile su un torrione aragonese con vista panoramica sulla distesa di ulivi e sulla Marina di Ostuni, per questo elegante ristorante che propone essenzialmente cucina di mare.

Menu 40/70 € – Carta 40/70 €

斧 AC ⇔ *via Petrarolo 38 – ℰ 0831 338983 – www.ristoranteportanova.it*

LA SOMMITÀ

LUSSO · MINIMALISTA *Causa emergenza COVID-19 chiuso temporaneamente fino a marzo 2021.*

Nella parte più alta di Ostuni, in un palazzo cinquecentesco, eleganti camere in stile moderno-minimalista ed imperdibili terrazze con vista mozzafiato. A pranzo, in alternativa al gourmet, anche una formula bistrot con piatti del territorio.

斧 ⋑ ⋚ 🔲 AC 10 camere – 5 suites

via Scipione Petrarolo 7 – ℰ 0831 305925 – www.lasommita.it

❀ **Cielo** – Vedere selezione ristoranti

MASSERIA CERVAROLO

DIMORA STORICA · PERSONALIZZATO Adagiata su un riposante paesaggio collinare, la masseria cinquecentesca è stata convertita in elegante dimora di campagna, ricorrendo ai raffinati arredi dell'artigianato pugliese; tre camere in altrettanti trulli.

斧 ⋑ ⋐ ⌁ AC 🅿 17 camere

contrada Cervarolo, Sud-Ovest: 7 km, lungo la SP14 Ostuni-Martina Franca – ℰ *0831 303729 – www.masseriacervarolo.it*

MASSERIA LE CARRUBE

DIMORA STORICA · MEDITERRANEO Tipica masseria imbiancata a calce con i tradizionali tetti a coppi, immersa nel verde e nella tranquillità più totale, dove soggiornare in camere signorili e ambienti total white. E l'attenzione per il binomio psiche-soma continua a tavola con la proposta di una cucina vegetariana e vegana, nonché nello spazio benessere che in questa struttura è orientato più su tecniche meditative e di well-being mentale.

斧 ⋑ ⋐ ⌁ 歙 ₤ ⋔ AC 🅿 14 camere

strada statale 16 al km 873 – ℰ 0831 342595 – www.masserialecarrubeostuni.it

OTRANTO

✉ 73028 – Lecce (LE) – Carta regionale n° **15**-D3 – Carta stradale Michelin 564-G37

ATLANTIS-BEL AMI

PESCE E FRUTTI DI MARE · STILE MEDITERRANEO XX Gustose ricette di pesce, oltre a vari crudi e frutti di mare, in un ristorante sulla spiaggia con annesso stabilimento balneare: la zona è di suggestiva bellezza!

Carta 30/60 €

⋚ 斧 *via Porto Craulo – ℰ 0836 804401 – www.atlantisbeach.it –* Chiuso 1 dicembre-1 marzo

🍴 **RETROGUSTO**

REGIONALE · FAMILIARE 🍴 Ambiente classico con arredo semplice, ma di qualità, musica di sottofondo ed atmosfera informale: leggermente arretrato rispetto al lungomare, è solo una piccola deviazione di pochi metri compensata da una cucina di qualità dai tipici sapori salentini.

Carta 60/150 €

🍴 🅰️ via Tenente Eula 7 – ☎ +393207776406 – Chiuso 1-4 dicembre, martedì

OVADA

✉ 15076 – Alessandria (AL) – Carta regionale n° **12**-C3 – Carta stradale Michelin 561-I7

🍴 **LA VOLPINA**

PIEMONTESE · ACCOGLIENTE 🍴🍴 In tranquilla posizione collinare, La Volpina è una casa accogliente dove si propone una cucina del territorio - tra Piemonte e Liguria - con caratteristiche di entrambe le regioni: ricette reinterpretate ed alleggerite.

Menu 40/52 € – Carta 45/55 €

🍴 ⇔ 🅿️ strada Volpina 1 – ☎ 0143 86008 – www.ristorantelavolpina.it –
Chiuso 7-24 gennaio, 10-27 agosto, lunedì, martedì, mercoledì sera, domenica sera

🍴 **L'ARCHIVOLTO-OSTERIA NOSTRALE**

PIEMONTESE · TRATTORIA 🍴 Sulla piazza principale del paese, l'atmosfera è quella tipica e piacevolmente familiare di una trattoria, ma non sottovalutatene la cucina: dagli antipasti rustici al fassone, passando per i ravioli di carne fatti a mano. Qui troverete uno straordinario viaggio nel cuore gastronomico del Piemonte, a cui si aggiunge la nuova enoteca/bottega con tante bottiglie e prodotti alimentari in vendita; aperitivi all'ora di pranzo e cena.

Carta 30/70 €

🐌 ♿ 🅰️ piazza Garibaldi 25/26 – ☎ 0143 835208 –
www.archivoltoosterianostrale.it – Chiuso mercoledì

OVIGLIO

✉ 15026 – Alessandria (AL) – Carta regionale n° **12**-C2 – Carta stradale Michelin 561-H7

🍴 **BISTROT DONATELLA**

PIEMONTESE · ELEGANTE 🍴🍴 Nel cuore del piccolo paese, la variopinta sala vi accoglierà nella stagione fredda, ma col bel tempo è una corsa a prenotare un tavolo nella corte interna, sotto il campanile di Oviglio. Materie prime e ricette piemontesi sono il vanto di una carta semplice, ma gustosa.

Carta 32/40 €

🍴 ♿ 🅰️ piazza Umberto I°, 1 – ☎ 0131 776907 – www.donatellabistrot.it –
Chiuso lunedì, martedì, mercoledì-venerdì a mezzogiorno

PACENTRO

✉ 67030 – L'Aquila (AQ) – Carta regionale n° **1**-B2 – Carta stradale Michelin 563-P23

😊 **TAVERNA DEI CALDORA**

ABRUZZESE · CONTESTO STORICO 🍴 Un curioso intrico di stradine disegna il centro storico di Pacentro, mentre nelle cantine di un imponente palazzo del '500 si celebra la cucina regionale, che trova la propria massima espressione nella chitarra con tartufo e zafferano.

Specialità: "Sagna" (pasta tipica) con ricotta, prosciutto e pepe rosa. Coscio d'agnello marinato al vino ed erbe di montagna. Straccetto di agnello fritto con patate e verdure.

Menu 30/40 € – Carta 28/43 €

🍴 🅰️ piazza Umberto I 13 – ☎ 0864 41139 – Chiuso lunedì, martedì, domenica sera

PACHINO – Siracusa (SR) → Vedere Sicilia

PADENGHE SUL GARDA

✉ 25080 – Brescia (BS) – Carta regionale n° **9**–D1 – Carta stradale Michelin 561-F13

sulla strada statale Gardesana Est : 1 km

🍴○ **AQUARIVA**

TRADIZIONALE · DI TENDENZA ✕✕ In riva al lago, totale ristrutturazione per questo locale dotato di una bellissima terrazza affacciata sul porticciolo; il menu suggerisce piatti gourmet principalmente di mare, possibilmente accompagnati da una flûte della mirabile selezione di champagne.

Menu 55€ (pranzo), 65/80€ – Carta 70/90€

🏵 🍴 ♿ 🅰 ♻ 🅿 *via Marconi 57 –*

☎ 030 990 8899 –

www.aquariva.it

🍴○ **IL RIVALE - L'OSTERIA DI PALAZZO**

MEDITERRANEA · ACCOGLIENTE ✕✕ Cucina mediterranea in un locale accogliente distribuito su diversi ambienti, un "plus" la saletta in cantina con tante bottiglie a fare da arredo; ampio dehors con vista lago e curato giardino.

Menu 40€ (pranzo), 50/70€ – Carta 40/80€

🍴 ♿ 🅰 ♻ 🅿 *Hotel Splendido Bay, via Marconi 93 –*

☎ 030 990 8306 –

www.ilrivale.it

PADERNO DEL GRAPPA

✉ 31017 – Treviso (TV) – Carta regionale n° **23**–B2 – Carta stradale Michelin 562-E17

🍴○ **OSTERIA BELLAVISTA**

CONTEMPORANEA · FAMILIARE ✕ Ottima osteria di moderna concezione dalla calda accoglienza familiare. La cucina asseconda l'estro, il mercato e le tradizioni, orientandosi equamente su carne e pesce.

Carta 50/65€

🍴 🅰 🅿 *via Piovega 30, località Farra – ☎ 0423 949329 –*

www.osteriabellavista.tv.it – Chiuso 15 febbraio-3 marzo, 18 agosto-1 settembre, mercoledì

PADOVA

✉ 35122 – Padova (PD) – Carta regionale n° **23**–C3 – Carta stradale Michelin 562-F17

🍴○ **BELLE PARTI**

CLASSICA · ROMANTICO ✕✕✕ In un grazioso vicolo porticato del centro - in un ambiente caldamente intimo con quadri alle pareti, specchi e boiserie - il menu si accorda con le stagioni, proponendo una rassegna di gustosi piatti di carne e di pesce.

🅰 ♻ *via Belle Parti 11 –*

☎ 049 875 1822 – www.ristorantebelleparti.it –

Chiuso domenica

🍴○ **TOLA RASA**

MODERNA · DESIGN ✕✕✕ Lo chef rivisita con successo i classici della tradizione italiana in questo ristorante dal design elegante ed essenziale, con annessa enoteca e stuzzichini al piano terra. Per vederlo all'opera prenotate un tavolo di fronte alla cucina!

Menu 30€ (pranzo), 50/70€ – Carta 25/90€

🍴 ♿ 🅰 ♻ *via Vicenza 7 –*

☎ 049 723032 – www.tolarasa.it –

Chiuso mercoledì, giovedì a mezzogiorno

🍴 **19.94**

MODERNA · CONTESTO CONTEMPORANEO 🗙🗙 Ottima realtà sorta dal connubio tra la passione di un imprenditore vinicolo friulano e la professionalità di uno chef maturo e decisamente preparato. Ambiente moderno e contemporaneo, per una cucina che vuole imporsi con accostamenti intriganti ed una mano gentile che sa mantenere i sapori sobri e delicati, a proprio agio con carne e pesce. La vasta selezione enoica, arricchita anche da alcuni cocktail da consumarsi come aperitivo oppure after dinner, farà da contorno a scelte per tutti i gusti.

Menu 30 € (pranzo), 60/85 € – Carta 44/80 €

& 🅰 🄿 *via Sette Martiri 170 – ℰ 049 645 3754 – www.ristorante1994.it – Chiuso domenica sera*

🍴 **FUEL**

CREATIVA · AMBIENTE CLASSICO 🗙🗙 Affacciato sulla piazza più grande d'Italia, se alla tradizione preferite una sferzata creativa ecco l'indirizzo che vi darà la giusta benzina. C'è qualche richiamo alla cucina veneta, ma i piatti escono dal consueto e propongono accostamenti inediti e presentazioni ricercate.

Menu 55/65 € – Carta 10/60 €

🍴 & 🅰 *Prato della Valle 4/5 – ℰ 049 662429 – www.fuelristorante.com – Chiuso lunedì, domenica*

🏨 **METHIS** 🄝

TRADIZIONALE · MINIMALISTA Lungo il canale e non lontano dalla Specola, così come non è distante dal centro storico della città, Methis è un albergo dagli interni moderni e funzionali, che garantisce un buon confort anche grazie alla presenza di una piccola spa, nonché di un comodissimo parcheggio.

🛏 𝄙 🔁 & 🅰 🄿 45 camere – 2 suites

Riviera Paleocapa 70 – ℰ 049 872 5555 – www.methishotel.it

PAESTUM

✉ 84047 – Salerno (SA) – Carta regionale n° 4-C3 – Carta stradale Michelin 564-F27

🍴 **TRE OLIVI**

MODERNA · ELEGANTE 🗙🗙🗙 All'interno dell'albergo Savoy Beach, si cena in una delle più eleganti sale della zona, che rilegge in chiave contemporanea il tema dell'ulivo. In una delle aree di produzione più vocate, la carta dedica ampio spazio a diversi prodotti di bufala, dalla carne alla mozzarella, oltre alle tipiche proposte campane.

Menu 90/120 € – Carta 65/105 €

🕸 ⇆ 🚗 🍴 🅰 🄿 *Hotel Savoy Beach, via Poseidonia 41 – ℰ 0828720100 – www.treolivi.com – Chiuso 11 gennaio-11 febbraio, lunedì a mezzogiorno, martedì, mercoledì-venerdì a mezzogiorno*

🍴 **BREZZA MARINA**

CAMPANA · COLORATO 🗙🗙 Sarà una coppia di fratelli ad accogliervi in questo piacevole locale dove già la carta s'impone con una spiccata personalità: paste, dessert ed antipasti che - in realtà - valgono anche come piatti principali, mentre la maggior parte delle verdure provengono dal proprio orto. Cocktail bar Charlie Brown per il dopocena.

Menu 25/40 € – Carta 30/45 €

🍴 & 🅰 🄿 *via F. Gregorio 42 – ℰ 0828 851017 – Chiuso 1 dicembre-1 marzo, lunedì-martedì a mezzogiorno, mercoledì, giovedì-venerdì a mezzogiorno*

🍴 **DA NONNA SCEPPA**

REGIONALE · AMBIENTE CLASSICO 🗙🗙 Fondata negli anni '60 da nonna Giuseppa, la trattoria è diventata oggi ristorante, ma la conduzione è sempre nelle mani della stessa famiglia: nipoti e pronipoti si dividono tra sala e cucina dove la mano è da sempre femminile. Ricette del Cilento nel menu, che cambia quotidianamente. Pizzeria solo la sera.

Carta 40/60 €

🍴 🅰 🄿 *via Laura 45 – ℰ 0828 851064 – www.nonnasceppa.com – Chiuso*

a Capaccio Est: 9 km – Carta regionale n° **4**–C3

⛉ OSTERIA ARBUSTICO

Chef: Cristian Torsiello

MODERNA · ELEGANTE ✗✗ All'interno dell'hotel Royal, in una bianca e luminosa sala dell'eleganza contemporanea, i due fratelli Torsiello - uno in cucina, l'altro in sala - deliziano i clienti con una cucina originale e raffinata, che parte spesso dai prodotti del territorio campano per arrivare a creazioni di grande livello, a volte da applauso. Si scorge - ovunque - pulizia ed essenzialità: una semplicità tuttavia solo apparente e dietro alla quale c'è l'immenso lavoro tecnico del cuoco. Il piatto iconico dello chef è "Caccia all'anatra", ma gli ispettori consigliano di soffermarsi su uno dei tanti menu dai titoli accattivanti: radici, interazioni, naturae...

Specialità: Caccia all anatra. Agnello nocciole di Giffoni ed erbe di campo. Sorbetto di rapa rossa e ciliegia, mozzarella e cioccolato bianco.

Menu 65/85 €

⇨ 🖶 🅰🅒 🅿 *via Francesco Gregorio 40 – 𝒞 0828 851525 – www.osteriaarbustico.it – Chiuso 4 gennaio-30 marzo, martedì a mezzogiorno, mercoledì, giovedì-venerdì a mezzogiorno, domenica sera*

sulla strada statale 166 Nord - Est : 7,5 km

⛉ LE TRABE

CAMPANA · CONTESTO STORICO ✗✗ Non lontano dal paese, ma già in un contesto bucolico, il ristorante occupa un mulino ottocentesco, oggi ristrutturato e trasformato in elegante ristorante con tocchi rustici come il bel pavimento in cotto. Nel vasto e straordinario giardino c'è ancora il canale, che, all'inizio del Novecento, servì un'altra funzione che assunse all'epoca l'edificio: centrale idro-elettrica. La storia gastronomica di oggi ci viene raccontata dal cuoco di Napoli, nella cui cucina emergono tutto il cuore e la passione della città. Sono spesso le ricette più popolari e tradizionali, e quindi anche più gustose, che troverete in carta, e sulle quali lo chef lavora selezionando i migliori prodotti.

Specialità: Melanzana sott'olio. Il pollo Croccante. Migliaccio caldo freddo.

Menu 65/85 € – Carta 76/84 €

⛉ 🖶 🍴 🅰🅒 🅿 *via Capodifiume 4 – 𝒞 0828 724165 – www.letrabe.it – Chiuso 9 dicembre-12 febbraio, lunedì, martedì-venerdì a mezzogiorno, domenica sera*

PALAIA

✉ 56036 – Pisa (PI) – Carta regionale n° **18**–B2

🏠 VILLA LENA AGRITURISMO ⓝ   `Tablet.PLUS`

AGRITURISMO · AGRESTE Un originale agriturismo nel cuore della Toscana rurale che dispone di camere ed appartamenti, un ristorante a chilometro 0 ed una fondazione d'arte no profit. L'orto e il frutteto biologico - estesi su oltre due ettari - forniscono le migliori verdure alla base dei menu stagionali.

🏡 🕭 🖶 🏊 🅰🅒 🅿 23 camere

strada comunale di Toiano 42, località Toiano (Ovest: 5,5 km) – 𝒞 0587 083111 – www.villa-lena.it

PALAU – Olbia-Tempio (OT) → Vedere Sardegna

PALAZZAGO

✉ 24030 – Bergamo (BG) – Carta regionale n° **10**–C1 – Carta stradale Michelin 561-E10

🙂 OSTERIA BURLIGO

REGIONALE · SEMPLICE ✗ Semplice esercizio fuori porta dalla vivace gestione familiare, che propone piatti genuini e gustosi come l'orzotto con asparagi dell'Albenza o la gallina bollita di Barzana con salsa verde. Terrazza estiva.

Specialità: Antipasto di carciofi e uova. Gnocchi di pane al pesto e fagiolini. Torta d nocciola e cioccolato.

Carta 25/35 €

📍 *località Burligo 12 – ✆ 035 550456 – Chiuso lunedì, martedì, mercoledì-sabato a mezzogiorno*

PALAZZOLO ACREIDE – Siracusa (SR) → Vedere Sicilia

PALAZZOLO SULL'OGLIO

✉ 25036 – Brescia (BS) – Carta regionale n° **10**–D2 – Carta stradale Michelin 561-F11

🍴○ LA CORTE

CLASSICA · ROMANTICO XX Profuma di Mediterraneo la cucina di questo bel ristorante che alterna piatti di carne e pesce; stagionale nella scelta dei prodotti. Una visita nella fornitissima cantina è vivamente consigliata!

Menu 18 € (pranzo)/50 € – Carta 42/71 €

⅋⅋ 🛗 ⇔ 🅿 *via San Pancrazio 41 – ✆ 030 740 2136 – www.ilristorantelacorte.it – Chiuso 11-18 gennaio, 9-22 agosto, lunedì, sabato a mezzogiorno, domenica sera*

🍴○ OSTERIA DELLA VILLETTA

LOMBARDA · VINTAGE X Da oltre cent'anni baluardo della tradizione bresciana, arredi liberty e atmosfera retrò sono il contorno di gustosi piatti del territorio: tutti conditi da una genuina ospitalità familiare: ora alla quarta generazione!

Carta 35/40 €

🛗 ⇔ *via Marconi 104 – ✆ 030 740 1899 – www.osteriadellavilletta.it – Chiuso 31 dicembre-7 giugno, lunedì, martedì-mercoledì sera, domenica*

PALERMO – Palermo (PA) → Vedere Sicilia

PALINURO

✉ 84064 – Salerno (SA) – Carta regionale n° **4**–D3 – Carta stradale Michelin 564-G27

😊 DA CARMELO

PESCE E FRUTTI DI MARE · ACCOGLIENTE XX Al confine della località, lungo la statale per Camerota, il ristorante propone una gustosa cucina di mare, basata su ottime materie prime, il meglio di giornata che nonostante ci sia la carta, viene giustamente spiegato e raccontato a voce dalla signora Adele. Nell'aprile 2019 è stata inaugurata la sala interna: look elegante e nuove emozioni per il palato!

Specialità: Antipasto cilentano. Spaghetto alla Carmelo. Dolci fatti in casa.

Menu 35/60 € – Carta 35/50 €

⇔ 🛗 🅿 *località Isca – ✆ 340 657 7876 – www.ristorantebebdacarmelo.it – Chiuso 1 dicembre-1 marzo*

PALLANZA – Verbano-Cusio-Ossola (VB) → Vedere Verbania

PALMI

✉ 89015 – Reggio di Calabria (RC) – Carta regionale n° **3**–A3 – Carta stradale Michelin 564-L29

🍴○ DE GUSTIBUS-MAURIZIO

PESCE E FRUTTI DI MARE · ACCOGLIENTE XX Nel grazioso centro storico di Palmi, non lontano dai mozzafiato belvedere sulla costa a strapiombo sul mare, il ristorante - di calorosa gestione familiare - è intimo e accogliente. Il pesce la fa da padrone; tra le specialità, le varie interpretazioni di crudo, nonché la struncatura: una pasta lunga qui interpretata con alici fresche.

Carta 30/70 €

🛗 *viale delle Rimembranze 58/60 – ✆ 0966 25069 – www.degustibuspalmi.it – Chiuso lunedì, domenica sera*

PANICALE

✉ 06064 – Perugia (PG) – Carta regionale n° **20**–A2 – Carta stradale Michelin 563-M18

🍴 **LILLO TATINI**
REGIONALE · RUSTICO ⚡ Nel cuore di un borgo-castello di origini medioevali, caratteristici interni e piacevole dehors nella storica piazza; dalla cucina salumi locali, paste fresche, pesce di lago e tartufo (in stagione).

Menu 45/65 € – Carta 40/60 €

🎪 ⟷ *piazza Umberto I 13-14 – 𝒞 075 837771 – www.lillotatini.it –*
Chiuso 7 gennaio-5 marzo, lunedì

🏡 **VILLA REY**
CASA DI CAMPAGNA · PERSONALIZZATO Oasi di pace per questa country house distribuita su più strutture; interni dai confort moderni, ma il meglio si esprime - tempo permettendo - all'aperto, nel giardino e nella piscina. Ideale per relax o gite in mountan bike, il titolare avrà il piacere di mostrarvi simpatici percorsi.

🏔 🐾 ⟨ 🛏 ⤢ 🅰🅺 🅿 6 camere

località Santa Maria Seconda 13 – 𝒞 075 835 2286 – www.villarey.eu

PANTELLERIA – Trapani (TP) → Vedere Sicilia (Pantelleria Isola di)

PANTIERE – Pesaro e Urbino (PU) → Vedere Urbino

PANZANO – Firenze (FI) → Vedere Greve in Chianti

PARADISO – Udine (UD) → Vedere Pocenia

PARCINES • PARTSCHINS
✉ 39020 – Bolzano (BZ) – Carta regionale n° **19**–B2 – Carta stradale Michelin 562-B15

a Rablà Ovest : 2 km

🍴 **HANSWIRT**
REGIONALE · ROMANTICO ⚡⚡ Ricavato all'interno di un antico maso, stazione di posta, un locale elegante e piacevole, dall'ambiente caldo e tipicamente tirolese. In menu, piatti di cucina contemporanea rivisitata in chiave moderna. Ampio e piacevole dehors per soste gourmet all'aperto.

Menu 40 € (pranzo), 45/75 € – Carta 40/50 €

⟵ 🎪 & ⟷ 🅿 *Hotel Hanswirt, piazza Gerold 3 – 𝒞 0473 967148 –*
www.hanswirt.com – Chiuso 7 gennaio-1 aprile, 8 novembre-10 dicembre

🍴 **ROESSL**
REGIONALE · CONTESTO TRADIZIONALE ⚡⚡ All'interno dell'omonimo e centrale hotel con comodo parcheggio privato, la cucina alterna piatti della tradizione ad altri più contemporanei e - soprattutto - di stagione, in un locale gettonatissimo anche dagli abitanti del posto. Atmosfera curata.

Carta 43/65 €

⟵ ⟨ 🛏 🎪 & ⟷ 🅿 🚗 *Hotel Rooesl, via Venosta 26 – 𝒞 0473 967143 –*
www.roessl.com – Chiuso 1-27 dicembre, 3 gennaio-21 marzo

📮 43121 – Parma (PR)
Carta regionale n° **5**–A3
Carta stradale Michelin 562-H12

PARMA

Ci piace: l'ottimo pesce e il bel dehors affacciato sulla suggestiva piazzetta del ristorante **Meltemi**. Le ghiotte proposte di cucina tradizionale parmense del ristorante **Cocchi**. L'eleganza e la raffinatezza del ristorante **Parizzi**. Il piacere di una gita fuori porta, con sosta gastronomica alla **Trattoria Ai Due Platani**.

Dal 1973 si tosta il caffè per moka ed espresso utilizzato durante la giornata e accompagnato da pasticceria fresca e da piccoli bocconcini salati preparati al momento presso la Torrefazione Gallo. In pieno centro, visita "obbligata" alla Prosciutteria di Silvano Romani: i proverbiali insaccati della tradizione e le migliori specialità gastronomiche locali. Enoteca Galvani, il regno di Bacco nelle sue molteplici declinazioni: ottimi anche rhum, whisky e vodka.

Ristoranti

❀ **INKIOSTRO**

CREATIVA · DESIGN ✕✕ Aperto qualche anno fa proprio di fronte all'hotel Ink124 – sempre di proprietà delle sorelle Poli – le gentili signore hanno affidato la guida del loro angolo gourmet a Terry Giacomello: promotore della cucina molecolare in Italia, da lui appresa in Spagna. Locale dal design elegante-minimalista, la carta propone piatti incentrati su una materia prima di grande qualità trattata con intelligenza e rispetto in un twist creativo. Preparatevi, quindi, ad un viaggio attraverso gusti e consistenze provenienti da tutto il globo; Terry non mancherà d'incuriosire e stimolare i palati dei propri ospiti già dalle presentazioni: sempre inconsuete e mai scontate. Ottima selezione enologica, tra cui bollicine e champagne prestigiosi, quattro scelte di sakè ed altrettanti di birre. Affidatevi al bravissimo maître: saprà consigliarvi al meglio anche per i vini al calice.

Specialità: Spirale di uovo cotto a freddo, albume montato, contrasti acidi e piccanti. Tagliolini di bianco di uovo, il suo rosso, crema di parmigiano e caviale di tartufo nero. Millefoglie.

Menu 80/135 € – Carta 90/135 €

❀ & 🅼 ✤ 🅿 Fuori pianta – *Hotel Link124, via San Leonardo 124 –* ☏ *0521 776047 –*
www.ristoranteinkiostro.it –
Chiuso sabato a mezzogiorno, domenica

464

🏵 PARIZZI

CREATIVA · ELEGANTE XiX Cucina basata su un'accurata selezione delle materie prime, che presuppone un lavoro di ricerca dei migliori fornitori, ma – al tempo stesso – gustosa e leggera. Vi troverete riferimenti parmigiani, ma anche tanta creatività, piatti di terra e di mare con un po' più di slancio per quest'ultimo. Un simbolo dell'eccellenza emiliana nel campo della ristorazione grazie a Marco, chef-patron, e alla gentile consorte – in sala – a garantire un servizio al top!

Specialità: Scaloppa di foie gras con gelato alla zucca, pane alle banane e salsa all'uva. Astice rosolato al rosmarino, patate e zucchine, salsa all'arancio. Mont Blanc (con gelato montato al momento).

Menu 75 € – Carta 52/70 €

🕸 ⇦ ᬀ 〽 ⇔ Pianta: C2-h – *Parizzi Suites & Studio, strada della Repubblica 71 – ℰ 0521 285952 – www.ristoranteparizzi.it – Chiuso 2-24 agosto, lunedì*

😊 I TRI SIOCHÈTT

TRADIZIONALE · CASA DI CAMPAGNA X Appena fuori dall'agglomerato urbano, già in aperta campagna, una bella casa colonica - colorata ed invitante - ospita quest'antica trattoria, un tempo gestita da una sorella e due fratelli un po' pazzerelli, i tri siochètt, oggi fucina di specialità gastronomiche locali per golosi buongustai. In bella vista numerosi salumi locali, fra cui una *culaccia* d'autore.

Specialità: torta fritta con prosciutto di Langhirano, salame di Felino e la coppa. Tortelli di erbette, di zucca e di patate. Sorbetto di vaniglia al rhum e amarene denocciolate.

Menu 25/35 € – Carta 26/39 €

🛱 ᬀ 〽 ⇔ 🅿 Fuori pianta – *strada Farnese 74 (Sud-Ovest: 2 km) – ℰ 0521 968870 – www.itrisiochett.it – Chiuso domenica sera*

😊 OSTERIA DEL 36

EMILIANA · OSTERIA X La più antica osteria del centro, dal 1880 delizia cittadini e turisti in due salette semplici e conviviali. Cucina regionale, molti piatti sono preparati all'istante, dalle ottime paste ad un morbidissimo gelato alla crema. La carta dei vini è notevole e presenta etichette di grande qualità, non solo nazionali.

Specialità: Il tagliere di Parma. Tortelli di erbetta, burro fuso e parmigiano. Gelato di crema di nostra produzione mantecato al momento.

Carta 30/45 €

🕸 ᬀ 〽 Pianta: C1-m – *via Saffi 26/a – ℰ 0521 287061 – www.osteriadel36.it – Chiuso 23 dicembre-3 gennaio, domenica*

�🍽 COCCHI

EMILIANA · FAMILIARE XX Annessa all'hotel Daniel, una gloria cittadina che, in due ambienti raccolti e rustici, propone la tipica cucina parmigiana con inserti di piatti e prodotti che seguono il succedersi delle stagioni; il tutto accompagnato da una ricercata lista dei vini.

Carta 34/60 €

🕸 ⇦ 〽 ⇔ 🅿 Pianta: A1-a – *Hotel Daniel, via Gramsci 16/a – ℰ 0521 981990 – www.ristorantecocchi.it – Chiuso 31 luglio-29 agosto, sabato*

�🍽 MELTEMI

PESCE E FRUTTI DI MARE · DESIGN XX Ambiente contemporaneo, quasi fosse un bistrot moderno, Meltemi propone piatti esclusivamente di pesce, con diverse alternative di crudo tra gli antipasti, ed un'ampia scelta di champagne, nonché bollicine italiane. Servizio attento e professionale, a tratti anche piacevolmente informale.

Menu 15 € (pranzo)/50 € – Carta 40/85 €

🛱 ᬀ 〽 Pianta: B2-t – *piazzale Carbone 3 – ℰ 0521 030814 – www.ristorantemeltemi.com – Chiuso lunedì a mezzogiorno, domenica*

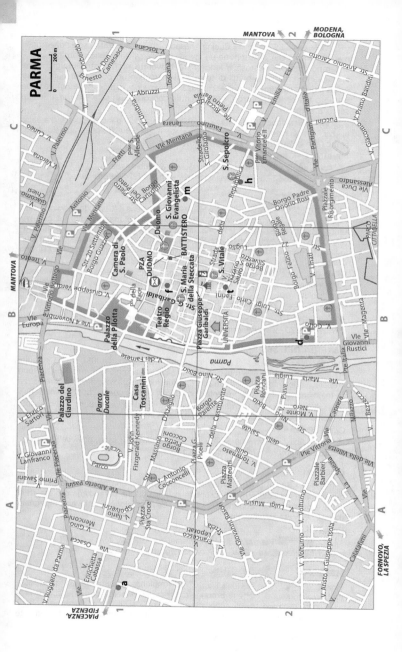

¶○ PARMA ROTTA

GRIGLIA · CONTESTO TRADIZIONALE %% Il nome è quello attribuito al quartiere ai tempi in cui le piene del torrente Parma rompevano gli argini. All'interno di una vecchia casa colonica, un labirinto di salette ospita una cucina che trova la propria massima espressione nei dolci, in particolare le praline, nonché nelle specialità allo spiedo e alla brace rigorosamente di legna.

Carta 35/70 €

🕸 🍴 ⇄ 🅿 **Fuori pianta** – *strada Langhirano 158* – ℰ *0521 966738* – *www.parmarotta.com* – *Chiuso lunedì, domenica*

¶○ AL TRAMEZZO

MODERNA · AMBIENTE CLASSICO %% E' Marta al timone di questo solido ristorante tutto al femminile, che pur rimanendo fedele alla tradizione locale non manca di proporre anche ricette più creative.

Carta 47/80 €

🕸 🍴 🅰🅲 ⇄ **Fuori pianta** – *via Del Bono 5/b* – ℰ *0521 487906* – *www.altramezzo.it* – *Chiuso domenica*

¶○ LA FORCHETTA

CLASSICA · SEMPLICE % Nel cuore del centro storico, un ambiente familiare dove le tradizioni parmigiane convivono con il pesce: passione dello chef-patron, siciliano di nascita, ma emiliano d'adozione!

Carta 30/60 €

🍴 ♿ 🅰🅲 **Pianta: B1-f** – *borgo San Biagio 6/d* – ℰ *0521 208812* – *www.laforchettaparma.it* – *Chiuso martedì*

Alberghi

🏨 LINK124

BUSINESS · CONTEMPORANEO Non lontano dal casello autostradale, è un albergo a vocazione business in un moderno edificio, di cui si apprezzeranno le camere ottimamente insonorizzate, la sobrietà dei colori e la contemporaneità degli arredi.

🏋 🛎 🧖 🔒 ♿ 🅰🅲 🛋 🅿 🍷 **118 camere – 2 suites**

Fuori pianta – *via San Leonardo 124* – ℰ *0521 179 0330* – *www.link124hotel.com*

❀ **Inkiostro** – Vedere selezione ristoranti

a Castelnovo di Baganzola Nord: 6 km per viale Europa B1

¶○ LE VIOLE

MODERNA · ACCOGLIENTE %% Notevole scelta anche fuori dalla carta per una cucina a base regionale, ma con notevoli spunti di creatività, in questo simpatico indirizzo alle porte di Parma. Ospitalità schietta e genuina, con un bel salotto all'entrata ad evocare la calda accoglienza di una casa privata.

Carta 30/42 €

🅰🅲 ⇄ 🅿 **Fuori pianta** – *strada nuova di Castelnuovo 60/a* – ℰ *0521 601000* – *www.trattoriavioleparma.com* – *Chiuso 15-31 gennaio, 15-30 agosto, lunedì, martedì*

a Coloreto Sud - Est: 4 km per viale Duca Alessandro C2 – Carta regionale n° **5**–A3

🏵 TRATTORIA AI DUE PLATANI

EMILIANA · TRATTORIA % Se amate la tradizione gastronomica emiliana e quella straordinaria atmosfera delle trattorie di campagna, ai Due Platani ne troverete uno straordinario esempio. Interessante carta dei vini con una mirata scelta di etichette regionali; calorosa accoglienza e piacevole informalità!

Specialità: La nostra selezione di salumi accompagnati dalla torta fritta. Paste fresche ripiene. Montagna di gelato.

Carta 35/40 €

🍴 🅰🅲 ⇄ **Fuori pianta** – *via Budellungo 104/a* – ℰ *0521 645626* – *Chiuso 15 febbraio-2 marzo, 16 agosto-6 settembre, lunedì sera, martedì*

‖○ **LA MAISON DU GOURMET**

CONTEMPORANEA · CONTESTO TRADIZIONALE ✗✗ Alle porte della città, ma già in aperta campagna, una simpatica e giovane coppia si è affidata ad un bravo cuoco pugliese per realizzare il proprio sogno gastronomico. La sala principale è stata ricavata al primo piano: dove una volta c'era il fienile, ora arrivano piatti fantasiosi, talvolta con un'anima parmense, altre volte pugliese.

Menu 50/80 € – Carta 50/60 €

🍴 ⅋ 🄰🄲 🄿 **Fuori pianta** – *strada Budellungo 96 – ℰ 0521 645310 – www.lamaisondugourmet.it – Chiuso lunedì, martedì-venerdì a mezzogiorno*

a Gaione Sud - Ovest : 5 km per via della Villetta A2 – Carta regionale n° **5**-B1

😊 **TRATTORIA ANTICHI SAPORI**

EMILIANA · TRATTORIA ✗✗ Qualche chilometro fuori dalla città, ma già in aperta campagna, qui troverete la classica trattoria parmense, atmosfera semplice ma calorosa e familiare, e soprattutto un'ottima cucina incentrata sulle specialità del territorio. In autunno-inverno assaggiate anche i loro panettoni, una delizia!

Specialità: Delizie di Parma (salumi). Anolini in brodo. Dolce morbido di cioccolato.

Menu 20 € (pranzo), 30/35 € – Carta 25/35 €

🍴 🄰🄲 ⇄ 🄿 **Fuori pianta** – *via Montanara 318 – ℰ 0521 648165 – www.trattoria-antichisapori.com – Chiuso 7-14 gennaio, 5-20 agosto, martedì*

PARRANO

✉ 05010 – Terni (TR) – Carta regionale n° **20**-B2

🏠 **EREMITO** 🅝   Tablet. PLUS

TRADIZIONALE · ROMANTICO Scegliete questo indirizzo se volete far un'esperienza di vero relax, con conseguente distacco da alcuni abitudini ormai entrate nell'ordinario: telefono, televisione, aria condizionata... I cellulari non sono banditi, ma se ne consiglia l'uso ridotto, e la luce elettrica viene fornita da un sistema fotovoltaico utilizzato solo di giorno. Al calar della sera, si accendono candele e torce. Eremito, un eremo laico.

🕯 🦢 🛏 18 camere

Località Tarina, 2 – ℰ 0763 891010 – www.eremito.com

PARTSCHINS • PARCINES – Bolzano (BZ) → Vedere Parcines

PASSIGNANO SUL TRASIMENO

✉ 06065 – Perugia (PG) – Carta regionale n° **20**-A2 – Carta stradale Michelin 563-M18

‖○ **IL FISCHIO DEL MERLO**

PESCE E FRUTTI DI MARE · INTIMO ✗✗ Il lago non è distante, ma qui a farla da padrone è il pesce di mare, oltre a qualche proposta regionale di carne; tavoli in ceramica di Deruta nello spazio esterno, degna di nota anche la bella cantina (visitabile).

Menu 25 € (pranzo), 28/35 € – Carta 28/40 €

🛏 🍴 ⅋ 🄰🄲 🄿 *località Calcinaio 17/A – ℰ 075 829283 – www.ilfischiodelmerlo.it – Chiuso martedì*

‖○ **IL MOLO**

CONTEMPORANEA · ACCOGLIENTE ✗✗ Sul lungolago fronte molo degli imbarchi, ristorante a conduzione familiare che con l'arrivo della seconda generazione ha rinnovato l'amore per la buona tavola. Piatti che parlano di lago, mare e terra in forma contemporanea ed accattivante, nonché la creazione di una linea di *street food* che rivisita le specialità della casa in chiave "cibo da strada gourmet" (consumabili all'interno del locale o da asporto).

Menu 40/60 € – Carta 37/70 €

🍴 🄰🄲 *via Aganor Pompili 9 – ℰ 075 827151 – www.ristoranteilmolo.com – Chiuso lunedì*

PASTRENGO

✉ 37010 – Verona (VR) – Carta regionale n° **23**–A3 – Carta stradale Michelin 561-F14

ⅣO STELLA D'ITALIA
REGIONALE · ELEGANTE ⅩⅩ Locale storico, aprì nel 1875, l'attuale gestione è qui dal 1962. In ambienti caldi ed eleganti, si mangia la tradizionale cucina del territorio: le lumache sono una delle specialità. Bel servizio in giardino con vista su uno scorcio di lago.
Menu 30 € (pranzo), 35/45 € – Carta 35/45 €
※ ⇦ 🏠 ⇔ piazza Carlo Alberto 25 – ℰ 045 717 0034 – www.stelladitalia.it – Chiuso mercoledì

a Piovezzano Nord : 1,5 km – Carta regionale n° **23**–A3

⊛ EVA
REGIONALE · SEMPLICE Ⅹ La stessa famiglia gestisce il locale dal 1972, clientela locale e fedele, specialità esposte a voce. Tra le specialità, i tortellini farciti di carne, in brodo o asciutti, insieme al carrello dei bolliti.
Specialità: Antipasto della casa. Carrello di arrosto e bollito con salse. Dolci fatti in casa.
Carta 18/28 €
🏠 🄰🄲 🄿 via Due Porte 43 – ℰ 045 717 0110 – www.ristoranteeva.com – Chiuso 28 dicembre-4 gennaio, lunedì-martedì sera, domenica sera

PAVIA

✉ 27100 – Pavia (PV) – Carta regionale n° **9**–A3 – Carta stradale Michelin 561-G9

ⅣO ANTICA OSTERIA DEL PREVI
REGIONALE · CONVIVIALE Ⅹ Sede di una locanda fin dal 1860 nel vecchio borgo di Pavia - lungo il Ticino - un piacevole e curato locale con specialità tipiche della cucina lombarda; travi in legno, focolare, aria d'altri tempi.
Menu 20/35 € – Carta 26/46 €
🄰🄲 via Milazzo 65, località Borgo Ticino – ℰ 0382 26203 – www.anticaosteriadelprevi.com – Chiuso domenica sera

PEDEMONTE – Verona (VR) → Vedere San Pietro in Cariano

PEGLI – Genova (GE) → Vedere Genova

PELLA

✉ 28010 – Novara (NO) – Carta regionale n° **13**–A2

🏠 CASA FANTINI   Tablet. PLUS
LUSSO · BORDO LAGO Una casa dal design raffinato e curato, comodamente situata a bordo lago, sul quale la vista si affaccia da ogni camera. Altrettanto panoramici gli scorci dalla pedana del Blu Lago Cafè, che si offrono ai suoi ospiti nella loro onirica bellezza.
🏊 ⇐ 🛋 🖥 🖥 ⅙ 🄰🄲 🄢 🄿 9 camere – 2 suites
piazza Motta, ang. via Roma – ℰ 0322 969893 – www.casafantinilaketime.com

Cerca gli alberghi accompagnati da questo logo: il segno distintivo del **Club Tablet Plus**, con la sua ampia gamma di privilegi. Più confort, più attenzioni... per vivere un'esperienza sotto il segno dell'eccellenza!

PELLIO INTELVI

✉ 22020 – Como (CO) – Carta regionale n° **9**-A2

ⅠⅠ○ LA LOCANDA DEL NOTAIO

CREATIVA · CASA DI CAMPAGNA ✕✕ Locale elegante dalla calda atmosfera impreziosita dal camino centrale. Marco, il giovane e nuovo chef, completa l'esperienza con piatti moderni, eleganti ed equilibrati. Si valorizza la stagione, il territorio e non solo: nella regione dei laghi, a due passi dalla Svizzera, sarete sorpresi da fragranti specialità di mare ed – immancabile - qualche prodotto ittico d'acqua dolce.

Menu 70/110 € – Carta 82/108 €

🍴🛋 & 🅿 *Hotel La Locanda del Notaio, piano delle Noci 42 – ℰ 031 842 7016 – www.lalocandadelnotaio.com – Chiuso 1 gennaio-19 marzo, lunedì, martedì a mezzogiorno*

🏠 LA LOCANDA DEL NOTAIO

FAMILIARE · PERSONALIZZATO Villa dell'Ottocento che in passato fu locanda e oggi è una risorsa arredata con grande cura. Belle camere in legno personaliz-zate; giardino con laghetto d'acqua sorgiva.

🛐 🍴 🔄 & 🅿 18 camere – 2 suites

piano delle Noci 42 – ℰ 031 842 7016 - www.lalocandadelnotaio.com

ⅠⅠ○ **La Locanda del Notaio** – Vedere selezione ristoranti

PENANGO

✉ 14030 – Asti (AT) – Carta stradale Michelin 561-G6

a Cioccaro Est : 3 km - Carta regionale n° **12**-C2

🏵 LOCANDA DEL SANT'UFFIZIO-ENRICO BARTOLINI

MODERNA · ELEGANTE ✕✕✕ Ad illuminare la provincia ci pensa anche l'uomo con più stelle d'Italia, Enrico Bartolini, grazie all'affermazione di questa storica locanda supervisionata da Gabriele Boffa: «Enrico mi ha dato tutti gli strumenti perché ogni cosa giri nella maniera corretta, insegnandomi come l'unica direzione possibile nella sostenibilità alimentare sia legata a prodotti freschi, tipici e stagio-nali». Due sale, una all'interno di una limonaia e un'altra dove le vestigia del palazzo storico sono abbinate a decorazioni più contemporanee, ospitano una cucina di chiara marca piemontese con citazioni nostalgiche e "commoventi" per gli amanti di questo territorio. Eccellenti prodotti, esecuzioni precise ed impecca-bili, una citazione a parte per il pane: strepitoso!

Specialità: Merluzzo e peperone. Agnolotti del plin. Pera tonic.

Menu 80/100 € – Carta 70/100 €

🏵 ≼ 🍴 & 🆎 🅿 *Relais Sant'Uffizio, strada Sant'Uffizio 1 – ℰ 0141 916292 – www.relaissantuffizio.com – Chiuso 1 dicembre-1 aprile, lunedì a mezzogiorno, martedì, mercoledì-venerdì a mezzogiorno*

🏨 RELAIS SANT'UFFIZIO

LUSSO · ACCOGLIENTE Nel cuore del Monferrato, all'interno di un parco con piscina, un edificio cinquecentesco - sede dell'inquisitore Domenicano di Casale - è stato convertito in struttura di lusso con belle camere personalizzate e un modernissimo centro benessere. Nuove stanze nella struttura che un tempo ospi-tava le scuderie.

🏡 🛐 ≼ 🍴 🏊 🔲 ⑩ 🏋 🌿 & 🆎 🎿 🅿 50 camere – 4 suites

strada Sant'Uffizio 1 – ℰ 0141 916292 - www.relaissantuffizio.com

🏵 **Locanda del Sant'Uffizio-Enrico Bartolini** – Vedere selezione ristoranti

PENNABILLI

✉ 47864 – Rimini (RN) – Carta regionale n° **5**-D3 – Carta stradale Michelin 563-K18

❀ IL PIASTRINO

Chef: Riccardo Agostini

MODERNA · CONTESTO TRADIZIONALE ✕✕ Se non vi trovate già in zona, preventivate del tempo per arrivare al ristorante, distante dalle grandi strade di comunicazione, ma immerso in un piacevole paesaggio collinare. Troverete un casolare settecentesco in pietra, disposto su diverse sale (una particolarmente romantica con camino!) e bel dehors, ma soprattutto un'ottima cucina fantasiosa ed elaborata, che non vi farà rimpiangere la strada fatta. La stagionalità e i prodotti della montagna sono i protagonisti di molti piatti con accompagnamenti studiati e poche frivolezze. È qui che si viene se si vuole gustare quelle pietanze che – ormai – a casa nessun cucina più (pesci di fiume, cacciagione, animali da cortile, verdure provenienti dal proprio orto...). Per chi volesse prolungare la sosta - ora - vi sono anche delle suite molto accoglienti nel cuore del piccolo borgo.

Specialità: Animella, pepe rosa, fagiolini e pesca. Piccione, friggitelli, mandorla e bitter. Raviggiolo al pepe, cetrioli e olive.

Menu 55/95 € – Carta 65/95 €

🕸 ☂ ⅏ 🅿 *via Parco Begni 9 – ℰ 0541 928106 – www.piastrino.it –*
Chiuso 1-15 settembre, martedì, mercoledì

PERGINE VALSUGANA

✉ 38057 – Trento (TN) – Carta regionale n° **19**–B3 – Carta stradale Michelin 562-D15

☺ OSTERIA STORICA MORELLI

REGIONALE · VINTAGE ✕ La cucina di questa rustica osteria prende spunto a piene mani non solo dalla Valle dei Mòcheni, al cui inizio si trova, ma in generale da tutto il Trentino. I piatti vengono poi preparati dallo chef-patron Fiorenzo con un filo di amarcord: quasi fosse un omaggio alla storia del locale stesso, iniziata a fine Settecento. A tutto ciò si aggiunge un interessante rapporto qualità/prezzo.

Specialità: Salumi di nostra produzione. Gnocchi di polenta. Rosada.

Menu 35/40 € – Carta 30/36 €

🅿 *piazza Petrini 1, località Canezza di Pergine (Est: 2,5 km) – ℰ 0461 509504 –*
www.osteriastoricamorelli.it – Chiuso 18 gennaio-3 febbraio, lunedì, martedì-venerdì a mezzogiorno

⅋O CASTEL PERGINE

REGIONALE · ROMANTICO ✕✕ È sempre suggestivo inoltrarsi in questo antico maniero così ben conservato come Castel Pergine, all'interno del quale ci si dedica all'ospitalità, alla cucina, alle mostre d'arte. Da alcuni anni va in scena una cucina moderna con utilizzo di prodotti trentini, ma anche del sud d'Italia, proposta dallo chef Alfonso Aquino (allievo di Oliver Glowig e di Giuseppe Stanzione). Il Castello ospita anche un hotel con camere suggestive, nonché tre torri in posizione panoramica.

Menu 45/60 € – Carta 40/60 €

🕸 ⇔ ⋞ 🏠 🅿 *via al Castello 10 – ℰ 0461 531158 – www.castelpergine.it –*
Chiuso 1 dicembre-6 aprile, lunedì-domenica a mezzogiorno

PERUGIA

✉ 06121 – Perugia (PG) – Carta regionale n° **20**–B2 – Carta stradale Michelin 563-M19

⅋O ANTICA TRATTORIA SAN LORENZO

CREATIVA · INTIMO ✕✕ In pieno centro, locale accogliente dai toni raffinati dove tutto ruota attorno alla personalità dello chef-titolare. Il suo estro è visibile nelle varie proposte moderne - tra carne e pesce - nonché in alcune citazioni del territorio.

Menu 29 € (pranzo), 50/75 € – Carta 35/90 €

🅰🅲 ✿ *piazza Danti 19/A – ℰ 075 572 1956 – www.anticatrattoriasanlorenzo.com –*
Chiuso domenica sera

⭘ GRADALE

CLASSICA · DI TENDENZA XX Nell'affascinante contesto storico con bella terrazza per il servizio estivo, il locale veste un'immagine minimalista ed informale, cucina legata al territorio con piccole rivisitazioni.

Carta 31/62 €

&& 🖾 🕅 🅿 Hotel Castello di Monterone, strada Monteville 3 –
☎ 075 572 4214 –
www.ristorantegradale.com

⭘ L'OFFICINA

CREATIVA · FAMILIARE X In quella che fu un'officina di bilance di precisione (da cui il nome!), dal 2006 la chef-titolare con altrettanta precisione propone curati piatti con prodotti stagionali. A pranzo - senza rinunciare - alla qualità, la proposta si sposta all'Emporio con scelta più semplice ed immediata.

Menu 25/35 € – Carta 28/50 €

&& 🕅 Borgo XX Giugno 56 –
☎ 075 572 1699 – www.lofficinaristorante.com –
Chiuso lunedì-venerdì a mezzogiorno, domenica

⌂ CASTELLO DI MONTERONE

DIMORA STORICA · ORIGINALE Lungo l'ultimo tratto dell'antica via regalis che conduce da Roma a Perugia, un piccolo ed incantevole castello ottocentesco per immergersi in una fiaba medioevale. Camere monastiche per semplicità, ma dagli arredi in stile, scegliete le migliori tra quelle che si affacciano sulla vallata e le poche con affreschi medievali.

🏕 🌤 ⪕ 🚗 ⚒ 🍴 🖵 🕅 🛁 🅿 18 camere

strada Monteville 3 – ☎ 075 572 4214 –
www.castellomonterone.com

⭘ Gradale – Vedere selezione ristoranti

a Casaglia Ovest : 4 km per Firenze

⭘ STELLA

DEL TERRITORIO · FAMILIARE X Un'intraprendente coppia ha fatto crescere con cura e passione il locale dei genitori di lei, proponendo una cucina che valorizza i prodotti del territorio, nonché i vini: quelli naturali tra i preferiti. Camere personalizzate dal piacevole design.

Carta 32/40 €

&& ⪦ 🖾 🕅 via dei Narcisi 47/a –
☎ 075 692 0002 – www.stellaperugia.it –
Chiuso lunedì a mezzogiorno, martedì, mercoledì-sabato a mezzogiorno, domenica sera

a Montepetriolo Sud - Ovest : 19 km per Firenze – Carta regionale n° **20**–B2

⌂ BORGO DEI CONTI RESORT

LUSSO · PERSONALIZZATO Abbracciato da un bosco secolare, un antico borgo composto da una dimora padronale, vari complessi abitativi e la chiesa d'ispirazione barocca è diventato un lussuoso resort: piacevole zona benessere e luminoso ristorante La Limonaia per finire in bellezza la giornata.

🏕 🌤 🚗 ⚒ 🍴 🛋 🖵 🕅 🛁 🅿 42 camere – 7 suites

strada Montepetriolo 26 –
☎ 075 600338 – www.borgodeicontiresort.com

PESARO

✉ 61121 – Pesaro e Urbino (PU) – Carta regionale n° **11**–B1 – Carta stradale Michelin 563-K20

🕸 **NOSTRANO**

Chef: Stefano Ciotti

CREATIVA · CONTESTO CONTEMPORANEO ✕✕ Una bella gavetta quella di Stefano Ciotti, che lo ha portato al fianco - o meglio ai fornelli! - d'illustri maestri quali Angelini, Cammerucci, nonché Don Alfonso a S. Agata sui Due Golfi, dove il giovane chef si è impadronito della profumatissima e colorata cucina del sud. A pochi metri dalla celebre scultura a sfera di A. Pomodoro, c'è ora il suo accogliente locale dalle cui vetrate s'intravede uno scorcio di distesa blu. È qui che Stefano mette in mostra con spiccata personalità il proprio stile "nostrano"; le tecniche moderne apprese in precedenza sono sfruttate ed utilizzate al meglio per esaltare ingredienti e sapori di un passato casalingo che - tra Marche e Romagna - è ricco di eccellenze, dal mare e dall'entroterra. Molto valida la proposta enoica che percorre tutto lo Stivale, sorretta da un bel servizio al bicchiere ed anche qualche cocktail.

Specialità: Crudo di gamberi a colori. Spaghetti, ricci di mare, pecorino di fossa. Torta morbida di robiola, mango, carote, camomilla.

Menu 60/100 € – Carta 55/94 €

� 🗚 *piazzale della Libertà 7 – 𝒞 0721 639813 – www.nostranoristorante.it – Chiuso 8-25 novembre, martedì, mercoledì*

🍽 **LO SCUDIERO**

MODERNA · ELEGANTE ✕✕✕ Nei suggestivi sotterranei di un palazzo cinquecentesco - in realtà le sue antiche scuderie - al timone della cucina c'è un giovane chef molto appassionato che propone piatti creativi prevalentemente a base di pesce. Gli appassionati di vino chiederanno di visitare la splendida cantina, valorizzata anche da un buon servizio al bicchiere.

Menu 48/85 € – Carta 44/67 €

🕸 🗚 *via Baldassini 2 – 𝒞 0721 165 1804 – www.ristorantescudiero.it – Chiuso 4-14 gennaio, mercoledì*

🍽 **GIBAS**

PESCE E FRUTTI DI MARE · ACCOGLIENTE ✕✕ Lungo la strada che partendo dalla città va verso nord, locale moderno in posizione panoramica sul mare, da godersi appieno - in estate - sulla pedana all'aperto. Cucina prevalentemente di pesce d'impronta contemporanea.

Menu 28/38 € – Carta 34/77 €

≼ 🌮 🅿 *strada Panoramica Adriatica – 𝒞 0721 405344 – www.gibasristorante.it – Chiuso mercoledì*

🏠 **EXCELSIOR** 🆕

LUSSO · DESIGN Lussuoso design hotel in prima fila che coniuga linee moderne con richiami ai mitici anni '50 americani. Tra i tanti servizi offerti, ricordiamo l'esclusiva spa e la spiaggia privata. Al Bistrot: carta semplice di piatti mediterranei, ma si servono anche insalate e piadine.

🎇 ≼ 🐾 🖼 🌐 🏋 🛁 ☰ ☁ 🗚 🛎 🅿 🚬 52 camere – 14 suites

lungomare Nazario Sauro 30/34 – 𝒞 0721 630011 – www.excelsiorpesaro.it

PESCANTINA

✉ 37026 – Verona (VR) – Carta regionale n° **22**-A2 – Carta stradale Michelin 562-F14

ad Ospedaletto Nord - Ovest : 3 km

🍽 **ALLA COÀ**

REGIONALE · FAMILIARE ✕ Lungo una strada piuttosto trafficata, la vecchia casa di paese è stata arredata in stile country e un pizzico di romanticismo e propone ai suoi avventori piatti quasi esclusivamente di carne; baccalà alla vicentina e gamberi tra le poche proposte di pesce.

Carta 48/60 €

🌮 🗚 🅿 *via Ospedaletto 70 – 𝒞 045 676 7402 – www.trattoriaallacoa.it – Chiuso lunedì, domenica*

PESCARA

✉ 65122 – Pescara (PE) – Carta regionale n° **1**–C1 – Carta stradale Michelin 563-O24

😊 ESTRÒ

REGIONALE · BISTRÒ ⅹ Comode sedute per pochi tavoli - nella bella stagione però anche all'aperto in piazza - ed una cucina di qualità elaborata dallo chef-titolare. Piatti generosi, sostanzialmente di carne (per il pesce accordarsi in anticipo) colorati e saporiti; sorridente accoglienza familiare.

Specialità: La Parmigiana (rivisitazione). Vitello tonnato (rivisitazione). Semifreddo allo yogurt, crumble al cocco, tartufo bianco e argento 999/1000.

Menu 25/30 € – Carta 26/33 €

🏠 🅰️ *Piazza della Rinascita 23 – ℰ 08562388 – www.estropescara.it*

😊 TAVERNA 58

REGIONALE · CONTESTO TRADIZIONALE ⅹ Trattoria dall'ambiente curato, dove un'interessante cucina legata alla tradizione gastronomica abruzzese dà vita a piatti sapidi e generosi, difficilmente ritrovabili altrove. Un esempio? Chitarrina con funghi e tartufo fresco dell'aquilano!Visitabili le cantine con vestigia medievali e romane.

Specialità: Frittatina con ortaggi freschi e formaggi di capra. Pecora della Majella al tegame. Lo zabaione tiepido al Marsala.

Menu 18 € (pranzo)/30 € – Carta 18/40 €

&. 🅰️ ⇨ *corso Manthoné 46 – ℰ 085 690724 – www.taverna58.it –*
Chiuso 23 dicembre-2 gennaio, 1-25 agosto, sabato a mezzogiorno, domenica

ⅠⅠ○ CAFÉ LES PAILLOTES

MODERNA · ALLA MODA ⅩⅩⅩ Affacciato sulla spiaggia, la cucina di questo raffinato ristorante spazia dalla tradizione adriatica - forse la preferita dai clienti - a piatti più creativi; ambiente chic con lampadari marocchini e specchi dalle cornici dorate.

Carta 39/69 €

🕸 🏠 🅰️ ⇨ *piazza Le Laudi 2 – ℰ 085 61809 – www.lespaillotes.it – Chiuso lunedì, domenica sera*

ⅠⅠ○ CARLO FERRAIOLI

PESCE E FRUTTI DI MARE · AMBIENTE CLASSICO ⅩⅩ Elegante ristorante affacciato sul canale e sui caratteristici pescherecci: cucina rigorosamente a base di pesce. A disposizione, una sala per fumatori.

Menu 30 € (pranzo), 43/58 € – Carta 43/65 €

🕸 🅰️ *via Paolucci 79 – ℰ 085 421 0295 – www.carloferraioli.it – Chiuso lunedì*

PESCHICI

✉ 71010 – Foggia (FG) – Carta regionale n° **15**–B1 – Carta stradale Michelin 564-B30

ⅠⅠ○ PORTA DI BASSO

PESCE E FRUTTI DI MARE · CONTESTO CONTEMPORANEO ⅩⅩ Nella città vecchia, ma il locale è stato completamente ristrutturato, abbiate cura di prenotare uno dei pochi tavoli a strapiombo sul mare, in terrazza o all'interno. Cucina italiana e oltre 200 vini per deliziare i buongustai che non tarderanno ritornare.

Menu 40 € (pranzo), 60/80 € – Carta 40/80 €

⇦ 🏠 🅰️ *via Colombo 38 – ℰ 0884 355167 – www.portadibasso.it –*
Chiuso 10 gennaio-31 marzo, lunedì a mezzogiorno

PESCHIERA BORROMEO

✉ 20068 – Milano (MI) – Carta regionale n° **9**–B2 – Carta stradale Michelin 561-F9

ASINA LUNA Ⓝ

CONTEMPORANEA · BISTRÒ XX Un ristorante giovanile dagli arredi contemporanei ed accoglienti, in entrata troneggia un frigo con numerosi tagli di carne in bella vista che - insieme ai carboni accesi – inducono l'acquolina in bocca. A sollecitare l'appetito, ci sono anche specialità di pesce e qualche proposta del giorno.

Carta 35/130€

📠 *via della Resistenza 23 – ☎ 02 5530 0205 – www.asinaluna.it – Chiuso sabato a mezzogiorno, domenica*

PESCOCOSTANZO

✉ 67033 – L'Aquila (AQ) – Carta regionale n° **1**–B2 – Carta stradale Michelin 563-Q24

LA CORNIOLA

MODERNA · ELEGANTE XX Se la cittadina di Pescocostanzo - tra i borghi Più belli d'Italia e situata sugli Altopiani Maggiori all'interno del bel Parco della Maiella - è rinomata in tutta Italia per i suoi merletti al tombolo, i veri sapori abruzzesi hanno trovato dimora alla Corniola, dove i migliori ingredienti della zona, ma anche qualcosa dal mare, sono cucinati ed ingentiliti con gusto moderno.

Menu 40/55€ – Carta 35/40€

📠 & ⟐ *Hotel Relais Ducale, via dei Mastri Lombardi 26 – ☎ 0864 642470 – www.lacorniola.com – Chiuso martedì, mercoledì*

PETTENASCO

✉ 28028 – Novara (NO) – Carta regionale n° **13**–A2 – Carta stradale Michelin 561-E7

GIARDINETTO

MODERNA · AMBIENTE CLASSICO XX Numerose terrazze, sia interne, sia esterne, di cui la più bella - quella direttamente sul lago - ora permette di sbirciare l'operato in cucina; su ogni tavolo d'estate l'atmosfera si fa particolarmente romantica: lumi di candela ed ampia vista. I piatti sono moderni con una solida base regionale, mentre per l'aperitivo o l'after dinner è consigliata una sosta al Roof Top Bar.

Carta 35/56€

📠 ≤ 🛏 🏡 🅿 *via Provinciale 1 – ☎ 0323 89118 – www.giardinettohotel.com – Chiuso 1 dicembre-1 aprile*

PFALZEN • FALZES – Bolzano (BZ) → Vedere Falzes

PIACENZA

✉ 29121 – Piacenza (PC) – Carta regionale n° **5**–A1 – Carta stradale Michelin 562-G11

OSTERIA DEL TRENTINO DA MARCO

EMILIANA · ACCOGLIENTE X Ristorante storico: il nome allude all'origine di uno dei primi titolari, ma il locale oggi è la roccaforte di una cucina piacentina con le tipiche specialità cittadine, ma anche frattaglie (rognoni, fegato e cervella).

Menu 30/45€ – Carta 30/55€

🏡 📠 *via del Castello 71 – ☎ 0523 324260 – Chiuso domenica*

TRATTORIA SAN GIOVANNI

EMILIANA · FAMILIARE X Sotto antiche volte a vela, in un ambiente semplice, ma accogliente, qui la cucina lombardo-emiliana rispolvera i suoi cavalli di battaglia: salumi piacentini, pisarei, tortelli "con le code" e le immancabili carni, dalla tartare agli stracotti.

Menu 40/45€ – Carta 35/45€

📠 *via Garibaldi 49/a – ☎ 0523 321029 – www.trattoriasangiovanni.net – Chiuso lunedì, martedì-venerdì a mezzogiorno, domenica sera*

PIADENA

✉ 26034 – Cremona (CR) – Carta regionale n° **9**-C3 – Carta stradale Michelin 561-G13

😊 DELL'ALBA

LOMBARDA · TRATTORIA ✕ Qui dal 1850, ora alla sesta generazione, è un'autentica e storica trattoria familiare, mecca degli amanti della cucina della bassa padana. Straordinari sono i suoi salumi, gli arrosti, i bolliti e le mostarde, ma tra gli imperdibili vanno ricordati i maccheroni al torchio con verdure e rifilatura di culacci.

Specialità: Salumi nostrani e la nostra giardiniera. Tortelli di zucca al soffritto di pomodoro dolce. Sbrisolona con zabaione.

Carta 25/45 €

🏡 🎨 🅰🅲 ⇔ *via del Popolo 31, località Vho, Est: 1 km – ℰ 0375 98539 – www.trattoriadellalba.com – Chiuso 15-30 giugno, 10-25 agosto, 24 dicembre-2 gennaio, lunedì, martedì sera, domenica sera*

PIANCASTAGNAIO

✉ 53025 – Siena (SI) – Carta regionale n° **18**-D3 – Carta stradale Michelin 563-N17

🍴○ ANNA

TOSCANA · TRATTORIA ✕ Ad 800 metri di altezza, vi si arriva lungo un suggestivo paesaggio collinare, per trovare infine questa trattoria familiare di storia decennale. La zuppa di funghi e castagne è la specialità della casa, insieme ai pici con vari condimenti e, d'inverno, la carne alla brace. Camere semplici per chi desidera prolungare il soggiorno.

Menu 25/38 € – Carta 25/38 €

⇐ *viale Gramsci 486 – ℰ 0577 786061 – www.annaristorante.com – Chiuso 7-14 gennaio, lunedì*

PIANIGA

✉ 30030 – Venezia (VE) – Carta regionale n° **23**-C2 – Carta stradale Michelin 562-F18

😊 TRATTORIA DA PAETO

REGIONALE · FAMILIARE ✕ Piccola trattoria persa tra canali e campagna, gestita da una coppia di soci che con serietà e impegno porta avanti la tradizione di queste terre. Suggestioni del menu: cous cous di pesce e verdure - sfoglia crema e scaglie di cioccolato. Sempre presenti anche alcuni piatti un po' più moderni.

Specialità: Sarde in saor. Frittura mista di pesce. Sorbetto di frutta fresca.

Carta 20/45 €

🏡 🅰🅲 🅿 ⇏ *via Patriarcato 78 – ℰ 041 469380 – Chiuso lunedì, martedì*

PIANORO

✉ 40065 – Bologna (BO) – Carta regionale n° **5**-C2 – Carta stradale Michelin 562-I16

a Rastignano Nord : 8 km

🍴○ OSTERIA NUMERO SETTE

EMILIANA · OSTERIA ✕ Atmosfera familiare ed informale, la passione per la musica si intuisce - oltre che ascoltarsi - dalle foto che ornano le pareti delle sale. Piatti classici emiliani e una discreta selezione di salumi e formaggi sono i capisaldi del menu.

Carta 24/30 €

🏡 🅰🅲 *via A. Costa 7 – ℰ 051 742017 – Chiuso 7-15 gennaio, lunedì, domenica sera*

PIAZZA ARMERINA – Enna (EN) ➜ Vedere Sicilia

PIEDIMONTE ETNEO – Catania (CT) ➜ Vedere Sicilia

PIENZA

✉ 53026 – Siena (SI) – Carta regionale n° **18**-C2 – Carta stradale Michelin 563-M17

⃝ LA TERRAZZA DEL CHIOSTRO

MODERNA · CONTESTO STORICO XX Nel cuore della "città perfetta", si accede al ristorante attraverso un romantico chiostro, per trovare poi - al suo interno - una cucina di ottimo livello. Proposte tradizionali toscane ed altre più creative, le ricette vi conquisteranno per l'intelligente sforzo di elaborazione, nonché intensità di sapori. A pranzo c'è una carta più semplice, ma - a richiesta - vi verrà servita anche quella gourmet. Apoteosi estiva sulla terrazza panoramica che abbraccia la val d'Orcia.

Menu 90€ – Carta 45/90€

🕸 ⇇ ≼ 🛏 🍴 🅰️ *Hotel Relais il Chiostro di Pienza, via del Balzello, traversa di corso Il Rossellino – ℰ 0578 748183 – www.laterrazzadelchiostro.com*

🏠 LA BANDITA TOWNHOUSE   `Tablet. PLUS`

TRADIZIONALE · DESIGN Boutique hotel dal design intrigante, dove linee contemporanee flirtano con l'antica struttura. Piatti del territorio e qualche proposta più light e moderna nel ristorante con cucina a vista; d'estate si mangia anche all'aperto. Un minuscolo spazio verde si presta ad aperitivi e momenti di relax.

🕭 ⊡ & 🅰️ 12 camere

corso Rossellino 111 – ℰ 0578 749005 – www.labanditatownhouse.com

🏠 LA BANDITA ⓝ

CASA DI CAMPAGNA · CLASSICO Tra le colline della Val d'Orcia, camere eleganti e spaziose con vista panoramica, arredamento moderno e raffinata biancheria di lino. Nel tempo libero è possibile visitare gli interessantissimi dintorni, tra cui i vigneti di Montalcino e Montepulciano, la cittadina medievale di Bagno Vignoni con le sue terme, gli antichi monasteri. Firenze si trova a meno di due ore di strada.

🕭 🛏 🏊 🈁 🅰️ 🅿️ 8 camere

podere La Bandita (Sud-Est: 14 km) – ℰ 333 404 6704 – www.la-bandita.com

a Monticchiello Sud – Est : 6 km – Carta regionale n° **18**–C2

⃝ DARIA

REGIONALE · CONVIVIALE X Daria, non solo il nome di questo locale curato e contemporaneo, ma anche quello della titolare che con passione e la collaborazione della figlia porta avanti l'attività valorizzando - soprattutto - le ricette e i vini del territorio. Per gli amanti del pecorino di Pienza, vi è il piatto degustazione. In fase di prenotazione, in estate, scegliete i pochi tavoli all'esterno sulla piccola via del centro pedonale.

Carta 32/40€

🕸 & 🅰️ *via S. Luigi, 3 – ℰ 0578 755170 – www.ristorantedaria.it – Chiuso mercoledì*

🏠 L'OLMO

DIMORA STORICA · BUCOLICO A pochi chilometri da Pienza, una piccola tenuta che vi farà vivere in pieno relax una sosta a contatto con la natura; le suite in elegante stile toscano, con soffitti di travi in legno, pavimenti in parquet e antiche pietre di recupero, godono di una spettacolare vista sulla Val D'Orcia. Ampio giardino con piscina a sfioro riscaldata.

🕭 ☜ ≼ 🛏 🏊 🅰️ 🅿️ 5 camere – 2 suites

SP 88 Orcia delle Macchie – ℰ 0578 755133 – www.olmopienza.it

PIETRA LIGURE

✉ 17027 – Savona (SV) – Carta regionale n° **8**–B2 – Carta stradale Michelin 561-J6

⃝ BUCA DI BACCO

PESCE E FRUTTI DI MARE · CONTESTO TRADIZIONALE XX Le specialità marinare, la cura nella scelta delle materie prime e l'originalità del proprietario caratterizzano questo locale, sito in un contesto condominiale che si apre su una sala accogliente.

Menu 43€ – Carta 42/80€

🅰️ 🅿️ *corso Italia 149 – ℰ 019615307 – Chiuso lunedì*

PIETRASANTA

✉ 55045 – Lucca (LU) – Carta regionale n° **18**-B1 – Carta stradale Michelin 563-K12

ⅼ⃝ FILIPPO

MODERNA · DI TENDENZA ✕✕ Moderno ed elegante, Filippo estrae giornalmente dal "cilindro" tre prodotti con cui cucinerà per voi un piatto a sorpresa. L'idea è sicuramente originale e meritevole di essere provata, ma per i meno avventurosi c'è - comunque - sempre un piccolo menu.

Carta 14/60 €

& 🅰️ *via Barsanti 45 – 𝒞 0584 70010 – www.filippopietrasanta.it – Chiuso lunedì, martedì-venerdì a mezzogiorno*

ⅼ⃝ LA MARTINATICA

ITALIANA · ACCOGLIENTE ✕✕ Questa nota insegna ricavata in un ex frantoio dagli interni rustico-eleganti rinasce con una nuova gestione da parte di brillanti cuochi già attivi in Versilia; le loro proposte si dividono tra terra e mare ,ma sono unite dallo stessa mano che propone un stile moderno soft, senza esagerazioni.

Menu 45/70 € – Carta 40/60 €

🍴 🛪 🅿 *via della Martinatica 20 – 𝒞 0584 178 8946 – www.martinatica.it – Chiuso 22 febbraio-3 marzo, 3-24 novembre, martedì*

PIEVE D'ALPAGO

✉ 32010 – Belluno (BL) – Carta regionale n° **23**-C1 – Carta stradale Michelin 562-D19

✿ DOLADA

Chef: Riccardo De Prà

MODERNA · ELEGANTE ✕✕✕ Dolada, quando tradizione e modernità convivono felicemente. Splendidamente arroccato sul monte omonimo nella conca dell'Alpago, la saga familiare continua da oltre 90 anni all'insegna della ricerca gastronomica, ma nel rispetto delle cotture tradizionali e degli autentici sapori locali. Molte ricette interessanti, per tutti i gusti, ed un'attenzione meticolosa al territorio sono i solidi presupposti che rendono la cucina di Riccardo De Prà meritevole di una deviazione. Due le opzioni per l'ospitalità: ci si può accomodare tavoli in legno massiccio laccati e bellissimi o comodamente su una tovaglia ben stirata. L'orto e la latteria adiacenti il ristorante sono diventati - recentemente - fattoria didattica.

Specialità: Degustazione quasi crudo dell'Alpago: trota, pastin (pietanza tipica a base di carne) e agnello. La famosa lepre alla Royale. Tarte Tatin alle pesche tabacchiera e gelato al pistacchio al croccante salato.

Menu 68/88 € – Carta 72/110 €

🏵 ⇦ ≤ 🛏 ⇦ 🅿 *via Dolada 21, località Plois alt. 870 – 𝒞 0437 479141 – www.dolada.it – Chiuso 7 gennaio-4 febbraio, 3-11 marzo, lunedì, martedì, domenica sera*

PIEVE DI CENTO

✉ 40066 – Bologna (BO) – Carta regionale n° **5**-C3 – Carta stradale Michelin 562-H15

ⅼ⃝ BURIANI DAL 1967

MODERNA · AMBIENTE CLASSICO ✕✕ Storica quanto affermata gestione familiare per un ottimo indirizzo nella provincia di Bologna, non manca nulla per star bene: servizio, ambiente, carta dei vini e naturalmente la cucina, moderna ma senza esagerazioni, con piatti di mare e di terra e qualche velato richiamo alla tradizione.

Carta 55/65 €

& 🅰️ *via provinciale 2/a, ang. via Matteotti 66 – 𝒞 051 975177 – www.ristoranteburiani.com – Chiuso martedì, mercoledì*

PIEVE DI CORIANO

✉ 46020 – Mantova (MN) – Carta regionale n° **9**-D3 – Carta stradale Michelin 561-G15

ⅠⅠ○ CORTE MATILDE

MANTOVANA · ACCOGLIENTE XX La professionalità e la passione dei titolari si accompagnano ad una cucina fatta con prodotti eccellenti, in preparazioni semplici, ma gustose, che esaltano il sapore degli ingredienti (mostarde e confetture fatte in casa con i frutti del proprio orto). La location: una bella cascina ristrutturata, dove non manca un bellissimo dehors utilizzabile in tutte le stagioni, sulla strada che percorse Matilde di Canossa.

Carta 40/80 €

🚗 & 🅰️🅲 ⇔ 🅿️ via Pelate 38 – ℰ 0386 39352 – www.cortematilde.it –
Chiuso 11-24 gennaio, 1-21 agosto, lunedì, martedì-sabato a mezzogiorno, domenica sera

PIGNA

✉ 18037 – Imperia (IM) – Carta regionale n° **8**–A3 – Carta stradale Michelin 561-K4

🍃 TERME

DEL TERRITORIO · SEMPLICE X Nell'entroterra ligure, un ristorante-trattoria di rustica semplicità che offre una serie di piatti ben fatti e fragranti. Bel servizio estivo sotto un pergolato, con ampia vista sui dintorni montagnosi.

Specialità: Tortelli spinaci e ricotta. Agnello da latte alle erbe al forno. Mousse allo zabaione.

Carta 27/35 €

🍽️ 🅿️ via Madonna Assunta – ℰ 0184 241046 – www.ristoranteterme.com –
Chiuso 10 gennaio-20 febbraio, mercoledì

PINEROLO

✉ 10064 – Torino (TO) – Carta regionale n° **12**–B2 – Carta stradale Michelin 561-H3

🌼 ZAPPATORI

Chef: Christian Milone

MODERNA · CONTESTO CONTEMPORANEO XX Chi è Christian Milone? Un ex ciclista professionista che, abbandonate le velleità di una carriera sportiva, ha abbracciato la professione di chef – tra l'altro grazie ad un background famigliare che l'ha sostenuto in tal senso (papà e mamma entrambi cuochi!). Trasferite in questa nuova dimensione quelle caratteristiche proprie all'agonismo - dedizione, sacrificio, metodo - il giovane Milone raggiunge con l'edizione 2017 la sua personalissima "maglia rosa": la stella Michelin! In uno spazio senza tempo dove sentirsi bene, un luogo che gioca con le ombre per creare armonia con se stessi e l'ambiente circostante, la sua cucina cita i classici piemontesi, molti dei quali elaborati partendo dai prodotti della propria azienda agricola, insieme a piatti più moderni.

Specialità: Capesante: le noci maturate nella cera d'api, camomilla, diverse sfumature di limone, tuberi insoliti e perilla verde. Risotto al pomo d'oro. Barbabietola in radice e in foglie, yogurt. lampone e rosa.

Menu 25 € (pranzo), 65/100 € – Carta 60/70 €

🅰️🅲 corso Torino 34 – ℰ 0121 374158 - www.trattoriazappatori.it –
Chiuso 7-21 gennaio, lunedì, domenica sera

ⅠⅠ○ TAVERNA DEGLI ACAJA

CONTEMPORANEA · CONTESTO CONTEMPORANEO XX Locale elegante e moderno che spazia dai piatti piemontesi ad altri piatti e specialità nazionali, anche di pesce. Per le coppie consigliamo - nel periodo freddo - i romantici tavoli vicini al moderno camino. Nella carta dei vini grande spazio è dedicato alle bollicine. Insomma, della taverna rimane solo lo storico nome.

Menu 45 € – Carta 40/65 €

🎍 & 🅰️🅲 corso Torino 106 – ℰ 0121 794727 – www.tavernadegliacaja.it –
Chiuso 1-9 gennaio, lunedì a mezzogiorno, domenica

PINETO

✉ 64025 – Teramo (TE) – Carta regionale n° **1**-B1 – Carta stradale Michelin 563-O24

Ⅰℂ LA CONCHIGLIA D'ORO

PESCE E FRUTTI DI MARE · DESIGN XX Ambienti contemporanei, delicate tonalità lilla alle pareti e la gigantografia di una marina, quasi ad introdurre alla cucina schiettamente di pesce elaborata con un pizzico di fantasia.

Menu 25/48 € – Carta 42/82 €

& ᴀᴋ *via Nazionale Adriatica nord (Complesso Poseidon) –*
☎ 085 949 2333 – www.ristorantelaconchigliadoro.it –
Chiuso lunedì, domenica sera

a Mutignano Sud - Ovest : 6,5 km – Carta regionale n° **1**-B1

🕸 BACUCCO D'ORO

REGIONALE · FAMILIARE Ristorante di tono rustico a conduzione familiare, dalla cui terrazza estiva, ribattezzata la "piazzetta delle chiacchiere", si gode di una splendida vista della costa. Le specialità di stagione vengono raccontate a voce dal simpatico patron: tra esse sicuramente le carni, la pecora e l'agnello. Ottimi anche i formaggi, di cui si propone una piccola ma interessante selezione locale.

Specialità: Salumi e formaggi abruzzesi. Pecorara. Pizza dolce.

Carta 20/35 €

⪡ 🅿 *via del Pozzo 10 –*
☎ 085 936227 – www.bacuccodoro.com –
Chiuso mercoledì, domenica sera

PINZOLO

✉ 38086 – Trento (TN) – Carta regionale n° **19**-B3 – Carta stradale Michelin 562-D14

🏨 LEFAY RESORT & SPA DOLOMITI ⓝ

LUSSO · DESIGN Nuova realtà all'interno dell'hôtellerie trentina, con questo splendido albergo che subito si colloca al vertice; nonostante le dimensioni davvero importanti della struttura, il suo stile dal design minimalista ben s'integra con i monti e i boschi circostanti. Sono – infatti - gli spazi al suo interno il vero lusso che viene concesso agli ospiti sia nelle camere sia nella spettacolare spa con saune panoramiche e piscine: il fiore all'occhiello.

✿ ⪡ 🍴 ⼌ 🔲 🕙 🏊 ᴌⰘ 🖵 & ᴀᴋ 🏋 🅿 🚗 88 suites

via Alpe di Grual 16 –
☎ 0465 768800 –
dolomiti.lefayresorts.com

a Giustino Sud : 1,5 km

Ⅰℂ MILDAS

REGIONALE · CONTESTO STORICO XX Originariamente cappella di un convento medievale, la cucina oltre ai classici trentini elenca una serie di piatti ideati da Mirko, compianto fondatore del locale, ed ora riproposti dal figlio. Carta dei vini illustrata e descritta.

Menu 45 € – Carta 45/80 €

⪦ 🅿 *via Rosmini 7, località Vadaione –*
☎ 0465 502104 – www.ristorantemildas.com –
Chiuso lunedì, martedì-venerdì a mezzogiorno

PIOBESI D'ALBA

✉ 12040 – Cuneo (CN) – Carta regionale n° **14**-A2 – Carta stradale Michelin 561-H5

21.9

Chef: Flavio Costa

CREATIVA · ELEGANTE ※※ Per Flavio Costa - brillante chef di questo ristorante il cui nome prende spunto dalla data di nascita delle sue due gemelle 21.9 (2009) - emergere come cuoco è innanzitutto una questione di passione e pazienza. E lui di costanza ne ha avuta tanta... Lasciata la riviera ligure per questo locale all'interno di una tenuta vinicola, già cantina nel '400, la cucina di Flavio si fa ambasciatrice discreta delle sue origini nel sapiente uso d'ingredienti quali zucchette, erbe aromatiche, ortaggi in generale, nonché pesce. Allievo di Corrado Fasolato, le creazioni di Costa non possono prescindere dal territorio dove nascono; la sua cucina contemporanea ed istintiva è preparata solo con materie prime selezionate ed eccellenze locali. La dettagliata carta dei vini che conta circa 750 etichette tra Tenuta Carretta, Langhe e Roero, nonché bollicine – altra passione dello chef - completa un'offerta di assoluta qualità. A pranzo, piatti fortemente legati alla tradizione al bistrot *La Via del Sale*: la vista su vigneti e colline da qui è strepitosa!

Specialità: Crema di zucchine trombette, seppie al nero e scorzette candite di limoni. Piccione cotto al sale, pesche, porcini e la sua finanziera. Ciliegie cotte, camomilla e caramello acido.

Menu 50/120 € – Carta 55/80 €

🏡 ⟵ ⟨ 🍴 🌿 🆎 🅿 *località Carretta 4 –*
☎ *0173 619261 –*
www.ristorante21punto9.it –
Chiuso 25 febbraio-20 marzo, martedì, mercoledì a mezzogiorno

PIOLTELLO

✉ 20096 – Milano (MI) – Carta regionale n° **10**–B2 – Carta stradale Michelin 561-F9

a Limito Sud : 2,5 km

🍴 ANTICO ALBERGO

ITALIANA · CONTESTO TRADIZIONALE ※※ L'atmosfera, tra mattoni e travi, riflette piacevolmente la storia dell'edificio risalente al '700. Grazioso spazio estivo sotto un glicine. La cucina affianca piatti di pesce e proposte più creative a ricette lombarde più tradizionali.

Carta 37/50 €

🌿 🆎 ⟷ *via Dante Alighieri 18 –*
☎ *02 926 6157 –*
www.anticoalbergo.it –
Chiuso 1-6 gennaio, 7-29 agosto, 25-31 dicembre, sabato a mezzogiorno, domenica

PIOMBINO

✉ 57025 – Livorno (LI) – Carta regionale n° **18**–B3 – Carta stradale Michelin 563-N13

🍴 AL BACCANALE

REGIONALE · FAMILIARE ※ Nel cuore del centro storico pedonale, un piccolo e caratteristico indirizzo dove assaggiare piatti regionali tra carne e pesce; per i vini chiedete al titolare, che saprà consigliarvi per il meglio. Ambiente raccolto: sassi a vista e soffitti a volte.

Carta 35/60 €

🌿 ⛴ 🆎 *via XX Settembre 20 –*
☎ *0565 222039 –*
www.albaccanale.it

PIOVEZZANO – Verona (VR) ➜ Vedere Pastrengo

PISA

✉ 56125 – Pisa (PI) – Carta regionale n° **18**–B2 – Carta stradale Michelin 563-K13

🍴○ OSTERIA DEI CAVALIERI

TOSCANA · TRATTORIA 🌿 A pochi passi dall'università Normale, un'osteria ben frequentata con ambienti semplici e una cucina che si divide tra terra e mare. Buona selezione di vini e distillati, la stessa che si trova anche a 50 metri alla "Sosta": più piccola, ma con cucina assai rimarchevole.

Menu 30/35€ – Carta 24/35€

🏾 🅰 *via San Frediano 16 – ℰ 050 580858 – www.osteriacavalieri.pisa.it – Chiuso sabato a mezzogiorno, domenica*

PISCIOTTA

✉ 84066 – Salerno (SA) – Carta regionale n° **4**-C3 – Carta stradale Michelin 564-G27

🍴○ PERBACCO

CAMPANA · RUSTICO 🌿 Chi ama mangiare nel verde troverà qui l'indirizzo giusto, dove i tavoli sono sistemati su terrazzamenti d'ulivi di fronte al mare. Cucina semplice e casalinga, quando c'è un'affluenza adeguata viene allestita una brace con legno d'ulivo da non perdere. E per completare sul tema, se desiderate fermarvi a dormire, prenotate la camera ricavata nell'ex frantoio.

Carta 27/60€

🏾 🔄 🈁 🛖 🅿 *contrada Marina Campagna 5 – ℰ 0974 973889 – www.perbacco.it – Chiuso 1 dicembre-27 marzo*

a Marina di Pisciotta Sud - Ovest: 4 km – Carta regionale n° **4**-C3

🙂 ANGIOLINA

CAMPANA · STILE MEDITERRANEO 🌿🌿 Se avete – giustamente - optato per questo tranquillo localino dal piacevole servizio estivo all'aperto, non potete non gustare le tipiche ricette a base di alici di "menaica" (rete a maglie strette utilizzata per la pesca da queste parti) fritte, marinate, alla scapece. In menu, però, anche tanti altri piatti campani.

Specialità: Briciola di frisella con ricotta di bufala e alici salate di menaica. Calamarata con crema di ceci, totanetti e rosmarino. Sfogliatina con crema di melanzane.

Carta 35/45€

🛖 *via Passariello 2, località Marina di Pisciotta – ℰ 0974 973188 – www.ristoranteangiolina.it – Chiuso 1 dicembre-31 marzo, lunedì*

PISTOIA

✉ 51100 – Pistoia (PT) – Carta regionale n° **18**-B1 – Carta stradale Michelin 563-K14

🍴○ I SALAIOLI

CONTEMPORANEA · CONVIVIALE 🌿 Storica gastronomia in pieno centro cittadino, che alla sua terza generazione si fa baluardo di una cucina contemporanea di qualità. Imperdibili i formaggi e i salumi ricercati fra i migliori produttori dell'area ed ottima scelta dei vini: una delle passioni del titolare!

Menu 20/45€ – Carta 20/45€

🏾 🛖 ⅘ 🅰 *piazza della Sala 20 – ℰ 057320225 – www.isalaioli.it – Chiuso lunedì*

🍴○ TRATTORIA DELL'ABBONDANZA

TOSCANA · DI QUARTIERE 🌿 All'insegna della tipicità e della tradizione, in un'atmosfera accogliente e simpatica, la gestione è giovane ed appassionata, la proposta gastronomica è fortemente all'insegna della regionalità con particolare attenzione alla ricerca dei prodotti, nonché allo studio di qualche antica ricetta.

Menu 28/30€ – Carta 30/53€

🛖 *via dell'Abbondanza 10/14 – ℰ 0573 368037 – www.trattoriadellabbondanza.it – Chiuso mercoledì*

PITIGLIANO

✉ 58017 – Grosseto (GR) – Carta regionale n° **18**-D3 – Carta stradale Michelin 563-O16

🍴 **IL TUFO ALLEGRO**
TOSCANA · ROMANTICO ⅹ Nel cuore della località etrusca, nei pressi della Sinagoga: piatti toscani, un piccolo ristorante con una nutrita cantina di vini e salette ricavate nel tufo.
Menu 22/75€ – Carta 26/55€

&& 🏠 *vicolo della Costituzione 5 – ☎ 0564 616192 – www.iltufoallegro.com – Chiuso 10 gennaio-10 febbraio, martedì, mercoledì a mezzogiorno*

PITRIZZA – Olbia-Tempio (OT) → Vedere Sardegna (Arzachena)

PIZZIGHETTONE
✉ 26026 – Cremona (CR) – Carta regionale n° **9**-B3 – Carta stradale Michelin 561-G11

🍴 **DA GIACOMO**
LOMBARDA · CONTESTO STORICO ⅩⅩ Nel centro storico di una pittoresca località cinta da mura, con bel dehors sotto ad un millenario porticato, un ristorantino che esprime un riuscito mix di rusticità e design. Cucina del territorio reinterpretata e molti ottimi vini (ad un prezzo corretto!).
Carta 40/50€

&& 🏠 ⅽ 🅰 *piazza Municipio 2 – ☎ 0372 730260 – www.dagiacomo.it – Chiuso 7-17 gennaio, 18 agosto-5 settembre, lunedì, martedì*

PIZZO
✉ 89812 – Vibo Valentia (VV) – Carta regionale n° **3**-A2 – Carta stradale Michelin 564-K30

🍴 **LOCANDA TOSCANO**
CREATIVA · FAMILIARE ⅩⅩ Vicino al castello e al belvedere di Pizzo, moglie e marito - rispettivamente in cucina e in sala - vi danno il benvenuto in due salette semplici ma accoglienti. La cucina offre spunti creativi in fantasiosi abbinamenti, prevale il pesce, ma gli appassionati di carne apprezzeranno il manzo podolico e il maiale nero.
Menu 45/55€ – Carta 35/55€

🅰 *via Benedetto Musolino 14/16 – ☎ 0963 531089 – Chiuso 7-20 gennaio, lunedì*

sulla strada per Vibo Marina

🍴 **ME RESTAURANT**
MEDITERRANEA · CONTESTO CONTEMPORANEO ⅩⅩ Gradevole locale, ampio e spazioso, ricavato dal restauro di un ex casale; la recente creazione di un *privé* permette di cenare alla luce delle sole lampade sui tavoli, rendendo l'atmosfera ancora più romantica e chic. Lo gestisce una coppia che propone ai propri ospiti una cucina creativa ed innovativa in cui si cita la Calabria a più riprese, ma anche la Campania, terra di origine dello chef. Bella cantina con variegate etichette.
Menu 60/80€ – Carta 50/100€

🏠 ⅽ 🅰 🅿 *strada provinciale per Vibo Marina, località Ponte di Ferro – ☎ 0963 534532 – www.merestaurant.it – Chiuso 11-18 gennaio, mercoledì*

PLAN DE CORONES · KRONPLATZ – Bolzano (BZ) → Vedere Brunico

POCENIA
✉ 33050 – Udine (UD) – Carta regionale n° **6**-B3 – Carta stradale Michelin 562-E21

a Paradiso Nord - Est : 7 km

🍴 **AL PARADISO**
REGIONALE · ROMANTICO ⅩⅩ Una piccola bomboniera in un antico cascinale, con decorazioni e tendaggi ovunque. Spunti moderni nella cucina che segue il territorio (tanta carne e cacciagione). Ideale per una cena romantica.
Menu 42/58€

🏠 🅰 ⟲ 🅿 *via Sant' Ermacora 1 – ☎ 0432 777000 – www.trattoriaparadiso.it – Chiuso lunedì, martedì, mercoledì-venerdì a mezzogiorno*

PODENZANO

✉ 29027 – Piacenza (PC) – Carta regionale n° **5**–A1

○ **L'OSTRERIA FRATELLI PAVESI**

REGIONALE · CONVIVIALE ⚹ Affacciato su una tipica corte novecentesca della bassa padana, "ostreria" non è un refuso, ma un'allusione ai tre fratelli che si suddividono i compiti tra sala e cucina. Qui pare proprio che il detto "l'unione fa la forza" sia vero: in un ambiente semplice e conviviale, i piatti contengono alcune delle proposte più interessanti della provincia.

Carta 40/60 €

🔝 🖾 🅿 *località Gariga 8 – 𝒞 0523 524077 –*
www.ostreria.it – Chiuso lunedì, martedì

POGGIBONSI

✉ 53036 – Siena (SI) – Carta regionale n° **18**–D1 – Carta stradale Michelin 563-L15

○ **OSTERIA 1126**

TOSCANA · ACCOGLIENTE ⚹ L'anno è quello di fondazione del borgo collinare in cui il locale è inserito: oggi, azienda agricola che mette a disposizione anche appartamenti con cucina e l'intera villa padronale. Ai fornelli, una giovane coppia appassionata propone piatti legati ai prodotti del territorio interpretati in chiave attuale.

Menu 25 € (pranzo), 30/40 € – Carta 25/45 €

🔝 🅿 *loacalità Cinciano 2 –*
𝒞 0577932240 – www.cinciano.it –
Chiuso 10 gennaio-10 febbraio, martedì

POGGI DEL SASSO – Grosseto (GR) → Vedere Cinigiano

POGGIO ALLE MURA – Siena (SI) → Vedere Montalcino

POLESINE PARMENSE

✉ 43010 – Parma (PR) – Carta regionale n° **5**–A1 – Carta stradale Michelin 562-G12

✿ **ANTICA CORTE PALLAVICINA**

Chef: Massimo Spigaroli

DEL TERRITORIO · ROMANTICO ⚹⚹⚹ Location da favola, per una struttura che - da una prospettiva architettonica - sembra un castello, di fatto nacque come dogana sul Po nel '300. Oggi è uno dei templi del culatello, ma al di là del celebre salume, qui quasi tutto è allevato o coltivato nella proprietà. I piatti esaltano le tradizioni locali dalle paste agli animali da cortile; è una cucina "gastrofluviale" come ama definirla lo chef-patron Massimo Spigaroli, perché contribuisce a non far perdere identità al territorio.

Interessante è inoltre il percorso museale che presenta, uno dopo l'altro, i protagonisti della vicenda del culatello; iconografia e citazioni di personaggi famosi, racconto puntuale delle fasi che dalla coscia del maiale portano a un prodotto caratterizzato da un preciso rituale di degustazione. La visita permette anche di osservare l'affascinante galleria dei culatelli, che stagionano nell'umidità e nella penombra, nonché le forme di parmigiano: le due ricchezze della zona! L'ispettore consiglia: per una cena romantica prenotare l'unico tavolo - nella piccola nicchia di sole vetrate - che regala superbi scorci sul verde.

Specialità: Il podio dei culatelli. I soffici ai 3 parmigiani in brodo di gallina fidentina. Gli incastri del cioccolato con la liquirizia ed il caffè.

Menu 94/170 € – Carta 70/115 €

🕹 ⇦ 🛏 🔝 🅿 *strada del Palazzo Due Torri 3 –*
𝒞 0524 936539 – www.acpallavicina.com –
Chiuso 7-27 gennaio, lunedì

⅋️🍴 **AL CAVALLINO BIANCO**

EMILIANA · **CONTESTO TRADIZIONALE** XX Secolare tradizione familiare alla quale affidarsi per assaporare il proverbiale culatello e specialità regionali, lungo le rive del grande fiume. Al "Tipico di Casa Spigaroli", in settimana a pranzo, troverete piatti locali a prezzi contenuti, menu tematici nel week-end.

Menu 45/58 €

🏵️ 🛏️ 🅰️🅲️ 🅿️ *via Sbrisi 3 – ℰ 0524 96136 – www.fratellispigaroli.it – Chiuso lunedì sera, martedì, mercoledì-venerdì sera*

POLIGNANO A MARE

✉️ 70044 – Bari (BA) – Carta regionale n° **15**–C2 – Carta stradale Michelin 564-E33

🍴 **L'OSTERIA DI CHICHIBIO**

PESCE E FRUTTI DI MARE · **CONVIVIALE** XX Connubio di semplicità e allegria - non privo di eleganza - e l'occasione per mangiare specialità ittiche e verdure in varie cotture. Il ristorante è inoltre rinomato per i suoi frutti di mare crudi (aperti al momento!), tartare, nonché sashimi di pesce fresco locale.

Carta 40/70 €

🏵️ 🛗 🅰️🅲️ *largo Gelso 12 – ℰ 080 424 0488 – www.osteriadichichibio.it – Chiuso lunedì*

POLIZZI GENEROSA – Palermo (PA) ➜ Vedere Sicilia

POLLONE

✉️ 13814 – Biella (BI) – Carta regionale n° **12**–C2 – Carta stradale Michelin 561-F5

🏵️ **IL PATIO**

Chef: Sergio Vineis

MODERNA · **ELEGANTE** XXX La recente ristrutturazione non ha sottratto tipicità a questa bella realtà ambientata in antiche stalle, ma con fresca terrazza affacciata sul giardino. Meta gourmet tra le più gettonate della zona, Il Patio deve il suo successo in primis alla sua proposta gastronomica, subito dopo ad un servizio in sala di notevole livello. Capitanata dallo chef-patron Sergio Vineis, affiancato dal figlio Simone, la cucina punta su ricette che valorizzano i prodotti locali offrendo il destro - di tanto in tanto - alla creatività. La scelta enoica è ampia, strutturata, mai scontata.

Specialità: Melanzana glassata al parmigiano, demi-glace di verdure bruciate e pomodoro piccante. Sottofiletto di manzo piemontese con estratto di spinaci, tartufo nero e ginepro. Mela 2019.

Menu 65/85 € – Carta 64/95 €

🏵️ 🛏️ 🏡 ♿ 🅿️ *via Oremo 14 – ℰ 015 61568 – www.ristoranteilpatio.it – Chiuso lunedì, martedì*

🍴 **IL FAGGIO**

MODERNA · **AMBIENTE CLASSICO** XX Stile e sobria eleganza contraddistinguono questo ristorante che propone una carta ampia ed equilibrata: la scelta spazia dal pesce alla cucina del territorio.

Menu 50/65 € – Carta 46/54 €

🅿️ *via Oremo 54 – ℰ 015 61252 – www.ristoranteilfaggio.it – Chiuso 10-28 gennaio, 8-25 agosto, lunedì, martedì a mezzogiorno*

POMPEI

✉ 80045 – Napoli (NA) – Carta regionale n° **4**-B2 – Carta stradale Michelin 564-E25

✿ PRESIDENT

Chef: Paolo Gramaglia

MEDITERRANEA · ELEGANTE ✕✕ Un matematico ai fornelli! Non è il titolo di un film, ma il percorso formativo dello chef-patron Paolo Gramaglia che insieme alla sua gentile consorte Laila, avvocato di professione, sommelier per passione, apre le porte di questo elegante ristorante a poco più di 500 metri dagli scavi archeologici. Ottimi sono il cibo e l'ospitalità di questa dinamica coppia che si prodiga affinché il cliente sia assolutamente al centro dell'attenzione. Laila cura sala e vini, mentre Paolo si dedica al piacere del palato cui propone una cucina campana e stagionale - moderatamente creativa - con rare, ma interessanti rivisitazioni degli antichi sapori pompeiani ed allusioni alla scienza esatta: *"estrarre x moltiplicare"* o la *"regola dei 5 millimetri"*, a voi il piacere di farvele spiegare. Solo cinque tavoli tra mobili preziosi e uno studio attento delle luci: meglio prenotare!

Specialità: Mosaico: terrina di foie gras al moscato, gamberi rossi del Cilento e favo di miele. Pasta a... mare: pasta mista cotta in sette essenze di crostacei, alghe, frutti di mare e limone. Cerchi di crema alla pera spadona e vaniglia, quenelle allo zenzero e cioccolato fondente, mousse all'albicocca e frutti di bosco.

Menu 80/100 € – Carta 65/100 €

🏣 🎬 🅰🅲 🅿 *piazza Schettini 12/13 – ☎ 081 850 7245 – www.ristorantepresident.it – Chiuso 7-30 gennaio, 7-25 agosto, lunedì, domenica sera*

⅋○ IL PRINCIPE 🆕

CONTEMPORANEA · CONTESTO CONTEMPORANEO ✕✕ Lo chef-patron, Gian Marco, è figlio d'arte e ha riaperto il suo ristorante con lo stesso nome di quello dato dai genitori al loro locale che proprio qui ha fatto parte della storia gastronomica di Pompei. Personale reinterpretazione di sapori campani in un ambiente dal design contemporaneo.

Menu 40/70 € – Carta 48/66 €

🎬 🅰🅲 *Via Colle San Bartolomeo 4 – ☎ 081 850 5566 – www.ilprincipe.com – Chiuso 11-24 gennaio, mercoledì, domenica sera*

⅋○ LA BETTOLA DEL GUSTO

MEDITERRANEA · FAMILIARE ✕✕ Davanti alla stazione, un locale signorile e molto ben curato che di "bettola" ha solo il nome. Gestito da due fratelli gemelli con tanta voglia di fare, troverete specialità sia di pesce che di carni selezionate (visibili dalla loro vetrina di affinamento), nonché ricette della tradizione, rivisitate con gusto contemporaneo. Difficile rimanere delusi!

Menu 35/60 € – Carta 30/65 €

🏣 🎬 🅰🅲 *via Sacra 48/50 – ☎ 081 863 7811 – www.labettoladelgusto.it – Chiuso lunedì*

PONTE A MORIANO – Lucca (LU) → Vedere Lucca

PONTECAGNANO

✉ 84098 – Salerno (SA) – Carta regionale n° **4**-C2

⅋○ SETTANTA NEO BISTROT 🆕

MODERNA · BISTRÒ ✕✕ All'interno dell'hotel Carosello ubicato ai margini del paese, moderno e contemporaneo bistrot con una cucina attuale che prende spunto dalla tradizione regionale e dai prodotti locali. Ottime esperienze lavorative per il nuovo e giovane chef che si dimostra molto minuzioso e fantasioso nelle elaborazioni.

Carta 35/50 €

🍴 🅰🅲 🅿 *via Amerigo Vespucci 19 località Sant'Antonio – ☎ 089 381314 – www.70neobistrot.it – Chiuso domenica sera*

PONTE DELL'OLIO

✉ 29028 – Piacenza (PC) – Carta regionale n° **5**-A2 – Carta stradale Michelin 561-H10

🍴 LOCANDA CACCIATORI

EMILIANA · SEMPLICE 🍴 Aperta nel 1945 dai genitori dell'attuale proprietario nel contesto di un grazioso paesaggio collinare, questa trattoria custodisce i tesori della gastronomia piacentina, serviti in porzioni generose e fragranti, che vi faranno riscoprire il grande piacere della buona e semplice cucina del territorio. Attenzione, onde evitare di perdersi, impostare il navigatore su Ponte dell'Olio - viale San Bono - poi proseguire per 2,5 Km.

Specialità: Salume e bortellina. Tortelli con la coda. Sbriciolona.

Menu 12 € (pranzo), 20/25 € – Carta 25/45 €

🔙 🏠 🅰️ 🅿️ *località Mistadello di Castione – ℰ 0523 877206 – www.locandacacciatori.com – Chiuso 10-30 gennaio, mercoledì*

🍴 RIVA

MODERNA · INTIMO 🍴🍴 Nel piccolo borgo con l'affascinante castello merlato di Riva, una coppia di coniugi propone una cucina raffinata con quel misurato mix di territorio e creatività. Lasciatevi consigliare dal marito un vino della zona o qualche etichetta italiana o francese (soprattutto di vecchie annate), presenti abbondantemente nell'ampia carta dei vini.

Menu 45/70 € – Carta 43/88 €

🏠 🏠 ♿ 🅰️ *via Riva 16 – ℰ 0523 875193 – www.ristoranteriva.it – Chiuso lunedì, martedì a mezzogiorno*

PONTE DI LEGNO

✉️ 25056 – Brescia (BS) – Carta regionale n° **9**–C1 – Carta stradale Michelin 561-D13

🍴 KRO

REGIONALE · STILE MONTANO 🍴🍴 Sono molti i punti che colpiscono di questo locale: la cortesia, l'ambiente curato tra legno e pietra, la cucina con piatti del territorio in chiave moderna. Eseguiti per soddisfare vista e palato!

Menu 30 € – Carta 40/60 €

♿ ➕ 🅿️ *via Tollarini 70/C Località Pontagna di Temù – ℰ 0364 906411 – Chiuso 10 maggio-11 giugno, martedì, mercoledì*

PONTE DI NAVA – Cuneo (CN) ➜ Vedere Ormea

PONTELONGO

✉️ 35029 – Padova (PD) – Carta regionale n° **23**–C3 – Carta stradale Michelin 562-G18

🌸 LAZZARO 1915

Chef: Piergiorgio Siviero

MODERNA · AMBIENTE CLASSICO 🍴🍴 È sempre in fermento lo chef-patron Piergiorgio Siviero! In questo luogo dove fino a due generazioni fa ci si fermava a far riposare i cavalli o si accoglievano gli operai del vecchio zuccherificio di fronte, ora vi è questo elegante ristorante caldo ed accogliente. La sorella Daniela - di squisita gentilezza e preparazione - in sala, Piergiorgio ai fornelli: siamo in provincia, ma la cucina non si sottrae a sofisticate elaborazioni: del resto il curriculum del cuoco vanta passaggi da Ducasse, nonché Aimo e Nadia.

Il menu cita - in prevalenza – specialità di pesce, accompagnate da un ventaglio di ingredienti dal tocco a volte esotico. Il Carnaroli con acqua di melanzana bruciata, triglia di scoglio, mandorla e kumquat, tra i must.

Specialità: Pesce al fumo, tuorlo d'uovo all'acquavite, acciuga e maionese arrosto. Musso alle erbe del litorale, rosa canina e latte tostato. Fagioli, cacao, peperone e aglio nero.

🌸 *L'impegno dello chef: "La sostituzione della plastica nella nostra cucina ha raggiunto percentuali significative; utilizziamo detergenti eco-certificati e le verdure di due orti biodinamici – concimati con rifiuti organici - allietano il nostro menu. Dal 2008 abbiamo una caldaia a condensazione per una minore dispersione di energia."*

Menu 25 € (pranzo), 50/100 €

🏠 ♿ 🅰️ *via Roma 351 – ℰ 049 977 5072 - www.lazzaro1915.it – Chiuso martedì, mercoledì*

PONTE SAN PIETRO

✉ 24036 – Bergamo (BG) – Carta regionale n° **10**–C1 – Carta stradale Michelin 561-E10

🟠 **CUCINA CEREDA**

MODERNA · **CONTESTO STORICO** XX Locale del centro che unisce la bellezza di un palazzo risalente al XV secolo ad un riuscito mix di tradizione e contemporaneità negli arredi. La cucina di taglio moderno abbina prodotti di differenti regioni in un gioco di sapori e consistenze. Offerta imperdibile il menu degustazione a prezzo contenuto per gli under 30. Nella bella stagione il dehors nella corte vi aspetta.

Menu 45/75€ – Carta 52/68€

🏠 ♿ via Piazzini 33 – ☎ 035 437 1900 – www.cucinacereda.com – Chiuso 1-7 gennaio, 16-22 agosto, lunedì, sabato a mezzogiorno

PONTINIA

✉ 04014 – Latina (LT) – Carta regionale n° **7**–C3 – Carta stradale Michelin 563-R21

🟠 **MATER1APR1MA**

ITALIANA CONTEMPORANEA · **DI TENDENZA** XX Un piacevole locale contemporaneo gestito da una giovane coppia, lei in sala dove segue gli ospiti con gentilezza, accompagnandoli nella scelta dei vini; lui in cucina - dal forte estro creativo! – a preparare specialità di terra e di mare con abbinamenti mai scontati. Oltre ad appagare la vista per le loro belle presentazioni, i piatti sono veramente gustosi anche perché, come il nome del locale fa presagire, tanto impegno è profuso nella selezione della materia prima.

Menu 45/70€ – Carta 70/80€

🌳 ♿ 🅰 via Sardegna 8 – ☎ 0773 86391 – www.materiaprimapontinia.it – Chiuso 7-17 gennaio, 8-18 settembre, lunedì, martedì-venerdì a mezzogiorno, domenica sera

PONZA (ISOLA DI)

✉ 04027 – Latina (LT) – Carta stradale Michelin 563-S18

Ponza – Carta regionale n° **7**–C3

🌸 **ACQUA PAZZA** 🟢

PESCE E FRUTTI DI MARE · **STILE MEDITERRANEO** XX Da poco trasferitosi, Acqua Pazza s'insedia in questa nuova location ancora più glamour e panoramica. Varie terrazze su differenti livelli offrono una vista mozzafiato ed una zona dedicata agli aperitivi, mentre lume di candela e la brezza che vi accarezza dopo una giornata di sole fanno parte di quel romanticismo compreso nel prezzo! La cucina, sempre curata dalla femminile della famiglia, celebra i prodotti isolani e il suo pescato con un pizzico di fantasia e tanto gusto. Se amanti del genere, gli ispettori consigliano vivamente i crudi.

Specialità: Dentice alghe e ricci. Gamberoni e scampi al vapore con patate, pomodori, basilico, olive e cipolla di Tropea. Limone mandorle e frutti rossi.

Carta 70/110€

🏠 🅰 via Dietro la Chiesa 3/4 – ☎ 0771 80643 – www.acquapazza.com – Chiuso 1 gennaio-31 marzo, 1 novembre-31 dicembre, lunedì-domenica a mezzogiorno

🟠 **EEA**

PESCE E FRUTTI DI MARE · **ACCOGLIENTE** XX Oltre ad essere il nome antico dell'isola, Eea è anche un ristorante di lunga tradizione - rialzato e panoramico su mare e porto - ci si accomoda in terrazza o nella sala interna con bel pavimento in marmo di Siena. Dalla cucina il meglio dei sapori del territorio, proposti in chiave leggermente contemporanea; il pesce è per la maggior parte di provenienza locale.

Carta 40/65€

⬅ 🏠 🅰 via Umberto I – ☎ 0771 80100 – www.monadoeea.it – Chiuso 1 dicembre-2 aprile

ⅡO IL TRAMONTO

PESCE E FRUTTI DI MARE · ROMANTICO X Un servizio brillante e dinamico, una cucina legata alla tradizione isolana dove regna il pesce ed una meravigliosa vista sull'isola di Palmarola per veder tramontare il sole... direttamente nel vostro bicchiere.

≼ 🏠 *via campo Inglese – 𝒞 0771 808563 – Chiuso 1 dicembre-1 maggio*

GRAND HOTEL SANTA DOMITILLA

CASA DI CAMPAGNA · MEDITERRANEO In posizione tranquilla seppur vicino al centro, troverete ispirazioni orientali e ceramiche vietresi, ma sono le piscine a rappresentare il clou di un raffinato soggiorno. Cucina isolana in chiave moderna presso il ristorante Al Melograno e, nei week-end di giugno-luglio, si apre la "cruderia" per aperitivi e cene modaiole.

🍸 🐾 🛬 ⚒ 🎦 🎬 🕍 🅿 🚗 62 camere

via Panoramica – 𝒞 0771 809951 – www.santadomitilla.com

POPPI

✉ 52014 – Arezzo (AR) – Carta regionale n° **18**-C1 – Carta stradale Michelin 563-K17

a **Moggiona** Sud - Ovest : 5 km – Carta regionale n° **18**-C1

🉐 IL CEDRO

TOSCANA · TRATTORIA X Vera cucina casentinese in versione casalinga - tortelli di patate, coniglio in porchetta, latte alla portoghese e torta di mele secondo la ricetta della nonna - in una semplice trattoria a pochi chilometri dal suggestivo convento di Camaldoli.

Specialità: Crostini misti con salumi e formaggi toscani. Capriolo al vino bianco con fritto di verdure miste di stagione. Torta di mele.

Carta 28/45€

≼ *via di Camaldoli 20 – 𝒞 0575 556080 – www.ristoranteilcedro.com – Chiuso lunedì, martedì-giovedì sera, domenica sera*

ⅡO MATER

CREATIVA · ELEGANTE XXX La natura qui è messa in primo piano: sia che si tratti della location del ristorante ai piedi dell'Eremo di Camaldoli, sia che si tratti della linea gastronomica in sintonia con le stagioni e che si approvvigiona presso produttori locali. Scelta à la carte o possibilità di optare per uno dei tre menu degustazioni: quello "del territorio" rievoca antichi sapori aretini e casentinesi.

Menu 60/70€ – Carta 45/50€

↩ 🎬 🅿 *via di Camaldoli, 52 – 𝒞 366 503 5127 – www.ristorantemater.it – Chiuso 1 dicembre, 10 gennaio-15 marzo, Chiuso a mezzogiorno, martedì e mercoledì*

PORCIA

✉ 33080 – Pordenone (PN) – Carta regionale n° **6**-A3

ⅡO LA CIOTOLA 🔘

CLASSICA · COLORATO X Lungo la SS13 che conduce, in pochissimi minuti, a Pordenone, ecco un locale fresco e dinamico. A pranzo, il ritmo si fa più veloce, il menu più piccolo, ma in compenso anche i prezzi sono inferiori. La sera - invece - si presenta la carta completa. In ogni caso, i fratelli Cover propongono piatti sia di terra sia di mare in cui le buone materie prime sono elaborate con semplicità ed un pizzico di fantasia.

Carta 25/55€

♿ 🎬 🅿 *via Sant'Antonio 19 – 𝒞 0434 590777 – www.ristorantelaciotola.com – Chiuso 30 dicembre-6 gennaio, 25 aprile-2 maggio, 9-29 agosto, sabato a mezzogiorno, domenica*

PORDENONE

✉ 33170 – Pordenone (PN) – Carta regionale n° **6**–B3 – Carta stradale Michelin 562-E20

😊 LA FERRATA

FRIULANA · RUSTICO Foto di locomotive, pentole e coperchi di rame arredano le pareti di questa rustica osteria centenaria, accogliente e conviviale, situata nel grazioso centro storico di Pordenone. Dalla cucina, porzioni generose con sapori della tradizione locale, tra cui affettati, carni, formaggi ed - in generale - piatti ruspanti, ma saporiti ed intensi.

Specialità: "Toc in braide" carnico con cappello di funghi porcini del Cadore e morchia. Sopa coada. Gubana cividalese bagnata con slivovitz.

Carta 32/45€

🔠 *via Gorizia 7 – ☏ 0434 20562 – www.osterialaferrata.it –*
Chiuso 1 giugno-20 agosto, martedì

PORLEZZA

✉ 22018 – Como (CO) – Carta regionale n° **9**–A2 – Carta stradale Michelin 561-D9

⫶○ LA MUSA

MODERNA · MINIMALISTA XxX Sei intimi tavoli in una moderna sala con bella vista sul lago dalle ampie vetrate; il panorama diventa ancora più suggestivo nel servizio estivo all'aperto. Ingredienti dal nord al sud per una cucina che si veste di modernità. Un fine dining per serate romantiche!

Menu 60/90€ – Carta 65/95€

🔠🅰🅿 *Hotel Parco San Marco Lifestyle Beach Resort, viale Privato San Marco 1, località Cima – ☏ 0344 629111 – www.ristorante-la-musa.com –*
Chiuso 1 dicembre-25 marzo, lunedì, martedì, mercoledì, giovedì-domenica a mezzogiorno

PORRONA – Grosseto (GR) ➜ Vedere Cinigiano

PORTO AZZURRO – Livorno (LI) ➜ Vedere Elba (Isola d')

PORTO CONTE – Sassari (SS) ➜ Vedere Sardegna - Alghero (Porto Conte)

PORTO ERCOLE

✉ 58018 – Grosseto (GR) – Carta regionale n° **18**–C3 – Carta stradale Michelin 563-O15

⫶○ ALICINA HOSTERIA

PESCE E FRUTTI DI MARE · FAMILIARE X Nel centro di Porto Ercole, un locale piccolo e semplice, ma gestito con passione e professionalità dallo chef-patron d'origine napoletana. Cucina di mare con tocchi personali; se la carta si arricchisce giornalmente a seconda della disponibilità del mercato, la lista dei vini annovera circa 300 etichette.

Menu 45/60€ – Carta 13/100€

🦀 🅰 *via San Sebastiano 54 – ☏ 0564 832630 – www.alicinahosteria.com –*
Chiuso 1-7 dicembre, 11-18 gennaio, martedì

🏨 ARGENTARIO GOLF RESORT & SPA

LUSSO · PERSONALIZZATO Campo da golf e hotel di lusso accomunati da un unico concept: il design personalizzato. All'interno dominano il bianco e il nero; fuori, il verde della natura.

🏌 🛎 ⚘ 🍸 🎾 🎱 ⚕ 🖨 ⚘ 🅰 🏋 🅿 🚗 73 camere – 8 suites
via Acquedotto Leopoldino – ☏ 0564 810292 – www.argentariogolfresortspa.it

sulla strada Panoramica Sud - Ovest : 4,5 km

✿ IL PELLICANO

CREATIVA · LUSSO XxxX *Causa emergenza COVID-19 chiuso temporaneamente fino ad aprile 2021.*

490

Con la sua terrazza sul mare e il profumo di rosmarino nell'aria, Il Pellicano è uno degli indirizzi più romantici d'Italia. Con un debole per la Toscana, dopo una recente esperienza nella ville lumière, Michelino Gioia torna come figliol prodigo a lavorare con la famiglia Sciò, arricchito - però - da una nuova convinzione, ovvero: l'importanza di lavorare per riduzione. Pochi ingredienti, quindi, ma capaci di esaltare il gusto rendendolo l'unico ed indiscusso protagonista della tavola; trionfi di consistenze spesso agli antipodi e sapori decisi, abbracci tra terra e mare, estrose interpretazioni della tradizione.

Specialità: Astice blu, pappa al pomodoro, ricotta e levistico. Fusilloni, scorfano e finto lardo di totano. Sigaro di cioccolato affumicato al whisky.

Carta 98/150 €

క్రీ ⇐ 🛏 🛎 🖾 🅿 *Hotel il Pellicano, località Lo Sbarcatello – ℰ 0564 858111 – www.pellicanohotel.com – Chiuso 1 gennaio-14 aprile, 2 novembre-31 dicembre, lunedì-domenica a mezzogiorno*

🏛️ IL PELLICANO

GRAN LUSSO · PERSONALIZZATO Nato come inno all'amore di una coppia anglo-americana che qui volle creare il proprio nido, in uno dei punti più esclusivi della Penisola, villini indipendenti tra verde e ulivi. La spiaggia-piattaforma incastonata fra le rocce è raggiungibile grazie ad una romantica discesa o - in alternativa - con l'ascensore.

🏛️ ⅏ ⇐ 🛋 🛏 ⅏ ⅏ 🖾 🅾 🅿 🚗 32 camere – 18 suites

località Lo Sbarcatello – ℰ 0564 858111 – www.pellicanohotel.com

🌸 Il Pellicano – Vedere selezione ristoranti

PORTOFINO

✉ 16034 – Genova (GE) – Carta regionale n° 8-C2 – Carta stradale Michelin 561-J9

🏛️ BELMOND HOTEL SPLENDIDO AND BELMOND SPLENDIDO MARE

GRAN LUSSO · MEDITERRANEO Nella magnifica cornice del Golfo del Tigullio, questo esclusivo resort si propone come un microcosmo di eleganza e raffinatezza. Confort di ottimo livello e cura del dettaglio nelle lussuose camere, la maggior parte delle quali dotate di balcone o terrazza con vista sulla baia. Ricette liguri al ristorante.

🏛️ ⅏ ⇐ 🛏 🛋 ⅏ 🅙 🖾 🅙 🅿 🚗 85 camere – 15 suites

salita Baratta 16 – ℰ 0185 267801 – www.belmond.com

🏛️ EIGHT HOTEL PORTOFINO 🆕

BOUTIQUE HOTEL · CONTEMPORANEO A monte del centro storico, piccolo boutique hotel arredato con buon gusto e con una certa ricercatezza. Per godere della vista sul castello, scegliere - possibilmente - le camere n. 71 o 81, oppure salire all'ultimo piano della casa, dove si trova il grazioso giardinetto a terrazzamenti con il lounge bar. Al piano interrato si può prenotare la piccola area relax: trattamenti e massaggi per coppia.

🛏 ⅏ 🅙 🖾 🅿 17 camere – 1 suite

via del Fondaco 11 – ℰ 0185 26991 – http://portofino.eighthotels.it

PORTOMAGGIORE

✉ 44015 – Ferrara (FE) – Carta regionale n° 5-C2 – Carta stradale Michelin 562-H17

a Quartière Nord - Ovest : 4,5 km

🍴 LA CHIOCCIOLA

REGIONALE · FAMILIARE XX Ricavato con originalità da un vecchio magazzino di deposito del grano, il locale offre una carta con specialità locali che vanno dall'oca, alle rane, ma anche alle lumache; il mare - a circa 50 km - arriva anche in tavola (da provare l'anguilla). Sobrie e funzionali le camere.

Menu 50 € – Carta 26/54 €

క్రీ ⇐ 🛎 🅙 🖾 🅿 *via Runco 94/F – ℰ 0532 329151 - www.locandalachiocciola.it – Chiuso lunedì, domenica sera*

PORTO MAURIZIO – Imperia (IM) ➜ Vedere Imperia

PORTONOVO – Ancona (AN) → Vedere Ancona

PORTOPALO DI CAPO PASSERO – Siracusa (SR) → Vedere Sicilia

PORTO RECANATI

✉ 62017 – Macerata (MC) – Carta regionale n° **11**–D2 – Carta stradale Michelin 563-L22

sulla strada per Numana Nord: 4 km

🍴 **DARIO**

PESCE E FRUTTI DI MARE · STILE MEDITERRANEO ※ Sulla spiaggia, dove tempo permettendo si svolge il servizio estivo, a poche centinaia di metri dai monti del Conero, una graziosa casetta con persiane rosse: il pesce dell'Adriatico e una gestione ormai giunta al mezzo secolo!

Carta 44/80 €

🎐 🅰🅲 ♿ 🅿 via Scossicci 9 – ☎ 071 976675 – www.ristorantedario.com – Chiuso 24 dicembre-24 gennaio, lunedì, martedì a mezzogiorno, domenica sera

PORTO SAN GIORGIO

✉ 63822 – Fermo (FM) – Carta regionale n° **11**–D2 – Carta stradale Michelin 563-M23

🍴 **L'ARCADE**

CREATIVA · CONTESTO CONTEMPORANEO ※※ Lo chef-patron Nikita mostra la propria idea di cucina proponendo un lungo menu degustazione a base di piatti creativi, dove compaiono sia carne sia pesce, permettendo, però, anche di optare per un'estrazione di percorsi più corti o, più semplicemente, di poter scegliere i piatti preferiti come à la carte. Con gran facilità si troverà nell'ampia carta dei vini il giusto abbinamento. Buon divertimento!

Menu 35/75 €

🐧 🅰🅲 via Giordano Bruno 76 – ☎ 0734 675961 – www.ristorantelarcade.it – Chiuso 23-29 dicembre, 6-20 gennaio, 15-31 maggio, mercoledì, giovedì a mezzogiorno, domenica sera

🍴 **DAMIANI E ROSSI**

PESCE E FRUTTI DI MARE · STILE MEDITERRANEO ※ Posizionato proprio sulla spiaggia, inevitabilmente e giustamente la cucina proposta dallo chef-patron s'ispira al mare: piatti freschi, leggeri e colorati, semplici nell'utilizzo del buon pesce, ma con un pizzico di fantasia. Buona anche la scelta di vini del territorio e non solo, con prevalenza di bianchi.

Carta 32/70 €

⬑ 🎐 ♿ lungomare Gramsci 29 – ☎ 0734 674401 – www.damianierossi.it – Chiuso 1-28 febbraio, lunedì

🍴 **RETROSCENA** ⓝ

CREATIVA · MINIMALISTA ※※ Il pittoresco centro storico della località si accende dell'entusiasmo di un team di giovanotti dalle belle speranze, oltre che dal bel curriculum costruito in giro per l'Europa, nonché alla celebre Osteria Francescana di Modena. Cucina a vista ed ambiente minimal-contemporaneo. Di pari passo vanno i piatti: dritti, netti, dalle presentazioni essenziali e capaci di grande equilibrio pur sfidando il palato con controllati inserti di acidità. Cresceranno!

Menu 54/90 € – Carta 59/77 €

🎐 ♿ 🅰🅲 largo del Teatro 3 – ☎ 0734 302138 – retroscena-ristorante.com – Chiuso lunedì a mezzogiorno, martedì, mercoledì-sabato a mezzogiorno

PORTO SAN PAOLO – Olbia-Tempio (OT) → Vedere Sardegna

PORTO SANTO STEFANO

✉ 58019 – Grosseto (GR) – Carta regionale n° **18**–C3 – Carta stradale Michelin 563-O15

a Santa Liberata Est : 4 km

🍴○ **GOURMET CON GUSTO**

CREATIVA · ELEGANTE XXX Nella veranda affacciata sul mare - sospesi nell'azzurro - o nella sala interna con ampie vetrate, è un nuovo chef a sovraintendere ai fornelli. Prodotti del territorio e specialità ittiche, in un menu che propone - comunque - qualche alternativa di carne.

Menu 65/75€ – Carta 50/85€

🢥 ≼ 🏠 AC P *Hotel Villa Domizia, strada provinciale 161, 40 – ℰ 0564 812735 – www.gourmetcongusto.com – Chiuso 1 dicembre-30 marzo, lunedì-domenica a mezzogiorno*

a Cala Piccola Sud - Ovest : 10 km – Carta regionale n° **18**-C3

🏠🏠 **TORRE DI CALA PICCOLA**

LUSSO · PERSONALIZZATO Attorno ad una torre spagnola del '500, nucleo di rustici villini nel verde di pini marittimi, oleandri e olivi su un promontorio panoramico: Giglio, Giannutri e Montecristo davanti a voi! Splendida anche la terrazza ristorante, dove si svolge il servizio estivo.

🏠 ⤬ ≼ ⚓ 🛏 ⌷ AC 🛁 P 50 camere – 3 suites

località Cala Piccola – ℰ 0564 825111 – www.torredicalapiccola.com

PORTOSCUSO – Carbonia-Iglesias (CI) → Vedere Sardegna

PORTO TORRES – Sassari (SS) → Vedere Sardegna

PORTOVENERE

✉ 19025 – La Spezia (SP) – Carta regionale n° **8**-D2 – Carta stradale Michelin 561-J11

🏠🏠 **GRAND HOTEL PORTOVENERE**

LUSSO · CLASSICO Ricavata all'interno di un monastero del 1300, una seducente finestra sul variopinto porticciolo di Portovenere, mentre molte camere offrono una vista da cartolina sul pittoresco paese. Il ristorante Palmaria offre anche un delizioso servizio in terrazza.

🏠 ≼ 🛏 🛗 ⌷ AC 🚗 46 camere – 2 suites

via Garibaldi 5 – ℰ 0187 777751 – www.portoveneregrand.com

✉ 84017 – Salerno (SA)
Carta regionale n° **4**-B2
Carta stradale Michelin 564-F25

POSITANO

Ci piace: la fragranza delle preparazioni de **La Taverna del Leone**. Il giardino-agrumeto di **Palazzo Murat**, un'oasi di verde mediterraneo nel cuore di Positano. La bravura e l'entusiasmo giovanile che si trovano al **Next2**. L'originale location del ristorante **Rada**.

La cantina de Le Tre Sorelle non mancherà di soddisfare gli amanti del frutto di Bacco: al civico 20 di via Pasitea 20 troverete vini pregiati e di qualità, produttori storici e artigiani della vite, vecchie annate e distillati rari. Cercate un angolo di paradiso a metà strada tra il profumo degli agrumi della costiera amalfitana e la brezza marina che sale dalla spiaggia? Dal 1950 La Zagara pasticceria è il punto di riferimento per i golosi di dolci. Delizia al limone, la preferita dall'ispettore!

Ristoranti

🕸 ZASS

MODERNA · LUSSO 𝕏𝕩𝕩𝕏 La forza dei colori e dei sapori del Mediterraneo si esaltano nello splendido ristorante del mitico hotel San Pietro, dove la cucina campana si veste di una leggera nota creativa. I piatti dello chef Alois Vanlangenaeker riflettono - infatti - la sua ricerca di purezza, armonia e raffinatezza. Le sue creazioni richiamano la fotografia contemporanea di cui il cuoco è un grande adepto e al contempo mantengono la tradizione gastronomica italiana. "Il mio obiettivo è di migliorare il prodotto esistente. Ho grande rispetto per gli ingredienti" afferma lo chef belga. Molti dei prodotti utilizzati in cucina provengono dagli orti dell'albergo (il vero chilometro zero!) o da produttori locali. Il sogno diventa realtà grazie alla terrazza affacciata sul mare e sulla costa con tutti i suoi gioielli.

Specialità: Tartare di scampi con guacamole e mango. Tagliatelle all'uovo e limone con astice e pistacchi. Babà napoletano e limoni della costiera.

Menu 145 € – Carta 110/150 €

🖑 ≤ 🍃 🅿 *Hotel San Pietro, via Laurito 2 – 𝒞 089 875455 – www.ilsanpietro.it – Chiuso 1 gennaio-2 aprile, 27 ottobre-31 dicembre, lunedì-domenica a mezzogiorno*

🕸 LA SERRA

MODERNA · AMBIENTE CLASSICO 𝕏𝕩𝕏 Se già qualche scorcio panoramico si ha dalla sala interna, la vista mozzafiato sulla costa che regala la terrazza varrà l'attesa del bel tempo perché l'appuntamento gourmet si sposi con un paesaggio da fiaba. In un contesto naturalistico di grande charme, la cucina mediterranea rivisitata con creatività ed equilibrio poggia prevalentemente su prodotti locali. Lo chef di Gragnano con importanti esperienze professionali alle spalle non teme le sfide: sempre pronto a rimettersi in gioco, sempre bravo a stupire.

Specialità: L' eclissi lunare di Kandinsky - variazione di crostacei con frutta e verdura. Nastrine alle alghe, ricci di mare, tartufi, erba cipollina e pomodori confit. In riva al mare.

Menu 120/180€ – Carta 95/110€

⇐ 🛱 🅰 🅿 *Hotel Le Agavi, via Marconi 169, località Belvedere Fornillo –*
𝒞 089 811980 - www.agavi.it – Chiuso 15 ottobre-31 marzo, lunedì,
martedì-domenica a mezzogiorno

🍴 LA SPONDA

MEDITERRANEA · ROMANTICO 𝕏𝕏𝕏 Sia che vi accomodiate en plein air, sia che restiate all'interno del locale, in ogni caso l'atmosfera sarà sempre impreziosita da centinaia di candele! Ai fornelli, il giovano cuoco di origine partenopea propone piatti d'ispirazione classica, ma dall'esecuzione contemporanea.

Menu 120/150€ – Carta 98/121€

🕸 ⇐ 🛱 🅿 *Hotel Le Sirenuse, via Colombo 30 – 𝒞 089 875066 –*
www.sirenuse.it – Chiuso 1 gennaio-26 marzo, 30 ottobre-31 dicembre

🍴 AL PALAZZO

MODERNA · ROMANTICO 𝕏𝕏𝕏 Prelibati piatti - sia di mare sia di terra - da assaporare all'aperto in un piccolo angolo di paradiso, un incantevole giardino botanico con piscina nella corte del palazzo o, all'interno, in piccole ed eleganti salette. A pranzo, si propone una formula più veloce e leggera sia nel servizio che nell'offerta gastronomica.

Carta 35/120€

🕸 ⇐ 🛱 *Hotel Palazzo Murat, via Dei Mulini 23/25 – 𝒞 089 875177 –*
www.palazzomurat.it

🍴 LI GALLI

MODERNA · ELEGANTE 𝕏𝕏𝕏 Il nome non è lasciato al caso, come del resto nulla in questo ristorante: è proprio l'omonimo arcipelago Li Galli che vedrete attraverso le finestre della sala, raffinata, elegante, che condivide con l'albergo Villa Franca l'amore per l'arte contemporanea. E moderna è anche la cucina, che moltiplica gli ingredienti nel piatto in tante piccole preparazioni di notevole complessità tecnica e suggestive presentazioni.

Menu 140/180€ – Carta 140/190€

🕸 ⇐ 🛱 🅰 *Hotel Villa Franca, viale Pasitea 318 – 𝒞 089 875655 –*
www.villafrancahotel.it – Chiuso 1 dicembre-31 marzo

🍴 RADA

MODERNA · CHIC 𝕏𝕏 Al termine della spiaggia di Positano, superata la discoteca al piano terra, la sala del ristorante si trova al primo piano di un'ex rimessa di pescatori e offre una vista mozzafiato sul paese e sul mare. La cucina ha un orientamento creativo su basi essenzialmente mediterranee.

Carta 60/70€

🕸 ⇐ 🛱 *via Grotte dell'Incanto 51 –*
𝒞 089 875874 - www.radapositano.it –
Chiuso 1 dicembre-31 marzo, lunedì-domenica a mezzogiorno

🍴 LA TAVERNA DEL LEONE

CLASSICA · AMBIENTE CLASSICO 𝕏𝕏 A tre chilometri da Positano (ma con servizio navetta su richiesta), è uno dei ristoranti più apprezzati della zona e a piena ragione. Ambiente classico, condizione familiare e seria, spicca la cucina a vista ornata di ceramiche locali bianco-azzurre. I piatti passano da proposte locali ad altre più creative, ma sempre con una grande attenzione alla materia prima.

Menu 50/60€ – Carta 20/100€

⇦ 🛱 🅰 *via Laurito 43 – 𝒞 089 811302 - www.latavernadelleone.com –*
Chiuso 2 gennaio-13 febbraio, martedì

ⅱ○ NEXT2

CONTEMPORANEA · ACCOGLIENTE XX Ingresso ornato da una piccola vite, bottiglie esposte in sala e una cantina con circa cinquecento etichette mostrano la serietà delle intenzioni enologiche di questo grazioso ristorante. Ma la cucina non è da meno: la bella e stuzzicante carta, con diversi piatti cotti in un forno a carbone di leccio calabrese, registra un grande e meritato successo.

Menu 60/80 € – Carta 50/104 €

🕭 🛱 *via Pasitea 242 –* ℰ *089 812 3516 – www.next2.it –*
Chiuso 1 dicembre-15 aprile, lunedì-domenica a mezzogiorno

ⅱ○ BUCA DI BACCO

PESCE E FRUTTI DI MARE · STILE MEDITERRANEO X Piatti campani ed un trionfo di pesce per questo storico locale che ha più di un secolo di vita. Passando nella via, gettate l'occhio - attraverso la grande vetrata – sulla cucina, ed accomodatevi nella veranda affacciata sulla Spiaggia Grande: uno dei punti più animati della "città romantica". I fritti sono una delle specialità della casa!

Carta 40/65 €

⇦ ⩽ 🛱 🆔 *Hotel Buca di Bacco, via rampa Teglia 4 –*
ℰ *089 875699 – www.bucadibacco.it –*
Chiuso 1 gennaio-31 marzo, 1 novembre-31 dicembre

ⅱ○ DA VINCENZO

REGIONALE · FAMILIARE X Nonno Vincenzo fondò il locale nel '58 ed, oggi, l'omonimo nipote ne ha preso il timone. Inconfondibile impronta dei sapori di una volta nei piatti del menu, che variano a seconda della disponibilità del mercato e del pescato. Ambiente simpatico, familiare ed informale con qualche tavolino all'aperto lungo il marciapiede.

Carta 48/60 €

🛱 🆔 *viale Pasitea 172/178 –* ℰ *089 875128 – www.davincenzo.it –*
Chiuso 1 dicembre-1 marzo, martedì a mezzogiorno

Alberghi

🏨 SAN PIETRO

GRAN LUSSO · MEDITERRANEO E' stato definito uno degli alberghi più belli del mondo. Dalle terrazze si tocca il cielo con un dito, mentre scendendo a mare la colonna sonora è il fragore delle onde: in spiaggia o al ristorantino diurno. Invisibile all'esterno, si snoda in un promontorio affacciato su Positano con cui sembra rivaleggiare in bellezza.

🏞 🏖 ⩽ 🛋 🏊 🏠 ⅃₅ 🛗 🆔 🅿 30 camere – 26 suites

via Laurito 2 –
ℰ *089 812080 – www.ilsanpietro.it*
🌼 Zass – Vedere selezione ristoranti

🏨 LE SIRENUSE

LUSSO · PERSONALIZZATO Nel centro della località, un'antica dimora patrizia trasformata in raffinato e storico hotel negli anni '50: lo charme è realmente ovunque, dalle splendide camere ricche di decori e impreziosite da un panorama a portata di occhio e di mano. Due terrazze estive per finger-food, sushi e tante bollicine all'*Oyster e Champagne bar.*

🏞 🏖 ⩽ 🍴 🏊 🌐 🏠 ⅃₅ 🛗 🆔 🅿 56 camere – 2 suites

via Colombo 30 –
ℰ *089 875066 – www.sirenuse.it*
ⅱ○ La Sponda – Vedere selezione ristoranti

🏨 LE AGAVI

LUSSO · TRADIZIONALE Poco fuori Positano, lungo la Costiera, una serie di terrazze digradanti sino al mare offrono un panorama mozzafiato; si scende con ascensori e funicolare in una riuscita sintesi tra elegante confort e natura; belle camere con pregevole vista sulla distesa blu. Recentemente inaugurati il nuovo centro benessere, nonché l'area fitness.

🏵 🅢 ← 🛋 🛁 ⊡ 🅰🅒 🕍 🅿 48 camere – 6 suites

via Marconi 171, località Belvedere Fornillo –
☏ 089 875733 – www.agavi.it

🏵 **La Serra** – Vedere selezione ristoranti

🏨 PALAZZO MURAT

STORICO · ROMANTICO E' uno splendido palazzo - attirò anche Murat che lo scelse come residenza - oggi trasformato in albergo e che offre ai propri ospiti il privilegio di soggiornare nel cuore di Positano. Lungo una romantica via pedonale con copertura di bouganvillee, uno spettacolare giardino-agrumeto ed eleganti camere in tipico stile locale; il tutto a pochi metri dal Duomo e dalla spiaggia.

🅢 ← 🍽 🛁 🅰🅒 🅿 33 camere – 2 suites

via dei Mulini 23 – ☏ 089 875177 – www.palazzomurat.it

🍴 **Al Palazzo** – Vedere selezione ristoranti

🏨 VILLA FRANCA

`Tablet. PLUS`

BOUTIQUE HOTEL · CONTEMPORANEO Nella parte alta di Positano, la vista di alcune camere e della terrazza con ristorante Grill e Champagne bar, è mozzafiato; il paese assomiglia ad un presepe pittorescamente illuminato la sera. Nel resto della struttura prevale l'amore per il bianco e la luce: al Villa Franca non troverete tanto le colorate ceramiche vietresi quanto una sofisticata atmosfera esaltata da opere d'arte contemporanea.

🏵 ← 🛁 🕽 🎠 ⊡ 🅰🅒 44 camere – 4 suites

viale Pasitea 318 –
☏ 089 875655 – www.villafrancahotel.it

🍴 **Li Galli** – Vedere selezione ristoranti

🏨 VILLA MAGIA ⓝ

LUSSO · MEDITERRANEO Un tempo torre di guardia, non c'è da stupirsi che la vista sia tra le più belle di Positano. Scorci panoramici garantiti anche da quasi tutte le splendide camere dotate di balconi. Ottima cucina del territorio al ristorante, nonché un intrigante cocktail bar: anche qui la terrazza è protagonista!

🏵 ← 🛁 🎠 ⊡ 🅰🅒 🅿 6 suites – 4 camere

via San Giovanni 19 – ☏ 089 875584 – villamagiapositano.com

POSTAL • BURGSTALL

✉ 39014 – Bolzano (BZ) – Carta regionale n° **19**-B2 – Carta stradale Michelin 562-C15

🍴 HIDALGO

CLASSICA · ACCOGLIENTE ✕✕ Cucina in prevalenza di tradizione mediterranea con tanta carne, anche alla griglia; Argentina, America e Nuova Zelanda si fanno fornitrici di tagli prelibati come filetto, entrecôte, roastbeef o la T-Bone steak. In tutta questa internazionalità non poteva – però - mancare l'altoatesino Dry Aged Beef di "Kohvieh" proveniente da una rinomata macelleria di Postal.

Menu 53 € – Carta 39/69 €

🕸 ⇦ 🏞 ⅙ 🅿 *via Roma 7 – ☏ 0473 292292 – www.restaurant-hidalgo.it*

POZZA DI FASSA

⊠ 38036 – Trento (TN) – Carta regionale n° **19**–C2 – Carta stradale Michelin 562-C17

🟡 **EL FILÒ**

REGIONALE · FAMILIARE 🕴 Tappa imperdibile per chi vuole completare la vacanza con una conoscenza anche gastronomica delle Dolomiti: El Filo' propone prodotti e piatti della regione, talvolta rivisitati dal virtuoso chef-patron.

Menu 38/65€ – Carta 48/72€

🅿 *strada Dolomites 103 – ☏ 0462 763210 – www.el-filo.com –*
Chiuso 3 maggio-1 luglio, 22 novembre-22 dicembre, martedì

POZZO – Arezzo (AR) → Vedere Foiano della Chiana

POZZOLENGO

⊠ 25010 – Brescia (BS) – Carta regionale n° **9**–D1 – Carta stradale Michelin 561-F13

🟡 **MOSCATELLO MULINER**

REGIONALE · CASA DI CAMPAGNA 🕴🕴 Intima e calda atmosfera per un ristorante in bucolico contesto, i cui piatti si legano al territorio con grande gusto. Per chi volesse prolungare la sosta, consigliamo le belle camere personalizzate da pitture dello chef-artista.

Menu 50/70€ – Carta 50/70€

🔑 🛏 🏡 🅿 *località Moscatello 3/5 – ☏ 030 918521 –*
www.agriturismomoscatello.it – Chiuso lunedì a mezzogiorno, martedì,
mercoledì-venerdì a mezzogiorno

🟡 **ANTICA LOCANDA DEL CONTRABBANDIERE**

TRADIZIONALE · RUSTICO 🕴🕴 In aperta campagna, calde salette di tono rustico-elegante accompagnano le proposte dello chef che riprendono la tradizione con "mano" moderna: ad inizio pasto sarà proprio lui a descrivervi i piatti in carta ed a consigliarvi per il meglio. Servizio e vini poi saranno appannaggio della moglie. Per chi desidera indugiare nella piacevolezza del luogo, camere d'atmosfera arredate con mobili d'epoca.

🔑 🍸 🛏 🏡 🄰🄲 ♻ 🅿 *località Martelosio di Sopra 1 – ☏ 030 918151 –*
www.locandadelcontrabbandiere.com – Chiuso 18 gennaio-8 febbraio, lunedì,
martedì-sabato a mezzogiorno

POZZOLO FORMIGARO

⊠ 15068 – Alessandria (AL) – Carta regionale n° **12**–C3 – Carta stradale Michelin 561-H8

🟡 **LOCANDA DEI NARCISI**

MODERNA · ELEGANTE 🕴🕴 Un "gioiellino" in una piccola frazione, in prossimità dell'outlet di Serravalle: ambiente curato e romantico, dove sfiziosi piatti di mare e qualche specialità del territorio vengono proposti in chiave moderna. Quasi tutto è fatto in casa, dal pane, alle paste, passando per le verdure dell'orto.

Menu 25€ (pranzo), 44/59€ – Carta 44/65€

🏡 🛏 🄰🄲 🅿 *strada Barbotti 1, località Bettole – ☏ 348 511 6638 –*
www.lalocandadeinarcisi.it – Chiuso 20-28 febbraio, lunedì

POZZUOLI

⊠ 80078 – Napoli (NA) – Carta regionale n° **4**–A2 – Carta stradale Michelin 564-E24

🟡 **BAIA MARINELLA**

PESCE E FRUTTI DI MARE · ALLA MODA 🕴🕴 Cucina di mare in un locale dalla strepitosa posizione a strapiombo sulla costa e dai toni di contemporanea eleganza: la vista del golfo è mozzafiato e regala ai clienti l'impressione di mangiare su di una distesa blu. Le specialità sono - naturalmente - ittiche.

Menu 40/70€

🍸 🏡 🄰🄲 *via Napoli 4 – ☏ 0818531321 – www.baiamarinella.it – Chiuso 7-14 gennaio,*
lunedì

🍴 **ABRAXAS OSTERIA**

CAMPANA · FAMILIARE 🛪 In zona interna e leggermente rialzata rispetto alla costa, un locale colorato e vivace, con tanto legno e le belle teche che espongono le carni (specialità della casa) da gustare anche alla brace. Sapori partenopei e vini anche alla mescita.

Menu 45 € – Carta 25/55 €

🛖 🗚🖸 ❏ *via Scalandrone 15, località Lucrino – ℰ 0818549347 – www.abraxasosteria.it – Chiuso lunedì sera, mercoledì-venerdì sera, sabato, domenica*

PRAIANO

✉ 84010 – Salerno (SA) – Carta regionale n° **4**-B2 – Carta stradale Michelin 564-F25

🍴 **M'AMA!**

REGIONALE · ACCOGLIENTE 🛠🛠 All'interno dell'hotel Margherita, c'è una classica sala d'albergo, ma aspettate appena il tempo si fa bello per approfittare della magnifica vista su mare e costa dal roof garden. Cucina tipica campane e mediterranea.

Menu 35/40 € – Carta 38/70 €

🛏 ⪕ 🛋🛖 ❏ 🔥 *Hotel Margherita, via Umberto I 70 – ℰ 089 874776 – www.ristorantemama.it – Chiuso 1 dicembre-17 marzo*

sulla costiera amalfitana Ovest : 2 km

🍴 **UN PIANO NEL CIELO**

CONTEMPORANEA · MINIMALISTA 🛠🛠🛠 Un suggestivo ascensore panoramico vi condurrà dall'albergo (Casa Angelina) al ristorante, dal nome quanto mai eloquente. Con il bel tempo si cena su una terrazza, a lume di candela e dalla vista mozzafiato sulla costiera, mentre i piatti brillano di una cucina mediterranea ed estrosa che rilegge con fantasia le specialità campane: è la cucina gourmet di Leopoldo, supportata da una brigata ed un servizio in sala eccezionali!

Menu 120/180 € – Carta 110/150 €

🕸 ⪕ 🛖🗚🖸 ❏ *Hotel Casa Angelina, via Capriglione 147 – ℰ 089 813 1333 – www.casangelina.it – Chiuso 1 gennaio-15 marzo, 30 ottobre-31 dicembre, lunedì-domenica a mezzogiorno*

🏨 **CASA ANGELINA**

`Tablet.`PLUS

LUSSO · DESIGN Sobrietà, design, luminosità, prevalenza del bianco, arredi moderni: questi sono i raffinati ambienti che troverete in uno degli alberghi più originali della costiera, che si distacca volutamente dalle più consuete decorazioni mediterranee, per proporre atmosfere uniche ed esclusive. Spettacolare vista dalle camere.

🕸 ⪕ 🛁 🎿 🖵 📠 🕸 🖬 🎁 🗚🖸 ❏ 43 camere

via Capriglione 147 – ℰ 089 813 1333 – www.casangelina.com

🍴 **Un Piano nel Cielo** – Vedere selezione ristoranti

PRALBOINO

✉ 25020 – Brescia (BS) – Carta regionale n° **9**-C3 – Carta stradale Michelin 561-I8

✿ **LEON D'ORO**

Chef: Alfonso Pepe

MODERNA · ROMANTICO 🛠🛠🛠 Nel centro storico del piccolo paese, in un palazzo d'epoca, all'interno tutto custodisce il passato, dalle travi a vista del soffitto al camino acceso, esprimendo calore e tradizione. Buona parte della carta rispecchia il territorio, dalle lumache al capretto alla bresciana, ma c'è anche spazio per qualche divagazione ittica o più creativa, come la rivisitazione dei marubini alle spezie in brodo di Marsala.

Specialità: Foie gras marinato all'aceto balsamico, mela verde e songino. Marubini delle feste in brodo ristretto al marsala. Zabaione caldo, sfogliatine e frutti rossi.

Menu 50/95€ – Carta 75/95€

🍴 🎏 🆔 *via Gambara 6 –*
📞 *030 954156 – www.locandaleondoro.it –*
Chiuso 1-10 gennaio, 11-19 agosto, lunedì, martedì, domenica sera

PRATO

✉ 59100 – Prato (PO) – Carta regionale n° **18**-C1 – Carta stradale Michelin 563-K15

🍴 IL PIRAÑA

PESCE E FRUTTI DI MARE · AMBIENTE CLASSICO XX In ambiente elegante dall'inconfondibile, quanto ben curato, stile anni Settanta, non troverete svolazzi tecnici od invenzioni avanguardiste, bensì una solida e gustosa cucina di pesce: le cotture sono quelle più semplici e conosciute, ma le migliori per esaltare la qualità del prodotto. Un porto sicuro per gli amanti della tradizione, e - certamente - un riferimento per la città!

Menu 60€ – Carta 47/79€

🆔 ⇩ *via G. Valentini 110 – 📞 0574 25746 – www.ristorantepirana.it –*
Chiuso domenica sera

🍴 PEPE NERO

MODERNA · CONTESTO CONTEMPORANEO XX Un po' di pepe alla cucina di Prato, grazie ad un locale che negli anni è cresciuto ed oggi si propone con garbo e sicurezza. Cucina moderna, sia di terra sia di mare, giocata su citazioni della tradizione locale e più in generale italiana. A pranzo la carta è ampliata da un servizio di carta light economico e semplice.

Menu 65/85€ – Carta 30/80€

🆔 *via Zarini 289 –*
📞 *0574 550353 – www.ristorantepepeneroprato.it –*
Chiuso 1-8 gennaio, sabato a mezzogiorno, domenica

🍴 TONIO

PESCE E FRUTTI DI MARE · AMBIENTE CLASSICO XX In attività dagli anni '50, commensali illustri sono ritratti nelle foto in bianco e nero, mentre nei piatti prevalgono le specialità di mare in proposte classiche e fragranti.

Menu 20/50€ – Carta 30/70€

🎏 🆔 ⇩ *piazza Mercatale 161 – 📞 0574 21266 – www.ristorantetonio.it –*
Chiuso 16 agosto-1 settembre, lunedì-giovedì a mezzogiorno, domenica

PREGANZIOL

✉ 31022 – Treviso (TV) – Carta regionale n° **23**-A1 – Carta stradale Michelin 562-F18

🍴 MAGNOLIA

PESCE E FRUTTI DI MARE · AMBIENTE CLASSICO XX Nel contesto dell'omonimo hotel, ma completamente indipendente, un ristorante a valida gestione familiare con specialità venete, soprattutto a base di pesce. Sale spaziose e curato giardino.

Menu 20€ (pranzo), 40/50€ – Carta 28/65€

🏧 🎏 ♿ 🆔 🅿 *via Terraglio 136 –*
📞 *0422 633131 – www.magnoliaristorante.com –*
Chiuso lunedì, domenica sera

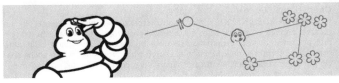

PRIOCCA

✉ 12040 – Cuneo (CN) – Carta regionale n° **14**–A2 – Carta stradale Michelin 561-H6

❀ IL CENTRO

Chef: Elide Mollo

PIEMONTESE · FAMILIARE ❌❌ Correva l'anno 1956, quando Rita e Pierino presero in mano le redini di questo locale già ai tempi centenario. Lei in cucina, lui ad occuparsi di sala e lista dei vini, si può con certezza affermare che ai due il lavoro non è mai mancato. Ora ad aiutarli vi sono anche il figlio Enrico con la di lui consorte Elide ed il nipote sommelier: siamo quindi alla terza generazione! Una competente gestione familiare accompagnata da quell' autentico calore che solo in presenza di determinati presupposti si può raggiungere ed il Piemonte in purezza: qui troverete - infatti - una delle più riuscite espressioni della cucina regionale, interpretata con intelligente fedeltà alle ricette originali, sorretta dai migliori prodotti. Suggestiva cantina visitabile e un piccolo relais di charme – *Dimora Cordero* – per chi volesse pernottare a Priocca.

Specialità: Peperone in agrodolce. Ravioli della domenica con ragù di salsiccia e fegatini. Il nostro dolce di nocciola.

Menu 50/80 € – Carta 50/75 €

🕸 🗚 ⇄ *via Umberto I° 5 – ℰ 0173 616112 – www.ristoranteilcentro.com – Chiuso 7-31 gennaio, 18 luglio-16 agosto, martedì*

PROCIDA (ISOLA DI)

✉ 80079 – Napoli (NA) – Carta regionale n° **4**–A2

Procida – Carta regionale n° **4**–A2

🏨 LA SUITE HOTEL ⓝ

LUSSO · CONTEMPORANEO Ubicato in un'oasi di tranquillità, il resort, nato dalla ristrutturazione di un antico palazzo, dispone di belle camere dal design moderno. Tra gli atout della struttura vanno ricordati il giardino, la terrazza-solarium panoramica, nonché la spa in pietra lavica.

✿ 🐾 ⟺ ⌁ 🕸 🛁 🗚 🅿 22 camere

via Flavio Gioia 81 – ℰ 081 810 1564 – www.lasuiteresort.com

PUEGNAGO DEL GARDA

✉ 25080 – Brescia (BS) – Carta regionale n° **9**–D1 – Carta stradale Michelin 561-F13

🍽 CASA LEALI

MODERNA · CONTESTO CONTEMPORANEO ❌❌ Caseggiato rustico con origini del 1400 ubicato in centro paese. Atmosfera elegante e la complicità di due fratelli: uno in cucina ad elaborare piatti contemporanei ispirati alla regione, nonché stagione, l'altro in sala a consigliare il miglior vino.

Menu 45/75 € – Carta 45/89 €

🕤 ⌚ 🅿 *via Valle 1 – ℰ 366 529 6042 – www.casalealiristorante.com – Chiuso lunedì-martedì a mezzogiorno, mercoledì*

PULA – Cagliari (CA) → Vedere Sardegna

PULSANO

✉ 74026 – Taranto (TA) – Carta stradale Michelin 564-F34

a Marina di Pulsano Sud: 3 km – Carta regionale n° **15**–C3

❀ LA BARCA

PESCE E FRUTTI DI MARE · STILE MEDITERRANEO ❌❌ Incastonato tra splendidi lidi e baie, il mare è protagonista anche al ristorante, nel panorama, ma soprattutto nei piatti. Il proprietario è punto di riferimento in sala, dalla cucina arriva un'offerta di grande generosità e abbondanza: il tutto a prezzi ragionevoli. Le ricette sono quelle classiche che consentono di apprezzare un ottimo pescato.

Specialità: Gamberi in insalata agrodolce. Ricciola in cotoletta. Zuccotto alla frutta.

Menu 35/50€ – Carta 35/50€

≼ 🛜 🅰🅲 🅿 *litoranea Salentina – ℰ 099 533 3335 – www.ilristorantelabarca.it – Chiuso lunedì, domenica sera*

PUNTA ALA

✉ 58040 – Grosseto (GR) – Carta regionale n° **18**–B3 – Carta stradale Michelin 563-N14

🏨 BAGLIONI RESORT CALA DEL PORTO ⓝ

LUSSO · PERSONALIZZATO Con splendida vista sul Golfo di Follonica e spiaggia privata di sabbia finissima, la struttura dispone di camere di ottimo livello decorate con tinte pastello. Le migliori si affacciano sul Tirreno in direzione dell'isola d'Elba; alcune si aprono direttamente sul giardino o sulla piscina.

🏖 ≼ 🅲 ⇄ 🛝 🅰🅲 🅼 🅿 32 camere – 6 suites

via del Pozzo – ℰ 0564 178 1122 – www.baglionihotels.com

PUOS D'ALPAGO

✉ 32015 – Belluno (BL) – Carta regionale n° **23**–C1 – Carta stradale Michelin 562-D19

🌸 LOCANDA SAN LORENZO

Chef: Renzo Dal Farra

MODERNA · ACCOGLIENTE 🗙🗙 Era il 1900, quando la saga della famiglia Dal Farra con la loro locanda ebbe inizio. I nonni di Renzo – l'attuale chef patron oggi affiancato da Paolo Speranzon – avviarono una semplice osteria per dare ristoro a chi lavorava nel vicino mulino. Negli anni Cinquanta fu la volta dei genitori, per arrivare nel 1997 al riconoscimento della stella. Passione e costanza sono, quindi, le caratteristiche che da oltre un secolo entusiasmano gli avventori di questo locale, la cui cucina saldamente legata ai prodotti regionali viene in certi piatti reinterpretata con gusto contemporaneo. La sala più moderna è la più vocata ad accogliere gli ospiti più esigenti, ma ci sono anche habitué che – per nulla al mondo – si separerebbero da quella più rustica, soprattutto per i due tavoli vicini al camino.

Specialità: Lumache croccanti con salsa ai 2 agli. Agnello dell'Alpago in otto assaggi. Wafer di nocciola e albicocca, spuma ai fiori di sambuco e gelato alla vaniglia del Madagascar.

Menu 30€ (pranzo)/95€ – Carta 63/98€

🍸 ⇆ 🛜 ♻ 🅿 *via IV Novembre 79, incrocio via G. Cantore – ℰ 0437 454048 – www.locandasanlorenzo.it – Chiuso 3-21 maggio, mercoledì*

PUTIGNANO

✉ 70017 – Bari (BA) – Carta regionale n° **15**–C2 – Carta stradale Michelin 564-E33

🌸 ANGELO SABATELLI

MODERNA · ELEGANTE 🗙🗙🗙 Chef-patron del ristorante eponimo, Angelo Sabatelli viene definito come un uomo dalla tempra dura e che di gavetta per arrivare al successo ne ha fatta tanta. "Ho fatto di tutto" confessa Angelo "L'imbianchino, il carrozziere, il muratore, perfino il raccoglitore di olive. Tutto questo, però, con il desiderio di fare esperienza, costruirmi un solido futuro e tornare a casa". Promessa mantenuta! Cuoco talentuoso e per certi versi geniale, nel caratteristico centro storico della località, sale storicamente eleganti e – al tempo stesso contemporanee – accolgono una cucina tecnica che valorizza il territorio, simpatizzando in certi piatti anche con sapori asiatici. Meritevole di visita la grande e fornita cantina; un paio di bei tavoli possono prestarsi per degustazioni o cene particolari.

Specialità: Seppia, allievo (seppia giovane), mandorla e limone. Piccione arrosto, pralinato di noci, nocino. Limone, acciughe e capperi, caramello acido piccante, caviale di pompelmo.

Menu 120/150€ – Carta 72/96€

🍸 ♿ 🅰🅲 *via Santa Chiara, 1 – ℰ 080 405 2733 – www.angelosabatelliristorante.com – Chiuso 7-18 gennaio, lunedì, domenica sera*

QUARONA

✉ 13017 – Vercelli (VC) – Carta regionale n° **12**–C1 – Carta stradale Michelin 561-E6

 ITALIA

REGIONALE · CONTESTO CONTEMPORANEO ✕✕ E' una piacevole sorpresa questo curato e familiare locale di taglio moderno in una casa del centro della località; piatti di creativa cucina piemontese.

Specialità: Uovo cotto a 65 gradi con funghi trifolati e fonduta alla toma. Agnolotti della tradizione al burro e parmigiano. Millefoglie alla crema pasticcera e lamponi del nostro orto.

Menu 15 € (pranzo)/25 € – Carta 32/54 €

🛖 ⇔ *piazza della Libertà 27 – ℰ 0163 430147 - www.albergograndialia.it – Chiuso lunedì*

QUARTIÈRE – Ferrara (FE) → Vedere Portomaggiore

QUARTO

✉ 80010 – Napoli (NA) – Carta regionale n° **4**–A2 – Carta stradale Michelin 564-E24

 SUD

Chef: Marianna Vitale

MODERNA · CONTESTO CONTEMPORANEO ✕✕ Dopo aver intrapreso studi accademici, Marianna si accorge ben presto che la sua vera passione è la cucina, nonché la volontà di creare momenti indimenticabili per i suoi ospiti. Con umiltà, tanto lavoro e un amore incondizionato per la propria terra natia persegue la sfida più grande. Nasce così SUD, il progetto di ristorazione che valorizza il territorio e mostra tutta l'energia positiva di questa giovane chef, che ha saputo creare un locale tra i più interessanti del panorama gastronomico partenopeo. Percorsi di gusto (elaborati giornalmente) portano lontano facendo sentire il commensale, comunque, a casa; il pesce ha la meglio.

Specialità: Minestra di mare con frutta e verdure di stagione. Spaghettoni con anemoni di mare e wasabi. Citrico: consistenze di agrumi e pistacchio.

Menu 60/100 € – Carta 60/100 €

🛖 Ⓜ 🅿 *via Santi Pietro e Paolo 8 – ℰ 081 020 2708 - www.sudristorante.it – Chiuso lunedì-martedì sera, giovedì-venerdì sera, sabato, domenica sera*

QUARTO D'ALTINO

✉ 30020 – Venezia (VE) – Carta regionale n° **23**–A1 – Carta stradale Michelin 562-F19

🍴 **DA ODINO**

PESCE E FRUTTI DI MARE · FAMILIARE ✕✕ A circa 100 m dal Park Hotel Junior, ristorante a gestione familiare, informale ed elegante al tempo stesso, le cui specialità ruotano sempre attorno al mare, sebbene ultimamente vi trovino posto anche piatti di terra e vegetariani.

Menu 15 € (pranzo)/28 € – Carta 28/80 €

⇔ 🛖 & Ⓜ ⇔ 🅿 *via Roma 89 – ℰ 0422 825421 - www.daodino.it – Chiuso martedì*

QUATTRO CASTELLA

✉ 42020 – Reggio nell'Emilia (RE) – Carta stradale Michelin 562-I13

a Rubbianino Nord : 13 km – Carta regionale n° **5**–B3

 CA' MATILDE

Chef: Andrea Incerti Vezzani

MODERNA · MINIMALISTA ✕✕ Immerso nel verde delle terre matildiche, razionalità funzionale, materiali semplici quali ferro e legno, linee essenziali ma decise sono le cifre distintive di questo bel locale recentemente ristrutturato. Un restyling che riflette le scelte innovative della continua ricerca gastronomica per piatti al tempo stesso moderni e contadini.

La cucina di Vezzani, chef-patron, ha basi nella tradizione reggiana, punto di partenza per un'interpretazione rispettosa della cultura culinaria locale. I 4 percorsi di degustazione a sorpresa - "Gli intramontabili", "Acqua in bocca", "Con i piedi per terra", "Cielo" - sono un invito a giocare, lasciandovi guidare alla scoperta di abbinamenti, profumi e stagionalità: piatti coloratissimi e generosi.

Specialità: Uovo in camicia, crema di patate, spuma di erbazzone, ciccioli, erba cipollina e perle di tartufo. Bomba di riso alla reggiana, ragù e mousse di piselli. Ricordo della mia torta di riso.

Menu 60/97 €

⇆ 🛏 🍴 **P** *via Polita 14 – ☏ 0522 889560 – www.camatilde.it – Chiuso lunedì*

QUERO

✉ 32030 – Belluno (BL) – Carta regionale n° **23**–C2

🍴○ **LOCANDA SOLAGNA** ⊕

ITALIANA CONTEMPORANEA ⅹ Esercizio con oltre 60 anni di vita, ma che sembra appena inaugurato per la freschezza degli ambienti e per la contemporanea qualità della cucina nella sua linea serale - legata al territorio, ma non solo - ed affiancata da un'ottima proposta enologica. A pranzo formula "osteria" più semplice ed economica.

Menu 18 € (pranzo)/35 € – Carta 20/110 €

፠ ⇆ 🛏 🍴 🅰️ℂ *piazza Primo Novembre 2 – ☏ 0439 788019 – www.locandasolagna.it – Chiuso martedì sera, mercoledì*

QUISTELLO

✉ 46026 – Mantova (MN) – Carta regionale n° **9**–D3 – Carta stradale Michelin 561-G14

🕸 **AMBASCIATA**

Chef: Romano Tamani

MANTOVANA · ROMANTICO ⅩⅩⅩⅩ Non lontano dalle sponde del fiume Secchia, il ristorante *Ambasciata* supera i 40 anni di attività e - di diritto - può essere definito un grande classico dell'Italia a tavola! Al suo interno, ora come allora, uno sfarzo circense e rinascimentale che non ha eguali; pile di libri antichi, specchi imponenti, tappeti, drappeggi e candelabri d'argento fanno da contorno a piatti sontuosi e barocchi, tra citazioni di territorio e viaggi indietro nel tempo sino alla corte dei Gonzaga. L'eccesso è favorito, la misura osteggiata: i fratelli Tamani mettono in scena i fasti della gloriosa cucina mantovana. Preparatevi ad un'esperienza a tutto tondo!

Specialità: Insalata di code di gamberi. La faraona del Vicariato di Quistello con uva, arancia, mostarda, melograno e menta. Meringata con gelatina di arance.

Menu 80/150 € – Carta 85/135 €

🅰️ℂ ⇔ **P** *piazzetta Ambasciatori del Gusto 1 – ☏ 0376 619169 – www.ristorantelambasciata.eu – Chiuso 1-14 gennaio, 2-26 agosto, lunedì, martedì, mercoledì a mezzogiorno, domenica sera*

🍴○ **ALL'ANGELO**

CLASSICA · AMBIENTE CLASSICO ⅩⅩ L'impostazione è quella classica da trattoria, mentre la cucina si sposa con la tradizione proponendo piatti del territorio (in stagione l'appuntamento è con gli amanti del tartufo); buona anche la carta dei vini. Cinque camere per chi vuole prolungare la sosta in questa villa dell'Ottocento, appena fuori dal centro.

Menu 19 € (pranzo)/21 € – Carta 28/60 €

⇆ 🛏 🅰️ℂ **P** *via Cantone 60 – ☏ 0376 618354 – www.allangelo.eu – Chiuso 11-18 gennaio, 1-15 agosto, lunedì, domenica sera*

RABLÀ • RABLAND – Bolzano (BZ) → Vedere Parcines

RACALE

✉ 73055 – Lecce (LE) – Carta regionale n° **15**–D3 – Carta stradale Michelin 564-H36

⊛ L'ACCHIATURA

REGIONALE · CONTESTO STORICO X In un ristorante caratterizzato da diverse sale e patii interni, saporita cucina pugliese tra cui spiccano le orecchiette ceci e vongole. Il fascino del passato rivive anche nelle belle ed accessoriate camere, nonché nella scenografica piscina ospitata in una grotta.

Specialità: Degustazione tipica della casa. Orecchiette alle cime di rapa. Sporca-musi.

Carta 25/58 €

⟷ 🛋 Ⓜ *via Marzani 12 – ℰ 0833 558839 – www.acchiatura.it – Chiuso 7 gennaio-28 febbraio, lunedì a mezzogiorno, martedì, mercoledì-domenica a mezzogiorno*

RACINES • RATSCHINGS

✉ 39040 – Bolzano (BZ) – Carta regionale n° **19**–B1 – Carta stradale Michelin 562-B16

ⓘⓞ TENNE ⓝ

ALPINO · STILE MONTANO XX A ridosso delle piste da sci, all'interno del Gourmethotel Tenne Lodges, una struttura completamente rivestita in legno; la grande sala da pranzo è protagonista di una cucina moderna, saporita, di matrice locale, ma con notevoli spunti tratti dalle passate esperienze professionali dello chef. Una carta dei vini molto fornita ed una cantina in pietra: suggestiva location per un aperitivo.

Menu 60/120 € – Carta 35/50 €

⟷ 🛇 ⌘ 🅿 🛋 *Gourmethotel Tenne Lodges, strada Racines di Dentro 51 – ℰ 0472 433300 – www.hotels-ratschings.com/tenne-lodges – Chiuso 1-6 dicembre, 11 aprile-23 maggio*

🏨 GOURMETHOTEL TENNE LODGES

SPA E WELLNESS · STILE MONTANO A pochi passi dagli impianti, una bella realtà in stile alpino-moderno con legno e pietra a profusione, centro benessere e camere dalle dimensioni generose: si parte da un minimo di 60 mq! Ciliegina sulla torta, il ristorante gourmet per concludere in bontà la serata.

🏂 🛇 ⓦ 🏊 🕭 🖃 🛇 🎣 🛋 20 suites – 15 camere

strada Racines di Dentro 51 – ℰ 0472 433300 – www.hotels-ratschings.com/tenne-lodges

ⓘⓞ **Tenne** – Vedere selezione ristoranti

RADDA IN CHIANTI

✉ 53017 – Siena (SI) – Carta regionale n° **18**–D1 – Carta stradale Michelin 563-L16

ⓘⓞ LA BOTTE DI BACCO

TOSCANA · AMBIENTE CLASSICO XX Creatività e calore sono il segreto di questo ristorante in cui lo chef napoletano Flavio D'Auria, coadiuvato in sala dalla moglie, ha fatto della ricerca attenta della materia prima la sua filosofia: ricette che travalicano i confini del Chianti lambendo i confini della sua Campania.

Menu 60/100 € – Carta 60/100 €

Ⓜ *via XX Settembre 23 – ℰ 0577 739008 – www.ristorantelabottedibacco.it – Chiuso giovedì*

a Lucarelli Nord - Ovest : 8 km – Carta regionale n° **18**–D1

⊛ OSTERIA LE PANZANELLE

TOSCANA · OSTERIA X Una cucina del territorio eseguita con gusto e generosità: paste fatte in casa e ottime carni, in una simpatica trattoria di paese informale e sbarazzina, con un piacevolissimo dehors nel giardino ombreggiato. Venerdì pesce fresco dall'Isola d'Elba.

Specialità: Involtini caldi di melanzane. Pici all' aglione. Torta al cioccolato.

Menu 20/35 € – Carta 10/50 €

🛋 *località Lucarelli 29 – ℰ 0577 733511 – www.osteria.lepanzanelle.it – Chiuso 15 gennaio-15 marzo, lunedì*

RADEIN • REDAGNO – Bolzano (BZ) → Vedere Redagno

RAGONE – Ravenna (RA) → Vedere Ravenna

RAGUSA – Ragusa (RG) → Vedere Sicilia

RANCIO VALCUVIA
✉ 21030 – Varese (VA) – Carta regionale n° **9**–A2 – Carta stradale Michelin 561-E8

🍽○ **GIBIGIANA**
REGIONALE · FAMILIARE ✗ La grande griglia troneggia in mezzo alla sala principale, preludio di quanto sarà servito in tavola: specialità locali e alla brace, nonché gli gnocchi alla Gibigiana o lo zabaione al Marsala con gelato artigianale alla vaniglia.
Carta 25/45€
🌤 ⇆ 🅿 *via Roma 19 – 𝒞 0332 995085 – www.ristorantegibigiana.it –*
Chiuso martedì

RANCO
✉ 21020 – Varese (VA) – Carta regionale n° **9**–A2 – Carta stradale Michelin 561-E7

🍽○ **IL SOLE DI RANCO**
CREATIVA · ELEGANTE ✗✗✗ Ambiente in stile contemporaneo con contaminazioni classiche, stupende terrazze con vista lago, nonché delizioso giardino d'inverno per una cucina, che intreccia tradizione e modernità, nel rispetto e nella riscoperta dei prodotti del territorio.
Carta 50€
🏵 ⩽ 🍴🌤 🎬 ⇆ 🅿 *Hotel Il Sole di Ranco, piazza Venezia 5 – 𝒞 0331 976507 –*
www.ilsolediranco.it – Chiuso 20 dicembre-1 febbraio, lunedì a mezzogiorno,
martedì

RANDAZZO – Catania (CT) → Vedere Sicilia

RANZO
✉ 18020 – Imperia (IM) – Carta regionale n° **8**–A2 – Carta stradale Michelin 561-J6

🍽○ **IL GALLO DELLA CHECCA**
REGIONALE · ACCOGLIENTE ✗✗ Ristorante-enoteca che offre interessanti proposte gastronomiche sull'onda di una cucina prevalentemente regionale. In sala bottiglie esposte ovunque: cantina di buon livello.
Menu 45/80€ – Carta 60/90€
🏵 🌤 🅿 *località Ponteretto 31 – 𝒞 0183 318197 – www.ilgallodellaccecaranzo.it –*
Chiuso lunedì

RAPALLO
✉ 16035 – Genova (GE) – Carta regionale n° **8**–C2 – Carta stradale Michelin 561-I9

🍽○ **LE CUPOLE**
MODERNA · LUSSO ✗✗✗ Se leggendo il nome di questo ristorante, immaginate un roof garden con vista mozzafiato sul Promontorio di Portofino: ebbene, avete indovinato! Al sesto piano del Grand Hotel Bristol, la cucina abbraccia tutto lo Stivale, ma riserva un occhio di riguardo alle specialità regionali con qualche ben riuscita rivisitazione moderna.
Menu 55/75€ – Carta 52/105€
⩽ 🍴🌤 ⚐ 🎬 🅿 *Grand Hotel Bristol, via Aurelia Orientale 369 – 𝒞 0185 273313*
– www.grandhotelbristol.it – Chiuso lunedì-venerdì a mezzogiorno

🏨 GRAND HOTEL BRISTOL

LUSSO · PERSONALIZZATO Storico albergo frontemare ricavato da un edificio liberty d'inizio Novecento e continuamente rinnovato negli anni. Si presenta con ambienti comuni moderni, camere spaziose ed un iper-moderno centro benessere. Meglio optare per le camere vista mare, di cui la migliore è certamente la suite *Kandinsky*, con vista a 180° sino al promontorio di Portofino.

🌴 ⪕ 🛬 🎿 🖵 🏊 🕸 🅛 🔒 🛗 🅰🅒 ♨ 🅿 🏤 79 camere – 5 suites

via Aurelia Orientale 369 – ℰ 0185 273313 – www.grandhotelbristol.it

🍴 **Le Cupole** – Vedere selezione ristoranti

RAPOLANO TERME

✉ 53040 – Siena (SI) – Carta regionale n° **18**–C2 – Carta stradale Michelin 563-M16

🍴 ## OSTERIA IL GRANAIO

CLASSICA · CONTESTO TRADIZIONALE ✕✕ Nel centro storico di Rapolano, si chiama osteria ma in realtà è un ristorante dalle eleganti sale sotto gli archi in mattoni di un palazzo di origini seicentesche. In carta troverete specialità toscane, dai pici con vari condimenti al peposo, nonché una selezione di piatti di pesce.

Carta 30/90 €

�््र ✔ 🅰🅒 *via dei Monaci – ℰ 0577 726975 – www.osteriailgranaio.it –*
Chiuso 20 gennaio-20 febbraio, martedì, mercoledì

RASTIGNANO – Bologna (BO) → Vedere Pianoro

RATSCHINGS · STANGHE – Bolzano (BZ) → Vedere Racines

RAVALLE – Ferrara (FE) → Vedere Ferrara

RAVARINO

✉ 41017 – Modena (MO) – Carta regionale n° **5**–B2 – Carta stradale Michelin 562-H15

🍴 ## IL GRANO DI PEPE

MEDITERRANEA · INTIMO ✕ Sono piccoli sia la sala sia la carta, ma non certo la qualità, anzi! Lo chef-patron racconta, con stile semplice e moderno, la sua Sicilia ed in generale la cucina mediterranea: predilezione per il pesce, spesso proveniente dall'isola natia, ma non solo. Un ottimo approdo a circa un quarto d'ora da Modena.

Carta 45/80 €

✔ 🅰🅒 *via Roma 178/a – ℰ 059 905529 – www.ilgranodipepe.it – Chiuso lunedì, domenica sera*

RAVELLO

✉ 84010 – Salerno (SA) – Carta regionale n° **4**–B2 – Carta stradale Michelin 564-F25

🌸 ## ROSSELLINIS

MODERNA · LUSSO ✕✕✕✕ Elegante e sofisticato nelle sale interne, ma l'appuntamento imperdibile è con la terrazza estiva affacciata su uno degli scorci più suggestivi della costiera amalfitana: tra mare color cobalto e monti verdeggianti sembra veramente di spiccare il volo. Giovanni Vanacore approda ai fornelli di questo locale dopo una serie di esperienze significative presso illustri indirizzi dall'-Hostaria dell'Orso di Roma al Comandante di Napoli; l'incontro con la forte personalità di Gennaro Esposito lascerà un segno nella sua carriera diventando per il giovane chef maestro e mentore. Cucina tecnica ed elaborata, innamorata del territorio e dei prodotti campani, ma non scevra d'influenze straniere.

Specialità: Pesce Bandiera. Raviolo di pan di limone. La fragola.

Menu 140/200 € – Carta 110/170 €

🌸 🛬 ್र 🅰🅒 *Hotel Palazzo Avino, via San Giovanni del Toro 28 – ℰ 089 818181 –*
www.palazzoavino.com – Chiuso 1 dicembre-29 marzo, lunedì-domenica a mezzogiorno

⸘ IL FLAUTO DI PAN

CREATIVA · ROMANTICO XxX Non si esagererà dicendo che siamo in uno dei posti più romantici ed esclusivi d'Italia, a Villa Cimbrone con i suoi belvedere mozzafiato a strapiombo sul golfo di Salerno, circondati da una lussureggiante vegetazione mediterranea. Guadagnata la strada per il ristorante, ci si siede in terrazza - avendo magari l'accortezza di specificarne la richiesta alla prenotazione - sopra un tappeto di glicini che sembra sfiorare il mare; sul fondo, i monti del Cilento. Come potrebbe la cucina volgere lo sguardo altrove? Il cuoco campano vi presenterà una straordinaria carrellata di prodotti locali, ricette talvolta antiche e rivisitate, sapori intensi, esplosivi, come tutto ciò che proviene da questa straordinaria terra.

Specialità: Orti e lampare: zuppetta di verdure dell'orto, erbe selvatiche, pesce azzurro e tarallo di Agerola. L'agnello nostrano. Oro degli Eroi, espressione di un limoneto: bisquit al rosmarino, terre di carrubo, cremoso al limone, capperi e finocchietto.

Menu 80 € – Carta 80/146 €

⸘ ⪦ 🏠 🛋 🅰🅲 ⇔ Hotel Villa Cimbrone, via Santa Chiara 26 – ☎ 089 857459 – www.hotelvillacimbrone.it – Chiuso 1 dicembre-31 marzo, lunedì-domenica a mezzogiorno

🍽 BELVEDERE RESTAURANT

MODERNA · LUSSO XxxX Sulla spettacolare ed elegantissima terrazza affacciata sul Mediterraneo o nell'altrettanto elegante sala interna, quando il clima è un po' più rigido, saranno piatti mediterranei a soddisfare il vostro appetito. Per chi ricerca, invece, qualcosa di più "leggero" e mondano - da poco, la sera - va in scena il "bubbles bar".

Menu 65 € (pranzo), 90/130 € – Carta 64/126 €

🛋 🏠 🅰🅲 ⇔ Hotel Belmond Caruso, piazza San Giovanni del Toro – ☎ 089 858801 – www.belmond.com

🏛 BELMOND HOTEL CARUSO

DIMORA STORICA · GRAN LUSSO Vivere tra cielo e mare, succede nell'incantevole Ravello, così accade al Caruso, abbarbicato com'è nella parte alta della località, fa del panorama a strapiombo sulla costiera amalfitana il proprio dna: camere perfette, infinity pool e moderno centro benessere.

🏊 ⪦ 🛋 🏋 📶 🅰🅲 🚗 25 camere – 25 suites

piazza San Giovanni del Toro – ☎ 089 858801 – www.belmond.com

🍽 Belvedere Restaurant – Vedere selezione ristoranti

🏛 PALAZZO AVINO

GRAN LUSSO · ELEGANTE Senza dubbio uno dei migliori alberghi della costiera: grande eleganza e servizio di livello eccellente, ambienti comuni raffinati, stanze perfette, panorama mozzafiato. E giù - a mare - anche la spiaggia. Leggere proposte culinarie al ristorante Caffè dell'Arte, da gustare in una distinta saletta o in terrazza.

🏊 🏋 ⪦ 🛋 📶 🏋 📶 🅰🅲 🚗 33 camere – 10 suites

via San Giovanni del Toro 28 – ☎ 089 818181 – www.palazzoavino.com

⸘ Rossellinis – Vedere selezione ristoranti

🏛 VILLA CIMBRONE

DIMORA STORICA · ROMANTICO Un soggiorno aristocratico, dove secoli di storia hanno lasciato tracce e testimonianze, dal romantico chiostro alle straordinarie camere, sino all'omonimo parco, con un belvedere noto in tutto il mondo.

🏊 ⪦ 🛋 🏋 🅰🅲 17 camere – 2 suites

via Santa Chiara 26 – ☎ 089 857459 – www.hotelvillacimbrone.it

⸘ Il Flauto di Pan – Vedere selezione ristoranti

RAVENNA

✉ 48121 – Ravenna (RA) – Carta regionale n° **5**–D2 – Carta stradale Michelin 562-I18

ⅠⅠ○ ANTICA TRATTORIA AL GALLO 1909

CLASSICA · LIBERTY ✕✕ È un riferimento ineludibile nel panorama gastronomico ravennate ed infatti è quasi sempre pieno! Facente parte dei "Locali Storici d'Italia", e di diritto (visto che è gestito dalla stessa famiglia da oltre 100 anni), l'apertura di un locale per la ristorazione – in questo stesso stabile - risale addirittura alla prima metà dell'Ottocento. Trattoria solo nel nome, un tripudio di decorazioni liberty e di piatti regionali - sia di terra sia di mare, semplici e a buon prezzo - sono i tratti distintivi di questo indirizzo.

Carta 30/60 €

AC ⇳ *via Maggiore 87 – ℰ 0544 213775 – www.algallo1909.it –*
Chiuso 23 dicembre-8 gennaio, lunedì, martedì, domenica sera

ⅠⅠ○ L'ACCIUGA

PESCE E FRUTTI DI MARE · RUSTICO ✕ Il nome lascia intuire la linea di cucina del locale: di mare, con una doppia formula. A pranzo c'è la carta, mentre - la sera - si propone un singolo menu degustazione arricchito da alcune alternative. Sempre presenti, le ottime acciughe!

Carta 35/70 €

& AC *viale Francesco Baracca, 74 – ℰ 0544 212713 – www.osterialacciuga.it –*
Chiuso lunedì, domenica sera

ⅠⅠ○ OSTERIA DEL TEMPO PERSO

MODERNA · DI QUARTIERE ✕ Ristorante situato in centro storico - a due passi dalla Basilica di San Vitale - dall'atmosfera decisamente serale, con tavoli piccoli e ravvicinati, avvolti da luci soffuse. Belle fotografie in bianco e nero (scattate da uno dei due titolari) si alternano alle pareti con libri e bottiglie di vino, mentre dalla cucina arrivano in tavola piatti contemporanei, semplici, prevalentemente a base di pesce.

Menu 40/50 € – Carta 35/55 €

🏠 AC *via Gamba 12 – ℰ 0544 215393 – www.osteriadeltempoperso.it –*
Chiuso lunedì-venerdì a mezzogiorno

a San Michele Ovest: 8 km direzione Bologna A1

ⅠⅠ○ OSTERIA AL BOSCHETTO

ITALIANA · ACCOGLIENTE ✕✕ A circa minuti di auto da Ravenna, all'interno di una casa d'inizio '900 cinta dal proprio boschetto, un locale assai gradevole che oltre alle salette interne dispone anche di fresco dehors estivo. Il patron si occupa di preparare una solida linea di cucina divisa tra terra e mare, classica e ben eseguita.

Carta 43/69 €

🚗 🏠 ⇳ 🅿 *via Faentina 275 – ℰ 0544 414312 – www.ristorantealboschetto.it –*
Chiuso 15-30 settembre, giovedì

a Ragone Sud - Ovest: 15 km direzione Forlì A2 – Carta regionale n° 5-D2

🕸 TRATTORIA FLORA

REGIONALE · FAMILIARE ✕ Atmosfera di altri tempi, caratterizzata da sapori autentici e nel rispetto della tradizione romagnola, per una semplice trattoria, grande nel gusto.

Specialità: Tagliere di affettati romagnoli con crostini misti. Faraona alla cacciatora. zuppa inglese.

Menu 21 € – Carta 21/29 €

🏠 AC 🅿 *via Ragone 104 – ℰ 0544 534044 – Chiuso 10-30 agosto, lunedì-martedì a mezzogiorno, mercoledì, giovedì-venerdì a mezzogiorno*

RAVINA – Trento (TN) ➜ Vedere Trento

RECCO

✉ 16036 – Genova (GE) – Carta regionale n° **8**-C2 – Carta stradale Michelin 561-I9

⭐ **DA Ö VITTORIO**

PESCE E FRUTTI DI MARE · **VINTAGE** ✕✕ Piatti liguri e specialità ittiche in uno dei Locali Storici d'Italia composto da due piacevoli sale: una di tono rustico-elegante, l'altra più sobria. C'è anche l'alternativa dell'Antica Osteria del Vastato che propone, su lavagna giornaliera, piatti facili ed economici. Proverbiale la focaccia!

Menu 22/50 € – Carta 20/70 €

🍽 ⇆ 🏠 ✿ 🅿 *via Roma 160 – ℰ 0185 74029 – www.daovittorio.it*

⭐ **MANUELINA**

REGIONALE · **COLORATO** ✕✕ Sono pochi i locali che possono competere con la lunga tradizione gastronomica di Manuelina, colei che diede il nome iniziò infatti nel 1885! E fu proprio lei ad ideare la celebre ricetta della focaccia di Recco. Dopo più di 125 anni di storia ligure, la quarta generazione porta avanti l'insegna con passione: da una parte la Focacceria, un chiaro omaggio all'antenata, dall'altra il "gourmet", dove le ricette seguono le stagioni, si rivalutano i prodotti autoctoni e si selezionano le migliori materie prime. Insomma, Manuelina è sempre una garanzia!

Menu 45/75 € – Carta 46/81 €

⇆ 🛌 🏠 🎦 🅿 *via Roma 296 – ℰ 0185 74128 – www.manuelina.it –
Chiuso 7-20 gennaio, lunedì, martedì, mercoledì*

RECORFANO – Cremona (CR) ➜ Vedere Voltido

REDAGNO • RADEIN

✉ 39040 – Bolzano (BZ) – Carta regionale n° **19**-D3 – Carta stradale Michelin 562-C16

🏠 **ZIRMERHOF**

FAMILIARE · **PERSONALIZZATO** Albergo di tradizione ricavato da un antico maso tra i pascoli: un'oasi di pace con bella vista su monti, arredi d'epoca e quadri antichi. Tre curatissimi chalet (da prenotare con debito anticipo) per un soggiorno da favola!

🎾 🌳 ⪡ 🛌 ⚒ 🎦 🅿 🚗 40 camere – 6 suites

via Oberradein 59 – ℰ 0471 887215 – www.zirmerhof.com

REGGIO DI CALABRIA

✉ 89125 – Reggio di Calabria (RC) – Carta regionale n° **3**-A3 –
Carta stradale Michelin 564-M28

⭐ **L'A GOURMET L'ACCADEMIA**

PESCE E FRUTTI DI MARE · **AMBIENTE CLASSICO** ✕✕ Dal primo piano (senza ascensore) di questo palazzo d'inizio Novecento, dove si trova la bella sala, si vedono il mare e lo stretto, mentre il menu anticipa una carrellata di piatti a base di pesce sospesi tra classicità e modernità (c'è, però, anche una paginetta dedicata alla carne). Oltre metà della carta dei vini omaggia la Calabria.

Menu 45/70 € – Carta 45/69 €

🍽 ⪡ 🎦 *via Largo C. Colombo 6 – ℰ 0965 312968 – www.laccademia.it –
Chiuso 1-15 novembre, lunedì*

⭐ **BAYLIK**

PESCE E FRUTTI DI MARE · **FAMILIARE** ✕ Alla periferia della località, da oltre sessant'anni questo locale continua a deliziare i clienti con piatti prevalentemente di pesce. Tra i più gettonati: la carbonara di mare.

Menu 25/32 € – Carta 20/50 €

🎦 *vico Leone 1 – ℰ 0965 48624 – www.baylik.it*

REGGIOLO

✉ 42046 – Reggio nell'Emilia (RE) – Carta regionale n° **5**-B1 –
Carta stradale Michelin 562-H14

⅝○ **STRADORA**

ITALIANA CONTEMPORANEA · ROMANTICO XX Nella bella villa con parco dove sorgeva *Il Rigoletto*, oggi una giovane proprietà ha realizzato un accogliente bistrot-cocktail bar con proposte di cucina contemporanea legate alla valorizzazione delle materie prime locali, sebbene non manchi il pesce. Diverse sale e salette (più o meno intime), nonché il bel dehors sul retro cinto da un piccolo parco verdeggiante, concorrono a creare un ambiente di gusto moderno all'interno di un palazzo dalla lunga storia.

Carta 42/62 €

⇐ 🛋 🛋 & 🗚 ⇆ **P** *Villa Nabila, piazza Martiri 29 – 𝒫 0522 973520 – www.stradora.me – Chiuso giovedì, sabato a mezzogiorno*

REGGIO NELL'EMILIA

⊠ 42121 – Reggio nell'Emilia (RE) – Carta regionale n° **5**–B3 – Carta stradale Michelin 562-H13

⅝○ **A MANGIARE**

CLASSICA · AMBIENTE CLASSICO XX All'inizio del centro storico, dallo gnocco fritto ai cappelletti reggiani (non tortellini, ci tengono!), il ristorante celebra la più rinomata cucina emiliana, a cui si aggiungono pochi piatti di pesce. In una sala semplice e classica, la gestione è giovane e simpatica.

Menu 38 € – Carta 30/42 €

🗚 *viale Monte Grappa 3/a – 𝒫 0522 433600 – www.ristoranteamangiare.it – Chiuso 26 dicembre-5 gennaio, martedì, domenica sera*

⅝○ **CAFFÈ ARTI E MESTIERI**

MODERNA · ELEGANTE XX Cucina moderna servita al piano superiore nella stagione fredda, a quello inferiore nei casi di particolare affluenza o nella bella stagione, quando - tempo permettendo – si mangia all'aperto nella romantica corte interna del palazzo.

Menu 45/65 € – Carta 47/80 €

🛋 🗚 *via Emilia San Pietro 16 – 𝒫 0522 432202 – www.giannidamato.it – Chiuso lunedì, domenica sera*

⅝○ **IL POZZO**

REGIONALE · LOCANDA X La simpatia del titolare v'introdurrà nella piacevole atmosfera di questo ristorante che punta sulla freschezza dei prodotti e delle preparazioni; il pesce è uno degli ingredienti distintivi della sua cucina.

Menu 20 € (pranzo), 35/55 € – Carta 33/55 €

🛋 🗚 ⇆ *viale Allegri 7 – 𝒫 0522 451300 – Chiuso 10-21 agosto, lunedì, domenica sera*

RENON · RITTEN

⊠ 39054 – Bolzano (BZ) – Carta stradale Michelin 562-C16

a **Soprabolzano** Sud - Ovest : 7 km – Carta regionale n° **19**-D3

⅝○ **1908**

CONTEMPORANEA · INTIMO XX Come il nome è un omaggio all'anno di inaugurazione dell'albergo che lo ospita, così anche il design cita, ma non copia, lo stile liberty montano della casa. Partendo da questo presupposto, tuttavia, l'ambiente, nonché la cucina sono inebriati da un bel tocco moderno e frizzante: riscontrabile lungo l'intero percorso di alcuni menu (differenti per numero di portate).

Menu 62/99 €

P *Park Hotel Holzner, via Paese 18 – 𝒫 0471 345232 – restaurant1908.com – Chiuso 10 gennaio-30 marzo, lunedì, martedì-sabato a mezzogiorno, domenica*

PARK HOTEL HOLZNER

TRADIZIONALE · STILE MONTANO Molto ben ubicata, all'arrivo della funivia proveniente da Bolzano e della ferrovia a cremagliera, affascinante struttura d'inizio secolo scorso che sposa lo stile liberty alpino del corpo centrale con l'ampliamento recente, moderno ma in perfetta armonia, completamente immerso in un lussureggiante parco con tennis e piscina riscaldata. Ottima zona benessere.

⌂ ≤ 龠 ⌁ ⧗ ⦿ ⌂ ʄ ☐ ℙ 35 camere – 18 suites

via Paese 18 – ℰ *0471 345231 – www.parkhotel-holzner.com*

⥾ **1908** – Vedere selezione ristoranti

 WEIHRERHOF ⓦ

ALBERGO DI VACANZE · TRADIZIONALE La natura è a portata di mano ed anche di vista... dalle grandi vetrate a dai tanti balconi di questa struttura ubicata sulle rive di un idilliaco lago di montagna. Lo stile dell'albergo è decisamente contemporaneo, sebbene non manchino chiari riferimenti al contesto alpino. Magnifica piscina ed una serie di saune (lunga tradizione in regione!) presso la SeaSpa.

⌂ 龠 ⌂ ℙ 23 camere

via Costalovara 22 – ℰ *0471 345102 – www.weihrerhof.com*

REVERE

✉ 46036 – Mantova (MN) – Carta regionale n° **9**–D3 – Carta stradale Michelin 561-G15

⥾ IL TARTUFO

REGIONALE · ACCOGLIENTE XX Ospitato in una villetta nella zona residenziale del paese, ristorante intimo ed appartato, dove deliziarsi con una gustosa cucina dalle forti radici territoriali. In stagione, la specialità diventa il tartufo: assolutamente locale! Nel resto dell'anno, invece, ci si concedono divagazioni marine.

Carta 40/85€

🍽 🅰🅲 ↔ *via Guido Rossa 13 –* ℰ *0386 846076 – www.ristoranteiltartufo.com – Chiuso giovedì, domenica sera*

REVIGLIASCO – Torino (TO) → Vedere Moncalieri

REVINE

✉ 31020 – Treviso (TV) – Carta regionale n° **23**–C2 – Carta stradale Michelin 562-D18

⥾ AI CADELACH

VENEZIANA · FAMILIARE XX In una sala dallo stile rustico, o a bordo piscina nella bella stagione, il menu onora la tradizione locale, privilegiando le carni, come ad esempio: tartare di carne cruda condita al momento. Ottima la cantina gestita da uno dei titolari: è la "Caneva de Ezio".

Carta 35/50€

⑧ ⇆ 龠 🍽 ↔ ℙ *Hotel Ai Cadelach, via Grava 2 –* ℰ *0438 523010 – www.cadelach.it*

RHO

✉ 20017 – Milano (MI) – Carta regionale n° **9**–A2

⥾ LA BARCA

PESCE E FRUTTI DI MARE · FAMILIARE XX Dal 1967 la famiglia Virgilio gestisce con passione questo locale diventato una pietra miliare della buona tavola in zona. Pur privilegiando il pesce, la carta accontenta anche gli amanti della carne: i nostalgici dei classici pugliesi o gli irriducibili delle specialità lombarde. A pranzo una pagina cita piatti più economici.

Menu 14€ (pranzo) – Carta 34/63€

⑧ 🅲 🅰🅲 *via Ratti 54 –* ℰ *02 930 3976 – www.trattorialabarca.it – Chiuso 1-10 agosto, martedì sera*

RICCIONE

✉ 47838 – Rimini (RN) – Carta regionale n° **5**–D2 – Carta stradale Michelin 562-J19

BRASSERIE

TRADIZIONALE · COLORATO XX A ridosso del vivacissimo viale Ceccarini, questo ristorante con vetrate terra-cielo cela al suo interno un ambiente raffinato fatto di colori e arredi curati nei minimi particolari, quasi a voler riproporre l'eleganza di una casa privata con sontuosi lampadari di Murano. E la cucina? Della tradizione! Nella sua migliore interpretazione.

Carta 60/100 €

🛜 🖭 *via Ippolito Nievo 14/16 – 𝒸 0541 693197 – www.brasserie.it – Chiuso lunedì, martedì-venerdì a mezzogiorno*

 GRAND HOTEL DES BAINS

LUSSO · ELEGANTE Sfarzo, originalità e charme per questo albergo centrale. L'ingresso è abbellito da una fontana, mentre ogni ambiente pullula di marmi, stucchi, specchi e dorature. Notevole anche la zona benessere.

🍃 🦺 ⅃ 🖥 📶 📶 🔁 🖭 ♨ 🛎 70 camere – 6 suites

viale Gramsci 56 – 𝒸 0541 601650 – www.grandhoteldesbains.com

THE BOX Ⓝ

FAMILIARE · DESIGN Originale, modaiolo e con un tocco vintage anni Cinquanta. The Box è stato pensato "da viaggiatori per viaggiatori" come amano definirlo i proprietari. Ed - in effetti - aspettatevi un hotel stiloso e allo stesso tempo pratico ed informale. Il centro del Box è Mad: lounge che inizia la giornata con ottime colazioni alla carta per proseguire con l'offerta bistrot del pranzo e diventare ristorante vero e proprio la sera. Imperdibile uno dei tanti signature cocktail serviti dal tardo pomeriggio in poi.

🍃 🔁 ♿ 🖭 🛎 34 camere – 6 suites

viale Milano 54 – 𝒸 0541 174 3743 – www.theboxriccione.com

RIETI

✉ 02100 – Rieti (RI) – Carta regionale n° **7**–C1 – Carta stradale Michelin 563-O20

 BISTROT

CLASSICA · ROMANTICO XX Affacciato su una graziosa piazzetta, nota per essere il centro d'Italia e sulla quale si affaccia la veranda, locale accogliente e romantico, dove gustare piatti della tradizione locale spesso corretti con gusto personale. Non mancano ricette a base di pesce, sebbene la specialità della casa siano i maltagliati alla Bistrot.

Menu 20 € (pranzo), 30/35 € – Carta 25/54 €

🛜 *piazza San Rufo 25 – 𝒸 0746 498798 – www.bistrotrieti.it – Chiuso lunedì, domenica*

RIMINI

✉ 47921 – Rimini (RN) – Carta regionale n° **5**–D2 – Carta stradale Michelin 562-J19

❀ **ABOCAR DUE CUCINE**

Chef: Mariano Guardianelli

MODERNA · DI TENDENZA XX Abocar - in spagnolo "avvicinare" - ci racconta delle origini argentine del giovane cuoco e del suo desiderio di portare gli ospiti verso una cucina gourmet a prezzi ragionevoli. Scelta ristretta, stagionalità e influenze sudamericane fanno capolino in diverse proposte, soprattutto nei saluti della casa, costituendo gli ingredienti principe di ottimi piatti.

Cucina, creativa, quindi, pur nutrendosi delle basi classiche su cui il giovane cuoco si è formato negli stellati spagnoli, francesi e italiani in cui ha fatto la sua gavetta e conosciuto l'attuale compagna, Camilla, vestale ora della sala (oltre ad aiutarlo in cucina!). Il tutto in un ambiente grazioso, giovane ed originale, lontano da qualsiasi ingessatura. Un accogliente indirizzo che aggiunge le strade della vecchia Rimini ai migliori percorsi culinari italiani!

Specialità: Melanzana, peperoncino giallo e pesca. Faraona, cozze e carota. Albicocca, limone e mandorle.

Menu 49/80 € – Carta 55/75 €

🛜 🖭 *via Farini 13 – 𝒸 0541 22279 – www.abocarduecucine.it – Chiuso lunedì*

⊕ OSTERIA DE BÖRG

REGIONALE · VINTAGE X Nella Rimini vecchia, ad una passeggiata dal mare, tra caratteristici vicoli di casette dipinte, questa osteria celebra la più tipica ospitalità romagnola, in due sale dagli arredi vintage e una cucina di terra. Ottimi i cappelletti in brodo nonché le carni alla griglia, ma anche i salumi e le immancabili piadine cotte al momento, salumi e formaggi. Possibilità di accomodarsi nella piazzetta esterna nel periodo estivo.

Specialità: Antipasto rustico con piade farcite, rotolini di piada farcita, salumi e specialità stagionali. Cappelletti tradizionali in brodo di gallina. Bianco mangiare al forno.

Menu 25/40€ - Carta 20/50€

🛋 via Forzieri 12 - ℰ 0541 56074 - www.osteriadeborg.it

⭘ QUARTOPIANO SUITE RESTAURANT

CREATIVA · ELEGANTE XX Tra gli uffici di una zona periferica dove mai ci si aspetterebbe di trovare un ristorante, proprio la posizione così in disparte - insieme all'abilità del cuoco - ha portato la cucina a moltiplicare gli sforzi sino a diventare una delle migliori della zona. Creativa e accompagnata da un'ottima carta dei vini, nella bella stagione si cena su un panoramico roof-garden.

Menu 40/75€ - Carta 51/70€

🍸 🛋 🅰️ 🅿️ via Chiabrera 34/b - ℰ 0541 393238 - www.quartopianoristorante.com - Chiuso 1-10 gennaio, lunedì

🏨 DUOMO HOTEL 🅝

BOUTIQUE HOTEL · DESIGN Non lasciatevi ingannare dall'architettura del vicino Arco di Augusto, si tratta di un design hotel la cui massima espressione è rintracciabile nel banco della reception: una scultura spaziale! Al bar ristorante noMi, piatti di cucina mediterranea con una vasta selezione di ottimi vini italiani, aperitivi e cocktail.

🛗 🅰️ 🚐 43 camere

via Giordano Bruno 28 - ℰ 0541 24216 - www.duomohotel.com

a Coriano Sud - Ovest : 6, 5 km per San Marino - Carta regionale n° 5-D2

⊕ VITE

ROMAGNOLA · DI TENDENZA XX Ristorante della comunità di San Patrignano, dove sono proprio i ragazzi di "Sampa" a svolgere il servizio ai fornelli e in sala. Piatti moderni in gran parte basati su materie prime prodotte in casa; proposte più semplici, a pranzo, ma - alla prenotazione - potrete richiedere qualche specialità della carta serale più elaborata.

Specialità: Tortelli di bietola con sfoglia verde, ricotta affumicata e limone candito. Costolette d'agnello alla brace con cipollotti, fave, patate, salsa alla liquirizia. Latte, miele e camomilla, gelato di "Bruna Alpina".

Menu 15€ (pranzo), 38/42€ - Carta 36/42€

🍸 🛋 🅰️ 🅿️ via Montepirolo 7 località San Patrignano - ℰ 0541 759138 - www.ristorantevite.it - Chiuso martedì

al mare

⭘ I-FAME

CREATIVA · ALLA MODA XX Una sorta di simpatico viaggio nel futuro: sale moderne e luminose, luci colorate e proiezioni. Anche la cucina sposta lo sguardo in avanti, ma non dimentica il passato. Bel dehors con spazio verde e sdraio, dove eventualmente rilassarsi tra una portata e l'altra.

Menu 45/85€ - Carta 52/89€

🛋 🅰️ Hotel i-Suite, Lungomare Murri 65 - ℰ 0541 386331 - www.i-fame.it - Chiuso 20-26 dicembre, lunedì a mezzogiorno, martedì, mercoledì-domenica a mezzogiorno

GRAND HOTEL RIMINI

GRAN LUSSO · STORICO Icona del turismo internazionale e splendido esempio Liberty, immortalato in diversi film di Fellini, che ne ha fatto il suo "buen retiro" personale, il Grand Hotel Rimini accoglie da più di un secolo i suoi ospiti in lussuose camere dall'atmosfera vagamente retrò e saloni decorati con stucchi, mettendo loro a disposizione un parco con piscina riscaldata.

🕊 ✕ ⟋ ⟨⧩ ⟊ ⊕ ⋙ ⸬ ⊡ ⸌ ⚐ ▣ 154 camere – 18 suites
parco Federico Fellini 1 – ℰ 0541 56000 – www.grandhotelrimini.com

I-SUITE

LUSSO · DESIGN Innovativo sin dall'esterno: è un tripudio di luce e trasparenze in ambienti essenziali e minimalisti, piscina outdoor riscaldata dalle originali forme. Nella panoramica Spa, non mancano gli ultimi ritrovati tecnologici.

✕ ⟨⧩ ⟊ ⋙ ⊡ ⚐ ▥ ⤳ 52 camere
viale Regina Elena 28 – ℰ 0541 309671 – www.i-suite.it
🍽 **i-Fame** – Vedere selezione ristoranti

a Miramare Sud : 5 km per Pesaro – Carta regionale n° 5–D2

🛋 GUIDO

Chef: Gianpaolo Raschi

PESCE E FRUTTI DI MARE · ELEGANTE 🕸 Dall'esterno pare uno dei tanti stabilimenti balneari che punteggiano la spiaggia di Rimini, dentro rivela un'inaspettata e sussurrata eleganza. Metafora della cucina: piatti marinari, talvolta semplici alla lettura della carta, svelano invece sorprendenti sfumature di raffinate eleganze e sottili elaborazioni. È la celebrazione della cucina adriatica di pesce a grandi livelli, che stagione dopo stagione non smette di piacere. Dai classici come la "canocchia si ricorda il gratin" ai nuovi – destinati a loro volta diventare classici - quali la pizza ai frutti di mare. La carta dei vini è volutamente sbilanciata verso i bianchi e le bollicine, presenti in stragrande maggioranza rispetto ai rossi, proprio perché ritenuti accompagnamento perfetto allo stile di cucina.

Specialità: La canocchia si ricorda il gratin. Spaghetti alle ostriche. Come la cassata 2.0.

Menu 85/100 € – Carta 79/100 €
✕ ⌂ ▥ *lungomare Spadazzi 12 – ℰ 0541 374612 – www.ristoranteguido.it –*
Chiuso martedì

RIO DI PUSTERIA

✉ 39037 – Bolzano (BZ) – Carta regionale n° **19**–C1 – Carta stradale Michelin 562-B16

a Valles Nord - Ovest : 7 km – Carta regionale n° **19**–C1

SILENA 🆕

LUSSO · DESIGN Alle attività propriamente alpine si aggiungono lezioni di yoga, Qi-Gong e meditazione guidata: un indirizzo dove riscoprire il benessere del corpo e dello spirito, in un ambiente di moderno design che abbina materiali naturali come il legno a grandi vetrate affacciate sulla natura.

🕊 ⟐ ✕ ⟨⧩ ⟊ ⬚ ⊕ ⋙ ⸬ ⊡ ⚐ ▥ ▣ ⤳ 49 camere – 10 suites
via Birchwald 10 – ℰ 0472 547194 – www.silena.com

RIOMAGGIORE

✉ 19017 – La Spezia (SP) – Carta regionale n° **8**–D2 – Carta stradale Michelin 561-J11

🍽 DAU CILA

PESCE E FRUTTI DI MARE · STILE MEDITERRANEO 𝕏 Nella parte più bassa di Riomaggiore, i tavolini all'aperto sono sistemati lungo una romantica strada in discesa che porta all'acqua, quasi un grande scivolo tra barche ormeggiate e case pittoresche. Serietà in cucina come nel servizio accompagnano piatti di mare in ricette tradizionali, in prevalenza liguri.

Carta 33/65 €
✕ ⌂ ▥ *via S. Giacomo 65 – ℰ 0187 760032 – www.ristorantedaucila.com*

⭑○ **RIO BISTROT**

CLASSICA · DI TENDENZA ⅩTra barche ormeggiate e scorci da cartolina, gli interni del bistrot rivisitano in chiave moderna le antiche atmosfere della pittoresca località, al pari della cucina che, a fianco ai classici di mare, propone qualche rivisitazione più creativa.

Menu 48 € – Carta 42/80 €

🏠 *via San Giacomo 46 – ℰ 0187 920616 – Chiuso 1-5 dicembre, martedì*

RIPALTA CREMASCA

✉ 26010 – Cremona (CR) – Carta regionale n° **10**–C2 – Carta stradale Michelin 561-G11

a Bolzone Nord - Ovest : 3 km

⭑○ **TRATTORIA VIA VAI**

LOMBARDA · AMBIENTE CLASSICO Ⅹ Piacevole trattoria di campagna con grazioso servizio estivo affacciato sul giardino, in un ambiente semplice e familiare si celebrano - oltre al manzo e al fegato grasso - le specialità del territorio, dal salame locale agli animali di cortile, nonché i celebri tortelli dolci cremaschi.

Menu 25/50 € – Carta 25/40 €

🏠 AC *via Libertà 18 – ℰ 0373 268232 – www.trattoriaviavai.it – Chiuso 27 dicembre-5 gennaio, lunedì a mezzogiorno, martedì, mercoledì, giovedì-venerdì a mezzogiorno*

RIPOSTO – Catania (CT) ➜ Vedere Sicilia

RISCONE • REISCHACH – Bolzano (BZ) ➜ Vedere Brunico

RITTEN • RENON – Bolzano (BZ) ➜ Vedere Renon

RIVA DEL GARDA

✉ 38066 – Trento (TN) – Carta regionale n° **19**–B3 – Carta stradale Michelin 562-E14

⭑○ **AL VOLT**

CLASSICA · ELEGANTE ⅩⅩ Percorrendo i vicoli che dal porto commerciale conducono al centro, ci s'imbatte in questo ristorante articolato su più sale comunicanti, arredato con gusto: mobili antichi ed un tocco di romanticismo sotto alle classiche e storiche volte che gli conferiscono il nome. La cucina è sostanzialmente classica, mentre le proposte del menu si dividono tra ricette del territorio e specialità di mare.

Menu 50 € – Carta 13/24 €

🏠 ♿ AC *via Fiume 73 – ℰ 0464 552570 – www.ristorantealvolt.com – Chiuso lunedì*

⭑○ **ANTICHE MURA**

ITALIANA CONTEMPORANEA · AMBIENTE CLASSICO ⅩⅩ Nuova, fresca gestione giovane per questo bel locale alle spalle del centro storico. Protagonista è lo chef-patron che presenta agli abitanti del luogo ed ai moltissimi turisti del lago di Garda una cucina contemporanea che prende spunto ed ingredienti di volta in volta dal territorio, dal mare e in generale dalla stagione. Oltre al dehors estivo, segnaliamo la presenza di una decina di camere: confortevoli nella loro semplicità.

Menu 52 € – Carta 44/49 €

↩ 🏠 AC *via Bastione 19 – ℰ 0464 556063 – www.antiche-mura.it – Chiuso 1-2 dicembre, lunedì-martedì a mezzogiorno, mercoledì, giovedì-venerdì a mezzogiorno*

ⅪO VILLETTA ANNESSA

CLASSICA · RUSTICO XX Ristorante dalla calda atmosfera e dalla griglia sfrigolante: le specialità sono le carni alla brace, ma non mancano piatti legati alle tradizioni locali. Piacevole zona esterna per l'estate.

Menu 49 € – Carta 40/60 €

🔁 🦽 🏤 🏧 🅿 *Hotel Villa Miravalle, via Monte Oro 9 – ℰ 0464 552335 – www.hotelvillamiravalle.com – Chiuso 1-28 febbraio, lunedì, martedì-domenica a mezzogiorno*

🏨 LIDO PALACE

LUSSO · DESIGN Struttura Belle Epoque aggiornata con uno stile dal design minimalista di grande attualità, ampio parco sulla passeggiata a lago, nonché centro benessere esclusivo. Piatti classici, ma anche moderni al Tremani bistrot.

🍀 ≼ 🦽 🌊 🔽 🕸 🏧 ♨ 🅿 34 camere – 8 suites
viale Carducci 10 – ℰ 0464 021899 – www.lido-palace.it

RIVA DI SOLTO

✉ 24060 – Bergamo (BG) – Carta regionale n° **10**-D1 – Carta stradale Michelin 561-E12

ⅪO ZÙ

PESCE E FRUTTI DI MARE · ELEGANTE XXX Zu è arrivato alla quarta generazione! Sempre con grande passione la famiglia fa sua la bandiera del pesce del proprio lago, non manca comunque quello marino e qualche selezione di carne. Elegante nella sua classicità, la vista sul lago è assolutamente imperdibile.

Menu 50 € – Carta 40/55 €

≼ 🏤 🅿 *via XXV Aprile 53, località Zù – ℰ 035 986004 – www.ristorantezu.it – Chiuso martedì*

a Zorzino Ovest : 1, 5 km

ⅪO MIRANDA

MODERNA · FAMILIARE XX D'estate l'appuntamento è in terrazza (in realtà chiusa da vetrate e utilizzata anche d'inverno!), direttamente affacciata sul giardino e sul superbo specchio lacustre. La cucina di tono moderno spazia su tutto il territorio nazionale attingendo - talvolta - addirittura in altre nazioni e continenti le materie prime che meglio si prestano all'esecuzione di alcune ricette. Belle camere recentemente rinnovate ed una fresca piscina a disposizione di chi alloggia.

Menu 16 € (pranzo), 25/60 € – Carta 40/55 €

🔁 ≼ 🦽 🕭 🏧 🅿 *via Cornello 8 – ℰ 035 986021 – www.hotelristorantemiranda.com*

RIVALTA SUL MINCIO

✉ 46040 – Mantova (MN) – Carta regionale n° **9**-C3 – Carta stradale Michelin 561-G14

ⅪO IL TESORO LIVING RESORT

MODERNA · DESIGN XX È davvero molto intrigante la location che custodisce il Tesoro: una bella struttura contemporanea dalla cornice agreste, arricchita dal gradevole giardino botanico, il centro benessere e le splendide suite. L'attuale gestione ha dato un'impronta mediterranea alla cucina, che rimane sempre moderna e ben fatta: ancor più pesce che in passato e curiosi abbinamenti di cocktail.

Menu 44/75 € – Carta 40/78 €

🔁 🦽 🏤 🕭 🏧 🅿 🛏 *via Settefrati 96 – ℰ 0376 681381 – www.tesororesort.it*

RIVALTA TREBBIA – Piacenza (PC) → Vedere Gazzola

RIVANAZZANO TERME

✉ 27055 – Pavia (PV) – Carta regionale n° **9**–A3 – Carta stradale Michelin 561-H9

🍴○ **SELVATICO**

REGIONALE · AMBIENTE CLASSICO ✗✗ In attività dal 1912, ora alla quarta generazione, siamo in uno dei migliori ristoranti dell'Oltrepò pavese. Chi è interessato alla scoperta gastronomica del territorio troverà qui una miniera di delizie, dai salumi agli stufati e bolliti passando per ottime paste fresche. E per prolungare il soggiorno, anche le camere si adeguano all'atmosfera nostalgica con piacevoli arredi d'epoca; piccolo centro benessere con sauna, bagno turco, doccia emozionale e parete di sale.

Menu 35/45 € – Carta 35/45 €

🍸 ⇦ 🏠 ⚐ ⇔ *via Silvio Pellico 19 – ℰ 0383 944720 - www.albergoselvatico.com – Chiuso 15-30 gennaio, lunedì, domenica sera*

RIVAROLO CANAVESE

✉ 10086 – Torino (TO) – Carta regionale n° **12**–B2 – Carta stradale Michelin 561-F5

🍴○ **ANTICA LOCANDA DELL'ORCO**

REGIONALE · ACCOGLIENTE ✗✗ Atmosfera in bilico tra antico e nuovo per questo ristorante del centro; lo chef-patron prepara con tanta cura sia ricette della tradizione che proposte più accattivanti e contemporanee, mentre la selezione enoica annovera circa 600 etichette, sebbene sia il Piemonte a farla da padrone. Con la bella stagione, il servizio si sposta anche sulla piacevole terrazza.

Menu 15 € (pranzo), 40/60 € – Carta 15/60 €

🍸 🏠 ⚐ 🅰️ *via Ivrea 109 – ℰ 0124 425101 – www.locanda-dellorco.it – Chiuso 7-18 gennaio, lunedì*

RIVERGARO

✉ 29029 – Piacenza (PC) – Carta regionale n° **5**–A2 – Carta stradale Michelin 561-H10

🥬 **CAFFÈ GRANDE**

DEL TERRITORIO · AMBIENTE CLASSICO ✗✗ Affacciato sulla piazza centrale del paese, in un incantevole palazzo dalla facciata liberty, gli interni si fanno inaspettatamente moderni ed essenziali, ma la cucina è quella che amiamo tutti, piacentina, dai pisarei agli anolini.

Specialità: Salumi misti piacentini. Tortelli di ricotta e spinaci al burro e salvia. Zabaione al " vigna del volta " con lingue di gatto.

Menu 10/25 € – Carta 10/25 €

🏠 ⇔ *piazza Paolo 9 – ℰ 0523 958524 – www.caffegrande.it – Chiuso 1-15 gennaio, 1-15 settembre, martedì*

RIVIGNANO

✉ 33050 – Udine (UD) – Carta regionale n° **6**–B3 – Carta stradale Michelin 562-E21

🍴○ **AL FERARÙT**

PESCE E FRUTTI DI MARE · ELEGANTE ✗✗✗ Da appassionato studioso e conoscitore del mare, lo chef, figlio del patron, (insieme formano due generazioni ed un totale di oltre 50 anni di storia del locale!), offre con le sue ricette tutta la fragranza del buon pesce, ma anche un'originale personalità; non mancano, tuttavia, specialità a base di carne.

🅰️ 🅿️ *via Cavour 34 – ℰ 0432 775039 – www.ristoranteferarut.it – Chiuso mercoledì, giovedì a mezzogiorno*

RIVISONDOLI

✉ 67036 – L'Aquila (AQ) – Carta regionale n° **1**–B3 – Carta stradale Michelin 563-Q24

😊 **DA GIOCONDO**

ABRUZZESE · RUSTICO A garanzia della genuinità del locale, i titolari si occupano personalmente si sala e fornelli, assicurando che in tavola vengano serviti rustici e gustosi piatti di cucina regionale, talvolta esposti a voce a completare la piccola carta, secondo le disponibilità del mercato: la freschezza dei prodotti è così garantita! Tra le specialità si ricordano sicuramente le paste tradizionali fatte a mano, ognuna con un suo nome particolare da portarsi via come un suono d'Abruzzo.

Specialità: Antipasto tipico abruzzese. Gnocchi di castagne con porcini. Torta di crema cotta.

Carta 25/35€

via Suffragio 2 - ℰ 0864 69123 - www.ristorantedagiocondo.it -
Chiuso martedì

RIVODUTRI

✉ 02010 - Rieti (RI) - Carta regionale n° **7**-C1 - Carta stradale Michelin 563-O20

❀❀ **LA TROTA**

Chef: Sandro e Maurizio Serva

CREATIVA · ELEGANTE ✕✕ Nata nel 1963 come trattoria di famiglia, saranno - poi - i fratelli Serva a consacrarla agli onori della gloria con una prima stella nel 2004 a cui si affianca una seconda nel 2013. Da qui è tutto un crescendo rossiniano, che fa sì che il ristorante sia presente su tutte le mappe dell'alta cucina laziale e nazionale. Oltre a proposte ittiche lacustri - coregone, luccio, anguilla, trota, carpa e tinca (provenienti dal Lago di Campotosto e dal Lago di Valle del Salto) tutte pescate in modo responsabile dalle cooperative locali - la carta rende omaggio anche a piatti dall'entroterra dato che queste splendide valli sono generose di tantissime delizie quali olio della sabina e tartufo bianco: nulla da invidiare, quest'ultimo, al celebrato fungo ipogeo d'Alba!

Specialità: Porcino e lumache. Trota fario, foie gras, pesche. Yogurt, ciliegie, grano.

Menu 130€ - Carta 86/123€

🕊 ⌂♨⌂& 🅜 ⇆ 🅿 *via Santa Susanna 33, località Piedicolle -*
ℰ 0746 685078 - www.latrota.com -
Chiuso 7 gennaio-13 febbraio, martedì, mercoledì, domenica sera

ROCCABRUNA

✉ 12020 - Cuneo (CN) - Carta stradale Michelin 561-I3

a Sant'Anna Nord : 6 km - Carta regionale n° **12**-B3

😊 **LA PINETA**

PIEMONTESE · FAMILIARE Bisogna armarsi di pazienza e affrontare tornanti fra boschi e colline per arrivare alla Pineta, ma alla fine la cucina ricompensa il viaggio. Proposta incentrata su un menu degustazione che può essere accorciato nel numero di portate, in cui regna da sempre il fritto misto alla piemontese: il piatto culto del ristorante! Ottimi e abbondanti anche gli antipasti con numerosi assaggini misti.

Specialità: Vitello tonnato alla vecchia maniera. Fritto misto alla piemontese. Bunet.

Menu 25/35€ - Carta 25/35€

⇆ ♨ 🅿 *piazzale Sant'Anna 6 -*
ℰ 0171 918472 - www.lapinetaalbergo.it -
Chiuso 7 gennaio-8 marzo, lunedì, martedì

ROCCA D'ORCIA - Siena (SI) → Vedere Castiglione d'Orcia

ROCCARASO

✉ 67037 – L'Aquila (AQ) – Carta regionale n° **1**–B3 – Carta stradale Michelin 563-Q24

⊞○ CHICHIBIO

MODERNA · ACCOGLIENTE ✕✕ Pochi i tavoli e tanta cura per questo intimo ristorante diretto da due dinamici cuochi, che hanno deciso di rimanere nel proprio territorio e da questo selezionano i migliori ingredienti con cui preparare una cucina fatta di sapori locali in chiave moderna. Tanta carne, quindi, e verdure: quasi mai pesce, salvo - spesso - il baccalà.

Menu 45/65 € – Carta 38/47 €

via Guglielmo Marconi 1 – ℰ 328 905 4831 – www.chichibiorestaurant.it –
Chiuso 15-30 maggio, 1-15 ottobre, mercoledì

⊞○ VILLA SETTE PINI

MODERNA · ACCOGLIENTE ✕✕ Nelle due sale con camino di questa signorile villa degli anni '40, si serve una cucina che riscopre antichi sapori e li abbina a materie prime selezionate alla luce di una sensibilità più attuale.

Carta 35/60 €

piazza Giochi della Gioventù 1 – ℰ 0864 661965 – www.villasettepini.it –
Chiuso 1-7 dicembre, 1 aprile-1 ottobre, lunedì

ROCCA RIPESENA – Terni (TR) → Vedere Orvieto

ROCCA SAN GIOVANNI

✉ 66020 – Chieti (CH) – Carta regionale n° **1**–C2 – Carta stradale Michelin 563-P25

⊞○ INSIGHT EATERY ⓝ

CREATIVA · DESIGN ✕✕ Nato proprio da un'intuizione (*insight*, in inglese), questo locale moderno sulla litoranea è racchiuso in una sorta di "scatola" realizzata proprio con gli stessi legni dei vicini Trabocchi. Caldo design al suo interno – qualche pezzo di modernariato accanto ad altri più contemporanei - mentre in cucina lo chef-patron si diletta con gustose preparazioni creative, che citano spesso il territorio. Davanti, il mare.

Menu 38/80 € – Carta 50/64 €

≼ 🍴 🍴 *contrada Vallevò 266 – ℰ 329 382 0346 – www.insight-eatery.com –*
Chiuso 1 gennaio-18 marzo, lunedì, martedì a mezzogiorno, domenica

ROCCELLA IONICA

✉ 89047 – Reggio di Calabria (RC) – Carta regionale n° **3**–B3 –
Carta stradale Michelin 564-M31

⊞○ LA CASCINA

ITALIANA · RUSTICO ✕✕ Lungo la statale, un piacevole e rustico locale ricavato dalla ristrutturazione di un casolare di fine Ottocento con sale dalle pareti in pietra e soffitti lignei. Il menu recita una serie di proposte di terra e di mare, mentre nell'adiacente bottega sono in vendita prelibatezze del territorio (spesso di produzione propria), molte di esse a base di bergamotto!

Carta 55/110 €

🍴 🍴 🅰🅒 🅿 *strada statale 106 – ℰ 0964 866675 – www.lacascina1899.it –*
Chiuso martedì

ROCCHETTA TANARO

✉ 14030 – Asti (AT) – Carta regionale n° **14**–B1 – Carta stradale Michelin 561-H7

⊞○ I BOLOGNA

PIEMONTESE · CONTESTO REGIONALE ✕✕ Un classico della ristorazione monferrina, da anni propone gli immutabili piatti che ci si aspetta di gustare in Piemonte. Gli ambienti sono rustici e l'atmosfera calda. La corte interna ospita camere accoglienti e ben accessoriate.

Menu 35/45 € – Carta 35/50 €

⇆ 🍴 🍴 🅰🅒 ⇕ *via Nicola Sardi 4 – ℰ 0141 644600 – www.trattoriaibologna.it –*
Chiuso 10 gennaio-10 febbraio, lunedì sera, martedì

RODDINO

✉ 12050 – Cuneo (CN) – Carta regionale n° **14**–A3 – Carta stradale Michelin 561-I16

🍴○ **OSTERIA DA GEMMA**

PIEMONTESE · FAMILIARE Nei locali di un vecchio fienile, una trattoria a gestione familiare con un generoso menu a prezzo fisso legato alle salde tradizioni gastronomiche locali. Non dimenticate l'indispensabile prenotazione!

Menu 29/31€

🏠 🅺 via Marconi 6 – ☎ 0173 794252 –
Chiuso 7 gennaio-3 febbraio, 19 luglio-11 agosto, lunedì, martedì, mercoledì-giovedì sera

ROLETTO

✉ 10060 – Torino (TO) – Carta regionale n° **12**–B2 – Carta stradale Michelin 561-H3

🍜 **IL CIABOT**

REGIONALE · FAMILIARE ✕✕ Accanto al municipio, un ingresso discreto v'introdurrà in questo curato ristorante dall'atmosfera rustica, riscaldato nei mesi freddi da un caminetto. Gestione familiare, con lei in sala ad accogliervi e spiegare i piatti fuori carta, lui in cucina a preparare specialità della tradizione regionale (leggermente contaminate da spunti attuali).

Specialità: Bocconcini di baccalà, essenza di limone e tartara leggera. Rotolo di coniglio in farcia di tartufo nero con julienne di peperoni. Cremoso al gianduiotto con gelatina di lamponi e spuma di zabajone.

Menu 35/45€ – Carta 35/45€

🏠 via Costa 7 – ☎ 0121 542132 – *www.mauroaguchef.it* – *Chiuso lunedì*

ROMA

Spesso celebrata come la città eterna, un epiteto che sembra quanto mai azzeccato, se si considerano ancora oggi il suo aspetto magnifico e imponente, la sua storia millenaria e i numerosi secoli in cui la capitale italiana è stata veramente il centro del mondo, Roma assume un ruolo da regina anche per quanto riguarda la buona tavola.

Altrettanto intramontabile è, infatti, la sua passione per la cucina della tradizione che trova concreta espressione in piatti quali tonnarelli cacio e pepe, abbacchio, coda alla vaccinara, puntarelle e carciofi alla giudia. Dulcis in fundo, una passeggiata a Trastevere e Testaccio per assaporare la vera vita notturna romana.

Ricette e sapori rimasti immutati nell'arco dei secoli se si pensa alle tipiche trattorie romanesche, ma alleggeriti e rivisitati se ci si accomoda nei più raffinati locali della città. Ebbene sì: Roma non è solo eterna, ma anche aperta.

Food Collection / Photononstop

✉ 00186 – Roma (RM) – Carta regionale n°7-B2
Carta stradale Michelin n° 563-Q19

LA NOSTRA SELEZIONE DI RISTORANTI

RISTORANTI DALLA A ALLA Z

LE TAVOLE DA NON PERDERE

ESERCIZI CON STELLE

සිහිසි

Una cucina unica. Merita il viaggio!

සිහි

Una cucina eccellente. Merita la deviazione!

සි

Una cucina di grande qualità. Merita la tappa!

IB GOURMAND

Il nostro migliore rapporto qualità-prezzo

RISTORANTI PER TIPO DI CUCINA

Lavazza è il caffè dei migliori ristoranti italiani e internazionali.

LAVAZZA

TORINO, ITALIA, 1895

Emiliana

Giapponese

Internazionale

Italiana

Italiana contemporanea

Laziale

Mediterranea

Moderna

Peruviana

Pesce e frutti di mare

Regionale

Romana

Siciliana

Tradizionale

Vegetariana

g-stockstudio/iStock

TAVOLI ALL'APERTO

LA NOSTRA SELEZIONE DEGLI ALBERGHI

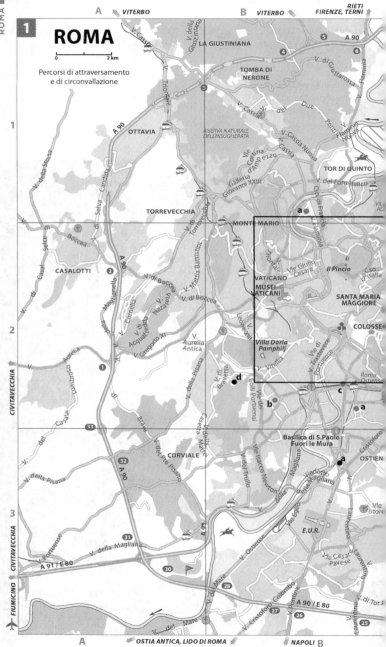

ROMA

0 ___ 2 km

Percorsi di attraversamento
e di circonvallazione

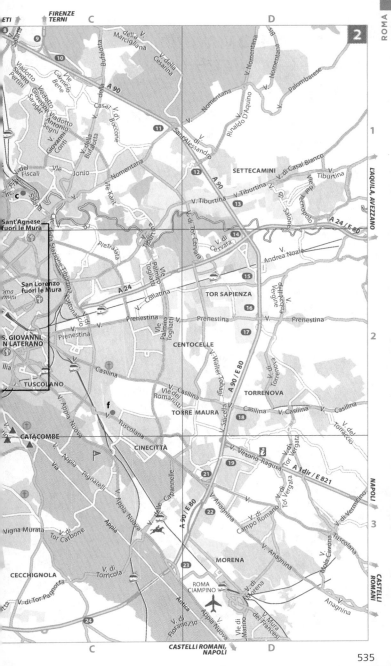

535

ROMA

3

| 3-4 | 5-6 |
| 7-8 | 9-10 |

0   300 m

E

F

Vle del Gladiatori

Lungotevere Maresciallo Cadorna
Lungotevere Capoprati

Vle Pinturicchio

Guido

V. di Prato Falcone

Madama

Vle

del

Lungotevere

Raffaele Stern

V. Trionfale

V. Piccari

V. delle Medaglie d'Oro

V. Franco Michelini Tocci

V. Alberto Cadiolo

V. del Parco Mellini

1

Mellini

Vle del Cavalieri

Vle del

Vle

V. Giovanni Balzan

Clodia

Vle del Prato Falcone

Gianniza

V. Durazzo

Vle Angelico

V. Filippo Corridoni

Timavo

della

Costabella

Carso

Vi

V. Trionfale

Vittorio Veneto

Romolo Romei

Teulada

Circ.

Vle Carso

Monte Peata

Vle V. Achille Papa

a

V. Alberto Cadiolo

Fedro

V. Plotino

S. Lazzaro

Borgo

Plotino

V. Antonio Varisco

V. Carlo Mirabello

V. Dardanelli

Monte Nero

Monte Santo

Oskava

O V. Col di Lan

Vle di Giuse

2

P

Vle

Circ. Clodia

V. Premuda

della

V. Trionfale

V. Cunfida

V. Simone De St Bon

Vle Angelico

Sabotino

Giuseppe Mazzini

Antonio Baiamonti

V. Silvio Pellico

V. Luigi Settembrini

V. Antonio Mordini

V. Fed Confa

V. Cornelio Nepote

V. Antonio Labriola

Circ.

V. Trionfale

V. Giordano Bruno

V. Girolamo Savonarola

V. Costantino De Morin

Giuliana

delle Milizie

V. Damiata

V. Lepa

c

V. pietro Giannone

Andrea

Doria

V. Santamaura

V. Famagosta

Vle

V. Leone

Ottaviano S. Pietro

V. degli Scipioni

V. degli Scipioni

V. Fabio Massimo

V. degli Scipioni

V.

3

Piazzale degli Eroi

V. Sebastiano Zenj

V. Giorgia Scilla

Cipro

Cipro Musei Vaticani

V. Ruggero Fiore

V. Francesco Sivori

V. Angelo Emo

Vittor Pisani

V. di Ruggero di Lauria

V. Mocenigo

Tunisi

V. Candia

V. Sebastiano Veniero

Vle Vaticano

Ottaviano

Vespasiano

Germanico

Silla

P²⁰ del Risorgimento

V. Cola di Rienzo

V. Cola di Rienzo

V. Terenzio

V. Crescenzio

V. Alberico

V. Cr

V. dei Gracchi

V. Cola di Rier

Ovidio

V.

MUSEI VATICANI

VATICANO

Sal ai Giardini

V. di Pta Angelica

V. de Mascherino

Borgo

Vittorio Pio

V. del Corridori Borgo Sant'Angelo

GIARDINI VATICANI

PIAZZA S. PIETRO

V. della Conciliazione

V. Angelo Emo

V. Francesco Duodo

Vle Vaticano

Borgo

E

7

F

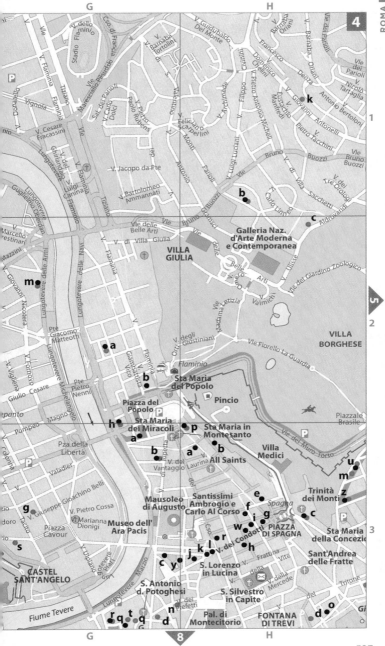

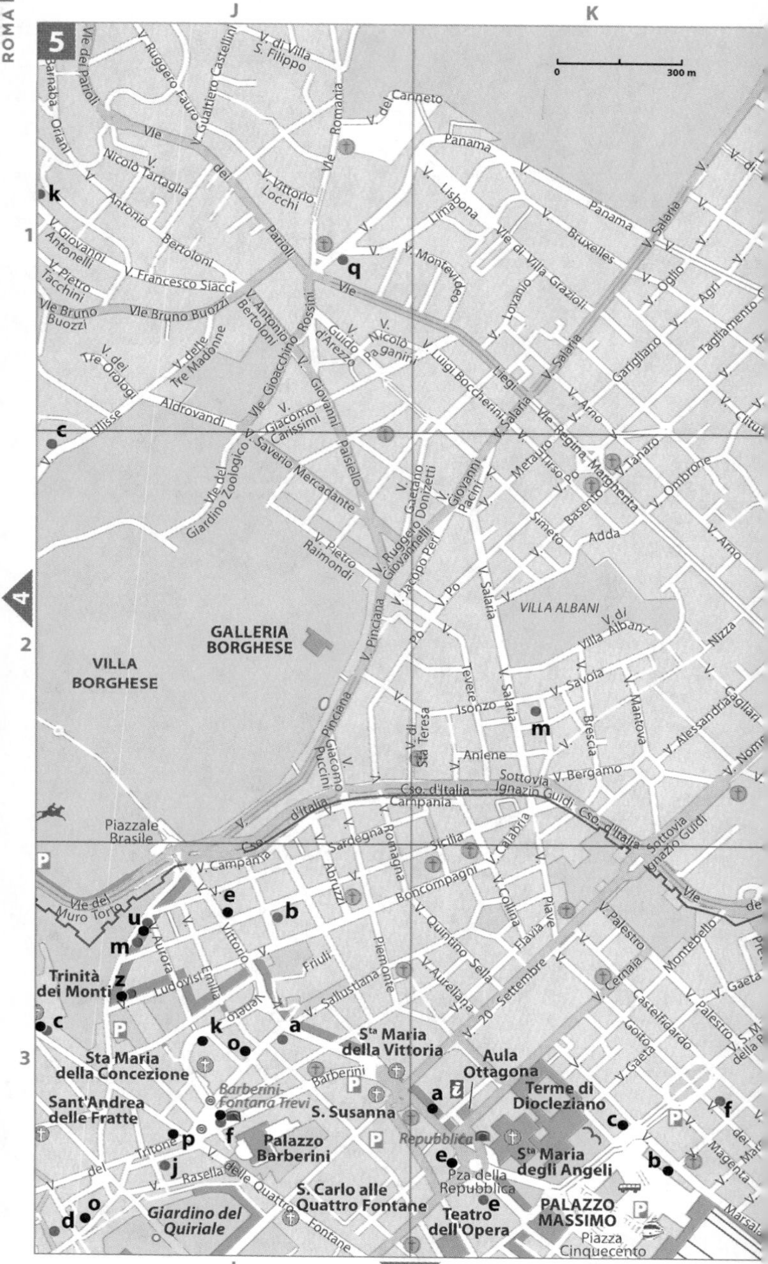

5
J
K
0
300 m
1
2
3
4
9
VILLA BORGHESE
GALLERIA BORGHESE
VILLA ALBANI
Piazzale Brasile
Trinità dei Monti
Sta Maria della Concezione
Sant'Andrea delle Fratte
Barberini-Fontana Trevi
Palazzo Barberini
Giardino del Quiriale
S. Carlo alle Quattro Fontane
S. Susanna
Sta Maria della Vittoria
Aula Ottagona
Terme di Diocleziano
Repubblica
Pza della Repubblica
Sta Maria degli Angeli
Teatro dell'Opera
PALAZZO MASSIMO
Piazza Cinquecento
Vle dei Parioli
V. Ruggero Fauro
V. Gualtiero Castellini
V. di Villa S. Filippo
V. del Canneto
Vle Romania
V. Vittorio Locchi
V. Nicolò Tartaglia
V. Antonio Bertoloni
V. Giovanni Antonelli
V. Pietro Tacchini
V. Francesco Siacci
Vle Bruno Buozzi
V. Antonio Bertoloni
Vle Gioacchino Rossini
V. Guido d'Arezzo
V. Nicolò Paganini
V. Giovanni Paisiello
V. Luigi Boccherini
V. dei Tre Orologi
V. delle Tre Madonne
Aldrovandi
Ulisse
V. Giacomo Carissimi
V. Saverio Mercadante
Vle del Giardino Zoologico
V. Pietro Raimondi
V. Gaetano Donizetti
V. Ruggero Giovannelli
V. Jacopo Peri
V. Giovanni Pacini
V. Pinciana
V. Giacomo Puccini
Panama
V. Lisbona
V. Lima
V. Montevideo
Vle di Villa Grazioli
V. Bruxelles
V. Salaria
V. Lovanio
Liegi
Vle Regina Margherita
V. Arno
V. Metauro
V. Tirso
V. Po
Simeto
Basento
Adda
V. Tanaro
V. Ombrone
V. Oglio
V. Agri
Garigliano
Tagliamento
V. Clitunno
V. di Villa Albani
Nizza
Tevere
Isonzo
V. Savoia
Brescia
Mantova
V. Alessandria
Cagliari
V. Nomentana
V. di Sta Teresa
Aniene
V. Bergamo
Sottovia Ignazio Guidi
Cso. d'Italia
Campania
V. Campania
Sardegna
Romagna
Sicilia
Calabria
Abruzzi
Boncompagni
Collina
Piave
Flavia
Vle del Muro Torto
V. Aurora
Ludovisi
Emilia
Vittorio Veneto
Friuli
Piemonte
V. Sallustiana
V. Quintino Sella
V. Aureliana
V. 20 Settembre
V. Palestro
Montebello
V. Cernaia
Castelfidardo
Goito
V. Gaeta
V. Magenta
Marsala
Barberini
Tritone
Rasella
delle Quattro Fontane
a
b
c
d
e
f
j
k
m
o
p
q
u
z

L   M

3-4   5-6

7-8   9-10

Sant'Agnese
fuori le Mura

Mausoleo di
Sta Costanza

PARCO
VIRGILIANO

1

VILLA
TORLONIA

Bologna

2

Castro Pretorio

Policlinico

San Lorenzo
fuori le Mura

3

L   M

10

539

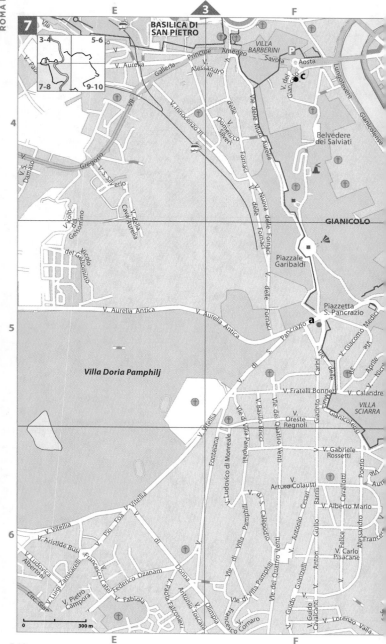

7

3-4 | 5-6
7-8 | 9-10

E

F

3

**BASILICA DI
SAN PIETRO**

*VILLA
BARBERINI*

Principe Amedeo
Savoia
Aosta

c

Vie delle Mura Aurelie

V. del Gianicolo

Lungotevere
Gianicolense

Belvedere
dei Salviati

4

V. S. Damaso
V. S. Silverio
V.lo del Gelsomino
Vicolo del Gelsomino
V. della Cava Aurelia
V. S. Silverio
Galleria
V. Aurelia
Gregorio VII
V. Innocenzo III
V. Domenico Silveri
V. Nuova delle Fornaci
V. delle Fornaci

GIANICOLO

Piazzale
Garibaldi

Piazzetta
S. Pancrazio

5

V. Aurelia Antica

V. Aurelia Antica

V. di S. Pancrazio

a

V. delle Fornaci

V. Giacomo Medici

V. delle Mura

B.ta Aprile

V. Nicc...

Villa Doria Pamphilj

*VILLA
SCIARRA*

V. Fratelli Bonnet

V. Calandre

Gianicolense

V. Basilio Bricci

V. dei Quattro Venti

V. Oreste
Regnoli

V. Giacinto Carini

V. Gabriele
Rossetti

V. Poerio

V. Vitellia

V. Fontejana

Vie di Villa Pamphilj

V. Ludovico di Monreale

V.
Arturo Colautti

V. Antonio Cesari

V. di S. Calepodio

V. Giulio Cesare Santini

V. Cavallotti

V. Alberto Mario

V. Alessandro Poerio

V. Felice

V. France...

Aur...

6

V. Vitellia

V. Aristide Busi

V. Ludovica Albertoni

V. Luigi Zambarelli

V. Pietro Campora

V. Francesca Latei

V. Pio Foà

V. Federico Ozanam

V. di Donna Olimpia

V. Antonio Toscana

V. Paola Falconieri

V. Francesco Cornaro

Vie di Villa Pamphilj

V. Vittorio dei Quattro Venti

V. Carlo
Pisacane

V. Guido Guinzelli

V. Anton...

V. Guido
Cavalcanti

V. Lorenzo Valla

V. Fabiola

Circ. Gian...

0 ——— 300 m

E

F

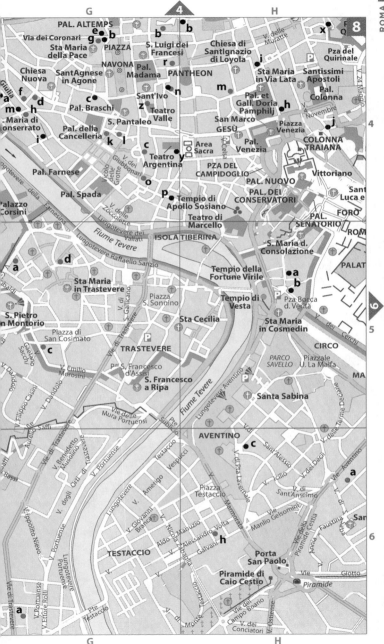

G
H

4

8

PAL. ALTEMPS
Via dei Coronari e b
Sta Maria g b S. Luigi dei
della Pace PIAZZA Francesi
Chiesa SantAgnese NAVONA r
Nuova in Agone Pal.
Madama PANTHEON
Sant'Ivo n
Pal. Braschi z
Sant'Ivo
Teatro
Valle
S. Pantaleo c
Pal. della
Cancelleria
k
Teatro c
Argentina y
Area
Sacra
Chiesa di
SantIgnazio
di Loyola
j
Sta Maria
in Via Lata Santissimi
Pal. et Apostoli
Gall. Doria Pal.
Pamphilj Colonna
Pal. San Marco h
GESÙ
Piazza
Venezia j
PZA DEL Pal.
CAMPIDOGLIO Venezia
COLONNA
TRAIANA

Maria di
onserrato i
Giulia
a f
m h d
Pal. Farnese
Pal. Spada
o
p
Tempio di
Apollo Sosiano
Teatro di
Marcello
ISOLA TIBERINA

PAL. NUOVO
PAL. DEI
CONSERVATORI
Vittoriano
Sant
Luca e
FORO
PAL.
SENATORIO ROM
PALAT

alazzo
Corsini
a
d
Sta Maria
in Trastevere
Piazza
S. Sonnino
Sta Cecilia

Lungotevere della Farnesina
Lungotevere Raffaello Sanzio
Fiume Tevere
Lungotevere dei Vallati

S. Maria d.
Consolazione
Tempio della
Fortune Virile
a
b
Tempio di
Vesta
Pza Bocca
d. Verità
Sta Maria
in Cosmedin

6
5

S. Pietro
n Montorio
Piazza di
San Cosimato
c
TRASTEVERE
Pza S. Francesco
d'Assisi
S. Francesco
a Ripa

CIRCO
PARCO Piazzale
SAVELLO U. La Malfa
MA
Santa Sabina
Fiume Tevere
Lungotevere Aventino

Vle delle
Mura Portuensi

AVENTINO c
a

a
TESTACCIO
Piazza
Testaccio
h
Porta
San Paolo
San
6

Piramide di
Caio Cestio
Piramide

G
H

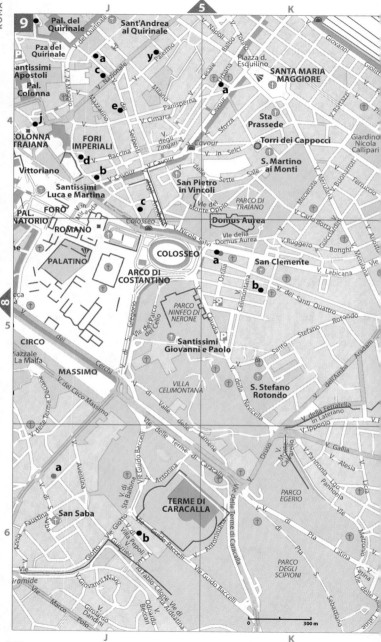

9

Pal. del Quirinale

Sant'Andrea al Quirinale

Pza del Quirinale

P

antissimi Apostoli

Pal. Colonna

V. del Quirinale

V. Nazionale

V. 24 Maggio

V. Mazzarino

a

c

y

Palermo

Cesare

Urbana

Milano

Panisperna

V. Cavour

Napoli

Balbo

Torino

Plazza d. Esquilino

SANTA MARIA MAGGIORE

Giovanni

Gioitti

e

V. Cimarra

V. degli Zingari

Mazzarino

a

Sta Prassede

V. Sforza

Torri dei Cappocci

V. Merulana

V. Rattazzi

Giardino Nicola Callipari

j

COLONNA TRAIANA

FORI IMPERIALI

V. Baccina

Serpenti

V. Cavour

V. in Selci

S. Martino ai Monti

V. Buonarroti

Ferruccio

4

Vittoriano

Santissimi Luca e Martina

FORO ROMANO

PAL. NATORIO

d

b

V. Cavour

V. delle Sette Sale

San Pietro in Vincoli

Vie del Monte Oppio

PARCO DI TRAIANO

Domus Aurea

Mecenate

V. Merulana

V. Carlo Botta

V. Guicciardini

Bonghi

V. Ruggero

Merulana

c

Colosseo

Nicola Salvi

Vle della Domus Aurea

V. Alosio

8

ca

a

PALATINO

COLOSSEO

ARCO DI COSTANTINO

a

b

San Clemente

V. Labicana

V. dei Santi Quattro

Stefano Rotondo

Aradam

5

CIRCO

iazzale La Malfa

MASSIMO

V. del Circo Massimo

V. delle Terme Deciane

Gregorio

V. di Parco del Celio

PARCO NINFEO DI NERONE

P

Claudia

Santissimi Giovanni e Paolo

VILLA CELIMONTANA

Santo Stefano

della Navicella

S. Stefano Rotondo

dell'Amba

V. della Ferratella in Laterano

V. Ippolito

V. di

delle

Terme

di

Caracalla

Valle

Camene

Druso

Monte Celio

V. Gallia

V. Pannonia

Lgo Pannonia

Alesia

Lida

a

Aventina

Faustina

V. di Sta Balbina

Vle Guido Baccelli

Antonina

TERME DI CARACALLA

Vle Guido Baccelli

Vle delle Terme di Caracalla

Amnininino

PARCO EGERIO

di

Pta

PARCO DEGLI SCIPIONI

Metronia

6

San Saba

Anna

V. di Villa Pepoli

V. Guerrieri

V. di Fabio Cilone

Pta Ardeatina

b

Vle Guido Baccelli

Pta

Latina

V. Latina

Sebastiano

Vle

iramide

V. Giovanni M.Lani

V. Giotto

Odoardo Beccari

V. Giolitto Dandini

Marco Polo

0   300 m

J

K

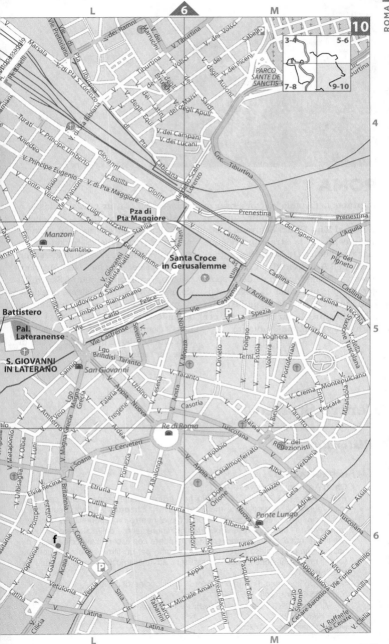

L   M

3-4   5-6

7-8   9-10

PARCO
SANTE DE
SANCTIS

4

V. del Ramni
V. Pretoriano
Vle di Pta Tiburtina
V. Marrucini
V. dei Volsci
V. dei Piceni
V. Tiburtina
V. degli Ausoni
V. dei Volsci
Sabelli
Circ. Tiburtina

V. di Pta S. Lorenzo
V. degli Enotri
V. dei Marsi
V. degli Ausoni
V. degli Equi
V. dei Sardi
V. degli Apuli

Turati
V. Principe Umberto
V. dei Campani
V. dei Lucani

Amedeo
Giovanni
V. Labicana

V. Principe Eugenio
V. di Pta Maggiore
Pta Labicana
V. Tiburtina Scalo
V. S. Lorenzo

Conte Verde
V. Manzoni
V. Luigi Luzzatti
Giolitti

Prenestina
V. del Pigneto
Prenestina

**Pza di
Pta Maggiore**
V. Casilina
L'Aquila

Manzoni
V. S. Croce in Gerusalemme
Statilia
V. Casilina

V. S. Quintino
V. del
Pigneto

Emanuele
**Santa Croce
in Gerusalemme**

Tasso
V. Giovanni
Battista Piatti
V. Castrense
Casilina
Casilina
Vecchia

V. Ludovico di Savoia
Felice
Vle Castrense
V. Acireale
V. Oristano
Stazione Tuscolana

Battistero
V. Umberto Biancamano
Carlo
Vle
V. La Spezia
5

**Pal.
Lateranense**
Vle Castrense
V. S. Severo
V. Monza
V. Orvieto
Voghera
V. Portoferraio

**S. GIOVANNI
IN LATERANO**
Lgo
Brindisi Taranto
San Giovanni
Foligno
Terni
Pistoia
Voltera

Sannio
V. Taranto
V. Crema
Montepulciano

V. Amiterno
Magna Grecia
V. Urbino
Cesena
Aosta
V. Biella
V. Tarante
Pescara
Mirandola

V. Metaponto
V. Olbia
V. Luni
Falerii Appia Nuova
Casoria
Matera
V. dei
Rogazionisti

V. Cervetri
Re di Roma
Tuscolana

V. Urbisaglia
Soana
V. Ponzia
Appia
V. Bobbio
V. Casalmonferrato
Alba
V. Verbania

Elvia Recina
V. Britannia
Etruria
V. Don Orione
Saluzzo
Gela
Adria
V. Assisi

Pompea
V. Collatina
Cutilia
Imera
Etruria
V. Mondovi
Nuova
Veturia
Tuscolana

V. Galazia
V. Dacia
Albenga
Ponte Lungo
6

f
V. Concordia
Ivrea

Popilonia
Satrico
Actio
Circ. Appia
V. Appia Nuova
V. Furio Camillo

Acaia
Appia
V. Michele Amari
V. Alfredo Baccarini
V. Carlo Sigonio
V. Cesare Baronio
V. Canilla

Vetulonia
Vescia
Sirita
V. Marco Tabarrini
Pasquale Tola
V. Cesare De Cesare
V. Clelia

Latina
Clicia
Latina
V. Raffaele
De Cesare

L   M

Roma (RM)
Carta regionale n° **7**–B2

ROMA

Ci piace: la formula bistrot a pranzo e servizio bar disponibile tutto il giorno al **The Flair**. Scorci di verde nella capitale: le straordinarie terrazze dell'hotel **De Russie** e il giardino dell'**Aldrovandi Villa Borghese**. Roma, regina dei roofgarden, per una cena da sogno: dall'**Imàgo** a **La Terrazza**, dall'**Aroma** a **La Pergola**. Al bar del **Moma**, per un lunch veloce, ma di qualità.

Enoteca Ferrara in piazza Trilussa, a Trastevere per un'ottima scelta enologica. Tra Montecitorio e il Tevere, presso il ristorante Retrobottega, la stessa gestione produce e vende anche ottime paste fresche. Nel quartiere Salario, poco fuori dal centro, Sapord'Olio, per trovare un'eccellente selezione di molti dei migliori oli d'oliva italiani. Accanto alla stazione Termini, il Mercato Centrale, spettacolare galleria dedicata al cibo di qualità, da quello di strada a tanto altro.

Centro Storico

Ristoranti

🏵️🏵️ IL PAGLIACCIO

Chef: Anthony Genovese

CREATIVA · ELEGANTE 🕸️ Viaggio non è un termine propriamente gastronomico, eppure è la parola che meglio descrive la straordinaria tappa culinaria al Pagliaccio: un po' come un grande scrittore al rientro da esperienze in giro per i continenti, lo chef Genovese vi parlerà degli ingredienti e delle cucine del mondo, che interpreta a modo proprio, creando un ponte con esperienze occidentali e più nostrane, in un favoloso percorso di cui - come per un film - all'inizio si conosce solo il titolo e il genere, per poi assistere ad una emozionante proiezione del cuoco-regista.

Specialità: Il viaggio. Profumo di ricordi. Il palloncino di Java.

Menu 85 € (pranzo), 125/185 €

🏵️ 🆎 **Pianta: 8-G4-f** – *via dei Banchi Vecchi 129/a –*
☎️ *06 6880 9595 –*
www.ristoranteilpagliaccio.com –
Chiuso 12-22 febbraio, 13-29 agosto, lunedì, domenica

ROMA

⚜ IMÀGO

MODERNA · LUSSO XxxX Giovane talento romano che ha fatto la sua gavetta nelle più innovative e creative cucine d'Europa e del mondo, Andrea Antonini porta con sè una filosofia che mette al centro i prodotti, la cultura e la tradizione italiana. "Ho creato Imàgo 12 anni fa per essere il luogo in cui assaggiare il futuro – racconta il proprietario e general manager dell'hotel Hassler – e chi meglio di uno chef giovane ed entusiasta, alla guida di una brigata di ragazzi che non superano i trent'anni a testa, può raccontare la cucina che verrà"? Tra la magnifica e irripetibile vista sulla Città Eterna e sulla scalinata di piazza di Spagna preparatevi ad un'esperienza gastronomica avvolgente e singolare.

Specialità: Gallinella alla mediterranea. Riso, scampi e porcini. Millefoglie, fragoline, vaniglia e aceto balsamico.

Menu 130/150 € – Carta 92/156 €

🅰️🄺 **Pianta: 4-H3-c** – *Hotel Hassler, piazza Trinità dei Monti 6* – ❶ *Spagna* – ☏ *06 6993 4726* – *www.imagorestaurant.com* – *Chiuso lunedì, martedì-sabato a mezzogiorno, domenica*

⚜ IDYLIO BY APREDA

ITALIANA CONTEMPORANEA · ALLA MODA XxX In una via defilata del centro, il Pantheon Iconic hotel accoglie questa nuova realtà gastronomica con alla guida il bravo chef campano Francesco Apreda, che qui propone una cucina dalle note asiatiche e speziate in aggiunta a suggestioni partenopee in un ambiente moderno e trendy. Scelta à la carta o – come consigliano gli ispettori - optare per uno dei tre percorsi degustazione: Inside The Pantheon, Seasons at the Pantheon, Iconic Signature at the Pantheon. Il servizio giovane, ma esperto, particolarmente generoso di sorrisi e consigli faciliterà l'orientamento nella proposta - assai personalizzata - di Apreda.

Specialità: Capesante impanate, mozzarella di bufala e tartufo nero. Petto di anatra alle spezie. Samosa di datteri, noci e pepe.

Menu 120/160 € – Carta 75/110 €

🍸 🄺 **Pianta: 8-G4-n** – *The Pantheon, via di Santa Chiara 4* – ☏ *06 8780 7080* – *www.thepantheonhotel.com* – *Chiuso 6-18 gennaio, 10-25 agosto, lunedì, martedì-sabato a mezzogiorno, domenica*

⚜ PIPERO ROMA

CREATIVA · ELEGANTE XxX Divenuto una figura di riferimento del settore grazie allo spessore dell'offerta gastronomica - frutto della visione nello scegliere i propri collaboratori - unita alla perfetta conduzione del servizio, il ristorante porta il nome del maitre-patron Alessandro Pipero. Ai fornelli, Ciro Scamardella è un giovane cuoco campano, autore di piatti moderni, attenti alle stagioni, e qualche volta, anche alle citazioni della sua terra d'origine. La somma dei talenti, la cura del dettaglio e l'affiatamento di una squadra coesa e concentrata, si traducono in un'ospitalità sartoriale che oltre a coccolare gli ospiti, accentua l'impatto estetico e gustativo delle proposte in menu. Il recente restyling della sala vede sparire le tovaglie per lasciare spazio ad un unico blocco di ebano. Bellissimo!

Specialità: Cozza, limone e pepe. Ravioli di cavolfiore, vaniglia e capasanta. Rosa, mandorla e litchi.

Menu 130 € – Carta 120/160 €

🍸 ♿ 🄺 **Pianta: 8-G4-d** – *corso Vittorio Emanuele 246* – ☏ *06 6813 9022* – *www.piperoroma.it* – *Chiuso lunedì a mezzogiorno, sabato a mezzogiorno, domenica*

⚜ ACQUOLINA

PESCE E FRUTTI DI MARE · MINIMALISTA XxX Al pian terreno del centrale e raffinato hotel The First Roma - dall'atmosfera impreziosita da opere d'arte originali, dipinti e sculture - nella sala recentemente rinnovata del ristorante Acquolina, Daniele Lippi e Angelo Troiani portano in tavola ricette a base di pesce, ispirate alla cultura gastronomica mediterranea, sempre permeate da un guizzo creativo e accompagnate da una valida selezione enologica.

545

Il piatto iconico del menu? Topinambur come un carciofo! "Il concetto di questo piatto è legato alla tradizione romana – spiega lo chef - ad un tubero che vuole diventare un fiore, alla rinascita e al voler arrivare a vedere la luce".

Specialità: Topinambur come un carciofo. Pollo al curry. Passion cheesecake.

Menu 110/180 €

⍟ ⅏ Ⓜ **Pianta: 4-G3-b** – *Hotel The First Roma, via del Vantaggio 14* – Ⓜ *Spagna* - ☎ *06 320 0655 - www.acquolinaristorante.it – Chiuso 2-8 agosto, lunedì-sabato a mezzogiorno, domenica*

❀ IL CONVIVIO-TROIANI

Chef: Angelo Troiani

MODERNA · ELEGANTE ✕✕✕ Non lontano da piazza Navona, in un dedalo di vicoli tipici della vecchia Roma, il locale si presenta distinto in tre sale tematiche. Quella centrale e di maggior uso è denominata del chiostro, sul lato destro c'è la sala delle carrozze, ricavate da una vecchia rimessa, sulla sinistra quella dell'arte, dove trova posto la raccolta di quadri d'epoca dei titolari. Se il servizio è molto professionale e garbato, la carta raccoglie piatti frutto di un'esperienza a grandi livelli. Ci sono frequenti citazioni laziali e italiane, in alcuni casi riproposte in versione più o meno ortodosse, in altri rivisitate con estro e un pizzico di audacia. Ultima, ma non ultima la cantina: circa 3600 etichette tra distillati e vini, con verticali e annate profonde, nonché un bel servizio al bicchiere.

Specialità: Zuppa di granchio, asparagi, pesche piccanti e crostini al basilico. Ajo e ojo, gamberi rossi, limone, mandorle, menta e pecorino. Sfogliatella nocciola, yuzu e fragoline.

Menu 75/110 € – Carta 95/115 €

⍟ Ⓜ ⇴ **Pianta: 4-G3-r** – *vicolo dei Soldati 31* – ☎ *06 686 9432* – *www.ilconviviotroiani.com* – *Chiuso lunedì-sabato a mezzogiorno, domenica*

❀ PER ME GIULIO TERRINONI

CREATIVA · CONTESTO CONTEMPORANEO ✕✕ Nel centro storico di Roma, il locale si trova in Vicolo del Malpasso, strada rinomata in tutta Italia per i suoi "tappi". Non è quindi casuale che tra le grandi intuizioni dello chef, una riguardi proprio i tappi: ovvero, elaborate variazioni sul tema *tapas* o cicchetti dallo spiccato senso estetico e dai sapori decisi e appaganti. Anche i secondi tuttavia presentano delle particolarità in quanto suddivisi in base alla tecnica di cottura (gran fritto, arrosto o vapore). Se grande impegno viene profuso per il reperimento degli ingredienti, altrettanta attenzione è riservata alle esigenze del cliente – vegani inclusi – che possono infatti richiedere in anticipo un menu ad hoc. Per quanto riguarda l'ambiente, la nuova sala *Cornici* offre maggiore confort ai clienti, amplificando, con la terza vetrina su strada, la sensazione di apertura e unione con il magico contesto urbanistico.

Specialità: Carpaccio di scampi, foie gras, gel di cipolla rossa. Roastfish di cernia, gazpacho al melone. Basilico, lime, tè sencha midori.

Menu 33 € (pranzo), 85/140 € – Carta 86/128 €

⍟ 🍴 ⅏ Ⓜ **Pianta: 8-G4-h** – *vicolo del Malpasso 9* – ☎ *06 687 7365* – *www.giulioterrinoni.it* – *Chiuso 10-20 agosto*

☺ ARMANDO AL PANTHEON

ROMANA · FAMILIARE ✕ A pochi metri dal Pantheon, piccolo locale (sconsigliamo di venirci senza prenotazione!) che dal 1961 è gestito dalla famiglia Gargioli, giunta alla terza generazione. Da anni conquista, infatti, indigeni e non con la sua cucina tradizionale, romana e laziale, tra carne e pesce, grazie a piatti come la coratella, la pajata, l'abbacchio, le alici fresche con invidia, la crostata di visciole.

Specialità: Bruschetta burro e alici. Saltimbocca alla romana. Torta antica Roma.

Menu 40 € (pranzo), 50/80 € – Carta 35/70 €

Ⓜ **Pianta: 8-G4-r** – *salita dè Crescenzi 31* – Ⓜ *Spagna* – ☎ *06 6880 3034* – *www.armandoalpantheon.it* – *Chiuso sabato sera, domenica*

GREEN T.

CINESE · STILE ORIENTALE X La maestra, Yan, introdurrà i neofiti al "Tao del Tè" (percorso di conoscenza e degustazione di quest'antica bevanda) in un originale locale disposto su quattro livelli, non lontano dal Pantheon. Il menu propone sapori d'Oriente e cucina imperiale: ovvero quella che da Mao in poi è diventata la "cucina dei banchetti ufficiali". A sorpresa anche qualche piatto di linea asiatica moderna.

Specialità: Ravioli al vapore. Anatra alle cinque spezie. Dolce della moglie.

Carta 26/51 €

🏠 🗚 ⇔ Pianta: 8-H4-m – via del Piè di Marmo 28 – ✆ 06 679 8628 – www.green-tea.it

LE JARDIN DE RUSSIE

MEDITERRANEA · LUSSO XXXX A dispetto del nome francese, i sapori decisamente tricolori, mediterranei, reinterpretati in una linea di cucina contemporanea, allo stesso tempo essere gustosa e leggera. Ricco buffet in alternativa alla carta, solo a pranzo; sabato e domenica brunch. Il servizio darà, oltre ad un sorriso, anche la marcia in più. Allo Stravinskij Bar, il servizio ristorante si protrae per tutta la giornata.

Menu 45 € (pranzo)/65 € – Carta 76/111 €

🍸 🏠 🗚 ⇔ Pianta: 4-H3-p – Hotel De Russie, via del Babuino 9 – Ⓜ Flaminio – ✆ 06 3288 8870 – www.roccofortehotels.com/it/hotel-de-russie

IL SANLORENZO

PESCE E FRUTTI DI MARE · ELEGANTE XXX Un palazzo storico costruito sulle fondamenta del Teatro Pompeo per un locale d'atmosfera, che unisce storia ed arte contemporanea. Ma il vero protagonista è il pesce, principalmente di provenienza laziale, con special guest come i crostacei dall'isola di Ponza, servito crudo o elaborato senza troppi fronzoli. Bella selezione di Champagne nella carta vini.

Carta 110/160 €

🏠 🗚 ⇔ Pianta: 8-G4-c – via dei Chiavari 4/5 – ✆ 06 686 5097 – www.ilsanlorenzo.it – Chiuso lunedì a mezzogiorno, sabato a mezzogiorno, domenica

CASA COPPELLE

MEDITERRANEA · ROMANTICO XX Nel cuore della città, un suggestivo e intimo salotto dalle molteplici sfaccettature: si passa dalla "galleria" dei ritratti all'atmosfera più british della saletta delle librerie, nonché all'herbier con stampe a tema alle pareti. Un angolo per ognuno, per tutti – invece - la moderna rivisitazione di una cucina mediterranea.

Menu 50/90 € – Carta 50/90 €

🏠 🗚 ⇔ Pianta: 8-G4-b – piazza delle Coppelle 49 – ✆ 06 6889 1707 – www.casacoppelle.com – Chiuso domenica

MATER TERRAE

VEGETARIANA · LUSSO XX Il nome è già abbastanza evocativo: il ristorante privilegia, infatti, la strada vegetariana e biologica su splendide terrazze affacciate sui tetti e le cupole del centro storico.

Menu 95/120 € – Carta 65/93 €

🍸 🏠 🗚 Pianta: 8-G4-g – Hotel Raphaël, largo Febo 2 – ✆ 06 6828 3762 – www.raphaelhotel.com

PACIFICO ROMA

PERUVIANA · DI TENDENZA XX E' il fratello quasi gemello di Pacifico Milano: marchio italiano dedicato ad una cucina fusion il cui epicentro è il Perù ed il mentore è Jaime Pesaque, affermato chef peruviano, non resident, ma che ha impostato e controlla la linea di cucina secondo il suo gusto ed estro. Qui troverete diversi tipi di ceviche accanto a piatti creativi che puntano sull'incontro di diverse culture gastronomiche. A pranzo la carta si fa ridotta.

Carta 40/100 €

🏠 🗚 ⇔ Pianta: 4-G2-h – Hotel Palazzo Dama, lungotevere Arnaldo da Brescia 2 – Ⓜ Lepanto – ✆ 06 320 7042 – wearepacifico.com

ROMA

ENOTECA AL PARLAMENTO ACHILLI

CREATIVA · ELEGANTE XX Profondo conoscitore delle materie prime che non solo rispetta ma esalta nei suoi piatti, con un occhio di riguardo alla stagionalità, lo chef vanta nel suo curriculum collaborazioni con importanti colleghi. Vini di spessore selezionati da una delle cantine più fornite della Capitale.

Menu 100/160 € – Carta 70/130 €

&& 🛋 🗚 **Pianta: 4-G3-n** – *via dei Prefetti 15* – Ⓜ *Spagna* – ℰ *06 8676 1422* – *www.enotecalparlamento.com* – *Chiuso domenica*

LE TAMERICI

MEDITERRANEA · ACCOGLIENTE XX A pochi metri dalla Fontana di Trevi, un insolito angolo di qualità che si distingue dall'invasione di tanti banali ristorantini turistici: in ambiente raccolto, con dehors nel vicolo, assaggerete un'ottima cucina moderno-mediterranea ideata dallo chef, nonché patron.

Menu 45/90 € – Carta 45/90 €

🛋 🗚 **Pianta: 4-H3-d** – *vicolo Scavolino 79* – Ⓜ *Barberini* – ℰ *06 6920 0700* – *www.letamerici.com* – *Chiuso domenica*

CASA BLEVE

MEDITERRANEA · FAMILIARE X Nei pressi di Palazzo Madama, in un antico palazzo del 1492 con ampi soffitti a volte, menu à la carte con specialità nazionali; in bella mostra all'entrata molte etichette di vini anche pregiati.

Carta 40/70 €

&& 🗚 ⇔ **Pianta: 8-G4-z** – *via del Teatro Valle 48/49* – ℰ *06 686 5970* – *www.casableve.it* – *Chiuso 4-10 gennaio, domenica*

CIPASSO VINERIA-BISTROT Ⓝ

CUCINA DI STAGIONE · WINE-BAR X Aperto da pochi anni, ha già riscosso un grande successo; piccolo e non convenzionale, le sue proposte spaziano da ricercate bruschette a piatti stagionali con una selezione di prodotti nostrani. La piacevole atmosfera ed un servizio attento fanno da accompagnamento alla tavola e al buon vino. Attenzione: non accettando prenotazioni, si consiglia di arrivare presto ed – eventualmente - registrarsi nella lista d'attesa.

Carta 41/56 €

🍸🍴 🗚 **Pianta: 4-H3-t** – *via dell'Orso 71* – ℰ *06 8927 4020*

COLLINE EMILIANE

EMILIANA · TRATTORIA X A due passi da piazza Barberini, calorosa gestione familiare in questo semplice locale dai pochi tavoli serrati, dove si omaggia la tradizione. Se passate la mattina vedrete infatti preparare le specialità della casa nel loro laboratorio: paste tirate a mano come un tempo ed altri gustosi piatti della tradizione emiliana.

Carta 35/55 €

🗚 ⇔ **Pianta: 5-J3-j** – *via degli Avignonesi 22* – Ⓜ *Barberini* – ℰ *06 481 7538* – *www.collineemiliane.com* – *Chiuso 24 dicembre-7 gennaio, 31 luglio-3 settembre, lunedì, domenica*

LUCIANO CUCINA ITALIANA Ⓝ

CREATIVA · DI TENDENZA X Diverse salette, semplici, informali e dalla vaga atmosfera di bistrot, con tavoli in una graziosa piazzetta della Roma antica. Alla celebre carbonara si accompagnano altri ottimi piatti, con qualche omaggio laziale soprattutto tra i primi; per il resto d'impostazione fondamentalmente creativa nel rielaborare proposte classiche.

Menu 35/60 € – Carta 44/74 €

🛋 **Pianta: 8-G4-l** – *piazza del Teatro di Pompeo, 18* – ℰ *06 5153 1465* – *www.lucianocucinaitaliana.com*

⅋○ RETROBOTTEGA

CONTEMPORANEA · MINIMALISTA ⅋ Interni minimal e design pulito in questo locale dalle tinte scure; i due chef-patron hanno fatto esperienza in diversi ristoranti stellati italiani e non solo. Cucina moderna che valorizza le materie prime e la loro stagionalità, per piatti che riescono a sposare territorio e ricerca.

Menu 55€ – Carta 50/70€

🅰🅲 ⇔ Pianta: 4-G3-b – *via della Stelletta 4 – ℰ 06 6813 6310 –*
www.retro-bottega.com – Chiuso lunedì

⅋○ ROSCIOLI

ROMANA · FAMILIARE ⅋ Se dall'esterno vi sembrerà un negozio, non vi sbagliate: siamo in una delle migliori gastronomie capitoline, che fortunatamente dispone anche di tavoli per la ristorazione. Non vi formalizzate se vi capiterà di mangiare tra qualche cliente che fa acquisti, questo è un luogo di eccellenze imperdibili: prosciutti, formaggi e salmoni affumicati per citarne solo alcune, ma anche di piatti cucinati e più elaborati per una sosta gastronomica originale e di gran livello.

Carta 44/67€

🞉 🅰🅲 Pianta: 8-G4-o – *via dei Giubbonari 21 – ℰ 06 687 5287 – www.roscioli.com –*
Chiuso domenica

⅋○ SHIROYA 🆕

GIAPPONESE · SEMPLICE ⅋ A pochi passi da Campo de' Fiori, il ristorante è piccolo ma grazioso e propone un'ottima cucina giapponese. Oltre ai classici ed immancabili crudi di pesce, la tempura e la zuppa di miso, ci sono anche degli ottimi ravioli variamente farciti, il donburi (ciotola di riso ricoperta da ingredienti vari), il ramen e altro ancora, con qualche accento di cucina casalinga nipponica e meno conosciuta in occidente. Grande gentilezza del personale.

Carta 38/55€

🞉 🅰🅲 Pianta: 8-G4-k – *via de' Baullari 147 –*
ℰ 06 6476 0753 – www.shyroya.it

Alberghi

🏨 HASSLER

GRAN LUSSO · ELEGANTE Iconico, leggendario, incomparabile, sulla sommità della scalinata di piazza di Spagna, Hassler Roma è sinonimo di lusso ed eleganza. La "Grande Dame"- dopo 125 anni - continua a mantenere un perfetto equilibrio tra passato e futuro; stanze arredate e decorate con stili diversi, nonché pregevoli suite. La ristorazione si declina in diverse proposte dal ristorante panoramico Imàgo all'elegante bistrot, senza tralasciare lo storico bar.

🞉 🗗 🖂 ⅋ 🅰🅲 🎇 72 camere – 15 suites

Pianta: 4-H3-c – *piazza Trinità dei Monti 6 – Ⓜ Spagna – ℰ 06 699340 –*
www.hotelhasslerroma.com

🞉 Imàgo – Vedere selezione ristoranti

🏨 DE RUSSIE

GRAN LUSSO · PERSONALIZZATO Tra le migliori risorse dell'Urbe, design leggero e armonioso in un edificio disegnato da Valadier nei primi anni del XIX secolo. La raffinatezza avvolge le camere - sia nelle forme sia soprattutto nelle tinte - decisamente confortevoli le suite: alcune con rilassante vista sul proprio piccolo parco tra effluvi di rosa e gelsomino. Molto accogliente e decisamente rigenerante la spa.

🞉 🗗 🆂🅿🅰 🞉 🗗 🖂 ⅋ 🅰🅲 🎇 120 camere – 34 suites

Pianta: 4-H3-p – *via del Babuino 9 – Ⓜ Flaminio – ℰ 06 328881 –*
www.roccofortehotels.com/hotel-de-russie

⅋○ Le Jardin de Russie – Vedere selezione ristoranti

🏨 GRAND HOTEL PLAZA

GRAN LUSSO · PERSONALIZZATO Straordinari, immensi saloni di fine '800: trionfo liberty di marmi, soffitti a cassettoni, affreschi e vetrate. Arredi d'epoca anche nelle camere e terrazza panoramica con Champagne bar. L'atmosfera d'altri tempi non risparmia la suggestiva sala ristorante.

🏯 🖃 ♿ 🅰🅲 ⚓ 193 camere – 10 suites

Pianta: 4-H3-r – *via del Corso 126 –* Ⓜ *Spagna –* 𝒞 *06 67495 – www.grandhotelplaza.com*

🏨 D'INGHILTERRA

DIMORA STORICA · PERSONALIZZATO Dal lontano Seicento accoglie turisti di tutto il mondo con l'inconfondibile cifra di una raffinata casa privata e deliziose camere personalizzate. Bar d'atmosfera ed eleganti salotti. Al ristorante, cucina semplice e classica a pranzo, più elaborata ed ambiziosa la sera.

🏯 🖃 ♿ 🅰🅲 84 camere – 7 suites

Pianta: 4-H3-h – *via Bocca di Leone 14 –* 𝒞 *06 699811 – www.starhotels.it*

🏨 THE FIRST ROMA

LUSSO · DESIGN Camere raffinate e terrazze panoramiche sui tetti del centro, in un elegante palazzo ottocentesco che si apre all'interno verso ambienti luminosi e moderni, arredati con opere d'arte contemporanea. In cima all'hotel va di scena il recente AcquaRoof: colazioni, aperitivi e ovviamente pranzi e cene a tutto pesce.

🏯 🛋 🖃 ♿ 🅰🅲 29 camere – 16 suites

Pianta: 4-G3-b – *via del Vantaggio 14 –* Ⓜ *Flaminio –* 𝒞 *06 4561 7070 – www.thefirsthotel.com*

❀ **Acquolina** – Vedere selezione ristoranti

🏨 RAPHAËL

BOUTIQUE HOTEL · ECOSOSTENIBILE La facciata ricoperta di rampicanti è ormai il suo celebre segno distintivo, ma i veri tesori sono all'interno, dove troverete opere di Picasso, De Chirico, Mirò ed altri ancora, posizionati con classe in ambienti contemporanei; gli stessi che contraddistinguono le camere firmate dal celebre architetto Richard Meier.

🛋 🖃 ♿ 🅰🅲 ⚓ 49 camere – 1 suite

Pianta: 8-G4-b – *largo Febo 2 –* 𝒞 *06.682831 – www.raphaelhotel.com*

🍴 **Mater Terrae** – Vedere selezione ristoranti

🏨 INDIGO ROME ST. GEORGE

BOUTIQUE HOTEL · DESIGN Boutique e design hotel in una delle vie più belle della capitale: autentico scrigno di raffinatezza, l'albergo si fregia di lussuosi arredi, sia negli spazi comuni, sia nelle ampie camere. Stessa ambiance anche nel buon ristorante I Sofà.

🏯 🐾 🛋 🖃 ♿ 🅰🅲 ⚓ 64 camere – 5 suites

Pianta: 8-G4-a – *via Giulia 62 –* 𝒞 *06 686611 – www.hotelindigo.com/romestgeorge*

🏨 J.K. PLACE ROMA   `Tablet.PLUS`

LUSSO · VINTAGE In una parte del palazzo che un tempo ospitava le aule della facoltà di architettura, ora si snodano i raffinati ambienti del J.K. Place Roma, degni eredi di quella ricerca estetica e cura del dettaglio che qui si esercitava. Tra elementi vintage e di design, ampi divani e specchi, il soggiorno si svolge all'insegna del massimo confort e dell'esclusività. JK Cafè è l'angolo del ristorante e lounge bar. JK Place, un nome che ha elevato lo standard e creato un riferimento per i boutique hotel.

🏯 🖃 ♿ 🅰🅲 28 camere – 2 suites

Pianta: 4-G3-y – *via di Monte d'Oro 30 –* 𝒞 *06 982634 – www.jkroma.com*

LOCARNO

DIMORA STORICA · ELEGANTE Camere ricche di fascino, raffinate e più che lussuose in un hotel nel 1925 nato da una famiglia svizzera che lo battezzò con tale nome in ricordo della propria città natale. Le suite sono particolarmente esclusive e impreziosite da elementi originali dell'epoca; alcune con balcone.

✿ 🖫 ⅃ 🅰🅲 50 camere

Pianta: 4-G3-a – *via della Penna 22* – Ⓜ *Flaminio* – 𝒫 *06 361 0841* – *www.hotellocarno.com*

 SINGER PALACE ⓝ   `Tablet.`PLUS

LUSSO · DESIGN Punto strategico per il centro e lo shopping, l'hotel è stato ricavato da un edificio storico art déco che fu anche la sede della rinomata omonima ditta. Se marmi e arredi moderni caratterizzano gli ambienti, il roof top diventa lo spazio privilegiato di sfiziose colazioni e del ristorante; ancora più su il bar per un aperitivo con vista sui tetti della città.

✿ 🖫 🅰🅲 22 camere – 10 suites

Pianta: 8-H4-i – *via Alessandro Specchi 10* – 𝒫 *06 697 6161* – *singerpalacehotel.com*

 VILÒN

BOUTIQUE HOTEL · ROMANTICO Raffinato e romantico in ogni suo dettaglio, questo charmant boutique hotel del centro non manca di accendere la fantasia con i suoi dettagli: mobili, colori, complementi d'arredo, pezzi unici di differenti epoche e provenienze, sapientemente accostati per creare una lussuosa dimora, ma dalla calda accoglienza. Cucina di territorio, ingentilita, al ristorante Adelaide.

✿ ≼ 🖫 ⅃ 🅰🅲 18 camere – 3 suites

Pianta: 4-G3-c – *via dell'Arancio 69* – 𝒫 *06 878187* – *www.hotelvilon.com*

 BABUINO 181 ⓝ

LUSSO · MODERNO Un elegante boutique hotel un po' sui generis, visto che già la sua accoglienza si divide tra due palazzi (situati, però, a poche centinaia di metri dalla scalinata di Piazza di Spagna!) e suite che ricordano più dei miniappartamenti che delle stanze d'albergo. Antichità all'esterno, modernità e stile contemporaneo all'interno.

🖫 🅰🅲 24 camere

Pianta: 4-H3-a – *via del Babuino 181* – 𝒫 *06 3229 5295* – *www.romeluxurysuites.com*

 CHAPTER ROMA ⓝ   `Tablet.`PLUS

TRADIZIONALE · DESIGN Rispettando la struttura del palazzo, nel suo lavoro di ristrutturazione il designer *Tristan du Plessis* vi ha aggiunto un po' di modernità industriale, qualche ispirazione Art Déco ed una parte irriverente ispirata ai graffiti di strada. Le camere - tutte diverse per dimensioni e stile - variano dalla suite di 35 metri quadrati alla compatta *Solo Pad,* ciononostante sono tutte abbastanza spaziose in considerazione degli standard locali. Un intrigante indirizzo nel cuore della Roma più autentica, tra gallerie d'arte, concept store, antiche botteghe artigianali e luoghi storici.

🖫 ⅃ 🅰🅲 47 camere

Pianta: 8-G4-p – *via di Santa Maria De'Calderari 47* – 𝒫 *06 8993 5351* – *chapter-roma.com*

 D.O.M.

LUSSO · STORICO Deo Optimo Maximo: il palazzo seicentesco coniuga elementi sacri provenienti da una chiesa attigua come dai suoi trascorsi di monastero con arredi contemporanei, seppure con vaghi richiami a linee piacevolmente vintage, in generale colori smorzati e tre opere di Andy Warhol. Da provare la cucina dell'ottimo Verve: piatti contemporanei proposti da due giovani già esperti del mestiere.

✿ 🖫 ⅃ 🅰🅲 🕃 15 camere – 3 suites

Pianta: 8-G4-m – *via Giulia 131* – 𝒫 *06 683 2144* – *www.domhotelroma.com*

ROMA

 PALAZZO SCANDERBEG Ⓝ   `Tablet. PLUS`

TRADIZIONALE · CENTRALE A pochi passi dalla fontana di Trevi e nel cuore pulsante di Roma, il confort delle camere è notevole e contraddistinto da uno stile piacevolmente moderno. Appartamenti di generosa metratura, anche con angolo cottura, ma trattandosi di un residence le zone comuni risultano un po' limitate. Servizio attento e solerte.

🖃 ⛐ 🅰️Ⓒ 11 camere

Pianta: 8-H4-x – *vicolo Scanderbeg 117* – ☏ *06 8952 9001* – *www.palazzoscanderbeg.com*

 CORSO 281 Ⓝ

LUSSO · DESIGN A pochi passi da via Condotti, piazza di Spagna, Fontana di Trevi e Colosseo, l'hotel si trova in un magnifico palazzo settecentesco ospitante opere di artisti e splendide suite con *amenities*.

🖃 🅰️Ⓒ 8 suites – 4 camere

Pianta: 8-H4-h – *via del Corso 281* – ☏ *06 8780 9370* – *www.corso281.com*

 G-ROUGH   `Tablet. PLUS`

BOUTIQUE HOTEL · VINTAGE Il piccolo edificio di origine settecentesca si è prestato magnificamente a questo restauro in chiave vintage: la casa è oggi stupendamente arredata con moltissimi mobili originari degli anni Cinquanta e tanti altri originali di grandi firme del design. Luce soffuse al G-Bar.

🖃 🅰️Ⓒ 10 suites

Pianta: 8-G4-c – *piazza Di Pasquino 69* – ☏ *06 6880 1085* – *www.g-rough.it*

 HOTEL DE' RICCI Ⓝ   `Tablet. PLUS`

BOUTIQUE HOTEL · CENTRALE Un boutique hotel composto da otto ampie e lussuose suite, caratterizzate da un décor che richiama lo stile italiano degli anni Sessanta. Una residenza ideale per gli amanti del succo di Bacco, che qui potranno trovare un'ampia e raffinata selezione di oltre 1.500 referenze. Imperdibile, quindi, almeno una degustazione che sarà suggerita o costruita in base alle proprie preferenze. In alternativa, ci si potrà rilassare con un cocktail del raffinato Charade Bar.

🖃 🅰️Ⓒ 🅿️ 8 suites

Pianta: 8-G4-i – *via della Barchetta 14* – ☏ *06 687 4775* – *www.hoteldericci.com*

 PALAZZO DAMA

DIMORA STORICA · DESIGN Una bellissima villa liberty che nel nome ricorda quando - oltre a nobili ed intellettuali - era frequentata da molte dame. Sul retro un bello spazio all'aperto con piccolo giardino, tavolini e piscina, mentre gli interni, grazie ad un accurato restauro, creano uno stile design con chiari e voluti riferimenti vintage, tra tappeti e quadri, divanetti ed ottoni.

🍴 🌊 🗗 🖃 ⛐ 🅰️Ⓒ 30 camere – 5 suites

Pianta: 4-G2-h – *lungotevere Arnaldo da Brescia 2* – Ⓜ *Lepanto* – ☏ *06 8956 5272* – *www.palazzodama.com*

🍽️ **Pacifico Roma** – Vedere selezione ristoranti

 MARGUTTA 19 Ⓝ

BOUTIQUE HOTEL · DESIGN Nella tranquilla e centralissima "via degli artisti" e che dà il nome al boutique hotel, ambienti contemporanei e confortevoli dove il lusso è declinato con moderna semplicità. Le camere sono perlopiù suite, e particolarmente gettonate sono proprio quelle che si affacciano su via Margutta. Un albergo per concedersi una piccola parentesi di dolce vita.

🖃 ⛐ 🅰️Ⓒ 16 suites

Pianta: 4-H3-b – *via Margutta 19* – Ⓜ *Spagna* – ☏ *06 9779 7979* – *romeluxurysuites.com*

MARIO DE' FIORI 37 🆕

DIMORA STORICA · CONTEMPORANEO A pochi minuti dalla scalinata di Piazza di Spagna, l'hotel si trova in un edificio un po' defilato, ma questo è solo un plus! Poche stanze e solo tre suite per garantire il massimo relax, nonché privacy: lussuose, moderne e curate. I bagni in travertino non si sottraggono a questa raffinatezza.

🅰🅒 7 camere

Pianta: 4-H3-f – *via Mario de' Fiori 37* – 🅜 *Spagna* – ☏ *06 6992 1907* – *www.romeluxurysuites.com*

MARTIUS PRIVATE SUITES 🆕

LUSSO · ELEGANTE A poche centinaia di metri dal Pantheon - all'interno di un palazzo del XVIII secolo – un indirizzo da annotare se si predilige la privacy, nonché un'atmosfera ovattata e lussuosa, tra classico e moderno. Alcune camere sono affrescate, ma le top sono quelle dalle metrature generose.

🛗 🅰🅒 8 camere

Pianta: 8-H4-b – *via degli Uffici del Vicario 49* – 🅜 *Spagna* – ☏ *06 678 4157* – *www.martiusprivatesuites.com*

PORTRAIT ROMA

LUSSO · PERSONALIZZATO Splendida dimora, lussuosa e di stile, ad angolo su via Condotti con le sue grandi firme della moda tra cui naturalmente quella del padrone di casa, Ferragamo. Le fotografie appese ai muri ripercorrono la storia della maison, mentre all'ultimo piano si trova un bel terrazzino con splendido panorama sul centro: se il clima lo consente, è qui che s'inizia la giornata con la prima colazione, altrimenti servita in camera.

🛗 🅰🅒 14 suites

Pianta: 4-H3-w – *via Bocca di Leone 23* – 🅜 *Spagna* – ☏ *06 6938 0742* – *www.lungarnocollection.com*

THE INN AT THE SPANISH STEPS 🆕

LUSSO · ELEGANTE Ricavata all'interno di un palazzo storico - nella via dello shopping di lusso e a due passi dalla bella piazza di Spagna – la risorsa presenta camere eleganti di differenti dimensioni; altre stanze ed appartamenti in strutture non lontano. Il suo fiore all'occhiello? La terrazza su via Condotti per un ameno aperitivo.

🅰🅒 18 camere

Pianta: 4-H3-g – *via dei Condotti 85* – ☏ *06 6992 5657* – *www.theinnatthespanishsteps.com*

THE PANTHEON

BOUTIQUE HOTEL · CLASSICO Un importante studio di architettura ne ha studiato i dettagli che riprendono ottone e marmi, con svariati richiami al vicino di casa, il Pantheon. In alcune suite lo si può quasi toccare con mano, ma il punto di forza, oltre al ristorante gourmet, è il terrazzo aperto senza sosta dalla prima colazione alla cena.

🏶 🌊 🛗 ♿ 🅰🅒 79 camere – 7 suites

Pianta: 8-G4-n – *via di Santa Chiara 4/a* – ☏ *06 87807070* – *www.thepantheonhotel.com*

✿ **Idylio by Apreda** – Vedere selezione ristoranti

ARGENTINA RESIDENZA STYLE HOTEL 🆕

LOCANDA · DESIGN Posizione ideale per partire alla visita di Roma, al primo piano di un palazzo storico troverete confort moderni e qualche eco antica, come la calda sala colazioni. Le camere si snodano lungo un corridoio che gira attorno alla corte; dimensioni differenti e varie personalizzazioni.

🛗 🅰🅒 15 camere

Pianta: 8-G4-y – *via di Torre Argentina 47* – ☏ *06 6880 9533* – *www.argentinaresidenza.com*

THE FIFTEEN KEYS ①

ALBERGO DI VACANZE · CLASSICO Un piccolo, ma delizioso albergo a due passi da S. Maria Maggiore. Spazi comuni raccolti e tranquilli, con un piccolo giardino per il relax o le prime colazioni estive. Le camere si differenziano per planimetria, stile e colori degli arredi. Tutte si caratterizzano per la signorile accoglienza.

🖨 📶 14 camere – 1 suite

Pianta: 9-K4-a – *via Urbana 6* – Ⓜ *Repubblica* – ☏ *06 4891 3446* – *www.fifteenkeys.com*

 RELAIS ORSO ①

LUSSO · STORICO Posizione strategica per questo piccolo relais dalle origini quattrocentesche, strategico per visitare il centro storico oppure per appuntamenti di lavoro. Camere ispirate ad artisti e scrittori, di confort moderno ma con un'anima storica. Terrazza molto rilassante (sebbene molto piccola!) e un'area comune in stile classico.

🖨 📶 23 camere

Pianta: 4-H3-r – *via dell'Orso 88* – ☏ *06 9357 9573* – *www.relaisorso.com*

 SALOTTO MONTI ①

BOUTIQUE HOTEL · CENTRALE Al terzo piano di un palazzo nei pressi del Quirinale, simpatica accoglienza al femminile, confort semplice ma personalizzato in certi elementi d'arredo e - a disposizione - anche due appartamenti per più persone. Vero e proprio atout, la terrazza per le prime colazioni estive.

🖨 📶 12 camere – 2 suites

Pianta: 9-J4-c – *via della Consulta 1B* – Ⓜ *Barberini* – ☏ *06 487 4463* – *www.salottomonti.it*

 CASA DE'CORONARI ①

BOUTIQUE HOTEL · CENTRALE Graziosa struttura a conduzione familiare nella caratteristica via romana; apprezzerete la storicità del palazzo e la sua affascinante scala che fanno da contraltare a camere di moderno design. Suite e junior suite si trovano in un'altra storica palazzina a 200 m. A pochi passi anche piazza Navona e le altre bellezze capitoline.

📶 9 camere

Pianta: 8-G4-e – *via dei Coronari 234* – ☏ *06 6880 3907* – *www.casadecoronari.com*

 CASA MONTANI ① `Tablet. PLUS`

TRADIZIONALE · CLASSICO Palazzo signorile - come l'omonima gestione di questo affittacamere di lusso - caratterizzato da stanze confortevoli con pezzi unici d'arredamento e ottime finiture, nonché una valida insonorizzazione. Affidatevi tranquillamente ai proprietari o al personale di reception per organizzare al meglio la vostra permanenza a Roma. La prima colazione è servita in camera.

🖨 📶 9 camere

Pianta: 4-G2-b – *piazzale Flaminio 9* – Ⓜ *Flaminio* – ☏ *06 3260 0421* – *www.casamontani.it*

 CROSSING CONDOTTI ① `Tablet. PLUS`

STORICO · ROMANTICO Design ed arte vi accolgono appena varcata la soglia e s'inseguono tra stanze e corridoi, tenendovi compagnia durante il riposo. Camere di varia tipologia, ma con un comun denominatore: la raffinatezza. Benvenuti al Crossing Condotti!

♿ 📶 9 camere

Pianta: 4-H3-i – *via Mario De'Fiori 28* – ☏ *06 6992 0633* – *www.crossingcondotti.it*

GIGLI D'ORO Ⓝ

FAMILIARE · CONTEMPORANEO Piacevoli ed accoglienti camere dall'arredo moderno in un antico palazzo del centro; ideale per privacy e come punto per visitare Roma, ma soprattutto piazza Navona e il Pantheon (raggiungibili comodamente a piedi).

🔲 📺 6 suites

Pianta: 4-H3-q – *via dei Gigli d'Oro 12 – ℰ 06 6839 2055 – www.giglidorosuite.com*

 NOBILDONNE RELAIS Ⓝ   `Tablet. PLUS`

LUSSO · ELEGANTE Tra piazza di Spagna e via dei Condotti, pavimenti in mosaico e affreschi introducono Roma nella sua declinazione più aristocratica. Eleganza e cura del dettaglio sono il filo rosso delle quattro belle camere che mutuano il nome da nobildonne della storia capitolina.

🔲 📺 5 camere

Pianta: 4-G3-j – *via della Fontanella di Borghese 35 – ℰ 06 4543 3804 – www.nobildonnerelais.com*

 PIAZZA DI SPAGNA 9 Ⓝ   `Tablet. PLUS`

LUSSO · DESIGN Direttamente su una delle più belle piazze romane - al terzo piano di un palazzo d'epoca - vi troverete circondati da arredi di design disegnati dalla titolare stessa; camere differenti e personalizzate, confort moderno.

🔲 📺 6 suites

Pianta: 4-H3-e – *piazza di Spagna 9 – ℰ 06 6992 1458 – www.piazzadispagna9.it*

 RESIDENZA NAPOLEONE III Ⓝ

LUSSO · STORICO L'opulenza e il gusto raffinato degli arredi, la posizione invidiabile a due passi dalla celebre piazza di Spagna e da via Condotti con le sue boutique griffate, rendono quest'indirizzo il luogo perfetto per l'ospite che ricerchi una dimora elegante ed esclusiva in un'atmosfera accogliente e discreta nel centro storico di Roma. La Residenza Napoleone III è composta da due soli esclusivi appartamenti: la suite Napoleone e la suite Roof Garden. Inutile aggiungere che da quest'ultima la vista è incantevole!

🔲 📺 2 camere

Pianta: 4-H3-k – *via Fontanella Borghese 56 – ℰ 347 733 7098 – www.residenzanapoleone.com*

 RESIDENZA RUSPOLI BONAPARTE Ⓝ   `Tablet. PLUS`

CENTRALE · STORICO Nel cuore del centro storico di Roma, a meno di un minuto a piedi da Piazza di Spagna e tra le più belle vetrine di Via Condotti, Residenza Ruspoli Bonaparte è un hotel di lusso dal decoro principesco. Nello storico palazzo del XVI secolo - residenza del giovane Imperatore Bonaparte - suite esclusive, modernamente accessoriate.

🍴 📺 3 camere

Pianta: 4-H3-l – *via della Fontanella di Borghese 56 – ℰ 342 886 1007 – www.residenzaruspolibonaparte.com*

 CASACAU Ⓝ   `Tablet. PLUS`

FAMILIARE · DESIGN A 150 m dalla Fontana di Trevi e 5 minuti a piedi dalla stazione della metropolitana Barberini, CasaCau non è il solito albergo, ma un'interessante alternativa composta da una serie di veri e propri appartamenti moderni ed arredati in modo personalizzato. Le sistemazioni sono tutte dotate di angolo cottura attrezzato e zona pranzo.

📺 6 camere

Pianta: 4-H3-o – *via in Arcione 94 – Ⓜ Barberini – ℰ 06 6929 0159 – www.casacau.com*

Stazione Termini

Ristoranti

❀ **LA TERRAZZA**

MODERNA · LUSSO XxxX Forse l'indirizzo più scenografico in termini di lusso e posizione della capitale, La Terrazza del recentemente rinnovato Hotel Eden si trova all'ultimo piano dell'esclusiva proprietà; è qui che Fabio Ciervo - brillante chef campano - pareggia l'incanto della vista su Roma con raffinate esecuzioni. Non ci si sbaglia nel sottolineare la fantasia, nonché l'originalità dei suoi piatti, sebbene qualche accenno romano faccia capolino qua e là in tante sue creazioni. Immersi nella penombra di una sala moderna ed elegante, l'attenzione è rapita dalla vista che spazia sui tetti della città.

Specialità: Funghi. Raviolo ripieno di brodo di bollito a modo mio, rafano. Limone amalfitano.

Menu 130/200 € – Carta 130/160 €

❀ ⬧ 📷 ⬧ **Pianta: 5-J3-z** – *Hotel Eden, via Ludovisi 49 –* Ⓜ *Barberini –*
℘ *06 4781 2752 - www.dorchestercollection.com –*
Chiuso 11-26 gennaio, 9-24 agosto, lunedì a mezzogiorno, martedì,
mercoledì-domenica a mezzogiorno

❀ **MOMA**

CREATIVA · CONTESTO CONTEMPORANEO ℣ Tra Via Veneto e piazza Barberini, Moma è un indirizzo moderno e poliedrico con proposte informali per il pranzo e cucina tradizionale creativa nel ristorante gourmet situato al primo piano dello stabile, che nei tanti mesi di clima mite offre ai clienti di godersi il pomeriggio nel piccolo dehors. L'equilibrio tra consistenze e abbinamenti, la cura nei confronti di estetica e materia prima costituiscono il fil rouge di tutto il menu, risultando evidenti anche nelle ricette ispirate alla cucina capitolina e laziale. L'attenzione alla territorialità ed alle piccole produzioni di qualità viene infine rimarcata dalla selezione enologica che tende a prediligere vini di piccole aziende artigianali. Un servizio giovane, attento e particolarmente preparato contribuisce alla buona riuscita della serata.

Specialità: Il nostro orto di stagione in giardiniera. Chitarrine alla gricia, guanciale di mangalica, pecorino romano e cacio sbronzo. Zabaione mantecato a freddo, gelo di caffè e crumble di zucchero di canna.

Menu 45 € (pranzo), 80/100 € – Carta 52/96 €

📷 **Pianta: 5-J3-a** – *via San Basilio 42/43 –* Ⓜ *Barberini –* ℘ *06 4201 1798 –*
www.ristorantemoma.it – Chiuso domenica

🍴 **MIRABELLE** Ⓝ

ITALIANA CONTEMPORANEA · ELEGANTE XxxX Prenotate per tempo per assicurarvi un tavolo sulla terrazza da cui godrete di un'ampia e panoramica vista sul centro della Città Eterna, mentre gusterete piatti di cucina italiana contemporanea elaborati con gusto ed un'attenzione particolare agli aspetti cromatici. Servizio attento e professionale.

Menu 70 € (pranzo), 120/170 € – Carta 130/160 €

❀ ⬧ 🍴 📷 **Pianta: 4-H3-m** – *Splendide Royal, via di Porta Pinciana 14 –*
℘ *06 4216 8838 - www.mirabelle.it*

🍴 **TAZIO** Ⓝ

CONTEMPORANEA · ELEGANTE XxX Mutua il nome dal paparazzo Tazio Secchiaroli, mitico personaggio della Dolce Vita capitolina, mentre il tratto dominante dell'arredo, oltre al legno scuro, sono le tante foto dell'epoca. La cucina segue l'estro dello chef, che ama soprattutto presentare piatti elaborati con ingredienti esclusivi in forme contemporanee. Aperto anche a pranzo con proposta più ridotta e semplice.

Menu 70/160 € – Carta 40/100 €

📷 **Pianta: 5-K3-e** – *Palazzo Naiadi, piazza della Repubblica 47 –* Ⓜ *Repubblica –*
℘ *06 4893 8061 - www.dahotels.com – Chiuso 16 luglio-6 settembre, domenica sera*

🍴○ THE FLAIR

CONTEMPORANEA · CONTESTO CONTEMPORANEO ✗✗ Nuovissimo concept all'ultimo piano panoramico del celebre hotel capitolino; se la vista rimane immutata sulle bellezze del centro della capitale, ai fornelli, invece, si fa ora largo un giovane cuoco siciliano che si cimenta in una fragrante linea di cucina italiano-contemporanea.

Menu 35 € (pranzo), 80/100 € – Carta 90/120 €

≤ 🛋 占 🕅 **Pianta: 5-J3-f** – *Hotel Sina Bernini Bristol, piazza Barberini 23* –
Ⓜ *Barberini* – ☏ *06 4201 0469 - www.sinahotels.com*

🍴○ ORLANDO

SICILIANA · CONTESTO REGIONALE ✗✗ Elegante ristorante in stile contemporaneo a due passi da via Veneto; piatti prevalentemente di pesce e - a pranzo - anche formule più veloci ed informali. Sorridente servizio al femminile.

Menu 30 € (pranzo), 45/120 € – Carta 45/100 €

𝟴𝟴 🕅 **Pianta: 5-J3-b** – *via Sicilia 41* –
☏ *06 4201 6102 - www.orlandoristorante.it* –
Chiuso 2-5 gennaio, 15-29 agosto, sabato a mezzogiorno, domenica

🍴○ GAINN Ⓝ

COREANA · MINIMALISTA ✗ Sebbene la cucina coreana con le sue tradizioni e peculiarità non sia molto diffusa in Italia, questo ristorante - a conduzione familiare – si offre quale ottimo veicolo di conoscenza. Scegliete piatti differenti da condividere con eventuali vostri accompagnatori: l'esperienza sarà ampliata.

Carta 15/30 €

🕅 **Pianta: 5-K3-f** – *via dei Mille 18* –
☏ *06 4436 0160 - www.gainnrome.com* –
Chiuso 30 dicembre-3 gennaio, domenica

Alberghi

🏨 EDEN

GRAN LUSSO · ELEGANTE Con una storia lunga 130 anni di Dolce Vita, l'hotel continua a rappresentare ogni giorno un'eccellenza dell'ospitalità romana riconosciuta ed apprezzata tanto nella Città Eterna quanto in tutto il mondo. È proprio il servizio impeccabile, insieme allo stile unico e al fascino tutto italiano, che hanno reso Eden una destinazione privilegiata, in cui la clientela può vivere un'esperienza indimenticabile, grazie ad un'atmosfera che ricorda l'accoglienza della propria casa.

🏋 ≤ 𝕝 🖭 占 🕅 𝗦𝗔 🅿 80 camere – 18 suites

Pianta: 5-j3-z – *via Ludovisi 49* – Ⓜ *Barberini* –
☏ *06 478121* –
www.dorchestercollection.com

✿ **La Terrazza** – Vedere selezione ristoranti

🏨 THE ST. REGIS ROME

GRAN LUSSO · ELEGANTE Il meticoloso lavoro di restauro a cura di un pluri-premiato interior designer rende omaggio ai 125 anni di storia dell'albergo celebrando la suggestiva luce di Roma, reinterpretando in chiave contemporanea l'eleganza senza tempo dell'hotel. In linea, anche il nuovo Lumen Cocktails & Cuisine che inaugura la nuova proposta d'intrattenimento, arricchita da esclusive collaborazioni con il mondo dell'arte contemporanea e del mixology internazionale.

🏋 🐾 𝕝 🖭 占 🕅 𝗦𝗔 138 camere – 23 suites

Pianta: 5-K3-a – *via Vittorio Emanuele Orlando 3* – Ⓜ *Repubblica* –
☏ *06 47091 - www.stregisrome.com*

GRAND HOTEL VIA VENETO

GRAN LUSSO · CONTEMPORANEO Sulla via della Roma by night, un grand hotel nel vero senso della parola: stupende camere in stile art-déco e una collezione di oltre 500 quadri d'autore. Due situazioni diverse, ma entrambe valide, per la ristorazione: cucina creativa al Magnolia; piatti nazionali ed internazionali, ma anche grande scelta di cocktail al Time.

☆ 🐕 🏖 🖥 ⅙ 🅰🅲 🏋 105 camere – 11 suites

Pianta: 5-J3-e – *via Vittorio Veneto 155* – ⓂBarberini –
✆ 06 487881 – www.ghvv.it

PALAZZO NAIADI ⓝ

PALACE · GRAN LUSSO Risalente al 1887, con un'ala realizzata nel 1705 da Papa Clemente XI come deposito di cereali del Vaticano, Palazzo Naiadi si affaccia sull'antico complesso delle Terme di Diocleziano. Camere e suite di classiche eleganza e raffinatezza; in terrazza vista sui tetti del centro con piccola piscina e nei sotterranei resti delle Terme di Diocleziano valorizzate da teche ed illuminazione.

⩽ 🏊 🏖 🖥 ⅙ 🅰🅲 🏋 210 camere – 18 suites

Pianta: 5-K3-e – *piazza della Repubblica* – ⓂRepubblica –
✆ 06 489381 – www.dahotels.com

🍽○ **Tazio** – Vedere selezione ristoranti

SPLENDIDE ROYAL

LUSSO · ELEGANTE Stucchi dorati, tessuti damascati e sontuosi arredi antichi: un tributo al barocco romano dedicato a tutti coloro che non apprezzano l'imperante minimalismo. Nelle camere il blu pervinca, il giallo oro, il rosso cardinalizio si rincorrono creando un'atmosfera di lussuosa classicità; le più ambite degli ultimi piani si affacciano su Villa Borghese e il centro storico. Ristorante roof-garden doppiamente celebre, per l'ottima cucina e la vista panoramica.

☆ 🏖 🖥 ⅙ 🅰🅲 🏋 85 camere – 20 suites

Pianta: 5-J3-u – *via di Porta Pinciana 14* – ⓂBarberini –
✆ 06 421689 – www.splendideroyal.com

🍽○ **Mirabelle** – Vedere selezione ristoranti

ALEPH ROME HOTEL - CURIO COLLECTION BY HILTON ⓝ

HOTEL DI CATENA · MODERNO È tra gli hotel più grandi e lussuosi di Roma; i confort sono di ultima generazione è il suo stile minimalista lo rende inconfondibile. Come unico è il suo sontuoso centro benessere ospitato in un'antica volta, che rivela l'originaria funzione di questo ex headquarter bancario. Il ristorante in stile anni '30 serve piatti di cucina classica, mentre la trattoria sul tetto a bordo piscina - Sky Blu – si distingue per il suo ambiente più informale.

☆ 🏊 🏖 🖥 ⅙ 🅰🅲 🏋 🅿 88 camere – 5 suites

Pianta: 5-J3-o – *via San Basilio 15* – ⓂBarberini –
✆ 64229001 – www.alephrome.com

SINA BERNINI BRISTOL

LUSSO · ELEGANTE Ormai parte integrante della celebre piazza, raffinato hotel che si va rinnovando anno dopo anno. Oggi - ad esempio - riesce ad offrire a seconda dei gusti camere dagli arredi classici o di stile contemporaneo: è consigliabile optare per quelle panoramiche poste ai piani più alti.

☆ 🏊 🏖 🖥 ⅙ 🅰🅲 🏋 118 camere – 16 suites

Pianta: 5-J3-f – *piazza Barberini 23* – ⓂBarberini –
✆ 06 488931 – www.sinahotels.com

🍽○ **The Flair** – Vedere selezione ristoranti

🏨 MAJESTIC

STORICO · ELEGANTE Se gli appassionati di cinema riconosceranno lo scenario del celebre film di Fellini "La Dolce Vita", certo è che questo hotel nato a fine '800, rimane ancora oggi alfiere dell'ospitalità di lusso di via Veneto: pezzi d'antiquariato, arazzi, affreschi, ma anche confort attuali.

🎋 🛴 🖰 🕭 🅰 🏵 93 camere – 4 suites

Pianta: 5-J3-k – *via Vittorio Veneto 50* – 🚇 *Barberini* –
☎ *06 421441* – *www.hotelmajestic.com*

🏨 PALAZZO MONTEMARTINI 🚇

LUSSO · MINIMALISTA Adiacente alle terme di Diocleziano, l'acqua rappresenta l'elemento di giuntura con l'aristocratico palazzo ottocentesco che, all'interno, svolta verso una modernità a tratti minimalista ed essenziale, funzionale e luminosa. Degno di nota anche l'ottimo ristorante con spunti di cucina siciliana, in una scenografica ed imponente sala.

🎋 🖥 🉐 🕉 🛴 🖰 🕭 🅰 🏵 82 camere – 4 suites

Pianta: 5-K3-c – *Largo Giovanni Montemartini 20* – 🚇 *Termini* –
☎ *06 45661* – *www.palazzomontemartini.com*

🏨 VILLA SPALLETTI TRIVELLI   `Tablet.PLUS`

LUSSO · STORICO A pochi passi dal Quirinale, alle vette del monte, questa residenza si affaccia sui giardini e nelle tranquille vie limitrofe: spazi comuni di gran classe – bellissime le imponenti sale biblioteca – e camere arredate con mobili d'epoca. Splendida la nuova terrazza roof top: spazio bar e relax con idromassaggio, nonché vista sul palazzo del Quirinale.

🛁 🕉 🛴 🕭 🅰 🅿 14 camere – 3 suites

Pianta: 9-J4-a – *via Piacenza 4* – ☎ *06 4890 7934* – *www.villaspallettitrivelli.com*

🏨 NH COLLECTION ROMA PALAZZO CINQUECENTO 🚇

BUSINESS · MODERNO Da un grande palazzo dei primi Novecento che fu delle FS Italiane nasce - dopo una completa ristrutturazione, alcuni anni orsono - un hotel moderno dai confort attuali. Particolarità: le vestigia presenti nel giardino e la terrazza da cui si gode un bel panorama. Nelle vicinanze si trovano il Teatro dell'Opera, il Colosseo, nonché il Circo Massimo.

🎋 🛁 🛴 🕭 🕭 177 camere

Pianta: 5-K3-b – *piazza dei Cinquecento 90* – 🚇 *Termini* –
☎ *06 492221* – *www.nh-hotels.com*

🏨 STENDHAL & LUXURY SUITE ANNEX 🚇

STORICO · CONTEMPORANEO La facciata settecentesca impreziosita da cornicioni e lesene in travertino anticipa il carattere dell'edificio, elegantemente raccolto, raffinato ed accogliente. Le camere, ideate con la massima cura ed attenzione, sia sotto l'aspetto estetico che funzionale, offrono un'esperienza raffinata; alcune suite si trovano in un edificio poco distante, a poco più di cinque minuti dall'hotel.

🖰 🕭 🅿 30 camere

Pianta: 5-J3-p – *via del Tritone 113* – 🚇 *Barberini* –
☎ *06 422921* – *www.hotelstendhalrome.com*

🏨 BOUTIQUE HOTEL GALATEA 🚇

BOUTIQUE HOTEL · TRADIZIONALE Un boutique hotel tra i più eleganti e raffinati della capitale con un'eccellente location nel centro, dietro via Nazionale. Camere moderne ed accoglienti arredate con estrema ricercatezza e attenzione per i più piccoli dettagli, rallegrate da geometrici *murales* dietro le testate dei letti.

🖰 🕭 17 camere

Pianta: 9-J4-y – *via Genova 24* – ☎ *06 4891 3074* – *www.hotelgalatearoma.com*

🏠 CONDOMINIO MONTI ⓝ   `Tablet.PLUS`

BOUTIQUE HOTEL · DESIGN Camere singole e doppie tradizionali ai piani inferiori, ma - a differenza di molti hotel della Capitale - Condominio Monti offre anche la possibilità di scegliere una stanza tripla o quadrupla, una familiare o una suite di 70 metri quadrati, completa di terrazza privata con vista sul Colosseo. Qualunque sia la vostra scelta, sappiate che vi attendono ambienti colorati e confortevoli, con mobili moderni e docce a pioggia.

🍴 ▣ ♿ 🅰🅲 34 camere

Pianta: 9-J4-e – *via dei Serpenti 109* – ☎ *06 488 5889* – *www.condominiomonti.it*

Roma Antica

Ristoranti

✿ AROMA

CREATIVA · LUSSO ✗✗ È la nuovissima cucina completamente a vista a dare il benvenuto agli ospiti che raggiungono questo incantevole roof con affaccio sulla Città Eterna, dal Colosseo sino al cupolone. Se il nome è un omaggio alla città e agli aromi della cucina mediterranea che qui viene servita insieme a specialità locali, lo chef Giuseppe di Iorio non manca – tuttavia - di condire i suoi piatti con un tocco di creatività. I celiaci troveranno di che soddisfare il loro appetito in un menu degustazione a loro interamente dedicato, mentre nell'adiacente bistrot le ricette romane vengono riproposte fedelmente.

Specialità: Sgombro affumicato, rafano, cipolla rossa e crumble di grissini alle noci. Maltagliati con rana pescatrice, salicornia e pinoli aromatizzati alla finocchiella selvatica. Il nido: mango, frutto della passione e crema di formaggio fresco.

Menu 130/150 € – Carta 125/150 €

≼ 🏡 🅰🅲 Pianta: 9-K5-a – *Hotel Palazzo Manfredi, via Labicana 125* – Ⓜ *Colosseo* - ☎ *06 9761 5109* - *www.aromarestaurant.it*

✿ MARCO MARTINI RESTAURANT

CREATIVA · ALLA MODA ✗✗ "Occhi, pancia, testa" è la definizione di cucina per Marco Martini; dal ricordo dei sapori del passato parte – infatti - lo studio di quelli che creerà. La curiosità e la voglia di osare non fanno difetto allo chef che in collaborazione con il suo staff elabora piatti moderni e fantasiosi, dove ogni proposta ha una sua storia da raccontare, fatta di emozioni e rievocazioni. Anche la scelta enoica si rivela intrigante, perché oltre alle blasonate etichette, si rivolge a piccole produzioni poco conosciute, ma sicuramente valide. L'ambiente è un giardino d'inverno con contaminazioni di stili, mentre la terrazza-lounge diventa un delizioso spazio dove sorseggiare aperitivi approfittando di qualche assaggio. Su prenotazione anticipata, carta gourmet anche a pranzo.

Specialità: Animella, mozzarella, rabarbaro e bottarga. Tortello di pizza bianca e mortadella. Ricotta, pera e cioccolato.

Menu 38 € (pranzo), 110/150 € – Carta 70/100 €

🏡 🅰🅲 Pianta: 9-J6-a – *viale Aventino 121* – ☎ *06 4559 7350* – *www.marcomartinichef.com* – *Chiuso 11-18 gennaio, sabato a mezzogiorno, domenica*

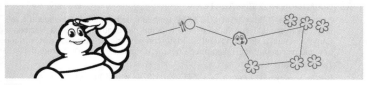

ROMA

Alberghi

47 BOUTIQUE HOTEL

TRADIZIONALE · PERSONALIZZATO Il nome allude al numero civico della via che scende dal Teatro di Marcello, ognuno dei 5 piani di questo austero palazzo degli anni '30 è dedicato ad un artista italiano del '900: Greco, Quagliata, Mastroianni, Modigliani e Guccione. Quadri, sculture, litografie: l'arte contemporanea trova il suo albergo-museo. All'ultimo piano si trova il ristorante Circus.

☆ 🐾 ⅃⅍ 🖵 ⅙ 🅰🅲 ⅍ᴬ 59 camere – 2 suites

Pianta: 8-H5-a – *via Luigi Petroselli 47 – ☎ 06 678 7816 – www.fortysevenhotel.com*

PALAZZO MANFREDI

LUSSO · CONTEMPORANEO Fascino e ricercatezza nelle camere e nelle splendide suite di un piccolissimo relais pieno di soprese. Prima fra tutte la vista e gli affacci sul Colosseo e sulla Domus Aurea, seguita dalla terrazza roof garden: location privilegiata per la prima colazione e per romantiche soste gastronomiche.

≼ 🖵 ⅙ 🅰🅲 12 camere – 8 suites

Pianta: 9-K5-a – *via Labicana 125 – Ⓜ Colosseo – ☎ 06 7759 1380 – www.palazzomanfredi.com*

❀ **Aroma** – Vedere selezione ristoranti

CAPO D'AFRICA Ⓝ

TRADIZIONALE · CONTEMPORANEO A due passi dal Colosseo, la finezza degli arredi e l'ambiente moderno contraddistinguono tutta la struttura, impreziosita da alcune opere d'arte contemporanea. In particolare, due caratteristiche sono piaciute: la bella terrazza panoramica all'ultimo piano e la calma che regna sovrana, pur trovandosi in zona centralissima.

☆ ⅃⅍ 🖵 ⅙ 🅰🅲 ⅍ᴬ 65 camere

Pianta: 9-K5-b – *via Capo d'Africa 54 – Ⓜ Colosseo – ☎ 06 772801 – www.hotelcapodafrica.com*

NH COLLECTION ROMA FORI IMPERIALI Ⓝ

HOTEL DI CATENA · MODERNO Affacciato su Fori Imperiali e Altare della Patria, ammirabili dalla bella terrazza, l'hotel riprende gli standard propri alla catena: camere luminose moderne dalle linee sobrie. Sapori mediterranei ed i classici della cucina italiana preso l'Oro Bistrot.

☆ 🖵 ⅙ 🅰🅲 42 camere

Pianta: 8-H4-j – *via di S. Eufemia 19 – ☎ 06 6976 89911 – www.nh-hotels.com*

SANT'ANSELMO

STORICO · ELEGANTE Villa liberty con piccolo giardino interno, dove modernità e antico fascino si fondono armoniosamente dando vita ad uno stile cosmopolita e raffinato. Le camere esprimono un carattere ricercato e personalizzato, condensato in nomi evocativi: Mille e una notte, Non ti scordar di me, Cuori coccole e carezze...

⅏ 🍴 🖵 ⅙ 🅰🅲 🅿 34 camere

Pianta: 8-H6-c – *piazza Sant'Anselmo 2 – ☎ 06 570057 – www.aventinohotels.com*

THE INN AT THE ROMAN FORUM Ⓝ

STORICO · PERSONALIZZATO A pochi passi da Fori Romani e Colosseo, l'albergo è ideale per chi cerca eleganza e discrezione. Una volta arrivati sarete invitati a visitare il Criptico portico Romano per un aperitivo immerso nella storia antica; non dimenticatevi – tuttavia – del terrazzo (al piano superiore) con splendida vista: colazioni e tramonti da ricordare.

≼ 🖵 🅰🅲 14 camere

Pianta: 9-J4-d – *via degli Ibernesi 30 – Ⓜ Colosseo – ☎ 06 6919 0970 – www.theinnattheromanforum.com*

NERVA BOUTIQUE HOTEL `Tablet. PLUS`

BOUTIQUE HOTEL · DESIGN A conduzione diretta, piccolo e grazioso boutique hotel ubicato in una via nell'area dei Fori Imperiali a cinque minuti dal Colosseo e dalla Fontana di Trevi. Se è vero che gli spazi comuni sono limitati, è altrettanto vero che sono graziosi e ancor più lo sono le camere nel loro stile moderno chiaro-scuro.

⊡ ⅙ 🛆 14 camere – 5 suites

Pianta: 9-J4-b – *via Tor de' Conti 3* – **Ⓜ** *Colosseo* –
✆ *06 679 3764* –
www.hotelnerva.com

 PALM SUITE Ⓝ `Tablet. PLUS`

DIMORA STORICA · DESIGN Nella sontuosa cornice di un edificio del '700, a pochi passi da alcuni dei luoghi più belli ed iconici al mondo - il Colosseo e i Fori Imperiali - trova spazio questa bella residenza di lusso, che di quella gloriosa storia incorpora lo spirito, declinandolo in una veste inedita, intessuta di rimandi vintage, note classicheggianti e guizzi pop.

⊡ ⅙ 🛆 10 camere

Pianta: 9-J4-c – *via del Colosseo 20* – **Ⓜ** *Colosseo* –
✆ *06 7759 1380* –
www.hotelpalazzomanfredi.it

🏠 **PEPOLI 9 Ⓝ** `Tablet. PLUS`

BOUTIQUE HOTEL · DESIGN A pochi passi dalle terme di Caracalla, la sua posizione elevata fa sì che da – quasi tutte – le camere la vista spazi oltre Roma nord e la montagna. Spazi comuni non molto ampi, ma eleganti ed una conviviale saletta colazioni.

≼ ⊡ 🛆 6 camere

Pianta: 9-J6-b – *via di Villa Pepoli 9* –
✆ *06 9337 4254* – *pepoli9rome.com*

San Pietro (Città del Vaticano)

Ristoranti

❀❀❀ **LA PERGOLA**

MODERNA · LUSSO ✗✗✗✗✗ Il roof garden capitolino per eccellenza, dalla terrazza della Pergola Roma appare eterna ed imperturbabile, proprio come viene spesso descritta: i rumori del traffico scompaiono, in lontananza si percepisce un suono di campane e lo sguardo abbraccia i monumenti capitolini più celebri, cinti dall'abbraccio dei colli tutt'intorno, in una visione maestosa ed intima al tempo stesso. L'accoglienza e il servizio del ristorante amplificano quest'impressione, tutto si svolge in un clima ovattato, scandito da ritmi precisi che paiono collaudati da sempre, le esigenze dei clienti sono intuite e soddisfatte ancor prima di essere espresse, il tempo scorre senza percezione, o forse si arresta. Il suo motore è la cucina di Heinz Beck, delicata, soave, come le altezze da cui si cena, ma mai banale, anzi audace in qualche accostamento, internazionale in altre proposte, ma fondamentalmente mediterranea. Il grande amore del cuoco!

Specialità: Scampo su avocado con tapioca, lemongrass e lime. Lombo d'agnello con lenticchie nere, funghi e latticello alla cenere. Lamponi gratinati con gelato alle mandorle.

Menu 225/260 € – Carta 141/250 €

❀ ≼ 🍽 ⅙ 🛆 ⇕ 🅿 **Pianta: 3-E2-a** – *Hotel Rome Cavalieri, via Cadlolo 101* –
✆ *06 3509 2152* – *www.romecavalieri.com/lapergola* –
Chiuso lunedì, martedì-sabato a mezzogiorno, domenica

※ **ENOTECA LA TORRE**

MODERNA · LIBERTY XxX Appena fuori dalle mura aureliane e negli aristocratici spazi dell'Hotel Villa Laetitia, si cena in un ambiente di raffinata eleganza, tra mobili antichi, fiori, colonne e stucchi, lo stile liberty si sublima come nelle migliori case della rive gauche, mentre la cucina, grazie all'abilità ed al talento di un giovane cuoco, celebra la creatività e lo fa con un garbo ed una levità fuori dal comune. I gourmet che vogliono assaggiare di tutto un po', troveranno soddisfazione nel menu degustazione con diverse portate (e costi!), da intendersi per tutti gli ospiti del tavolo.

Specialità: Gamberi rossi, gin tonic al profumo di mapo (agrume) e carota fermentata. Risotto ai limoni di Amalfi, cannolicchi, vongole veraci, asparagi e yogurt. Babà al rum, vaniglia, visciole e menta.

Menu 75/135 € – Carta 90/150 €

&& 🖫 🄰🄲 Pianta: 4-G2-m – *Hotel Villa Laetitia, lungotevere delle Armi 22/23 –* 🄼 *Lepanto – 𝒞 06 4566 8304 – www.enotecalatorreroma.com –*
Chiuso 24-27 dicembre, 2-26 agosto, lunedì a mezzogiorno, domenica

※ **TORDOMATTO**

Chef: Adriano Baldassarre

MODERNA · DI TENDENZA XX A pochi passi dai Musei Vaticani, Tordomatto di Adriano Baldassarre è un indirizzo imperdibile se ci si trova nel residenziale quartiere Della Vittoria. «La mia cucina è sia tradizionale che creativa con il territorio sempre presente - racconta Baldassare - perché i sapori devono in qualche modo condurre al luogo in cui si trova». I trascorsi da Antonello Colonna e per due anni al lussuoso Oberoi di Mumbai sono presenti in tecniche, cotture e scelta di alcuni ingredienti e spezie tipiche dell'India. Il risultato sono piatti audaci e intelligenti.

Specialità: Funghi, timo, mandorle e sedano. Agnello, yogurt, cumino e bietoline. Mele, miele e mandorle.

Carta 50/90 €

🕭 🄰🄲 ⇆ Pianta: 3-E3-c – *via Pietro Giannone 24 – 𝒞 06 6935 2895 –*
www.tordomattoroma.com – Chiuso lunedì-martedì a mezzogiorno, mercoledì, giovedì-domenica a mezzogiorno

🍴○ **ANTICO ARCO**

CREATIVA · CHIC XX Alla moda, moderno e al tempo stesso signorile, questo ristorante ha conquistato i romani. Estrose le proposte dello chef che spaziano da piatti locali a moderne specialità di carne e di pesce con qualche influenza esterna, ma pur sempre con un protagonista assoluto: il prodotto scelto con cura preferendo produttori sostenibili. Più di mille referenze enoiche tra cui scegliere per accompagnare il pasto.

Menu 39 € (pranzo), 79/120 € – Carta 59/75 €

&& 🄰🄲 ⇆ Pianta: 7-F5-a – *piazzale Aurelio 7 – 𝒞 06 581 5274 – www.anticoarco.it*

🍴○ **L'ARCANGELO**

ROMANA · CONTESTO TRADIZIONALE X Semplice e austero: la meritata fama del ristorante è legata alla ricerca dei migliori prodotti, regionali e non solo. Vera passione del proprietario che, come un arcangelo, vi guida nel paradiso del gusto e delle nicchie gastronomiche.

Menu 30 € (pranzo)/65 € – Carta 64/74 €

🄰🄲 Pianta: 4-G3-g – *via G.G. Belli 59 – 🄼 Lepanto – 𝒞 06 321 0992 –*
www.ristorantelarcangelo.com – Chiuso sabato a mezzogiorno, domenica

🍴○ **DA CESARE**

CLASSICA · TRATTORIA X Come allude il giglio di Firenze sui vetri all'ingresso, le specialità di questo locale sono toscane, ma anche il "mare" gioca un ruolo di tutto rispetto tra le proposte del menu. Ambiente accogliente, la sera anche pizzeria, e bottega storica in virtù della sua fondazione avvenuta nel 1921.

Menu 35 € (pranzo), 40/60 € – Carta 35/70 €

🄰🄲 ⇆ Pianta: 4-G3-s – *via Crescenzio 13 – 🄼 Lepanto – 𝒞 06 686 1227 –*
www.ristorantecesare.com

ROMA

Alberghi

ROME CAVALIERI WALDORF ASTORIA

GRAN LUSSO · ELEGANTE E' un imponente edificio che da Monte Mario severamente guarda dall'alto l'intera città. All'interno tutto è all'insegna dell'eccellenza: dalla collezione d'arte tra cui non si possono non citare il Tiepolo del ricevimento o gli Andy Warhol di una suite, alle terrazze del giardino con piscina, ai cui bordi si trova il ristorante dove cenare con musica dal vivo. Senza scordare il moderno centro congressuale.

☆ ⬱ 🛏 ⊼ 🔲 ⊛ 🕸 ʄ⅚ 🖬 ও 🔠 🖎 🄿 🚗 366 camere – 4 suites

Pianta: 3-E2-a – *via Cadlolo 101 – ℰ 06 35091 - www.romecavalieri.com*

❀❀❀ **La Pergola** – Vedere selezione ristoranti

GRAN MELIÀ ROMA

LUSSO · CONTEMPORANEO La storia qui è di casa: nell'ex villa di Agrippina (madre di Nerone), negli spazi che un tempo ospitarono anche un convento, un'eleganza di gusto moderno impreziosisce i vari ambienti comuni e le stanze, alcune delle quali con suggestive vasche di design visibili dal letto stesso. Un ottimo indirizzo per charme e completezza di servizi.

☆ 🕭 🛏 ⊼ 🕸 ʄ⅚ ও 🖬 🖎 🚗 116 camere – 4 suites

Pianta: 7-F4-c – *via del Gianicolo 3 – ℰ 06 925901 -*
https://www.melia.com/

VILLA LAETITIA

DIMORA STORICA · ROMANTICO Romanticamente sul Lungotevere, una deliziosa villa Liberty apre i propri battenti per accogliere i suoi ospiti come in una dimora privata... e che casa! Le camere, curatissime e personalizzate, portano infatti il sigillo estetico della famosa stilista Anna Fendi.

☆ 🕭 ʄ⅚ 🔠 🖬 20 camere – 2 suites

Pianta: 4-G2-m – *lungotevere delle Armi 22/23 – Ⓜ Lepanto – ℰ 06 322 6776 -*
www.villalaetitia.com

❀ **Enoteca la Torre** – Vedere selezione ristoranti

Parioli

Ristoranti

❀

ASSAJE

MEDITERRANEA · STILE MEDITERRANEO XxX *Causa emergenza COVID-19 chiuso temporaneamente fino a dicembre 2020.*

Il nome fa ben sperare: "Assaje", abbondanza in napoletano, e di essere soddisfatti in abbondanza è quello che si aspettano gli ospiti nel varcare la sua soglia. Grande è l'emozione di coloro che si accomodano alla sua tavola, dove generoso è il richiamo alla cucina mediterranea in un menu composto da piatti moderni e, al tempo stesso, "rassicuranti": carne e pesce vengono proposti in ricette classiche o più estrose.

Specialità: Cotto e crudo di verdure con sorbetto di funghi. Petto d'anatra con purea di melanzane e ribes. Variazione di cioccolato.

Carta 80/140 €

❀ 🕭 🍴 ও 🖬 🄿 **Pianta: 4-H2-c** – *Hotel Aldrovandi Villa Borghese, via Ulisse Aldrovandi 15 – ℰ 06 322 3993 - www.aldrovandi.com -*
Chiuso 8 gennaio-10 febbraio, lunedì-domenica a mezzogiorno

⊕ ALL'ORO

Chef: Riccardo Di Giacinto

CREATIVA · DESIGN XX All'interno del The H'All Tailor Suite, un curato albergo "tailor made", ovvero costruito sui desideri degli ospiti, nella sala dal design insieme moderno-newyorchese - piacevolmente sofisticata - oppure in quella dal mood vagamente inglese, la linea di cucina si riconferma nella sua creatività, ma non scevra di spunti nazionali. L'idea di cucina dello chef Riccardo Di Giacinto si sintetizza in tre aggettivi: sincera, golosa, tenace! Ampia e attenta la selezione enoica con preferenza per Piemonte e Toscana.

Specialità: Rocher di coda alla vaccinara con gelée di sedano. Cappelletti in "brodo asciutto" con parmigiano, zafferano e limone. Carbon Air.

Menu 88/150 € – Carta 83/106 €

⊗ 🏠 ₺ 🆎 ⇄ **Pianta: 4-G2-a** – *Hotel The H'All Tailor Suite, via Giuseppe Pisanelli 25* – ℰ *06 9799 6907* – *www.ristorantealloro.it* – *Chiuso lunedì-domenica a mezzogiorno*

◎ SAPORI DEL LORD BYRON

ITALIANA · LUSSO XxxX Pareti a specchio, tavoli scuri ottagonali e pregiati marmi sono l'intrigante cornice Art Déco di una cucina che porta in tavola i generosi sapori della nostra penisola, magistralmente preparati da uno chef di forte e certa esperienza.

Carta 75/95 €

🆎 ⇄ **Pianta: 4-H1-b** – *Hotel Lord Byron, via G. De Notaris 5* – ℰ *06 322 0404* – *www.lordbyronhotel.com* – *Chiuso lunedì-sabato a mezzogiorno, domenica*

◎ AL CEPPO

MEDITERRANEA · ELEGANTE XX La bella boiserie vi darà il benvenuto all'entrata di questo ristorante di sobria eleganza borghese, dove gustare piatti mediterranei reinterpretati in chiave moderna. Specialità tra i secondi: carni e pesce alla griglia, preparati direttamente in sala.

Menu 25 € (pranzo)/50 € – Carta 40/70 €

⊗ 🏠 🆎 ⇄ **Pianta: 5-J1-q** – *via Panama 2* – ℰ *06 855 1379* – *www.ristorantealceppo.it* – *Chiuso lunedì a mezzogiorno*

Alberghi

🏨 LORD BYRON   `Tablet.PLUS`

LUSSO · ART DÉCO La personalità di una grande casa, le suggestioni art déco in tutti i dettagli: un lusso di grande eleganza che dona la giusta attenzione a tessuti e arredi. Servizio caldo e personalizzato.

⤜ 🔲 🆎 25 camere – 5 suites

Pianta: 4-H1-b – *via G. De Notaris 5* – ℰ *06 322 0404* – *www.lordbyronhotel.com*

◎ **Sapori del Lord Byron** – Vedere selezione ristoranti

🏨 ALDROVANDI VILLA BORGHESE

LUSSO · CLASSICO Defilato ma esclusivo, nel prestigioso quartiere dei Parioli ed a pochi passi da Villa Borghese, una sorta di tranquillo resort urbano dotato di bel giardino, nonché piccola spa. Oltre al ristorante gourmet serale Assaje, altre sono le proposte per soddisfare l'appetito: The Grill (tutti i giorni a pranzo e a cena), mentre nella bella stagione si può optare per il Bar del Giardino.

🏊 ⤜ 🌳 🍸 ₣ᵃ 🔲 ₺ 🆎 🎱 🅿 85 camere – 18 suites

Pianta: 4-H2-c – *via Ulisse Aldrovandi 15* – ℰ *06 322 3993* – *www.aldrovandi.com*

⊕ **Assaje** – Vedere selezione ristoranti

THE H'ALL TAILOR SUITE

BOUTIQUE HOTEL · DESIGN Piccolo, personalizzato, curato albergo "tailor made", ovvero costruito sui desideri degli ospiti che oltre a godere di ambienti confortevoli, dal design moderno ma caldo, potranno iniziare le giornate con deliziose colazioni gourmet ideate e pensate dallo chef-patron.

⊡ & ⓐ 🅿 14 camere – 1 suite

Pianta: 4-G2-a – *via Giuseppe Pisanelli 23* – **Ⓜ** *Lepanto* – ℰ *06 3211 0128* – *www.thehallroma.com*

❀ **All'Oro** – Vedere selezione ristoranti

Trastevere - Testaccio

 Ristoranti

❀ **GLASS HOSTARIA**

Chef: Cristina Bowerman

CREATIVA · DESIGN ✗✗ Spumeggiante nella vita, come nella sua cucina, Cristina Bowerman è stata definita un vulcano – e non solo per i colori vivaci – che accendono la sua capigliatura. Nel cuore di Trastevere, la giovane cuoca riesce sempre a stupire con piatti in perenne equilibrio tra fusion, tradizione, eleganza e audacia. L'ispettore si domanda cosa tirerà fuori dal cilindro, la prossima volta... mentre il servizio in sala volteggia come in una danza per coccolare al meglio l'ospite con le giuste attenzioni, ma senza oppressioni. Un originale e creativo gioco di luci crea un'atmosfera avvolgente, qualche volta piacevolmente conturbante. È il regno di Cristina, del resto.

Specialità: Cocco, gamberi rossi, foie gras e nervetti. Ravioli liquidi di parmigiano 60 mesi. Frangipane, visciole all'Armagnac, maionese al cioccolato bianco, gelato al rafano.

Menu 90/100 € – Carta 75/105 €

❀ ⓐ **Pianta: 8-G5-d** – *vicolo del Cinque 58* – ℰ *06 5833 5903* – *www.glasshostaria.it* – *Chiuso 12-26 gennaio, 10-24 agosto, lunedì, martedì, mercoledì-venerdì a mezzogiorno*

 ZIA

Chef: Antonio Ziantoni

MODERNA · CONTESTO CONTEMPORANEO ✗✗ Nell'incantevole cornice di Trastevere, ma in zona residenziale e defilata, questo ristorante spicca tra le tante insegne tipiche del quartiere, grazie alla sua fresca eleganza, la professionalità, e – non ultima - la cucina. Accoglienza e servizio sono nelle abili mani della titolare e dei suoi collaboratori, che con tanta passione accompagnano l'ospite in un viaggio all'interno del mondo di Antonio, il giovane chef. Proposte immediatamente comprensibili (ma molto impegnative da eseguire) coccolano il palato durante tutto il pasto, lasciandovi un ricordo indelebile del loro incontro. Cucina "cristallina" e tanta tecnica: grazie Zia!

Specialità: Animella di vitello, pomodori e crema ai tre latti. Piccione in civet. Babà, crema Chantilly e albicocca.

Menu 30 € (pranzo), 55/75 € – Carta 54/60 €

ⓐ **Pianta: 8-G5-c** – *via Goffredo Mameli 45* – ℰ *0623488093* – *www.ziarestaurant.com* – *Chiuso 1-14 gennaio, 8 agosto-1 settembre, lunedì-mercoledì a mezzogiorno, domenica*

ROMA

⚬ ANTICA PESA

LAZIALE · ELEGANTE ✗✗ La cucina seleziona accuratamente le materie prime, elaborandole poi in ricette dalla "firma" romana, in questo ex deposito del grano dell'attiguo Stato Pontificio. Luci soffuse, candele sui tavoli, ma i faretti mostrano le pareti imbellite da grandi dipinti di artisti contemporanei, anche presso il salottino con caminetto accanto all'ingresso.

Menu 60/80 € – Carta 60/80 €

🕸 🏠 𝔸ℂ **Pianta: 8-G5-a** – *via Garibaldi 18* – ☏ *06 580 9236* – *www.anticapesa.it* – *Chiuso lunedì-sabato a mezzogiorno, domenica*

⚬ OSTERIA FERNANDA

CREATIVA · MINIMALISTA ✗✗ Nel quartiere celebre per il mercato di Porta Portese, una brillante gestione a due: un socio segue la sala minimal, mentre l'altro, con passione strabordante, si occupa di una cucina creativa che oltre a citare i prodotti del territorio è anche abile nel proporre ingredienti presi altrove. Un indirizzo decisamente da consigliare.

Menu 25 € (pranzo), 49/100 € – Carta 60/72 €

𝔸ℂ **Pianta: 8-G6-a** – *via Crescenzo Del Monte 18/24* – ☏ *06 589 4333* – *www.osteriafernanda.com* – *Chiuso 21-28 febbraio, lunedì-martedì a mezzogiorno, domenica*

⚬ FELICE A TESTACCIO

TRADIZIONALE · CONVIVIALE ✗ Dal 1936, la tradizione e la cucina romana sono stati gli architravi del successo del locale: molto frequentato si consiglia di prenotare con anticipo (soprattutto il fine settimana). Ci si accomoda ai suoi tavoli per gustare le intramontabili ricette della tradizione, sebbene imperdibili restino i tonnarelli cacio e pepe. Felice a Testaccio è un ristorante accogliente che ha saputo preservare l'atmosfera familiare, ma con uno stile dei giorni nostri.

Carta 37/56 €

𝔸ℂ **Pianta: 8-H6-h** – *via Mastrogiorgio 29* – ☏ *06 574 6800* – *www.feliceatestaccio.com*

Roma (RM)

OLTRE AL CENTRO CITTÀ...

Ci piace: la cucina del ristorante Marzapane: pochi ingredienti nel piatto e massima attenzione alla loro qualità. Il Profumo di Mirto, fuori dalle rotte turistiche, per sentirsi un po' romani e un po'... sardi, per via di qualche piatto isolano del menu, anche se poi è il pesce a farla da padrone. Anima vintage e cucina da Bib Gourmand alla **Trattoria Pennestri**, un'altra novità di quest'anno segnalata con l'omino che si lecca i baffi.

Sostare all'Auditorium Casa della Musica - sede dell'Accademia di Santa Cecilia progettata da Renzo Piano per poter accogliere ogni genere musicale - oppure fermarsi per un rigenerante estratto di frutta e verdura biologica presso il Bar due Fontane nell'area pedonale vicino al museo MAXXI.

Zona Urbana Nord

Ristoranti

🍃 **BISTROT 64**

MEDITERRANEA · BISTRÒ 🍴 Bistrot 64: nome francese, stella nazionale e chef nipponico, ma indissolubilmente legato all'Italia (il suo piatto preferito è l'amatriciana). Kotaro Noda persegue una filosofia tutta personale e facilmente condivisibile: ogni materia prima può essere valorizzata al cento per cento, senza buttare via nulla. Il suo slogan si compone di tre parole "stop agli scarti"! Insomma, una moderna dottrina del riutilizzo che ricorda il non-spreco delle sagge massaie di un tempo e che trova espressione concreta in un piatto iconico: l'uovo 64. Un uovo cotto alla temperatura di 64° secondo una tecnica giapponese, accompagnato da un brodo preparato ben 180 giorni prima. Al di là, quindi, di qualche fugace riferimento alla sua terra d'origine – alga Kombu, tè Matcha , koji – la cucina è italianissima.

Specialità: Spaghetto di patate, burro e alici. Presa iberica con fragole fermentate e fagiolini. Giallo: crema Chantilly, pan di Spagna e passion fruit.

Menu 50/60 € – Carta 57/90 €

 Pianta: 1-B1-a – *via Gugliermo Calderini 64* –
📞 *06 323 5531* – *www.bistrot64.it* –
Chiuso lunedì-domenica a mezzogiorno

ROMA

ⅼⵔ MARZAPANE

ITALIANA CONTEMPORANEA · **CONTESTO CONTEMPORANEO** ✕✕ Volta pagina e fa parlare di sé questo giovane locale che nel 2019 torna alle proprie origini; ovvero all'idea iniziale di quando aprì i battenti nel 2013. La carta elenca – infatti – una serie di piatti di matrice italiana, spesso laziale, dove ad essere esaltata non è tanto la complessità delle cotture quanto la fragranza e qualità delle materie prime.

Menu 60/75 € – Carta 38/60 €

🅰🅲 **Pianta: 5-K2-m** – *via Velletri 39 – ℰ 06 6478 1692 – www.marzapaneroma.com – Chiuso 1-10 gennaio, 13-31 agosto, lunedì, martedì a mezzogiorno*

ⅼⵔ MAMMA ANGELINA

PESCE E FRUTTI DI MARE · **TRATTORIA** ✕ Dopo il buffet di antipasti, la cucina si trova ad un bivio: da un lato segue la linea del mare, dall'altra la tradizione romana. A mettere d'accordo entrambi, il baccalà in cartoccio, passatina di ceci e porri croccanti.

Menu 35 € – Carta 27/41 €

🕃 🏠 🅰🅲 **Pianta: 2-C1-c** – *viale Arrigo Boito 65 – ℰ 06 860 8928 – Chiuso 1-31 agosto, mercoledì*

Zona Urbana Sud

Ristoranti

🙂 DOMENICO DAL 1968

ROMANA · **SEMPLICE** ✕ Vale la pena di uscire dagli usuali percorsi turistici per sperimentare un'autentica trattoria romana: è qui che potrete assaggiare la zuppa di arzilla e broccoli o la classica trippa. Ma è anche da Domenico che troverete piatti a base di pesce, che cambiano quasi giornalmente secondo la disponibilità del mercato.

Specialità: Amatriciana. Spaghetti alla carbonara. Cervello fritto con carciofi.

Carta 35/51 €

🏠 🅰🅲 **Pianta: 10-L6-f** – *via Satrico 21 – ℰ 06 7049 4602 – www.domenicodal1968.it – Chiuso lunedì, domenica sera*

🙂 PROFUMO DI MIRTO

PESCE E FRUTTI DI MARE · **FAMILIARE** ✕ È il classico ristorante di quartiere semplice e rassicurante, dove sentirsi a proprio agio. Le specialità omaggiano il pesce, ma fatevi consigliare sugli arrivi perché non sempre è disponibile quanto scritto in carta. Qualche piatto sardo in onore alle origini dei titolari.

Specialità: Misto di antipasti di mare. Ravioli con polpa di spigola e carciofi, gamberi e bottarga. Seadas.

Carta 34/62 €

🅰🅲 **Pianta: 2-C2-f** – *viale Amelia 8/a – ℰ 06 786206 – www.profumodimirto.it – Chiuso lunedì*

🙂 AL RISTORO DEGLI ANGELI

ROMANA · **VINTAGE** ✕ Nel quartiere della Garbatella, una particolare osteria dall'atmosfera un po' retrò con tavoli, sedie e lampadari recuperati da storici locali francesi. Ivo vi accoglierà con i suoi modi garbati e sorriso ammaliante, Elisabetta vi conquisterà con i suoi piatti dai sapori genuini grazie all'accurata selezione dei fornitori. Qualche piatto capitolino e tanti sapori dal Lazio.

Specialità: Fiori di zucca ripieni di bufala e alici fritti in pastella di riso. Fettuccine degli angeli (burro di montagna, parmigiano stravecchio, sesamo tostato). Crostata con salsa di visciole o more selvatiche.

Menu 20 € (pranzo), 25/35 € – Carta 26/43 €

🏠 🅰🅲 **Pianta: 1-B2-a** – *via Luigi Orlando 2 – ℰ 06 5143 6020 – www.ristorodegliangeli.it – Chiuso 1-10 gennaio, 10 agosto-10 settembre, lunedì-sabato a mezzogiorno, domenica sera*

🍴 TRATTORIA PENNESTRI

REGIONALE · VINTAGE Rustico caldo e semplice come deve essere una trattoria dove sentirsi a proprio agio, la cucina parla di specialità romane di stagione e dove la mano dello chef le ripropone con un tocco tecnico attuale. E' questa la cucina romana del futuro? Di certo la strada è giusta!

Specialità: Coratella d'agnello, buccia di limone e ricotta salata. Petto d'anatra, pesche al vino e cipollotti. Mousse di cioccolato, pane carasau, olio, sale e rosmarino.

Carta 27/36 €

& 🅰🅒 Pianta: 1-B2-c – *via Giovanni Da Empoli 5 –* Ⓜ *Piramide –* 𝒞 *06 574 2418 – trattoriapennestri.it – Chiuso lunedì, martedì-giovedì a mezzogiorno*

🍴 TRATTORIA DEL PESCE

PESCE E FRUTTI DI MARE · BISTRÒ Pesce fresco e crudo in tutte le sue declinazioni, in un ambiente accogliente, vagamente bistrot, dalla giovane e capace gestione. Vale la pena di pazientare per trovare parcheggio.

Carta 35/85 €

🅰🅒 Pianta: 1-B2-b – *via Folco Portinari 27 –* 𝒞 *349 335 2560 – www.trattoriadelpesce.it – Chiuso lunedì, martedì-giovedì a mezzogiorno*

Alberghi

🏨 A.ROMA LIFESTYLE HOTEL Ⓝ

SPA E WELLNESS · MODERNO A soli venti minuti dall'aeroporto di Fiumicino, A.Roma Lifestyle è un lussuoso hotel con centro benessere e vista spettacolare sulla cupola di San Pietro. Camere di diversa tipologia, ma tutte accomunate da un alto standard di confort e cucina multietnica al ristorante Sapori dal Mondo.

☆ 🍴 ⌁ 🖵 📶 🛁 🏋 🖵 ⭕ 🅰🅒 ⚒ ♨ 🅿 276 camere

Pianta: 1-B2-d – *via Giorgio Zoega 59 –* 𝒞 *06 8780 0168 – www.hotel-aroma.com*

🏨 PULITZER Ⓝ

LUSSO · CONTEMPORANEO Con un'architettura dalle linee pulite e dal fascino sofisticato, l'Hotel Pulitzer si distingue per il suo stile ed il confort. Gli arredi e le decorazioni degli interni sono gradevoli, le pareti bianche sono valorizzate in modo impeccabile da elementi eleganti e alla moda, come le opere d'arte italiane degli anni '70.

☆ 🖵 ⭕ 🅰🅒 ⚒ 83 camere

Pianta: 1-B3-a – *via Francesco Marconi 65 –* Ⓜ *Marconi –* 𝒞 *06 598591 – www.hotelpulitzer.it*

luchezar/iStock

ROMAGNANO

⊠ 37023 – Verona (VR) – Carta regionale n° **22**–A2

🕸 **LA CRU** ⑩

Chef: Giacomo Sacchetto

ITALIANA CONTEMPORANEA · INTIMO ✗✗ Nel piccolo borgo di Romagnano, sulle colline della Valpantena, terra d'importanti Amaroni, un bravo chef ha fissato il suo 'lab', presentando una cucina che spicca per precisione di esecuzione ed intensità. In un contesto d'epoca – la quattrocentesca Villa Balis Crema – la personalità e l'originalità della proposta gastronomica sono rimarchevoli e pongono Giacomo Sacchetto tra i giovani profili più interessanti del panorama nazionale. La sua cucina si muove leggiadra tra continue misurate invenzioni che convincono, senza mai strafare.

Specialità: Tagliatelle di riso, foglia di vite, gamberi di fiume e vinacce. Coniglio, spuma di patate arrosto, mela e rosmarino. Ricordo di neve.

Menu 60/90€ – Carta 64/82€

&. 🖭 ✿ via Cortivi 11 – ☏ 045 495 1629 – www.ristorantelacru.it – Chiuso lunedì, martedì-venerdì a mezzogiorno, domenica sera

ROMAZZINO – Olbia-Tempio (OT) → Vedere Sardegna (Arzachena)

ROMENO

⊠ 38010 – Trento (TN) – Carta regionale n° **19**–B2 – Carta stradale Michelin 562-C15

😊 **NERINA**

REGIONALE · SEMPLICE Tanta semplicità, ospitalità ed informalità in un locale nel verde della Val di Non, che la famiglia Di Nuzzo gestisce ormai da più di 50 anni. Da Nerina si viene e, volentieri, si torna per assaggiare alcune gemme tra i prodotti trentini come il formaggio *casolèt* o le preparazioni con il mais della Valsugana, la *mortandela* e le specialità genuine della casa, cucinate spesso coi prodotti del proprio orto e nel ricordo nella tradizione, a volte con "apertura" nazionale.

Specialità: Salumi nonesi e schiacciatina calda. Gnocchi di mais spin della Valsugana con fonduta di casolèt. Crespelle alle mele.

Carta 33/43€

🅿 via De Gasperi 31, località Malgolo – ☏ 0463 510111 – www.albergonerina.it – Chiuso 11-29 ottobre, martedì

RONZONE

⊠ 38010 – Trento (TN) – Carta regionale n° **19**–B2 – Carta stradale Michelin 562-C15

🍴 **ORSO GRIGIO**

CLASSICA · ROMANTICO ✗✗✗ Ristorante della famiglia Bertol da più di 40 anni, gestito con professionalità da due fratelli gemelli: uno segue i fornelli proponendo una solida e gustosa linea di cucina classica a base di carne, arricchita da una piccola offerta di specialità di pesce; l'altro si occupa della fornitissima cantina, generosa di eccellenze.

Carta 64/70€

🐝 ☖ 🏠 ✿ 🅿 🚗 Hotel Villa Orso Grigio, via Regole 12 – ☏ 0463880559 – www.orsogrigio.it – Chiuso martedì a mezzogiorno

ROSETO DEGLI ABRUZZI

⊠ 64026 – Teramo (TE) – Carta stradale Michelin 563-N24

😊 **VECCHIA MARINA** ⑩

PESCE E FRUTTI DI MARE · SEMPLICE ✗ A due passi dalla spiaggia, nel giro di circa 20 anni quest'insegna abruzzese è diventata un vero e proprio "mito" per gli amanti del buon pesce, in virtù di alcuni semplici punti di forza: fragranza e freschezza del pescato, semplicità e sapore delle preparazioni ed un rapporto qualità/prezzo che rimane quasi unico in Italia. Visto il grande successo, conviene ricordarsi di prenotare per tempo!

Specialità: Crudi di mare. Crostacei aglio, olio e rosmarino. Sorbetti alla frutta.

Menu 32/55 € – Carta 35/57 €

🏠 🎬 *lungomare Trento 37 –*

✆ *085 893 1170 –*

Chiuso 1-6 gennaio, lunedì, domenica sera

a **Montepagano** Ovest: 6 km per – Carta regionale n° **1**–B1

🕸 **D.ONE RESTAURANT**

MODERNA · ELEGANTE XxX La location è sicuramente sui generis, in quanto come anticipa il nome si tratta di un ristorante diffuso; accanto all'edificio principale che comprende cucina, bar, lounge e sala, vi sono infatti altri ambienti (cantina per degustazioni, spazio eventi, saletta solo per due con romantico camino...). Per quanto riguarda la linea gastronomica, lo chef salentino Davide Pezzuto oscilla tra semplicità e sperimentazione creativa: l'attenzione è posta a preservare le proprietà organolettiche degli ingredienti, dando una particolare importanza alla selezione delle materie prime - spesso di provenienza locale - come le erbe spontanee, i formaggi dei casari di Montepagano, il pescato della costa o le carni di allevatori della zona.

Specialità: Trippa alla teramana e gamberi rossi. Granetti, estrazione di canocchie, burrata e cascigni (erba di campo). Bianco lampone e nepitella.

Menu 80/105 € – Carta 65/100 €

🔙 🎬 ⇦ *via del Borgo 1 –*

✆ *085 894 4508 – www.donerestaurant.it –*

Chiuso 12 gennaio-6 febbraio, lunedì, martedì-sabato a mezzogiorno, domenica

ROSIGNANO MARITTIMO

✉ 57016 – Livorno (LI) – Carta regionale n° **18**–B2 – Carta stradale Michelin 563-L13

a Nibbiaia

🍴 **LOCANDA MARTINELLI**

MODERNA · CHIC XX Vale la pena lasciare la costa, salire le prime colline, ed accomodarsi in questo ristorantino per gustare i suoi piatti di grande spessore. In un caseggiato rustico con arredi personalizzati, quasi fosse la saletta di una dimora privata, il menu elenca specialità di carne e di pesce elaborate con fantasia nei loro richiami ad ingredienti regionali e non. La padrona di casa – oltre ad essere un'esperta di vini – raccoglie erbe, fiori e bacche che andranno ad insaporire le ricette.

Menu 60 € – Carta 52/68 €

🎬 *piazza Mazzini 11 –*

✆ *0586 740161 – www.locandamartinelli.it –*

Chiuso 24 dicembre-4 gennaio, lunedì, martedì, mercoledì-sabato a mezzogiorno

ROSIGNANO SOLVAY

✉ 57016 – Livorno (LI) – Carta regionale n° **18**–B2 – Carta stradale Michelin 563-L13

🍴 **VOLVÈR**

PESCE E FRUTTI DI MARE · CONTESTO CONTEMPORANEO XX Cucina contemporanea eseguita con precisione e senza eccessi, partendo da materie prime d'indubbia qualità. Volvèr, un indirizzo dove ritornare con piacere, complice la bella sala le cui ampie vetrate affacciate sul mare evocano la sensazione di essere a bordo di un elegante yacht.

Menu 65 € – Carta 45/67 €

🏠 ♿ 🎬 *porto Turistico Cala De Medici –*

✆ *0586 744312 – www.portodelgusto.it –*

Chiuso mercoledì

ROTONDA

✉ 85048 – Potenza (PZ) – Carta regionale n° **2**–C3 – Carta stradale Michelin 564-H30

🍴 **DA PEPPE**

REGIONALE · FAMILIARE 🕸 Nel centro storico del paesello all'interno del parco del Pollino, ai fornelli di questo storico locale vige un unico imperativo: riscoprire i sapori della cucina lucana!

Menu 15/45 € – Carta 25/45 €

↰ 𝔸ℂ *corso Garibaldi 13 – ☎ 0973 661251 – www.peppe1980.it – Chiuso lunedì sera*

ROTTOFRENO

✉ 29010 – Piacenza (PC) – Carta regionale n° **5**–A1 – Carta stradale Michelin 561-G10

🍴 **TRATTORIA LA COLONNA**

TRADIZIONALE · CONTESTO STORICO 🕸🕸 Nel '700 era una stazione di posta, oggi può vantarsi di essere l'edificio più longevo della località! Nella vecchia stalla trova posto il ristorante che propone i piatti della tradizione di terra e di mare venati invece di moderna creatività.

Menu 20/25 € – Carta 35/55 €

🕸 🍴 𝔸ℂ *via Emilia Est 6, località San Nicolò – ☎ 0523 768343 – www.ristorantelacolonna.com – Chiuso 8-28 agosto, martedì, domenica sera*

🍴 **ANTICA TRATTORIA BRAGHIERI**

EMILIANA · TRATTORIA 🕸 Sembra una stazione di posta talmente alta è la frequentazione sia per il piccolo bar all'entrata che per la saletta del menu fisso; le proposte *à la carte* non cambiano spesso, ma sono sempre una certezza. Tortelli e tartare su tutto!

Menu 10 € (pranzo) – Carta 25/40 €

𝔸ℂ 🅿 *località Centora 21 – ☎ 0523 781123 – Chiuso 1-15 gennaio, 25 luglio-25 agosto, lunedì, martedì-giovedì sera, domenica sera*

ROVERCHIARA

✉ 37050 – Verona (VR) – Carta regionale n° **23**–B3 – Carta stradale Michelin 562-G15

🍴 **LOCANDA LE 4 CIACOLE**

DEL TERRITORIO · RUSTICO 🕸 Affacciato sulla piazza del paese, varcata la soglia ci si trova in un grazioso cortile per il servizio all'aperto, mentre la porta del ristorante si apre su un'ottima ed invogliante esposizione di salumi e formaggi. Ma non fermatevi qui: in sale dal sapore romantico e retrò, la cucina contempla tanti ottimi piatti, anche alla griglia.

Menu 60/90 € – Carta 50/85 €

🕸 ↰ 🍴 𝔸ℂ *piazza Vittorio Emanuele 10 – ☎ 0442 685115 – www.le4ciacole.it – Chiuso 20-31 gennaio, 10-30 agosto, lunedì, martedì-sabato a mezzogiorno, domenica sera*

ROVERETO

✉ 38068 – Trento (TN) – Carta regionale n° **19**–B3 – Carta stradale Michelin 562-E15

✿ **SENSO ALFIO GHEZZI MART** ⓝ

CREATIVA · DESIGN 🕸🕸 Il bravissimo cuoco trentino, Alfio Ghezzi, si ripropone in versione contemporanea... e non poteva essere altrimenti vista la location! All'interno della caffetteria del celebre Mart (Museo d'arte moderna e contemporanea di Trento e Rovereto), un'unica proposta degustazione di sette portate, con la possibilità di fare un percorso più breve di sole quattro, fra cui, una dedicata alla mostra in corso. Italianità, semplicità e gusto sono i capisaldi della sua filosofia gastronomica. L'offerta è radicalmente diversa durante il servizio del pranzo, assai più semplice.

Specialità: Cardoncello, il suo estratto, erbe di montagna, polline e nocciole. Ravioli del plin di gallina, burro acido e zafferano di montagna. Cremoso al miele di tarassaco, biscotto alle noci e gelato al rabarbaro.

Menu 70/90 €

&. 🅰 ⇔ 🅿 *corso A. Bettini 43 (Museo Mart) – ☎ 0464 661375 – alfioghezzi.com – Chiuso 25 gennaio-8 febbraio, 1-14 giugno, lunedì, martedì-sabato a mezzogiorno, domenica*

⫶◯ **NOVECENTO**

CLASSICA · ACCOGLIENTE ⅩⅩ Ristorante accogliente con sala interna classica raddoppiata da una bella veranda colorata da bottiglie tinte a mano. La carta è ben diversificata: c'è un filone regionale, pochi piatti mantovani ed altri dal gusto nazionale. Inoltre, c'è la pizza a lievitazione naturale e cotta nel forno elettrico.

Menu 28/45 € – Carta 28/55 €

⇐ 🛱 🅰 ⇔ 🅿 *Hotel Rovereto, corso Rosmini 82 d – ☎ 0464 435454 – www.ristorante900rovereto.com – Chiuso domenica*

🏨 **MERCURE NEROCUBO ROVERETO** ⓝ

BUSINESS · MODERNO Un nome curioso, ma ben appropriato, per questa moderna struttura dall'architettura lineare, adatta soprattutto ad una clientela business o come punto d'appoggio per una gradevole sosta. All'ultimo piano anche un piccolo centro benessere.

🕭 🖃 &. 🅰 ⚒ 🅿 91 camere – 10 suites

via per Marco 16 (prossimità uscita autostrada Rovereto Sud) – ☎ 0464 022022 – www.nerocubohotel.it

ROVIGO

✉ 45100 – Rovigo (RO) – Carta regionale n° **23**-C3 – Carta stradale Michelin 562-G17

⫶◯ **TAVERNETTA DANTE 1936**

REGIONALE · CONTESTO STORICO Ⅹ Un'oasi lungo il corso trafficato che attraversa il centro di Rovigo: dall'ambientazione all'interno di un piccolo e grazioso edificio, alla cucina di mare e di terra.

Carta 33/53 €

🛱 🅰 ⇔ *corso del Popolo 212 – ☎ 0425 26386 – Chiuso lunedì, domenica sera*

RUBANO

✉ 35030 – Padova (PD) – Carta regionale n° **22**-B2 – Carta stradale Michelin 562-F17

✿✿✿ **LE CALANDRE**

Chef: Massimiliano Alajmo

CREATIVA · ALLA MODA ⅩⅩⅩ "L'unione fa la forza"! Se poi è famigliare ancora di più. In questo alto tempio della gastronomia italiana lavorano, infatti, i tre fratelli Alajmo: ognuno con le proprie competenze, ma ciascuno ugualmente indispensabile.

Nel 2002 Massimiliano è diventato il più giovane chef tri-stellato d'Europa e da allora l'eccellenza è stata il suo dogma. Figlio d'arte, Massimiliano ha una specialità che gli sta particolarmente a cuore: il risotto liquirizia e zafferano, creato per la gentile consorte e perennemente rielaborato a seconda della stagione. La famiglia, per l'appunto!

Nella sala disegnata dagli stessi padroni di casa e che interpreta la filosofia di cucina in cui l'ingrediente è il protagonista, la carta elenca lunghi percorsi degustazione: si va dai piatti storici a quelli più recenti, tuttavia liberi di scegliere e ridurre a piacimento.

Specialità: Cappuccino Murrina. Paccheri con intingolo di pomodori arrostiti e passata di melanzane affumicate. Gioco al cioccolato.

Menu 135/225 € – Carta 135/200 €

♨ 🅰 ⇔ 🅿 *via Liguria 1, località Sarmeola – ☎ 049 630303 – www.alajmo.it – Chiuso 1-21 gennaio, 10 settembre-2 ottobre, lunedì, martedì a mezzogiorno*

ⅠⅠ○ IL CALANDRINO

DEL TERRITORIO · CONTESTO CONTEMPORANEO Ⅹ Caffetteria, enoteca, pasticceria, ristorante: il tutto ad ottimi livelli! Il Calandrino è un locale eclettico che può offrire un servizio variegato sette giorni su sette dalla colazione alla cena; piatti semplici, ma curati, per gustare al meglio gli ingredienti di stagione. La regia è firmata Le Calandre.

Carta 54/60 €

🛋 🅰🅲 🅿 *strada statale 11, località Sarmeola – ℰ 049 630303 – www.alajmo.it – Chiuso domenica sera*

ⅠⅠ○ L' OFFICINA ENOTECA & CUCINA

PESCE E FRUTTI DI MARE · DESIGN Ⅹ Un locale dalla doppia anima: moderno bistrot/enoteca con proposte ed economici menu del giorno, ma anche sala ristorante classica con prevalenza di specialità ittiche.

Menu 15 € (pranzo) – Carta 35/55 €

⟷ 🅰🅲 🅿 *via della Provvidenza 4/6 – ℰ 049 690145 – www.officinaristorante.it – Chiuso lunedì, domenica a mezzogiorno*

RUBBIANINO – Reggio nell'Emilia (RE) → Vedere Quattro Castella

RUBBIO – Vicenza (VI) → Vedere Lusiana Conco

RUBIERA

✉ 42048 – Reggio nell'Emilia (RE) – Carta regionale n° **5**–B2 –
Carta stradale Michelin 562-I14

✿ ARNALDO-CLINICA GASTRONOMICA

Chef: Anna Degoli e Roberto Bottero

EMILIANA · CONTESTO TRADIZIONALE ⅩⅩ L'ambiente del ristorante si sviluppa al piano terra della storica locanda, nel cuore di Rubiera. Dal fascino del porticato ad archi che fronteggia l'antico Forte, si entra nel cuore della Clinica Gastronomica, dove in un'atmosfera calda e accogliente trovano posto una ventina di coperti, ben distanziati e disposti per garantire un'adeguata riservatezza. Siamo nel tempio della cultura gastronomica emiliana e - come tale - un luogo "sacro" per chi adora salumi, pasta fatta in casa e quell'universo di secondi piatti a base di carne che raggiunge la propria apoteosi con il carrello dei bolliti (tagli bovini e suini di prim'ordine, bolliti a fuoco lento, vengono serviti con purè, mostarde e salse). La tradizione qui è la sacerdotessa della tavola. L'ospitalità è di casa.

Specialità: Spugnola mignon: pasta al forno ricca di formaggio, ripiena di carne, servita con un sugo di funghi spugnole. Carrello dei bolliti e degli arrosti. Pera sciroppata all'arancia servita con zabaione al Marsala.

Menu 45/65 € – Carta 40/70 €

⟷ & ♿ *piazza 24 Maggio 3 – ℰ 0522626124 – www.clinicagastronomica.com – Chiuso 10-17 gennaio, 8-22 agosto, lunedì a mezzogiorno, domenica sera*

RUDA

✉ 33050 – Udine (UD) – Carta regionale n° **6**-C3 – Carta stradale Michelin 562-E22

✿ OSTERIA ALTRAN

MODERNA · ROMANTICO ⅩⅩⅩ Un indirizzo dove - una volta stati – si vagheggia solo di ritornarvi. In un paesino ad una quarantina di chilometri da Trieste, sorge l'Osteria Altran, piccolo angolo gourmet per buone forchette immerso nel verde della campagna friulana. In quella che un tempo era una semplice azienda agricola, il patron Guido Lanzellotti ha saputo dar vita ad un locale apparentemente rustico - in realtà, squisitamente romantico - dove gustare una cucina moderna che punta sulla qualità delle materie prime e sulla loro esaltazione.

Specialità: Granseola al vapore, maionese al corallo, panna acida e caviale di salmone. Tortelli ripieni di songino, crema di mandorle, paprica affumicata, semi di chia e lino tostati. Pesca melba arrostita, mandorle caramellate, gelato alla vaniglia, salsa di lamponi ed elisir di pesca.

Menu 85/95 € – Carta 67/96 €

&& 🛱 & 🕭 ⇔ 🅿 *località Cortona 19 – ☏ 0431 969402 – Chiuso 1-9 febbraio, 5-15 luglio, 8-17 novembre, lunedì, martedì, mercoledì-venerdì a mezzogiorno*

RUNATE – Mantova (MN) → Vedere Canneto sull'Oglio

RUSSI

✉ 48026 – Ravenna (RA) – Carta stradale Michelin 562-I18

a San Pancrazio Sud - Est : 5 km – Carta regionale n° **5**-D2

🕲 **LA CUCOMA**

PESCE E FRUTTI DI MARE · AMBIENTE CLASSICO ✗ Ubicato lungo la strada principale del paese, a 10 minuti circa da Ravenna, la famiglia Amadori da oltre 40 anni propone specialità ittiche in un ristorante classico ma, al tempo stesso, familiare. Qualche fuori menu – presentato a voce - integra una carta totalmente dedicata al mare. Eccezion fatta per il pesce crudo che – naturalmente – fa lievitare i costi, il locale è celebre in zona per il buon rapporto qualità/prezzo.

Specialità: Spaghetti alle vongole. Frittura di paranza. Gelato artigianale.

Menu 40/50 € – Carta 33/55 €

🕭 ⇔ 🅿 *via Molinaccio 175 – ☏ 0544 534147 - www.ristorantecucoma.com – Chiuso 2-11 gennaio, 1-30 agosto, lunedì, domenica sera*

RUVO DI PUGLIA

✉ 70037 – Bari (BA) – Carta regionale n° **15**-B2 – Carta stradale Michelin 564-D31

🕲 **U.P.E.P.I.D.D.E.**

REGIONALE · FAMILIARE ✗ Indiscutibilmente caratteristico e fresco! Scavate all'interno della roccia che costituiva le antiche mura aragonesi, le quattro salette si susseguono sotto archi di mattoni con - dulcis in fundo - la bella cantina visitabile. Altrettanto storica la cucina delle Murge, che trova la sua massima espressione nella grigliata di carni locali al barbecue o nel filetto di manzo in salsa di prugne al vino e scalogno caramellato.

Specialità: Spuma d'uovo con tuorlo fondente e crostone di pane nero su vellutata di parmigiano e ostie di tartufo nero. Cavatelli con cardoncelli e pomodorini passiti su fonduta di cacio podolico e veli di mandorle tostate. Semifreddo al cioccolato bianco con crema di pistacchio.

Carta 28/37 €

&& ⇔ *vico S. Agnese 2, angolo corso Cavour – ☏ 080 361 3879 - www.upepidde.it – Chiuso 15 giugno-28 agosto, lunedì, domenica sera*

SACERNO – Bologna (BO) → Vedere Calderara di Reno

SACILE

✉ 33077 – Pordenone (PN) – Carta regionale n° **6**-A3 – Carta stradale Michelin 562-E19

🕪 **PORCA L'OCA**

MODERNA · ACCOGLIENTE ✗ La passione della titolare per la cucina porta in tavola sia piatti di carne legati alla tradizione sia specialità di pesce, il tutto rielaborato in un'accattivante chiave moderna. Un locale caratteristico ed intimo nel cuore del centro storico.

Carta 43/80 €

🕭 *via Luigi Nono 13 – ☏ 0434 780870 - www.ristoranteporcalocasacile.it – Chiuso domenica*

SAINT VINCENT

✉ 11027 – Aosta (AO) – Carta regionale n° **21**–B2 – Carta stradale Michelin 561-E4

🍴○ **LE GRENIER**

MODERNA · RUSTICO XX Nel cuore di Saint-Vincent, la suggestione di un vecchio granaio (*grenier*, in francese) con frumento a cascata, camino e utensili d'epoca alle pareti. Ma le sorprese non finiscono qui: è il turno della cucina a sedurre gli ospiti, inaspettatamente moderna con qualche richiamo alle tradizioni valdostane.

Menu 50/85 € – Carta 65/90 €

AC ⇔ *piazza Monte Zerbion 1 – ☎ 0166 510138 – www.ristorantelegrenier.com – Chiuso lunedì-martedì a mezzogiorno, mercoledì, giovedì a mezzogiorno*

🏨 **GRAND HOTEL BILLIA**

LUSSO · ELEGANTE La facciata belle époque e due torrioni domina il fondovalle in un parco ombreggiato con piscina: dal 1908, questo hotel storico - risorto dopo una radicale opera di rinnovo - vanta camere contemporanee, in legno e pietra, un'attrezzatissima spa, oltre ad un accesso diretto al casinò. Sale molto luminose e panoramiche sono dedicate alla ristorazione, nonché alla colazione. Elegante soggiorno nella Vallée!

🏊 ⩽ 🛏 ⛱ 🔲 🏧 🐾 ₲ 🖬 ♿ AC 🧖 🅿 56 camere – 13 suites

viale Piemonte 72 – ☎ 0166 5231 – www.billia.it

SALA BAGANZA

✉ 43038 – Parma (PR) – Carta regionale n° **5**–A3 – Carta stradale Michelin 562-H12

🍴○ **I PIFFERI**

EMILIANA · TRATTORIA X Un solo chilometro basta per abbandonare il paese ed entrare nel verde del Parco Regionale dei Boschi di Carrega. Qui si trova un'antica stazione di posta - risalente all'epoca di Maria Luigia - trasformata in ristorante: incantevole contesto per i piatti parmigiani di sempre.

Menu 35 € – Carta 25/43 €

🛏 🏠 ⇔ 🅿 *via Zappati 36 – ☎ 0521 833243 – www.ipifferi.com – Chiuso lunedì*

SALA BOLOGNESE

✉ 40010 – Bologna (BO) – Carta regionale n° **5**–C3

🍴○ **ENSAMA PESCE** ⓝ

MEDITERRANEA · ELEGANTE XXX Proposte rigorosamente di pesce - frutto del mercato giornaliero - vengono elaborate con un tocco tutto pugliese, regione di nascita del cuoco. Non appena accomodati, la tavola s'imbandisce di taralli, focaccia ed altri lievitati fatti in loco. Lo chef-patron Sabino è un vero padrone di casa ed è a lui che ci si deve affidare!

Menu 90 € – Carta 107/137 €

AC *via Aristide Dondarini 4 – ☎ 051 828634 – www.ristorantensama.it – Chiuso 1 agosto-1 settembre*

SALERNO

✉ 84121 – Salerno (SA) – Carta regionale n° **4**–B2 – Carta stradale Michelin 564-E26

❀ **RE MAURÌ**

CREATIVA · STILE MEDITERRANEO XXX Nell'hotel Lloyd's Baia, al confine tra Salerno e Vietri, dove la costa si alza sul porto, il ristorante offre una rimarchevole vista sul golfo già dalla sala interna attraverso le due pareti vetrate, ma ancor di più quando, con il bel tempo, ci si trasferisce in terrazza. Dalla cucina arrivano proposte campane, ma anche piatti internazionali e prodotti non necessariamente legati alla regione. Lasciate uno spazio per il dessert: il cuoco ha lavorato spesso come pasticcere prima di approdare qui e la cura che riserva ai dolci è rimarchevole.

Specialità: Noce di capasanta croccante con crema cotta di quadrello di bufala ed escapece di verdurine al cumino. Rombo con zuppa di finocchi, testina di vitello e asparagi alla pancetta. La mia pesca Melba.

Menu 100/110 € – Carta 71/98 €

 இ 爪 🅿 *Hotel Lloyd's Baia, via Benedetto Croce – ℰ 089 763 3687 – www.remauri.it – Chiuso 12 gennaio-13 febbraio, martedì, mercoledì a mezzogiorno*

�🍽 PESCHERIA

PESCE E FRUTTI DI MARE · ACCOGLIENTE XX Fra il centro storico e il lungo-mare, il nome del ristorante è anche il suo programma gastronomico: quasi esclu-sivamente pesce, fresco e non d'allevamento, che vi consigliamo di scegliere voi stessi dall'espositore in fondo alla sala. Crudità e grigliate tra le preparazioni più gettonate, ma per gli appassionati c'è anche una buona selezione di formaggi, oltre ovviamente ai dolci.

Menu 15 € (pranzo)/30 € – Carta 45/110 €

 爪 *corso Giuseppe Garibaldi 227 – ℰ 089 995 5823 – www.pescheriasalerno.it*

�🍽 VIA PORTO BISTROT

ITALIANA CONTEMPORANEA · CONTESTO CONTEMPORANEO X Come indica il nome, siamo in prossimità del porto, ma anche a due passi dal centro storico, in un ristorante dal design originale e contemporaneo. Il giovane cuoco propone una cucina creativa che enfatizza i contrasti: si passa con abilità dal caldo al freddo, dal dolce all'amaro e dal morbido al croccante in piatti che non trascurano raffinate presentazioni.

Menu 15 € (pranzo), 40/50 € – Carta 34/55 €

 爪 *via porto 5/7 – ℰ 089 235471 – www.viaporto.it – Chiuso mercoledì*

🏨 LLOYD'S BAIA

PALACE · ELEGANTE Aggrappato alla roccia della costiera, grand hotel dall'at-mosfera classico-elegante, dotato di una terrazza con magnifica vista mare e di un comodo ascensore diretto per la spiaggia; belle camere e il centro storico di Vietri, paese delle ceramiche, ad una breve passeggiata.

 ९ 亠 🛏 🕭 ⅙ 爪 ∆ 🅿 132 camere – 10 suites

via Benedetto Croce snc – ℰ 089 763 3111 – www.lloydsbaiahotel.it

 ❀ **Re Maurì** – Vedere selezione ristoranti

SALGAREDA

✉ 31040 – Treviso (TV) – Carta regionale n° **23**–A1 – Carta stradale Michelin 562-E19

�🍽 MARCANDOLE

PESCE E FRUTTI DI MARE · ELEGANTE XXX Nei pressi dell'argine del fiume Piave, due fratelli gestiscono con passione e competenza quello che è diventato un caposaldo della ristorazione trevigiana, grazie ad una cucina di pesce, piatti d'impostazione contemporanea belli da vedere, buoni da mangiare. Imperdibili, i crudi!

Menu 30 € (pranzo), 60/90 € – Carta 50/90 €

 ஃ 爪 ⇦ 🅿 *via Argine Piave 9 – ℰ 0422 807881 – www.marcandole.it – Chiuso mercoledì sera, giovedì*

SALÒ

✉ 25087 – Brescia (BS) – Carta regionale n° **9**–D1 – Carta stradale Michelin 561-F13

�🍽 VILLA ARCADIO

MEDITERRANEA · ROMANTICO XX Il pensiero culinario che troverete nei menu riscopre i sapori della cucina italiana. "Abbiamo interpretato ricette tradizionali con nuove tecniche gastronomiche e cura nella presentazione estetica", afferma il nuovo chef, Marco Leonelli. La carta dei vini è frutto di un'attenta selezione di etichette nazionali, un viaggio sul territorio alla ricerca di piccole e medie realtà.

Menu 35 € (pranzo), 45/80 € – Carta 45/80 €

 ९ 亠 爪 🅿 *Hotel Villa Arcadio, via Palazzina 2, località Villa di Salò – ℰ 0365 42281 – www.hotelvillaarcadio.it – Chiuso 1 dicembre-11 marzo*

🍴 **QB DUEPUNTOZERO**

MODERNA · MINIMALISTA ×× Sul lungolago fronte porticciolo, ambiente moderno dalle linee sobrie con gradevole zona per il servizio estivo; cucina in chiave mediterranea che alterna - in egual misura - carne e pesce.

Menu 25€ (pranzo), 50/70€ – Carta 45/70€

🍽 ⅋ Ⓜ *via Pietro da Salò 23 – ℰ 0365 520421 – www.qbduepuntozero.it – Chiuso 25 gennaio-9 febbraio, lunedì, domenica sera*

VILLA ARCADIO

LUSSO · STORICO Elegante risultato della ristrutturazione di un monastero del XIV secolo all'interno di un immenso parco, con piscina e terrazze panoramiche. Ambienti raffinati che fondono modernità e charme, affreschi originali nei corridoi e nelle camere sobrie, ma curate nella loro semplicità. Invitanti seduzioni gastronomiche al ristorante che, con il bel tempo, si uniscono a quelle dello splendido panorama sul lago.

🦢 ≤ 🛋 🏊 🏠 🗄 ⅋ Ⓜ 🚗 17 camere – 1 suite

via Palazzina 2, località Villa di Salò – ℰ 0365 42281 – www.hotelvillaarcadio.it

🍴 **Villa Arcadio** – Vedere selezione ristoranti

SALSOMAGGIORE TERME

✉ 43039 – Parma (PR) – Carta regionale n° **5**–A2 – Carta stradale Michelin 562-H11

🍴 **L'OSTERIA DEL CASTELLAZZO**

REGIONALE · SEMPLICE × E' una storia di passione e di caparbietà quella della giovane titolare, laureata in lettere e poi convertitasi alla passione per la cucina. La penna è diventata un mestolo e dalla cucina escono gustosi piatti locali, quale il guancialino di vitello brasato, con qualche prestito piacentino o mantovano, come i pisarei e la sbrisolona.

Carta 28/42€

🍽 Ⓜ *via Borgo Castellazzo 40 – ℰ 0524 578218 – Chiuso mercoledì, giovedì*

a Cangelasio Sud - Ovest: 3, 5 km – Carta regionale n° **5**–A2

🙂 **TRATTORIA CERIATI**

EMILIANA · RUSTICO × Una bella trattoria in posizione defilata e tranquilla condotta da due giovani soci con esperienza nel settore; le proposte si legano al territorio parmigiano, in inverno alla domenica carrello dei bolliti, in primavera-estate veranda all'aperto e carne alla brace. Ottimo servizio!

Specialità: Misto salumi. Tortelli di erbetta. Sformatino al cioccolato.

Menu 25/60€ – Carta 25/65€

🍽 ⅋ Ⓜ 🅿 *località Cangelasio Ceriati 18 – ℰ 0524 573654 – Chiuso martedì*

SALUDECIO

✉ 47835 – Rimini (RN) – Carta regionale n° **5**–D3 – Carta stradale Michelin 562-K20

🍴 **LOCANDA BELVEDERE**

MODERNA · ACCOGLIENTE ×× E' un indirizzo da scovare, sui primi colli alle spalle di Cattolica, nascosto in quella che appare una semplice residenza privata. Ma ne vale la pena: il giovane cuoco, appassionato di prodotti romagnoli, propone una ristretta selezione di piatti di ottima qualità. E se volete pernottare, le camere offrono una sistemazione accogliente e spesso spaziosa.

Menu 45/65€ – Carta 43/52€

🔄 ≤ 🍽 ⅋ Ⓜ 🅿 *via San Giuseppe 736, frazione San Rocco – ℰ 0541 982144 – www.belvederesaludecio.it – Chiuso lunedì a mezzogiorno, martedì, mercoledì-venerdì a mezzogiorno*

CITTÀ DEL VATICANO – Roma (RM) ➜ Vedere Roma

SAN BENEDETTO DEL TRONTO

✉ 63074 – Ascoli Piceno (AP) – Carta regionale n° **11**–D3 – Carta stradale Michelin 563-N23

🍴 DEGUSTERIA DEL GIGANTE

CONTEMPORANEA · CONTESTO STORICO ✗✗ Dimora storica ottocentesca su fondazioni quattrocentesche nella parte alta della città, in una zona dall'atmosfera affascinante: il territorio firma con decisione la cucina, ma lo chef lo reinterpreta con gusto e garbo moderni.

Menu 45/60 € – Carta 45/60 €

🛖 *via degli Anelli 19 – ℰ 0735 588644 – www.degusteriadelgigante.it –*
Chiuso lunedì a mezzogiorno, martedì, mercoledì-domenica a mezzogiorno

SAN BERNARDO – Genova (GE) → Vedere Bogliasco

SAN BONIFACIO

✉ 37047 – Verona (VR) – Carta regionale n° **23**-B3 – Carta stradale Michelin 562-F15

🍴 I TIGLI

PIZZA · DI TENDENZA ✗ Nella cornice di questa ridente piccola cittadina, I Tigli si contraddistingue per l'ambiente moderno e giovanile, nonché la sua proposta di pizze gourmet fuori dal comune. Sia le più tradizionali che le più fantasiose stupiranno per la creatività, l'ottima materia prima e l'attenzione maniacale nella lievitazione dell'impasto. Buona selezione enoica e numerosi tipi di birra. Irrinunciabili anche i dessert.

Menu 20 € (pranzo), 35/40 € – Carta 20/40 €

🛖 ⅢⅢ *via Camporosolo 11 – ℰ 045 610 2606 – www.pizzeriaitigli.it – Chiuso martedì sera, mercoledì*

SAN CANDIDO • INNICHEN

✉ 39038 – Bolzano (BZ) – Carta regionale n° **19**-D1 – Carta stradale Michelin 562-B18

🏨 POST ALPINA-FAMILY MOUNTAIN CHALETS

SPA E WELLNESS · STILE MONTANO In un piccolo borgo, dieci chalet ed un edificio centrale costituiscono questo family hotel con alcuni servizi per i piccoli ospiti; piacevole giardino ed armonioso centro benessere per una vacanza tra natura e relax. Nella romantica sala da pranzo, specialità altoatesine e piatti d'ispirazione mediterranea.

 65 suites

via Elmo 9, località Versciaco (Entrata da via Ombrosa) – ℰ 0474 913133 – www.postalpinal.it

🏨 LEITLHOF DOLOMITEN

LUSSO · STILE MONTANO In posizione defilata rispetto al centro, ma molto panoramica su valle e Dolomiti, hotel d'imponenti dimensioni dotato di moderno centro benessere le cui ampie vetrate regalano una splendida vista, nonché camere che brillano per confort. Nella stagione sciistica, ottimo servizio transfert per gli impianti.

🏨 62 camere

via Pusteria 29 – ℰ 0474913440 – www.leitlhof.com

SAN CASCIANO DEI BAGNI

✉ 53040 – Siena (SI) – Carta regionale n° **18**-D3 – Carta stradale Michelin 563-N17

🍴 DANIELA

REGIONALE · ROMANTICO ✗✗ A poco meno di 100 m dall'albergo Sette Querce, di fronte ad uno splendido belvedere, il ristorante occupa le antiche scuderie del castello. I soffitti a volta e le pietre d'un tempo creano un'atmosfera suggestiva, al palato ci pensa un'ottima cucina del territorio.

Menu 14 € (pranzo)/25 € – Carta 35/55 €

🛖 *Hotel Sette Querce, piazza Matteotti 7 – ℰ 0578 58234 – www.settequerce.it*

🏨 FONTEVERDE

TERMALE · ELEGANTE Splendida villa medicea con dépendance adiacente di costruzione recente, è il grande albergo termale per eccellenza, fastoso, dalle camere eleganti - più sontuose quelle dell'edificio storico - meglio ancora se ne prenotate una con vista. Cena al ristorante Ferdinando I o soluzioni meno impegnative per pasti più veloci, ce n'è per tutti i gusti!

🛎 🐾 ⚤ 🛏 ⚒ 🔲 🕤 🏊 🎧 🔲 ⛲ 🏧 🧖 🅿 75 camere - 3 suites

località Terme 1 - ℰ 0578 57241 - www.fonteverdespa.com

a **Fighine** Nord - Est: 5 km - Carta regionale n° **18**-D3

✿ RISTORANTE CASTELLO DI FIGHINE

CONTEMPORANEA · CONTESTO STORICO 🏵🏵🏵 Una strada sterrata vi condurrà in un luogo fiabesco: un castello risalente all'XI secolo, una proprietà privata ristrutturata e rinnovata nel corso degli ultimi quindici anni, in posizione panoramica e collinare. Nel borgo che lo circonda troverete il ristorante, ma appena fa bello si mangia volentieri in terrazza sotto un glicine. Dall'estate 2020, la cucina è nelle mani di un nuovo chef, ma la sinergia con il tristellato Heinz Beck è un elemento immediatamente percepibile una volta i piatti arrivati in tavola. Per chi volesse prolungare la sosta, due appartamenti - sempre gestiti dal ristorante - sono a disposizione presso Casa Parretti.

Specialità: Animella di vitello, estratto di pomodoro, melanzana e basilico. Bottoncino di cinta senese con cicoria e mandorle. Soufflé al cioccolato fondente e albicocche.

Menu 75/95 € - Carta 70/100 €

🗨 ⚤ 🏠 ⚒ 🏧 🅿 *borgo di Fighine - ℰ 0578 56158 - www.fighine.it - Chiuso 1 dicembre-2 aprile, lunedì, martedì a mezzogiorno*

SAN CASCIANO IN VAL DI PESA

✉ 50026 - Firenze (FI) - Carta regionale n° **18**-D3 - Carta stradale Michelin 563-L15

🏨 VILLA IL POGGIALE

LUSSO · STORICO Nel cuore del Chianti a pochi chilometri da Firenze, in un'oasi di pace circondata da incantevoli giardini, questa dimora rinascimentale vizia gli ospiti con tutte quelle attenzioni che rendono il soggiorno un'esperienza indimenticabile. A contribuire a tanto piacere, c'è anche il centro benessere, dove approfittare di ottimi trattamenti creati in esclusiva per la villa. Al ristorante: piatti tipici della tradizione toscana, accompagnati da una buona selezione di vini locali.

🛎 ⚤ ⚒ 🏊 🏧 🧖 🅿 24 camere - 2 suites

via Empolese 69 - ℰ 055 828311 - www.villailpoggiale.it

🏨 VILLA MANGIACANE 🆕

LUSSO · STORICO Costruita nel XV secolo dalla famiglia Machiavelli su disegno di Michelangelo, questa proprietà dispone di raffinate camere arredate in stile locale distribuite in due dimore: Palazzo Machiavelli e Villa Mazzei. Entrambe le soluzioni offrono un alto standard di accoglienza.

🛎 🐾 ⚤ ⚒ 🏧 🧖 🅿 18 camere - 10 suites

via Faltignano 48, località Spedaletto (Nord: 4 km) - ℰ 055 829 0123 - mangiacane.com

a **Mercatale** Sud - Est: 4 km - Carta regionale n° **18**-D3

🏨 AGRITURISMO SALVADONICA

CASA DI CAMPAGNA · PERSONALIZZATO Fra gli olivi, un'oasi di tranquillità e di pace, questo piccolo borgo agrituristico caratterizzato da semplicità e cortesia familiare. Tutte le camere sfoggiano - ora - uno stile più moderno, essendo state recentemente rinnovate.

🛎 🐾 ⚤ ⚒ 🅿 30 camere

via Grevigiana 82 - ℰ 055 821 8039 - www.salvadonica.com

SAN COSTANZO

✉ 61039 – Pesaro e Urbino (PU) – Carta regionale n° **11**–B1 – Carta stradale Michelin 563-K21

🍴 DA ROLANDO

DEL TERRITORIO · FAMILIARE 🗙 Due sale in successione, riccamente ornate da quadri, fotografie e tanti ricordi di una carriera che non è ancora finita: Rolando è un grande appassionato di cucina marchigiana e fra salumi, funghi, tartufi e carni vi saprà introdurre in un appassionante viaggio gastronomico.

Menu 30/70 € – Carta 25/60 €

🛋 🎬 🅿 *corso Matteotti 125 –*
✆ *0721 950990 – www.darolando.it –*
Chiuso mercoledì

SAN DESIDERIO – Genova (GE) → Vedere Genova

SAN DOMINO – Foggia (FG) → Vedere Tremiti (Isole)

SAN DONÀ DI PIAVE

✉ 30027 – Venezia (VE) – Carta regionale n° **23**–A1 – Carta stradale Michelin 562-F19

🍴 FORTE DEL 48

VENEZIANA · FAMILIARE 🗙 Una lunga tradizione famigliare giunta ormai alla sua terza generazione per questo piacevole ristorante dove la passione dei titolari per l'ospitalità è davvero sentita; cucina della tradizione tra carne e pesce; camere sempre in continuo rinnovo e di attuale confort.

Menu 25/30 € – Carta 35/55 €

⇦ 🕭 🎬 🅿 *Hotel Forte del 48, via Vizzotto 1 –*
✆ *0421 44244 – www.hotelfortedel48.com –*
Chiuso 1-15 agosto, 26 dicembre-9 gennaio, domenica

SAN DONATO IN POGGIO – Firenze (FI) → Vedere Tavarnelle Val di Pesa

SANDRIGO

✉ 36066 – Vicenza (VI) – Carta regionale n° **22**–A1 – Carta stradale Michelin 562-F16

🍴 TRATTORIA DA PALMERINO

REGIONALE · ACCOGLIENTE 🗙🗙 Poco fuori paese, è ormai arrivato alla quarta generazione quest'insolito ristorante che conferisce il ruolo di protagonista assoluto a sua maestà il baccalà: nelle decorazioni del locale, nonché nel piatto!

Menu 15 € (pranzo) – Carta 30/50 €

🛋 🕭 🎬 🅿 *via Piave 13 – * ✆ *0444 659034 – www.palmerino.eu – Chiuso martedì sera, mercoledì*

SAN FELICE DEL BENACO

✉ 25010 – Brescia (BS) – Carta regionale n° **9**–D1 – Carta stradale Michelin 561-F13

🍴 SOGNO

MODERNA · ELEGANTE 🗙🗙🗙 In un ristorante come questo, è facile sognare ad occhi aperti: elegante, la sua cucina di stampo mediterraneo conquisterà il vostro palato, la romantica terrazza in riva al lago, il vostro cuore.

Carta 50/80 €

⇦ ≤ 🕭 🛋 🕭 🅿 🍹 *Hotel Sogno, via Porto San Felice 41 –*
✆ *0365 62102 – www.sognogarda.it –*
Chiuso 1 dicembre-31 marzo

SAN FERMO DELLA BATTAGLIA

✉ 22020 – Como (CO) – Carta regionale n° **9**–A2

🍴○ RADICI ❿

INNOVATIVA · **CONTESTO CONTEMPORANEO** ❊ Una giovane ed appassionata coppia di professionisti ha preso il timone di questo semplice, ma moderno ed accogliente locale, proponendo la sua originale cucina ispirata ad una filosofia legata alla natura, al biologico, alle erbe, agli ingredienti di montagna, alla selezione di piccoli e fidati produttori.

Menu 18 € (pranzo), 60/70 € – Carta 40/55 €

🌤 ⅗ 🆒 *via Henry Dunant – ℰ 349 068 3973 – www.radici-restaurant.it –*
Chiuso lunedì, domenica sera

SAN GENESIO

✉ 39030 – Bolzano (BZ) – Carta regionale n° **19**–D3 – Carta stradale Michelin 562-C15

😊 ANTICA LOCANDA AL CERVO-LANDGASTHOF ZUM HIRSCHEN

REGIONALE · **STILE MONTANO** ❊ Accoglienti sale o sulla terrazza panoramica e soleggiata per gustare una generosa cucina legata al territorio e all'attività maschile in seno alla famiglia di allevamento di bestiame. Il chilometro 0 – qui - è un dato di fatto e non uno slogan!

Specialità: Testina di vitello nostrano all'agro. Scaloppina di puledro. Canederli alla ricotta con frutti di bosco.

Menu 24/48 € – Carta 38/60 €

⇔ ⅗ 🌤 ⅗ 🔄 🅿 *Hotel Antica Locanda al Cervo-Landgasthof zum Hirschen,*
via Schrann 9/c – ℰ 0471354195 – www.hirschenwirt.it – Chiuso 1 febbraio-17 marzo,
mercoledì

SAN GIMIGNANO

✉ 53037 – Siena (SI) – Carta regionale n° **18**–C2 – Carta stradale Michelin 563-L15

🌸 LINFA ❿

CREATIVA · **ELEGANTE** ❊❊ "Linfa by Cum Quibus", o meglio: il ristorante temporary del Cum Quibus. In pieno centro storico ma leggermente defilato rispetto alle vie centrali, cultura e attaccamento al territorio sono i compagni ideali alla divulgazione del buon gusto, che il nuovo chef traduce in piatti di terra e di mare - mischiando spesso insieme con estrema disinvoltura gli ingredienti nella stessa composizione - nonché ottime presentazioni estetiche. Quadri d'arte contemporanea alle pareti, per un indirizzo da non farsi scappare!

Specialità: Risotto, ibisco, calamaro, nero di seppia. Piccione, rape rosse, lamponi, tamarindo. Zabaione, caffè, pere, cioccolato, capperi.

Carta 74/108 €

🏨 ⅗ 🆒 *Piazza Sant'Agostino – ℰ 0577 891151 – www.linfa.restaurant.it –*
Chiuso 8 gennaio-8 marzo, lunedì, domenica sera

🍴○ DA PODE

TOSCANA · **CONTESTO TRADIZIONALE** ❊❊ In un'antica cascina che conserva alcuni elementi architettonici propri della ruralità di un tempo, è la signora Lucia ad occuparsi della cucina... da cui escono prelibatezze toscane: un attentato alla linea, ma per la dieta c'è sempre tempo!

Menu 40/60 € – Carta 35/55 €

⇔ 🌤 ⅗ 🆒 🔄 🅿 *Hotel Sovestro, località Sovestro 63 – ℰ 0577 943153 –*
www.dapode.com – Chiuso giovedì

🍴○ SAN MARTINO 26

MODERNA · **CONTESTO STORICO** ❊ Ricavato dalle cantine di un antico palazzo del centro storico, ambiente alla moda con pochi coperti e una linea di cucina sempre più gourmet: elaborazioni attuali su ispirazioni classiche, non solo toscane. Servizio anche all'aperto!

Menu 59/85 € – Carta 64/85 €

🆒 🔄 *via San Martino 26 – ℰ 0577 940483 – www.ristorantesanmartino26.it –*
Chiuso 11-18 gennaio, giovedì

LA COLLEGIATA

DIMORA STORICA · ROMANTICO Convento francescano cinquecentesco, edificio rinascimentale con giardino all'italiana, raffinato e curato in ogni particolare, in amena quiete. Per un soggiorno da favola. Ambiente suggestivo ed elegante per pasteggiare immersi nella storia.

♙ < 🛏 ⤳ 🔁 🅰🅲 🅿 20 camere

località La Collegiata 27 – ☎ 0577 943201 – www.lacollegiata.it

a Lucignano Nord: 10 km – Carta regionale n° **18**-C2

 LOCANDA DELL'ARTISTA

CASA DI CAMPAGNA · BUCOLICO Romantico country inn creato esclusivamente per una clientela adulta, la locanda si trova all'interno di un casolare del XVIII secolo sapientemente ristrutturato, che coniuga confort moderni con l'aristocratica eleganza di una casa di campagna.

🛎 < 🛏 ⤳ & 🅰🅲 🅿 7 camere

località Canonica Lucignano 43 – ☎ 0577 946026 – www.locandadellartista.com

SANGINETO LIDO

✉ 87020 – Cosenza (CS) – Carta regionale n° **3**-A1 – Carta stradale Michelin 564-I29

😊 **CONVITO**

PESCE E FRUTTI DI MARE · FAMILIARE ⅹ Sulle prime colline oltre la costa, una calorosa accoglienza familiare farà gli onori di casa. Iniziarono con specialità di carne, ma oggi è il pesce che va per la maggiore, in preparazioni semplici e mediterranee, con l'importante aiuto delle verdure coltivate nell'orto del ristorante e tante varietà di peperoncino. In carta anche una sezione dedicata ai crudi di mare: apprezzatissimi!

Specialità: Polipo croccante su letto di patate silane e peperoni secchi macinati. Gambericcio: spaghetto quadrato con polpa di riccio, gambero rosso, mentuccia e scorza di limone. Panna cotta con miele di fichi.

Menu 20/45€ – Carta 30/63€

🅰🅲 *località Pietrabianca 11 – ☎ 0982 96333 – www.convito.it –*
Chiuso 9 dicembre-14 gennaio, martedì, domenica sera

SAN GIORGIO DELLA RICHINVELDA

✉ 33095 – Pordenone (PN) – Carta regionale n° **6**-B2 – Carta stradale Michelin 562-D20

a Rauscedo Ovest : 4 km

 IL FAVRI

FRIULANA · RUSTICO Antica osteria già vocata al cibo ad inizio Ottocento e rimodernata dall'attuale gestore, Mauro, che con un'inesauribile energia segue la sala, raccontando a voce la carta dei vini. Dalla cucina il meglio dei sapori del territorio; a pranzo, oltre alla carta completa, anche un menu più semplice ed economico.

Carta 25/49€

🍽 🅰🅲 *via Borgo Meduna 12 –*
☎ 0427 94043 – www.ilfavri.it –
Chiuso lunedì, domenica sera

SAN GIORGIO DEL SANNIO

✉ 82018 – Benevento (BN) – Carta regionale n° **4**–B1 – Carta stradale Michelin 564-D26

ⅰ◯ **LOCANDA DELLA LUNA**

CAMPANA • ACCOGLIENTE ✕✕ Posizione sperduta nel Sannio, del quale offre una bella vista sia dalla curata sala-veranda, sia dalla terrazza all'aperto, per questo ristorante "sincero", dove lo chef-patron propone i sapori della sua terra e le verdure dell'orto, senza discostarsi più di tanto dalla tradizione.

Menu 25/35 € – Carta 30/46 €

⋘ 🍴 🗼 📶 **🅿** *via delle Oche 7, ang. piazza Bocchini –*
☎ 320 047 8609 – www.locandadellaluna.net –
Chiuso 6 gennaio-20 giugno, lunedì, martedì, mercoledì-venerdì a mezzogiorno, domenica sera

SAN GIORGIO DI VALPOLICELLA - Verona (VR) ➜ Vedere Sant'

Ambrogio di Valpolicella

SAN GIOVANNI AL NATISONE

✉ 33048 – Udine (UD) – Carta regionale n° **6**–C2 – Carta stradale Michelin 562-E22

ⅰ◯ **CAMPIELLO**

PESCE E FRUTTI DI MARE • AMBIENTE CLASSICO ✕✕✕ Accomodatevi nell'elegante sala per gustare prelibatezze a base di pesce da accompagnare ai molti vini in carta. Per gli incontentabili, basterà chiedere al patron: in cantina ci sono parecchie sorprese! All'Hosteria wine-bar, invece, l'atmosfera si fa più informale e i piatti, più semplici, prediligono la carne.

Carta 45/60 €

🕸 ⟷ ♿ 📶 ❖ **🅿** *via Nazionale 46 –*
☎ 0432 757910 – www.ristorantecampiello.it –
Chiuso sabato a mezzogiorno, domenica

SAN GIOVANNI D'ASSO

✉ 53020 – Siena (SI) – Carta regionale n° **18**–C2 – Carta stradale Michelin 563-M16

ⅰ◯ **LA LOCANDA DEL CASTELLO**

REGIONALE • RUSTICO ✕✕ All'interno di un castello del '500, una bella scalinata conduce agli ambienti signorili del ristorante, mentre nel piatto gli inconfondibili sapori di questa terra. Menu di stagione a base di tartufo.

Menu 35/80 € – Carta 35/80 €

🗼 *piazza Vittorio Emanuele II 4 –*
☎ 0577 802939 – www.lalocandadelcastello.com –
Chiuso 1 dicembre-4 aprile, martedì

SAN GIOVANNI IN MARIGNANO

✉ 47842 – Rimini (RN) – Carta regionale n° **5**–D2 – Carta stradale Michelin 562-K20

🏠 **RIVIERA GOLF RESORT**

RESORT • DESIGN Enormi vetrate e pietra chiara di Noto, in un relais non solo per gli amanti del golf ma, più in generale, del relax declinato in maniera personale e lussuosa. Camere con accesso indipendente in una struttura che si sviluppa quasi tutta in orizzontale nel verde, tra corpo principale e dépendance. Al ristorante la qualità della cucina è tanto curata quanto l'aspetto salutistico.

🏌 🏊 🍴 🎬 ⬛ 🎿 📺 ⬀ 🛁 📶 ⚒ **🅿** 32 camere

via Conca Nuova, 1236 –
☎ 0541 956499 – www.rivieragolfresort.com

SAN GIOVANNI IN PERSICETO

✉ 40017 – Bologna (BO) – Carta regionale n° **5**–C3 – Carta stradale Michelin 562-I15

⫶○ OSTERIA DEL MIRASOLE

REGIONALE · TRATTORIA ⅹ A pochi passi dal Duomo, una piccola osteria stretta ed allungata, con una profusione di legni scuri, vecchie foto, utensili vari e sul fondo una piccola brace. Nel piatto tanti buoni sapori del territorio che la rendono caldamente consigliata.

Carta 45/75 €

🔙 Ⓐ*C* via Matteotti 17/a –
☏ 051 821273 - www.osteriadelmirasole.it –
Chiuso 1-15 agosto, martedì, mercoledì a mezzogiorno

SAN GIULIANO MILANESE

✉ 20098 – Milano (MI) – Carta regionale n° **10**-B2 – Carta stradale Michelin 561-F9

sulla strada statale 9 - via Emilia Sud - Est : 3 km

⫶○ ANTICA OSTERIA LA RAMPINA

REGIONALE · CONTESTO REGIONALE ⅩⅩ Le cronache narrano che il generale Radetzky, in fuga da Milano durante i moti delle Cinque Giornate, accampò l'esercito proprio davanti al cortile de La Rampina. Immerso nella natura e avvolto dal fascino della storia, il ristorante è - oggi – un ideale rifugio dove poter godere del piacere della variegata proposta gastronomica, sapientemente equilibrata tra tradizione locale e innovazione ricercata.

Menu 25 € (pranzo), 50/60 €

🕸 🍴 Ⓐ*C* ⇦ 🅿 frazione Rampina 3 –
☏ 02 983 3273 - www.rampina.it –
Chiuso mercoledì

SAN GIULIANO TERME

✉ 56017 – Pisa (PI) – Carta regionale n° **18**-B1 – Carta stradale Michelin 563-K13

🏨 BAGNI DI PISA

LUSSO · PERSONALIZZATO Antica residenza settecentesca vocata al lusso con bellissimi affreschi che, almeno al piano nobile, entrano anche nelle camere. Tra i suoi molti punti di forza, vanno ricordate le due ali della struttura dedicate alla grande oasi termale e alla spa (dalle quali se ne uscirà rinati!). Svariate possibilità al ristorante Dei Lorena: dai classici toscani, a piatti mediterranei, ma - a pranzo - carta light e snack bar.

🍸 🛏 🍲 🖳 🌐 🏠 ♨ 🌡 👤 Ⓐ*C* 🔧 🅿 52 camere – 9 suites

largo Shelley 18 –
☏ 050 88501 –
www.bagnidipisa.com

SAN GIUSTINO VALDARNO

✉ 52024 – Arezzo (AR) – Carta regionale n° **18**-C2 – Carta stradale Michelin 563-L17

⫶○ OSTERIA DEL BORRO

MODERNA · ELEGANTE ⅩⅩⅩ Stile elegante dai colori tenui nella sala gourmet al primo piano, con ascensore, mentre la cucina sfodera i classici regionali, rivisitati con gusto attuale ed un pizzico di modernità. Al Tuscan Bistro - al piano terra - proposte più semplici, ma non per questo meno appetitose: fortemente legate al territorio.

Menu 85/110 € – Carta 70/95 €

🛏 Ⓐ*C* 🅿 Relais il Borro, località Borro 52 –
☏ 055 977 2333 - www.osteriadelborro.it –
Chiuso 7 gennaio-31 marzo, 1 novembre-20 dicembre, lunedì-domenica a mezzogiorno

RELAIS IL BORRO · Tablet.PLUS

DIMORA STORICA · GRAN LUSSO Complesso di nobili ed antiche origini - dalla villa alle prestigiose suite distribuite nell'attiguo borgo medioevale - Relais il Borro abbina ad un confort di alto livello un'atmosfera country chic. Al suo interno trovano spazio vigne, cantina, ulivi e orti; ultimi, ma non ultimi anche i cavalli.

🏇 🐎 🛁 🏊 🐎 ⚿ 🕐 🅿 47 suites – 12 camere

località Borro 1 – 𝒞 055 977053 – www.ilborro.it

🍴 **Osteria del Borro** – Vedere selezione ristoranti

SAN GREGORIO NELLE ALPI

✉ 32030 – Belluno (BL) – Carta regionale n° **23**–C1 – Carta stradale Michelin 562-D18

🍴 LOCANDA A L'ARTE

REGIONALE · ACCOGLIENTE XX Ampi spazi verdi cingono questo rustico casolare sopra al paese: interni signorili nei quali si incontrano piatti tipici del territorio conditi con stagionalità e un pizzico di fantasia.

Carta 35/60 €

🏡 🅿 *via belvedere 43 – 𝒞 0437 800124 – www.locandabaitaalarte.com – Chiuso lunedì, martedì a mezzogiorno*

SANKT MARTIN IN PASSEIER • SAN MARTINO IN PASSIRIA - Bolzano (BZ) → Vedere San Martino in Passiria

SANKT VIGIL ENNEBERG • SAN VIGILIO DI MAREBBE - Bolzano (BZ) → Vedere San Vigilio di Marebbe

SAN LORENZO DI SEBATO • SANKT LORENZEN

✉ 39030 – Bolzano (BZ) – Carta regionale n° **19**–C1 – Carta stradale Michelin 562-B17

🍃 LERCHNER'S IN RUNGGEN

REGIONALE · RUSTICO X Se cercate i sapori altoatesini di una volta, questo è uno degli indirizzi più indicati! Ambienti in legno, ingentiliti da spunti romantici, servizio in costume ed una carta che cita i migliori prodotti di questa meravigliosa terra del nord.

Specialità: Formaggio grigio della Valle Aurina con cipolla rossa e pane contadino. Pancia di maialino cotta 48 ore con patate rosse della Val Pusteria. Sträuben fritto con marmellata di mirtilli rossi.

Menu 18 € (pranzo)/35 € – Carta 25/60 €

🍃 🏡 🅿 *frazione Ronchi 3/a – 𝒞 0474 404014 – Chiuso lunedì, martedì*

🍴 SAALERWIRT

REGIONALE · ROMANTICO XX Piatti tipici della tradizionale locale, preparati con una particolare attenzione alla selezione delle materie prime e senza velleità modaiole, in un caratteristico ristorante con due belle stube settecentesche.

Menu 20 € (pranzo), 25/40 € – Carta 28/54 €

🍃 🏡 🅿 *Hotel Saalerwirt, località Sares – 𝒞 0474 403147 – www.saalerwirt.com – Chiuso 1-20 dicembre, martedì*

🏨 WINKLER

SPA E WELLNESS · STILE MONTANO Una piacevolissima struttura ubicata poco distante dagli impianti sciistici di Plan de Corones, in una piccola frazione che offre un incantevole panorama sui monti circostanti. Ampliata e rinnovata in anni recenti, offre ambienti moderni senza rinunciare ai materiali locali. Il centro benessere: una vera chicca!

🏇 🐎 🍃 🏡 🏊 🌐 🐎 ⚿ 🕐 🅿 50 camere – 34 suites

località Santo Stefano 28a – 𝒞 0474 549020 – www.winklerhotels.com

WHITE DEER SAN LORENZO MOUNTAIN LODGE ⓝ

TRADIZIONALE · STILE MONTANO E' un lodge del XVI secolo, circondato da un bosco e con vista sulla città di Brunico, dotato di camere decorate nel tipico stile sudtirolese. Da molte di esse si può godere di uno strepitoso panorama sulla Val Badia e sui suoi castelli. Vasca idromassaggio per l'idroterapia all'esterno dell'albergo.

🎿 🦌 ⪜ 🛎 🖼 🗻 ⧖ 🅿 4 camere

località Elle 23 (Sud-Ovest: 8,5 Km) – ☎ 0474 404042 – www.sanlorenzolodges.com

SANKT LORENZEN – Bolzano (BZ) → Vedere San Lorenzo di Sebato

SAN MARCELLO

✉ 60030 – Ancona (AN) – Carta regionale n° **11**–C1

 FORESTERIA FILODIVINO ⓝ

ALBERGO DI VACANZE · AGRESTE Filodivino è wine resort, nonché cantina nel cuore delle Marche, dove trascorrere un indimenticabile soggiorno in camere uniche nella forma e nei dettagli, ma accomunate da arredi realizzati da artigiani locali con materiali spesso di recupero, pavimento in cotto e biancheria di lino. Suggestiva area relax con piscina-solarium e cucina classica regionale accompagnata da vini – spesso – provenienti dalla tenuta.

🎿 🦌 ⪜ 🛎 🗻 ⧖ 🖼 🅿 8 camere

via Serra 100 – ☎ 0731 026139 – www.filodivino.it

SAN MARINO

✉ 47890 – Città di San Marino – Carta regionale n° **5**–D2 – Carta stradale Michelin 562-K19

 RIGHI

Chef: Luigi Sartini

CREATIVA · ELEGANTE XxX Cucina ben fatta, sia a livello di prodotti che di esecuzioni, gustosa, creativa nella giusta misura, non cede mai ad in inutili artifizi o provocazioni! Questa è la sintesi di un locale che si farà ricordare per la splendida collocazione in piazza della Libertà: cuore del centro storico di San Marino, affacciato su pittoresche colline, è uno dei belvedere più mozzafiato d'Italia.

Ingresso al piano terra attraverso l'Osteria , dove viene servita una proposta gastronomica più semplice che si traduce anche in piadine e insalate, per raggiungere il ristorante stellato bisogna salire al primo piano, in tutt'altro ambiente. Abbandonata l'informalità conviviale sottostante, si entra in una sala elegante, sapientemente arredata con un mix di elementi contemporanei e uno stile rustico-raffinato. Il menu cita qualche riferimento romagnolo, ma è fondamentalmente fantasioso con un accento su sapori intensi.

Specialità: Tartare di manzo. Degustazione di manzo grigliato con quattro salse e quattro verdure. Un mondo di cioccolato.

Menu 40/90 € – Carta 44/67 €

🖼 *piazza della Libertà 10 – ☎ 0549 991196 – www.ristoranterighi.com*

SAN MARTINO – Arezzo (AR) → Vedere Cortona

SAN MARTINO DI CASTROZZA

✉ 38054 – Trento (TN) – Carta regionale n° **19**–C2 – Carta stradale Michelin 562-D17

 MALGA CES

REGIONALE · RUSTICO XX A 1600 m di altitudine, è quasi un rifugio sulle piste innevate con cucina regionale e ambiente caratteristico, nonché ampie camere in stile montano per chi ama il silenzio.

Carta 40/60 €

🛏 ⪜ 🍴 ⅙ 🅿 *località Ces (Ovest: 3 km) –*
☎ 0439 68223 – www.malgaces.it –
Chiuso 1-4 dicembre, 31 marzo-18 giugno

🕍○ CHALET PRA DELLE NASSE-DA ANITA

REGIONALE · FAMILIARE ⅹ Storico baluardo della ristorazione di San Martino, curato e modernamente alpino, ai piatti storici e più tradizionali della signora Anita, si integrano gli spunti più attuali del figlio. Tra le specialità: pappardelle al rosmarino e zafferano al ragù di cervo - e strudel di mele con gelato alla cannella.

Menu 15/45€ – Carta 35/54€

⇐ 🛱 **P** *via Cavallazza 24, località Pra delle Nasse –*
𝒞 0439 768893 – www.ristorante-da-anita.com –
Chiuso 1-30 dicembre

SAN MARTINO IN PASSIRIA • ST. MARTIN IN PASSEIER

✉ 39010 – Bolzano (BZ) – Carta regionale n° **19**–B1 – Carta stradale Michelin 562-B15

sulla strada Val Passiria Sud : 5 km

🕍○ QUELLENHOF GOURMETSTUBE 1897

CREATIVA · ELEGANTE ⅹⅹⅹ In uno spazio di raffinata eleganza che dispone anche di un intimo privé separato da qualche scalino, il nuovo angolo gourmet propone differenti menu degustazione di stampo moderno su base tradizionale. Visitabile la bella cantina ricca di etichette e con possibilità di degustazioni varie.

Menu 110€ – Carta 70/110€

🅰🅲 🚗 *Hotel Resort Quellenhof, via Passiria 47 –*
𝒞 0473 645474 – www.quellenhof.it –
Chiuso lunedì, martedì, mercoledì-sabato a mezzogiorno, domenica

🏨 QUELLENHOF LUXURY RESORT PASSEIER

SPA E WELLNESS · STILE MONTANO Immerso nel verde di un lussureggiante giardino, Quellenhof è quanto di meglio si possa trovare in termini di completezza dei servizi: raffinate e spaziose camere, un'invitante piscina e campi da gioco. C'è anche un'area interamente consacrata al confort e alla riscoperta della bellezza e del benessere. Diverse possibilità per rifocillarsi, dalle specialità sudtirolesi a piatti della tradizione mediterranea.

🍸 ⇐ 🛏 🏊 🔲 🐕 ♨ ⛱ 🖃 ♿ 🅰🅲 **P** 🚗 160 camere

via Passiria 47 – 𝒞 0473 645474 – www.quellenhof.it

🕍○ **Quellenhof Gourmetstube 1897** – Vedere selezione ristoranti

SAN MARZANO OLIVETO

✉ 14050 – Asti (AT) – Carta regionale n° **14**–B2 – Carta stradale Michelin 561-H6

🕍○ DEL BELBO-DA BARDON

PIEMONTESE · CONTESTO TRADIZIONALE ⅹⅹ La secolare storia della trattoria è raccontata dai contributi che ogni generazione vi ha lasciato: foto e suppellettili d'epoca fino alla esemplare cantina allestita dagli attuali proprietari. Cucina della tradizione astigiana.

Menu 40/60€ – Carta 40/60€

🐾 🛱 🅰🅲 ⇄ **P** *valle Asinari 25 –*
𝒞 0141 831340 –
Chiuso 21 dicembre-21 gennaio, 18 agosto-3 settembre, mercoledì, giovedì

SAN MAURIZIO CANAVESE

✉ 10077 – Torino (TO) – Carta regionale n° **12**–B2 – Carta stradale Michelin 561-G4

❀ **LA CREDENZA**

Chef: Igor Macchia

CREATIVA · ELEGANTE ✕✕ Un inizio quasi per caso quello dello chef Igor Macchia, che afferma di aver iniziato per necessità: inventandosi il pranzo quando al ritorno da scuola – ragazzino – i genitori erano ancora al lavoro. Ma questa è stata solo la scintilla che ha innescato una travolgente passione per la cucina, un fervido interesse che ha preso forma dapprima attraverso il diploma di scuola alberghiera, in seguito con molteplici esperienze all'estero. Sala accogliente e con bei tocchi d'elegante modernità, La Credenza è – in realtà - una luminosa veranda con le ampie finestre su di un grazioso giardino per caffè o aperitivi serali, dove gustare piatti creativi, sia di carne che di pesce, illustrati con precisione dal socio Giovanni Grasso. Franca, invece, v'illustrerà l'ampia scelta enoica: più di 1500 etichette custodite in ben due cantine (visitabili).

Specialità: Battuta di fassone, capperi, olive, maionese alla senape e ravanelli. Spaghetti e... forse ricci di mare, riprodotto con cozze e schiuma al pepe di Sichuan. Mousse affumicata al cioccolato, rhum, caffè e polvere al sesamo.

Menu 90/160 € – Carta 70/95 €

❀ 🅰🄲 ⇔ *via Cavour 22 – ℰ 011 927 8014 – www.ristorantelacredenza.it –*
Chiuso 1-25 gennaio, martedì a mezzogiorno, mercoledì

SAN MAURO A MARE

✉ 47030 – Rimini (RN) – Carta regionale n° **5**–D2 – Carta stradale Michelin 562-J19

🍴 **ONDA BLU**

PESCE E FRUTTI DI MARE · CONTESTO CONTEMPORANEO ✕✕ Un angolo d'inaspettata eleganza che sorge quasi sulla sabbia, custodia di una sala elegante e sobria con ampie vetrate che si aprono sul mare. Ingredienti freschi e prodotti ittici di grande qualità, in proposte classiche della tradizione marinara dell'Adriatico.

Carta 50/125 €

❀ 🏡 �> 🅰🄲 *via Orsa Minore 1 – ℰ 0541 344886 – www.ristoranteondablu.com*

SAN MICHELE – Ravenna (RA) → Vedere Ravenna

SAN MICHELE · ST. MICHAEL – Bolzano (BZ) → Vedere Appiano sulla
Strada del Vino

SAN MICHELE AL TAGLIAMENTO

✉ 30028 – Venezia (VE) – Carta regionale n° **23**–D2 – Carta stradale Michelin 562-E20

🍴 **AL CJASAL**

MODERNA · ACCOGLIENTE ✕✕ In una calda e signorile atmosfera dove il legno è dominante, con l'arrivo della nuova generazione ai fornelli le proposte assumono un carattere moderno pur conservando le buone materie prime locali e lo spirito regionale; carta indubbiamente originale in virtù dei molti cicchetti (piccoli assaggi), mezze o intere porzioni, che concorrono alla creazione di un personale percorso degustativo.

Menu 35/40 € – Carta 35/40 €

🏡 ⅖ 🅰🄲 🅿 *via Nazionale 30, località San Giorgio al Tagliamento –*
ℰ 0431 510595 – www.alcjasal.com – Chiuso lunedì-martedì a mezzogiorno,
mercoledì

SAN MICHELE DEL CARSO – Gorizia (GO) → Vedere Savogna d'Isonzo

SAN MINIATO

✉ 56028 – Pisa (PI) – Carta regionale n° **18**–B2 – Carta stradale Michelin 563-K14

Ⅰ○ PAPAVERI E PAPERE

TOSCANA · ACCOGLIENTE ※※ La carta introduce ad una cucina dallo stile moderno, ma che attinge a piene mani dalla tradizione regionale: potrete scegliere tra carne e pesce, quest'ultimo soprattutto in estate, mentre in autunno va di scena il tartufo bianco locale. Fuori dal centro, il ristorante sfoggia interni caldi, curati ed accoglienti.

Menu 40/48 € – Carta 35/45 €

🍴 ⅃ AC ⇔ 🅿 via Dalmazia 159 d (Sud: 1 km) – ℰ 0571 409422 – www.papaveriepaolo.com – Chiuso lunedì-sabato a mezzogiorno, domenica sera

Ⅰ○ PEPENERO

REGIONALE · CONTESTO CONTEMPORANEO ※※ In pieno centro, all'interno di un palazzo storico, ambiente design, giovane e frizzante, per una cucina - di terra e di mare - anch'essa complice nella modernità. Romantici scorci della campagna toscana dalla terrazza per il servizio estivo.

Menu 20 € (pranzo), 40/60 € – Carta 40/67 €

🍴 AC ⇔ via IV Novembre 13 – ℰ 0571 419523 – www.pepenerocucina.it – Chiuso martedì, sabato a mezzogiorno

SANNAZZARO DE' BURGUNDI

✉ 27039 – Pavia (PV) – Carta regionale n° **9**–A3

Ⅰ○ OTTOCENTODIECI 🆕

ITALIANA CONTEMPORANEA · CHIC ※※ Nella cittadina di Sannazzaro de' Burgondi, all'interno del moderno hotel Eridano, una saletta accogliente ed elegante fa da contorno ad una cucina creativa, basata sulla liaison tra Napoli, terra natale della giovane padrona di casa, e la Lomellina. Ottocentodieci, per l'appunto, i chilometri di distanza!

Menu 48/70 € – Carta 48/70 €

⇐ 🍴 ⅃ AC 🅿 🍽 via San Bernardino 24 – ℰ 0382 997447 – www.ottocentodieciristorante.it – Chiuso 1-15 gennaio, 10-25 agosto, lunedì-sabato a mezzogiorno, domenica

SAN NICOLÒ – Bolzano (BZ) → Vedere Ultimo

SAN PANCRAZIO – Ravenna (RA) → Vedere Russi

SAN PANTALEO – Olbia-Tempio (OT) → Vedere Sardegna

SAN PAOLO D'ARGON

✉ 24060 – Bergamo (BG) – Carta regionale n° **10**–C1 – Carta stradale Michelin 561-E11

✿ UMBERTO DE MARTINO

MEDITERRANEA · ELEGANTE ※※※ Sulle colline che osservano San Paolo d'Argon, in un ambiente luminoso ed elegante, Umberto De Martino è l'indirizzo giusto per esperienze gastronomiche che si rifanno alla solarità della sua terra natia: la penisola sorrentina. Qualsiasi sia la scelta, la cucina interpretata da questo chef apprezzato per determinazione, umiltà e concretezza si esprime a livelli di assoluta eccellenza. In sala, ad accogliervi, Monia che vi accompagnerà con delicate attenzioni per tutto il tempo della sosta, tentandovi con il carrello dei formaggi o le deliziose mignardise a fine pasto.

Specialità: Gambary-Orange. Piccione in tre cotture, rapa rossa e frutti di bosco. Cuba. rhum, banana, cioccolato, tabacco.

Menu 35 € (pranzo), 70/90 € – Carta 80/95 €

❀ 🍴 ⅃ AC 🅿 Hotel Relais Florian Maison, via Madonna d'Argon 4/6 – ℰ 035 425 4202 – www.florianmaison.it – Chiuso 11-28 gennaio, 1-19 agosto, lunedì

RELAIS FLORIAN MAISON

CASA DI CAMPAGNA · PERSONALIZZATO La sapiente ristrutturazione di una casa di campagna ha dato vita ad un piccolo ed esclusivo relais in posizione panoramica e tranquilla.

🐾 ⪜ 🛏 🖥 ⎘ 🆎 🅿 🛎 6 camere

via Madonna d'Argon 4/6 – ☎ 035 425 4202 – www.florianmaison.it

❁ **Umberto De Martino** – Vedere selezione ristoranti

SAN PELLEGRINO (PASSO DI)

✉ 38035 – Trento (TN) – Carta regionale n° **19**–C2 – Carta stradale Michelin 562-C17

⅃◯ RIFUGIO FUCIADE

REGIONALE · RUSTICO Ⅹ Telefonate e concordate il tragitto per tempo, perché con la neve vi occorrono 45 min a piedi o la motoslitta del ristorante...Per trovare, infine, un paesaggio mozzafiato tra le cime dolomitiche e sulla tavola una gustosa cucina regionale!

Carta 35/65€

🕳 ⪜ ⪜ 🛏 🍴 ⎈ *località Fuciade (Nord-Est: 4,5 km) – ☎ 0462 574281 – www.fuciade.it – Chiuso 1 dicembre*

SAN PIETRO – Verona (VR) → Vedere Legnago

SAN PIETRO ALL'OLMO – Milano (MI) → Vedere Cornaredo

SAN PIETRO IN CARIANO

✉ 37029 – Verona (VR) – Carta stradale Michelin 562-F14

a Corrubbio Sud - Ovest : 2 km – Carta regionale n° **22**–A2

❁ AMISTÀ

MODERNA · ELEGANTE ⅩⅩⅩ All'interno del bellissimo hotel Byblos - o nel suo giardino durante la bella stagione - il ristorante ne condivide il mondo variopinto ed onirico, dove antico e contemporaneo convivono felicemente al ritmo della vera musa ispiratrice, l'Arte! La cucina gioca con il territorio, indizio suggerito già dagli scarni titoli dei piatti, i quali, però, all'assaggio riescono sempre ad evocare piacevoli ed intriganti note di modernità. Che optiate per il pesce dell'Adriatico, per una specialità lacustre o una buona carne locale come l'agnello di Brogna delle splendide colline vicine, il sapore è sempre ben dosato e piacevolmente equilibrato. Un servizio giovane e professionale vi guiderà nelle scelte. Le zone comuni della villa, ricche di opere d'arte, suggeriscono di arrivare con un po' di anticipo per una breve visita.

Specialità: Trota in saor tradizionale e grano antico. Gnocco di fioreta di malga (ricotta), limone, scampi e salsa di foie gras. Soufflè al lime e carota con gelato alla liquirizia.

Menu 75/95€ – Carta 70/120€

🛏 ⎘ 🆎 🅿 *Hotel Byblos Art Hotel Villa Amistà, via Cedrare 78 – ☎ 045 685 5583 – www.ristoranteamista.it – Chiuso 1 gennaio-28 febbraio, lunedì-domenica a mezzogiorno*

BYBLOS ART HOTEL VILLA AMISTÀ   `Tablet.` PLUS

DIMORA STORICA · GRAN LUSSO Design, moda ed ospitalità si fondono nel suggestivo contesto di questa villa patrizia del XVI sec. Il risultato è Byblos Art Hotel Villa Amistà: un raffinato albergo concepito come una mostra permanente di arte contemporanea, ospitante nei suoi spazi opere di nomi famosi. Imperdibile la passeggiata nell'orto botanico che conduce alla confortevole piscina con pool bar.

🌳 🐾 🛏 ⚒ 🐾 🛗 🖥 ⎘ 🆎 🏋 🅿 🛎 60 camere – 6 suites

via Cedrare 78 – ☎ 045 685 5555 – www.byblosarthotel.com

❁ **Amistà** – Vedere selezione ristoranti

a Pedemonte Ovest : 4 km – Carta regionale n° **22**–A2

 VILLA DEL QUAR

LUSSO · PERSONALIZZATO Immersa nella campagna, secoli di storia e tante destinazioni - fu anche castello scaligero - regalano all'ospite un panorama architettonico straordinario e variegato. Le camere sono un florilegio di pavimenti, stucchi, arredi e marmi veneti, spesso d'epoca, sempre diversi.

🏡 🌫 🔥 🛁 🌂 🖼 ⬛ 🆎 🚿 **P** 14 camere – 11 suites

via Quar 12 – ☎ 045 680 0681 – www.hotelvilladelquar.it

SAN PIETRO IN CASALE

✉ 40018 – Bologna (BO) – Carta regionale n° **5**–C3 – Carta stradale Michelin 562-H16

⚪ DOLCE E SALATO

EMILIANA · CONTESTO TRADIZIONALE ✕ Piazza del mercato: una vecchia casa, in parte ricoperta dall'edera, con ambienti rallegrati da foto d'altri tempi e dallo stile rustico. In menu, tante paste fresche, schietti piatti del territorio, ma - soprattutto - ottime carni che arrivano dall'attigua macelleria di famiglia. Adiacente al ristorante troverete anche un'osteria: spazi e cucina più semplici, prezzi contenuti.

Menu 15/25 € – Carta 30/50 €

🐿 🆎 ↻ *piazza L. Calori 16/18 – ☎ 051 811111*

SAN PIETRO MARCIGLIANO – Lucca (LU) → Vedere LUCCA

SAN POLO D'ENZA

✉ 42020 – Reggio nell'Emilia (RE) – Carta regionale n° **5**–B2 –
Carta stradale Michelin 562-I13

⚪ MAMMA ROSA

PESCE E FRUTTI DI MARE · AMBIENTE CLASSICO ✕✕ All'interno di un semplice caseggiato ai margini del paese, tutti gli sforzi si concentrano su una cucina di mare sostenuta dal migliore pescato e da uno stile mediterraneo.

Menu 40/60 € – Carta 40/60 €

🍴 🆎 ↻ **P** *via 24 Maggio 1 – ☎ 0522 874760 - www.ristorante-mammarosa.it –*
Chiuso 10-28 gennaio, 10-25 settembre, lunedì, martedì

SAN POLO DI PIAVE

✉ 31020 – Treviso (TV) – Carta regionale n° **23**–A1 – Carta stradale Michelin 562-E19

🏵 OSTERIA ENOTECA GAMBRINUS

REGIONALE · BRASSERIE ✕ Enoteca-osteria dalle calde note rustiche e un menu che attinge da mare e terra; tra le specialità il fritto di scampi, calamaretti, gamberoni e verdurine, dorati all'olio d'oliva. Molti vini al bicchiere ed una particolare attenzione a quelli naturali.

Specialità: Porchetta di storione, topinambur e pan brioche. Sopa coàda alla trevigiana. Tiramisù all'Elisir Gambrinus.

Menu 20 € (pranzo)/32 € – Carta 31/40 €

🍴 🆎 **P** *Parco Gambrinus, via Capitello 18 – ☎ 0422 855043 - www.gambrinus.it –*
Chiuso 27 dicembre-7 gennaio, lunedì

⚪ PARCO GAMBRINUS

TRADIZIONALE · ROMANTICO ✕✕ Salette rustiche e romantiche al tempo stesso per una cucina tradizionale e creativa, elaborata partendo da prodotti tipici della zona e orientata all'etica, nonché sostenibilità (c'è anche un percorso vegano e senza glutine); animali esotici nel parco dove un ruscello ospita gamberi, anguille, storioni. A poche centinaia di metri la locanda offre camere arredate con gusto.

Menu 45/55 € – Carta 32/58 €

↩ 🛁 🍴 🆎 **P** *via Capitello 18 – ☎ 0422 855043 - www.gambrinus.it –*
Chiuso 27 dicembre-7 gennaio, lunedì

🏵 **Osteria Enoteca Gambrinus** – Vedere selezione ristoranti

SAN QUIRICO D'ORCIA

✉ 53027 – Siena (SI) – Carta regionale n° **18**–C2 – Carta stradale Michelin 563-M16

😊 FONTE ALLA VENA

TOSCANA · CONVIVIALE ✗ Poco fuori dal vicino centro storico, nuova gestione nelle mani di un esperto imprenditore del settore e di uno chef da lui selezionato. Cucina del territorio generosa, saporita e ben presentata, in un ambiente semplice ma lindo e accogliente. Chiocciole alla valdorciana, la vera prelibatezza!

Specialità: Crostini di fegato di chianina al Vin Santo. Pici fatti a mano all'aglione. Panforte fatto in casa.

Menu 20 € (pranzo), 25/80 € – Carta 25/35 €

🍴 via Dante Alighieri 137 – ☎ 0577897034 – www.fonteallavena.it – Chiuso 1-12 febbraio, martedì

🍴 TAVERNA DA CIACCO

TOSCANA · CONTESTO TRADIZIONALE ✗ Accogliente locale dai toni rustici: ai fornelli, il titolare stesso saprà conquistarvi con piatti della tradizione interpretati con fantasiosa creatività e sporadiche proposte di pesce. Filettino di cinta senese avvolto nel rigatino croccante su fonduta di cipolle, il nostro preferito!

Carta 43/65 €

🅰️ via Dante Alighieri 30/a – ☎ 0577 897312 – www.daciacco.it – Chiuso 15 febbraio-19 marzo, martedì

🍴 TRATTORIA TOSCANA AL VECCHIO FORNO

TOSCANA · RUSTICO ✗ Cucina schiettamente toscana, semplice e sapida, in un ambiente genuino con salumi appesi e bottiglie di vino in esposizione. Piacevole servizio estivo nel giardino denso di ricordi storici: tra un vecchio porticato ed un pozzo ancora funzionante.

Menu 39/70 € – Carta 15/50 €

🍴🅰️ Hotel Palazzo del Capitano, via Poliziano 18 – ☎ 0577 897380 – www.capitanocollection.com

a Bagno Vignoni Sud - Est : 5 km – Carta regionale n° **18**–C2

🏨 ADLER THERMAE 🆕

SPA E WELLNESS · GRAN LUSSO L'ospitalità tirolese si è trasferita nella verde Toscana. Gli ambienti interni sono signorili ed eleganti, quelli esterni generosi per dedicarsi in pieno al relax, alle cure termali (fiore all'occhiello della struttura), nonché ai trattamenti di bellezza.

🦅 🕭 ⪕ 🛏 ⚒ 🖵 💯 ⚘ 🎣 ⬛ ♿ 🅰️ 🚗 90 camere

strada di Bagno Vignoni 1 – ☎ 0577 889001 – www.adler-thermae.com

SAN QUIRINO

✉ 33080 – Pordenone (PN) – Carta regionale n° **6**–A2 – Carta stradale Michelin 562-D20

🍃 LA PRIMULA

Chef: Andrea Canton

MODERNA · ELEGANTE ✗✗ Nel magico territorio dei Magredi, incastonato tra Pordenone ed Aviano, l'esperienza qui sicuramente non fa difetto: l'elegante locale vanta, infatti, oltre 140 anni di attività. Nato nel 1873 e gestito da sempre dalla famiglia Canton, la bella sala dominata dal camino è molto confortevole e vede protagonista – ai fornelli – ancora un membro della "dinastia", che propone piatti di terra e di mare, curati e dai sapori rassicuranti. La proposta enoica entusiasma per la scelta di etichette divisa su ben tre tomi: uno dedicato al Friuli-Venezia Giulia, uno all'Italia, un altro al resto del mondo. Sorprendentemente corretti i prezzi! Lo stesso edificio ospita inoltre l'Osteria alle Nazioni (aperta anche a pranzo), dove le ricette s'ispirano ampiamente alla tradizione regionale.

Specialità: Occhio di seppia: seppia, uovo in bassa temperatura, caviale ed erba cipollina. Medaglioni di coniglio con salsina all'aceto di fiori di sambuco. Gelato di riso e lemongrass, spuma al cocco, caramello salato e riso croccante.

Menu 85 € – Carta 51/84 €

&& ← 😋 🅰🄲 ↔ 🄿 *via San Rocco 47 – ☏ 0434 91005 – www.ristorantelaprimula.it – Chiuso 11-25 gennaio, 12 luglio-1 agosto, lunedì, martedì-sabato a mezzogiorno, domenica sera*

SAN REMO

✉ 18038 – Imperia (IM) – Carta regionale n° **8**-A3 – Carta stradale Michelin 561-K5

⊗ PAOLO E BARBARA

Chef: Paolo Masieri

MODERNA · INTIMO ✕✕ Altro che chilometro zero, qui l'orto è direttamente sul mare! Il ristorante può infatti avvalersi per la sua cucina degli ortaggi coltivati personalmente dallo chef-patron nelle due tenute di proprietà: una nella zona delle Porrine, l'altra in montagna con ulivi, vigne e fagioli di Pigna. Non a caso la Liguria è la patria del preboggion: mazzo composto da una decina di erbe selvatiche sbollentate tutte assieme e impiegate – in seguito - in torte green e frittate, o utilizzate da Paolo quale ripieno di tante sue ricette. Non dimentichi della posizione geografica, via libera anche a specialità di pesce e crudi di mare assolutamente proverbiali.

Specialità: Selezione di pesce crudo in stile mediterraneo. Assoluto di merluzzo. Cassata ligure.

Menu 78/110 € – Carta 74/136 €

🅰🄲 ↔ *via Roma 47 – ☏ 0184 531653 – www.paolobarbara.it – Chiuso 11-22 gennaio, 7-20 marzo, lunedì-martedì a mezzogiorno, mercoledì, giovedì, venerdì a mezzogiorno*

ⓘ ITTITURISMO M/B PATRIZIA

PESCE E FRUTTI DI MARE · CONVIVIALE ✕✕ Sulla litoranea e nei pressi del porto turistico, un locale dove l'accoglienza famigliare è sentita. Cura e raffinatezza nelle proposte gastronomiche, spesso rielaborate con fantasia e tocco personale.

Menu 20 € (pranzo), 40/50 € – Carta 30/60 €

😋 ⅙ 🅰🄲 *corso Trento Trieste 21 – ☏ 0184 189905 – www.ittiturismo.net – Chiuso 1-21 dicembre, 22 febbraio-30 giugno, mercoledì*

ⓘ TORTUGA

LIGURE · SEMPLICE ✕ L'insegna non tragga in inganno: la cucina è ligure, schietta e fragrante. Scendete, quindi, con fiducia i pochi scalini che portano al ristorante o accomodatevi nel fresco dehors.

Carta 35/61 €

😋 🅰🄲 *via Nino Bixio 93/a – ☏ 0184 840307 – Chiuso lunedì, martedì*

🏨 ROYAL HOTEL SANREMO

GRAN LUSSO · STORICO Grand hotel di centenaria tradizione, gestito dalla fine dell'800 dalla stessa famiglia; interni molto signorili, giardino fiorito con piscina d'acqua di mare riscaldata e attrezzato centro benessere con trattamenti vari. In memoria degli antichi fasti, il grande salone con fiori in vetro di Murano firmerà una sosta gastronomica davvero esclusiva.

🍃 🌊 ← 🛏 ⅃ 🕉 ♨ 📞 🅰🄲 🔱 🄿 113 camere – 14 suites

corso Imperatrice 80 – ☏ 0184 5391 – www.royalhotelsanremo.com

SAN SALVO

✉ 66050 – Chieti (CH) – Carta stradale Michelin 563-P26

a San Salvo Marina Nord - Est : 4, 5 km – Carta regionale n° **1**–D2

✿ AL METRÒ

Chef: Nicola Fossaceca

MODERNA · ALLA MODA ✕✕ Nei locali che un tempo accoglievano la pasticceria di famiglia, i fratelli Fossaceca hanno creato l'attuale ristorante caratterizzato da uno stile elegante-minimalista che si apre sulla fresca "piazzetta" dehors in estate. La cucina di Nicola naviga nel mar Adriatico alla ricerca del miglior pescato, cui si aggiungono altri prodotti stagionali del territorio minuziosamente selezionati. La tradizione abruzzese di mare e, più in generale, i sapori mediterranei si animano di spirito moderno e tecnica contemporanea, mentre il risultato sorprende perchè questa approfondita ricerca sfocia poi in semplicità ed immediatezza di gusto nel piatto. Ad accogliervi - in sala - Antonio, supportato da un ottimo team e con la forza di una ben strutturata carta dei vini.

Specialità: Polpo arrosto, lattuga e ricci di mare. Ventresca di tonno alla brace di ginepro. Torta di mele, gelato al burro salato, crema alla cannella e caramello al Calvados.

Menu 75/95 € – Carta 60/80 €

🌿 �. 🆔 *via Magellano 35 – ☏ 0873803428 – www.ristorantealmetro.it – Chiuso 7 gennaio-7 febbraio, lunedì, domenica sera*

SANSEPOLCRO

✉ 52037 – Arezzo (AR) – Carta regionale n° **18**–D2 – Carta stradale Michelin 563-L18

⊛ FIORENTINO E LOCANDA DEL GIGLIO

REGIONALE · TRATTORIA ✕ Al pari del bel centro di Sansepolcro in cui si trova, anche il ristorante ha il suo blasone da vantare: conta più di duecento anni di storia. Le sale, al primo piano del palazzo, traboccano di decorazioni ed eleganza, mentre il servizio si fa più piacevolmente familiare ed informale. Cucina tradizionale dell'entroterra toscano, accoglienti camere completano il quadro.

Specialità: Prosciutto toscano e "ciaccia" fritta. Piccione alle olive. Zuppa inglese.
Menu 20/30 € – Carta 25/45 €

⇔ 🆔 ⇄ *via Luca Pacioli 60 – ☏ 0575 742033 – www.ristorantefiorentino.it – Chiuso 25-31 gennaio, 24-30 giugno, 11-17 novembre, mercoledì, domenica sera*

⅋○ OSTERIA IL GIARDINO DI PIERO

TOSCANA · AMBIENTE CLASSICO ✕✕ In ambienti eleganti a due passi dal Museo Civico (ospitante opere del grande Piero della Francesca), il meglio dei prodotti del territorio, ovvero: salumi, verdure, paste fresche e molta carne tra cui la chianina dei propri allevamenti!

Carta 35/65 €

🌿 🆔 *via N. Aggiunti 98/b – ☏ 0575 733119 – www.osteriailgiardinodipiero.it*

SAN SEVERINO MARCHE

✉ 62027 – Macerata (MC) – Carta regionale n° **11**–C2 – Carta stradale Michelin 563-M21

⅋○ CAVALLINI

PESCE E FRUTTI DI MARE · ACCOGLIENTE ✕✕ Al primo piano, un ristorante dai toni chiari e rilassanti, ben insonorizzato, gestito da due fratelli, uno in cucina e l'altro in sala, che proseguono la tradizione di famiglia anche se qui il locale l'hanno aperto loro. In prevalenza pesce, vera passione dello chef, ma la carta propone anche valide alternative di carne.

Menu 28 € (pranzo), 35/60 € – Carta 35/65 €

🆔 *viale Bigioli 47 – ☏ 0733 634608 – www.ristorantecavallini.com – Chiuso lunedì-martedì a mezzogiorno, mercoledì, giovedì a mezzogiorno, domenica sera*

SAN SEVERO

✉ 71016 – Foggia (FG) – Carta regionale n° **15**–A1 – Carta stradale Michelin 564-B28

LA FOSSA DEL GRANO

REGIONALE · FAMILIARE X Nel centro storico, trattoria di pochi coperti sotto i tradizionali soffitti a vela e a botte, dove gustare una straordinaria carrellata di prodotti pugliesi: immancabile, interminabile, ma soprattutto indimenticabile la serie di antipasti.

Specialità: Selezione di antipasti. Tortelli di cacio podolico, datterino giallo, cardoncello e capocollo croccante. Frolla con ricotta e cioccolato bianco, frutti di bosco e mandorle pralinate.

Menu 25/45 € – Carta 20/45 €

🛏 🅐🅒 *via Minuziano 63 – ☎ 0882 241122 – www.lafossadelgrano.com –*
Chiuso lunedì, domenica sera

SANT' ANTIOCO – Carbonia-Iglesias (CI) ➜ Vedere Sardegna

SANT'ORSOLA TERME

✉ 38050 – Trento (TN) – Carta regionale n° **19**–C3

BLUMENSTUBE 🆕

CREATIVA · STUBE X Cinta dai verdi boschi della valle "incantata" - abitata da una comunità di origine tedesca, i Mòcheni - Blumenstube riprende nuova linfa con la giovane gestione dello chef Daniele Tomasi che si cimenta in una linea di cucina moderna, a tratti creativa. Pur sempre forti restano i richiami al territorio nell'utilizzo di prodotti locali e - spesso - anche di fiori edibili decorativi, che il cuoco cerca di persona non appena può.

Specialità: Ovetto croccante. Sushi di montagna. Krapfen al fravort con tartufo trentino.

Menu 24/40 € – Carta 35/56 €

🔄 🛏 🅿 *località Pizoi 7 (Nord: 1 km) –*
☎ 0461 551216 – blumenstube.it –
Chiuso lunedì, martedì, mercoledì-venerdì a mezzogiorno

SANTA CRISTINA D'ASPROMONTE

✉ 89056 – Reggio di Calabria (RC) – Carta regionale n° **3**–A3 –
Carta stradale Michelin 564-M29

QAFIZ

Chef: Antonino "Nino" Rossi

MODERNA · INTIMO XXX Arrivarci non è semplice, ma piacevolissimo, sperduto com'è in un mare di ulivi della campagna calabrese più bella e raggiante. Alla fine, si trova un'elegante villa di fine Settecento, con annesso frantoio in cui è stato ricavato il ristorante, con soli quattro tavoli sotto un caratteristico soffitto dalle volte a crociera, uno spazio che per il resto è sobrio e raffinato. Nella bella stagione, chi vuole mangiare in terrazza deve affrettarsi nella prenotazione, giacché c'è un unico tavolo disponibile. L'avrete capito: è una piccola gemma, che nasconde uno dei talenti più interessanti della regione, avvantaggiato anche da un'ottima direzione di sala. Calabresi sono inoltre buona parte dei prodotti usati in cucina, da quelli più celebri, come la sardella e la 'nduja, ad altri che saranno una vera scoperta, sia di mare che di terra, perché qui, nello spazio di pochi chilometri, c'è l'uno e l'altra. Vivamente consigliata una sosta nel bellissimo lounge bar per sorseggiare un cocktail davanti alla piscina e al curato giardino.

Specialità: Crudité di gambero rosso, emulsione di cozze, piparelli, asparagi selvatici, ponzu. Riso carnaroli all'abete bianco e polvere di porcini. Mousse al cioccolato "ivoire", prugne, rafano, gelato alle arachidi.

Menu 40 € (pranzo), 75/130 € – Carta 90/120 €

🅿 🅐🅒 🅿 *località Calabretto –*
☎ 0966 878800 – www.qafiz.it –
Chiuso lunedì, martedì, mercoledì a mezzogiorno

SANT'AGATA SUI DUE GOLFI

⊠ 80064 – Napoli (NA) – Carta regionale n° **4**–B2 – Carta stradale Michelin 564-F25

✿✿ DON ALFONSO 1890

Chef: Alfonso ed Ernesto Iaccarino

CREATIVA · LUSSO XxxX Capostipite dell'alta cucina nel sud Italia in un tempo in cui le tappe gourmet erano ancora poche, Livia e Alfonso Iaccarino crearono questo ristorante segnando un'epoca nella storia della ristorazione italiana. Fra mille sacrifici e altrettanti riconoscimenti, resero il nome di Sant'Agata celebre nel mondo, contribuendo tra l'altro in modo decisivo alla fortuna della cucina mediterranea. Oggi, con l'aiuto dei figli Mario ed Ernesto – quest'ultimo ormai responsabile della cucina – la storia è tutt'altro che finita. Anzi, si arricchisce di un'eleganza sempre nuova e maggiore, che omaggia la tradizione campana e il suo straordinario artigianato, dalla sala alle cucine, dal giardino da fiaba alle favolose camere. Il menu porta con sé un invidiabile bagaglio di piatti storici, ma si rinnova incessantemente ad emozionanti, altissimi livelli. La cantina, infine, già straordinaria per ampiezza di scelta, alla visita si rivela un viaggio mozzafiato nel sottosuolo del ristorante.

Specialità: Zeppola di astice in agrodolce con infuso acidulo agli agrumi. Maialino nero con pelle croccante, riduzione al tamarindo, sedano, purea di patate alla curcuma e cipolle rosse di Tropea. Impressionismo di crema e zabaione al caffè.

✿ *L'impegno dello chef:* "Da più di trent'anni, l'azienda biologica di famiglia a Punta Campanella vanta una produzione di frutta e verdura nel rispetto delle tipicità locali. Abbiamo avviato il programma "Zero Waste": riduzione di rifiuti e scarti nelle strutture ricettive. La raccolta differenziata raggiunge il 95%."

Menu 160/190 € – Carta 117/158 €

🕸 ⇛ ⇨ 🍷 Hotel Don Alfonso 1890, corso Sant'Agata 11 – ☏ 081 878 0026 – www.donalfonso.com – Chiuso 1 aprile-1 novembre, Chiuso lunedì, martedì e a mezzogiorno escluso sabato e domenica

⊛ LO STUZZICHINO

CAMPANA · FAMILIARE X Cucina completamente a vista in open space con ceramiche artigianali della Costiera Amalfitana e nuovo design della sala per questa moderna trattoria sita in pieno centro. Ottime specialità della tradizione culinaria campana.

Specialità: Parmigiana di melanzane. Pasta e patate con provolone del Monaco. "Pizza di Dora" (torta di crema pasticciera, cioccolata e amarene).

Menu 25/50 € – Carta 20/50 €

🌿 🅰 via Deserto 1A – ☏ 0815330010 – www.ristorantelostuzzichino.it – Chiuso 1-12 febbraio, mercoledì

⌂ DON ALFONSO 1890

LUSSO · ROMANTICO Un'oasi di tranquillità e buon gusto, nonché un'enclave di eleganza, nel centro della località: raffinate camere e suite, curato giardino accanto al quale far colazione nei giorni di bel tempo, rimirando le maioliche antiche del pavimento.

⇛ 🗲 🅰 🍷 4 camere – 4 suites

corso Sant'Agata 11 – ☏ 0818780026 – www.donalfonso.com

✿✿ **Don Alfonso 1890** – Vedere selezione ristoranti

SANT'AGNELLO

⊠ 80065 – Napoli (NA) – Carta regionale n° **4**–B2 – Carta stradale Michelin 564-F25

✿ DON GEPPI

MODERNA · ROMANTICO XxX Quadri del Settecento napoletano, uno splendido specchio ed un grammofono con un "segreto", eleganza e stile nella piccola salle à manger, ma tempo permettendo anche l'alternativa del dehors nel romantico giardino con laghetto artificiale ed orto bio: il principale fornitore di questo tipo d'ingredienti in cucina!

Sempre e comunque, invece, il piacere di sapori campani rivisitati in chiave moderna, ma mai stravolti al fine di creare sensazionalismi, portati in tavola da un servizio non "ingessato", tuttavia di ottimo livello. Lo chef Mario Affinita conquista i palati con cotture intriganti, preparazioni leggere, piatti che sono diventati degli imprescindibili, come il sorprendente "n'uovo" – acqua di pomodoro, scampi, plancton marino – praticamente tutto, fuorché un vero uovo!

Specialità: Cromatismo di gamberi all'arrabbiata. Spaghetti spezzati al ragout di totani e soffice di patate. Caramello speziato, cioccolato e caffè.

Menu 85/130 € – Carta 67/115 €

🛋 🗚 🅿 *Hotel Majestic, corso Marion Crawford 40 – ℰ 081 807 2050 – www.dongeppirestaurant.com – Chiuso 1 dicembre-1 aprile, lunedì a mezzogiorno, martedì, mercoledì-domenica a mezzogiorno*

🏠 GRAND HOTEL COCUMELLA

LUSSO · PERSONALIZZATO L'edificio risale al '500 quando fu costruito dai Padri Gesuiti. Diverse destinazioni e fortune ne accompagnarono da allora la storia, ma sono ormai quasi due secoli che il Cocumella offre ospitalità ai viaggiatori di tutto il mondo. Corollario di tanta atmosfera: camere incantevoli e bagni lussureggianti. Aperto la sera, solo in estate e all'aperto, Coku propone una cucina giapponese con tocchi fusion e la famosa griglia robata.

🕯 🗚 🛏 🕱 🖩 🖫 🗚 🎿 🅿 40 camere – 8 suites

via Cocumella 7 – ℰ 081 878 2933 – www.cocumella.com

SANT'AGOSTINO

✉ 44047 – Ferrara (FE) – Carta regionale n° 5-C2 – Carta stradale Michelin 562-H16

🍽 TRATTORIA LA ROSA

REGIONALE · FAMILIARE XX Dal 1908, oggi giunto alla quinta generazione, nella sala del ristorante troverete un'atmosfera semplice e moderna, ma nei piatti si torna tuttavia alla tradizione con una rimarchevole proposta gastronomica. Paste fresche, quasi essenzialmente carne tra i secondi e un'insospettata risorsa locale, il tartufo.

Menu 20 € (pranzo), 50/80 € – Carta 35/62 €

🖙 🗚 *via del Bosco 2, ang. via Facchini – ℰ 053284098 – www.trattorialarosa1908.it – Chiuso 1-20 gennaio, 4-24 agosto, lunedì, domenica sera*

SANTA LIBERATA – Grosseto (GR) → Vedere Porto Santo Stefano

SANTA MARGHERITA LIGURE

✉ 16038 – Genova (GE) – Carta regionale n° 8-C2 – Carta stradale Michelin 561-J9

🍽 LANGOSTERIA PARAGGI 🆕

PESCE E FRUTTI DI MARE · CHIC XX Lo stile milanese di questa ormai celebre insegna trova la cornice - da sempre promessa - nei piatti nella versione stagionale di fronte alla piccola, bellissima baia di Paraggi. All'interno degli storici Bagni Fiore, tanto legno in veste vintage-glamour, il mare davanti e in tavola golose portate a base di pesce fresco, crostacei, ostriche, frutti di mare, serviti crudi o dopo cotture classiche. Senza contare che Langosteria Paraggi è anche beach bar, praticamente dal mattino a ben oltre il tramonto... Benvenuti in Liguria!

Carta 58/95 €

🖙 🗚 *via Paraggi a Mare 1 – ℰ 0185 046284 - langosteria.com – Chiuso 1 dicembre-1 maggio, lunedì sera*

🍽 L' ALTRO EDEN

PESCE E FRUTTI DI MARE · MINIMALISTA XX Sul molo con vista porto, locale di taglio moderno dall'originale sala a forma di tunnel e fresco dehors. Il menu è un trionfo di specialità ittiche preparate secondo un'impostazione di stile classico; naturalmente il meglio del pesce di giornata vi verrà suggerito a voce.

Carta 45/85 €

🗚 🕹 🗚 *via Calata Porto 11 – ℰ 0185 293056 – www.laltro.ristoranteeden.com – Chiuso 1-28 dicembre, martedì*

ⅠⅠ◯ L'INSOLITA ZUPPA

MODERNA · BISTRÒ ҂ Uno stile vagamente bistrot, allegro ed informale, per una cucina che pur trovandosi in una località di mare privilegia la terra, il menu annovera, comunque, anche qualche specialità ittica tra cui l'ottimo gambero di Santa Margherita Ligure. E per gli irriducibili romantici, solo sei tavolini nel piccolo giardino nascosto sotto l'albero di olivo: è necessaria la prenotazione!

Carta 34/65€

🎤 🗚 *via Romana 7 –*

℘ *0185 289594 – www.insolitazuppa.it –*

Chiuso lunedì-martedì a mezzogiorno, mercoledì, giovedì-sabato a mezzogiorno, domenica

🏛 GRAND HOTEL MIRAMARE

PALACE · STORICO Palme, oleandri, pitosfori e un centenario cedro del Libano: no, non siamo in un giardino botanico, ma nello splendido parco di un'icona dell'ospitalità di Santa. Tra raffinatezza liberty e relax di lusso, c'è posto anche per una piscina panoramica con acqua di mare.

🏖 ⟨ 🗚 🖐 🗚 ⚗ 🛏 63 camere – 12 suites

lungomare Milite Ignoto 30 –

℘ *0185 287013 – www.grandhotelmiramare.it*

🏛 METROPOLE

DIMORA STORICA · LUNGOMARE Con un parco fiorito, digradante verso il mare e la spiaggia privata, tutto il fascino di un hotel d'epoca e la piacevolezza di una grande professionalità unita all'accoglienza che si è impreziosita recentemente grazie al potenziamento del centro benessere. Elegante sala ristorante, dove gustare anche piatti liguri di terra e di mare.

🏖 ⟨ 🗚 🖐 ♨ ⌕ 🗚 ⚗ 🅿 53 camere – 4 suites

via Pagana 2 – ℘ 0185 286134 – www.metropole.it

🏠 EIGHT HOTEL PARAGGI ⓝ

LUSSO · DESIGN In una delle baie più esclusive e romantiche della Penisola, che spunta all'improvviso mentre percorrete la bellissima strada che collega S. Margherita a Portofino: spazi comuni ridotti al suo interno, ma signorili e molto curati, e camere ineccepibili dal punto di vista del confort. Splendida location sul mare, dove posizionano i propri lettini, mentre la sorpresa sarà la cucina fusion del ristorante The Eight.

🏖 ⟨ ⌕ 🗚 🅿 11 camere – 1 suite

via Paraggi a Mare 8 – ℘ 0185 289961 – www.eighthotels.it

SANTA MARIA ANNUNZIATA – Napoli (NA) → Vedere Massa Lubrense

SANTA MARIA DELLA VERSA

✉ 27047 – Pavia (PV) – Carta regionale n° **9**-B3 – Carta stradale Michelin 561-H9

ⅠⅠ◯ SASSEO

MODERNA · ROMANTICO ҂҂ In posizione splendidamente panoramica su colline e vigneti, il casolare settecentesco ospita sale romantiche ed eleganti, mentre la cucina ripercorre il filone del territorio accostandovi qualche piatto di pesce.

Menu 45/60€ – Carta 40/60€

⟨ 🗚 🎤 🗚 ♻ 🅿 *località Sasseo 3 –*

℘ *0385 278563 – www.sasseo.com –*

Chiuso lunedì, martedì a mezzogiorno

SANTA MARIA DEL MONTE (SACRO MONTE) – Varese (VA) → Vedere Varese

SANTA MARIA MAGGIORE

✉ 28857 – Verbano-Cusio-Ossola (VB) – Carta regionale n° **12**–C1 –
Carta stradale Michelin 561-D7

🍴 **LE COLONNE**

REGIONALE · FAMILIARE ✕✕ Piatti ricchi di fantasia legati alle prelibatezze del
territorio in un piccolo ed accogliente locale del centro. Bello il tavolo conviviale
per chi ama la compagnia.

Menu 40/60€ – Carta 51/68€

*via Benefattori 7 – ☏ 0324 94893 – www.ristorantelecolonne.it – Chiuso lunedì sera,
martedì*

SANTA MARIA NAVARRESE – Ogliastra (OG) ➜ Vedere Sardegna

SANT'AMBROGIO DI VALPOLICELLA

✉ 37015 – Verona (VR) – Carta regionale n° **23**–A3 – Carta stradale Michelin 562-F14

a San Giorgio di Valpolicella Nord - Ovest : 1,5 km

🍴 **DALLA ROSA ALDA**

REGIONALE · FAMILIARE ✕ Al centro di un piccolo e grazioso paese, affacciato
su un panorama mozzafiato e impreziosito da una romantica pieve, un ristorante
storico dove gustare una cucina tradizionale e gustosa, ricca di sapori di una
volta. Camere semplici, ma ben tenute.

Carta 28/55€

🏤 ⇆ 🛥 ᦉ ᦉ *strada Garibaldi 4 – ☏ 045 770 1018 – www.dallarosalda.it –
Chiuso 7 gennaio-28 febbraio, lunedì, domenica sera*

SANT'ANGELO – Napoli (NA) ➜ Vedere Ischia (Isola d')

SANT'ANGELO IN PONTANO

✉ 62020 – Macerata (MC) – Carta regionale n° **11**–C2 – Carta stradale Michelin 563-M22

🍴 **PIPPO E GABRIELLA**

MARCHIGIANA · TRATTORIA ✕ Un'osteria molto semplice, in posizione tranquilla, dove vige un'atmosfera informale ma cortese e si possono gustare specialità regionali. Griglia in sala.

Carta 20/40€

ᦉ ᦉ 🅿 *località contrada l'Immacolata 33 – ☏ 0733 661120 –
Chiuso 11 gennaio-12 febbraio, 29 giugno-10 luglio, lunedì, domenica sera*

SANT'ANNA – Cuneo (CN) ➜ Vedere Roccabruna

SANTARCANGELO DI ROMAGNA

✉ 47822 – Rimini (RN) – Carta regionale n° **5**–D2 – Carta stradale Michelin 562-J19

🍴 **LAZAROUN**

REGIONALE · ACCOGLIENTE ✕✕ Il prototipo del locale romagnolo, dove un'efficiente e calorosa gestione familiare fa da supporto ad una cucina forte sia fra i
primi, sia fra i secondi (paste fresche, salumi, carne anche cotta alla brace). Tra le
particolarità del locale è da segnalare la presenza di antichissime grotte tufacee
che caratterizzano parte del sottosuolo della località: realizzate intorno al 400 d.
C. e riattivate poi dai Malatesta come vie di fuga grazie al loro intricato sviluppo
a reticolo.

Menu 45€ – Carta 35/50€

⇆ 🛥 🆎 *via Del Platano 21 – ☏ 0541 624417 – www.lazaroun.it –
Chiuso 11-21 gennaio, 7-17 giugno, giovedì*

🟠 **OSTERIA LA SANGIOVESA**

EMILIANA · RUSTICO X C'è un'osteria, semplice e informale, ideale per trascorrere una serata in compagnia, attorno a tavolini imbanditi di piadine, affettati ed allegria. C'è anche il ristorante - un susseguirsi di salette, ricavate nelle gallerie di un antico palazzo – dove tra luci ed ombre si ricordano personaggi legati alla storia locale. Anche qui la cucina s'ispira al territorio e alle sue tradizioni: le materie prime (salumi, carni, olio, vini, vermouth) provengono da tenuta creata appositamente per fornire la Sangiovesa di prodotti a filiera certa.

Menu 36/38€ – Carta 31/48€

🕃 🏠 AC *piazza Simone Balacchi 14 – ℰ 0541 620710 – www.sangiovesa.it – Chiuso lunedì-sabato a mezzogiorno*

SANTA REPARATA – Olbia-Tempio (OT) → Vedere Sardegna - Santa Teresa Gallura

SANTA TERESA GALLURA – Olbia-Tempio (OT) → Vedere Sardegna

SANTA VITTORIA D'ALBA

✉ 12069 – Cuneo (CN) – Carta regionale n° **14**–A2 – Carta stradale Michelin 561-H5

🟠 **CASTELLO**

REGIONALE · AMBIENTE CLASSICO XX In estate la bella veranda con vista su colline e dintorni, nella stagione fredda la raccolta sala luminosa e moderna. Per eventi o banqueting il salone più rustico e capiente. In sintesi, tante vesti per una gustosa cucina: di terra e di mare in chiave aggiornata.

Menu 35/50€ – Carta 45/55€

≼ 🛏 🏠 🅿 *Hotel Castello di Santa Vittoria, via Cagna 4 – ℰ 0172 478147 – www.ristorantecastellodisantavittoria.it – Chiuso 26 gennaio-12 febbraio, lunedì, martedì-giovedì a mezzogiorno, domenica sera*

SANT'ILARIO D'ENZA

✉ 42049 – Reggio nell'Emilia (RE) – Carta regionale n° **5**–A3 – Carta stradale Michelin 562-H13

🟠 **PRATER**

REGIONALE · CONTESTO CONTEMPORANEO XX Nel centro cittadino, in una sala moderna, la carta ospita sia piatti di pesce che di carne, ma sono soprattutto le ricette della tradizione a riscuotere successo, dai tortelli di zucca ai cappelletti sino alla punta di vitello.

Carta 34/51€

🕃 🏠 AC 🌣 🅿 *via Roma 39 – ℰ 0522 672375 – www.ristorante-prater.it – Chiuso mercoledì, sabato a mezzogiorno*

SANT'OMOBONO TERME

✉ 24083 – Bergamo (BG) – Carta regionale n° **10**–C1 – Carta stradale Michelin 561-E10

🟠 **POSTA**

LOMBARDA · FAMILIARE XX Una conduzione tutta al femminile per un locale di tono signorile-contemporaneo: con i primi freddi, sarà il camino all'ingresso e darvi il benvenuto, mentre in tavola arriveranno piatti di terra e di mare elaborati con maestria, ingredienti tipici del territorio e prodotti stagionali.

Menu 18€ (pranzo), 60/70€ – Carta 48/60€

🔄 ᙠ AC *viale Vittorio Veneto 169 – ℰ 035 851134 – www.frosioristoranti.it – Chiuso lunedì*

SANTO STEFANO BELBO

✉ 12058 – Cuneo (CN) – Carta regionale n° **14**–B2 – Carta stradale Michelin 561-H6

✿ IL RISTORANTE DI GUIDO DA COSTIGLIOLE

Chef: Luca Zecchin

PIEMONTESE · ELEGANTE XxX Circondati da un paesaggio romantico, le Langhe, le cui colline coltivate a vigneti sono diventate patrimonio UNESCO, incantevoli tramonti rendono indimenticabile la sosta, soprattutto d'estate, quando è consigliata una cena sulla terrazza panoramica. Luci soffuse, volte di mattoni a vista, collezioni di dipinti ed elementi di design contemporaneo d'autore sono il magico contorno di una serata romantica e gastronomica, all'insegna dei classici piemontesi, accompagnati da qualche proposta più creativa - in prevalenza di carne - preparati con materie prime provenienti quasi esclusivamente dalle zone circostanti, uniche al mondo per biodiversità e qualità. Considerata l'area geografica, va da sé che la carta dei vini sia di un certo spessore: circa 3.000 etichette, divise in tre volumi - Piemonte, Francia, resto del mondo. Tra queste, circa 80 tipologie sono disponibili al bicchiere.

Specialità: Animella affumicata, bergamotto e cervella fritta. Agnolotti del plin. Gelato mantecato.

Menu 110/150 € – Carta 90/155 €

🍸 ⇙ 🛏 🛋 🅰🅲 ⇔ 🅿 *Hotel Relais San Maurizio, località San Maurizio 39 –*
☎ 0141 844455 – www.guidosanmaurizio.com – Chiuso lunedì-sabato a mezzogiorno,
domenica

RELAIS SAN MAURIZIO

LUSSO · ELEGANTE Dominante un incantevole paesaggio collinare, il monastero del 1619 ha lasciato spazio ad un raffinato ed esclusivo albergo, composto da un susseguirsi d'incantevoli salotti, eleganti camere e una spa di più di mille metri quadrati con talasso e vinoterapia. All'interno dell'antico refettorio si possono degustare piatti a km 0 con gli ingredienti della tenuta agricola San Maurizio.

🍸 🛀 ⇙ 🛏 ⬛ 🖥 🚳 🐾 🔁 🛋 🅰🅲 🏋 🅿 20 camere – 16 suites

località San Maurizio – ☎ 0141 841900 – www.relaissanmaurizio.it

✿ **Il Ristorante di Guido da Costigliole** – Vedere selezione ristoranti

SANTO STEFANO DI SESSANIO

✉ 67020 – L'Aquila (AQ) – Carta regionale n° **1**–B2

🏠 SEXTANTIO 🆕   Tablet.PLUS

DIMORA STORICA · TRADIZIONALE Nel tipico contesto di un borgo medioevale, ai confini del Parco Nazionale del Gran Sasso, albergo diffuso con arredi in arte povera locale, pavimenti e muri originali e tessuti di pregio. Un vero e proprio tuffo nel passato, complice il camino a legna in tutte le camere.

🍸 🚳 29 camere

via della Torre – ☎ 0862 899112 – www.sextantio.it

SANTU LUSSURGIU – Oristano (OR) → Vedere Sardegna

SAN VIGILIO • VIGILJOCH – Bolzano (BZ) → Vedere Lana

SAN VIGILIO – Bergamo (BG) → Vedere Bergamo

SAN VIGILIO DI MAREBBE • ST. VIGIL ENNEBERG

✉ 39030 – Bolzano (BZ) – Carta regionale n° **19**–C1 – Carta stradale Michelin 562-B17

😊 FANA LADINA

REGIONALE · ROMANTICO X Tre salette, tra cui una luminosa e affacciata sul paese, ma i più romantici non mancheranno di prenotare un tavolo nella stube storica. La simpatia e l'ospitalità della titolare è un valore aggiunto! Ricette regionali e specialità ladine.

Specialità: Tartara di cervo. Stinco di maiale al forno. Rumtopf (frutta mista sotto rum).

Menu 35/50€ – Carta 35/50€

🛖 🅿 *strada Plan de Corones 10 – ℰ 0474 501175 – www.fanaladina.com –*
Chiuso 11 aprile-17 giugno, 18 ottobre-25 novembre, mercoledì

SAN VINCENZO

✉ 57027 – Livorno (LI) – Carta regionale n° **18**–B2 – Carta stradale Michelin 563-M13

🍴 LA PERLA DEL MARE

PESCE E FRUTTI DI MARE · ELEGANTE 🕸 Moderna struttura di legno e acciaio, scenograficamente affacciata sulla spiaggia di San Vincenzo, da cui si gode, all'orizzonte, il profilo delle isole Capraia, Corsica ed Elba. Anche il menu cita il mare in piatti d'ispirazione contemporanea.

Menu 30€ (pranzo), 50/70€ – Carta 65/100€

🍸 🛖 🕭 🖾 *via della Meloria 9 – ℰ 0565 702113 – www.laperladelmare.it –*
Chiuso 1-4 dicembre, 8-20 gennaio, lunedì

sulla strada per San Carlo

🍴 IL SALE

REGIONALE · ROMANTICO 🕸 Dove le colline, i cipressi e gli ulivi del più tipico paesaggio toscano incontrano il mare nasce il ristorante Il Sale: il legame con il territorio e la qualità dei piatti sono rafforzati dai numerosi prodotti coltivati dall'azienda stessa. A pranzo light lunch (o carta), la sera solo *à la carte*. La splendida terrazza offre panoramici scorci sulla natura circostante in questa bella villa con arredi d'epoca e genuina ospitalità.

Carta 39/80€

🍸 🛖 🖾 *Poggio ai Santi, via San Bartolo 100, frazione San Carlo –*
ℰ 0565 798621 – www.poggioaisanti.com –
Chiuso 1-4 dicembre, 5-28 gennaio, martedì

SAN VITO DI LEGUZZANO

✉ 36030 – Vicenza (VI) – Carta regionale n° **23**–B2 – Carta stradale Michelin 562-E16

😊 ANTICA TRATTORIA DUE MORI

DEL TERRITORIO · CONTESTO TRADIZIONALE 🕸 Adagiata sulle colline dell'alto Vicentino, la locanda settecentesca è stata convertita - nel tempo - in trattoria, con una linea gastronomica basata sulla memoria veneta ed alcune specialità imperdibili.

Specialità: Buffet di antipasti. Roast-beef tiepido con funghi porcini e fagioli all'uccelletto. Zabaione con biscotti fatti in casa.

Menu 18€ (pranzo)/20€ – Carta 25/28€

🍸 🖾 🅿 🞡 *via Rigobello 39 – ℰ 0445 511611 – www.trattoriaduemori.it –*
Chiuso lunedì a mezzogiorno, domenica sera

SAN VITO LO CAPO – Trapani (TP) ➜ Vedere Sicilia

SAN VITTORE OLONA

✉ 20028 – Milano (MI) – Carta regionale n° **10**–A2 – Carta stradale Michelin 561-F8

🍴 LA FORNACE

ITALIANA · AMBIENTE CLASSICO 🕸 Nel contesto strutturale dell'hotel Poli, ma con ingresso indipendente, raccolto e curato dall'ottima gestione diretta, ristorante con proposte stuzzicanti di cucina italiana completate dai fuori carta, dal menu "a mano" libera più creativo e dal piatto unico del pranzo.

Menu 30€ (pranzo), 50/70€ – Carta 50/70€

🍸 🖾 🅿 *Poli Hotel, strada statale Sempione, ang. via Pellico –*
ℰ 0331 518308 – www.ristorantelafornace.it –
Chiuso 6-20 agosto, sabato a mezzogiorno, domenica sera

SAN ZENO DI MONTAGNA

✉ 37010 – Verona (VR) – Carta regionale n° **23**–A2 – Carta stradale Michelin 562-F14

🍴○ **TAVERNA KUS**

REGIONALE · VINTAGE ✗✗ Ambiente rustico-elegante reso originale da un'ampia collezione di specchi, ceramiche ed altro ancora in una taverna molto apprezzata in provincia per la sua proverbiale attenzione alla cucina locale, nonché alla stagionalità delle materie prime.

Menu 48/50€ – Carta 35/60€

🕸 🛋 🅿 contrada Castello 14 – ℰ 045 728 5667 – www.tavernakus.it

SAPPADA

✉ 32047 – Udine (UD) – Carta regionale n° **23**–C1 – Carta stradale Michelin 562-C20

🐾 **LAITE**

Chef: Fabrizia Meroi

REGIONALE · ROMANTICO ✗✗ Garante di una cucina appresa ancor piccola da mamma e nonna, le sue due prime insegnanti, a questi timidi esordi sono succeduti anni di formazione in Friuli, Veneto e Carinzia che hanno contribuito a costruire la sapienza gastronomica di Fabrizia Meroi. Gli aromi di queste terre e i prodotti di ogni loro stagione caratterizzano i menu del Laite, abbinati ai vini (eccellenti anche al bicchiere) scelti con passione dal marito Roberto, coadiuvato in sala da Elena. Il servizio si svolge in due piccole e romantiche stube - una del Seicento, l'altra del Settecento - due scrigni di legno all'interno di una tipica casa di montagna situata in una zona tranquilla e caratteristica. Qui si punta ai sapori, più che ai virtuosismi!

Specialità: Cervo fondente, cirmolo, tuberi, radici. Tortello all'uovo, pomodorino confit, latte d'acciuga. Frolla di nocciola, spuma di Raboso, ganache al cioccolato ed amarena.

Menu 80/125€ – Carta 70/90€

🕸 ♿ borgata Hoffe 10 – ℰ 0435 469070 – www.ristorantelaite.com –
Chiuso mercoledì, giovedì a mezzogiorno

🍴○ **MONDSCHEIN**

REGIONALE · STILE MONTANO ✗✗ Ristorante gourmet a Sappada, dove Paolo Kratter e famiglia vi accolgono e vi fanno sentire come a casa vostra. Nel romantico contesto di un'elegante baita di montagna ai margini del paese, a pranzo l'offerta è più semplice ed informale per accontentare gli sciatori (le piste sono proprio dietro il ristorante), ma è la sera che la cucina dà il meglio di sé, e lo fa a grandi livelli. Il nuovo gusto delle Dolomiti!

Menu 75€ – Carta 30/75€

🅿 borgata Bach 96 – ℰ 0435 469585 – www.ristorantemondschein.it –
Chiuso martedì

SAPRI

✉ 84073 – Salerno (SA) – Carta regionale n° **4**–D3 – Carta stradale Michelin 564-G28

🍴○ **LA SPECOLA**

PESCE E FRUTTI DI MARE · INTIMO ✗ Piccolissima sala interna completata da un grazioso servizio all'aperto, nel centro di Sapri (il mare è, comunque, a breve distanza). Sebbene la cucina sia squisitamente mediterranea col pesce a fare da protagonista, non mancano alcune proposte a base di carne. Vini esclusivamente regionali.

Carta 40/150€

🛋 🅰🅒 via Marsala 18 – ℰ 349 364 7426 – Chiuso 7 gennaio-13 febbraio, lunedì, domenica sera

SARCHE – Trento (TN) ➜ Vedere Madruzzo

SARDEGNA

Adagiata nel Mar Mediterraneo, la Sardegna evoca da sempre l'immagine del relax e della vacanza con peculiarità diverse a seconda della zona prescelta. Quando negli anni '60 l'Aga Khan commissionò ad architetti italiani e francesi i grandi alberghi della Costa Smeralda - tutt'oggi segnalati in guida - la zona divenne in breve tempo meta prediletta del jet-set internazionale. Ma l'isola non è solo questo e sfodera il proprio lato più selvaggio man mano che ci si avvicina all'area di Piscinas - zona desertica prescelta per set cinematografici western negli anni '70 - punteggiata da dune dorate alte fino a 60 metri che si estendono sinuosamente prima di raggiungere il mare della costa di Arbus. A questa eterogeneità morfologica fa eco una cucina caratterizzata da altrettanta varietà, nonché dall'essersi arricchita e stratificata nel corso della storia dagli apporti e contaminazioni di quelle culture che proprio sull'isola hanno trovato dimora. Considerata parte della dieta mediterranea, modello nutrizionale proclamato nel 2010 dall'Unesco tra i patrimoni orali e immateriali dell'umanità, la cucina locale ha un'eccellenza che tutto il mondo c'invidia: il "caviale" di Sardegna, la bottarga di muggine!

Carta regionale n° 16
Carta stradale Michelin n° 366

ALGHERO

SARDEGNA

⊠ 07041 – Sassari (SS) – Carta regionale n° **16**–A2 – Carta stradale Michelin 366-K40

🍴○ **AL TUGURI**

PESCE E FRUTTI DI MARE · **RUSTICO** ✕✕ Bell'ambiente caratteristico, con tavoli piccoli e serrati, in un'antica casa del centro, a due passi dai Bastioni; griglia a vista per cuocere soprattutto pesce.

Menu 30€ (pranzo), 45/50€ – Carta 45/60€

 via Maiorca 113/115 – ℰ 079 976772 – www.altuguri.it – Chiuso lunedì-sabato a mezzogiorno, domenica

🍴○ **IL PAVONE**

PESCE E FRUTTI DI MARE · **AMBIENTE CLASSICO** ✕✕ In pieno centro, locale personalizzato con quadri di artisti contemporanei e da un'originale collezione di liquori in formato mignon. Se la cucina omaggia il mare, per un'alternativa più economica accomodatevi nell'attiguo "Piccolo Pavone".

Carta 30/60€

🍽 AC *piazza Sulis 3/4 – ℰ 079 979584 – Chiuso domenica sera*

a Porto Conte Nord - Ovest : 13 km – Carta regionale n° **16**–A1

🏨 **EL FARO**

LUSSO · **MEDITERRANEO** Sul mare cristallino di Capo Caccia, immerso nel parco naturale di Porto Conte, El Faro è un raffinato resort che unisce panorami mozzafiato a servizi esclusivi. Dimora di charme, opera dell'illustre architetto Simon Mossa, l'hotel è progettato sull'idea di una nave adagiata sul mare la cui vista spettacolare è godibile dalle camere, dal ristorante, dalla piscina e dalle ampie terrazze.

🌂 🗑 ⪬ 🗝 ⌁ 🖺 🕸 🛏 ⅍ 🔁 AC 🛁 **P** 88 camere – 2 suites

località Porto Conte 52 – ℰ 079 942010 – www.elfarohotel.it

ARBATAX – Ogliastra (OG) → Vedere Tortolì

giovanni1232/iStock

✉ 07021 – Olbia-Tempio (OT)
Carta regionale n° **16**–B1
Carta stradale Michelin 366-R37

ARZACHENA

Ci piace: il lusso, immerso nel verde della macchia mediterranea ed adagiato sul mare, del **CPH Pevero Hotel**. Le sfiziose proposte ittiche del ristorante **Lu Pisantinu**.

Oltre 50 ettari di terreno ricoperti da vigneti è l'intrigante location delle Cantine Surrau: ottima produzione enoica ed un progetto architettonico nato da un'armoniosa sintesi tra costruzione e natura, in cui l'edificio è caratterizzato da una sequenza di facciate trasparenti e muri in pietra locale che si fondono con la terra. L'angolo enogastronomico Frades a Porto Cervo: excursus nell'autenticità sarda suddiviso in tre diversi ambienti - il banco, lo spazio dedicato alle tipicità regionali e la cucina. L'enoteca del ristorante Da Giovannino a Porto Rotondo: carta vini e distillati impressionante!

COSTA SMERALDA

✉ 07021 – Olbia-Tempio (OT)

a Baia Sardinia – Carta regionale n° **16**–B1

🍴 PHI RESTAURANT - GIANCARLO MORELLI

MODERNA · ALLA MODA XxX Glamour e moda sono l'ossigeno di questo ristorante inserito all'interno di una delle più belle discoteche-lounge della Costa Smeralda, ovvero il Phi Beach. Ci si accomoda su una splendida terrazza, al cospetto di romantici tramonti e con il mare che riempie gli occhi, mentre un celebre cuoco lombardo ha ideato una carta di cucina italiana e mediterranea col giusto tocco di modernità. Aperto anche a pranzo con alcuni piatti della carta serale accompagnati da specialità più semplici.

Carta 65/100 €

⇐ 🏠 ⇔ 🅿 *località Forte Cappellini* – ℰ *0789 955012* – *www.phibeach.com* – *Chiuso 1 dicembre-30 aprile*

🏨 LA BISACCIA

LUSSO · LUNGOMARE In una zona tranquilla, circondata da prati che declinano verso il mare, la struttura è ideale per una vacanza all'insegna del riposo ed ospita camere ampie e luminose; per chi desidera una maggiore privacy esiste un'ala più riservata ed appartata. Nelle raffinate sale del ristorante, la vista sull'arcipelago e i sapori della cucina sarda.

🏊 🐾 ⇐ 🛐 🍸 🗓 🎦 🔅 🅿 122 camere

località Baia Sardinia – ℰ *0789 99002* – *www.hotellabisaccia.it*

a Liscia di Vacca

🟡 LU PISANTINU

PESCE E FRUTTI DI MARE · STILE MEDITERRANEO ℣ Una terrazza incorniciata da colonne di granito si affaccia sulla costa e su Porto Cervo: i colori chiari e pastello richiamano le tonalità del mare, la cucina sfiziose proposte di pesce, mentre l'accoglienza è affidata a un'intera famiglia autoctona attiva in questa location da oltre 30 anni. Bravi!

Menu 45/120 € – Carta 45/80 € (Porto Cervo – Località Liscia Di Vacca)

⫷ 🛋 🅰️🅲 🅿️ ℰ 0789 91344 –

www.ristorantelupisantinu.eu –

Chiuso 1 dicembre-1 maggio, lunedì-domenica a mezzogiorno

a Pitrizza – Carta regionale n° 16–B1

🏨 PITRIZZA

GRAN LUSSO · PERSONALIZZATO Circondato dai colori e dai profumi del paesaggio sardo, un hotel dall'antico splendore cela negli ambienti interni lusso e ricercatezza mentre all'esterno offre spazi curati. Ville esclusive con maggiordomo al servizio dell'ospite.

🌴 🐚 ⫷ 🐘 🍴 ⌂ 🦶 🅰️🅲 🅿️ 39 camere – 27 suites

via Banchina di pitrizza –

ℰ 0789 930111 –

www.pitrizzahotel.com

a Porto Cervo – Carta regionale n° 16–B1

⁸³ CONFUSION

Chef: Italo Bassi

CREATIVA · DESIGN ℣℣ Il ristorante ha portato una sferzata di eccellente e piacevole "confusion" nella zona rialzata antistante il porto. Tra specchi, elementi color oro e vetri, il locale ostenta la gran cura del dettaglio dei suoi titolari che si esprime ancor meglio nei piatti dove la grande tecnica e professionalità raggiunte dallo chef, Italo Bassi, rendono possibili soste gourmet indimenticabili. I sapori netti della sua cucina sono il gustoso risultato di cotture precise ed abilità nel saper utilizzare più ingredienti con equilibrio e raffinatezza. Ai prodotti sardi fanno eco i crudi di mare, le ottime carni, passando da ostriche e caviale, accompagnati da buoni vini e soprattutto da una forte passione per gli champagne di grandi maison.

Specialità: Battuta di cervo, gelato ai ricci di mare, capperi croccanti e perle di bloody mary. Doppio raviolo farcito di stracotto di faraona e burrata, salsa al parmigiano con sugo d'arrosto e timo. Dolce foie gras: cremoso di fegato grasso al caramello, mousseline al pralinato di frutta secca, liquirizia e ribes rosso.

Menu 80/150 € – Carta 90/160 €

🛋 🅰️🅲 via Aga Khan 1- Promenade du Port –

ℰ 340 120 9574 – www.confusionlounge.it – Chiuso 1 dicembre-15 aprile

🟡 FINGER'S PORTO CERVO

FUSION · AMBIENTE ESOTICO ℣℣ Firma gastronomica particolarmente conosciuta nel panorama meneghino, il Finger's di Roberto Okabe conquista anche il pubblico della Costa Smeralda e lo fa con la sua proverbiale cucina che sposa sapori e stile nipponici con tocchi brasiliani ed italiani. A tutto ciò si aggiunge una buona dose di creatività, accompagnata da magnifici cocktail.

Carta 58/95 €

⫷ 🛋 via Porto Vecchio – ℰ 0789 94160 – www.fingersrestaurants.com –

Chiuso lunedì, martedì-domenica a mezzogiorno

SARDEGNA

CPH / PEVERO HOTEL ⓝ

LUSSO · MEDITERRANEO In questa stupenda casa mediterranea coccolata dal verde, il lusso si declina - al di là delle installazioni, degli ambienti, del giardino - nella cura e personalizzazione del servizio: le attenzioni sono rivolte alle diverse individualità della clientela più esigente. Se il pranzo si svolge al bordo delle cinque bellissime piscine, la cena à la carte viene servita nel romantico ristorante Zafferano.

🏝 🦢 ⋖ ⌂ ⌱ 🛗 ⬚ 🛗 🔳 ⇋ 🄿 93 camere – 7 suites

località Golfo Pevero – ℰ 0789 907009 – www.cphpeverohotel.com

a Cannigione Nord Est : 8 km – Carta regionale n° **16**-B1

🏨 VILLA DEL GOLFO LIFESTYLE RESORT ⓝ `Tablet.PLUS`

RESORT · MEDITERRANEO Un soggiorno all'insegna del più moderno confort in questo elegante albergo dallo stile mediterraneo. Oltre all'incanto del mare, la struttura ammalia i suoi ospiti grazie ad un curato giardino ed un centro benessere; i sapori di territorio vi danno appuntamento al ristorante.

🏝 🦢 ⋖ ⌂ ⌱ 🔳 40 camere – 16 suites

via Monti Corru, località La Conia (Nord: 2 km) – ℰ 0789 892091 – www.hotelvilladelgolfo.com

a Romazzino – Carta regionale n° **16**-B1

🏨 ROMAZZINO

GRAN LUSSO · MEDITERRANEO Splendida architettura bianca, tipicamente mediterranea, cinta da un lussureggiante giardino che arriva sino alla propria spiaggia e al mare; l'accoglienza è calorosa, mentre eleganti sono le camere dai chiari arredi. Particolarmente raffinata, la piccola beauty farm con una serie di prodotti esclusivi per la pelle. Pregevole vista, nonché insolito connubio tra rustico e chic nella sala ristorante, dove vi attende una cucina classica non scevra da creatività.

🏝 🦢 ⋖ ⌂ 🔳 ⌱ 🌐 🛗 ⬚ 🔳 🄿 ⇋ 94 camere – 6 suites

località Romazzino – ℰ 0789 977111 – www.romazzinohotel.com

BAIA SARDINIA – Olbia-Tempio (OT) ➜ Vedere Arzachena: Costa Smeralda

CABRAS

✉ 09072 – Oristano (OR) – Carta regionale n° **16**-A2 – Carta stradale Michelin 566-H7

🍴 IL CAMINETTO

PESCE E FRUTTI DI MARE · AMBIENTE CLASSICO ✗ Nella caratteristica cittadina di Cabras, a circa 100 metri dall'albergo Villa Canu, ci si accomoda ai suoi tavoli per gustare piatti tipici della tradizione marinara isolana, primi e secondi di terra, antipasti sfiziosi e dolci sardi.

Menu 30/45€ – Carta 30/55€

🔳 *via Battisti 8 – ℰ 0783 391139 – www.ristoranteilcaminettocabras.com – Chiuso 11 gennaio-22 marzo, lunedì*

CAGLIARI

✉ 09124 – Cagliari (CA) – Carta regionale n° **16**-B3 – Carta stradale Michelin 366-P48

ⓢ DAL CORSARO

Chef: Stefano Deidda

MODERNA · ELEGANTE ✗✗ Un indirizzo che esalta ed enfatizza la cultura culinaria dell'isola: sosta gastronomica imperdibile se ci si trova nel vivace capoluogo. Dal Corsaro è ubicato, infatti, nel centro storico di Cagliari, a pochi passi dal porto, ambiente sobrio ed elegante tra archi, quadri e specchi.

La coreografia prosegue nelle proposte - moderne, fantasiose ma sempre ispirate ai prodotti locali - dello chef Stefano Deidda coadiuvato dalla moglie in sala per una gestione famigliare giunta, di fatto, alla terza generazione. Una cucina compiuta e riflessiva con intriganti piatti che rispecchiano, e nel contempo elevano, le migliori tradizioni sarde in tre menu degustazione: fra terra e mare.

Specialità: Seppia cruda alla brace. Spaghetto con caglio di capretto e cotone d'acciuga. Gelato alla nocciola, velatura al whisky e amaranto soffiato con caramello salato.

Menu 100/135 €

*viale Regina Margherita 28 – ℰ 070 664318 – www.stefanodeidda.it –
Chiuso 6-20 gennaio, lunedì, martedì a mezzogiorno*

CUCINA.EAT ⓝ

DEL MERCATO · COLORATO ⅹ Concept moderno di spazio polifunzionale per questo bistrot gourmet che comprende una fornitissima enoteca, un emporio per utensili da cucina e una bottega di prelibatezze gastronomiche. La carta cita l'isola nei suoi profumi e sapori, i piatti sono la materializzazione in tavola della spesa fatta giornalmente al mercato civico; a pranzo, business lunch con scelta ridotta. Curiosità: CUCINA.eat è – per il momento – uno dei pochi locali dove si può portare il proprio vino, non vi sarà applicato un sovrapprezzo, ma al limite vi verrà richiesto un assaggio!

Specialità: Petto e coscia di quaglia in diverse cotture, salsa al vino rosso, patata morbida. Ravioli di burrida. Minestrone dolce: brunoise di frutta e verdura di stagione, gelato allo zenzero.

Menu 14 € (pranzo), 28/40 € – Carta 19/30 €

*piazza Galileo Galilei 1 – ℰ 070 099 1098 – www.shopcucina.it –
Chiuso domenica*

🍴 LOCANDA DEI BUONI E CATTIVI

CLASSICA · DI QUARTIERE ⅹⅹ Si trova in un tranquillo quartiere semi-centrale questa piacevole locanda ricavata in una villa privata, alla base c'è un progetto di reinserimento lavorativo per dare una seconda chance nella vita. Il menu propone una piacevole versione moderna della cucina sarda a base di soli prodotti stagionali. Ai piani anche 5 comode camere piacevolmente retrò.

Menu 12 € (pranzo), 20/35 € – Carta 25/50 €

*via Vittorio Veneto 96 – ℰ 070 734 5223 –
www.locandadeibuonicattivi.it – Chiuso lunedì-sabato a mezzogiorno, domenica*

🍴 LUIGI POMATA

PESCE E FRUTTI DI MARE · DI TENDENZA ⅹⅹ Caratterizzato da un'energia inesauribile, il titolare ha dato il via ad un'operazione di rinnovo del locale rendendolo ancora più confortevole e moderno. Cucina di mare legata soprattutto ai crudi ed al tonno carlofortino, terra d'origine di Luigi, chef/patron, e con un interessante business lunch a mezzogiorno. Piatti più tradizionali – invece – nel bistrot (ora nella via parallela), mentre aperitivi e cocktail alla moda vi attendono nel lounge bar adiacente.

Menu 15 € (pranzo), 65/80 € – Carta 40/100 €

*viale Regina Margherita 18 – ℰ 070 672058 – www.luigipomata.com –
Chiuso 24-26 dicembre, lunedì a mezzogiorno, domenica*

🍴 SARTI DEL GUSTO

MEDITERRANEA · ACCOGLIENTE ⅹⅹ In una graziosa stradina del centro, un piccolo e moderno locale gestito con passione da due giovani soci; la cucina riprende le tradizioni in chiave moderna, accompagnata da vini e bollicine regionali. Su una mensola, antiche macchine da cucire ricordano il lavoro svolto dagli antenati di uno dei proprietari: un tempo sarti, ora Sarti del Gusto!

Menu 20 € (pranzo)/50 € – Carta 43/80 €

*via Vico II Vincenzo Sulis 1/a – ℰ 070 684 8548 – www.isartidelgusto.it –
Chiuso lunedì*

⁆○ **LA STELLA MARINA DI MONTECRISTO**

PESCE E FRUTTI DI MARE · **CONVIVIALE** 𝕏 L'andamento e l'aspetto sono quelli di una semplice osteria di mare, ci si affida ai consigli dei proprietari per una cucina di pesce semplice, ma generosa nelle porzioni e contenuta nei costi. Menu a prezzo fisso.

Menu 25/40€ – Carta 15/40€

AC ⇨ *via Sardegna 140 –*

☎ +39 347 578 8964 – www.ilmontecristo.com –

Chiuso 24 dicembre-2 gennaio, domenica

al bivio per Capoterra Ovest : 12 km per Teulada

⁆○ **SA CARDIGA E SU SCHIRONI**

PESCE E FRUTTI DI MARE · **AMBIENTE CLASSICO** 𝕏𝕏 Diverse sale avvolte nel legno, colori e un ampio espositore di pesce all'ingresso. Si può scegliere già qui il pesce, poi proposto in piatti tradizionali o semplicemente alla griglia. Locale oramai storico e conosciuto dai più!

Menu 30€ (pranzo), 45/80€ – Carta 30/80€

🕸 🏠 AC ⇨ 🅿 *strada statale 195 bivio per Capoterra – ☎ 070 71652 – www.sacardigaesuschironi.it – Chiuso lunedì, domenica sera*

CALA GONONE – Nuoro (NU) → Vedere Dorgali

CANNIGIONE – Olbia-Tempio (OT) → Vedere Arzachena

CARLOFORTE – Carbonia-Iglesias (CI) → Vedere San Pietro (Isola di)

CASTELSARDO

✉ 07031 – Sassari (SS) – Carta regionale n° **16**–A1 – Carta stradale Michelin 366-N38

⁆○ **L'INCANTU**

REGIONALE · **ELEGANTE** 𝕏𝕏𝕏 Accompagnati da un panorama mozzafiato, il ristorante vi proporrà specialità di pesce e piatti tipici: i presupposti per una serata romantica sono tutti là.

Carta 35/130€

🏠 AC 🅿 *Hotel Bajaloglia, località Bajaloglia Sud-Ovest: 4 km – ☎ 079 474544 – www.bajaloglieresort.it*

⁆○ **IL CORMORANO**

PESCE E FRUTTI DI MARE · **ACCOGLIENTE** 𝕏𝕏𝕏 Appena dietro la piazza centrale di uno dei rari borghi medievali dell'isola, ambienti curati e piacevole veranda: le specialità sono a base di pesce locale.

Menu 45€ (pranzo), 70/84€ – Carta 55/84€

🏠 AC ⇨ *via Colombo 5 –*

☎ 079 470628 – www.ristoranteilcormorano.net –

Chiuso 1-4 dicembre, lunedì

⁆○ **BAGA BAGA**

SARDA · **CONVIVIALE** 𝕏𝕏 Splendido ristorante panoramico immerso in un'incontaminata macchia mediterranea; oltre alla cucina mediterranea vi saranno proposte anche pizze e il tradizionale "porceddu". Camere dai tipici arredi sardi in un villino indipendente.

Menu 35/60€ – Carta 35/65€

🔜 ⇐ 🏠 AC 🅿 *località Terra Bianca, Est: 2 km – ☎ 079 470075 – www.hotelbagabaga.it*

🏠 BAJALOGLIA

FAMILIARE · CONTEMPORANEO Sulle primi pendici da cui si gode di un panorama eccezionale, davanti il mare e Castelsardo illuminata la sera, una bella struttura composta da un corpo centrale, dove si trova anche il ristorante, ed alcune piccole costruzioni disseminate nel giardino. Le camere brillano per confort: moderne e colorate si caratterizzano per gli arredi minimalisti di ultima generazione.

  🛏 ≤ 🛋 ⤳ 🆔 🅿 12 camere

località Bajaloglia –
☏ 079 474544 – www.bajalogliaresort.it
  🍴 **L'Incantu** – Vedere selezione ristoranti

CASTIADAS

✉ 09040 – Cagliari (CA) – Carta regionale n° **16**–B3 – Carta stradale Michelin 566-J10

a Villa Rey Est : 9 km

🏠 LA VILLA DEL RE

RESORT · MEDITERRANEO Esclusivo e lussuoso hotel davanti ad un mare dai colori caraibici ed una bellissima spiaggia privata. Tutt'intorno, giardini rigogliosi, piscina a sfioro e tanti angoli relax molto ben organizzati; all'interno ampie zone comuni, nonché il ristorante con terrazza esterna. Attenzione: gli ospiti sono graditi dai 18 anni in su.

  🕸 🛋 ⤳ 🔲 🔥 🆔 🔧 🅿 48 camere

località su Cannisoni –
☏ 070 775 3009 – www.lavilladelre.com

COSTA SMERALDA – Olbia-Tempio (OT) → Vedere Arzachena

DORGALI

✉ 08022 – Nuoro (NU) – Carta regionale n° **16**–B2 – Carta stradale Michelin 366-S42

a Cala Gonone Est : 9 km

🍴 IL PESCATORE

PESCE E FRUTTI DI MARE · FAMILIARE 🗙 Ricorda vagamente un borgo marinaro questo ristorante in stile mediterraneo con - alle pareti - belle foto della costa; meglio prenotare nel caso si voglia un tavolo nel piccolo dehors sul mare. Attenzione! Non lasciatevi fuorviare: il Pescatore che noi consigliamo si trova al civico 7 di via Acqua Dolce.

  Menu 40/60 € – Carta 25/60 €

  ≤ 🍽 🆔 *via Acqua Dolce 7 –*
☏ 0784 93174 – www.ristoranteilpescatorecalagonone.com –
Chiuso 1 dicembre-31 marzo

alla Grotta di Ispinigoli Nord : 12 km

🍴 ISPINIGOLI

REGIONALE · FAMILIARE 🗙 Valido punto d'appoggio per chi desidera visitare le omonime grotte (celebri perché conservano la più alta stalagmite d'Europa!), approfittare delle molte escursioni organizzate dall'esercizio e per assaporare una buona cucina regionale. Dalle camere, semplici e confortevoli con arredi in legno, si può contemplare la tranquillità della campagna circostante.

  Menu 40/70 € – Carta 25/45 €

  🕸 ⤳ ≤ 🍽 🆔 🅿 *strada statale 125 al km 210 – ☏ 0784 95268 –*
www.hotelispinigoli.it –
Chiuso 1 dicembre-31 marzo, lunedì

GOLFO ARANCI

✉ 07020 – Olbia-Tempio (OT) – Carta regionale n° **16**–B1 – Carta stradale Michelin 366-S37

🍴 **TERZA SPIAGGIA**

PESCE E FRUTTI DI MARE · ACCOGLIENTE X Approdare ad una spiaggia così, è il sogno di tutti: stabilimento balneare di giorno, con servizio di ristorazione semplice ma adeguato, e suggestivo locale la sera, pochi coperti, un'interessante cucina a base di pesce e la possibilità di accomodarsi letteralmente nella sabbia, dove vengono apparecchiati i tavoli più romantici.

Menu 14/30 € – Carta 42/75 €

≤ 🚗 🅰️ *via degli Asfodeli, località Terza Spiaggia –* ℰ *0789 46485 –* www.terzaspiaggia.com *– Chiuso 1 dicembre-1 aprile*

ISOLA ROSSA – Olbia-Tempio (OT) ➜ Vedere Trinità d'Agultu

LI CUNCHEDDI – Olbia-Tempio (OT) ➜ Vedere Olbia

MADDALENA (ISOLA DI)

✉ 07024 – Olbia-Tempio (OT) – Carta regionale n° **16**–B1 – Carta stradale Michelin 366-R36

La Maddalena

🏨 **GRAND HOTEL RESORT MA&MA**

LUSSO · CONTEMPORANEO A 300 metri dal mare, questa recente struttura vi accoglierà con moderne soluzioni ed un appeal accattivante. Le camere propongono stili diversi: a voi scegliere quello che più vi aggrada... compatibilmente con la disponibilità!

🏊 🏖 🛏 🍽 🕸 💆 ♨ 🛗 🅰️ 🪑 🅿️ 100 camere – 7 suites

località Nido d'Aquila – ℰ *0789 722408 –* www.grandhotelmaema.com

MARINA DI ARBUS

✉ 09031 – Medio Campidano (VS) – Carta regionale n° **16**–A3 –
Carta stradale Michelin 366-L46

🍴 **CORSARO NERO**

PESCE E FRUTTI DI MARE · FAMILIARE X Ampia scelta di pescato fresco per una cucina di mare a tutto tondo; l'ampia sala offre lo spettacolo d'impareggiabili tramonti.

Carta 30/86 €

⇔ ≤ 🚗 🅿️ *Hotel Corsaro Nero, località Portu Maga –* ℰ *070 977236 –* www.hotelcorsaronero.com

OLBIA

✉ 07026 – Olbia-Tempio (OT) – Carta regionale n° **16**–B1 – Carta stradale Michelin 366-S38

🍴 **DULCHEMENTE**

PESCE E FRUTTI DI MARE · CONTESTO CONTEMPORANEO XX Locale contemporaneo la cui cucina si fa forte della grande esperienza dello chef Giorgio, per vent'anni braccio destro della grande Rita Denza, cuoca che ha apportato un significativo contributo alla gastronomia isolana. Piatti moderni accanto a preparazioni dalle cotture più classiche e semplici, gli amanti del pesce ne usciranno soddisfatti. In luglio-agosto diventa solo serale.

Menu 40/65 € – Carta 45/110 €

🚗 🅰️ *via Romeo Papandrea 10 –* ℰ *0789 21451 –* www.dulchemente.com *–* Chiuso lunedì

🍴 **OFFICINA DEL GUSTO**

MEDITERRANEA · ACCOGLIENTE ХХ Piccolo ristorante del centro storico, dove l'ambiente è una riuscita sintesi di rustico e contemporaneo; sulla piazza il suggestivo dehors estivo. La cucina dello chef patron propone piatti della tradizione italiana elaborati in chiave moderna, sia a base di pesce sia a base di carne, mentre la prima pagina è dedicata ad una piccola selezione di piatti vegetariani.

Menu 35€ – Carta 33€

🍴 🅰️🅒 *piazza Matteotti 1 – ☎ 0789 28701 – www.leofficinedelgusto.it –*
Chiuso 11 gennaio-8 febbraio

🍴 **L'ESSENZA BISTROT**

MEDITERRANEA · BISTRÒ Х Accogliente ed originale bistrot-ristorante del centro storico: le pareti rivestite in sasso sono un richiamo alle architetture del territorio, mentre davanti all'uscio si trovano i tavolini del simpatico dehors. La cucina è nelle mani del patron, chef dalle pregresse importanti esperienze, che propone piatti di taglio contemporaneo, gustosi e ben presentati; un certo spazio è consacrato ai crudi di mare.

Carta 30/100€

🍴 🅰️🅒 *via delle Terme 10 – ☎ 0789 25594 – www.essenzabistrot.it –*
Chiuso 7-28 gennaio, 2-25 novembre, lunedì-domenica a mezzogiorno

all'aeroporto

🍴 **BACCHUS**

MODERNA · MINIMALISTA ХХ Ideale se si è di passaggio in città, ocale moderno, fresco e giovane, per una cucina che spazia dal territorio a preparazioni di pesce più sfiziose. Clima permettendo, optate per un tavolo nella bella terrazza affacciata sulla piscina.

Carta 25/60€

🛏️ 🍴 ♿ 🅰️🅒 🅿️ *Hotel Jazz, via degli Astronauti 2 – ☎ 0789 651010 –*
www.bacchusristorante.it – Chiuso 14 dicembre-10 gennaio

sulla strada statale 125 Sud - Est: 10 km per Nuoro

🍴 **S'OLLASTU**

REGIONALE · STILE MEDITERRANEO ХХ Nella bella terrazza estiva o nelle raccolte e accoglienti sale interne, la cucina si basa sui sapori mediterranei, sia di terra sia di mare, arricchendoli - di tanto in tanto - con un pizzico di fantasia mentre consigliamo vivamente di farvi tentare dai dessert, davvero interessanti e ben eseguiti.

Menu 45€ (pranzo), 50/90€ – Carta 40/110€

⚘ 🛏️ 🍴 🅰️🅒 🅿️ *Hotel Ollastu, località Costa Corallina – ☎ 0789 36744 –*
www.ollastu.it – Chiuso 1 dicembre-3 aprile

LI CUNCHEDDI

🏨 **CALACUNCHEDDI** 🆕

· LUNGOMARE A pochi chilometri dall'aeroporto di Olbia, CalaCuncheddi è un resort di lusso con camere impreziosite da complementi d'arredo delle migliori firme del made in Italy, una bella spa, nonché due ristoranti - diversi per vocazione - ma non nella scelta delle ottime materie prime e nel servizio.

🏞️ 🏊 ⚘ 🛏️ 🧖 🍴 ♿ 🅰️🅒 79 camere

Località Li Cuncheddi – ☎ 0789 36350 – www.calacuncheddi.com

OLIENA

✉️ 08025 – Nuoro (NU) – Carta regionale n° **16**–B2 – Carta stradale Michelin 366-R42

🍽️ **SA CORTE**

SARDA · RUSTICO Х La tradizione gastronomica nuorese e della Barbagia è presentata al meglio in questo locale rustico che propone squisite paste, ottime carni e profumati vini sardi, gli ingredienti locali sono della zona, mentre le ricette richiamano spesso a tempi antichi, arricchite da un tocco personale.

Specialità: Culurgiones. Pecora al Nepente. Semifreddo al torrone di Oliena.

Menu 35/55 € – Carta 35/55 €

↝ 🚗 🏠 🎬 via Nuoro 143 – ℰ 0784 187 6131 – www.sacorte.it –
Chiuso 15 gennaio-2 marzo, lunedì

🍽️ **ENIS**

REGIONALE · SEMPLICE ✗ Si consiglia di salire al termine di via Sardegna, per
2,5 km ed esattamente 21 curve; quindi, immerso in un bosco di lecci secolari,
ecco un buon ristorante (con pizzeria serale) dove gustare piatti di cucina regionale. Eris dispone anche di alcune camere semplici, ma confortevoli, con bella
vista sulle cime.

Carta 25/38 €

↝ ≤ 🏠 🅿️ località Monte Maccione – ℰ 0784 288363 – www.coopenis.it

alla sorgente Su Gologone Nord - Est : 8 km – Carta regionale n° 16-B2

🐸 **SU GOLOGONE**

SARDA · CONTESTO TRADIZIONALE ✗✗ Tre sale, scegliere la più suggestiva
non è facile: quella con immenso camino per assistere alla cottura del celebre
porceddu, quella più intima dedicata ad una celebre ceramista, o ancora quella
di un pittore sardo. Comunque sia, il ristorante si fa scrupolo di seguire e ricercare
la tradizione sarda, ovviamente dell'entroterra.

Specialità: Antipasto barbaricino. Porcetto arrosto. Gelato al mirto.

Menu 60 € – Carta 31/61 €

≤ 🚗 🎬 ⇦ 🅿️ Hotel Su Gologone, Sorgente su Gologone - Oliena –
ℰ 0784 287512 – www.sugologone.it – Chiuso 1 dicembre-28 marzo

🏨 **SU GOLOGONE**

RESORT · PERSONALIZZATO A Su Gologone da oltre mezzo secolo, la struttura è sicuramente una delle migliori dell'isola. Indirizzo giusto per vivere un'esperienza all'insegna dell'arte sarda nelle sue molteplici applicazioni: ceramiche, tessuti, sculture e tanto altro ancora...

🏊 ≤ 🚗 🎿 🛁 🎬 🧖 🅿️ 68 camere – 12 suites

alla Sorgente Su Gologone – ℰ 0784 287512 – www.sugologone.it

🐸 Su Gologone – Vedere selezione ristoranti

OROSEI

✉ 08028 – Nuoro (NU) – Carta regionale n° 16-B2 – Carta stradale Michelin 366-T41

🍽️ **SU BARCHILE**

DEL TERRITORIO · FAMILIARE ✗✗ Nella cornice della costa sarda, grazioso
ristorante arredato con piacevole gusto femminile, fedele ai colori locali. Piatti
derivati dalla tradizione agropastorale dell'isola, ma anche qualche ricetta di
pesce, nonché pizze preparate con farine gluten-free, specialità vegane e vegetariane. Per i più golosi, piccola rivendita di composte di frutta e verdure da abbinare ai formaggi.

Menu 25 € (pranzo), 35/50 € – Carta 41/60 €

↝ 🏠 🎬 via Mannu 5 – ℰ 0784 98879 – www.subarchile.it – Chiuso lunedì

PALAU

✉ 07020 – Olbia-Tempio (OT) – Carta regionale n° 16-B1 – Carta stradale Michelin 366-R36

🍽️ **LA GRITTA**

PESCE E FRUTTI DI MARE · ROMANTICO ✗✗✗ Non è solo la posizione incantevole che permette allo sguardo di perdersi tra i colori dell'arcipelago a deliziare
l'ospite, ma anche la cura della cucina che attinge al pescato locale come al proprio
orto, senza disdegnare i migliori prodotti nazionali ed esteri: i piatti sono ben fatti,
leggeri, cucinati in maniera classica e firmati da una mano "gentile". Un connubio
quello tra location e sapori che gratifica e conquista chi sceglie di sostare qui.

Menu 70/90 € – Carta 80/110 €

≤ 🚗 🏠 🅿️ località Porto Faro – ℰ 0789 708045 – www.ristorantelagritta.it

SARDEGNA

PITRIZZA – Olbia-Tempio (OT) → Vedere Arzachena : Costa Smeralda

PORTO CERVO – Olbia-Tempio (OT) → Vedere Arzachena : Costa Smeralda

PORTO CONTE – Sassari (SS) → Vedere Alghero

PORTO SAN PAOLO
✉ 07020 – Olbia-Tempio (OT) – Carta regionale n° **16**-B1 – Carta stradale Michelin 366-S38

🍴 **IL PORTOLANO**

PESCE E FRUTTI DI MARE · FAMILIARE ✗✗ Proprio sul lungomare di fronte all'isola di Tavolara, un semplice ristorante gestito da una coppia di grande esperienza affiancata da un bravo cuoco che esalta il miglior pesce della zona, soprattutto del mercato di Siniscola, ma altrettanto bravo nel proporre le carni locali. In estate è caldamente consigliata la prenotazione perché il dehors panoramico, sebbene ampio, è gettonatissimo!
Carta 44/66 €

≼ 🏠 & *via Molara* – ☎ *0789 40670* – *www.ristoranteilportolano.it* –
Chiuso 1 dicembre-1 aprile

PORTOSCUSO
✉ 09010 – Carbonia-Iglesias (CI) – Carta regionale n° **16**-A3 –
Carta stradale Michelin 566-J7

🍴 **SA MUSCIARA**

PESCE E FRUTTI DI MARE · AMBIENTE CLASSICO ✗✗ Locale moderno e fresco, sito proprio nel porto turistico e adiacente al municipio cittadino, dalle cui finestre si vede il mare... ed è proprio da qui che la materia prima "sbarca" in tavola, elaborata dallo chef/patron, nonché velista.
Carta 35/64 €

🏠 🅰️🅲 *lungomare C. Colombo 15* – ☎ *0781 507099* – *www.ristorantesamusciara.it* –
Chiuso 26 dicembre-6 gennaio, lunedì, domenica sera

PORTO TORRES
✉ 07046 – Sassari (SS) – Carta regionale n° **16**-A1 – Carta stradale Michelin 366-L38

sulla strada statale 131 Sud - Est : 3 km

🍴 **LI LIONI**

SARDA · CONVIVIALE ✗ Ristorante a gestione familiare dove gustare una buona e fragrante cucina casalinga realizzata a vista: piatti alla brace e specialità regionali.
Menu 30/45 € – Carta 34/50 €

🚗 🏠 🅰️🅲 ⇔ 🅿️ *regione Li Lioni* – ☎ *079 502286* – *www.tenutalilioni.it* –
Chiuso mercoledì

PULA
✉ 09010 – Cagliari (CA) – Carta regionale n° **16**-B3 – Carta stradale Michelin 366-P49

🍴 **CUCINA MACHRÌ**

MODERNA · DI QUARTIERE ✗✗ Raccolto ed intimo, mediterraneo nella prevalenza dei toni bianchi, ma con un vago e caldo tocco country. Decisamente mediterranea è la linea di cucina dello chef-patron che propone pesce e carne in saporite specialità a cui non manca un vago tocco moderno.
Menu 55 € – Carta 40/60 €

🏠 & 🅰️🅲 *via Lamarmora 53* – ☎ *070 920 9205* – *www.cucinamachri.it* –
Chiuso 1 dicembre-18 aprile, lunedì-domenica a mezzogiorno

sulla strada statale 195 Sud - Ovest : 12 km

⫶○ BELVEDERE

CREATIVA · ELEGANTE XxX Il Belvedere è la proposta gourmet del Forte Village, la sola aperta anche a chi non alloggia in questo lussuoso luogo di turismo. Sala interna o terrazze cinte da un incantato giardino, la cucina si fa moderna con una decisa base mediterranea. Si paga un prezzo fisso, ma si sceglie à la carte; nel periodo estivo cooking show e cene a tema anche con chef famosi.

Carta 120 €

🛜 🆎 🅿 *Hotel Villa del Parco, S.S. 195 Sud-Ovest: 11 km – ☎ 070 92171 – www.fortevillage.com – Chiuso 1 gennaio-7 maggio, 31 ottobre-31 dicembre, lunedì-domenica a mezzogiorno*

🏨 FORTE VILLAGE RESORT

GRAN LUSSO · MEDITERRANEO Un vero villaggio con un'ampia gamma di proposte sia per il pernottamento (diversi hotel e ville di lusso), sia per la ristorazione in un contesto naturalistico che ha pochi eguali; sulla bianchissima spiaggia dell'assolata costa meridionale, Forte Village è circondato da 47 ettari di stupendi giardini e abbraccia al suo interno anche una piazzetta con graziose boutique per shopping addicted.

🛝 🛧 🏊 👥 🏋 🆎 🅿 637 camere – 52 suites
strada statale 195 Sud-Ovest: 11 km – ☎ 070 92171 – www.fortevillage.com
⫶○ **Belvedere** – Vedere selezione ristoranti

ROMAZZINO - Olbia-Tempio (OT) → Vedere Arzachena

SAN PANTALEO

✉ 07020 – Olbia-Tempio (OT) – Carta regionale n° **16**–B1 – Carta stradale Michelin 366-R37

⫶○ IL FUOCO SACRO

ITALIANA CONTEMPORANEA · ROMANTICO XX Ristorante gourmet del romantico albergo Petra Segreta, Il Fuoco Sacro è, con l'ausilio di una citazione di Paul Bocuse, l'autobiografica passione per la cucina che anima lo chef-patron. Il suo credo parte dalla materia prima, e lì non si transige, nella scelta dei migliori ingredienti che concorrono a creare piatti di gustosa e moderna scuola italiana; verdure, maialini, ovini, uova e olio sono quasi esclusivamente di provenienza dell'adiacente azienda agrituristica di proprietà.

Menu 55/110 € – Carta 60/102 €

🛧 🆎 🅿 *Petra Segreta, strada di Buddeo – ☎ 0789 187 6441 – www.petrasegretaresort.com*

🏨 PETRA SEGRETA   Tablet.PLUS

GRAN LUSSO · MEDITERRANEO In splendida posizione molto tranquilla e panoramica, il resort si compone di una serie di costruzioni basse dall'ottimo confort, dall'assoluta riservatezza e dispone di un piccolo centro benessere dove viziarsi. In alternativa al ristorante gourmet, troverete una buona cucina italiana all'Osteria del Mirto: indirizzo perfetto per chi ama defilarsi - rilassandosi nel verde - il color smeraldo in lontananza, sullo sfondo.

🏋 🛝 🛧 🏊 🆎 🅿 25 camere – 6 suites
strada di Buddeo – ☎ 0789 187 6441 – www.petrasegretaresort.com
⫶○ **Il Fuoco sacro** – Vedere selezione ristoranti

Cerca gli alberghi accompagnati da questo logo: il segno distintivo del **Club Tablet Plus**, con la sua ampia gamma di privilegi. Più confort, più attenzioni... per vivere un'esperienza sotto il segno dell'eccellenza!

SAN PIETRO (ISOLA DI)

✉ 09014 – Carbonia-Iglesias (CI) – Carta regionale n° **16**–A3

Carloforte

🍴 **AL TONNO DI CORSA**

PESCE E FRUTTI DI MARE · STILE MEDITERRANEO ✕✕ Un locale vivace e colorato, due terrazze affacciate sui tetti del paese, dove gustare uno sfizioso menu dedicato al tonno e tante altre specialità di mare. La gestione - ormai pluriennale - assicura serietà e continuità.

Menu 25€ (pranzo), 35/50€ – Carta 30/50€

🏡 ⇄ *via Marconi 47 – ℰ 0781 855106 – www.tonnodicorsa.it –*
Chiuso 15 gennaio-5 marzo, lunedì

🍴 **DA NICOLO**

MODERNA · ACCOGLIENTE ✕✕ Strategica posizione sulla passeggiata, grazie ad una colorata veranda dove si svolge il servizio, ma il locale è frequentato soprattutto per la qualità della cucina: di pesce con specialità carlofortine in suggestioni moderne. Imperdibile il tonno!

Menu 25€ (pranzo)/35€ – Carta 40/60€

🏡 *corso Cavour 32 – ℰ 0781 854048 – www.danicolo.com –*
Chiuso 1 dicembre-1 aprile

SANTA MARIA NAVARRESE

✉ 08040 – Ogliastra (OG) – Carta regionale n° **16**–B2 – Carta stradale Michelin 366-T44

🏠 **LANTHIA RESORT**

TRADIZIONALE · ACCOGLIENTE Albergo moderno a sviluppo orizzontale con sottopassaggio per la spiaggia attrezzata, si caratterizza per il suo ampio giardino con piscina, arredi moderni e - su prenotazione - anche massaggi.

🏊 🌲 🛋 ⌚ 🚰 ♿ 🅰 🅿 27 camere – 1 suite

via Lungomare snc – ℰ 0782 615103 – www.lanthiaresort.com

SANT'ANTIOCO

✉ 09017 – Carbonia-Iglesias (CI) – Carta regionale n° **16**–A3 –
Carta stradale Michelin 366-L49

🍴 **MODERNO-DA ACHILLE**

SARDA · FAMILIARE ✕✕ Un ambiente originale nelle mani di un abile chef, in grado di soddisfare il palato del cliente con proposte gastronomiche tradizionali e specialità sarde. Belle camere con decorazione realizzate direttamente dalla titolare.

Menu 35/60€ – Carta 50/70€

⇆ *via Nazionale 82 – ℰ 0781 83105 – www.ristorantedaachille.it –*
Chiuso 1-31 dicembre, 1 gennaio-31 maggio, lunedì-domenica a mezzogiorno

SANTA REPARATA - Olbia-Tempio (OT) → Vedere Santa Teresa Gallura

SANTA TERESA GALLURA

✉ 07028 – Olbia-Tempio (OT) – Carta regionale n° **16**–B1 – Carta stradale Michelin 366-Q36

a Santa Reparata Ovest : 3 km

🍴 **S'ANDIRA**

PESCE E FRUTTI DI MARE · ELEGANTE ✕✕ Un indirizzo di solida gestione e simpatica cortesia: piacevoli sale, nonché grazioso dehors immerso nel verde della macchia mediterranea. Specialità di pesce in menu.

Carta 40/70€

🚰 🏡 ♿ 🅿 *via Orsa Minore 1 – ℰ 0789 754273 – www.sandira.it –*
Chiuso 1 dicembre-31 marzo

SANTU LUSSURGIU

✉ 09075 – Oristano (OR) – Carta regionale n° **16**–A2

⫶○ **ANTICA DIMORA DEL GRUCCIONE**

SARDA · LOCANDA ⅹ Nella bella stagione si mangia nella piccola corte interna, altrimenti ci si accomoda nella sala che un tempo fu cantina; dalla cucina un menu degustazione che cambia di giorno in giorno inseguendo la stagionalità e cercando di presentare il meglio delle materie prime dell'isola.

Menu 35/45 €

⇦ 🛱 🆓 *Hotel Antica Dimora del Gruccione, via Michele Obinu 31 –*
℘ *0783 552035 – www.anticadimora.com –*
Chiuso 1-3 dicembre, lunedì-domenica a mezzogiorno

SENORBÌ

✉ 09040 – Cagliari (CA) – Carta regionale n° **16**–B3 – Carta stradale Michelin 366-P46

⫶○ **DA SEVERINO IL VECCHIO-DI LUCIANO**

MEDITERRANEA · ACCOGLIENTE ⅹ Nuova sede per questo storico ristorante. L'ambiente è - ora - tra il classico e il moderno con una cucina mediterranea e chiari spunti della tradizione regionale.

Carta 25/35 €

🆓 🅿 *largo Abruzzi 2, ang. via Piemonte 23 –*
℘ *070 980 4197 –*
Chiuso lunedì, domenica sera

SORGENTE SU GOLOGONE – Nuoro (NU) → Vedere Oliena

TORTOLÌ

✉ 08048 – Ogliastra (OG) – Carta regionale n° **16**–B2 – Carta stradale Michelin 366-S44

ad Arbatax Est : 5 km

⫶○ **LA BITTA**

PESCE E FRUTTI DI MARE · AMBIENTE CLASSICO ⅹⅹ Direttamente sul mare, nella veranda tutta chiusa da vetrate, potrete gustare una ricca cucina di pesce, venata dalla fantasia dello chef.

Carta 42/86 €

⇦ ⇐ 🛱 🆓 🅿 *Hotel La Bitta, località Porto Frailis –*
℘ *0782 667080 – www.hotellabitta.it –*
Chiuso 1 dicembre-13 aprile

TRINITÀ D'AGULTU

✉ 07038 – Olbia-Tempio (OT) – Carta regionale n° **16**–A1 – Carta stradale Michelin 366-O38

ad Isola Rossa Nord - Ovest : 6 km

🏨 **MARINEDDA THALASSO & SPA**

LUSSO · MEDITERRANEO Tipica struttura sarda in sasso e tufo a pochi metri dalla spiaggia, consta di interni ben arredati, piscine panoramiche, campi da tennis e da calcetto, nonchè talassoterapia in un centro benessere di 2500 mq completo di tutto punto.

🏸 🐬 ⇐ 🏊 🍴 🦺 🕐 ♨ 🛁 🚃 🆓 🅿 195 camere – 46 suites

località Marinedda –
℘ *0789 790018 – www.hotelmarinedda.com*

SARENTINO • SARNTHEIN

✉ 39058 – Bolzano (BZ) – Carta regionale n° **19**–B2 – Carta stradale Michelin 562-C16

✿✿ TERRA

Chef: Heinrich Schneider

CREATIVA • ROMANTICO XXX Una raffinata casa alpina al termine d'un tratto di strada lungo qualche chilometro tra i boschi. A 1600 metri sopra il livello del mare e completamente circondato dalla natura, l'esperienza è fiabesca! E, poi, c'è la cucina: ricercata, originale, tra sentori dolci e pungenti, ma anche amari e aciduli.

Terra è una sorta di orto a "cielo aperto", singolare fornitore di ingredienti unici che Heinrich Schneider rielabora in maniera creativa e personale attraverso un solo, lunghissimo menu degustazione a sorpresa. Con un po' di fortuna, la sera, si possono avvistare gli ungulati che discendono a valle.

Specialità: Trota iridea, uovo disidratato e schiuma alla cetraria (lichene). Capriolo in rosso con fiori, mela osmosi alla melissa e sedano. Spuma di edera terrestre leggermente affumicata con lamponi, yogurt e fiori d'estate.

Menu 179 €

🕸 ⟨ 🛏 🅿 *Hotel Auener Hof, località Prati 21 – ℰ 0471 623055 – www.terra.place – Chiuso 14 marzo-23 aprile, 7 novembre-17 dicembre, lunedì, martedì-sabato a mezzogiorno, domenica*

⭘ BRAUNWIRT

MODERNA • CONTESTO CONTEMPORANEO XX Moderno ed accogliente ristorante nel cuore della località: al pari del design, anche la cucina insegue la modernità e, oltre alle ovvie referenze di territorio, allarga lo sguardo sull'intero Bel Paese. Per i gourmet, la possibilità di selezionare dei percorsi degustazione ad estrazione dalla carta. Servizio gioviale e clientela cosmopolita.

Menu 45/75 € – Carta 40/60 €

� & 🄰🄲 *piazza Chiesa – ℰ 0471 620165 – www.braunwirt.it – Chiuso lunedì, martedì, domenica sera*

⭘ RISTORANTE ALPES & LA FUGA

MODERNA • ROMANTICO XX Alpes si è spostato in veranda ed è qui che vengono servite specialità legate al territorio e stagionali, d'impronta moderna e di sostanza: una continua ricerca per dare vita a piatti con gusti decisi e bilanciati al tempo stesso. Esperienza estremamente coinvolgente è quella che vi attende a LaFuGa (LAboratory for FUture GAstronomy): un tavolo situato in cucina per un massimo di 8 persone aperto solo a cena da mercoledì a sabato.

Menu 59/170 € – Carta 45/65 €

🛏 � & ⟲ 🅿 *Bad Schörgau, Sud: 2 Km – ℰ 0471 623048 – www.bad-schoergau.com – Chiuso lunedì, martedì*

🏠 BAD SCHÖRGAU

FAMILIARE • PERSONALIZZATO Nato attorno ad una sorgente ricca di ferro e zolfo, gli amanti della natura si troveranno a loro agio in quest'albergo molto personalizzato, appartato e immerso nel verde, che sposa benessere e design contemporaneo. La zona spa, potenziata negli anni, è davvero accogliente, si continua a sfruttare la qualità dell'acqua per i trattamenti, ma si "gioca" anche con la modernità; come nelle belle saune con accesso esterno.

🏸 ⧖ 🛏 ⏦ 🕸 ⊡ & 🄰 🅿 22 camere – 7 suites

sud: 2 Km – ℰ 0471 623048 – www.bad-schoergau.com

⭘ **Ristorante Alpes & La FuGa** – Vedere selezione ristoranti

🏠 TERRA - THE MAGIC PLACE   `Tablet.PLUS`

FAMILIARE • STILE MONTANO Chi ama il silenzio e la solitudine, paesaggi e animali di montagna, camere ampie, sobriamente arredate secondo uno stile alpino contemporaneo, troverà qui il suo rifugio: un luogo intimo, raccolto ed elegante. Senza dimenticare che la colazione è organizzata dal titolare, chef che si è maritato le 2 stelle!

🕸 ⟨ 🛏 🕸 🅿 8 camere – 2 suites

località Prati 21 – ℰ 0471 623055 – www.terra.place

✿✿ **Terra** – Vedere selezione ristoranti

SAREZZO

✉ 25068 – Brescia (BS) – Carta regionale n° **9**–C2 – Carta stradale Michelin 561-F12

⊩○ OSTERIA VECCHIA BOTTEGA

REGIONALE · RUSTICO ✗ Dopo un accurato lavoro di restyling della "osteria" e della "vecchia bottega" rimane solo il nome...e la cucina: squisitamente fedele alla tradizione regionale e al Bel Paese, ricerca i migliori prodotti, prestando una certa attenzione alle presentazioni.

Menu 35€ – Carta 35/60€

🛱 ♿ ⇔ *piazza Cesare Battisti 29 – ☏ 030 890 0191 –*
www.osteriavecchiabottega.com – Chiuso 1-7 gennaio, 15-31 agosto, lunedì, domenica sera

SARNICO

✉ 24067 – Bergamo (BG) – Carta regionale n° **10**–D1 – Carta stradale Michelin 561-E11

⊩○ AL TRAM

REGIONALE · ELEGANTE ✗✗ Se al suo interno, il recente rinnovo l'ha reso ancora più accogliente e moderno, la cucina resta sempre fedele alle specialità di pesce sia di lago che di mare, benché non manchino gustosi piatti di carne.

Menu 32/50€ – Carta 35/52€

🛱 🅰 🅿 *via Roma 1 – ☏ 035910117 – www.ristorantealtram.it – Chiuso mercoledì*

SARNTHEIN • SARENTINO – Bolzano (BZ) → Vedere Sarentino

SARTURANO – Piacenza (PC) → Vedere AGAZZANO

SASSO MARCONI

✉ 40037 – Bologna (BO) – Carta regionale n° **5**–C2 – Carta stradale Michelin 562-I15

✿ MARCONI

Chef: Aurora Mazzucchelli

CREATIVA · CONTESTO CONTEMPORANEO ✗✗ Nella ridente località la cui toponimia è relativamente "giovane" - così denominata nel 1938 in onore del premio Nobel Guglielmo Marconi! - questo bel locale dà il benvenuto ai propri ospiti in un ambiente dal design moderno-minimalista, ma caldamente accogliente, dove rovere e luce naturale sono tra gli elementi di maggiore impatto. I grandi cambiamenti degli ultimi anni, come lo spazio esterno con bella vista (inimmaginabile arrivando dalla Porrettana!) o il forno contiguo dove acquistare lievitati vari e gustare un'ottima pizza, hanno dato un ulteriore slancio al ristorante, ma la creatività di Aurora ai fornelli è rimasta piacevolmente immutata.

Specialità: Lumache nel prato. Maccheroni al torchio ripieni di anguilla affumicata, ostriche crude e spinaci. Ravioli d ananas, caviale di caffè, uvetta e pinoli.

Menu 85€ – Carta 80/95€

✿ 🛱 ♿ 🅰 ⇔ 🅿 *via Porrettana 291 – ☏ 051 846216 – www.ristorantemarconi.it – Chiuso 1-8 gennaio, 10 agosto-14 settembre, lunedì, domenica sera*

a Mongardino Nord - Ovest : 5 km – Carta regionale n° **14**–B1

⊛ ANTICA TRATTORIA LA GROTTA DAL 1918

EMILIANA · FAMILIARE ✗ Una bella gita arrivarci, su e giù per i colli, ma la cucina saprà ricompensarvi. Basata su un'attenta ricerca di prodotti, che parte dalla propria azienda agricola, si estende all'Appennino e si concede - infine - qualche svago sulla penisola, mentre le ricette sono tese a recuperare i bei tempi dei piatti di una volta. I tortellini in brodo sono imperdibili, in stagione anche selvaggina e tartufi.

Specialità: Selezione di salumi tipici di produzione artigianale. Tortellini in brodo di cappone biologico da allevamento ruspante all'aperto. Gelato alla crema con amarene della nostra azienda agricola e sbriciolata di frolla al sale di Cervia.

Carta 25/37€

🍴 🅿 *via Mongardino 52, ang. via Tignano – 𝒸 051 675 5110 – www.lagrotta1918.it – Chiuso 7 gennaio-7 febbraio, lunedì-martedì a mezzogiorno, mercoledì, giovedì-venerdì a mezzogiorno*

verso Calderino Nord - Ovest : 11 km

🍴⃝ **NUOVA ROMA**

EMILIANA · TRATTORIA ℵ Una trattoria semplice, sulla strada tra Calderino e Sasso Marconi, dove gustare una cucina regionale con un bicchiere da scegliere ad hoc da una completa carta dei vini: un occhio di riguardo è comunque riservato all'Emilia Romagna. Paste fresche e una vera griglia a legna tra gli imperdibili.

Carta 27/61€

🕸 🦿 🍴 🔟 🅿 *via Olivetta 87 – 𝒸 051 676 0140 – www.ristorantenuovaroma.it – Chiuso 30 gennaio-13 febbraio, 1-24 agosto, martedì, mercoledì a mezzogiorno*

SATURNIA

✉ 58014 – Grosseto (GR) – Carta regionale n° **18**-C3 – Carta stradale Michelin 563-O16

🍴⃝ **I DUE CIPPI-DA MICHELE**

TOSCANA · ACCOGLIENTE ℵℵ Affacciato sulla semplice, ma suggestiva piazza del paese dove si svolge il servizio estivo, la brace per la cottura delle carni accoglie i clienti all'ingresso. Ampia scelta di vino con rivendita nell'adiacente enoteca della stessa proprietà.

Carta 48/95€

🕸 🍴 ✿ *piazza Veneto 26/a – 𝒸 0564 601074 – www.iduecippi.com – Chiuso lunedì a mezzogiorno, martedì, mercoledì-sabato a mezzogiorno*

alle terme Sud - Est : 3 km

🍴⃝ **19 19 RESTAURANT**

REGIONALE · ELEGANTE ℵℵℵ Articolata proposta di cucina a impronta locale e regionale, servita in una rinnovata sala dai toni moderni; grande vetrata e vista sulla piscina termale.

Carta 60/100€

🍴 🔟 🅿 *Terme di Saturnia Spa & Golf Resort, via della Follonata – 𝒸 0564 600111 – www.termedisaturnia.it – Chiuso lunedì-domenica a mezzogiorno*

🏨 **TERME DI SATURNIA SPA & GOLF RESORT**

SPA E WELLNESS · GRAN LUSSO Esclusivo complesso, ideale per vacanze rigeneranti nel cuore della Maremma. Tra i suoi argomenti migliori ci sono il centro benessere e la millenaria fonte di acqua termale.

🏡 🛐 ⟨ 🦿 🖼 ⛳ 🏊 🛥 🅰 🖔 🔟 🧖 🅿 130 camere – 2 suites

via della Follonata – 𝒸 0564 600111 – www.termedisaturnia.it

🍴⃝ **19 19 restaurant** – Vedere selezione ristoranti

SAURIS

✉ 33020 – Udine (UD) – Carta regionale n° **6**-A1 – Carta stradale Michelin 562-C20

😊 **ALLA PACE**

REGIONALE · SEMPLICE ℵ Sauris si trova in posizione un po' isolata, ma anche in ciò risiede il suo fascino. Una volta arrivati troverete un incantevole laghetto, il pittoresco paese di montagna e il ristorante - gestito dalla stessa famiglia dal 1804 - all'interno di una bella casa seicentesca. Un contesto da fiaba, con le gustose specialità del territorio nei piatti.

Specialità: Tagliere di affettati. Tris di primi. Semifreddo alle mandorle e pinoli.

Carta 25/45€

🕸 ⟷ ✿ *via Sauris di Sotto 38 – 𝒸 0433 86010 – www.ristoranteallapace.it – Chiuso 10 giugno-3 luglio, 10-21 dicembre, martedì, mercoledì*

SAUZE DI CESANA

✉ 10054 – Torino (TO) – Carta regionale n° **12**–A2 – Carta stradale Michelin 561-H2

🍴 **RISTORANTINO & C.**

MODERNA · ROMANTICO XX Atmosfera elegante in stile montano in un bell'edificio in pietra e legno lungo la strada per Sestrière; Martino e Chiara assicurano in sala una calda accoglienza e in cucina piatti contemporanei rivisitati in chiave moderna. Oltre alla buona selezione enologica – circa 300 etichette – anche birre speciali e saké.

Menu 85/120 € – Carta 45/100 €

🏠 🅿 *strada principale 63 frazione Rollieres – 𝒞 0122 76141 – www.ristorantinorollieres.com – Chiuso lunedì*

SAVELLETRI

✉ 72010 – Brindisi (BR) – Carta regionale n° **15**–C2 – Carta stradale Michelin 564-E34

❀ **DUE CAMINI**

MODERNA · LUSSO XxxX Ambiente ovattato e quasi fiabesco - grazie al riverbero delle tante candele - è il ristorante più romantico di Borgo Egnazia, quello da prenotare per celebrare una ricorrenza importante, una fuga d'amore o semplicemente per regalarsi una sosta gourmet. Alla prenotazione si decide il tipo di menu e il numero di portate che si desiderano, dopodiché, avvolti da un servizio da favola, si parte per un viaggio gastronomico sorpresa che vi porterà - a seconda dell'opzione che avete scelto - alla scoperta dei ricordi pugliesi del cuoco, del mondo vegetale (con molti prodotti che provengono dell'orto della struttura) o ad una proposta che si apre ad influenze culinarie del bacino mediterraneo.

Specialità: Torcinelli di scampi con borraggine e yoghurt. Maialino lucano, senape e anguria. "Macchia mediterranea": mandorle, alghe e cioccolato.

Menu 120/180 €

🏠 🕭 🎬 🅿 *Hotel Borgo Egnazia, contrada Masciola – 𝒞 080 225 5351 – www.ristoranteduecamini.it – Chiuso 7 gennaio-13 febbraio, martedì*

🏨 **BORGO EGNAZIA**

GRAN LUSSO · MEDITERRANEO Borgo Egnazia incarna un diverso concetto di ospitalità e benessere basato su esperienze locali ed autentiche; raccontando la Puglia dal "vivo" attraverso l'architettura, la bellezza e la cultura secolare del territorio, l'interpretazione visionaria e contemporanea della tradizione.

🕭 ⚅ 🛋 🎬 🌀 🏊 🛎 🛁 🎬 🛋 🅿 183 camere

contrada Masciola – 𝒞 080 225 5000 – www.borgoegnazia.it

❀ **Due Camini** – Vedere selezione ristoranti

🏨 **MASSERIA SAN DOMENICO**

GRAN LUSSO · MEDITERRANEO Relax, benessere ed eco dal passato in questa masseria del '400 tra ulivi secolari e ampi spazi verdi, che accolgono un caratteristico frantoio ipogeo ed una splendida piscina con acqua di mare, "ideale" angolo di costa marina. Ma per chi volesse abbandonare anche solo il tempo di qualche ora quest'oasi paradisiaca, c'è anche un servizio navetta per la spiaggia privata. Nell'elegante terrazza come nella bella sala dal soffitto a volte, i capolavori di una cucina della tradizione.

🕭 ⚅ 🛋 🎬 🌀 🏊 🛎 🛋 🅿 40 camere – 16 suites

strada litoranea 379, località Petolecchia (Sud-Est: 2 km) – 𝒞 080 482 7769 – www.masseriasandomenico.com

🏨 **MASSERIA TORRE COCCARO**

CASA DI CAMPAGNA · ELEGANTE Elegante e particolare struttura che rispetta l'antico spirito fortilizio del luogo conservando la torre cinquecentesca: camere quasi tutte nello stesso stile con qualche particolarità. Per gli amanti del mare, sosta "obbligata" al Coccaro Beach Club: un esclusivo lounge sul limpidissimo mare del Salento. Suggestivo anche il ristorante, accolto in sale ricavate nelle stalle settecentesche.

🕭 ⚅ 🛋 🎬 🌀 🏊 🛎 🛁 🎬 🛋 🅿 32 camere – 4 suites

contrada Coccaro 8 (Sud-Ovest: 2 km) – 𝒞 080 482 9310 – www.masseriatorrecoccaro.com

MASSERIA TORRE MAIZZA

LUSSO · ELEGANTE Scorci di Mediterraneo davanti ai vostri occhi, frutteti e coltivazioni i sentieri che attraverserete: l'eleganza del passato si unisce ad una storia più recente e alla sete di benessere. La struttura condivide con Masseria Torre Coccare un esclusivo lounge sulla spiaggia, il Coccaro Beach Club.

🐾 🐕 🔥 🛏 🖥 ⚒ 🛁 ♨ 🚗 🅰 🛗 🅿 28 camere – 12 suites

contrada Coccaro (Sud Ovest: 2 Km) – ☎ 080 482 7838 – www.roccofortehotels.com

MASSERIA CIMINO

LOCANDA · REGIONALE Nata come guest house dell'annesso campo da golf, la struttura ha un'antica storia alle spalle... All'interno degli scavi archeologici di Egnatia, questa masseria con torre del '700 continua ad ammaliare l'ospite per la tranquillità della sua posizione isolata e per gli ambienti rustici, ma non privi di eleganza.

🐾 🐕 🔥 🛏 🖥 ⚒ 🛗 🅿 14 camere

contrada Masciola – ☎ 080 482 7886 – www.masseriacimino.com

SAVIGNO

✉ 40060 – Bologna (BO) – Carta regionale n° **5**–C2 – Carta stradale Michelin 562-I15

🕸 TRATTORIA DA AMERIGO

Chef: Alberto Bettini

DEL TERRITORIO · CONTESTO REGIONALE 🗶 Aperto nel 1934 ed imperdibile tappa gourmet della valle, Amerigo è conosciuto per una cucina autentica, deliziosa – al tempo stesso - articolata. I vari percorsi suggeriti seguono la stagionalità degli ingredienti ed alla base di ogni piatto - alcuni in carta solo per poche settimane all'anno - c'è una materia prima nel momento clou del suo ciclo vitale. Di conseguenza i migliori prodotti – propri di quella determinata stagione – fanno capolino nei vari menu: uno dei più stuzzicanti è quello dedicato ai "dì di festa" con manicaretti regionali rivisitati. Discorso a parte, invece, per funghi e tartufi che insaporiscono la tavola le prime domeniche di novembre quando la il paese ospita la sagra nazionale del tartufo bianco pregiato.

Specialità: Tigelle con gelato di parmigiano all'aceto balsamico tradizionale affinato. Taglio di coscia di daino leggermente affumicato con vegetali, funghi, erbe e frutti. Fiordilatte con spuma di amaretto.

Menu 40/60 € – Carta 33/44 €

🕸 🔄 🏠 via Marconi 16 – ☎ 051 670 8326 – www.amerigo1934.it –
Chiuso 11 gennaio-5 febbraio, 7-25 giugno, lunedì, martedì, mercoledì-venerdì a mezzogiorno

SAVIO

✉ 48020 – Ravenna (RA) – Carta regionale n° **5**–D2 – Carta stradale Michelin 562-J18

🍽 CÂMÌ

REGIONALE · ELEGANTE 🗶🗶 Nel verde della campagna del fiume Savio, ma a soli 3 km da Milano Marittima, ristorante all'interno di un agriturismo dove uno chef di grande spessore reinterpreta i sapori regionali, utilizzando al meglio i prodotti ortofrutticoli delle proprie coltivazioni; mettendo in pratica la sua filosofia che sposa il mangiar sano alla piacevolezza della tavola.

Carta 46/62 €

🕸 🛏 🏠 🛗 🅰 🅿 via Argine Sinistro 84 – ☎ 0544 949250 –
www.camiagriturismo.it – Chiuso lunedì-martedì a mezzogiorno, mercoledì, giovedì-venerdì a mezzogiorno

SAVOGNA D'ISONZO

✉ 34070 – Gorizia (GO) – Carta stradale Michelin 562-E22

a San Michele del Carso Sud - Ovest : 4 km – Carta regionale n° **6**-C3

⊕ LOKANDA DEVETAK

REGIONALE · FAMILIARE ✕✕ In linea d'aria a due chilometri dal confine con la Slovenia, la carta quasi bilingue anticipa una cucina che propone a grandi livelli le tradizioni gastronomiche di questa zona di frontiera. In attività dal 1870, ora alla sesta generazione con le quattro figlie, Devetak è una tappa imperdibile per chi si trova in Friuli.

Specialità: Spiedino di lumache goriziane. Cinghialetto cotto a bassa temperatura. Crostata di nocciole e mandorle con confettura.

Menu 40/50 € – Carta 33/40 €

🕃 ⇦ 🚔 🏠 🅰 ⇩ 🅿 via Brezici 22 – *☎ 0481 882488 – www.devetak.com* –
Chiuso lunedì, martedì, mercoledì-giovedì a mezzogiorno

SAVONA

✉ 17100 – Savona (SV) – Carta regionale n° **8**-B2 – Carta stradale Michelin 561-J7

🎍○ A SPURCACCIUN-A

PESCE E FRUTTI DI MARE · ELEGANTE ✕✕✕ Nuova cucina a vista ed un rinnovato staff, guidato dal giovane chef Simone Perata, per piatti creativi e innovativi di pesce a cui si aggiungono alcune proposte di terra; vini da cantina storica sublimano il pasto. D'estate servizio sulla terrazza affacciata sul mare.

Menu 65/120 € – Carta 45/65 €

🕃 ⇦ ⇐ 🚔 🏠 🅰 ⇩ 🅿 *Hotel Mare, via Nizza 89/r – ☎ 019 862263 –*
www.aspurcacciun-a.it – Chiuso 1 novembre-15 gennaio, Chiuso lunedì

🎍○ SUAVIS

ITALIANA · INTIMO ✕ Informale cortesia in una piccola sala dall'arredo moderno e di buon gusto; la carta ristretta invita ad approfittare degli arrivi giornalieri, le paste fresche sono tra le specialità della casa.

Carta 37/50 €

🅰 *via Astengo 36R – ☎ 019 812811 – Chiuso lunedì, domenica*

SCANDIANO

✉ 42019 – Reggio nell'Emilia (RE) – Carta regionale n° **5**-B2 –
Carta stradale Michelin 562-I14

🎍○ OSTERIA IN SCANDIANO

EMILIANA · CONTESTO STORICO ✕✕✕ Nello scenografico contesto di una villa di origini quattrocentesche, ma il cui attuale aspetto risale all'Ottocento, si mangia in una veranda chiusa con vista sul parco. Cucina emiliana di carne, con qualche divagazione più estrosa.

Carta 36/47 €

🚔 🏠 ♿ ⇩ *via Palazzina 40 – ☎ 0522 857079 – www.osteriainscandiano.com –*
Chiuso 18-25 gennaio, lunedì, domenica sera

sulla strada statale 467 Nord - Ovest : 4 km :

🎍○ BOSCO

CONTEMPORANEA · FAMILIARE ✕✕ Ristorante a gestione familiare, le sale sono arredate con cura mentre le proposte culinarie sono legate alla stagione e al territorio: quasi esclusivamente carne, qualche proposta in più di pesce arriva con l'estate. Interessante lista dei vini e bella selezione di grappe.

Menu 50/70 € – Carta 36/52 €

🕃 🏠 🅰 ⇩ 🅿 *via Bosco 133 – ☎ 0522 857242 – www.ristorantebosco.it –*
Chiuso 27 dicembre-6 gennaio, lunedì, domenica sera

SCARLINO

✉ 58020 – Grosseto (GR) – Carta regionale n° **18**–B3 – Carta stradale Michelin 563-N14

 RELAIS VEDETTA

CASA DI CAMPAGNA · PERSONALIZZATO Sulla sommità di una collina panoramica sul mare, si tratta di un casolare elegantemente ristrutturato; nelle camere
troverete un sapiente mix di antico e moderno, con bagni particolarmente suggestivi. Per un soggiorno ancora più "naturale", nel verde circostante, trovano posto
otto palafitte in legno e una tenda.

✿ ⌂ ⟵ 🛏 ⌇ & 🅰 **P** 6 camere

poggio La Forcola 12 – ℰ 0566 37023 – www.bevedetta.com

SCARPERIA

✉ 50038 – Firenze (FI) – Carta stradale Michelin 563-K16

a Lucigliano ovest: 8 km verso Barberino del Mugello – Carta regionale n° **18**–C1

✿ **VIRTUOSO GOURMET- TENUTA LE TRE VIRTÙ**

TOSCANA · AGRESTE XX Immerso nel bucolico contesto delle colline del
Mugello, il ristorante omaggia la Toscana grazie ad uno chef già famoso e riconosciuto nel panorama gastronomico: Antonello Sardi! Il cuoco fiorentino - pur utilizzando tecniche moderne - mantiene vivo il legame con i produttori locali e questa è sicuramente la cifra distintiva della sua cucina. Tale campanilismo non si
limita agli ingredienti, ma si esprime anche nella scelta enologica che privilegia
etichette regionali – talvolta poco conosciute – sebbene di grande carattere.
Anche la sala non ha snaturato l'atmosfera rurale del posto, ma l'aggiunta di qualche elemento più contemporaneo ha creato un mix raffinato ed elegante; d'estate
approfittate dei tavoli all'aperto con affaccio sulla campagna e – a pranzo – il *Pic-
nic Virtuoso Gourmet* (piccole delizie in monoporzioni che richiamano il gusto e
l'eleganza di Virtuoso).

Specialità: Lingua di vitello, scampo, agrumi, prezzemolo e sedano. Piccione,spi-
naci e Vin santo. Il nostro cheese cake.

✿ *L'impegno dello chef: "Il nostro progetto è nato nel 2014 con l'idea della
sostenibilità come concetto cardine. Al suo interno trovano posto un'azienda agricola bio certificata, animali da cortile, piante di frutti antichi, olive e - in futuro –
vigna e potenziamento compost. Ultimo, ma non ultimo il ristorante gourmet! Tra
gli spazi di un rudere del 1700 sapientemente ristrutturato, si è dato vita ad un
impianto di geotermia per il riscaldamento, utilizzando il fotovoltaico per la produzione di energia."*

Menu 90 € (pranzo), 105/150 €

⟵ ≤ 🛏 🍽 🅰 ♻ **P** *Località Lucigliano 13 – ℰ 055 076 3619 –
www.virtuosogourmet.it – Chiuso 1 gennaio-1 aprile, 1 novembre-31 dicembre, lunedì,
martedì, mercoledì-venerdì a mezzogiorno*

SCHIO

✉ 36015 – Vicenza (VI) – Carta regionale n° **23**–B2 – Carta stradale Michelin 562-E16

✿ **SPINECHILE**

Chef: Corrado Fasolato

CREATIVA · ROMANTICO XX Non semplice da scovare, ma di fiabesca atmosfera, tra i boschi delle colline sovrastanti Schio, una volta giunti in paese, si è
ancora ben lontani dall'essere arrivati. Da qui, infatti, bisogna inerpicarsi per tornanti a volte stretti, l'ultimo pezzo di strada diventa sterrata e si è - allora - quasi
in montagna, a 600 metri d'altezza, per mangiare in quella che sembra un'elegante baita. Corrado Fasolato, chef di grande e lunga esperienza, ha accumulato
piatti classici che intessono il menu, ma la voglia di innovare è ancora altrettanto
grande: si viene qui per delle emozionanti conferme, si esce emozionati da nuove
scoperte. La carta dei vini è giustamente celebre, si articola in ben tre volumi, uno
dedicato ai bianchi, un secondo ai rossi, un terzo ai vini dolci. Una coppia in
amore ed affari gestisce il tutto: lei in sala, esperta di vini, lui in cucina.

Specialità: Merluzzo, sedano, cioccolato bianco e bergamotto. Il capriolo e il bosco. Piacevoli sensazioni di rum e tabacco.

Menu 80/100 € – Carta 80/105 €

🐜 ⛄ 🌼 🅿 contra' Pacche 2, località Tretto – ☎ 0445 169 0107 – www.spinechileresort.com – Chiuso 1-6 gennaio, 1-31 agosto, 26-31 dicembre, lunedì, martedì-venerdì a mezzogiorno, domenica sera

SCHNALS • SENALES – Bolzano (BZ) → Vedere Senales

SCIACCA – Agrigento (AG) → Vedere Sicilia

SCLAFANI BAGNI – Palermo (PA) → Vedere Sicilia

SCORRANO

✉ 73020 – Lecce (LE) – Carta regionale n° **15**–D3 – Carta stradale Michelin 564-G36

🍴 ROOTS TRATTORIA

TRADIZIONALE · CONVIVIALE 🗙 Si mangia nel verde di un grande e curato giardino con olivi e luci soffuse, tavoli in legno e sedie di paglia; il must è il forno a legna dove si cuociono - praticamente - quasi tutte le specialità presenti nel menu unico giornaliero: ricette rigorosamente tradizionali come per esempio la "pucia" (il classico pane della zona).

Menu 30/50 €

🌼 🏠 🕭 🅿 strada provinciale Scorrano-Supersano km 2 – ☎ 0836 010329 – www.rootstrattoria.it – Chiuso lunedì

SCORZÈ

✉ 30037 – Venezia (VE) – Carta regionale n° **23**–C2 – Carta stradale Michelin 562-F18

🌸 SAN MARTINO

Chef: Raffaele Ros

MODERNA · CONTESTO CONTEMPORANEO 🗙🗙 Sobrio ed elegante ristorante nella minuscola frazione di Scorzè. I padroni di casa rispondono al nome di Raffaele Ros, chef, e la moglie Michela Berto, responsabile di sala e sommelier. Tutta l'attenzione ruota intorno alla cucina che si vuole moderna, personalizzata, divisa tra carne e - soprattutto – pesce, perché come afferma Raffaele "il cibo non deve sfamare, ma dare cultura". La sua cucina si costruisce infatti per sottrazione, tenendo come massimo riferimento la materia prima. A mezzogiorno, San Martino si sdoppia con una seconda piccola carta light.

Specialità: Calamaretti di Caorle su salsa di salmoriglio. San Pietro dorato, capperi e verdure liquide. Amarene, ciliegie e mousse di cioccolato.

Menu 38 € (pranzo)/39 € – Carta 78/90 €

🐜 🆎 🌼 piazza Cappelletto 1, località Rio San Martino – ☎ 0415840648 – www.ristorantesanmartino.info – Chiuso lunedì, domenica sera

🍴 I SAVI

PESCE E FRUTTI DI MARE · FAMILIARE 🗙🗙 Un ristorante improntato alla più semplice e genuina qualità: pur essendoci un menu stampato, sarà il titolare stesso ad illustrarvi a voce il pescato del giorno sul quale orientare la vostra scelta. Un'attenzione particolare ai vegani con alcuni piatti a loro riservati.

Menu 36 € (pranzo)/46 € – Carta 29/60 €

🏠 🆎 🌼 🅿 via Spangaro 6, località Peseggia di Scorzè – ☎ 041 448822 – www.isavi.it – Chiuso lunedì, domenica sera

🍴○ **OSTERIA PERBACCO**

REGIONALE · FAMILIARE XX Due piacevoli sale fresche e luminose in combinazione con elementi rustici e camino in quel che fu antico mulino; d'estate ci si trasferisce in terrazza sopra il fiume. Carne e pesce in ricette venete o più creative per chi è in vena di novità. Comode camere in stile moderno.

Carta 29/55€

🏵 ⇦ 🏠 ⅄ 🏧 🅿 *Hotel Antico Mulino, via Moglianese 37 – ℰ 041 584 0991 – www.ristoranteperbaccoscorze.it – Chiuso lunedì-sabato a mezzogiorno, domenica sera*

SEGGIANO

✉ 58038 – Grosseto (GR) – Carta regionale n° **18**-C3 – Carta stradale Michelin 563-N16

🍀 **SILENE**

Chef: Roberto Rossi

TOSCANA · CONTESTO TRADIZIONALE XXX Una vera e propria fabbrica familiare ed artigianale di prelibatezze gastronomiche: in un paesino di montagna di poche anime, lo chef-patron seduce i suoi ospiti con una linea di cucina decisamente toscana dai sapori intensi e fragranti. Ottimi i primi e le proverbiali carni, qualche proposta di pesce, il tutto condito con olio di produzione propria, erbe e verdure dell'orto di casa. Dolce squisitezza, il panettone!

Specialità: Battuta cruda di vitella al coltello condita con sale e olio extra vergine denocciolato Silene. Il tortello soffice Silene ripieno di ricotta e spinaci con tartufo bianco. Millefoglie, crema al rosmarino e nocciola.

Menu 95/105€ – Carta 60/75€

⇦ 🛏 🅿 *località Pescina – ℰ 0564 950805 – www.ilsilene.it – Chiuso 7 gennaio-20 febbraio, lunedì, domenica sera*

SEISER ALM • ALPE DI SIUSI – Bolzano (BZ) → Vedere Alpe di Siusi

SELVA – Vicenza (VI) → Vedere Montebello Vicentino

SELVA DI VAL GARDENA

✉ 39048 – Bolzano (BZ) – Carta regionale n° **19**-C2 – Carta stradale Michelin 562-C17

🍀 **ALPENROYAL GOURMET**

CREATIVA · ELEGANTE XXX Pugliese, di Molfetta per la precisione, Porcelli ha studiato prodotti e caratteristiche della cucina di montagna imparando a padroneggiare tecniche, sapori e abbinamenti, mentre con coraggio e misura non fa mai mancare personalissimi spunti della sua terra d'origine. Nicchia gastronomica dell'omonimo, lussuoso hotel, è qui che va in scena un bel viaggio da nord a sud, comodamente seduti in ambienti eleganti e luci soffuse. La cucina di Mario, come definita dall'ispettore: "sofisticata, basata su prodotti locali (ma non solo), esibita in raffinate presentazioni".

Specialità: Wagyu del Renon, senape al miele di rododentro e castagne. Cervo, terra, pera, formaggio di capra "noagnlailich" e mùgnoli (ortaggio raro). Canederlo di ricotta, lamponi, mirtilli e gelato al pan pepato.

Menu 100/120€ – Carta 72/110€

🏵 🛏 ⅄ 🏧 🅿 *Alpenroyal Grand Hotel, via Meisules 43 – ℰ 0471 795555 – www.alpenroyal.com – Chiuso 6 aprile-4 giugno, 3 ottobre-3 dicembre, lunedì-sabato a mezzogiorno, domenica*

🍴○ **SUINSOM**

MODERNA · STUBE XX All'interno dell'albergo Tyrol, in lingua ladina Suinsom vuol dire "in cima". Il ristorante si compone di due piccole e incantevoli stube del Settecento, dove il giovane cuoco impiega con creatività prodotti in buona parte montani.

Menu 80/120€ – Carta 70/90€

🏵 ⇦ 🛏 🏠 🅿 🛀 *Hotel Tyrol, strada Puez 12 – ℰ 0471 774100 – www.tyrolhotel.it – Chiuso 1-15 dicembre, 6 aprile-22 giugno, 12 settembre-14 dicembre, lunedì, martedì-domenica a mezzogiorno*

‖○ CHALET GERARD

REGIONALE · CONTESTO CONTEMPORANEO ✗✗ Un palcoscenico naturale affacciato sul gruppo Sella e sul Sassolungo, ma non aspettatevi un rifugio, bensì un ristorante di cucina tradizionale con piacevoli sale. Ancor più belle le camere in legno, quasi tutte con vista mozzafiato, e per il relax: sauna, fitness, nonché giardino con idromassaggio. Indossati gli sci, si è subito in pista!

Carta 32/59€

⇆ ⪭ ⪦ 🕾 ⅙ 🅿 *via Plan de Gralba 37 –* ☎ *0471 795274 – www.chalet-gerard.com – Chiuso 1 dicembre, 11 aprile-31 maggio, 10 ottobre-1 dicembre*

‖○ NIVES

MODERNA · CONTESTO CONTEMPORANEO ✗✗ Se siete alla ricerca di una cucina più creativa e amate lasciarvi sorprendere da rivisitazioni di piatti classici, ecco il vostro ristorante! Piatti da fotografia e sapori non solo montani. Per i più romantici c'è anche una stube.

Menu 38/69€ – Carta 50/64€

⇆ 🕾 ⅙ ⇔ *Hotel Nives, via Nives 4 –* ☎ *0471 773329 – www.hotel-nives.com – Chiuso 1-10 dicembre*

🏨 ALPENROYAL GRAND HOTEL

GRAN LUSSO · STILE MONTANO Uno degli alberghi faro della valle e non solo, si sviluppa orizzontalmente intorno al giardino, sul quale si affacciano le camere, davanti ad alcune delle cime più note della località. Arredi in classico stile montano, ma anche di tendenza in alcune camere più recenti, tra i punti di forza dell'albergo segnaliamo l'ampiezza degli spazi come la qualità del servizio.

⪨ ⪦ ⅃ 🖥 🌐 ⋔ 🕼 ⊡ ⅙ ♨ 🅿 🛋 *32 camere – 24 suites*

via Meisules 43 – ☎ *0471 795555 – www.alpenroyal.com*

❀ **Alpenroyal Gourmet** – Vedere selezione ristoranti

🏨 PORTILLO DOLOMITES 1966

LUSSO · STILE MONTANO Alle porte della località, contesto familiare di grande signorilità ristrutturato in stile lodge. L'uso del legno, diffuso negli alberghi della valle, qui si fa più moderno ed accattivante, con piacevoli accostamenti bicolori nelle eleganti camere.

⪨ ⪦ ⅃ 🖥 🌐 ⋔ 🕼 ⊡ 🅿 🛋 *33 camere – 5 suites*

via Meisules 65 – ☎ *0471795205 – www.portillo-dolomites.it*

SENAGO

✉ 20030 – Milano (MI) – Carta regionale n° **10**–B2 – Carta stradale Michelin 561-F9

‖○ LA BRUGHIERA

REGIONALE · AMBIENTE CLASSICO ✗✗ Un bel locale ricavato da una vecchia cascina ora compresa nel parco delle Groane. Ampio e grazioso l'interno, ma anche il dehors non è da meno. Cucina di stampo regionale ed ampia carta dei vini.

Menu 40€ – Carta 50/70€

❀ 🕾 🆎 ⇔ 🅿 *via XXIV Maggio 23 –* ☎ *02 998 2113 – www.labrughiera.it*

SENALES • SCHNALS

✉ 39020 – Bolzano (BZ) – Carta regionale n° **19**–B1 – Carta stradale Michelin 562-B14

a Madonna di Senales Nord - Ovest : 4 km

‖○ OBERRAINDLHOF

TRADIZIONALE · ROMANTICO ✗ In un maso di origini cinquecentesche, in posizione panoramica sulla valle e gestito dalla stessa famiglia ormai da cinque generazioni, nelle romantiche stube viene servita una cucina che ricerca antiche e perdute ricette di Senales. Bella anche la parte alberghiera.

Menu 28/45€ – Carta 39/60€

❀ ⇆ ⪦ 🕾 🅿 *Hotel Oberraindlhof, Raindl 49, Sud-Est: 2 km –* ☎ *0473 679131 – www.oberraindlhof.com*

SENIGALLIA

✉ 60019 – Ancona (AN) – Carta regionale n° **11**–C1 – Carta stradale Michelin 563-K21

✿ ✿ ✿ ULIASSI

MODERNA · **ELEGANTE** ✗✗ Catia e Mauro, due fratelli e tanta volontà di far bene, con la quale hanno alimentato, sin dagli esordi nel lontano 1990, la crescita del locale che porta il loro cognome: Uliassi. Una crescita continua, costante e - a questo punto possiamo anche aggiungere - straordinaria!

Il loro delizioso ristorante si trova tra il porto canale e la spiaggia, in una posizione che sarebbe stata perfetta per uno stabilimento balneare e che, invece e per fortuna, è da anni una tappa fissa e conosciuta su tutte le mappe geografiche dell'alta cucina. La raffinata eleganza della sala introduce ad una cucina fortemente legata al territorio marchigiano ed elaborata con sapienza, che utilizza il massimo della tecnica e della tecnologia presenti oggi sul mercato, ma - al tempo stesso - semplice e concentrata al piacere del palato; imperniata soprattutto su straordinari sapori di pesce, e in parte anche sulla selvaggina.

Specialità: Rimini fest. Spaghetti affumicati alle vongole. Soufflé di cioccolato al Lagavulin (scotch whisky).

Menu 170/200 € – Carta 150/175 €

🏖 ⇐ 🍴 🅰🅲 banchina di Levante 6 –
☎ 071 65463 – www.uliassi.it –
Chiuso 22 dicembre-27 marzo, lunedì, martedì

🍽 AL CUOCO DI BORDO

PESCE E FRUTTI DI MARE · **CONTESTO CONTEMPORANEO** ✗✗ Sul lungomare, un locale dal piacevole arredo con veranda e piccola sala: il re della tavola è il pesce con una preferenza per i crudi.

Menu 38/60 € – Carta 50/120 €

🅰🅲 lungomare Dante Alighieri 94 –
☎ 071 792 9661 – www.cuocodibordo.com –
Chiuso 1-5 dicembre, giovedì, domenica sera

a Marzocca Sud : 6 km – Carta regionale n° **11**–C1

✿ ✿ MADONNINA DEL PESCATORE

Chef: Moreno Cedroni

CREATIVA · **ELEGANTE** ✗✗ Posizione nascosta e defilato, affacciato su un lungomare lontano da clamori mondani, sarà proprio un'edicola dedicata alla Madonna del pescatore nei pressi del ristorante ad indicarvi che siete arrivati. Un sobrio celarsi, una discrezione che ritroverete anche nei moderni interni e nell'amabilità della signora Mariella in sala, moglie dello chef-patron, mentre il marito, Moreno Cedroni, aggiorna ed inventa incessantemente piatti (quasi esclusivamente di pesce) che, da questo lembo dell'Adriatico, producono un'eco che si sente in altri mari. I vari menu degustazione propongono un'intrigante scelta tra ricette "collaudate" e creazioni più recenti. Più di trentacinque anni di creatività millesimati in carta con piatti che han fatto la storia della cucina italiana e un genio ben lontano dall'esaurirsi: un laboratorio gastronomico di eccellenze ittiche!

Specialità: Mazzancolla turgida, maionese allo yuzu, granita di cipolla rossa. Rombo al sale e alghe, purè liquido al tartufo nero, salsa di champignon e Chartreuse. Cedronita, gelato alla buccia di banana fermentata, mousse al gianduia, brodo leggero di acetosella.

Menu 65 € (pranzo), 150/170 € – Carta 65/130 €

🏖 ⇐ 🍴 🅰🅲 via Lungomare Italia 11 –
☎ 071 698267 – www.morenocedroni.it –
Chiuso 1 dicembre-3 febbraio, lunedì a mezzogiorno, mercoledì, giovedì a mezzogiorno

SENORBÌ – Cagliari (CA) ➜ Vedere Sardegna

SEREGNO

⊠ 20831 – Monza e Brianza (MB) – Carta regionale n° **10**–B2 –
Carta stradale Michelin 561-F9

🍴 **POMIROEU**

CREATIVA · AMBIENTE CLASSICO ✕✕ Il nome dialettale del locale è mutuato
dai meli selvatici che l'accerchiavano prima che il paese si sviluppasse tutt'intorno, ma non aspettatevi un ambiente rustico: i suoi ambienti interni tradiscono
una squisita raffinatezza. La sua cucina è creativa, la lista dei vini ottima.

Menu 25 € (pranzo), 75/100 € – Carta 65/95 €

🍷 🍴 *via Garibaldi 37 – ☏ 0362 237973 – www.pomiroeu.com – Chiuso lunedì,*
domenica sera

SERNAGLIA DELLA BATTAGLIA

⊠ 31020 – Treviso (TV) – Carta regionale n° **23**–C2 – Carta stradale Michelin 562-E18

😊 **DALLA LIBERA**

VENEZIANA · COLORATO ✕ Se esternamente la trattoria mantiene la storicità
del locale di famiglia, all'interno vi attendono ambienti curati di gusto contemporaneo. Lo chef-patron seleziona e propone prodotti di stagione e perlopiù del territorio, in ricette fantasiose senza eccessi. A pranzo - in settimana - piatti veloci e
semplici, ma pur sempre di qualità.

Specialità: Mazzancolla al vapore, carciofo violetto bretone, maionese leggera di
solo albumi con sedanina d'acqua. Filetto di sorana sotto sale a freddo. Crema
inglese espressa con prugne e rum.

Menu 20/25 € – Carta 30/50 €

🍷 🍴 🅿 *via Farra 52 – ☏ 0438 966295 – www.trattoriadallalibera.it –*
Chiuso 28 dicembre-3 gennaio, lunedì, martedì-mercoledì sera, domenica sera

SERRALUNGA D'ALBA

⊠ 12050 – Cuneo (CN) – Carta regionale n° **14**–A2 – Carta stradale Michelin 561-I6

🌸 **LA REI**

MODERNA · LUSSO ✕✕✕ *Causa emergenza COVID-19 chiuso temporaneamente*
fino a marzo 2021.

Un'eleganza contemporanea che si apre fra ampi spazi e tavoli distanziati è lo
sfondo della cucina de La Rei, che punta decisamente sulla valorizzazione dei
prodotti piemontesi elaborandoli tuttavia in modo complesso, in preparazioni
spesso originali, che si discostano con fantasia dai modelli originali. Col bel
tempo il servizio in terrazza offre un colpo d'occhio straordinario su uno dei più
suggestivi paesaggi collinari langaroli, con lo sguardo che spazia sino al romantico castello medioevale di Serralunga.

Specialità: Lumache di Cherasco in crosta di erbe aromatiche, pane antico, spugnole, aglio dolce. Musetto di maiale brasato al vermouth, triglia, radici di aglio
orsino. Ricotta di bufala, fragole, zuppa di verbena.

Menu 80/110 € – Carta 64/120 €

🍷 🛏 🍴 ⅗ 🅰🅲 🅿 *Hotel Il Boscareto Resort, via Roddino 21 – ☏ 0173 613042 –*
www.ilboscaretoresort.it – Chiuso lunedì, martedì-venerdì a mezzogiorno

🏨 **IL BOSCARETO RESORT**

LUSSO · CONTEMPORANEO Qui non troverete il vecchio Piemonte, ma una
moderna struttura con vista su uno dei più suggestivi paesaggi delle Langhe. L'atmosfera contemporanea continua all'interno, caratterizzato da luce e ampi spazi
dallo stile sobrio e moderno.

⅗ ≤ 🛏 🖥 🌐 🀄 ♨ 🔥 🈁 ⅗ 🅰🅲 🕭 🅿 29 camere – 10 suites

via Roddino 21 – ☏ 0173 613036 – www.ilboscaretoresort.it

🌸 **La Rei** – Vedere selezione ristoranti

a **Fontanafredda** Nord : 5 Km – Carta regionale n° **14**–A2

⚝ **GUIDO**

Chef: Ugo Alciati

PIEMONTESE · ELEGANTE XxX L'ottocentesca villa che ospita il ristorante s'intreccia inesorabilmente con la storia sabauda, giacché - qui - Vittorio Emanuele II si ritirava per cacciare, ma soprattutto per vivere con Rosa Vercellana, la bela Rosin, che sposò - poi - in nozze morganatiche. Le eleganti sale custodiscono elementi architettonici antichi, come ad esempio i soffitti affrescati, ma per il resto, a cominciare dall'illuminazione, si è scelta un'elegante strada moderna. Proverbiali piatti – quali il vitello tonnato tagliato al coltello o il fiordilatte mantecato al momento, da sempre "sponsorizzati" da Guido - imbandiscono la tavola, facendo del locale una tappa imperdibile per gli amanti del Piemonte.

Specialità: Il vitello tonnato tagliato al coltello. Gli agnolotti di Lidia al sugo d'arrosto. Il gelato al fiordilatte mantecato al momento.

Menu 75/90 € – Carta 75/110 €

⚇ 🛋 🎬 ⇔ 🅿 via Alba 15 – ℰ 0173 626162 - www.guidoristorante.it – Chiuso 28 dicembre-18 gennaio, 9-24 agosto, lunedì, martedì-venerdì a mezzogiorno, domenica sera

🏠 **VIGNA MAGICA**

CASA DI CAMPAGNA · CONTEMPORANEO E' il frutto di un progetto ambizioso questo bell'albergo inserito nell'affascinante contesto della tenuta Fontanafredda; ottime camere fornite di tutto punto e – al piano terra – cucina della tradizione presso il bistrot Disguido (aperto solo a pranzo). Alternativa più semplice nella Foresteria delle Vigne: struttura che - un tempo - ospitava il vivaio dell'azienda vitivinicola.

🎋 🍴 🖥 🕭 🎬 🅿 14 camere

via Alba 15 – ℰ 0173 626670 - www.hotelcasedeiconti.it

SERRANO

✉ 73020 – Lecce (LE) – Carta regionale n° **15**–D3

🏠 **FURNIRUSSI TENUTA** 🆕

· ELEGANTE Delizioso resort pugliese circondato dal più grande parco di fichi biologici d'Europa (4500 alberi!), nonché camere distribuite su due piani di un edificio dalle linee pulite e geometriche, ognuna con letto a baldacchino e tanta privacy.

🎋 🛥 🍴 ☒ 🕭 🎬 24 suites

strada comunale Scine 29 – ℰ 0836 197 5150 - www.furnirussi.com

SERRAVALLE LANGHE

✉ 12050 – Cuneo (CN) – Carta regionale n° **14**–A3 – Carta stradale Michelin 561-I6

🍽 **LA COCCINELLA**

PIEMONTESE · CONTESTO TRADIZIONALE XX Ricorda il salotto di una casa privata l'ambiente di questo bel locale, la cui carta principale elenca i migliori piatti della tradizione piemontese. A lato, si propone un altro piccolo menu con ricette legate alla disponibilità del mercato ittico giornaliero, elaborate in chiave classica.

Menu 47 € – Carta 37/70 €

⇔ 🅿 via Provinciale 5 – ℰ 0173 748220 - www.trattoriacoccinella.com – Chiuso 7 gennaio-11 febbraio, 15-30 giugno, martedì, mercoledì a mezzogiorno

SERRAVALLE PISTOIESE

✉ 51030 – Pistoia (PT) – Carta regionale n° **18**–B1 – Carta stradale Michelin 563-K14

😊 **TRATTORIA DA MARINO**

TOSCANA · FAMILIARE X Ha compiuto un secolo di storia questa trattoria tanto semplice quanto efficace nel proporre i sapori della tradizione toscana. Un'unica sala, modesta ed informale, sotto l'abile regia del proprietario che vi saprà guidare tra i sapori del territorio.

Specialità: carciofo croccante con fonduta di pecorino. Lingua di vitello al "dolce forte". Cialda croccante con cioccolato caldo.

Carta 25/42 €

🏠 🅿 *via Provinciale Lucchese 102, località Ponte di Serravalle –*
☎ 0573 51042 – Chiuso martedì

SESTO • SEXTEN

✉ 39030 – Bolzano (BZ) – Carta regionale n° **19**–D1 – Carta stradale Michelin 562-B18

🏨 MONIKA

FAMILIARE · STILE MONTANO Nel Parco Naturale delle famose Tre Cime di Lavaredo, una risorsa recentemente ristrutturata in chiave moderna, ma rispettosa del contesto alpino nella quale si trova: aspettatevi, quindi, un attrezzato spazio benessere con una bellissima piscina coperta e tanto legno nelle "calde" camere.

🍃 🏊 ≼ 🛏 🎱 📺 ⏰ 🛎 ⬆ 🅿 54 camere – 4 suites
via del Parco 2 – ☎ 0474 710384 – www.monika.it

a Moso (Moos) Sud - Est : 2 km – Carta regionale n° **19**–D1

🏨 BERGHOTEL

SPA E WELLNESS · STILE MONTANO Splendida vista delle Dolomiti e della valle Fiscalina, profusione di legno, pietra e arredi in stile nelle belle zone comuni, per un hotel composto da più strutture di cui l'ultima nata - praticamente - tutta in cirmolo. Da non perdere la raffinata spa.

🍃 🏊 ≼ 🛏 🎱 📺 ⏰ 🛎 ⬆ 🅿 🚗 74 camere – 9 suites
via Monte Elmo 10 – ☎ 0474 710386 – www.berghotel.com

SESTO SAN GIOVANNI

✉ 20099 – Milano (MI) – Carta regionale n° **10**–B2 – Carta stradale Michelin 561-F9

🍴 VILLA CAMPARI

ITALIANA · ELEGANTE XX Nella storica villa ottocentesca, un ristorante dal carattere contemporaneo ma che ben si armonizza con la prestigiosa dimora, per decenni sede di rappresentanza del vecchio stabilimento di famiglia. La carta propone una carrellata di piatti anch'essi moderni da degustare nelle varie salette o nella fresca corte esterna. Dalle 18.30 entra in scena il lounge per l'aperitivo con un indiscusso protagonista facilmente intuibile.

Menu 17 € (pranzo), 34/44 € – Carta 43/75 €

🏠 ♿ 🅰 🅿 *via Campari 23 –*
☎ 02 2247 1108 – www.villacampariristorante.it –
Chiuso sabato a mezzogiorno, domenica

SESTRI LEVANTE

✉ 16039 – Genova (GE) – Carta regionale n° **8**–C2 – Carta stradale Michelin 561-J10

🍴 OLIMPO

MEDITERRANEA · ROMANTICO XxX Vi sembrerà di stare sul monte degli dei, grazie alle ampie vetrate che permettono alla vista di abbracciare il golfo e l'intrigante Sestri Levante. Ambiente decisamente elegante, per una cucina ricercata e di mare, la sera; più semplice - a pranzo - quando tempo permettendo, ci si accomoda sulla terrazza al quinto piano.

Menu 70/90 € – Carta 50/90 €

🛋 ≼ 🛏 🏠 🅰 🅿 *Hotel Vis à Vis, via della Chiusa 28 –*
☎ 018542661 – www.hotelvisavis.com –
Chiuso 1 dicembre-15 marzo

Ⅱ○ BAIA DEL SILENZIO

CONTEMPORANEA · CONTESTO CONTEMPORANEO ✕✕ Dopo la mareggiata del 2018 il locale è stato completamente rinnovato, declinando l'offerta nel ristorante gourmet – la sera - con la sua bella sala panoramica e piatti moderni, a tratti creativi (sebbene due pagine del menu siano dedicate ai tagli di carne ed al pescato del giorno, cucinati in maniera più classica per gli amanti della tradizione). A pranzo ci si accomoda al bistrot, mentre l'offerta si completa grazie al wine-bar. Le terrazze all'aperto si confermano, tempo permettendo.

Menu 90 € – Carta 62/88 €

↩ ⪬ 🍴 AC ⇦ *Hotel Miramare, via Cappellini 9 – ℰ 0185 485807 – www.miramaresestrilevante.com*

Ⅱ○ PORTOBELLO

PESCE E FRUTTI DI MARE · ACCOGLIENTE ✕✕ In una delle insenature più belle d'Italia, la Baia del Silenzio, cucina prevalentemente a base di pesce: in estate servita sull'incantevole terrazza affacciata sul mare. Disponibili anche alcuni tavoli "vip" appoggiati - direttamente - sulla sabbia. Location romantica per una cena di classe!

Menu 70/100 € – Carta 50/120 €

🍴 ⅏ AC *via Portobello 16 –*
ℰ 0185 41566 – www.ristoranteportobello.com – Chiuso 1 dicembre-15 marzo, mercoledì

Ⅱ○ REZZANO CUCINA E VINO

PESCE E FRUTTI DI MARE · ACCOGLIENTE ✕✕ In una piazzetta rientrante dal lungomare, locale d'atmosfera - sobrio e signorile - dove la grande profusione di legno può ricordare vagamente lo stile nautico. Specialità di pesce.

Menu 45/60 € – Carta 47/81 €

🍴 AC *via Asilo Maria Teresa 34 – ℰ 0185 450909 –*
Chiuso lunedì, martedì-sabato a mezzogiorno

Ⅱ○ BALIN SESTRI LEVANTE

PESCE E FRUTTI DI MARE · ACCOGLIENTE ✕ Sul lungomare, un locale con pochi tavoli tra saletta interna e mini-veranda di contemporanea atmosfera; un valido indirizzo dove assaggiare piatti, soprattutto a base di pesce, curati e con dettagli moderni. Si consiglia di prenotare per tempo, visto il numero limitato di coperti!

Menu 50/80 € – Carta 60/100 €

🍴 *viale Rimembranza 33 – ℰ 0185 44397 –*
Chiuso lunedì, martedì-venerdì a mezzogiorno

Ⅱ○ CAPOCOTTA

CREATIVA · BISTRÒ ✕ A due passi dall'incantevole Baia del Silenzio, rustico locale che fu ritrovo di pescatori e che oggi si presenta come una specie di piccolo bistrot, con il proprio lounge bar alle spalle (da frequentare se si amano i cocktail!); cucina contemporanea e di ricerca, con piatti di terra e di mare sempre ricchi di creatività.

Carta 45/70 €

vico Macelli 8 – ℰ 0185 189 8193 –
Chiuso lunedì-martedì a mezzogiorno, mercoledì, giovedì-domenica a mezzogiorno

SESTRI PONENTE – Genova (GE) → Vedere Genova

SETTEQUERCE • SIEBENEICH – Bolzano (BZ) → Vedere Terlano

SETTIMO MILANESE

✉ 20019 – Milano (MI) – Carta regionale n° **10**–B2 – Carta stradale Michelin 561-F9

⫚○ CRISTIANMAGRI

ITALIANA CONTEMPORANEA · RUSTICO ⅹ Affacciato su un laghetto di pesca sportiva, il locale vanta una location decisamente bucolica, mentre la cucina s'inventa specialità fantasiose e creative. Ottima la pasticceria e i gelati di produzione propria.

Menu 15 € (pranzo), 50/90 € – Carta 60/80 €

🏠 🄰🄲 🅿 *via Meriggia 3 – ℰ 02 3359 9042 – www.cristianmagri.it –*
Chiuso 1-10 gennaio, lunedì sera

SEXTEN • SESTO – Bolzano (BZ) → Vedere Sesto

SICILIA

Ci sono tante buone ragioni per spingerci fino quaggiù, in questa onirica isola sospesa tra terra, fuoco, lava e mare. Le più immediate possono essere quelle di carattere paesaggistico o archeologico; basti pensare a Ragusa abbarbicata s'una collina avvolta dai Monti Iblei e capoluogo di provincia più a sud d'Italia. Oltre al suggestivo centro storico, un'altra attività memorabile della località è passeggiare nella sua campagna; già ricche di oleandri, carrubi e alberi di fico dove crescono erbe selvatiche come cappero, menta, origano, timo, tarassaco, ortica e senape canuta: profumi che andranno ad insaporire i piatti tipici di questa parte del Bel Paese.

Tra le note più golose vanno ricordate: la cassata, il cannolo, la granita e la frutta Martorana. Se il terreno fertile produce agrumi in grande quantità, mandorle, fichi d'India, pistacchi ed olive sono altre icone culinarie dell'isola.

"È in Sicilia che si trova la chiave di tutto. La purezza dei contorni, la morbidezza di ogni cosa, la cedevole scambievolezza delle tinte, l'unità armonica del cielo col mare e del mare con la terra... Chi li ha visti una sola volta, li possederà per tutta la vita". ("Viaggio in Italia", Goethe 1768)

Carta regionale n° 17
Carta stradale Michelin n° 365

AGRIGENTO

92100 - Agrigento (AG) - Carta regionale n° **17**-B2 - Carta stradale Michelin 365-AQ60

OSTERIA EXPANIFICIO

SICILIANA · CONVIVIALE L'originale sala vi ricorderà che effettivamente di un ex panificio si tratta, ma con il bel tempo molti clienti scelgono di mangiare all'aperto, tra i palazzi del centro e a pochi metri da un suggestivo belvedere. La cucina oscilla tra terra e mare, ma è sempre attenta alle tradizioni siciliane.

Specialità: Spiedino di sarde in beccafico. Linguine con tartare di scampi e bottarga di muggine. Parfait alle mandorle.

Carta 15/46 €

piazza Sinatra 16 - 0922 595399 - www.osteriaexpanificio.it

LA TERRAZZA DEGLI DEI

CLASSICA · ELEGANTE Se la fama di Agrigento è quasi esclusivamente legata alla zona archeologica, vale invece la pena di scoprire anche la sua tavola. A La terrazza degli Dei (en plein air per quasi tutta la stagione), la vista si posa sul tempio della Concordia e sulla valle dei Templi, mentre vini isolani e piatti locali - reinterpretati in chiave fantasiosa - "intrattengono" l'ospite. In alternativa, a pranzo, c'è anche una carta light.

Menu 45 € (pranzo), 54/92 € - Carta 45/92 €

Hotel Villa Athena, via Passeggiata Archeologica 33 - 0922 596288 - www.laterrazzadeglidei.it

IL RE DI GIRGENTI

PESCE E FRUTTI DI MARE · ELEGANTE Se la cucina non si scosta dall'isola, in questo locale giovane e alla moda che osa giocare con un look molto personale, la carta dei vini travalica i confini regionali per accogliere etichette nazionali ed estere. La magia della vista sui templi ha pochi eguali!

Menu 35/60 € - Carta 25/60 €

via Panoramica dei Templi 51 - 0922 401388 - www.ilredigirgenti.it - Chiuso martedì

VILLA ATHENA

LUSSO · ELEGANTE Flessuose palme svettano nel giardino-agrumeto, dove sono collocate la piscina e la villa del Settecento che ospita questa risorsa dalle splendide camere e dalla proverbiale vista sui celebri templi. Nell'esclusiva, piccola, spa, vasca idromassaggio, zona umida e cromoterapia.

21 camere - 6 suites

via passeggiata Archeologica 33 - 0922 596288 - www.hotelvillaathena.it

La Terrazza degli Dei - Vedere selezione ristoranti

ARCHI - Catania (CT) ➡ Vedere Riposto

BAGHERIA

90011 - Palermo (PA) - Carta regionale n° **17**-B2 - Carta stradale Michelin 565-M22

I PUPI

Chef: Antonio Lo Coco

MODERNA · CONTESTO CONTEMPORANEO Tony Lo Coco, potrebbe essere il nome di un star del mondo dello spettacolo, invece, lui, lo chef-patron dei ristorante I Pupi, la stella ce l'ha cucita sulla giacca! Il servizio, nella piccola sala in bianco e nero di un'eleganza moderna e minimalista, dominata dal grande armadio lucido che funge da dispensa, è assicurato dalla moglie Laura. Per quanto riguarda la cucina, lasciate fare a Tony che - attento a selezionare le eccellenze locali e i migliori casari, pescatori, agricoltori, nonché allevatori del comprensorio - vi accompagnerà a degustare la Trinacria in chiave fantasiosa e personalizzata; vivamente consigliati i percorsi degustazione di terra, di mare, ma anche il menu misto per assaggiare di tutto un po'!

Specialità: Il pane "ca' meusa" (rivisitazione del tradizionale cibo di strada siciliano). La stigghiola (piatto tipico siciliano a base di interiora). Buccell'Art.

Menu 35 € (pranzo), 75/130 € – Carta 61/94 €

🏦 🛋 ᕼ 🖾 *via del Cavaliere 59 –*

☎ *091 902579 – www.ipupiristorante.it –*

Chiuso 10-30 gennaio, lunedì, martedì-sabato a mezzogiorno, domenica sera

CALATABIANO

✉ 95011 – Catania (CT) – Carta regionale n° **17**–D2 – Carta stradale Michelin 365-BA57

CASTELLO DI SAN MARCO

STORICO · CLASSICO Dimora di origini seicentesche dalla splendida facciata, buona parte delle camere si aprono in una serie di dépendance anch'esse antiche o più moderne. Ma il punto di forza dell'albergo è il lussureggiante parco di vegetazione mediterranea con piscina, un piccolo paradiso.

🎋 🐾 🕭 🗲 🛋 🏠 ᕼ 🖾 🛁 🅿 30 suites

via San Marco 40 – ☎ 095 641181 – www.castellosanmarco.it

CALTAGIRONE

✉ 95041 – Catania (CT) – Carta regionale n° **17**–C2 – Carta stradale Michelin 365-AW60

✿ CORIA

Chef: Domenico Colonnetta e Francesco Patti

MODERNA · CONTESTO CONTEMPORANEO ✗✗ *Causa emergenza COVID-19 il ristorante riaprirà ad ottobre 2020.*

Nel centro storico di questa singolare città, a 200 metri dalla famosa scalinata di Santa Maria del Monte, il ristorante è dedicato a Giuseppe Coria, appassionato e studioso di gastronomia locale, autore del libro "Profumi di Sicilia": gli stessi che aromatizzano i piatti di questo indirizzo. In due sale dall'aspetto sobrio e contemporaneo, Domenico Colonnetta e Francesco Patti, chef-titolari, si sono fatti le ossa alla scuola di Ciccio Sultano; ora, camminano con le loro gambe e lo fanno con una sicurezza ed un'originalità fuori dal comune.

Specialità: Cavoli e baccalà. Mezzo pacchero, salsa di scampi, cagliata alle mandorle, scarola ripassata, capperi e olive. Maialino nero di Sicilia, cicorielle, mela e cipollotto alla cenere.

Menu 28 € (pranzo), 55/90 € – Carta 60/80 €

🏦 🖾 *via Infermeria 24 – ☎ 0933 26596 – www.ristorantecoria.it –*

Chiuso 1-30 novembre, lunedì, domenica sera

CAPRI LEONE

✉ 98070 – Messina (ME) – Carta regionale n° **17**–C2 – Carta stradale Michelin 365-AX55

ANTICA FILANDA

REGIONALE · AMBIENTE CLASSICO ✗✗ Si sale verso i monti, ma il mare e la costa non si sottraggono alla vista: le Eolie e il Tirreno sono lo sfondo per una cucina che, invece, celebra l'entroterra. Se la tradizione viene rivisitata quanto basta e gli ingredienti cercati ovunque, purché fragranti e di stagione, il maialino nero dei Nebrodi è celebrato in molte ricette. Anche la carta dei vini mostra un bel piglio.

Specialità: Mousse di caponata con gelato al cappero di Salina. Pappardelle al ragù bianco di maialino nero dei Nebrodi. Flan di pistacchio dell'Etna su crema vaniglia.

Menu 45/60 € – Carta 35/58 €

🏦 🗬 ᕼ 🖾 ⇔ 🅿 *strada statale 157, contrada Raviola –*

☎ *0941 919704 – www.anticafilanda.me –*

Chiuso 11 gennaio-28 febbraio, lunedì

CASTELBUONO

✉ 90013 – Palermo (PA) – Carta regionale n° **17**–C2 – Carta stradale Michelin 365-AT56

PALAZZACCIO

REGIONALE · CONTESTO TRADIZIONALE ✗ Cucina fortemente ancorata al territorio con molte specialità legate ai prodotti delle Madonie, come le carni ed i funghi, in un ristorante del centro storico dall'ambiente di classica rusticità. Per gli amanti di Bacco, la carta è solo una traccia; nella nuova enoteca Quaranta - a brevissima distanza - riposano numerose bottiglie, soprattutto siciliane ma non solo, disponibili quasi tutte anche al bicchiere.

Specialità: Carpaccio di manzo aromatizzato. Spaghettoni alle zucchine e fiori di zucca mantecati al caciocavallo. Gelato fior di latte e zucca e croccante di grano.

Carta 33/59€

🕮 🛏 🅰🅲 via Umberto I 23 – ☎ 0921 676289 – www.ristorantepalazzaccio.it –
Chiuso lunedì

CASTELLAMMARE DEL GOLFO

✉ 91014 – Trapani (TP) – Carta regionale n° **17**–B2 – Carta stradale Michelin 365-AM55

🍽 MIRKO'S

MEDITERRANEA · ACCOGLIENTE ✗✗ Sulla scalinata che porta a cala piccola, lo chef Melchiorre detto "Mirko" - insieme ai suoi giovani fratelli - vi delizierà con preparazioni accattivanti. Il pesce rimane l'indiscusso protagonista!

Carta 25/65€

🛏 discesa Annunziata 1 – ☎ 0924 040592 – www.mirkosristorante.it

MARINA DI PETROLO ⓝ   `Tablet.`PLUS

TRADIZIONALE · MEDITERRANEO Situato nel cuore della località, l'hotel gode di una posizione privilegiata - a pochi passi dal centro storico - e di un accesso diretto al mare. Quasi tutte con balcone e vista sulla distesa blu, le camere sono divise in varie tipologie per incontrare le esigenze di ogni tipo di clientela. Percorsi benessere e trattamenti estetici vi attendono presso la moderna spa.

🛁 🛌 🏊 💆 🅰🅲 🅿 19 camere

via Marina di Petrolo 16 – ☎ 0924 35571 – www.marinadipetrolo.it

CATANIA

✉ 95124 – Catania (CT) – Carta regionale n° **17**–D2 – Carta stradale Michelin 365-AZ58

SAPIO

Chef: Alessandro Ingiulla

MODERNA · ELEGANTE ✗✗✗ Unica stella a Catania ed emblema dell'imminente svolta generazionale, che vede il sud progredire e i giovani messi nella condizione di esprimersi e trovare più spazio, Sapio è un raffinato ristorante gestito da una giovane coppia. Roberta Cozzetto in sala con la sua elegante cortesia, Alessandro Ingiulla in cucina intento a preparare piatti che conquistano sia la vista che il gusto con interpretazioni moderne e i freschi prodotti di questa splendida isola.

Specialità: Gambero rosso , succo di pomodoro, granita di latte di capra e caviale di storione. Piccione cotto in conca come una volta. Oro verde, profumi di sicilia.

Menu 80/110 € – Carta 55/90 €

🅰🅲 ⇌ via Messina 235 – ☎ 095 097 5016 – www.sapiorestaurant.it –
Chiuso 1-31 agosto, lunedì, martedì a mezzogiorno, sabato a mezzogiorno

🍴 ME CUMPARI TURIDDU

SICILIANA · VINTAGE ✗ Originale ed accattivante, il ristorante propone un tuffo nella vecchia Sicilia recuperando antichi lampadari, sedie e tavoli. Segue il passo la cucina, intrigante carrellata di prodotti isolani, ed una carta-bistrot più semplice ed economica. Rivendita di prodotti gastronomici e cocktail bar (quest'ultimo ininterrottamente dalle 11.30 alle ore piccole).

Specialità: Carpaccio di asino Ragusano croccante con insalatina dell'Ibleo su crema di robiola di capra girgentana e riduzione di olive. Spaghetti alla Turiddu con masculina da magghia (alici), pomodorini, capperi di Salina e muddica atturrata (mollica tostata). "Scannolo" di Turiddu.

Carta 25/45€

piazza Turi Ferro 36 - 095 715 0142 - www.mecumparituriddu.it

AMOCÙ

FUSION • DESIGN XX Tocco modaiolo per questa novità cittadina che vuol diventare riferimento per Catania sul concetto di fusion; la cucina sposa - infatti - con convinzione la tradizione giapponese con suggestioni contemporanee, mentre il buon bere si avvale di una bella carta dei vini e un'altra dedicata ai cocktail. Se in inverno ci di accomoda nell'intima sala interna, con il bel tempo entra in scena l'ampia terrazza: una sorta di "piazza" d'incontro.

Carta 45/71€

via Vecchia Ognina 147b - 095 382988 - www.amocu.it - Chiuso lunedì-domenica a mezzogiorno

KM.O

SICILIANA • SEMPLICE X Alle spalle dell'orto botanico, un locale piccolo, semplice ed essenziale, dedicato - come si intuisce dal nome - ai prodotti del territorio. Alla guida due giovani fratelli, uno in cucina, l'altro in sala; in preparazioni semplici, protagonisti sono gli ingredienti.

Menu 40/65€ - Carta 30/70€

via Antonino Longo 26/28 - 347 732 7788 - www.km0ristorante.it - Chiuso 11-24 gennaio, lunedì, domenica sera

OSTERIA ANTICA MARINA

PESCE E FRUTTI DI MARE • FAMILIARE X Completamente rinnovato nel 2018, sebbene più moderno, il ristorante continua a riflettere l'anima del pittoresco e popolare mercato mattutino su cui si affaccia. Imperdibile la carrellata di antipasti misti, il pesce si sceglie dall'espositore.

Carta 25/80€

via Pardo 29 - 095 348197 - www.anticamarina.it - Chiuso 23-27 dicembre, 30 dicembre-3 gennaio, mercoledì

ROMANO HOUSE

TRADIZIONALE • CONTEMPORANEO Nato dall'unione di due palazzi, di cui uno ottocentesco che ospita una decina di camere con affreschi, stucchi o soffitti a volta, un insieme molto piacevole, che non mancherà di conquistare i turisti in visita alla "città dell'elefante".

50 camere - 1 suite

via G. Di Prima 20 - 095 352 0611 - www.romanohouse.it

DUOMO SUITES & SPA ⓝ

STORICO · MODERNO In uno storico palazzo settecentesco, ogni camera è unica e personalizzata in quanto dedicata a un grande capolavoro del cinema. Il fil rouge che le collega è la sicilianità che ispira le famose pellicole girate o ambientate negli angoli più belli dell'isola: luoghi che v'invitiamo fortemente a scoprire partendo da questo indirizzo privilegiato. Terrazza-solarium panoramica.

🏨 🔆 & 🆎 12 camere

via Garibaldi 23 –
☎ 095 288 3731 – www.duomosuitesespa.it

ASMUNDO DI GISIRA

DIMORA STORICA · PERSONALIZZATO Un antico palazzo in pieno centro contornato da un popolare mercato quotidiano, tante opere d'arte ispirate a temi isolani (anche in vendita!), nonché una splendida terrazza all'ultimo piano con vista sulla parte storica della città. Confort attuale e moderno.

🔆 🆎 9 camere – 2 suites

via Gisira 40 –
☎ 095 097 8894 – www.asmundodigisira.com

CEFALÙ

✉ 90015 – Palermo (PA) – Carta regionale n° **17**–C2 – Carta stradale Michelin 365-AT55

ⓘ○ CORTILE PEPE ⓝ

CONTEMPORANEA · ELEGANTE ✕✕ Tra le viuzze del centro storico, quindi, a breve distanza sia dalla Cattedrale sia dal mare, un locale elegante e moderno allo stesso tempo, dove sotto ad archi antichi ed atmosfera attuale, il cuoco racconta il gusto mediterraneo con una piacevole narrazione contemporanea. Carne e pesce si alternano, mentre costante rimane la qualità. Molto caratteristico anche il dehors sul retro, in un bel cortile chiuso.

Menu 45/100 € – Carta 47/59 €

🌿 🆎 *via Nicola Botta 15 –*
☎ 0921 421630 – www.cortilepepe.it –
Chiuso 1-20 dicembre, 1 febbraio-1 marzo, mercoledì, giovedì a mezzogiorno

ⓘ○ LOCANDA DEL MARINAIO

MEDITERRANEA · ACCOGLIENTE ✕✕ Gustosi piatti che profumano di Mediterraneo, seppure preparati con un leggero tocco di modernità, in un grazioso locale sito proprio nel brulicante centro di Cefalù. L'ambiente è semplice ed informale, ma la cucina propone interessanti rivisitazioni.

Carta 30/60 €

🌿 🆎 *via Porpora 5 –*
☎ 0921 423295 – www.locandadelmarinaiocefalu.it –
Chiuso martedì

CHIARAMONTE GULFI

✉ 97012 – Ragusa (RG) – Carta regionale n° **17**–D3 – Carta stradale Michelin 365-AX61

ⓘ○ LOCANDA GULFI

SICILIANA · CASA DI CAMPAGNA ✕✕ La sala consente una veduta della moderna cantina, ma se si lascia vagare lo sguardo non sfuggirà la bucolica bellezza della campagna e dei vigneti circostanti, mentre i più "curiosi" spieranno il lavoro dei cuochi nella cucina a vista. Ai sapori dell'isola s'ispirano i piatti.

Menu 30/70 € – Carta 40/54 €

🍽 & 🆎 🅿 *Agriturismo Locanda Gulfi, Contrada Patria –*
☎ 0932 928081 – www.locandagulfi.it –
Chiuso domenica sera

EGADI (ISOLE)

Trapani (TP) – Carta stradale Michelin 365-AI56

Favignana – Carta regionale n° **17**–A2

 CAVE BIANCHE

RESORT · INSOLITO Definirlo originale è riduttivo. L'albergo si trova infatti all'interno di un grande scavo di calcarenite (tipo di roccia sedimentaria) con delle alte pareti che gli fanno da perimetro; nei suoi spazi trovano posto un bel giardino con piscina, una terrazza-ristorante per la prima colazione e la cena, nonché signorili camere complete di tutto, sebbene essenzialissime.

🍃 🐟 🛏 🗲 🖶 🕭 🔟 🔥 **P** 49 camere

Strada Comunale Fanfalo – 𝒞 0923 925451 – www.cavebianchehotel.it

Messina (ME)
Carta stradale Michelin 365-AY53

EOLIE (ISOLE)

Ci piace: lo stile mediterraneo e le viste mozzafiato del **Quartara** a Panaraea o del celebre **Signum** a Salina. La cucina di pesce servita con semplicità e simpatia al **Punta Lena** di Stromboli.

La movida di Panarea si dà appuntamento con un aperitivo sulle fantastiche terrazze del Bridge Sushi Bar.

LIPARI

✉ 98055 – Messina (ME) – Carta stradale Michelin 365-AY35

⭑○ **E PULERA**

SICILIANA · AMBIENTE CLASSICO ✗✗ Prende il nome dalle tipiche colonne eoliane che nelle case di un tempo avevano lo scopo di refrigerare in estate e riscaldare in inverno le mura, questo raffinato ristorante dal lussureggiante giardino con cucina locale non scevra di fantasia.

Menu 40/50 € – Carta 38/60 €

🍴 🅰🅲 *via Isabella Vainicher Conti –*
℘ 090 981 1158 – www.epulera.it –
Chiuso 1 dicembre-15 aprile, lunedì-domenica a mezzogiorno

⭑○ **FILIPPINO**

PESCE E FRUTTI DI MARE · STILE MEDITERRANEO ✗✗ Piacevole e fresco il pergolato esterno di questo storico locale al traguardo dei 100 anni, dove vi verrà proposta una gustosa e ampia gamma di pescato locale elaborato in preparazioni tipiche.

Menu 30 € (pranzo), 35/50 € – Carta 35/50 €

🍸 🍴 🅰🅲 ⇔ *piazza Municipio –*
℘ 090 981 1002 – www.eolieexperience.it –
Chiuso 1 dicembre-30 gennaio

⭑○ **L'ANFORA**

SICILIANA · AMBIENTE CLASSICO ✗✗ Cucina isolana interpretata con passione e dove s'indugia - per passione della vista e non solo del palato - in giochi cromatici: il tutto servito in porzioni generose!

Menu 25 € (pranzo), 35/48 € – Carta 35/66 €

🍴 ♿ 🅰🅲 *vico Alicudi –*
℘ 090 982 1014 – www.ristoranteanfora.it –
Chiuso 1 dicembre-18 marzo

ⅠⅠ◯ TRATTORIA DEL VICOLO

SICILIANA · TRATTORIA Ⅹ Sulla piazza da più di 50 anni, ovviamente rimodernato ma sempre conviviale e senza fastidiosi snobismi, alle pareti alcuni dipinti dello chef/artista, in tavola le sue creazioni gastronomiche dai sapori regionali reinterpretati con gusto contemporaneo.

Menu 30/50€ – Carta 40/55€

🛠 🛝 *vico Ulisse 17 – ☎ 090 981 1066 – wwwtrattoriadelvicolo.info –*
Chiuso 1 dicembre-30 marzo, lunedì, martedì-domenica a mezzogiorno

🏨 MEA

RESORT · MEDITERRANEO In posizione panoramica, lo stile eoliano è ripreso con attenzione ai particolari nelle belle terrazzine; echi arabeggianti caratterizzano le moderne camere, mentre la cucina riscopre i sapori mediterranei nel ristorante con vista mare.

🍸 ⋖ 🛝 🗔 ⅙ 🛝 🅿 37 camere

via Falcone e Borsellino – ☎ 090 981 2077 – www.hotelmealipari.it

PANAREA

✉ 98050 – Messina (ME) – Carta regionale n° **17**-D1 – Carta stradale Michelin 365-AZ52

ⅠⅠ◯ HYCESIA

PESCE E FRUTTI DI MARE · STILE MEDITERRANEO ⅩⅩⅩ Un ristorante esclusivo nel cuore di Panarea: una delle più fornite cantine ed una selezione dei migliori prodotti, in un ambiente piacevole ed elegante in stile eoliano...con qualche contaminazione etnica.

Menu 50/80€ – Carta 50/90€

🛝 ⬅ 🛝 🛝 *via San Pietro – ☎ 090 983041 – www.hycesia.it –*
Chiuso 1 dicembre-15 maggio

🏨 QUARTARA

FAMILIARE · ROMANTICO La terrazza panoramica offre una vista notevole, considerata la posizione arretrata rispetto al porto. Arredi nuovi e di qualità che offrono eleganza e personalizzazioni. Il ristorante offre una grande atmosfera.

🍸 🛝 ⋖ 🛝 13 camere

via San Pietro 15 – ☎ 090983027 – www.quartarahotel.com

SALINA

✉ 98050 – Messina (ME) – Carta regionale n° **17**-C1 – Carta stradale Michelin 365-AY52

🏵 SIGNUM

Chef: Martina Caruso

CONTEMPORANEA · STILE MEDITERRANEO ⅩⅩ Locanda di charme e indirizzo una stella Michelin delle isole Eolie, la giovane chef Martina Caruso praticamente è nata e cresciuta all'interno del Signum; dopo una serie di esperienze formative ha deciso di far ritorno a casa per occuparsi in prima persona della cucina. Oggi, la giovane cuoca guida una brigata di nove persone, mentre il fratello si occupa dell'incantevole albergo costruito come un tipico borgo eoliano. Martina sa come utilizzare al meglio i prodotti vibranti della sua terra, del suo orto e del mare; non nega la loro potenza, riuscendo a giocare - con leggerezza e capacità - anche con l'intensa sapidità di alcuni elementi. Senza nasconderla, ma esaltandola. Luca e il cugino Raffaele perfezionano l'esperienza gourmet, rispettivamente, con grandi vini, anche al bicchiere, ed ottimi cocktail.

Specialità: Gambero rosso, Bloody Mary, frutta e limone salato. Mezzi paccheri con totano, tumapersa e bieta croccante. Zuppa di latte, cioccolato, caffè e carrubba.

Menu 100/140€ – Carta 79/120€

🛝 ⋖ 🛝 🛝 🛝 *Hotel Signum, via Scalo 15, località Malfa –*
☎ 090 984 4222 – www.hotelsignum.it –
Chiuso 1 dicembre-1 aprile

SICILIA

🍴○ **NNI LAUSTA**

PESCE E FRUTTI DI MARE · STILE MEDITERRANEO 🗙 E' il pesce il protagonista della tavola, la tradizione genuina e gustosa della cucina eoliana viene interpretata con abilità, fantasia e innovazione. Se non fa troppo caldo, optare per la fresca terrazza ombreggiata.

Menu 15€ (pranzo)/25€ – Carta 30/68€

🏠 *via Risorgimento 188, località Santa Marina Salina – 𝒞 090 984 3486 – www.nnilausta.it – Chiuso 6 gennaio-30 marzo*

 SIGNUM

LUSSO · MEDITERRANEO Costruito come un tipico borgo eoliano dai caratteristici ambienti e dagli arredi artigianali, quest'oasi di tranquillità dispone di un centro benessere con numerose vasche tra cui una termale. Oltre al ristorante gourmet stellato, la propensione al mangiar bene della famiglia Caruso, esempio di ospitalità e cordialità, è testimoniato dal bistrot, attivo praticamente tutto il giorno, e dal lounge serale fronte tramonto.

🛁 ≤ 🛏 ⌰ 🅰🅲 23 camere – 7 suites

via Scalo 15, località Malfa – 𝒞 090 984 4222 – www.hotelsignum.it

🌸 **Signum** – Vedere selezione ristoranti

STROMBOLI

✉ 98050 – Messina (ME) – Carta stradale Michelin 365-BA51

🍴○ **PUNTA LENA**

PESCE E FRUTTI DI MARE · FAMILIARE 🗙🗙 Il servizio sotto un pergolato con eccezionale vista sul mare e sullo Strombolicchio, è la compagnia migliore per qualsiasi tipo di occasione. In cucina tanto pesce.

Carta 35/55€

🏠 *via monsignor Di Mattina 8, località Ficogrande – 𝒞 090 986204 – www.ristorantepuntalenastromboli.it – Chiuso 1 dicembre-1 maggio*

VULCANO

✉ 98055 – Messina (ME) – Carta regionale n° **17**-D1 – Carta stradale Michelin 365-AY54

🌸 **IL CAPPERO**

MEDITERRANEA · ROMANTICO 🗙🗙🗙 Il Cappero di Vulcano rappresenta il perfetto sogno mediterraneo: incastonato com'è sul promontorio di Vulcanello, a strapiombo sul mare, la sua terrazza regala una vista impareggiabile su tutte le isole Eolie - spesso con tramonti infuocati – nonché il menu degustazione dello chef Giuseppe Biuso. Percorso di piatti tecnici e moderni, raccontati con brio da un piacevole servizio giovane, in cui si alternano con grazia verdure, pesce e carne, sino alla conclusione dolce (davvero entusiasmante!) resa indimenticabile dalla capacità e dal talento del giovane pasticciere.

Specialità: Cannolo di melanzana. Bianco, gnocchi di patate e seppia. Canapa.

Menu 120/140€

🐝 ≤ 🛏 🏠 🅿 *Hotel Therasia Resort, località Vulcanello – 𝒞 090 985 2555 – www.therasiaresort.it – Chiuso 20 ottobre-1 aprile, lunedì-domenica a mezzogiorno*

 THERASIA RESORT `Tablet.PLUS`

SPA E WELLNESS · MEDITERRANEO A strapiombo sul mare, una rigogliosa natura mediterranea circonda le varie zone: terrazze digradanti con piscine di acqua salata o dolce come quella a sfioro sul blu. Al suo interno eleganti ambienti in stile mediterraneo, ma fondamentalmente moderni ed essenziali. Nel grazioso giardino panoramico - al tramonto - si aprono le porte del ristorante vegetariano Tenerumi. Sintesi perfetta tra territorio mediterraneo, cultura e accoglienza internazionale, Therasia Resort è uno stupendo luogo di ospitalità.

🏊 🐝 ≤ 🔑 🛏 ⌰ 🆂🅳 🛎 🛌 🔲 ⛱ 🅰🅲 🚴 🅿 89 camere – 3 suites

località Vulcanello – 𝒞 090 985 2555 – www.therasiaresort.it

🌸 **Il Cappero** – Vedere selezione ristoranti

ERICE

⊠ 91016 – Trapani (TP) – Carta regionale n° **17**–A2 – Carta stradale Michelin 365-AK55

🟠 **MONTE SAN GIULIANO**

REGIONALE · CONVIVIALE 💥 In pieno centro e sulla via pedonale, passando per la piccola corte interna, corredata da un pozzo, si arriva nella singolare terrazza-giardino, perfetta cornice in cui gustare i piatti della tradizione isolana.

Carta 20/40 €

≼ 🦽 🚭 🅰 vicolo San Rocco 7 –
☎ 0923 869595 – www.montesangiuliano.it –
Chiuso 1-6 dicembre, 7 gennaio-12 febbraio, lunedì

FAVIGNANA – Trapani (TP) → Vedere Egadi (Isole)

GALLODORO

⊠ 98030 – Messina (ME) – Carta regionale n° **17**–D2 – Carta stradale Michelin 565-N27

🟠 **NOEMI**

SICILIANA · FAMILIARE 💥 Splendida la vista sulla costa, suggestivo biglietto da visita per questa trattoria che propone un menu fisso con vari assaggi di cucina siciliana, quindi specialità quali: pappardelle ai funghi porcini e pistacchio, involtini, polpette, semifreddi alla mandorla e la proverbiale cassata.

Menu 25/35 € – Carta 22/44 €

≼ 🚭 🅰 via Manzoni 8 – ☎ 0942 37162 –
Chiuso 27 giugno-16 luglio, lunedì sera, martedì

LAMPEDUSA (ISOLA DI)

⊠ 92010 – Agrigento (AG) – Carta regionale n° **17**–C3

Lampedusa

🟠 **GEMELLI**

MEDITERRANEA · CONVIVIALE 💥💥 Ristorante nella zona del porto nel contesto di una struttura alberghiera, ma con ingresso e vita completamente autonomi. Piatti di mare della tradizione locale o di loro ispirazione; il servizio estivo viene effettuato all'aperto con affaccio sulle belle barche ormeggiate.

Menu 40/45 € – Carta 55/70 €

🚭 🅰 via Alessandro Volta 8 – ☎ 0922 970699 – www.antoinemichel.it –
Chiuso 1 dicembre-31 marzo

🟠 **CAVALLUCCIO MARINO**

MODERNA · AMBIENTE CLASSICO 💥 Cucina fantasiosa in un locale di lunga tradizione familiare rinnovatasi con il passaggio alle nuove generazioni: periferico rispetto al centro, ma facilmente raggiungibile, la sua posizione fronte mare è veramente invidiabile. Buona selezione enologica regionale, nazionale, nonché internazionale.

Menu 65/85 € – Carta 60/100 €

🏖 ⟵ ≼ 🦽 🚭 🅰 🅿 Hotel Cavalluccio Marino, contrada Cala Croce 3 –
☎ 0922 970053 – www.hotelcavallucciomarino.com –
Chiuso 30 gennaio-15 aprile, lunedì-domenica a mezzogiorno

🟠 **LIPADUSA**

MEDITERRANEA · ACCOGLIENTE 💥 Nel centro del paese, fragrante cucina di pesce proposta in chiave tradizionale, ampio dehors sotto un fresco pergolato, servizio attento e dinamico. Insomma: una certezza, sempre!

Menu 35/45 € – Carta 40/70 €

🚭 🅰 via Bonfiglio 12 – ☎ 0922 970267 – www.lipadusa.com –
Chiuso 1 dicembre-17 aprile, lunedì-domenica sera

LICATA

✉ 92027 – Agrigento (AG) – Carta regionale n° **17**-C3 – Carta stradale Michelin 365-AS61

ⓒⓒ **LA MADIA**

Chef: Pino Cuttaia

CREATIVA · CONTESTO CONTEMPORANEO ⁑⁑ Oltre a mettere in luce il meglio della Sicilia, Pino Cuttaia si adopera nell'elaborare una cucina che possa essere comprensibile a tutti; proposte gastronomiche che risveglino - in un certo senso - il gusto della memoria, i sapori di casa e, perché no, le ricette della nonna. "La memoria è l'ingrediente segreto di piatti che raccontano una storia", sostiene Cuttaia. Vero! La nostalgia emotiva della sua cucina è fortissima, ma lo sono anche la ricerca e l'innovazione; uno straordinario lavoro che parte dai prodotti, li trasforma per giungere alla loro essenza, spesso con risultati di grande originalità, come nella minestra di crostacei o nella ricciola alla carbonella di mandorle. Anche il dessert congiura a sottolineare le eccellenze della Trinacria.

Specialità: Uovo di seppia. Maialino nero dei Nebrodi al sugo della domenica. Cornucopia di cialda di cannolo, ricotta e arancia.

Menu 130/170 € – Carta 90/120 €

  ざ Ⓚ *corso Filippo Re Capriata 22 –*
  𝒫 *0922 771443 – www.ristorantelamadia.it –*
  Chiuso martedì, domenica a mezzogiorno

ⓘⓞ **L'OSTE E IL SACRESTANO**

MODERNA · RUSTICO ⁑ Un piccolo ristorante accogliente a "denominazione di origine siciliana": a darvi il benvenuto Chiara, ai fornelli invece Peppe da cui farvi consigliare un percorso fra rivisitazione e tradizione.

Menu 55/69 € – Carta 60/79 €

  ⛶ Ⓚ *via Sant'Andrea 19 –*
  𝒫 *0922 774736 – www.losteeilsacrestano.it –*
  Chiuso 1-7 dicembre, lunedì, domenica sera

LIDO DI SPISONE – Messina (ME) → Vedere Taormina

LINGUAGLOSSA

✉ 95015 – Catania (CT) – Carta regionale n° **17**-D2 – Carta stradale Michelin 365-AZ56

ⓒ **SHALAI**

MODERNA · CONTESTO CONTEMPORANEO ⁑⁑ Poco più che trentenne, nato e cresciuto a pochi metri dal suo attuale posto di lavoro, lo chef Giovanni Santoro ricorda quando – bambino – giocava proprio attorno al palazzo dove oggi sorge l'intimo ed elegante relais. Situato a 650 metri di altezza, a venti minuti dalle stazioni sciistiche ed altrettanti dal mare, il ristorante è rinomato per l'ampio utilizzo di materie prime locali tra cui verdure spontanee da suolo vulcanico e carni dalla storica macelleria della famiglia Pennisi: gli attuali proprietari della struttura. Il menu cambia ogni tre mesi circa, privilegiando gli ingredienti che la natura ci regala in quel trimestre. Scelta "territoriale" anche per quanto riguarda la cantina che racconta l'eccellente vocazione della nuova viticoltura etnea; ciononostante non mancano incursioni di altre regioni o etichette internazionali, nonché importanti marche di champagne. Gioia e benessere, « shalai » in dialetto siciliano!

Specialità: Vitellina a punta di coltello affumicata agli aghi di pino con fonduta ai formaggi cremosi e bacche di ginepro. Riso al maiorchino stagionato, mantecato alle erbe selvatiche e ristretto alla pera. Volevo essere una mela cotta.

Menu 90/110 € – Carta 45/70 €

  ⚄ ⛶ ざ Ⓚ 🅿 *Hotel Shalai Resort, via Guglielmo Marconi 25 –*
  𝒫 *095 643128 – www.shalai.it –*
  Chiuso lunedì-venerdì a mezzogiorno

🍴 DODICI FONTANE

MODERNA · ELEGANTE XxX Il nome allude alle dodici fontane che ornano il servizio all'aperto; si cena anche lungo la piscina o, se il tempo non lo permette, nell'elegante sala interna. In ogni caso la cucina merita una sosta per la rimarchevole interpretazione creativa di eccellenze isolane: crostacei di Mazzara, maialino dei Nebrodi, tartufo nero di Palazzolo, pistacchio di Bronte, nocciole etnee, salsiccia linguaglossese...

Menu 80/120 €

🛏 🏠 🕭 🅰🅲 🅿 *Villa Neri Resort & Spa, contrada Arrigo –* ☎ *095 813 3002 –*
www.hotelvillanerietna.com – Chiuso 1 dicembre-1 aprile

🏨 VILLA NERI RESORT & SPA   `Tablet.PLUS`

LUSSO · ELEGANTE In splendida posizione panoramica sull'Etna e sulla campagna, la villa è del 2012, ma ripercorre con tanta intelligenza le forme, i materiali e i colori siciliani da sembrare d'epoca. Eleganti camere, alcune con arredi storici, altre con vista sull'Etna; i bagni con ceramiche ragusane.

🛁 🛏 🍴 🕭 🔁 🕭 🅰🅲 🅿 24 camere – 3 suites

contrada Arrigo – ☎ *095 813 3002 – www.hotelvillanerietna.com*

🍴 **Dodici Fontane** – Vedere selezione ristoranti

🏨 SHALAI RESORT

STORICO · DESIGN Nel cuore del caratteristico centro storico di Linguaglossa, il palazzo ottocentesco si sposa all'interno con gli arredi moderni di camere sobrie e luminose, di raffinata eleganza, di cui due affrescate. Centro benessere e tanta ospitalità dall'ottima gestione.

🕭 🕭 🅰🅲 🅿 13 camere

via Guglielmo Marconi 25 – ☎ *095 643128 – www.shalai.it*

🍴 **Shalai** – Vedere selezione ristoranti

LIPARI – Messina (ME) → Vedere Eolie (Isole)

MARINA DI RAGUSA

✉ 97010 – Ragusa (RG) – Carta regionale n° **17**-C3 – Carta stradale Michelin 365-AW63

🍴 VOTAVOTA ⓝ

SICILIANA · CONTESTO CONTEMPORANEO XxX Sorto sulle ceneri di una gloria locale rimasta aperta per 50 anni, moderno ristorante open space che d'estate apre le proprie vetrate sul lungomare. La sua cucina siciliana valorizza i tanti e proverbiali prodotti isolani rivisitandoli alla luce di un gusto e di presentazioni attuali.

Menu 35 € (pranzo), 60/100 € – Carta 46/55 €

🕭 🏠 🕭 🅰🅲 *Lungomare Andrea Doria 48 –* ☎ *3341426962 – www.votavota.it –*
Chiuso 3 febbraio-3 marzo, 3 novembre-1 dicembre, lunedì, domenica sera

🍴 LIDO AZZURRO 1953 DA SERAFINO

PESCE E FRUTTI DI MARE · STILE MEDITERRANEO XX Locale sulla piazza da più di 50 anni, polifunzionale, con pizzeria serale e lido balneare. D'estate si mangia praticamente sulla sabbia, ma - se ci si vuole riparare all'interno - accoglienti sono le sue sale con grandi vetrate sul blu. Dalla cucina escono piatti generosi, prodotti ed elaborati nel rispetto delle tradizioni locali, cromaticamente rivisitati con gusto più moderno.

Carta 40/80 €

🕭 🏠 🅰🅲 *lungomare Andrea Doria –* ☎ *0932 239522 – www.locandadonserafino.it –*
Chiuso 1 gennaio-31 marzo

🏨 LA MORESCA

STORICO · PERSONALIZZATO Non lontano dal mare, l'affascinante edificio liberty degli anni '20 è stato restaurato con cura e conserva all'interno memorie di artigianato siciliano coordinate con arredi contemporanei in un insieme ricco d'atmosfera. Con il bel tempo le colazioni sono servite nella corte interna.

🛁 🕭 🅰🅲 15 camere

via Dandolo 63 – ☎ *0932 239495 – www.lamorescahotel.it*

MARZAMEMI - Siracusa (SR) → Vedere Pachino

MAZZARÒ - Messina (ME) → Vedere Taormina

MENFI

✉ 92013 - Agrigento (AG) - Carta regionale n° **17**-B2 - Carta stradale Michelin 365-AM58

in prossimità del bivio per Porto Palo Sud - Ovest : 4 km

🏠 PLANETA ESTATE-LA FORESTERIA MENFI   `Tablet.` `PLUS`

RESORT · PERSONALIZZATO Per un soggiorno all'insegna del relax, a pochi minuti d'auto c'è anche la spiaggia privata presso il Lido dei Fiori, un "wine resort" come amano definirsi, circondati dai vigneti dell'azienda ed avvolti dai profumi delle erbe aromatiche, che con il loro nome contraddistinguono le camere. Cucina siciliana contemporanea al ristorante.

🏠 🌦 🛏 ⛱ 🕍 🖽 🔥 🗚 **P** 14 camere

Contrada Passo di Gurra - ☎ *0925 195 5460* - *www.planetaestate.it*

MESSINA

✉ 98122 - Messina (ME) - Carta regionale n° **17**-D1 - Carta stradale Michelin 365-BC54

🍴 MARINA DEL NETTUNO

CREATIVA · ELEGANTE ✕✕ Come il nome lascia intendere, questo ristorante e lounge bar si trova proprio sul molo dello Yachting Club Messina. Se l'ambiente è minimalista ed elegante, la sua cucina creativa predilige il pesce.

Menu 65 € - Carta 46/100 €

🏯 🗚 *viale della Libertà-Batteria Masotto -*
☎ *347 289 0478* - *www.ristorantemarinadelnettuno.com -*
Chiuso 15 gennaio-15 febbraio, lunedì-sabato a mezzogiorno, domenica

MILAZZO

✉ 98057 - Messina (ME) - Carta regionale n° **17**-D1 - Carta stradale Michelin 365-BA54

🍴 BALÌCE ⓝ

CONTEMPORANEA · CONTESTO CONTEMPORANEO ✕✕ Con orgoglio tutto milazzese, il giovane chef patron Giacomo ha aperto il suo primo ristorante proprio nella sua città natale e lo ribadisce nel nome, balìce: un'antica tecnica locale per la conservazione del pesce azzurro. Al contrario, sala e cucina si mostrano piacevolmente contemporanee, così come la carta dei vini che prende il via dalla Sicilia e si allarga sino ad una bella selezione di cocktail.

Menu 45/65 € - Carta 44/95 €

🗚 *via Ettore Celi -* ☎ *090 738 4720* - *baliceristo.com -*
Chiuso martedì, domenica sera

🍴 DOPPIO GUSTO

PESCE E FRUTTI DI MARE · CONTESTO CONTEMPORANEO ✕✕ Sono le specialità di pesce a connotare la cucina di questo locale dal design contemporaneo e cucina a vista, ma informale nel servizio. Buona scelta enologica con proposte anche al calice.

Carta 45/60 €

🕸 🗚 *via Luigi Rizzo 1/2 -* ☎ *090 924 0045 -*
Chiuso 15-30 novembre, lunedì

MODICA

✉ 97015 - Ragusa (RG) - Carta regionale n° **17**-D3 - Carta stradale Michelin 565-Q26

✿ ACCURSIO

Chef: Accursio Craparo

CREATIVA · CONTESTO STORICO XX Passione, sensibilità, umiltà e sacrificio: sono questi i "magnifici quattro" o meglio i prerequisiti necessari secondo lo chef Accursio Craparo per raggiungere determinati vertici nel campo della ristorazione. Il suo eponimo ristorante apporta un ulteriore contributo all'alta cucina di questa splendida isola che non teme rivali. Nel cuore di Modica, nei bassi di un antico palazzo del corso, il cuoco dalle origini contadine, ammette di avere un debole per il pane appena sfornato condito con un filo di olio EVO e senza mistero confessa di aver dato vita a piatti definiti dai critici memorabili partendo proprio da certi scarti. Detto questo, siccome tutto è il contrario di tutto, la sua cucina è semplice e leggibile, ma anche elegante e creativa. Ritorno alle origini della memoria gastronomica presso il nuovo Radici, l'Osteria di Accursio: alternativa più classica ed economica.

Specialità: Il mare. Pane e cipolla. Uovo alla coque.

Menu 90/130 € – Carta 72/95 €

& 🔠 via Grimaldi 41 – ℰ 0932 941689 – www.accursioristorante.it –
Chiuso 10 gennaio-8 marzo, lunedì, domenica sera

⍔ FATTORIA DELLE TORRI

MODERNA · ACCOGLIENTE XX Al termine di un vicolo anonimo che sbocca sul centrale corso Umberto, il ristorante occupa una sala dal soffitto a volte, al primo piano di un palazzo storico con un piacevole servizio in terrazza tra i limoni. E se i maestri son bravi, gli allievi faranno bene... Nel 2019 i due sous-chef hanno preso le redini del loro mentore, nonché ex gestore, continuando a proporre una cucina siciliana, intensa e colorata.

Menu 25 € (pranzo), 35/45 € – Carta 15/60 €

🏡 ⇄ vico Napolitano 14 – ℰ 0932 751286 – www.fattoriadelletorri.it –
Chiuso 1 dicembre, lunedì

⍔ LA LOCANDA DEL COLONNELLO

SICILIANA · CONVIVIALE X A Modica alta, ritornato nei locali annessi all'hotel di famiglia, un'intima sala raccolta, mentre d'estate ci si può accomodare nell'ombreggiato e tranquillo dehors per gustare saporite prelibatezze siciliane; talvolta rivisitate con tocchi di modernità.

Menu 35/90 € – Carta 28/45 €

🏡 🔠 via Blandini 5 – ℰ 0932 752423 – www.locandadelcolonnello.it –
Chiuso 7 gennaio-18 marzo, martedì

MONTALLEGRO

✉ 92010 – Agrigento (AG) – Carta regionale n° **17**–B2 – Carta stradale Michelin 365-AP59

⍔ CAPITOLO PRIMO DEL RELAIS BRIUCCIA

SICILIANA · CONTESTO STORICO XX Un angolo di amena familiarità in un anonimo vicolo del centro: protagonista è una coppia che mettendo a frutto la propria esperienza internazionale propone piatti siciliani (ottimo il filetto di tonno su insalatina di cous cous aromatica), nonché ospitalità di ottima qualità. La sala e le camere evidenziano un eccellente gusto.

Menu 55/60 € – Carta 40/50 €

⇦ 🔠 via Trieste 1 – ℰ 0922 847755 – www.capitolo-primo.it – Chiuso lunedì

⍔ LOCANDA PERBELLINI AL MARE ⓝ

SICILIANA · CHIC X I sapori della Trinacria "forgiati" dall'estro creativo del pluristellato chef Perbellini, in un ristorante sulla spiaggia che nasce da una ex trattoria a conduzione familiare. Un contesto naturalistico di grande impatto che contribuisce a dar risalto all'originale cucina di Giancarlo.

Menu 70 € – Carta 46/61 €

⇦ 🏡 🅿 Bovo Marina – ℰ 347 922 1759 – www.locandaperbellinialmare.it

NOTO

✉ 96017 – Siracusa (SR) – Carta regionale n° **17**-D3 – Carta stradale Michelin 365-AZ62

⭘ CROCIFISSO

SICILIANA · MINIMALISTA ХᵪХ Per offrire sempre di più, il locale si è ampliato garantendo maggior confort in tre salette di una casa antica, ma dallo stile caldo-contemporaneo. Sfiziose le specialità siciliane presenti in menu, rilette con gusto decisamente moderno.

Menu 55/75 € – Carta 48/65 €

👪 ㅎ 𝔸ℂ *via Principe Umberto 46 – ℰ 0931 571151 – www.ristorantecrocifisso.it – Chiuso 7 gennaio-28 febbraio, lunedì-martedì a mezzogiorno, mercoledì, giovedì-venerdì a mezzogiorno*

DIMORA DELLE BALZE ⓝ
Tablet. PLUS

BOUTIQUE HOTEL · DESIGN In mezzo al verde che a perdita d'occhio disegna la zona tra Noto e Palazzolo Acreide (da cui dista una manciata di km!), sarà un privilegio poterla scegliere come punto d'appoggio e partenza per i propri tour turistici alla scoperta del barocco siciliano e dei siti archeologi. Dimora delle Balze è un'antica masseria ottocentesca convertita in luogo di ospitalità dal design contemporaneo, caldo e confortevole. L'ottimo ristorante a bordo piscina è riservato ai soli ospiti alloggiati.

🏡 🕭 ⌫ 🏊 🚲 ♨ ㅎ 𝔸ℂ 🅿 11 camere

strada statale 287, contrada Passo Ladro – ℰ 0931 180 5361 – www.dimoradellebalze.com

MASSERIA DELLA VOLPE ⓝ

STORICO · AGRESTE Nel 2015 l'antico borgo rurale è rinato alla luce di una filosofia "bio" ed oggi diventa un interessante luogo di ospitalità all'interno della Val di Noto. Se le camere sono accoglienti e curate, gli spazi all'aperto - attorno alla piscina - sono a dir poco incantevoli! Mantenendo l'impostazione architettonica diffusa con restauri ed ampliamenti, la bella spa si trova ora in un edificio a parte, garantendo riservatezza e relax. Al ristorante Codarossa pranzi easy e cene gourmet, spesso con prodotti biologici di produzione propria.

🏡 🕭 ⌫ 🏊 ♨ 🚲 ㅎ 𝔸ℂ 🅿 22 camere – 1 suite

contrada Casale snc (Sud-Ovest: 4,5 km) – ℰ 0931 856055 – www.masseriadellavolpe.it

SEVEN ROOMS VILLADORATA

DIMORA STORICA · GRAN LUSSO Nel centro storico, spettacolare struttura ricavata all'interno di un palazzo nobiliare del XVII secolo e ampliato nell'Ottocento con l'ala che ospita il Seven Rooms. Elegantissime camere arredate con uno squisito mix di antico e moderno, straordinari saloni e una splendida area colazioni con tavolo conviviale al primo piano.

🛗 𝔸ℂ 🅿 8 camere

via C. B. Cavour 53 – ℰ 0931 835575 – www.7roomsvilladorata.it

VILLA DORATA ⓝ

FAMILIARE · AGRESTE Nel cuore della Sicilia sud-orientale, tra filari di viti ed ulivi, una vecchia cantina è diventata un esclusivo rifugio, elegante e spazioso, con una splendida vista ed un ottimo servizio. Camere curate ed una rilassante piscina nel giardino-solarium sono gli atout che maggiormente hanno convinto i nostri ispettori!

🕭 ⌫ 🏊 𝔸ℂ 🅿 8 camere

via del Villino Villadorata, 4 (loc. San Corrado Fuori Le Mura) – ℰ 0931 839663 – www.villinovilladorata.it

PACHINO

✉ 96018 – Siracusa (SR) – Carta regionale n° **17**-D3 – Carta stradale Michelin 365-AZ63

a Marzamemi Nord - Est : 4 km

🍴○ **TAVERNA LA CIALOMA**

PESCE E FRUTTI DI MARE · STILE MEDITERRANEO ✕ Prende il nome dal canto tipico degli operai della tonnara, questo locale familiare con una bella terrazza sul mare che - a pranzo - si sostituisce all'assolato dehors sulla scenografica piazza del borgo; un'incantevole trattoria con tovaglie ricamate e il pesce più fresco. L'eccellenza nella semplicità!

Carta 37/47 €

⪡ 🏠 🅰 *piazza Regina Margherita 23 – ☎ 0931 841772 – www.tavernalacialoma.it*

PALAZZOLO ACREIDE

✉ 96010 – Siracusa (SR) – Carta regionale n° **17**–D3 – Carta stradale Michelin 365-AY61

😊 **ANDREA - SAPORI MONTANI**

SICILIANA · FAMILIARE ✕✕ Nel centro della cittadina barocca di origini greche, testimone ne è lo stupendo teatro, il ristorante è gestito da una capace coppia: ambienti piacevoli e, nel piatto, i migliori prodotti dell'entroterra siciliano, con frutta e verdura in parte provenienti dall'azienda agricola di famiglia,

Ben articolata anche la carta dei vini che omaggia l'isola; nelle serate estive fresco servizio in terrazza con vista sui tetti della località.

Specialità: Friscina e matarocco. Gnocchi, tenerume e ciliegino. Crema cotta alla carruba.

Menu 32/38 € – Carta 35/40 €

🅰 🏠 ♿ 🅰 ⇔ *via Gabriele Judica 4 (angolo corso Vittorio Emanuele) –*
☎ 0931 881488 – www.ristoranteandrea.it – Chiuso 8-31 gennaio, martedì

⊠ 90133 – Palermo (PA)
Carta regionale n° **17**–B2
Carta stradale Michelin 365-AP55

PALERMO

Ci piace: raggiungere il ristorante **Castello a Mare** attraversando il porto turistico all'interno dell'area archeologica. Lo spirito giovane e la tradizione locale al **Buatta Cucina Popolana**. Muri antichissimi e piatti gourmet, al **Gagini Social Restaurant.**

Cannoli tradizionali e belle cassate all'Antico Caffè Spinnato. Pizzeria La Braciera, gran qualità e la possibilità di scegliere tra diversi impasti. L'articolata scelta enoica dell'enoteca Vino Veritas. Le due gelaterie Cappadonia del maestro Antonio: come pochi sa rispettare stagioni e territorio, trasformando ottime materie prima in gelati golosi. Vucciria e Ballarò, tra i mercati imperdibili.

Ristoranti

🙂 BUATTA CUCINA POPOLANA

SICILIANA · CONVIVIALE ⅄ Nelle belle e storiche sale di un'antica bottega, qui troverete un locale vivace e dinamico dove i piatti della tradizione si alternano con le stagioni. Tra i must: bucatini alle sarde e involtino di pesce azzurro.
Specialità: Caciocavallo all' argentiera. Bucatini con sarde e finocchietto. Cassata al forno.
Menu 35 € – Carta 23/36 €
& 🅰🅒 **Pianta: E3-h** – *via Vittorio Emanuele 176* – ☎ *091 322378* – *www.buattapalermo.it*

🍽 A' CUNCUMA

CREATIVA · CONTESTO CONTEMPORANEO ⅄⅄ Locale raccolto e ristrutturato dove una famiglia palermitana doc propone le sue ricette basate su prodotti locali, non solo di mare, interpretate con gusto e colore.
Menu 70/80 € – Carta 60/70 €
& 🅰🅒 **Pianta: A2-a** – *via Judica 21/23* – ☎ *3201646036* – *www.acuncumarestaurant.com* – *Chiuso 1-28 febbraio, lunedì-sabato a mezzogiorno, domenica*

🍽 CASTELLO A MARE

MODERNA · ALLA MODA ⅄⅄ Accanto al porticciolo turistico della Cala e all'interno del parco archeologico di Castello a Mare, questo è un locale moderno non privo di eleganza per una cucina contemporanea che rivisita i sapori dell'isola; ancora più intrigante l'atmosfera serale. Se il dehors si trova al pian terreno, in terrazza - nella bella stagione - si possono consumare gustosi aperitivi.
Menu 30 € (pranzo), 50/70 € – Carta 20/70 €
🌳 🅰🅒 ⇔ 🅿 **Pianta: E1-f** – *via Filippo Patti 2* – ☎ *091 748 4777* – *www.natalegiunta.it* – *Chiuso lunedì, martedì-giovedì a mezzogiorno*

ⅠⅠ◯ GAGINI SOCIAL RESTAURANT

CREATIVA · RUSTICO ⅩⅩ Nel cuore pulsante di Palermo, tra la Vucciria e il por-ticciolo della Cala, un locale dal design moderno in grado di valorizzare ancora di più il fascino delle antiche mura che lo accolgono e che furono laboratorio per lo scultore Antonello Gagini. Il nuovo chef propone una cucina creativa, senza eccedere nella complessità dei sapori: lineare e con una scelta mirata di singoli ingredienti.

Menu 55/90 € – Carta 41/69 €

⅛ 🚗 ㎞ **Pianta: C2-a** – *via dei Cassari 35 –*
🖀 091 589918 – www.gaginirestaurant.com –
Chiuso 24 dicembre, lunedì

ⅠⅠ◯ L'OTTAVA NOTA

CREATIVA · ACCOGLIENTE ⅩⅩ E' uno di quei locali, carini, moderni, allegri: proprio come vanno di moda oggi. La cucina è fortemente legata al territorio e quindi anche al pesce, mentre l'elaborazioni si fanno sfiziose e contempora-nee.

Carta 40/60 €

㎞ ⇔ **Pianta: C2-e** – *via Butera 55 –*
🖀 091 616 8601 – www.ristoranteottavanota.it –
Chiuso 1-28 febbraio, lunedì-sabato sera, domenica

ⅠⅠ◯ OSTERIA DEI VESPRI

MODERNA · ACCOGLIENTE ⅩⅩ Situata in zona pedonale, uno dei suoi saloni è stato immortalato in una storica pellicola cinematografica e sebbene la cucina sia sempre al passo coi tempi, i suoi piatti moderni "poggiano" su veraci pro-dotti locali.

Menu 35 € (pranzo), 70/90 € – Carta 65/105 €

⅛ 🚗 ㎞ **Pianta: C2-r** – *piazza Croce dei Vespri 6 –*
🖀 091 617 1631 – www.osteriadeivespri.it –
Chiuso lunedì-sabato a mezzogiorno, domenica

ⅠⅠ◯ SAPORI PERDUTI

MEDITERRANEA · CONTESTO CONTEMPORANEO ⅩⅩ Un ristorantino molto buono e accogliente, che propone una fantasiosa cucina prevalentemente di mare, ma non solo. L'ambiente è moderno, raccolto, piacevolmente arredato con vivaci cromatismi.

Carta 30/53 €

㎞ **Pianta: B1-d** – *via Principe di Belmonte 32 –*
🖀 091 327387 – www.saporiperduti.com –
Chiuso lunedì-sabato a mezzogiorno, domenica

Alberghi

🏨 PRINCIPE DI VILLAFRANCA   `Tablet. PLUS`

LUSSO · CONTEMPORANEO Sono molto ben accessoriate e con arredi di moderna eleganza le camere di questa risorsa totalmente ristrutturata qualche anno fa, che ora si presenta in una veste decisamente fashion, dove il contrasto tra il bianco e il grigio è un must. Tra le originalità dell'hotel, numerose opere di pittura e fotografia contemporanea realizzate da artisti dell'isola.

𝑓ð 🖰 ㎞ 🛁 32 camere

Pianta: A1-d – *via G. Turrisi Colonna 4 –*
🖀 091 611 8523 – www.principedivillafranca.it

PANAREA – Messina (ME) ➜ Vedere Eolie (Isole)

A

Calata Marinai d'Italia Banchina Piave

V. Giuseppe La Farina
V. Simone Corleo
V. Caltanissetta
Catania
V. Nicolò Garzilli
Agrigento
Siracusa
V. Principe di Scordia
V. Saverio Cavallari
V. Rosolino Pilo
V. Archimede
V. Isidoro Carini
V. Ugo Bassi
V. Empedocle
Dalia
Sella
V. dello Speziale
V. Domenico Scinà
V. Francesco Crispi
V. Rosario Gerbasi
Calata Marinai d'Italia

Trapani
Messina
V. Enrico Parisi
V. Gaetano Daita
Ricasoldo Quinto
V. Nicolò Gallo
V. Lumia
V. Roma
Amari
Emerico
Gravina
V. Gabriele Bonomo
Calata Marinai d'Italia
V. Francesco Ferrara
V. 2 Gennaio
Villafranca
Piazza L. Sturzo
Teatro Politeama
Pza R. Settimo
Ammiraglio
Mariano Stabile
d
V. del Fervore
V. Dante
Piazza Castelnuovo
V. Principe di Belmonte
V. Principe di Granatelli
Piazza Florio
Onorato
Guardione
Piazza XIII Vittim
V. Dante
Sammartino
V. Benedetto D'Acquisto
V. Paolo Paternostro
Piazza
V. Valerio Villareale
Piazza Villareale
Piazza Marchese di Regalmici
S. Oliva
V. Cerda
V. Villareale
Francesco
S. Giorgi dei Genov

V. Giorgio Gemmellaro
V. Brunetto Latini
Houel
Piazza S. Francesco da Paola
Cluverio
Via della Libertà
P
V. Sperlinga
Museo Archeologico Regionale
V. Orologio
P
Palazzo Branciforte
Sta Cita
N¹
Prefettura

V. Mario Cutelli
V. Nicolò Turrisi
Goethe
Tunisi
Tripoli
Piazza Verdi
Teatro Massimo
V. Maqueda
Sta Maria di Valverde
S²
N²
M²
S. Domer

V. Polara
Cso. Camillo Finocchiaro Aprile
V. Pietro Ranzano
V. Giuffré
V. Gioeni
V. Nicolò
V. Volturno
Palazzo di Giustizia
Mercato del Capo
Sant' Agostino
Via Bandiera
V. Bari
Napoli
Mercato Vuce

V. Costantino Lascaris
V. Orazio Antinori
V. Imea
V. Pasquale Calvi
V. Pasolini
V. D'Ossuna
Immacolata Concezione
Sant'Agostino
Vicolo delle Api
Venezia
San Matteo
Pza Cas di Risparm

Cappuccinelle
Piazza Beati Paoli
Piazza S. Isidoro alla Guilla
Pza Pretoria
Quattro Canti
Sta Caterina
Sant'A
Pz St A

Albergo
Piazza D. Peranni
Cappella dell'Incoronata
Sta Maria di Monte Oliveto
M1
S⁸
Pza Bologni
Piazza Bellini
Martora
S. Cataldo

Cattedrale
Piazza d. Cattedrale
Santissimo Salvatore
Palazzo Marchesi
Palaz Comit

V. Imera
Colonna
Museo Diocesano
Pal. Castrone Sta Ninfa
Via Vittorio Emanuele
Villa
V. del Biscottari
Chiesa di Gesù
Via del Bosco

V. Sebastiano Camarrone
V. Danisinni
V. Cappucini
Amedeo
Rotta
Bonanno
PALAZZO DEI NORMANNI
Piazza d. Vittoria
Tour S. Nicolò di Bari
Piazzetta S. Giovanni Decollato
Chiesa d. Carmine

CAPPELLA PALATINA
Cso. Calatafimi
Pza Indipendenza
Cso. Re
Oratorio di S. Mercurio
S. Giovanni degli Eremiti
S. Giuseppe Cafasso
V. Carlo Forlanini
V. Giovanni Grasso
V. Rosselli
V. Giuliano Majali
Cso. Tukory
V. delle Pergole
V. Cesare Batti
Cso. Tuko

V. Pietro Pisani
Palazzo d'Orléans
Parco d'Orléans
Ruggero
Brasa
V. Colomba
Piazza Montalto
Cso. Tukory
V. Filiciuzza
V. Carlo Pisacane
V. Filippo Corazza
del Vespro

Vle. delle Scienze
Piazza Stazzone
Gaetano Lodato
Colomba
V. delle Cliniche

A SCIACCA B

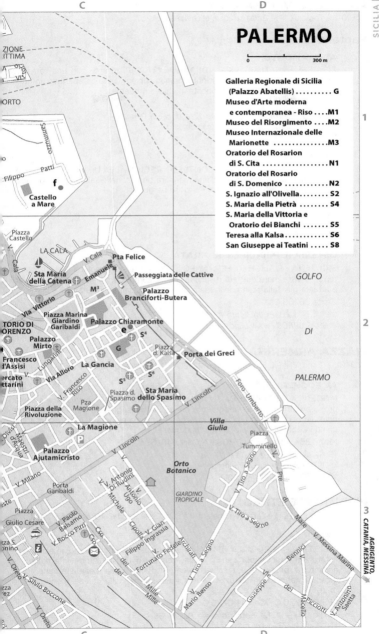

PALERMO

0 _____ 300 m

SICILIA

GOLFO

DI

PALERMO

ZIONE
ITTIMA

ORTO

Sammuzzo

Filippo   Patti

f

Castello
a Mare

Piazza
Castello

LA CALA

V. Cala   Pta Felice

Cala

Sta Maria
della Catena   Emanuele   Passeggiata delle Cattive

M³   Palazzo
Branciforti-Butera

Via Vittorio

Piazza Marina
Giardino   Palazzo Chiaramonte
Garibaldi

TORIO DI
ORENZO   e   S⁴

Palazzo   G   Piazza
Mirto   d. Kalsa   Porta dei Greci

Francesco
d'Assisi   La Gancia

ercato   S²   S⁶
ttarini

Piazza d.   Sta Maria
Spasimo dello Spasimo

Piazza della   Pza
Rivoluzione   Magione

La Magione

P

Palazzo
Ajutamicristo

V. Milano

Porta
Garibaldi

Piazza
Giulio Cesare

i

za S.
onino

V. Oreto V. Silvio Boccone

V. Oreto

Via Vittorio

Lungarini

Via Alloro

V. Francesco
Riso

Maestri
d'Acqua

Divisi

este

V. Paolo
Balsamo

V. Rocco Pirri

V. Antonio
Di Rudini

V. Antonio
Ugo

V. Michele
Cipolla

V. Gian
Filippo Ingrassia

V. Fortunato Fedele

dei

Mille

Mille

Villa
Giulia

Piazza
Tumminello

Orto
Botanico

GIARDINO
TROPICALE

V. Lincoln

V. Lincoln

Foro Umberto

Pre di Mare

V. Tiro a Segno

V. Tiro a Segno

V. Tiro a Segno

Archirafi

V. Mario Benso

Viale dei Macello

Giuseppe

Bennici

V. Messina Marine

V. Picciotti

V. Antonio
Saetta

AGRIGENTO,
CATANIA, MESSINA

C   D

PANTELLERIA (ISOLA DI)

✉ 91017 – Trapani (TP) – Carta stradale Michelin 365-AG62

Pantelleria – Carta regionale n° 17–A3

🍴○ **AL TRAMONTO**

PESCE E FRUTTI DI MARE · DI TENDENZA ✕✕ Ristorante con una romantica terrazza da cui ammirare il tramonto, magari sorseggiando un aperitivo, in attesa delle specialità pantesche riproposte in chiave moderna.

Carta 35/60€

≤ 🗺 🅿 *contrada Scauri Basso 12/a (località Penna)* –
☎ *349 537 2065* – *www.ristorantealtramonto.it* –
Chiuso 1 dicembre-15 maggio

🍴○ **LA NICCHIA**

PESCE E FRUTTI DI MARE · CONTESTO REGIONALE ✕ Un locale semplice, ma ben tenuto dove provare specialità marinare tipiche, nelle sale interne con arredi essenziali o all'esterno, sotto un delizioso pergolato.

Carta 35/60€

🗺 *a Scauri Basso, salita San Gaetano 11* –
☎ *0923 916342* – *www.lanicchia.it* –
Chiuso 1 dicembre-15 aprile

🍴○ **OSTERIA IL PRINCIPE E IL PIRATA**

SICILIANA · STILE MEDITERRANEO ✕ In una tipica casa isolana con una grande terrazza vista mare e arredi rustici, la cucina, curata personalmente dalla titolare, è attenta già dalla scelta delle materie prime. Specialità siciliane.

Carta 36/69€

🏖 ≤ 🗺 🅿 *località Punta Karace 7* –
☎ *0923 691108* – *www.principeepirata.it*

PIAZZA ARMERINA

✉ 94015 – Enna (EN) – Carta regionale n° 17–C2 – Carta stradale Michelin 365-AV59

🍴○ **AL FOGHER**

MODERNA · INTIMO ✕✕ Da tempo un'istituzione che richiama appassionati pronti ad affrontare un viaggio non breve, ma dai suggestivi paesaggi; troverete una sala ricca di legno e calore, nonché una cucina elaborata, generosa di ingredienti in ogni piatto, sia di terra che di mare.

Menu 25€ (pranzo), 45/60€ – Carta 45/65€

🏖 🗺 � 🅿 *strada statale 117 bis* –
☎ *0935 684123* – *www.alfogher.net* –
Chiuso lunedì, domenica sera

PIEDIMONTE ETNEO

✉ 95017 – Catania (CT) – Carta regionale n° 17–D2 – Carta stradale Michelin 365-BA57

🍴○ **TALÉ**

CREATIVA · ACCOGLIENTE ✕✕ All'interno dell'omonimo albergo, le esperienze estere del cuoco riportano in Sicilia con piatti di ispirazione internazionale, accanto a proposte più schiettamente isolane. Nella bella stagione, è un incanto mangiare in terrazza con lo sguardo che dalle colline scende sino al mare.

Menu 45/70€ – Carta 40/76€

⇔ ≤ 🛏 🗺 🅰🅺 🅿 *Hotel Talé, via Bellini 186* –
☎ *335 364 772* – *www.talehotel.it* –
Chiuso lunedì-sabato a mezzogiorno

POLIZZI GENEROSA

⊠ 90028 – Palermo (PA) – Carta regionale n° **17**–C2

 MASSERIA SUSAFA ⓝ   `Tablet.`PLUS

CASA DI CAMPAGNA · AGRESTE Lunghissima storia per questa masseria nata dove – secoli orsono - esisteva una specie di comunità rurale che "susafa", bastava a se stessa. E forse, proprio pensando alle potenzialità di autonomia di questo ampio territorio montuoso all'interno del Parco delle Madonie, oggi la struttura è una vera e propria oasi all'interno di una proprietà di 600 ettari. Qui si producono farine da svariati tipi di grano, olio Evo, ortaggi, frutta, e tanto altro ancora: prodotti che - spesso - finiscono sulla tavola dell'ottimo ristorante interno.

 18 camere – 1 suite

contrada Susafa (Sud-Ovest: 16 km) – ℰ 338 960 8713 – www.susafa.com

PORTOPALO DI CAPO PASSERO

⊠ 96010 – Siracusa (SR) – Carta regionale n° **17**–D3 – Carta stradale Michelin 365-AZ63

🍴○ **VIDI** ⓝ

CONTEMPORANEA · STILE MEDITERRANEO ✗✗✗ Nel contesto novecentesco del Castello Tafuri Charming Suites, rinato a nuova vita grazie all'impegno di una squadra familiare tutta al femminile, nella bella stagione si cena sulla magnifica terrazza affacciata sul blu; in alternativa nella moderna e luminosa sala con proposte gastronomiche attuali, declinate sulle tradizioni siciliane (le origini dello chef!), ma con uno stile personale e generoso.

Menu 58/88 € – Carta 55/72 €

⟵ 𝔸ℂ 🅿 *via Tonnara 1 – ℰ 345 166 3741 – www.ristorantevidi.it –*
Chiuso 1 dicembre-31 marzo, 17 ottobre-5 aprile, lunedì-domenica sera

✉ 97100 – Ragusa (RG)
Carta regionale n° **17**–D3
Carta stradale Michelin 365-AX62

RAGUSA

Ci piace: la cucina gourmet firmata da un grande chef - Ciccio Sultano – al ristorante **Duomo**, situato proprio nel cuore della bellissima Ibla: la parte antica di Ragusa! Confort moderno all'hotel **Villa Carlotta** e la tavola stellata de **La Fenice**.

Arancì: ingredienti, rigorosamente a Km0, vengono attentamente selezionati per garantire genuinità e un'ampia varietà di gustosissimi prodotti. La specialità "Arancina al fuoco dell'Etna", tra i must! Dal salato si passa al dolce all'Antica Dolceria Bonajuto: aperta dal 1880, è la più antica di Ibla e della zona. Il suo cioccolato è il diretto discendente della Xocoàtl atzeca, un tesoro gastronomico portato dagli Spagnoli in Europa nel XVI secolo.

Ristoranti

✿✿ **DUOMO**

Chef: Ciccio Sultano

CREATIVA · ELEGANTE XxxX A pochi metri dal Duomo di San Giorgio, all'interno di Palazzo La Rocca – lo stesso che fece da set al film "Divorzio all'italiana" con Marcello Mastroianni - in piccole, ma eleganti sale divise per eleganti colori che alludono alla Sicilia e ai suoi generosi ingredienti, la cucina di Ciccio Sultano è una dichiarazione d'amore per l'isola. I piatti sono una straordinaria carrellata di eccellenze del territorio, elaborati in ricette dove la semplicità è bandita, l'accostamento di sapori diversi e talvolta contrastanti esalta. Ciccio è un alchimista ai fornelli, colui che trasforma i prodotti in cibo, uno che riesce a far dialogare con successo tradizione ed innovazione. La cantina, come una grande madre, abbraccia tutto: Sicilia, Italia e Francia (la cui presenza in carta è in crescita grazie al bravo sommelier), importanti verticali di annate storiche, spumanti e champagne. Vini da meditazione! A qualche metro rispetto all'ingresso, Cantieri Sultano è uno spazio riservato all'ospitalità, dove gustare un aperitivo o un digestivo in un ambiente di grande relax.

Specialità: Pollo della mia campagna glassato ai tre mieli con il suo sugo (omaggio a Cagliostro). Maialino nero siciliano farcito, broccolo siciliano ("Mangiami fino all'osso"). Cassata siciliana.

Menu 45 € (pranzo), 90/160 € – Carta 118/167 €

🕸 🗚 ⇔ *via Cap. Bocchieri 31 –*
☏ *0932 651265 – www.cicciosultano.it –*
Chiuso 7 gennaio-1 marzo, lunedì a mezzogiorno, domenica

F. Guiziou/hemis.fr

🍴 LOCANDA DON SERAFINO

MODERNA · ROMANTICO XxX Nata dal restauro di un palazzo ottocentesco, Locanda Don Serafino non è solo una piccola bomboniera di ospitalità a due passi dal Duomo, ma è anche uno scrigno di prelibatezze gastronomiche degustabili presso l'omonimo ristorante. L'essenziale eleganza della sala mette in rilievo la straordinarietà dell'ubicazione del locale scavato nella roccia, mentre spetta a Vincenzo Candiano il compito di selezionare le migliori materie prime regionali per portare in tavola piatti che profumano di terra e di mare. Eccellente la carta dei vini: più di mille etichette provenienti da tutto il mondo!

Specialità: Triglia e carote vicino al mare. Spaghetti freschi neri con ricci, ricotta e seppia. Valle dell'Irminio.

Menu 55 € (pranzo), 70/165 € – Carta 75/165 €

🕸 🏠 🅰 ⇄ *via Avv. Ottaviano 13 – ✆ 0932 248778 – www.locandadonserafino.it – Chiuso martedì*

🍴 LA FENICE

CREATIVA · DESIGN XxX Circondati da pareti vetrate che si affacciano sul giardino dell'albergo, in un'atmosfera luminosa e minimalista, tutta l'attenzione si rivolge alla cucina che ricorre ai prodotti siciliani in preparazioni creative ed estrose. "La mia cucina è tecnica, ricerca delle materie prime e infine territorio. Semplicità nel piatto e nella lavorazione degli ingredienti, che non devono essere snaturati, ma lavorati con massimo rispetto e serviti nel modo più semplice possibile..." Questo è il pensiero dello chef, la cui voce si fa sentire in ricette gustose, nonché menu degustazione di carne e di pesce per chi vuole seguire un percorso gastronomico un po' più strutturato.

Specialità: Tartara di manzo. Corallini risottati. Bruschetta di triglia.

Menu 55/85 € – Carta 52/85 €

🕸 ♿ 🅰 🅿 *Hotel Villa Carlotta, via Gandhi 3 – ✆ 0932 604140 – www.lafeniceristorante.com – Chiuso domenica*

🍴 I BANCHI

SICILIANA · BISTRÒ X Nei bassi del novecentesco Palazzo Di Quattro, nel cuore di Ibla, un locale che non si accontenta di esser ristorante, ma è anche panetteria-pasticceria e dove oltre a pane e dolciumi è possibile acquistare prodotti alimentari regionali sceltissimi. La linea gastronomica vede l'impronta di Ciccio Sultano, che ha - qui - ideato un format agile e moderno, come la cucina proposta: elaborazioni accurate di piatti della tradizione e non solo. Oltre al vino, anche alcuni divertenti cocktail.

Menu 20/35 € – Carta 36/64 €

🏠 🅰 *via Orfanotrofio 39 – ✆ 0932 655000 – www.ibanchiragusa.it – Chiuso 7 gennaio-1 marzo, giovedì*

Alberghi

🏨 VILLA CARLOTTA

BUSINESS · CONTEMPORANEO In una cornice di macchia mediterranea, tra carrubi e olivi secolari, l'albergo è frutto del restauro e trasformazione di una fattoria dell'Ottocento in moderno hotel di design minimalista.

🕸 🛏 ⌇ 🛁 ♿ 🅰 🔦 🅿 25 camere

via Gandhi 3 – ✆ 0932 604140 – www.villacarlottahotel.com

🍴 **La Fenice** – Vedere selezione ristoranti

🏨 LOCANDA DON SERAFINO

DIMORA STORICA · PERSONALIZZATO Piccola bomboniera a due passi dal Duomo, la locanda nasce dal restauro di un palazzo ottocentesco: pochi spazi comuni, ma tutti sprigionanti un fascino particolare. Il ristorante omonimo dista circa 500 metri a piedi.

🕸 🅰 11 camere

via XI Febbraio 15 – ✆ 0932 220065 – www.locandadonserafino.it

verso Marina di Ragusa Sud - Ovest : 14 km

EREMO DELLA GIUBILIANA

STORICO · TRADIZIONALE Immerso nello splendido paesaggio rurale dei muretti a secco, senza uscire dalla proprietà troverete una sequela di testimonianze di duemila anni di storia: un ipogeo romano, la necropoli paleocristiana, il monastero quattrocentesco, un romantico hortus conclusus con piscina e una corte con fontana in stile arabo. Le camere propongono un'eleganza sobria con arredi d'epoca, tre con terrazza.

⚐ 🐾 🍴 🗐 占 AC P 17 camere - 4 suites

contrada Giubiliana - ℰ 0932 669119 - www.eremodellagiubiliana.it

strada per Santa Croce Camerina Sud - Ovest : 25 km

TENUTA CAMMARANA ⓝ

FAMILIARE · AGRESTE Camere arredate con letti in ferro battuto, mobili antichi e pavimenti in pietra calcarea, all'interno di una residenza di campagna sull'altopiano ibleo. Semplice ed essenziale, l'ispettore lo consiglia a chiunque avesse piacere (o necessità!) di staccare la spina.

🐾 🍴 P 5 camere

Contrada Cammarana, località Donnafugata (Ovest: 13 km) - ℰ 0932 616158 - www.tenutacammarana.it

RANDAZZO

✉ 95036 - Catania (CT) - Carta regionale n° **17**-D2 - Carta stradale Michelin 365-AY56

VENEZIANO

SICILIANA · CONTESTO TRADIZIONALE XX Sono i funghi i padroni assoluti della cucina, che qui, alle pendici dell'Etna, si trovano con facilità. Piatti locali, quindi, e un servizio familiare serio ed efficiente in sale che rinnovano con buon gusto la tradizione di un antico palmento.

Specialità: Misto formaggi e salumi etnei. Pasta alla boscaiola. Cannoli siciliani.

Menu 35/50 € - Carta 30/50 €

🍴 🏡 占 AC P *Contrada Arena - ℰ 095 799 1353 - www.ristoranteveneziano.it - Chiuso lunedì, domenica sera*

RIPOSTO

✉ 95018 - Catania (CT) - Carta regionale n° **17**-D2 - Carta stradale Michelin 365-BA57

LA CUCINA DI DONNA CARMELA

MODERNA · ELEGANTE XX Nell'accogliente sala o nel bel dehors all'ombra delle palme, specialità siciliane e i migliori prodotti provenienti dagli orti, frutteti ed agrumeti di proprietà della risorsa. Il tutto presentato con stile attuale.

Menu 28 € (pranzo), 44/64 € - Carta 28/64 €

⇐ 🏡 AC P *Hotel Donna Carmela, località Carruba di Riposto, contrada Grotte 5 - ℰ 095 468 2717 - www.donnacarmela.com - Chiuso mercoledì sera*

DONNA CARMELA RESORT & LODGES ⓝ   `Tablet.`PLUS

CASA DI CAMPAGNA · PERSONALIZZATO Immerso in uno straordinario giardino di piante mediterranee e tropicali, la struttura offre un riuscito mix di antico e moderno, con camere personalizzate da originali arredi e vista sull'Etna o sul mare, a cui si aggiungono otto esclusivi lodge.

🐾 ⇐ 🏡 🗐 占 AC 🏊 P 28 camere

località Carruba di Riposto, contrada Grotte 7 - ℰ 095 809383 - www.donnacarmela.com

🍴 **La Cucina di Donna Carmela** - Vedere selezione ristoranti

ad Archi Sud: 2, 5 km – Carta regionale n° **17**–D2

SICILIA

❀ **ZASH**

CREATIVA · ROMANTICO ✗✗ All'arrivo, il dedalo di muretti lavici sottolinea la prossimità con l'Etna e l'incanto dopo il cancello d'ingresso sono i tredici ettari di agrumeto con il blu scintillante del mare all'orizzonte. La proprietà della famiglia Maugeri sorge nella riviera dei limoni in una zona che pur essendo a metà strada tra Taormina e Catania, non è parte degli itinerari turistici di massa, ma per una sosta gourmet e golosa bisogna proprio che quest'indirizzo ve lo annotiate. Sussurrano storie di tempi lontani, gli ambienti di questo ristorante ricavato dalla vasca una volta adibita alla fermentazione del vino, mentre le proposte dello chef Giuseppe Raciti - che oltre alle numerose esperienze professionali all'estero, a ventidue anni era già Capo Partita dal maestro Santin - sono improntate a una cucina colorata e creativa con ampio utilizzo di prodotti locali e verdure colte nell'orto di proprietà dell'albergo.

Specialità: Uovo poché croccante, spuma di provola dolce e composta di gelsi. Ricciola arrosto, melanzana fondente e riduzioni di arancia e lemon. Mousse di cioccolato bianco, mango, pistacchio e pesca.

Menu 40 € (pranzo), 60/140 € – Carta 50/140 €

🛏 🛋 **P** *Zash Country Boutique Hotel, strada provinciale 2 I/II 60, località Archi –* ☏ *095 782 8932 – www.zash.it –*

Chiuso 6-30 gennaio, lunedì a mezzogiorno, martedì, mercoledì-domenica a mezzogiorno

🏠 **ZASH COUNTRY BOUTIQUE HOTEL**

DIMORA STORICA · DESIGN Immerso in un esteso agrumeto, con biciclette a disposizione degli ospiti, quest'agriturismo di lusso trova ospitalità in una casa padronale dei primi del '900. Bella piscina a sfioro, camere dagli arredi moderni e piccolo terrazzo con vista sulla costa.

🛏 🏊 ⋔ 🅰🅲 **P** 17 camere

strada provinciale 2 I/II 60, località Archi – ☏ *095 782 8932 – www.zash.it*

❀ **Zash** – Vedere selezione ristoranti

SALINA – Messina (ME) → Vedere Eolie (Isole)

SAN VITO LO CAPO

✉ 91010 – Trapani (TP) – Carta regionale n° **17**–A2 – Carta stradale Michelin 365-AL54

🍴 **PROFUMI DEL COUS COUS**

REGIONALE · STILE MEDITERRANEO ✗✗ Se al cous cous spetta il ruolo di primo attore della carta, non per questo vanno trascurate le altre specialità isolane. Locale d'atmosfera: soprattutto d'estate, nella bella corte interna tra le piante di agrumi.

Carta 25/55 €

⇆ 🛋 ⛶ 🅰🅲 *Hotel Ghibli, via Regina Margherita 80 –* ☏ *0923 974155 – www.ghiblihotel.it –*

Chiuso 1 dicembre-22 aprile

🍴 **GNA' SARA**

DEL TERRITORIO · CONVIVIALE ✗ Lungo la strada parallela al corso principale, un locale sobrio e affollato (ma c'è anche un bel dehors) dove riscoprire i piatti della tradizione locale, come il cous cous di pesce, le busiate fatte a mano o l'immancabile pizza. Molto frequentato, non accetta prenotazioni la sera: chi prima arriva, forse, si accomoda...

Carta 30/67 €

🛋 🅰🅲 *via Duca degli Abruzzi 6 –* ☏ *0923 972100 –*

Chiuso 1 dicembre-31 gennaio, lunedì

🏠 BAGLIO LA PORTA DI SAN GERARDO

LUSSO · DESIGN Eleganza e charme in un baglio settecentesco appartenuto al barone omonimo; i motivi per cui sceglierlo si dividono tra la tranquilla posizione panoramica e le camere del corpo centrale, le più affascinanti, o quelle nelle ex stalle, le più luminose.

🏡 🕭 ≼ 🛏 ⅃ 🛖 🅰 🅿 15 camere – 5 suites

contrada Sauci Grande – ℰ *0923 974216 – www.bagliolaporta.it*

🏠 CAPO SAN VITO

LUSSO · LUNGOMARE Direttamente sulla spiaggia, la struttura dispone anche di uno spazio in cui si effettuano trattamenti benessere e massaggi. Eleganti le camere, molte delle quali con vista mare.

🏡 ≼ 🗻 🛖 🔲 ᵴ 🅰 35 camere

via San Vito 1 – ℰ *0923 972122 – www.caposanvito.it*

SCIACCA

✉ 92019 – Agrigento (AG) – Carta regionale n° **17**–B2 – Carta stradale Michelin 365-AN58

sulla strada statale 115 km 131 Est : 10 km

🏠 VERDURA RESORT

GRAN LUSSO · LUNGOMARE Resort di gran lusso con tre campi da golf disegnati dall'architetto californiano K. Phillips, una grande spa con programmi benessere personalizzati e camere dotate di terrazza privata. Per la ristorazione si può spaziare da La Zagara, locale gourmet serale, all'Amare, un dehors con tanto pesce; sapori siciliani e pizza al Liolà.

🏡 🕭 ≼ 🗻 🛏 🖿 ⅃ 🔲 🕭 🛖 📊 ᵴ 🅰 🔏 🅿 168 camere – 32 suites

località Verdura – ℰ *0925 998001 – www.roccofortehotels.com*

SCLAFANI BAGNI

✉ 90020 – Palermo (PA) – Carta regionale n° **17**–C2 – Carta stradale Michelin 365-AS57

🍴 TERRAZZA COSTANTINO

MODERNA · AMBIENTE CLASSICO ✗✗ Era la trattoria di famiglia, ma lo chef-patron Giuseppe Costantino nel breve volgere di pochi anni ne ha fatto un raffinato ristorante, dove gustare i prodotti del territorio in sfiziose reinterpretazioni contemporanee: un solo menu degustazione in cui compaiono sia carne sia pesce (anche se in fase di prenotazione - obbligatoria - se ne può discutere...). Vista l'eccellente qualità dei piatti, il rapporto qualità/prezzo è eccezionale!

Menu 38€

🏡 🅰 *rione Sant'Antonio 24 –* ℰ *339 115 5915 – terrazza-costantino.business.site – Chiuso 11-22 gennaio, lunedì-martedì a mezzogiorno, mercoledì, giovedì-sabato a mezzogiorno*

SICULIANA

✉ 92010 – Agrigento (AG) – Carta regionale n° **17**–B2 – Carta stradale Michelin 365-AP59

a Siculiana Marina Sud - Ovest : 4 km

🍴 LA SCOGLIERA

PESCE E FRUTTI DI MARE · STILE MEDITERRANEO ✗ Ristorantino a conduzione familiare con una bella terrazza affacciata sul mare. Una risorsa ideale per apprezzare appetitose preparazioni a base di pesce fresco.

Menu 35/50 € – Carta 41/56 €

🏡 ᵴ 🅰 *via San Pietro 54 –* ℰ *0922 817532*

SIRACUSA

✉ 96100 – Siracusa (SR) – Carta regionale n° **17**–D3 – Carta stradale Michelin 365-BA61

¶O **REGINA LUCIA**

MODERNA · ROMANTICO XXX Sebbene vi abbiano già anticipato il fascino di piazza Duomo, non si arriverà mai sufficientemente preparati a tanta bellezza, soprattutto la sera. I tavoli del Regina consentono di apprezzarla al meglio, ma anche in caso di mal tempo o nella stagione più fredda, le sale ricavate dalle ex stalle del palazzo settecentesco hanno di che stupirvi. Cucina creativa su basi siciliane.

Menu 40€ (pranzo), 55/75€ – Carta 55/75€

🍴 🖹 *piazza Duomo 6 (Ortigia) – ℰ 0931 22509 – www.reginalucia.it –*
Chiuso martedì

¶O **DON CAMILLO**

MODERNA · ELEGANTE XXX Recentemente ristrutturata la zona accoglienza per rendere ancora più confortevole il locale, la cucina rimane sempre di ottimo livello proponendo piatti sia di terra che di mare inebriati dai profumi di Sicilia; anche la cantina non passa inosservata.

Menu 40/80€ – Carta 64/84€

🍸 🖹 *via Maestranza 96 (Ortigia) – ℰ 0931 67133 – www.ristorantedoncamillo.it –*
Chiuso 7-31 gennaio, 5-19 luglio, domenica

¶O **PORTA MARINA**

PESCE E FRUTTI DI MARE · CONTESTO STORICO XX In un edificio del 1400 lasciato volutamente spoglio, in modo da evidenziare le pietre a vista e il soffitto a volte a crociera, il locale si è imposto come uno degli indirizzi più eleganti di Siracusa. Cucina promettente con alcune preparazioni, che si sbilanciano verso elaborazioni e personalismi ben riusciti. Non mancate di scegliere il pesce dall'espositore, le proposte spaziano da quelle più semplici e classiche sino ad altre più creative.

Menu 40/55€ – Carta 35/55€

🖹 *via dei Candelai 35 (Ortigia) – ℰ 0931 22553 – www.ristoranteportamarina.it –*
Chiuso 1-14 febbraio, lunedì

¶O **AL MAZARÌ**

SICILIANA · ACCOGLIENTE X Parentesi gastronomica trapanese nel cuore di Siracusa in eleganti ambienti (molto bella la sala in pietra medievale con cantina vini!) che riflettono la storia del palazzo: tra couscous e pasta con le sarde, il menu è scritto in tre lingue: italiano, inglese, francese.

Carta 24/86€

🖹 *via Torres 7/9 (Ortigia) – ℰ 0931483690 – www.almazari.it –*
Chiuso 1-24 dicembre, 10 gennaio-28 febbraio

🏨 **UNA HOTEL ONE** ⓝ

BUSINESS · CONTEMPORANEO Tutto fuorché convenzionale, questo hotel moderno offre servizi curati nel dettaglio, belle camere ed un centro benessere di alto livello. Nelle camere predominano i colori della scacchiera, mentre la splendida terrazza diventa il luogo ideale per aperitivi modaioli.

🤸 ⏱ 🏠 ⚙ 🖹 🅟 43 camere

via Diodoro Siculo 4 (per piazza Cappuccini - D1) – ℰ 0931 411355 –
hotelonesiracusa.com

🏠 **HENRY'S HOUSE**

DIMORA STORICA · ROMANTICO Frutto dell'unificazione di diversi palazzi storici, l'albergo è una graziosa bomboniera in cui il proprietario ha raccolto splendide piastrelle, arredi e cimeli d'epoca. Un labirintico intrecciarsi di saloni e corridoi porta a romantiche terrazze, di cui una, mozzafiato, sotto una vite, si affaccia sul Porto Grande.

🖹 14 camere

via del Castello Maniace 68 (Ortigia) – ℰ 093121361 – www.hotelhenryshouse.com

DONNA CORALY RESORT

CASA PADRONALE · MEDITERRANEO Se preferite dormire fuori dal centro, questa è una delle strutture più affascinanti ed esclusive del siracusano. Vi apparirà come una sobria masseria, ma la sua storia inizia nel 1300 e, per citarne solo una tappa, qui nel 1943 fu firmato l'armistizio con gli alleati. L'adiacente e più moderna foresteria rivela eleganti camere, tra mobili d'epoca, ceramiche di Caltagirone e una rimarchevole serie di servizi. Straordinario giardino con piscina.

🕊 🦐 🛏 🗐 ᴀᴄ 🅿 6 camere

contrada San Michele – 𝒞 0931 179 9925 – www.donnacoraly.it

verso Lido Arenella Sud direzione Ragusa A3

GRAND HOTEL MINARETO

LUSSO · MEDITERRANEO Atmosfera medio-orientale già annunciata nel nome, in questo resort che occupa un intero promontorio. Elegante e con spiaggia privata, le camere si trovano in intime strutture disseminate un po' ovunque. Impreziosito da boiserie e intarsi in marmo, il ristorante Nesos propone una cucina in bilico tra territorio e modernità.

🕊 ⪕ 🔔 🛏 🛆 🗐 ᴀᴄ 🅿 91 camere – 5 suites

via del Faro Massolivieri 26/a – 𝒞 0931 721222 – www.grandhotelminareto.it

STROMBOLI – Messina (ME) → Vedere Eolie (Isole)

✉ 98039 – Messina (ME)
Carta regionale n° **17**–D2
Carta stradale Michelin 565-N27

TAORMINA

Ci piace: la terrazza-giardino del **Kisté** per una romantica serata. La creatività in tavola al **St. George by Heinz Beck**. La spettacolare posizione del **Belmond Villa Sant'Andrea** (a Mazzarò): Taormina "appoggiata" sul mare. Le serate musicali organizzate nell'eleganti zone comuni del **Metropole**.

Pasta di mandorle, cassate e cannoli siciliani... I dolci della tradizione locale preparati nel Laboratorio Pasticceria Roberto: una famiglia con quasi un secolo di storia! Il suo nome fortemente evocativo - Al Grappolo D'Uva – già vi suggerisce le delizie che vi attendono varcata la soglia: i migliori vini prodotti dalle più importanti aziende isolane accompagnati da qualche specialità regionale e stuzzichini.

Ristoranti

✿ OTTO GELENG

MEDITERRANEA · CHIC XxX L'ambiente traduce l'eleganza tipica della destinazione e ricorda le ville isolane di un tempo: solamente "otto" i tavoli incorniciati in un terrazzo fiorito di buganvillee e affacciati sulla baia di Naxos e sull'Etna. I dettagli della mise en place sono ricercati e anch'essi rimandano ai fasti di un'antica dimora, mentre lo chef Roberto Toro - alla guida di questa nuova avventura - studia un menu capace di raccontare la sua Sicilia, con molte interpretazioni personali. Vincono la tradizione, ma in chiave moderna e l'esaltazione delle migliori materie prime che questa terra offre.

Specialità: Baccalà, ciliegie sottaceto, pomodoro e arancia. Risotto gran riserva, tenerumi, seppia e lime. Arachide, caramello salato, yuzu e cioccolato.
Menu 120/130 € – Carta 90/150 €

❀ ⟨ 🍴 🍹 🐌 **Pianta: B1-x** – *Belmond Grand Hotel Timeo, via Teatro Greco 59 – ✆ 0942 627 0200 – www.belmond.com/grandhoteltimeo –*
Chiuso 1 dicembre-31 marzo, lunedì-sabato a mezzogiorno, domenica

✿ ST. GEORGE BY HEINZ BECK

CREATIVA · LUSSO XxX Sala elegante dall'atmosfera vagamente british, appena il tempo si fa bello ci si trasferisce volentieri in terrazza, di fronte ad un lussureggiante giardino con piscina a sfioro e, sullo sfondo, vista sullo stretto di Messina e le due coste, quella siciliana e calabrese. Ai fornelli, invece, dall'estate 2020 c'è un avvicendamento; la cucina rimane saldamente ancorata ai sapori del Bel Paese e alla grande varietà di prodotti che la Trinacria gli mette a disposizione. Ed è subito amore!

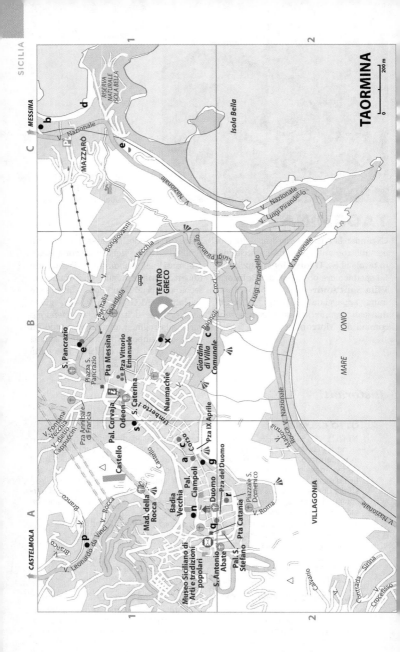

TAORMINA

0   200 m

CASTELMOLA

MESSINA

MAZZARO

RISERVA
NATURALE
ISOLA BELLA

Isola Bella

V. Nazionale

V. Luigi Pirandello

V. Luigi Pirandello

V. Nazionale

MARE   IONIO

S. Pancrazio

Piazza S.
Pancrazio

Pta Messina

V. Fontina
Vecchia
V. dietro
Cappuccini

Pza Annibale
di Francia

V. Leonardo da Vinci

V. Branco

Pal. Carvaja

Odeon

S. Caterina

Umberto I

Naumachie

Pza Vittorio
Emanuele

TEATRO
GRECO

Giardini
di Villa
Comunale

Castello

Pal.
della

Mad. della
Rocca

Badia
Vecchia

Ciampoli

Pal.

Duomo

Corso

Pza IX Aprile

Pza del Duomo

V. Roma

Piazzale S.
Domenico

VILLAGONIA

V. Nazionale

V.
Bagnoli
V. Nazionale

Museo Siciliano di
Arti e tradizioni
popolari

S. Antonio
Abate

Pta Catania

Pal. S.
Stefano

Calvario

Contrada – Sirina

V. Crocefisso

V. Pirandello

Bongiovanni

V. Vecchia

Pta Italia

Giardino

La Giardiola

ECCELLENZE
ITALIANE

Chef Gian Piero Vivalda
"Antica Corona Reale" Cervere (CN)
2 Stelle Michelin Italia

*Cando gelto di Nizza
Monferrato confit al
Burro di filiera
certificata Piemontese
Latterie Inalpi, guanciale
affumicato e zabaione
salato al rhum*

Specialità: Animella con funghi e frutti rossi dell'Etna. Triglia con finocchio, arancia ed olive nere. Cremoso al pistacchio con cioccolato bianco, ganache al gianduja e sorbetto al lime caramellizzato.

Menu 130/160 € – Carta 110/145 €

🕸 ⪪ 🛉 🛎 🎬 🅿 **Pianta: B1-e** – *Hotel The Ashbee, viale San Pancrazio 46* – 📞 *0942 23537* – *www.theashbeehotel.com* –
Chiuso 1 dicembre-31 marzo, lunedì a mezzogiorno, martedì, mercoledì-domenica a mezzogiorno

🍴 CINQUE ARCHI

PESCE E FRUTTI DI MARE · ELEGANTE XX Nel centro di Taormina, il raccolto e intimo locale ha una posizione sopraelevata con bella vista dal piccolo dehors o dagli intimi tavolini ognuno nel proprio balconcino. La cucina punta sui prodotti del mare elaborati con formule classiche, ma con ottima cura nella presentazione dei piatti.

Menu 55/95 € – Carta 64/90 €

⪪ 🎬 **Pianta: A1-a** – *via Don Giovanni Bosco 15* – 📞 *0942 628722*

🍴 KISTÉ - EASY GOURMET

MODERNA · ACCOGLIENTE XX All'interno della quattrocentesca Casa Cipolla, con romantica terrazza per il servizio estivo, Kisté è un "contenitore" gourmet di sapori siciliani in chiave moderna.

Menu 35 € (pranzo), 65/80 € – Carta 40/60 €

🛎 🎬 **Pianta: A2-r** – *via S. Maria de Greci 2* – 📞 *333 371 1606* – *www.kiste.it* –
Chiuso 1-28 febbraio, 15-30 novembre, lunedì

🍴 VICOLO STRETTO

REGIONALE · ELEGANTE XX Nel pieno centro di Taormina, ristorante dall'ambiente raccolto e di fresca atmosfera, dove gustare una cucina isolana intrigante e ben fatta. Dalla terrazza, la vista spazia fino ai Giardini di Naxos.

Menu 55/70 € – Carta 50/70 €

🛎 **Pianta: A1-c** – *vicolo Stretto 6* – 📞 *0942 625554* – *www.vicolostrettotaormina.it* –
Chiuso 7 gennaio-15 marzo

🍴 ANDREAS

MEDITERRANEA · CONVIVIALE X Il nuovo locale di un cuoco dal passato glorioso, che qui propone una schietta cucina mediterranea e, più specificatamente, siciliana in un ambiente sobrio e moderno.

Menu 55/60 € – Carta 30/35 €

🛎 ♿ 🎬 **Pianta: B2-c** – *via Bagnoli Croci 88* – 📞 *0942 24011* – *andreasrestaurant.it* –
Chiuso 8 gennaio-27 febbraio, lunedì, martedì a mezzogiorno

Alberghi

🏨 BELMOND GRAND HOTEL TIMEO

GRAN LUSSO · STORICO A pochi metri dal teatro greco, l'eccellenza del Timeo prende forme così diverse che ogni turista finirà per portare a casa un ricordo proprio e personale: splendidi interni con fastosi saloni che dischiudono angoli più privati e belle camere con balconi panoramici, alcuni affacciati sul teatro.

🏡 🕸 ⪪ 🛉 ⚒ 🐾 🛗 🎬 ♿ 🏨 🧖 🅿 63 camere – 8 suites

Pianta: B1-x – *via Teatro Greco 59* – 📞 *0942 627 0200* – *www.belmond.com*

❀ **Otto Geleng** – Vedere selezione ristoranti

NH COLLECTION TAORMINA

GRAN LUSSO · CONTEMPORANEO Ubicato nelle vicine retrovie rispetto alla suggestiva passeggiata di Taormina, la sua hall davvero imperiosa ospita un bar da cui si scorge la soprastante piscina trasparente, una vera chicca! Le camere sono altrettanto lussuose con uno stile classico-moderno. Per concludere in bellezza il ristorante gourmet è al settimo piano dove il panorama parla da sé.

శ ≼ ꒦ ⋒ ⅃⍟ ⬚ ⅊ ⬚ ⅏ ⬚ 60 camere – 5 suites

Pianta: A1-s – *via Circonvallazione 11 –*
℘ *0942 625202 – www.nh-hotels.it*

THE ASHBEE

GRAN LUSSO · STORICO A pochi passi da corso Umberto, questa villa storica progettata da un noto architetto inglese dei primi del '900 - molto ben appartata e in un contesto altamente panoramico - sfoggia un'aria vagamente british anche nell'impostazione. Molto curata e lussuosa negli interni con un bel salone relax e una terrazza-giardino davvero incantevole, la struttura dispone di una suggestiva piscina a sfioro sul sottostante mare.

୬ ≼ ꒦ ꒦ ⍟ ⬚ ⅊ ⬚ ⅏ ⬚ ⅊ 24 camere – 7 suites

Pianta: B1-e – *viale San Pancrazio 46 –*
℘ *0942 23537 – www.theashbeehotel.com*

✿ **St. George by Heinz Beck** – Vedere selezione ristoranti

METROPOLE

Tablet.PLUS

LUSSO · PERSONALIZZATO Centralissimo con ingresso su corso Umberto, nonché affaccio su dirupo e mare, fu uno dei primi alberghi ad animare la località qualche lustro fa: all'interno gli ambienti sono lussuosi, arredati con uno stile in perfetto equilibrio tra classico e moderno, mentre il susseguirsi di terrazze vi regalerà stupendi panorami e, solo all'ultima di esse, la piscina a sfioro. Interessanti proposte live al Jazz Club!

శ ≼ ꒦ ⋒ ⬚ ⅊ ⬚ ⅏ ⬚ ⅊ 25 camere – 11 suites

Pianta: A1-g – *corso Umberto I° 154 –*
℘ *0942 24013 – www.hotelmetropoletaormina.it*

EL JEBEL

LUSSO · CENTRALE Riservatezza ed esclusività nel cuore dell'antica Taormina: servizio personalizzato in camere arredate con stili differenti, solarium panoramico e piccola zona benessere.

⬚ ⅊ ⬚ 7 camere – 3 suites

Pianta: A1-n – *salita Ciampoli 9 –*
℘ *0942 625494 – www.hoteleljebel.com*

VILLA DUCALE

LUSSO · ROMANTICO Un rifugio per le aquile, si sarebbe tentati di dire: l'albergo si trova nella parte più alta di Taormina, a sua volta del resto già situata in posizione elevata a strapiombo sul mare (la navetta o una scenografica scalinata per scendere in paese). Splendidamente tenuto, ovunque gli arredi e i dipinti sono d'ispirazione siciliana.

శ ୬ ≼ ꒦ ⬚ ⅊ 13 camere – 6 suites

Pianta: A1-p – *via Leonardo da Vinci 60 –*
℘ *0942 28153 – www.villaducale.com*

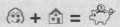

a Lido di Spisone Nord - Est: 1, 5 km direzione Messina C1 –

Carta regionale n° **17**–D2

 LA CAPINERA

Chef: Pietro D'Agostino

CREATIVA · CONVIVIALE ✗✗ "La mia cucina è come la mia terra – afferma lo chef-patron Pietro D'Agostino – solare, fresca, piena di tradizioni e al contempo moderna". La stessa impressione è quella riscontrata dagli ispettori, che hanno definito la sua proposta gastronomica come innovativa su base regionale, dove la ricerca delle migliori materie prima diventa simpaticamente maniacale: dal pescato del giorno agli ortaggi, dai presidi Slow Food al caviale di lumaca, attraverso le diverse intensità di oli autoctoni di nicchia. Se la bella terrazza affacciata sul mar Ionio aggiunge ulteriore charme alla sosta, lo chef firma una linea di prodotti gourmet – IO, Pietro D'Agostino – selezionati insieme a piccoli produttori locali, fieri come lui delle eccellenze dell'isola. In pratica, si lascia La Capinera avendo fatto anche la spesa!

Specialità: Triglia croccante con lardo, funghi e patate. Dentice con finocchi, seppioline al cous cous e verdure all'olio. Ricotta, pere e cioccolato.

Menu 75/90 € – Carta 80/120 €

🕸 ⪕ 🏠 Ⓜ **Fuori pianta** – *via Nazionale 177 - C1 – ☎ 0942 626247 – www.pietrodagostino.it – Chiuso 1 febbraio-1 marzo, lunedì*

a Mazzarò Est 5, 5 km o 5 mn di cabinovia C1 – Carta regionale n° **17**–D2

🍴 **DA GIOVANNI**

PESCE E FRUTTI DI MARE · ACCOGLIENTE ✗ Qualche difficoltà nel trovare il posteggio, ma una breve passeggiata non potrà che farvi meglio apprezzare la semplice cucina di mare della tradizione. Veranda panoramica sul mare e sull'Isola Bella.

Menu 40/60 € – Carta 32/60 €

⪕ 🏠 **Pianta: C1-e** – *via Nazionale, incrocio via Isolabella – ☎ 0942 23531 – www.ristorantedagiovanni.flazio.com – Chiuso 7 gennaio-7 febbraio, lunedì*

 BELMOND VILLA SANT'ANDREA

GRAN LUSSO · LUNGOMARE In un angolo di una suggestiva baia - direttamente sulla spiaggia - una dimora ottocentesca il cui grazioso giardino panoramico resta l'unica traccia della commissione di un gentiluomo inglese. Deliziose le camere, tutte con vista sul mare.

🏖 ⪕ 🦌 🏠 🌂 ℩ 🛁 🚹 ⚵ Ⓜ 🦶 🚗 62 camere – 9 suites

Pianta: C1-d – *via Nazionale 137 – ☎ 0942 627 1200 – www.belmond.com*

🕸 **Otto Geleng** – Vedere selezione ristoranti

 GRAND HOTEL ATLANTIS BAY

GRAN LUSSO · CLASSICO Guardate l'albergo dal mare, sembra un borgo se non il naturale prolungamento della roccia in una serie di piani a cascata che paiono voler abbracciare l'acqua. Ovunque spazio e luminosità, piaceri e servizi!

🏖 🦢 ⪕ 🦌 🏠 ℩ 🌂 🦶 🚹 Ⓜ ⚵ 🅿 70 camere – 8 suites

Fuori pianta – *via Nazionale 161 - C1 – ☎ 0942 612111 – www.voihotels.com/it/voi-grand-hotel-atlantis-bay-5*

 GRAND HOTEL MAZZARÒ SEA PALACE

GRAN LUSSO · LUNGOMARE E' l'albergo per chi vuole coniugare le inevitabili escursioni culturali greco-barocche ad un soggiorno più rilassante e balneare. Affacciato sulla baia di Mazzarò, le terrazze concorrono al fascino della struttura, insieme ai pavimenti marmorei e alle belle camere: la maggior parte con vista mare.

🏖 ⪕ 🦌 ℩ 🌂 🦶 🚹 Ⓜ ⚵ 🚗 88 camere – 9 suites

Pianta: C1-b – *via Nazionale 147 – ☎ 0942 612111 – www.voihotels.com*

TERRASINI

 90049 – Palermo (PA) – Carta regionale n° **17**–B2 – Carta stradale Michelin 365-AN55

❀ **IL BAVAGLINO**

Chef: Giuseppe Costa

CREATIVA · INTIMO XX Sosta ideale prima di raggiungere le bellezze naturali di San Vito Lo Capo e la Riserva della Zingaro al cospetto del Monte Monaco - zona di tonnare, santuari, grotte, acque cristalline e spiagge dalle cromie caraibiche – il Bavaglino è un locale in posizione strategica sul lungomare, intimo e luminoso, dalle linde pareti bianche e decorazioni moderne, semplice ma curato, in cui lo stile si fa specchio della cucina. La sua linea gastronomica, infatti, è contraddistinta da una contenuta creatività, composta da piatti colorati, frutto della commistione tra sapori del territorio ed esperienze individuali maturate dallo chef. Percorsi che vanno dal mare alla terra, dall'Italia all'estero, per ritornare da dove tutto è partito, dalla Sicilia: crogiuolo di antiche civiltà - in un certo senso - mai tramontate.

Specialità: Ricciola alla pizzaiola. Tonno scottato con crema di ceci, cipolla rossa e riduzione al nero d'Avola. Pesca, limone e menta.

Menu 30 € (pranzo), 55/130 € – Carta 47/55 €

🍴 ᴀᴄ *via Benedetto Saputo 20 –*
☎ *091 868 2285 – www.giuseppecosta.com –*
Chiuso 20 gennaio-8 febbraio, martedì, domenica sera

TORREGROTTA

 98040 – Carta regionale n° **17**-D1

�🍴 **MODÌ** ❶

CONTEMPORANEA · COLORATO XX Defilato, leggermente rialzato rispetto al centro cittadino di Torregrotta da dove si è trasferito per rilanciare ulteriormente la qualità dell'offerta, e se l'intento era chiaro, il risultato lo è ancor di più... Lo chef patron vi farà gustare buoni piatti di cucina siciliana rivisitata con modernità e precisione, completando la vostra esperienza con la bella carta dei vini.

Menu 37/65 € – Carta 58/74 €

🍴 ᴀᴄ *via Bucceri, inc. via Mezzasalma –*
☎ *345 092 8345 – www.modiristorante.it –*
Chiuso 1-31 gennaio, lunedì, martedì-sabato a mezzogiorno

TRAPANI

 91100 – Trapani (TP) – Carta regionale n° **17**–A2 – Carta stradale Michelin 365-AK55

🍴 **SERISSO 47**

REGIONALE · ELEGANTE XX In un palazzo del centro, sotto antiche volte in tufo di Favignana, un ristorante dai toni caldi ed eleganti per una cucina che ha saputo reinterpretare la tradizione gastronomica trapanese.

Menu 60/90 € – Carta 38/70 €

ᴀᴄ *via Serisso 47/49 –*
☎ *0923 26113 – www.serisso47.com –*
Chiuso 10 gennaio-10 febbraio, lunedì

SICULIANA – Agrigento (AG) ➜ Vedere Sicilia

VULCANO – Messina (ME) ➜ Vedere Eolie (Isole)

ZAFFERANA ETNEA

✉ 95019 – Catania (CT) – Carta regionale n° **17**–D2 – Carta stradale Michelin 365-AZ57

SICILIA

SABIR GOURMANDERIE

CREATIVA · ELEGANTE ✗✗✗ Cucina colorata e mediterranea, a tratti creativa, sebbene sempre su base locale, in un bel ristorante che mutua il proprio nome da un antico idioma in uso nei porti del Mediterraneo: una sorta di esperanto dei commercianti marittimi. In estate, optate per il fresco e romantico servizio nel parco.

Menu 50/75€ – Carta 42/62€

🛏 🏠 🅰🅲 *Esperia Palace, via delle Ginestre 1 – ☎ 095 708 2335 –*
www.sebysorbello.it – Chiuso lunedì a mezzogiorno, martedì, mercoledì-venerdì a
mezzogiorno

MONACI DELLE TERRE NERE ⓝ

`Tablet.` `PLUS`

DIMORA STORICA · PERSONALIZZATO Spettacolare dimora aristocratica di fine Ottocento immersa in un anfiteatro collinare di terrazzamenti con vista mare: tutta la struttura è uno straordinario invito alla scoperta dell'isola, a cominciare dalla vegetazione, quasi un orto botanico, al fascino delle camere sparpagliate nell'immensa proprietà.

🛁 ≤ 🛏 ⌇ 🅰🅲 🅿 22 camere

via Monaci snc – ☎ 095 708 3638 – www.monacidelleterrenere.it

cirano83/iStock

✉ 53100 – Siena (SI)
Carta regionale n° **18**-C2
Carta stradale Michelin 563-M16

SIENA

Ci piace: le specialità alla brace della **Taverna di Vagliagli** nel cuore del piccolo borgo omonimo, cucinate davanti al cliente. Le suggestive atmosfere della **Taverna di San Giuseppe**, dove si legge la storia della città, nonché la sua ottima cucina. Una notte nella camera numero 7 dell'hotel **Palazzetto Rosso**, per godere una vista bellissima sulla città e dintorni.

Cantucci, cantuccioni, cavallucci, colomba pasquale, pan co' santi, panettoni, panforte, panpepato, ricciarelli…è solo una parte della "formazione" di leccornie che vi attendono al panificio Magnifico: istituzione dolciaria in quel di Siena. Un passaggio alla Cantina del Brunello di Montalcino: degustazioni guidate attraverso i grandi vini della regione e non solo (da visitare l'antica tomba etrusca, dove ora conservano le loro collezioni enoiche).

Ristoranti

✿ LA TAVERNA DI SAN GIUSEPPE

TOSCANA · **TRATTORIA** ⅹ L'edificio racconta le origini di Siena, dalla cantina, visitabile, che fu una casa etrusca del III secolo a.C., alla sala del ristorante, una galleria di mattoni di epoca romana. Nel personale troverete una rara cortesia, nella cucina la schiettezza dei sapori toscani.

Specialità: Soufflé di pecorino di Pienza e salsa di pere. Antica ricetta del cinghiale cotto nel latte. Tiramisù.

Carta 28/56 €

❀ & 🗚 **Pianta: B2-c** – *via Giovanni Duprè 132* –
📞 *0577 42286* – *www.tavernasangiuseppe.it* –
Chiuso 25 gennaio-7 febbraio, 19-31 luglio, domenica

ⅰ○ MUGOLONE ⓝ

MODERNA · **CONTESTO CONTEMPORANEO** ⅩⅩ Ubicato a pochi passi da Piazza del Campo, un ristorante elegante dove gustare un'ottima cucina tradizionale toscana rivisitata in chiave moderna. Accoglienza molto professionale seppur famigliare, nonché una saletta privata per cene riservate e private.

Menu 60 € (pranzo) – Carta 51/65 €

& 🗚 ⇄ **Pianta: B2-b** – *Via dei Pellegrini 8/10* –
📞 *0577 283235* – *www.ristorantemugolone.it* –
Chiuso lunedì

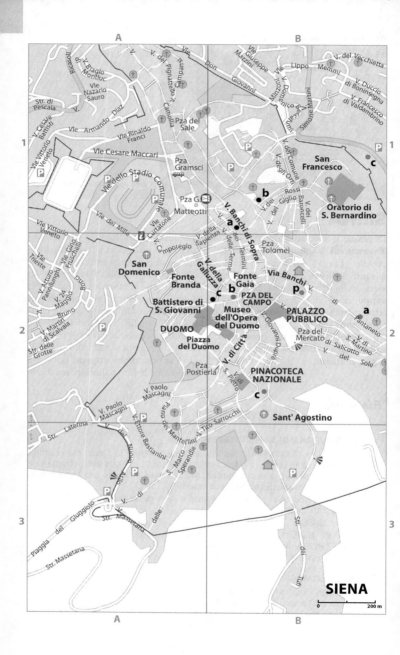

SIENA

0   200 m

ⅼ○ PARTICOLARE DI SIENA

MODERNA · ELEGANTE ⅩⅩ Nuovo locale appena fuori dal centro, ma facilmente raggiungibile con le scale mobili di piazza San Francesco, per una cucina d'ispirazione classica con modernità nelle presentazioni; fresco dehors e chef's table per osservare da vicino il lavoro ai fornelli. Anche menu vegetariano.

Carta 35/60 €

🛋 ঠ 🅰🅲 Pianta: B1-c – *via B. Peruzzi 26 – ℰ 339 827 5430 –*
www.particolaredisiena.com – Chiuso lunedì, martedì a mezzogiorno

ⅼ○ OSTERIA LE LOGGE

TOSCANA · VINTAGE Ⅹ Chi ama le atmosfere retrò qui troverà una sala d'altri tempi, un'ex drogheria con banco d'ingresso e antichi armadi a vetrina. Ma ci pensa la cucina a ricordare che siamo in un ristorante, e di quale livello! Più semplice la sala al primo piano. Gli appassionati di vino possono chiedere di visitare la vicina cantina, un tunnel di origine etrusca.

Carta 48/60 €

🦟 🛋 🅰🅲 ⇕ Pianta: B2-p – *via del Porrione 33 – ℰ 0577 48013 –*
www.osterialelogge.it – Chiuso 10-30 gennaio, domenica

ⅼ○ OSTERIA BABAZUF

DEL TERRITORIO · ACCOGLIENTE Ⅹ Ad un passo da piazza del Campo, un'osteria dall'ambiente personalizzato e familiare nel cuore della città, dove gustare piatti della tradizione con alternative di mare e tartufo (in stagione). C'è anche un dehors per la bella stagione.

Carta 22/42 €

Pianta: B2-a – *via Pantaneto 85-87 – ℰ 0577 222482 – www.osteriababazuf.com –*
Chiuso 25 gennaio-12 febbraio, lunedì

Alberghi

🏨 GRAND HOTEL CONTINENTAL `Tablet. PLUS`

GRAN LUSSO · ELEGANTE All'interno di un palazzo del '600, fatto costruire da Papa Alessandro VII, l'albergo è impreziosito da affreschi, lampade in porcellana cinese e da una torre medievale riportata ai suoi antichi splendori dopo un accurato restauro. Le camere sono una riuscita sintesi di classico e moderno; particolarmente belle quelle all'ultimo piano con balconcino e vista sui tetti.

🛋 🖻 ঠ 🅰🅲 🛝 41 camere – 5 suites

Pianta: B1-a – *via Banchi di Sopra 85 – ℰ 0577 56011 –*
www.grandhotelcontinentalsiena.com

🏠 PALAZZETTO ROSSO

STORICO · DESIGN In un palazzo di fine Trecento con affascinanti interni in mattoni e spettacolare giroscala, le camere sorprendono per contrasto, arredate in un sobrio stile contemporaneo. La numero 7 offre una vista mozzafiato sui tetti di Siena.

🖻 🅰🅲 5 camere – 4 suites

Pianta: B1-b – *via dei Rossi 38-42 – ℰ 0577 236197 – www.palazzettorosso.com*

🏠 IL BATTISTERO

FAMILIARE · ACCOGLIENTE Con rara e autentica ospitalità, il giovane titolare e la mamma vi apriranno le porte di quella che fu la residenza di papa Alessandro VII: in un elegante mix di antico e moderno, tre camere si affacciano sul battistero, altrettante, particolarmente tranquille, sulla basilica di San Domenico. Annessa enoteca con la medesima gestione familiare.

🅰🅲 7 camere

Pianta: B2-c – *piazza San Giovanni 13 – ℰ 331 957 0519 – www.battisterosiena.com*

a Vagliagli Nord - Est : 11, 5 km – Carta regionale n° **18**–D1

✖️○ **LA TAVERNA DI VAGLIAGLI**

REGIONALE · **TRATTORIA** ✕✕ In un caratteristico borgo del Chianti, locale rustico molto gradevole, con pietra a vista e arredi curati; specialità alla brace, cucinate davanti ai clienti.

Carta 25/45 €

🏠 **Fuori pianta** – *via del Sergente 4 – € 0577 322532 – Chiuso 6-25 luglio, 10-25 gennaio, lunedì, martedì, mercoledì-venerdì a mezzogiorno*

BORGO SCOPETO RELAIS

DIMORA STORICA · **ELEGANTE** Attorno ad un'antica torre di avvistamento del XIII sec, dove già nel 1700 sono stati costruiti altri rustici, si snoda questa originale struttura: un vero borgo con camere personalizzate e curate nei dettagli, nel più tipico ed isolato paesaggio chiantigiano, ideale per chi cerca silenzio e solitudine.

🕅 🐾 ⪕ 🛋 🍃 💯 🦢 ⅛ 🖭 🔄 🗓 🅿️ 40 camere – 18 suites

Fuori pianta – *strada Comunale 14 n° 18, Località Borgo Scopeto – € 0577 320001 – www.borgoscopetorelais.it*

SILEA

✉️ 31057 – Treviso (TV) – Carta regionale n° **23**–A1 – Carta stradale Michelin 562-F18

✖️○ **DA DINO**

VENEZIANA · **AMBIENTE CLASSICO** ✕✕ Locale semplice e familiare: nelle due salette in stile rustico, ma di tono signorile, "scaldate" da uno scoppiettante camino, la carta varia praticamente tutti i giorni, ma quasi sempre troverete il bollito. Venerdì e sabato, qualche piatto di pesce in più.

Carta 33/46 €

🏠 🖭 🅿️ *via Lanzaghe 13 – € 0422 360765 – Chiuso lunedì-martedì sera, mercoledì, giovedì sera, domenica sera*

SINALUNGA

✉️ 53048 – Siena (SI) – Carta regionale n° **18**–C2 – Carta stradale Michelin 563-M17

LOCANDA DELL'AMOROSA

STORICO · **AGRESTE** C'è anche una cappella privata - tuttora consacrata - in questo antico borgo con casa padronale e fattoria: gli spazi qui si fanno ampi e luminosi, l'arredo rustico, ma suggestivo. Per la sera l'elegante ristorante Lo Zafferano con proposta di cucina toscana rivisitata, per il pranzo la più "facile" Osteria dell'Aglione, ispirata al prodotto di nicchia tipico di queste parti.

🕅 🐾 ⪕ 🛋 🍃 ⅛ 🖭 🔄 🅿️ 19 camere – 8 suites

località l'Amorosa – € 0577 677211 – www.amorosa.it

a Bettolle Est : 6, 5 km

✖️○ **WALTER REDAELLI**

MODERNA · **RUSTICO** ✕✕ In un'antica casa colonica di fine '700 con mattoni a vista, travi al soffitto e un imponente camino, si celebra la sapida cucina toscana elaborata partendo da ingredienti locali e con tanta carne. Abbandonatevi al piacere della tavola, comodamente adagiati nelle confortevoli poltroncine.

Menu 20 € (pranzo) – Carta 45/55 €

🔄 🛋 🏠 🖭 *via XXI Aprile 26 – € 0577623447 – www.ristoranteredaelli.it – Chiuso lunedì*

SIRACUSA – Siracusa (SR) ➔ Vedere Sicilia

SIRMIANO DI SOPRA – Bolzano (BZ) ➔ Vedere Nàlles / Nals

SIRMIONE

✉️ 25019 – Brescia (BS) – Carta regionale n° **9**–D1 – Carta stradale Michelin 561-F13

⿻ LA RUCOLA 2.0

Chef: Gionata Bignotti

CREATIVA · DI TENDENZA ⅩⅩ In uno dei vicoli più seducenti di Sirmione, a fianco del Castello Scaligero, la Rucola 2.0 vi accoglie in un ambiente molto contemporaneo con una certa profusione di legno a caratterizzare un po' tutta la sala. La cucina mantiene salda la sua vena creativa, così come la predilezione per il mare, sempre pronta – tuttavia – a qualche incursione di terra. Buona anche la selezione di cocktail.

Specialità: Ricciola, asparagi, passion fruit, noce macadamia. Branzino, tè verde affumicato, wasabi. Cedro, limone, cappero, olio evo e zafferano.

Menu 75 € (pranzo), 90/110 € – Carta 90/120 €

⿻ ⴺ ⵗ ⵕ *vicolo Strentele 3 – ℰ 030 916326 – www.ristorantelarucola.it – Chiuso giovedì*

🍴 LA SPERANZINA RESTAURANT & RELAIS

CREATIVA · ELEGANTE ⅩⅩ Nel cuore di Sirmione, vicino al castello e con il lago a fare da romantico sfondo, La Speranzina sfoggia un concept che s'ispira ad un elegante minimalismo, dove predominano colori chiari e discreti. Se in estate la terrazza vanta una vista invidiabile con alcuni tavoli direttamente sull'acqua, in inverno le sobrie sale interne creano intimità e avvolgono l'ospite. La cucina - ora guidata da un esperto chef - gioca con il mare ed il lago, ma soprattutto con i sapori in senso lato; solida la selezione di vini che percorre sia l'Italia che il mondo intero.

Menu 78/100 € – Carta 74/108 €

⿻ ⵗ ⵕ ⵖ *via Dante 16 – ℰ 030 990 6292 – www.lasperanzina.it – Chiuso 1-5 dicembre, lunedì*

🍴 TANCREDI

CREATIVA · ALLA MODA ⅩⅩ Sulla terrazza sospesa tra cielo e lago o nella suggestiva sala a vetri, la gradevolezza della location è un ulteriore punto a favore di questo locale. Cucina essenzialmente di mare.

Menu 67/100 € – Carta 67/130 €

ⵗ ⵕ ⵖ 🅿 *via XXV Aprile 75 – ℰ 030 990 4391 – www.tancredi-sirmione.com – Chiuso 1 dicembre-14 febbraio, lunedì*

🍴 RISORGIMENTO

CLASSICA · AMBIENTE CLASSICO ⅩⅩ In un ristorante elegante con dehors sulla centrale piazza Carducci, cucina dall'ampio respiro e d'ispirazione contemporanea, divisa quasi equamente tra terra e mare. Noi vi suggeriamo di assaggiare la linea dedicata al pesce: sempre di ottima qualità!. Prestigiose etichette ammiccano dagli scaffali della saletta-enoteca al primo piano.

Menu 66/130 € – Carta 66/130 €

⿻ ⵕ ⵖ *piazza Carducci 5/6 – ℰ 030 916325 – www.risorgimento-sirmione.com – Chiuso 1 dicembre-14 febbraio, martedì*

🏛 VILLA CORTINE PALACE HOTEL

GRAN LUSSO · STORICO Nel centro storico, una villa ottocentesca in stile neoclassico all'interno di uno splendido grande parco digradante sul lago; incantevoli interni di sobria eleganza. Raffinatezza e classe nell'ampia sala da pranzo: se il clima lo permette, optate per il romantico servizio all'aperto. Al ristorante "Il Molo" - direttamente in spiaggia - si possono gustare (solo a mezzogiorno) piatti di carne e pesce con specialità al barbecue.

 52 camere – 2 suites

viale C. Gennari 2 – ℰ 030 990 5890 – http://www.hotelvillacortine.com/

🏛 GRAND HOTEL TERME

LUSSO · ELEGANTE Alle porte del centro storico, hotel di lunga tradizione dalle atmosfere eleganti; oltre alle cure termali un fornito centro benessere con piscina per un relax a tutto tondo. E per concludere al top la giornata: una bella cena con vista lago!

⿻ 53 camere – 1 suite

viale Marconi 7 – ℰ 030 990 4922 – www.termedisirmione.com

OCELLE THERMAE & SPA 🔟

TRADIZIONALE · CLASSICO A soli 750 m dal centro storico - raggiungibile a piedi attraverso una meravigliosa passeggiata lungo lago – l'hotel dispone di camere di diversa tipologia ed una serie di servizi per il tempo libero. Tra questi, degna di nota è la moderna spa che propone diversi percorsi benessere, attraverso saune, bagni di vapore, stanze relax e tisane.

🍴 🛒 📺 🕸 🏧 🐾 🅿 46 camere

via XXV aprile 1 – 𝒸 030 990 5080 – www.hotelocellesirmione.it

SISTIANA – Trieste (TS) → Vedere Duino Aurisina

SIZZANO

✉ 28070 – Novara (NO) – Carta regionale n° **12**–C2 – Carta stradale Michelin 561-F13

😊 **IMPERO**

REGIONALE · ACCOGLIENTE ✕✕ Due sorelle, due interessi, un unico obiettivo: soddisfare l'ospite alla loro tavola, grazie ai preziosi suggerimenti di chi dal 1934 le ha precedute. Il rinnovo degli ultimi anni ha accresciuto la classe e la personalità dell'ambiente che non manca di un piccolo giardino per il servizio estivo; cucina del territorio.

Specialità: Fassona in gelatina con emulsione al sedano e senape. Paniscia. Charlotte di amaretti e crema.

Menu 25€ (pranzo), 40/60€ – Carta 35/65€

🏮 🏧 ⇔ *via Roma 13 – 𝒸 0321 820576 – www.ristoranteimpero.eu –*
Chiuso 8-29 agosto, lunedì, martedì sera, domenica sera

SOGHE – Vicenza (VI) → Vedere Arcugnano

SOIANO DEL LAGO

✉ 25080 – Brescia (BS) – Carta regionale n° **9**–D1 – Carta stradale Michelin 561-F13

😊 **VILLA AURORA**

REGIONALE · ACCOGLIENTE ✕✕ Splendida vista sul lago in un locale signorile, che propone tante specialità regionali rivisitate con estro. Servizio professionale e - al tempo stesso - caloroso.

Specialità: Sformato di porcini con salsa al bagoss. Tagliolini di farina integrale con verdurine croccanti. Cialda di frutta fresca con crema inglese e sorbetto.

Menu 30€ – Carta 35/50€

≤ 🏮 🏧 🅿 *via Ciucani 1/7 – 𝒸 0365 674101 – www.ristorantevillaaurora.it –*
Chiuso mercoledì

SOMMA LOMBARDO

✉ 21019 – Varese (VA) – Carta regionale n° **9**–A2 – Carta stradale Michelin 561-E8

🍴○ **CORTE VISCONTI**

MEDITERRANEA · RUSTICO ✕✕ Ambiente classico di tono rustico con mura in pietra, volte in mattone e soffitti in legno. La cucina invece, pur partendo dal territorio, spicca per creatività. Bel dehors estivo con suggestivi giochi di luce.

Menu 20€ (pranzo), 40/85€ – Carta 40/70€

🏮 🏧 ⇔ *via Roma 9 – 𝒸 0331 254873 – www.cortevisconti.it – Chiuso lunedì,*
martedì a mezzogiorno

SONDRIO

✉ 23100 – Sondrio (SO) – Carta regionale n° **9**–B1 – Carta stradale Michelin 561-D11

a Montagna in Valtellina Nord - Est : 2 km

🍴○ **TRIPPI**

VALTELLINESE · CONVIVIALE XX Fantasia e rispetto delle buone materie prime, per proposte principalmente regionali e valtellinesi con qualche spunto mediterraneo.

Menu 16 € (pranzo)/30 € – Carta 30/50 €

🏠 ♻ 🅿 *via Stelvio 297 – 𝒞 0342 615584 – www.ristorantetrippi.it –*
Chiuso 25 dicembre-6 gennaio, domenica

SOPRABOLZANO · OBERBOZEN - Bolzano (BZ) → Vedere Renon

SORAGNA

✉ 43019 – Parma (PR) – Carta regionale n° 5-B2 – Carta stradale Michelin 561-H12

🍴○ **LOCANDA STELLA D'ORO**

REGIONALE · CONTESTO REGIONALE XX Nelle terre verdiane, l'ambiente offre ancora tutto il sapore e la magia di una trattoria. E neppure la cucina se ne discosta tanto: è la tradizione personalizzata, che con il menu sdoppiato tra carne e pesce lascerà ampia possibilità di scelta a tutti.

Carta 50/70 €

🕸 ⇦ 🏠 🅰️🅲 ♻ *via Mazzini 8 – 𝒞 0524 597122 – www.ristorantestelladoro.it*

a Diolo Nord : 5 km

🍴○ **OSTERIA ARDENGA**

DEL TERRITORIO · TRATTORIA X Un'autentica trattoria, che scalda il cuore a mangiarvi, dove il tempo sembra essersi fermato decenni orsono. Al confine tra due province, la cucina predilige le specialità parmigiane con diversi prodotti coltivati in proprio e piccola rivendita di sott'aceti e confetture.

Carta 28/46 €

🅰️🅲 🅿 *via Maestra 6 – 𝒞 0524 599337 – www.osteriardenga.it –*
Chiuso lunedì-martedì sera, mercoledì, giovedì sera

SORBO SERPICO

✉ 83050 – Avellino (AV) – Carta regionale n° 4-C2

🍴○ **MARENNÀ**

CREATIVA · CONTESTO CONTEMPORANEO XXX All'interno dell'azienda vinicola Feudi di San Gregorio, avvolti da una verde e collinare Irpinia, il cuoco propone dei menu degustazione creativi ma con evidenti e frequenti richiami alla sua Campania. Atmosfera moderna, chi è alla ricerca di un spazio più riservato prenoterà il tavolo nido, avvolto da legni e bottiglie.

Menu 60/100 €

⇚ 🏠 🅰️🅲 🅿 *località Cerza Grossa – 𝒞 0825 986666 – marenna.it –*
Chiuso 7 gennaio-31 marzo, lunedì, martedì, mercoledì-venerdì a mezzogiorno

SORGENTE SU GOLOGONE - Nuoro (NU) → Vedere Sardegna - Oliena

SORICO

✉ 22010 – Como (CO) – Carta regionale n° 9-B1 – Carta stradale Michelin 561-D10

🍴○ **BECCACCINO**

MEDITERRANEA · CONTESTO CONTEMPORANEO XX All'interno di una riserva naturale, ambienti valorizzati da materiali naturali e da una grande luminosità per questo locale recentemente rinnovato; la cucina propone soprattutto piatti di pesce (lago e mare).

Menu 20 € (pranzo), 40/50 € – Carta 30/50 €

🏠 ♿ 🅰️🅲 🅿 *via Boschetto 49 – 𝒞 0344 84241 – www.beccaccino.it –*
Chiuso mercoledì

SORISO

✉ 28010 – Novara (NO) – Carta regionale n° **13**–A2 – Carta stradale Michelin 561-E7

❀ AL SORRISO

Chef: Luisa Valazza

CLASSICA · ELEGANTE XxxX Tra le piacevoli colline novaresi, è il ristorante di riferimento per gli amanti del Piemonte in tavola! Se il titolare è impegnato in una costante ricerca delle eccellenze gastronomiche regionali, la moglie, in cucina, sforna piatti ormai divenuti dei classici, con molti richiami alla tradizione e dove l'attenzione è concentrata alla stagionalità dei prodotti, all'utilizzo delle erbe aromatiche, della cacciagione, dei funghi e dei tartufi. Particolarmente esaustiva la lista dei vini.

Specialità: Fettucce di calamaro spillo, cannellini, burrata e tartufo bianco. La faraona alle pesche servita in 2 volte. Soffio al bergamotto con ristretto di agrumi alla vaniglia.

Menu 80 € (pranzo), 90/140 € – Carta 100/150 €

🕸 ↢ ⇦ via Roma 18 – ℰ 0322 983228 – www.alsorriso.com –
Chiuso 10-20 gennaio, 4-12 agosto, lunedì, martedì

SORNI – Trento (TN) → Vedere Lavis

SORRENTO

✉ 80067 – Napoli (NA) – Carta regionale n° **4**–B2 – Carta stradale Michelin 564-F25

❀ TERRAZZA BOSQUET

CREATIVA · ROMANTICO XxxX Nella sontuosa cornice dell'Excelsior Vittoria, rendez-vous in un'elegante sala nei mesi freddi, ma l'appuntamento con gli occhi è sulla terrazza affacciata sul Golfo di Napoli. Originario di Sorrento, lo chef Antonino Montefusco gioca praticamente in casa. Ciò gli permette di presentare al meglio la sua linea culinaria che si ricongiunge alla tradizione, in virtù di un'approfondita conoscenza di produttori e prodotti, con l'utilizzo – talvolta - di ingredienti biologici provenienti dal giardino dell'albergo, come le arance, i limoni e l'olio. La proposta spazia fra tre menu degustazione: si sceglie la tipologia di cucina, dalla più creativa a quella più tradizionale, ma anche in quest'ultimo caso il cuoco rilegge in modo personale gli spunti campani.

Specialità: Carpaccio di gamberi rossi, burrata e lamponi. "Terra mater": tagliolini al limone di Sorrento, alici e colatura, taccole, timo. Limone, mandorle, yogurt e melissa.

Menu 115/150 € – Carta 100/140 €

🕸 ⩤ ⇷ 🛱 🎧 ⇦ 🅿 Grand Hotel Excelsior Vittoria, piazza Tasso 34 –
ℰ 081 877 7111 – www.excelsiorvittoria.com – Chiuso 1-7 dicembre, 7 gennaio-7 aprile, lunedì-domenica a mezzogiorno

❀ LORELEI 🆕

MEDITERRANEA · AMBIENTE CLASSICO XxX La cucina di questo giovane chef vi sorprenderà per la schiettezza dei suoi sapori, la capacità di proporre degli ottimi crudi e primi piatti letteralmente da manuale! I tratti distintivi di quanto giunge in tavola si riassumono in due parole: linearità e morbidezza. Le ricette - eseguite con grande precisione - sono accompagnate da una buona selezione enoica e da un servizio professionale di alto livello; sottofondo musicale ed una terrazza con splendida vista su Capri, Ischia, Napoli e Vesuvio. Oltre alle bellissime luci dei tramonti sorrentini.

Specialità: Viaggio nel profondo del mare (pesce crudo e leggermente marinato). Spaghetto di Gragnano alle vongole veraci, calamaretto spillo marinato agli agrumi e coulis di caponata. Yogurt di bufala con mela, sedano e camelia.

Menu 50/120 € – Carta 67/126 €

↢ ⩤ 🛱 ఉ 🎧 via Aniello Califano 4 – ℰ 081 1902 2620 – www.loreleisorrento.com

IL BUCO

Chef: Giuseppe Aversa

MODERNA · ACCOGLIENTE ✗✗ Punto di riferimento nel panorama gastronomico sorrentino, il ristorante è ricavato nelle cantine di un ex monastero nel
cuore della località, un'esperienza gourmet a tuttotondo col calore di casa. Tra
colori avvolgenti, pietra di tufo a vista, nonché raffinati elementi decorativi a completare il tutto, Peppe Aversa, "navigato" chef-patron, in cucina non si complica la
vita: al bando inutili tecnicismi, i suoi piatti sposano tradizione e modernità. I
menu degustazione affiancano una carta che vede il mare protagonista e le carni
del territorio, sapientemente elaborate, ma senza eccessi per preservare il loro
gusto. La proposta enoica avrà di che accontentare ogni preferenza con le sue
oltre mille etichette ed un'ampia selezione anche al calice. Servizio molto professionale e gioviale.

Specialità: Calamaro su guazzetto di cannolicchi e zucchine alla scapece. Raviolo
di verza su ragù napoletano e caciotta al pepe nero. Cremoso al limone con
spuma a limoncello.

Menu 90/120 € – Carta 90/120 €

🅰 🍴 🅰🅲 ⇔ *Il Rampa Marina Piccola 5 – ☏ 081 878 2354 –*
www.ilbucoristorante.it – Chiuso 1 gennaio-10 febbraio, mercoledì

 GRAND HOTEL EXCELSIOR VITTORIA　　　　`Tablet.PLUS`

GRAN LUSSO · STORICO Uno degli alberghi più belli della Penisola Sorrentina
avvolto com'è in un alone che per fascino e mistero lo pone ormai al di fuori del
tempo e delle classifiche. Situato nel centro storico, un corridoio-giardino porta a
tre strutture distinte, ma collegate tra loro da cascate di glicini e romantiche passeggiate, dove troverete un'elegante beauty farm, sino al suo confine naturale, un
promontorio sul golfo di Napoli.

🏖 ⟨ 🛏 ⤢ ♨ 🔅 🅰🅲 ⚴ 🅿 84 camere – 15 suites

piazza Tasso 34 – ☏ 081 877 7111 – www.exvitt.it

🍸 **Terrazza Bosquet** – Vedere selezione ristoranti

 BELLEVUE SYRENE 1820

GRAN LUSSO · ELEGANTE Un soggiorno da sogno in un'incantevole villa del
'700 a strapiombo sul mare: vista sul golfo, angoli fioriti e ascensore per la spiaggia, raffinati ambienti con affreschi. Nella dépendance trova posto anche una piccola beauty farm. Ampie vetrate garantiscono un bel panorama dalla sala interna
per le colazioni e le pause gourmet, ma è la terrazza il luogo preferito per pranzi
light e cene gastronomiche. Da non perdere la visita ai ninfei d'epoca romana
proprio sotto all'albergo.

🏖 🛎 ⟨ ⟪ 🛏 ⤢ 🔅 🅰🅲 🅿 41 camere – 9 suites

piazza della Vittoria 5 – ☏ 081 878 1024 – www.bellevue.it

 BRISTOL

TRADIZIONALE · CLASSICO Complesso in posizione dominante il mare, abbellito da amene terrazze panoramiche con piscina; camere quasi tutte disposte sul
lato mare, più silenziose agli ultimi piani. Incantevole vista su mare e città dalla
spaziosa sala ristorante.

🏖 ⟨ 🛏 ⤢ 🔅 🅰🅲 🅿 129 camere – 15 suites

via Capo 22 – ☏ 081 878 4522 – www.bristolsorrento.com

 GRAND HOTEL AMBASCIATORI

LUSSO · PERSONALIZZATO Struttura a strapiombo sulla scogliera, la cui eleganza è dettata da mobili di pregio con tipici intarsi sorrentini che arredano gli
ambienti, così come le camere; nuovo centro fitness, area massaggi-relax e
piscina riscaldata.

🏖 ⟨ ⟪ 🛏 ⤢ 🔅 🅰🅲 🅿 82 camere

via Califano 18 – ☏ 081 878 2025 – www.ambasciatorisorrento.com

MAISON LA MINERVETTA

LOCANDA · PERSONALIZZATO Spettano al proprietario i riconoscimenti per l'elegante struttura dell'albergo: la hall è un raffinato salotto di casa, le stanze - tutte diverse fra loro e davvero molto personalizzate - si affacciano sul mare. Gradini privati conducono al borgo di pescatori di Marina Grande.

🕭 ⪪ 🗐 🗚 **P** 12 camere

via Capo 25 – 𝒞 081 877 4455 – www.laminervetta.com

 PALAZZO ABAGNALE ⓝ

ALBERGO DI VACANZE · MODERNO Nel cuore di Sorrento, se il palazzo è storico, gli ambienti risultano moderni e le camere - a seconda del piano - sono dedicate alla luce, alla Pop Art o al tema del bianco e nero.

🗚 22 camere

Corso Italia 164 – 𝒞 081 461 2480 – www.palazzoabagnale.com

SOVERATO

✉ 88068 – Catanzaro (CZ) – Carta regionale n° **3**–B2 – Carta stradale Michelin 564-K31

🍽○ **RIVIERA**

REGIONALE · ACCOGLIENTE ✗✗ Al timone di questo ristorante storico nel centro di Soverato, c'è lo chef Paolo, che continua a portare avanti una linea gastronomica attenta ai sapori locali: di grande qualità le materie prime utilizzate. Buona cura anche nella mise-en-place.

Menu 30 € (pranzo), 40/90 € – Carta 45/100 €

Ġ 🗚 *via Regina Elena 4/6 – 𝒞 0967 530196 – www.ristoranterivierasoverato.com*

SPELLO

✉ 06038 – Perugia (PG) – Carta regionale n° **20**–C2 – Carta stradale Michelin 563-N20

🍽○ **LA BASTIGLIA**

REGIONALE · ELEGANTE ✗✗ Uno dei migliori ristoranti in zona, in sale tra il rustico e il moderno il cuoco propone un'ottima cucina di sostanza e sapori, in buona parte basata su prodotti umbri ad un prezzo corretto.

Menu 30 € – Carta 45/70 €

⛲ ⪪ ⪬ 🍴 🗚 ⟷ *Hotel La Bastiglia, via Salnitraria 15 – 𝒞 0742 651277 – www.labastiglia.com – Chiuso 7-31 gennaio, mercoledì*

SPILIMBERGO

✉ 33097 – Pordenone (PN) – Carta regionale n° **6**–B2 – Carta stradale Michelin 562-D20

🍽○ **LA TORRE**

REGIONALE · ROMANTICO ✗✗ Nella pittoresca cornice del castello medievale di Spilimbergo, la splendida facciata con affreschi del Trecento cela due raccolte sale rustico-eleganti. Che siate interessati ad una cena romantica o ad una cucina moderna, questo è il vostro ristorante!

Menu 25 € (pranzo), 45/60 € – Carta 35/75 €

🗚 **P** *piazza Castello 8 (nel castello di Spilimbergo) – 𝒞 0427 50555 – www.ristorantelatorre.net – Chiuso lunedì, domenica sera*

🍽○ **OSTERIA DA AFRO**

REGIONALE · TRATTORIA Genuini piatti regionali e stagionali, presentati su una lavagnetta che gira di tavolo in tavolo, tra cui spiccano i sempre validi salumi. Poco distante dal centro storico, questa trattoria dalla simpatica conduzione familiare mette a disposizione degli ospiti anche graziose camere in legno di abete o ciliegio.

Carta 30/51 €

⟷ 🍴 Ġ 🗚 **P** *via Umberto I 14 – 𝒞 04272264 – www.osteriadaafro.net – Chiuso domenica sera*

SPINETTA MARENGO – Alessandria (AL) ➜ Vedere Alessandria

SPIRANO

✉ 24050 – Bergamo (BG) – Carta regionale n° **10**–C2 – Carta stradale Michelin 561-F11

❄ **3 NOCI-DA CAMILLO**

REGIONALE · FAMILIARE ✕ Il tocco femminile delle proprietarie ha ingentilito il côté rustico dell'ambiente. Ne risulta una piacevolissima trattoria, dove si possono gustare ancora i ruspanti sapori della bassa e carni cotte sulla grande griglia in sala. Gazebo per il servizio estivo all'aperto.

Menu 20 € (pranzo)/35 € – Carta 25/55 €

🌇 & 📶 ⇔ *via Petrarca 16 – ☏ 035 877158 – www.ristorantetrenoci.it –*
Chiuso 1-8 gennaio, 16-22 agosto, lunedì, domenica sera

SPOLETO

✉ 06049 – Perugia (PG) – Carta regionale n° **20**–C3 – Carta stradale Michelin 563-N20

⊛ **IL TEMPIO DEL GUSTO**

MODERNA · ROMANTICO ✕✕ Quattro piccole sale, una più romantica ed incantevole dell'altra, per una serata memorabile nel cuore di Spoleto. Qualche piatto umbro, ma buona parte delle proposte sono frutto della creatività del cuoco.

Specialità: Cannolo croccante al sesamo, formaggi bianchi su timballo di farro di Monteleone, zafferano di Cascia. Risotto carnaroli con tartufo e capesante. Dacquoise di nocciole, ganache al pistacchio e cialda croccante di mandorle.

Menu 25/45 € – Carta 30/50 €

🌇 📶 ⇔ *via Arco di Druso 11 – ☏ 0743 47121 – www.iltempiodelgusto.com –*
Chiuso giovedì

❄ **APOLLINARE**

ITALIANA CONTEMPORANEA · ELEGANTE ✕✕ Incastonato fra mura risalenti al 1200, è un angolo intimo e romantico della Spoleto più antica. Pietre e travi a vista, arredi eleganti, la cucina porta a grandi ed emozionanti livelli le tradizioni umbre, a cui il giovane cuoco aggiunge qualche piatto di pesce. In sala, la proverbiale cortesia della gentile consorte.

Menu 35/60 € – Carta 35/60 €

🌇 📶 *via Sant'Agata 14 – ☏ 0743 223256 – www.ristoranteapollinare.it –*
Chiuso 15-31 gennaio, martedì

❄ **SAN LORENZO**

ITALIANA · AMBIENTE CLASSICO ✕✕ Se elegante e luminosa è la sala interna, si fa più conviviale lo spazio esterno allestito su una piazza del centro storico; rinomato per i suoi piatti di mare, non mancano tuttavia proposte più legate alle tradizioni umbre.

Menu 30/45 € – Carta 35/45 €

↩ 🌇 & 📶 *Hotel Clitunno, piazza Sordini 6 – ☏ 0743 223340 –*
www.hotelclitunno.com – Chiuso lunedì, martedì-giovedì a mezzogiorno

SPOTORNO

✉ 17028 – Savona (SV) – Carta regionale n° **8**–B2 – Carta stradale Michelin 561-J7

❄ **AL CAMBIO**

MEDITERRANEA · ACCOGLIENTE ✕✕ A pochi passi dalla passeggiata, il locale propone la tradizione gastronomica ligure rielaborata in una sfiziosa cucina mediterranea; simpatia, accoglienza e informalità da parte del titolare.

Menu 33/45 € – Carta 30/49 €

📶 *via XXV Aprile 72 – ☏ 019 741 5537 – Chiuso giovedì*

STEINEGG • COLLEPIETRA – Bolzano (BZ) ➜ Vedere Collepietra

STERZING • VIPITENO – Bolzano (BZ) ➜ Vedere Vipiteno

ST. KASSIAN • SAN CASSIANO – Bolzano (BZ) ➜ Vedere San Cassiano

STRADELLA – Mantova (MN) ➜ Vedere Bigarello

STRADELLA

✉ 27049 – Pavia (PV) – Carta regionale n° **9**–B3 – Carta stradale Michelin 561-G9

✿ VILLA NAJ

MODERNA · CONTESTO CONTEMPORANEO ✕✕ Nel cuore dell'Oltrepò Pavese, un'entrata minimalista introduce in una villa ottocentesca, nelle cui vecchie cantine si trova una sala moderna a dispetto dei bei soffitti a volte di mattoni. È qui che Alessandro Proietti Refrigeri - giovane chef con esperienze internazionali - propone una cucina fresca, territoriale e contaminata, a tratti creativa: la buona tecnica esalta l'accurata selezione delle materie prime. Servizio giovane e professionale; la carta dei vini con oltre 300 etichette spazia dalla regione fino agli angoli più remoti della terra.

Specialità: Uovo 73, cacio e pepe, fagioli borlotti e topinambur. Tortelli di selvaggina, caprino alla cenere, maggiorana. Primavera 2.0.

Menu 55/80 € – Carta 50/62 €

🛋 ও 🅰🅲 *via Martiri Partigiani 5 – ☎ 0385 42126 – www.najstradella.com – Chiuso lunedì, martedì-sabato a mezzogiorno, domenica sera*

STREGNA

✉ 33040 – Udine (UD) – Carta regionale n° **6**–C2 – Carta stradale Michelin 562-D22

❀○ SALE E PEPE

DEL TERRITORIO · ACCOGLIENTE ✕ Quasi al confine con la Slovenia, qui il bilinguismo regna sovrano, come la cordialità della coppia che gestisce il ristorante, nonché la qualità del cibo: riflesso delle tradizioni di un territorio di confine presente anche in cucina.

Menu 35/50 € – Carta 30/45 €

✿ *via Capoluogo 19 – ☎ 0432 724118 – Chiuso lunedì a mezzogiorno, martedì, mercoledì, giovedì-venerdì a mezzogiorno*

STRESA

✉ 28838 – Verbano-Cusio-Ossola (VB) – Carta regionale n° **13**–A1 –
Carta stradale Michelin 561-E7

❀○ LO STORNELLO

MEDITERRANEA · ACCOGLIENTE ✕✕ Offre qualità e professionalità in un piacevole contesto turistico, questo ristorantino ben frequentato anche dalla gente del posto. Del resto, come non amarlo visto che è aperto tutto l'anno 7 giorni su 7! Cucina italiana e mediterranea a 360°, fantasiosa nelle elaborazioni.

Carta 33/40 €

🛋 🅰🅲 *via Cavour 35 – ☎ 0323 30444 – www.ristorantelostornello-stresa.it*

❀○ OSTERIA MERCATO

ITALIANA CONTEMPORANEA · ACCOGLIENTE ✕✕ A pochi passi dal centro storico, la posizione anonima in un posteggio è riscattata da un certo dinamismo che contraddistingue il locale: ambienti raccolti e accoglienti, con piacevole dehors, nonché cucina italiana rielaborata con fantasia.

Carta 40/60 €

🛋 🅰🅲 *piazza Capucci 9 – ☎ 0323 346245 – www.osteriamercatostresa.com – Chiuso martedì*

❀○ VICOLETTO

ITALIANA CONTEMPORANEA · CONVIVIALE ✕ Come il nome lascia intuire si trova in una stradina del centro, questo grazioso ristorantino di piccole dimensioni - il dehors è addirittura minuscolo! - molto frequentato, dove conviene prenotare e "accettare" un po' di rimbombo quando la serata è al culmine... la cucina però è buona, curata a dovere, generosa di sapori italiani.

Carta 40/50 €

🛋 🅰🅲 *vicolo del Poncivo 3 – ☎ 0323 932102 – www.ristoranteilvicoletto.com – Chiuso 21 dicembre-28 febbraio, giovedì*

🏨 VILLA E PALAZZO AMINTA Tablet. PLUS

LUSSO · GRAN LUSSO Un gioiello dell'hôtellerie italiana abbracciato da un parco secolare, che incanta l'ospite per fascino ed eleganza, grazie soprattutto alla grande generosità nei decori, e per la sua posizione invidiabile che offre la miglior vista possibile sulle isole Borromee. Carta gourmet e specialità del territorio nel raffinato ristorante Le Isole; menu italiano nel colorato I Mori.

🍴 ⪕ 🏔 🛏 🕉 🕷 ♨ 🖃 ⅙ 🖸 ⚙ 🄿 58 camere – 13 suites

via Sempione Nord 123 – ℰ 0323 933818 – www.villa-aminta.it

🏨 LA PALMA

LUSSO · BORDO LAGO Gestione brillante ed attenta che non manca di potenziare la propria "casa": le camere signorili e contemporanee si discostano dallo stile tipico della zona. Rilassanti sono gli ampi spazi comuni, mentre in terrazza, all'ultimo piano, ci sono il mondano Sky Bar e l'idromassaggio panoramico; ancora più bella che in passato è la magnifica piscina, ora a sfioro, in riva al lago, dalla quale sembra di toccare le isole Borromee!

🍴 ⪕ 🏔 🛏 🕷 ♨ 🖃 ⅙ 🖸 ⚙ 🄿 🏊 120 camere – 2 suites

lungolago Umberto I 33 – ℰ 0323 32401 – www.hlapalma.it

a Mottarone

🍴 VILLA PIZZINI

REGIONALE · INTIMO 🍴 Dal lago Maggiore si sale sul Mottarone a circa 1400 m, in questa ex residenza di caccia di fine Ottocento, dove a darvi il benvenuto è una giovane coppia di autodidatti che ci mette il cuore. Ed i piatti parlano per loro... Fragranti proposte di terra e qualche specialità di lago servite anche nel dehors con vista panoramica. Tre semplici camere completano l'offerta.

Menu 55 € – Carta 35/55 €

🛏 ⪕ 🏡 ⅙ 🄿 *località Mottarone – ℰ 0323 290077 –*
www.villapizzinimottarone.com – Chiuso 10 gennaio-30 marzo, lunedì

STROMBOLI – Messina (ME) ➔ Vedere Sicilia - Eolie (isole)

STRONGOLI

✉ 88816 – Crotone (KR) – Carta regionale n° **3**-B2 – Carta stradale Michelin 564-J33

✿ DATTILO

Chef: Caterina Ceraudo

CREATIVA · CONTESTO TRADIZIONALE 🍴🍴🍴 In un mondo come quello dell'alta cucina dove – statisticamente – vi è una stracciante maggioranza di presenze maschili rispetto a quelle del gentil sesso, la signora Giraudo è una voce fuori dal coro e - a suon di bottoni, mandorle e 'nduja o stinco glassato al passito - fa vedere lei, ai suoi gentili clienti, chi comanda ai fornelli! Eletta migliore chef donna del 2017, il suo ristorante è ospitato in un grazioso agriturismo con camere semplici, all'insegna di una vita piacevolmente rustica, piscina all'ombra di ulivi millenari e produzioni tradizionali come vino e olio. Il tutto contrapposto alla cucina di Caterina che - pur attingendo alle tipicità locali - si definisce moderna e creativa.

Specialità: Patate e peperoni. Raviolo bianco. Limone e mandorla.

✿ *L'impegno dello chef: "Appartengo ad una famiglia da sempre paladina di una produzione ecosostenibile; la nostra azienda agricola fornisce gran parte del fabbisogno del ristorante, la cui cucina non è che un riflesso della bellezza e biodiversità di questo territorio. Siamo al 100% indipendenti a livello energetico, grazie ad un impianto fotovoltaico."*

Menu 72/80 € – Carta 72/80 €

🛏 ⪕ 🏡 🅐🅒 🄿 *contrada Dattilo – ℰ 0962 865613 – www.dattilo.it –*
Chiuso 1 dicembre-4 aprile, a mezzogiorno escluso domenica dal 1 luglio al 13 settembre; aperto le sere di giovedì-venerdì, sabato e domenica a mezzogiorno negli altri mesi.

SULMONA

✉ 67039 – L'Aquila (AQ) – Carta regionale n° 1–B2 – Carta stradale Michelin 563-P23

☺ CLEMENTE

ABRUZZESE · FAMILIARE ⅹ Ambiente accogliente ricavato dalle scuderie di un palazzo dei primi anni dell'Ottocento, che prevede anche una sala bistrot dove volendo si consumano gli aperitivi serali, la carta si rifà alla sincera cucina d'Abruzzo: preparazioni a base di carne ma anche verdure. Porzioni generose!

Specialità: Degustazione di verdure e legumi. Carrati (pasta) con broccoletti, salsiccia e pecorini. Crostata alle pere e cannella con crema alla vaniglia.

Menu 15/30 € – Carta 30/50 €

🖿 📧 *piazza Santa Monica – ℰ 0864 210679 – www.ristoranteclemente.com – Chiuso 1-8 luglio, 23-27 dicembre, lunedì, domenica sera*

Ⅰ○ GINO

ABRUZZESE · FAMILIARE ⅹ Piccola arca della tipicità gastronomica abruzzese che di tradizione se ne intende visto che "naviga" in queste lande da quasi 60 anni: aperto solo a pranzo, troverete e assaggerete salumi, formaggi, pasta fresca e carni della regione. Il tutto acquistabile - insieme ai primi piatti - nell'adiacente negozio di famiglia, il *Soldo di Cacio*.

Menu 35 € (pranzo)/45 € – Carta 35/45 €

🖛 📧 ✧ *piazza Plebiscito 12 – ℰ 0864 52289 – www.lalocandadigino.it – Chiuso lunedì-sabato sera, domenica*

SUNA – Verbano-Cusio-Ossola (VB) → Vedere Verbania

SUTRIO

✉ 33020 – Udine (UD) – Carta regionale n° 6–B1 – Carta stradale Michelin 562-C20

ⅠO ALLE TROTE

CLASSICA · FAMILIARE ⅹ Nei pressi del torrente, un locale a gestione diretta dove la specialità è preannunciata dal suo nome; la fragranza dei pesci la si deve - invece - all'annesso allevamento. Comode camere, al piano superiore.

Carta 21/32 €

🖛 🍴 🖿 ✧ 🅿 *via Peschiera, frazione Noiaris – ℰ 0433 778329 – Chiuso martedì*

SUVERETO

✉ 57028 – Livorno (LI) – Carta regionale n° 18–B2 – Carta stradale Michelin 563-M14

ⅠO GUALDO DEL RE

REGIONALE · RUSTICO ⅹ Locale semplice con ampia veranda e giardino per una cucina d'ispirazione toscana con largo utilizzo di prodotti regionali. Piatti del giorno ed una buona selezione enoica.

Carta 27/40 €

🖿 & 📧 🅿 *località Notri 77 – ℰ 0565 829888 – www.gualdodelre.it – Chiuso 1-4 dicembre, 11 gennaio-1 aprile, lunedì-martedì a mezzogiorno, mercoledì, giovedì-domenica a mezzogiorno*

ⅠO I' CIOCIO-OSTERIA DI SUVERETO

REGIONALE · RUSTICO ⅹ Nello splendido scenario del centro storico su cui si affaccia con un delizioso dehors, ambienti caratteristici come la "dispensa" del piano inferiore, prodotti bio e a km 0 per una cucina legata al territorio.

🌱 *L'impegno dello chef:* "Facciamo parte di un'azienda agricola proprietaria di un mulino a pietra. Coltiviamo e lavoriamo grani biologici del territorio e - grazie ad uno studio condotto in collaborazione con l'Università degli Studi di Firenze - creiamo e uniamo più attività agricole per favorire lo sviluppo biologico del territorio a tutela delle biodiversità. Le farine vengono - poi - utilizzate per la panificazione, la pasticceria, nonché la realizzazione di paste fresche"

Menu 25 € (pranzo), 35/50 € – Carta 30/70 €

🖿 & ✧ *piazza dei Giudici 1 – ℰ 0565 829947 – www.osteriadisuvereto.it – Chiuso 20 febbraio-5 marzo, lunedì a mezzogiorno*

SUZZARA

✉ 46029 – Mantova (MN) – Carta regionale n° **9**–C3 – Carta stradale Michelin 561-I9

(🕄) **MANGIARE BERE UOMO DONNA**

FUSION · FAMILIARE ✗ Lei è di Hong Kong, lui di Suzzara: una coppia nella vita, in tandem gestiscono questo accogliente ristorante in cui lo sguardo aperto sul mondo non riguarda solo le proposte in carta, ma anche l'offerta enologica e l'amore per le arti applicate. Una volta a tavola, circondati da migliaia di libri, lascito dello zio di lui, i sentieri gastronomici possono condurre verso la tradizione locale oppure virare decisi verso alcune ricette orientali. La costante sono, invece, gli ingredienti prevalentemente del territorio e di stagione.

Specialità: Mazzancolle crude di Porto Santo Spirito con peperoncino, menta, aglio e succo di limone. Xiao long bao: ravioli cinesi ripieni di carne suina e zenzero e cotti al vapore. Sbrisolona con mandorle, nocciole Piemonte e farina di grani antichi.

Menu 27/35€ – Carta 21/49€

🖘 🛜 🆑 *viale Zonta 19 - 𝒫 334 880 6508 - www.mangiarebereuomodonna.com –*
Chiuso lunedì a mezzogiorno, martedì, mercoledì-domenica a mezzogiorno

TAMION - Trento (TN) → Vedere Vigo di Fassa

TAORMINA - Messina (ME) → Vedere Sicilia

TARANTO

✉ 74123 – Taranto (TA) – Carta regionale n° **15**–C2 – Carta stradale Michelin 564-F33

🍽️○ **GATTO ROSSO**

PESCE E FRUTTI DI MARE · FAMILIARE ✗ Ambiente semplice e curato, nonché proposte unicamente a base di pesce, in un piccolo ristorantino dalla lunga gestione familiare (siamo ormai alla terza!), raccontata dalle foto in bianco e nero appese alle pareti.

Menu 25/60€ – Carta 21/60€

🛜 🆑 *via Cavour 2 - 𝒫 340 533 7800 - www.ristorantegattorosso.com –*
Chiuso lunedì

TARCENTO

✉ 33017 – Udine (UD) – Carta regionale n° **6**–C2 – Carta stradale Michelin 562-D21

🍽️○ **OSTERIA DI VILLAFREDDA**

REGIONALE · RUSTICO ✗ In un contesto idilliaco che ha il fascino del tempo che fu, le sale interne non sono meno piacevoli del servizio all'aperto. Con oltre mezzo secolo di attività, quest'osteria propone una cucina grata ai prodotti del territorio e paladina della tradizione locale.

Menu 26/40€ – Carta 26/34€

🛜 🅿 *via Liruti 7, località Loneriacco - 𝒫 0432 792153 - www.villafredda.com –*
Chiuso lunedì, domenica sera

TARVISIO

✉ 33018 – Udine (UD) – Carta regionale n° **6**–C1 – Carta stradale Michelin 562-C22

🍽️○ **ILIJA**

MODERNA · ALLA MODA ✗✗ Un indirizzo che farà gola non solo agli appassionati golfisti che qui troveranno un percorso a 18 buche, ma anche ai tanti buongustai che si delizieranno con una cucina di stampo moderno particolarmente orientata sul pesce.

Menu 60/75€ – Carta 40/75€

🛜 ♿ *via Priesnig 17 - 𝒫 0428 645030 - www.ilijaristorante.it - Chiuso lunedì sera*

TAVAGNACCO

⊠ 33010 – Udine (UD) – Carta regionale n° **6**–C2 – Carta stradale Michelin 562-D21

⫟○ **AL GROP**

TRADIZIONALE · FAMILIARE XX Lunga tradizione per un ristorante proprio sotto il campanile di un piccolo e grazioso paese. All'interno ambiente classico con qualche tocco di originalità e tanta atmosfera creata dal camino scoppiettante in sala. Diverse proposte di carni alla griglia, per i più golosi gran finale con il carrello di dolci.

Carta 30/60 €

⫙ ⟺ ⌂ 🏠 ✿ 🅿 via Matteotti 1 – ℰ 0432 660240 – www.algrop.com – Chiuso 12-22 agosto, martedì, mercoledì

TAVARNELLE VAL DI PESA

⊠ 50028 – Firenze (FI) – Carta regionale n° **18**–C2 – Carta stradale Michelin 563-L15

✾ **LA TORRE**

CREATIVA · ELEGANTE XXX Causa emergenza COVID-19 chiuso temporaneamente fino a marzo 2021.

All'interno di una sede fiabesca, un castello di origini duecentesche, il panorama mozzafiato che circonda la struttura è sfruttato al meglio col bel tempo, quando si cena in terrazza. In caso contrario ci si trasferisce all'interno, ma non allarmatevi perché l'appuntamento con la grande cucina del simpatico cuoco non cambia: elaborata e creativa, ricorre talvolta a spettacolari presentazioni all'altezza dell'incantesimo del posto. Dulcis in fundo, gli ispettori hanno particolarmente apprezzato l'attenzione riservata alla pasticceria con una carta dei dessert encomiabile per fantasia, nonché una sinfonia di dolci note – al momento del caffè – come cioccolatini e macaron. Un piccolo orto all'interno della tenuta garantisce verdure a Km 0.

Specialità: Animelle di vitello rosolate, verdure glassate, aglio, olio e salsa al peperoncino e vaniglia. Panzanella con pomodori verdi e scampi marinati. Caprino, lamponi e crumble al pepe di kampot.

Menu 90/150 € – Carta 100/170 €

⫙ ⌂ 🏠 ⛬ 🅰 🅿 Hotel Castello del Nero, strada Spicciano 7 – ℰ 055 806470 – www.castellodelnero.com – Chiuso 1 dicembre-20 marzo, lunedì-domenica a mezzogiorno

🏛 **COMO CASTELLO DEL NERO**   Tablet.PLUS

DIMORA STORICA · GRAN LUSSO Castello di origini duecentesche circondato da un paesaggio collinare mozzafiato, giardino all'italiana, cedro del Libano secolare e passeggiata fra cipressi, gli interni non sono meno affascinanti, ma declinati in una chiave a volte più contemporanea. Ristorante gourmet La Torre o cucina più semplice e tradizionale al Pavilion.

⫟ 🐾 ⌂ 🛋 🎮 🕸 🛁 🔲 ⛬ 🅰 🆑 🅿 32 camere – 18 suites

strada Spicciano 7 – ℰ 055 806470 – www.castellodelnero.com

✾ **La Torre** – Vedere selezione ristoranti

a San Donato in Poggio Sud - Est : 7 km – Carta regionale n° **18**–D1

☻ **ANTICA TRATTORIA LA TOPPA**

REGIONALE · FAMILIARE X In un piccolo e romantico borgo medioevale, questa tipica trattoria toscana aprì i battenti nel 1964 e ancora oggi è la cucina regionale ad essere celebrata, con zuppe e paste fresche tra le proposte più apprezzate. D'estate si mangia all'aperto, lungo la caratteristica strada.

Specialità: Pappardelle all'anatra. Stracotto al Chianti. Zuppa inglese.

Carta 20/45 €

🏠 ✿ via del Giglio 41 – ℰ 055 807 2900 – www.anticatrattorialatoppa.com – Chiuso 11 gennaio-12 febbraio, lunedì

🍴 **LA LOCANDA DI PIETRACUPA**

REGIONALE · LOCANDA XX In una bella dimora dei primi del '900 con terrazza panoramica affacciata sul borgo di San Donato in Poggio, sala interna ed infine, sul retro, un giardino d'inverno. I classici toscani fanno capolino dal menu: proposte gastronomiche conosciute da tempo, ma di cui non si vorrebbe mai fare a meno. Quattro camere allietano la sosta di chi è disposto a fermarsi per la notte.

Carta 42/57 €

🕸 ⇦ 🖼 🏠 *via Madonna di Pietracupa 31 – ☏ 055 807 2400 – www.locandapietracupa.com*

a Badia a Passignano Est : 7 km – Carta regionale n° **18**-C2

⭐ **OSTERIA DI PASSIGNANO**

MODERNA · CONTESTO TRADIZIONALE XX All'interno dell'universo Antinori, l'Osteria ha il vezzo di chiamarsi in tale modo: di fatto, si tratta di un elegante ristorante fra mura antichissime sito accanto all'antica Badia di Passignano che, oltre a prestarle il nome, è sede della cantina di invecchiamento (barricaia) dei migliori Chianti del gruppo. Siamo quindi al cospetto di un contesto di alto livello fatto di storia, blasone e vigne. Sebbene di stampo moderno, la cucina si rifà alla tradizione ed ai sapori locali; accanto alla suddetta linea gastronomica, che prevede anche qualche piatto a base di pesce, c'è una pagina del menu interamente dedicata all'usanza regionale della griglia con tanto di bistecca. Se un bell'orto fornisce il proprio contenuto in termini di erbe aromatiche e qualche verdura, la carta dei vini si vuole strepitosa, in particolare per i toscani: a cominciare da quelli del padrone di casa con le sue leggendarie bottiglie.

Specialità: Mozzarella di pecorino, fave e pere. Il piccione, ceci e cipollotti. Zuppa inglese "rivisitata".

Menu 90 € – Carta 80/100 €

🕸 🏠 ♿ 🎦 🅿 *via Passignano 33 – ☏ 055 807 1278 – www.osteriadipassignano.com – Chiuso 9 gennaio-7 febbraio, domenica sera*

TEGLIO

✉ 23036 – Sondrio (SO) – Carta regionale n° **9**-B1 – Carta stradale Michelin 561-D12

sulla strada statale 38 al km 38, 750 Sud - Ovest : 8 km

🌳 **FRACIA**

VALTELLINESE · RUSTICO XX Pizzoccheri, guanciale di vitello a lenta cottura, tortino alle mele con salsa vaniglia ed altre ottime specialità valtellinesi, in un rustico cascinale in pietra con vista panoramica sulla valle circostante. Un'oasi di tradizione ed intriganti sapori: da non perdere il menu degustazione del territorio. Splendido dehors con tavoli in sasso e bella vista sul circondario.

Specialità: Bresaola della Valtellina. Guanciale a lenta cottura. Mousse allo yogurt con composta di mele.

Menu 30 € – Carta 35/41 €

🏠 *località Fracia – ☏ 0342 482671 - www.ristorantefracia.it – Chiuso mercoledì*

TELESE TERME

✉ 82037 – Benevento (BN) – Carta regionale n° **4**-B1 – Carta stradale Michelin 564-D25

⭐ **KRÈSIOS**

Chef: Giuseppe Iannotti

CREATIVA · ELEGANTE XxX Allude a uno dei nomi di Bacco o Dioniso, Krèsios, il ristorante di Giuseppe Iannotti. Un'accogliente casa di campagna che rivela all'interno un piacevole mix di antico e moderno: muri in pietra, ambiente rustico e la cantina scavata nel tufo, i cui tesori a gradazione alcolica sfiorano – oramai - le 2000 etichette. Dalle cucine a vista dove sorvegliare l'operato del cuoco e della sua bravissima brigata escono piatti creativi e personalizzati, spesso di ricerca, mai banali. La cucina di Iannotti fonda la sua filosofia sulla ricerca e la fantasia, con scatti d'improvvisazione, ricerca della migliore materia prima proveniente da ogni parte del mondo. Il porticato climatizzato e un'aia sono il preludio a cinque ettari di vigneti, nel cuore dell'antico Sannio beneventano. L'indirizzo piace molto; meglio prenotare!

Specialità: Pescatrice, aglio nero e prugna fermentata. Spaghetto allo scoglio. Litchi e violette.

Menu 110/150 €

🐿 ⟵ 😋 🎋 ♿ 🆔 ⇄ 🅿 *via San Giovanni 59 – 𝒞 0824 940723 – www.kresios.it –*
Chiuso lunedì, martedì a mezzogiorno, domenica sera

⁂ LA LOCANDA DEL BORGO

CREATIVA · **CASA DI CAMPAGNA** ✗✗ E' in provincia di Benevento che il giovane chef Luciano Villani propone percorsi strutturati su semplicità, prodotti biologici del Sannio ed una filosofia senza compromessi. Ma facciamo un passo indietro. Siamo all' interno dell'Hotel Acquapetra Resort&Spa, dove una famiglia di architetti acquistò un vecchio rudere con l'intento di realizzare un progetto da mille e una notte: il risultato è questa sorta di lussuoso borgo, dove gli spazi sono personalizzati con pezzi d'antiquariato ed accessori dell'ultima generazione. A completamento di tutto ciò il ristorante gourmet propone una cucina che – a detta degli ispettori - è sempre riconoscibile, golosa, di territorio, sebbene leggermente contaminata.

Specialità: Patate del Matese, funghi e tartufo. Agnello laticauda, yogurt e bieta. Semifreddo al torroncino croccante e gel di liquore elle erbe.

Menu 70/90 € – Carta 60/85 €

🐿 😋 🎋 ⇄ 🅿 *Hotel Aquapetra Resort e Spa, località Monte Pugliano 1 (S.S.*
Telesina 372 - uscita Cerreto) – 𝒞 0824 941878 – www.aquapetra.com –
Chiuso lunedì, martedì

🏨 AQUAPETRA RESORT & SPA

CASA DI CAMPAGNA · **ELEGANTE** Una famiglia di architetti ha rilevato un vecchio rudere con l'intento di realizzare un progetto da mille e una notte: il risultato è questa sorta di lussuoso borgo, dove gli spazi sono personalizzati con pezzi d'antiquariato ed accessori dell'ultima generazione, incantevole spa con 2 suggestive piscine e cabine per trattamenti estetici. Un po' alla volta sta nascendo anche un interessante "parco d'arte". Molto più di un sogno!

🗝 ⟵ 😋 ⛴ 🔲 🔅 🛥 ℔ ♿ 🆔 🛎 🅿 39 camere – 2 suites

località Monte Pugliano 1 (S.S. Telesina 372 - uscita Cerreto) – 𝒞 0824 941878 –
www.aquapetra.com

⁂ **La Locanda del Borgo** – Vedere selezione ristoranti

TERAMO

✉ 64100 – Teramo (TE) – Carta regionale n° **1**–B2 – Carta stradale Michelin 563-N23

🙂 SPOON

CONTEMPORANEA · **SEMPLICE** ✗ Nel cuore del centro storico, ad un passo dal bel duomo di origini duecentesche, un piccolissimo locale molto semplice, di gusto contemporaneo come le sue proposte di cucina preparate da due giovani chef-titolari provenienti dalla scuola di Niko Romito. Piatti di sola carne, colorati, leggeri e gustosi, generosi e proposti con un eccellente rapporto qualità/prezzo.

Specialità: Burrata croccante. Tagliatella ai porcini ed erbe. Frolla, mango e cioccolato bianco.

Menu 38 € – Carta 30/40 €

🎋 🆔 *via Mario Capuani 61 – 𝒞 345 037 0764 – Chiuso 9 agosto-1 settembre,*
lunedì, martedì-sabato a mezzogiorno, domenica

🍽 OISHI TERAMO ⓝ

FUSION · **MINIMALISTA** ✗ Nel centro di Teramo, tra le vie pedonali, qui un giovanotto abruzzese gestisce con garbo un piccolo locale all'insegna del matrimonio tra Oriente ed Occidente: la cucina di Oishi, che significa niente meno che "squisito". Partendo dalla tradizione giapponese di crudi, sushi, sashimi, uramaki, nighiri, hosomaki, si approda a piatti cucinati, in cui c'è spazio per una piacevole fusion tra ingredienti e sapori italiani.

Menu 30/60 € – Carta 37/50 €

🎋 🆔 *via Mario Capuani 47 – 𝒞 391 394 2429 – oishiteramo.it – Chiuso 1 gennaio,*
4 aprile, 25 dicembre, lunedì, martedì-domenica a mezzogiorno

TERLANO • TERLAN

✉ 39018 – Bolzano (BZ) – Carta regionale n° **19**–D3 – Carta stradale Michelin 562-C15

a Settequerce Sud - Est : 3 km

⁑○ **PATAUNER**

REGIONALE • SEMPLICE ⅹ Apparentemente semplice e in posizione stradale, l'edificio è in realtà del Seicento, mentre la trattoria è gestita dall'omonima famiglia da un secolo: oggi terza e quarta generazione cucinano gomito a gomito piatti fortemente legati al territorio. In stagione gli asparagi bianchi di Terlano sono tra gli imperdibili, così come lo sono, tutto l'anno, le interiora.

Menu 30/45€ – Carta 26/54€

   🍴 🅿 *via Bolzano 6 – ℰ 0471 918502 – www.restaurant-patauner.net – Chiuso 15 febbraio-4 marzo, 2-25 luglio, giovedì, da luglio-settembre la domenica*

TERMENO SULLA STRADA DEL VINO •
TRAMIN AN DER WEINSTRASSE

✉ 39040 – Bolzano (BZ) – Carta regionale n° **19**–D3 – Carta stradale Michelin 562-C15

⁑○ **TABERNA ROMANI**

CLASSICA • ROMANTICO ⅹⅹ Ambienti curati all'interno di un edificio storico, romanticamente rurali, particolarmente ameni nel bel giardino. La massima cura nella selezione delle materie prime - spesso locali e nel caso di erbe e frutta anche di produzione propria - è la felice premessa da cui scaturiscono preparazioni classiche, ma mai banali. Molto belle le camere ai piani superiori.

Menu 49/52€ – Carta 59/84€

   ⇐ 🍴 🍴 🅿 *via Andreas Hofer 23 – ℰ 0471 860010 – www.ansitzromani.com – Chiuso 1 gennaio-21 marzo, lunedì, domenica*

TERMINI – Napoli (NA) → Vedere Massa Lubrense

TERMOLI

✉ 86039 – Campobasso (CB) – Carta regionale n° **1**–D2 – Carta stradale Michelin 564-A26

⁑○ **FEDERICO II**

PESCE E FRUTTI DI MARE • INTIMO ⅹⅹ Nel centro storico, ad un passo dalla cattedrale, raccolto locale il cui giovane titolare elabora, talvolta con un pizzico di fantasia, i buoni prodotti del mare che lui stesso acquista giornalmente.

Menu 35/45€ – Carta 35/50€

   🍴 🅐🅒 *via Duomo 30 – ℰ 0875 85414 – www.ristorantefedericoii.com – Chiuso 24 dicembre-1 gennaio, lunedì, domenica sera*

⁑○ **SVEVIA**

MEDITERRANEA • ELEGANTE ⅹⅹ Nelle cantine di un palazzo d'epoca, la storia si fonde abilmente con atmosfere moderne, mentre la cucina si ancora alla tradizione marittima molisana: i crudi tra le specialità, ma anche tante altre proposte ittiche, sovente legate alle tradizioni locali.

Menu 35€ (pranzo), 45/65€ – Carta 40/65€

   ⇐ 🅐🅒 *Hotel Residenza Sveva, via Giudicato Vecchio 24 – ℰ 0875 550284 – www.svevia.it – Chiuso lunedì*

⁑○ **L'OPERA**

PESCE E FRUTTI DI MARE • CONTESTO TRADIZIONALE ⅹ Sotto le volte in mattoni di questo piccolo locale, semplice, ma accogliente, potrete trovare tipiche specialita di pesce; simpatico, anche il dehors estivo.

Carta 25/60€

   🍴 🅐🅒 *via Adriatica 32 – ℰ 0875 808001 – www.trattorialopera.com – Chiuso lunedì, domenica sera*

TERNI

✉ 05100 – Terni (TR) – Carta regionale n° **20**–C3 – Carta stradale Michelin 563-O19

⫟◯ **NASCOSTOPOSTO** 🄽

MODERNA · MINIMALISTA XX Non preoccupatevi, non è - poi - cosi "nascosto", anche se nei vicoli storici della città! Ambiente minimalista-moderno dove l'appassionata coppia, lei in sale e lui in cucina, vi delizieranno con piatti ricchi di fantasia e contaminazioni regionali, nazionali e qualcosa d'inaspettatamente esotico.

Menu 30/38 € – Carta 35/45 €

& ⫟K *via Sant'Alò – 𝒞 0744 608309 – Chiuso 2-10 gennaio, 15-21 febbraio, 14-22 agosto, lunedì, martedì-domenica a mezzogiorno*

TERRACINA

✉ 04019 – Latina (LT) – Carta regionale n° **7**–C3 – Carta stradale Michelin 563-S21

❀ **ESSENZA**

Chef: Simone Nardoni

ITALIANA CONTEMPORANEA · CONTESTO CONTEMPORANEO XXX A pochi passi dal mare, la vista sul tempio di Giove Anxur la si dà quasi per scontata, ma è sempre suggestiva. Una volta varcata la soglia del locale, le vostre attenzioni si concentrano, invece, sull'esperienza che vi attende. Ottimo ristorante a pochi passi dal mare, moderno ed elegante, l'espositore dei formaggi o la teca dove selezionate carni giacciono a frollare vi fanno fin da subito capire che qui si fa sul serio! Lo chef-patron porta avanti la sua offerta al passo con i tempi, seppure radicata nel territorio; il pesce, ad esempio, pescato in queste acque è l'attore principale del menu, mentre per quanto riguarda la carne la si seleziona in giro per il mondo. "Non mi allontano mai dai fornelli per dimostrare, ogni giorno a me stesso, che è solo con il duro lavoro che si raggiungono certi traguardi" afferma Simone Nardoni. Visti i risultati, come dargli torto?

Specialità: Scampo, midollo e carote. Tutto il piccione. Aneto, dragoncello e kiwi.

Menu 40/70 € – Carta 60/80 €

⫟⫟ ⫟⫟ & ⫟K *via Cavour 38 – 𝒞 0773 369762 – www.essenza.co – Chiuso 11-21 gennaio, mercoledì*

TERRANOVA DI POLLINO

✉ 85030 – Potenza (PZ) – Carta regionale n° **2**–C3 – Carta stradale Michelin 564-H30

⫟ **LUNA ROSSA**

REGIONALE · RUSTICO X In centro paese, locale rustico e conviviale con panoramica terrazza affacciata sulla valle. La ricerca dei piatti della tradizione parte dal mondo contadino per concretizzarsi nella continua passione e nel rinnovato talento dello chef. Specialità: il raviolo della memoria.

Specialità: Zuppa di porcini. Cavatelli di segale al tartufo. Pepite di pasta di mandorle al cioccolato.

Menu 25 € (pranzo)/35 € – Carta 20/40 €

≼ ⫟⫟ ⫟ *via Marconi 18 – 𝒞 0973 93254 – www.federicovalicenti.it – Chiuso mercoledì*

TERRANUOVA BRACCIOLINI

✉ 52028 – Arezzo (AR) – Carta regionale n° **18**–C2 – Carta stradale Michelin 563-L16

a Montemarciano Nord: 5 km

⫟◯ **LA CANTINELLA**

TOSCANA · AMBIENTE CLASSICO XX Ristorantino di campagna dagli interni piacevolmente personalizzati nella sala veranda con vista sul verde, ma anche con un godevole servizio estivo in terrazza affacciata sulle balze. Solo carne in carta: la cucina, infatti, rivisita la tradizione toscana.

Carta 30/45 €

≼ ⫟⫟ ⫟ *località Montemarciano – 𝒞 055 917 2705 – Chiuso 1-15 gennaio lunedì, martedì-sabato a mezzogiorno*

TERRASINI – Palermo (PA) → Vedere Sicilia

TESIMO • TISENS
✉ 39010 – Bolzano (BZ) – Carta regionale n° **19**–B2 – Carta stradale Michelin 562-C15

❀ ZUM LÖWEN
Chef: Anna Matscher

CREATIVA · ROMANTICO XX "La provenienza delle materie prime è molto importante per me. La mia cucina è il luogo in cui posso dare spazio alla mia creatività. Cucinare per me significa esprimere la mia gioia di vivere." E di entusiasmo e fantasia Anna ne ha da vendere! Basti citare piatti quali il cappuccino di animelle di vitello. Sapiente ristrutturazione di un antico maso - dal fienile alle vecchie stalle - tutto è stato recuperato ed esaltato da inserimenti più moderni. Se si viene qui in primis per la cucina, ci si accorge presto che anche il luogo merita il viaggio.

Specialità: Cappuccino con animelle di vitello. Tortelli ripieni di ricotta di bufala con erbe e pomodori. Bianco al caffè con schiuma al cioccolato fondente.

Menu 89/99 € – Carta 60/100 €

via Principale 72 – ☎ 0473 920927 – www.zumloewen.it –
Chiuso lunedì, martedì

TIGLIOLE
✉ 14016 – Asti (AT) – Carta regionale n° **14**–A1 – Carta stradale Michelin 561-H6

❀ CA' VITTORIA
Chef: Massimiliano Musso

PIEMONTESE · ELEGANTE XXX Nel cuore di un villaggio da cartolina, da diverse generazioni la stessa famiglia accoglie i clienti con serietà e professionalità tutte sabaude. E, soprattutto, con una cucina interessante! Ma se per nonna Gemma e mamma Sandra la regione ritornava sempre nei piatti, oggi Massimiliano personalizza la linea dando un tocco di creatività ed esterofilia. Lo fa inserendo sulla stessa base piemontese ingredienti internazionali come lo yuzu, per poi "ritornare a casa" con verdure ed ortaggi provenienti dall'orto di famiglia. A completare il quadretto, una bella terrazza e tanto confort nell'attiguo, raccolto hotel.

Specialità: Coniglio, carciofi e liquirizia. Cappellaccio di crème fraiche, ragù di capretto e rafano. Bunet.

Menu 60/110 € – Carta 57/96 €

🏵 🗪 ⪕ 🖼 🏠 & 🅰 🅿 *via Roma 14 – ☎ 0141 667713 – www.cavittoria.it –*
Chiuso 16 febbraio-15 marzo, 11-21 agosto, lunedì, martedì-venerdì a mezzogiorno, domenica sera

TIRIOLO
✉ 88056 – Catanzaro (CZ) – Carta regionale n° **3**–B2 – Carta stradale Michelin 564-K31

🙂 DUE MARI
REGIONALE · SEMPLICE X Un po' di pazienza per raggiungerlo da Catanzaro, ma il panorama da questo ristorante-belvedere è spettacolare, nelle giornate più limpide lo sguardo comprende il Tirreno, lo Ionio, le Eolie e l'Etna. Cucina in prevalenza di terra e dalle porzioni generose, gli scilatelli (pasta fresca fatta in casa) sono tra le specialità più gettonate.

Specialità: Antipasto tipico calabrese (salumi, formaggi, sott'oli). Pollo alla diavola con patate silane. Pignolata al miele.

Menu 15/30 € – Carta 17/30 €

🗪 ⪕ 🖼 🅿 *via Seggio 2 –*
☎ 0961 991064 – www.duemari.com –
Chiuso lunedì, domenica sera

TIROLO • TIROL

✉ 39019 – Bolzano (BZ) – Carta regionale n° **19**–B1 – Carta stradale Michelin 562-B15

⭐⭐ TRENKERSTUBE

CREATIVA · ROMANTICO XxxX La carta offre una ristretta selezione di piatti, che permette a Gerhard Wieser d'individuare i prodotti di nicchia provenienti non solo dall'Alto Adige, ma dall'intero Paese. Il suo motto non è la regionalità a tutti i costi, ma un atteggiamento di apertura alla biodiversità di altri territori - anche quelli del più profondo sud - riuscendo sempre ad ottimizzare e ad affinare i singoli influssi, gli aromi e la loro interazione attraverso l'utilizzo di tecniche di cottura nuove e moderne. Caso più unico che raro di sodalizio, il bravissimo cuoco festeggia i trent'anni di collaborazione con l'hotel Castel proprio nel 2021; quasi fosse un festeggiamento, durante l'inverno è previsto il totale rinnovo della sala, che verrà spostata all'interno dell'albergo in una zona in cui sarà garantita anche la vista sulla valle e su Merano.

Specialità: Trota salmonata selvaggia affumicata, porri, limone, capperi. Sella di vitello, ossobuco gremolato, carota e funghi gallinacci. Bergamotto-soufflé, pesca, gelato cremoso al tè nero.

Menu 138/178 € – Carta 95/150 €

🛏 🍴 ♿ 🚗 *Hotel Castel, vicolo dei Castagni 18 –*
☎ *0473 923693 – www.hotel-castel.com –*
Chiuso 1 dicembre-27 aprile, lunedì, martedì-sabato a mezzogiorno, domenica

⭐ CULINARIA IM FARMERKREUZ

Chef: Manfred Kofler

MODERNA · CONTESTO CONTEMPORANEO XX Abbarbicato sul versante dello Sprosner Rötelspitze che scruta Merano dall'alto, a destra la val Venosta, a sinistra la Passiria, davanti quella dell'Adige, la vista da questo ristorante è – a dir poco – strepitosa! Ma non ci si spinge fin quassù solo per il panorama, bensì per quella cucina che, partendo dal territorio, percorre un lungo viaggio verso il mare ed i sapori mediterranei (non a caso il menu degustazione s'intitola proprio "Dalle Alpi al mare"). Sulle lievi ali della modernità, il tutto porta la firma di Manfred Kofler ai fornelli e del fratello Stefan in sala. A pranzo, carta semplice.

Specialità: Variazione di foie gras, pistacchio, mela golden delicious. Sella di cervo, rapa al prezzemolo, ribes selvatico e funghi di bosco. Cioccolato, sorbetto alle ciliege e citronella.

Menu 45 € (pranzo), 92/110 € – Carta 65/85 €

⬧ 🍴 ♿ 🅿 *via Aslago 105 –*
☎ *0473 923508 – www.culinaria-im-farmerkreuz.it –*
Chiuso 3-31 gennaio, lunedì, domenica

🏨 ERIKA

LUSSO · PERSONALIZZATO Un'incantevole casa di montagna, dove legno, pietre e altri materiali locali sono interpretati con straordinaria eleganza. Le camere vengono rinnovate senza sosta, le ultime create sono superbamente arredate. Favoloso centro benessere.

🌡 ⬧ 🛏 ⚒ 🖥 📶 🧖 Ⅰ⃝ 🛗 🅰 🚗 75 camere – 26 suites
via Principale 39 – ☎ 0473 926111 – www.erika.it

🏨 CASTEL

GRAN LUSSO · TRADIZIONALE Struttura lussuosa, arredamento elegante, moderno centro benessere: il concretizzarsi di un sogno, in un panorama incantevole. Comodità e tradizione ai massimi livelli.

🌡 🏊 ⬧ 🛏 ⚒ 🖥 📶 🧖 Ⅰ⃝ 🛗 ♿ 🚗 30 camere – 15 suites
vicolo dei Castagni 18 –
☎ *0473 923693 – www.hotel-castel.com*
⭐⭐ **Trenkerstube** – Vedere selezione ristoranti

KÜGLERHOF

LUSSO · PERSONALIZZATO Nella parte alta e tranquilla della località, avrete la sensazione di trovarvi in un'elegante casa, amorevolmente preparata per farvi trascorrere ore di relax e svago, anche nel giardino con piscina riscaldata. Specialità della casa a disposizione non solo di chi alloggia in hotel al ristorante (su prenotazione).

🛐 🐾 ≤ 🎋 🎿 🎷 🖭 **P** 🚗 35 camere

via Aslago 82 – ℰ 0473923399 – www.kueglerhof.it

TISENS • TESIMO – Bolzano (BZ) → Vedere Tesimo

TIVOLI
✉ 00019 – Roma (RM) – Carta regionale n° **7**–C2 – Carta stradale Michelin 563-Q20

🍴 SIBILLA
MEDITERRANEA · ACCOGLIENTE ✕✕ In splendida posizione accanto al tempio di Vesta, ben visibile dall'ampio dehors, tre generazioni portano avanti lo storico locale proponendovi un'ampia scelta tra carne, pesce e piatti regionali.

Menu 30 € – Carta 28/75 €

≤ 🎋 🎄 🎢 *via della Sibilla 50 – ℰ 0774 335281 – www.ristorantesibilla.com – Chiuso lunedì*

TOBLACH • DOBBIACO – Bolzano (BZ) → Vedere Dobbiaco

TODI
✉ 06059 – Perugia (PG) – Carta regionale n° **20**–B3 – Carta stradale Michelin 563-N19

a Chioano Est : 4, 5 km

🍴 FIORFIORE
MODERNA · ROMANTICO ✕✕ Ecco l'indirizzo giusto se volete offrirvi una cucina creativa e ricercata, non solo di piatti umbri; spettacolare servizio all'aperto, si mangia circondati dai colli con il profilo di Todi sullo sfondo. Belle camere e attrezzata zona benessere per una sosta da ricordare.

Carta 32/58 €

🛏 ≤ 🎄 🎢 ⬩ **P** *Hotel Residenza Roccafiore, località Chioano – ℰ 075 894 2416 – www.ristorantefiorfiore.com – Chiuso martedì*

TORBIATO – Brescia (BS) → Vedere Adro

TORBOLE
✉ 38069 – Trento (TN) – Carta regionale n° **19**–B3 – Carta stradale Michelin 562-E14

🍴 AQUA 🔘
CONTEMPORANEA · CONTESTO CONTEMPORANEO ✕✕ La vista dalla sala-veranda di questo locale modaiolo, rinnovato poco anni orsono in stile moderno, offre un rilassante scorcio sulla natura circostante: l'acqua ravvivata dall'*Ora* (il famoso vento del Garda), le vele e in lontananza le vette trentine. Anche la cucina è molto curata; la carta presenta un'impronta genericamente contemporanea in cui, però, si distinguono una linea con ingredienti di lago e territorio, l'altra a base di pesce di mare.

Menu 53 € – Carta 45/73 €

🛏 ≤ 🎄 🎢 ⬩ *lungolago Conca d'Oro 11 – ℰ 0464 505142 – aquaristorante.com*

🍴 LA TERRAZZA
PESCE E FRUTTI DI MARE · ROMANTICO ✕✕ Una piccola sala interna ed una veranda con vista sul lago, che in estate si apre completamente, dove farsi servire piatti di forte ispirazione regionale e specialità di lago.

Menu 40/55 € – Carta 25/45 €

🎢 ⬩ *via Benaco 24 – ℰ 0464 506083 – www.allaterrazza.com – Chiuso 15 marzo-10 novembre, 5 dicembre-15 gennaio, martedì*

TORCELLO – Venezia (VE) → Vedere Venezia

TORGIANO
✉ 06089 – Perugia (PG) – Carta regionale n° **20**–B2 – Carta stradale Michelin 563-M19

⫛◯ **QUATTRO SENSI**

CONTEMPORANEA · ACCOGLIENTE ✕✕ Nuovo slancio per il ristorante del Borgobrufa, che riserverà ancora tante piacevoli sorprese ai suoi ospiti... La cucina dialoga con i prodotti del territorio di ricercata qualità e li mette al servizio di una tradizione gastronomica reinterpretata in chiave moderna. Attenzione: non si accettano clienti di età inferiore ai 15 anni.

Carta 37/53 €

🏠 ⅋ 🔠 🅿 *Borgobrufa SPA Resort, via del Colle 38, località Brufa* – ℰ 075 9883 – *www.borgobrufa.it*

🏠🏠🏠 **BORGOBRUFA SPA RESORT**

SPA E WELLNESS · ACCOGLIENTE Una delle migliori spa dell'Umbria in un bellissimo borgo interamente ubicato nel verde e nella natura con splendide camere arredate secondo la tradizione locale, alcune con travi a vista. Attenzione: la struttura non accetta ospiti di età inferiore ai 15 anni.

🏠 ⅋ 🔙 ⿻ 🔲 🌐 ⑂ ♨ 🔠 🅿 35 camere – 15 suites

via del Colle 38, località Brufa – ℰ 075 9883 – *www.borgobrufa.it*

⫛◯ **Quattro Sensi** – Vedere selezione ristoranti

Luca Querzoli/Shutterstock.com

✉ 10121 – Torino (TO)
Carta regionale n° **12**–A1
Carta stradale Michelin 561-G5

TORINO

Ci piace: la cucina vivace e moderna, come gli ambienti, del **Condividere**. I piatti del territorio che rispettano stagioni e tradizioni proposti dal **Contesto Alimentare**, ormai un must per chi è in città. L'originalità di **Tuorlo**: nel nome e nel piatto! **ERAGOFFI** nato negli stessi locali del ristorante che da fine '800 ha fatto parte della storia di Torino.

Imprescindibile una sosta nei tanti celebri caffè; tra questi, gli ispettori ricordano Baratti & Milano, Al Bicerin, San Carlo. Pasticceria e confetteria Stratta: corone sabaude, bonbon e gianduiotti. Perdersi tra le poliedriche proposte eno-gastronomiche di Eataly Lingotto: il primo punto vendita di una lunga serie.

Ristoranti

✿ DEL CAMBIO

Chef: Matteo Baronetto

PIEMONTESE · **CONTESTO STORICO** XxX Ristorante fondato nel 1757, Del Cambio è un luogo d'innata eleganza dove la dicotomia tra arte contemporanea e arredi da romanzo d'epoca trova continuità nel menu dello chef Matteo Baronetto, cuoco che ha dato un grande contribuito allo sviluppo della cucina italiana d'avanguardia nei primi anni Duemila. Abile nell'alternare manicaretti di stampo tradizionale a piatti più moderni e creativi, nel suo menu fanno capolino proposte sintetiche, ma altamente eloquenti e mai eccessive. Per conoscerlo in maniera un po' più diretta, gli ispettori consigliano di prenotare lo *Chef Table*: massimo quattro persone ed un percorso pensato al momento. Completano l'offerta il light lunch, l'eccellente caffè "Farmacia" e "Il tavolo della cantina", uno spazio che custodisce ben 19 mila bottiglie collocato nelle fondamenta fisiche e spirituali del ristorante, sede di cene conviviali e degustazioni.

Specialità: Insalata piemontese. Agnolotti alla piemontese. Giandujotto.

Menu 105 € (pranzo), 110/210 € – Carta 86/108 €

🏵 🖼 ♿ 🅰🅲 ⇄ **Pianta: C2-a** – *piazza Carignano 2 – ☎ 011 546690 – www.delcambio.it – Chiuso 7-17 gennaio, 16-27 agosto, lunedì, martedì-giovedì a mezzogiorno, domenica sera*

✿ CARIGNANO

CREATIVA · **INTIMO** XxX Punta di diamante gourmet del Grand Hotel Sitea, pur riservando qualche citazione alla tradizione regionale, il ristorante propone piatti fondamentali creativi. Ai fornelli c'è Fabrizio Tesse: pragmatismo e rigore tutto piemontese, lui che – in realtà – è nato a Milano. Nel cuore nobile della città della Mole, una saletta bianca immacolata per un numero esiguo di tavoli. Gli ispettori consigliano: meglio prenotare (on-line)!

TORINO

0   500 m

Specialità: Animella tonnata. Risotto gran riserva, carpaccio di sogliola, peperone crusco e ali di pollo croccanti. Tirami-choux.

Menu 85/100 € – Carta 72/106 €

&& Ⓐ **Pianta: C2-t** – *Grand Hotel Sitea, via Carlo Alberto 35* – ℰ *011 517 0171* – *www.ristorantecarignano.it* –
Chiuso 1-12 gennaio, 1 agosto-7 settembre, lunedì-sabato a mezzogiorno, domenica

🌸 CASA VICINA-EATALY LINGOTTO

Chef: Claudio Vicina e Anna Mastroianni

PIEMONTESE · MINIMALISTA 𝕏𝕏 Coppia nella vita e nel lavoro, Anna Mastroianni e Claudio Vicina sono gli chef-patron di Casa Vicina all'interno di Eataly Lingotto. È una saga famigliare iniziata nel lontano 1968 quando i nonni aprirono un ben più modesto ristorante a Borgofranco d'Ivrea; oggi - a garantire l'alto standard del locale - concorrono anche Stefano, fratello dello chef che fa il sommelier (la proposta enoica poggia su oltre 4000 referenze!), nonché responsabile di sala coadiuvato da Laura figlia maggiore della coppia. Ma a un posto, in questo caso in cucina, se l'è ritagliato anche Silvia, che aiuta mamma e papà a sfornare piatti d'impronta regionale permeati da un leggero afflato moderno.

Specialità: Tonno di coniglio con giardiniera di verdure in agrodolce. Agnolotti pizzicati a mano al sugo d'arrosto. Torrone al cucchiaio.

Menu 50 € (pranzo), 80/130 € – Carta 70/130 €

&& ⴟ Ⓐ **Fuori pianta** – *via Nizza 224 (in fase di trasferimento)* – Ⓜ *Lingotto* –
ℰ *011 1950 6840* – *www.casavicina.com* –
Chiuso 13-29 agosto, lunedì, domenica sera

🌸 MAGORABIN

Chef: Marcello Trentini

CREATIVA · CONTESTO CONTEMPORANEO 𝕏𝕏 In dialetto piemontese, Magorabin è l'uomo nero o meglio lo spauracchio con il quale si tengono a bada i bambini, curiosa come insegna di un ristorante, non è vero? Ma ancora più originale è il suo chef-patron dai lunghi dreadlock, amante dei viaggi e delle filosofie rastafariane dell'India, che ha studiato cinema e belle arti ed è finito ai fornelli quasi per caso. Ma il caso non esiste ed una volta individuata la sua passione, nonché vocazione, è stato un continuo crescere, scoprire e divenire. Nei suoi piatti sono rinvenibili echi della tradizione regionale con ingredienti locali ed internazionali, grande sinfonia di sapori ed una rara combinazione tra audacia, sensibilità, cultura gastronomica e tecniche sopraffine. Tre i percorsi degustazione: *Gran Torino* (elogio della tradizione) - *Iconici* (le specialità illustrano la filosofia di Marcello) - *Opera* (5 atti, come in una pièce teatrale). Da questi menu si possono estrarre alcune portate a piacere.

Specialità: Lingua, gamberi, mandarino. Spaghetti, pane, burro e acciughe. Fondente pesca e cioccolato.

Menu 100/120 € – Carta 95/135 €

ⴟ Ⓐ **Pianta: D2-b** – *corso San Maurizio 61/d* – ℰ *011 812 6808* –
www.magorabin.com –
Chiuso lunedì sera, domenica

🌸 PIANO 35 Ⓝ

MODERNA · DESIGN 𝕏𝕏 Alimentazione geotermica, autoregolazione dell'illuminazione interna in base alla luce naturale, facciate a "doppia pelle": il grattacielo che ospita questo ristorante è unico per innovazione architettonica, materiali e tecnologie d'avanguardia. Ma c'è di più. Piano35 si trova all'interno della serra bioclimatica dell'edificio, un ambiente *sui generis* in quanto giardino d'alta quota, che si sviluppa dal 35° al 37° piano. L'offerta del locale si basa su tre differenti proposte: "In Piemonte", un omaggio di Marco Sacco alla grande tradizione culinaria sabauda, "Giro d'Italia", in cui a farla da padrona è la materia prima del Bel Paese e "Piccolo Lago a Torino" che propone alcuni dei piatti più famosi della carriera e del successo dello chef. Ogni menu può essere assaporato nella versione light o in quella completa a seconda che si scelgano quattro o sette portate.

Specialità: Vitello tonnato. Grissinopoli. Gelato al latte di montagna, rabarbaro e crumble di cioccolato.

Menu 90/120 €

≼ & 🅰️ **Pianta: B2-a** – *corso Inghilterra 3 (grattacielo Intesa Sanpaolo)* –
🅜 *Torino Porta Susa* –
✆ *011 438 7800 - www.piano35.com* –
Chiuso domenica

✿ SPAZIO7

MODERNA · DESIGN ❈❈ Al 1° piano dello Spazio Espositivo della Fondazione Sandretto Re Rebaudengo, associazione dedita all'arte contemporanea, la cucina di Spazio7 ripercorre i sapori più autentici della tradizione italiana, con alcuni omaggi al Piemonte e alla storia culinaria di Torino.

Alla ricerca dell'umami, i sapori di Alessandro Mecca sono decisi e netti; le preparazioni di moderna eleganza estetica lasciano tuttavia intravedere qualche nostalgia del passato, proponendo al tempo stesso l'originalità dello chef. Se i menu hanno già tanto da raccontare, aspettatevi qualche inatteso fuori carta: ovvero piatti che nascono in giornata senza necessariamente essere replicati l'indomani. A pranzo, si rimane al piano terra con ricette più semplici al bistrot-caffetteria.

Specialità: Dentice all acqua pazza. Riso giallo e ossobuco. Il Bel Paese.

Menu 45 € (pranzo), 70/100 € – Carta 60/80 €

& 🅰️ ↻ **Pianta: A3-a** – *via Modane 20* – ✆ *011 379 7626* –
www.ristorantespazio7.it – *Chiuso 26 dicembre-6 gennaio, 3-25 agosto, lunedì, martedì-sabato a mezzogiorno*

✿ VINTAGE 1997

MODERNA · ELEGANTE ❈❈ Ambiente ovattato e stiloso, velluti rossi e tavoli coperti da tovaglie immacolate: Vintage 1997 è una vera, grande tavola della borghesia torinese che ha visto passare nel corso degli anni alcuni tra i più importanti protagonisti della vita cittadina. Circa la cucina, la brigata di bravi cuochi porta avanti una linea che allude a proposte creative, soprattutto nel menu *LUNAPARK* (su prenotazione!), ma c'è anche *Punt e Mes* che racconta in maniera più esaustiva il territorio. Nella regione che – nell'immaginario collettivo – si vuole più orientata ai sapori di terra, osate il proverbiale crudo di mare. Importazione diretta di Champagne ed altri vini esteri.

Specialità: Battuta di carne cruda di Fassona. La Torinese: costoletta di vitello con panatura di nocciole e grissini. Tiramisù espresso in cialda di cioccolato Sur del Lago.

Menu 24 € (pranzo), 60/100 € – Carta 60/120 €

❀❀ 🅰️ **Pianta: C2-e** – *piazza Solferino 16/h* – 🅜 *Re Umberto* –
✆ *011 535948 - www.vintage1997.com* –
Chiuso 5 agosto-1 settembre, sabato a mezzogiorno, domenica

✿ CANNAVACCIUOLO BISTROT

CREATIVA · BISTRÒ ❈❈ Se per natura, il bistrot è la tipologia di locale più consona a favorire la convivialità, qui, tra i suoi spazi di disinvolta eleganza - ad un passo dal Po e dalla Gran Madre - troverete un'atmosfera effervescente, nonché una cucina che rende omaggio al nord e al sud, alla terra e al mare; su tutto regna sovrana la creatività dello chef, Nicola Somma. Campano come il suo mentore, il giovane cuoco prosegue nell'alveo segnato da Tonino introducendo - tuttavia - alcuni classici torinesi, rivisitati in chiave creativa.

Specialità: Tonno vitellato con maionese di bottarga. Riso aglio, olio, limone, bottarga e prezzemolo. Limone, crumble di capperi e olive taggiasche candite.

Menu 95/110 € – Carta 90/120 €

🍴 & 🅰️ **Pianta: D2-c** – *via Umberto Cosmo 6* –
✆ *011 839 9893 - www.cannavacciuolobistrot.it* –
Chiuso 9-20 agosto, lunedì a mezzogiorno, domenica

✿ **CONDIVIDERE**

MODERNA · DESIGN XX "Condividere" è un vivace progetto ideato dal celebre chef Ferran Adrià insieme ad un importante marchio del made in Italy, nel cui quartier generale si trova. La promessa del nome è mantenuta: si condividono infatti la qualità del cibo, ma anche un'allegria giovane e moderna che fluttua nell'allestimento onirico disegnato da un famoso scenografo premio Oscar, Dante Ferretti. In un teatro dell'esperienza, urbano e colorato, che ricorda certe realtà newyorkesi, si possono effettuare percorsi, più o meno lunghi, fatti di piccoli assaggi, o scegliere à la carte, meglio ancora miscelare le 2 formule. I piatti sono moderni, i sapori interessanti spaziano dalla terra al mare, dal Piemonte al resto del mondo, mentre i dessert e i caffè sono serviti in una saletta dedicata. E in un'ottica di condivisione, si consiglia di partecipare idealmente al lavoro degli chef prenotando il tavolo fronte cucina, a meno di due metri dai fornelli!

Specialità: Gelato al parmigiano. Risotto alle foglie di fico, manteca e zatar (mix di spezie). Rosa, semifreddo ai frutti rossi e acqua di rosa.

Menu 60/95 € – Carta 54/120 €

🏶 🌤 ᪣ ꭺꞔ **Pianta: D1-a** – *via Bologna 20a* – ☏ *011 089 7651* –
www.condividere.com – Chiuso 23 dicembre-5 gennaio, 10 agosto-3 settembre, lunedì-sabato a mezzogiorno, domenica sera

☺ **L'ACINO**

REGIONALE · RUSTICO X Piccola trattoria dalla simpatica gestione la cui cucina, di stretta osservanza piemontese, ben si abbina all'ottima cantina in grado di proporre - senza esitazioni - il giusto accompagnamento. Attenzione!!! Se non avete preventivamente prenotato sarà difficile trovare un tavolo.

Specialità: Cipolla ripiena di salsiccia con fonduta di raschera. Stinco di maiale al forno con patate. Torta di nocciole con zabaione.

Carta 29/40 €

🏶 ꭺꞔ **Pianta: C2-p** – *via San Domenico 2/a* – ☏ *011 521 7077* –
www.lacinorestaurant.eatbu.com – Chiuso 2-22 agosto, lunedì-sabato a mezzogiorno, domenica

☺ **CONSORZIO**

PIEMONTESE · CONVIVIALE X Semplice ed informale con due sale volutamente tra l'antico e il moderno, quasi a voler introdurre una cucina che parla di tradizione: paste, quinto quarto, finanziera, fassona, e quanto altro il Piemonte possa offrire. E lo fa in che modo? Con cura estetica, qualità dei prodotti e cotture precise. Se non bastasse l'offerta raddoppia nel vicino Banco Vini e Alimenti, versione bistrot.

Specialità: Uovo croccante su biete, fonduta e pancetta. Ravioli di finanziera. Dolce salato.

Menu 38 € – Carta 34/55 €

🏶 ꭺꞔ **Pianta: C2-n** – *via Monte di Pietà 23* – ☏ *011 276 7661* –
www.ristoranteconsorzio.it – Chiuso 2-23 agosto, sabato a mezzogiorno, domenica

☺ **CONTESTO ALIMENTARE**

ITALIANA · SEMPLICE X È la trattoria che tutti vorrebbero sotto casa: semplice, ma attuale, informale e vivace. In una piccolissima sala, la cucina di Francesca percorre con disinvoltura l'Italia dal Piemonte alla Sicilia, a volte con un inaspettato gusto di altri paesi. Strappano il sorriso, il nome di alcuni piatti.

Specialità: Uovo termale e carpione. Ravioli mafè. Panna cotta alla lavanda.

Menu 25/35 € – Carta 20/45 €

ꭺꞔ **Pianta: C2-c** – *via Accademia Albertina 21/e* – Ⓜ *Porta Nuova* – ☏ *011 817 8698* – *www.contestoalimentare.it – Chiuso lunedì*

☺ **SCANNABUE CAFFÈ RESTAURANT**

DEL TERRITORIO · VINTAGE X Trattoria di quartiere che ricalca volutamente l'intramontabile stile tradizionale-vintage. La cucina ruota attorno ai prodotti d'eccellenza locali; a pranzo una carta dedicata si farà apprezzare per l'interessante rapporto qualità/prezzo.

Specialità: Vitello tonnato. Ravioli del plin ai tre arrosti. Babà.

Menu 15 € (pranzo), 32/42 € – Carta 35/45 €

🛱 🏧 **Pianta:** G3-s – *largo Saluzzo 25/h* – Ⓜ *Marconi* – ℰ *011 669 6693* – *www.scannabue.it*

🉐 TUORLO ⓝ

CONTEMPORANEA · ACCOGLIENTE ҳ La Torino gourmand si arricchisce di questa piccola perla: il giovane Alessandro, chef-patron, propone una cucina ricca di spunti di riflessione in quanto a modernità o meglio "tradizione rivisitata". Specialità di mare e ricette vegetariane mai scontate, nonché un rapporto qualità/prezzo interessante. L'ispettore *dixit* "Peccato non poter tornare anche domani per assaggiare altri piatti!"

Specialità: Battuta al coltello, crumble di acciuga e pesto di erbette. Diaframma di vitello lattuga belga e caffè. Latte di capra pesche e amaretto.

Menu 30/40 € – Carta 34/48 €

🏧 **Pianta:** C1-x – *Via San Domenico 12/b* – ℰ *011 1873 3251* – *www.tuorloristorante.it/* – *Chiuso lunedì, martedì a mezzogiorno*

🍴 CAPRICCIOLI

PESCE E FRUTTI DI MARE · CHIC ҳҳ Ai margini del centro, un piacevole locale a conduzione familiare dove le proposte di pesce, talvolta, si arricchiscono di specialità sarde: terra di origine dello chef-titolare. L'astice alla catalana tra i must.

Menu 30 € (pranzo) – Carta 50/90 €

🏧 **Pianta:** C1-e – *via San Domenico 40* – ℰ *011 436 8233* – *www.ristorantecapriccioli.it* – *Chiuso lunedì, martedì-giovedì a mezzogiorno*

🍴 CONNUBIO ⓝ

CONTEMPORANEA · CONTESTO CONTEMPORANEO ҳҳ Pochi tavoli, tra i quali l'anima del legno fa sfoggio della sua bellezza, ed un giovane chef titolare che esprime la sua idea di cucina con accostamenti audaci, ma mai eccessivi per creare appunto un "connubio". Un esempio? Dolce, acido e amaro nel carpaccio di spada, avocado e radicchio bruciato.

Menu 30/55 € – Carta 40/50 €

🏧 **Pianta:** B3-a – *corso Carlo e Nello Rosselli 54* – ℰ *011 509 6561* – *www.connubioristorante.com/* – *Chiuso 8-22 agosto, lunedì-sabato a mezzogiorno, domenica*

🍴 EDIT RESTAURANT

MODERNA · ELEGANTE ҳҳ Edit è non solo l'acronimo di Eat Drink Innovate Together, ma uno spazio polifunzionale, un format all'avanguardia con sede nel cuore di una zona simbolo di riqualificazione urbana: un concept innovativo che unisce il gusto della sperimentazione a quello della condivisione. Un luogo dove prende forma alta ristorazione e cocktail personalizzati, ma anche un piccolo birrificio. In carta piatti moderni, ma per i più curiosi lo chef (arrivato nel 2019) propone il menu a mano libera, molto creativo.

Carta 50/65 €

🏧 ⇔ **Pianta:** C1-a – *via Cigna 96/17* – ℰ *011 1932 9700* – *www.edit-to.com* – *Chiuso lunedì, martedì-sabato a mezzogiorno, domenica*

🍴 ERAGOFFI

CONTEMPORANEA · ACCOGLIENTE ҳҳ Cucina italiana basata sul territorio, che valorizza il lavoro di contadini ed allevatori, privilegiando la qualità delle materie prime, animali e vegetali negli stessi locali di quel ristorante (*Goffi Del Lauro!*) che da fine 800 ha fatto parte della storia della città. Eragoffi, un indirizzo oggi vivamente consigliato per assaporare – in cinque diversi menu – le tante eccellenze locali.

Menu 45/70 € – Carta 48/62 €

🏧 **Fuori pianta** – *Corso Casale 117* – ℰ *389 666 7293* – *www.eragoffi.it* – *Chiuso lunedì, martedì-sabato a mezzogiorno, domenica*

🍴○ FIORFOOD BY LA CREDENZA

CONTEMPORANEA · DESIGN XX All'interno di questa bella galleria del centro cittadino, il ristorante *Fiorfood by La Credenza* (da non confondere con il bistrot) fa parte dell'offerta del negozio di prodotti di qualità a marchio Coop. Al 1° piano uno scrigno moderno nell'ambiente ed una linea gastronomica mediterranea sia di carne che di pesce in chiave attuale; la cucina si scorge attraverso le vetrate che separano dal passaggio pubblico.

Menu 35 € – Carta 40/50 €

    ᕬ AC **Pianta: C2-d** – *Galleria San Federico 26 – ☏ 011 511771 – www.fiorfood.it*

🍴○ PIAZZA DEI MESTIERI

REGIONALE · CONTESTO CONTEMPORANEO XX Luogo di riqualificazione industriale e progetto socio-formativo, a pranzo - in settimana - la proposta si riduce sia nella scelta che nei prezzi, ma non nella qualità, con studenti intenti a imparare il mestiere. A cena, la carta si fa più articolata "prestandosi" a forti richiami regionali e mediterranei in chiave moderna.

Menu 15 € (pranzo), 37/45 € – Carta 20/60 €

    ᑯ ᕬ AC **Pianta: B1-b** – *via Jacopo Durandi 13 – ☏ 011 1970 9679 – www.ristorantelapiazza.com – Chiuso 1-6 gennaio, 12-19 agosto, sabato a mezzogiorno, domenica sera*

🍴○ PICCOLO LORD

DEL TERRITORIO · ACCOGLIENTE XX Servizio informale, ma professionale, in un locale moderno ed accogliente gestito da una coppia: lui sta in cucina, lei - che ha un passato da cuoca - ora segue la sala. Ricette di tecnica e molta personalità con gioco di tendenze dolci nei piatti.

Menu 38/55 € – Carta 38/50 €

    AC **Pianta: D2-a** – *corso San Maurizio 69 bis/G – ☏ 011 836145 – www.ristorantepiccololord.it – Chiuso 16-22 agosto, lunedì-domenica a mezzogiorno*

🍴○ TAVERNA DELL'OCA

REGIONALE · CONVIVIALE XX In quelle che furono antiche stalle con rimessa di carrozze troverete un ambiente tradizionale, a conduzione diretta, con il titolare ai fornelli. Le sue ricette spaziano dai piatti regionali a proposte di pesce; la carta - più articolata la sera - propone anche menu degustazioni di cui uno interamente dedicato all'oca. A pranzo, la scelta si riduce, ma non la qualità. Piccolo dehors estivo sulla strada, comunque poco trafficata, e vista sul bel giardino adiacente.

Menu 15 € (pranzo), 37/40 € – Carta 35/70 €

    AC ⇔ **Pianta: C2-x** – *via dei Mille 24 – ☏ 011 837547 – www.tavernadelloca.com – Chiuso lunedì, sabato a mezzogiorno*

🍴○ TRE GALLINE

DEL TERRITORIO · VINTAGE XX Fin dall'ingresso capirete che qui la tradizione regionale è ben presente: dalla bella selezione enologica ai classici piemontesi (finanziera, battuta, ecc.). Anche le stagioni con il susseguirsi di primizie fanno capolino nei piatti.

Menu 50 € – Carta 45/70 €

    ℬ AC ⇔ **Pianta: C1-c** – *via Bellezia 37 – ☏ 011 436 6553 – www.3galline.it – Chiuso 5-21 luglio, domenica sera*

🍴○ BASTIMENTO

PESCE E FRUTTI DI MARE · BISTRÒ X Sala stretta e allungata, se l'atmosfera ricorda un bistrot e la convivialità – spesso – nasce spontanea, il menu sposa il mare: diversi piatti a base di pesce, degustazioni di ostriche ed ottimi crudi. Nell'adiacente "La Cabane" cucina solo normanna, ovvero *coquillage* e *plateau royal*.

Menu 15 € (pranzo), 30/60 € – Carta 40/65 €

    ᑯ **Pianta: D2-s** – *via della Rocca 10/c – ☏ 011 1970 8154 – www.ristorantebastimento.it – Chiuso lunedì-sabato a mezzogiorno, domenica*

🍴 **GAUDENZIO**

ITALIANA · ALLA MODA 🍴 A pochi passi dalla Mole, un locale piccolo, originale ed informale, dove la cucina si caratterizza per una selezione limitata di piatti, frutto di ciò che il titolare trova quotidianamente nei mercati cittadini. C'è però spazio anche per il pesce, sovente dalla Sicilia, mentre gli appassionati di vini naturali troveranno nel giovane titolare un ottimo conoscitore e selezionatore.

Menu 45 € – Carta 35/48 €

🆎 **Pianta: D2-e** – *via Gaudenzio Ferrari 2h* – 𝒞 *011 860 0242* – *www.gaudenziovinoecucina.it* – *Chiuso lunedì, martedì-giovedì a mezzogiorno*

🍴 **MADAMA PIOLA** ⓝ

REGIONALE · BISTRÒ 🍴 Ambiente vivace e conviviale per questo bistrot-trattoria contemporanea con zona banco che dà sulla cucina. Se i piatti della tradizione vengono solo ritoccati con tecniche più moderne, i sapori non perdono occasione per evocare le piacevoli sensazioni *d'antan*.

Menu 35 € – Carta 27/45 €

🆎 **Pianta: C3-a** – *via Ormea 6* – 𝒞 *011 020 9588* – *www.madamapiolatorino.it* – *Chiuso lunedì a mezzogiorno, martedì, mercoledì-venerdì a mezzogiorno*

Alberghi

🏨 **NH COLLECTION PIAZZA CARLINA** ⓝ

LUSSO · PERSONALIZZATO Nato tra le mura di un palazzo del XVII secolo inizialmente concepito come casa per orfani, se ai primi del '900 vi abitò l'intellettuale A. Gramsci, da alcuni anni a questa parte si propone come uno dei migliori hotel di Torino. Elegante, signorile e impreziosito da una sobria esposizione di opere d'arte, i verdi terrazzi solarium al 4° piano e l'atmosfera ovattata della piccola colazione servita nel grazioso cortile interno nella bella stagione vi faranno scordare di trovarvi in città.

🏞 🛁 🖵 🖫 🆎 🛗 🚠 160 camere – 7 suites

Pianta: D2-a – *piazza Carlo Emanuele II 15* – 𝒞 *011 860 1611* – *www.nh-collection.com*

🏨 **GRAND HOTEL SITEA**

LUSSO · ELEGANTE In una delle zone più eleganti della città, la raffinata tradizione dell'ospitalità alberghiera si concretizza in questo hotel nato nel 1925, dove l'atmosfera è dettata dagli arredi classici e d'epoca. Trendy e simpatico il bistrot Carlo e Camillo con proposte gastronomiche più semplici rispetto al ristorante gourmet Carignano.

🛁 🖵 🖫 🆎 🛗 119 camere – 2 suites

Pianta: C2-t – *via Carlo Alberto 35* – 𝒞 *011 517 0171* – *www.grandhotelsitea.it*

⚜ **Carignano** – Vedere selezione ristoranti

🏨 **TURIN PALACE HOTEL**

TRADIZIONALE · CLASSICO Dopo una chiusura di quasi un decennio, questo storico albergo cittadino rinasce a nuova vita nel 2015. Al suo interno gli ambienti sono oggi nuovissimi, all'insegna di uno stile classico, ma in versione attuale, così come moderni sono i suoi confort: a partire dalla completa, sebbene un po' piccola, spa.

🏞 🖵 🛎 🏋 🛁 🖫 🖫 🆎 🛗 127 suites – 126 camere

Pianta: C2-c – *via Sacchi 8* – Ⓜ *Porta Nuova* – 𝒞 *011 082 5321* – *www.turinpalacehotel.com*

TORNO

✉ 22020 – Como (CO) – Carta regionale n° **10**–B1 – Carta stradale Michelin 561-E9

🕸 **BERTON AL LAGO**

CREATIVA · DESIGN XxX Aperto sia agli ospiti dell'esclusivo hotel, sia ai clienti esterni che possono raggiungerlo anche in barca grazie all'attracco privato – Berton al Lago è stato inserito dalla clientela d'élite tra gli imperdibili del Lario. Nella sua cucina i piatti più celebri della tradizione gastronomica italiana vengono riproposti in chiave contemporanea dall'estro ed indiscussa capacità del giovane Lenzi, che lascia intendere, comunque, la sua passione per l'Oriente. Dei quattro menu degustazione ben tre strizzano l'occhio ai sapori asiatici!

Specialità: Verza in tempura, salmerino, prugne umeboshi e dashi di merluzzo. Raviolo ponzu ripieno di genovese di maiale. Acetosa, bergamotto e sambuco.

Menu 120/150 € – Carta 80/125 €

⟨ 🏡 🏠 & 🅿 *Hotel Il Sereno Lago di Como, via Torrazza 10 – ℰ 031 547 7800 – www.serenohotels.com – Chiuso 1 dicembre-18 marzo*

🏨 **IL SERENO LAGO DI COMO**

GRAN LUSSO · BORDO LAGO Camere spaziosissime ed un'elegante piscina a sfioro sono solo alcune delle caratteristiche di questo albergo dalla allure internazionale e dal design contemporaneo: una vera oasi di relax!

⟨ 🏡 🏊 & 🅰 🅿 30 suites

via Torrazza 10 – ℰ 031 547 7800 – www.serenohotels.com

🕸 **Berton al Lago** – Vedere selezione ristoranti

TORRE CANNE

✉ 72010 – Brindisi (BR) – Carta regionale n° **15**–C2 – Carta stradale Michelin 564-E34

🏨 **CANNE BIANCHE**

RESORT · LUNGOMARE Lungo la litoranea, direttamente sul mare, hotel di recente apertura dagli eleganti interni e generosi spazi comuni all'esterno, piscina nonché spiaggia privata. Invito alla ritualità del benessere nell'attrezzato wellness centre Aqua.

🏞 🐟 ⟨ 🏖 🏡 🏊 🏋 🅰 🅿 51 camere – 3 suites

via Appia Antica 32 – ℰ 080 482 9839 – www.cannebianche.com

TORRECHIARA

✉ 43010 – Parma (PR) – Carta regionale n° **5**–A3 – Carta stradale Michelin 562-I12

🍴 **TAVERNA DEL CASTELLO**

PESCE E FRUTTI DI MARE · CONTESTO STORICO X Sito nel borgo medievale in un maniero quattrocentesco, da qui la vista spazia sulle maestose colline circostanti, mentre lo chef utilizza le materie prime del territorio, privilegiandone la loro stagionalità. Servizio attento e professionale.

Carta 30/50 €

🏠 🅰 ⇔ *via del Castello 25 – ℰ 0521 355015 – www.tavernadelcastello.it – Chiuso lunedì*

TORRE DEL GRECO

✉ 80059 – Napoli (NA) – Carta regionale n° **4**–B2 – Carta stradale Michelin 564-E25

🕸 **JOSÈ RESTAURANT - TENUTA VILLA GUERRA**

MODERNA · CONTESTO STORICO XxX In una settecentesca dimora vesuviana facente parte delle Ville del Miglio D'oro, José Restaurant è il nucleo di un riuscito concept gastronomico che porta in tavola piatti creativi, ma non disdegni della tradizione ed intriganti aperitivi presso la zona lounge bar. Nell'excursus di sapori squisitamente campani legati a stagionalità, prodotti del proprio orto biodinamico o del frutteto, ed eccellenze regionali - dai limoni ai frutti di mare - con ponderate incursioni dal resto del mondo, la fantasia del giovane chef Domenico Iavarone raggiunge il suo apice con la carta dei dolci; basterebbero loro soli a costituire un valido motivo per spingervi fino qui. Ma prima, c'è tanto altro ancora.

Specialità: Uovo in purgatorio con gamberi rossi. Risotto al limone, scampi e liquirizia. Tiramisù con ricotta di bufala e gelato alla fava tonka.

Carta 60/90 €

🕸 ⪜ 🖰 🏠 **🅿** *via Nazionale 414 – 𝒞 081 883 6298 – www.joserestaurant.it –* *Chiuso 7-17 gennaio, 9-19 agosto, martedì, domenica sera*

TORRE DEL LAGO PUCCINI

✉ 55048 – Lucca (LU) – Carta regionale n° **18**-B1 – Carta stradale Michelin 563-K12

al lago di Massaciuccoli Est : 1 km

🍴 **DA CECCO**

TOSCANA · CONVIVIALE ✗ Affacciato sul lago da uno scenografico belvedere - a fianco alla casa museo di Giacomo Puccini - proposte classiche di carne e di pesce, nonché cacciagione (nel periodo invernale), si contendono la carta. Boiserie al soffitto, trofei di caccia e fucili caratterizzano l'ambiente.

Carta 30/55 €

🏠 🏧 *piazza Belvedere Puccini 10/12 – 𝒞 0584 341022 – Chiuso lunedì*

TORRE DI PALME

✉ 63017 – Fermo (FM) – Carta regionale n° **11**-D2

🍴 **VILLA LATTANZI**

ITALIANA CONTEMPORANEA · ELEGANTE ✗✗ Ristorante gourmet all'interno di una Residenza d'Epoca aperta dopo il restauro di un'antica dimora dei Conti Adami. Se alle spalle la macchia verdeggiante e collinare definisce le belle linee delle Marche, all'orizzonte (a pochissimi km) si scorge il mare; nell'ariosa sala vengono serviti sapori italiani contemporanei.

Carta 50/68 €

⪜ 🖰 🏠 ♿ 🏧 ⇪ **🅿** *contrada Cugnolo 19 – 𝒞 0734 53711 – villalattanzi.it*

TORREGROTTA → Vedere Sicilia

TORRIANA

✉ 47825 – Rimini (RN) – Carta regionale n° **5**-D2 – Carta stradale Michelin 562-K19

🌼 **OSTERIA DEL POVERO DIAVOLO**

Chef: Giuseppe Gasperoni

MODERNA · CONTESTO TRADIZIONALE ✗✗ Sulle prime colline romagnole, un bel locale dal sapore antico ma dal confort ed accoglienza moderni. Un giovane cuoco con interessanti esperienze pregresse propone una cucina basata sulla scelta di materie prime di qualità e su piatti sempre colorati e ben presentati, rinnovando la tradizione locale con semplicità e genuinità. Tre i menu degustazione: pesce, carne, e quello dello chef (8 portate "alla cieca" a scelta del cuoco). Piacevole servizio all'aperto ed accoglienti camere per pernottare nel contesto di un grazioso paese.

Specialità: Mazzancolle alla mugnaia, erbe selvatiche e alghe. Faraona alla brace, albicocche e ponzu. Ciliegia, caprino e mandorla.

Menu 50/68 € – Carta 42/50 €

⪜ 🏠 *via Roma 30 – 𝒞 0541 675060 – www.osteriapoverodiavolo.it – Chiuso lunedì a mezzogiorno, martedì, mercoledì, giovedì-venerdì a mezzogiorno*

🍴 **IL CHIOSCO DI BACCO**

REGIONALE · RUSTICO ✗✗ Un vero paradiso per gli amanti della carne. E poi formaggi e piatti della tradizione romagnola, il tutto in un ambiente rustico con finestre che corrono lungo tutto il perimetro.

Menu 45/60 € – Carta 45/100 €

🏠 **🅿** *via Santarcangiolese 62 – 𝒞 333 306 0279 – www.chioscodibacco.it –* *Chiuso lunedì-sabato a mezzogiorno*

TORRILE

✉ 43056 – Parma (PR) – Carta stradale Michelin 562-H12

a Vicomero Sud : 6 km – Carta regionale n° **5**-A3

 ROMANI

EMILIANA · **AMBIENTE CLASSICO** ✕✕ In aperta campagna, con un gran dehors per il servizio estivo, la casa colonica d'epoca ed il suo fienile sono diventati un ristorante di sobria eleganza, dove la passione per la cucina emiliana si concretizza in un'attenta selezione dei migliori prodotti locali, che danno vita a piatti memorabili come i tortelli alle erbette o una bella lista di carni alla griglia. Annessa bottega alimentare con vendita di salumi, formaggi e prodotti tipici.
Specialità: Salumi con torta fritta. Tortelli d' erbetta. Zuppa inglese.
Menu 31/35 € – Carta 33/55 €

🕸 🛱 Ⓜ ♿ 🅿 *via dei Ronchi 2 – ℰ 0521 314117 – www.ristoranteromani.it –
Chiuso 12-31 gennaio, 26 luglio-13 agosto, mercoledì, giovedì*

TORRITA DI SIENA

✉ 53049 – Siena (SI) – Carta regionale n° **18**-D2 – Carta stradale Michelin 563-M17

 FOLLONICO ⓝ

FAMILIARE · **AGRESTE** Immerso nell'inconfondibile paesaggio toscano punteggiato da cipressi ed ulivi, all'interno gli arredi sono in stile e molto ben personalizzati. All'esterno, un'incantevole piscina-solarium per momenti di assoluto relax.
🕸 🖐 ⤳ Ⓜ 🅿 4 suites – 2 camere

località Casale (sud: 4 km) – ℰ 0577 669773 – www.follonico.com

 LUPAIA

LUSSO · **ROMANTICO** Non lasciatevi scoraggiare dalla strada sterrata che bisogna percorrere per arrivare alla struttura, perché una volta giunti a destinazione, la ricompensa sarà grande... Location unica per fascino e personalità, nell'area comune c'è un'antica cucina ed un enorme camino davanti al quale si allestisce la cena. Stile più armonico e rilassante nelle ultime camere rinnovate.
🏡 🕸 ≼ 🖐 ⤳ Ⓜ 🅿 12 camere

località Lupaia 74, Sud-Est: 10 km – ℰ 0577 191 7066 – www.lupaia.com

 RESIDENZA D'ARTE

CASA PADRONALE · **PERSONALIZZATO** Nel nome sta già la sua definizione: questa è, infatti, una risorsa per dormire nell'arte, un living-museum per vivere la campagna senese in maniera del tutto inusuale. Le travi di legno, i camini, gli archi della tradizione rurale toscana sono oggi la cornice per ciò che la padrona di casa, Anna, ha disegnato nell'intento di donare un'emozione ai suoi ospiti. E ci è perfettamente riuscita!
🕸 🖐 Ⓜ 🅿 7 camere

località Poggio Madonna dell'Olivo – ℰ 039 1400 4323 – www.residenzadarte.com

 SIENA HOUSE ⓝ

FAMILIARE · **AGRESTE** Cortona, Siena, Montepulciano e Pienza sono i nomi che contraddistinguono le camere in base al loro affaccio, che si vuole per tutte spettacolare, in questa affascinante struttura immersa nella luce e circondata dagli ulivi. I padroni di casa ci mettono del loro per rendere il soggiorno una parentesi indimenticabile.
🕸 ≼ 🖐 ⤳ Ⓜ 🅿 6 camere – 3 suites

Località Pietrabianca 140 (nord: Km 5) – ℰ 349 413 8388 – www.sienahouse.net

TORTOLÌ – Ogliastra (OG) ➜ Vedere Sardegna

TORTONA

✉ 15057 – Alessandria (AL) – Carta regionale n° **12**-C2 – Carta stradale Michelin 561-H8

😊 VINERIA DERTHONA

PIEMONTESE · CONTESTO REGIONALE ※ Nel cuore della località, raccolto, frequentato ed accogliente wine-bar dai saporiti piatti piemontesi e dall'ampia offerta di vini al bicchiere, scelti dalla generosa cantina ogni giorno. Specialità: brasato al Barbera Colli Tortonesi, semifreddo al gianduia con crema al mascarpone.

Specialità: Vitello tonnato alla piemontese. Ravioli al sugo Derthona. Semifreddo al gianduia con crema al mascarpone.

Carta 30/45 €

ℬℬ 🏠 🅰🅲 *via Perosi 15 – ℰ 0131 812468 – www.vineriaderthona.it – Chiuso lunedì, sabato-domenica a mezzogiorno*

🍽️ CAVALLINO

MODERNA · CONTESTO STORICO ※※ "Selezione della materia prima" è l'imperativo categorico di questi giovani che propongono una cucina fresca e a base tradizionale in un ambiente rustico, ma elegante. Per la scelta del vino - spesso di provenienza locale – affidatevi ai loro consigli. Ancora sapori regionali nella più semplice ed informale Trattoria da Ciccio.

Menu 80 € – Carta 54/92 €

ℬℬ ⬅ 🅰🅲 🅿 *corso Romita 83 – ℰ 0131 862308 – www.cavallino-tortona.it – Chiuso giovedì*

TOSCOLANO - MADERNO

✉ 25088 – Brescia (BS) – Carta stradale Michelin 561-F13

Maderno – Carta regionale n° **9**-C2

😊 IL CORTILETTO

CLASSICA · FAMILIARE ※ Sulla statale Gardesana, cucina di ispirazione mediterranea con qualche tocco di originalità in un piccolo ristorante, semplice, ma non banale. Due consigli: nella bella stagione optate per il servizio all'aperto e tra le specialità non perdetevi il coregone alla gardesana con capperi, pomodorini e olive.

Specialità: Tre assaggi di pesce di lago. Coregone alla gardesana con capperi, pomodorini e olive. Meringata al pistacchio con salsa al frutto della passione.

Carta 29/37 €

🏠 ♿ 🅰🅲 *via F.lli Bianchi 1 – ℰ 0365 540033 – www.ristoranteilcortiletto.com – Chiuso 15 febbraio-1 marzo, 20-31 dicembre, lunedì, domenica sera*

TRAMIN AN DER WEINSTRASSE • TERMENO SULLA STRADA DEL VINO – Bolzano (BZ) → Vedere Termeno sulla Strada del Vino

TRANI

✉ 76125 – Barletta-Andria-Trani (BT) – Carta regionale n° **15**-B2 –
Carta stradale Michelin 564-D31

🏵️ CASA SGARRA 🆕

CREATIVA · CONTESTO CONTEMPORANEO ※※ Affacciato sul lungomare di Trani, ad una ventina di minuti di cammino dal pittoresco porto, preparatevi all'accoglienza di una calorosa famiglia composta da tre fratelli, due in sala, il terzo ai fornelli. In ambienti moderni e raffinati, la cucina è una dichiarazione d'amore per la Puglia. Benché non manchino escursioni extra regionali (in particolare piemontesi), la carta è un fiorire di fave, mandorle di Toritto, burrata e ricotta forte, tartufi e ceci neri della Murgia, farina di grano arso e naturalmente gli eccellenti oli della regione. Se simpatia ed accoglienza sono di casa, la miglior didascalia è il sottotitolo che i tre fratelli hanno scelto per il loro ristorante: "una storia di famiglia". Noi aggiungeremmo... e di grande cucina!

Specialità: Insalatina di crostacei crudi, panna acida, yuzu e limone. Melanzana, burrata di Andria e pomodoro cotto e freddo. Cassata di Casa Sgarra.

Menu 45 € (pranzo)/70 € – Carta 45/74 €

🏠 🅰🅲 🅿 *lungomare C. Colombo, 114 – ℰ 0883 895968 – www.casasgarra.it – Chiuso martedì, mercoledì a mezzogiorno*

⅏ QUINTESSENZA
Chef: Stefano Di Gennaro

CREATIVA · MINIMALISTA ⅩⅩ Quanta strada ha dovuto percorrere il cuoco autodidatta, che in tanti anni di lavoro ai fornelli non ha mai smesso di coltivare la virtù dell'umiltà, anche quando la sua cucina è stata riconosciuta come una delle migliori e più promettenti del sud. Stefano ha svolto il suo primo turno in cucina all'età di 14 anni ed imparato la professione guardando e analizzando il lavoro dei tanti maestri. Profondamente legato al territorio circostante, ai classici della tradizione ed ai prodotti pugliesi in generale, la creazione di cui lo chef-patron va particolarmente fiero è il tortello ripieno di ricotta di pecora, gambero rosso di Gallipoli. L'obiettivo che tutta la brigata si è riproposto per il futuro è mantenere uno standard elevato senza mai perdere la voglia di confrontarsi, per continuare a trasmettere emozioni: la quintessenza del gusto!

Specialità: Ricciola marinata, rapa rossa e pomodoro. Tortello di ricotta, gambero rosso, bisque al moscato di Trani. Colazione del contadino: gelato di ricotta, biscotto all'olio evo e salsa alla frutta.

Menu 48/70 € – Carta 48/65 €

AC via Nigrò 37 – ☏ 0883 880948 – www.quintessenzaristorante.it –
Chiuso 1-9 febbraio, 14-22 giugno, 9-16 novembre, martedì, domenica sera

⅏○ LE LAMPARE AL FORTINO
MEDITERRANEA · ROMANTICO ⅩⅩⅩ D'estate o d'inverno lo spettacolo è sempre assicurato, che si mangi sulla veranda con vista a 180° sullo splendido porto, o all'interno di un'ex chiesa trasformata in fortino, mentre nel piatto la cucina di pesce prende forme colorate, creative e personalizzate.

Menu 70/90 € – Carta 60/90 €

⅏ 🍴 ♿ AC ⇄ via Statuti Marittimi 124 (molo S. Antonio) – ☏ 0883 480308 –
www.lelemparealfortino.it – Chiuso 11-29 gennaio, martedì, domenica sera

⅏○ GALLO
PESCE E FRUTTI DI MARE · INTIMO ⅩⅩ Locale affacciato sul porto il cui dehors offre una bella vista e succulenti ricette dai sapori mediterranei. Una tappa irrinunciabile se di passaggio a Trani!

Menu 45/100 € – Carta 60/110 €

🍴 AC ⇄ via Statuti Marittimi 48/50 – ☏ 0883 487255 – www.gallorestaurant.it –
Chiuso 1-12 febbraio, 3-19 novembre, mercoledì, domenica sera

⅏○ IL MELOGRANO
PESCE E FRUTTI DI MARE · ACCOGLIENTE ⅩⅩ Non propriamente vicino al mare, ma nel centro della località, in sale di signorile gusto contemporaneo, le proposte prediligono il pesce con un pizzico di fantasia. Un locale dal successo consolidato!

Menu 25 € (pranzo), 35/45 € – Carta 35/45 €

♿ AC via Bovio 189 – ☏ 0883 486966 – www.ilmelogranotrani.it – Chiuso mercoledì, domenica sera

⅏○ OSTERIA FRANGIPANE
PESCE E FRUTTI DI MARE · CONVIVIALE Ⅹ Al limitar del centro storico, osteria condotta da due giovani fratelli con un obiettivo ben chiaro: proporre i prodotti ittici locali con gusto e fantasia; ambiente piacevolmente informale. Tre camere molto graziose nel vicinissimo bed and breakfast "Radici".

Menu 37/48 € – Carta 31/34 €

AC via Maraldo da Trani 5 – ☏ 0883 585763 – www.osteriafrangipane.it –
Chiuso lunedì

TRAPANI – Trapani (TP) → Vedere Sicilia

TRAVERSELLA
✉ 10080 – Torino (TO) – Carta regionale n° **12**–B2 – Carta stradale Michelin 561-F5

LE MINIERE

TRADIZIONALE · FAMILIARE ✗✗ Sulla piazza centrale di un incantevole paese, in una dorsale verde e soleggiata della Val Chiusella, scorcio da cartolina fra maestosi castagni, betulle e ciclamini, sorge quest'albergo-ristorante dalle origini tardo ottocentesche. La cucina è ottima e i suoi ingredienti sono tradizione, stagionalità e un tocco di modernità. Specialità: stracotto di vitello sfumato all'arneis, meringata golosa con spuma di pistacchio.

Specialità: Fiori di zucca farciti ai funghi porcini nostrani. Abbraccio di trota con erbe spontanee della Valchiusella. Bauletto con frutti di bosco e crema allo zabajone.

Menu 25/40 € – Carta 33/45 €

↩ ≼ ⌂ 🍴 ✿ piazza Martiri 1944 – ☎ 0125794006 – www.albergominiere.com – Chiuso 7 gennaio-13 febbraio, lunedì, martedì

TREBASELEGHE

✉ 35010 – Padova (PD) – Carta regionale n° **23**–C2 – Carta stradale Michelin 562-F18

BARACCA-STORICA HOSTARIA

REGIONALE · AMBIENTE CLASSICO ✗✗ Un grande ristorante molto curato nello stile: sedie rivestite con tessuto bianco, porcellane Thun, rapidità nel servizio ed una cucina di buon livello con piatti saporiti e ben presentati. Volete lasciarvi consigliare? Ravioli di borraggine con i suoi fiori - le sfogliatine di Nora con frutti di bosco e crema fresca.

Specialità: Cicheti veneziani. Risotto scampi zucchine e profumo di cedro. Sfogliatine della casa, crema chantilly e frutti di bosco.

Menu 12 € (pranzo), 25/40 € – Carta 25/38 €

⌂ 🍴 🅿 via Ronchi 1 – ☎ 049 938 5126 – www.ristorantebaracca.it

OSTERIA V

CREATIVA · ELEGANTE ✗✗ Al posto dove un tempo si produceva del buon vino, ora sorge un ottimo ristorante dalla cucina serale inaspettatamente elaborata e creativa, in piccole e raffinate sale. A pranzo, solo menu veloce.

Carta 20/50 €

↩ ⌂ 🍴 ✿ 🅿 via Villanova 22 – ☎ 049 938 7583 – www.anticoveturo.it – Chiuso lunedì, domenica sera

TREBBO DI RENO – Bologna (BO) → Vedere Castel Maggiore

TREBISACCE

✉ 87075 – Cosenza (CS) – Carta regionale n° **3**–A1 – Carta stradale Michelin 564-H31

DA LUCREZIA

PESCE E FRUTTI DI MARE · FAMILIARE ✗✗ Madre e figlio, in ambiente classico diviso su due salette, propongono il pesce della zona cucinato in maniera semplice e gustosa, mentre - a sorpresa - nella carta dei vini molto spazio è dedicato ai distillati.

Menu 35/45 € – Carta 30/60 €

🅰 🅿 via XXV Aprile 46 – ☎ 0981 57431 – www.ristorantepizzeriadalucrezia.it – Chiuso martedì

TRECCHINA

✉ 85049 – Potenza (PZ) – Carta regionale n° **2**–B3 – Carta stradale Michelin 564-G29

L'AIA DEI CAPPELLANI

TRADIZIONALE · RUSTICO ✗ Tra distese erbose e ulivi, potrete gustare prodotti freschi e piatti locali caserecci: in sala vecchie foto e utensili di vita contadina, dalla terrazza l'intera vallata.

Menu 20/30 € – Carta 20/30 €

🍴 🅰 🅿 contrada Maurino – ☎ 0973 826937 – www.laiadeicappellani.com – Chiuso 1-8 dicembre, martedì

TREGNAGO

⊠ 37039 – Verona (VR) – Carta regionale n° **22**–B2 – Carta stradale Michelin 562-F15

🟡○ **VILLA DE WINCKELS**

REGIONALE · ACCOGLIENTE ☆ Uno scorcio da cartolina per questa villa del XVI secolo con tante intime salette, ad ospitare una cucina improntata alla più radicata tradizione veneta. In omaggio all'ultimo discendente della famiglia, alla Cantina avrete solo l'imbarazzo della scelta fra le migliori annate dei più pregiati vini locali e non solo.

Carta 30/40€

🕸 ⇦ ⇧ ☆ ⇪ **P** *Hotel Villa De Winckels, via Sorio 30, località Marcemigo –*
℘ *045 650 0133 – www.villadewinckels.it – Chiuso 1-10 gennaio*

TREIA

⊠ 62010 – Macerata (MC) – Carta stradale Michelin 563-M21

a San Lorenzo Ovest : 5 km – Carta regionale n° **11**–C2

🟢 **IL CASOLARE DEI SEGRETI**

MARCHIGIANA · CASA DI CAMPAGNA ☆☆ Conduzione familiare di lunga esperienza in un locale - in aperta campagna - con grandi spazi esterni, bella terrazza panoramica per il servizio estivo e sale interne linde e modernamente arredate. L'ospite si sazierà con saporiti e generosi piatti regionali elaborati con una certa personalità.

Specialità: Terrina di coniglio tostata, cipolle caramellate e peperoni verdi. Tagliatelle con fondo di agnello e cicoria. Tarte Tartin alle mele e gelato di vaniglia e fave di Tonka.

Carta 35/45€

⇦ ⇧ ☆ **P** *contrada San Lorenzo 28 –* ℘ *0733 216441 –*
www.casolaredeisegreti.it – Chiuso lunedì, martedì, mercoledì-sabato a
mezzogiorno, domenica sera

TREISO

⊠ 12050 – Cuneo (CN) – Carta regionale n° **14**–A2 – Carta stradale Michelin 561-H6

🟢 **LA CIAU DEL TORNAVENTO**

Chef: Maurilio Garola

MODERNA · ELEGANTE ☆☆☆ La vista si perde tra i filari di viti in un questo ristorante, ricavato in una tipica costruzione in stile Littorio del 1931. La cucina di Maurilio Garola mette in tavola i classici piemontesi, tra cui frattaglie e interiora, il prodotto iconico della regione – sua maestà il tartufo – ma anche tanto pesce: vera passione del cuoco. In un contesto di grande eccellenza, anche la carta dei vini rivaleggia con ben poche altre: tra le mura di tufo della collina, la cantina conserva più di 65.000 bottiglie di 450 produttori diversi, per un totale di circa 3000 etichette da tutto il mondo. Non fatevi mancare - a fine pasto - un digestivo sorseggiato proprio in questa intrigante location.

Specialità: Lingua di vitello tostata, gamberi di Sanremo, insalata di trippa, salsa di rafano. Mini plin di gallina salsa al marsala, scaloppa di foie gras e creste di gallina. Yogurt, biscotto alle mandorle, spugna di rughetta e sorbetto al lampone.

Menu 100/110€ – Carta 68/115€

🕸 ⇦ ⇧ ☆ & *piazza Leopoldo Baracco 7 –* ℘ *0173 638333 –*
www.laciaudeltornavento.it – Chiuso 1 febbraio-12 marzo, mercoledì, giovedì

🟡○ **PROFUMO DI VINO**

TRADIZIONALE · WINE-BAR ☆☆ Ristorante e wine-bar: lo stile è contemporaneo, la cucina segue le stagioni e propone uova e carni da allevamenti selezionati e tanta, ottima, verdura di produzione propria. A darvi il benvenuto Guillermo Field Melendez, per gli amici "Memo"!

Menu 55€ – Carta 45/49€

☆ ⇧ *viale Rimembranza 1 –* ℘ *0173 638017 – www.profumo-divino.com –*
Chiuso 14 dicembre-15 gennaio, martedì, mercoledì a mezzogiorno

TREMEZZO

✉ 22019 – Como (CO) – Carta regionale n° **9**–A2 – Carta stradale Michelin 561-E9

🏛️ GRAND HOTEL TREMEZZO · Tablet.PLUS

GRAN LUSSO · BORDO LAGO Testimone dei fasti della grande hôtellerie lacustre, questo splendido edificio d'epoca vanta, ora, anche una lussuosa T Spa panoramica, una piscina galleggiante sul lago e spiaggia privata. Winter garden è uno spazio ispirato alle antiche serre, ideale per un evento privato, un concerto, una conferenza, una sfilata; i piatti creati dal maestro della nouvelle cuisine all'italiana presso la Terrazza Gualtiero Marchesi.

🏹 ⬅ 🔙 🛋 🛎 ⊞ 🏮 🌙 ♨ ⊞ ♿ AC 🛁 🅿 🚗 75 camere – 15 suites

via Regina 8 – ℰ 0344 42491 – www.grandhoteltremezzo.com

TREMITI (ISOLE)

Foggia (FG) – Carta regionale n° **15**–A1 – Carta stradale Michelin 564-A28

San Domino (Isola)

🍴 DA PIO

PESCE E FRUTTI DI MARE · FAMILIARE X Sull'isola di San Domino, la più completa dell'arcipelago in quanto ad offerta turistica, cucina di mare con prodotti provenienti dal peschereccio di famiglia in un ambiente semplice, ma dal servizio gentile e attento.

Menu 18 € (pranzo), 20/35 € – Carta 24/40 €

🏮 AC *via Aldo Moro 12 – ℰ 0882 463269 – Chiuso lunedì a mezzogiorno*

TRENTO

✉ 38122 – Trento (TN) – Carta regionale n° **19**–B3 – Carta stradale Michelin 562-D15

🍴 OSTERIA A LE DUE SPADE

CLASSICA · INTIMO XX Oltre quattrocento anni di storia e una stube settecentesca adiacente il bel Duomo cittadino: è la meta intima e raccolta per soste eleganti e romantiche! Il menu presenta un'esaustiva carrellata di specialità cucinate in modo classico; si tratta per lo più di sapori regionali alleggeriti, ma sovente troverete anche pesce di mare.

Menu 30 € (pranzo), 65/75 € – Carta 42/75 €

🏮 AC *via Don Rizzi 11, ang. via Verdi – ℰ 0461 234343 – www.leduespade.com – Chiuso lunedì a mezzogiorno, domenica*

🍴 OSTERIA IL CAPPELLO 🅞

CLASSICA · ACCOGLIENTE XX Se il dehors dà su una gradevole piazzetta pedonale del centro storico, gli interni accoglienti sono all'insegna di uno stile classico trentino, mentre la cucina - solida, stagionale e fragrante - si rifà ad un gusto italiano visto con lo sguardo di oggi; naturalmente qualche spunto regionale, sebbene non manchino ricette di pesce. Ormai un punto di riferimento per la città.

Carta 44/61 €

🏮 AC ⇔ *piazzetta Bruno Lunelli 5 – ℰ 0461 235850 – osteriailcappello.it – Chiuso lunedì, domenica*

🍴 SCRIGNO DEL DUOMO

MODERNA · ACCOGLIENTE XX Sulla piazza centrale - gioiello architettonico della città - il locale occupa un bel palazzo, in cui si rintracciano tutte le vicende storiche che hanno coinvolto il capoluogo trentino. Il menu è un intreccio di preparazioni sofisticate e creative, nonché proposte più semplici e regionali, sempre accompagnato da un'ottima selezione di vini al calice.

Menu 25 € (pranzo), 30/80 € – Carta 42/54 €

🌿 🏮 AC ⇔ *piazza Duomo 29 – ℰ 0461 220030 – www.scrignodelduomo.com*

a Ravina Sud : 4 km per Verona – Carta regionale n° **19**–B3

🕸 **LOCANDA MARGON**

CREATIVA · ELEGANTE 𝕏𝕏𝕏 Il giovane chef approdato ai fornelli di questo celebre ristorante con vista su Trento e vallata è forte di un bagaglio internazionale; dall'Europa fino agli Stati Uniti, Edoardo Fumagalli porta con sé tante esperienze, pur dimostrando di sapersi ben presto adattare alla nuova realtà di prodotti regionali. A cominciare dalla trota e dai formaggi, passando per la selvaggina, a cui si aggiungono però altri piatti dal respiro più ampio in cui emergono i trascorsi itineranti del cuoco, senza dimenticare di citare, naturalmente, gli interessanti abbinamenti in omaggio alla celebre casa di bollicine che lo ospita, la cantina Ferrari. In sala regna un'atmosfera di elegante rilassatezza, complici le sfumature di verde che sembrano voler portare all'interno il colore dei boschi che si attraversano per raggiungerla.

Specialità: Calamari come in natura, verdure cotte in brodo ristretto di pesci bianchi e salsa agra al mortaio. Gambero carabiniere, animelle di vitello, croccante alle alghe e insalatina aromatica. Pietra da latte, profumi di sottobosco e gelato al pino mugo.

Menu 90/200 € – Carta 80/110 €

≼ 🍴 🖙 ᵹ 🅰🅲 🅿 *via Margone 15 –*
☎ 0461 349401 – www.locandamargon.it –
Chiuso 1-13 gennaio, 17-25 agosto, martedì, domenica sera

a Cognola Est : 3 km per Padova

🍽⃝ **VILLA MADRUZZO**

REGIONALE · AMBIENTE CLASSICO 𝕏𝕏 Storico ristorante all'interno dell'omonimo albergo - situato a pochi chilometri dal centro di Trento - per un'articolata scelta à la carte, con diversi piatti regionali, qualcuno nazionale ed un po' di pesce, da gustare nella sala principale affacciata sul parco o nella più piccola ospitata nella ex cappella della villa.

Menu 32 € – Carta 31/59 €

⬳ 🍴 🖙 ᵹ 🅰🅲 ⟷ 🅿 *Hotel Villa Madruzzo, via Ponte Alto 26 –*
☎ 0461 986220 – www.villamadruzzo.com –
Chiuso domenica

TREPORTI – Venezia (VE) ➡ Vedere Cavallino

TREQUANDA

✉ 53020 – Siena (SI) – Carta regionale n° **18**–C2 – Carta stradale Michelin 563-M17

😊 **IL CONTE MATTO**

REGIONALE · RUSTICO 𝕏 La trecentesca abitazione del guardiacaccia del castello si è trasformata in una "vetrina" di prodotti toscani con terrazza panoramica sulle colline e dalle camere scorci della campagna circostante. Ottimo il piatto di salumi misti di cinta!

Specialità: Degustazione di crostini tipici toscani con cipolle caramellate. Tagliata di vitellone ai tre sali e aromi dell'orto. Parfait alle mandorle e croccantino.

Menu 14 € (pranzo), 28/35 € – Carta 23/45 €

⬳ ≼ 🖙 🅰🅲 *via Taverne 40 –*
☎ 0577 6620793 – www.contematto.it –
Chiuso martedì

TRESCORE BALNEARIO

✉ 24069 – Bergamo (BG) – Carta regionale n° **10**–D1 – Carta stradale Michelin 561-E11

LORO

Chef: Pierantonio Rocchetti

CREATIVA · ELEGANTE XxX Una casa di origini seicentesche, soffitti in mattoni e sobria eleganza: è la cucina ad accelerare con piatti fantasiosi, talvolta anche nella ricerca dei prodotti o in accostamenti originali, leggera e salutista nel senso migliore del termine. Due sono i menu degustazione di lunghezze differenti, uno dedicato al pesce, l'altro alle proposte di carne, ma per chi volesse sentirsi libero di fare le proprie scelte c'è sempre una grande carta da cui attingere autonomamente. In sala, il sommelier Francesco è il maestro d'orchestra di una accoglienza elegante e, al tempo stesso, informale; senza indugi saprà trovare la giusta bottiglia in accompagnamento al vostro pasto. In alternativa, piatti mediterranei e qualche ricetta tradizionale bergamasca al *Bistrò*, aperto anche a pranzo.

Specialità: La piovra - grigliata, olive nere e crema di topinambour. Al caldo e al freddo - riso, crema di zola, lamponi ghiacciati salsa ai crostacei e tartare di scampi. Sognando i Caraibi - sfere di cioccolato al rum martinica, ganache al mango e il suo sorbetto.

Menu 60/100 € – Carta 70/125 €

🅰️🅿️ *via Bruse 2 –* ☏ *035 945073 – www.loroandco.com –*
Chiuso lunedì-sabato a mezzogiorno

TREVENZUOLO

✉ 37060 – Verona (VR) – Carta regionale n° **23**–A3 – Carta stradale Michelin 562-G14

a Fagnano Sud : 2 km

 TRATTORIA ALLA PERGOLA

CLASSICA · CONTESTO TRADIZIONALE X Semplice ma invitante, di quelle che ancora si trovano in provincia; giunta con successo alla terza generazione, la trattoria propone la classica cucina del territorio, risotti e bolliti al carrello come specialità.

Carta 30/50 €

🅰️ *via Nazario Sauro 9 –* ☏ *045 735 0073 – Chiuso 24 dicembre-10 gennaio, 15 luglio-25 agosto, lunedì, domenica*

TREVIGLIO

✉ 24047 – Bergamo (BG) – Carta regionale n° **10**–C2 – Carta stradale Michelin 561-F10

💠 **SAN MARTINO**

Chef: Vittorio Colleoni

PESCE E FRUTTI DI MARE · ELEGANTE XxX Una famiglia che fa parte del tessuto sociale del paese, da sempre maestri di ospitalità. Vittorio in cucina e Paolo in sala continuano con entusiasmo l'attività di famiglia mantenendola ad alti livelli in ogni suo settore. Recentemente rinnovati, gli ambienti rispecchiano la personalità dei titolari: di moderna eleganza, calore e sobrietà si fondono armonicamente. Il servizio attento saprà anticipare ogni vostra desiderata, mentre la cantina ben strutturata ed articolata, lascia intuire un debole per la Francia. E come da note degli ispettori: "una delle cucine più convincenti del territorio, ci si reca qui se si è amanti del pesce; la scelta del *Plateau Royal* lo balzerà ai primi posti nella lista dei preferiti".

Specialità: Plateau Royal. Il Fosso: rane, lumache, lavarello, gamberi di fiume, ortiche e crescione. Gelato di crema all'antica versione contemporanea.

Menu 45 € (pranzo), 75/115 € – Carta 75/115 €

🤚🍴🛗🅰️♿🅿️ *viale Cesare Battisti 3 –*
☏ *0363 49075 – www.sanmartinotreviglio.it –*
Chiuso 26 dicembre-5 gennaio, 8-25 agosto, lunedì, martedì a mezzogiorno, domenica

¶○ MARELET ⓝ

MEDITERRANEA · CONTESTO CONTEMPORANEO ✗ Discretamente defilato in un vicolo ai margini del centro, il nome in dialetto significa *zitello*. Tavoli piccoli, ravvicinati, come in una brasserie francese, per una cucina di tono moderno dal carattere mediterraneo; la carta - a pranzo - è più semplice con l'integrazione d'insalate, tapas e panini, mentre - la sera - le proposte aumentano. Un locale decisamente vivace!

Menu 15 € (pranzo), 20/45 € – Carta 26/60 €

⇆ ὦ Ⓚ *viale Cesare Battisti 17 – ℰ 0363 184 9877 - www.marelet.it –*
Chiuso 8-24 agosto, domenica

TREVIGNANO ROMANO

✉ 00069 – Roma (RM) – Carta regionale n° **7**–B2 – Carta stradale Michelin 563-P18

¶○ ACQUARELLA

PESCE E FRUTTI DI MARE · CONTESTO TRADIZIONALE ✗✗ Direttamente sul lago che lambisce con il suo giardino e con il suo pontiletto - una favola soprattutto in estate quando si può mangiare sotto il grande gazebo - il locale si farà ricordare per le fragranti specialità di pesce, sia di mare che d'acqua dolce, pur mancando qualche piatto di carne, oltre alle paste fresche fatte in casa.

Carta 35/60 €

≼ ⟨ 🏠 ὦ ▣ *via Acquarella 4 – ℰ 06 998 5361 - www.ristoranteacquarella.it –*
Chiuso 7-24 gennaio, martedì

TREVINANO - Viterbo (VT) → Vedere Acquapendente

TREVISO

✉ 31100 – Treviso (TV) – Carta regionale n° **23**–A1 – Carta stradale Michelin 562-E18

¶○ LE BECCHERIE

MODERNA · DI TENDENZA ✗✗ Nel cuore di Treviso, quello che fu un caposaldo della cucina tradizionale è ora uno splendido bistrot di atmosfera e design; i tavoli più ambiti sono quelli lato canale, mentre i piatti parlano di fantasia che si unisce a richiami territoriali. Per i più tradizionalisti, lo storico tiramisù è sempre presente!

Carta 40/75 €

🏠 ὦ Ⓚ ⇦ *piazza Giannino Ancilotto 9 – ℰ 0422 540871 - www.lebeccherie.it –*
Chiuso martedì, mercoledì a mezzogiorno

¶○ ANTICO MORER

PESCE E FRUTTI DI MARE · CHIC ✗✗ Non lontano dal Duomo, questo storico locale prende il nome da una pianta di gelso - morer, in dialetto - situata davanti all'ingresso, ma che ora non c'è più. Oggi, sotto a travi di legno, in un ambiente sobrio e curato, potrete gustare sapori di mare con tanto spazio ai crudi.

Carta 45/67 €

🏠 Ⓚ *via Riccati 28 – ℰ 0422 590345 - www.ristoranteanticomorertreviso.com –*
Chiuso 24 gennaio-4 febbraio, 10-22 agosto, lunedì, domenica sera

¶○ IL BASILISCO

CLASSICA · VINTAGE ✗✗ Il ristorante ruota attorno alla personalità dello chef-patron che costruisce il menu giorno per giorno, partendo dalla spesa quotidiana: pesce, soprattutto "povero", ma anche carne con tagli atipici e quinto quarto. Il tutto fuori dal centro, in un ambiente fresco e colorato in stile pop tra gli anni Cinquanta e Sessanta.

Carta 25/50 €

🏠 Ⓚ ▣ *via Bison 34 – ℰ 0422 541822 - www.ristorantebasilisco.com –*
Chiuso lunedì a mezzogiorno, domenica

🍴 MAR DIVINO

PESCE E FRUTTI DI MARE · ELEGANTE XX Lui in cucina e lei in sala, un ambiente luminoso, moderno, signorile per piatti curati, dove il pesce è protagonista indiscusso: proposte contemporanee con qualche inserto pugliese, giusto per dare un indizio sulle origine dello chef.

Carta 40/65 €

🍴 & 🅰🅲 ⇔ *strada del Nascimben 1a – ℰ 0422 346542 –*
www.ristorantemardivino.it – Chiuso 7-20 gennaio, 1-15 settembre, lunedì, sabato a mezzogiorno

TREZZANO SUL NAVIGLIO

✉ 20090 – Milano (MI) – Carta regionale n° **10**–B2 – Carta stradale Michelin 561-F9

🍴 BACCO E ARIANNA

MODERNA · CONTESTO CONTEMPORANEO XX Una piacevole scoperta, a due passi da Milano: raccolto e curato negli arredi, piatti di varia ispirazione, dai classici nazionali a qualche proposta più creativa.

Menu 29 € (pranzo) – Carta 40/60 €

& 🅰🅲 🅿 *via Circonvallazione 1 – ℰ 02 4840 3895 – www.baccoearianna.net –*
Chiuso 24 dicembre-5 gennaio, 9-24 agosto, sabato a mezzogiorno, domenica sera

TRICESIMO

✉ 33019 – Udine (UD) – Carta regionale n° **6**–C2 – Carta stradale Michelin 562-D21

🍴 ANTICA TRATTORIA DA MICULAN

REGIONALE · FAMILIARE X Sulla piazza di Tricesimo un piccolo bar, frequentatissimo dalla gente del posto, fa da "anticamera" a questa tipica trattoria con terrazza per la bella stagione, che custodisce un significativo retaggio del passato: il caratteristico camino, el fogher, nonché specialità regionali e qualche divagazione sul pescato. D'estate vi è un menu degustazione a quest'ultimo interamente dedicato.

Specialità: Sformato alle erbe. Galletto agli aromi e millefoglie di patate. Semifreddo.

Menu 30/35 € – Carta 25/35 €

🍴 🅰🅲 *piazza Libertà 16 – ℰ 0432 851504 – www.trattoriamiculan.com –*
Chiuso 16-24 giugno, mercoledì, giovedì

TRIESTE

✉ 34121 – Trieste (TS) – Carta regionale n° **6**–D3 – Carta stradale Michelin 562-F23

🏵🏵 HARRY'S PICCOLO

Chef: Matteo Metullio e Davide De Pra

CREATIVA · ELEGANTE XXX Un recente restyling ha reso questo locale ancora più affascinante e confortevole. Gli spazi sono ora più ampi, ma pur sempre contraddistinti da un certo stile classico-veneziano: un'atmosfera ovattata che lo rende ideale per cene romantiche o di lavoro, all'insegna della grande cucina di Matteo Metullio e Davide De Pra. Nonostante la giovane età i due chef hanno creatività e competenza da vendere; in questo scrigno di raffinatezza propongono piatti interpreti del territorio, del mare, dell'orto di stagione, fino a preparazioni e sapori evocanti il lontano est. "Cucina a kilometro vero", così viene definita da Matteo, ovvero: la ricerca della qualità senza limiti geografici. Il servizio molto accogliente può contare su un'area esterna per aperitivi e relax finale con vista su una delle più belle piazze d'Italia. Sempre che Eolo non ci metta del suo!

Specialità: Lumache, storione affumicato, aglio dolce, frisella, prezzemolo, cocco e curry. L'Harrysotto: risotto, acqua di pomodoro, plancton, acciughe, basilico, cucinci (frutti di cappero). Cremoso all'orzo, gelato alla nocciola, liquirizia, cacao affumicato.

Menu 130/170 € – Carta 92/102 €

🅰🅲 *Grand Hotel Duchi d'Aosta, piazza Unità d'Italia 2 – ℰ 040 660606 –*
www.harrystrieste.it – Chiuso lunedì, martedì-sabato a mezzogiorno, domenica

⅋○ MENAROSTI

PESCE E FRUTTI DI MARE · AMBIENTE CLASSICO ✕✕ Uno storico ristorante presente in città dal 1903: ambienti caldi e accoglienti, per una cucina di mare che ha nella qualità della materia prima la sua forza. Le elaborazioni volutamente semplici esaltano i sapori.

Menu 35/100€ – Carta 32/67€

🛋 🗚 *via del Toro 12 – ℰ 040 661077 – Chiuso 6-20 gennaio, lunedì, domenica sera*

⅋○ SCABAR

PESCE E FRUTTI DI MARE · FAMILIARE ✕✕ La cordiale gestione familiare vi condurrà in un *excursus* di specialità ittiche e locali, in sale di tono classico o sulla panoramica terrazza. Non è facile da raggiungere, ma merita la sosta... del resto, non per niente, sono qui da 50 anni!

Carta 45/60€

≼ 🛋 ⅙ 🅿 *Erta Sant'Anna 63 – ℰ 040 810368 – www.scabar.it – Chiuso lunedì*

⅋○ AL BAGATTO

PESCE E FRUTTI DI MARE · INTIMO ✕ Piccolo ristorante del centro dai toni caldamente rustici e dall'atmosfera signorile (ci sono anche due salette private - una intima, solo per due - ed un altra leggermente più grande). Sulla tavola: piatti a base di pesce con un tocco di modernità.

Menu 50/60€ – Carta 50/60€

🎇 🗚 ⇳ *via Cadorna 7 – ℰ 040301771 – www.albagatto.it – Chiuso lunedì-sabato a mezzogiorno, domenica*

🏨 STARHOTELS SAVOIA EXCELSIOR PALACE

PALACE · ELEGANTE Nel cuore della città, affacciato sul golfo di Trieste, l'hotel ripropone il fascino di un imponente palazzo dei primi '900, arricchito da design moderno e confort up-to-date. Originale lounge illuminata da un grande lucernario che ricorda i giardini d'inverno della *Belle Epoque*.

🏋 ≼ 𝕃𝕒 🄯 ⅙ 🗚 🏊 144 camere – 36 suites

riva del Mandracchio 4 – ℰ 040 77941 - www.starhotels.com

🏨 GRAND HOTEL DUCHI D'AOSTA

LUSSO · PERSONALIZZATO In una delle piazze più scenografiche e suggestive del Bel Paese, interni di sobria eleganza - particolarmente nelle piacevoli camere, tutte personalizzate - ed un centro benessere dal nome fortemente evocativo: Thermarium Magnum. Non manca di originalità la moderna dépendance, Vis-à-Vis, con esposizioni di artisti contemporanei.

🔲 ⅗ 🄯 🗚 49 camere

piazza Unità d'Italia 2 – ℰ 040 760 0011 – www.magesta.eu

❀❀ **Harry's Piccolo** – Vedere selezione ristoranti

TRIGGIANELLO – Bari (BA) → Vedere Conversano

TRINITÀ D'AGULTU – Olbia-Tempio (OT) → Vedere Sardegna

TROFARELLO

✉ 10028 – Torino (TO) – Carta regionale n° **12**–B2 – Carta stradale Michelin 561-H5

⅋○ LA VALLE

CONTEMPORANEA · ACCOGLIENTE ✕✕ In una tranquilla frazione, il locale ha un piacevole atmosfera country-chic. Lo chef-patron si destreggia tra il territorio e ricette di pesce in chiave moderna, ma quello che lo identifica maggiormente è la valorizzazione delle stagioni con la loro cornucopia di prodotti, nonché una fornita cantina.

Menu 60€ – Carta 60€

🎇 🛋 🗚 *via Umberto I 25, località Valle Sauglio – ℰ 011 649 9238 – www.ristorantelavalle.it – Chiuso mercoledì*

TROPEA

✉ 89861 – Vibo Valentia (VV) – Carta regionale n° **3**–A2 – Carta stradale Michelin 564-K29

🏠 VILLA PAOLA ⑩   Tablet.PLUS

VILLA PATRONALE · STORICO Il cinquecentesco convento di San Francesco di Paola, si è convertito in un gioiellino di ospitalità tra mura antiche e arredi dal confort decisamente contemporaneo. La sua incantevole posizione permette alla vista di spaziare dal mare alle meravigliose isole Eolie. Le spiagge sono a breve distanza.

⌖ ≼ 🛏 🔆 🕮 🏊 🅿 11 camere

contrada Paola 6 –
☏ 0963 663302 – villapaolatropea.it

Capo Vaticano Sud - Ovest : 10 km

🏨 CAPOVATICANO RESORT THALASSO & SPA

LUSSO · LUNGOMARE In uno scenario naturale di grande impatto, direttamente sul mare e all'orizzonte le isole Eolie, un albergo di grande fascino con camere dai caldi cromatismi, tutte vista mare. Il centro talassoterapico è un'altra importante realtà della risorsa: 3000 mq di eccellenza con tre piscine, cabine attrezzate, personale qualificato.

⌖ 🌊 ≼ 🛏 🔆 🖥 ⑩ 🦶 🛁 🎧 ⬇ & 🕮 🏊 🅿 121 camere

località Tono –
☏ 0963 665760 – www.capovaticanoresort.it

UDINE

✉ 33100 – Udine (UD) – Carta regionale n° **6**–C2 – Carta stradale Michelin 562-D21

🍴 HOSTARIA ALLA TAVERNETTA

REGIONALE · ROMANTICO XX Se siete interessati alla cucina tradizionale friulana, questo è il ristorante che vi consigliamo. Oltre alla buona cucina - il frico (formaggio e patate), i cjarsons (ravioli) e i salumi sono alcune delle specialità locali - vi siederete in un ambiente ricco di calore e atmosfera, con una terrazza per il servizio all'aperto.

Carta 32/58 €

🍴 🕮 ⇔ *via Artico di Prampero 2 –*
☏ 0432 501066 – www.allatavernetta.com –
Chiuso 11-17 gennaio, 9-22 agosto, lunedì, domenica sera

🍴 PEPATA DI CORTE

PESCE E FRUTTI DI MARE · DI TENDENZA XX Il trittico delle "certezze" - dalla pepata di cozze in rosso con crostoni croccanti allo spaghetto con le vongole (servito in rustici cocci), passando per il fritto misto - allarga le braccia per accogliere piatti in prevalenza di mare accompagnati da ottimi vini, nonché un'interessante selezione di birre.

Menu 20 € (pranzo)/40 € – Carta 20/40 €

🕮 *corte Savorgnan 12 – ☏ 0432 294583 – www.pepatadicorte.com –*
Chiuso 7-17 gennaio, 5-22 luglio, lunedì, domenica sera

🍴 VITELLO D'ORO

PESCE E FRUTTI DI MARE · CONTESTO CONTEMPORANEO XX Nel cuore del centro storico, il ristorante risale al 1849, ma gli interni sorprendono con un design sobrio e contemporaneo. Non fatevi ingannare dal nome, è il pesce la specialità della casa!

Menu 58/70 € – Carta 45/65 €

🍴 & 🕮 *via Valvason 4 –*
☏ 0432 508982 – www.vitellodoro.com –
Chiuso lunedì a mezzogiorno, mercoledì

🍴 ALLA VEDOVA

GRIGLIA · CONTESTO REGIONALE Oggi è attorniato dalla periferia cittadina, ma il ristorante inalbera con fierezza i suoi duecento anni di storia, mentre l'attuale gestione si muove ai fornelli da ormai cinque generazioni, all'insegna della più schietta e verace tradizione friulana. Imperdibili i cjalçons (ravioli), sia nella versione dolce che salata, nonché tutto ciò che proviene dalla griglia di carbone che troneggia in una delle sale.

Carta 35/55€

🦽 🏡 🅿️ *via Tavagnacco 9 – ☎ 0432 470291 – www.trattoriaallavedova.it –*
Chiuso 10-18 agosto, lunedì, domenica sera

a Godia Nord : 6 km per via Gorizia – Carta regionale n° **6**–C2

✿✿ AGLI AMICI

Chef: Emanuele Scarello

MODERNA · DESIGN Cucina d'autore di frontiera, il ristorante Agli Amici è una delle tappe culinarie imperdibili del Friuli-Venezia Giulia: regione dalle molteplici influenze culturali e ricca di materie prime eccellenti.Come quelle che ritroviamo nelle gustose ricette di Emanuele Scarello, chef-patron affiancato nella gestione dalla sorella che si occupa della sala, consapevole del fatto che la ricchezza di pascoli orti e montagne di questa regione si traduce in una fonte inesauribile d'ingredienti per le sue "opere" culinarie.

Gli ortaggi, ad esempio, provengono dai contadini della zona e il pesce freschissimo, quasi sempre, dal mercato di Grado. Se i suoi piatti sono diventati nel tempo più tecnici e riflessivi, anche in virtù delle importanti esperienze maturate in Francia e Spagna, le sue proposte restano sempre accessibili, ma soprattutto comprensibili, pensate per appagare gusto, pensieri e stimolare le memorie gastronomiche. Se avete ancora "spazio" prima del dolce, vi consigliamo di visitare la stanza dei formaggi, dove potrete fare la vostra scelta fra diverse tipologie. Attiguo al ristorante troverete il Gnocchi Kitchen Bar, per una formula più semplice ed economica.

Specialità: Ravioli di caffè e mascarpone con ricci di mare. Agnello, olio e vongole. Cagliata di latte e salvia con gelato allo yogurt.

Menu 95/130€ – Carta 95/120€

🅿️ 🏡 🅰️ℂ *via Liguria 252 – ☎ 0432 565411 – www.agliamici.it – Chiuso lunedì,*
martedì, mercoledì a mezzogiorno

UGENTO

✉ 73059 – Lecce (LE) – Carta regionale n° **15**–D3 – Carta stradale Michelin 564-H36

🏛 CASTELLO DI UGENTO 🆕   `Tablet.PLUS`

BOUTIQUE HOTEL · STORICO Un castello del XVII secolo ubicato sopra una collina è diventato un boutique hotel caratterizzato da suite in stile contemporaneo - situate tra le antiche pareti di pietra dorata - dove l'artigianato locale dialoga armoniosamente con arredi di design italiano firmati da nomi importanti.

☆ 🦽 🅰️ℂ 🅿️ 9 camere

via Castello 1 – ☎ 333 914 2242 – www.castellodiugento.com

sulla strada provinciale Ugento - Torre San Giovanni Sud -

Ovest: 4 km

🏠 MASSERIA DON CIRILLO

CASA DI CAMPAGNA · ELEGANTE Abbracciata da profumate distese di ulivi, una piacevole risorsa ricavata da una tenuta nobiliare settecentesca, tra un giardino mediterraneo, profumi di terra e mare (a pochi km), camere che esprimono eleganza in chiare e sobrie tonalità.

🦽 🏡 🛋 🅰️ℂ 🅿️ 6 camere

strada Provinciale Ugento-Torre S. Giovanni Km 3 – ☎ 0833 931432 –
www.masseriadoncirilloresort.it

ULTEN • ULTIMO – Bolzano (BZ) ➔ Vedere Ultimo

ULTIMO • ULTEN

✉ 39016 – Bolzano (BZ) – Carta regionale n° **19**–B2 – Carta stradale Michelin 562-C15

a San Nicolò Sud - Ovest : 8 km

🏠 **WALTERSHOF**

FAMILIARE · STILE MONTANO Elegante struttura nel centro della piccola località. Rusticità e modernità si amalgamo armonicamente in spazi sempre generosi, nel verde giardino o negli spazi ludici: taverna e fornita enoteca, zona per serate di musica e vino.

🛏 ⪦ 🛄 🗒 ⊕ 🔊 **P** 37 camere

Dorf 59 – ℰ 0473 790144 – www.waltershof.it

UMBERTIDE

✉ 06019 – Perugia (PG) – Carta regionale n° **20**–B1 – Carta stradale Michelin 563-M18

🍽 **SAN GIORGIO**

MODERNA · INTIMO ✗✗ Nel centro storico di Umbertide, sotto due archi nella piazza principale dove un tempo sorgeva un convento, il ristorante propone una cucina della tradizione sapida e verace. Decisamente interessante - per ampiezza e tipologia di proposte - la carta dei vini.

Menu 40/70 € – Carta 35/55 €

🕸 🏠 🅰🅲 ⇄ *via Mancini 3 – ℰ 075 941 2944 – www.ristorante-sangiorgio.it – Chiuso martedì*

URBINO

✉ 61029 – Pesaro e Urbino (PU) – Carta regionale n° **11**–A1 – Carta stradale Michelin 563-K19

a Pantiere Nord : 13 km per Pesaro

🍽 **URBINO DEI LAGHI**

MODERNA · ALLA MODA ✗✗ Splendido il contesto che circonda quest'armonica struttura dall'arredo curato e originale. Piatti stuzzicanti che si legano al territorio con molti prodotti provenienti dall'azienda di proprietà e pizze gourmet.

Carta 39/49 €

⇔ ⪦ 🛄 🏠 *Urbino Resort Tenuta Santi Giacomo e Filippo, via San Giacomo in Foglia 15 – ℰ 0722 589426 – tenutasantigiacomoefilippo.it – Chiuso lunedì a mezzogiorno, martedì, mercoledì-venerdì a mezzogiorno*

USSEAUX

✉ 10060 – Torino (TO) – Carta regionale n° **12**–B2 – Carta stradale Michelin 561-G3

🐵 **LAGO DEL LAUX**

REGIONALE · RUSTICO ✗ Affacciato su un laghetto, il ristorante si caratterizza per la sua calda atmosfera rustica sottolineata da statue in legno rappresentanti buoi e animali di montagna; quest'ultima è celebrata anche nei piatti con polenta, civet brasati... Per chi apprezza la bellezza e la tranquillità del posto sono disponibili graziose camere.

Specialità: Tonno di coniglio. Cervo in civet con polenta macinata a pietra e fonduta. Gelato con vino cotto.

Menu 30 € (pranzo), 32/40 € – Carta 30/40 €

⇔ **P** *via al Lago 7 – ℰ 0121 83944 – www.hotellaux.it – Chiuso 1-21 maggio, 1-20 ottobre, mercoledì*

VAGLIAGLI – Siena (SI) ➜ Vedere Siena

VAIRANO PATENORA

✉ 81058 – Caserta (CE) – Carta regionale n° **4**–A1 – Carta stradale Michelin 564-C24

🍴○ **VAIRO DEL VOLTURNO**

CAMPANA · AMBIENTE CLASSICO ✕✕ La valorizzazione del territorio dalle verdure alle carni, dalle mozzarelle al pesce del vicino Tirreno è una missione per lo chef-patron, che utilizza tali ingredienti per dar vita a piatti di gusto contemporaneo in un ambiente di classica signorilità.

Menu 25/65€ – Carta 38/75€

&⃝ 🅰🅺 *via IV Novembre 58 – 𝒞 0823 643018 – www.vairodelvolturno.com –*
Chiuso 1-16 luglio, lunedì, martedì, domenica sera

VALDAORA • OLANG

✉ 39030 – Bolzano (BZ) – Carta regionale n° **19**–C1 – Carta stradale Michelin 562-B18

🏨 **MIRABELL**

LUSSO · STILE MONTANO Struttura rinnovata mantenendo inalterato lo stile architettonico locale. L'interno presenta abbondanza di spazi - signorilmente arredati con molto legno - anche nelle camere, nonché un grande, attrezzatissimo, centro benessere.

🏊⃝ 🛖 🍽 🖥 💆 📶 🛁 ♿ 🚠 🅿 🚗 44 camere – 11 suites

via Hans Von Perthalern 11, a Valdaora di Mezzo – 𝒞 0474 496191 – www.mirabell.it

VALDIDENTRO

✉ 23038 – Sondrio (SO) – Carta regionale n° **9**–C1 – Carta stradale Michelin 561-C12

a Bagni Nuovi Est : 6 km

🏨 **GRAND HOTEL BAGNI NUOVI**

LUSSO · STORICO Imponente edificio liberty con ambienti in stile, camere ampie e luminose ed un favoloso centro termale raggiungibile direttamente dalle camere: un inaspettato angolo di Belle Epoque nel parco dello Stelvio.

🏊 🛖 🍽 📶 💆 🖥 ♿ 🅿 🚗 69 camere – 5 suites

via Bagni Nuovi 7 – 𝒞 0342 910131 – www.bagnidibormio.it

VALDIERI

✉ 12010 – Cuneo (CN) – Carta regionale n° **12**–B3

😊 **LA LOCANDA DEL FALCO** 🆕

REGIONALE · RUSTICO ✕ È cambiata la gestione, ma non la location per questo ristorante all'interno di un antico deposito di carrozze - sapientemente ristrutturato - con volte a botte e pareti in mattone. La cucina è di matrice regionale e più propriamente montana con specialità come lumache, agnello e paste locali. Servizio giovanile e buona selezione di vini soprattutto piemontesi.

Specialità: Toma di montagna, subric di patate e aiolí. Guancia di vitella stracotta al vino rosso. Tiramisù del Falco.

Menu 15€ (pranzo), 32/45€ – Carta 27/41€

🍴 ♿ 🅰🅺 🔁 *piazza Regina Elena 22 – 𝒞 0171 976720 –*
www.locandadelfalcovaldieri.it – Chiuso mercoledì

VAL DI LUCE – Pistoia (PT) ➜ Vedere Abetone

VALDOBBIADENE

✉ 31049 – Treviso (TV) – Carta stradale Michelin 562-E17

a **Bigolino** Sud : 5 km – Carta regionale n° **23**–C2

😊 **TRE NOGHERE**

REGIONALE · FAMILIARE 𝕏 Ambiente rustico-informale avvolto dalla quiete di vigneti e campi coltivati. Nella sala con camino, o all'aperto sotto il porticato, la trattoria sforna piatti del territorio: come la sopa coada servita nel pane o la faraona in salsa peverada. Non manca qualche specialità a base di pesce accompagnata - naturalmente - da un buon prosecco!

Specialità: Carpaccio di Cervo Flumè servito con EVO profumato al Ginepro e Timo. Sopa Coada della tradizione Trevigiana servita dentro al pane ai 5cereali. Zuppa Inglese come una volta.

Menu 27/33 € – Carta 28/38 €

🍴 📶 🅿 *via Crede 1 – 𝒞 0423 980316 – www.trenoghere.com – Chiuso 12-19 luglio, lunedì, domenica sera*

VALEGGIO SUL MINCIO

✉ 37067 – Verona (VR) – Carta regionale n° **23**–A3 – Carta stradale Michelin 562-F14

🍴 **ALLA BORSA**

REGIONALE · AMBIENTE CLASSICO 𝕏𝕏 In attività dal 1959, nel centro storico del paese, è la roccaforte del celebre tortellino di Valeggio, farcito di carne e servito asciutto o in brodo, ma anche di tante altre paste fresche. Ambiente classico indifferente al trascorrere delle mode.

Menu 25/50 € – Carta 25/55 €

🍴 ♿ 📶 ⇄ 🅿 *via Goito 2 – 𝒞 045 795 0093 – www.ristoranteborsa.it – Chiuso martedì, mercoledì*

a **Borghetto** Ovest : 1 km

🍴 **ANTICA LOCANDA MINCIO**

REGIONALE · RUSTICO 𝕏𝕏 In una fiabesca frazione di origini medioevali in riva al Mincio, storica trattoria con due belle sale dai soffitti storici e un camino del Cinquecento, pareti ornate da dipinti più moderni. Le specialità venete e mantovane arrivano in tavola: paste fresche fatte in casa, nonché pesci e carni alla griglia.

Carta 25/45 €

🍴 📶 ⇄ *via Buonarroti 12 – 𝒞 045 795 0059 – www.anticalocandamincio.it – Chiuso 1-15 febbraio, 1-15 novembre, mercoledì, giovedì*

VALLE DI CASIES • GSIES

✉ 39030 – Bolzano (BZ) – Carta regionale n° **19**–D1

😊 **DURNWALD**

REGIONALE · FAMILIARE 𝕏 Un buon piatto di Schlutzkrapfen (ravioli ripieni di spinaci e ricotta) è proprio quello che ci vuole dopo una bella sciata o una passeggiata nei boschi. Ma non finisce qui! Durnwald è un inno al territorio, tanto nel paesaggio, che potrete ammirare dalle finestre, quanto nella cucina, depositaria della genuina tradizione altoatesina.

Specialità: Formaggio grigio della Valle Aurina con olio di semi di zucca. Gulasch di cervo con polenta o canederli, crauti rossi e funghi. Strudel di mele.

Menu 34/48 € – Carta 34/48 €

🍴 🅿 *via Nikolaus Amhof, 6 (località Durna in Selva) – 𝒞 0474 746886 – www.restaurantdurnwald.it – Chiuso 1-24 dicembre, lunedì, domenica sera*

🏨 **QUELLE**

LUSSO · STILE MONTANO Quelle: una sorgente di piacevolezza! Cinta da un giardino con laghetto balneabile, una bomboniera di montagna, ricca di decorazioni, proposte di svago, curatissime camere e un centro benessere provvisto di "snow room". Profusione di addobbi, legno e bei tessuti, anche nel raffinato ristorante.

🎿 🏊 ≤ 🛁 🔟 🎬 🕹 💆 🧖 ♿ 🏋 🅿 🚗 54 camere – 15 suites

via Santa Maddalena alt. 1 398 – 𝒞 0474 948111 – www.hotel-quelle.com

VALLES • VALS – Bolzano (BZ) → Vedere Rio di Pusteria

VALLESACCARDA

✉ 83050 – Avellino (AV) – Carta regionale n° **4**-C1 – Carta stradale Michelin 564-D27

✿ OASIS-SAPORI ANTICHI

Chef: Lina e Maria Grazia Fischetti

CAMPANA • FAMILIARE ✕✕ Fiore all'occhiello della gastronomia locale e rigorosa identità gastronomica fedele al motto delle tre "t", terra, territorio e tradizione sono alla base del menu creato da Michelina Fischetti. L'intento è stato quello di sottoporre le ricette ad un'evoluzione ed adattamento alle nuove esigenze alimentari, ma al tempo stesso garantendo un'adesione e fedeltà ad una cucina semplice, pulita, etica, preparata solo ed esclusivamente con i migliori ingredienti possibili. In un accogliente spazio a conduzione famigliare, il senso dell'ospitalità è nel DNA dei Fiaschetti, Oasis-Sapori Antichi offre una raffinata panoramica su stagionalità e biodiversità attraverso piatti che "parlano" del territorio. Apprezzabile la scelta del titolare di utilizzare almeno il 60% di materie prime locali in cucina.

Specialità: Morbido di baccalà, pomodoro e capperi. Candele spezzate a mano ragù all'antica e fonduta di caciocavallo. Ricotta, caffè, limone e croccante di noci.

Menu 25 € (pranzo), 50/70 € – Carta 50/62 €

ⵜ ⎙ ⧉ ⇆ via Provinciale 8/10 – ℰ 0827 97021 – www.oasis-saporiantichi.it – Chiuso 7-31 gennaio, 18-31 luglio, mercoledì, giovedì

VALLE SAN FLORIANO – Vicenza (VI) → Vedere Marostica

VALLO DELLA LUCANIA

✉ 84078 – Salerno (SA) – Carta regionale n° **4**-C3 – Carta stradale Michelin 564-G27

☺ LA CHIOCCIA D'ORO

DEL TERRITORIO • FAMILIARE ✕ Sono già trascorsi 40 anni dall'apertura e la nomea della Chioccia d'Oro non cessa di aumentare, a giusto titolo: che siate al mare o altrove, vale la pena di fare un po' di strada per gustare questa meravigliosa espressione di cucina cilentana. Prezzi bassi, porzioni abbondanti e la straordinaria accoglienza della figlia Rosa completano un'esperienza di cui non vi dimenticherete facilmente.

Specialità: Antipasto misto della casa. Paccheri alla carbonara di zucca con burrata, provolone e tempura di zucchine croccanti. Meringata di limone.

Menu 15/30 € – Carta 25/30 €

⍁ ⎙ 🅿 località Massa-al bivio per Novi Velia – ℰ 0974 70004 – www.chiocciadoro.com – Chiuso 5-11 febbraio, 1-15 settembre, venerdì

VALMADRERA

✉ 23868 – Lecco (LC) – Carta regionale n° **10**-B1 – Carta stradale Michelin 561-E10

ⅠO VILLA GIULIA-AL TERRAZZO

CLASSICA • ROMANTICO ✕✕ Sobria eleganza in una villa di fine Ottocento con un'ampia sala ed altre due salette graziosamente affrescate: se il tempo lo permette non rinunciate al romanticismo della terrazza affacciata sul lago. In menu, i sapori locali esaltati con grande capacità e senza stravolgimenti; bella cantina in sasso fornita di ottime etichette e camere moderne per chi desidera pernottare.

Menu 20 € (pranzo), 40/80 € – Carta 40/100 €

⇦ ≤ ⇞ ⍁ ⇆ 🅿 via Parè 73 – ℰ 0341 583106 – www.villagiulia-alterrazzo.com

VALSOLDA

✉ 22010 – Como (CO) – Carta regionale n° **9**-A2 – Carta stradale Michelin 561-D9

⫟○ OSTERIA LA LANTERNA

REGIONALE · CONTESTO TRADIZIONALE ✗✗ Tornati al paesello dopo lunghe esperienze all'estero, due soci hanno deciso di aprire questo grazioso ristorante con arredi signorili in un contesto comunque rustico, fatto d'intime salette e una bella veranda fruibile anche nella stagione invernale (con vista lago!). Cucina della tradizione realizzata con prodotti spesso locali.

Menu 15/55 € – Carta 35/59 €

🛋 *via Finali 1, frazione Cressogno –* ☏ *0344 69014 – www.osterialalanterna.it – Chiuso lunedì a mezzogiorno, mercoledì*

VANDOIES

✉ 39030 – Bolzano (BZ) – Carta regionale n° **19**-C1 – Carta stradale Michelin 562-B17

⫟○ LA PASSION

CLASSICA · FAMILIARE ✗✗ Il quartiere in cui si trova il ristorante è residenziale e contemporaneo, ma, nella sua unica saletta, è stata insospettabilmente trasportata una stube vecchia di quattrocento anni. Cucina creativa sulle orme dei classici locali e nazionali.

Menu 57/84 € – Carta 50/80 €

🛋 🅰🅲 🅿 *via San Nicolò 5/b, Vandoies di Sopra –* ☏ *0472 868595 – www.lapassion.it – Chiuso lunedì*

VARESE

✉ 21100 – Varese (VA) – Carta regionale n° **10**-A1 – Carta stradale Michelin 561-E8

⫟○ AL VECCHIO CONVENTO

TOSCANA · ELEGANTE ✗✗✗ Chiedete un tavolo nella sala principale, d'atmosfera e con arredi eleganti, per gustare una cucina che segue le stagioni e predilige la Toscana. Ampia scelta di carni cucinate alla griglia espressamente sotto i vostri occhi.

Menu 25 € (pranzo), 30/40 € – Carta 45/70 €

⬅ 🛋 ♿ 🅰🅲 🅿 *viale Borri 348 –* ☏ *0332 261005 – www.alvecchioconvento.it – Chiuso 2-10 gennaio, lunedì, domenica sera*

⫟○ LA PERLA

PESCE E FRUTTI DI MARE · ROMANTICO ✗✗ Siamo nel cuore della città, in un palazzo storico ubicato sulla suggestiva piazza della Motta, qui troverete un indirizzo che avrete subito voglia di condividere con amici e parenti, in virtù di una cucina prevalentemente a base di mare – ottimi i crudi! – sebbene non priva di qualche proposta di terra. Ampia cantina e buona selezione di distillati.

Carta 35/70 €

🛋 🅰🅲 *via Carrobbio 19 –* ☏ *0332 231183 – www.perlaristorante.it – Chiuso lunedì*

⫟○ POLPO FRITTO

PESCE E FRUTTI DI MARE · ELEGANTE ✗✗ Al primo piano di un edificio ottocentesco, ambiente elegante con pareti affrescate e travi a vista; cucina rigorosamente di pesce con molte prelibatezze, dalle ostriche al crudo di pesce, fra i più quotati in città.

Menu 90 € – Carta 45/90 €

🅰🅲 *piazza XX Settembre 6 –* ☏ *0332 237770 – www.polpofritto.it – Chiuso lunedì*

⫟○ TEATRO

CLASSICA · VINTAGE ✗✗ Raccontano la storia del teatro, dalle origini greche ai giorni nostri, i quadri alle pareti di un antico locale, in pieno centro e con grazioso dehors nella bella via. A tavola vanno in scena porzioni generose di piatti classici sia di terra che di mare a base d'ingredienti che seguono le stagioni e la disponibilità del mercato.

Carta 48/90 €

🛋 🅰🅲 *via Croce 3 –* ☏ *0332 241124 – www.ristoranteteatro.it – Chiuso martedì*

BOLOGNA

EMILIANA · VINTAGE X Il ristorante ha una lunga tradizione familiare e le pareti sono tappezzate da ricordi di personaggi (molti sportivi) che da qui sono passati. La cucina attinge alla tradizione emiliana, fidelizzando gli ospiti con sapori decisi, ma equilibrati.

Carta 25/45€

via Broggi 7 – ℰ 0332 234362 – www.albergobologna.it – Chiuso sabato a mezzogiorno

a Santa Maria del Monte (Sacro Monte) per viale Aguggiari : 8 km

COLONNE

MODERNA · ELEGANTE XX Bella vista sul lago di Varese e sui dintorni verdeggianti, soprattutto dalla piacevole terrazza estiva, in un locale che a mezzogiorno sfrutta la parte superiore per il bistrot e la sera, la sala elegante per una cucina più creativa e gourmet. Ai fornelli, uno chef conosciutissimo in zona: Silvio Battistoni.

Menu 25€ (pranzo), 55/80€ – Carta 25/80€

via Fincarà 37 – ℰ 0332 220404 – www.albergocolonne.it – Chiuso 15-27 gennaio, lunedì

a Capolago Sud - Ovest: 5 km

DA ANNETTA

CLASSICA · ELEGANTE XX In un edificio del '700, rustico e al contempo elegante con raffinata cura della tavola e cucina che prende spunto dalla tradizione, ma sa rivisitarla con fantasia. Fornitissima e bella cantina dove si può pranzare su richiesta.

Menu 60€ – Carta 35/70€

via Fè 25 – ℰ 0332 490230 – www.daannetta.it

VARIGNANA – Bologna (BO) → Vedere Castel San Pietro Terme

VARIGOTTI

✉ 17029 – Savona (SV) – Carta regionale n° **8**-B2 – Carta stradale Michelin 561-J7

MURAGLIA-CONCHIGLIA D'ORO

PESCE E FRUTTI DI MARE · VINTAGE XX Una sala sobria e luminosa, nonché una piacevole terrazza vista mare: la specialità della casa è il pesce, di grande qualità e freschezza, preparato anche alla brace direttamente in sala. A testimonianza della fragranza la carta varia tutti i giorni.

Carta 60/120€

via Aurelia 133 – ℰ 019 698015 – Chiuso martedì, mercoledì

VARZI

✉ 27057 – Pavia (PV) – Carta regionale n° **9**-B3 – Carta stradale Michelin 561-H9

verso Pian d'Armà Sud : 7 km

BUSCONE

REGIONALE · FAMILIARE X La difficoltà che forse incontrerete per raggiungere la trattoria, sarà ricompensata dal vivace ambiente e dalla lunga tradizione famigliare oggi declinata nella gestione tutta al femminile. Se la cucina è casereccia, tra gli imperdibili vanno ricordati i salumi (a cominciare dal celebre salame di Varzi) e - in stagione - i funghi.

Specialità: Salumi di nostra produzione. Ravioli tradizionali di carne. Torta di mandorle.

Menu 20€ (pranzo)/35€ – Carta 25/35€

località Bosmenso Superiore 41 – ℰ 0383 52224 – www.ristorantebuscone.it – Chiuso 7-15 gennaio, 1-8 settembre, lunedì, martedì-mercoledì sera, domenica sera

VASTO

✉ 66054 – Chieti (CH) – Carta regionale n° **1**–C2 – Carta stradale Michelin 563-P26

🍴○ CASTELLO ARAGONA

PESCE E FRUTTI DI MARE · CONTESTO STORICO XX La suggestiva atmosfera di memoria storica e il servizio estivo sulla terrazza-giardino con splendida vista sul mare caratterizzano questo ristorante, dove potrete gustare specialità di mare.
Menu 40/55 € – Carta 40/55 €

⊰ ⇔ 🛋 Ⓜ️ 🅿 *via San Michele 105 – ℰ 0873 69885 – www.castelloaragona.it –*
Chiuso lunedì a mezzogiorno

VEDOLE – Parma (PR) → Vedere Colorno

VELLAU / VELLOI – Bolzano (BZ) → Vedere Lagundo (Algund)

VELLO

✉ 25054 – Brescia (BS) – Carta regionale n° **10**–D1 – Carta stradale Michelin 561-E12

🍴○ TRATTORIA GLISENTI

REGIONALE · ACCOGLIENTE XX Fronte lago con bella vista godibile dalla terrazza, il pesce d'acqua dolce anima il menu lasciando – tuttavia – spazio anche a qualche specialità classica della zona; particolare attenzione è riservata alla naturalità degli alimenti con un occhio di riguardo per i vegetariani. "Trattoria" solo nel nome: il locale è signorile!
Menu 43/55 € – Carta 40/65 €

🛋 *via Provinciale 34 – ℰ 030 987222 – www.trattoriaglisenti.it –*
Chiuso 11-21 gennaio, giovedì

VELO D'ASTICO

✉ 36010 – Vicenza (VI) – Carta regionale n° **23**–B2 – Carta stradale Michelin 562-E16

🍴○ GIORGIO E FLORA

REGIONALE · ACCOGLIENTE XX Una villetta tipo chalet che domina la valle, al suo interno una piacevole sala, raccolta ed elegante grazie anche ad un certo tocco femminile, un panoramico dehors e piatti della tradizione veneta aggiornati.
Menu 30/50 € – Carta 30/50 €

⇦ ⊰ ⇔ 🛋 Ⓜ️ 🅿 *via Baldonò 1, lago di Velo d'Astico – ℰ 0445 713061 –*
www.giorgioeflora.it – Chiuso lunedì, martedì-sabato a mezzogiorno, domenica sera

VELO VERONESE

✉ 37030 – Verona (VR) – Carta regionale n° **23**–B2 – Carta stradale Michelin 562-F15

😊 13 COMUNI

REGIONALE · FAMILIARE X A più di 1000 m d'altezza, sulla piazza principale del paese, qui troverete una delle migliori espressioni della cucina regionale, basata su una straordinaria ricerca dei prodotti della Lessinia, esaltati in cucina da una mano tanto esperta, quanto rispettosa della tradizione. In anni recenti, la proprietà si è dedicata anche al settore enologico ricavando una nuova cantina vini, dove esporre le bottiglie e proporre degustazioni.
Specialità: Gallina Grisa della Lessinia in Saor con cipolla in agrodolce, uvetta e pistacchi, polenta di Montorio su pesto di sedano. Filetto di vitello nostrano avvolto in pancetta su salsa alla senape. Zaletti di polenta con pinoli e uvetta serviti con crema fredda allo zabaione.
Carta 28/50 €

⇦ 🛋 ⇔ *piazza della Vittoria 31 – ℰ 045 783 5566 – www.13comuni.it –*
Chiuso 3-11 giugno, 15-30 ottobre, lunedì, martedì, giovedì sera

VENARIA REALE

⊠ 10078 – Torino (TO) – Carta regionale n° **12**–A1 – Carta stradale Michelin 561-G4

❀ DOLCE STIL NOVO ALLA REGGIA
Chef: Alfredo Russo

MODERNA · ELEGANTE ✗✗✗ Ospitato all'interno del Torrione del Garove, il ristorante dispone di una bella terrazza affacciata sulle siepi geometricamente scolpite a cesoia dei giardini della Reggia di Venaria, nonché ariose sale arredate con raffinata eleganza. Il cuoco ridefinisce i piatti del territorio in chiave moderna ed accattivante sorprendendo l'ospite con in aggiunta qualche specialità di mare, in un ideale viaggio dal Piemonte al sud. Interessante e ben articolata la scelta enoica.

Specialità: Merluzzo black cod con maionese di cavolfiore. Riso mantecato con mozzarella, acciuga e capperi. Limone candito 100 ore con crema al limoncello.

Menu 70/90€ – Carta 90/110€

🎍 ᵬ ᴀᴄ ⇄ *piazza della Repubblica 4 – ☏ 346 269 0588 – www.alfredorusso.com – Chiuso 1-20 gennaio, 5-25 agosto, lunedì, martedì a mezzogiorno, domenica sera*

ⅰO IL CONVITO DELLA VENARIA

MODERNA · AMBIENTE CLASSICO ✗✗ La bella Reggia sarà proprio di fronte a voi, nel bel dehors o sorseggiando un aperitivo nell'annesso bar, in questo ristorante la cui gestione è affidata ad un'appassionata coppia: lei segue la sala, classica ed accogliente, lui la cucina che tra pranzo e sera si sdoppia. Se a mezzodì la carta è più leggera (anche nel prezzo), la sera si amplia, partendo dai piatti regionali per allargarsi al resto d'Italia. Sul retro possibilità di comode camere, due con vista sulla storica dimora.

Menu 20€ (pranzo), 45/55€ – Carta 45/70€

⇚ 🎍 *via Andrea Mensa 37/g – ☏ 011 459 8392 – www.ilconvitodellavenaria.it – Chiuso lunedì, domenica sera*

VENCÒ – Gorizia (GO) → Vedere Dolegna del Collio

ventdusud/iStock

✉ 30124 – Venezia (VE)
Carta regionale n° **23**–C2
Carta stradale Michelin 562-F19

VENEZIA

Ci piace: il *côté* trendy e l'incursione di alcuni ingredienti esotici del **Local.** Un pranzo informale con vista presso il **Cip's Club** dell'**hotel Cipriani**. Sorseggiare i grandi classici che hanno fatto la storia del bartending, tutti riprodotti fedelmente, all'**Orientalbar** (hotel Metropole): tra armature thailandesi di fine '800 e morbidi divani in velluto.

Come una Cenerentola "al contrario" – a mezzanotte - Palazzina Grassi si trasforma in Palazzina The Club: indirizzo tra i più glamour della città in virtù dell'intrigante atmosfera e della sua musica. Tra le cicchetterie più famose, gli ispettori consigliano Enoteca Al Volto e Cantinone già Schiavi. Vera atmosfera popolare al Mercato di Rialto, uno tra i più antichi della città. Due le sue suddivisioni: la parte del pesce e quella relativa a frutta e verdura. È qui che vale la pena di acquistare le castraure di Sant'Erasmo (il carciofo violetto, una tipicità del luogo).

Ristoranti

✿ ✿ GLAM ENRICO BARTOLINI

CREATIVA · ROMANTICO ✖✖✖ All'interno di un sontuoso palazzo d'epoca, un elegante salottino per l'inverno e l'indimenticabile dehors estivo in giardino fra magnolie e vista sul Canal Grande. Con tanta fantasia la carta "pesca" nel mercato di Rialto e non solo per le specialità ittiche, a cui si aggiungono ricette del territorio reinterpretate dall'estro di Donato Ascani che sa "spingere" sui sapori – talvolta anche forti - sapendo bene come stemperarli pur mantenendone intatta l'originalità. Alla domanda se nelle varie stagioni vi fosse una verdura locale che non si trova in altri posti e che ha colpito il suo interesse, lo chef ha risposto: le castraure e le erbe aromatiche della laguna che, con la loro sapidità, hanno fatto breccia nel suo cuore.

Specialità: Gambero di Santo Spirito. Seppia della laguna affumicata al mirto. Latte e fichi.

Menu 150/180 € – Carta 150/180 €

&& 🛋 🅰🅲 **Pianta: B1-b** – *Palazzo Venart, calle Tron 1961, Santa Croce –* ✆ *041 523 5676 - www.ristoranteglam.com – Chiuso martedì*

✿ ORO RESTAURANT

MODERNA · LUSSO ✖✖✖ *Causa emergenza COVID-19 chiuso temporaneamente fino ad aprile 2021.*

Nato da una famiglia trevigiana con una grande passione per la cucina veneta, Davide Bisetto fin da piccolo preparava le conserve e raccoglieva le verdure nell'orto con il nonno. Questo amore all'età di 14 anni si trasforma nella frequentazione della scuola alberghiera di Castelfranco Veneto. Terminati gli studi, Londra e la vivacità dei suoi anni '80 lo attendono: tanto lavoro, grandi esperienze, ma anche indiscussi riconoscimenti...

735

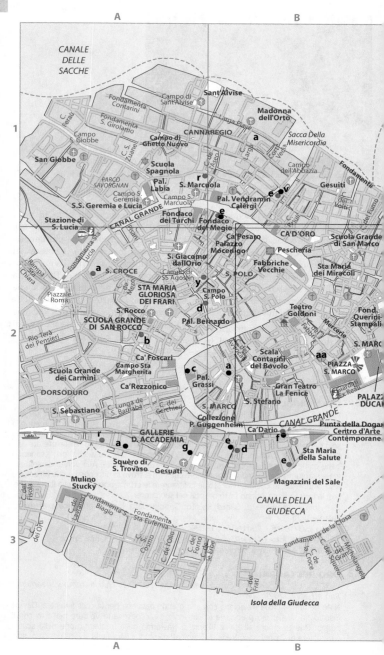

CANALE DELLE SACCHE

Campo di Sant'Alvise
Sant'Alvise
Fondamenta Contarini
Madonna dell'Orto
Fondamenta S. Girolamo
C. Ferau
Campo S. Giobbe
Larga Piave
CANNAREGIO
a
Sacca Della Misericordia
Campo di Ghetto Nuovo
C. S. Zuane
San Giobbe
Corte Vecchia
Largo
PARCO SAVORGNAN
Scuola Spagnola
Campo dell'Abbazia
Fondamenta
Campo S. Geremia
Pal. Labia
r
S. Marcuola
Gesuiti
dei Fumo
S.S. Geremia e Lucia
Campo S. Marcuola
e
v
dei Volti
Pal. Vendramin Calergi
Stazione di S. Lucia
CANAL GRANDE
Fondaco dei Turchi
Fondaco del Megio
e
CA' D'ORO
Rempa Sta Lucia
Fondamenta Sta Lucia
Ca' Pesaro Palazzo Mocenigo
Pescheria
Scuola Grande di San Marco
Rempa Sta Chiara
a
S. CROCE
S. Giacomo dall'Orio
Sta Maria dei Miracoli
Piazzale Roma
C. de Mezo
Campo di SS Agostin
Fabbriche Vecchie
S. POLO
STA MARIA GLORIOSA DEI FRARI
y
Campo S. Polo
Teatro Goldoni
Fond. Querini-Stampalia
Rio Terà dei Pensieri
S. Rocco
d
Pal. Bernardo
Mercerie
SCUOLA GRANDE DI SAN ROCCO
b
S. MARC
2
Scuola Grande dei Carmini
Ca' Foscari
Campo Sta Margherita
c
a
Scala Contarini del Bovolo
aa
PIAZZA S. MARCO
DORSODURO
Ca' Rezzonico
Pal. Grassi
Gran Teatro La Fenice
Chiaroni ex Reali
S. Sebastiano
C. Lunga de S. Barnaba
C. dei Gerchieri
S. MARCO
S. Stefano
CANAL GRANDE
PALAZZ DUCAL
r
a
GALLERIE D. ACCADEMIA
Collezione P. Guggenheim
g
e
d
Ca'Dario
f
Punta della Doga Centro d'Arte Contemporane
Squèro di S. Trovaso
Gesuati
e
Sta Maria della Salute
Mulino Stucky
Magazzini del Sale
C. del Fisola
C. dei Lavranti
Fondamenta Biagio
Fondamenta Sta Eufemia
C. del Cosmo
C. de l'Olla
C. de le Erbe
CANALE DELLA GIUDECCA
3
C. dei Orti
Fondamenta de la Crosa
C. de la Croce
C. del Gran
C. dei Squero
C. Michelangelo
C. dei Frati

Isola della Giudecca

VENEZIA

0 ——— 300 m

Isola di San Michele

CANALE
DELLE
FONDAMENTE

Nuove

anti Giovanni
e Paolo

S. Francesco
della Vigna

CASTELLO

C. Sta Giustina

Pal.
rimani

B. S.
enzo

SCUOLA DALMATA
DI SAN GIORGIO
DEGLI SCHIAVONI

Canale delle Galeazze

n

e

Darsena
Grande

ARSENALE

Zaccaria

C. dei
Forno

Isola di S. Pietro

t

s   C. dei Forni

Salizzada Streta

C. di Mezzo

S. Giovanni
in Bragora

**Museo Storico
Navale**

Campo S.
Biagio

C. S. Domenico

Fondamenta
Sant'Ana

Isola di S. Elena

S. Giorgio
Maggiore

Seco Marina

Fondamenta
S. Giuseppe

CANALE
DI
SAN MARCO

GIARDINI
PUBBLICI

Vle dei Giardini Pubblici

Vle 4 Novembre

Vle
24
Maggio

Vle
Sant'Elena

Fondazione
Giorgio Cini

Vittorio Veneto

C. dei
Carnaro

Fondamenta Piave

Isola di
San Giorgio
Maggiore

PARCO DELLE
RIMEMBRANZE

Veneto

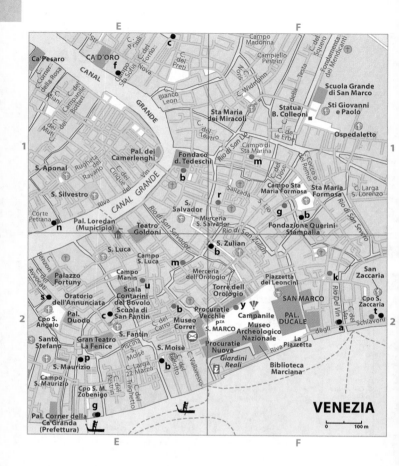

A fine anni '90 sarà la volta di Parigi, al Royal Monceau. Qui lo attende la sfida più grande, quella di portare nella capitale francese la vera cucina italiana: impresa riuscita! Ora il giovane chef allieta i commensali di questo elegante ristorante dall'aureo soffitto con un concept di cucina che punta alla semplicità e all'allontanamento dal superfluo: rispetto delle materie prime, purezza dei sapori e belle coreografie nei piatti.

Specialità: Canocchie, garusoli e peperone verde. Anatroccolo speziato in due servizi. Melanzana al cioccolato con gelato al latte di pecora.

Menu 150/220 € – Carta 180/220 €

🕃 ⬳ ♨ 🛋 🅰🅲 **Pianta: B3-h** – *Belmond Hotel Cipriani, isola della Giudecca 10 – ℘ 041 240801 – www.belmond.com – Chiuso 1 dicembre-19 marzo, lunedì a mezzogiorno, martedì, mercoledì-sabato a mezzogiorno, domenica*

✿ QUADRI

Chef: Massimiliano Alajmo

MODERNA · CONTESTO STORICO ✕✕ Ristorante gastronomico con ambizioni internazionali, Quadri è una sorta di "ambasciata" delle Calandre verso una clientela straniera. All'interno di uno dei palazzi più fotografati di Venezia, i cui interni sono stati recentemente rinnovati, troverete menu degustazione pensati da Massimiliano ed attuati da Silvio Giavedoni: si tratta di percorsi gastronomici che valorizzano gli ingredienti della laguna, rappresentando sia la tradizione italiana, rivisitata attraverso la prospettiva della Serenissima, sia lo stile Alajmo in una nuova versione più legata al territorio. Al pian terreno, accanto al bar, il Quadrino è il ristorante informale con proposte tradizionali, prezzi contenuti e una magnifica vista su piazza San Marco.

Specialità: Cappuccino di laguna. Spaghettoni al nero di seppia con le ostriche. Gran gelato alla nocciola.

Menu 160/225 € – Carta 120/160 €

⪡ 🅰🅲 ⇕ **Pianta: F2-y** – *piazza San Marco 121 (primo piano)* –
℘ 041 522 2105 – *www.alajmo.it* –
Chiuso lunedì, martedì, mercoledì-venerdì a mezzogiorno

✿ OSTERIA DA FIORE

Chef: Mara Zanetti

CLASSICA · ELEGANTE ✕✕ Osteria ormai solo nel nome! Interamente rinnovata con un ambiente più moderno, rimangono - tuttavia - i due romantici tavoli affacciati sul canale. Chi ama la cucina veneziana qui si sentirà a casa: Mara Zanetti, chef e titolare, riesce con sapienza a far convivere la tradizione lagunare col proprio tocco personale. Ultima, ma non ultima, è la cantina che dispone di una buona selezione dei più ricercati vini francesi e italiani (circa 800 etichette) . Non da meno lo è quella delle grappe, cognac e whisky. Attenzione dress code: abbigliamento anche casual, evitando - tuttavia - pantaloncini corti o magliette senza maniche.

Specialità: Spiedini di ostriche fritte in tempura con zabaione salato. Fegato alla veneziana. Sfera di meringhe.

Carta 70/130 €

⪢ 🅰🅲 ⇕ **Pianta: B2-y** – *calle del Scaleter 2202/A, San Polo* –
℘ 041 721308 –
www.ristorantedafiore.com –
Chiuso 5-19 gennaio, 1-24 agosto, lunedì-venerdì a mezzogiorno, domenica

✿ IL RIDOTTO

Chef: Nicolò Bonaccorsi

CREATIVA · MINIMALISTA ✕ Nel Sestiere di Castello (n. 4509), in Campo SS. Filippo e Giacomo, a pochi passi da Piazza San Marco e vicino alla fermata del vaporetto di San Zaccaria, il nome gioca sulla similitudine con un omonimo e antico teatro veneziano delle stesse - ridotte - dimensioni, mentre la cucina colorata di Gianni Bonaccorsi e del figlio Nicolò sfodera le armi di territorialità e stagionalità dei prodotti della terra e del mare, in cui spiccano ingredienti di altissima qualità, per concepire ricette attuali ed accattivanti. La scelta dei vini è un momento topico: la carta elenca - infatti - etichette invecchiate anche di 50 anni, con bottiglie autoctone ed estere.

Specialità: Mazzancolle, porri, crème brûlée all'aringa affumicata ed erbe amare. Rombo al ginepro, mandarino e fagiolini. Biscotto al the Matcha, bergamotto, cioccolato e granita di sakè.

Menu 35 € (pranzo), 95/140 € – Carta 87/122 €

🅰🅲 **Pianta: F2-k** – *campo SS. Filippo e Giacomo, Castello 4509* –
℘ 041 520 8280 –
www.ilridotto.com –
Chiuso mercoledì, giovedì a mezzogiorno

CLUB DEL DOGE

CLASSICA · ROMANTICO XxX Ristorante fine dining dove in un'atmosfera di raffinatezza e romanticismo, custodita in sale dall'inconfondibile sapore veneziano, i piatti celebrano la tradizione lagunare con un approccio proiettato al futuro. L'attenzione alle materie prime è quasi maniacale (le verdure, ad esempio, arrivano dalle isole di Sant'Erasmo e Mazzorbetto). La terrazza sul Canal Grande è una delle più ambite in città, mentre cocktail e cicchetti vi attendono al Bar Longhi dall'intrigante parete a specchio.

Menu 250 € – Carta 73/156 €

🍴 ♿ 🅰🅲 **Pianta: E2-g** – *Hotel The Gritti Palace, campo Santa Maria del Giglio 2467, San Marco* –
☎ 041 794611 – *www.clubdeldoge.com/it*

TERRAZZA DANIELI

MEDITERRANEA · LUSSO XxX Specchi e tessuti impreziosiscono i lussuosi interni, ma è il servizio in terrazza a costituire il fiore all'occhiello del ristorante con una vista mozzafiato a 180° sulla laguna, le isole e i campanili.

Menu 140 € – Carta 118/168 €

≤ 🍴 🅰🅲 **Pianta: F2-a** – *Hotel Danieli, riva degli Schiavoni 4196, Castello* –
☎ 041 522 6480 – *www.terrazzadanieli.com*

ANTINOO'S LOUNGE

MODERNA · DI TENDENZA XxX Ispirato ad un design moderno e raffinato, la scelta oscilla fra due sale, una rossa e una bianca, con affacci sul Canal Grande. La cucina prende spunto dalla tradizione in un connubio che si fa a tratti molto interessante; romantici tavoli vicino all'acqua in estate (prenotazione consigliata!).

Menu 80/120 € – Carta 90/150 €

🍴 🅰🅲 **Pianta: B3-f** – *Hotel Sina Centurion Palace, Dorsoduro 173* –
☎ 041 34281 – *www.centurionpalacevenezia.com*

ARVA

MODERNA · LUSSO XxX Si mangia avvolti da stucchi e dipinti in un'atmosfera di grande lusso; cucina mediterranea e moderna a cui si affiancano le verdure della laguna.

Menu 100 € – Carta 90/110 €

🍴 🅰🅲 **Pianta: E1-n** – *Hotel Aman Venice, calle Tiepolo 1364, San Polo* –
☎ 041 270 7333 – *www.aman.com*

CIP'S CLUB

CLASSICA · ROMANTICO XxX E' il ristorante più "informale" ed intimo del Cipriani, con un'ambitissima terrazza panoramica estiva sul canale della Giudecca; cucina veneta, piatti stagionali e una pagina dedicata ai classici della casa. E' pur sempre un'istituzione in città!

Carta 92/158 €

≤ 🍴 🅰🅲 **Pianta: B3-c** – *Belmond Hotel Cipriani, isola della Giudecca* –
☎ 041 240801 – *www.belmond.com* –
Chiuso 1 dicembre-19 marzo

DO LEONI

CLASSICA · LUSSO XxX Per un fine dining sulla bella riva degli Schiavoni, il Do Leoni è il posto d'elezione per una proposta gastronomica che parla veneziano con contaminazioni moderne ed afflati internazionali. La carta è servita solo la sera; a pranzo piatti veloci e snack sfiziosi presso il Bistrot 4172 aperto dalle ore 11.

Menu 60/150 € – Carta 60/150 €

🍴 🅰🅲 **Pianta: F2-t** – *Hotel Londra Palace, riva degli Schiavoni 4171, Castello* –
☎ 041 520 0533 – *www.londrapalace.com* –
Chiuso 6-31 gennaio, lunedì-domenica a mezzogiorno

‖○ ALLE CORONE

MODERNA · AMBIENTE CLASSICO ✗✗ Nelle tre salette eleganti o - su richiesta - nell'enoteca circondata da bottiglie di vino, degusterete piatti mediterranei e veneziani in chiave moderna. Le finestre offrono lo spettacolo delle gondole che scivolano sul piccolo canale.

Menu 86€ – Carta 64/86€

&. 🅰🅲 ⇄ Pianta: F1-r – *Hotel Ai Reali, campo della Fava 5527, Castello –*
☏ 041 523 2222 - www.hotelaireali.com

‖○ FIOLA AT DOPOLAVORO

CREATIVA · CONTESTO CONTEMPORANEO ✗✗✗ Causa emergenza COVID-19 chiuso temporaneamente fino ad aprile 2021.

Il Dopolavoro si firma Fiola, sotto la regia del navigato chef marchigiano Fabio Trabocchi, che ha sdoganato il brand in America, La cucina prende spunto dal territorio - locale e nazionale - in colorati piatti di moderna concezione con utilizzo di fiori ed erbe aromatiche. Il ristorante ha come palcoscenico un'isola privata e come sede un edificio del '36.

🛬 🏡 &. 🅰🅲 Fuori pianta – *Hotel JW Marriott Venice Resort & Spa, isola delle Rose, 25 mn di navetta privata dal pontile di San Marco –*
☏ 041 852 1300 - www.jwvenice.com –
Chiuso 1 gennaio-1 aprile, 1 ottobre-31 dicembre, mercoledì

‖○ AMO

MEDITERRANEA · ALLA MODA ✗✗ E' il locale più contemporaneo della galassia Alajmo, gastronomico ma casual, dove la condivisione come modalità di servizio lo rende contemporaneo e disinvolto. Design di Philippe Starck per questo "salotto in piazza": sicuramente più tranquillo la sera.

Carta 48/80€

🅰🅲 Pianta: E1-b – *T Fondaco dei Tedeschi – ☏ 041 241 2823 - www.alajmo.it*

‖○ AI GONDOLIERI

REGIONALE · ROMANTICO ✗✗ Alle spalle del museo Guggenheim, questo locale rustico con tanto legno alle pareti propone un fantasioso menu solo di terra legato alla tradizione classica e regionale. Ultimamente, il ristorante si è arricchito di una fornita vineria con vasta selezione di bianchi, rossi e bollicine. Insieme ad un buon calice, Ai Gondolieri offre prodotti tipici veneti come prosciutti stagionati e verdurine in agrodolce.

Menu 50/65€ – Carta 62/74€

🅰🅲 ⇄ Pianta: B3-d – *fondamenta de l'Ospedaleto 366, Dorsoduro –*
☏ 041 528 6396 - www.aigondolieri.it

‖○ AI MERCANTI

MODERNA · CONTESTO CONTEMPORANEO ✗✗ Celato in una piccola corte del centro, nero e beige dominano il moderno aspetto del locale a conduzione familiare. Cucina moderna ricca di fantasia e piacevolezza per un rapporto qualità/prezzo interessante.

Carta 41/45€

🏡 🅰🅲 Pianta: E2-u – *corte Coppo 4346/A, San Marco – ☏ 041 523 8269 -*
www.aimercanti.it – Chiuso lunedì, domenica

‖○ AL COVO

REGIONALE · FAMILIARE ✗✗ All'insegna di un'autentica ospitalità familiare, ecco uno dei più rinomati ristoranti di Venezia che fa dei prodotti di nicchia e di ricerca - in prevalenza mare - la propria bandiera. Qualche specialità di terra è pur sempre presente in menu.

Menu 45/55€ – Carta 45/55€

🏡 🅰🅲 ⇄ Pianta: C2-s – *campiello della Pescaria 3968, Castello –*
☏ 041 522 3812 - www.ristorantealcovo.com –
Chiuso 7 gennaio-7 febbraio, martedì, mercoledì

‖○ BISTROT DE VENISE

VENEZIANA · AMBIENTE CLASSICO ✕✕ Cucina veneziana contemporanea, con qualche proposta di piatti d'epoca, in salette avvolte da velluti rossi e dalla musica classica. Tante bottiglie al bicchiere e possibilità d'acquisto a prezzi scontati. Al piano superiore due belle camere in stile locale.

Carta 50/120€

⅋ 🕼 🅰🅲 **Pianta: E2-g** – *calle dei Fabbri 4685, San Marco* – ✆ *041 523 6651* – *www.bistrotdevenise.com*

‖○ CHAT QUI RIT ⓝ

CONTEMPORANEA · CHIC ✕✕ Cucina "fusion lagunare" in questo Italian bistrò a pochi passi da San Marco: piatti generosi, colorati, preparati con grande attenzione. Uno dei due cuochi appassionato del Sol Levante tradisce questo suo "trasporto" nella creazione di alcune ricette.

Menu 70/90€ – Carta 69/95€

⅋ 🅰🅲 **Pianta: E2-b** – *San Marco, Calle Tron, 1131* – ✆ *041 522 9086* – *www.chatquirit.it* – *Chiuso 8-31 gennaio, lunedì, martedì*

‖○ L' OSTERIA DI SANTA MARINA

MODERNA · AMBIENTE CLASSICO ✕✕ Il biglietto da visita è un'incantevole credenza vecchio stile, ma il ricordo più vivo lo lascerà la cucina: niente di turistico, ma una gustosa ricerca di ottimi prodotti e ricette della tradizione rivisitate con tocchi fantasiosi. A volte, anche con contaminazioni orientali.

Carta 20/90€

🕼 🅰🅲 **Pianta: F1-m** – *Campo Santa Marina 5911* – ✆ *041 528 5239* – *www.osteriadisantamarina.com* – *Chiuso 17-31 gennaio, lunedì a mezzogiorno, domenica*

‖○ LINEADOMBRA

MODERNA · MINIMALISTA ✕✕ Per chi vuole sfuggire alla tradizione, è uno dei pochi ristoranti veneziani a proporre una cucina contemporanea, nonché una delle migliori cantine della città con più di 1000 etichette; stile sobrio e moderno all'interno, diventa romantico d'estate quando si mangia su una zattera-palafitta affacciata sul canale della Giudecca.

Carta 60/110€

⅋ 🕼 ♿ 🅰🅲 **Pianta: B3-e** – *ponte dell'Umiltà 19, Dorsoduro* – ✆ *041 241 1881* – *www.ristorantelineadombra.com* – *Chiuso 1 dicembre-10 febbraio, martedì*

‖○ LOCAL

MODERNA · CONTESTO CONTEMPORANEO ✕✕ Locale di tendenza con cucina a vista ed una certa raffinatezza nelle sue proposte; le ricette si rifanno ai prodotti del territorio abbinati ad ingredienti più esotici, che vengono - tuttavia - rielaborati con una buona dose di creatività ed impiattati con gusto contemporaneo.

Menu 38€ (pranzo), 95/150€ – Carta 85/150€

⅋ 🕼 🅰🅲 ⇄ **Pianta: C2-n** – *Salizzada dei Greci, Castello 3303* – ✆ *041 241 1128* – *www.ristorantelocal.com* – *Chiuso martedì, mercoledì a mezzogiorno*

‖○ RIVIERA

MEDITERRANEA · ROMANTICO ✕✕ Ammaliati dal tramonto con vista sull'isola della Giudecca, questo locale ha un côté decisamente romantico: interni dal mood retrò per un'ottima tavola che si divide tra terra e mare, ma che non si scorda mai di coniugare gusto e leggerezza.

Menu 60/120€ – Carta 60/80€

🕼 ♿ **Pianta: A2-r** – *fondamenta zattere al Ponte Longo 1473, Dorsoduro* – ✆ *041 522 7621* – *www.ristoranteriviera.it* – *Chiuso lunedì-martedì a mezzogiorno, mercoledì, giovedì-venerdì a mezzogiorno*

¡O WISTÈRIA ⓝ

CONTEMPORANEA · ELEGANTE XX Il nome curioso si rifà ad un tipo di rampicante della famiglia delle Fabacee, note col nome comune di glicine. Il locale è nuovo, la cucina affidata ad un giovane ed appassionato cuoco con buone esperienze anche all'estero, affiancato ai fornelli nonché in sala da uno staff altrettanto giovane e motivato. Piatti personalizzati per tecnica di preparazione e per l'utilizzo d'ingredienti del territorio insieme ad altri più esotici.

Menu 60/150 €

🚗 AC ⇌ **Pianta: A2-d** – *Campo San Polo 2168* – ℰ *041 524 3373* –
www.wisteria-restaurant.com – *Chiuso mercoledì, giovedì a mezzogiorno*

¡O ZANZE XVI

CREATIVA · BISTRÒ XX Con Zanze XVI s'inaugura un nuovo *concept* di osteria che unisce la convivialità propria a questa tipologia di esercizio ad una cucina ricercata, preparata con le migliori materie prime, spesso provenienti da orti di proprietà e da produttori locali di fiducia.

Menu 25 € (pranzo), 65/80 € – Carta 60/80 €

AC **Pianta: A2-a** – *sestiere Santa Croce 231* – ℰ *041 715394* – *www.zanze.it* –
Chiuso lunedì a mezzogiorno

¡O CORTE SCONTA

PESCE E FRUTTI DI MARE · CONTESTO TRADIZIONALE X Piacevole locale inizio secolo, nato come bottiglieria, con una vite centenaria a pergolato nella corte interna, dove si svolge il servizio estivo; curata cucina veneziana con qualche leggera rivisitazione.

Carta 56/84 €

🚗 AC **Pianta: C2-e** – *calle del Pestrin 3886, Castello* – ℰ *041 522 7024* –
www.cortescontavenezia.it – *Chiuso lunedì, domenica*

¡O ESTRO VINO E CUCINA

MODERNA · WINE-BAR X Nella Venezia un po' più "segreta", una moderna enoteca con uso cucina. Piatti mediterranei e moderni con 700 etichette di vini biologici. Fuori orario anche bar con sandwich e taglieri.

Menu 25 € (pranzo), 35/60 € – Carta 25/60 €

🏛 AC **Pianta: A2-b** – *sestiere Dorsoduro 3778* – ℰ *041 476 4914* –
www.estrovenezia.com – *Chiuso martedì*

¡O LA COLOMBINA

MODERNA · FAMILIARE X L'insegna storica con enoteca c'è ancora, ma La Colombina è un delizioso ristorantino a conduzione familiare piccolo nelle dimensioni, ma grande nell'offrire deliziosi piatti che parlano di tradizione veneta e italiana proposti in chiave moderna. Per "calarvi" nell'atmosfera, vi suggeriamo di iniziare con un assaggio di cicchetti.

Menu 49 € – Carta 53/75 €

🚗 AC **Pianta: B1-r** – *corte del Pegoloto, Cannaregio 1828* – ℰ *041 522 2616* –
www.ristorantelacolombina.eu – *Chiuso 7-29 gennaio, mercoledì, giovedì a
mezzogiorno*

¡O OSTERIA ALLE TESTIERE

REGIONALE · SEMPLICE X A partire dalla vetrina - sino alla sala e ai 10 tavolini che la arredano - è tutto minuscolo in questa bella osteria... salvo la qualità del cibo preparato in chiave leggermente moderna e, soprattutto, dall'esito convincente. Un "bacaro" raffinato!

Carta 75/90 €

AC **Pianta: F1-g** – *calle del Mondo Novo 5801, Castello* – ℰ *041 522 7220* –
www.osterialletestiere.it – *Chiuso 1-31 agosto, 22 dicembre-10 gennaio, lunedì,
domenica*

¶○ VINI DA GIGIO

REGIONALE · FAMILIARE Ⅹ Una trattoria familiare dove il benessere e la convivialità sono all'ordine del giorno, così come la qualità della cucina: piatti veneti di terra e di mare, ma la fama del locale è legata anche al bell'approccio della carta dei vini, fonte d'ispirazione per la scelta di bottiglie o singoli bicchieri: più di mille etichette e grandi formati.

Menu 39/56 € – Carta 52/73 €

🕸 🎟 **Pianta: B1-e** – *cannaregio 3628* – ☎ *041 528 5140* – *www.vinidagigio.com* – *Chiuso lunedì, martedì*

Alberghi

BELMOND HOTEL CIPRIANI

GRAN LUSSO · ELEGANTE Il nome del Cipriani si confonde nel mondo con quello della città: un'enclave di lusso nel silenzio e nel verde della Giudecca, per un soggiorno riservato, esclusivo, soprattutto, coccolato da un eccellente servizio. Al suo interno lo stile locale è rivisitato ed alleggerito; all'orizzonte Venezia le si dona volentieri come una cartolina!

🕸 ⇐ 🛎 🛏 🎐 🗖 🖭 🎟 🏊 73 camere – 23 suites

Pianta: B3-h – *isola della Giudecca 10* – ☎ *041 240801* – *www.belmond.com*

🌸 **Oro Restaurant** · ¶○ **Cip's Club** – Vedere selezione ristoranti

THE GRITTI PALACE

GRAN LUSSO · PERSONALIZZATO Nell'involucro di uno straordinario palazzo del XV secolo, The Gritti Palace è un hotel-museo che raccoglie il meglio dell'artigianato locale: il design interno è ispirato al ricco patrimonio storico veneziano ed ai personaggi illustri che hanno segnato la storia dell'albergo e della città. Raffinato lusso che delizierà i suoi ospiti come una seconda casa dove sarà un piacere e insieme un'emozione scegliere il colore preferito tra quelli offerti da quadri, tessuti e panorama!

🏋 ⇐ 🎐 🗖 🖭 🗖 🏊 61 camere – 21 suites

Pianta: E2-g – *campo Santa Maria del Giglio 2467, San Marco* – ☎ *041 794611* – *www.thegrittipalace.com*

¶○ **Club del Doge** – Vedere selezione ristoranti

DANIELI

STORICO · PERSONALIZZATO Tre palazzi risalenti alla fine del '300, al '700 ed all'inizio del '900 riuniti in un unico grande albergo tra i più celebri della città, si presenta con una magnifica hall ricavata dalla ex corte. Al suo interno lo stile veneziano è di volta in volta citato con oggetti storici o rivisitato in chiave più moderna. Il sogno diventa realtà nelle suite. In alternativa all'elegante ristorante, informali, ma stuzzicanti proposte al bistrot.

⇐ 🗖 🖭 🏊 181 camere – 23 suites

Pianta: F2-a – *riva degli Schiavoni 4196, Castello* – ☎ *041 522 6480* – *www.hoteldanieli.com*

¶○ **Terrazza Danieli** – Vedere selezione ristoranti

BAUER IL PALAZZO 🆕

GRAN LUSSO · ELEGANTE La facciata modernista è amata e odiata, ma il Bauer è una bandiera tra gli alberghi cittadini: nei suoi ampi spazi propone un viaggio nello stile degli anni '40 sposato alla classicità veneziana o ad atmosfere barocche in alcune camere, quelle più richieste con affaccio sulla chiesa di S. Moisè. Per non parlare della strepitosa terrazza panoramica del Bauer il Palazzo, hotel-dépendance dall'esterno gotico.

🏋 🎐 🗖 🗖 🖭 🏊 191 camere – 49 suites

Pianta: E2-b – *Campo San Moisè 1459* – ☎ *041 520 7022* – *www.bauervenezia.com*

🏨 JW MARRIOTT VENICE RESORT & SPA

RESORT · CONTEMPORANEO Causa emergenza COVID-19 chiuso temporaneamente fino ad aprile 2021.

Un'intera isola occupata dallo splendido resort, con ambienti moderni, giardini e ulivi secolari per un soggiorno esclusivo. Dopo una giornata di visite culturali o di shopping nella Serenissima, fatevi coccolare nella più grande Spa della città. Al Sagra tanti piccoli assaggi di piatti della cucina italiana, ma se volete qualcosa di più raffinato optate per il Fiola at Dopolavoro.

🌿 🏊 ⟨ 🛆 🎵 📺 ⊕ 🛁 £ 🚗 📶 🕸 233 camere – 33 suites

Fuori pianta – *isola delle Rose, 25 mn di navetta privata dal pontile di San Marco* – ☎ 041 852 1300 – www.jwvenice.com

🍴 **Fiola at Dopolavoro** – Vedere selezione ristoranti

🏨 CA' SAGREDO

LUSSO · STORICO Più che un albergo, un museo: tra marmi, stucchi, imponenti scaloni ed enormi affreschi di Tiepolo, Longhi ed altri, rivivrete la leggendaria e aristocratica vita della Serenissima all'interno di un palazzo di origine bizantina. Buona linea di cucina al ristorante con piccolo, ma splendido dehors sul Canal Grande.

🌿 ⟨ 🖃 ᚻ 📶 31 camere – 11 suites

Pianta: E1-f – *campo Santa Sofia 4198, Ca' D'Oro* – ☎ 041 241 3111 – www.casagredohotel.com

🏨 AMAN VENICE   Tablet. PLUS

GRAN LUSSO · ELEGANTE Non riportano il numero, ma solo il nome, le camere di questo lussuosissimo albergo ospitato in un palazzo del '500 romanticamente affacciato sul Canal Grande. Alcune suite "emozionano" per originalità, come quella con affreschi del Tiepolo e salottino cinese dipinto a mano, la Sansovino con il camino disegnato dal famoso architetto, la Papadopoli con bagno dotato di affreschi...

🏊 ᚻ 🖃 📶 🕸 22 camere – 2 suites

Pianta: E1-n – *calle Tiepolo 1364, San Polo* – ☎ 041 270 7333 – www.aman.com

🍴 **Arva** – Vedere selezione ristoranti

🏨 LONDRA PALACE

LUSSO · PERSONALIZZATO Affacciato sulla passeggiata più spettacolare di Venezia, all'interno il lusso coniuga atmosfere contemporanee con accenni veneziani e mobili Biedermeier. Luce, armonia e viste mozzafiato soprattutto dal piccolo ed esclusivo terrazzo sul tetto: naturalmente su prenotazione.

⟨ 🖃 📶 53 camere – 2 suites

Pianta: F2-t – *riva degli Schiavoni 4171, Castello* – ☎ 041 520 0533 – www.londrapalace.com

🍴 **Do Leoni** – Vedere selezione ristoranti

🏨 METROPOLE   Tablet. PLUS

GRAN LUSSO · PERSONALIZZATO Romantico connubio tra occidente ed oriente, Metropole propone ambienti di strabiliante raffinatezza, collezioni d'antiquariato e una piccola, ma esclusiva corte-giardino, mentre sul velluto delle fragranze che avvolgono a tutte le ore l'albergo l'amosfera si fa magica. L'energia vibrante dell'oro (simbolo di calore e forza) domina il contesto attraverso rifulgenti mosaici e decori in foglia 24 carati, fondendosi alle proprietà rilassanti dell'acqua nella bella spa. Menu semplice, ma di carattere all'OrientalBar.

🌿 ⟨ ᚻ 🖃 📶 🕸 63 camere – 7 suites

Pianta: C2-t – *riva degli Schiavoni 4149, Castello* – ☎ 041 520 5044 – www.hotelmetropole.com

SINA CENTURION PALACE `Tablet.PLUS`

LUSSO · DESIGN Se cercate un'eleganza moderna differente dal solito stile veneziano, questo è l hotel che fa per voi! Servizio attento e camere in parte che si affacciano sul Canal Grande, per una raffinatezza che non è solo classica.

⊡ ⛐ 🅰🅲 ♨ 50 camere – 6 suites

Pianta: B3-f – *Dorsoduro 173* – ☎ *041 34281* – *www.sinahotels.com*

🍴 **Antinoo's Lounge** – Vedere selezione ristoranti

MADAMA GARDEN RETREAT Ⓝ `Tablet.PLUS`

LUSSO · TRADIZIONALE La discreta eleganza delle sue camere fa da eco ad un'atmosfera soffusa, dove anche l'ospite più esigente trova confortevole dimora. Posizione centrale – con pochi passi si raggiungono i luoghi più interessante della città – ed una cura del dettaglio che fa la differenza. Benvenuti al Madama Garden Retreat: il giardino con tanto di attracco privato per le barche è veramente proverbiale!

🛎 🅰🅲 8 camere

Pianta: B1-v – *sestiere Cannaregio 3604* – ☎ *041 523 9274* – *www.madamavenice.it*

PALAZZINA GRASSI `Tablet.PLUS`

BOUTIQUE HOTEL · DESIGN Romantico mix di antico e moderno nell'accogliente salone in piacevole penombra, lounge e cuore pulsante che diviene anche sala glamour al The Restaurant per una cucina di taglio moderno e "graffiante". Abbagliante modernità nelle camere: è l'albergo secondo Philippe Starck!

🍽 ⊡ 🅰🅲 17 camere – 5 suites

Pianta: A2-c – *San Marco 3247* – ☎ *041 528 4644* – *www.palazzinagrassi.com*

PALAZZO VENART

DIMORA STORICA · GRAN LUSSO Palazzo del '500 affacciato sul Canal Grande, la sua posizione defilata e un giardino fiorito dove far colazione lo rendono una piccola bomboniera ricca di storia ed eleganza.

🍽 🛎 ⊡ ⛐ 🅰🅲 11 camere – 7 suites

Pianta: B1-e – *calle Tron 1961, Santa Croce* – ☎ *041 523 3784* – *www.palazzovenart.com*

✿✿ **Glam Enrico Bartolini** – Vedere selezione ristoranti

STARHOTELS SPLENDID VENICE Ⓝ `Tablet.PLUS`

HOTEL DI CATENA · ELEGANTE In comoda posizione tra piazza S. Marco e Rialto, grande albergo elegante e funzionale, dagli interni forse poco "veneziani", ma confortevoli; camere ampie, con arredamento moderno. Importanti suite in un palazzo annesso.

🍽 ⊡ 🅰🅲 ♨ 165 camere – 20 suites

Pianta: F2-b – *Merceria 760* – ☎ *041 520 0755* – *www.starhotelcollezione.com*

CA' PISANI

TRADIZIONALE · VINTAGE Inusitato, audace connubio per un originale design hotel all'interno di una dimora trecentesca con arredi originali in stile art déco ed opere futuriste. Il ristorante omaggia il pittore Depero: il suo quadro, "La Rivista", ne è infatti un vanto, nonché il nome. A questo punto penserete: e la cucina? Decisamente moderna.

🍽 ⊡ ⛐ 🅰🅲 29 camere – 6 suites

Pianta: A3-g – *rio Terà Foscarini 979/a, Dorsoduro* – ☎ *041 240 1411* – *www.capisanihotel.it*

IL PALAZZO EXPERIMENTAL Ⓝ `Tablet.PLUS`

DIMORA STORICA · CONTEMPORANEO Lo spazio è quanto di più prezioso in una città dalla planimetria particolare qual è Venezia, non aspettatevi – quindi – camere dalle metrature generose; ciononostante le stanze di quest'hotel si faranno ricordare per il confort e la piacevolezza degli arredi. Alcune offrono una bella vista sul Canale della Giudecca.

🍽 🛎 🅰🅲 32 camere

Pianta: A3-a – *Fondamenta Zattere Al Ponte Longo* – ☎ *041 098 0200* – *www.palazzoexperimental.com*

AD PLACE VENICE

BOUTIQUE HOTEL · PERSONALIZZATO Boutique hotel nel cuore di Venezia, ad un passo dal teatro La Fenice e a due da piazza San Marco, AD Place Venice si trova in un antico palazzo affacciato su un rio; interni di grande personalizzazione e creatività, accoglienza signorile da parte di personale attento. Alcuni appartamenti a disposizione in un altro edificio.

A/C 12 camere

Pianta: E2-p - *Fondamenta De la Fenice 2557 - ✆ 041 241 3234 - www.adplacevenice.com*

CORTE DI GABRIELA

CASA PADRONALE · DESIGN Piccolo edificio storico, da sempre utilizzato come residenza privata, l'apertura come hotel a fine 2012 ha consegnato ambienti intimi e raccolti, eccellenti spazi arredati con le migliori firme del design mondiale, ma nel rispetto della tradizione veneziana di muri e soffitti.

A/C 11 camere

Pianta: E2-s - *calle degli Avvocati 3836, San Marco - ✆ 041 523 5077 - www.cortedigabriela.com*

CHARMING HOUSE DD 724

FAMILIARE · DESIGN Opere pittoriche si integrano con dettagli high-tech, come la saletta della musica, in questa raffinata casa dal design contemporaneo. Dall'unica camera con terrazzino la vista che vi si propone è quella dell'incantevole giardino della Peggy Guggenheim Collection.

A/C 9 camere

Pianta: B3-e - *ramo da Mula 724, Dorsoduro - ✆ 041 277 0262 - www.thecharminghouse.com*

CHARMING HOUSE I QS

DIMORA STORICA · CONTEMPORANEO In una città famosa per le sue bellezze architettoniche e dove gran parte degli hotel si rifà ad uno stile solitamente antico, quest'indirizzo è una voce fuori dal coro. Suite moderne - ubicate al piano terra - ed abbellite da opere d'arte contemporanea; dotate di cucina avrete a disposizione tutto il necessario per una prima colazione continentale.

A/C 3 suites

Pianta: F1-b - *Campiello Querini - ✆ 041 241 0062 - www.thecharminghouse.com*

al Lido 15 mn di vaporetto da San Marco - Carta regionale n° **23**-C3

FAVORITA

PESCE E FRUTTI DI MARE · FAMILIARE Storica trattoria familiare, qui dal 1950, la Favorita rende omaggio alla cucina locale, in prevalenza pesce, con preparazioni semplici, ma fragranti e gustose. Musica dal vivo, in estate.

Carta 40/70 €

Fuori pianta - *via Francesco Duodo 33 - ✆ 041 526 1626 - Chiuso lunedì, martedì-giovedì a mezzogiorno*

AUSONIA HUNGARIA

LUSSO · VINTAGE Totalmente ristrutturato mantiene intatta la strabiliante facciata d'inizio Novecento ricoperta di maioliche: all'interno, il nuovo stile è moderno con linee morbide e concept di ultima generazione. Oggi - ancor di più - Ausonia Hungaria non tradisce la sua vocazione di albergo da sogno!

A/C P 47 camere - 13 suites

Fuori pianta - *gran viale S. M. Elisabetta 28 - ✆ 041 242 0060 - www.ausoniahungaria.com*

a Burano 50 mn di vaporetto da Fondamenta Nuove e 32 mn di vaporetto da Punta Sabbioni – Carta regionale n° **23**–C2

🏵️ **VENISSA**

MODERNA · DESIGN ✕✕ Un ponticello separa Burano da Mazzorbo, dove si apre un mondo bucolico fatto di orti e vigneti che, all'ombra di un campanile, circondano Venissa. E' in questa inusuale isola – almeno per quanto concerne gli itinerari turistici – che una giovane brigata reinterpreta con talento pesce e molluschi dei pescatori locali, le verdure coltivate all'interno della tenuta da indigeni che ogni giorno riforniscono il ristorante, nonché le erbe spontane che crescono tra i filari delle vigne. Due menu degustazione (5 e 8 portate) sono composti da piatti predefiniti che possono essere scelti anche alla carta, mentre il terzo (10 portate) è a discrezione dello chef. Proposte più semplici vi aspettano, invece, presso l'adiacente Osteria Contemporanea che dalle 15 alle 19 si trasforma in cicchetteria.

Specialità: Ravioli di burro di artemisia, pinoli e insalate amare. Leccia, rape gialle, geranio, pesca e mais. Pomodoro e "suchette" (susine).

Menu 100/160 €

🍽️🛏️ 🅰️ℂ **Fuori pianta** – *isola di Mazzorbo, fondamenta Santa Caterina 3 – ☎ 041 527 2281 – www.venissa.it – Chiuso 1 dicembre-31 marzo, martedì*

🍴 **AL GATTO NERO-DA RUGGERO**

REGIONALE · ACCOGLIENTE ✕ Nel cuore pulsante di Burano, una salda e solida gestione familiare che si impegna da oltre 50 anni nella scelta delle materie prime e nell'accoglienza: in definitiva, una trattoria di cucina veneziana e di mare caldamente consigliata. Gradevole dehors estivo, affacciato sul canale.

Menu 50 € (pranzo), 60/80 € – Carta 60/90 €

🍽️ 🅰️ℂ **Fuori pianta** – *fondamenta della Giudecca 88 – ☎ 041 730120 – www.gattonero.com – Chiuso lunedì, mercoledì sera, domenica sera*

a Torcello 45 mn di vaporetto da Fondamenta Nuove e 37 mn di vaporetto da Punta Sabbioni

🍴 **LOCANDA CIPRIANI**

MEDITERRANEA · VINTAGE ✕✕ Suggestiva locanda di grande tradizione in una location apparentemente atemporale, che si palesa al meglio la sera dove l'isola diventa quasi disabitata. Ideale per godersi la vera laguna e una fuga romantica. Attenzione: aperto solo a pranzo, ma in estate anche a cena nel fine settimana.

Menu 55/75 € – Carta 65/95 €

🍽️🛏️ 🅰️ℂ **Fuori pianta** – *piazza Santa Fosca 29 – ☎ 041 730150 – www.locandacipriani.com – Chiuso lunedì sera, martedì*

VENOSA

✉️ 85029 – Potenza (PZ) – Carta regionale n° **2**–B1 – Carta stradale Michelin 564-E29

🍴 **AL BALIAGGIO** 🆕

MODERNA · ELEGANTE ✕✕ In pieno centro - all'interno di un edificio risalente al 1400 - bei soffitti a volte, atmosfera signorile e curata. Il giovane chef-patron propone una cucina legata alla tradizione, ma rielaborata in chiave moderna con ottimi prodotti della tradizione regionale, nonché qualche proposta di pesce. Servizio preciso e puntuale.

Menu 30/40 € – Carta 30/40 €

♿ 🅰️ℂ *via Vittorio Emanuele II 136 – ☎ 0972 35081 – www.albaliaggio.it – Chiuso lunedì, domenica sera*

Ⅰ○ L'INCANTO

DEL TERRITORIO · ELEGANTE ⅩⅩ Nei graziosi viottoli del centro storico di Venosa, la città di Orazio, qui troverete una delle più interessanti interpretazioni della cucina del territorio, un intelligente recupero di prodotti locali ed estrose interpretazioni di ricette antiche.

Menu 28/45 € – Carta 35/55 €

🔲 discesa Capovalle 1 – ☎ 0972 36082 – www.ristorantelincanto.it – Chiuso lunedì, domenica sera

VENTIMIGLIA

✉ 18039 – Imperia (IM) – Carta regionale n° **8**–A3 – Carta stradale Michelin 561-K4

Ⅰ○ CASA BUONO ⓝ

CONTEMPORANEA · CHIC ⅩⅩ Chef di grandi esperienze propone una cucina moderna e giornaliera che si concretizza in un menu fisso a base di prodotti stagionali e del mercato, con un occhio di riguardo per il pesce del Mediterraneo. Il locale è molto raccolto e di sobria eleganza; la graziosa moglie - in sala - assicura gentilezza e professionalità.

Menu 40 € – Carta 35/45 €

🔲 Corso Cuneo 28 – ☎ 0184 176 0006 – www.ristorantecasabuono.com – Chiuso lunedì-martedì a mezzogiorno, mercoledì, giovedì-venerdì a mezzogiorno

Ⅰ○ IL GIARDINO DEL GUSTO

MODERNA · DI QUARTIERE ⅩⅩ Non si trova sul mare, ma un motivo per venire fino a qua c'è ed è presto svelato: il bravo chef-patron, forte e sicuro della tecnica francese appresa in anni di gavetta, propone intriganti menu degustazione, i cui piatti, volendo, sono ordinabili anche à la carte.

Menu 35 € (pranzo), 45/95 € – Carta 105/120 €

🛋 🔲 piazza XX Settembre 6c – ☎ 0184 355244 – www.ilgiardinodelgusto.com – Chiuso 1-15 febbraio, 1-8 luglio, lunedì, martedì a mezzogiorno

verso la frontiera di Ponte San Ludovico

Ⅰ○ BALZI ROSSI

PESCE E FRUTTI DI MARE · ELEGANTE ⅩⅩⅩ Rinasce questa storica e blasonata insegna della ristorazione italiana sul confine con la Francia: la sala è nuova, elegante e contemporanea, mentre rimane la spettacolare vista dal dehors sulla Costa Azzurra (meglio prenotare per aggiudicarsi i tavoli più panoramici). La cucina omaggia il passato e i piatti preparati per decenni, ma li rinnova con il giusto tocco di modernità; esaustiva selezione di champagne e vini.

Menu 85 € (pranzo), 65/85 € – Carta 65/120 €

🍸 ⇽ 🛋 🔲 ⇨ via Balzi Rossi 2 – ☎ 0184 38132 – www.ristorantebalzirossi.it – Chiuso 1 dicembre-1 febbraio, lunedì a mezzogiorno, martedì, mercoledì a mezzogiorno

VERBANIA

✉ 28922 – Verbano-Cusio-Ossola (VB) – Carta regionale n° **13**–B1 – Carta stradale Michelin 561-E7

a Suna Nord - Ovest : 2 km

ⅠO ANTICA OSTERIA IL MONTE ROSSO

CLASSICA · ROMANTICO ⅩⅩ Sul lungolago della residenziale frazione di Verbania, una piccola realtà in stile Old England, dove assaporare specialità ittiche lacustri e marine. Clima favorevole e disponibilità permettendo, meglio prenotare uno dei pochi tavoli sulla panoramica piccola terrazza.

Menu 16 € (pranzo) – Carta 30/60 €

🍸 🛋 🔲 via Troubetzkoy 128 – ☎ 0323 506056 – www.osteriamonterosso.com

a **Fondotoce** Nord - Ovest : 6 km – Carta regionale n° **13**–A1

✿✿ **PICCOLO LAGO**

Chef: Marco Sacco

MODERNA · LUSSO XXX Marco Sacco è lo chef-patron di questo delizioso ristorante sospeso nel tempo. Lasciato il brulicante lago Maggiore, il tranquillo specchio d'acqua di Mergozzo si offre ai tavoli del locale come una romantica cartolina. La cucina presenta i classici del locale e tre menu degustazione a mano libera, dal più breve al più lungo, con i quali il cuoco propone divagazioni moderne sui prodotti delle valli alpine, le carni, i pesci d'acqua dolce e - talvolta - anche di mare. Autore di una delle carbonare più buone, ma più discusse degli ultimi anni – Tajarin al posto dei bucatini, prosciutto della Val Vigezzo invece del guanciale, e la speciale salsa a base di uovo, grana e gin prodotto in loco versata direttamente al tavolo – Marco spiega che in cucina devono poter convivere la tutela e la cura della tradizione, ma anche la voglia e la possibilità di sperimentare, nonché innovare.

Specialità: Cacio e pepe di lago. Gardon (pesce di lago). Oro degli Inca.

Menu 115/220 €

⛲ ⪪ 🛋 🅰 ↺ 🅿 *via Turati 87, al lago di Mergozzo – 𝒞 0323 586792 – www.piccololago.it – Chiuso 1 dicembre-3 marzo, lunedì, martedì, mercoledì a mezzogiorno*

a **Pallanza** – Carta regionale n° **13**–B1

✿ **IL PORTALE**

Chef: Massimiliano Celeste

MODERNA · CONTESTO CONTEMPORANEO XX Leggermente nascosto in un vicolo, dove l'antico portale in granito ha suggerito il nome del ristorante, Massimo Celeste mette a frutto le sue esperienze in cucina. Pesce e carne si alternano con disinvoltura, ma anche la sua passione per le verdure emerge in un intero percorso dedicato all'orto.

La tradizione e il pesce di lago vivacizzano i menu degustazione, tra cui spicca quello dal nome fortemente evocativo e promettente: il *Celestiale*, ovvero il più importante. Se la sala interna è signorile e raccolta, atmosfere più vacanziere ed estive sono possibili grazie al bel dehors affacciato sulla piazzetta.

Specialità: Crudo d'aragosta, frutto della passione e insalata di mare. Plin di burrata e lemongrass, gamberi rossi, pistacchi e mandarino acerbo. Frutta e verdura.

Menu 60/210 € – Carta 73/130 €

🛋 🅰 *via Sassello 3 – 𝒞 0323 505486 – www.ristoranteilportale.it – Chiuso 11 gennaio-11 febbraio, 2-17 novembre, lunedì a mezzogiorno, martedì, mercoledì a mezzogiorno*

⫶◯ **MILANO**

CLASSICA · CONTESTO STORICO XX Con la terza generazione rinasce questo storico locale ubicato direttamente sul lago (con attracco privato!), da godersi in tutto il suo splendore, soprattutto nella veranda panoramica. Lo chef-patron dal canto suo mantiene uno stile classico, leggermente permeato da tocchi di modernità, forte delle ottime materie prime sia di terra sia di acqua.

Menu 85 € – Carta 26/42 €

⪪ 🛋 🍽 🅰 🅿 *corso Zanitello 2 – 𝒞 0323 556816 – www.ristorantemilanolagomaggiore.it – Chiuso 4 gennaio-4 marzo, martedì*

⫶◯ **TACABUTUN**

MEDITERRANEA · DI QUARTIERE X Piacevole ubicazione sul lungolago del centro, Tacabutun propone un ambiente curato seppure allo stesso tempo informale, con molti tavoli vicini, e soprattutto un'interessante cucina mediterranea. Ottime anche le sue pizze gastronomiche. Visto il successo della formula, è sempre molto frequentato: meglio prenotare!

Menu 25/45 € – Carta 30/45 €

🍽 *viale delle Magnolie 120 – 𝒞 0323 503450 – Chiuso 10 gennaio-26 febbraio, giovedì*

VERCELLI

✉ 13100 – Vercelli (VC) – Carta regionale n° **12**–C2 – Carta stradale Michelin 561-G7

🕄 CINZIA DA CHRISTIAN E MANUEL

Chef: Manuel e Christian Costardi

MODERNA · ELEGANTE XX Cinzia è il nome dell'hotel che ospita questo ristorante, ma anche un omaggio alla mamma degli attuali chef, Christian e Manuel, artefici di una cucina creativa, elaborata partendo da materie prime di eccellente qualità, senza dimenticare le tradizioni culinarie della zona. Non meravigliatevi quindi della particolare attenzione riservata al riso: il menu propone una selezione di venti risotti, a cui si aggiungono anche tante gustose specialità di terra e di mare in un ristorante dove neppure l'illuminazione è lasciata al caso. Per la scelta del vino – che poggia su una carta di livello e ben articolata – affidatevi all'esperienza e alle competenza della pluripremiata sommelier.

Specialità: Salmerino alla brace e beurre blanc all'alloro. Carnaroli aglio, olio e peperoncino. "Il Grande Sgarro": Tir Mi Sù (un lavoro fatto da Manuel su un dolce storico ed iconico della cucina italiana).

Menu 60/140€ – Carta 75/140€

🕸 🖨 🖾 corso Magenta 71 – ℰ 0161 253585 – www.christianemanuel.it – Chiuso 4-15 gennaio, 8-25 agosto, lunedì, domenica sera

⅋○ BISLAKKO

DEL TERRITORIO · CONTESTO CONTEMPORANEO XX Si è voluto giocare con le parole, perché "bislacco" lo è solo nel nome, ma non nella sostanza! Questo ristorante saprà - infatti - conquistarvi per la sua cucina: la carne, spesso cruda o in carpaccio, è la nota distintiva della casa. A tenervi compagni la visione di video d'epoca.

Carta 30/60€

🖨 Hotel Garibaldi, via Thaon de Revel 87 – ℰ 0161 302460 – www.bislakko.com – Chiuso lunedì a mezzogiorno, martedì, mercoledì-venerdì a mezzogiorno

⅋○ PAOLINO 🏵

REGIONALE · CONTESTO TRADIZIONALE X Nella piazza principale della cittadina, sotto i portici, troviamo questa caratteristica trattoria dove gusterete preparazioni fresche della tradizione: dalle più conosciute come la battuta di fassone alle paste fatte in casa. A tali prelibatezze si accompagnano i vini dei territori vicini.

Carta 32/49€

via San Paolo 12/14 – ℰ 0161 214790 – Chiuso lunedì, domenica sera

VERNANTE

✉ 12019 – Cuneo (CN) – Carta regionale n° **12**–B3 – Carta stradale Michelin 561-J4

⅋○ NAZIONALE

MODERNA · ROMANTICO Lungo la strada principale che taglia in due il paesino, da una parte l'omonimo relais e dall'altra questo ristorante gourmet con camere. In un ambiente di vivace informalità, tanta pietra e legno locale, la famiglia Macario propone una valida cucina occitana - con grande attenzione alla stagionalità dei prodotti - e qualche elemento di modernità.

Menu 50/75€ – Carta 44/75€

🕸 🖨 🏠 🅿 via Cavour 60 – ℰ 0171 920181 – www.ilnazionale.com – Chiuso 5-23 aprile, 20 settembre-8 ottobre, mercoledì

✉ 37121 – Verona (VR)
Carta regionale n° **22**-A3
Carta stradale Michelin 562-F14

VERONA

Ci piace: il clima di una tradizionale trattoria italiana che si respira al **Pompiere**. Tour tra le vestigia romane nella cantina del **12 Apostoli**.

Perdersi tra gli effluvi di Bacco al Vinitaly: Salone Internazionale del vino e dei distillati, che si tiene dal 1967 con cadenza annuale. La manifestazione raccoglie produttori, importatori, distributori, giornalisti e opinion leader. Tra le specialità della città degli innamorati, la Pastissada de Caval, ovvero: il brasato di cavallo. Ricetta risalente al 489 a. C. quando, in tempi di carestia, la popolazione tagliava la carne a pezzi, macerandola nel vino e nelle spezie per prolungarne la conservazione. Caffè Borsari (ex "caffè Tubino"): bottega storica, dove scegliere tra oltre 120 qualità di caffè e innumerevoli cioccolate. Gelati, torte e prelibatezze per tutti i gusti alla gelateria Savoia: sulla piazza dal 1939!

Ristoranti

ॐ ॐ CASA PERBELLINI

CREATIVA · DI TENDENZA XX Se il cognome Perbellini è una sorta d'istituzione e sinonimo di haute cuisine, questo ristorante è un'oasi sui generis: spazio intimo e quieto, esperienza impostata sulla vista più che sul racconto (la cucina è praticamente un tutt'uno con la sala). I suoi piatti seguono le stagioni e coniugano artigianalità, pensiero, memorie e modernità. Tra le specialità cult del bi-stellato ci si ricorderà a lungo della cremosità delicata e piacevolissima del risotto all'acqua di funghi, caramello di anice, fumetto di pesce, nonché polvere di capperi.

Se vogliamo dar voce agli ispettori, "Casa Perbellini ha uno chef bravissimo e l'apparente informalità dell'offerta si regge su una qualità complessiva di alto livello".

Attenzione, non c'è una vera e propria carta, ma menu degustazione articolati: "Chi sceglie prova" ovvero un percorso intorno ai prodotti scelti dai clienti da una mini-lista di suggerimenti, o "Assaggi", una carrellata di piatti storici del cuoco insieme alle più recenti creazioni.

Specialità: Panzanella alle fave, calamari e polvere di formaggio erborinato. Costoletta d'agnello, birra, orzo, bruscandoli e gel di cipolla rossa. Marchesa al cioccolato con gelato all'orzo e composta di agrumi.

Menu 135/170 €

ॐ & 🅰🅲 **Pianta: A2-f** – *piazza San Zeno 16* – ☎ *045 878 0860* – *www.casaperbellini.com* – *Chiuso 27 gennaio-13 febbraio, 19 agosto-3 settembre, lunedì, domenica*

emicristea/iStock

✿ 12 APOSTOLI

MODERNA · ROMANTICO ✕✕✕ Ad un passo dal centro pedonale, ma abbastanza distante da non percepirne la confusione, 12 Apostoli è un ritorno in grande stile per quello che fu uno dei migliori ristoranti italiani. La giovane quarta generazione ha puntato su diversi menu degustazione – specchi, sguardi, riflessi, giravolte - con piatti estraibili singolarmente che rivedono in versione creativa i classici locali e nazionali, ma è su uno in particolare che giungono le proposte più personali: una sorta di playlist dello chef che invita ad andar oltre il concetto di percorso gastronomico guidato. Imperdibile la visita agli storici sotterranei e alla cantina.

Specialità: Seppia, limone, caviale. Flan di lumaca. Aglio nero, burro di arachidi e mezcal.

Menu 100/140 €

🗚 Pianta: C2-p – *corticella San Marco 3 –* ☎ *045 596999 – www.12apostoli.com – Chiuso lunedì, martedì-venerdì a mezzogiorno, domenica*

✿ IL DESCO

Chef: Elia e Matteo Rizzo

ITALIANA CONTEMPORANEA · ELEGANTE ✕✕✕ Immutato da anni, la sua grandezza sta anche in questo: benché nulla sia cambiato, la signorilità dell'eleganza del Desco è intramontabile, vi si mangia con la consapevolezza di sedersi in uno dei ristoranti più eleganti almeno della regione, fra travi a vista dipinte, quadri moderni, scenografico lampadario e le celebri sedie in pelle. La cucina, invece, si concede un po' più di fermento; il passaggio di consegne generazionali degli ultimi anni ha portato nuova linfa alla creatività e alla tecnica con cui le proposte sono elaborate: piatti eleganti, preparati con attenzione e cura del dettaglio, dove tutti gli ingredienti contribuiscono a dare un senso, ben lungi dall'essere elementi puramente decorativi. Il servizio è altamente professionale e la sensazione di essere coccolati dall'arrivo alla partenza è più che un'impressione. Una certezza!

Specialità: Salmone fondente, crema di capperi e polvere di caffè. Tortelli di baccalà, black lime e aglio nero. Orzo, limone e cardamomo.

Menu 85/150 € – Carta 90/140 €

🗚 ⇄ Pianta: C2-q – *via Dietro San Sebastiano 7 –* ☎ *045 595358 – www.ildesco.com – Chiuso 25 dicembre-14 gennaio, lunedì, domenica*

⊙ AL BERSAGLIERE

REGIONALE · CONTESTO TRADIZIONALE ✕ Locale storico traboccante di ricordi, dal juke-box alla macchina per i caffè degli anni '60, così come la gestione, di cui ormai non contano più le generazioni. Cantina visitabile in ambienti risalenti al 1200 e alla quale si unisce un'ottima selezione di distillati, la cucina è ovviamente un baluardo delle tradizioni venete.

Specialità: Salumi tradizionali. Bigoli al torchio. Diplomatico.

Menu 30/45 € – Carta 25/40 €

🗚 Pianta: C2-m – *via Dietro Pallone 1 –* ☎ *045 800 4824 – www.trattoriaalbersagliere.it – Chiuso 7-14 gennaio, lunedì, domenica*

⅋○ ARCHE

PESCE E FRUTTI DI MARE · CONTESTO TRADIZIONALE ✕✕✕ Era il 1879, quando il trisavolo dell'attuale cuoca-proprietaria firmava con una ditta municipale un contratto per l'allacciamento del gas alla sua trattoria. Da quella data si sono succedute cinque generazioni, ciascuna delle quali ha apportato il proprio contributo in cucina proponendo specialità di terra e di mare, di tradizione e di ricerca. Al piano superiore, due camere di grandi dimensioni a disposizione dei clienti.

Carta 28/50 €

🗚 ⇄ Pianta: C2-y – *via Arche Scaligere 6 –* ☎ *045 800 7415 – www.ristorantearche.com – Chiuso lunedì, domenica sera*

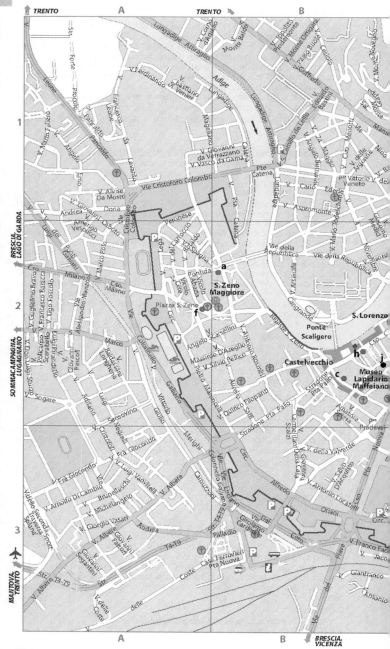

BRESCIA,
LAGO DI GARDA

SOMMACAMPAGNA,
LUGAGNANO

MANTOVA,
TRENTO

S. Zeno
Maggiore

Piazza S. Zeno

Ponte
Scaligero

S. Lorenzo

Castelvecchio

Museo
Lapidario
Maffeiano

Cása Ferrovieri
Pta Nuova

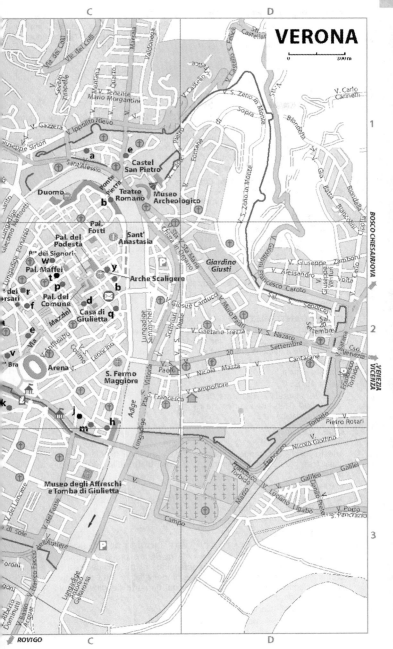

VERONA

0   500 m

🍴○ CAFFÈ RISTORANTE VITTORIO EMANUELE

ITALIANA · ELEGANTE XxX Aperto nel 1895, tra boiserie e scenografici lampadari, siamo in uno dei ristoranti più blasonati ed eleganti della città, con annesso raffinato bar. La carta propone piatti classici sia di mare che di terra.

Carta 50/85 €

🛳 Ⓐ ⟷ **Pianta: C2-v** – *piazza Bra 16* – ☏ *045 923 5850* –
www.ristorantevittorioemanuele.com –
Chiuso mercoledì

🍴○ AL CAPITAN DELLA CITTADELLA

PESCE E FRUTTI DI MARE · CONTESTO CONTEMPORANEO XX Appena oltre le mura della città, è uno degli indirizzi più noti di Verona per chi vuole soddisfare la voglia di pesce. Gradevole atmosfera contemporanea con tocchi marini, le preparazioni sono in prevalenza quelle classiche italiane che puntano sul prodotto senza eccessive complicazioni.

Menu 38 € (pranzo), 58/100 € – Carta 61/100 €

⑧ 🛳 Ⓐ **Pianta: C2-k** – *piazza Cittadella 7/a* –
☏ *045595157* – *www.alcapitan.it* –
Chiuso 15-28 febbraio, lunedì a mezzogiorno, domenica

🍴○ AL CRISTO

MODERNA · ACCOGLIENTE XX Nei pressi di Ponte Nuovo, un edificio cinquecentesco accoglie questo ristorante articolato su tre livelli con splendida cantina e bel dehors. Diverse linee di cucina: regionale, internazionale e sushi-sashimi.

Carta 34/50 €

⑧ 🛳 ♿ Ⓐ ⟷ **Pianta: C2-b** – *piazzetta Pescheria 6* –
☏ *045 594287* – *www.ristorantealcristo.it* –
Chiuso lunedì

🍴○ CAFFÈ DANTE BISTROT

CLASSICA · ACCOGLIENTE XX Affacciato sulla bella piazza Dei Signori, palcoscenico del servizio estivo, locale storico con staff giovane e dinamico. La cucina, oltre a qualche piatto locale e nazionale, ha tre priorità: salumi, formaggi e carni alla griglia, che vengono frollate dal ristorante stesso in un maturatore esposto in sala.

Carta 45/85 €

🛳 ♿ Ⓐ **Pianta: C2-w** – *piazza Dei Signori 2* –
☏ *045 800 0083* – *www.caffedante.it* –
Chiuso domenica sera

🍴○ L'OSTE SCURO

PESCE E FRUTTI DI MARE · RUSTICO XX Un'insegna in ferro battuto segnala questo locale alla moda dalla simpatica atmosfera familiare. Lo chef punta sulla freschezza del protagonista di ogni piatto elaborato: il pesce, solo pescato!

Carta 70/100 €

🛳 Ⓐ **Pianta: B2-c** – *vicolo San Silvestro 10* –
☏ *045 592650* – *www.ristoranteostescuro.tv* –
Chiuso lunedì a mezzogiorno, domenica

🍴○ LA CANONICA ⓝ

CONTEMPORANEA · CONTESTO CONTEMPORANEO XX Punta di diamante di un gruppo di diversi locali cittadini della medesima proprietà, atmosfera e linea gastronomica si rifanno alla contemporaneità; i piatti sono declinati con gusto e cromatismi moderni per una cucina che propone, sia in carta sia in diverse possibilità di degustazione, originali elaborazioni da parte del giovane chef albanese (di nascita), da una vita in Italia!

Menu 55/85 € – Carta 57/80 €

🛳 Ⓐ **Pianta: C2-f** – *vicolo San Matteo 3* –
☏ *045 473 2625* – *www.ristorantelacanonicaverona.it* –
Chiuso mercoledì, giovedì a mezzogiorno

ⅢO **LOCANDA 4 CUOCHI**

CLASSICA · SEMPLICE XX Il nome allude ai quattro cuochi-soci (allievi di Giancarlo Perbellini), nonché gestori di questo giovane locale di tendenza che propone cucina contemporanea su basi classiche: una formula di successo a pochi passi dall'Arena!

Menu 48 € – Carta 34/47 €

🝠 AC **Pianta: C2-e** – *via Alberto Mario 12 –* ☎ *045 803 0311 –*
www.locanda4cuochi.it – Chiuso lunedì, martedì a mezzogiorno

ⅢO **OFFICINA DEI SAPORI**

PESCE E FRUTTI DI MARE · ELEGANTE XX I nuovi tavoli di abete rosso italiano sono stati volutamente lasciati grezzi e al centro riportano affreschi originali del '700, mentre alcune stoviglie sono state realizzate a mano da artigiani locali. In questo raffinato ristorante si viene per mangiare ottime specialità di pesce, sebbene le origini campane del cuoco s'intuiscano in più di un piatto, in particolare nei dolci, dalla pastiera al babà passando per la caprese.

Menu 60/85 € – Carta 43/78 €

AC **Pianta: C1-a** – *via G.B. Moschini 26 –* ☎ *045 913877 – www.officinasapori.com –*
Chiuso 4-10 gennaio, lunedì-sabato a mezzogiorno, domenica sera

ⅢO **TRATTORIA I MASENINI**

TRADIZIONALE · ACCOGLIENTE XX Accogliente locale con due sale dalle tonalità calde e semplici: proposte gastronomiche sia regionali sia italiane, dove le specialità sono le carni allo spiedo, con l'aggiunta di qualche piatto di pesce nella bella stagione.

Carta 40/60 €

🝠 ᳐ AC **Pianta: B2-h** – *via Roma 34 –* ☎ *045 806 5169 – www.trattoriaimasenini.it –*
Chiuso lunedì a mezzogiorno, domenica

ⅢO **VECIO MACELLO** ⓝ

PESCE E FRUTTI DI MARE · AMBIENTE CLASSICO XX È il contrappasso di un locale utilizzato - all'inizio del secolo scorso - per la lavorazione delle carni appena macinate, mentre ora è un ristorante di solo pesce. Nuova gestione, con un cuoco dalle molteplici esperienze, buone materie prime ed elaborazioni non prive di un tocco di fantasia.

Carta 65/75 €

AC **Pianta: C2-h** – *via Macello 8 –* ☎ *045 803 0348 – www.veciomacello.com –*
Chiuso sabato a mezzogiorno

ⅢO **VESCOVO MORO** ⓝ

REGIONALE · INDUSTRIALE XX A 50 metri dalla basilica di San Zeno, patrono della città, all'interno di una ex officina completamente rinnovata con ampi spazi esterni per la bella stagione, menu equamente suddiviso tra carne e pesce, nonché inserti vegetariani, elaborati secondo un gusto moderno.

Carta 40/60 €

🝠 AC **Pianta: B2-a** – *via Pontida 1 –* ☎ *045 803 5084 – www.vescocomoro.it*

ⅢO **YARD RESTAURANT**

INTERNAZIONALE · DI TENDENZA XX Nel centro storico, ma con finestre aperte sul mondo: in sale dal design contemporaneo affacciate sulla strada (oppure sulla cucina a vista), lo Yard propone un vasto assortimento di cucina internazionale. Dal sushi al maiale iberico, passando per il fish&chips, la zuppa di cipolle francese e i ravioli cotti al vapore - per citare solo alcuni piatti - neppure l'offerta vegetariana è trascurata, così come la passione per l'astice.

Carta 35/90 €

🝠 ᳐ AC **Pianta: C2-n** – *corso Cavour 17a –* ☎ *045 464 5069 –*
www.yardrestaurant.it

○ OSTERIA LA FONTANINA

MODERNA · ROMANTICO X Appena varcata la soglia, si respira un'atmosfera d'antan suggerita dai tanti specchi, oggetti d'antiquariato, stampe ed argenti, che ricordano i locali parigini dei primi Novecento. La cucina propone ricette opulente, perfettamente in linea con gli ambienti e la ricca carta dei vini.

Menu 60 € – Carta 50/75 €

🐧 🛋 AC ⇆ **Pianta: C1-e** – *portichetti Fontanelle Santo Stefano 3 –*
℘ 045 913305 – www.ristorantelafontanina.com –
Chiuso lunedì a mezzogiorno, domenica

○ PONTE PIETRA

MODERNA · ROMANTICO X Un antico edificio attiguo a Ponte Pietra, si affaccia sul fiume con un paio di romantici balconcini; sale interne d'indubbio fascino e cucina legata al territorio, ma con spunti creativi e grande attenzione alla cantina.

Carta 37/55 €

🐧 🛋 AC ⇆ **Pianta: C1-b** – *via Ponte Pietra 34 –*
℘ 045 804 1929 – www.ristorantepontepietra.com –
Chiuso 17-31 gennaio, domenica

○ SAN BASILIO ALLA PERGOLA

REGIONALE · RUSTICO X Nel piacevole dehors estivo con pergolato o nelle due sale con pavimenti in legno e mobili rustici, cucina semplice, ma curata, in bilico tra tipico e moderno. Un consiglio sul dessert? Optate per la torta di mele con caramello di vino rosso.

Carta 30/50 €

🛋 AC **Fuori pianta** – *via Pisano 9 – ℘ 045 520475 – www.trattoriasanbasilio.it –*
Chiuso domenica

○ TRATTORIA AL POMPIERE

REGIONALE · CONVIVIALE X Tra boiserie e svariate foto d'epoca, linea gastronomica fedele al territorio, nonché un'ottima selezione di salumi e formaggi italiani, in una storica trattoria del centro.

Carta 30/45 €

🐧 AC ⇆ **Pianta: C2-d** – *vicolo Regina d'Ungheria 5 –*
℘ 045 803 0537 – www.alpompiere.com –
Chiuso 25 dicembre-3 gennaio, domenica sera

Alberghi

🏠 GABBIA D'ORO

STORICO · PERSONALIZZATO Dalla discrezione e dalla cortesia di un servizio inappuntabile, un opulento scrigno di preziosi e ricercati dettagli che echeggiano dal passato; piccolo hotel di charme e lusso con un suggestivo giardino d'inverno. Qualche proposta di ristorazione, unicamente riservata agli ospiti.

🔄 AC 19 suites – 8 camere

Pianta: C2-t – *corso Porta Borsari 4/a – ℘ 045 800 3060 – www.hotelgabbiadoro.it*

🏠 BUTTERFLY BOUTIQUE ROOMS 🅝   `Tablet.PLUS`

FAMILIARE · DESIGN Dopo molti frenetici viaggi per lavoro, una coppia decide di fermarsi per creare, nel cuore della loro bellissima città, un piccolo ma raffinato scrigno di ospitalità. Butterfly Boutique Rooms racchiude tutto quello che un cliente vorrebbe trovare: modernità, confort e privacy. Una splendida forma di accoglienza dove, immersi nel mondo del design rigorosamente made in Italy, non sembra nemmeno di pernottare in un hotel!

🔄 AC 6 camere

Pianta: B2-j – *via Ponte Rofiolo 1 –*
℘ 045 570 9706 – www.butterflyboutiquerooms.it

VERUNO

✉ 28010 – Novara (NO) – Carta regionale n° **13**–A3

🍴○ L'OLIMPIA

PESCE E FRUTTI DI MARE · AMBIENTE CLASSICO ✕✕ E' il mare, il grande protagonista della cucina di questo locale caldo ed accogliente. Se c'è posto e tempo permettendo, vi consigliamo di prenotare un tavolo nella piacevole corte interna. Camere moderne e ben accessoriate per chi vuole prolungare la sosta.

Menu 16 € (pranzo), 45/60 € – Carta 45/60 €

↩ 🍴 🅰🅲 via Martiri 3 – ☎ 0322 830138 – www.olimpiatrattoria.it – Chiuso 27 dicembre-18 gennaio, 1-10 agosto, lunedì

VETREGO – Venezia (VE) → Vedere Mirano

VIAREGGIO

✉ 55049 – Lucca (LU) – Carta regionale n° **18**–B1 – Carta stradale Michelin 563-K12

✿ ✿ IL PICCOLO PRINCIPE

CREATIVA · LUSSO ✕✕✕ All'interno di uno dei più grandi alberghi della località, Il Piccolo Principe è, dunque, uno dei punti di riferimento del litorale viareggino che si distende in tutto il gioioso arenile dalla sala ristorante, attraverso le vetrate e - ancor meglio in terrazza - nella bella stagione. Come in una sinfonia ben orchestrata, lo chef Giuseppe Mancino, salernitano di nascita, ma con una profonda ammirazione per la cucina francese, fa coesistere nei suoi piatti molteplici elementi tutti armoniosamente orchestrati: creatività, raffinatezza, buona tecnica ed ottime presentazioni. Oltre alla carta, il ristorante propone dei percorsi orientati su terra, mare e - visto il recente interesse per la cucina vegetariana - anche un menu green. Versante vini, la cantina custodisce una selezione di oltre 800 etichette principalmente toscane, sebbene non manchino anche altre regioni, produzioni estere e un buon numero di champagne.

Specialità: Triglia alla pizzaiola, essenza di pomodoro, 'nduja, mozzarella, maionese di capperi e peperone crusco. Tagliatelle di farina di farro e mirtilli, pollo affumicato, pesto di erbe amare e funghi di stagione. Morbido al tè matcha e variazione di lamponi.

Menu 120 € (pranzo), 150/220 € – Carta 135/180 €

🕸 ≼ 🍴 ♿ 🅰🅲 🅿 Grand Hotel Principe di Piemonte, piazza Puccini 1 – ☎ 0584 4011 – www.ristoranteilpiccoloprincipe.it – Chiuso 1 dicembre-7 marzo, lunedì

✿ LUNASIA

MODERNA · ELEGANTE ✕✕ Al piano terra dell'albergo Plaza e De Russie, dalla sala elegante e contemporanea s'intravede il celebre lungomare viareggino. E' ancora il blu a tuffarsi nei piatti con diversi prodotti, mentre i ricordi più personali del cuoco, Luca Landi, ripropongono i sapori della terra, dalla Garfagnana alle Alpi Apuane, come il farro, i latticini, le erbe selvatiche, i colombi e le anatre mute. Un bellissimo tavolo dello chef in cucina, ed altre soluzioni sia in termini di design che di servizio rendono la sosta un'esperienza gourmet a tutto tondo!

Specialità: Granchio su letto di riso di Massarosa e alga. Pesce azzurro bruciato. Gelato di spiaggia cremoso e meringa di mare con gelato al miele d'elicrisio.

Menu 70/95 € – Carta 73/90 €

🍴 ♿ 🅰🅲 Plaza e de Russie, piazza d'Azeglio 1 – ☎ 0584 44449 – www.plazaederussie.com – Chiuso

✿ ROMANO

PESCE E FRUTTI DI MARE · ELEGANTE ✕✕ Da sempre bastione della ristorazione marinara più tradizionale, compresa una vasta scelta di portate alla carta in un'epoca che si dirige a volte in direzione contraria verso menu ristretti o degustazione, Romano è uno dei templi del buon mangiare versiliano, dove la clientela viene e – poi - ritorna per trovare i grandi classici di pesce della cucina italiana. Sebbene - oggi – faccia capolino anche qualche piatto più creativo, la qualità e la fragranza del pesce è sempre l'elemento centrale di questa esperienza gastronomica.

Specialità: Calamaretti ripieni di verdure e crostacei. Spaghetto aglio, olio e peperoncino, crudo e cotto di gambero biondo, polvere di olive e bottarga di Cabras. Quattro consistenze di yogurt.

Menu 55€ (pranzo), 100/115€ – Carta 75/115€

🕸 🕸 *via Mazzini 120 –*
✆ *0584 31382 – www.romanoristorante.it –*
Chiuso 7 gennaio-7 febbraio, lunedì

🍴○ **DA MIRO ALLA LANTERNA**

PESCE E FRUTTI DI MARE · FAMILIARE XX In zona meno turistica, davanti alla darsena, anche la posizione congiura al carattere autentico e locale di questa verace trattoria di mare. Piatti tradizionali viareggini di mare in un clima piacevolmente informale.

Menu 45€ – Carta 55/80€

🕸 🍴 🕸 *via Coppino 289 –*
✆ *0584 384065 – www.ristorantedamiro.com –*
Chiuso lunedì, martedì a mezzogiorno

🍴○ **PINO**

PESCE E FRUTTI DI MARE · FAMILIARE XX Bottarga e catalana testimoniano le origini sarde della famiglia, ma ormai da decenni il ristorante è un caposaldo della ristorazione viareggina con un'ottima cantina, a cominciare dalla selezione di Champagne.

Carta 60/110€

🕸 🍴 🕸 *via Matteotti 18 – ✆ 0584 961356 – www.ristorantepino.it –*
Chiuso mercoledì, giovedì a mezzogiorno

🏨 **GRAND HOTEL PRINCIPE DI PIEMONTE**

LUSSO · PERSONALIZZATO Non ci sembra azzardato affermare che si tratta di uno dei migliori alberghi della Versilia. Nel 2004, dopo un accurato restyling durato circa due anni, la struttura è ritornata a splendere nel firmamento dell'hôtellerie di lusso in virtù delle sue camere raffinate ed eleganti che presentano stili diversi: impero, coloniale, moderno, classico. Trattamenti vari e relax presso il centro benessere e Spa, mentre la splendida terrazza al quinto piano propone una piscina con jacuzzi e solarium.

🕸 ≼ 🕸 🕸 🕸 🕸 🕸 🕸 🅿 🕸 106 camere – 19 suites
piazza Giacomo Puccini 1 – ✆ 0584 4011 – www.principedipiemonte.com
❀❀ **Il Piccolo Principe** – Vedere selezione ristoranti

🏨 **PLAZA E DE RUSSIE**

LUSSO · CONTEMPORANEO Nel 1871, quando aprì, fu il primo albergo del lungomare viareggino; destinato ad ospitare la clientela russa, nei suoi saloni si poteva sentire suonare anche Puccini. Completamente rinnovato, oggi offre interni dagli arredi contemporanei con penthouse panoramiche all'ultimo piano.

🕸 🕸 🕸 🕸 30 camere – 14 suites
piazza d'Azeglio 1 – ✆ 0584 44449 – www.plazaederussie.com
❀ **Lunasia** – Vedere selezione ristoranti

VIBO VALENTIA

✉ 89900 – Vibo Valentia (VV) – Carta regionale n° **3**–A2 – Carta stradale Michelin 564-K30

a Vibo Valentia Marina Nord : 10 km

🍴○ **LAPPRODO**

PESCE E FRUTTI DI MARE · STILE MEDITERRANEO XX Di fronte al porto e al suggestivo lungomare di Vibo Marina, la carta è un appetitoso inventario di classici nazionali, in particolare di pesce, sebbene non manchino anche ricette di terra con carni di provenienza locale.

Menu 40/100€ – Carta 45/60€

🍴 🕸 🕸 🕸 *Hotel Cala del Porto, via Roma 22 –*
✆ *0963 572640 – www.lapprodo.com*

VICCHIO

⊠ 50039 – Firenze (FI) – Carta stradale Michelin 563-K16

a Campestri Sud : 5 km – Carta regionale n° **18**–C1

🏠 VILLA CAMPESTRI OLIVE OIL RESORT

DIMORA STORICA · BUCOLICO La natura e la storia ben si amalgamano in questa villa trecentesca immersa in un parco con piscina. Raffinati interni d'epoca ed una ricca oleoteca, dove si organizzano corsi di degustazione dell'extra vergine. Piatti toscani ed un menu interamente dedicato all'oro giallo al ristorante.

🕊 🐾 🏡 🍽 🅿 25 camere – 3 suites

via di Campestri 19/22 – ℰ 055 849 0107 – www.villacampestri.com

VICENO – Verbano-Cusio-Ossola (VB) ➔ Vedere Crodo

VICENZA

⊠ 36100 – Vicenza (VI) – Carta regionale n° **22**–A1 – Carta stradale Michelin 562-F16

✿ MATTEO GRANDI ⓝ

CREATIVA · MINIMALISTA ✗✗ Nei signorili spazi che fino a poco tempo fa ospitavano un altro blasonato ristorante, ora c'è Matteo Grandi che da San Bonifacio ha trasferito qui la sua cucina. Nulla è però cambiato dietro ai fornelli. La sua filosofia culinaria continua a promuovere piatti che sfavoriscono i grassi a beneficio dei sapori, imperniati su ottimi prodotti ed un estro intelligente e misurato, senza eccessi e sbavature, talvolta anche con qualche eco esotica. I suoi storici estimatori non mancheranno di seguirlo fino nella città del Palladio e nuovi buongustai impareranno ad apprezzarlo.

Specialità: Uovo Degusto. Rombo, finocchi e ciliegie. Latte, fieno e arachidi.

Menu 80/120 € – Carta 80/120 €

♿ 🅰🅲 *piazza dei Signori 1 – ℰ 328 182 4572 –*
Chiuso martedì, mercoledì a mezzogiorno

🍴 DA BIASIO

MEDITERRANEA · ELEGANTE ✗✗ Sulle colline che circondano la città, con terrazza panoramica coperta (fruibile anche nei mesi invernali), da Biasio troverete un locale moderno ed elegante. Ci sono piatti di carne, ma la giustificata nomea del ristorante è ancorata al pesce.

Carta 40/100 €

🛋 ♿ 🅰🅲 ↔ 🅿 *viale 10 Giugno 172 –*
ℰ 0444 323363 – www.ristorantedabiasio.it –
Chiuso 16-28 febbraio, 9-25 agosto, lunedì, sabato a mezzogiorno

🍴 IL QUERINI DA ZEMIN

ITALIANA · ACCOGLIENTE ✗✗ Sempre all'interno dell'hotel Da Porto, il ristorante - di grande tradizione familiare - ha apportato migliorie alla suddivisione dei suoi ambienti dedicando la luminosa veranda alla cucina serale, moderna e contemporanea. Per il pranzo, ci si accomoda al Cliòn Bistrò: piatti più easy e sfiziosi.

Menu 40/65 € – Carta 45/60 €

↩ 🛋 ♿ 🅰🅲 ↔ 🅿 *Hotel Da Porto, viale del Sole 142 –*
ℰ 0444 552054 – www.ilquerinidazemin.it –
Chiuso 1-6 gennaio, 9-20 agosto, lunedì, martedì-sabato a mezzogiorno

🍴 AL PESTELLO

REGIONALE · SEMPLICE ✗ L'indirizzo giusto per assaporare la vera cucina veneta, e vicentina in particolare, con tanto di menù in dialetto, è questa piccola trattoria con dehors estivo.

Menu 35 € – Carta 25/50 €

🛋 *contrà Santo Stefano 3 –*
ℰ 0444 323721 – www.alpestello.it –
Chiuso lunedì a mezzogiorno, martedì, mercoledì-venerdì a mezzogiorno

G BOUTIQUE HOTEL ❶

BOUTIQUE HOTEL · DESIGN Piccolo boutique hotel ricavato tra le mura di un palazzo del centro città, raggiungibile facilmente in auto. Esternamente semplice, al suo interno offre soluzioni personalizzate e moderne, di buon confort sia nelle zone comuni - ridotte, ma ben articolate - sia nelle lineari camere.

🐾 🔄 👟 🅰️🅲 🛁 🅿️ 16 camere

viale Giuriolo 10 – ☎ 0444 326458 – www.gboutiquehotel.com

VICO EQUENSE

✉ 80069 – Napoli (NA) – Carta regionale n° **4**–B2 – Carta stradale Michelin 564-F25

ANTICA OSTERIA NONNA ROSA

Chef: Giuseppe Guida

MODERNA · ROMANTICO XX *Causa emergenza COVID-19 il ristorante riaprirà ad ottobre 2020.*

Sul ciglio della strada verso il Monte Faito, s'incontra questa suggestiva dimora storica che dopo il restyling si presenta ai propri ospiti ancora più calda ed accogliente. Tra pareti color tortora e lampade che scendono ad illuminare i tavoli come piccoli palcoscenici, la cucina si conferma originale e creativa, pur restando fedele alle tradizioni, nonché ai prodotti campani, spesso da produzione propria. Da qualche anno lo chef-patron Giuseppe Guida ha – infatti - acquistato un grande giardino, dove si coltivano per intero tutte le verdure ed ortaggi utilizzati in cucina. Lo slogan del locale? "Un intrigante viaggio nei sapori di una volta, con slanci su terreni più fantasiosi senza mai rinnegare le origini".

Specialità: Linguine alla colatura di alici, agrumi e pecorino. Calamaro, carciofi, salsa verde e tartufo. La mia Delizia ai limoni di Montechiaro.

Menu 90 € – Carta 48/70 €

🌳 🅰️🅲 *via privata Bonea 4, località Pietrapiano – ☎ 081 879 9055 – www.osterianonnarosa.it – Chiuso 10 giugno-30 settembre, lunedì-martedì a mezzogiorno, mercoledì, giovedì-venerdì a mezzogiorno, domenica sera*

GRAND HOTEL ANGIOLIERI

LUSSO · CONTEMPORANEO Affacciato sul Golfo, ma in posizione elevata, si tratta di un austero ed elegante edificio storico; servizio squisito, eleganti arredi, ottima la prima colazione. A disposizione c'è anche una cabina per massaggi.

🌳 ✦ 🛏️ 🔄 🅰️🅲 🔊 36 camere – 2 suites

via Santa Maria Vecchia 2, località Seiano – ☎ 081 802 9161 – www.grandhotelangiolieri.it

a Marina Equa Sud : 2,5 km – Carta regionale n° **4**–B2

TORRE DEL SARACINO

Chef: Gennaro Esposito

CREATIVA · CONTESTO CONTEMPORANEO XXX Il nome del ristorante non è un generico omaggio alle torri che punteggiano la costa, ma è proprio all'interno di una di esse che si svolgerà parte del vostro straordinario viaggio gastronomico, una fortificazione trecentesca dove sorseggiare un aperitivo o prendere il caffè, per poi trasferirsi nelle sale dall'eleganza più classica.

Guardando il Vesuvio, quanto viene facile dire che lo chef è un vulcano di idee! Pochi cuochi come Esposito hanno infatti sfornato così tante idee, coniato piatti e anticipato tendenze, che sono state poi copiate da molti ristoranti. Proposte in genere all'insegna di una cucina mediterranea, che parte spesso da prodotti campani, talvolta con accostamenti apparentemente strani alla lettura della carta, ma che nelle mani di Gennaro rivelano quell'armonia di opposti che paiono essersi sempre cercati.

Specialità: Paletta di fico d'India all'acqua pazza. Risotto agli agrumi con gamberi, 'nduja e salsa di finocchietto. Morbido di carote, cremoso all'olio extravergine di oliva con sorbetto di banana.

Menu 165/200 € – Carta 105/138 €

🌳 ☕ 🅰️🅲 🅿️ *via Torretta 9 – ☎ 081 802 8555 – www.torredelsaracino.it – Chiuso 11 gennaio-11 febbraio, lunedì, martedì a mezzogiorno, domenica sera*

sulla s. s. 145 panoramica dal centro in direzione Napoli

MAXI

CREATIVA • ROMANTICO XXX *Causa emergenza COVID-19 chiuso temporaneamente fino ad aprile 2021.*

Maxi di nome e di fatto! Se la location ci mette del suo per rendere indimenticabile la sosta offrendo una vista XL su mare e costa, il giovane chef, Graziano, non è da meno nell'intrattenere i suoi ospiti con piatti di gusto mediterraneo ma dall'impronta creativa. Dopo essersi formato alla "scuola" dei migliori chef campani, la sua cucina non è scevra da questo imprinting, anche se le tante esperienze maturate in giro per il mondo, gli hanno permesso di tornare a casa arricchito di nuovi spunti. Tre i menu degustazione – Graziano (se ci si vuole affidare allo chef), Bianca, Vanessa – ed una ricca cantina: assolutamente da visitare!

Specialità: Caesar salad di piccione. Ravioli ripieni di brasato, burrata, gamberi e nasturzio. Saint-honore.

Menu 90/150 € – Carta 90/140 €

P *Hotel Capo la Gala, via Luigi Serio 8, s.s. 145 Sorrentina, km 14,500 – ✆ 081 801 5757 – www.hotelcapolagala.com – Chiuso 1 dicembre-10 aprile, lunedì a mezzogiorno, martedì, mercoledì-domenica a mezzogiorno*

IL BIKINI

PESCE E FRUTTI DI MARE • STILE MEDITERRANEO XX La sala ristorante dal respiro mediterraneo, cinta dal terrazzino-dehors, è rialzata rispetto al proprio omonimo stabilimento balneare: anche per questo, quindi, aspettatevi una splendida vista che accompagnerà una cucina di qualità, con molto pesce ed un po' di carne.

Menu 60/75 € – Carta 42/70 €

A/C P *strada statale 145 Sorrentina, al km 13,900 – ✆ 081 1984 0029 – www.ilbikini.com – Chiuso 1 dicembre-1 marzo, lunedì*

LA CALETTA DELLO SCRAJO

MODERNA • INTIMO XX Partendo dalle terme Scrajo si scende fino al giardino di accoglienza... Che ceniate in pagoda, sulla terrazza o nella storica sala interna troverete piatti mediterranei, ma soprattutto sapori campani in chiave moderna, preparati da uno chef esperto.

Menu 80/110 € – Carta 60/90 €

P *Scrajo Terme Wellness & Spa, via Luigi Serio SS145 n.9, presso Scrajo Terme – ✆ 081 19042063 – www.scrajoterme.it – Chiuso 1 dicembre-31 marzo, lunedì, martedì-domenica a mezzogiorno*

CAPO LA GALA

LUSSO • LUNGOMARE Costruito a pelo d'acqua in una romantica baia rocciosa, le camere sono lambite dagli spruzzi del mare e sono impreziosite dalle straordinarie ceramiche vietresi. L'offerta di servizi è davvero eccellente, la piccola spa ne è un esempio. In alternativa alle cene gourmet del Maxi, c'è anche la Taverna del mare Nerea.

A/C P 22 camere – 1 suite

via Luigi Serio 8, s.s. 145 Sorrentina, km 14,500 – ✆ 081 801 5757 – www.hotelcapolagala.com

Maxi – Vedere selezione ristoranti

VICOFORTE

⌧ 12080 – Cuneo (CN) – Carta regionale n° **12**-B3 – Carta stradale Michelin 561-I5

🍴○ **EUTHALIA**

CREATIVA · INTIMO ✗✗ Euthalia, "fiore che sboccia" in greco, è una passeggiata tra boschi, licheni e abeti in quel Monregalese che è un terra di confine, fra le Langhe e il confine francese. Ed è proprio in questo piccolo e moderno locale – non privo d'inserimenti in legno, muschio ed elementi vari provenienti da baite ed alpeggi – che l'abile chef saprà conquistarvi con i sapori delle sue montagne.

Menu 35/56 €

  ᴖ *strada statale 28 8/c – ☎ 0174 563732 – www.euthaliaristorante.it –*
Chiuso 7-29 gennaio, lunedì-martedì a mezzogiorno, mercoledì, giovedì-sabato a mezzogiorno

VICOMERO – Parma (PR) ➜ Vedere Torrile

VICOPISANO

⌧ 56010 – Pisa (PI) – Carta regionale n° **18**-B2 – Carta stradale Michelin 563-K13

🍴○ **OSTERIA VECCHIA NOCE**

TOSCANA · CONTESTO TRADIZIONALE ✗✗✗ All'ingresso di Uliveto Terme, un antico frantoio del 1700 nel centro della minuscola frazione: ambiente caratteristico, elegante e caldo, nonché collaudata gestione familiare. Piatti di terra e di mare elaborati con cura strutturano il menu.

Carta 35/65 €

  ᴖ 🔣 🆑 🅿 *località Noce 39 – ☎ 050 788229 – www.ostreiavecchianoce.it –*
Chiuso 16-24 agosto, martedì sera, mercoledì

VIESTE

⌧ 71019 – Foggia (FG) – Carta regionale n° **15**-B1 – Carta stradale Michelin 564-B30

🏵 **AL DRAGONE**

REGIONALE · ROMANTICO ✗✗ Un ambiente caratteristico ricavato all'interno di una grotta naturale, dove lasciarsi andare ai piaceri della tavola: sapori regionali presentati con cura e fantasia.

Specialità: Sgombro con crema di ceci, cardoncelli e baccalà. Spaghettoni con canocchie, vermouth bianco e pomodorini gialli. Tortino di pane e cioccolato con crema inglese.

Carta 32/65 €

  🆑 ⇔ *via Duomo 8 – ☎ 0884 701212 – www.aldragone.it –*
Chiuso 1 dicembre-15 aprile, martedì

🏵 **IL CAPRICCIO**

PESCE E FRUTTI DI MARE · ACCOGLIENTE ✗✗ Tappa irrinunciabile per chi è alla ricerca dei migliori ristoranti del Gargano, Il Capriccio si affaccia - d'estate - sul porto turistico con tavoli sul pontile e delizia i palati con una cucina creativa di pesce, spesso combinato con il tradizionale amore dei pugliesi per le verdure.

Specialità: Parmigiana d'(a)mare: millefoglie di melanzane, burrata di Andria, gamberi e polvere di pomodoro. Passaggio all'indietro: risotto all'aglio nero fermentato, mandorle e cicale di mare. Il mio tiramisud.

Menu 35 € (pranzo), 45/65 € – Carta 35/65 €

  🔣 🆑 🆑 *località Porto Turistico – ☎ 0884 705073 – www.ilcapricciovieste.it*

VIGANO – Milano (MI) ➜ Vedere Gaggiano

VIGANÒ

⌧ 23897 – Lecco (LC) – Carta regionale n° **10**-B1 – Carta stradale Michelin 561-E9

PIERINO PENATI

Chef: Theo Penati

CLASSICA · ELEGANTE ✗✗ Immersa nel verde delle colline brianzole, una villa alle porte del paese con un grazioso giardino... e la cura prosegue all'interno nell'elegante sala con veranda. Piatti della tradizione e qualche proposta di pesce per una cucina creativa di grande sapore, preparata con materie prime di qualità, selezionate con attenzione e passione, mentre la cantina custodisce etichette importanti e pregiate, che riposano insieme a bottiglie di aziende "minori": meno conosciute, ma non per questo meno buone.

Specialità: Terrina di coniglio con il suo fegato, spinaci con uvette e pinoli. Risotto d'estate ai tre pomodori e basilico di montagna. Zabaione alla milanese, biscotti savoiardi.

Menu 30 € (pranzo), 75/90 € – Carta 80/110 €

🕸 🍴 🛏 🅰 ⇆ 🅿 *via XXIV Maggio 36 – ☏ 039 956020 – www.pierinopenati.it –
Chiuso 26-30 dicembre, 7-31 gennaio, lunedì, domenica sera*

VIGEVANO

✉ 27029 – Pavia (PV) – Carta regionale n° **9**-A3 – Carta stradale Michelin 561-G8

I CASTAGNI

Chef: Enrico Gerli

DEL TERRITORIO · ELEGANTE ✗✗ Nella campagna vigevanese, un rustico ed elegante casolare con portico accoglie i suoi ospiti tra mobili antichi e quadri alle pareti di artisti locali: un ristorante estremamente raffinato composto da tre accoglienti sale, ma con il mood di una casa privata. Se lo starting block della cucina è la tradizione del territorio lombardo, lo stile è classico-borghese, fedele alla qualità delle materie prime e alla loro stagionalità, con un occhio di riguardo all'aspetto cromatico. Oltre 600 etichette e bottiglie provenienti da tutto il mondo riposano in cantina.

Specialità: Pallottina al vapore di storione lombardo ripiena di astice e guanciale di maiale, storione affumicato e biete in zimino, caviale di tartufo. Piccione in due cotture: coscia ed ala arrostite, petto alla piastra, spinaci e nocciole, ciliegie in conserva alle spezie, consommé e raviolo di fegatini. Tiramisù lomellino con biscotto Offella di Parona, gelato di riso nero e latte di mandorla.

Menu 65/70 € – Carta 51/88 €

🕸 🍴 🅰 ⇆ 🅿 *via Ottobiano 8/20 – ☏ 0381 42860 –
www.ristoranteicastagni.com – Chiuso 7-15 gennaio, 28 giugno-6 luglio, 16-31 agosto,
lunedì, martedì a mezzogiorno, domenica sera*

VIGO DI FASSA

✉ 38039 – Trento (TN) – Carta stradale Michelin 562-C17

a Tamion Sud - Ovest : 3, 5 km – Carta regionale n° **19**-C2

'L CHIMPL

Chef: Stefano Ghetta

CREATIVA · CONTESTO CONTEMPORANEO ✗✗ Circondata da spettacolari massicci dolomitici e attraversata dal torrente Avisio, la Val di Fassa è una meravigliosa destinazione caratterizzata da natura incontaminata, hotel sulle piste da sci e tappe gourmet, come 'L Chimpl. Al cospetto del Catinaccio-Rosengarten, l'alta cucina si fa strada all'interno del semplice e familiare albergo Gran Mugon, che ha aperto una sala contemporanea, totalmente distinta e differente dal resto della casa, interamente dedicata al talentuoso cuoco, Stefano Ghetta la cui cucina vola per qualità proprio come l'uccellino, a cui il nome dialettale del ristorante allude. Nei suoi piatti i prodotti del territorio sono il trampolino di una fantasia che si tuffa in divagazioni creative, con la concessione di qualche piatto a base di pesce. Coraggiosa carta dei vini dedicata esclusivamente al Trentino-Alto Adige, con la possibilità di poter assaggiare tutte le etichette anche al bicchiere. In bassa stagione, con prenotazione anticipata obbligatoria, ci si può accomodare anche a pranzo.

Specialità: Uovo soffice con spuma di patata, spinaci e tartufo. Caldo e freddo di capriolo. La passeggiata per Tamion.

Menu 40/85€ – Carta 68/79€

⇆ ≤ 🏠 🅿 *Hotel Gran Mugon, strada de Tamion 3 –*
✆ 0462 769108 – www.lchimpl.it –
Chiuso 4 aprile-15 giugno, 5 ottobre-20 dicembre, lunedì-sabato a mezzogiorno, domenica

VILLABASSA • NIEDERDORF

✉ 39039 – Bolzano (BZ) – Carta regionale n° **19**–D1

🟊○ AQUILA-ADLER

REGIONALE • ROMANTICO ✕✕ All'interno dell'omonimo albergo, avvolti nel romantico fascino delle stuben, autentici capolavori in legno risalenti al '700, qui troverete la cucina tradizionale tirolese con un pizzico di contemporaneità e stagionalità.

Menu 35/60€ – Carta 35/75€

🏠 ♻ 🅿 *Hotel Aquila-Adler, piazza Von Kurz 3 –*
✆ 0474 745128 – www.hoteladler.com –
Chiuso 1-4 dicembre, martedì

VILLA D'ALMÈ

✉ 24018 – Bergamo (BG) – Carta regionale n° **10**–C1 – Carta stradale Michelin 561-E10

✿ OSTERIA DELLA BRUGHIERA

CREATIVA • ROMANTICO ✕✕✕ Aperta negli anni Novanta da Stefano Arrigoni, insieme a mamma e papà, l'Osteria della Brughiera offre un viaggio atemporale che accompagna i palati più esigenti e nostalgici tra ricchi broccati e tovaglie di lino. Cullati dal melodico scricchiolio del parquet, avvolti da tappeti, immersi in un'elegante atmosfera, ecco che l'antica casa di ristoro si è evoluta nell'attuale romantico ristorante. La cucina ne ha seguito il passo: creativa ed effervescente, ama sorprendere, dalle ricette della tradizione a piatti più elaborati, dai crudi di mare alle frattaglie. Cantina di prestigio con etichette provenienti da tutto il mondo, per i più gourmand l'invito è ad iniziare con un aperitivo accompagnato dai celebri salumi affinati in loco e affettati nella caratteristica sala dedicata.

Specialità: Patata gialla, uovo e caviale. Zucca, zola e zenzero. Erbe e polveri del mondo.

Menu 100/110€ – Carta 90/105€

✿ ⟨ 🏠 ♻ *via Brughiera 49 – ✆ 035 638008 – www.osteriadellabrughiera.it –*
Chiuso 8-30 agosto, lunedì, martedì a mezzogiorno

🟊○ TENUTA CASA VIRGINIA 🆕

CONTEMPORANEA • ELEGANTE ✕✕ Circondato dalle vigne di proprietà, il ristorante è adagiato su una morbida collina; sale di tono signorile e un bel dehors da godere nella stagione più calda. Se la cucina sfodera una veste moderna, ma senza eccessi (con qualche inserto di pesce d'acqua dolce), la lista dei vini offre una bella panoramica e la possibilità di acquistare alcune bottiglie di produzione propria presso il loro negozio.

Menu 45/60€ – Carta 45/60€

🏠 ⅙ 🆎 🅿 *via Cascina Violo 1 –*
✆ 035 571223 – www.tenutacasavirginia.it –
Chiuso 7-14 gennaio, 2-20 agosto, lunedì, martedì, mercoledì-venerdì a mezzogiorno

VILLA DI CHIAVENNA

✉ 23029 – Sondrio (SO) – Carta regionale n° **9**–B1 – Carta stradale Michelin 561-C10

⊗ **LANTERNA VERDE**

Chef: Roberto Tonola

MODERNA · STILE MONTANO ✗✗ D'inverno, la bella e classica sala interna vi coccolerà con il calore del camino, d'estate sarà la piacevolezza del giardino a conquistarvi. In entrambe le stagioni, il meglio del pescato di lago tra i tratti caratteriali della cucina, in ricette tradizionali ed altre più creative, strizzando sempre l'occhio alla territorialità. Ricapitolando: un ottimo ristorante, un allevamento sostenibile di trote, una piccola centrale idroelettrica che produce energia da fonti rinnovabili, la gestione di un castagneto per la produzione di farina di castagne, una carta dei vini con circa ottomila bottiglie... Difficile pretendere di più!

Specialità: Tartare di trota, ricotta al limone, capperi, crescione. Capretto di villa cotto nel lavec con patate e carciofi. Spuma di kiwi, gelato al mascarpone, fragole croccanti, opalina e sesamo nero.

⊗ **L'impegno dello chef:** "La produzione di energia elettrica è il nostro fiore all'occhiello! La concessione d'acqua di 150 lt/sec – oltre ad alimentare il nostro storico allevamento di trote – viene incanalata in una condotta forzata, intubata, e conseguentemente messa a disposizione per la generazione di energia elettrica a nostro uso, ma non solo. Disponiamo anche di una centrale termica a pellet per il riscaldamento e l'acqua calda."

Menu 55/95 € – Carta 51/80 €

⊗ 🛋 🅿 frazione San Barnaba 7 – ☏ 0343 38588 – www.lanternaverde.com – Chiuso 7-17 giugno, 15 novembre-2 dicembre, martedì sera, mercoledì

VILLAFRANCA DI VERONA

✉ 37069 – Verona (VR) – Carta regionale n° **23**–A3 – Carta stradale Michelin 562-F14

a Dossobuono Nord - Est : 7 km

⁝○ **CAVOUR**

REGIONALE · AMBIENTE CLASSICO ✗✗ E' una splendida testimonianza della tradizione gastronomica veneta, fatta di ricette tradizionali, ospitalità familiare e carrelli vecchio stile, da quello dei bolliti e arrosti a quello dei dolci. Si entra con appetito, si esce straordinariamente appagati.

Carta 37/50 €

🛋 🅰 ⇔ 🅿 via Cavour 40 – ☏ 045 513038 – www.ristorantecavourverona.it – Chiuso sabato, domenica

🏠 **VERONESI LA TORRE**

BUSINESS · CONTEMPORANEO E' un monastero la cui parte più antica risale al XIV secolo ad ospitare questo elegante albergo, i cui moderni interni si armonizzano deliziosamente con i muri storici: il risultato è uno spazio confortevole e di grande charme. Navetta gratuita per l'aeroporto.

🕸 🛋 🖥 🌐 🏊 ♨ 🖨 ♿ 🅰 🐴 🅿 🛋 81 camere – 9 suites

via Monte Baldo 22 – ☏ 045 860 4811 – www.hotelveronesilatorre.it

VILLANDRO • VILLANDERS

✉ 39040 – Bolzano (BZ) – Carta regionale n° **19**–C2 – Carta stradale Michelin 562-C16

⁝○ **ANSITZ ZUM STEINBOCK**

REGIONALE · ROMANTICO ✗✗ Quasi un castello che troneggia in questo delizioso villaggio di montagna: altrettanto incantevole è l'atmosfera al suo interno, tra le fiabesche stube e le romantiche camere. Ottima ed estrosa, la cucina riesce sempre a sorprendere grazie a richiami alla tradizione, nonché accenni più creativi. Talvolta anche a base di pesce.

Menu 64/105 € – Carta 50/88 €

⇔ ≼ 🛋 ⇔ 🅿 vicolo F.V. Defregger 14 – ☏ 0472 843111 – www.zumsteinbock.com – Chiuso 6 gennaio-12 febbraio, 8-18 novembre, lunedì

VILLAR DORA

✉ 10040 – Torino (TO) – Carta regionale n° **12**-B2

🍴 CUCINA RAMBALDI ⓜ

DEL MERCATO · ACCOGLIENTE ✗✗ Piatti regionali con alcune rivisitazioni, ma poco marcate; la tecnica è al servizio del gusto nel controllo delle temperature, dei tagli, della ricerca e conservazione delle materie prime. Il risultato è estremamente convincente. La carta contempla sempre anche qualche specialità ferrarese, terra d'origine dello chef.

Menu 40 € – Carta 38/50 €

🏠 ⅏ 🄰🄺 *via Sant'Ambrogio 55 – 𝒸 011 016 1808 –*
Chiuso lunedì, domenica sera

VILLA SAN GIOVANNI

✉ 89018 – Reggio di Calabria (RC) – Carta regionale n° **3**-A3 –
Carta stradale Michelin 564-M28

🍴 VECCHIO PORTO

PESCE E FRUTTI DI MARE · AMBIENTE CLASSICO ✗✗ Se i traghettatori conoscono Villa San Giovanni per il suo porto d'imbarco per la Sicilia, i gourmet conoscono invece un altro porto, che è anche uno dei migliori ristoranti della zona, con spettacolare vista dalla terrazza al secondo piano sullo stretto e sull'isola. Vi si serve in prevalenza pesce, di rimarchevole qualità, con tocchi creativi e attenzione alle presentazioni.

Menu 25 € (pranzo)/30 € – Carta 33/55 €

🏠 🄰🄺 *lungomare Cenide 55 – 𝒸 0965 700502 – www.ristorantevecchioporto.com –*
Chiuso 10-31 gennaio, mercoledì

VIPITENO • STERZING

✉ 39049 – Bolzano (BZ) – Carta regionale n° **19**-B1 – Carta stradale Michelin 562-B16

🍴 KLEINE FLAMME

CREATIVA · FAMILIARE ✗✗ Bei palazzi borghesi caratterizzati dagli erker – finestre poligonali – ornati di fiori: questo è il biglietto da visita del centro storico di Vipiteno che ospita Kleine Flamme, ideale connubio tra Oriente ed Occidente, piatti mediterranei e creativi insaporiti da spezie ed erbe aromatiche. Coltivate in loco!

Menu 56 € (pranzo), 75/105 € – Carta 75/105 €

🏠 *via Cittanuova 31 – 𝒸 0472 766065 – www.kleineflamme.com –*
Chiuso lunedì, domenica sera

VITERBO

✉ 01100 – Viterbo (VT) – Carta regionale n° **7**-B1 – Carta stradale Michelin 563-O18

🏵 DANILO CIAVATTINI

CREATIVA · MINIMALISTA ✗✗ È un ritorno a casa per il giovane cuoco Danilo Ciavattini che, dopo importanti esperienze in giro per l'Italia, nel 2017 ha finalmente aperto il suo ristorante nel cuore di Viterbo. Due sale semplici e sobrie, tutta l'attenzione è per i piatti dove emergono territorio e tecnica, ma soprattutto ingredienti locali: dall'olio all'agnello, dalle patate ai funghi, profumi intensi di memorie antiche, per una solida cucina basata su piccoli produttori della zona. Sapori semplici, ma marcati, sono i pilastri di una cucina autentica, con epicentro nella bella Tuscia.

Specialità: La patata interrata. Agnello della Tuscia. Terra spaccata.

Menu 35/65 € – Carta 45/75 €

⅏ 🄰🄺 *via delle Fabbriche 20-22 – 𝒸 0761 333767 – www.danilociavattini.com –*
Chiuso 16-27 agosto, lunedì-martedì a mezzogiorno, mercoledì, giovedì-venerdì a mezzogiorno, domenica sera

ℍ◯ IL GROTTINO

DEL TERRITORIO · CONTESTO TRADIZIONALE X All'interno delle mura che cingono il centro storico, un ambiente classico con lunga gestione familiare; l'elegante calligrafia della carta promette un bel tuffo in sapori locali o più creativi, ma non solo.

Menu 30 € – Carta 30/50 €

🅐🅒 *via della Cava 7 – ☎ 0761 290088 –*
Chiuso lunedì, domenica sera

VITORCHIANO

✉ 01030 – Viterbo (VT) – Carta regionale n° **7**–B1 – Carta stradale Michelin 563-O18

❀ CASA IOZZÌA

MODERNA · ELEGANTE XxX Nella campagna viterbese, tra design essenziale e colori neutri, pochi tavoli e un grande camino celebrano i ricordi siciliani del cuoco. È una cucina di memoria isolana che ritroverete in diversi prodotti e ricette, ma che si permette anche divagazioni più creative: l'una e le altre comunque di grande livello e raffinatezza. E se il mare non è a portata di mano, lo è - però - a portata di piatto in specialità fortemente evocative come nel crudo di Mazara.

Al piano sottostante, l'osteria Basilicò propone un ideale matrimonio fra tradizione locale e sapori della Trinacria, nonché diversi secondi anche alla brace.

Specialità: Crudo di Mazara del Vallo. Gli spaghetti ricordano il mare. Cannolo su morbido di cioccolato.

Menu 75/110 € – Carta 87/100 €

🀫 🛋 🅐🅒 🅿 *via della Quercia 15/b –*
☎ 0761 373441 – www.casaiozzia.it –
Chiuso 7-21 gennaio, lunedì, martedì, mercoledì-sabato a mezzogiorno

VITTORIO VENETO

✉ 31029 – Treviso (TV) – Carta regionale n° **23**–C2 – Carta stradale Michelin 562-E18

ℍ◯ LE MACINE ◍

REGIONALE · ACCOGLIENTE XX Sulle rive del fiume Meschio, nei locali rinnovati di recente di un mulino settecentesco, i fratelli Giuseppe in sala e Adriano in cucina servono ai loro clienti - con cordialità e competenza - una cucina di qualità basata sulle tradizioni locali, talvolta rivisitate con un pizzico di fantasia. L'ambiente, d'estate, guadagna ancora più fascino grazie alla bella terrazza.

Carta 32/48 €

🔙 🛋 ⛵ 🅐🅒 🅿 *via Lino Carlo del Favero 11 –*
☎ 0438 940291 – www.hotelristorantelemacine.it

VODO CADORE

✉ 32040 – Belluno (BL) – Carta regionale n° **23**–C1 – Carta stradale Michelin 562-C18

ℍ◯ AL CAPRIOLO

REGIONALE · VINTAGE XxX Un'elegante casa d'atmosfera mitteleuropea - la cui secolare storia è narrata da trofei di caccia, orologi ed affreschi - si rinnova nel suo ingresso con tanto di wine-bar. Indirizzo da sempre gestito dalla famiglia Gregori, la cucina attinge a piene mani alla ricchezza enogastronomica della zona (dagli allevatori alle piccole realtà locali), dando vita a piatti della tradizione rivisitati in maniera creativa.

Menu 38 € (pranzo), 55/90 € – Carta 65/100 €

🔙 🅿 *via Nazionale 108 –*
☎ 0435489207 – www.alcapriolo.it –
Chiuso lunedì a mezzogiorno, martedì, mercoledì-domenica a mezzogiorno

VOLTERRA

✉ 56048 – Pisa (PI) – Carta regionale n° **18**–B2 – Carta stradale Michelin 563-L14

ᵗⁱ◯ ENOTECA DEL DUCA

CLASSICA · CONTESTO STORICO XX Vicino alla piazza principale e al Castello, il locale ospita una piccola enoteca per la degustazione dei vini ed una sala più elegante dove gustare piatti toscani. Per chi ama gli spazi aperti, anche un caratteristico dehors.

Menu 45/60 € – Carta 40/70 €

🍴 ⌂ & via di Castello 2, angolo via Dei Marchesi – 𝒞 0588 81510 – www.enoteca-delduca-ristorante.it – Chiuso 6 gennaio-16 marzo, martedì

ᵐᵐᵐ BORGO PIGNANO ⓝ   Tablet.PLUS

CASA DI CAMPAGNA · ROMANTICO Una villa secolare del XVIII secolo circondata da giardini all'inglese con piantumazioni tradizionali nella quiete della campagna toscana, dove praticare yoga ed equitazione o semplicemente rilassarsi. Tutti gli alloggi (camere e cottage) s'ispirano alla tradizione locale, ma con un tocco contemporaneo.

🏊 🐾 ⟨ ⌂ ⟲ 🗠 🖃 ᴬᶜ 🅿 14 camere

località Pignano 6 (Est: 7 km) – 𝒞 0588 35032 – www.borgopignano.com

VOLTIDO

✉ 26030 – Cremona (CR) – Carta stradale Michelin 561-G13

a Recorfano Sud: 1 km – Carta regionale n° **9**–C3

😊 ANTICA TRATTORIA GIANNA

REGIONALE · TRATTORIA X Gloriosa trattoria familiare, a pranzo troverete piatti semplici ad un prezzo, per la qualità proposta, quasi imbattibile; la sera – invece – un menu degustazione più lungo, per mangiare in abbondanza non solo ricette della bassa padana.

Specialità: Spalla cotta con gnocco fritto al rosmarino. Risotto carnaroli stagionale. Torta di carote e cioccolato.

Menu 15 € (pranzo), 30/35 € – Carta 15/35 €

⌂ ᴬᶜ via Maggiore 12 – 𝒞 0375 98351 – www.anticatrattoriagianna.it – Chiuso lunedì sera, martedì

VOLTRI – Genova (GE) → Vedere Genova

VOZE – Savona (SV) → Vedere Noli

WELSCHNOFEN · NOVA LEVANTE – Bolzano (BZ) → Vedere Nova Levante

WOLKENSTEIN IN GRÖDEN · SELVA DI VAL GARDENA – Bolzano (BZ) → Vedere Selva di Val Gardena

ZAFFERANA ETNEA – Catania (CT) → Vedere Sicilia

ZELARINO – Venezia (VE) → Vedere Mestre

ZERO BRANCO

✉ 31059 – Treviso (TV) – Carta regionale n° **23**–C2 – Carta stradale Michelin 562-F18

ᵗⁱ◯ CA' BUSATTI

MODERNA · ELEGANTE XXX Un piccolo angolo di signorilità cinto da verde e laghetti: un'elegante casa di campagna con una saletta interna e un dehors coperto, chiuso da vetrate. La cucina? Di terra e di mare, fantasiosa estuzzicante.

Menu 30 € (pranzo), 38/72 € – Carta 40/100 €

⟨ ⌂ & ᴬᶜ ⟳ 🅿 via Gallese 26 – 𝒞 0422 97629 – www.cabusatti.com – Chiuso lunedì, domenica sera

ZIBIDO SAN GIACOMO

⊠ 20080 – Milano (MI) – Carta regionale n° **10**–B3 – Carta stradale Michelin 561-F9

a Moirago Est: 2 km

⃝○ **ANTICA OSTERIA MOIRAGO**

ITALIANA CONTEMPORANEA · ROMANTICO XX Nella frazione di Moirago, affacciato sul Naviglio Pavese, nel 1250 nacque un convento, che già nel 1478 funzionava come osteria. Sono passati secoli, ma oggi la tradizione continua, nel portico chiuso e dipinto, così come nelle due sale interne, piene di calore e atmosfera. Le origini pugliesi del cuoco lasciano spazio a verdure e crudità di pesce, mentre in inverno l'impronta dei piatti è più settentrionale. Ampia selezione di vini al bicchiere.

Carta 50/65 €

⃝ 🅿 *via Pavese 4 Moirago – ☏ 02 9000 2174 – www.anticaosteriamoirago.it – Chiuso 26 dicembre-6 gennaio, lunedì, domenica sera*

ZORZINO – Bergamo (BG) → Vedere Riva di Solto

Indice tematico

Thematic index

ESERCIZI CON STELLE

STARRED RESTAURANTS

N **Nuova distinzione**
N *Newly awarded distinction*

Alba	Piazza Duomo
Alta Badia / San Cassiano	St. Hubertus
Brusaporto	Da Vittorio
Canneto Sull'Oglio / Runate	Dal Pescatore
Castel di Sangro	Reale
Firenze	Enoteca Pinchiorri
Milano	Enrico Bartolini al Mudec
Modena	Osteria Francescana
Roma	La Pergola
Rubano	Le Calandre
Senigallia	Uliassi

Brusciano	Taverna Estia
Campagna Lupia / Lughetto	Antica Osteria Cera
Capri (Isola Di) Anacapri	L'Olivo
Cervere	Antica Corona Reale
Cesenatico	Magnolia
Colle di Val d'Elsa	Arnolfo
Concesio	Miramonti l'Altro
Cornaredo	D'O **N**
Firenze	Santa Elisabetta **N**
Gargnano	Villa Feltrinelli
Guarene	La Madernassa
Imola	San Domenico
Ischia (Isola d')	daní maison
Licata	La Madia
Lonigo	La Peca

Massa Lubrense / Marina del Cantone	Quattro Passi
Massa Marittima / Ghirlanda	Bracali
Milano / centro storico	Seta by Antonio Guida
Milano / centro storico	Vun Andrea Aprea
Milano / zona urbana sud-ovest	Il Luogo di Aimo e Nadia
Montemerano	Caino
Mules	Gourmetstube Einhorn
Orta San Giulio	Villa Crespi
Ragusa	Duomo
Rivodutri	La Trota
Roma	Il Pagliaccio
Sant' Agata sui Due Golfi	Don Alfonso 1890
Sarentino	Terra
Senigallia / Marzocca	Madonnina del Pescatore
Tirolo	Trenkerstube
Trieste	Harry's Piccolo **N**
Udine / Godia	Agli Amici
Venezia	Glam Enrico Bartolini
Verbania / Fondotoce	Piccolo Lago
Verona	Casa Perbellini
Viareggio	Il Piccolo Principe
Vico Equense / Marina Equa	Torre del Saracino

ABRUZZO

Civitella Casanova	La Bandiera
Guardiagrele	Villa Maiella
Roseto degli Abruzzi / Montepagano	D.One Restaurant
San Salvo / San Salvo Marina	Al Metrò

BASILICATA

Lavello	Don Alfonso 1890 San Barbato **N**
Matera	Vitantonio Lombardo

CALABRIA

Catanzaro	Abbruzzino
Isola di Capo Rizzuto / Praialonga	Pietramare Natural Food
Marina di Gioiosa Ionica	Gambero Rosso
Santa Cristina d'Aspromonte	Qafiz
Strongoli	Dattilo

CAMPANIA

Amalfi	Glicine
Amalfi	La Caravella dal 1959
Bacoli	Caracol
Capri (Isola di) / Capri	Le Monzù
Capri (Isola di) / Capri	Mammà
Caserta	Le Colonne
Castellammare di Stabia	Piazzetta Milù
Conca dei Marini	Il Refettorio
Eboli	Il Papavero
Ischia (Isola d') / Lacco Ameno	Indaco
Ischia (Isola d') / Sant'Angelo	La Tuga
Maiori	Il Faro di Capo d'Orso
Massa Lubrense / Nerano	Taverna del Capitano
Massa Lubrense / Termini	Relais Blu **N**
Napoli	Il Comandante
Napoli	George Restaurant
Napoli	Palazzo Petrucci
Napoli	Veritas
Nola	Re Santi e Leoni **N**
Paestum	Le Trabe
Paestum / Capaccio	Osteria Arbustico
Pompei	President
Positano	La Serra
Positano	Zass
Quarto	Sud
Ravello	Il Flauto di Pan
Ravello	Rossellinis
Salerno	Re Maurì
Sant' Agnello	Don Geppi
Sorrento	Il Buco
Sorrento	Lorelei **N**
Sorrento	Terrazza Bosquet
Telese Terme	Krèsios
Telese Terme	La Locanda del Borgo
Torre del Greco	Josè Restaurant - Tenuta Villa Guerra
Vallesaccarda	Oasis-Sapori Antichi
Vico Equense	Antica Osteria Nonna Rosa
Vico Equense / sulla ss 145 panoramica	Maxi

CITTÀ DI SAN MARINO

San Marino	Righi

EMILIA-ROMAGNA

Bagno di Romagna / San Piero in Bagno	Da Gorini

Bologna	I Portici
Borgonovo Val Tidone	La Palta
Carpaneto Piacentino	Nido del Picchio
Castel Maggiore	Iacobucci
Cesenatico	La Buca
Codigoro	La Capanna di Eraclio
Codigoro	La Zanzara
Modena	L'Erba del Re
Parma	Inkiostro
Parma	Parizzi
Pennabilli	Il Piastrino
Polesine Parmense	Antica Corte Pallavicina
Quattro Castella / Rubbianino	Ca' Matilde
Rimini	Abocar Due Cucine
Rimini / Miramare	Guido
Rubiera	Arnaldo-Clinica Gastronomica
Sasso Marconi	Marconi
Savigno	Trattoria da Amerigo
Torriana	Osteria del Povero Diavolo **N**

FRIULI-VENEZIA GIULIA

Colloredo di Monte Albano	La Taverna
Cormons	Trattoria al Cacciatore-della Subida
Dolegna del Collio / Vencò	L'Argine a Vencò
Ruda	Osteria Altran
San Quirino	La Primula
Sappada	Laite

LAZIO

Acquapendente / Trevinano	La Parolina
Acuto	Colline Ciociare
Fiumicino	Il Tino
Fiumicino	Pascucci al Porticciolo
Genazzano	Aminta Resort
Isola di Ponza / Ponza	Acqua Pazza
Labico	Antonello Colonna Labico
Roma / centro storico	Acquolina
Roma / centro storico	Il Convivio-Troiani
Roma / centro storico	Idylio by Apreda
Roma / centro storico	Imàgo
Roma / centro storico	Per Me Giulio Terrinoni
Roma / centro storico	Pipero Roma
Roma / Parioli	All'Oro
Roma / Parioli	Assaje
Roma / Roma Antica	Aroma
Roma / Roma Antica	Marco Martini Restaurant

Roma / San Pietro (città del Vaticano)	Enoteca la Torre
Roma / San Pietro (città del Vaticano)	Tordomatto
Roma / Stazione Termini	Moma
Roma / Stazione Termini	La Terrazza
Roma / Trastevere - Testaccio	Glass Hostaria
Roma / Trastevere - Testaccio	Zia N
Roma / Zona Urbana Nord	Bistrot 64
Terracina	Essenza N
Viterbo	Danilo Ciavattini
Vitorchiano	Casa Iozzìa

LIGURIA

Alassio	Nove N
Bergeggi	Claudio
Genova	The Cook
Imperia / Porto Maurizio	Sarri
Lavagna / Cavi	Impronta D'Acqua N
Noli	Il Vescovado
San Remo	Paolo e Barbara

LOMBARDIA

Albavilla	Il Cantuccio
Almè	Frosio
Bellagio	Mistral
Bergamo	Casual
Bergamo	Impronte
Blevio	L˜ARIA
Calvisano	Al Gambero
Campione d'Italia	Da Candida
Cavernago	Il Saraceno
Cernobbio	Materia
Certosa di Pavia	Locanda Vecchia Pavia «Al Mulino»
Como	Kitchen N
Como	I Tigli in Theoria
Corte Franca / Borgonato	Due Colombe
Desenzano del Garda	Esplanade
Erbusco	Da Nadia
Fagnano Olona	Acquerello
Gardone Riviera / Fasano	Lido 84
Gargnano	La Tortuga
Gargnano	Villa Giulia
Laveno-Mombello	La Tavola
Madesimo	Il Cantinone e Sport Hotel Alpina
Manerba del Garda	Capriccio
Mantello	La Présef
Milano / Centro Storico	Cracco

Milano / Centro Storico	IT Milano
Milano / City Life - Sempione	Iyo
Milano / City Life - Sempione	Tano Passami l'Olio
Milano / Isola - Porta Nuova	AALTO **N**
Milano / Isola - Porta Nuova	Berton
Milano / Isola - Porta Nuova	Viva Viviana Varese
Milano / Navigli	Contraste
Milano / Navigli	Sadler
Milano / Romana - Vittoria	L'Alchimia
Milano / Stazione Centrale	Joia
Milano / Zona Urbana Nord - Ovest	Innocenti Evasioni
Olgiate Olona	Ma.Ri.Na.
Orzinuovi	Sedicesimo Secolo
Pralboino	Leon d'Oro
Quistello	Ambasciata
San Paolo d'Argon	Umberto De Martino
Sirmione	La Rucola 2.0
Stradella	Villa Naj
Torno	Berton al Lago
Trescore Balneario	LoRo
Treviglio	San Martino
Viganò	Pierino Penati
Vigevano	I Castagni
Villa d'Almè	Osteria della Brughiera
Villa di Chiavenna	Lanterna Verde

MARCHE

Loreto	Andreina
Pesaro	Nostrano

PIEMONTE

Acqui Terme	I Caffi
Alba	Larossa
Alba	Locanda del Pilone
Alessandria / Spinetta Marengo	La Fermata
Benevello	Damiano Nigro
Caluso	Gardenia
Canale	All'Enoteca
Cherasco	Da Francesco
Domodossola	Atelier
Isola D'Asti	Il Cascinalenuovo
La Morra	Massimo Camia
La Morra / Annunziata	Osteria Arborina
Monforte d'Alba	Borgo Sant'Anna **N**
Monforte d'Alba	Fre
Novara	Cannavacciuolo Cafè & Bistrot
Novara	Tantris

Orta San Giulio	Locanda di Orta
Penango / Cioccaro	Locanda del Sant'Uffizio-Enrico Bartolini
Pinerolo	Zappatori
Pióbesi d'Alba	21.9
Pollone	Il Patio
Priocca	Il Centro
San Maurizio Canavese	La Credenza
Santo Stefano Belbo	Il Ristorante di Guido da Costigliole
Serralunga d'Alba	La Rei
Serralunga d'Alba / Fontanafredda	Guido
Soriso	Al Sorriso
Tigliole	Ca' Vittoria
Torino	Del Cambio
Torino	Cannavacciuolo Bistrot
Torino	Carignano
Torino	Casa Vicina-Eataly Lingotto
Torino	Condividere
Torino	Magorabin
Torino	Piano 35 **N**
Torino	Spazio7
Torino	Vintage 1997
Treiso	La Ciau del Tornavento
Venaria Reale	Dolce Stil Novo alla Reggia
Verbania / Pallanza	Il Portale
Vercelli	Cinzia da Christian e Manuel

PUGLIA

Carovigno	Già Sotto l'Arco
Ceglie Messapica	Antonella Ricci-Vinod Sookar
Conversano	Pashà
Lecce	Bros'
Manduria	Casamatta
Ostuni	Cielo
Putignano	Angelo Sabatelli
Savelletri	Due Camini
Trani	Casa Sgarra **N**
Trani	Quintessenza

SARDEGNA

Arzachena / Porto Cervo	ConFusion
Cagliari	Dal Corsaro

SICILIA

Bagheria	I Pupi
Caltagirone	Coria
Catania	Sapio

786

Eolie (Isole) / Isola Salina	Signum
Eolie (Isole) / Isola Vulcano	Il Cappero
Linguaglossa	Shalai
Modica	Accursio
Ragusa	La Fenice
Ragusa	Locanda Don Serafino
Riposto / Archi	Zash
Taormina	Otto Geleng
Taormina	St. George by Heinz Beck
Taormina / Lido di Spisone	La Capinera
Terrasini	Il Bavaglino

TOSCANA

Castelnuovo Berardenga	L'Asinello
Castelnuovo Berardenga	La Bottega del 30
Castelnuovo Berardenga	Poggio Rosso **N**
Castiglione d'Orcia / Rocca d'Orcia	Osteria Perillà
Castiglione della Pescaia / Badiola	La Trattoria Enrico Bartolini
Chiusdino	Meo Modo
Chiusi	I Salotti
Cortona / San Martino	Il Falconiere
Firenze	Borgo San Jacopo
Firenze	La Bottega del Buon Caffè
Firenze	Gucci Osteria da Massimo Bottura
Firenze	La Leggenda dei Frati
Firenze	Ora d'Aria
Firenze	Il Palagio
Forte dei Marmi	Bistrot
Forte dei Marmi	Il Parco di Villa Grey
Forte dei Marmi	Lorenzo
Forte dei Marmi	Lux Lucis
Forte dei Marmi	La Magnolia
Gaiole in Chianti	Il Pievano
Lamporecchio	Atman a Villa Rospigliosi
Lucca	Giglio
Lucca / Marlia	Butterfly
Marina di Bibbona	La Pineta
Marina di Grosseto	Gabbiano 3.0 **N**
Marina di Pietrasanta	Franco Mare **N**
Montalcino / Poggio alle Mura	Sala dei Grappoli **N**
Porto Ercole	Il Pellicano
San Casciano dei Bagni / Fighine	Ristorante Castello di Fighine
San Gimignano	Linfa **N**
Scarperia / Lucigliano	Virtuoso Gourmet- Tenuta le Tre Virtù
Seggiano	Silene
Tavarnelle Val di Pesa	La Torre

Tavarnelle Val di Pesa / Badia a Passignano	Osteria di Passignano
Viareggio	Lunasia
Viareggio	Romano

TRENTINO-ALTO ADIGE

Alta Badia / Corvara in Badia	La Stüa de Michil
Appiano sulla Strada del Vino / San Michele	Zur Rose
Arco	Peter Brunel Ristorante Gourmet **N**
Bolzano	In Viaggio - Claudio Melis
Bressanone	Apostelstube
Castelbello Ciardes	Kuppelrain
Cavalese	El Molin
Chiusa	Jasmin
Collepietra	Astra
Dobbiaco	Tilia
Falzes / Molini	Schöneck
Madonna di Campiglio	Dolomieu
Madonna di Campiglio	Il Gallo Cedrone
Madonna di Campiglio	Stube Hermitage
Merano	Sissi
Merano / Freiberg	Prezioso **N**
Moena	Malga Panna
Nova Levante	Johannesstube
Ortisei	Anna Stuben
Rovereto	Senso Alfio Ghezzi Mart **N**
Selva di Val Gardena	Alpenroyal Gourmet
Tesimo	Zum Löwen
Tirolo	Culinaria im Farmerkreuz
Trento / Ravina	Locanda Margon
Vigo di Fassa / Tamion	'L Chimpl

UMBRIA

Baschi	Casa Vissani
Norcia	Vespasia

VALLE D'AOSTA

Aosta	Vecchio Ristoro **N**
Cogne	Le Petit Restaurant
Courmayeur	Petit Royal

VENETO

Altissimo	Casin del Gamba
Arzignano	Damini Macelleria & Affini
Asiago	La Tana Gourmet

Asiago	Stube Gourmet
Barbarano Vicentino	Aqua Crua
Bardolino	La Veranda del Color
Borgoricco	Storie d'Amore
Castelfranco Veneto	Feva
Cavaion Veronese	Oseleta
Cortina d'Ampezzo	SanBrite **N**
Cortina d'Ampezzo	Tivoli
Malcesine	Vecchia Malcesine
Oderzo	Gellius
Pieve d'Alpago	Dolada
Pontelongo	Lazzaro 1915
Puos d'Alpago	Locanda San Lorenzo
Romagnano	La Cru **N**
San Pietro in Cariano / Corrubbio	Amistà **N**
Schio	Spinechile
Scorzè	San Martino
Venezia	Oro Restaurant
Venezia	Osteria da Fiore
Venezia	Quadri
Venezia	Il Ridotto
Venezia / Burano	Venissa
Verona	12 Apostoli
Verona	Il Desco
Vicenza	Matteo Grandi **N**

BIB GOURMAND

PASTI ACCURATI
A PREZZI CONTENUTI

N Nuovo
N *new*

ABRUZZO

Caramanico Terme	Locanda del Barone
Giulianova Lido	Osteria dal Moro
L'Aquila / Camarda	Casa Elodia
Manoppello / Manoppello Scalo	Trita Pepe
Mosciano Sant' Angelo	Borgo Spoltino
Notaresco	3 Archi
Pacentro	Taverna dei Caldora
Pescara	Estrò
Pescara	Taverna 58
Pineto / Mutignano	Bacucco d'Oro
Rivisondoli	Da Giocondo
Roseto degli Abruzzi	Vecchia Marina **N**
Sulmona	Clemente
Teramo	Spoon

BASILICATA

Castelmezzano	Al Becco della Civetta
Melfi	La Villa
Terranova di Pollino	Luna Rossa

CALABRIA

Filandari / Mesiano	Frammichè
Gambarie	L'Angolo del Gusto
Mileto	Il Normanno
Sangineto Lido	Convito
Tiriolo	Due Mari

CAMPANIA

Ariano Irpino	La Pignata
Benevento	Pascalucci

Cetara	Al Convento
Massa Lubrense / Santa Maria Annunziata	La Torre
Napoli	Di Martino Sea Front Pasta Bar
Napoli	Il Gobbetto
Ospedaletto d'Alpinolo	Osteria del Gallo e della Volpe
Palinuro	Da Carmelo
Pisciotta / Marina di Pisciotta	Angiolina
Sant' Agata sui Due Golfi	Lo Stuzzichino
Vallo della Lucania	La Chioccia d'Oro

EMILIA-ROMAGNA

Argelato	L'800
Bagnolo in Piano	Trattoria da Probo
Bologna	Al Cambio
Bologna	Osteria Bartolini
Bologna	Trattoria di Via Serra
Calestano	Locanda Mariella
Campogalliano	Magnagallo
Cervia / Milano Marittima	Osteria Bartolini
Cesenatico	Osteria Bartolini
Faenza	Cà Murani
Faenza	La Baita
Ferrara	Ca' d'Frara
Ferrara / Gaibana	Trattoria Lanzagallo
Fidenza	Podere San Faustino
Finale Emilia	Osteria la Fefa
Galeata	La Campanara
Lama Mocogno	Vecchia Lama
Longiano	Dei Cantoni
Meldola	Il Rustichello
Modena	Trattoria Pomposa-al Re gras **N**
Monticelli d'Ongina	Antica Trattoria Cattivelli
Novafeltria	Del Turista-da Marchesi
Parma	I Tri Siochètt **N**
Parma	Osteria del 36
Parma / Coloreto	Trattoria Ai Due Platani
Parma / Gaione	Trattoria Antichi Sapori
Ponte dell'Olio	Locanda Cacciatori
Ravenna / Ragone	Trattoria Flora
Rimini	Osteria de Börg **N**
Rimini / Coriano	Vite
Rivergaro	Caffè Grande
Russi / San Pancrazio	La Cucoma
Salsomaggiore Terme / Cangelasio	Trattoria Ceriati
Sasso Marconi / Mongardino	Antica Trattoria la Grotta dal 1918
Torrile / Vicomero	Romani

FRIULI-VENEZIA GIULIA

Buttrio	Trattoria al Parco
Cavasso Nuovo	Ai Cacciatori
Cavazzo Carnico	Borgo Poscolle
Cividale del Friuli	Al Monastero
Mariano del Friuli / Corona	Al Piave
Pordenone	La Ferrata
Sauris	Alla Pace
Savogna d'Isonzo / San Michele del Carso	Lokanda Devetak
Tricesimo	Antica Trattoria da Miculan

LAZIO

Arpino / Carnello	Mingone
Grottaferrata	L'Oste della Bon'Ora
Montefiascone	OSMOSI...osteria moderna
Roma / centro storico	Armando al Pantheon
Roma / centro storico	Green T.
Roma / Zona Urbana Sud	Domenico dal 1968
Roma / Zona Urbana Sud	Profumo di Mirto
Roma / Zona Urbana Sud	Al Ristoro degli Angeli
Roma / Zona Urbana Sud	Trattoria Pennestri

LIGURIA

Genova	L'Osteria del San Giorgio
Genova / San Desiderio	Bruxaboschi
Imperia / Oneglia	Osteria Didù
Lavagna / Cavi	Raieŭ
Loano	Bagatto
Montoggio	Roma
Ne	La Brinca
Pigna	Terme

LOMBARDIA

Bianzone	Altavilla
Botticino	Trattoria Eva
Bracca	Dentella
Brescia	Trattoria Porteri
Brione	La Madia
Capriate San Gervasio	Kanton Restaurant
Castiglione delle Stiviere	Hostaria Viola
Corte de' Cortesi	Il Gabbiano
Cuasso al Monte	Al Vecchio Faggio
Curtatone / Grazie	Locanda delle Grazie
Gavirate	Tipamasaro
Inverno e Monteleone / Monteleone	Trattoria Righini Ines

Isola Dovarese	Caffè La Crepa
Milano / Isola - Porta Nuova	Serendib
Milano / Romana - Vittoria	Dongiò
Milano / Romana - Vittoria	Trippa
Milano / Stazione Centrale	Da Giannino-L'Angolo d'Abruzzo
Milano / Zona Urbana Sud - Est	Cucina Dei Frigoriferi Milanesi
Morbegno	Osteria del Crotto
Palazzago	Osteria Burligo
Piadena	Dell'Alba
Soiano del Lago	Villa Aurora
Suzzara	Mangiare Bere Uomo Donna
Teglio	Fracia
Toscolano-Maderno / Maderno	Il Cortiletto
Varzi / verso Pian d'Armà	Buscone **N**
Voltido / Recorfano	Antica Trattoria Gianna

MARCHE

Appignano	Osteria dei Segreti
Cagli	La Gioconda
Casteldimezzo	La Canonica
Marotta	Burro & Alici
Offida	Osteria Ophis
Treia / San Lorenzo	Il Casolare dei Segreti

PIEMONTE

Arona / Montrigiasco	Castagneto
Bellinzago Novarese / Badia di Dulzago	Osteria San Giulio
Borghetto di Borbera	Il Fiorile
Bra	Battaglino
Bra	Boccondivino
Calamandrana	Violetta
Capriata d'Orba	Il Moro
Casale Monferrato	Accademia Ristorante
Cavatore	Da Fausto
Cherasco	Osteria La Torre
Crodo / Viceno	Edelweiss
Cuneo	4 ciance
Cuneo	Bove's
Cuneo	Osteria della Chiocciola
Cuorgnè	Rosselli 77
Masio	Trattoria Losanna
Monteu Roero	Cantina dei Cacciatori
Nizza Monferrato	Le Due Lanterne
Ormea / Ponte di Nava	Ponte di Nava-da Beppe
Quarona	Italia
Roccabruna / Sant'Anna	La Pineta
Roletto	Il Ciabot

Sizzano	Impero
Torino	L'Acino
Torino	Consorzio
Torino	Contesto Alimentare
Torino	Scannabue Caffè Restaurant
Torino	Tuorlo **N**
Tortona	Vineria Derthona
Traversella	Le Miniere
Usseaux	Lago del Laux
Valdieri	La Locanda del Falco **N**

PUGLIA

Andria	Il Turacciolo
Andria / Montegrosso	Antichi Sapori
Brindisi	Pantagruele
Ceglie Messapica	Cibus
Crispiano	La Cuccagna
Lesina	Le Antiche Sere
Minervino Murge	La Tradizione-Cucina Casalinga
Ostuni	Osteria Piazzetta Cattedrale
Pulsano / Marina di Pulsano	La Barca
Racale	L'Acchiatura
Ruvo di Puglia	U.P.E.P.I.D.D.E.
San Severo	La Fossa del Grano
Vieste	Al Dragone
Vieste	Il Capriccio

SARDEGNA

Cagliari	CUCINA.eat **N**
Oliena	Sa Corte
Oliena / Sorgente su Gologone	Su Gologone

SICILIA

Agrigento	Osteria Expanificio
Capri Leone	Antica Filanda **N**
Castelbuono	Palazzaccio
Catania	Me Cumpari Turiddu
Palazzolo Acreide	Andrea - Sapori Montani
Palermo	Buatta Cucina Popolana
Randazzo	Veneziano

TOSCANA

Anghiari	Da Alighiero
Bibbiena	Il Tirabusciò

Carrara / Colonnata	Venanzio
Castagneto Carducci / Bolgheri	Osteria Magona
Castel del Piano	Antica Fattoria del Grottaione
Castiglione della Pescaia	Osteria del mare già Il Votapentole
Cortona	La Bucaccia
Cutigliano	Trattoria da Fagiolino
Firenze	Da Burde
Firenze	Il Latini
Firenze	Podere 39
Firenze	Trattoria Cibrèo-Cibreino
Firenze	Zeb
Firenze / Galluzzo	Trattoria Bibe
Follonica	Il Sottomarino
Montalcino	Taverna del Grappolo Blu
Poppi / Moggiona	Il Cedro
Radda in Chianti / Lucarelli	Osteria Le Panzanelle
San Quirico d'Orcia	Fonte alla Vena
Sansepolcro	Fiorentino e Locanda del Giglio
Serravalle Pistoiese	Trattoria da Marino
Siena	La Taverna di San Giuseppe
Tavarnelle Val di Pesa / San Donato in Poggio	Antica Trattoria La Toppa
Trequanda	Il Conte Matto

TRENTINO-ALTO ADIGE

Alta Badia / Badia	Maso Runch-Hof
Anterivo	Kürbishof
Bolzano	Vögele
Bressanone	Alpenrose
Chienes	Gassenwirt
Isera	Casa del Vino della Vallagarina
Moena	Agritur El Mas
Moena	Foresta
Ossana	Antica Osteria
Pergine Valsugana	Osteria Storica Morelli
Romeno	Nerina
San Genesio	Antica Locanda al Cervo-Landgasthof zum Hirschen
San Lorenzo di Sebato	Lerchner's In Runggen
San Vigilio di Marebbe	Fana Ladina
Sant'Orsola Terme	Blumenstube N
Valle di Casies	Durnwald

UMBRIA

Cannara	Perbacco-Vini e Cucina
Castiglione del Lago	L'Acquario
Ferentillo	Piermarini

Montone	Tipico & La Locanda del Capitano
Orvieto / Morrano Nuovo	Da Gregorio
Spoleto	Il Tempio del Gusto

VALLE D'AOSTA

Aosta	Osteria da Nando
Brusson	Laghetto

VENETO

Alleghe / Masarè	Barance
Asiago	Locanda Aurora
Belluno	Al Borgo
Casier / Dosson	Alla Pasina
Farra di Soligo / Col San Martino	Locanda da Condo
Feltre	Aurora
Forno di Zoldo / Mezzocanale	Mezzocanale-da Ninetta
Galliera Veneta	Al Palazzon
Marostica / Valle San Floriano	La Rosina
Mirano	Da Flavio e Fabrizio «Al Teatro»
Mirano / Vetrego	Il Sogno
Negrar	Trattoria alla Ruota **N**
Pastrengo / Piovezzano	Eva
Pianiga	Trattoria da Paeto
San Polo di Piave	Osteria Enoteca Gambrinus
San Vito di Leguzzano	Antica Trattoria Due Mori
Sernaglia della Battaglia	Dalla Libera
Trebaseleghe	Baracca-Storica Hostaria
Valdobbiadene / Bigolino	Tre Noghere
Velo Veronese	13 Comuni
Verona	Al Bersagliere

ALBERGHI AMENI

THE MOST DELIGHTFUL PLACES

Alberghi e forme alternative di ospitalità
Hotels & guesthouses

ABRUZZO

Abruzzo
Castel di Sangro   Casadonna 🏛
Santo Stefano di Sessanio   Sextantio 🏛

BASILICATA

Bernalda   Palazzo Margherita 🏛
Lavello   San Barbato Resort Spa & Golf 🏛
Maratea / Fiumicello Santa Venere   Il Santavenere 🏛
Matera   Palazzo Gattini 🏛
Matera   Sant'Angelo 🏛
Matera   Sextantio - Le Grotte della Civita 🏛

CALABRIA

Isola di Capo Rizzuto / Praialonga   Praia Art Resort 🏛
Tropea   Villa Paola 🏛

CAMPANIA

Amalfi   Grand Hotel Convento di Amalfi 🏛
Amalfi   Santa Caterina 🏛
Capri (Isola di) / Anacapri   Caesar Augustus 🏛
Capri (Isola di) / Anacapri   Capri Palace Hotel 🏛
Capri (Isola di) / Capri   Capri Tiberio Palace 🏛
Capri (Isola di) / Capri   Casa Morgano 🏛
Capri (Isola di) / Capri   Grand Hotel Quisisana 🏛
Capri (Isola di) / Capri   La Minerva 🏛
Capri (Isola di) / Capri   Punta Tragara 🏛
Capri (Isola di) / Marina Grande   J.K. Place Capri 🏛
Castellammare di Stabia   La Medusa Hotel 🏛
Conca dei Marini   Monastero Santa Rosa Hotel & Spa 🏛
Ischia (Isola d') /
  Casamicciola Terme   Terme Manzi Hotel & Spa 🏛

797

Ischia (Isola d') / Forio	Mezzatorre Resort & Spa
Ischia (Isola d') / Lacco Ameno	Botania Relais & SPA
Ischia (Isola d') / Lacco Ameno	L'Albergo della Regina Isabella
Massa Lubrense / Termini	Relais Blu
Napoli	Caruso Place Boutique & Wellness Suites
Napoli	Costantinopoli 104
Napoli	Grand Hotel Parker's
Napoli	Grand Hotel Vesuvio
Napoli	Romeo
Positano	Palazzo Murat
Positano	San Pietro
Positano	Le Sirenuse
Positano	Villa Magia
Praiano / sulla Costiera Amalfitana	Casa Angelina
Procida	La Suite Hotel
Ravello	Belmond Hotel Caruso
Ravello	Palazzo Avino
Ravello	Villa Cimbrone
Sant' Agata sui Due Golfi	Don Alfonso 1890
Sant' Agnello	Grand Hotel Cocumella
Sorrento	Bellevue Syrene 1820
Sorrento	Grand Hotel Excelsior Vittoria
Sorrento	Maison la Minervetta
Telese Terme	Aquapetra Resort & Spa
Vico Equense / sulla ss 145 panoramica	Capo la Gala

EMILIA-ROMAGNA

Bologna	Casa Bertagni
Bologna	Grand Hotel Majestic già Baglioni
Cattolica	Carducci 76
Cesenatico	Casadodici
Cesenatico	Grand Hotel da Vinci
Modena	Casa Maria Luigia
Riccione	Grand Hotel Des Bains
Riccione	The Box
Rimini	duoMo Hotel
Rimini / al mare	Grand Hotel Rimini
Rimini / al mare	i-Suite
San Giovanni in Marignano	Riviera Golf Resort

FRIULI-VENEZIA GIULIA

Buttrio	Il Castello di Buttrio
Duino-Aurisina / Sistiana	Falisia Resort
Grado	Oche Selvatiche
Trieste	Grand Hotel Duchi d'Aosta

LAZIO

Bagnoregio	Corte della Maestà 🏠
Gaeta	Grand Hotel Le Rocce 🏨
Labico	Antonello Colonna Labico Resort 🏨
Ladispoli	La Posta Vecchia 🏨
Roma / centro storico	Casa de'Coronari 🏠
Roma / centro storico	Casa Montani 🏠
Roma / centro storico	Corso 281 🏨
Roma / centro storico	Crossing Condotti 🏠
Roma / centro storico	De Russie 🏨
Roma / centro storico	The First Roma 🏨
Roma / centro storico	Gigli d'Oro 🏠
Roma / centro storico	Grand Hotel Plaza 🏨
Roma / centro storico	G-Rough 🏨
Roma / centro storico	Hassler 🏨
Roma / centro storico	Hotel De' Ricci 🏨
Roma / centro storico	Indigo Rome St. George 🏨
Roma / centro storico	J.K. Place Roma 🏨
Roma / centro storico	Locarno 🏨
Roma / centro storico	Margutta 19 🏨
Roma / centro storico	Mario de' Fiori 37 🏨
Roma / centro storico	Martius Private Suites 🏨
Roma / centro storico	Nobildonne Relais 🏠
Roma / centro storico	Palazzo Dama 🏨
Roma / centro storico	Piazza di Spagna 9 🏠
Roma / centro storico	Portrait Roma 🏨
Roma / centro storico	Raphaël 🏨
Roma / centro storico	Relais Orso 🏠
Roma / centro storico	Residenza Napoleone III 🏠
Roma / centro storico	Residenza Ruspoli Bonaparte 🏠
Roma / centro storico	Singer Palace 🏨
Roma / centro storico	The Inn at the Spanish Steps 🏨
Roma / centro storico	The Pantheon 🏨
Roma / centro storico	Vilòn 🏨
Roma / Parioli	H'All Tailor Suite 🏨
Roma / Parioli	Lord Byron 🏨
Roma / Roma Antica	47 Boutique Hotel 🏨
Roma / Roma Antica	Palazzo Manfredi 🏨
Roma / Roma Antica	Palm Suite 🏠
Roma / Roma Antica	Pepoli 9 🏠
Roma / Roma Antica	Sant'Anselmo 🏨
Roma / Roma Antica	The Inn at the Roman Forum 🏨
Roma / San Pietro (città del Vaticano)	Gran Melià Roma 🏨
Roma / San Pietro (città del Vaticano)	Rome Cavalieri Waldorf Astoria 🏨
Roma / San Pietro (città del Vaticano)	Villa Laetitia 🏨
Roma / Stazione Termini	Eden 🏨

Roma / Stazione Termini	Grand Hotel Via Veneto
Roma / Stazione Termini	Palazzo Naiadi
Roma / Stazione Termini	Splendide Royal
Roma / Stazione Termini	The St. Regis Rome
Roma / Stazione Termini	Villa Spalletti Trivelli

LIGURIA

Alassio	Villa della Pergola
Garlenda	La Meridiana
Genova	Palazzo Grillo
Portofino	Belmond Hotel Splendido and Belmond Splendido Mare
Portofino	Eight Hotel Portofino
San Remo	Royal Hotel Sanremo
Santa Margherita Ligure	Eight Hotel Paraggi

LOMBARDIA

Bellagio	Grand Hotel Villa Serbelloni
Bergamo	GombitHotel
Bergamo	Petronilla
Blevio	Mandarin Oriental Lago di Como
Brusaporto	Relais da Vittorio
Cernobbio	Villa d'Este
Cologne	Cappuccini Resort
Como	Palazzo Albricci Peregrini
Como	Vista Palazzo
Erbusco	L'Albereta
Gardone Riviera / Fasano	Bella Riva
Gargnano	Grand Hotel a Villa Feltrinelli
Gargnano	Villa Giulia
Gargnano / sulla sp 9	Lefay Resort & Spa
Gavardo	Villa dei Campi Boutique Hotel
Lezzeno	Filario Hotel
Livigno	Sonne
Milano / Centro Storico	Armani Hotel Milano
Milano / Centro Storico	Bulgari
Milano / Centro Storico	Carlton Hotel Baglioni
Milano / Centro Storico	Four Seasons Hotel Milano
Milano / Centro Storico	Galleria Vik Milano
Milano / Centro Storico	Grand Hotel et de Milan
Milano / Centro Storico	Mandarin Oriental Milano
Milano / Centro Storico	Milano Scala
Milano / Centro Storico	Palazzo Segreti
Milano / Centro Storico	Park Hyatt Milano
Milano / Centro Storico	Sina The Gray
Milano / Centro Storico	Townhouse Duomo

Milano / Navigli	The Yard 🏨
Milano / Stazione Centrale	Château Monfort 🏨
Moltrasio	Grand Hotel Imperiale 🏨
Pellio Intelvi	La Locanda del Notaio 🏨
Salò	Villa Arcadio 🏨
Sirmione	Villa Cortine Palace Hotel 🏨
Torno	Il Sereno Lago di Como 🏨
Tremezzo	Grand Hotel Tremezzo 🏨

MARCHE

Montelparo	Leone 🏨
San Marcello	Foresteria Filodivino 🏨

PIEMONTE

Benevello	Villa d'Amelia 🏨
Gavi	L'Ostelliere 🏨
Guarene	Castello di Guarene 🏨
La Morra	Palas Cerequio - Barolo Cru Resort 🏨
La Morra / Annunziata	Arborina Relais 🏨
Mombaruzzo / Casalotto	La Villa 🏨
Monforte d'Alba	Villa Beccaris 🏨
Orta San Giulio	Villa Crespi 🏨
Pella	Casa Fantini 🏨
Penango / Cioccaro	Relais Sant'Uffizio 🏨
Santo Stefano Belbo	Relais San Maurizio 🏨
Stresa	Villa e Palazzo Aminta 🏨
Torino	NH Collection Piazza Carlina 🏨

PUGLIA

Cisternino	Borgo Canonica 🏨
Gagliano del Capo	Palazzo Daniele 🏨
Gallipoli	Palazzo del Corso 🏨
Leverano	Relais Masseria Antonio Augusto 🏨
Lizzano	Masseria Bagnara 🏨
Manduria	Vinilia Wine Resort 🏨
Martina Franca	Relais Villa San Martino 🏨
Monopoli	La Peschiera 🏨
Ostuni	Masseria Cervarolo 🏨
Ostuni	Masseria le Carrube 🏨
Ostuni	La Sommità 🏨
Savelletri	Borgo Egnazia 🏨
Savelletri	Masseria Cimino 🏨
Savelletri	Masseria San Domenico 🏨
Savelletri	Masseria Torre Coccaro 🏨

Savelletri	Masseria Torre Maizza 🏨
Serrano	Furnirussi Tenuta 🏨
Torre San Giovanni	Masseria Don Cirillo 🏛
Ugento	Castello di Ugento 🏨

SARDEGNA

Alghero / Porto Conte	El Faro 🏨
Arzachena	Romazzino 🏨
Arzachena / Baia Sardinia	La Bisaccia 🏨
Arzachena / Pitrizza	Pitrizza 🏨
Arzachena / Porto Cervo	CPH / Pevero Hotel 🏨
Arzachena/ Cannigione	Villa del Golfo Lifestyle Resort 🏨
Castelsardo	Bajaloglia 🏨
Oliena / Sorgente su Gologone	Su Gologone 🏨
Pula	Forte Village Resort 🏨
San Pantaleo	Petra Segreta 🏨

SICILIA

Agrigento	Villa Athena 🏨
Calatabiano	Castello di San Marco 🏨
Catania	Asmundo di Gisira 🏛
Egadi (Isole) / Favignana	Cave Bianche 🏨
Eolie (Isole) / Isola Panarea	Quartara 🏨
Eolie (Isole) / Isola Salina	Signum 🏨
Eolie (Isole) / Isola Vulcano	Therasia Resort 🏨
Linguaglossa	Shalai Resort 🏨
Linguaglossa	Villa Neri Resort & Spa 🏨
Marina di Ragusa	La Moresca 🏛
Menfi	Planeta Estate-La Foresteria Menfi 🏨
Noto	Dimora delle Balze 🏛
Noto	Masseria della Volpe 🏛
Noto	Seven Rooms Villadorata 🏛
Polizzi Generosa	Masseria Susafa 🏛
Ragusa	Locanda Don Serafino 🏛
Ragusa / verso Marina di Ragusa	Eremo della Giubiliana 🏨
Riposto	Donna Carmela Resort & Lodges 🏨
Riposto / Archi	Zash Country Boutique Hotel 🏛
San Vito lo Capo	Baglio La Porta di San Gerardo 🏨
Sciacca	Verdura Resort 🏨
Siracusa	Donna Coraly Resort 🏛
Siracusa	Henry's House 🏛
Siracusa	UNA Hotel One 🏨
Siracusa / Verso Lido Arenella	Grand Hotel Minareto 🏨
Taormina	Ashbee 🏨
Taormina	Belmond Grand Hotel Timeo 🏨
Taormina	El Jebel 🏨

Taormina	Metropole
Taormina	Nh Collection Taormina
Taormina	Villa Ducale
Taormina / Mazzarò	Belmond Villa Sant'Andrea
Taormina / Mazzarò	Grand Hotel Atlantis Bay
Zafferana Etnea	Monaci delle Terre Nere

TOSCANA

Arezzo	Graziella Patio Hotel
Bagno a Ripoli / Candeli	Villa La Massa
Barberino del Mugello	Villa Le Maschere
Casole d'Elsa	Belmond Castello di Casole
Castellina in Chianti	Castello La Leccia
Castelnuovo Berardenga	Borgo San Felice
Castelnuovo Berardenga	Castel Monastero
Castelnuovo Berardenga	Le Fontanelle
Castiglione della Pescaia / Badiola	L'Andana-Tenuta La Badiola
Cavriglia	Le Lappe
Chiusdino	Borgo Santo Pietro
Chiusi	Poggio Piglia
Cinigiano / Poggi del Sasso	Castello di Vicarello
Cinigiano / Porrona	Castel Porrona Relais & Spa
Cortona / San Martino	Il Falconiere Relais
Cortona / sulla sp 35 verso Mercatale	Relais la Corte dei Papi
Fiesole	Belmond Villa San Michele
Fiesole	Il Salviatino
Firenze	Ad Astra
Firenze	Brunelleschi
Firenze	Calimala
Firenze	Casa Botticelli in San Felice
Firenze	Cellai
Firenze	Four Seasons Hotel Firenze
Firenze	Grand Hotel Minerva
Firenze	Home Florence
Firenze	J.K. Place Firenze
Firenze	Leone Blu Suites
Firenze	Lungarno
Firenze	Milù
Firenze	NH Collection Firenze Porta Rossa
Firenze	Oltrarno Splendid
Firenze	Ottantotto Firenze
Firenze	Palazzo Vecchietti
Firenze	Portrait Firenze
Firenze	Regency
Firenze	Relais Santa Croce
Firenze	Soprarno Suites
Firenze	The St. Regis Florence

Firenze	Velona's Jungle Luxury Suites
Firenze	Villa Cora
Firenze	Ville sull'Arno
Firenze	The Westin Excelsior
Firenze / sui colli	Torre di Bellosguardo
Foiano della Chiana/ Pozzo	Villa Fontelunga
Fonteblanda	Villa Talamo
Forte dei Marmi	Byron
Gaiole in Chianti	Castello di Spaltenna
Gavorrano / sulla strada provinciale 31	Conti di San Bonifacio
Greve in Chianti	Villa Bordoni
Lucca / San Pietro Marcigliano	Tenuta San Pietro
Lucca / sulla SS 12 R	Villa Marta
Lucca /verso il lago Massacciuccoli	Albergo Villa Casanova
Montalcino / Castelnuovo dell'Abate	Castello di Velona
Montalcino / Castiglione del Bosco	Castiglion del Bosco
Montalcino / Poggio alle Mura	Castello Banfi-Il Borgo
Montepulciano	Villa Cicolina
Montepulciano	Villa Poggiano
Montevarchi / Moncioni	Villa Sassolini
Pienza	La Bandita Townhouse
Pienza / Monticchiello	L'Olmo
Porto Ercole	Argentario Golf Resort & Spa
Porto Ercole	Il Pellicano
Porto Santo Stefano / Cala Piccola	Torre di Cala Piccola
Punta Ala	Baglioni Resort Cala del Porto
San Casciano dei Bagni	Fonteverde
San Casciano in Val di Pesa	Villa il Poggiale
San Casciano in Val di Pesa	Villa Mangiacane
San Casciano in Val di Pesa / Mercatale in Val di Pesa	Agriturismo Salvadonica
San Gimignano	La Collegiata
San Gimignano / Lucignano	Locanda dell'Artista
San Giustino Valdarno	Relais Il Borro
San Quirico D'Orcia / Bagno Vignoni	Adler Thermae
Saturnia / Terme	Terme di Saturnia Spa & Golf Resort
Scarlino	Relais Vedetta
Siena	Grand Hotel Continental
Siena	Palazzetto Rosso
Siena / Vagliagli	Borgo Scopeto Relais
Sinalunga	Locanda dell'Amorosa
Tavarnelle Val di Pesa	COMO Castello del Nero
Torrita di Siena	Follonico
Torrita di Siena	Lupaia
Torrita di Siena	Residenza d'Arte
Viareggio	Grand Hotel Principe di Piemonte
Vicchio / Campestri	Villa Campestri Olive Oil Resort
Volterra	Borgo Pignano

TRENTINO-ALTO ADIGE

Alpe di Siusi	Alpina Dolomites 🏨
Alpe di Siusi	Seiser Alm Urthaler 🏨
Alta Badia / Corvara in Badia	La Perla 🏨
Alta Badia / San Cassiano	Ciasa Salares 🏨
Alta Badia / San Cassiano	Rosa Alpina 🏨
Appiano sulla Strada del Vino / Cornaiano	Weinegg 🏨
Appiano sulla Strada del Vino / Missiano	Schloss Korb 🏨
Arco	Vivere Suites and Rooms 🏡
Avelengo	Chalet Mirabell 🏨
Avelengo	Miramonti 🏨
Avelengo	San Luis 🏨
Bolzano	Greif 🏨
Bressanone	Elephant 🏨
Campitello di Fassa	Villa Kofler 🏠
Dobbiaco	Valcastello Dolomites Chalet & Polo Club 🏡
Laces	Paradies 🏨
Lana / Foiana	Alpiana Resort 🏨
Lana / San Vigilio	Vigilius Mountain Resort 🏨
Madonna di Campiglio	Bio-Hotel Hermitage 🏨
Marlengo	Giardino Marling 🏨
Merano	Meister's Hotel Irma 🏨
Merano	Park Hotel Mignon 🏨
Merano	Villa Tivoli 🏨
Merano / Freiberg	Castel Fragsburg 🏨
Naturno	Preidlhof 🏨
Nova Levante	Engel 🏨
Ortisei	Alpin Garden Wellness Resort 🏨
Ortisei	Gardena-Grödnerhof 🏨
Ortisei	Montchalet 🏨
Ortisei / Bulla	Uhrerhof-Deur 🏠
Pinzolo	Lefay Resort & Spa Dolomiti 🏨
Racines	Gourmethotel Tenne Lodges 🏨
Redagno	Zirmerhof 🏨
Renon / Soprabolzano	Park Hotel Holzner 🏨
Rio Di Pusteria / Valles	Silena 🏨
Riva del Garda	Lido Palace 🏨
San Candido	Leitlhof Dolomiten 🏨
San Candido	Post Alpina-Family Mountain Chalets 🏨
San Lorenzo di Sebato	White Deer San Lorenzo Mountain Lodge 🏡
Sarentino	Bad Schörgau 🏠
Sarentino	Terra - The Magic Place 🏠
Selva di Val Gardena	Alpenroyal Grand Hotel 🏨
Selva di Val Gardena	Portillo Dolomites 1966 🏨
Sesto / Moso	Berghotel 🏠
Tirolo	Castel 🏨
Tirolo	Erika 🏨

Tirolo	Küglerhof 🏨
Valdaora	Mirabell 🏨
Valle di Casies	Quelle 🏨

UMBRIA

Allerona	SPAO Borgo San Pietro Aquaeortus 🏨
Assisi	Nun Assisi Relais 🏨
Assisi / Armenzano	Le Silve 🏨
Castel Giorgio	Borgo La Chiaracia 🏨
Cortona / sulla sp 35 verso Mercatale	Villa di Piazzano 🏨
Fratta Todina	La Palazzetta del Vescovo 🏨
Montefalco	Palazzo Bontadosi 🏨
Montone	Torre di Moravola 🏨
Norcia	Palazzo Seneca 🏨
Orvieto / Rocca Ripesena	Altarocca Wine Resort 🏨
Orvieto / Rocca Ripesena	Locanda Palazzone 🏨
Panicale	Villa Rey 🏨
Parrano	Eremito 🏨
Perugia	Castello di Monterone 🏨
Perugia / Monte Petriolo	Borgo dei Conti Resort 🏨
Torgiano	Borgobrufa SPA Resort 🏨

VALLE D'AOSTA

Breuil Cervinia	Hermitage 🏨
Cogne	Bellevue Hotel & SPA 🏨
Cogne	Miramonti 🏨
Courmayeur	Le Massif 🏨
Courmayeur / Entrèves	Auberge de la Maison 🏨
La Salle	Mont Blanc Hotel Village 🏨

VENETO

Abano Terme	Tritone Terme 🏨
Asiago	Meltar Boutique Hotel 🏨
Asolo	Villa Cipriani 🏨
Cavaion Veronese	Villa Cordevigo Wine Relais 🏨
Cortina d'Ampezzo	Cristallo 🏨
Follina	Villa Abbazia 🏨
Lonigo	La Barchessa di Villa Pisani 🏨
Mira	Villa Franceschi 🏨
Mira	Villa Margherita 🏨
San Pietro in Cariano / Corrubbio	Byblos Art Hotel Villa Amistà 🏨
San Pietro in Cariano / Pedemonte	Villa del Quar 🏨
Venezia	AD Place Venice 🏨
Venezia	Aman Venice 🏨

Venezia	Belmond Hotel Cipriani 🏨
Venezia	Ca' Pisani 🏨
Venezia	Ca' Sagredo 🏨
Venezia	Charming House DD 724 🏨
Venezia	Charming House i Qs 🏨
Venezia	Corte di Gabriela 🏨
Venezia	Danieli 🏨
Venezia	The Gritti Palace 🏨
Venezia	Londra Palace 🏨
Venezia	Madama Garden Retreat 🏨
Venezia	Metropole 🏨
Venezia	Palazzina Grassi 🏨
Venezia	Palazzo Venart 🏨
Venezia	Sina Centurion Palace 🏨
Venezia / Lido di Venezia	Ausonia Hungaria 🏨
Verona	Butterfly Boutique Rooms 🏨
Verona	Gabbia d'Oro 🏨

SPA

THE SPAS

BASILICATA

Lavello   San Barbato Resort Spa & Golf

CALABRIA

Tropea /
  Faro Capo Vaticano   Capovaticano Resort Thalasso & Spa

CAMPANIA

Capri (Isola di) / Anacapri	Capri Palace Hotel
Capri (Isola di) / Capri	Capri Tiberio Palace
Capri (Isola di) / Capri	Grand Hotel Quisisana
Capri (Isola di) / Marina Grande	Villa Marina Capri
Ischia (Isola d') /	
Casamicciola Terme	Terme Manzi Hotel & Spa
Ischia (Isola d') / Forio	Mezzatorre Resort & Spa
Ischia (Isola d') / Lacco Ameno	Botania Relais & SPA
Ischia (Isola d') /	
Lacco Ameno	L'Albergo della Regina Isabella
Ischia (Isola d') / Lacco Ameno	San Montano
Positano	Le Sirenuse
Praiano / sulla Costiera Amalfitana	Casa Angelina
Procida	La Suite Hotel
Ravello	Palazzo Avino
Telese Terme	Aquapetra Resort & Spa

EMILIA-ROMAGNA

Castel San Pietro Terme/ Varignana	Palazzo di Varignana
Cesenatico	Grand Hotel da Vinci
Riccione	Grand Hotel Des Bains
Rimini / al mare	Grand Hotel Rimini
San Giovanni in Marignano	Riviera Golf Resort

FRIULI-VENEZIA GIULIA

Grado   Savoy

LAZIO

Roma / centro storico	De Russie 🏨
Roma / San Pietro	
(città del Vaticano)	Rome Cavalieri Waldorf Astoria 🏨
Roma / Stazione Termini	Grand Hotel Via Veneto 🏨
Roma / Stazione Termini	Palazzo Montemartini 🏨
Roma / Zona Urbana Sud	A.Roma Lifestyle Hotel 🏨

LIGURIA

Alassio	Grand Hotel Alassio 🏨
Rapallo	Grand Hotel Bristol 🏨

LOMBARDIA

Bellagio	Grand Hotel Villa Serbelloni 🏨
Blevio	Mandarin Oriental Lago di Como 🏨
Cassago Brianza	C-Hotel & Spa 🏨
Cernobbio	Villa d'Este 🏨
Cologne	Cappuccini Resort 🏨
Erbusco	L'Albereta 🏨
Gardone Riviera / Fasano	Villa Paradiso Clinical Beauty 🏨
Gargnano / sulla sp 9	Lefay Resort & Spa 🏨
Livigno	Lac Salin Spa & Mountain Resort 🏨
Mantello	La Fiorida 🏨
Milano / Centro Storico	Bulgari 🏨
Milano / Centro Storico	Four Seasons Hotel Milano 🏨
Milano / Centro Storico	Palazzo Parigi 🏨
Milano / Stazione Centrale	Château Monfort 🏨
Milano / Stazione Centrale	Excelsior Hotel Gallia 🏨
Moltrasio	Grand Hotel Imperiale 🏨
Sirmione	Grand Hotel Terme 🏨
Tremezzo	Grand Hotel Tremezzo 🏨
Valdidentro / Bagni Nuovi	Grand Hotel Bagni Nuovi 🏨

MARCHE

Pesaro	Excelsior 🏨

PIEMONTE

Guarene	Castello di Guarene 🏨
Penango / Cioccaro	Relais Sant'Uffizio 🏨
Santo Stefano Belbo	Relais San Maurizio 🏨

Serralunga d'Alba	Il Boscareto Resort 🏠
Stresa	Villa e Palazzo Aminta 🏠
Torino	Turin Palace Hotel 🏠

PUGLIA

Manduria	Vinilia Wine Resort 🏠
Martina Franca	Relais Villa San Martino 🏠
Savelletri	Borgo Egnazia 🏠
Savelletri	Masseria San Domenico 🏠
Savelletri	Masseria Torre Coccaro 🏠

SARDEGNA

Alghero / Porto Conte	El Faro 🏠
Arcipelago della maddalena/ La Maddalena	Grand Hotel Resort Ma&Ma 🏠
Arzachena	Romazzino 🏠
Pula	Forte Village Resort 🏠
Trinità d'Agultu / Isola Rossa	Marinedda Thalasso & SPA 🏠

SICILIA

Eolie (Isole) / Isola Vulcano	Therasia Resort 🏠
Linguaglossa	Villa Neri Resort & Spa 🏠
Sciacca	Verdura Resort 🏠

TOSCANA

Abetone /Val di Luce	Val di Luce SPA Resort 🏠
Casole d'Elsa	Belmond Castello di Casole 🏠
Castelnuovo Berardenga	Castel Monastero 🏠
Castelnuovo Berardenga	Le Fontanelle 🏠
Castiglione della Pescaia / Badiola	L'Andana-Tenuta La Badiola 🏠
Cinigiano / Porrona	Castel Porrona Relais & Spa 🏠
Cortona / San Martino	Il Falconiere Relais 🏠
Firenze	Four Seasons Hotel Firenze 🏠
Firenze	Villa Cora 🏠
Firenze	Ville sull'Arno 🏠
Forte dei Marmi	Principe Forte dei Marmi 🏠
Monsummano Terme	Grotta Giusti 🏠
Montaione / Castelfalfi	Il Castelfalfi 🏠
Montalcino / Castelnuovo dell'Abate	Castello di Velona 🏠
Porto Ercole	Argentario Golf Resort & Spa 🏠
San Casciano dei Bagni	Fonteverde 🏠
San Giuliano Terme	Bagni di Pisa 🏠

San Quirico D'Orcia / Bagno Vignoni   Adler Thermae 🏨
Saturnia / Terme   Terme di Saturnia Spa & Golf Resort 🏨
Siena / Vagliagli   Borgo Scopeto Relais 🏨
Tavarnelle Val di Pesa   COMO Castello del Nero 🏨

TRENTINO-ALTO ADIGE

Alpe di Siusi   Alpina Dolomites 🏨
Alpe di Siusi   Seiser Alm Urthaler 🏨
Alta Badia / Corvara in Badia   La Perla 🏨
Alta Badia / San Cassiano   Ciasa Salares 🏨
Alta Badia / San Cassiano   Rosa Alpina 🏨
Appiano sulla Strada del Vino / Cornaiano   Weinegg 🏨
Avelengo   Chalet Mirabell 🏨
Avelengo   San Luis 🏨
Brunico / Riscone   Majestic 🏨
Brunico / Riscone   Petrus 🏨
Caldaro sulla strada del vino / al lago   Parc Hotel 🏨
Laces   Paradies 🏨
Lana   Schwarzschmied 🏨
Lana / Foiana   Alpiana Resort 🏨
Lana / San Vigilio   Vigilius Mountain Resort 🏨
Madonna di Campiglio   Chalet del Sogno 🏨
Madonna di Campiglio   DV Chalet 🏨
Madonna di Campiglio   Spinale 🏨
Malles Venosta/ Burgusio   Das Gerstl 🏨
Marlengo   Giardino Marling 🏨
Merano   Meister's Hotel Irma 🏨
Merano   Park Hotel Mignon 🏨
Naturno   Lindenhof 🏨
Naturno   Preidlhof 🏨
Nova Levante   Engel 🏨
Nova Ponente   Ganischgerhof Mountain 🏨
Nova Ponente   Pfösl 🏨
Ortisei   Alpin Garden Wellness Resort 🏨
Ortisei   Gardena-Grödnerhof 🏨
Ortisei   Montchalet 🏨
Pinzolo   Lefay Resort & Spa Dolomiti 🏨
Racines   Gourmethotel Tenne Lodges 🏨
Renon / Soprabolzano   Park Hotel Holzner 🏨
Rio Di Pusteria / Valles   Silena 🏨
Riva del Garda   Lido Palace 🏨
San Candido   Leitlhof Dolomiten 🏨
San Candido   Post Alpina-Family Mountain Chalets 🏨
San Lorenzo di Sebato   Winkler 🏨
San Martino in Passiria /
 sulla strada Val Passiria   Quellenhof Luxury Resort Passeier 🏨
Selva di Val Gardena   Alpenroyal Grand Hotel 🏨
Selva di Val Gardena   Portillo Dolomites 1966 🏨

Sesto	Monika
Sesto / Moso	Berghotel
Tirolo	Castel
Tirolo	Erika
Ultimo / San Nicolò	Waltershof
Valdaora	Mirabell
Valle di Casies	Quelle

UMBRIA

Assisi	Nun Assisi Relais
Castel Giorgio	Borgo La Chiaracia
Orvieto / Rocca Ripesena	Altarocca Wine Resort
Torgiano	Borgobrufa SPA Resort

VALLE D'AOSTA

Breuil Cervinia	Hermitage
Champoluc	campZero Active Luxury Resort
Cogne	Bellevue Hotel & SPA
Cogne	Miramonti
Courmayeur	Grand Hotel Royal e Golf
Courmayeur / Entrèves	Auberge de la Maison
La Salle	Mont Blanc Hotel Village
La Thuile	Montana Lodge & Spa
Saint-Vincent	Grand Hotel Billia

VENETO

Abano Terme	Abano Grand Hotel
Abano Terme	Tritone Terme
Asiago	Meltar Boutique Hotel
Bardolino	Aqualux Hotel Spa & Suite Bardolino
Cortina d'Ampezzo	Cristallo
Cortina d'Ampezzo	Faloria Mountain Spa Resort
Cortina d'Ampezzo	Grand Hotel Savoia
Montegrotto Terme	Terme Neroniane
Venezia	JW Marriott Venice Resort & Spa
Villafranca di Verona / Dossobuono	Veronesi La Torre

La vostra opinione c'interessa:
Cosa ne pensate dei nostri prodotti?

Esprimete la vostra opinione

satisfaction.michelin.com

MICHELIN TRAVEL PARTNER

Société par actions simplifiée au capital de 15 044 940 €
27 cours de l'Ile Seguin - 92100 Boulogne-Billancourt (France)
R.C.S. Nanterre 433 677 721

Fotocomposizione: JOUVE, Mayenne (Francia)
Stampa e Rilegatura: ROTOLITO, Pioltello (Italia)

Informazioni relative alle altitudini delle località citate nella guida:
ATKISTM ; GN250, © Federal Agency for Cartography and Geodesy (BKG)
Informazioni relative agli abitanti delle località citate nella guida: www. demo.istat.it

Plans de villes : © MICHELIN et © 2006-2018 TomTom. Tous droits réservés.

I dati e le indicazioni contenuti in questa guida, sono stati verificati e aggiornati con la massima cura.
Tuttavia alcune informazioni (prezzi, indirizzi, numeri di telefono, indirizzi internet, etc.) possono
perdere parte della loro attualità a causa dell'incessante evoluzione delle strutture e delle variazioni
del costo della vita: non è escluso che alcuni dati non siano più, all'uscita della guida, esatti o esaustivi.
Queste informazioni non possono comportare responsabilità alcuna per eventuali involontari errori
o imprecisioni.